KB101568

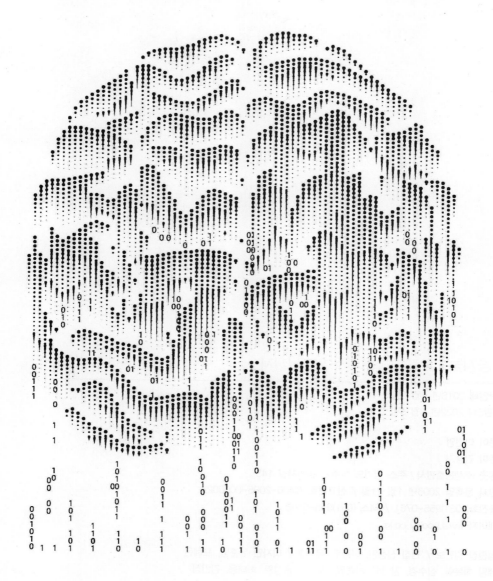

Artificial Intelligence

인공지능

튜링 테스트에서 딥러닝까지

이건명 지음

생능출판

인공지능 : 튜링 테스트에서 딥러닝까지

초판인쇄 2018년 9월 3일
제1판5쇄 2022년 8월 5일

지은이 이건명
펴낸이 김승기
펴낸곳 ㈜생능출판사 / **주소** 경기도 파주시 광인사길 143
출판사 등록일 2005년 1월 21일 / **신고번호** 제406-2005-000002호
대표전화 (031)955-0761 / **팩스** (031)955-0768
홈페이지 www.booksr.co.kr

책임편집 김민보 / **편집** 신성민, 이종무, 유제훈 / **디자인** 유준범, 표혜린
마케팅 최복락, 심수경, 김민수, 차종필, 백수정, 송성환, 최태웅, 김민정
인쇄·제본 영신사

ISBN 978-89-7050-959-4 93000
정가 35,000원

• 이 도서의 국립중앙도서관 출판예정도서목록(CIP)은 서지정보유통지원시스템 홈페이지(http://seoji.nl.go.kr)와 국가자료공동목록시스템(http://www.nl.go.kr/kolisnet)에서 이용하실 수 있습니다. (CIP제어번호: 2018026578)
• 이 책의 저작권은 (주)생능출판사와 지은이에게 있습니다. 무단 복제 및 전재를 금합니다.
• 이 책은 차세대정보통신기술개발사업(NRF-2017M3C4A7069431)의 연구결과물을 포함하고 있습니다.
• 잘못된 책은 구입한 서점에서 교환해 드립니다.

최근 인공지능은 일상어가 되어버렸습니다. 인공지능이 4차 산업혁명 시대의 핵심 기술이라고도 합니다. 인공지능이 미래를 크게 바꿀 것이라고 합니다. 인공지능 때문에 일자리가 사라지고 생존이 위협받을 수도 있다고 합니다. 요즘은 비전공자가 말하는 인공지능 이야기를 더 자주 접하게 됩니다. 어떤 때는 공감하기 어렵고, 때로는 잘못된 이야기도 듣습니다.

이 책에서는 인공지능의 전통적인 기술에서 최근의 딥러닝까지 인공지능의 전문적인 내용을 소개합니다. 학부생도 이해할 수 있도록 쓰려고 했지만, 어쩔 수 없는 다소 수학적인 부분도 있습니다. 특히 신경망, 서포트 벡터 머신, 강화 학습, 딥러닝 부분은 심화된 학습을 하려는 대학원생이나 연구자들이 참고할 수 있도록 수식으로 전개한 곳들이 있습니다.

이 책은 핵심 이론, 응용, 도구, 부록편으로 구성되어 있습니다. 1장부터 6장까지는 인공지능 핵심 이론이라 할 수 있는 탐색과 최적화, 지식 표현과 추론, 기계학습, 딥러닝, 계획수립에 대해서 다룹니다. 7장부터 10장까지는 인공지능의 주요 응용분야라고 할 수 있는 데이터 마이닝, 자연어 처리, 컴퓨터 비전, 지능 로봇에 대해서 소개합니다. 11장부터 16장까지는 실제 실습해 볼 수 있는 도구들로써 규칙 기반 시스템 개발 도구인 Jess, 기계학습 및 데이터 마이닝 도구인 Weka, 딥러닝 프레임워크인 텐서플로우(TensorFlow), 텍스트 처리를 위한 파이썬 패키지, 컴퓨터 비전 라이브러리 OpenCV, 그리고 로봇 소프트웨어 개발 프레임워크 ROS를 소개합니다. 도구편은 직접 실습을 해 볼 수 있도록 도구 사용 방법뿐만 아니라 실제 동작하는 다수의 프로그램을 포함하고 있습니다. 부록에서는 이론 이해 및 수식 전개에서 필요한 기본적인 확률 이론과 선형대수학에 대해서 소개합니다. 다루는 주제가 많아 한 학기 강의에서는 전체 내용을 다룰 수 없습니다. 학부 인공지능 강의, 대학원 딥러닝 강의 및 기계학습 강의를 위한 권장 주제를 뒤에 첨부해 두었습니다.

인공지능 강의를 하면서 마땅히 실습할 수 있는 교재가 없어서 두 달만 투자해서 실습 교재를 만들려고 시작했던 일이 1,000일 간의 지리한 일이 되어 버렸습니다. 아직 미흡한 곳이 많아 아쉽지만 한번은 마무리를 해야겠기에 출판하기로 했습니다. 부족한 점이 많지만 인공지능 학습에 도움이 되었으면 하는 바람입니다. 이 책을 준비하는 데 도움을 준 충북대학교 인공지능연구실의 졸업생과 재학생들에게 고마움을 표합니다. 끝으로 한없는 애정을 주신 부모님, 항상 든든한 후원자인 아내와 자녀들에게 고마움을 전합니다.

2018년 8월

이건명

학부 인공지능 강의 권장 주제

주차	주제	관련 장절
1	인공지능 소개	**1.1** 인공지능이란 **1.2** 인공지능의 역사 **1.3** 인공지능의 연구 분야 **1.4** 인공지능의 최근동향
2	탐색과 최적화 I	**2.1** 상태 공간과 탐색 **2.2** 맹목적 탐색
3	탐색과 최적화 II	**2.3** 정보이용 탐색 **2.4** 게임 탐색 **2.5** 제약조건 만족 문제
4	지식표현과 추론 I	**3.1** 지식 **3.2** 규칙 **3.3** 프레임 **3.10** 규칙 기반 시스템
5	지식표현과 추론 II	**3.4** 논리
6	지식표현과 추론 III	**3.5** 의미망 **3.6** 스크립트 **3.7** 온톨로지 **3.9** 불확실한 지식 표현 (3.9.1)
7	기계학습 I	**4.1** 기계학습 **4.2** 기계학습의 종류 **4.3** 기계학습 대상 문제
8	중간고사	
9	기계학습 II	**4.4** 결정 트리 **4.7** 군집화 알고리즘 **4.8** 단순 베이즈 분류기
10	딥러닝 I	**4.9** 신경망
11	딥러닝 II	**5.1** 딥러닝 (5.1.1-5.1.2) **5.2** 컨볼루션 신경망 (5.2.1-5.2.3)
12	딥러닝 도구	**13.** 딥러닝 프레임워크 텐서플로우
13	계획수립	**6.** 계획수립
14	응용 주제	응용편(데이터 마이닝, 자연어 처리, 컴퓨터 비전, 지능로봇)에서 한 주제 선택
15	응용 주제 도구	도구편에서 선택한 주제의 도구 활용 실습
16	기말고사	

※ 이론편 동영상 강의 제공 (http://www.kocw.net/home/search/kemView.do?
kemId=1170523)

대학원 딥러닝 강의 권장 주제

주차	주제	관련 장절
1	신경망	**4.9** 신경망
2	딥러닝 신경망	**5.1** 딥러닝
3	컨볼루션 신경망 I	**5.2** 컨볼루션 신경망 (5.2.1–5.2.4)
4	컨볼루션 신경망 II	**5.2** 컨볼루션 신경망 (5.2.5–5.2.6)
5	텐서플로우	**13.** 딥러닝 프레임워크 텐서플로우
6	볼츠만 머신 기반 모델	**5.3** 딥러닝 생성 모델 (5.3.1–5.3.2)
7	대립쌍 생성망	**5.3** 딥러닝 생성 모델 (5.3.3)
8	중간고사	
9	재귀 신경망 I	**5.4** 재귀 신경망 (5.4.1–5.4.2)
10	재귀 신경망 II	**5.4** 재귀 신경망 (5.4.3–5.4.5)
11	오토인코더	**5.5** 오토인코더
12	인코더-디코더 망	**5.6** 인코더-디코더 망
13	메모리 확장 신경망	**5.7** 메모리 확장 신경망 모델
14	자연어처리 딥러닝 응용	**8.8** 단어의 실수 벡터 표현 **8.9** 딥러닝 기반의 자연어처리 **8.10** 음성인식
15	컴퓨터비전 딥러닝 응용	**9.6** 객체 위치 검출 및 개체 인식 **9.7** 의미적 영역 분할 **9.8** 딥러닝 응용
16	기말고사	

대학원 기계학습 강의 권장 주제

주차	주제	관련 장절
1	기계학습 소개	**4.1** 기계학습 **4.2** 기계학습의 종류 **4.3** 기계학습 대상 문제
2	결정 트리, 앙상블 분류기	**4.4** 결정트리 **4.5** 앙상블 분류기
3	k-근접이웃 알고리즘, 군집화	**4.6** k-근접이웃 알고리즘 **4.7** 군집화 알고리즘 **부록 A.7** EM 알고리즘
4	확률 그래프 모델, 단순 베이즈 분류기	**부록 A.1** 불확실성과 확률 **부록 A.2** 베이즈 정리 **3.9.4** 확률 그래프 모델 **4.8** 단순 베이즈 분류기
5	기계학습 도구 Weka	**12.** 기계학습과 데이터 마이닝 도구 Weka
6	신경망	**4.9** 신경망
7	딥러닝 신경망	**5.1** 딥러닝
8	중간고사	
9	컨볼루션 신경망 I	**5.2** 컨볼루션 신경망 (5.2.1-5.2.4)
10	컨볼루션 신경망 II	**5.2** 컨볼루션 신경망 (5.2.5-5.2.6)
11	텐서플로우	**13.** 딥러닝 프레임워크 텐서플로우
12	서포트 벡터 머신 I	**2.6.3** 함수 최적화 **2.6.4** 제약조건 최적화 문제 **4.10** 서포트 벡터 머신 SVM (4.10.1)
13	서포트 벡터 머신 II	**4.10** 서포트 벡터 머신 SVM (4.10.2-4.10.4)
14	강화 학습 I	**4.11** 강화 학습 (4.11.1-4.11.4)
15	강화학습 II	**4.11** 강화 학습 (4.11.5-4.11.10)
16	기말고사	

이론편

CHAPTER 1 인공지능

CHAPTER 2 탐색과 최적화

CHAPTER 3 지식 표현과 추론

CHAPTER **4** **기계학습**

CHAPTER **5 딥러닝**

응용편

CHAPTER 7 **데이터 마이닝**

CHAPTER 8 자연어 처리

CHAPTER 9 컴퓨터 비전

CHAPTER 10 지능 로봇

도구편

CHAPTER 11 규칙 기반 시스템 개발 도구 Jess

CHAPTER 12 기계 학습과 데이터 마이닝 도구 Weka

CHAPTER 13 딥러닝 프레임워크 텐서플로우

CHAPTER 14 텍스트 처리 파이썬 패키지

부록 A. 확률 이론

부록 B. 선형대수학

CHAPTER **01**

인공지능

인공지능

영화나 소설에서 사람처럼 행동하는 로봇이나 사이보그^{cyborg}를 보면 언젠가는 그런 인공지능이 가능하리라는 생각이 들기도 한다. 최근에는 인공지능이 제4차 산업혁명의 핵심기술이라고 한다. 이 장에서 어떤 것을 인공지능이라고 하는지 먼저 살펴본다. 또한, 컴퓨터의 발명과 함께 시작된 인공지능이 어떻게 발전해 왔으며 어떤 연구를 하고 있는지도 소개한다. 그리고 눈에 띄는 최근 사례들을 몇 가지 알아보고, 인공지능이 미칠 영향에 대해서도 살펴본다.

1.1 인공지능이란

영화 「스타워즈」의 R2-D2와 C-3PO, 「터미네이터」의 T-800 모델 101, 「아이로봇」의 쏘니^{Sonny}, 「트랜스포머」의 범블비^{Bumblebee}를 보면서, 우리는 이들이 지능^{intelligence,知能}을 가졌다고 자연스럽게 생각한다. 이들 기계의 지능은 '만들어진 지능' 즉, 인공지능이다. 그런데 인공지능이 구체적으로 뭐냐고 물어보면, 뭐라고 답변해야 할까?

인공지능이 무엇인지 설명하려면 지능이 무엇인지 먼저 명확히 해야 한다. 지능의 사전적 의미는 본능이나 기계적으로 하지 않고, 생각하고 이해하여 어떤 것을 하는 능력이다. 이 의미를 엄밀하게 따져보려면 '생각^{thinking}'과 '이해^{understanding}'가 무엇인지도 구체적으로 알아야 한다. 사전적으로 생각은 문제를 해결하거나 아이디어를 만들기 위해 두뇌를 사용하는 것을 뜻한다. 이해는 어떤 것의 의미 또는 일이 되어 감을 아는 것을 말한다. 이러한 사전적 정의에도 불구하고 지능이 무엇인지 수학적으로나 공학적으로 엄밀하게 정의하기는 쉽지 않다.

컴퓨터가 처음 개발되었던 1940년대에도 인공지능에 대해 기대와 관심이 매우 컸다. 컴퓨터가 지능이 있는지 판단하는 문제에 초창기 관심을 가졌던 이는 계산이론^{theory of computation} 학자인 튜링^{Alan Turing, 1912-1954}이다. 튜링은 지능이 추상적인 속성이기 때문에 구체적으로 정의하기 어렵다고 판단하고, 조작적 정의^{operational definition}를 사용하여 지능의 유무를 판단하는 튜링 테스트^{Turing test}라는 방법을 제안했다. 조작적 정의는 측정할 수 있는 조건으로 추상적 속성을 기술^{記述}하는 것을 말한다.

[그림 1-1(b)]는 튜링 테스트가 이루어지는 상황을 보여준다. 한쪽 방에는 사람이, 옆방에는 컴퓨터 프로그램이 문밖의 검사자와 단말기 화면을 통해서 대화를 나눈다. 검사자가 질문하면, 방 안에서 사람이나 컴퓨터 프로그램이 무작위 순서로 대답한다. 이러한 대화 과정에서 검사자가 누가 답변하는지 알 수 없다면 '이 프로그램은 지능적이다'라고 판정하는 것이 튜링 테스트이다. 제대로 동작한 최초의 디지털 컴퓨터인 ENIAC이 1946년에 개발되었고, 튜링 테스트가 1950년에 발표되었으니, 초창기 인공지능에 대해 기대가 얼마나 대단했는지 짐작할 만하다.

Alan Mathison Turing
(1912.6~1954.6)

(a)

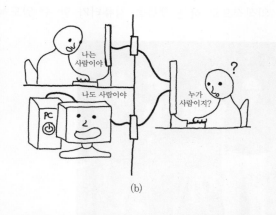

(b)

그림 1.1 **튜링과 튜링 테스트.**
튜링은 이론적 컴퓨터 모델인 튜링기계(Turing machine) 및 튜링 테스트 등을 제시하여 컴퓨터 이론 분야의 발전에 크게 기여하였다. 그 공로를 인정하여 세계 최초로 설립된 권위 있는 컴퓨터 분야 학회인 ACM은 매년 컴퓨터 분야에서 큰 기여를 한 연구자에게 튜링상(Turing Award)을 시상한다. 컴퓨터 분야에서 튜링상은 노벨상 만큼이나 영예로운 상이다.

매카시^{John McCarthy, 1927-2011} 교수가 1956년 미국 다트머스 대학에서 개최된 다트머스 회의^{Dartmouth Conference}에서 당시 컴퓨터 지능 관련 연구 분야를 Artificial Intelligence로 부르자고 제안하면서 인공지능^{人工知能, AI}이라는 용어가 널리 사용되었다. 그래서 학자들은 이 회의를 인공지능 연구의 출발점으로 보기도 한다.

[그림 1.2]는 다트머스 회의 50주년을 기념한 2005년 학술대회에 참석했던 1956년 회의의

매카시 교수를 비롯한 원로 연구자들의 모습이다. 이들이 다트머스 대학에 모였던 때는 서른 무렵의 젊은 나이였다.

누구나 공감하는 인공지능에 대한 정의는 아직 없지만, 여러 연구자가 아래와 같이 나름대로 인공지능을 정의하였다.

- 사람의 생각과 관련된 활동, 예를 들면 의사 결정, 문제 해결, 학습과 같은 활동을 자동화하는 것 (벨만[Bellman], 1978)
- 사람이 하면 더 잘할 수 있는 일을 컴퓨터가 하도록 하는 방법을 찾는 학문 (리치[Rich]와 나이트[Knight], 1991)
- 지능이 요구되는 일을 할 수 있는 기계를 만드는 예술 (커즈와일[Kurzweil], 1990)
- 지능적인 에이전트를 설계하는 학문 (풀[Poole]과 맥워쓰[Mackworth] 1998)
- 인지하고, 추론하고, 행동할 수 있도록 하는 컴퓨팅에 관련된 학문 (윌슨[Wilson], 1992)
- 인공물이 지능적인 행위를 하도록 하는 것 (닐슨[Nisson], 1990)
- 사람이 의식적으로 하는 행동을 컴퓨터가 할 수 있도록 하는 것 (저자, 2017)

그림 1.2 **다트머스 학회 50주년 기념 학회 AI@50 conference에 참석한 인공지능 역사의 증인들.**
왼쪽부터 모어(Trenchard More), 매카시(John McCarthy, 1927-2011), 민스키(Marvin Minsky, 1927-2016), 셀프리지(Oliver Selfridge, 1926-2008), 솔로모노프(Ray Solomonoff, 1926-2009).

어느 정도 해야 인공지능이라고 말할 수 있을까? 이런 정도의 관점에서 인공지능을 강한 인공지능[strong AI]과 약한 인공지능[weak AI]으로 나누어 볼 수 있다. 강한 인공지능은 사람과 같은 지능을 말한다. 즉, 사람처럼 마음으로 느끼면서 지능적으로 행동하는 기계의 지능이다. 강한 인공지능은 추론, 문제해결, 판단, 계획, 의사소통, 자아의식, 감정, 양심, 지혜, 신념 등 인간의 모든 지능적 요소를 포함한다. 강한 인공지능이 구현된다면 튜링 테스트를 완벽하게 통과할 것이다. 한편, 강한 인공지능을 갖는 개체들이 만들어지면, 이들의 권리,

대우 등에 대한 사회적·윤리적·법적 문제도 발생할 것이다.

약한 인공지능은 특정 문제를 해결할 수 있는 수준의 지능을 말한다. 인간의 지능적인 특정 행동을 흉내 내는 수준으로서, 대부분의 인공지능 연구에서 대상으로 하는 것이다. 이런 흉내 내는 수준을 지능적이라고 할 수 있는지는 중국인 방 사고실험^{Chinese room thought experiment}을 통해서 대답할 수 있다. 사고실험^{思考實驗}은 실제 실험을 하는 것이 아니라 머릿속에서 생각으로 진행하는 실험을 말한다.

[그림 1.3]은 중국인 방 사고실험 환경이다. 방문은 닫혀 있고, 방안에는 중국어를 전혀 모르는 사람이 있다. 방안에는 중국어 질문에 대한 대답이 적혀 있는 책도 있다. 문밖에 중국인이 와서 중국어로 질문을 쪽지에 적어 문 밑으로 밀어 넣는다. 방안의 사람은 책에서 중국어 질문과 일치하는 글자들이 있는 부분을 찾아 대답에 해당하는 글자들을 쪽지에 복사해서 문 밑으로 내보낸다. 문밖의 사람이 질문에 부합하는 답변 쪽지를 받는다면, 방 안의 사람이 중국어를 하는 사람이라고 생각할 것이다. 이처럼 내용을 전혀 이해하지 못한 채, 기계적으로 행동하더라도 지능적으로 보일 수 있다. 이처럼 지능을 흉내를 내는 수준의 인공지능을 약한 인공지능이라고 한다.

그림 1.3 **중국인 방 사고실험.**
문 안팎의 두 사람은 질문과 답변을 쓴 쪽지를 방문 밑으로 전달하면서 대화한다. 방 안의 사람은 중국어를 전혀 모르지만, 질문과 답변이 적혀있는 책에서 질문의 글자 모양을 찾아 대답에 해당하는 쪽지를 만들어 내보낸다. 질문과 답변이 적혀있는 책이 잘되어 있다면, 문밖의 중국인은 방 안에 있는 사람이 중국어를 한다고 생각할 것이다.

인공지능 연구의 궁극적 목적은 인간 지능을 완벽하게 이해하고 강한 인공지능을 구현하는 것이나, 실질적인 공학적 목적은 똑똑한 서비스나 시스템을 만드는 약한 인공지능을 구현하는 것이다. 이러한 이유로 인간 지능 자체에 대한 이해를 바탕으로 인공지능을 구현하려는 시도보다는, 주어진 문제를 효과적으로 해결할 수 있는 경험적 방법론이 많이 개발되어 사용되고 있다.

1.2 인공지능의 역사

1.2.1 1960년대 이전

다트머스 회의 이후 1960년대 중반까지 연구자들은 인공지능에 대해 큰 기대를 하며 여러 가지를 시도했다. 당시는 반복적이고 복잡한 수학 계산을 위해 컴퓨터가 도입되던 시기로, 인공지능 연구자들은 컴퓨터가 수학적 계산뿐만 아니라 다른 용도로 사용될 수 있다는 것을 보여주었다. 체스와 같은 보드게임 문제를 수학적 문제로 표현하여 해^{解}를 찾는 기법들이 개발되기도 했다. 매카시$^{John\ McCarthy,\ 1927-2011}$는 1958년 인공지능 구현을 위한 LISP 언어를 만들었고, 논리^{logic}를 사용하여 지식을 표현하고 상식^{常識}에 대한 추론을 하는 아이디어를 제안했다. 로젠블랏$^{Frank\ Rosenblatt,\ 1928-1971}$은 1958년 퍼셉트론^{Perceptron}이라는 신경세포^{neuron}를 계산적 모델로 표현한 최초의 신경망$^{neural\ network}$ 모델을 제안했다. 퍼셉트론이 학습 기능을 가진 기계로 주목을 받으면서 1960년대에 신경망 연구의 첫 번째 붐^{boom}이 일어났다.

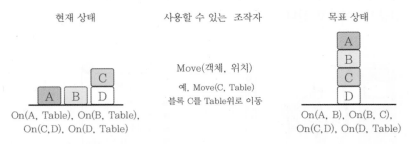

그림 1.4 블록 이동 문제.
현재 상태의 블록들을 목표 상태로 만들기 위해 조작자를 어떤 순서로 어떻게 적용할 것인지 결정하는 문제이다. 이 문제에서 조작자는 'Move(객체, 위치)'인데, '객체'를 '위치' 위로 이동시키는 역할을 한다. 한편, On(A,Table)은 블록 A가 Table 위에 있다는 상황을 나타낸다.

뉴월$^{Allen\ Newell,\ 1927-1992}$과 사이먼$^{Herbert\ Simon,\ 1927-1992}$은 인간의 문제해결 방식을 모방한 수단
–목표 분석$^{means-ends\ analysis,\ 手段目標分析}$ 기법을 제안했다. [그림 1.4]와 같이 주어진 문제에서 현재 상태와 목표 상태를 식별할 수 있으며 사용할 수 있는 조작자^{operator}들이 주어진 경우, 이 기법을 적용할 수 있다. 조작자는 문제의 상태를 변화시키는 데 사용하는 작업이나 행동을 의미한다. 수단–목표 분석은 현재 상태와 목표 상태 간의 차이를 계산하고, 이 차이를 줄이는 조작자를 찾아 적용하는 과정을 반복하여 문제를 해결(즉, 목표 상태 도달)하는 기법이다. 이때 문제의 해^{解}는 현재 상태를 목표 상태로 변경시키기 위해 순차적으로 적용하는 조작자들이 된다. [그림 1.5]는 수단–목표 분석 기법을 흐름도로 보인 것이다. 이 기법으로 [그림 1.4]와 같이 비교적 작은 규모의 문제는 효과적으로 해결할 수 있다. 하지만,

이 기법은 규모가 큰 현실 세계의 문제를 해결하려면 지나치게 많은 시간과 메모리 공간을 사용해야 하므로 적용하기 곤란하다.

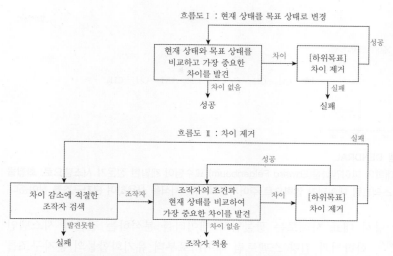

그림 1.5 수단-목표 분석(means-ends analysis) 기법. [출처: 뉴웰, 사이먼, 1972]

흐름도 I에서처럼 현재 상태와 목표 상태를 비교하여 가장 중요한 차이를 발견하고, 이 차이를 제거하는 과정을 반복하여, 현재 상태가 목표 상태가 되도록 한다. 차이 제거는 흐름도 II와 같이 차이를 감소시킬 수 있는 적절한 조작자를 선택하여 적용함으로써 수행된다. 조작자 적용 후에도 차이가 남아 있다면, 차이를 감소시킬 수 있는 조작자를 다시 검색하여 적용하는 과정을 반복한다.

1.2.2 1970년대에서 1980년대 초반

1960년대의 인공지능 연구는 다양한 문제해결에 적용될 수 있는 범용 방법을 찾아보는 것에 집중됐다. 문제 자체에 대한 지식을 활용하기보다는, 수단-목표 분석과 같은 기법을 사용하여 해를 기계적으로 탐색하는 방법에 관한 연구가 주로 이루어졌다. 이러한 방법은 [그림 1.4]와 같이 규모가 작은 문제에는 만족스러운 결과를 얻었지만, 큰 규모의 문제에는 적용될 수 없었다.

이런 문제점을 인식한 1970년대에는 범용 방법보다는 특정 영역의 문제를 효과적으로 해결하는 방법이 주로 연구되었다. 특정 영역의 문제에 대해 전문가 수준의 해답을 제공하는 전문가 시스템expert system이 그 대표적인 예이다. 전문가 시스템 기술은 1970년대 초반부터 1980년대 중반에 걸쳐서 많이 발전하였고, 성공적인 적용 사례들이 많이 나왔다. 당시 개발된 대표적인 전문가 시스템으로 미국 스탠퍼드Stanford 대학에서 개발한 MYCIN마이신이 있다. 이 시스템은 전염성 혈액 질환 환자를 진단하고 항생제를 처방하였는데, 69%의 확률로 적합한 처방을 할 수 있었다. 80% 정도의 정확도를 보인 세균 감염 전문의^{專門醫}보다는 뒤떨어졌지만 일반 의사들보다는 높은 정확도였다.

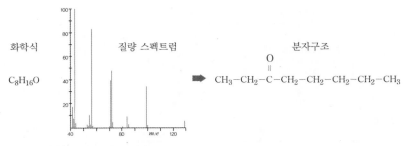

그림 1.6 **전문가 시스템 DENDRAL.**
DENDRAL은 스탠퍼드 대학의 파이겐바움(Edward Feigenbaum) 교수팀이 개발한 전문가 시스템으로, 화합물에 대한 화학식과 질량 스펙트럼 데이터가 입력으로 주어지면 축적된 지식을 사용하여 분자구조를 찾아준다.

상업적으로 성공한 당시 대표 사례로는 광물탐사 데이터를 분석하는 전문가 시스템인 PROSPECTOR^{프로스펙터}, 화학식과 질량 스펙트럼 데이터로부터 유기화합물의 분자구조를 결정하는 DENDRAL^{덴드랄} 등이 있다. 한편, 전문가 시스템 개발도구^{expert system shell}들이 개발되어, 일반 개발자들도 개인용 컴퓨터에서 전문가 시스템을 쉽게 개발할 수 있게 되었다. 이 시기에 콜머로어^{Alain Colmerauer, 1941–2017}가 논리 기반 언어인 Prolog를 개발하였다. Prolog는 논리 기반의 지식을 표현하고 이에 대해 추론을 하는 논리적 프로그램^{logical program}을 쉽게 작성할 수 있는 언어이다.

1.2.3 1980년대 중반에서 1990년대

1980년대 중반부터 1990년대 중반까지 신경망 연구가 활발히 진행되었다. 신경망^{neural network}은 두뇌 신경세포^{neuron}와 이들의 연결구조를 모방한 계산 모델이다. 1958년 퍼셉트론^{Perceptron}이 개발되어 큰 관심을 끌지만, [그림 1.7]의 단순한 XOR 문제도 해결할 수 없다는 것이 알려지면서 신경망 연구는 한동안 침체기를 겪었다. 퍼셉트론을 여러 층으로 연결하여 구성한 다층 퍼셉트론^{Multilayper Perceptron, MLP}이 XOR 문제를 해결할 수 있다는 사실은 알았지만, 1980년대 초반까지 이러한 다층 퍼셉트론을 학습시키는 방법을 알지 못했다.

그러다 1986년에 루멀하트^{David Rumelhart, 1942–2011}, 힌튼^{Geoffrey E. Hinton, 1947生}, 윌리엄스^{Ronald J. Williams}가 오차 역전파^{error backprogation} 알고리즘으로 다층 퍼셉트론을 효과적으로 학습시킬 수 있다는 것을 보이면서, 1980년대 중반부터 신경망 연구가 부흥기^{renaissance, 復興期}를 맞는다. 오차 역전파 알고리즘의 기본 이론은 1960년대 초에 이미 켈리^{Henry J. Kelley, 1926–1988}와 브라이슨^{Arthur E. Bryson, 1925生}이 제어이론 분야에서 소개했었던 것이다. 데이터만 주어지면

학습할 수 있다는 점에서 신경망은 많은 관심을 끌었고, 실제로 다양한 분야에 성공적으로 적용되었다.

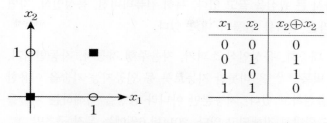

그림 1.7 XOR(Exclusive OR) 문제. ■와 ○의 위치를 구별하는 문제.

한편, 언어로 표현되는 애매한 정보를 정량화하여 표현하는 퍼지 이론$^{\text{fuzzy theory}}$이 많은 발전을 했다. 진화^{進化} 개념을 문제해결에 도입한 유전 알고리즘$^{\text{genetic algorithm}}$을 비롯한 여러 진화연산$^{\text{evolutionary computation}}$ 기법이 개발되어 복잡한 최적화 문제들을 해결하기도 했다.

1990년대에 접어들면서 그래프 이론과 확률론을 결합한 여러 확률 그래프 모델$^{\text{probabilistic graphical model}}$이 본격적으로 개발되었고, 컴퓨터 비전, 로보틱스, 자연어처리, 진단 분야 등에서 중요한 기술로 자리 잡았다. 1990년대 이후로는 지식을 기호로 표현하여 지능을 구현하는 기호적 인공지능$^{\text{symbolic AI}}$ 기술보다 수치계산 위주의 비기호적 인공지능$^{\text{subsymbolic AI}}$ 기술이 비약적으로 발전했다. 1990년 후반에는 기계학습 모델의 하나인 서포트 벡터 머신$^{\text{Support Vector Machine, SVM}}$이 개발되어 많은 관심을 끌었다.

1.2.4 2000년대 이후

2000년대에 들어서면서 위임받은 일을 자율적으로 처리하는 에이전트^{agent} 기술에 관한 연구가 활발히 진행되면서 인터넷 기반의 다양한 서비스가 시도되었다. 웹 페이지, 서비스 등과 같은 웹 상의 자원^{resource}에 자원 자신의 보조 정보와 자원 사이의 관계 등을 메타데이터^{metadata}로 추가해 두어서, 컴퓨터가 웹 상의 자원을 이해하여 필요한 서비스를 지능적으로 제공할 수 있도록 하는 시맨틱웹$^{\text{Semantic Web}}$ 관련 기술들이 개발되었다. 대규모 데이터에 기계학습과 통계학적 기법을 적용하여 의미 있는 유용한 은닉 정보를 추출하는 데이터 마이닝$^{\text{data mining}}$ 알고리즘들과 여러 가지 데이터 마이닝 도구가 개발되고 있다. 이러한 도구들 덕분에, 알고리즘을 직접 구현할 수 없는 일반인들도 데이터 마이닝 기술을 비교적 쉽게 활용할 수 있게 되었다. 한편, 컴퓨터 게임에서도 실감 나는 NPC$^{\text{non-player character, 사용자의 제어를 받지 않는 캐릭터}}$를 구현하기 위해 인공지능 기술을 적극적으로 활용하고 있다.

빅데이터의 출현과 함께 빅데이터를 처리할 수 있는 인공지능 기술에 관한 연구가 2000년대 후반부터 활발하게 진행되고 있다. 한편, 서포트 벡터 머신의 출현으로 신경망에 관한 연구가 다소 주춤하였으나, 딥러닝$^{deep\ learning}$ 기술이 우수한 적용 사례를 만들어가면서 2000년대 후반부터 신경망이 다시 큰 관심을 끌고 있다. 특히 컴퓨터비전, 음성인식, 자연어처리 분야에서 딥러닝은 놀라운 결과를 만들어 내고 있다.

스마트폰의 음성인식 서비스의 대중화, 음성인식 스피커, 자율주행 자동차, 자동번역기, IBM의 왓슨^{Watson}, 군사용 로봇 빅독$^{Big\ Dog}$을 비롯한 지능로봇 등 인공지능 기술을 이용한 눈에 띄는 제품과 서비스들이 출현하고 있다. 지능뿐만 아니라 감정을 이해하는 기술을 통한 서비스 기술에 관한 연구도 활발히 진행되고 있다. 2014년 6월에는 유진 구츠만^{Eugene} ^{Goostman}이란 챗봇$^{chatbot,\ 대화하는\ 소프트웨어\ 로봇}$이 튜링 테스트를 통과하기도 하였다.

유진 구츠만은 러시아 출신 베셀로프$^{Vladimir\ Veselov}$와 울라센$^{Sergey\ Ulasen}$, 우크라이나 출신 뎀첸코$^{Eugene\ Demchenko}$가 2001년부터 개발해온 13세 우크라이나 소년 캐릭터를 갖는 챗봇이다. 튜링 사망 60주년을 맞이하여 진행한 이벤트에서, 30명의 검사자가 이 챗봇과 5분씩 대화를 하여 판정하였고, 이들 중 33%가 이 챗봇을 사람으로 판정하였다. 이 이벤트에서 통과기준을 30%로 설정하였기 때문에, 유진 구츠만이 튜링 테스트를 통과한 것으로 인정하였다. 튜링 테스트 통과 판정에 대해서 비판적인 시각도 있다. 챗봇이 특정 나잇대의 기니피그$^{Guinea\ pig}$를 키우는 등 특정한 개성을 갖게 하고, 유머를 통해 상대를 혼란시키는 방법을 사용하였다는 것 등이다. 어찌 됐든 유진 구츠만이 튜링 테스트를 통과하였기 때문에 지능적으로 보일 수 있지만, 실제로 지능이 있는지는 또 다른 문제이다. 한편, 튜링 테스트 대회인 뢰브너 상$^{Loebner\ Prize}$이라는 행사는 1990년 이후 매년 개최되고 있다.

(a)

Scott: Which is bigger, a shoebox or Mount Everest?
Eugene: I can't make a choice right now. I should think it out later.
    And I forgot to ask you where you are from⋯
Scott: How many legs does a camel have?
Eugene: Something between 2 and 4. Maybe, three? :-))) By the way,
    I still don't know your specialty - or, possibly, I've missed it?

(b)

그림 1.8 최초로 튜링 테스트를 통과한 챗봇(chatbot) 유진 구츠만(Eugene Goostman).
(a) 챗봇의 대화창 화면. (b) 유진(Eugene)과 대회 주최자인 MIT 스콧(Scott) 교수의 실제 대화 예.

사용자의 성향을 학습하여 대화를 하는 개인 맞춤형 챗봇도 개발되고 있다. 마이크로소프트는 2016년에 10대 소녀 캐릭터인 테이^{Tay}라는 챗봇을 트위터를 통해서 서비스한 적이 있다. 테이는 대화 상대와 대화를 하면서 상대방의 성향에 맞춰 대화를 학습하도록 만들어졌는데, 이러한 특성을 의도적으로 악용하여 극우적이나 인종차별적인 트윗을 하도록 하는 일이 발생하기도 했다. 이러한 문제로 테이는 운영 16시간 만에 서비스가 중단되었다.

1.3 인공지능의 연구 분야

인공지능을 구현하기 위해서는 다양한 요소 기술이 필요하다. 여기서는 인공지능의 핵심 요소들과 인공지능의 주요 응용 분야에 관해서 간단히 소개한다.

1.3.1 요소 기술 분야

인공지능 구현에 필요한 요소 기술로는 탐색, 지식표현, 추론, 학습, 계획수립 등이 있다.

1) 탐색

탐색$^{\text{search, 探索}}$은 문제의 답이 될 수 있는 것들의 집합을 공간^{space}으로 간주하고 문제에 대한 최적의 해를 찾기 위해 공간을 체계적으로 뒤지는 것을 말한다. 대부분의 탐색방법은 탐색 직전이나 탐색 과정 중에, 탐색 공간에 대한 정보를 그래프 자료구조로 만들어 탐색을 진행한다. 전형적인 탐색방법인 너비 우선 탐색, 깊이 우선 탐색뿐만 아니라, 휴리스틱 정보를 이용하는 A* 알고리즘 등 다양한 탐색 방법이 있다. 체스와 같은 보드 게임에도 탐색 기법이 사용된다. mini-max 게임 트리$^{\text{game tree}}$를 구성하면서 $\alpha-\beta$ 가지치기^{pruning}를 하는 것, 몬테카를로 트리 탐색$^{\text{Monte Carlo tree search}}$과 같이 탐색 시간을 줄이기 위한 기법들도 개발되고 있다. 추론을 할 때에도 매칭^{matching}이 되는 대상을 찾아야 하기 때문에, 탐색은 추론과정에서도 중요한 역할을 한다. 탐색 기법에 대해서는 2장에서 자세히 살펴본다.

2) 지식표현

지식표현$^{\text{knowledge representation, 知識表現}}$ 분야는 문제를 해결하거나 심층적인 추론을 하는 데 사용할 수 있도록 지식을 효과적으로 표현하는 방법을 다룬다. 지식표현 방법에는 IF-THEN 형태의 규칙^{rule}, 관련된 정보를 슬롯^{slot}과 데몬 프로시저$^{\text{deamon procedure}}$들로 구성하는 프레임

frame, 네트워크 형태로 관련 지식을 표현하는 의미망^{semantic network}, 논리로 지식을 표현하는 형식언어인 명제 논리^{propositional logic}와 술어 논리^{predicate logic}, 절차적 지식을 표현하는 스크립트^{script}, 애매한 지식을 표현하는 퍼지 논리^{fuzzy logic}, 불확실한 지식을 표현하는 확률적 방법 등이 있다. 시맨틱 웹 기술의 발전과 함께 웹에 있는 자원의 정보를 표현하기 위한 방법인 RDF, 특정 영역의 지식을 표현하기 위한 온톨로지^{ontology} 언어인 OWL과 같은 XML 기반의 지식표현 방법도 있다. 대표적인 지식표현 방법에 대해서는 3장에서 자세히 소개한다.

3) 추론

추론^{inference, 推論}은 가정^{hypothesis, 假定}이나 전제^{premise, 前提}로부터 결론을 이끌어내는 것을 말한다. 지식이 규칙으로 표현되고 규칙의 조건부를 만족하는 입력이 주어지면 결론부의 내용이 추론 결과로 얻어진다. 이러한 추론방식을 전향추론^{forward inference}이라 한다. 한편, 어떤 결론이나 결과의 원인을 확인하고자 할 때는 해당 내용과 부합되는 결론부를 갖는 규칙의 조건부의 내용이 원인에 대응된다. 이와 같은 형태의 추론을 후향추론^{backward inference}이라고 한다. 지식이 확률 그래프 모델로 표현되고, 상황 정보가 증거^{evidence, 證據}로 주어지게 되면 베이즈 정리^{Bayesian theorem}, 한계화^{marginalization} 등을 통해 관심 확률변수^{random variable}들의 확률분포를 계산하여 추론을 한다. 구체적인 추론 방법은 지식 표현 방법과 함께 3장에서 자세히 소개한다.

4) 학습

학습^{learning, 學習}은 경험을 통해 나중에 동일한 문제나 유사한 문제를 더 잘 해결할 수 있도록 시스템의 구조나 파라미터를 바꾸는 것을 말한다. 컴퓨터가 학습하는 방법을 다루는 분야를 기계학습^{machine learning, 機械學習}이라고 한다. 기계학습 방법에는 입력과 대응하는 출력을 데이터로 제공하고 대응관계의 함수를 찾는 지도 학습^{supervised learning}, 데이터만 주어진 상태에서 유사한 것들을 서로 묶어 군집을 찾거나 확률분포로 나타내는 비지도 학습^{unsupervised learning}, 그리고 상황 별 행동에 따른 시스템의 보상 값^{reward value}만을 이용하여, 시스템에 대한 바람직한 행동 정책^{policy}을 찾도록 하는 강화 학습^{reinforcement learning} 등이 있다. 지도 학습은 분류^{classification, 分類}, 회귀^{regression, 回歸} 등에서 사용되고, 비지도 학습은 데이터를 유사한 것끼리 모으는 군집화^{clustering}, 데이터의 발생 분포를 추정하는 밀도추정^{density estimation}, 문서들에서 유행하는 주제를 찾아내고 문서들이 다루는 주제를 식별하는 토픽 모델링^{topic modeling} 등에서 사용된다. 강화 학습은 로봇과 같은 에이전트의 행동학습, 제어문제, 금융공학에서 주로 사용된다. 기계학습에 대해서는 4장에서 자세히 다루고, 최근 많은 주목을 받고 있는 딥러닝에 대해서는 5장에서 소개한다.

5) 계획수립

계획수립planning, 計畫樹立은 [그림 1.4]에서처럼 현재 상태에서 목표 상태에 도달하기 위해 수행해야 할 일련의 행동 순서를 찾는 것을 말한다. 지능을 갖는 시스템이 어떤 과업mission, 課業을 수행하기 위해서는 단일 행동이나 동작만으로는 곤란하고 체계적으로 일련의 행동을 취해야 하는 경우가 많다. 이러한 이유로 계획수립은 많은 지능형 서비스에서 필수적인 요소 기술이다. 전형적인 예로 로봇이 움직일 경로를 계획하는 것을 들 수 있다. 로봇이 현재 위치에서 목표 위치로 이동하려면 어떤 동작을 어떤 순서로 취할지 결정해야 하는데 이것이 계획수립 작업이다. 계획수립도 많은 가능한 계획 중에서 최선의 계획을 찾는 일이기 때문에 일종의 탐색 문제로 볼 수도 있다. 시간과 같은 비용을 최소로 하는 계획을 찾는 것이 계획수립에서 중요한 관심사이다. 계획수립 방법에 대해서는 6장에서 살펴본다.

1.3.2 주요 응용 분야

인공지능을 핵심 기술로 사용하는 대표적인 분야로는 전문가 시스템, 자연어 처리, 패턴인식, 데이터 마이닝, 컴퓨터 비전, 로보틱스 등이 있다.

1) 전문가 시스템

전문가 시스템expert system은 특정 문제 영역에 대해 전문가 수준의 해법을 제공하는 것으로, 간단한 제어시스템에서부터 복잡한 계산과 추론을 요구하는 의료 진단 및 고장 진단 시스템 등에 사용되고 있고, 원자력발전소와 항공우주 분야에서도 활용되고 있다. 과업이 원자력발전소와 같이 매우 신중하게 처리되어야 하는 것이라면, 전문가 시스템의 판단 결과를 바로 시스템에 적용하지 않고, 현장 작업자에게 결과를 전달하여 최종 판단은 사람이 하는 형태로 운영하기도 한다. 전문가 시스템은 기본적으로 지식을 표현하는 부분과 추론을 하는 부분으로 구성된다. 다른 분야에 전문가 시스템을 적용하려면 지식 부분만 해당 분야의 것으로 바꿔주면 된다. 비즈니스 분야에서는 전문가 시스템의 이러한 특성을 이용하여 작업 상황, 정책, 방법의 변화에 쉽게 대응하기도 한다. 3장에서 지식의 표현 방법과 전문가 시스템을 구현하는 대표적인 방법인 규칙기반 시스템에 관해서 설명한다. 또한 11장에서는 전문가시스템을 쉽게 개발하기 위해 사용하는 도구인 Jess를 소개한다.

2) 데이터 마이닝

데이터 마이닝data mining은 컴퓨터 하드디스크에 저장된 대량의 데이터로부터 잠재적으로 유용할 것 같은 숨겨져 있는 지식을 추출하는 것을 말한다. 기계학습 방법은 기본적으로 데이터가 메모리에 적재될 수 있다고 전제하고 알고리즘을 개발한다. 반면, 데이터 마이닝은 디스크에 있는 대량의 데이터를 다루는 것을 전제하므로, CPU 처리 시간보다 디스크 접근 횟수를 최소화하면서 패턴을 찾는 것에 관심을 둔다. 데이터 마이닝을 통해서 추출하려는 지식의 형태는 기본적으로 기계학습이나 통계학에서 관심을 두는 것과 같기 때문에, 이들 분야의 이론이 많이 적용된다.

데이터 마이닝은 전체 데이터에서 발견되는 패턴뿐만 아니라 일부 데이터에서 발견되는 패턴에도 관심을 둔다. 일부 데이터에만 나타나는 패턴도 실제 응용 분야에서 의미 있는 경우가 많기 때문이다. 데이터 마이닝은 특정 알고리즘을 데이터에 적용해서 바로 원하는 결과를 얻을 수 있는 단순한 작업이 아니다. 데이터의 선정 및 전처리, 알고리즘의 선택과 적용, 결과의 평가 등과 같은 일련의 작업을 반복해서 의미있는 분석 결과를 찾아가는 절차적 과정을 통해서 이루어진다.

한편, 최근 스마트폰, 센서 등과 같은 데이터수집 단말기가 네트워크에 연결되어 데이터가 수집됨에 따라 다양한 대량의 데이터가 축적되고 있다. 또한 이들 데이터를 분석하여 활용하려는 노력이 경주됨에 따라 빅데이터$^{big\ data}$에 대한 관심도 커지고 있다. 특히 빅데이터에 대한 마이닝 기술에 관심과 기대가 커지고 있다.

데이터 마이닝에 대해서는 7장에서 자세히 알아본다. 12장에서는 데이터 마이닝에 사용할 수 있는 도구인 Weka를 소개한다.

3) 패턴인식

패턴인식$^{pattern\ recognition}$은 데이터에 있는 패턴이나 규칙성을 찾는 것을 말한다. 대표적인 인식 대상으로 문자, 음성, 영상, 텍스트, 신호 등을 들 수 있다. 문자인식에는 인쇄된 문자뿐만 아니라 필기체 문자를 인식 대상으로 한다. 필기체 인식에는 이미 쓰여진 문자를 인식하는 것과 온라인으로 쓰여지고 있는 문자를 인식하는 것이 있다. 이미 문자인식은 상용화되어 널리 사용되고 있으며 스마트폰에는 기본적으로 필기문자 인식기능이 탑재되어 있다. 음성인식 기술이 발전하여 스마트폰의 인터페이스의 하나로 음성인식이 활용되고 있다. 전화 자동응답서비스^{ARS}, 학습지원시스템을 비롯한 다양한 응용 분야에서도 음성인식 기술이 널리 활용되고 있다. 영상인식은 사진과 같은 정지영상이나 움직이는 동영상을 대상으로 한다. 영상인식은 많은 발전을 해왔음에도 불구하고 아직 해결할 문제가 많이 남아 있다. 텍스트 데이터로부터 의미있는 패턴을 추출하고 식별하는 기술도 개발되고 있다. 레이다^{radar}, 라이다^{lidar}, 소나^{sonar} 등 다양한 센서를 통해서 측정된 신호도 중요한 패턴인식의 대상으로 활발히 연구되고 있다. 일반 데이터에도 패턴인식 기술이 적용되는데, 데이터에 내재된 패턴 찾기, 일반적인 패턴에서 벗어나는 이상치^{outlier, 異狀値} 찾기 등을 위한 다양한 패턴인식 기술들이 개발되고 있다.

패턴인식에는 딥러닝을 비롯한 기계학습, 컴퓨터 비전, 확률모델 등의 기술이 활용된다. 기계학습과 딥러닝에 대해서는 4장과 5장에서 다루고, 딥러닝 프레임워크인 텐서플로우^{TensorFlow}에 대해서는 13장에서 소개한다.

4) 자연어 처리

자연어 처리^{natural language processing, NLP}는 사람이 사용하는 일반 언어로 작성된 문서를 처리하는 분야이다. 문서에 있는 문장을 분석하여 의미를 파악할 수 있다면 다양한 서비스를 할 수 있다. 예를 들면, 매일 수 없이 많이 생산되는 문서들을 사람이 직접 읽지 않고 프로그램이 알아서 읽고 요약 정보를 제공하거나, 주제를 찾아서 주제별로 분류하고, 새로이 출현하는 이슈를 식별하여 알려주고, 질문에 대해서는 자동으로 답변할 수도 있게 된다. 한편, 특정 언어를 다른 언어로 번역하는 기계번역 기술의 발전으로 높은 품질의 자동 번역 서비스도 제공되고 있다.

자연어 처리 기술은 개인 비서 역할을 하는 에이전트^{agent} 시스템을 구현할 때도 핵심적으로 사용되는 요소기술이다. 정보검색 분야에서는 명사를 검출하기 위해 형태소 분석 결과만을 사용하는 단순한 자연어 처리 기술이 주로 사용되어 왔지만, 점차 복잡한 자연어 처리 기술을 적용하는 서비스들이 개발되고 있다. 짧은 메시지들이 전달되는 소셜 네트워크 서비스^{SNS}의 분석에서도 보다 고급 자연어 처리 기술을 적용하고 있다.

자연어 처리에 대해서 8장에서 자세히 알아본다. 14장에서는 한글 및 영어 텍스트 처리를 위한 도구들을 소개한다.

5) 컴퓨터 비전

컴퓨터 비전^{computer vision}은 컴퓨터를 이용하여 시각 기능을 갖는 기계장치를 만들려는 분야이다. 컴퓨터 비전의 처리 과정은 보통 세 단계로 나누어진다. 첫 번째 단계는 전처리 단계로서 카메라를 통해서 들어온 원래 영상을 입력받아 사용 목적에 맞게 가공하는 단계다. 이 과정을 영상처리^{image processing}라고도 한다. 두 번째는 특징 추출 단계로서 영상에서 에지^{edge}, 선분, 코너^{corner}, 원, 텍스쳐^{texture}와 같은 특징이나, SIFT나 SURF와 같은 개선된 지역특징^{local feature}을 추출한다. 마지막은 추출한 특징 정보를 분석하고 목적에 맞게 해석하는 해석 단계이다. 정지영상인지 동영상인지에 따라 작업의 특성이 다르고, 목적에 따라 처리 방법과 알고리즘이 달라진다. 예를 들면, 사람의 이동 정보가 필요한 경우와 사람을 식별해야 하는 경우는 차별적인 처리 방법과 과정이 사용될 수 있다.

컴퓨터 비전은 다양한 응용분야가 있고, 많은 수요가 있으므로 이에 관한 연구가 상당히 진행됐다. 사람도 착시나 착각 때문에 상황을 잘못 이해할 수 있는 만큼 컴퓨터 비전은 본질적으로 어려운 문제이다. 그럼에도 불구하고 적용환경에 제약을 가해서 효과적으로 서비스하는 다양한 서비스들이 개발되어 운영되고 있다. 최근에는 딥러닝 기술이 컴퓨터 비전에 적용되면서, 기존 방식의 전처리 과정과 특징 추출 과정을 별도로 거치지 않으면서 훨씬 좋은 성능을 보이는 방법들이 개발되어 많은 관심을 끌고 있다.

9장에서 컴퓨터 비전에 대해서 자세히 알아본다. 15장에서는 대표적인 컴퓨터 비전 라이브러리인 OpenCV를 활용하는 방법을 소개한다.

6) 음성인식

음성인식$^{\text{speech recognition}}$은 음성을 입력받아 문장으로 변환하는 것을 말한다. 동일한 문장을 말할 때, 사람마다 음색이 다르고, 발음 속도가 다르고, 심지어 발음도 다르기 때문에, 음성인식 문제는 쉬운 문제가 아니다. 이런 어려움에도 불구하고, 음성인식 분야는 오랜 역사를 가지고 있다. 1952년에 이미 미국 벨연구소$^{\text{Bell Laboratories}}$에서 숫자음을 인식하는 오드리^{Audrey}라는 시스템을 개발했다. 1970년 초반에는 미국 카네기멜론$^{\text{Carnegie Mellon}}$ 대학에서 1,011개 단어를 인식하는 하피^{Harpy}라는 시스템을 개발하기도 했다. 1980년대에는 음성 길이 차이의 문제를 해결할 수 있는 확률모델인 HMM$^{\text{Hidden Markov Model}}$이 개발되면서, 음성인식에 새로운 전환점을 맞이하게 된다. 1990년대에는 휴대폰 등 제품에 전화번호 찾기 등을 위한 음성인식 서비스가 탑재되었다. 당시 음성인식 기술은 1분에 100단어 정도를 처리할 수 있는 수준이었다.

2000년대에 접어들면서 매우 많은 어휘를 인식할 수 있는 시스템들이 개발되었고, 애플의 시리^{Siri}가 2011년 아이폰에 탑재되면서 음성인식이 일상적인 서비스로 각인되기 시작했다. 2010년대에 접어들어 딥러닝 기술이 본격적으로 도입되면서, 기존 HMM 방식에 비하여 성능이 크게 향상된 음성인식 서비스들이 개발되고 있다. 이제는 음성인식 기능이 스마트폰 등 전자기기에 기본 서비스로 탑재되고 있다. 음성인식 및 번역 기능을 제공하는 구글의 픽셀버드$^{\text{pixel buds}}$ 이어폰을 비롯하여, 음성인식 기능을 탑재한 다양한 개인 비서 서비스 및 가전 제품이 시장에 나와 있다. 음성인식 방법에 대해서는 8.10절에서 간단히 소개한다.

7) 로보틱스

로보틱스^{robotics} 분야는 로봇과 관련된 기술 분야로서 기계공학, 센서 공학, 마이크로일렉트로닉스^{micro-electronics}, 인공지능 기술을 종합적으로 활용한다. 로봇은 위임받은 일을 알아서 수행하는 하나의 에이전트로 볼 수 있다. 지능적인 로봇이 되기 위해서는 인공지능 기술이 종합적으로 필요하다. 인지를 위해서 컴퓨터 비전 기술이 필요하고, 판단하기 위한 추론 기능, 어떤 행동을 어떻게 할지 결정하기 위한 계획수립 기술, 친근한 인터페이스를 위한 자연어 처리 및 음성인식 기능, 사용하면서 더 똑똑해지도록 만들기 위한 학습 기능 등을 비롯한 다양한 인공지능 기술이 요구된다.

10장에서 지능 로봇의 요소 기술에 대해서 자세히 살펴본다. 16장에서는 대표적인 로봇 소프트웨어 개발 프레임워크인 ROS^{Robot Operating System}를 사용하는 방법에 대해서 알아본다.

8) 에이전트

에이전트^{agent}는 사용자로부터 위임받은 일을 자율적으로 수행하는 시스템을 말한다. 지능적인 서비스를 하는 시스템을 에이전트로 간주하고, 이러한 에이전트를 만들려는 연구가 진행되고 있다. 에이전트의 형태는 단순히 입력에 대해서 정해진 반응만을 하는 반응형 에이전트^{reactive agent}에서부터, 자신의 지식을 활용하여 목표를 달성하기 위한 계획을 수립하고 수행하는 숙고형 에이전트^{deliberate agent}, 경험(즉, 행동과 그 결과)이 누적됨에 따라 점점 똑똑해지도록 학습을 하는 학습 에이전트 등이 있다. 에이전트를 순수하게 소프트웨어로 되어 있는 소프트웨어 에이전트와, 지능 로봇으로 대표되는 물리적 에이전트로 분류하기도 한다.

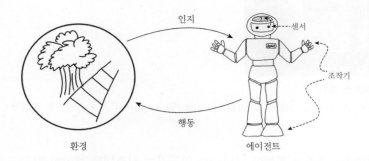

그림 1.9 **에이전트.**
에이전트는 센서를 통해 환경을 인지하고, 환경에 대한 자신의 정보를 갱신한 다음, 지식과 정보를 사용하여 최선의 행동을 결정한 다음, 조작기를 사용하여 환경에 대해 행동을 한다.

1.4 인공지능의 최근동향

인공지능 기술은 연구실에서 연구되는 주제가 아니라 실생활 속에 깊이 들어와 있는 제품과 서비스들의 핵심기술로써 자리 잡고 있다. 사용되는 인공지능 기술의 완성도에 따라 제품과 서비스의 경쟁력이 결정될 만큼 인공지능 기술의 수요와 역할이 커지고 있다.

최근 일반인들에게 깊은 인상을 준 인공지능 서비스 및 제품들이 여럿 등장하면서 인공지능에 관한 관심도 더욱 커지고 있다. IT제품 중에서 21세기에 들어 가장 큰 문화적 변화와 영향을 준 것은 아마도 스마트폰일 것이다. 어디에서나 인터넷에 연결되고 앱을 실행할 수 있는 스마트폰의 등장은 휴대전화의 위상을 통화와 메시지전달을 위한 통신단말^{communication terminal}에서 모든 정보와 서비스를 사용할 수 있는 정보단말^{information terminal}로 바꾸어 놓았다.

스마트폰에 탑재된 대표적인 인공지능 서비스로는 음성인식과 자연어 처리 기술을 적용한 애플의 시리^{Siri} 같은 개인 비서 서비스 앱이 있다. 이러한 앱을 사용하여 음성으로 정보검색 서비스 등을 자연스럽게 이용할 수 있다. 이러한 서비스를 구현하기 위해 음성 인식, 자연어 처리, 정보 검색, 추천 등의 인공지능 요소기술들이 사용되고 있다. 음성인식을 통해 다양한 정보 서비스를 사용할 수 있도록 하는 음성인식 스피커 제품들이 출시되어 널리 사용되고 있다. 또한 딥러닝 기술을 적용한 대화를 하는 챗봇 서비스들이 개발되고 있다.

그림 1.10 왓슨의 Jeopardy! 퀴즈쇼 출연.
왓슨은 역대 챔피언 켄 제닝스(Ken Jennings), 브래드 러터(Brad Rutter)와 Jeopardy! 쇼에 출연하여 퀴즈 경합에서 우승했다.

IBM은 왓슨^{Watson}이라는 자연어로 주어진 질문에 답변하는 인공지능 시스템을 개발하였다. 2011년에 왓슨이 미국의 퀴즈 쇼인 제퍼디^{Jeopardy!}에 참가해 이전 챔피언 두 명과의 경쟁에서 우승하여 사람들을 놀라게 했다. 왓슨은 질의응답 서비스를 위해 자연어 처리, 정보 검색, 지식 표현 및 추론, 기계학습 등의 인공지능 기술을 사용한다. 왓슨은 의료, 통신, 금융서비스, 정부 등 다른 정보 서비스 분야에 활용하도록 분야를 넓혀 가고 있다. 국내의 여러 병원에서 왓슨을 도입하여 암 진단 등에 활용하려는 시도를 하고 있다. 한편, 한국전자통신연구원^{ETRI}에서는 왓슨과 비슷한 성격의 자연어 이해 시스템인 엑소브레인^{Exobrain}을 개발하고 개발기술을 공개했다.

구글은 자율주행 자동차^{autonomous car}를 개발하여 성공적으로 시범 서비스를 했다. 2009년 도로 주행 테스트를 시작한 구글의 자율주행 자동차는 2017년 누적 주행 거리가 600만 킬로미터 이상인 주행 테스트를 하면서 성능을 개선하고 있다. 2017년 현재 구글의 자회사인 웨이모^{Waymo}에서 자율주행 자동차를 개발하고 있으며, 운전자가 없는 상태의 주행 테스트를 하고 있다. 세계적으로 자동차 회사를 중심으로 자율주행 자동차에 많은 투자를 하고 있고, 자율주행 자동차 운행을 위한 인프라 구축에 대한 작업이 여러 나라에서 진행되고 있다. 이러한 무인 자율 자동차에 관한 기술 발전에 크게 이바지한 것은 미국 국방성의 DARPA가 2004년부터 매년 진행한 DARPA Grand Challenge라는 자동차 경주대회이다. 여기에 최신 기술을 사용하는 세계적인 팀들이 참여했다. 2회 대회인 2005년에 미국 스탠퍼드 대학의 쓰론^{Sebastian Thrun, 1967生} 교수팀이 스텐리^{Stanley}라는 자동차로 모하비 사막 240Km를 6시간 54분 만에 주파하여 우승했다. 쓰론 교수는 이후 구글의 자율주행 자동차 프로젝트를 이끌기도 했다. 자율주행 기술은 이미 상당 수준에 도달하여, 전기 자동차 업체인 테슬라^{Tesla}는 이미 2014년부터 오토파일럿^{Autopilot}이라는 자율주행 기능을 자사 자동차에 제공하고 있다.

미국 자동차 공학회^{Society of Automotive Engineers, SAE}에서는 자율 자동차의 자동화 단계^{automation level}를 0부터 5까지로 분류하고 있다. 단계 0은 완전 수동, 단계 1은 차선유지, 자동 크루즈^{cruise}, 자동 주차 등 운전자 보조 수준, 단계 2는 특정 조건에서 자율 주행을 하지만 운전자가 주목을 해야 하는 부분 자동화 수준, 단계 3은 특정 조건에서 자율주행이 되는 조건부 자율주행 수준, 단계 4는 고도 자동화 수준, 단계 5는 완전 자동화 수준을 말한다. 테슬러의 오토파일럿의 자동화 수준은 단계 2에 속한다. 여러 자동차 회사들과 정보기술 기업들이 자율주행 자동차에 대한 많은 투자를 하고 있다. 머지않아 단계 3 이상의 자율주행 기능을 갖춘 자동차가 도로를 주행하는 것을 쉽게 보게 될 것이다.

로봇 분야에서도 인공지능 기술이 핵심적인 역할을 하고 있다. 미국의 보스턴 다이나믹스^{Boston Dynamics}사는 2006년 군사용 4족 보행로봇인 빅독^{Big Dog}을 개발하였다. 빅독은 평지뿐만 아니라 산악지형까지 이동할 수 있는데, 150Kg의 화물을 시속 6.4Km로 운반할 수 있다. 이 로봇은 미 해병대 작전 지원용으로 개발되었으나, 소음 때문에 실전 배치는 보류되었다. 또한, 이 회사는 평지와 험지를 보행할 수 있는 2족 로봇인 아틀라스^{Atlas}를 비롯해 여러 로봇을 개발하고 있다. 2012년부터 DARPA Robotics Challenge라는, 재난 상황에서 인간을 보조하는 로봇에 대한 국제 대회가 개최되고 있다. 2015년에는 이 대회에서 KAIST가 개발한 휴보^{Hubo} 로봇이 우승하기도 했다.

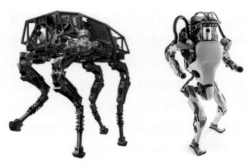

그림 1.11 **보스톤 다이나믹스사의 로봇 빅독(Big Dog)과 아틀라스(Atlas).**

인공지능 기술은 다양한 앱에서 활용되고 있다. 특히 클라우드^{cloud} 기술이 일반화되면서 입출력 단말로 스마트폰을 활용하고 계산량이 많은 처리는 클라우드에서 하는 서비스가 많아지고 있다. 이미지 인식 앱은 휴대폰으로 찍은 사진으로 질의하면 클라우드 서버에서 검색하여 해당 사진 속의 대상에 대한 정보를 제공한다. 예를 들면 랜드마크의 사진을 찍으면 그것에 관한 정보가 검색되어 제공되고, 제품의 바코드 사진을 찍으면 해당 제품에 대한 정보가 제공된다.

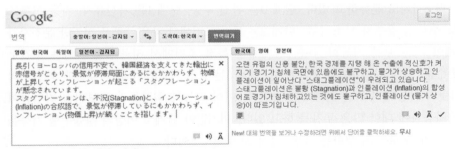

그림 1.12 **구글의 번역 서비스**

일상에서 쉽게 사용할 수 있는 인공지능 서비스로는 기계번역^{machine translation} 서비스가 있다. 구글과 마이크로소프트의 번역기는 100개 이상의 언어 간 기계번역을 제공하는 서비스로 외국 정보를 읽거나 분석하는 데 많은 도움을 주고 있다. 이들 번역기는 번역방법을 사람이 직접 구축하는 대신에 기계학습 방법을 사용했다. 유럽연합^{EU} 국가 언어로 병기되어야 하는 유럽연합의 공식 문서 등과 같은 대역^{對譯} 문서 데이터, 기타 번역 데이터 및 인터넷 데이터에 대해, 통계학적인 기계학습 방법과 딥러닝 기술을 적용하여 번역 서비스를 구현했다. 이들 기업은 우수한 기계번역 서비스를 온라인 서비스와 API^{Application Programming Interface}로 제공하고 있다. 한편, 국내의 네이버 랩스는 신경망 기반의 음성인식 기계번역 서비스인 파파고^{papago,앵무새}를 출시하여 좋은 반응을 얻고 있다.

바둑은 가능한 경기의 조합이 10^{360}개나 되는데, 이는 눈에 보이는 우주에 있는 원자 수보다 많은 수이다. 그래서 바둑을 인간이 만든 가장 어려운 게임이라고 한다. 구글은 프로기사들의 바둑 기보^{棋譜, 바둑을 둔 내용의 기록}와 자기 자신과의 바둑을 둔 데이터를 학습한 알파고^{AlphaGo}라는 바둑 프로그램을 개발했다. 2016년 3월 이세돌 기사와의 바둑 대국에서 알파고가 4대 1로 이기면서 많은 사람을 놀라게 했다. 2017년 5월에는 중국의 커제^{柯洁} 기사와 대국을 했는데, 알파고가 전승을 하면서 알파고의 진화 속도에 대한 놀라움을 자아냈다. 2017년 10월에는 바둑 기보나 지식을 전혀 사용하지 않고 자신과 바둑을 두면서 학습하여 기존 알파고보다 훨씬 우수해진 모델인 알파고 제로^{AlphaGo Zero}가 공개되었다. 2017년 12월에는 AlphaGo Zero보다 진화한 알파 제로^{Alpha Zero} 모델이 공개되었고, 이 모델은 바둑 뿐만 아니라 체스, 일본 장기 등에서도 놀라운 성능을 보여주었다.

딥러닝 기술이 적용되면서 최근 눈부시게 발전하고 있는 분야가 컴퓨터 비전이다. 얼굴 인식 및 식별 등에서는 이미 사람보다 우수한 시스템이 이미 개발되었다. 사진 영상을 보고 사진 속에 있는 객체의 종류를 판단하는 영상 분류^{image classification} 기술은 사람에 필적할 만한 정도의 성능을 보이고 있다. 영상 속의 여러 객체의 위치를 사각형 영역으로 찾아내고, 각 영역에 있는 객체의 종류를 판정하는 객체 위치 검출^{object localization} 및 객체 인식^{object recognition} 기술은 실시간 처리가 가능할 정도로 발전하고 있다. 한편, 영상 속의 각 객체의 테두리 윤곽선을 찾아내고, 해당 윤곽선 내의 객체에 대한 종류를 결정하는 의미적 영역 분할^{semantic segmentation} 기술도 크게 발전하고 있다. 희미한 저해상도 영상을 선명한 고해상도 영상으로 복원해주는 초해상도 복원^{superresolution restoration} 기술도 개발되고 있다.

1.5 인공지능의 영향

인공지능을 포함한 기술의 발전은 새로운 일자리를 만들기도 했지만 자동화로 인해 많은 일자리를 기계로 대체해 왔다. 지금까지는 기술의 발전은 육체노동이 요구되는 블루칼라^{blue collar} 일자리를 많이 줄여왔다. 자율주행 자동차의 상용화는 블루칼라 일자리의 축소를 보여줄 단적인 사례이다. 그런데 인공지능 기술 발전은 블루칼라 일자리뿐만 아니라 사무·관리직과 급여 수준이 높은 전문직 등 화이트칼라^{white collar} 일자리를 많이 줄일 것으로 예상된다. 물론 새로운 일자리들이 만들어질 것이지만 얼마나 많을지 어떤 것들이 만들어질지 예측하기는 쉽지 않다.

금융 및 법률 분야에는 인공지능 기술이 도입되어 복잡한 전문적인 데이터 분석 처리를 하고 있으며, 언론 분야에는 인공지능 소프트웨어가 신문기사를 작성하는 로봇 저널리즘^{robot}

^{journalism}이 확산되고 있고, 의료분야에는 진단 및 처방에 왓슨과 같은 기술이 도입되고 있다. 인공지능 기술의 발전은 생산성 및 효율성 측면에서는 매우 긍정적이지만, 일자리의 감소라는 부정적인 측면을 내포하고 있다. 새로운 직업이 생겨나기도 하겠지만, 인공지능 기술의 발전은 노동력의 잉여를 초래할 것이고, 이에 따라 고용과 일자리 문제, 기회의 불평등 문제, 소득의 양극화 문제 등의 해결을 위한 사회적·정치적 변화와 타협이 일어날 것이다.

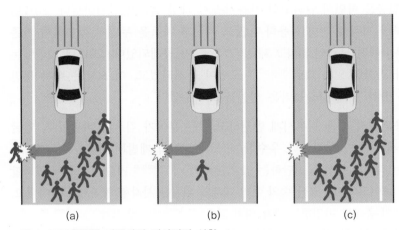

그림 1.13 **자율주행 자동차의 의사결정 상황.**
(a) 다수의 무단횡단자와 한명의 보행자 상황. (b) 한명의 무단횡단자. (c) 다수의 무단횡단자.

인공지능 기술의 발전은 인간 본연의 영역에 남겨두었던 윤리 문제를 표면으로 끄집어내고 있다. [그림 1.13]은 본퐁^{Jean-Francois Bonnefon} 등 심리학자들이 설문연구에서 사용한 인명피해가 날 수밖에 없는 운전 상황들이다. [그림 1.13(a)]는 운전 중 갑자기 다수의 무단횡단자가 길에 나타나는 경우로, 자동차가 주행방향을 바꾸지 않으면 무단횡단자 여러 명이 사망할수 있고, 주행방향을 바꾸면 인도를 걷던 보행자가 사망할 수 있는 상황이다. [그림 1.13(b)]는 무단횡단자 한 명이 나타났는데 주행방향을 바꾸면 탑승자가 사망할 수 있는 상황이고, [그림 1.13(c)]는 다수의 무단횡단자가 나타났는데 주행 방향을 바꾸면 탑승자가 사망할 수 있는 상황이다. 이러한 상황에 직면하게 되면, 운전자 스스로 순간 판단해서 행동한다. 이런 상황에 대해서 어떻게 해야 하는지 사회적인 합의를 한 적도 없고 합의를 하는 것도 어렵다. 온전히 개인의 판단에 맡겨둔 윤리적 가치판단의 문제이다.

그런데 자율주행 자동차는 이러한 상황을 마주하게 되면 직진을 할 것인지 방향을 바꿀 것이지 결정을 하는 프로그램 코드를 반드시 가지고 있어야 한다. 무단횡단자 몇 명의 목숨과 무고한 보행자의 목숨이 대등한 가치를 가지는가? 목숨의 가치를 비교하여 불법을 저지르지 않은 사람을 희생하여도 정당한가? 탑승자는 무단횡단자 몇 명을 위해 희생해야 하는가? 우리는 이런 상황에 대해서 어떻게 프로그램 된 자율주행 자동차를 살 것인가? 자동차 소유자에게 이런 상황에 대한 선택을 미리 하도록 할 것인가? 이전에는 순전히 개인의 가치 판단에 맡겨졌던 이러한 윤리적 문제가, 인공지능 기술의 발달과 함께 사회적으로 논의되고 그 판단 기준이 명문화되기를 요구하고 있다.

인공지능 기술은 개인의 신원identity을 확인하는 데도 사용되고 있다. 지문 인식과 얼굴 인식은 이미 널리 사용되는 기술이다. 그런데 인공지능 기술은 개인을 식별하는데 사용되는 개인 식별 데이터를 위조하는 곳에도 사용될 수 있다. 개인의 필체를 학습하여 글씨를 쓸 수 있고, 개인의 목소리를 흉내 내는 기술이 있으며, 특정 개인의 사진만 있으면 동영상 속의 얼굴을 사진 속의 얼굴로 바꿀 수 있는 기술이 있다. 개인의 사진, 동영상, 활동 등이 페이스북facebook, 트위터twitter, 인스타그램instagram 등을 통해 수집되고 유통되고 있다. 이러한 개인에 대한 정보와 인공지능 기술을 활용하면 개인의 행동을 위조하여 유포하는 것도 가능해진다. 동영상으로 찍힌 것도, 녹음된 목소리도, 필기된 메모도 믿을 수 없게 될 지도 모른다. 인공지능 기술 발전과 함께 개인은 새로운 형태의 사생활 침해와 존엄성에 대한 도발에 직면할 수도 있다.

인공지능은 군사 분야에도 많이 활용되고 있는데, 특히 살상용 자율무기 체계LAWS: lethal autonomous weapon system의 핵심 기술이다. 이들 무기체제는 사람의 개입 없이 스스로 표적을 찾아내고 제거하는 역할을 한다. 기술적으로 잘못된 판단을 하지 않도록 만들기가 쉽지 않으므로 무고한 인명피해를 초래할 수 있다. 이들 무기체계에 인명 살상 코드를 집어넣어야 하는데, 이를 통제할 수 없는 상황에 대해서도 대응이 필요하다. 살상 코드를 실행시키도록 하는 상황에 대한 바른 판단의 타당한 근거를 만들거나 합의하는 것도 어려울 것이다.

인공지능은 인류 미래에 지대한 영향을 미칠 기술이다. 이 기술은 인간에게 보편적인 혜택이 돌아가도록 사용될 수도 있지만 그렇지 않을 수도 있다. 인공지능 제품과 서비스는 개인의 사생활과 안전과 생존에 도움이 되도록 만들어지고 관리되고 통제되어야 한다. 이를 위해서는 인공지능 기술을 활용하는 사회 및 정치체계가 인간 중심의 가치를 최우선으로 해야 할 것이다.

1. [그림 1.4]의 블록문제에 대해서 현재 상태를 목표 상태로 바꾸는 조작자들의 적용 순서를 찾아보시오.

2. 지능적인 요소가 아직은 없지만 인공지능 기술이 활용되면 서비스 품질이나 기계의 성능이 좋아질 것 같은 사례를 찾아보고, 구체적으로 어떤 인공지능 기술을 활용해야 할지 정리해 보시오.

3. Nature지(Volume 521, Issue 7553, 2015)의 "Ethics of artificial intelligence"를 찾아 읽어보고 4명의 토론자의 의견을 정리해 보시오.

4. Alex Proyas 감독의 영화 I, Robot과 Spike Jonze 감독의 영화 HER를 감상하고, 두 영화에 나오는 두 인공지능체를 비교하여 인공지능이 미래에 줄 수 있는 긍정적인 측면과 부정적인 측면, 필요할 것 같은 제도적 장치를 생각해 보시오.

5. 기술의 수준이 어느 한순간 기하급수적으로 증가하는 시점을 특이점(singularity)이라고 한다. 인공지능의 특이점은 어떤 시점을 이야기 하는 것이고, 특이점에 도달하기 위해서는 어떤 기술이 필요할지 설명해 보시오.

6. 인공지능 기술로 만들어진 소설, 음악, 시, 그림에 예술성이 있는지, 그런 작품에는 저작권이 있어야 하는지, 있다면 누구에게 권한을 주어야 할지에 대한 의견을 쓰시오.

7. 국가 예산은 기본적으로 세금으로 충당된다. 로봇이 일자리를 대체하게 되면 개인이 낼 소득세가 줄 수 밖에 없다. 로봇에게 세금을 부과하는 것이 타당한지, 부과한다면 어떤 규모와 방법으로 하는 것이 바람직할지 의견을 쓰시오.

8. 선진국을 중심으로 군사 분야에서 로봇이 적극적으로 도입되고 있다. 군사 시스템에서 인공지능 프로그램이 인명 살상을 위한 충격여부 등을 판단할 수 있도록 하는 것이 윤리적인지, 어떤 방법으로 통제를 해야 할지 의견을 쓰시오.

9. 현재 공개된 자율주행 자동차의 기술 수준을 조사하고, 어떤 인공지능 기술이 활용되고 있는지 기술하시오.

10. 인공지능 기술 발전에 대한 긍정적인 측면과 부정적인 측면을 조사하고, 자신이 예측하는 인공지능 기술에 따른 미래 모습을 기술하시오.

11. 컴퓨터 비전 분야의 대표적인 성능평가 대회인 ILSVRC의 홈페이지(www.image-net.org/challenges/LSVRC/)를 방문하여 경쟁 분야별 우승팀과 성능을 조사하시오.

12. 일상에서 사용되고 있는 음성인식 서비스의 사례들과 이들의 특징에 대해서 조사하시오.

13. 인공지능 기술 발전에 따라 최근 일자리가 줄고 있거나 사라진 직업들과 새롭게 출현한 직업들을 조사하시오.

Cogito ergo sum.
Je pense donc je suis. - René Descartes(1596~1650)
나는 생각한다. 그러므로 나는 존재한다.

탐색과 최적화

탐색과 최적화

사람은 일상에서 많은 문제와 마주치며 이를 해결하면서 살아간다. 친구와 약속 시각 잡기, 집에서 출발해 도서관을 거쳐서 강의실로 가는 최적 경로 생각하기, 보드 게임을 할 때 말^{piece}의 움직임 선택하기, 오늘 할 일 일정 계획 세우기 등이 모두 문제이며, 무의식중에 이러한 문제를 해결하면서 지낸다. 이러한 문제의 해답을 찾는다는 것은 해답이 될 수도 있는 많은 후보 중에서 적당한 것을 탐색$^{search, \ 探索}$하는 과정으로 볼 수 있다. 예를 들면, 약속 시각 문제는 강의시간을 제외한 시간 중에서 두 사람이 가장 선호하는 시간대를 찾는 탐색이고, 경로 찾기 문제는 가능한 경로 중에서 가장 좋은 것을 찾는 탐색이다. 탐색은 인공지능에서 가장 기본적인 문제 해결 전략이다. 탐색 대상이 되는 해가 이산적인 값들로 표현되는 경우도 있고, 연속 구간의 값들로 표현되는 경우도 있다. 이 장에서는 인공지능에서 사용되는 탐색 방법들과 목적 함수를 최적화하는 해를 찾는 최적화 방법에 대해서 살펴본다.

2.1 상태 공간과 탐색

어떤 문제를 알고리즘적으로 해결하기 위해서는 먼저 문제의 정보를 정형화된 형식으로 표현하여야 한다. 여기에서는 문제^{problem}와 문제의 해$^{solution, \ 解}$를 상태$^{state, \ 狀態}$의 개념으로 표현하고 이를 이용하는 탐색을 통해 해를 찾는 방법을 알아본다.

2.1.1 탐색 문제

다양한 문제들이 탐색 방법으로 해결될 수 있다. [그림 2.1]은 탐색으로 해를 찾을 수 있는 문제들의 예이다. (a)는 선교사–식인종 강 건너기 문제로, 선교사 3명과 식인종 3명이

안전하게 배로 강 반대편으로 건너가는 방법을 찾아야 한다. 여기에는 배는 2인용이고, 어디에서든 선교사의 수가 식인종의 수보다 적어서는 안 된다는 제약조건이 있다. (b)는 8-퍼즐^{8-puzzle} 문제로, 타일이 1부터 8까지 순서대로 배치되도록 만들어야 한다. (c)는 8-퀸^{queen} 문제인데, 8개의 퀸을 다른 퀸과 동일한 수평, 수직, 대각선에 위치하지 않도록 배치해야 한다. (d)는 틱-택-토^{tic-tac-toe} 게임으로, 두 명이 3×3 크기의 말판^{board}에서 번갈아 가며 말을 놓는데, 먼저 말 3개를 일직선에 놓는 사람이 이긴다. (e)는 판매자가 모든 도시를 한 번씩만 방문하는 최단 경로를 찾는 순회 판매자 문제^{traveling salesperson problem, TSP}이다. (f)는 루빅스 큐브^{Rubik's cube}인데, 각 면의 타일들의 색상이 같아지도록 맞추어야 한다.

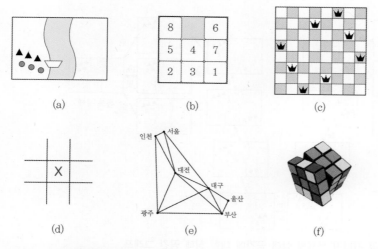

그림 2.1 **탐색문제의 예.**
(a) 선교사-식인종 강 건너기 (b) 8-퍼즐 (c) 8-퀸 (d) 틱-택-토 (e) 순회 판매자 문제 (f) 루빅스 큐브

이들 문제의 해는 일련의 동작으로 구성되거나 하나의 상태로 표현된다. 일련의 동작이 해인 경우에는 각 동작이 세계^{world}의 상태를 순차적으로 변화시켜 목표하는 상태에 도달하게 된다. 여기에서 세계는 문제에 포함된 대상들과 이들이 처해있는 전체 상황을 포괄적으로 지칭하는 말이다. 상태는 특정 시점에 세계가 처해 있는 모습을 의미한다. 어떤 상태가 해라면, 그 상태는 문제의 요구조건을 최적으로 만족하는 것이다.

2.1.2 상태 공간과 문제 해법

탐색 문제는 상태 공간^{state space, 狀態空間}의 개념을 사용하여 설명할 수 있다. 상태 공간은 '문제의 초기 상태로 부터 도달할 수 있는 모든 상태의 집합'이나 '문제의 해가 될 가능성이 있는 상태들의 집합'을 의미한다. 탐색으로 문제의 해를 구하는 것은, 상태 공간을 체계적으로 탐색하여 목표 상태goal state에 도달하게 하는 일련의 동작들을 찾거나, 문제의 해가 되는 목표 상태 자체를 찾는 것을 의미한다. 초기 상태initial state는 문제가 주어진 시점의 시작 상태를 말하고, 목표 상태는 문제에서 원하는 최종 상태를 말한다.

상태 공간에 있는 어떤 상태에서 특정 행동이나 동작을 하면 다른 상태로 변할 수 있다. 상태 공간의 각 상태를 노드node로 나타내고, 어떤 상태에서 다른 상태로 변화시키는 행동이나 방법이 있다면 해당 노드들 사이에 방향이 있는 간선edge을 추가하여 표현한 그래프를 상태 공간 그래프state space graph라고 한다.

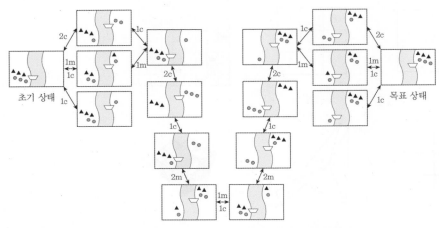

그림 2.2 **선교사-식인종 강 건너기 문제의 상태 공간에 대한 상태 공간 그래프.**
(c는 식인종, m은 선교사, 사다리꼴 모양은 배의 위치)

[그림 2.2]는 선교사-식인종 문제의 상태들을 상태 공간 그래프로 표현한 것이다. 그림에서 선교사는 ▲로, 식인종은 ●로 나타내어 강 양편에 나타내고 있다. 이때 선교사와 식인종의 배치 상태를 ((왼쪽편 선교사 인원, 왼쪽편 식인종 인원), (오른쪽편 선교사 인원, 오른쪽편 식인종 인원))으로 나타내보자. 이때 초기 상태는 ((3,3),(0,0)), 목표 상태는 ((0,0),(3,3))으로 표현할 수 있다. 선교사-식인종 문제의 해는 ((3,3), (0,0))에서 ((0,0), (3,3))으로 가는 그래프 상의 경로에 해당한다. 이와 같이 문제를 상태 공간 그래프로 변환하면, 문제의 해를 찾는 것은 그래프의 경로 찾기가 된다. 이런 방식으로 문제를 풀려면 그래프가 사전에 주어져 있거나, 탐색하는 과정 중에 그래프를 만들어야 한다.

선교사-식인종 문제는 [그림 2.2]와 같이 노드의 개수가 불과 16개이기 때문에 그래프를 쉽게 생성할 수 있다. 하지만 규모가 큰 탐색 문제에서는 이러한 그래프를 미리 만들어 놓는 것이 곤란할 수 있다. 간단해 보이는 8-퍼즐 문제도 가능한 상태의 개수가 9! = 362,880개나 된다. 이렇게 큰 상태 공간을 갖는 문제를 탐색 방법으로 풀 때는 상태 공간 그래프를 미리 만들지 않고 상태 공간 그래프를 만들어 가면서 탐색한다. 이러한 탐색 방법으로는 기계적으로 수행하는 맹목적 탐색 방법들과, 상태 정보를 이용하는 탐색 방법들이 있다.

2.2 맹목적 탐색

맹목적^{盲目的} 탐색$^{blind\ search}$ 방법들은 문제의 상태 공간 정보를 이용하지 않고 정해진 순서에 따라 상태 공간 그래프를 점차 생성해 가면서 해를 찾는다. 이러한 방법에는 깊이 우선 탐색, 너비 우선 탐색, 반복적 깊이 심화 탐색, 양방향 탐색 등이 있다.

2.2.1 깊이 우선 탐색

깊이 우선 탐색$^{depth-first\ search,\ DFS}$은 초기 상태의 노드에서 시작하여 깊이 방향으로 점차 목표 상태의 노드를 찾아 들어가다가 더 이상 들어갈 수 없으면 되돌아 나와, 아직 찾아보지 않은 다음 상태를 갖는 노드로 다시 깊이 방향으로 탐색을 해보는 과정을 반복한다. [그림 2.3]은 깊이 우선 탐색 과정을 보인 것이다. 초기 상태의 노드 ⓘ는 루트 노드가 된다. 노드 ⓘ의 상태에서 도달 가능한 첫 번째 노드 ①이 자식 노드로 만들어지고, 노드 ①이 확장되면서 자식 노드 ②가 만들어진다. 노드 ②에서 도달 가능한 다른 노드가 없으면, 노드 ①로 돌아가서, 새로운 상태 ③을 찾아서 자식 노드로 만든다. 깊이 우선 탐색은 이와 같은 과정을 목표 상태의 노드를 찾을 때까지 반복한다.

탐색 과정에서 만들어지는 이러한 트리를 탐색 트리$^{search\ tree}$라고 한다. 노드의 자식 노드를 만드는 것을 확장^{extension}이라 한다.

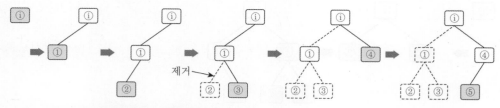

그림 2.3 깊이 우선 탐색에서의 탐색 트리 생성 과정.

탐색 과정에서 만들어지는 탐색 트리의 크기가 커질수록 메모리를 많이 사용하게 된다. 따라서 탐색 트리의 크기를 작게 하는 것이 탐색 효율 향상의 주된 관심사이다. 깊이 우선 탐색은 [그림 2.3]과 같이 현재 확장 중인 노드(회색 배경으로 표시된 노드)까지의 경로에 있는 노드들만 메모리에 관리하면 되기 때문에, 메모리 공간에 대한 요구량은 작다. [그림 2.3]에서 점선으로 된 부분은 메모리에 가지고 있을 필요가 없는 부분이다. [그림 2.4]는 루트 노드의 초기 상태에서 시작하여 깊이 우선으로 탐색하여 목표 상태를 찾는 8-퍼즐 문제의 탐색 트리를 나타낸 것이다.

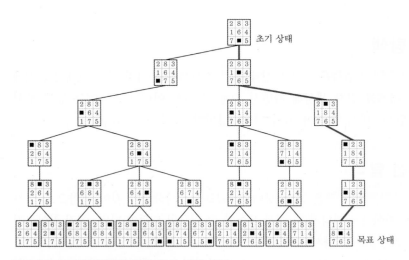

그림 2.4 **8-퍼즐 문제의 깊이 우선 탐색 트리.**

2.2.2 너비 우선 탐색

너비 우선 탐색^{breadth-first search, BFS}은 초기 상태인 루트 노드에서 시작하여 모든 자식 노드를 확장하여 생성한 후, 목표 노드가 없으면 다시 이들 자식 노드를 확장하는 과정을 반복한다. [그림 2.5]는 너비 우선 탐색 과정에서 탐색트리가 생성되는 과정을 보여준다.

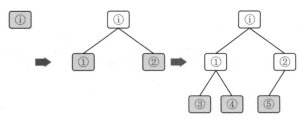

그림 2.5 **너비 우선 탐색에서의 탐색 트리 생성 과정.**

너비 우선 탐색은 목표 상태를 찾을 때까지 생성된 모든 노드를 메모리에 관리해야 하기 때문에 메모리 공간에 대한 비용이 크다. 반면, 목표 상태에 도달하는 최단 경로를 찾을 수 있다는 장점이 있다. [그림 2.6]은 8-퍼즐 문제에 대한 너비 우선 탐색 트리을 통해 목표 상태가 발견될 때까지 생성된 탐색 트리를 보여준다. 여기에서 8-퍼즐 문제의 해는 루트 노드에서 목표 상태 노드로의 경로에 해당한다.

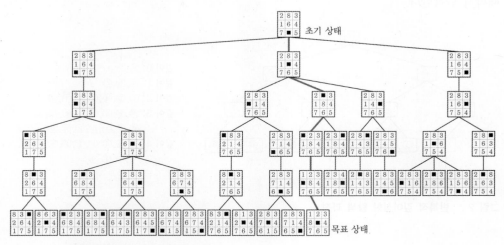

그림 2.6 8-퍼즐 문제의 너비 우선 탐색 트리.

2.2.3 반복적 깊이심화 탐색

깊이 우선 탐색은 메모리에 대한 부담은 적지만 최단 경로를 찾는다는 보장이 없고, 너비 우선 탐색은 메모리에 대한 부담은 크지만 최단 경로를 찾는다는 것을 보장한다. 이 두 탐색 방법의 장점을 취한 것이 반복적 깊이심화 탐색$^{\text{iterative-deepening search}}$이다. 반복적 깊이심화 탐색은 깊이 한계가 있는 깊이 우선 탐색을 반복적으로 적용하는 방법이다. 이 방법은 탐색 깊이 한계$^{\text{search depth limit}}$를 0에서 시작하여 점차 1씩 증가시켜 가면서 깊이 우선으로 탐색하여 최단 경로를 찾는 것을 보장한다. 기본적으로 이것은 깊이 우선 탐색이기 때문에 메모리 부담이 적다.

한편, 반복적으로 노드들이 생성되기 때문에 비효율적인 면이 있으나, 실제로는 비용이 크게 증가하지는 않는다. 예를 들어 각 노드가 10개의 자식 노드를 갖게 되는 탐색 트리인 경우라도, 너비 우선 탐색에 비하여 반복적 깊이심화 탐색은 약 11% 정도의 노드를 더 많이 생성하는 정도에 불과하다. 일반적으로 탐색에서는 메모리 공간이 문제가 되는데, 반복적 깊이심화 탐색은 이러한 메모리 공간 문제에서 비교적 자유롭다는 장점이 있다. 따라서 맹목적 탐색을 해야 하는 상황에서는 반복적 깊이심화 탐색 방법을 우선적으로 고려하는 것이 바람직하다. [그림 2.7]은 반복적 깊이심화 탐색의 과정에서 깊이 한계에 따른 노드들의 방문 순서이다. 깊이 0까지 탐색하는 경우는 노드 ⓐ만 보고, 깊이 1까지 탐색할 때는 노드 ⓐ, ⓑ, ⓒ가 탐색된다. 깊이 2까지 탐색할 때는 노드 ⓐ, ⓑ, ⓓ, ⓔ, ⓒ, ⓕ, ⓖ를 탐색하며, 이때 내부 노드들은 다시 탐색하고 단말 노드는 새로이 탐색하게 된다. 이 과정을 목표 상태를 만날 때까지 반복한다.

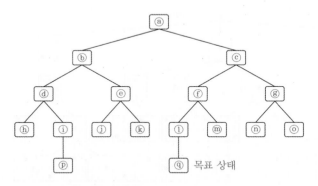

깊이 0: ⓐ
깊이 1: ⓐ, ⓑ, ⓒ
깊이 2: ⓐ, ⓑ, ⓓ, ⓔ, ⓒ, ⓕ, ⓖ
깊이 3: ⓐ, ⓑ, ⓓ, ⓗ, ⓘ, ⓔ, ⓙ, ⓚ, ⓒ, ⓕ, ⓛ, ⓜ, ⓖ, ⓝ, ⓞ
깊이 4: ⓐ, ⓑ, ⓓ, ⓗ, ⓘ, ⓟ, ⓔ, ⓙ, ⓚ, ⓒ, ⓕ, ⓛ, ⓠ

그림 2.7 **반복적 깊이심화 탐색 과정.**

2.2.4 양방향 탐색

너비 우선 탐색은 탐색 범위가 넓어지면서 생성해야 하는 노드의 개수가 크게 늘어날 수 있다. 이러한 탐색 트리 확대에 따른 부담을 줄이기 위해 사용할 수 있는 방법으로 양방향 탐색^{bidirectional search}이 있다. 양방향 탐색은 초기 상태와 목표 상태에서 동시에 너비 우선 탐색을 진행해 중간에 만나도록 하여 최단 경로를 찾는 방법이다. 이 방법은 [그림 2.8]과 같이 초기 상태와 목표 상태를 기준으로 너비 우선 탐색을 번갈아 가면서 한 단계씩 탐색 범위를 확장해 가면서 수행하는데, 만나는 노드가 생길 때까지 진행한다. 양방향 탐색은 너비 우선 탐색과 같은 효과를 가지면서 탐색 과정에서 훨씬 적은 수의 노드를 생성하기 때문에 메모리 공간과 시간 측면에서 너비 우선 탐색보다 유리하다.

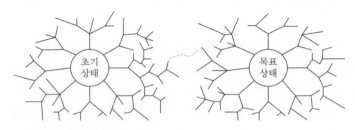

그림 2.8 **양방향 탐색.**

2.3 정보이용 탐색

맹목적 탐색은 상태 공간이 크지 않은 작은 규모에 대해서는 적용할 만하나, 대부분의 실제 문제에는 적용하기 곤란하다. 바둑이나 체스는 탐색공간이 매우 크지만, 사람은 이러한 보드 게임을 큰 어려움 없이 할 수 있다. 그것은 사람이 상태 공간에 대한 지식을 이용하여 효과적인 탐색 전략을 은연중에 사용하기 때문이다. 상태 공간에 대한 정보를 이용하여 탐색 효율을 높이는 탐색을 정보이용 탐색^{informed search}이라고 한다. 이러한 정보이용 탐색은 대부분 휴리스틱을 이용하기 때문에 휴리스틱 탐색^{heuristic search}이라고도 한다.

2.3.1 휴리스틱

휴리스틱은 그리스어 Εὑρίσκω^{Eurisko, 찾다, 발견하다}에서 기원한 단어인데, 시간이나 정보가 불충분하여 합리적인 판단을 할 수 없거나, 굳이 체계적이고 합리적인 판단을 할 필요가 없는 상황에서 신속하게 어림짐작하는 것을 말한다. 탐색에서 휴리스틱은, 최적의 해를 찾는다는 보장은 없지만, 문제 영역의 지식을 이용하여 충분히 좋은 해를 찾을 수 있는 경험적인 지식을 의미한다. 탐색을 할 때는 어떤 노드를 먼저 확장해야 빨리 목표 상태에 도달할 수 있는지가 관심사이다. 따라서 탐색에서 휴리스틱은 일반적으로 특정 상태(노드)에서 목표 상태까지의 거리에 대한 정보를 제공하는 것을 의미한다.

최단 경로 문제라면 탐색 트리의 확장 중인 노드들에서 목적지(목표 상태)까지의 직선 거리를 다음 확장할 노드를 결정할 때 휴리스틱으로 사용할 수 있다. 8-퍼즐 문제라면 목표 상태와 현재 노드의 타일 배치를 비교하여 제자리에 있지 않은 타일의 개수를 휴리스틱으로 생각해 볼 수 있다. 이처럼 사람들은 문제마다 적당한 휴리스틱을 찾아 사용한다.

휴리스틱을 사용하는 탐색 방법으로 언덕 오르기 방법, 최상 우선 탐색, 빔 탐색, A* 알고리즘 등이 있다. 이들 방법은 검색 효율은 좋으나 일반적으로 최적해를 찾는다는 보장은 하지 못한다. 최적해를 보장하는 맹목적 탐색 방법들은 상태 공간이 큰 문제에 대해서는 적용될 수 없기 때문에, 실제 많은 탐색 문제에서는 휴리스틱 방법을 주로 사용한다. 그런데 동일한 휴리스틱 탐색 방법이더라도 어떤 휴리스틱을 사용하는가에 따라 탐색 성능 차이가 크게 나타날 수 있다.

2.3.2 언덕 오르기 방법

언덕 오르기 방법^{hill climbing method}은 현재 노드에서 확장 가능한 이웃 노드들 중에서 휴리스틱에 의한 평가값이 가장 좋은 것 하나만을 선택해서 확장해 가는 탐색 방법이다. 이 방법은 현재 상태의 이웃 상태들만 고려하여 탐색을 진행하기 때문에 지역 탐색^{local search}이라고도 한다. 또한 휴리스틱을 사용하기 때문에 휴리스틱 탐색이라고 하기도 하고, 가장 좋아 보이는 것을 선택하는 방법이라서 그리디 알고리즘^{greedy algorithm, 탐욕 알고리즘}이라고 부르기도 한다. 이 방법은 깊이 우선 탐색이나 너비 우선 탐색처럼 여러 개의 확장 중인 노드들을 관리하지 않고, 현재 확장 중인 노드만을 관리한다.

[그림 2.9]와 같은 모양의 함수에서 최대값 위치를 찾는 문제에 언덕 오르기 방법을 적용하는 상황을 생각해 보자. A에 해당하는 상태에서 언덕 오르기 방법을 사용하면, 이웃 위치 중에서 높은 곳으로 이동하는 과정을 반복하면 낮은 봉우리 정상^{peak}에 도달한다. B에서 언덕 오르기 방법을 사용하면, 높은 봉우리 정상에 도달한다. 여기에서는 높은 봉우리의 정상이 최적해이다. 그런데 언덕 오르기 방법은 출발 위치(상태)에 따라 최적이 아닌 해(낮은 정상)에 도달하게도 한다.

최고가 아닌 정상에 해당하는 해를 지역해^{local optimal solution}라고 한다. 언덕 오르기 방법은 [그림 2.9]에서처럼 최적해를 찾지 못할 수도 있다. 초기 상태가 주어지지 않는 문제라면, 출발 위치를 바꾸어가며 언덕 오르기 방법을 여러 번 적용해서 최적해를 찾을 가능성을 높일 수도 있다.

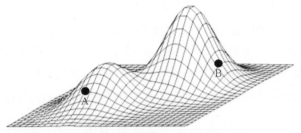

그림 2.9 **언덕 오르기 방법의 국소 최적해 가능성.**

2.3.3 최상 우선 탐색

최상 우선 탐색^{best-first search}은 확장 중인 노드들 중에서 목표 노드까지 남은 거리가 가장 짧은 노드를 확장하여 탐색하려는 것인데, 남은 거리를 정확히 알 수 없으므로 휴리스틱을 사용하여 추정한다. 이 탐색 방법의 효율은 확장 중인 노드와 목표 노드간의 거리를 추정하는 휴리스틱이 얼마나 좋은가에 따라 결정된다.

[그림 2.10]은 8-퍼즐 문제에 최상 우선 탐색을 적용하는 과정을 보여준다. 이 예에서는

노드와 목표 상태의 노드까지의 거리에 대한 휴리스틱으로 제자리에 있지 않은 타일의 개수를 사용한다. 다음 예에서 노드 ⓐ는 목표 상태의 타일 배치와 비교하여 1, 2, 6, 8번 타일이 제자리에 있지 않기 때문에 목표 상태까지의 거리는 4가 된다.

[그림 2.10]에서 시작 단계에서 노드 ⓐ가 초기 노드이고, 현재 하나의 노드만 있으므로 해당 노드를 확장하면 노드 ⓑ, ⓒ, ⓓ가 만들어진다. 이들 노드의 목표 상태 노드까지의 휴리스틱 값은 각각 5, 3, 5이다. 이때 노드 ⓒ가 가장 작은 값을 가지므로 해당 노드를 확장하면 노드 ⓔ, ⓕ, ⓖ가 만들어진다. 같은 휴리스틱 값을 갖는 노드 ⓔ, ⓕ 중에서 ⓔ를 확장하면 노드 ⓗ, ⓘ가 만들어진다. 이와 같은 과정을 목표 상태에 도달할 때까지 반복한다. 한편, 이전에 이미 방문한 노드로 다시 돌아가지 않도록 노드를 확장할 때 확인해야 한다.

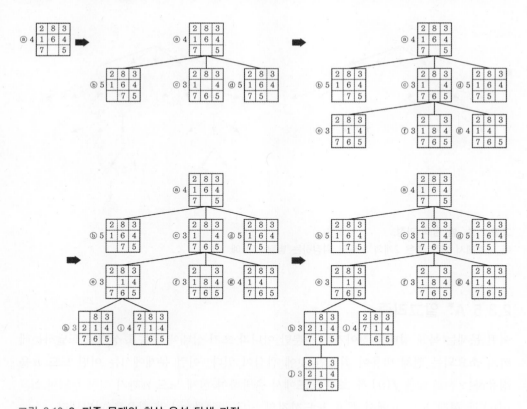

그림 2.10 8-퍼즐 문제의 최상 우선 탐색 과정.

2.3.4 빔 탐색

최상 우선 탐색을 적용할 때, 탐색 트리의 깊이가 깊어짐에 따라 확장될 수 있는 노드의 개수가 너무 많아져서 메모리 공간에 대한 부담이 커질 수 있다. 이러한 문제를 해결하기 위한 방법으로 빔 탐색[beam search]이 있다. 빔 탐색은 휴리스틱에 의한 평가값이 우수한 일정 개수의 확장 가능한 노드만을 메모리에 관리하면서 최상 우선 탐색을 적용한다. 여기에서 빔[beam]은 광선[光線]을 나타내는 단어인데, 어두운 밤에 손전등을 비추면 일정 영역만 보이는 것처럼 탐색을 할 때 우수한 몇 개만 관심을 두겠다는 의미이다. [그림 2.11]은 매 단계에서 확장하는 노드의 개수를 2로 한정한 빔 탐색의 예이다. 실선으로 연결된 노드들이 각 단계에서 가장 좋은 휴리스틱 값을 갖는 것들을 나타낸다.

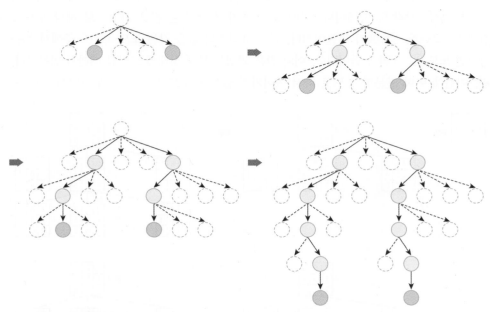

그림 2.11 **빔 탐색 과정.**
매 단계에서 가장 좋은 2개의 노드만 확장하는 빔탐색의 예.

2.3.5 A* 알고리즘

어떤 문제는 목표 상태를 찾아가는 것뿐만 아니라 초기 상태에서 목표 상태로 도달하는데 까지 소요되는 전체 비용이 최소인 것에 관심이 있다. 이런 문제에서는 어떤 노드 n을 경유하는 전체 비용 $f(n)$을 초기 노드에서 출발하여 현재 노드 n까지 이미 투입한 비용 $g(n)$과 현재 노드 n에서 목표 노드까지의 남은 비용 $h(n)$의 합으로 나타낸다.

$$f(n) = g(n) + h(n) \tag{2.1}$$

A* 알고리즘$^{\text{A* algorithm}}$은 전체 비용이 최소인 노드를 확장해 가면서 해를 찾는 방법이다. 그런데 노드 n에서 목표 노드까지 남은 비용 $h(n)$을 정확히 계산할 수 없기 때문에, $h(n)$에 대응하는 휴리스틱 함수$^{\text{heuristic function}}$ $\hat{h}(n)$을 사용하여 전체 비용 추정함수 $\hat{f}(n)$을 정의한다.

$$\hat{f}(n) = g(n) + \hat{h}(n) \tag{2.2}$$

[그림 2.12]는 A* 알고리즘의 적용 과정을 보인 것인데, 퍼즐 모양 옆의 숫자들은 현재까지 비용과 남은 비용 추정치를 나타낸다. 예를 들어, '2+3'은 루트 노드로부터 거리 $g(n) =$ 2와 남은 거리 추정치 $\hat{h}(n) = 3$을 나타낸다. 이 알고리즘은 $\hat{f}(n)$ 값이 가장 작은 노드를 우선적으로 확장한다. 그림의 (a)는 시작 노드이기 때문에 투입된 비용은 $f(n) = 0$이다. 한편, 남은 거리는 제자리에 있지 않은 타일 개수를 휴리스틱으로 사용하여 추정하므로, $\hat{h}(n) = 4$이다.

초기 노드 (a)를 확장하면 (b)와 같이 3개의 자식 노드가 만들어진다. 이들 중에서 가운데 자식 노드의 추정비용이 4로 가장 작기 때문에, 이 노드를 확장하면 (c)와 같이 된다. (c)에서 전체 비용의 최소값이 5인 것이 두 개 있는데, 이들 중에서 왼쪽 노드를 확장하면 (d)와 같이 된다. 이러한 과정을 목표 상태를 만날 때까지 반복하면, (g)에서와 같이 전체 비용이 5인 해를 찾을 수 있게 된다. 여기에서 해는 루트 노드에서 목표 상태 노드까지의 경로에 해당한다.

A* 알고리즘에서 사용하는 휴리스틱 함수 $\hat{h}(n)$의 값이 항상 실제 남은 비용 $h(n)$보다 작거나 같으면, 즉 $\hat{h}(n) \leq h(n)$이면, 이 휴리스틱 함수가 허용성$^{\text{admissibility, 許容性}}$을 갖는다고 말한다. 허용성을 갖는 휴리스틱 함수를 사용하는 A* 알고리즘은 항상 최적해(최단 거리 경로)를 찾는다는 것이 증명되어 있다. 실제 남은 비용 $h(n)$에 대한 휴리스틱 함수 $\hat{h}(n)$은 개발자가 직접 생각해 내야 한다. 결국 이 휴리스틱 함수가 실제 남은 비용을 얼마나 잘 추정하는지가 A* 알고리즘의 성능을 결정한다. A* 알고리즘은 널리 사용되는 대표적인 휴리스틱 탐색 알고리즘이다.

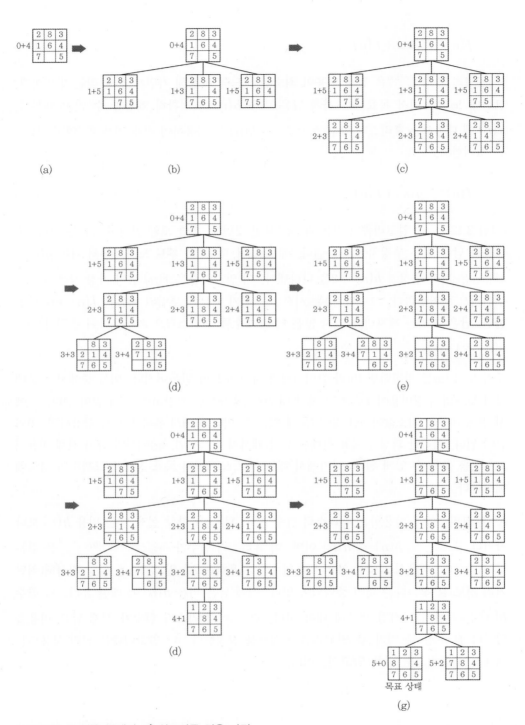

그림 2.12 8-퍼즐 문제의 A* 알고리즘 적용 과정.

2.4 게임 탐색

틱-택-토, 체스, 장기, 바둑과 같은 보드 게임에서 게임의 참여자들은 이기기 위해 매 순간 최선의 방법을 찾는다. 따라서 이러한 게임 문제도 탐색 문제로 간주할 수 있으며, 이를 해결하기 위한 방법으로 mini-max 게임 트리, 몬테카를로 트리 탐색 등이 있다.

2.4.1 mini-max 게임 트리

상대가 있는 게임은 번갈아 가면서 진행되는데, 게임 참여자는 가능한 많은 수$^{move, 手}$를 내다보고 자신에게 유리한 수를 선택한다. 게임에서 미리 수를 보는 것을 [그림 2.13]과 같이 트리 형태로 표현할 수 있다. 루트 노드는 '자신'의 게임 상태가 되고, 루트 노드의 자식 노드들은 '상대방'의 게임 상태에 해당한다. 자신과 상대방의 게임 상태가 반복되면서 트리가 만들어지는데, 이것을 게임 트리$^{game\ tree}$라고 한다.

만약 게임이 끝나는 시점까지 수를 볼 수 있다면, 자신이 이기면 큰 값(예를 들면, 10), 지면 작은 값(예, -10), 비기면 중간값(예, 0)으로 상태 노드에 값을 부여할 수 있을 것이다. 이 경우에 게임 트리를 완성하면 단말 노드는 10, 0, 또는 -10의 점수 값을 갖는다. 단말 노드의 부모 노드가 합리적인 '자신'이라면, '자신'이 이기는 경우인 큰 값을 갖는 것을 선택할 것이고, 합리적인 '상대방'이라면 작은 값을 갖는 것을 선택할 것이다. 이 과정을 단말 노드에서 시작해서 루트 노드까지 올라가면서 노드 값을 결정하여, '자신'에 해당하는 루트 노드에서 볼 때, 가장 큰 값을 가지는 자식 노드로 이끄는 행동을 선택하는 것이 최선의 방법이다.

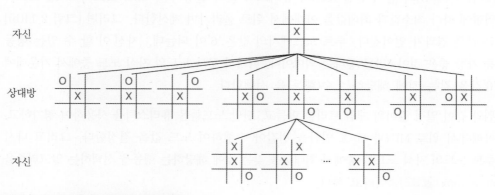

그림 2.13 **틱-택-토 문제의 게임 트리.**

일반적으로 게임이 끝나는 시점까지 수를 보기 어렵기 때문에, 게임이 끝나는 시점까지 나타내는 게임 트리를 만들 수는 없다. 따라서 사람이 하는 것처럼 어느 정도 깊이의 수까지 본 다음에 해당 상태에서 유리한 정도를 판정하여 이를 바탕으로 최선의 방법을 선택한다. 게임 상태의 유리한 정도를 평가하기 위해 휴리스틱을 사용한다.

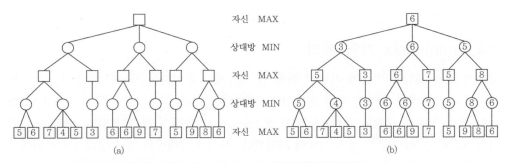

그림 2.14 깊이 4까지 수를 본 게임 트리와 mini-max 알고리즘 적용결과.

[그림 2.14(a)]는 깊이 4까지 수를 본 게임 트리를 나타내는데, 각 단말 노드에는 '자신'에게 유리한 정도를 휴리스틱을 사용해 계산한 판세 평가값이 표시되어 있다. 루트 노드는 착수着手하는 '자신'에 해당하고 자식 노드는 '상대방'에 해당한다. '자신'은 유리한 정도값이 큰 것을 선택하는 것이 합리적이기 때문에 가능한 수들 중에서 유리한 정도값이 최대인 것을 선택한다. '자신'에 해당하는 노드는 최대값을 선택하기 때문에 MAX 노드라고 한다. 반면, '상대방'은 반대로 적은 값을 선택해야 합리적이기 때문에 최소값을 선택해야 하고, 이들에 해당하는 노드는 MIN 노드라고 한다.

[그림 2.14(a)]와 같이 단말 노드의 휴리스틱 값이 결정되면, MIN 노드와 MAX 노드의 역할에 따라 최소값과 최대값을 아래에서 위로 올라가며 계산한다. 그러면 [그림 2.14(b)]와 같은 결과가 얻어진다. 루트 노드에서의 값은 '6'이 되는데, '자신'이 할 수 있는 행동 중 가장 좋은 것이 6만큼 좋다는 의미이다. 따라서 루트 노드의 자식 노드 중에서 가운데에 '6'값을 갖는 것에 해당하는 수(행동)을 선택한다.

위와 같이 일정 깊이의 게임 트리를 만들고, 단말 노드들을 휴리스틱을 사용하여 평가하고, 아래에서 위로 MIN과 MAX 연산을 번갈아 수행하여 노드 값을 결정한다. 그리고 나서 루트 노드의 자식 노드들 중에서 최대값을 갖는 것에 해당하는 행동을 선택하는 알고리즘을 mini-max 알고리즘이라고 한다.

2.4.2 $\alpha - \beta$ 가지치기

기본적으로 mini-max 알고리즘은 너비 우선 탐색에서처럼 일정 깊이까지 게임트리를 만든 다음 단말 노드에서부터 위로 올라가며 노드 값을 결정한다. 이 경우 게임 트리 전체를 메모리에 가지고 있어야 하기 때문에 부담이 크고, 경우에 따라서는 불필요한 부분을 탐색하는 경우도 발생한다. 이러한 문제점을 보완하여 개발된 방법이 $\alpha - \beta$ 가지치기pruning 알고리즘이다. 이 알고리즘은 정해진 깊이까지 깊이 우선 탐색과 같은 방법으로 탐색을 진행한다. 해당 깊이에 도달하면, 휴리스틱을 사용하여 해당 노드의 상태에 대한 평가값을 계산한다.

깊이 우선 탐색 과정에서 MIN 노드로 되돌아가면backtrack 자식 노드의 지금까지의 최소값을, MAX 노드에 돌아갈 때는 자식 노드의 지금까지의 최대값을 선택하여 노드 값으로 한다. MIN 노드의 현재 값이 부모 노드(즉, MAX 노드)가 현재 가지고 있는 값보다 작거나 같다면, MIN 노드의 자식 노드들을 탐색해 볼 필요가 없다. 왜냐 하면, MIN 노드는 최소값을 선택하기 때문에, 자식 노드들을 확장해서 더 탐색해 보더라도 현재 값보다 커질 수는 없어서 부모 노드의 값을 키우는 데 기여할 수 없기 때문이다. 이와 같이 MIN 노드에서 더 이상 자식 노드를 탐색해 볼 필요가 없을 때, 탐색을 그만두는 것을 α-자르기cut-off라고 한다.

한편, MAX 노드의 현재 값이 부모 노드(즉, MIN 노드)의 값보다 크거나 같다면, 부모 노드의 값을 줄일 가능성이 전혀 없기 때문에 마찬가지 이유로 자식 노드를 더 이상 탐색해 볼 필요가 없다. 이와 같은 상황에서 아래 노드에 대한 탐색을 그만 두는 것을 β-자르기cut-off라고 한다. 깊이 우선 탐색을 하는 방식으로 게임 트리를 생성하여 메모리 공간을 적게 사용하면서, α-자르기와 β-자르기를 이용하여 탐색 공간을 줄이는 것이 $\alpha - \beta$ 가지치기 알고리즘의 특징이다.

[그림 2.15(a)]는 mini-max 알고리즘을 적용한 결과이고, [그림 2.15(b)]는 $\alpha - \beta$ 가지치기 알고리즘을 적용한 결과이다. (a)의 게임 트리는 전체가 메모리에 저장되어야 하지만, (b)의 게임 트리는 깊이 우선 탐색에서처럼 루트 노드에서 현재 탐색 중인 노드까지의 경로 상의 노드들만 관리하면 된다. (b)에서 회색으로 되어 있는 노드들은 탐색해 볼 필요가 없어 확장되지 않은 것들이다. 노드 A에서 가지치기된 노드를 확장하기 직전 시점에 A 노드(MIN 노드)의 부모 노드(MAX 노드) 값은 5이고, A의 값은 4이기 때문에, A의 자식 노드들을 더 많이 탐색해보아야 A의 값이 4보다 커질 수 없으므로 나머지 자식 노드들을 가지치기 해버린다(즉, 더 이상 탐색하지 않는다). 이 경우가 α-자르기에 해당한다. 노드 B도 마찬가지 이유로 가지치기를 한다. 노드 C와 같이 큰 부분 트리subtree가 가지치기 되어버리면 메모리 사용량과 시간이 많이 절감된다.

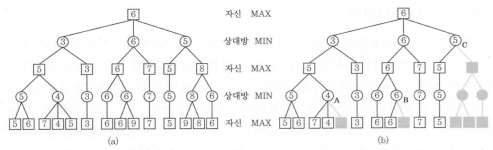

그림 2.15 **(a)** mini-max 알고리즘을 적용한 게임 트리 **(b)** $\alpha-\beta$ 가지치기를 적용한 게임 트리.
(b)에서 A, B, C 노드에서 가지치기가 일어난다. 가지치기가 된 부분은 탐색해볼 필요가 없는 부분으로 옅은
회색으로 표시되어 있다.

2.4.3 몬테카를로 트리 탐색

게임 트리에 mini-max 알고리즘을 적용할 때, 단말 노드의 형세를 판단하여 제대로 수치
화하는 것은 쉽지 않다. 이러한 형세 판단 함수를 직접 만들지 않고, 무작위적인 시뮬레이션
에 의해 형세의 유리한 정도를 결정하여 게임 트리를 구성하는 알고리즘이 몬테카를로
트리 탐색^{Monte Carlo Tree Search}이다. 이 알고리즘은 형세 판단을 위한 휴리스틱이 필요 없을
뿐만 아니라 여러 게임 문제에서 성능이 뛰어나다는 것이 확인되었다. 단말 노드의 형세
평가를 하는 기본 아이디어는 단말 노드의 상태에서 무작위로 게임을 많이 해보는 것이다.
단말 노드의 형세가 좋다면 무작위로 게임을 하더라도 이기는 횟수가 많을 것이고, 그렇지
않다면 지는 횟수가 많을 것이다. 그래서 무작위로 게임을 하는 시뮬레이션을 많이 수행한
다음에 승률을 계산하여 단말 노드의 형세 판단값으로 사용하자는 것이다.

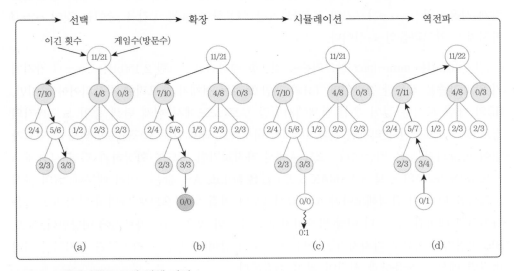

그림 2.16 **몬테카를로 트리 탐색 과정.**

몬테카를로 트리 탐색 알고리즘은 [그림 2.16]과 같이 선택, 확장, 시뮬레이션, 역전파 과정을 반복하여 게임 트리를 구성한다. mini-max 알고리즘과는 다르게 일정 깊이까지 탐색을 하지 않고, 도움이 될 것 같은 부분을 점진적으로 확장해가며 게임 트리를 만들어간다. 이때 구성되는 게임 트리의 각 노드에는 해당 노드를 경유해서 게임을 한 횟수(즉, 노드 방문 횟수)와 승률 정보가 기록된다. 또한 해당 노드에서부터 시뮬레이션할 때 사용되는 첫 번째 수^手들의 시도 횟수와 승률 통계정보를 기록한다. 게임 트리가 구성된 부분에 대해서는 노드에 저장된 각 수에 대한 시도횟수 및 승률 정보를 사용하여 특정 수를 선택하여 트리를 따라 내려간다. 그러다가 단말 노드를 만나거나 선택한 수에 대한 자식 노드가 없으면, 무작위로 게임을 하여 해당 노드에서 승률 정보를 갱신한다.

선택^{selection} 단계는 [그림 2.16(a)]와 같은 게임 트리를 사용하여 루트 노드로부터 아래로 이동하기 위해 자식 노드를 순차적으로 선택하는 것을 말한다. 자식 노드를 선택할 때는 현재까지의 승률(지금까지 이긴 횟수/전체 방문의 수)이 큰 것과 지금까지 방문횟수가 작은 것을 선호하도록 선택 우선순위를 정한다. 우선순위를 정할 때는 식(2.3)의 UCB^{Upper Confidence Bound}라는 식을 사용한다.

$$\frac{Q(n_i)}{N(n_i)} + C\sqrt{\frac{2\log N}{N(n_i)}} \tag{2.3}$$

여기에서 $N(n_i)$는 자식 노드 n_i를 경유한 전체 게임 수이고, $Q(n_i)$는 n_i를 경유한 게임 중에서 이긴 횟수이다. 따라서 $Q(n_i)/N(n_i)$는 n_i를 경유한 게임의 승률이다. 한편, N은 전체 게임 횟수를 나타낸다. 따라서 $\sqrt{2\log N/N(n_i)}$의 값은 n_i의 방문횟수가 작을수록 커진다. 상수 C는 이미 해본 게임에서의 승률을 반영하는 정도 $Q(n_i)/N(n_i)$와 방문횟수가 작은 노드를 더 탐색해보도록 하는 기회의 반영 정도 $\sqrt{2\log N/N(n_i)}$를 조정하는 역할을 한다. 선택 단계에서는 루트 노드에서부터 시작하여 각 노드에서 가용한 수들의 UCB 값을 계산하여, 그 값이 가장 큰 수에 해당하는 노드를 따라 아래로 내려간다. 만약 UCB 값이 가장 큰 수에 해당하는 노드가 아직 만들어져 있지 않으면 확장 단계로 진행한다.

확장^{expansion} 단계에는 [그림 2.16(b)]와 같이 선택 과정을 통해 마지막에 도달한 노드에 새로운 노드를 추가할 수 있다. 확장 단계로 진입하게 한 수가 특정 조건(예를 들면, 해당 수가 시도된 횟수가 일정 개수 이상)을 만족하면, 해당 수에 해당하는 노드를 추가한다. 확장 단계가 끝나면 시뮬레이션 단계로 진행한다.

시뮬레이션^{simulation} 단계는 노드의 형세 평가를 위해 승패가 결정될 때까지 무작위로 게임을 해보는 단계이다. 이러한 시뮬레이션은 시간이 많이 걸리기 때문에, 게임 규칙에 맞는 수를 무작위로 선택해서 하거나 약간 똑똑하지만 빠르게 계산되는 방법으로 게임을 한다. 시뮬레이션을 시작한 노드에는 가능한 첫 수의 시도횟수 및 승률을 기록을 해두어서 나중에 선택 단계와 확장 단계에서 이 정보를 이용할 수 있도록 한다. 시간이 충분하거나 병렬 처리를 할 수 있는 컴퓨팅 자원이 있으면, 게임을 많이 해보는 게 좋다. 게임을 많이 해 볼수록 더 신뢰할 수 있는 형세평가 값을 구할 수 있다. 이와 같이 노드에서 무작위로 게임을 많이 해서 형세 평가 값을 확률적으로 결정하는 방식을 몬테카를로 방법^{Monte Carlo method}이라고 한다.

참고 **몬테카를로 방법**

어떤 관심 대상에 대한 특정 함수의 기댓값을 직접 계산하는 대신, 관심 대상으로부터 무작위로 많은 샘플(표본)을 선택하여 이들의 평균값으로 기댓값을 추정하는 것을 몬테카를로 방법이라고 한다. 이 방법은 울람^{Stanislaw Marcin Ulam, 1909–1984}이 1946년 원자폭탄과 수소폭탄을 연구하는 과정에 핵물질 안의 중성자 운동을 이러한 무작위적인 표본추출을 통해 설명하면서 개발되었다. 울람은 도박을 좋아했던 자신의 삼촌을 떠올리고, 프랑스 남부 모나코에 있는 카지노로 유명한 지역인 몬테카를로를 이 방법의 이름으로 선택했다고 한다.

역전파^{backpropagation} 단계에는 [그림 2.16(d)]와 같이 시뮬레이션 게임의 승패 정보를 현재 노드에서 루트 노드까지의 경로 상에 있는 노드들의 '이긴 횟수/전체 횟수' 정보에 반영한다. [그림 2.16(d)]는 시뮬레이션 단계에서 졌기 때문에 단말 노드부터 루트 노드까지 경로 상의 모든 노드의 이긴 횟수는 그대로 두고 전체 횟수 값만 1씩 증가시킨 것을 보여준다.

몬테카를로 트리 탐색 기법은 다음 수를 결정하기 위한 방법으로, 루트 노드의 자식 노드들에 대한 평가값을 결정하여 그 중 평가값이 가장 좋은 노드의 수를 선택한다. 평가값이 가장 좋다는 것의 기준으로, 승률이 가장 큰 것, 방문횟수가 가장 많은 것, 승률이 가장 크면서 방문횟수가 많은 것 등이 사용될 수 있다. 신뢰할 만한 평가값을 얻으려면 위의 4단계 과정을 가능한 많이 반복하여야 한다. 요즘은 멀티코어 CPU와 GPU를 사용할 수 있기 때문에, 멀티쓰레딩^{multithreading} 등을 통한 병렬처리나 분산처리를 통해서 빠르게 동작하는 몬테카를로 트리 탐색 알고리즘을 구현할 수 있다.

게임의 형세 판단을 위해 휴리스틱을 만들어 사용하는 대신, 몬테카를로 트리 탐색은 가능한 많은 수의 몬테카를로 시뮬레이션을 한다. 따라서 휴리스틱을 만들 필요가 없으며, 컴퓨팅 자원만 충분하면 좋은 성능을 기대할 수 있는 장점이 있다. 한편, 몬테카를로 트리 탐색은 일정 조건을 만족하는 부분만 트리로 구성하고, 나머지 부분은 몬테카를로 시뮬레이션으로 대신한다. 즉, 가능성이 높은 수들에 대해서만 노드를 생성하기 때문에, 게임 트리의 폭을 줄이면서 깊이를 늘리지 않아 탐색공간이 줄어들고 메모리 요구량도 줄어드는 효과도 있다. 몬테카를로 트리 탐색에서는 게임 트리가 만들어지면, 상대방이 놓은 수에 대응하는, 루트 노드의 손자 노드를 루트로 하는 부분 트리를 재사용할 수 있는 장점도 있다. 즉, 해당 부분 트리가 새로운 게임 트리가 되어 기존 시뮬레이션 결과를 그대로 다시 활용할 수 있다.

참고 알파고(AlphaGo) 이야기

알파고는 바둑에서 다음 착수 위치를 결정하기 위해 몬테카를로 트리 탐색 방법을 사용한다. 프로 기사들이 바둑 한판을 둘 때 보통 150수를 두고, 착수할 때마다 평균 250개의 가능한 수가 있기 때문에 약 $250^{150} \approx 10^{360}$개의 가능한 게임 조합이 있다. 관측 가능한 우주 전체에 있는 원자의 수가 약 10^{80}개 정도인 것에 비하여, 바둑의 탐색 공간이 너무 크기 때문에, 알파고는 몬테카를로 트리 탐색 방법만으로는 짧은 시간 안에 효과적인 판단을 할 수 없어서 기계학습 방법을 함께 사용한다. 기계학습 방법 중에서 지도 학습supervised learning과 강화 학습reinforcement learning 기법이 함께 사용하여 정책망policy network과 가치망value network이라는 두 종류의 학습 모델들을 만들어 사용한다. 이들 학습 모델의 어떤 것은 딥러닝 신경망으로 구현했다. 기계학습과 딥러닝 신경망에 대해서는 4장과 5장에서 자세히 소개한다.

정책망은 [그림 2.17(a)]와 같이 현재 주어진 바둑판 s에서 돌을 놓을 수 있는 각 착점 a별로 유리한 정도의 점수값 $\pi(a|s)$을 계산한다. 어느 착점에 놓으면 얼마나 좋은지 훈수訓手하는 역할을 한다고 볼 수 있다. 가치망은 주어진 바둑판 s의 전체적인 형세가 얼마나 유리한지 평가값 $V(s)$을 계산한다. 즉, 전체적인 형세의 유불리有不利를 평가하여 하나의 값을 제공하는 역할을 한다.

알파고는 KGS라는 바둑사이트에서 기사들이 둔 바둑 기보棋譜를 사용하여 정책망을 만들었다. 정책망에는 기보의 상황별 착수 위치를 학습시켰는데, 컨볼루션 신경망convolutional neural network이란 딥러닝 신경망을 사용했다. 이것은 어떤 바둑판의 상황에서 어디에 착수를 하는지에 대한 데이터를 가지고 학습하기 때문에 지도 학습이라고 한다. 이렇게 학습된 정책망을 지도 학습 정책망이라 한다.

또한 알파고에서는 KGS의 기보만으로는 학습 데이터가 충분하지 않아서, 지도 학습 정책망을 사용하여 자체 경기self-play를 하도록 해서 새로운 기보 데이터를 만들었다. 그리고 이들 기보 데이터를 추가로 사용하여 새로운 정책망을 만들었다. 이렇게 만든 정책망을 강화 학습 정책망이라고 한다. 즉, 알파고는 자체 경기를 하면서 얻은 경험을 통해 새로운 바둑 지식을 축적하는 강화 학습을 한다.

알파고는 트리tree 정책망과 롤아웃rollout 정책망이라는 단순한 형태의 정책망들을 추가로 사용한다.

트리 정책망은 몬테카를로 트리 탐색의 노드 확장 단계에서 착수 가능한 각 위치별 평가값을 계산하는 역할을 한다. 단말 노드 확장 단계의 시작 시점에 이들 평가값을 짧은 시간 안에 얻기 위해 트리 정책망을 사용하는데, 트리 정책망은 정확도가 높지는 않다. 그래서 시간이 더 걸리지만 더 정확한 결과를 주는 강화 학습 정책망이 노드 확장 단계의 시작 시점에 트리 정책망과 동시에 계산을 시작하였다가 나중에 평가값들이 계산되어 나오면, 이들 값으로 트리 정책망의 계산값들을 대체한다. 일단 트리 정책망이 대충 계산한 값을 사용하다가, 나중에 강화 학습 정책망이 더 정확한 값을 계산하면 그 값을 사용한다.

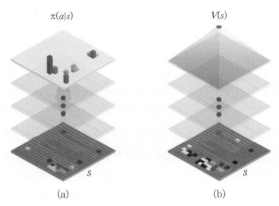

$\pi(a|s)$ $V(s)$

(a)   (b)

그림 2.17 **정책망과 가치망**[출처: Silver 등, 2016].
정책망(a)은 현재 바둑판 s에서 돌을 놓을 수 있는 각 착점 a별로 유리한 정도의 점수값 $\pi(a|s)$ 을 계산한다. 가치망(b)은 현재 바둑판 s의 형세에 대한 전체적인 유리한 정도값 $V(s)$ 를 계산한다.

롤아웃 정책망은 몬테카를로 트리 탐색의 시뮬레이션 단계에서 착수 위치를 결정하는데 사용된다. 알파고는 시뮬레이션 단계에서 착수 가능한 아무 위치에나 무작위로 돌을 놓는 것이 아니라 롤아웃 정책망이 추천하는 곳에 돌을 놓는다. 롤아웃 정책망도 학습된 모델이기는 하나, 계산은 빠른 반면 성능이 그다지 좋지 않다. 시뮬레이션 단계가 시작되는 것과 동시에, 가치망이 계산을 시작하여 바둑판의 형세 평가값을 계산한다. 가치망의 계산 시간은 몬테카를로 시뮬레이션을 한번 하는 시간에 비하여 훨씬 길다. 알파고는 몬테카를로 트리 탐색의 역전파 단계에 몬테카를로 시뮬레이션 결과의 승률과 가치망의 평가 결과 값을 절반씩 반영한 결과값을 게임 트리의 위쪽으로 역전파시킨다.

알파고는 바둑 기보와 자체 경기 데이터를 사용하여 4개의 정책망과 1개의 가치망을 기계학습 방법으로 만들었다. 착수 위치를 결정하기 위해 몬테카를로 트리 탐색을 사용하는데, 선택 단계에는 UCB를 계산하여 게임 트리를 따라 내려간다. 확장 단계에는 트리 정책망이 계산한 후보 착점들에 대한 평가값을 우선적으로 사용하고, 나중에 강화 학습 정책망의 계산이 끝나면 더 정확한 강화 학습 정책망의 평가값을 대신 사용한다. 이때 특정 조건을 만족하는 착수 위치가 있으면 이에 대한 노드를 게임 트리에 추가한다. 시뮬레이션 단계에는 롤아웃 정책망을 사용하여 다수의 게임을 하여 승률을 계산하고, 한편으로 가치망을 사용하여 형세 평가값을 계산한다. 역전파 단계에서는 시뮬레이션에 의한 승률값과 가치망의 평가값을 결합한 다음, 루트 노드까지 값을 역전파시킨다. 시간이 허용되는 만큼 이 과정을 많이 반복하고, 허용된 시간이 경과하면 루트 노드의 자식 노드 중에서 가장 좋은 평가값을 가진 것을 다음 착수 위치로 선택한다.

지금까지 설명한 알파고는 2015년 10월 유럽 바둑 챔피언 판후이^{Pan Hui}와 대국했던 알파고 모델로서 AlphaGo Pan라고도 한다. AlphaGo Pan은 바둑을 둘 때 1,202개의 CPU와 176개의 GPU를 사용했다. 2016년 3월 이세돌 기사와 대국을 했던 알파고 모델인 AlphaGo Lee는 CPU 1,920개와 구글이 만든 TPU 48개를 사용한 분산처리 시스템이었다. 2017년 5월 중국 기사 커제^{柯洁}와 대국을 했던 알파고 모델인 AlphaGo Master는 구글의 2세대 TPU 4개를 사용하는 컴퓨터 한 대만을 사용했다. 2017년 10월 구글이 공개한 알파고 모델인 AlphaGo Zero는 바둑 기보나 바둑 지식을 전혀 사용하지 않고 바둑의 규칙과 자체 경기만을 통해서 학습을 한 것으로, 경기를 할 때 TPU 4개가 있는 컴퓨터 한 대만을 사용했다. AlphaGo Zero는 AlphaGo Lee와 대전에서 100:0으로 이겼으며, AlphaGo Master와는 89:11의 우수한 성능을 보였다. 프로기사보다 바둑을 잘 두는 시스템이 만들어졌고, 짧은 기간에 엄청난 성능 향상을 이루었다는 점에서, 알파고의 개발은 인공지능의 역사에서 기념비적인 사건이라 할 만 하다.

한편, 구글은 2017년 12월에 AlphaZero라는 모델을 발표했다. 이 모델은 바둑 뿐만 아니라 체스, 일본 장기^{shogi, 将棋} 등의 보드 게임은 자체 경기만으로 매우 빠른 시간에 학습해서 바둑에서는 AlphaGo Zero에 필적하는 성능을 보여줬다. 한편, 체스에서는 당시 최고 체스 프로그램인 Stockfish보다 월등한 성능을 보여줬고, 일본 장기에서는 당시 최고 프로그램인 Elmo를 절대적으로 압도하는 성능을 보여줬다.

2.5 제약조건 만족 문제

제약조건 만족 문제^{constraint satisfaction problem}는 주어진 제약조건을 만족하는 해를 찾는 것인데, 탐색 방법을 사용하여 이러한 문제의 해를 구할 수 있다. 제약조건 만족 문제를 탐색 문제의 관점에서 볼 때, 목표 상태는 제약조건을 모두 만족하는 것이 되며, 목표 상태를 찾는 것이 문제의 해를 찾는 것이 된다. 제약조건 만족 문제는 제약조건을 만족하지 않는 상태들을 상태 공간에서 제외하기 때문에 탐색 공간을 줄일 수 있다.

제약조건 문제는 문제 영역의 변수^{domain variable}, 변수가 가질 수 있는 후보 값의 집합, 제약조건들로 정의된다. [그림 2.1(c)]의 8-퀸^{queen} 문제는 전형적인 제약조건 만족 문제이다. 이 문제에는 각 열^{column}별 퀸의 위치를 나타내는 8개의 변수가 있고, 각 변수는 행^{row}의 위치를 나타내는 {1, 2, 3, 4, 5, 6, 7, 8} 중에서 하나의 값을 가질 수 있으며, 어떤 퀸이든 다른 퀸들과 동일한 행, 열 또는 대각선에 있으면 안 된다는 제약조건이 있다. 제약조건 만족 문제를 해결하는 방법으로 백트래킹 탐색과 제약조건 전파 방법 등이 널리 사용된다.

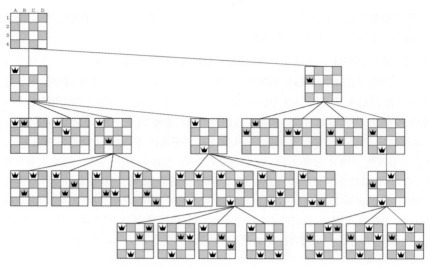

그림 2.18 **백트랙킹을 이용한 제약조건문제 해결.**

2.5.1 백트랙킹 탐색 방법

백트랙킹 탐색 방법[backtracking search]은 마치 깊이 우선 탐색을 하는 것처럼 변수에 허용되는 값을 하나씩 대입해보는 방법이다. 모든 가능한 값을 대입해서 만족하는 것이 없으면 이전 단계로 돌아가서 이전 단계의 변수에 다른 값을 대입하여 다시 탐색한다. [그림 2.18]은 4행×4열의 4-퀸[4-queen] 문제에 백트랙킹 탐색 방법을 적용한 예이다. 4-퀸 문제는 8-퀸 문제를 줄여놓은 것으로 퀸들이 다른 퀸들과 동일한 행, 동일한 열, 동일한 대각선 위치에 배치되지 않도록 하면서 4개의 퀸을 배치하는 문제이다. 깊이 우선 방향으로 각 열에 퀸이 한 개씩 배치가 된다. 깊이 우선 탐색 트리에서 수준-2의 노드들은 첫 번째 열의 퀸 위치에 해당하고, 수준-3은 두 번째 열의 퀸 위치에 해당한다. 수준-4와 수준-5도 마찬가지로 세 번째 열과 네 번째 열의 퀸 위치에 해당된다. 새로운 퀸을 배치하였을 때 제약조건을 만족하지 못하면, 바로 이전으로 돌아가서(백트릭킹 해서) 동일한 열의 다른 위치에 퀸을 위치시키는 것을 고려한다. [그림 2.18]에서는 맨 오른쪽 단말 노드의 퀸 배치가 주어진 문제의 해답이다.

2.5.2 제약조건 전파 방법

제약조건 전파 방법[constraint propagation]은 인접 변수 간의 제약 조건에 따라 각 변수에서 허용되지 않는 값들을 제거하는 방식으로 변수들의 값을 결정하는 방법이다. [그림 2.19]는 4-퀸 문제에 제약조건 전파 방법을 적용하는 과정이다. 보드의 열에 A, B, C, D 변수를 대응시킨다. 각 열에는 네 군데 퀸을 놓을 수 있는 위치가 있으므로, 이들 변수들이 가질 수 있는 값들은 {1, 2, 3, 4}이다.

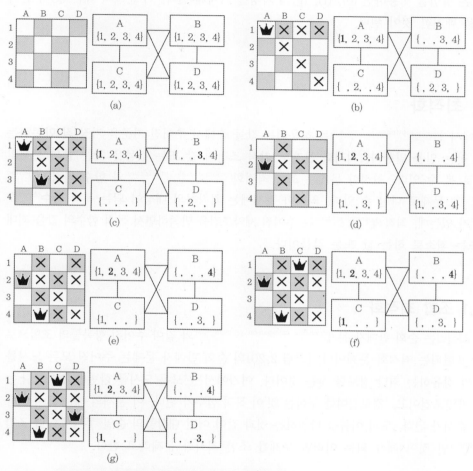

그림 2.19 **제약조건 전파 방법을 이용한 제약조건문제 해결.**

(a)와 같이 제약조건 관계를 갖는 변수 (A, B, C, D)는 사각형 노드로 표현하고, 변수 간의 제약조건이 있으므로 노드를 간선으로 연결하여 표현하면, 오른쪽의 그래프로 제약조건 문제를 나타낼 수 있다. 각 변수가 현재 상태에서 가질 수 있는 값들을 노드에 표현하면, (a)와 같이 처음에는 모든 노드가 {1,2,3,4} 값을 갖는다. (b)는 A열의 첫 번째 행에 퀸을 놓는 상황인데, 이 퀸 때문에 다른 열에 퀸을 놓을 수 없는 곳들이 결정된다. 그림에서는 이들 위치를 X로 표시하고 있다. 오른편 그래프에서 A의 값이 1될 때, B, C, D에서 허용되

지 않는 값들이 삭제된다. (c)는 B의 값으로 3이 선택되는 상황을 보이는 것인데, 이 경우 변수 C는 어떤 값도 가질 수 없다. 그러므로 A, B에 이렇게 값을 지정하면, 제약조건을 만족하면서 네 개의 퀸을 배치할 수 없다. (d)는 A의 값으로 2를 선택하는 경우인데, 앞에서와 같은 방법을 적용하면 (e), (f), (g)의 과정을 거치게 된다. 이 문제의 해는 (g)와 같이 퀸들을 배치한 것이 된다.

2.6 최적화

공학에서 최적화^{optimization, 最適化}는 허용되는 값들 중에서 주어진 기준을 가장 잘 만족하는 것을 찾는 일을 말한다. 최적화 문제도 최적 조건의 값 또는 값들을 찾는 탐색 문제의 하나로 볼 수 있다. 최적화 문제는 조합 최적화^{combinatorial optimization}와 함수 최적화^{function optimization} 문제로 나눌 수 있다. 최적화 문제에는 최적화의 대상이 되는 목적 함수^{objective function}가 있는데, 최적해^{optimal solution}는 주어진 제약조건을 만족하면서 목적 함수의 값을 최대로 또는 최소로 하는 값 또는 값들이다.

2.6.1 조합 최적화

조합 최적화는 순회 판매자 문제^{traveling salesperson problem, TSP}와 같이 주어진 항목들의 조합으로 해가 표현되는 최적화 문제이다. [그림 2.20]의 순회 판매자 문제는 주어진 모든 도시를 한번씩 경유하는 최단 경로를 찾는 것이다. 여기에서는 '모든 도시를 한번만 경유한다'는 것이 제약조건이고, '경로길이를 구하는 것'이 목적 함수가 된다. 이 문제의 해는 도시 이름들의 순서가 된다. 도시 이름을 나열하는 것과 같이 어떤 대상들의 순열^{permutation}이나 조합^{combination}인 것이 해가 되는 이러한 문제를 조합 최적화 문제라고 한다.

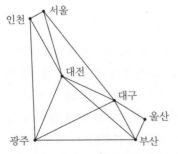

가능한 해

(서울, 인천, 광주, 부산, 울산, 대구, 대전, 서울)
(서울, 인천, 대전, 광주, 부산, 울산, 대구, 서울)

그림 2.20 **순회 판매자 문제와 조합으로 표현되는 해.**

많은 조합 최적화 문제는 문제 크기의 증가에 따라 시간 복잡도가 기하급수적으로 증가하는 NP-hard 문제^{NP-hard problem}이다. 이런 문제에서는 보통 최적해를 구하는 것은 포기하고, 최적해에 가까운 근사해^{suboptimal solution}를 빠른 시간에 찾으려고 한다. 그래서 일반적으로 휴리스틱을 적용하여 문제를 해결하려고 한다. 한편, 조합 최적화 문제에 대한 근사해를 효과적으로 찾는 대표적인 방법으로 유전^{遺傳} 알고리즘^{genetic algorithm}이 있다.

2.6.2 유전 알고리즘

유전 알고리즘은 생물 진화를 모방해서 만든 집단 기반의 확률적 탐색 기법이다. 진화론^{進化論}에 따르면 환경에 잘 적응하는 개체들은 튼튼하게 살아남아 짝짓기를 해서 튼튼한 자식을 남길 확률이 크기 때문에, 자식 세대에는 부모 세대보다 나은 개체들이 나타날 수 있고 세대교체가 진행됨에 따라 전체적으로 나은 개체들이 나타난다. 짝짓기를 통해 자식이 만들어지는데, 생물에서는 개체들의 정보가 염색체^{chromosome, 染色體}에 저장되어 있고, 짝짓기를 통해 부모의 염색체들로부터 자식 개체의 염색체가 만들어진다. 부모 염색체들로부터 자식 염색체가 만들어지는 과정을 교차^{crossover, 交叉}라고 한다. 드물게는 화학물질 등의 강력한 외부 자극에 의해 개체의 염색체가 변화하는 경우도 있는데 이것을 돌연변이^{mutation, 突然變異}라고 한다. 이러한 진화론의 아이디어를 최적화 문제 해결에 적용한 것이 유전 알고리즘이다. 유전 알고리즘에서는 해가 될 수 있는 후보해^{candidate solution}를 개체에 대응시키고, 환경은 문제에, 개체의 환경에 대한 적합도^{fitness}는 후보해의 품질에 대응시킨다.

유전 알고리즘에서는 개체에 해당하는 후보해를 염색체처럼 코딩하여 표현한다. 다음은 유전 알고리즘에서 후보해를 코딩하여 표현한 예인데, 이렇게 표현한 것을 보통 염색체라고 부른다.

1	0	1	1	0	1	0	0	1	1	1	0	0	1	0

$$(0.6 \quad 0.8 \quad ... \quad 1.2 \quad 0.9)$$
$$(E_2 \quad E_5 \quad E_3 \quad ... \quad E_{11} \quad E_7)$$

위에서 첫 번째 염색체는 이진 배열로 후보해를 표현한 것이고, 두 번째 염색체는 실수값의 벡터로 표현한 것이고, 세 번째 염색체는 항목들의 순열로 표현한 것이다. 유전 알고리즘을 적용하기 위해서는 주어진 문제에 적합한 염색체 표현 방법을 찾아야 한다.

진화는 집단에서 일어나기 때문에, 유전 알고리즘도 많은 수의 후보해들(즉, 염색체들)로 구성된 모집단^{population, 母集團}을 만들어서 염색체를 진화시킨다(즉, 더 나은 후보해를 찾아간다). 초기 모집단은 문제에 주어진 제약조건을 만족하는 후보해에 해당하는 염색체들로 구성한다.

자연은 환경에 잘 적응하는 개체를 골라내는 역할을 한다. 유전 알고리즘에서도 이러한 자연과 같은 역할을 하는 함수를 만들어야 한다. 이 함수를 적합도 함수^{fitness function}라고 하는데, 염색체로 표현된 후보해가 주어진 문제에 얼마나 적합한 해인지 평가하는 역할을 한다.

자연에서는 뛰어난 개체들만 살아남아 짝짓기를 해서 자식을 낳는 것은 아니다. 확률이 낮긴 하지만 열등한 개체들도 자식을 낳는다. 이러한 자연의 세대교체를 유전 알고리즘에서도 모방한다. 이를 위해 적합도가 높은 것은 자식을 낳을 가능성이 높게, 그렇지 않은 것은 낮게 하도록 한다. 이를 위해 룰렛 휠^{roulette wheel}을 사용할 수 있는데, 이 방법은 [그림 2.21]과 같이 각 개체가 적합도에 비례하는 만큼의 원주각을 차지하도록 하고, 룰렛 휠을 돌려 멈췄을 때 화살표가 향하는 곳에 해당하는 개체가 선택되도록 한다.

그림 2.21 **룰렛 휠.**
개체 1의 적합도는 10, 개체 2의 적합도는 5, 개체 3의 적합도는 15인 경우의 룰렛 휠.

자연에서 개체들이 자식을 낳는 것처럼, 유전 알고리즘에서도 선택된 염색체들로부터 새로운 염색체를 만들어야 한다. 이때 사용하는 방법을 유전 연산자^{genetic operator}라고 한다. 전형적인 유전 연산자로 교차^{crossover} 연산자와 돌연변이^{mutation} 연산자가 있다. 교차 연산자는 [그림 2.22]와 같이 두 개의 염색체의 일부분씩을 교차해서 연결해 새로운 염색체를 만든다. 우수한 개체들이 짝짓기를 하면 더 우수한 개체를 낳을 수 있는 것은 두 개체 각각에 있는 우수한 유전자들을 유전 받을 수 있기 때문이다. 유전 알고리즘에서는 이러한 일이 교차 연산자를 통해서 일어나기를 기대한다.

그림 2.22 **교차 연산자의 적용 예.**
부모 염색체 A, B로부터 자식 염색체 C, D가 만들어지는 것을 보인 예. 화살표로 표시된 부분이 무작위로 선택된 교차 위치임.

교차 연산자를 적용할 때는 무작위로 염색체의 특정 위치를 선택한 다음, 한 부모의 염색체로부터는 해당 위치의 앞부분을 가져오고 다른 부모의 염색체로부터는 해당 위치의 뒷부분을 가져와 이들 붙여서 자식 염색체를 만든다. [그림 2.22]에서 보면 자식 C는 부모 A의 교차위치(화살표로 표시된 위치) 앞부분과 부모 B의 교차위치 뒷부분을 붙여서 만들어졌다. [그림 2.22]의 오른쪽 그림에서처럼 유전 알고리즘은 교차 연산자를 통해서 적합도가 더 좋은 염색체가 만들어지기를 기대한다.

자연에 있는 돌연변이를 구현하기 위해 유전 알고리즘에서는 돌연변이 연산자를 사용한다. 돌연변이 연산자는 염색체를 무작위로 변경시켜서 새로운 염색체를 만든다. [그림 2.23]은 돌연변이 연산자를 적용하는 예로, 무작위로 선택된 위치의 값을 0에서 1로 변경시켜 새로운 염색체를 만드는 것을 보여주고 있다. 돌연변이 연산자를 적용하면, 오른쪽 그림에서처럼 A와 같이 지역해에 가까운 위치에서 B와 같이 최적해에 가까운 위치로 이동할 가능성이 생긴다.

그림 2.23 **돌연변이 연산자의 적용 예.**

[그림 2.24]는 유전 알고리즘의 동작 과정이다. 먼저 문제의 제약조건을 만족하는 후보해들의 염색체로 초기 모집단을 생성한다. 다음, 모집단 내의 각 염색체의 적합도를 적합도 함수를 사용하여 평가한다. 종료조건(예. 지정된 세대교체 수 도달, 모집단의 적합도 개선도 없음 등)이 만족되면, 모집단에서 가장 적합도가 높은 염색체에 대응하는 후보해를 문제에 대한 답으로 출력한다. 종료조건이 만족되지 않았으면 적합도에 따라 부모 염색체를 선택하고 유전 연산자를 적용하여 자식 염색체를 생성한다. 일반적으로 자식 염색체를 만드는 단계에 전체 모집단을 새로 구성한다. 그러나 이렇게 할 경우, 부모 세대의 모집단에 있던 우수한 염색체들이 자식 세대 모집단에 만들어지지 않을 수도 있다. 그래서 자식 세대의 모집단을 만들 때는 부모 세대 모집단에 있던 적합도가 높은 것들을 자식 세대 모집단에 그대로 복사해 오도록 하는 엘리트주의^{elitism} 방법을 사용한다.

유전 알고리즘은 조합 최적화 문제뿐만 아니라 다음 절에서 다루는 함수 최적화 문제를 해결하는 데도 적용할 수 있는 방법이다. 유전 알고리즘은 다양한 NP-hard 문제를 해결하는데 사용되어 왔다. 그렇지만 유전 알고리즘은 주어진 문제에 대한 최적해를 찾는다는 보장을 할 수 없다. 그러나 주어진 시간 제약 내에 최적해는 아니더라도 우수한 해를 찾아낼 수 있는 방법이다.

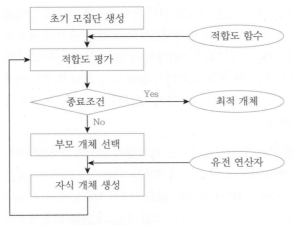

그림 2.24 유전 알고리즘의 동작 과정.

참고 **메타 휴리스틱**

최적해는 아니지만 우수한 해를 빠르게 찾기 위한 휴리스틱적인 문제해결 전략들을 메타 휴리스틱 meta-heuristic 기법이라고 한다. 유전 알고리즘도 메타 휴리스틱 기법의 하나이다. 메타 휴리스틱에는 유전 알고리즘 이외에도 모방 알고리즘, 입자군집 최적화 기법, 개미집단 최적화, 인공물고기집단 최적화, 타부 탐색, 담금질 기법, 하모니 탐색, 유전 프로그래밍 등이 있다.

모방 알고리즘memetic algorithm은 유전 알고리즘과 지역 탐색 알고리즘을 함께 사용하여 최적해를 찾아가는 방법으로, 유전 알고리즘의 교차와 돌연변이를 통해 국소 최적해 근처에 위치하게 되는 해를 지역 탐색 기법을 사용하여 국소 최적해에 가까이 가도록 미세 조정을 한다. 여기에서 모방으로 번역한 밈meme은 도킨스Richard Dawkins, 1941生의 '이기적 유전자'에서 처음 소개된 개념으로 유전자가 아니라 모방 등에 의해 다음 세대로 전달되는 비유전적 문화 요소를 의미한다. 모방 알고리즘을 혼합형hybrid 유전 알고리즘이라고도 한다.

입자군집 최적화particle swarm optimization, PSO는 물고기, 새와 같은 생물 집단이 보이는 지적인 행동을 시뮬레이션해서 문제를 해결하려는 군집지능swarm intelligence의 전형적인 기법이다. 여기에서는 군집의 각 개체가 문제에 대한 답을 표현하는데 군집 전체가 먹이를 효율적으로 발견하기 위해 하는 행동을 시뮬레이션 해서 최적해를 찾아간다.

개미집단 최적화ant colony optimization, ACO는 개미가 개미굴과 먹이가 있는 곳을 왕복하면서 남기는 페로몬pheromone의 흔적이 축적되는 것을 이용하여 최단경로를 찾는 것을 시뮬레이션하는 문제 해결 방법이다.

인공 물고기집단 최적화artificial fish swarm optimization, AFSO는 물고기 집단이 보이는 포식preying, 捕食, 무리짓기swarming, 뒤쫓기following 등의 행동 특성을 시뮬레이션하여 문제를 해결하는 방법이다.

타부 탐색tabu search에서 타부tabu는 '금기'를 의미하는데, 타부 탐색은 국소 최적해를 피하기 위해 국소 최적해에 해당하는 정보를 저장하여, 탐색하는 과정에 후보해들 중에서 타부에 해당하는 사항을 위반한 것들에 벌점을 부과하는 방식으로 최적해를 찾아가는 탐색 방법이다.

담금질 기법simulated annealing은 해를 반복해 개선하는 방법인데, 현재의 해 근방에 있는 해를 임의로 찾는데 더 좋은 것이 찾아지면 그곳으로 이동한다. 한편, 나쁜 해가 찾아져도 확률적으로 나쁜 해로 이동할 수도 있게 한다. 그런데 개선 과정을 진행해 가면서 이 확률을 점차 줄여가며 해를 찾아간다.

하모닉 탐색harmonic search, 화음 탐색은 재즈 뮤지션들이 즉흥연주를 할 때 보이는 특징에서 영감을 얻은 최적화 방법이다. 각 뮤지션(변수에 해당)이 서로 최적의 하모니(전역 최적해에 해당)를 이루도록 음^{音}(변수의 값에 해당)을 찾도록 해서 문제에 대한 최적해를 찾아간다.

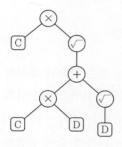

그림 2.25 $C\sqrt{CD+\sqrt{D}}$ 에 대한 S-expression

대부분의 메타 휴리스틱 방법들이 문제에 대한 해를 찾는 것인 반면에, 유전 프로그래밍genetic programming은 해를 찾아주는 프로그램을 만드는 것을 목적으로 한다. 유전 프로그래밍에서는 프로그램을 [그림 2.25]와 같이 트리 형태로 표현할 수 있는 LISP 언어의 S-expression 형식으로 나타낸다. 그러고 나서 이러한 트리 구조에 대해 교차, 돌연변이 등의 연산을 적용하여 새로운 프로그램을 만들어가면서 프로그램을 진화시킨다.

2.6.3 함수 최적화

함수 최적화는 어떤 목적 함수가 있을 때, 이 함수를 최대로 하거나 최소로 하는 변수나 파라미터의 값을 찾는 것을 말한다. 이러한 최적화 문제에는 해가 만족해야 하는 제약조건constraint이 추가적으로 부가되기도 한다. 함수 최적화 문제의 해를 찾는 것도 탐색 문제의 범주에 속한다. 즉, 연속인 일정 범위 내에서 최적의 값을 탐색하는 문제로 볼 수 있다.

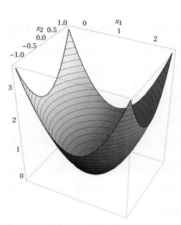

그림 2.26 **함수 최적화의 예.**
함수 $f(x_1, x_2) = (x_1 - 1)^2 + x_2^2$ 의 최소값 위치 찾기.

연속인 실수 함수의 최대값 또는 최소값에 대응하는 위치를 결정하는 것은 익숙한 해석학 문제이다. 최대값이나 최소값을 갖는 위치에서는 함수의 1차 미분이 0이다(여기서는 편의상 구간의 제한이 없는 경우라고 가정하자). [그림 2.26]은 함수 $f(x_1, x_2) = (x_1 - 1)^2 + x_2^2$ 의 모양이다. 이 함수에서 최소값을 갖는 위치를 찾아 보자. 이 문제는 다음과 같이 정형화된 형태로 표현될 수 있다.

> Find x_1, x_2
> which minimizes $f(x_1, x_2) = (x_1 - 1)^2 + x_2^2$

여기에서 $f(x_1, x_2) = (x_1 - 1)^2 + x_2^2$ 은 목적 함수$^{\text{objective function}}$이다. 이 함수는 아래로 볼록인 함수$^{\text{convex function}}$이기 때문에, 다음과 같이 목적함수의 1차 편미분 값이 0이 되는 x_1, x_2 를 찾으면 해가 얻어진다.

$$\frac{\partial f(x_1, x_2)}{\partial x_1} = 2x_1 - 2 = 0 \qquad x_1 = 1$$

$$\frac{\partial f(x_1, x_2)}{\partial x_2} = 2x_2 = 0 \qquad x_2 = 0$$

따라서 위 최적화 문제의 해는 $(x_1, x_2) = (1, 0)$이다.

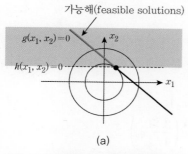

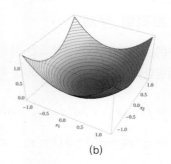

(a)   (b)

그림 2.27 **제약조건 최적화 문제의 예.**

(a)에서 제약조건은 함수 $g(x_1,x_2)$와 $h(x_1,x_2)$에 의해 표현되고, 목적함수 $f(x_1,x_2)$는 동심원으로 표현.

(b)는 목적함수 $f(x_1,x_2)$의 3차원 표현. (a)에서 가능해는 음영이 있는 영역에서 직선 부분이다.

제약조건이 있는 함수 최적화 문제도 있는데, 이러한 문제를 제약조건 최적화^{constrained} ^{optimization} 문제라고 한다. 이들 문제에서는 제약조건을 만족하면서 목적 함수를 최적화하는 해를 찾아야 한다. 제약조건을 만족하는 해들을 가능해^{feasible solution, 可能解}라고 한다. 제약조건 최적화 문제에서는 이 가능해들 중에서 목적 함수를 최적화시키는 값 또는 값들을 찾아야 한다. 다음은 전형적인 제약조건 최적화 문제의 예이다.

> Find x_1, x_2
>
> which minimizes $f(x_1,x_2) = \dfrac{1}{2}(x_1^2 + x_2^2)$
>
> subject to $g(x_1,x_2) = 1 - x_1 - x_2 = 0$
>
> $\qquad\qquad h(x_1,x_2) = \dfrac{3}{4} - x_2 \leq 0$

여기에서 $f(x_1,x_2)$는 목적 함수이고, $g(x_1,x_2)$와 $h(x_1,x_2)$는 제약조건이다. $g(x_1,x_2)$와 같이 등호(=)가 있는 제약조건식은 등식^{equality} 제약조건식이라고 하고, $h(x_1,x_2)$와 같이 부등호가 있는 제약조건식은 부등식^{inequality} 제약조건식이라고 한다. 일반적으로 부등식 제약조건식은 0보다 작거나 같다는 형태 (즉, $h(x_1,x_2) \leq 0$)로 표현한다. [그림 2.27]은 위 제약조건 최적화 문제를 표현한 것이다. (a)에서 제약조건은 함수 $g(x_1,x_2)$와 $h(x_1,x_2)$에 의해 표현되고, 목적함수 $f(x_1,x_2)$는 동심원으로 표현되어 있다. (a)에서 등식조건 $g(x_1,x_2) = 0$을 만족하는 것은 점들이 직선으로 표시되어 있고, 부등식 제약조건 $h(x_1,x_2) \leq 0$을 만족하는 것들은 음영^{grey}으로 되어 있는 영역이다. 따라서 두 제약조건을 만족하는 가능해들은 음영이 있는 영역에 있는 선분 위의 점들에 해당한다. (b)는 목적함수 $f(x_1,x_2)$를 3차원으로 나타낸 것이다.

2.6.4 제약조건 최적화 문제

제약조건 최적화 문제는 목적함수와 제약조건 함수들을 선형결합한 라그랑주 함수^{Lagrange} function를 사용하여 해결한다. 다음은 위 제약조건 최적화 문제에 대한 라그랑주 함수이다.

$$L(x_1, x_2, \lambda, \alpha) = f(x_1, x_2) + \lambda g(x_1, x_2) + \alpha h(x_1, x_2)$$
$$= \frac{1}{2}(x_1^2 + x_2^2) + \lambda(1 - x_1 - x_2) + \alpha\left(\frac{3}{4} - x_2\right)$$

여기에서는 추가로 사용된 변수 λ와 α는 라그랑주 승수^{Lagrange multiplier}라고 한다. 부등식 제약조건식에 대한 라그랑주 승수 α는 항상 0이상 이어야 한다(즉, $\alpha \geq 0$).

제약조건 최적화 문제의 해는 제약조건을 만족하는 가능해들 중에서 목적 함수를 최적화하는 변수들의 값이다. 위 제약조건 최적화 문제는 다음과 같이 표현할 수 있다.

$$\min_{x_1, x_2 \in FS} f(x_1, x_2) = \min_{x_1, x_2} \max_{\alpha \geq 0, \lambda} L(x_1, x_2, \lambda, \alpha) \tag{2.4}$$

여기에서 FS는 제약조건을 만족하는 가능해들의 집합이다.

위 (식 2.4)에서 오른쪽 항의 값이 왼쪽 항과 같은 이유는, $\max_{\alpha \geq, \lambda} L(x_1, x_2, \lambda, \alpha)$에서 λ와 α를 마음대로 바꾸며 $L(x_1, x_2, \lambda, \alpha)$의 값을 아무리 키우더라도, $\min_{x_1, x_2} \max_{\alpha \geq 0, \lambda} L(x_1, x_2, \lambda, \alpha)$ 의 값은 x_1과 x_2가 가능해일 때 나오기 때문이다. 왜냐하면 $\min_{x_1, x_2} \max_{\alpha \geq 0, \lambda} L(x_1, x_2, \lambda, \alpha)$를 계산할 때, 등식 제약조건에 대한 $\lambda g(x_1, x_2)$에서 $g(x_1, x_2) > 0$이면 양수인 λ를 선택해서 $\lambda g(x_1, x_2)$의 큰 양수값으로 만들 수 있고, $g(x_1, x_2) < 0$이면 음수인 λ를 선택해서 $\lambda g(x_1, x_2)$의 큰 양수값으로 만들 수 있으며, $g(x_1, x_2) = 0$이면 λ값에 상관없이 $\lambda g(x_1, x_2) = 0$이 된다. 따라서 $g(x_1, x_2) = 0$를 만족하는 (x_1, x_2)인 것들에 대해서 $\max_\lambda \lambda g(x_1, x_2)$의 값은 최소값이 된다. 즉, 등식 제약조건을 만족하는 경우에 $\max_\lambda \lambda g(x_1, x_2)$의 값이 최소이다. 한편, 부등식 제약조건에 대한 $\max_{\alpha \geq 0} \alpha h(x_1, x_2)$에서 $\alpha \geq 0$이기 때문에, $\min_{x_1, x_2} \max_{\alpha \geq 0} \alpha h(x_1, x_2)$값은 $h(x_1, x_2) \leq 0$인 영역에서 나오게 된다. 따라서 $\min_{x_1, x_2} \max_{\alpha \geq 0, \lambda} L(x_1, x_2, \lambda, \alpha)$의 값은 $g(x_1, x_2) = 0$이면서 $h(x_1, x_2) \leq 0$인 조건을 만족하는 것들, 즉 가능해들 중에서 선택된다. 그러므로 (식 2.4)의 등식이 성립한다.

한편, 라그랑주 식에서는 다음 부등식의 관계가 성립한다.

$$\min_{x_1,x_2}\max_{\alpha \geq 0,\lambda} L(x_1,x_2,\lambda,\alpha) \geq \max_{\alpha \geq 0,\lambda}\min_{x_1,x_2} L(x_1,x_2,\lambda,\alpha) \qquad (2.5)$$

$$\geq \max_{\alpha \geq 0,\lambda} L_d(\lambda,\alpha) \qquad (2.6)$$

왜냐하면 동일한 대상들에 대해서 $\min\max$한 것이 $\max\min$한 것 보다 항상 크거나 같기 때문이다. (식 2.6)은 $L_d(\lambda,\alpha) = \min_{x_1,x_2} L(x_1,x_2,\lambda,\alpha)$로 대체한 것인데, 이렇게 정의한 함수 $L_d(\lambda,\alpha)$를 쌍대함수$^{\text{dual function, 雙對函數}}$라고 한다. (식 2.4)와 (식 2.6)으로 부터 다음 관계가 유도된다.

$$\min_{x_1,x_2 \in FS} f(x_1,x_2) \geq \max_{\alpha \geq 0,\lambda} L_d(\lambda,\alpha) \qquad (2.7)$$

위 (식 2.7)에서 왼쪽의 조건을 만족하는 변수값들을 찾는 대신, 오른편의 조건을 만족하는 λ와 α를 찾아내고 이것들을 사용하여 x_1, x_2 값을 찾는 것이 더 쉬운 경우가 많다. 이렇게 찾은 해가 원래 문제 $\min_{x_1,x_2 \in FS} f(x_1,x_2)$의 최적해가 되기 위해서는 다음과 같은 상보적 여유성$^{\text{complementary slackness, 相補的 餘裕性}}$ 조건을 추가적으로 만족해야 한다.

$$\alpha\, h(x_1,x_2) = 0 \qquad (2.8)$$

[그림 2.27]의 제약조건 최적화 문제를 랑그랑주 함수와 쌍대함수를 도입하여 풀면 다음과 같다. 이때 라그랑주 함수는 다음과 같이 정의된다.

$$L(x_1,x_2,\lambda,\alpha) = \frac{1}{2}(x_1^2 + x_2^2) + \lambda(1 - x_1 - x_2) + \alpha\left(\frac{3}{4} - x_2\right)$$

이에 대한 쌍대함수는 아래와 같다.

$$L_d(\lambda,\alpha) = \min_{x_1,x_2} L(x_1,x_2,\lambda,\alpha)$$
$$= \min_{x_1,x_2}\left(\frac{1}{2}(x_1^2 + x_2^2) + \lambda(1 - x_1 - x_2) + \alpha\left(\frac{3}{4} - x_2\right)\right)$$

쌍대함수를 최소화하는 위치는 1차 편미분을 사용하여 구하면 아래와 같다.

$$\frac{\partial L(x_1,x_2,\lambda,\alpha)}{\partial x_1} = x_1 - \lambda = 0 \qquad x_1 = \lambda$$

$$\frac{\partial L(x_1, x_2, \lambda, \alpha)}{\partial x_z} = x_2 - \lambda - \alpha = 0 \qquad x_2 = \lambda + \alpha$$

$L(x_1, x_2, \lambda, \alpha)$식에 위에서 구한 x_1과 x_2값을 대입하면, 쌍대함수는 다음과 같이 결정된다.

$$L_d(\lambda, \alpha) = -\lambda^2 - \frac{1}{2}\alpha^2 - \lambda\alpha + \lambda + \frac{3}{4}\alpha$$

이제 $\max_{\lambda, \alpha} L_d(\lambda, \alpha)$를 최대화하는 λ와 α를 찾아보자.

$$\frac{\partial L_d(\lambda, \alpha)}{\partial \lambda} = -2\lambda - \alpha + 1 = 0$$

$$\frac{\partial L_d(\lambda, \alpha)}{\partial \alpha} = -\alpha - \lambda + \frac{3}{4} = 0$$

$$\lambda = \frac{1}{4} \qquad \alpha = \frac{1}{2}$$

여기에 상보적 여유성 조건을 추가로 고려한다.

$$\alpha\, h(x_1, x_2) = 0 \qquad \alpha\left(\frac{3}{4} - x_2\right) = 0 \qquad x_2 = \frac{3}{4}$$

한편 등식 제약조건식을 사용하면, 다음과 같이 x_1의 값을 결정할 수 있다.

$$1 - x_1 - x_2 = 0 \qquad x_1 = \frac{1}{4}$$

그러므로 주어진 제약조건 최적화 문제의 최적해는 $(x_1, x_2) = \left(\frac{1}{4}, \frac{3}{4}\right)$이다.

이와 같이 제약조건 최적화 문제를 라그랑주 함수로 변환한 다음, 쌍대 함수를 최적화하여 해결하는 방법을 라그랑주 승수법^{Lagrangian multiplier method}이라고 한다.

제약조건 최적화 문제는 대표적인 기계학습 알고리즘 중의 하나인 서포트 벡터 머신^{SVM,} ^{4.10절 참고}의 학습에서 사용된다. 위에서는 직접 이러한 문제를 풀이하는 과정을 보였지만, 실제 문제를 풀 때는 컴퓨터를 사용한다. 이차식으로 목적함수가 표현되는 이차계획법 ^{quadratic programming} 문제를 효과적으로 해결하는 라이브러리 함수들이 개발되어 있다. 또한 다양한 프로그래밍 환경에서 이들 함수를 쉽게 사용할 수 있다.

2.6.5 최소제곱평균법

인공지능의 많은 문제들은 수치 입력에 대해서 수치 출력이 나오는 함수 또는 시스템을 찾는 것으로 변환될 수 있다. 일정 형식의 함수는 파라미터의 값에 따라 형태가 변한다. 예를 들면, 함수 $y = ax + b$는 입력 x에 대한 출력 y을 1차원 함수로 표현한 것인데, 파라미터 a, b의 값에 따라 함수의 형태가 달라진다. 이러한 함수를 사용하는 대표적인 문제가 입출력에 대한 예제 데이터 $\{(x_i, y_i) | i = 1, ..., N\}$으로부터 이들 입출력의 관계를 나타내는 함수를 찾는 회귀regression, 回歸이다. 회귀에서 기대하는 가장 바람직한 함수는 각 입력값에 대한 함수의 출력값이 데이터의 출력값과 일치하는 것이다. 그런데 관측 오차 및 시스템의 불확정성 때문에, 데이터가 정확하다고 기대할 수 없으므로, 일반적으로 이들 값의 차이가 최소가 되도록 하는 것을 찾는다. 이를 위해 다음과 같은 오차 함수error function 또는 에너지 함수energy function를 정의하고, 이 함수를 최소로 하는 파라미터를 찾는다.

$$E = \frac{1}{2N} \sum_{i=1}^{N} (y_i - f(x_i))^2 \tag{2.9}$$

찾으려는 함수가 $f(x) = ax + b$와 같은 1차 함수라면 위의 오차 함수는 다음과 같은 형태를 갖게 된다.

$$E = \frac{1}{2N} \sum_{i=1}^{N} (y_i - ax_i - b)^2 \tag{2.10}$$

해가 되는 함수의 파라미터는 위의 오차 함수식을 최소화해야 한다. 주어진 데이터의 입출력 관계를 나타내는 함수를 찾을 때, (식 2.9)와 같이 데이터의 입력값 x_i에 대한 함수값 $f(x_i)$와 데이터의 출력값 y_i의 차이를 제곱한 것의 평균을 최소화하는 파라미터를 찾는 방법을 최소제곱평균법least mean square method, LMS method이라고 한다. 이 방법은 연속 구간의 회귀 함수를 찾는 문제, 신경망 및 딥러닝의 학습 등에서 널리 사용되고 있다.

2.6.6 경사 하강법

어떤 함수의 파라미터를 최소제곱평균법으로 찾을 때, (식 2.10)과 같이 함수 $f(x)$가 1차식이라 하자. 이 경우 오차 함수 E를 각 파라미터에 대한 편미분한 값이 0이 되는 것을 찾는 문제로 변환해서, 대수적代數的으로 풀어서 파라미터 값을 찾을 수 있다.

$$\frac{\partial E}{\partial a} = -\frac{1}{N}\sum_{i=1}^{N}(y_i - ax_i - b)x_i = 0 \tag{2.11}$$

$$\frac{\partial E}{\partial b} = -\frac{1}{N}\sum_{i=1}^{N}(y_i - ax_i - b) = 0 \tag{2.12}$$

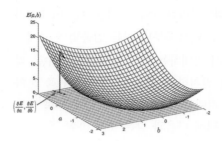

그림 2.28 **경사 하강법.**
그레디언트(gradient)는 $a - b$ 평면상에서 표시되는데, 기울기가 가장 크게 증가하는 방향을 나타낸다. 경사 하강법은 그레디언트의 반대방향으로 조금씩 움직여서 최소값의 위치를 찾는다.

하지만 함수의 형태가 복잡해지면 오차 함수의 편미분 식을 0으로 하는 해를 찾기 어렵다. 이 경우에 사용하는 대표적인 방법이 경사 하강법^{gradient descent method}이다. 경사 하강법은 오차 함수의 그레디언트^{gradient}를 사용하여 오차 함수의 값이 최소가 되는 위치의 파라미터를 찾는 방법이다. 오차 함수의 값이 최소인 위치를 찾을 때, 임의의 위치에서 시작해서 오차 함수의 값이 작아지는 방향으로 조금씩 이동하다보면 오차값이 작은 위치에 도달할 수도 있다. 이것은 언덕 오르기 방법^{hill-climbing method}을 언덕을 내려가는 방향으로 적용하는 것과 같다.

함수의 값이 줄어드는 방향은 함수를 파라미터별로 1차 편미분한 벡터의 반대방향과 같다. [그림 2.28]은 오차 함수의 형태를 예로 보인 것인데, 그림에서 보는 것처럼 편미분 벡터 $\left(\frac{\partial E}{\partial a}, \frac{\partial E}{\partial b}\right)$의 방향은 오차 함수가 증가하는 방향이다. $\left(\frac{\partial E}{\partial a}, \frac{\partial E}{\partial b}\right)$를 그레디언트라고 하는 데, 오차를 줄이기 위해서는 그레디언트 반대 방향으로 움직여야 한다. 임의의 파라미터 값에서 시작하여, 오차 함수에 대한 그레이디언트의 반대 방향으로 파라미터의 값을 조금씩 움직여서 오차 함수가 최소가 되는 파라미터를 찾으려고 하는 것이 경사 하강법이다. 다음 (식 2.13)과 (식 2.14)는 경사하강법을 함수 $f(x) = ax + b$의 오차함수 E에 적용하여 파라미터 a와 b를 찾을 때 사용하는 식이다.

$$a^{(t+1)} = a^{(t)} - \eta \frac{\partial E}{\partial a} \tag{2.13}$$

$$b^{(t+1)} = b^{(t)} - \eta \frac{\partial E}{\partial b} \tag{2.14}$$

첨자 (t)는 현재 시점을, $(t+1)$는 수정된 직후의 시점을 나타내고, η는 작은 양수 값^{positive} $_{value}$으로 변화율을 조정하는 계수로, 학습율$^{learning\ rate,\ 學習率}$이라고 한다. 학습율이 너무 크면 최적값을 찾아가지 못하고, 너무 작으면 학습 속도가 느려진다.

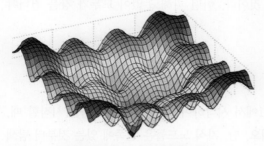

그림 2.29 **다수의 지역해가 있는 복잡한 함수.**

경사 하강법은 기계학습, 패턴인식, 컴퓨터 비전을 비롯한 다양한 분야에서 함수의 파라미터 값을 찾기 위해 사용된다. 기본적으로 언덕 오르기 방법이기 때문에, [그림 2.29]와 같이 산봉우리 또는 골짜기가 여러 개인 경우에는 최적의 해를 보장할 수 없는 단점이 있다. 그럼에도 불구하고, 수치 모델을 이용하는 대부분의 인공지능 기법에서는 경사 하강법을 기본적인 파라미터 탐색 방법으로 사용하고 있다. 한편, 경사 하강법을 개선한 여러 방법들이 있다.

1. 다음 문제에 대한 상태 공간 그래프를 작성하시오.

   농부가 늑대 한 마리, 염소 한 마리, 양배추 한 꾸러미와 함께 강을 건너 집에 가야한다. 강을 건널 배는 농부와 위 세 가지 중 하나만 태울 수 있다. 농부가 없는 상태에서 늑대와 염소가 함께 있으면 늑대가 염소를 잡아 먹어버릴 수 있고, 염소와 양배추가 함께 있으면 염소가 양배추를 먹어버릴 것이다. 어떤 피해도 없이 모두가 강을 건너야한다.

2. 다음과 같은 트리가 있다고 하자. 노드 1에서 시작하여 아래 지정한 탐색을 시작할 때, 방문하는 노드들의 기호를 순서대로 쓰시오. 단, 자식 노드들은 왼쪽에 있는 것부터 탐색을 한다고 가정한다.

   (1) 너비우선 탐색

   (2) 깊이우선 탐색

   (3) 반복적 깊이심화 탐색

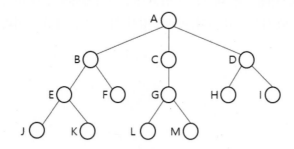

3. 아래 그림과 같은 미로가 있다고 하자. 실선으로 되어 있는 부분은 벽이고, 글자가 있는 위치에서 벽이 없는 상하좌우로 이동할 수 있는지만 사선으로는 이동할 수 없고, 글자 사이의 거리를 1이라고 하자. A위치에서 출발하여 Y위치를 찾으려고 한다.

(1) 너비 우선 탐색을 할 때, 방문하게 되는 위치의 글자를 순서대로 쓰시오. 이때 같은 거리에 있는 것은 알파벳 순으로 방문한다고 가정한다.

(2) A* 알고리즘을 적용하여 목표 위치 Y에 도달하는 과정에 방문하는 위치의 글자를 순서대로 쓰시오. 이때 위치 p의 휴리스틱 함수 $\hat{h}(p)$를 현재 위치 p에서 Y까지의 직선거리로 정의한다.

4. 다음 모양의 8-퍼즐 문제에 A* 알고리즘을 적용할 때 만들어지는 트리를 그리시오. 이때 남은 거리에 대한 휴리스틱으로 제자리에 있지 않은 타일의 개수를 사용한다.

5. 다음 그림은 우리나라 지도에 대한 4색 문제(four color problem)를 보인 것이다. 4색 문제는 지도상에서 인접한 영역 간에는 동일한 색상으로 칠하면 안 되고, 4개 이내의 색상을 사용하여 각 영역을 색칠해야 한다는 제약조건이 있다. 4색 문제는 그림의 오른쪽과 같은 그래프로 변환하여 그래프 문제로 풀 수 있다. 각 노드가 변수가 되며, 변수에는 4가지 색상 중에 하나의 값이 할당될 수 있고, 간선으로 연결된 노드 간에는 같은 색상을 가지면 안 된다는 제약 조건이 있다. 이러한 4색 문제는 제약 조건 만족 문제로, 탐색 방법으로 해결할 수 있다.

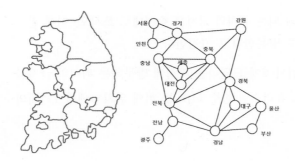

우리나라 지도에 대한 4색 문제를 풀어보시오. 이러한 4색 문제를 효과적으로 해결할
수 있는 휴리스틱을 찾아보시오.

6. 다음과 같은 형태로 탐색 트리가 있다고 할 때 최상 우선 탐색(best−first search)을
사용할 때 방문하는 노드를 순서대로 나열하시오. 여기에서 노드 옆의 괄호 안의
수는 비용을 나타낸다.

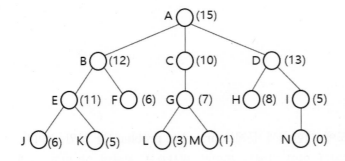

7. 5×5 크기의 보드에 5개의 퀸이 서로 다른 행, 열, 다각선에 있도록 배치하는 5−퀸
문제를 제약조건 전파 방법로 해결하는 과정을 보이시오.

8. 다음 그림과 같은 게임 트리가 있을 때, $\alpha - \beta$ 가지치기를 적용하여 루트 노드의 값을 결정하는 과정을 순서와 함께 가지치기 결과를 그림에 표시하시오.

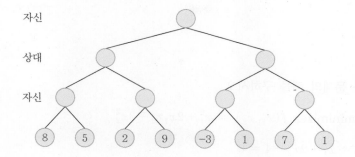

9. 순회 방문자 문제(TSP) 해결에 사용되는 유전 알고리즘을 찾아보고, 해당 알고리즘에서 사용하는 경로를 표현하는 염색체 표현, 유전 연산자에 대해서 기술하시오.

10. 반복적 깊이심화 탐색이 깊이 우선 탐색 및 너비 우선 탐색에 비하여 어떤 장단점이 있는지 설명하시오.

11. 몬테카를로 트리 탐색이 mini-max 알고리즘과 비교하여 어떤 점에서 우수한지 설명하시오.

12. 몬테카를로 트리 탐색에서 방문할 자식 노드를 선택할 때 사용하는 UCB는 어떤 대상에 대해서 우호적인지 왜 그러한지 설명하시오.

13. 세 개의 0 또는 1값을 갖는 변수 x_1, x_2, x_3가 있고, $x_1 \neq x_2$ 이고 $x_2 \neq x_3$ 이라는 제약조건이 있다고 하자. 이때 $x_1 = 1$ 일 때 x_2 와 x_3 의 값을 제약조건전파 방법으로 찾으시오.

14. 다음 제약조건 최적화 문제의 해를 구하시오.

Find x_1, x_2 which minimizes $f(x_1, x_2) = x_1^2 + 2x_1 x_2 + 3x_2^2$

subject to $g(x_1, x_2) = x_1 + 2x_2 - 4 = 0$

$\qquad\qquad h(x_1, x_2) = 4 - x_1 \leq 0$

15. 함수 $f(x, y) = x^2 + 2y^2$ 에 대한 그레디언트 $\nabla f = \left(\dfrac{\partial f}{\partial x}, \dfrac{\partial f}{\partial y} \right)$ 를 구하고, 좌표 (1,2) 와 (−2,3)에서의 그레디언트를 계산하시오.

노란 숲속에 난 두 갈래 길
아쉽게도 한 사람 나그네
두 길 갈 수 없어 길 하나
멀리 덤불로 굽어드는 데까지
오래도록 바라보았다.

– Robert Frost(1874–1963)의 The Road not Taken 중에서

CHAPTER 03
지식 표현과 추론

CHAPTER **03**

지식 표현과 추론

지식 표현과 추론

지식을 잘 활용하면 똑똑하게 행동할 수 있다. 지식을 정형화^{定形化}된 형태로 표현하고, 표현된 지식을 이용하여 문제를 해결하거나 의사결정을 하도록 도와주는 시스템을 지식 기반^{智識基盤} 시스템^{knowledge-based system}이라고 한다. 이 장에서는 규칙, 프레임, 논리, 의미망, 스크립트, 수학적 함수, 온톨로지 등을 이용한 지식 표현방법과 대표적인 지식 기반 시스템 중 하나인 규칙 기반 시스템에 대해서 살펴본다. 또한 지식 표현의 근본적인 문제인 심볼 그라운딩 문제와 프레임 문제에 대해서 알아본다.

3.1 지식

지식은 무엇인가? 이를 명확히 설명하기 위해, [그림 3.1]의 데이터, 정보, 지식, 지혜의 관계를 나타낸 데이터 피라미드를 살펴보자. 피라미드의 가장 하부는 데이터이다. 데이터^{data}는 특정 분야에서 관측되거나 수집되었지만 아직 가공되지 않은 것으로서, 사실처럼 관측되지만 오류^{error}나 잡음^{noise}을 포함할 수도 있다.

그림 3.1 데이터 피라미드

데이터 계층 바로 위에 위치한 정보^{information, 情報}는 데이터를 가공하여 어떤 목적이나 의미를 갖도록 한 것이다. 즉, 데이터가 가치를 갖도록 처리한 결과이다. 정보 계층의 다음 계층인 지식^{knowledge, 知識}은 정보를 취합하고 분석하여 얻은 대상에 대해 사람이 이해한 것을 말한다. 최상위 계층인 지혜^{wisdom, 智慧}는 경험과 학습을 통해서 얻은 지식보다 높은 수준의 통찰을 일컫는다. 예를 들면, 등산로와 등산 거리를 아는 것은 지식이지만, 여름날 먼 길을 등산하니 오이를 몇 개 가방에 넣어가는 것은 지혜라고 할 수 있다. 인공지능에서 지식은 '경험이나 교육을 통해 얻어진 전문적인 이해와 체계화된 문제 해결 능력', '어떤 주제나 분야에 대한 이론적 또는 실제적인 이해, 또는 현재 알려진 사실과 정보의 모음'을 의미한다.

지식은 표현 대상과 형식에 따라 여러 가지로 나누어 볼 수 있다. 문제 해결의 절차를 기술하는 지식을 절차적^{節次的} 지식^{procedural knowledge}이라 하며, 어떤 대상의 성질, 특성이나 관계를 서술하는 지식을 선언적^{宣言的} 지식^{declarative knowledge}이라 한다. 학습과 경험을 통해 몸으로 배우는 말로 표현하기 어려운 암묵지^{tacit knowledge, 暗黙知}와, 비교적 쉽게 형식을 갖추어 표현할 수 있는 형식지^{explicit knowledge, 形式知}로 분류해 볼 수도 있다. 문제 해결에 지식을 사용하려면, 프로그램이 쉽게 처리할 수 있도록 어떻게든 정형화된 형태로 표현하여야 한다. 이러한 지식 표현 방법으로 규칙, 프레임, 논리, 의미망, 스크립트, 수치적 함수 등이 있다.

3.2 규칙

'~이면, ~이다' 또는 '~하면, ~하다'와 같은 조건적인 지식을 표현한 IF–THEN 형태의 문장을 규칙^{rule, 規則}이라 한다. 이와 같은 표현은 매우 직관적이기 때문에, 이런 형태의 지식은 규칙으로 쉽게 표현할 수 있다. 한편, 규칙으로 표현된 지식은 쉽게 이해할 수 있다. 예를 들어, '신호등이 녹색일 때는 건널목을 건널 수 있고, 빨간색일 때는 길을 건너지 말아야 한다'라는 지식이 있다고 할 때, 사람은 쉽게 의미를 이해할 수 있다. 프로그램에서 이러한 지식을 이용할 수 있도록 하기 위해서 지식을 정형화하여 표현해야 한다. 위의 신호등 문장에 대한 지식을 표현하기 위해서는 먼저 대상, 속성, 행동 또는 판단의 정보를 추출해야 한다. 대상으로 '신호등', 대상에 대한 속성으로 '녹색', '빨간색', 행동 또는 판단으로 '건넌다', '멈춘다'를 뽑아낼 수 있다. 이들 정보를 사용하여 위 문장을 규칙 형태로 나타내면 아래와 같다.

IF 신호등이 녹색이다 THEN 행동은 건넌다
IF 신호등이 빨간색이다 THEN 행동은 멈춘다

실제 프로그램에서 사용하기 위해서는 '신호등', '녹색', '빨간색', '행동', '건넌다', '멈춘다'

와 같은 지식 표현에 사용된 단어에 대응하는 기호를 정해야 한다. 다음은 위의 규칙을 보다 정형화하여 표현한 것이다.

IF trafficLight = green THEN action = cross
IF trafficLight= red THEN action = stop

IF-THEN 규칙을 사용할 때, IF 부분은 주어진 정보나 사실에 대응될 조건을 나타내기 때문에 조건부^{conditional part, antecedent}라고 하고, THEN 부분은 조건부가 만족될 때의 판단이나 행동을 나타내는데, 결론부^{consequent}라고 한다.

규칙의 조건부는 둘 이상의 조건을 AND 또는 OR로 결합하여 구성할 수도 있다.

IF 〈조건1〉 AND 〈조건2〉 AND … THEN 〈결론〉
IF 〈조건1〉 OR 〈조건2〉 OR … THEN 〈결론〉

규칙을 사용하여 인과관계, 추천, 지시, 전략, 휴리스틱에 관련된 지식을 표현할 수 있다. 인과관계^{因果關係}는 원인을 조건부에 결과를 결론부에 두어 표현한다. 추천^{推薦} 및 지시^{指示}는 상황을 조건부에 기술하고 이에 따른 추천 내용이나 지시 내용을 결론부에 기술한다. 전략^{戰略}과 문제 해결을 위한 절차^{節次}는 일련의 규칙들로 표현될 수 있는데, 이전 단계의 판정 결과에 따라 다음 단계에 고려할 규칙이 결정되도록 한다. 휴리스틱^{heuristic}은 경험적인 지식을 표현하는 것이다. 실제 전문가적 견해는 최적을 항상 보장하는 것이 아니며 일반적으로 바람직한 것을 말하기 때문에 휴리스틱적인 요소가 많다. 다음은 이러한 규칙들을 표현한 사례이다.

IF 연료통이 빈다 THEN 차가 멈춘다 (인과관계)
IF 여름철이다 AND 날이 흐리다 THEN 우산을 가지고 가라 (추천)
IF 차가 멈추었다 AND 연료통이 비었다 THEN 주유를 한다 (지시)
IF 차가 멈추었다 THEN 연료통을 확인한다 AND 단계1을 끝낸다
IF 단계1이 끝났다 AND 연료통은 충분히 찼다
　　THEN 배터리를 확인한다 AND 단계2를 끝낸다 (전략)
IF 시료가 액체이다 AND 시료의 PH가 6미만이다 AND 냄새가 시큼하다
　　THEN 시료는 아세트산이다 (휴리스틱)

3.3 프레임

프레임^{frame}은 민스키$^{Marvin\ Minsky,\ 1927-2016}$가 제안한 지식 표현 방법으로, 특정 객체 또는 개념에 대한 전형적인 지식을 슬롯^{slot}의 집합으로 표현한다. 슬롯은 객체의 속성을 기술하는 것으로, 슬롯 이름$^{slot\ name}$과 슬롯 값$^{slot\ value}$으로 구성된다. 여기에서 슬롯 이름은 속성 이름에 해당하고, 슬롯 값은 속성의 값에 대응한다. 슬롯 값에는 복수 개의 패싯^{facet}이나 데몬^{demon}이 포함될 수 있다.

패싯은 '측면' 또는 '양상'을 의미하는 단어인데, 속성에 대한 부가적인 정보를 지정하기 위해 사용한다. 하나의 패싯은 패싯 이름과 패싯 값의 쌍으로 구성된다. 패싯 이름으로는 value, data-type, default, require 등이 있다. value 패싯은 속성값을 나타내고, data-type 패싯은 속성값의 자료형을 나타낸다. default 패싯은 기본값$^{속성값이\ 주어지지\ 않을\ 때\ 사용되는}$ ^{초기값}을 나타내고, require 패싯은 슬롯에 들어갈 수 있는 값이 만족해야 할 제약조건을 나타낸다.

데몬은 지정된 조건을 만족할 때 실행할 절차적 지식^{procedure}을 기술하는데, 슬롯 값으로 데몬 실행조건과 데몬 이름의 쌍이 들어간다. 데몬의 실행조건은 여러 가지 형태로 지정될 수 있는데, 다음은 대표적인 실행조건들이다. 예를 들어, if-needed는 슬롯 값을 알아야 할 때, 실행될 데몬과 함께 사용된다.

> if_needed : 슬롯 값을 알아야 할 때(즉, 사용하려고 할 때)
> if_added : 슬롯 값이 추가될 때
> if_removed : 슬롯 값이 제거될 때
> if_modified : 슬롯 값이 수정될 때

프레임에는 부류^{部類}를 나타내는 클래스^{class} 프레임과 특정 객체를 나타내는 인스턴스^{instance} 프레임이 있다. 프레임은 계층 구조로 구성될 수 있는데, 상위 프레임은 클래스를 나타내는 프레임이 되고, 하위 프레임은 상위 클래스를 상속받은 하위 클래스 프레임이나 상위 클래스 프레임에 속하는 객체를 나타내는 인스턴스 프레임이 된다. 프레임은 특정 대상에 관련된 데이터와 데몬 프로시저를 하나의 구조로 묶어서 표현하기 때문에, 객체지향 프로그래밍의 클래스 개념과 유사한 점이 있다.

[그림 3.2]는 컴퓨터에 대한 클래스 프레임을 정의한 예이다. 이 예에서 CPU 슬롯은 (default Intel), (data-type string), (require (Intel AMD ARM SPARC))와 같은 세 개의 패싯을 가지고 있다. 이 슬롯은 기본값이 Intel이고, 값의 자료형은 string이며, 값은 Intel, AMD, ARM, SPARC 중의 하나라는 것을 의미한다.

```
(frame-name Computer)
   (frame-type class)
   (CPU (default Intel)
        (data-type string)
        (require (Intel AMD ARM SPARC)))
   (OS   (default Windows)
         (data-type string))
   (memory   (data-type integer))
   (guarantee (default 3years))
   (HDD      (default 1TB))
   (price      (data-type integer))
   (stock      (default in-stock)))
```

frame-name	Computer	
frame-type	Class	
	default	Intel
CPU	data-type	string
	require	Intel AMD ARM SPARC
OS	default	Windows
	data-type	string
memory	data-type	integer
guarantee	default	3years
HDD	default	1TB
price	data-type	integer
stock	default	in-stock

그림 3.2 **클래스 프레임의 예**

[그림 3.3]은 특정 컴퓨터에 대한 인스턴스 프레임 Ultra-Slim-Notebook을 클래스 프레임 Computer를 상속받아 정의한 것이다. 인스턴스 프레임을 생성하면, 기본적으로 지정된 클래스 프레임의 슬롯들이 복사되어 만들어지고, 여기에 해당 인스턴스의 고유한 특징이 추가되는 형태가 된다. 클래스 프레임의 HDD 슬롯의 값은 1TB이지만, 인스턴스 프레임에서 512GB로 설정하였고, guarantee 슬롯은 별도로 설정하지 않았기 때문에 클래스 프레임에서 설정한 값이 상속되어 3years가 된다.

```
(frame
 (frame-name Ultra-Slim-Notebook)
 (frame-type instance
       (class Computer))
 (CPU      (value ARM))
 (OS       (value Android))
 (memory (value 4G))
 (HDD     (value 512GB))
 (price      (if-needed look-up-the-list)
 (stock    (if-needed ask-for-vendor)))
```

frame-name	Ultra-Slim-Notebook	
frame-type	instance (class Computer)	
CPU	value	ARM
OS	value	Android
memory	value	4G
guarantee	value	3years
HDD	value	512GB
price	if-needed	look-up-the-list
stock	if-needed	ask-for-vendor

그림 3.3 **인스턴스 프레임의 예**

위 인스턴스 프레임에서 price와 stock 슬롯은 슬롯 값이 필요할 때(if-needed) 각각 look-up-the-list와 ask-for-vendor 데몬을 사용하여 값을 결정하도록 지정하고 있다. 이와 같은 데몬은 절차적인 함수로 구현될 수도 있고, 규칙들의 집합으로 구현될 수도 있다.

프레임은 객체지향 프로그래밍의 객체 또는 클래스와 유사하지만 관점이 다르다. 객체와 클래스는 소프트웨어 개발에 있어서 모듈화나 개발 및 유지보수의 용이성을 고려한 프로그래밍 개념인 반면, 프레임은 사람이 특정 대상에 대해 갖는 지식의 표현을 목표로 한다. 객체와 클래스는 정보은닉 등 정보 접근에 대한 제한 메커니즘이 있는데, 프레임은 이런 것을 고려하지 않는다. 프레임은 슬롯의 특정 상황에 따라 자동으로 호출되는 데몬 개념이 있는 반면에, 객체 지향 프로그래밍에서 이러한 것이 일반적이지 않다.

3.4 논리

논리$^{\text{logic, 論理}}$는 말로 표현된 문장들에 대한 타당한 추론을 위해, 기호를 사용하여 문장들을 표현하고 기호의 조작을 통해 문장들의 참 또는 거짓을 판정하는 분야이다. 말로 표현된 문장들은 종종 애매하거나 불분명하여, 합리적이지 못하거나 엉뚱한 결론에 이르게 할 수 있다. 이런 문제를 해결하기 위해 고대 그리스의 아리스토텔레스$^{\text{Aristotle, BC384-BC322}}$는 기호의 대수적 조작을 통해 추론을 하는 삼단논법$^{\text{syllogism, 三段論法}}$을 사용하였다. 19세기 후반 부울$^{\text{George Boule, 1815-1864}}$은 명제 논리, 프리게$^{\text{Gottlob Frege, 1848-1925}}$는 술어 논리의 이론적 기초를 확립하였다. 논리는 일종의 정형화된 언어로 볼 수 있으며, 지식을 표현하고 이렇게 표현된 지식에 대해 추론하는 데 사용할 수 있다.

3.4.1 명제 논리

명제$^{\text{proposition, 命題}}$란 참, 거짓을 분명하게 판정할 수 있는 문장을 일컫는다. 다음은 명제인 것과 그렇지 않은 것의 예이다.

> 아리스토텔레스는 플라톤의 제자이다. (명제)
> 1+1 = 3. (명제)
> 일어나서 아침 먹자. (명제 아님)

위 예에서 첫 번째 문장은 참이지만, 두 번째 문장은 참이 아니다. 문장이 참이건 거짓이건 분명하기만 하면 명제가 된다. 그런데 세 번째 문장은 참 또는 거짓을 말할 수 없는 문장이기 때문에 명제가 아니다.

1) 명제 논리의 표현

명제 논리[propositional logic, 命題論理]는 명제를 P, Q 등과 같은 기호로 대신 나타내고, 이들 명제 기호의 진리값[truth value]을 사용하여 명제들에 의해 표현되는 문장들의 진리값을 결정한다. 논리는 문장 자체의 내용에 대해 관심을 갖는 것이 아니라, 문장의 진리값이 어떻게 되는지에만 관심을 갖는다.

하나의 진술[statement, 陳述]로 이루어진 최소 단위의 명제를 기본 명제[primitive proposition, 基本命題]라고 하고, 기본 명제들이 결합되어 만들어진 명제를 복합 명제[compound proposition, 複合命題]라고 한다. 예를 들어, '알렉산더는 아시아를 넘본다'와 '징기스칸은 유럽을 넘본다'라는 기본 명제를 합하면, '알렉산더는 아시아를 넘보고, 징기스칸은 유럽을 넘본다'라는 복합명제가 된다. 이들 명제는 명제 기호 P, Q와 '그리고'에 해당하는 논리기호 $\wedge$ 를 사용하여 다음과 같이 나타낼 수 있다.

알렉산더는 아시아를 넘본다 $\Rightarrow P$
징기스칸은 유럽을 넘본다 $\Rightarrow Q$
알렉산더는 아시아를 넘보고, 징기스칸은 유럽을 넘본다 $\Rightarrow P \wedge Q$

명제를 기호로 표현한 식을 논리식[logical expression, 論理式]이라 한다. 논리식은 명제기호, 참과 거짓을 나타내는 T와 F, 명제 기호를 연결하는 논리기호인 $\neg$, $\vee$, $\wedge$, $\rightarrow$, $\equiv$ 를 사용하여 표현한다. [표 3.1]은 명제 논리에서 사용하는 논리기호와 의미를 정리한 것이다.

표 3.1 논리기호

논리기호	이름	논리식	의미
$\neg$	부정(negation)	$\neg P$	P 가 아님
$\vee$	논리합(disjunction)	$P \vee Q$	P 또는 Q
$\wedge$	논리곱(conjunction)	$P \wedge Q$	P 그리고 Q
$\rightarrow$	함의(implication)	$P \rightarrow Q$	P 이면 Q
$\equiv$	동치(equivalence)	$P \equiv Q$	$(P \rightarrow Q) \wedge (Q \rightarrow P)$

논리기호는 참, 거짓 값을 결합하여 논리식의 진리값을 결정하는 역할을 한다. [표 3.2]는 논리기호에 따라 참, 거짓 값을 결합하는 방법을 나타내는 진리표[truth table, 眞理表]이다. 예를 들어, $P \rightarrow Q$ 의 논리기호는 Q만 거짓(F)일 때 거짓인 결과를 준다.

표 3.2 **진리표**

P	Q	$\neg P$	$P \vee Q$	$P \wedge Q$	$P \rightarrow Q$	$P \equiv Q$
F	F	T	F	F	T	T
F	T	T	T	F	T	F
T	F	F	T	F	F	F
T	T	F	T	T	T	T

명제 기호 P와 명제 기호의 부정 $\neg P$를 리터럴^{literal}이라 하고, 리터럴들이 논리합으로만 연결되거나 논리곱으로 연결되면 절^{clause, 節}이라 한다. 다음은 논리합 절과 논리곱 절의 예이다.

$$P \vee Q \vee \neg R \quad \text{(논리합 절)}$$
$$P \wedge Q \wedge \neg R \quad \text{(논리곱 절)}$$

논리합 절들이 논리곱으로 연결되어 있으면 CNF^{conjunctive normal form}라 하고, 논리곱 절들이 논리합으로 연결되어 있으면 DNF^{disjunctive normal form}라 한다.

$$(P \vee Q \vee \neg R) \wedge (\neg Q \vee R \vee S) \wedge (P \vee R \vee S) \quad \text{(CNF의 예)}$$
$$(P \wedge Q \wedge \neg R) \vee (\neg Q \wedge R \wedge S) \vee (P \wedge R \wedge S) \quad \text{(DNF의 예)}$$

논리에서 문법에 맞는 논리식을 정형식^{well-formed formula, wff, 定形式}이라고 한다. 명제 논리에 대한 정형식은 다음과 같이 재귀적으로 정의된다.

(1) 진리값 T, F와 명제 기호들 $P, Q, R, \cdots$은 정형식이다.
(2) p와 q가 정형식이면, 논리기호를 사용하여 이들을 연결한 $\neg p$, $p \vee q$, $p \wedge q$, $p \rightarrow q$, $p \equiv q$도 정형식이다.
(3) (1)과 (2)에 의해 정의되는 논리식만 정형식이다.

2) 명제 논리식의 해석과 동치 관계

논리식의 명제기호에 참값(T) 또는 거짓값(F)을 할당한 것을 논리식의 모델^{model}이라 한다. 예를 들어 $(P \vee \neg Q) \wedge (Q \vee \neg R)$라는 논리식이 있을 때, P=T, Q=F, R=T 라고 값을 부여해 놓은 것을 모델이라고 한다. n개의 명제기호가 논리식에 사용된다면, 각각 T 또는 F값을 가질 수 있기 때문에, 총 2^n개의 모델이 존재한다.

논리식의 모델이 주어지면, 진리표를 사용하여 논리식의 진리값을 결정할 수 있다. 이와 같이 논리식의 진리값을 결정하는 것을 '논리식을 해석^{interpretation, 解釋}한다'고 한다. 예를 들면, 논리식 $(P \vee \neg Q) \wedge (Q \vee \neg R)$에 대해, 모델 P=T, Q=F, R=T 을 적용한 해석 결과는 F가 된다. 어떤 논리식의 해석을 하기 위해서는, 먼저 각 명제기호의 진리값을 결정해야 한다. 그렇게 하기 위해서는 명제기호에 특정 '명제'를 대응시키고 해당 명제의 진리값을 결정한다. 예를 들어, 명제기호 P에 명제 '토마토는 과일이다'가 대응된다면, 토마토는 채소이기 때문에는 명제기호의 진리값은 거짓이다. 즉, $P = $ F가 된다. 이때 대응된 명제를 명제기호의 외연^{外延} 또는 의미^{意味}라고 한다.

한편, 어떤 논리식이 모든 가능한 모델에 대해서 참(T)이면, 해당 논리식이 '타당하다^{valid}'고 한다. 어떠한 모델에 대해서도 참이 되는 논리식을 항진식$^{tautology, 恒眞式}$이라 하고, 항상 거짓 이 되는 논리식을 항위식$^{contradiction, 恒僞式}$이라 한다. 논리식을 참으로 만들 수 있는 모델이 하나라도 있으면, 해당 논리식은 '충족가능$^{satisfiable, 充足可能}$하다'고 하고, 그렇지 않으면 '충족 불가능^{unsatisfiable}하다'고 한다. 충족불가능한 논리식이 바로 항위식에 해당한다. 다음은 항진 식, 항위식, 충족가능식의 예이다.

$P \lor \neg P$　　(항진식, P가 T이든 F는 항상 참(T)이다)
$P \land \neg P$　　(항위식, 충족불가능하다. P가 T이든 F는 항상 거짓(F)이다)
$(P \lor \neg Q) \land (Q \lor \neg R)$　　(충족가능하다. P=T, Q=T, R=F일 때 참이다)

두 논리식이 어떠한 모델에 대해서도 같은 값이 된다면 동치 관계$^{equivalence relation, 同値關係}$에 있다고 한다. 다음은 명제 논리에서 대표적인 동치 관계들이다.

(1) $\neg(\neg p) \equiv p$
(2) $p \lor F \equiv p$, $p \land T \equiv p$
(3) $p \lor \neg p \equiv T$, $p \land \neg p \equiv F$
(4) $\neg(p \land q) \equiv \neg p \lor \neg q$, $\neg(p \lor q) \equiv \neg p \land \neg q$
(5) $p \rightarrow q \equiv \neg p \lor q$
(6) $p \lor (q \lor r) \equiv (p \lor q) \lor r$, $p \land (q \land r) \equiv (p \land q) \land r$
(7) $p \lor (q \land r) \equiv (p \lor q) \land (p \lor r)$, $p \land (q \lor r) \equiv (p \land q) \lor (p \land r)$

논리식의 동치 관계를 이용하면 임의의 논리식을 CNF와 같은 정형식으로 변환할 수 있다. 다음 예는 이러한 변환 과정을 보이고 있다.

$p \land (q \rightarrow r) \rightarrow p \land q$
$\equiv \neg(p \land (\neg q \lor r)) \lor (p \land q)$
$\equiv (\neg p \lor \neg(\neg q \lor r)) \lor (p \land q)$
$\equiv (\neg p \lor (q \land \neg r)) \lor (p \land q)$
$\equiv ((\neg p \lor q) \land (\neg p \lor \neg r)) \lor (p \land q)$

$$\equiv ((\neg p \lor q) \lor (p \land q)) \land ((\neg p \lor \neg r) \lor (p \land q))$$
$$\equiv ((\neg p \lor q) \lor p) \land ((\neg p \lor q) \lor q)) \land ((\neg p \lor \neg r) \lor p) \land ((\neg p \lor \neg r) \lor q))$$
$$\equiv (T \lor q) \land (\neg p \lor q) \land (T \lor \neg r) \land (\neg p \lor \neg r \lor q)$$
$$\equiv (\neg p \lor q) \land (\neg p \lor q \lor \neg r)$$

어떤 정형식의 집합 Δ에 있는 모든 정형식을 참(T)으로 만드는 모델이 임의의 정형식 ω를 참(T)으로 만드는 경우가 있다. 이러한 상황을 기호 $\vdash$를 사용하여 다음과 같이 나타낸다.

$$\Delta \vdash \omega$$

위의 식은 다음과 같이 읽는다.

> Δ는 ω를 논리적으로 귀결한다[logically entail]
> ω는 Δ를 논리적으로 따른다[logically follow]
> ω는 Δ의 논리적 결론이다[logical consequence]

이는 'Δ가 참이면, ω도 참이다'는 의미이다. 예를 들면, $\Delta = \{P, P \to Q\}$이고, $\omega = \{Q\}$라면, $\{P, P \to Q\} \vdash \{Q\}$이다. 여기에서 P가 참이고 $P \to Q$가 참인 경우는, 진리표에 Q가 참일 때 뿐이다. 참인 것으로 알려진 Δ로부터, 아직 알려지지 않은 참인 ω를 찾는 것을 논리적 추론[論理的 推論]이라고 한다.

3) 명제논리의 추론

추론의 형식은 귀납적 추론과 연역적 추론으로 크게 나누어 볼 수 있다. 귀납적 추론[inductive inference, 歸納的 推論]은 관측된 많은 사실 또는 데이터를 일반화[generalization]하여 일반적인 패턴이나 명제를 도출하는 것을 말한다. 연역적 추론[deductive inference, 演繹的 推論]은 참인 사실들이나 명제들로부터 알려지지 않은 참인 사실이나 명제를 도출하는 것을 말한다. 귀납적 추론은 기계학습 등에서 주로 사용되고, 연역적 추론은 논리의 추론에서 나타난다.

논리에서 추론[inference, 推論]은 함의[含意]($\to$)의 논리적 관계를 이용하여 새로운 논리식을 유도해 내는 것을 말한다. 함의 논리식 $p \to q$에서 p는 전제[premise, condition, antecedent, 前提]라 하고, q는 결론[conclusion, consequence, consequent, 結論]이라고 한다.

명제 논리를 이용하여 지식을 표현할 때는 문장으로 표현된 지식으로부터 기본 명제들을 추출하여 명제기호를 부여하고, 기본 명제들의 논리적 연결 관계를 참고하여 대응되는 명제 기호들을 논리기호로 연결하여 논리식을 구성한다. 일단 논리식으로 표현되고 나면, 명제 기호가 나타내는 명제의 의미와는 무관하게 대수적인 기호 연산을 통해서 추론을 수행한다.

모든 모델을 만들어서 논리적으로 귀결하는 새로운 논리식을 찾아내는 것은 복잡하고 번거롭다. 그런데 논리적으로 귀결하는 논리식을 찾는 기계적인 규칙들이 있다. 이러한 것들을 추론규칙$^{\text{inference rule, 推論規則}}$이라고 한다. 다음은 명제 논리의 대표적인 추론규칙들이다.

- **긍정논법**$^{\text{modus ponens, 肯定論法}}$

$$p \rightarrow q \qquad \text{새이다} \rightarrow \text{날 수 있다}$$
$$p \qquad \text{새이다}$$
$$\overline{\qquad q \qquad} \qquad \overline{\qquad \text{날 수 있다} \qquad}$$

- **부정논법**$^{\text{modus tollens, 否定論法}}$

$$p \rightarrow q \qquad \text{새이다} \rightarrow \text{날 수 있다}$$
$$\neg q \qquad \qquad \text{날 수 없다}$$
$$\overline{\qquad \neg p \qquad} \qquad \text{새가 아니다}$$

- **삼단논법**$^{\text{syllogism, 三段論法}}$

$$p \rightarrow q \qquad \text{새이다} \rightarrow \text{날개가 있다}$$
$$q \rightarrow r \qquad \text{날개가 있다} \rightarrow \text{날 수 있다}$$
$$\overline{p \rightarrow r} \qquad \text{새이다} \rightarrow \text{날 수 있다}$$

긍정논법, 부정논법 및 삼단논법의 규칙은 다음과 같은 논리적 귀결 관계를 표현한 것이다.

$$p \rightarrow q, p \vdash q$$
$$p \rightarrow q, \neg q \vdash \neg p$$
$$p \rightarrow q, q \rightarrow r \vdash p \rightarrow r$$

주어진 논리식들이 참일 때, 위의 추론규칙에 의해서 만들어지는 논리식이 참인 것은 진리표를 확인하면 알 수 있다. 긍정논법이 참인 논리식을 만들어내는 것을 확인하기 위해, [표 3.2]에서 $P \rightarrow Q$가 참이고 P가 참일 때, Q의 진리값을 확인해 보자. $P \rightarrow Q$와 P가 참이면, Q가 참일 수밖에 없는 것을 알 수 있다. 부정논법과 삼단논법에 대해서 같은 방법으로 이들이 참인 논리식을 만들어 내는 것을 확인할 수 있다.

앞에서 소개한 추론규칙 이외에 논리융합^{resolution principle, 論理融合}이라는 일반화된 추론규칙이 있다. 논리융합은 두 개의 논리합절이 각각 같은 기호의 긍정과 부정의 리터럴을 가지고 있을 때, 해당 리터럴들을 제외한 나머지 리터럴들의 논리합절을 만들어 내는 것이다. 즉, $P \vee q$와 $\neg P \vee r$과 같이 P와 $\neg P$가 두 논리합절에 각각 포함될 때, 논리융합은 $q \vee r$을 도출한다.

$$\frac{\begin{array}{c} P \vee q \\ \neg P \vee r \end{array}}{q \vee r}$$

이 때 $P \vee q$와 $\neg P \vee r$을 부모절^{parent clause, 父母節}, $q \vee r$을 융합절^{resolvent clause, 融合節}이라고 한다. 긍정논법, 부정논법, 삼단논법의 함의를 논리합절로 변환해서 논리융합 규칙을 적용하면 동일한 추론 결과를 얻을 수 있다.

추론규칙들에는 정당성^{soundness, 正當性}과 완전성^{completeness, 完全性}이 있어야 한다. 추론규칙이 정당하다는 것은 추론규칙에 의해 도출된 논리식이 이미 주어진 논리식들로부터 논리적으로 귀결한다는 것을 의미한다. 즉, 추론규칙이 만들어 낸 것은 항상 참이다는 말이다. 추론규칙이 완전하다는 것은 주어진 논리식들이 논리적으로 귀결하는 것들은 추론규칙이 찾아낼 수 있다는 의미이다. 즉, 추론규칙이 참인 것들을 모두 찾아낼 수 있다는 뜻이다.

4) 정리 증명

추론을 할 때 참인 것으로 주어지는 논리식을 공리^{axiom, 公理}이라 하고, 참인 논리식들로부터 유도될 수 있는 참인 논리식을 정리^{theorem, 定理}라고 한다. 공리들을 사용하여 정리가 참임을 보이는 것을 정리 증명^{theorem proving}이라 한다. 정리 증명을 하는 방식에는 구성적 증명과 논리융합 반박이 있다. 구성적 증명^{constructive proof}은 공리들에 추론규칙들을 적용하여 증명하려는 정리를 만들어내는 방식이다. 논리융합 반박^{resolution refutation}은 증명할 정리를 부정^{negation, 否定}한 다음, 논리융합 방법을 적용하여 모순^{contradiction, 矛盾}이 발생하는 것을 보여서, 정리가 참임을 증명하는 방식이다.

논리융합 반박을 사용하여 정리 증명을 할 때는 우선 주어진 지식이나 사실을 논리식으로 표현한 다음, 논리합절의 논리곱 즉, CNF로 변환한다. 그리고 이 CNF의 각 논리합절을 부모절로 놓는다. 이제 증명할 논리식, 즉 정리를 부정^{negation}하여 CNF로 변환한 다음, 부모절에 추가한다. 그리고 나서 이들 부모절들에 대해서 논리융합을 계속 적용한다. 어느 순간 $P, \neg P$와 같이 긍정과 부정이 모두 참이 되어버리는 모순된 상황이 나오게 되면 멈춘다. 이 상황은 증명하려는 정리를 부정하였기 때문에 발생하는 모순이므로, 정리가 참임을 반증^{反證}하는 것이다.

예제 논리융합을 이용한 정리증명

다음 세 가지 명제가 참이라고 주어져 있다고 하자.

(1) $P \vee Q$

(2) $P \to R$

(3) $Q \to R$

이때, R이 참이라는 것을 논리융합을 이용하여 증명하여 보자.

먼저 주어진 명제들을 CNF로 변환한다. (1)은 이미 CNF이기 때문에 변환이 필요 없고, (2)와 (3)을 변환하면 다음과 같다.

(4) $\neg P \vee R$

(5) $\neg Q \vee R$

모순을 유도하기 위해 증명할 명제를 다음과 같이 부정한다.

(6) $\neg R$

(1)과 (4)에 대해 논리융합을 적용하면

(7) $Q \vee R$

(4)와 (6)으로부터

(8) $\neg P$

(5)와 (6)으로부터

(9) $\neg Q$

(7)과 (9)로부터

(10) R

그런데 (6)과 (10)이 모순되는 결과를 보인다. 이는 (6)에서 증명할 명제를 부정했기 때문에 나온 결과이다. 그러므로 원래 명제 R이 참이다는 것이 자명해진다. [그림 3.4]는 위의 증명과정을 나타낸 것이다.

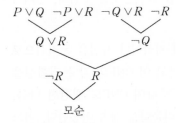

그림 3.4 **명제 논리 정리 증명의 예.**

3.4.2 술어 논리

명제 논리는 명제 문장을 기호로 표기한 다음, 명제의 내용에 전혀 신경을 쓰지 않고 기호의 참, 거짓에만 관심을 갖는다. 술어 논리^{predicate logic, 述語論理}는 명제 논리와 달리 각 명제의 내용을 다루기 위해 변수, 함수 등을 도입하고 이들의 값에 따라 참, 거짓이 결정되도록 한다.

1) 술어 논리의 표현

술어^{predicate, 述語}는 문장의 '주어+서술어' 형태에서는 서술어를 의미하지만, 술어 논리에서 술어는 대상의 속성이나 대상 간의 관계를 나타내는 것으로 참(T) 또는 거짓(F) 값을 갖는다. 술어는 인자^{parameter} 값에 따라 참 또는 거짓값을 반환하는 함수로 생각할 수 있다. 다음은 술어의 예이다.

> Student(John)
> Friend(John, Mary)
> Friend(John, x)

위 예에서 Student(John)은 'John이 학생^{Student}이다'라는 대상 John에 대한 속성 Student를 표현하는 술어이고, Student는 술어 기호이다. Friend(John, Mary)는 'John과 Mary가 친구^{Friend}이다'라는 관계를 표현하는 술어이고, Friend는 술어 기호이다. John이 학생이라면 술어 Student(John)은 참이 되고, 그렇지 않다면 술어 Student(John)은 거짓이 된다. 술어의 인자에 다른 값을 주면, 예를 들면 Student(Doe)와 같이, 술어는 다른 대상에 대한 기술을 하여, 다양한 상태나 상황을 쉽게 표현할 수 있다.

술어에 변수를 집어넣으면 해당 술어를 만족시키는 임의의 대상을 지정하게 된다. 예를 들면, Friend(John, x)는 John의 친구인 어떤 x를 나타낸다. 변수가 사용되면, 변수에 대한 존재 한정사^{existential quantifier, 存在 限定詞} $\exists$와 전칭 한정사^{universal quantifier, 全稱 限定詞} $\forall$를 논리식에 포함시켜, 대상 범위를 고려한 지식을 표현할 수 있다. 예를 들어 $\exists x$ Friend(John, x)는 John은 친구가 한 명은 있다는 것을 나타낸다. $\forall x \exists y$ Friend(x, y)는 누구나 친구가 한 명은 있다는 것을 나타낸다.

술어 논리는 융통성있는 지식 표현을 위해 술어뿐만 아니라 $f(x)$나 $g(x,y)$와 같은 함수^{function}를 사용할 수 있다. 이런 함수는 주어진 인자에 대해서 참, 거짓 값이 아닌 문자열, 수, 객체상수^{object constant} 등과 같은 일반적인 값을 반환한다. 함수는 술어나 다른 함수의 인자로 사용된다. 함수의 인자가 될 수 있는 것을 항^{term, 項}이라고 하는데, 항이 될 수 있는 것은 변수, 함수, 특정 개체를 나타내는 객체상수 등이다. 술어 논리에서는 술어와 함수를 구별하기 위해 술어는 대문자로 시작하고 함수는 소문자로 시작하도록 쓴다.

술어 논리에서 사용되는 항은 다음과 같이 구체적으로 정의된다.

(1) 객체상수, 변수는 항이다.
(2) $t_1, t_2, \cdots, t_n$ 이 모두 항이고, f가 n개의 인자를 갖는 함수 기호일 때, $f(t_1, t_2, \cdots, t_n)$ 은 항이다.
(3) (1)과 (2)에 의해 만들어질 수 있는 것만 항이다.

술어 논리식에 대한 정형식은 다음과 같이 정의된다.

(1) $t_1, t_2, \cdots, t_n$ 이 모두 항이고, p가 n개의 인자를 갖는 술어 기호일 때, $p(t_1, t_2, \cdots, t_n)$ 은 정형식이다.
(2) p와 q가 정형식이면, 논리기호를 사용하여 구성되는 논리식 $\neg p,\ p \lor q,\ p \land q,\ p \rightarrow q,$ $p \equiv q$도 정형식이다.
(3) $p(x)$가 정형식이고, x가 변수일 때, $\forall x\, p(x),\ \exists x\, p(x)$는 정형식이다.
(4) (1), (2), (3)에 의해 만들어질 수 있는 것만 술어 논리의 정형식이다.

위의 정형식으로 표현되는 술어 논리를 일차 술어 논리^{first-order predicate logic, FOPL}라고 한다. 즉, 일차 술어 논리에서는 변수에 대해서만 전칭 한정사와 존재 한정사를 적용할 수 있다. 다음은 일차 술어 논리의 정형식의 예이다.

$$\forall x \, \forall y \, (Horse(x) \land Dog(y) \rightarrow Faster(x,y))$$
$$\forall x \, \forall y \, \forall z \, (Faster(x,y) \land Faster(y,z) \rightarrow Faster(x,z))$$
$$\forall x \, (CanRead(x) \rightarrow Literate(x))$$

한편, 변수뿐만 아니라 함수 기호, 술어 기호 등에 대해서 전칭 한정사와 존재 한정사를 쓸 수 있도록 한 술어 논리를 고차^{高次} 술어 논리^{high-order predicate logic}라고 한다. 예를 들면, 다음은 고차 술어 논리식이다.

$$\exists S \, S(x)$$
$$\exists g \, \forall x \, (f(x) = h(g(x)))$$

위의 논리식에서는 술어 기호인 S와 함수 기호인 g에 존재 한정사를 적용되어 있다. 술어 논리에서도 동치 관계를 사용하여 논리식을 다른 논리식으로 변환할 수 있다. 술어 논리의 전형적인 동치 관계는 다음과 같다.

(1) $\exists\, x\, p(x) \equiv \exists\, y\, p(y), \quad \forall\, x\, p(x) \equiv \forall\, y\, p(y)$

(2) $\neg\exists\, x\, p(x) \equiv \forall\, x\, [\neg p(x)], \quad \neg\forall\, x\, p(x) \equiv \exists\, x\, [\neg p(x)]$

(3) $\forall\, x\, [p(x) \wedge q] \equiv \forall\, x\, p(x) \wedge q, \quad \forall\, x\, [p(x) \vee q] \equiv \forall\, x\, p(x) \vee q$

$\quad\ \ \exists\, x\, [p(x) \wedge q] \equiv \exists\, x\, p(x) \wedge q, \quad \exists\, x\, [p(x) \vee q] \equiv \exists\, x\, p(x) \vee q$

(4) $\forall\, x\, [p(x) \wedge q(x)] \equiv \forall\, x\, p(x) \wedge \forall\, x\, q(x)$

$\quad\ \ \exists\, x\, [p(x) \vee q(x)] \equiv \exists\, x\, p(x) \vee \exists\, x\, q(x)$

2) 술어 논리의 추론

술어 논리의 추론에는 기본적으로 명제 논리의 추론규칙들이 사용될 수 있다. 특히 논리융합이 정리증명에서는 유용하게 사용된다. 논리융합을 사용하여 정리증명을 할 때는 다음과 같은 과정으로 한다.

먼저 논리식들을 술어의 논리합들의 논리곱 즉, CNF 형태로 변환한다. 이를 위해 전칭 한정사나 존재 한정사가 있으면, 이들을 논리식의 맨 앞으로 이동시키는 변환을 한다. 전칭 한정사에 결합된 변수는 임의의 값을 넣어도 되지만, 존재 한정사에 결합된 변수에 대응되는 술어 기호를 참(T)으로 만드는 값을 변수에 대응시켜야 한다.

증명 과정에서 한정사를 모두 무시하기 위해, 모든 변수를 전칭 한정사에 결합시키도록 해야 한다. 즉, 논리식에서 존재 한정사를 없애야 한다. 이를 위해 존재 한정사에 결합된 변수를 객체 상수로 대체하거나 해당 술어의 전칭 한정사에 결합된 다른 변수들의 함수로 대체한다. 이때 사용되는 함수를 스콜렘 함수$^{\text{Skolem function}}$라고 한다.

예를 들어 존재 한정사에 결합된 변수 y가 있는 $\forall\, x\, \exists\, y\, [P(x) \wedge Q(x,y)]$라는 논리식이 있다고 하자. 여기에서 존재 한정사를 없애기 위해, y를 새로운 함수 $s(x)$로 대체한다. 변수 y가 사라졌으니 존재 한정사를 제거하면 $\forall\, x\, [P(x) \wedge Q(x, s(x))]$가 된다. 이 함수 $s(x)$는 어떤 x가 주어져도 $Q(x, s(x))$가 참이 되는 값을 반환하는 역할을 하는 일종의 마법 함수$^{\text{magic function}}$이다.

한편, $\exists\, x\, P(x)$와 같이 존재 한정사에 결합된 변수가 하나인 인자를 갖는 술어만에 나타난다면, 스콜렘 함수 대신 해당 술어를 참으로 만들어주는 값을 나타내는 상수 기호를 변수 위치에 넣어준다. 즉, $P(a)$로 같이 바꿔주는데, 여기에서 a는 $P(a)$가 참인 어떤 객체상수를 나타낸다.

스콜렘 함수를 사용하면, 술어 논리식을 모든 변수가 전칭 한정사에 의해 결합된 CNF

형태로 변환할 수 있다. 전칭 한정사에 결합된 변수를 인자로 갖는 술어에는 어떤 값을 넣어도 참이기 때문에 전칭 한정사를 모두 제거해 버린다. 그 결과로 만들어진 CNF를 구성하는 논리합들은 논리융합을 적용할 부모절로 간주한다.

논리융합을 적용할 때는 대응되는 리터럴이 같아지도록, 변수의 값을 맞춰주는 단일화unification, 單一化를 하여, $P(a)$와 $\neg P(a)$와 같이 대응되는 것을 찾게 된다. 예를 들어 논리식 $\neg Know(John,x) \vee Hate(John,x)$와 $Know(John,Jim)$이 있다고 하자. 이 둘을 단일화하려면 동일한 술어인 $Know$를 일치시켜야 한다. 전칭 한정사가 적용된 변수들은 어떤 값을 가져도 된다. 그래서 x를 Jim으로 대치하면 $\neg Know(John,Jim) \vee Hate(John,Jim)$ 이된다. 이것을 $Know(John,Jim)$과 논리융합시키면 $Hate(John,Jim)$이 나온다. [그림 3.5]는 위의 단일화 과정을 보인 것이다.

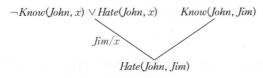

그림 3.5 단일화 과정의 예
x를 Jim으로 대체하면 논리융합에 의해 $Hate(John,Jim)$이 도출됨.

예제 술어 논리 지식표현 및 정리 증명
다음과 같은 지식이 주어져 있다고 하자.
   (a) Whoever can read is literate. (읽을 수 있으면 문맹이 아니다)
   (b) Monkeys are not literate. (원숭이는 문맹이다)
   (c) Some monkeys are intelligent. (어떤 원숭이는 지능적이다)
   이러한 지식을 사용하여, 다음 문장이 참인지 증명해 보자.
   (d) Some who are intelligent cannot read. (지능적이어도 문맹일 수 있다)

증명을 하기 위해 먼저 위 문장들을 다음과 같은 술어 논리식으로 변환하여 표현한다.
   (a) $\forall x[CanRead(x) \rightarrow Literate(x)]$
   (b) $\forall x[Monkey(x) \rightarrow \neg Literate(x)]$
   (c) $\exists x[Monkey(x) \wedge Intelligent(x)]$
   (d) $\exists x[Intelligent(x) \wedge \neg CanRead(x)]$

위의 앞에서 설명한 방법에 따라 논리식들을 존재 한정사에 결합된 변수를 없애고, 전칭 한정사를 무시하여 논리곱의 형태로 바꾸면 다음과 같다.

(1) $\neg CanRead(x) \lor Literate(x)$

(2) $\neg Monkey(x) \lor \neg Literate(x)$

(3) $Monkey(A)$

(4) $Intelligent(A)$

(5) $\neg Intelligent(x) \lor CanRead(x)$

(1)과 (2)는 각각 (a), (b)를 변환한 것이고, (3)과 (4)는 (c)의 존재 한정사를 제거하기 위해 상수기호 A를 도입한 결과이고, (5)은 증명할 논리식 (d)를 부정^{negation}하여 표현한 것이다. 이들 논리식에 대해 논리융합을 적용해 보자.

우선 (1)과 (5)로부터 다음 도출항이 얻어진다.

(6) $\neg Intelligent(x) \lor Literate(x)$

(2)와 (6)으로부터

(7) $\neg Intelligent(x) \lor \neg Monkey(x)$

(3)과 (7)에서 변수 x를 A로 바꾸어서 단일화를 하여 논리융합을 적용하면

(8) $\neg Intelligent(A)$

그런데 (4)와 (8)에서 아래와 같이 모순이 발견된다.

(9) $Intelligent(A) \land \neg Intelligent(A)$

즉, (5)와 같이 (d)를 부정하면 모순이 발생하기 때문에, (d)는 참이다는 것이 증명된다. [그림 3.6]는 위의 증명 과정을 보인 것이다.

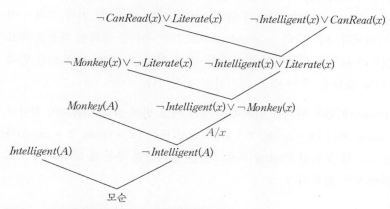

그림 3.6 **논리융합 반박에 의한 정리증명의 예**

3) 제한된 술어 논리 표현과 Prolog 언어

술어 논리를 지식 표현에 활용하면 다양한 형태의 지식을 표현할 수 있다. 이렇게 표현된 논리식에 대해서 논리융합 등을 이용하여 추론을 할 수 있다. 그런데 이러한 추론 방법은 증명과정이 복잡하고, 프로그램으로 구현하는 것도 복잡하다.

그래서 프로그램으로 추론을 효율적으로 수행하기 위해 술어 논리식의 형태를 제한하기도 한다. 이러한 대표적인 형태로 Horn 절[Horn clause]이 있다. Horn 절 표현에서는, 논리식을 논리합의 형태로 표현할 때, $\neg A(x) \vee \neg B(x) \vee C(x)$와 같이 긍정인 리터럴을 최대 하나만 있을 수 있다. $A(x) \vee \neg B(x) \vee C(x)$와 같이 긍정인 리터럴이 두 개 이상 있는 절은 Horn 절이 아니다. Horn 절만을 허용하는 논리 프로그래밍 언어로 Prolog가 있다. Prolog는 1970년대 초반에 개발된 대표적인 인공지능 언어의 하나로서, 아직도 논리 프로그래밍에서 활발히 사용되고 있다. 다음은 Prolog 프로그램의 예이다.

```
1    father(noah, shem).
2    father(noah, ham).
3    father(shem, elam).
4    father(shem, arphaxad).
5    father(arphaxad, caina).
6    grandfather(X,Y) :- father(X,Z), father(Z,Y).
7    :- grandfather(X,Y).
```

위 코드에서 처음 다섯 개의 문장은 사실[fact]을 기술한다. 여섯 번째 문장은 술어의 관계를 이용하여 할아버지 grandfather(X,Y)는 아버지 관계 father(X,Z), father(Z,Y)에 의해서 정의된다는 규칙[rule]을 나타낸다. 마지막의 :- grandfather(X,Y)는 추론을 통해서 해결할 목표[goal]로서, 주어진 사실들과 규칙을 이용하여 할아버지-손자 관계 grandfather(X,Y)를 만족하는 X와 Y에 대응되는 값들을 찾는 것을 지시하는 문장이다.

목표로 주어진 grandfather(X,Y)의 관계를 만족하는 것을 여섯 번째 줄을 이용하여 찾아보면, (X = noah, Y = elam) 또는 (X = noah, Y = arphaxad) 또는 (X = shem, Y = caina)가 나온다. 물론 이러한 코드를 포함한 Prolog 프로그램을 실행하면 추론에 의해 자동으로 이와 같은 결과가 찾아져서 출력된다.

3.5 의미망

의미망^{semantic network, 意味網}은 지식을 이항^{二項} 관계^{binary relation}의 집합으로 표현하는데, 노드^{node}와 방향성 간선^{directed edge}으로 구성되는 그래프를 사용해 시각적으로 지식을 표현할 수도 있다. 노드는 대상, 개념, 행위, 상태, 사건을 나타내고, 간선은 관계가 있는 노드를 연결하는데 관계에 따른 방향이 있고 관계의 의미를 나타내는 라벨^{label}이 붙는다.

3.5.1 의미망의 표현

다음 이항 관계로 표현된 의미망은 [그림 3.7]의 그래프로 표현될 수 있다.

is-a(조류, 동물),	is-a(포유류, 동물)
has-a(조류, 깃털),	can(조류, 알낳기)
can(조류, 날기),	is-a(펭귄, 조류)
cannot(펭귄, 날기),	is-a(종달새, 조류)
do(동물, 호흡),	has-a(동물, 피부)
do(동물, 이동),	has-a(호랑이, 날카로운 발톱)
do(호랑이, 육식),	is-a(토끼, 포유류)
do(토끼, 초식),	is-a(트위터, 종달새)
can(펭귄, 수영)	is-a(바니, 토끼)
do(포유류, 수유)	

관계를 나타내는 is-a는 하위 클래스와 상위 클래스 관계(예, is-a(조류, 동물)), 또는 객체와 클래스의 관계(예, is-a(트위터, 종달새))를 나타내어 계층 관계를 표현한다. is-a 관계는 상위 계층의 속성을 상속받게 한다. '조류'는 '동물'의 속성을 상속받아 '호흡'을 하고, '피부'가 있고, '이동'을 한다는 속성을 갖는다. is-a 관계는 추이적^{transitive, 推移的} 관계이다. 즉,

$$\text{is-a}(X,Y) \;\land\; \text{is-a}(Y,Z) \;\rightarrow\; \text{is-a}(X,Z).$$

예를 들면, is-a(펭귄, 조류) ∧ is-a(조류, 동물) → is-a(펭귄, 동물)의 관계가 성립한다. has-a는 전체-부분 관계를 나타내는데, 이 관계에서 상속은 일어나지 않는다. has-a 관계는 part-of와 역관계^{逆關係}가 성립한다. 즉, has-a(X,Y)이면 part-of(Y,X)의 관계가 성립한다. has-a와 part-of도 is-a와 마찬가지로 추이적 관계이다.

$$\text{has-a}(X,Y) \;\land\; \text{has-a}(Y,Z) \;\rightarrow\; \text{has-a}(X,Z).$$
$$\text{part-of}(X,Y) \;\land\; \text{part-of}(Y,Z) \;\rightarrow\; \text{part-of}(X,Z).$$

part-of는 표현 대상이 다르면, 추이적인 관계가 만족되지 않을 수도 있다. 예를 들어, part-of(김부장 다리, 김부장), part-of(김부장, 등산모임)이 있을 때, part-of(김부장 다리, 등산모임)이라고 하기는 곤란하다. 즉, '김부장 다리'가 '김부장'에 속하지만, '김부장'이 '등산모임'에 속한다고 해서 '김부장 다리'가 '등산모임'에 속한다고 하기는 곤란하다.

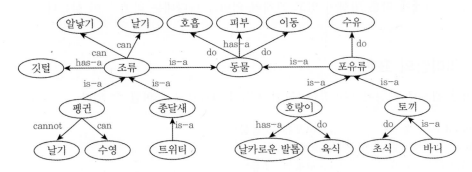

그림 3.7 **의미망의 예**

대상을 기술할 때, 상위 클래스에서 상속받은 속성을 무시해야 하는 경우에는 해당 노드에 별도의 속성을 지정하면 된다. 예를 들면, 펭귄은 조류이기 때문에 '날기'를 할 수 있다는 속성을 상속받지만, 날 수 없기 때문에 '날 수 없다'라는 속성을 갖도록 할 수 있다. 의미망에서 관계를 나타내는 단어 이름은 일반적으로 제약 없이 선택한다.

의미망은 이항 관계만을 표현한다. 지식을 표현하다 보면 다항^{多項} 관계를 표현해야 하는 경우가 있다. 이 경우에는 다항 관계를 이항 관계로 전개해야 한다. 이를 위해 표현할 지식에서의 다항 관계를 객체로 표현하는 사물화$^{reification, 事物化}$ 기법을 사용한다. '길동이는 지난 가을부터 현재까지 고양이를 키우고 있다'라는 지식이 있다고 하자. 여기에서 '키우고 있다'는 소유자(길동이), 소유대상(고양이), 기간(지난 가을부터 현재)와 연결되는 다항 관계이다. [그림 3.8]의 의미망은 다항 관계인 '키우고 있다'를 사물화하여 노드로 나타내고 이항 관계들로 위 정보를 표현하는 것을 보여준다.

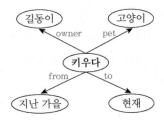

그림 3.8 **다항 관계를 이항 관계로 전개하여 표현한 의미망**

3.5.2 의미망의 추론

의미망을 이용한 추론은 질문에 대한 의미망과 지식을 나타내는 의미망을 비교하여 수행된다. '펭귄은 알을 낳는가?'라는 질문에 대한 의미망은 can(펭귄, 알낳기)에 해당한다. [그림 3.7]의 의미망에서 이를 검증하려면, 먼저 펭귄 노드의 can 관계를 찾는데, 이러한 관계가 없으므로, is-a 관계의 간선을 따라 조류 노드로 간다. 조류 노드의 can 관계에 can(조류, 알낳기)가 있으므로, 질문에 대한 답은 '그렇다'가 된다.

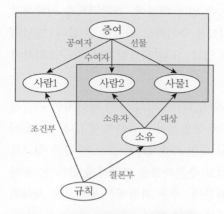

그림 3.9 규칙을 표현하는 의미망의 예
규칙 '사람1이 사람2에게 사물1을 주면, 사람2는 사물1을 소유하게 된다'에 대한 의미망 표현.

추론규칙 형식의 의미망을 이용하여 주어진 지식으로부터 새로운 사실을 이끌어내는 추론도 가능하다. 규칙을 의미망으로 표현할 수 있는데, [그림 3.9]는 '사람1이 사람2에게 사물1을 주면, 사람2는 사물1를 소유하게 된다'라는 규칙을 표현한 것이다. '철수가 영희에게 반지를 주었다'라는 사실이 있을 때, '영희는 무엇을 가지고 있나?'라는 질문이 주어졌다고 하자. [그림 3.9]의 규칙 의미망에 '철수가 영희에게 반지를 주었다'가 대응되면, 사람1=철수, 사람2=영희, 사물1=반지가 되어, '영희가 반지를 가지고 있다'는 사실은 의미망으로부터 도출될 수 있다.

의미망은 프레임으로 변환하여 표현할 수 있다. 이때는 의미망의 노드별로 프레임이 만들어지고, 노드에서 나가는 간선에 대응하는 슬롯들이 만들어진다. [그림 3.10]은 [그림 3.7]의 의미망에서 '펭귄'과 '조류'에 해당하는 노드를 프레임으로 나타낸 것이다.

frame-name	펭귄
frame-type	Class
is-a	조류
can	수영
cannot	날기

frame-name	조류
frame-type	Class
is-a	동물
can	날기, 알낳기
has-a	깃털

그림 3.10 [그림 3.7]의 '펭귄'과 '조류' 노드를 프레임으로 표현한 예

의미망은 그래프를 통해 지식을 시각적으로 표현할 수 있기 때문에, 직관적으로 이해하기 쉽다. 노드의 추가 또는 변경 등으로 비교적 쉽게 지식을 추가하고 변경할 수 있다. 개념의 계층관계를 정의하여 속성의 상속 관계를 지정할 수 있고, 또한 복잡한 지식을 구조화하여 표현할 수 있다.

이러한 장점도 있지만, 의미망은 다음과 같은 단점도 있다. 지식의 양이 많아지면 관리가 어려워진다. 개념이나 관계를 임의로 정의하기 때문에 통일성이 부족하여 공유나 재사용이 어렵다. 논리적 결합 관계나 인과 관계를 기술하려고 하면 and, or, implies와 같은 링크를 도입해야 하는데, 이는 의미망의 일관성을 떨어뜨리고 추론과정을 복잡하게 만든다. 또한 의미망은 기본적으로 정적인^{static} 지식의 표현이기 때문에, 추론 과정에서 동적으로 지식의 내용을 바꾸려면 그래프를 동적으로 바꿀 수 있도록 해야 한다.

의미망을 사용하는 대표적인 지식표현 시스템으로 ConceptNet$^{conceptnet.io}$가 있다. ConceptNet은 컴퓨터가 사람이 사용하는 단어의 의미를 이해할 수 있도록 지식을 표현하기 위해, 1999년 MIT 미디어랩에서 시작한 Open Mind Common Sense 프로젝트에 기원한 것이다. 현재는 Luminoso Technology사에서 오프소스 프로젝트로 진행하고 있다. 이 프로젝트는 처음에 크라우드소싱$^{crowd\ sourcing}$으로 진행되었다. ConceptNet의 지식은 LOD$^{Linked\ Open\ Data}$의 형태로 만들어지고 있으며 JSON$^{JavaScript\ Object\ Notation,\ 속성-값\ 쌍들로\ 구성된\ 데이터를\ 전달하기\ 위한\ 텍스트\ 기반의\ 데이터\ 표현\ 형식}$API로 서비스가 제공된다.

3.6 스크립트

지금까지 살펴본 프레임, 의미망, 논리 등은 대상의 성질, 특성 또는 관계를 서술하는 선언적 지식을 표현하는데 유용하다. 반면 이들 표현 방법은 문제 해결 과정 등을 기술하는 절차적 지식을 표현하는 데는 불편하다. 규칙을 사용하여 절차적 지식을 표현하는 것은 가능하지만, 일련의 절차를 표현하려면 규칙을 복잡하게 정의해야 하는 단점이 있다.

스크립트^{script}는 일반적으로 발생할 수 있는 전형적인 상황에 대한 절차적 지식을 일목요연하게 표현할 수 있는 방법이다. 스크립트는 연극이나 영화의 '대본'을 의미하는 말이다. 대본에 연기할 내용이 순서대로 기술되어 있는 것처럼, 스크립트는 어떤 전형적인 상황에서 일어나는 일련의 사건^{event}들을 시간적 순서를 고려하여 기술하는 프레임과 같은 구조의 지식 표현방법이다. 프레임은 특정 대상을 표현하지만, 스크립트는 특정 상황에서의 일반적으로 일어나는 일들을 순차적으로 표현한다.

스크립트 이름	식당
트랙(track)	패스트푸드 식당
역할자(roles)	고객, 점원
자산(properties)	카운터, 쟁반, 음식, 돈, 넵킨, 소금/후추/시럽/빨대
진입조건 (entry conditions)	고객이 배가 고프다. 고객은 돈이 있다.
장면 (scenes)	장면 1: 입장 　고객이 식당에 들어선다. 　고객은 카운터에서 줄을 서서 기다린다. 　고객은 벽에 있는 메뉴를 보고, 주문할 것을 결정한다. 장면 2: 주문 　고객이 점원에게 주문을 한다. 　고객은 점원에게 음식값을 지불한다. 　점원이 주문한 것을 쟁반에 올려 놓는다. 장면 3: 식사 　고객은 소금/후추/넵킨/빨대 등을 집는다. 　고객은 쟁반을 받아들고 빈자리에 가서 앉는다. 　고객은 음식을 빨리 먹는다. 장면 3-1(선택적) : 들고 가기(take-out) 　고객이 음식을 가지고 나간다. 장면 4: 퇴장 　고객이 식탁을 치운다. 　고객이 출입문 옆 쓰레기통에 버린다. 　고객이 식당을 나간다.
결과 조건 (results)	고객은 더 이상 배고프지 않다. 고객의 돈이 줄었다. 고객은 만족스럽다. (선택적) 고객은 만족스럽지 못하다. (선택적)

그림 3.11 **패스트푸드 식당에서의 상황을 표현한 스크립트**

스크립트는 상황과 사건에 관련된 정보를 나타내는 진입 조건, 역할자, 속성, 트랙, 장면, 결과 조건 등의 구성요소들을 갖는다. 진입 조건^{entry conditions}은 스크립트에 기술된 사건들이 일어나기 전에 만족되어야 하는 전제조건이다. 역할자^{roles}는 스크립트에 관련된 사람들을 나타낸다. 자산^{properties}은 사건 진행 과정에서 사용되는 객체를 나타낸다. 트랙^{track}은 어떤 스크립트에서 발생할 수 있는 일련의 사건들이 변형된 형태로 나타날 수 있을 때, 이를 식별하는 역할을 한다. 장면^{scenes}은 실제 일어나는 일련의 사건을 나타낸다. 장면을 구성하는 개별 사건은 더 세부적인 장면으로 기술될 수도 있다. 결과 조건^{results}은 스크립트의 장면에 있는 사건들이 일어난 이후에 만족되는 조건을 나타낸다. [그림 3.11]은 식당에 간 상황의 절차적 지식을 스크립트로 표현한 예이다.

[그림 3.11]의 스크립트는 식당 중에서 패스트푸드 식당에 대한 것이므로, 트랙에 '패스트푸드 식당'이라고 명시하고 있다. 장면들에는 일어나는 사건을 시간적 순서에 따라 기술하고 있다. '장면 3'과 '장면 3-1'은 선택적으로 일어날 수 있음을 보이고 있다. 장면의 사건 중에서 더 구체적으로 표현할 것이 있으면, 이에 대한 자세한 스크립트를 추가로 정의할 수 있다. 스크립트의 표현 형태를 살펴보면, 슬롯들로 구성되는 프레임과 유사하다. 그런데 프레임은 특정 대상의 속성에 관련된 슬롯을 갖는 반면, 스크립트는 나타내는 특정 상황에 관련된 정보를 나타내는 슬롯을 갖는다.

어떤 상황이 특정 스크립트가 나타내는 것에 해당한다면, 향후 상황이 어떻게 진행될지 스크립트로부터 쉽게 추론할 수 있다. 또한 상황에 관련된 여러 가지 질의에 답변 할 수 있다. 예를 들면, '고객이 식당에 들어오면 가장 먼저 뭘 하는가?', '누가 돈을 지불하는가?', '식사 후 식당을 나가기 전에 뭘 하는가?' 등의 질문에 쉽게 답할 수 있다. 스크립트는 식당에서 일어나는 일과 같이 일상에서 일어나는 상식적인 상황을 기술하는데 유용한 표현 방법이다.

3.7 온톨로지

그 동안 많은 지식 기반 시스템이 만들어졌고, 이를 위해 많은 비용을 들여 다양한 지식을 모은 지식베이스^{knowlege base}가 구축되어 왔다. 많은 투입 비용에도 불구하고, 구축된 지식은 해당 시스템에서만 사용되고, 표현 방법과 형식의 차이로 다른 시스템에서는 거의 재사용되지 못했다. 이러한 투자의 비효율성을 개선하고자, 구축된 지식의 공유와 재사용을 목적으로 도입된 것이 온톨로지^{ontology}이다.

3.7.1 온톨로지의 정의

온톨로지는 원래 철학에서 존재론存在論을 가리키는 말이나, 컴퓨터 분야에서는 특정 영역의 지식을 공유하고 재사용할 수 있도록 해당 영역의 개념concept과 관계relationship를 나타내는 어휘vocabulary를 정의하고 이를 이용해 지식을 표현해 놓은 것을 말한다. 온톨로지는 특정 영역을 명시적으로 기술記述하는데, 영역에 있는 개념, 개념에 대한 특성property 및 속성 attribute, 이들 특성과 속성에 대한 제약조건constraint, 영역에 있는 일부 개체entity에 대한 정보가 기술하는 대상이 된다. 이를 통해 해당 영역에 대한 공통된 어휘를 사용할 수 있게 되고, 이해를 공유할 수 있게 된다. 온톨로지는 서로 간 토의를 통해 합의를 이룬 것을 표현하며, 컴퓨터에서 다룰 수 있는 형태이어야 하므로 정형화하여 표현한다.

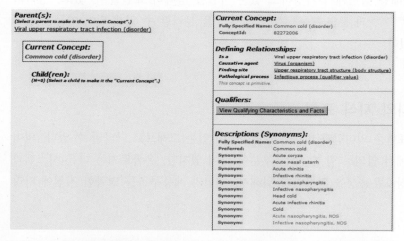

그림 3.12 **의료 용어 온톨로지 SNOMED-CT의 감기(common cold)에 대한 항목.**
감기에 대한 개념Concept과 코드, 감기를 설명하는 관련요소Relationships, 동의어Descriptions (Synonyms)가 정의되어 있다.

온톨로지의 사례를 몇 개 들자면, Yahoo! 홈페이지의 카테고리에 사용된 분류체계, Amazon.com의 온라인 쇼핑 카탈로그, 웹페이지를 분야별로 정리한 디렉토리 서비스를 제공하는 ODPOpen Directory Project의 dmozDirectory of Mozilla, www.dmoz.org, 영어 단어의 어휘목록과 어휘목록 사이의 다양한 의미 관계를 기록한 프린스턴Princeton 대학의 WordNet wordnet.princeton.edu, 영역별 표준 용어를 정의한 것들로 의료영역의 여러 용어체계를 총괄하는 미국국립보건원NIH의 UMLSUnified Medical Language System, 제품 및 서비스 용어에 관련된 UN 산하기관 UNDPUnited Nations Development Program의 UNSPSCUnited Nations Standard Products and Services Code 등이 있다.

의료분야 온톨로지로는 의료용어, 유사어, 코드 등에 대한 UMLS 체계를 따르는 SNOMED-CT[Systematized Nomenclature of Medicine - Clinical Terms], 병원 검사 명칭 및 임상 용어 표준 체계인 LOINC[Logical Observation Identifiers Names and Codes] 등이 있다. 생명정보학 분야에는 유전자와 유전자 산물에 관련된 온톨로지인 GO[Gene Ontology]가 대표적인 온톨로지이다. 소셜 네트워크 관련 온톨로지로는 개인의 활동 및 다른 사람과의 관계 기술을 위한 FOAF[Friend of a Friend], 블로그, 메일링 리스트, 포럼 등을 서로 연결하는 정보기술을 위한 SIOC[Semantically -Interlinked Online Communities Project] 등이 있다.

온톨로지를 개발하면, 사람 사이 또는 프로그램 사이에 정보구조에 대한 공통된 이해를 할 수 있게 되고, 해당 영역의 지식을 재사용할 수 있게 되어 상호운영성[interoperability]이 높아 질 수 있다. 또한 해당 영역에서 가정하고 있는 사실을 명확히 표현할 수 있고, 영역의 배경 지식[background knowledge]과 운영 지식[operational knowledge]을 분리할 수 있게 되어 이들을 별개 로 재사용할 수 있다.

3.7.2 온톨로지의 지식 표현

온톨로지의 지식 표현은 의미망과 비슷하게 방향성이 있는 그래프로 나타낼 수 있다. 의미 망은 구조적인 면에서 임의로 할 수 있는 부분이 많이 있지만, 온톨로지는 다른 시스템과 개념을 공유하고 상호운용성을 확보하기 위해서, 개념과 계층구조를 명확한 지침에 따라 설계한다.

1) RDF

온톨로지 표현을 위한 기본 프레임워크로 사용되는 것이, 웹 페이지 등과 같은 웹 상의 자원에 대한 메타데이터[metadata, 데이터에 대한 데이터]를 기술하는 데 사용되는 RDF[Resource Description Framework]이다. RDF는 어떤 대상을 묘사하는 문장[sentence]이 주어[subject]–서술어[predicate]–목적어[object]로 구성된다는 관점에서, 메타데이터를 표현한다. 이때 주어 역할을 할 수 있는 대상은 자원[resource]이라 하고, 서술어는 대상에 대한 특징이나 주어와 목적어의 관계를 나타내기 때문에 속성[property, attribute]으로 대응시키고, 목적어는 속성이 갖는 값[value]으로 대응시킨다.

예를 들면, '하늘이 파랗다'라는 문장에서 자원은 '하늘', 속성은 '색깔', 값은 '파랗다'가 되고, RDF는 이 문장을 '하늘(자원)–색깔(속성)–파랗다(값)'로 표현한다. 자원과 속성의 이름은 웹상에서 고유하게 식별될 수 있도록 URI[uniform resource identifier, 웹상의 자원이나 어떤 대상의 위치나 이름을 고유하게 식별하는 식별자]를 사용하여 나타낸다. 값은 문자열이나 다른 자원의 URI로 표현된다.

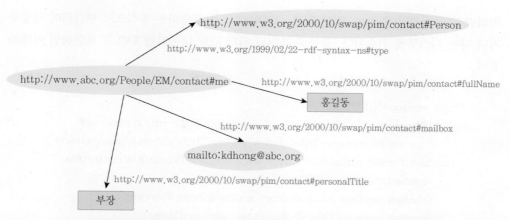

그림 3.13 'abc 기관의 이메일이 kdhong@abc.org인 홍길동 부장이라는 사람'을 기술하는 RDF 그래프.

[그림 3.13]은 abc 기관의 이메일이 kdhong@abc.org인 '홍길동 부장'이란 사람에 대한 데이터를 RDF로 기술하는 그래프이다. 여기에서 http://www.abc.org/People/EM/contact#me는 주어에 해당하는 자원을 나타내는 URI이다. 목적어, 즉 값에 해당하는 것은 '홍길동', 'mailto:kdhong@abc.org', '부장'이다. 이들 값에 대응하는 속성은 각각 http://www.w3.org/2000/10/swap/pim/contact#fullName, http://www.w3.org/2000/10/swap/pim/contact#mailbox, http://www.w3.org/2000/10/swap/pim/contact#personalTitle이다.

한편 속성 http://www.w3.org/1999/02/22-rdf-syntax-ns#type은 자원의 종류[type]가 http://www.w3.org/2000/10/swap/pim/contact#Person라는 의미이다. 이를 '주어, 서술어, 목적어' 또는 '자원, 속성, 값'의 튜플로 표현하면 다음과 같다.

자원 http://www.abc.org/People/EM/contact#me,
속성 http://www.w3.org/2000/10/swap/pim/contact#fullName,
값 "홍길동"

http://www.abc.org/People/EM/contact#me,
http://www.w3.org/2000/10/swap/pim/contact#mailbox,
mailto:kdhong@abc.org

http://www.abc.org/People/EM/contact#me,
http://www.w3.org/2000/10/swap/pim/contact#personalTitle,
"부장"

http://www.abc.org/People/EM/contact#me,
http://www.w3.org/1999/02/22-rdf-syntax-ns#type,
http://www.w3.org/2000/10/swap/pim/contact#Person

이러한 RDF 튜플은 Turtle, RDF/XML, JSON-LD 등 표준화된 양식으로 변환되어 저장하거나 다른 시스템에 전송된다. 튜플로 표현된 위의 RDF 데이터를 XML로 표현하면 아래와 같다.

```
<?xml version="1.0"?>
<rdf:RDF xmlns:rdf="http://www.w3.org/1999/02/22-rdf-syntax-ns#"
          xmlns:contact="http://www.w3.org/2000/10/swap/pim/contact#">
  <contact:Person rdf:about="http://www.abc.org/People/EM/contact#me">
      <contact:fullName>홍길동</contact:fullName>
      <contact:mailbox rdf:resource="mailto:kdhong@abc.org"/>
      <contact:personalTitle>부장</contact:personalTitle>
  </contact:Person>
</rdf:RDF>
```

2) RDF 스키마

RDF를 사용하여 온톨로지를 표현할 때 사용할 어휘 온톨로지를 정의하는 언어로 RDFS Resource Description Framework Schema가 있다. RDFS는 보통 RDF 스키마RDF Schema라고 불린다. RDF 스키마는 RDF로 표현되는 자원과 속성에 대한 정보를 명확히 하기 위한 어휘를 제공한다. 예를 들면, rdfs:Class는 클래스를 나타내고, rdfs:Resource는 자원을 나타내고, rdfs:Property는 속성을 나타낸다. rdf:type은 자원이 속하는 클래스를 나타내고, rdfs:subClassOf는 부모 클래스를 나타내고, rdfs:subPropertyOf는 부모 속성을 나타낸다. rdfs:domain은 속성의 정의역domain 즉, 자원을 나타내고, rdfs:range는 속성의 공역range 즉, 자원의 속성이 가지는 값의 종류를 나타낸다.

[그림 3.14]는 '홍부장 이름이 홍길동이다'라는 사실을 표현하기 위해 정의된 RDF 스키마와 RDF를 그래프 형태로 보인 것이다. 그림에서 위쪽 테두리 안쪽 부분이 RDF 스키마를 정의한 곳인데, Person과 Chair라는 클래스와 name이라는 속성을 정의하고 있다. 이를 XML 형태로 표현하면 다음과 같다.

```
<rdfs:Class rdf:ID="http://schema.org/given#Person">
    <rdf:type> <rdfs:Class> </rdf:type>
</rdfs:Class>
<rdfs:Class rdf:ID="http://schema.org/com#Chair">
    <rdfs:subClassOf rdf:resource="http://schema.org/given#Person">
```

```
        〈/rdfs:Class〉
    〈rdfs:Property rdf:ID="http://schema.org/given#name"〉
        〈rdfs:domain rdf:resource="http://schema.org/given#Person"〉
    〈/rdfs:Property〉
```

다음은 [그림 3.14]의 아래쪽 테두리 안쪽에 표현된 RDF를 XML로 표현한 것인데, RDF 스키마에서 정의한 Chair와 name을 사용하여 '홍부장 이름이 홍길동이다'는 것을 나타낸다.

```
    〈rdf:RDF
        xmlns:g="http://schema.org/given" xmlns:c="http://schema.org/com"〉
        〈c:Chair rdf:ID="홍부장"〉
            〈g:name〉 "홍길동" 〈/g:name〉
        〈/c:Chair〉
    〈/rdf:RDF〉
```

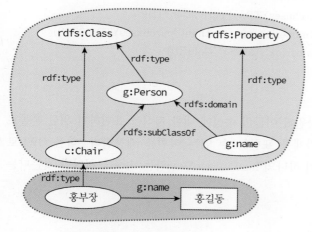

그림 3.14 RDF 스키마와 RDF를 정의한 예.
위쪽 테두리 안쪽 부분은 RDF 스키마를 정의하고, 아래 테두리 안쪽 부분은 이를 이용하여 '홍부장 이름이 홍길동이라는 사실'을 RDF로 정의하고 있다.

3) SPARQL

RDF 형태로 저장된 데이터에 대해서 질의를 하는 질의어로 SPARQL이 있다. SPARQL은 데이터베이스 질의어인 SQL과 유사한 문법을 가지고 있다. 다음은 SPARQL의 예인데, 위와 같은 RDF 데이터로부터 이름과 이메일주소를 검색하는 질의 문장이다.

```
    PREFIX contact: 〈http://www.w3.org/2000/10/swap/pim/contact#〉
    PREFIX rdf: 〈http://www.w3.org/1999/02/22-rdf-syntax-ns#〉
```

```
SELECT ?name ?email
WHERE { ?person rdf:type contact:Person.
        ?person contact:name ?name.
        ?person contact:mbox ?email. }
```

4) RIF

지식표현에 사용되는 규칙을 정의하고 전달하기 위한 표준으로 RIF^{Rule Interchange Format}가 있다. 다음은 '고객^{customer}의 당해년도 누적 구매금액^{purchasesYTD}이 $5,000이상이면 고객 등급^{status}을 Gold로 조정한다'는 규칙을 RIF 표준에 따라서 정의한 예이다.

```
Prefix(ex 〈http://example.com/2008/prd1#〉)
(* ex:rule_1 *)
Forall ?customer ?purchasesYTD (
    If And (?customer#ex:Customer
            ?customer[ex:purchasesYTD-〉?purchasesYTD]
                External (pred:numeric-greater-than(?purchasesYTD 5000)))
    Then Do (Modify (?customer[ex:status-〉"Gold"])))
```

5) OWL

OWL^{Web Ontology Language}는 웹 상의 자원과 이들의 속성에 대한 지식을 표현하기 위한 온톨로지 언어이다. OWL은 논리적인 관계를 표현할 수 있는 어휘를 제공한다. 다음 OWL로 표현된 지식은 Vintage라는 자원이 하나의 hasVintageYear라는 속성을 하나만 갖는다는 것을 표현한다.

```
〈owl:Class rdf:ID="Vintage"〉
  〈rdfs:subClassOf〉
    〈owl:Restriction〉
      〈owl:onProperty rdf:resource="#hasVintageYear"/〉
      〈owl:cardinality
          rdf:datatype="&xsd;nonNegativeInteger"〉1〈/owl:cardinality〉
    〈/owl:Restriction〉
  〈/rdfs:subClassOf〉
〈/owl:Class〉
```

3.7.3 시맨틱 웹

웹의 데이터를 소프트웨어 에이전트가 이해하여 웹 정보를 효과적으로 활용할 수 있도록 하는 것이 시맨틱 웹semantic web이다. 시맨틱 웹은 웹을 처음 설계한 팀 버너스리Tim Bernes-Lee, 1955生가 주창한 아이디어인데, 의미있는 태그tag를 정의하여 문서를 기술하기 위해 XML을 사용하고, 태그 및 데이터의 의미 해석을 위해 RDF를 사용해서, 소프트웨어 에이전트가 웹 상의 데이터를 이해하여 지능적인 처리를 할 수 있도록 하는 것이다. [그림 3.15]는 월드와이드웹 콘소시움World Wide Web Consortium, W3C에서 정의한 시맨틱 웹 실현을 위한 기술 스택technology stack을 보인 것이다.

온톨로지를 효율적으로 구축하기 위한 소프트웨어 도구로 Protégé 등이 개발되어, 온톨로지 지식표현뿐만 아니라 구축된 온톨로지에 대한 제약조건 검토 및 추론 등을 쉽게 할 수 있다.

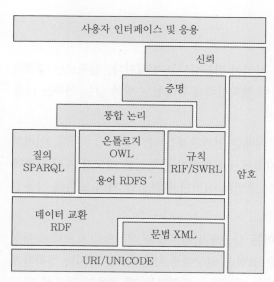

그림 3.15 W3C 시맨틱 웹 기술 스택

3.8 함수에 의한 지식 표현

지금까지 살펴본 지식 표현 방법들은 기본적으로 기호를 사용하여 대상을 나타내고, 이들 간의 관계를 표현한다. 즉, 이들은 기호 기반의 지식 표현을 하고 있다. 그런데 기호 대신 수치값과 함수를 사용하여 지식을 표현하는 방법들도 있다.

4장에서 살펴볼 가장 간단한 신경망 모델인 퍼셉트론^{Perceptron}은 입력값들에 대한 가중치합을 계산한 다음 전달 함수$^{transfer\ function}$를 적용하여 출력값을 결정한다. 즉, 수학적인 함수 계산을 하는 것이다. 이러한 퍼셉트론을 층으로 쌓아놓은 다층 퍼셉트론^{MLP}도 결과적으로 함수식을 나타내는 모델이다. 다층 퍼셉트론보다 훨씬 많은 층으로 구성된 딥러닝$^{deep\ learning}$ 모델들도 결국은 입력값에 대해서 어떤 함수를 적용하는 것으로 볼 수 있다. 5장에서 딥러닝에 대해서 자세히 소개한다.

4장에서 다루게 될 서포트 벡터 머신$^{Support\ Vector\ Machine,\ SVM}$도 최종적인 형태는 함수로 표현된다. 연속구간의 출력값을 갖는 모델을 찾는 회귀의 결과도 함수식이다. 이와 같은 다양한 모델이 실제적으로 수학 함수로 표현되고 있다. 즉, 수식으로 표현되는 함수로 지식이 표현되고 있으며, 이러한 함수를 효과적으로 찾기 위한 방법들이 개발되고 있다.

3.9 불확실한 지식 표현

지금까지 다룬 지식 표현 방법들은 표현될 지식이 명확하다고 전제한다. 실제로는 명확한 지식보다는 불확실한 지식이 더 많다. 지식이 불확실하게 획득될 수밖에 없는 이유는 다음과 같다.

첫째, 지식이 약한 인과관계를 나타내거나 애매한 연관관계를 나타내는 경우이다. 이러한 경우에는 인과관계나 연관관계의 강도를 지식에서 표현해야 불확실한 정도가 지식 표현에 반영될 수 있다. 확신도와 확률을 사용하는 방법이 이러한 불확실한 지식 표현에 사용될 수 있다.

둘째, 사람으로부터 획득되는 지식은 자연어를 사용하기 때문에 본질적으로 모호하고 부정확하다. 예를 '자주', '크다', '빠르다'와 같은 표현을 일상에서 사용하기는 하지만 정확하게 수량화하기 곤란하다. 이러한 언어적 표현의 애매함을 표현하는 데 유용한 것으로 퍼지 이론이 있다.

셋째, 지식 표현의 대상 자체가 무작위적인 특징을 보이기 때문에 지식이 불확실 할 수밖에 없는 상황이 있다. 무작위성이 있는 지식을 표현하는 데는 여러 확률 그래프 모델이 사용될 수 있다.

넷째, 불완전하거나 결손$^{missing,\ 缺損}$된 데이터에 기반한 지식인 경우 불확실하다. 이러한 경우 모순된 견해와 상충된 지식을 통합하여 근사적인 추론을 해야 한다.

3.9.1 확신도를 이용한 규칙의 불확실성 표현

확신도$^{\text{certainty factor, 確信度}}$는 규칙과 사실에 의한 지식 표현에서 이들의 신뢰정도를 구간 [-1,1] 상의 값으로 표현하는 것이다. 여기에서 1 값은 단정적 신뢰^{信賴}를 의미하고, -1은 단정적 불신^{不信}을 의미한다. 확신도 cf는 다음과 같이 규칙과 사실에 부여되고, 추론 결과에도 부여된다.

$$
\begin{array}{lll}
규칙\ r & \text{IF } A \text{ THEN } B & cf(r) \\
사실 & A & cf(A) \\
\hline
추론결과 & B & cf(B)
\end{array}
$$

이때 추론결과의 신뢰도 $cf(B)$는 규칙의 신뢰도 $cf(r)$와 조건부의 대응하는 사실의 신뢰도 $cf(A)$의 곱으로 표현된다.

$$cf(B) = cf(r) \cdot cf(A) \tag{3.1}$$

조건부의 조건들이 AND로 연결된 경우에는, 대응하는 사실들의 신뢰도 중에서 최소값이 규칙의 신뢰도에 곱해져서 (식 3.2)와 같이 추론결과의 신뢰도가 결정된다.

$$
\begin{array}{lll}
규칙\ r & \text{IF } A \text{ AND } B \text{ THEN } C & cf(r) \\
사실 & A & cf(A) \\
사실 & B & cf(B) \\
\hline
추론결과 & C & cf(C)
\end{array}
$$

$$cf(C) = cf(r) \cdot \min\{cf(A), cf(B)\} \tag{3.2}$$

조건부의 조건들이 OR로 연결된 경우에는, 대응하는 사실들의 신뢰도 중에서 최대값이 규칙의 신뢰도에 곱해져서 (식 3.3)과 같이 추론결과의 신뢰도가 결정된다.

$$
\begin{array}{lll}
규칙\ r & \text{IF } A \text{ OR } B \text{ THEN } C & cf(r) \\
사실 & A & cf(A) \\
사실 & B & cf(B) \\
\hline
추론결과 & C & cf(C)
\end{array}
$$

$$cf(C) = cf(r) \cdot \max\{cf(A), cf(B)\} \tag{3.3}$$

여러 규칙이 동일한 결과를 추론해 내는 경우는 그 결과들을 (식 3.4)와 같이 결합한다. 어떤 규칙이 추론결과로 사실 A를 도출하는데 신뢰도가 cf_1이었고, 다른 규칙은 신뢰도 cf_2로 사실 A를 도출하였다고 하자. 이때 두 신뢰도를 결합한 신뢰도 $cf(cf_1, cf_2)$는 다음과 같이 계산한다.

$$cf(cf_1, cf_2) = \begin{cases} cf_1 + cf_2 \cdot (1 - cf_1) & \text{if } cf_1 \geq 0 \text{ and } cf_2 \geq 0 \\ \dfrac{cf_1 + cf_2}{1 - \min\{|cf_1|, |cf_2|\}} & \text{if } cf_1 \text{와 } cf_2 \text{중에서 하나만 음수} \\ cf_1 + cf_2 \cdot (1 + cf_1) & \text{if } cf_1 < 0 \text{ and } cf_2 < 0 \end{cases} \quad (3.4)$$

예를 들어, $cf_1 = 0.8$이고 $cf_2 = -0.6$이라면 결합 신뢰도 $cf(cf_1, cf_2)$는 다음과 같이 계산된다.

$$cf(cf_1, cf_2) = \frac{0.8 - 0.6}{1 - \min\{0.8, 0.6\}} = 0.5$$

3.9.2 확률을 이용한 규칙의 불확실성 표현

확률$^{\text{probability, 確率}}$은 어떤 사건이 일어날 가능성을 값으로 나타낸다. 반복된 실험에서 관심대상 사건의 상대적인 빈도를 나타내는 데 확률을 사용하기도 한다. 이러한 확률적 해석을 빈도주의적^{頻度主義的} 확률$^{\text{frequentist probability}}$이라고 한다. 확률은 주관적인 확신이나 믿음의 정도를 나타내기 위해 사용되기도 한다. 이러한 확률적 해석을 주관적^{主觀的} 확률$^{\text{subjective probability}}$이라고 한다. 지식 표현에서는 주관적 확률로써 확률을 사용하여 지식의 불확실성을 표현하기도 한다.

확률은 사건이 일어날 가능성을 구간 $[0,1]$ 사이의 값으로 나타낸다. 1에 가까울수록 가능성이 높다는 것을 의미한다. 두 개 이상의 사건에 대한 확률을 결합 확률$^{\text{joint probability}}$이라고 한다. 예를 들면 $P(A, B)$는 A와 B가 동시에 일어날 확률을 나타내는데, 두 사건의 결합확률이라고 한다. 어떤 사건 A가 일어날 때 다른 사건 B도 일어날 확률을 $P(B|A)$로 나타내고 조건부 확률이라고 한다. 조건부 확률$^{\text{conditional probability}}$은 다음과 같이 정의된다.

$$P(B|A) = \frac{P(A, B)}{P(A)} \quad (3.5)$$

베이즈 정리$^{\text{Bayesian Theorem}}$는 두 사건 A, B에 대해서 다음의 성질이 성립한다는 것을 나타낸다.

$$P(A|B) = \frac{P(B|A)P(A)}{P(B)} \tag{3.6}$$

베이즈 정리에서 사건 A에 대한 무조건적인 믿음의 정도 $P(A)$를 사전^{事前} 확률^{prior probability} 이라고 한다. $P(B|A)$는 A가 일어나는 조건에서 사건 B의 확률을 나타내는 조건부 확률 이고 가능도^{likelihood, 可能度}라고 한다. 확률 $P(B)$는 증거^{evidence}라고 한다. 그리고 이들 값들로 부터 구해지는 $P(A|B)$를 사후^{事後} 확률^{posterior probability}라고 한다. 인공지능 학습에 필요한 확률 이론은 부록 A에서 구체적으로 소개한다.

확률을 이용하여 규칙의 불확실성을 표현할 수 있다. 여기에서는 규칙에 충분가능도^{likelihood of sufficiency}와 필요가능도^{likelihood of necessity}라고 하는 두 개의 값을 부여하여 규칙의 불확실성을 표현하는 방법을 살펴보자. 'IF A THEN B' 라는 규칙이 있을 때, 이에 대한 충분가능도 LS와 필요가능도 LN는 다음과 같이 정의된다.

$$LS = \frac{P(A|B)}{P(A|\neg B)}, \qquad LN = \frac{P(\neg A|B)}{P(\neg A|\neg B)} \tag{3.7}$$

한편 사실들과 추론 결과들에는 사전확률 값을 부여한다. 충분가능도 LS와 필요가능도 LN은 확률이 아니기 때문에 1보다 큰 값을 가질 수 있다. LS와 LN의 값과 사전 확률 값을 이용하여 규칙의 사후 확률을 다음과 같이 계산할 수 있다. 사전 승률^{prior odds, 事前勝率} $O(B)$를 다음과 같이 정의한다.

$$O(B) = \frac{P(B)}{1 - P(B)} \tag{3.8}$$

사전 승률을 이용한 사후 승률^{posterior odds} $O(B|A)$와 $O(B|\neg A)$를 다음과 같이 정의한다.

$$O(B|A) = LS \cdot O(B), \qquad O(B|\neg A) = LN \cdot O(B) \tag{3.9}$$

이때 사후 확률은 다음과 같이 계산될 수 있다.

$$P(B|A) = \frac{O(B|A)}{1 + O(B|A)}, \qquad P(B|\neg A) = \frac{O(B|\neg A)}{1 + O(B|\neg A)} \tag{3.10}$$

예를 들어 다음과 같이 규칙에 충분가능도, 필요가능도, 결론부의 사전 확률이 부여되어 있다고 하자.

IF 오늘 비가 내린다 [$LS = 2.5$, $LN = 0.6$]
THEN 내일 비가 내린다 [사전확률 0.5]

위의 규칙과 '오늘 비가 내린다'라는 정보가 있을 때, '내일 비가 내린다'에 대한 사후 확률 P(내일 비가 내린다|오늘 비가 내린다)가 0.71이 되는 것은 다음과 같이 계산할 수 있다.

$$O(\text{내일 비가 내린다}) = \frac{0.5}{1 - 0.5} = 1.0$$
$$O(\text{내일 비가 내린다}|\text{오늘 비가 내린다}) = 2.5 \cdot 1.0 = 2.5$$
$$P(\text{내일 비가 내린다}|\text{오늘 비가 내린다}) = \frac{2.5}{1 + 2.5} = 0.71$$

3.9.3 퍼지 이론

사람이 지식을 알려줄 때는 일상에서 사용하는 언어 즉, 자연어$^{\text{natural language, 自然語}}$를 사용하여 지식을 말한다. '배기량이 큰 차는 비싸다'라는 지식이 있다고 하자. 여기에서 차량의 배기량과 가격은 수치로 나오는 값이다. 그러면 배기량이 얼마부터 '큰 차'이고, 가격이 얼마 이상이면 '비싸다'고 할 수 있을까? '크다'와 '비싸다'는 정성적인 표현인 반면, 배기량과 가격은 정량적인 값으로 표현된다. 관측되거나 제공된 데이터는 정량적인 반면, 이에 대한 지식은 정성적인 경우가 많다. 정량적 데이터를 잘 활용하기 위해서는 정성적인 표현을 정량화시켜야 할 필요가 있다. 이때 사용할 수 있는 것이 퍼지 이론$^{\text{fuzzy theory}}$이다.

퍼지 이론은 정성적인 대상을 표현하기 위해 소속함수$^{\text{membership function, 所屬函數}}$를 사용한다. '키가 크다'고 할 때 '큰 키'를 어떻게 나타낼 수 있을까? 180cm이상이면 '큰 키'라고 할까? 그럼 179.9cm는 '큰 키'가 아니라고 하는게 타당한가? '키가 크다'에서 '크다'를 정량화시켜 표현하기 위해, [그림 3.16]과 같은 소속함수를 사용한다. 소속함수의 값은 소속정도라고 하는데, 구간 [0,1] 사이의 값을 갖는다. 0이면 전혀 소속하지 않는 것이고, 1이면 완전하게 소속하다는 의미이다.

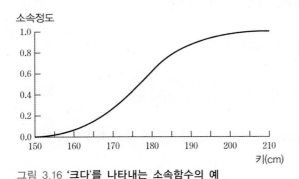

그림 3.16 '크다'를 나타내는 소속함수의 예

언어적으로 표현되는 지식을 소속함수를 사용하여 표현하게 되면, 수치로 된 값이 주어질 때 해당 지식에 얼마나 부합하는지 말할 수 있다. '크다' 또는 '낮다' 등과 같은 언어적인 항을 소속함수로 표현하면, 이러한 언어적인 항을 포함한 규칙 등을 정량적으로 처리할 수 있게 된다. 이렇게 소속함수로 표현된 언어적인 항을 포함하는 규칙을 퍼지 규칙^{fuzzy} 이라 하며, 퍼지 규칙에 대해 정량적인 추론을 하여 수치값 결과를 얻어내는 과정을 퍼지 추론^{fuzzy inference}라고 한다.

다음은 어떤 손님이 식당에서 서비스^{service}와 음식^{food}의 품질에 따라 팁^{tip}을 결정할 때 사용하는 규칙의 예이다.

> IF 서비스가 나쁘거나 음식이 별로이다 THEN 팁을 적게 준다
> IF 서비스가 좋다 THEN 팁을 보통으로 준다
> IF 서비스가 훌륭하거나 음식이 맛있다 THEN 팁을 많이 준다

위 규칙에는 '나쁘다', '좋다', '훌륭하다', '별로이다', '맛있다', '적다', '보통이다', '많다' 등의 언어적인 항들이 포함되어 있다. 위 규칙들을 다음과 같이 정형화해서 표현해보자.

> IF service = 나쁘다 OR food = 별로이다 THEN tip = 적다
> IF service = 좋다 THEN tip = 보통이다
> IF service = 훌륭하다 OR food = 맛있다 THEN tip = 많다

이들 규칙에 있는 언어적인 항들에 대해 다음과 같이 소속함수를 정의해 보자.

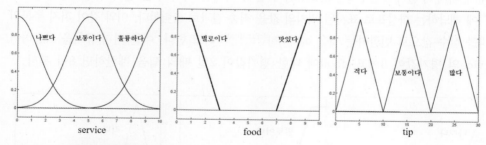

그림 3.17 **언어항과 소속함수**

이때 첫 번째 퍼지규칙은 다음과 같이 표현할 수 있다.

> IF service = 나쁘다 OR food = 별로이다 THEN tip = 적다

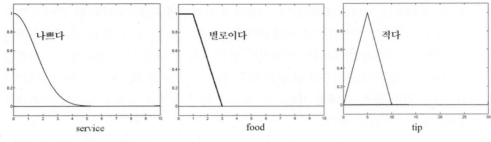

그림 3.18 **퍼지 규칙의 표현**

만약 service의 평가값이 3이고, food에 대한 평가값이 2일 때, 위의 첫 번째 퍼지 규칙에 의한 tip에 대한 퍼지추론 결과는 [그림 3.19]와 같이 회색으로 표현된 사다리꼴 영역이다. 전형적인 퍼지 추론에서는 입력값이 퍼지규칙의 조건부를 만족시키는 정도만큼의 높이로 결론부의 소속함수를 추론결과로 출력한다. 조건부의 만족 정도는 조건부의 언어항이 AND 로 연결되면 언어항들의 소속정도값의 최소값, OR로 연결되면 최대값이다.

첫 번째 퍼지 규칙에서 service값이 3이면 소속함수 '나쁘다'에 대한 소속정도는 [그림 3.19]에서 보는 것처럼 0.15이고, food값이 2이면 소속함수 '별로이다'에 대한 소속정도가 0.5이다. 조건부의 언어항들이 OR로 연결되어 있으므로, 이들의 최대값인 0.5가 조건부의 만족정도가 된다. 두 번째 퍼지 규칙은 동일한 입력값에 대해 조건부의 만족정도가 0.4이고, 세 번째 퍼지 규칙은 만족정도가 0이다. 각 퍼지 규칙의 퍼지 추론 결과는 [그림 3.20(a)]와 같이 결합한다. 그런데 이러한 결과는 실제 값이 아니기 때문에, 팁을 얼마를 줘야할지 모른다.

그래서 퍼지 추론에서는 [그림 3.20(b)]와 같이 이러한 퍼지 추론 결과의 무게중심^{center of gravity}에 해당하는 화살표로 표시된 위치의 값을 최종 결과로 출력한다. 이와 같이 퍼지 추론의 결과를 실수 값으로 변환하는 것을 비퍼지화^{defuzzification}라고 한다. 이들 퍼지 규칙을 사용하여 service의 평가값이 3이고, food에 대한 평가값이 2일 때의 팁을 계산하면 8이 된다.

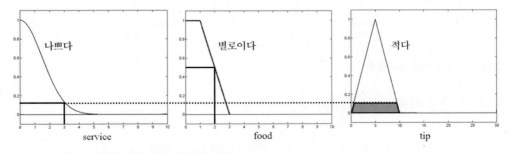

그림 3.19 **퍼지 규칙에 대한 퍼지 추론의 결과**

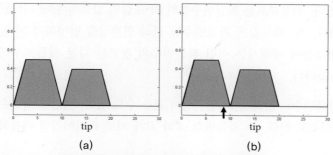

(a)   (b)

그림 3.20 퍼지 규칙의 결과와 비퍼지화를 통한 출력값
(a)은 각 퍼지규칙의 퍼지 추론 결과를 결합한 것이고, (b)는 비퍼지화를 통해 화살표로 표시된 위치의 값으로
출력으로 결정한 것이다.

service와 food의 모든 가능한 값의 조합에 대해, 이들 퍼지 규칙을 사용하여 퍼지 추론을
하여 팁을 계산하면 [그림 3.21]과 같은 그래프가 얻어진다.

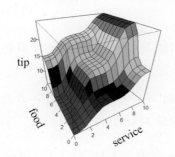

그림 3.21 퍼지 추론를 통해 계산된 서비스 평가값(service)과 음식 평가값(food)에 따른 팁(tip)의 크기.

3.9.4 확률 그래프 모델

불확실한 사건이나 지식은 확률분포$^{\text{probability distribution, 確率分布}}$를 사용하여 표현할 수 있다.
확률값이 클수록 확실한 것이고, 작을수록 불확실한 것이다. 어떤 지식이나 상황을 표현할
때, 관심대상 변수 전체에 대한 결합^{joint} 확률분포를 가지고 있으면 다양한 확률적인 추론이
가능하다. 즉, 전체 확률분포로부터 특정한 조건부 확률분포나 일부 변수들에 대한 결합
확률분포 등을 계산할 수 있다. 확률 이론에서는 이들 관심대상 변수를 확률변수$^{\text{random variable, 確率變數}}$라고 한다. 원래 확률변수는 확률실험 결과를 실수값에 대응시키는 함수를 의미하지
만, 위와 같이 확률분포가 정의되는 변수들이라고 간주해도 된다.

확률변수의 개수가 많아지고, 각 확률변수가 가질 수 있는 값의 개수가 많아질수록 결합

확률분포를 결정하기 어려워진다. 확률분포는 확률변수들의 각 조합의 값들이 함께 나타날 가능성에 대한 정보를 나타낸다. 즉, 확률값은 확률변수들 간의 연관성을 반영하게 된다. 따라서 연관성이 높은 확률변수들에 대해서는 어떤 확률변수의 정보를 다른 것들로부터 어느 정도 유추하는 것도 가능하다.

어떤 확률변수의 값이 다른 확률변수의 값과 전혀 연관성이 없을 수도 있다. 이런 확률변수들은 서로 독립^{mutually indepent}이다라고 한다. 두 확률변수 A와 B가 서로 독립이라면 다음과 같은 성질을 만족한다.

$$P(A, B) = P(A)P(B) \tag{3.11}$$

아래와 같이 특정 확률변수의 값이 주어지면 확률변수들이 서로 독립인 경우가 있는데, 이런 성질을 조건부 독립^{conditional independence}이라고 한다.

$$P(A, B|C) = P(A|C)P(B|C) \tag{3.12}$$

(식 3.12)와 같은 상황이면 'C가 주어질 때 A와 B는 서로 독립이다' 또는 'A와 B는 C에 대해서 서로 독립이다'라고 한다.

조건부 독립은 아래 (식 3.13)과 같이 어떤 확률변수 A의 확률이 어떤 확률변수 B가 주어질 때 다른 확률변수 C에는 영향을 받지 않는 상황도 나타낸다.

$$P(A|B, C) = P(A|B) \tag{3.13}$$

조건부 확률을 나타내는 (식 3.14)의 성질을 이용하면, 결합 확률분포는 (식 3.15)와 같이 다른 확률분포의 곱으로 표현할 수 있다.

$$P(A, B) = P(A|B)P(B) \tag{3.14}$$
$$P(A_1, A_2, A_3, A_4) = P(A_1|A_2, A_3, A_4)P(A_2|A_3, A_4)P(A_3|A_4)P(A_4) \tag{3.15}$$

조건부 독립의 성질을 사용하면 인수분해된 식을 더 단순하게 표현할 수 있다. 만약 다음과 같은 조건부 독립인 성질이 있다고 하자.

$$P(A_1|A_2, A_3, A_4) = P(A_1|A_2) \tag{3.16}$$
$$P(A_2|A_3, A_4) = P(A_2|A_3) \tag{3.17}$$

이때 (식 3.15)의 결합 확률분포 $P(A_1, A_2, A_3, A_4)$는 아래와 같이 더 간단히 표현될 수 있다.

$$P(A_1, A_2, A_3, A_4) = P(A_1|A_2)P(A_2|A_3)P(A_3|A_4)P(A_4) \qquad (3.18)$$

결합 확률분포는 여러 대상 또는 사건 간의 관계에 대한 지식을 표현할 때 사용할 수 있다. 예를 들어, 지진발생(E), 절도발생(B), 건물침입 경보발생(A), 이웃의 전화(N)라는 사건들에 대한 [표 3.4]의 결합 확률분포는 해당 사건들이 동시에 일어날 확률을 나타낸다. 표에 따르면 지진이 발생하고($E = T$), 절도가 발생했지만($B = T$), 건물침입 경보가 울리지 않았음에도($A = F$), 이웃이 집주인에게 전화할($N = T$) 확률은 $P(E = T, B = T, A = F, N = T) = 0.00003$이다.

이들 확률변수가 아래와 같은 조건부 독립의 성질이 만족한다고 하자.

$$P(N|A, E, B) = P(N|A)$$
$$P(E|B) = P(E)$$

이 경우 $P(N, A, E, B)$의 값은 다음과 같이 인수분해해서 계산할 수 있다.

$$P(N, A, E, B) = P(N|A, E, B)P(A|E, B)P(E|B)P(B)$$
$$= P(N|A)P(A|E, B)P(E)P(B)$$

확률변수 간의 조건부 독립 여부는 [그림 3.22]와 같은 그래프로 표현할 수 있다. 이러한 그래프에서는 노드가 확률변수를 나타내고, 부모 노드는 조건부 확률에서 조건 부분에 해당하는 확률변수가 되도록 간선이 연결된다. 각 노드에는 부모 노드들의 확률변수 $parent(X)$를 조건으로 하는 해당 변수 X의 조건부 확률분포 정보 $P(X|parent(X))$가 부여된다. 직접적인 간선이 없는 확률변수들은, 이들 사이의 각 경로 별로 하나의 확률변수라도 값이 주어지면, 서로 조건부 독립이 된다.

그래프 이론과 확률 모델을 결합하여 확률분포를 표현하고 관심 대상인 확률변수(들)에 대한 확률을 계산하는 방법들을 확률 그래프 모델$^{\text{probabilistic graph model}}$이라고 한다. [그림 3.22]와 같이 방향성있는 간선$^{\text{directed edge}}$이 있는 그래프를 사용하여 확률변수 간의 조건부 독립을 나타내고, 조건부 확률분포를 사용하여 결합 확률분포를 표현하는 확률 그래프 모델을 베이지안 망$^{\text{Bayesian network}}$이라 한다. [표 3.4]의 결합 확률분포는 베이지안 망은 해당 분포에 존재하는 조건부 독립의 성질을 이용하여 [그림 3.22]의 베이지안 망으로 간결하게 표현할 수 있다.

표 3.4 **결합 확률분포의 예**

E	B	A	N	확률
F	F	F	F	0.56133
F	F	F	T	0.06237
F	F	T	F	0.00126
F	F	T	T	0.00504
F	T	F	F	0.0243
F	T	F	T	0.0027
F	T	T	F	0.0486
F	T	T	T	0.1944
T	F	F	F	0.0189
T	F	F	T	0.0021
T	F	T	F	0.0098
T	F	T	T	0.0392
T	T	F	F	0.00027
T	T	F	T	0.00003
T	T	T	F	0.00594
T	T	T	T	0.02376

베이지안 망을 사용하면 조건부 독립의 관계가 명확하게 표현될 수 있고, 결합 확률분포나 조건부 확률분포를 쉽게 계산할 수 있다. 예를 들어, [그림 3.22]의 베이지안 망에서 $P(N=\mathrm{F}, A=\mathrm{F}, \ E=\mathrm{F}, B=\mathrm{F})$ 는 다음과 같이 계산할 수 있다.

$$
\begin{aligned}
P(N &= \mathrm{F}, A = \mathrm{F}, E = \mathrm{F}, B = \mathrm{F}) \\
&= P(N = \mathrm{F}|A = \mathrm{F})\,P(A = \mathrm{F}|E = \mathrm{F}, B = \mathrm{F})\,P(E = \mathrm{F})\,P(B = \mathrm{F}) \\
&= 0.9 \cdot 0.99 \cdot 0.9 \cdot 0.7 = 0.56133
\end{aligned}
$$

많은 학습 데이터가 주어지면, 이들에 포함된 확률변수들 간의 관계를 베이지안 망으로 학습하여 표현할 수 있다.

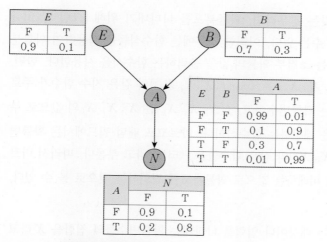

	E	
F		T
0.9		0.1

	B	
F		T
0.7		0.3

E	B	A	
		F	T
F	F	0.99	0.01
F	T	0.1	0.9
T	F	0.3	0.7
T	T	0.01	0.99

A	N	
	F	T
F	0.9	0.1
T	0.2	0.8

그림 3.22 베이지안 망의 예

마르코프 랜덤 필드^{Markov Random Field, 마르코프 네트워크}는 방향성이 없는 간선^{undirected edge}만을 포함한 그래프로 확률분포를 표현하는 확률 그래프 모델이다. [그림 3.23]은 마르코프 랜덤 필드의 예인데, 간선 옆의 표는 값들의 각 조합에 대한 호응 정도^{affinity, compatability, 呼應程度}를 나타낸다. 이때 각 조합의 확률값은 해당 조합에 대응하는 호응 정도의 곱에 비례한 값으로 정의된다. 예를 들면, 조합 (a^0, b^0, c^0, d^0)은 $\phi_1(a^0, b^0) \cdot \phi_2(b^0, c^0) \cdot \phi_3(c^0, d^0) \cdot \phi_4(d^0, a^0)$ $= 300,000$에 비례하는 확률값을 갖는다. [그림 3.23]의 전체 조합에 대해 이들 계산값을 구해서 더하면 $7,201,840$이 된다. 따라서 조합 (a^0, b^0, c^0, d^0)에 대한 확률 $P(a^0, b^0, c^0, d^0)$은 $7,201,840$에 대한 $300,000$의 비가 된다. 즉, $P(a^0, b^0, c^0, d^0) = 300,000/7,201,840$ $= 0.04$가 된다.

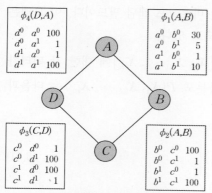

그림 3.23 마르코프 랜덤 필드의 예

확률변수가 연속 구간의 값을 갖는 경우라면, 확률분포를 나타내기 위해 [그림 3.22]나 [그림 3.23]과 같이 표를 사용할 수는 없다. 이러한 경우에는 함수식들을 사용하여 확률분포를 표현한다. 베이지안 망에서는 조건부 확률의 값을 출력하는 함수식을 사용한다. 한편, 마르코프 랜덤 필드에서는 $\phi(X_i, X_j, X_k) = \exp(f(X_i, X_j, X_j))$와 같은 지수 함수가 주로 사용된다. 여기에서 X_i, X_j, X_k는 확률변수이고, $f(X_i, X_j, X_k)$은 X_i, X_j, X_k의 값으로 부터 특정 특징의 유무나 정도 등을 계산하는 함수식이다. 마르코프 랜덤 필드에서는 확률변수들에 대해서 정의되는 $\phi(X_i, X_j, X_k)$와 같은 함수들을 팩터^{factor}라고 부른다. 따라서 마르코프 랜덤 필드는 팩터들의 곱에 비례하는 값으로 확률분포를 정의하는 것으로 볼 수 있다.

마르코프 랜덤 필드에서 관측되는 대상이나 입력을 나타내는 확률변수들의 집합을 $\boldsymbol{X}$라고 하고, 추정하거나 예측하는 대상을 나타내는 확률변수들의 집합을 $\boldsymbol{Y}$라고 하자. 이때 모든 팩터 $\{\phi_1(D_1), \phi_2(D_2), \cdots, \phi_n(D_n)\}$이 $\boldsymbol{Y}$의 확률변수를 하나라도 포함되도록 정의되어 있으면 즉, 각 팩터의 확률변수들 D_i가 $D_i \subset \boldsymbol{X} \cup \boldsymbol{Y}$이지만 $D_i \not\subseteq \boldsymbol{X}$이면, 이러한 마르코프 랜덤 필드를 조건부 랜덤 필드$^{\text{conditional random field, CRF}}$라고 한다. 조건부 랜덤 필드는 다음과 같이 정의되는 조건부 확률 $P(\boldsymbol{Y}|\boldsymbol{X})$를 나타낸다. (식 3.20)의 식을 분할 함수$^{\text{partition function}}$라고 한다.

$$P(\boldsymbol{Y}|\boldsymbol{X}) = \frac{1}{Z(\boldsymbol{X})}\widetilde{P}(\boldsymbol{X}, \boldsymbol{Y}) \tag{3.18}$$

$$\widetilde{P}(\boldsymbol{X}, \boldsymbol{Y}) = \prod_{i=1}^{m} \phi_i(D_i) \tag{3.19}$$

$$Z(\boldsymbol{X}) = \sum_{\boldsymbol{Y}} \widetilde{P}(\boldsymbol{Y}, \boldsymbol{X}) \tag{3.20}$$

즉, 조건부 랜덤 필드는 조건부 확률분포를 표현하는 마르코프 랜덤 필드이다. 이 모델은 컴퓨터 비전, 자연어 처리 등 여러 분야에서 사용되고 있다.

마르코프 랜덤 필드에서 확률변수들의 집합 $\boldsymbol{X} = \{X_1, X_2, \cdots, X_m\}$에 대한 각 팩터가 $\phi_i = \exp(-w_i f_i(D_i))$의 형태로 정의될 경우, 확률분포 $P(X_1, X_2, \cdots, X_m)$는 다음과 같이 계산된다.

$$P(X_1, X_2, \cdots, X_n) = \frac{1}{Z} exp\left[-\sum_{i=1}^{K} w_i f_i(D_i)\right] \tag{3.21}$$

여기에서 $f_i(D_i)$는 확률변수의 집합 D_i에 대한 임의의 함수이고, Z는 전체 확률분포

값의 합이 1이 되도록 만들기 위한 정규화^{normalization} 항으로 분할 함수에 해당한다. (식 3.21)과 같이 확률분포를 정의하는 마르코프 랜덤 필드를 로그−선형 모델$^{\text{log-linear}}$ ^{model}이라고 한다.

베이지안 망, 마르코프 랜덤 필드, 조건부 랜덤 필드, 로그−선형 모델 등을 포함한 확률 그래프 모델은 다소 복잡하지만 확률적 지식 표현 및 문제 해결에 유용한 도구들이다.

3.10 규칙 기반 시스템

규칙 기반 시스템$^{\text{rule-based system}}$은 지식을 규칙의 형태로 표현하고, 주어진 문제 상황에 적용될 수 있는 규칙들을 사용하여 문제에 대한 해를 찾는 지식 기반 시스템이다. 규칙 기반 시스템은 특정 문제영역에 대해서 전문가 수준의 해를 찾아주는 전문가 시스템$^{\text{expert system}}$을 구현하는 전형적인 형태이다. 이 절에서는 우선 지식을 규칙으로 표현할 때 추론이 어떻게 수행되는지 살펴본 다음, 규칙 기반 시스템의 구성과 동작 방법에 대해서 소개한다.

3.10.1 추론

추론$^{\text{inference, 推論}}$은 구축된 지식과 주어진 데이터나 정보를 이용하여 가설을 검증하거나, 새로운 사실을 유도해 내거나, 또는 관련된 정보를 유추하는 것을 말한다. 규칙 기반 시스템의 추론 방법에는 전향^{前向} 추론$^{\text{forward chaining, 순방향 추론}}$과 후향^{後向} 추론$^{\text{backward chaining, 역방향 추론}}$이 있다. 전향 추론은 규칙의 조건부와 만족하는 사실이 있을 때 규칙의 결론부를 실행하거나 처리하도록 하는 것이다. 후향 추론은 어떤 사실을 검증하거나 확인하고 싶은 경우에 관심 대상 사실을 결론부에 가지고 있는 규칙을 찾아서 조건부의 조건들이 모두 만족하는지 확인하는 추론이다. 일반적으로 하나의 규칙만을 적용해서는 원하는 결과를 얻을 수 없기 때문에, 이러한 추론 과정을 반복적으로 적용하여 원하는 결과를 얻게 된다.

규칙 기반 시스템의 추론 과정을 구체적으로 살펴보기 위해, 다음과 같은 몇 가지 동물을 분류하는 규칙이 있다고 하자. 여기에서 ?x는 개체(즉, 동물)를 가리키는 변수이다.

> R1: IF ?x는 체모가 있다 THEN ?x는 포유류이다.
> R2: IF ?x는 수유를 한다 THEN ?x는 포유류이다.
> R3: IF ?x는 깃털이 있다 THEN ?x는 조류이다.
> R4: IF ?x는 난다 AND ?x는 알을 낳는다 THEN ?x는 조류이다.
> R5: IF ?x는 포유류이다 AND ?x는 고기를 먹는다
>   THEN ?x는 육식동물이다.

R6: IF ?x는 포유류이다 AND ?x는 되새김질한다 THEN ?x는 유제류^{有蹄類}이다.

R7: IF ?x는 육식동물이다 AND ?x는 황갈색이다 AND ?x는 검은 반점들이 있다.
   THEN ?x는 치타이다.

R8: IF ?x는 유제류이다 AND ?x는 다리가 길다 AND ?x는 목이 길다 AND ?x는 검은
   반점들이 있다 THEN ?x는 기린이다.

R9: IF ?x는 포유류이다 AND ?x는 눈이 앞을 향해있다 AND ?x는 발톱이 있다 AND
   ?x는 이빨이 뾰족하다
   THEN ?x는 육식동물이다.

위의 규칙과 함께 '래더'라는 이름의 동물의 특징을 기술하는 아래와 같은 사실이 주어져있다고 하자.

F1: 래더는 체모가 있다.
F2: 래더는 되새김질을 한다.
F3: 래더는 다리가 길다.
F4: 래더는 목이 길다.
F5: 래더는 황갈색이다.
F6: 래더는 검은 반점들이 있다.

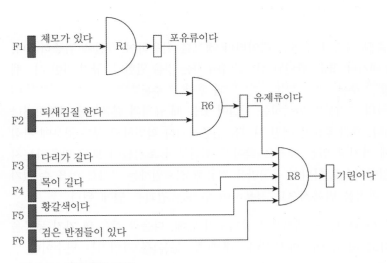

그림 3.24 전향 추론 과정
검은색 사각형은 주어진 사실을 나타내고, D 모양의 도형은 규칙을 나타낸다.
전향 추론을 하게 되면, 규칙 R1 → R6 → R8이 순차적으로 적용되어 '기린이다'라는 결과를 생성한다.

[그림 3.24]는 위의 규칙과 사실에 대해서 전향 추론을 하는 과정을 보인 것이다. 그림에서 D 모양은 규칙을 나타내는데 D 모양 왼쪽 편은 조건부를 오른쪽 편은 결론부를 나타낸다.

검은색 사각형은 주어진 사실을 나타내고, 속이 빈 사각형은 추론 결과로 도출될 사실을 나타낸다. 전향 추론은 주어진 사실들이 어떤 규칙의 조건부와 일치하는지 찾는다. 예에서 사실 F1(체모가 있다)이 규칙 R1의 조건부와 일치한다. 규칙 R1이 실행되면, '포유류이다'라는 새로운 사실이 생성된다. 이 사실과 함께 F2는 규칙 R6의 조건부를 만족시켜서, R6가 실행되면 '유제류이다'라는 사실이 생성된다. 이 사실과 함께 F3, F4, F5, F6는 규칙 R8의 조건부를 만족시켜서, R8이 실행되고 '기린이다'라는 사실이 만들어진다.

전향 추론에서는 [그림 3.24]에서 본 바와 같이 조건부에서 결론부 방향으로 추론을 진행한다. 전향 추론을 할 때는 어떤 규칙의 조건부가 주어진 사실과 매칭^{matching}되는지 결정하는 매칭 연산이 필요하다. 규칙과 사실의 개수가 많아지면 이러한 매칭 연산을 처리하는 부담이 커진다. 이들 매칭 연산을 효과적으로 수행하기 위한 알고리즘에는 Rete, TREAT, LEAPS 등이 있다. Rete 알고리즘은 Jess[11장 참고]와 같이 전향 추론을 하는 규칙 기반 시스템에서 주어진 사실에 조건부가 매칭되는 규칙들을 신속하게 결정하는 패턴매칭 알고리즘이다.

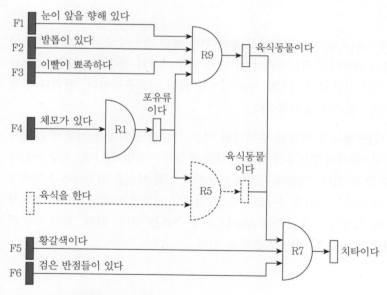

그림 3.25 **후향 추론 과정**
'치타이다'를 가설로 하고, 이를 규칙들이 지지하는지 확인하는데, 결론부에서 조건부 방향으로 R7 → R5 → R9 → R1 순서로 추론이 진행된다.

어떤 가설이 참인지 즉, 지식에 의해서 유도될 수 있는지 확인하고자 할 때는 후향 추론이 유용하다. 어떤 동물 '스프린터'에 대한 정보가 아래와 같이 기술되어 있다고 하자. 이 동물이 '치타'인지 앞에서 예시한 규칙에 대해 후향 추론을 사용하여 확인해 보자.

F1: 스프린터는 눈이 앞을 향해 있다.

F2: 스프린터는 발톱이 있다.

F3: 스프린터는 이빨이 뾰족하다.

F4: 스프린터는 체모가 있다.

F5: 스프린터는 황갈색이다.

F6: 스프린터는 검은 반점들이 있다.

[그림 3.25]는 후향 추론 과정을 나타낸 것이다. '스프린터는 치타이다'라는 가설이 참인지 확인하기 위해서 '치타이다'를 결론부에 갖는 규칙 R7에서 시작하여 R7의 조건부가 만족되는지 확인한다. R7의 조건부 '육식동물이다'는 규칙 R5와 R9의 결론부에 나타난다. 그런데 R5의 조건부의 '육식을 한다'가 스프린터에는 없는 사실이므로, R5는 규칙 R7을 지지하지 못한다. R9의 조건부는 사실 F1, F2, F3의 지지를 받는데, '포유류이다'는 사실에 없으므로, 이를 결론부에 갖는 규칙 R1이 검토된다. R1은 F4의 지지를 받으므로, 규칙 R9이 지지를 받는다. R9와 사실 F5, F6에 의해서 규칙 R7이 지지를 받게 되어, '치타이다'가 참이라는 것이 증명된다. 규칙의 적용순서는 R7 → R5 → R9 → R1로 결론부에서 조건부 방향으로 추론이 진행되어 간다.

특정 가설이 참인지 확인하는 데 전향 추론을 사용한다면, 해당 가설이 추론 결과로 만들어지는지 규칙을 계속해서 적용하며 확인해봐야 한다. 규칙과 사실의 개수가 많다면, 가설과 관련이 없는 많은 규칙이 사용되고 사실도 만들어지게 되어 비효율적이다. 반면에 후향 추론은 가설이 주어지는 경우에 효과적이다.

전향 추론은 문제에 대한 정보가 사실로 주어지면 적용 가능한 규칙들을 적용해 가면서 탐색적으로 해를 찾는다. 규칙의 결론부가 특정 사실을 생성하는 것만 있다면, 전향 추론과 후향 추론을 모두 적용할 수 있다. 그런데 규칙의 결론부에 어떤 사실을 변경하거나 삭제하는 부분이 있다면, 후향 추론을 사용할 수 없다. 3.4.2절에서 소개한 Prolog 언어는 기본적으로 후향 추론을 한다. 11장에서 소개하는 Jess는 전향 추론을 한다. 한편, 전향 추론과 후향 추론을 함께 사용하는 규칙 기반 시스템도 있다.

3.10.2 규칙 기반 시스템 구조

규칙 기반 시스템에서 지식은 규칙^{rule}과 사실^{fact}로 기술된다. 사실은 문제 영역에 대해 알려진 데이터나 정보를 말한다. 규칙은 문제 해결을 위한 지식을 표현한다. 한편, 해결할 문제는 사용자가 데이터로 제공한다.

전향 추론을 하는 규칙 기반 시스템은 [그림 3.26]과 같이 규칙베이스$^{rule\ base}$, 작업메모리

working memory, 추론 엔진inference engine, 인터페이스 등으로 구성된다. 규칙베이스는 전체 규칙의 집합을 관리하는 부분이다. IF-THEN 규칙을 생성 규칙production rule, 生成規則이라 부르고, 규칙베이스를 생성 메모리production memory라고 하기도 한다. 이런 맥락에서 규칙 기반 시스템을 생성 시스템 또는 프로덕션 시스템production system이라고 부르기도 한다.

작업 메모리는 사용자로부터 받은 문제에 대한 정보를 관리하고, 추론과정의 중간결과를 저장하며, 유도된 최종해最終解를 저장한다. 작업메모리에 저장되는 모든 것을 사실이라고 한다.

추론 엔진은 실행할 수 있는 규칙들을 찾은 다음, 우선적으로 처리할 규칙을 선택하여, 해당 규칙의 결론부를 실행하는 역할을 한다. 추론 엔진은 '패턴 매칭 – 경합 해소 – 규칙 실행'의 과정을 반복하여 추론을 한다. 패턴 매칭은 작업메모리의 사실과 규칙베이스에 있는 규칙의 조건부를 대조하여 일치하는 규칙을 찾는 과정이다. 사실과 규칙의 조건부가 일치하는 규칙들의 집합, 즉 실행 가능한 규칙들의 집합을 경합 집합conflict set, 競合集合이라고 한다. 여러 규칙을 동시에 실행할 경우, 모순이 발생할 수 있기 때문에, 추론 엔진은 한 번에 하나의 규칙만 실행한다. 이를 위해 경합 집합에서 실행할 규칙을 하나 선택해야 하는데, 이 과정을 경합 해소conflict resolution, 競合解消라고 한다. 추론 엔진은 경합 해소에 의해 선택된 규칙의 결론부를 실행한다. 규칙의 결론부분을 실행하는 것을 '규칙을 격발fire, 擊發한다'고 한다.

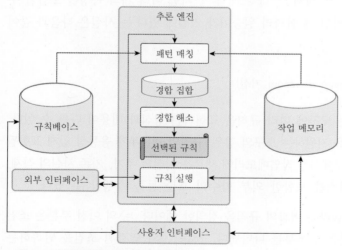

그림 3.26 규칙 기반 시스템의 구조

규칙의 결론부에는 새로운 사실을 작업메모리에 추가하거나, 사실을 삭제 또는 수정하거나,

사용자 인터페이스에 정보를 제공하거나, 시스템 외부의 기능을 호출하는 작업을 포함할 수 있다.

사용자 인터페이스를 통해 사용자는 규칙베이스 및 작업메모리를 관리하고 추론 엔진을 조작할 수 있다. 외부 인터페이스는 규칙베이스의 내용이 아닌 외부 데이터나 함수의 기능을 사용할 수 있게 해준다. 한편, 외부 인터페이스는 다른 프로그램에서 규칙기반 시스템을 사용하게 해주는 역할을 한다.

경합 해소에 사용되는 몇 가지 전략을 소개하면 다음과 같다.

- 규칙 우선순위^{rule priority} : 미리 각 규칙에 우선순위를 부여해 두어, 경합 집합에서 우선순위가 가장 높은 규칙을 선택한다.
- 최신 우선^{recency/depth priority} : 가장 최근에 입력된 데이터와 매칭된 규칙을 선택한다. 이 전략을 사용하는 경우, 각 데이터에 시간 정보가 부여되어 있어야 한다.
- 최초 우선^{first match/breath priority} : 경합 집합에서 가장 먼저 매칭된 규칙을 선택한다.
- 상세 우선^{specificity priority} : 가장 상세한 조건부를 갖는 규칙을 선택한다. 즉, 규칙의 조건부가 가장 복잡하게 기술된 것을 선택한다.

규칙 기반 시스템에서 사실^{fact}은 객체^{object}나 프레임^{frame}처럼 여러 개의 속성을 포함할 수 있다. 예를 들면, '이름이 멍키인 세 살짜리 원숭이가 거실에 있다'는 사실은 다음과 같이 표현할 수 있다.

  (monkey (name 멍키) (age 3) (room 거실))

규칙 기반 시스템을 개발하는 도구에 따라 규칙을 표현하는 형식과 내용이 다를 수 있다. 특히, Jess와 같은 전향 추론을 지원하는 도구의 경우, 규칙의 결론부가 융통성 있게 표현될 수 있다. Jess의 규칙의 결론부에서는 작업메모리에 새로운 사실의 추가, 기존 사실의 삭제, 기존 사실의 수정, 인터페이스를 포함한 외부 함수의 호출 등을 수행할 수 있다.

다음은 Jess에서 ruleBirthday라는 이름의 규칙을 정의한 예이다. =>의 이전 부분은 조건부를 나타내고, =>이후 부분은 결론부를 나타낸다. ?c는 <-와 연결된 조건을 만족하는 사실을 가리키는 변수인데, 여기에서는 변수 ?c가 cheetah라는 이름의 원숭이에 대한 사실을 가리킨다. 결론부의 (bind ?newAge (+ ?old 1))은 newAge라는 변수를 old + 1값으로 만드는 것이고, (retract ?c)는 ?c에 대응된 사실을 작업메모리에서 제거하는 역할

을 한다. 마지막의 (assert (monkey cheetah ?newAge ?where))는 생일날 나이가 한 살 더 먹은 cheetah에 대한 사실을 작업메모리에 추가하는 역할을 한다.

```
(defrule ruleBirthday
    ?c <- (monkey (name cheetah) (age ?old)
                   (room ?where) (birthdate ?day))
          (calendar (date ?day))
    =>
    (bind ?newAge (+ ?old 1))
    (retract ?c)
    (assert (monkey cheetah ?newAge ?where)))
```

3.10.3 규칙 기반 시스템 개발 도구

규칙 기반 시스템을 구현하려면 추론엔진뿐만 아니라 규칙베이스 및 작업메모리 관리, 인터페이스 환경과 같은 여러 컴포넌트를 개발해야 한다. 규칙 기반 시스템의 기본 컴포넌트들을 미리 제공하여 규칙 기반 시스템을 쉽게 구현할 수 있게 하는 소프트웨어들이 전문가 시스템 개발도구expert system shell라는 이름으로 제공되고 있다. 이러한 도구를 사용하여 문제 영역의 지식을 잘 획득하여 정해진 형태로 표현만 하면 규칙 기반 시스템을 비교적 쉽게 구현할 수 있다. 대표적인 전문가 시스템 개발도구로 Jess, CLIPS, EXSYS, JEOPS 등이 있다. 11장에서 Jess의 사용 방법과 프로그래밍에 대해서 자세히 다룬다.

3.11 심볼 그라운딩 문제와 프레임 문제

'고양이는 귀엽다'라는 지식을 표현한다고 할 때, '고양이'와 '귀엽다'는 대상 또는 개념을 가리키는 기호symbol, 記號가 사용된다. 스위스 태생 언어학자 소쉬르Ferdinand de Saussure, 1857-1913는 기호에서 기호의 표기와 의미가 자의적恣意的인 관계라고 이야기했다. [그림 3.27]과 같은 '털복숭이 날렵한 동물'을 우리말로는 '고양이'라고 하지만 영어에서는 'cat'이라고 한다. 소쉬르는 '고양이'나 'cat'을 기호 표기기표:記表, signifiant:시그니피앙라 하고, 실제 대상을 기호 의미기의:記意, signifie:시그니피에라고 했다. 기호 표기와 기호 의미의 관계는 필연성은 없지만, 그것을 이해하는 문화 체계 속에서 필연화된다고 했다.

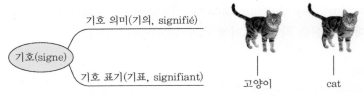

그림 3.27 **기호 표기와 기호 의미**

규칙, 프레임, 의미망, 논리, 스트립트 등의 지식 표현에서는 결국 기호 표기에 기반하여 지식을 표현한다. 기호 표기를 기호 의미로 연결시켜줄 때 이렇게 표현된 지식을 비로소 이해할 수 있다. 인지과학자 하나드^{Stevan Harnad,1945生}는 기호 표기를 실제 세계의 의미와 연결시키는 것을 심볼 그라운딩^{symbol grounding}이라고 했다. 인간은 자신이 생활하는 문화 속에서 자연스럽게 심볼 그라운딩을 한다. 그런데 컴퓨터에 기호 표기로 표현되어 있는 지식에 대해서 컴퓨터는 심볼 그라운딩을 할 수 있는 능력이 없다. 컴퓨터가 지식을 사용하여 작업을 할 수 있게 하려면, 실제 세계와 컴퓨터의 기호 표기 사이의 심볼 그라운딩을 인간이 대신 해주어야 한다. 즉, 인간이 중간에 개입해서 관측된 상황의 의미에 해당하는 기호 표기를 컴퓨터에 입력해주어야 하고, 컴퓨터가 수행한 지식 처리의 결과에 대해서 의미를 해석해야 한다. 컴퓨터가 이와 같이 기호 표기를 실제 세계의 의미와 직접 연결시킬 수 없다는 것을 심볼 그라운딩 문제라고 한다. '얼룩말'을 전혀 본 적이 없는 사람에게 '얼룩말 = 줄무늬가 있는 말'이라고 설명하면, 그 사람은 얼룩말을 상상해 볼 수 있고 나중에 얼룩말을 알아 볼 수 있다. 하지만, 컴퓨터는 '줄무늬'와 '말'이라는 기호 표기를 사용하고 있더라도 '얼룩말 = 줄무늬가 있는 말'을 이해할 수 없다.

딥러닝 기술의 발달로 고양이 영상을 입력으로 주면, 필요한 특징을 알아서 추출하여 '고양이'라고 판정하는 것과 같은 영상 분류기^{image classifier} 기술이 최근 큰 진전을 보이고 있다. 컴퓨터에 영상을 주면 객체의 이름을 알아내고, 객체의 의미를 파악하기 위한 특징을 추출하고 내부적으로 표현하는 일이 컴퓨터에서 실현되고 있다, 고양이 영상은 기호 의미로 간주하고, '고양이'라는 출력을 기호 표기로 본다면, 컴퓨터에서 기호 의미와 기호 표기를 자동으로 연결할 수 있는 가능성이 엿보이고 있다고 할 수도 있다. 즉, 심볼 그라운딩 문제 해결에 대한 가능성이 생기고 있다고 볼 수 있다.

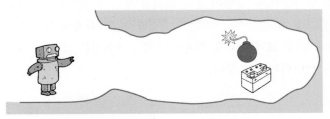

그림 3.28 **프레임 문제**

인공지능에서 또하나의 어려운 문제로 프레임 문제^{frame problem}가 있다. 프레임 문제 는 사고범위 문제^{思考範圍問題}라고도 한다. 어떤 작업을 수행할 때 관계있는 지식만 꺼내서 사용한다는 것은 지극히 자연스럽고 당연하지만, 인공지능에서는 이러한 일이 쉽지 않다는 것을 프레임 문제라고 한다.

철학자 데넷^{Daniel Dennett, 1942生}이 들었던 예를 살펴보자. [그림 3.28]과 같이 동굴 속에 배터리가 있고 그 위에 시한폭탄이 설치되어 있는데, 로봇에게 동굴 속에 들어가서 배터리를 가져오라고 지시를 했다고 하자. 처음 만든 로봇은 배터리 위에 있는 시한폭탄까지 함께 가지고 나와서 동굴 밖에서 폭탄 때문에 폭발해 버렸다. 로봇은 배터리 위에 시한폭탄이 있는 것을 알았지만, 배터리를 가져오면 폭탄도 함께 딸려온다는 것을 몰랐다.

그래서 개발자들은 어떤 행동를 하면 그에 따라 부차적으로 일어나는 것도 고려하도록 로봇을 개량했다. 이 로봇은 배터리 앞에 가서 자신이 할 수 있는 모든 일에 대한 결과를 검토하느라 시간이 오래 걸려서 시한폭탄이 폭발해 로봇도 부서져 버렸다.

다시 개발자들은 목적한 작업을 하기 전에 관계없는 사항들은 고려하지 않도록 개선한 로봇을 개발했다. 이 로봇은 동굴에 들어가기 전에 작업에 관련된 것과 그렇지 않은 것을 분류하는 데 너무 많은 시간을 쓰다가, 작업을 시작하기도 전에 배터리가 방전되어 멈춰버렸다.

많은 지식을 가지고 있는 로봇(인공지능 시스템)이 주어진 문제에 관계된 지식을 선택하여 추론을 하려고 할 때, 너무 오랜 시간이 걸릴 수 있는 것을 프레임 문제라고 한다. 만약 심볼 그라운딩 문제가 해결된다면, 실제 세계의 대상에 대응되는 기호 표기들이 바로 결정될 수 있다. 그러면 이들에 관계된 지식만을 쉽게 뽑아낼 수 있게 되어 프레임 문제를 크게 완화할 수 있을 것이다.

3.12 CYC 프로젝트

지식기반 시스템을 통해서 특정 분야의 문제를 효과적으로 해결할 수 있다. 대표적인 것으로 전문가 시스템이 있다. 그런데 의외로 상식^{common sense, 常識} 수준의 지식을 표현하고 사용하는 것은 쉽지 않다. 다음 영어 문장을 해석을 하는 것을 생각해보자.

He saw a girl in the garden with a telescope.

이 문장은 정원에 누가 있는지, 망원경을 누가 들고 있는지에 따라 다음과 같이 여러 가지로 해석될 수 있다.

> 그는 망원경으로 정원에 있는 소녀를 보았다.
> 그는 정원에서 망원경으로 소녀를 보았다.
> 그는 소녀가 정원에서 망원경을 들고 있는 것을 보았다.
> 정원에서 그는 망원경을 들고 있는 소녀를 보았다.

가장 그럴듯한 번역은 어떤 것일까? 아마도 '그는 망원경으로 정원에 있는 소녀를 보았다' 일 것이다. 이러한 번역을 위해서는 다소 억지스럽지만 망원경은 남자들이 자주 사용하고, 소녀들은 주로 정원에서 거닌다는 상식적인 지식을 가지고 있어야 한다. 상식적인 지식은 매우 많고 문화와 시대에 따라 다를 수 있기 때문에, 종합적으로 표현하는 것이 쉽지 않다.

상식적인 추론을 하는데 필요한 방대한 지식을 추출하여 표현하는 프로젝트가 진행되고 있다. 대표적인 것으로 CYC$^{\text{encyclopedia에서 cyc 유래}}$가 있는데, 1984년 르냇$^{\text{Douglas Lenat,1950生}}$에 의해 시작된 이후 현재에도 계속 진행되고 있다. CYC는 일차 술어 논리를 사용하여 다음과 같이 지식을 표현한다.

> (#$isa #$DonaldTrump #$UnitedStatesPresident) ; 도날드트럼프는 미국 대통령이다.
> (#$capitalCity #$France #$Paris) ; 프랑스 수도는 파리이다.
> (#$implies (#$and (#$isa ?OBJ ?SUBSET) (#$genls ?SUBSET ?SUPERSET))
>   (#$isa ?OBJ ?SUPERSET)) ; OBJ가 SUBSET의 사례이고, SUBSET이
>   SUPERSET에 속하면, OBJ는 SUPERSET의 사례이다.   **(규칙표현의 예)**
> (#$relationAllExists #$biologicalMother #$ChordataPhylum #$FemaleAnimal)
>   ; 모든 ChordataPhylum에 속하는 개체에게는 어머니(biologicalMother)인
>   ; 여성(FemaleAnimal)이 있다.   **(존재한정사가 있는 문장)**

CYC 프로젝트가 30년 이상 진행되고 있지만 아직 상식을 충분히 표현하지 못하고 있다. 많은 지식을 일관성 있게 추출하고 표현하는 것은 쉽지 않다. 또한 지식에는 불확실성이 많기 때문에, CYC에서 사용하는 일차 술어 논리로 지식을 표현하는 데도 제약이 있다. CYC 프로젝트는 상식을 집대성하는 도전적인 시도이면서, 그 과정에 지식기반 방법의 한계를 보여준 연구 결과이기도 하다.

사람이 직접 지식을 추출하고 표현하는 대신에, 컴퓨터가 많은 데이터로부터 지식을 추출하여 표현하는 기계학습 기술이 대안으로 부상하고 있다. 다음 장에서는 이러한 기계학습에 대해서 소개한다.

1. '강아지'에 대한 지식을 프레임을 사용하여 표현하시오.

2. A, B, C가 명제 기호일 때, 다음 논리식에 대한 모델의 개수를 구하시오.

   (1) $A \vee (B \wedge \neg C)$

   (2) $A \wedge \neg C$

3. 다음 논리식이 타당한지(valid), 충족불가능한지(unsatisfiable) 답하시오.

   (1) $S \rightarrow S$

   (2) $(S \rightarrow U) \rightarrow (\neg S \rightarrow \neg U)$

   (3) $S \vee U \vee \neg U$

   (4) $S \vee U \vee (S \rightarrow U)$

4. 다음 일차 술어 논리식이 정형식(well-formed formula)인지 말하시오.

   (1) $Won(Election, Clinton) \wedge Won(Election, Trumph)$

   (2) $(\neg \exists x) \rightarrow NonExistence(x)$

   (3) $\exists x \forall y \forall z \ (Equal(x,y), \ (Equal(y,z))$

   (4) $\forall x \ IsFalse(x)$

   (5) $\forall x (P(x) \vee Q(x)) \rightarrow \neg(\exists x)(\neg P(x) \vee Q(x))$

   (6) $\forall x \ Attends(x, \ CS110 \wedge CS230)$

5. 다음 술어 논리식을 CNF(conjunctive normal form, 논리합 절들을 논리곱으로 연결한 식)으로 변환하시오.

    (1) $(\exists x\, P(x) \vee \exists x\, Q(x)) \rightarrow \exists x\, (P(x) \vee Q(x))$

    (2) $\forall x\, \forall y\, (P(x) \rightarrow Q(x,y)) \rightarrow \exists y\, (P(y) \wedge \exists z\, Q(y,z))$

    (3) $(\exists x\, P(x) \vee \exists x\, Q(x)) \rightarrow \exists x\, (P(x) \vee Q(x))$

    (4) $\forall x\, (P(x) \rightarrow Q(A)) \rightarrow \forall x\, (P(x) \rightarrow Q(A))$

6. 다음 문장을 술어 논리를 사용하여 표현하시오.

    모든 사람은 죽는다(All human are mortal).
    소크라테스는 사람이다(Socrates is human).
    소크라테스는 죽는다(Socrates is mortal).
    크레타인은 모두 거짓말쟁이다(All Cretans are liars).

7. 명제 논리의 추론규칙인 긍정식, 부정식, 삼단논법을 논리융합을 적용하여 유도해 보시오. 이때 추론규칙에 사용된 함의(implication, →)를 논리합절로 변환해서 논리융합을 적용해 보시오.

8. Male(로미오), Spouse(로미오, 줄리엣)이라는 사실로부터 Female(줄리엣)이라는 사실을 추론할 수 있기 위해서는 어떤 논리식이 추가되어야 하는지 설명하시오.

9. 다음 각 두 술어들을 단일화한 결과를 쓰시오. 여기에서 b는 상수 기호이고, x와 y는 변수이고, f와 g는 함수 기호이다.

    (1) $P(x, f(x), z)$ $\neg P(g(y), f(g(b)), y)$

    (2) $P(x, f(x))$ $\neg P(f(y), y)$

10. '모든 말은 개보다 빠르다. 모든 토끼보다 빠른 그레이하운드 개가 있다. 조랑이는 말이다. 쫑긋이는 토끼다'라는 것을 알고 있을 때, '조랑이'가 '쫑긋이'보다 빠르다는 것을 증명하시오. 편의상 다음과 같이 술어 명제로 위 내용이 표현되어있다고 하자.

$$\forall x \forall y \, Horse(x) \land Dog(y) \rightarrow Faster(x, y)$$
$$\exists y \, Greyhound(y) \land (\forall z \, Rabbit(z) \rightarrow Faster(y, z))$$
$$Horse(조랑이)$$
$$Rabbit(쫑긋이)$$
$$\forall y \, Greyhound(y) \rightarrow Dog(y)$$
$$\forall x \forall y \forall z \, Faster(x, y) \land Faster(y, z) \rightarrow Faster(x, z)$$

11. '인공지능' 교과목에 대한 지식을 의미망으로 표현하시오.

12. [그림 3.3]의 인스턴스 프레임에 있는 모든 정보를 의미망으로 표현하시오.

13. WordNet에서 intelligence(지능)이란 단어를 찾아보고 관련된 정보를 의미망으로 표현하시오.

14. 은행에 가서 창구에서 입금을 할 때의 상황을 스크립트(script)를 사용하여 구체적으로 기술하시오.

15. Fiend of a Friend(FOAF)라는 온톨로지에 대해서 조사하고, 이 온톨로지를 이용하여 자신의 친구 관계를 표현하시오.

16. 3.9.3절의 퍼지 규칙과 소속함수들에 대해서 service = 5이고 food = 9일 때의 퍼지 추론 결과를 계산하시오.

17. 다음과 같이 사실들과 규칙에 대한 확신도 cf가 주어질 때 추론 결과의 확신도를 계산하시오.

　내일은 비가 내린다. $(cf = 1)$
　강우량이 적다. $(cf = 0.8)$
　온도가 낮다. $(cf = 0.7)$
　IF (내일은 비가 내린다) AND (강우량이 적다) AND (온도가 낮다)
　　THEN 내일은 건조하다. $(cf = 0.6)$

18. 다음과 같이 충분가능도 LS, 필요가능도 LN, 사전확률 prior가 주어진 규칙이 있을 때, $P($내일은 건조하다 | 내일은 비가 내린다, 강우량이 적다$)$를 계산하시오.

　IF (내일은 비가 내린다)
　　AND (강우량이 적다)　$[LS = 1.6, \ LN = 0.4]$
　　THEN 내일은 건조하다.　(prior = 0.5)

19. [그림 3.22]의 베이지안 망을 이용하여 $P(E = \mathrm{T}, B = \mathrm{F}, A = \mathrm{T}, N = \mathrm{T})$를 계산하시오.

20. [그림 3.23]의 마르코프 랜덤 필드를 이용하여 $P(a^1, b^0, c^1, d^0)$을 계산하시오.

21. 규칙 기반 시스템에서의 전향 추론과 후향 추론을 비교하여 설명하시오.

22. 규칙 기반 시스템에서 추론 엔진의 역할에 대해서 설명하시오.

23. 심볼그라운딩 문제가 인공지능 구현에 문제가 되는 이유를 설명하시오.

24. 프레임 문제가 인공지능 구현에 문제가 되는 이유를 설명하시오.

25. 11장에서 소개하는 Jess를 설치하고 실습 문제를 직접 실행해 보시오.

知不知尙矣, 不知不知病矣 - 老子(BC570?-BC479?)
모른다는 것을 아는 것이 가장 좋다.
모른다는 것을 모르는 것은 병이다

You do not really understand something unless you can explain it to your grandmother
- Albert Einstein(1879-1955)
할머니가 이해하시도록 설명할 수 없다면 제대로 이해하지 못한 것이다.

기계학습

기계학습

사람은 경험을 통해 지혜로워진다. 경험을 통해 컴퓨터가 똑똑하게 만들려는 것이 기계학습 ^{machine learning,機械學習}이다. 사람만큼은 아니지만 컴퓨터가 학습할 수 있게 하는 다양한 형태의 기계학습 방법이 개발되고 있다. 질병 및 고장 진단, 비즈니스 의사결정, 무인 자동차, 기계 번역, 컴퓨터 비전 등 지능형 서비스를 하는 다양한 분야에서 기계학습은 이미 필수적인 핵심 기술이 되었다. 이 장에서 기계학습에 대해 전반적으로 살펴본 다음, 결정트리 학습, 군집화, 단순 베이즈 분류기, 신경망, 서포트 벡터 머신, 강화 학습 등을 소개한다. 서포트 벡터 머신과 강화 학습 부분은 다소 이론적인 부분이 많이 포함되어 있으므로, 처음 접하는 경우라면 소개 부분만 읽어도 된다.

4.1 기계학습

기계학습이란 용어는 아서 사무엘^{Arthur Samuel, 1901-1990}이 1959년에 처음으로 사용했다. 그는 컴퓨터에 명시적으로 프로그래밍하지 않아도 학습을 통해 어떤 일을 할 수 있도록 하는 기술을 기계학습이라고 정의했다. 톰 미첼^{Tom Mitchell, 1951生}은 보다 기술적으로, 기계학습은 경험을 통해서 나중에 유사하거나 같은 일을 더 효율적으로 처리할 수 있도록 시스템의 구조나 파라미터를 바꾸는 것이라고 했다. 쉽게 말하면, 기계학습은 컴퓨터가 데이터로부터 특정 문제해결을 위한 지식을 자동으로 추출해서 사용할 수 있게 하는 기술이다.

예를 들어 [표4.1]와 같이 어떤 사람이 테니스를 치는 날의 기상 상황을 조사한 데이터가 있다고 하자. 기계학습은 이 데이터로부터 테니스 치는 날의 패턴을 자동으로 찾아내고, 이 패턴을 이용하여 '흐리고 적당한 온도에 습도는 높고 바람이 센 날'과 같이 학습 데이터에 없는 날에 이 사람이 테니스를 치러갈지 말지 예측할 수 있도록 하는 것이다. 학습을 할 때 사용하는 [표 4.1]과 같은 데이터를 학습 데이터^{training data}라고 한다.

표 4.1 PlayTennis 데이터

Day 날짜	Outlook 조망	Temperature 기온	Humidity 습도	Wind 바람	PlayTennis 테니스 여부
Day1	Sunny	Hot	High	Weak	No
Day2	Sunny	Hot	High	Strong	No
Day3	Overcast	Hot	High	Weak	Yes
Day4	Rain	Mild	High	Weak	Yes
Day5	Rain	Cool	Normal	Weak	Yes
Day6	Rain	Cool	Normal	Strong	No
Day7	Overcast	Cool	Normal	Strong	Yes
Day8	Sunny	Mild	High	Weak	No
Day9	Sunny	Cool	Normal	Weak	Yes
Day10	Rain	Mild	Normal	Weak	Yes
Day11	Sunny	Mild	Normal	Strong	Yes
Day12	Overcast	Mild	High	Strong	Yes
Day13	Overcast	Hot	Normal	Weak	Yes
Day14	Rain	Mild	High	Strong	No

(출처: Machine Learning, Tom Mitchell, 1995)

다음 [그림 4.1]과 같은 필기체 숫자를 인식하는 문제를 생각해보자. 숫자 인식 프로그램을 직접 만든다면 필기체 숫자의 다양한 모양을 가능한 많이 고려해야 하므로, 복잡한 규칙과 휴리스틱heuristic, 경험적 지식을 동원하여야 할 것이다. 따라서 이러한 프로그램은 복잡해질 수 밖에 없고 구현하는 데 많은 노력이 필요하다. 기계학습 기술을 이용하면, [그림 4.1]의 필기체 숫자 영상과 인식결과로 출력해야할 숫자로 구성된 학습 데이터로부터, 이러한 인식 프로그램을 자동으로 만들 수 있다.

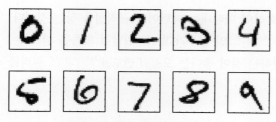

그림 4.1 **필기체 숫자.** [출처: MNIST 데이터]

[그림 4.2]은 일반 프로그래밍 방식과 기계학습 기반 프로그래밍 방식의 차이점을 보여준다. 일반 프로그래밍에서는 사람이 문제 해결을 위한 알고리즘을 생각해내고 이를 프로그램으로 직접 구현한다. 반면, 기계학습 기반 프로그램에서는 기계학습 알고리즘이 문제해결

을 위한 핵심 프로그램을 만들어내는 역할을 한다. 그런데 학습 데이터가 기계학습 알고리즘이 처리하기에 적합한 형태가 아닌 경우가 많기 때문에, 학습 데이터로부터 적합한 형태의 특징을 추출해서 기계학습 알고리즘에 넣어주어야 하는 과정이 필요하다. 이러한 특징을 추출하는 부분은 개발자가 직접 만들어주어야 한다. 적합한 특징을 추출하여 기계학습 알고리즘을 적용하면 높은 성능을 얻을 수 있지만, 그렇지 않으면 기계학습 알고리즘에 의한 학습 결과가 기대에 미치지 못할 수 있다.

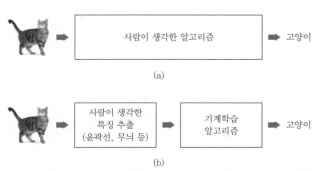

그림 4.2 **(a) 일반 프로그래밍 방식 (b) 기계학습 기반 프로그래밍 방식.**

최근 다양한 분야에서 기계학습을 적용해 만족스러운 성능을 보이는 상업용 응용 사례들이 출현하고 있다. 얼굴인식, 사물인식 및 추적, 영상 분류 등 영상인식, 음성인식, 기계번역, 지능 로봇 등 다양한 분야에서, 사람에 필적할 만한 수준의 기술적인 큰 진전을 이루었다. 사람이 학습하는 대상과 범위는 매우 많고 넓기 때문에, 컴퓨터가 사람처럼 종합적으로 학습하는 것은 아직 곤란하다. 현재 개발된 기계학습 방법은 대상과 범위가 정해진 상황에 적용된다. 즉, 기계학습 방법마다 해결하려는 문제의 종류, 학습 결과를 표현하는 모델의 형태, 사용할 수 있는 데이터의 형태들에 일정한 제약이 있다.

기계학습의 핵심은 학습 데이터들을 일반화하여 나타내는 패턴이나 규칙성을 찾는 것이다. 결국 기계학습은 귀납적 학습$^{inductive\ learning,\ 歸納的\ 學習}$인 경우가 많다. 귀납적 학습을 할 때는, 가능하면 학습 결과를 간단한 형태로 표현하는 것이 좋다는 오컴의 면도날$^{Occam's\ razor}$ 원리를 따른다.

4.2 기계학습의 종류

기계학습의 방법들은 학습 데이터의 형태에 따라 지도^{指導} 학습, 비지도^{非指導} 학습, 반지도^{半指導} 학습, 강화^{強化} 학습 등으로 분류할 수 있다. 지도 학습$^{supervised\ learning}$은 [표 4.1]의

PlayTennis 예와 같이 학습 데이터에 입력(예, 날씨 정보)과 출력(테니스 여부) 정보가 함께 있는 때의 학습 방법이다. 지도 학습 알고리즘들은 학습 데이터의 입력과 출력간의 관계를 학습하여 이를 규칙이나 함수로 표현되는 모델을 찾는다. 이때 학습 데이터의 입력값과 출력값이 일부 잘못된 값일 수 있다는 전제로 학습한다. 출력값이 범주category 또는 부류class를 나타나는 학습 문제를 분류classification, 分類라고 하고, 출력값이 연속인 구간의 숫자값인 학습 문제를 회귀regression, 回歸라고 한다.

비지도 학습unsupervised learning, 자율학습은 출력 정보가 없는 학습 데이터에 대해서 학습을 하는 것으로, 입력 데이터에 내재되어 있는 패턴을 발견하는 일을 말한다. 데이터들의 유사도를 보고 유사한 것들을 집단으로 묶는 군집화clustering, 데이터의 공간상에서의 분포를 찾는 밀도 추정density estimation, 문서나 이미지 데이터들이 어떤 주제를 다루는지 찾아내는 토픽 모델링topic modeling 등이 비지도 학습에 해당한다.

반지도 학습semi-supervised learning, 준지도 학습은 지도 학습과 비지도 학습 중간에 위치한 것으로, 입력과 출력 정보가 함께 있는 학습 데이터와, 입력만 있고 출력 정보는 없는 학습 데이터를 함께 사용하는 학습을 말한다. 입력과 출력 정보가 함께 있는 학습 데이터가 적은 상황에서 분류나 회귀 모델을 개발할 때, 반지도 학습은 출력 정보가 없는 입력 데이터들의 분포 특성 정보를 이용함으로써 성능을 개선하려는 방법이다.

강화 학습reinforcement learning은 특정 환경에서 행동과 이에 대한 보상의 경험을 통해서 보상이 최대가 되도록 상황별로 취할 행동을 결정하는 방법이다. 강화 학습은 게임, 제어 문제, 금융공학 문제 등에서 행동 전략이나 정책을 결정할 때 사용된다.

4.3 기계학습 대상 문제

다양한 기계학습 방법이 개발되고 있으며 많은 분야에 응용되고 있다. 여기에서는 기계학습이 어떤 종류의 문제에 적용될 수 있는지 살펴본다.

4.3.1 분류

분류는 데이터들을 정해진 몇 개의 부류로 대응시키는 문제이다. 분류 문제에서 학습 데이터는 입력 데이터 x_i와 부류값 출력 y_i의 쌍으로 구성된 $\{(x_1, y_1), (x_2, y_2), \cdots (x_n, y_n)\}$ 집합으로 주어진다. 분류에서는 학습 데이터의 입출력 대응관계를 만족시키는 $y = f(x)$를 찾는

데, $f(x)$는 수학적인 함수일 수도 있고 규칙 등으로 표현되는 패턴일 수도 있다. 분류에 사용될 수 있는 학습 기법으로 결정트리 알고리즘, 서포트 벡터 머신^{SVM}, 다층 퍼셉트론^{MLP}, 에이다부스트^{AdaBoost}, 임의 숲$^{random\ forest}$, 확률 그래프 모델 등이 있다. 이들 기법들에 대해서는 뒤에서 좀더 자세히 소개한다.

학습된 함수 $f(x)$를 사용하여 데이터를 분류하는 프로그램을 **분류기**^{classifier}라고 한다. 분류기는 결국 [그림 4.3]과 같이 입력 데이터가 분포하는 공간을 부류별로 분할하는 역할을 한다. 분류에서 학습은 [그림 4.3(a)]와 같이 각 부류를 나누는 **결정경계**$^{decision\ boundary}$를 찾아내는 일이고, 분류기는 새로운 입력이 [그림 4.3(b)]의 별표와 같이 주어지면 학습된 결정경계에 따라 해당 위치에 대응하는 부류(즉, 마름모)를 출력하는 일을 한다.

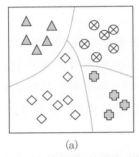 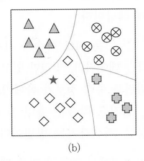

(a)   (b)

그림 4.3 분류기에 의한 입력공간 분할.
학습 과정에서 학습데이터를 분리하는 결정경계를 찾고, 새로운 입력 ★이 들어오면 분류기는 결정경계를 참고하여 부류를 결정한다.

분류기는 학습 데이터에 잘 맞도록 학습된다. 학습 데이터는 해당 문제영역에서 발생하는 모든 데이터가 아닌 샘플링된 일부 데이터이다. 따라서 학습 데이터에 잘 맞는 분류기라도 새로운 데이터를 올바로 분류할 것이라는 보장이 없다. 오류가 있는 학습 데이터가 사용된다면 실제로 잘못된 결정경계를 찾을 수도 있다. 학습에 사용되지 않은 데이터에 대해서 분류를 잘하는 분류기가 좋은 것이다. 학습 데이터뿐만 아니라 테스트 데이터$^{test\ data}$에 대해서 잘 맞는 성질을 **일반화**^{generalization} 능력이라고 한다.

분류기를 학습할 때는 여러 가지 고려할 요소가 있다. 여기에서는 분류에서 과적합 학습의 문제와 해결 방법, 학습 데이터가 적은 경우의 성능 평가를 하는 방법, 학습에서의 데이터 불균형 문제와 해결 방법, 그리고 이진 분류기에서 성능을 평가하는 방법에 대해서 알아본다.

1) 과적합 학습의 문제

분류기의 성능을 평가할 때는 학습에 사용되지 않은 데이터를 사용해야 하는데, 이 데이터들을 테스트 데이터 집합이라 한다. 학습 데이터에 대한 오류를 최소화하기 위해 너무 세밀하게 학습을 시키면, 학습 데이터에 대한 분류기의 분류 성능은 개선되는 반면, 테스트 데이터에 대해서는 오히려 성능이 떨어질 수 있다. 이러한 상황을 과적합$^{overfitting, 過適合}$이라 한다. 반대 상황, 즉 학습이 제대로 되지 않은 상황은 부적합$^{underfitting, 不適合}$이라 한다. 한편, 적당히 학습된 상황은 정적합$^{good\ fitting,\ 正適合}$이라 한다.

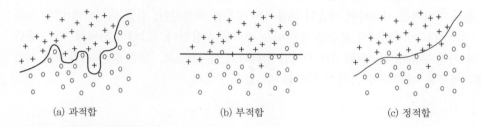

(a) 과적합   (b) 부적합   (c) 정적합

그림 4.4 분류기의 적합 상태.
'+'로 표시된 데이터와 '○'으로 표시된 데이터를 분류하는 결정경계를 선으로 나타내고 있음.

[그림 4.4]는 '+'로 표시된 학습 데이터와 '○'으로 표시된 학습데이터를 분류하는 결정경계를 선으로 나타내고 있다. (a)는 복잡한 결정 경계를 사용해서 모든 학습 데이터를 옳게 분류하지만, 잡음이 포함된(즉, 실제 값하고 약간 차이가 있는) 학습 데이터가 일부 사용된 경우에는 오히려 테스트 데이터에 대해서는 성능이 떨어질 수 있는 과적합 상태로 볼 수 있다. (b)는 결정경계를 나타내는 분류기가 너무 단순하거나 학습이 아직 충분히 되지 않아서, 학습 데이터도 제대로 분류하지 못하는 부정합 상태이다. (c)는 일부 학습 데이터를 잘못 분류하지만 테스트 데이터에 대해서는 성능이 더 좋을 수 있는 정적합 상태이다. 대부분의 경우, 학습을 하는 초기 단계에는 부적합 상태이다가, 학습이 충분히 진행되면 정적합 상태가 되고, 지나치게 학습을 오래동안 시키면 과적합 상태가 된다. 이러한 학습 상황에서는 학습을 중단할 시점을 잘 결정해야 한다. 학습 중단 시점을 결정하기 위해 별도의 데이터를 사용하는데, 이들 데이터를 검증 데이터$^{validation\ data}$라고 한다.

분류기의 성능은 주어진 데이터 집합에 대해 아래 정의한 정확도^{accuracy}로 측정한다.

$$정확도 \ = \ \frac{맞게\ 분류한\ 데이터\ 개수}{전체\ 데이터\ 개수} \tag{4.1}$$

오류율$^{error\ rate}$는 정확도와 반대인 성능 척도로 다음 (식 4.2)와 같이 측정된다.

$$\text{오류율} = \frac{\text{잘못 분류한 데이터 개수}}{\text{전체 데이터 개수}} = 1 - \text{정확도} \tag{4.2}$$

학습이 진행됨에 따라 학습 데이터와 검증 데이터에 대한 오류율을 측정해 보면 일반적으로 [그림 4.5]와 같은 형태를 보인다. 학습을 진행하다보면 학습 데이터에 대한 오류율은 계속 줄어드는데, 검증 데이터에 대한 오류율은 줄어들다가 다시 증가한다. 검증 데이터는 학습 데이터와는 다른 별개의 데이터이기 때문에 실제 데이터라고 생각할 수 있다. 즉, 실제 데이터에 대해서 어느 시점에는 성능이 떨어진다. 학습을 계속 진행하다 보면, 과적합이 시작된다. 과적합을 피하려면, 학습 데이터를 사용하여 학습을 하면서 동시에 학습 데이터와 검증 데이터를 사용하여 학습된 분류기의 성능을 측정하여, 검증 데이터에 대한 오류율이 다시 커지는 시점에서 학습을 중단하는 전략을 사용한다. [그림 4.5]에서 '학습 중단 시점'의 이전 부분에서는 분류기가 부적합 상태라고 볼 수 있고, '학습 중단 시점'보다 시간이 경과할수록 과적합이 심해진다고 볼 수 있다.

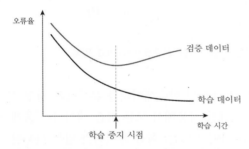

그림 4.5 **분류기 학습에서 검증 데이터의 용도.**
학습 데이터를 사용하여 학습을 반복 진행하다가, 검증 데이터에 대한 오류율이 줄어들다 증가하는 시점에 도달할 때 학습을 중단하면 과적합을 피할 수 있다.

2) 학습 데이터가 적은 경우의 성능평가

분류기의 성능이 좋아지려면 가능한 많은 데이터를 사용하여 학습해야 한다. 가용한 데이터가 충분하지 않다면, 일부 데이터라도 평가만을 위한 테스트 데이터로 사용하는 것은 아깝다. 이러한 경우에는 k겹 교차검증^{k-fold cross validation} 방법을 사용한다. k겹 교차검증은 전체 데이터를 k 등분한 다음, 그중 $k-1$개 등분을 학습 데이터로 사용하여 분류기를 학습하고, 나머지 한 등분을 테스트 데이터로 사용하여 분류기의 정확도를 평가한다. k개 등분으로 나누었을 때, 각 등분이 한번 씩 테스트 데이터 역할을 하도록 하여 분류기를 k번 만들고 각각의 정확도를 계산한다. 최종 분류기는 전체 데이터를 사용하여 학습하고, 최종 분류기에 대한 정확도는, 교차검증을 할 때 계산된 정확도 값들의 평균값으로 추정한다. [그림 4.6]은 4-겹 교차검증의 예를 보인 것이다.

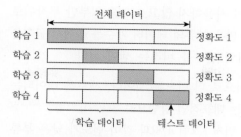

그림 4.6 **4겹 교차검증.**

전체 데이터를 네 등분하여, 색칠되지 않는 등분들을 학습 데이터로 사용하여 분류기를 만들고 색칠된 부분을 테스트 데이터로 하여 정확도를 계산하는 과정을 4번 수행한다. 최종적으로 전체 데이터를 사용하여 분류기를 만든다. 최종 분류기의 정확도는 미리 계산된 4개의 분류기의 정확도들의 평균으로 한다.

3) 불균형 데이터 문제

분류기를 학습할 때, 단순히 정확도 또는 오류율만 고려하는 것이 타당하지 않는 경우가 있다. [그림 4.7]과 같이 특정 부류에 속하는 학습 데이터의 개수가 다른 부류에 비하여 지나치게 많은 경우이다. 예를 들어, A 부류의 데이터가 전체의 99%를 차지한다고 하자. 어떤 분류기가 입력에 상관없이 무조건 A 부류를 출력한다고 해보자. 이때 이 분류기의 정확도는 99%이다. 이런 경우에는 정확도로 분류기 성능을 평가하는 것이 무의미하다. 위와 같이 학습 데이터의 부류 분포가 고르지 못해서 생기는 이러한 현상을 불균형 데이터 imbalanced data 문제라고 한다.

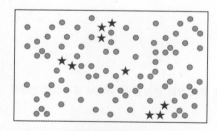

그림 4.7 **불균형 데이터의 예.**

원으로 표시된 데이터가 별표로 표시된 데이터에 비해 그 수가 월등이 많다.

불균형 데이터의 문제를 회피하기 위해 다음 세 가지 방법이 주로 사용된다.

첫째, 가중치를 고려하여 정확도를 측정하는 것이다. 즉, 빈도가 많은 데이터에는 작은 가중치를 부여하고, 빈도가 적은 데이터에는 큰 가중치를 부여한다. 빈도가 적은 데이터가 틀리면 더 많이 틀린 것처럼 간주하고, 반대의 경우에는 틀리더라도 조금 틀린 것처럼 보이도록 하는 것이다.

둘째, 빈도가 많은 부류의 학습 데이터를 그대로 사용하지 않고, 그 중 일부만 무작위로 표본추출^{sampling}해서 사용하는 것이다. 즉, 빈도가 많은 부류의 데이터 개수를 줄여서 균형을 맞추도록 하는 것이다. 이 경우는 학습 데이터의 일부를 버리는 셈이 된다.

셋째, 빈도가 적은 부류의 학습 데이터를 인공적으로 더 만드는 것이다. 새로운 데이터는 기존의 데이터를 사용하여 만든다. 이때 적용되는 대표적인 방법으로 SMOTE^{Synthetic Minority Over-sampling Technique} 알고리즘이다. SMOTE에서는 먼저 [그림 4.8]과 같이 빈도가 낮은 부류의 학습 데이터로부터 무작위로 데이터 x를 하나 선택한다. 그런 다음, 빈도가 낮은 부류의 학습 데이터로부터 x의 k-근접이웃^{k-NN, k-nearest neighbor}들을 찾는다. k-근접이웃은 기준으로부터 가장 가까운 데이터부터 k번째 가까운 것까지의 데이터를 의미한다. [그림 4.8]은 x의 3-근접이웃까지 선분으로 표시하고 있다. k-근접이웃들 중에서 무작위로 데이터 y를 선택한다. 그런 다음 x와 y를 연결한 선 위에서 무작위로 선택한 위치에 새로운 데이터 z를 생성한다. 새로운 데이터 z의 위치를 수식으로 나타내면 다음과 같다. 여기에서 δ는 무작위로 선택한 0과 1사이의 값이다.

$$z = x + \delta(y - x) \tag{4.3}$$

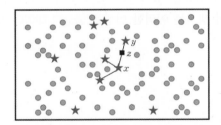

그림 4.8 **3-근접이웃을 사용하여 SMOTE를 적용한 예.**
데이터 x를 기준으로 한 3-근접이웃 중에서 y가 선택되었을 때, x와 y를 연결한 선 위에서 무작위로 선택한 점 z를 새로운 데이터로 생성한다.

4) 이진 분류기의 성능 평가

두 개의 부류만을 갖는 데이터에 대한 분류기를 이진 분류기^{binary classifier 二進分流機}라고 한다. 이진 분류기 중에는 출력이 하나의 실수로 주어지는 것들이 있다. 예를 들면, 로지스틱 회귀^{logistic regression} 모델은 실수값 하나를 출력하는데, 이 값은 입력으로 주어진 데이터가 관심 부류에 속할 확률을 나타낸다. 이러한 모델을 사용할 때는, 특정 임계값^{threshold} θ를 기준으로 출력값 y가 임계값 이상($y \geq \theta$)이면 첫 번째 부류라고 하고, 그렇지 않으면 ($y < \theta$) 두 번째 부류로 분류하게 된다. 임계값에 따라 분류기의 성능이 결정되기 때문에,

임계값을 잘 선택해야 한다. 이와 같은 이진 분류기가 여러 개 있을 때, 어떤 것이 더 나은 것인지 비교하기 위한 효과적인 방법이 필요하다. 각 이진 분류기에서 가장 좋은 성능을 주는 임계값을 찾아서, 이에 대한 성능을 비교할 수도 있다. 그러한 방법 대신에 전체적인 성능을 비교하는 방법도 있다. 대표적인 것으로 ROC 곡선^{Receiver Operating Characteristic curve}을 구하고, 이 곡선의 아래 부분의 면적인 AUC^{Area Under the Curve}가 있다.

ROC 곡선은 그래프로 그려지는데, 이 그래프를 그리기 위해서는 이진 분류기의 성능을 측정하는 민감도, 특이도, 양성 예측도, 음성 예측도 등의 개념을 이해해야 한다. 이진 분류 문제에서 부류를 양성^{positive}과 음성^{negative}으로 나타내도록 하자. 이진 분류기가 양성을 양성으로 판정하고 음성을 음성으로 판정할 수 있으면 가장 이상적이다. 분류기가 양성은 잘 분류하는데, 음성은 잘 분류하지 못할 수도 있고, 그 반대의 경우도 있다. 양성에 대한 분류 정확도, 음성에 대한 분류 정확도, 전체에 대한 정확도 등을 측정하는 측도가 있다. [표 4.2]는 이진 분류기의 참값에 대한 예측값의 조합을 보여주는 혼동행렬^{confusion matrix,} ^{混同行列} 또는 분할표^{contingency table, 分割表}라는 집계표이다.

표 4.2 이진 분류기의 혼동행렬

		예 측	
		양성	음성
실 제	양성	진양성(True Positive) TP	위음성(False Negative) FN
	음성	위양성(False Positive) FP	진음성(True Negative) TN

이 혼동행렬의 정보를 이용하여 이진 분류기의 성능을 평가하는 몇 가지 측도가 정의된다. 실제 양성인 것들 중에서 분류기가 양성으로 판정한 것의 비율을 진양성율^{true positive rate,} ^{眞陽性率}, 민감도^{sensitivity, 敏感度}, 또는 재현율^{recall, 再現率}이라고 한다.

$$민감도 = \frac{TP}{TP+FN} \tag{4.4}$$

의학이나 생물학에서는 민감도이란 용어를 주로 사용하고, 정보검색에서는 재현율을 주로 사용한다. 이진 분류기는 진단 등에서 많이 사용하기 때문에 여기에서는 편의상 민감도라고 하자.

실제 음성인 것들 중에서 분류기가 음성으로 판정한 것의 비율을 진음성율^{true negative rate,} ^{眞陰性率} 또는 특이도^{specificity, 特異度}라고 한다.

$$특이도 = \frac{TN}{FP+TN} \qquad\qquad (4.5)$$

분류기가 양성으로 판정한 것들 중에서 실제 양성인 것의 비율을 양성 예측도^{true predictive} value 또는 정밀도^{precision}이라고 한다.

$$정밀도 = \frac{TP}{TP+FP} \qquad\qquad (4.6)$$

분류기가 음성으로 판정한 것들 중에서 실제 음성인 것의 비율을 음성 예측도^{true negative} rate라고 한다.

$$음성 예측도 = \frac{TN}{TN+FN} \qquad\qquad (4.7)$$

실제 음성인 것들 중에서 분류기가 양성으로 판단한 것의 비율을 위양성율^{false positive rate,} 僞陽性率라고 한다.

$$위양성율 = \frac{FP}{FP+TN} = 1 - 특이도 \qquad\qquad (4.8)$$

분류기가 양성으로 예측한 것들 중에서 실제로 음성인 것의 비율을 위발견율^{false discovery} rate, FDR이라 한다.

$$위발견율 = \frac{FP}{TP+FP} = 1 - 정밀도 \qquad\qquad (4.9)$$

이진 분류기의 정확도^{accuracy}는 전체 중에서 옳게 분류한 것들의 비가 된다.

$$정확도 = \frac{TP+TN}{TP+FP+TN+FN} \qquad\qquad (4.10)$$

정밀도와 재현율^{민감도}를 결합한 측도로 다음과 같이 정의한 F1 측도^{F1 measure}가 있다.

$$F1 = 2\frac{(정밀도) \cdot (재현율)}{(정밀도)+(재현율)} \qquad\qquad (4.11)$$

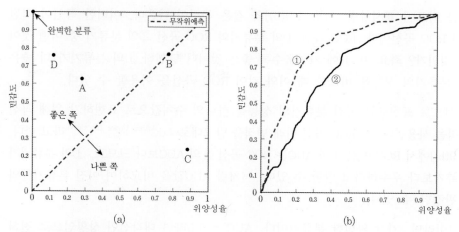

그림 4.9 ROC 곡선.

x-축은 위양성율을 나타내고 y-축은 민감도를 나타낸다. 임계값을 가장 작은 값부터 키우면서 계산한 (위양성율, 민감도)를 좌표로 표시한 것이다.

ROC 곡선은 [그림 4.9]와 같이 임계값 θ를 바꿔가면서 위양성율과 민감도를 평면상의 좌표로 표시한 그래프이다. 이진 분류기는 민감도 값이 클수록 좋고 위양성율 값은 작을수록 좋다. 가장 이상적인 분류기는 (위양성율 = 0, 민감도 = 1)인 것이다. ROC 곡선에서 x-축은 위양성율을 나타내고 y-축은 민감도를 나타낸다. 이진 분류기의 출력값을 지정한 임계값과 비교하여 입력 데이터를 양성 또는 음성으로 판정하면, 해당 임계값에 대한 민감도와 위양성율을 (식 4.4)와 (식 4.8)을 이용하여 계산할 수 있다. (위양성율, 민감도)의 쌍은 [그림 4.9(a)]의 A, B, C, D와 같은 좌표값으로 표현할 수 있다.

ROC 곡선 그래프에서 좌표 (0, 1)은 위양성율이 0이면서 민감도가 1이므로 가장 이상적인 분류기의 성능을 나타낸다. 반면 좌표 (1,0)은 위양성율이 1이고 민감도가 0이기 때문에 최악인 분류기에 해당한다. 좌표 (0,1)에 가까울수록 좋고, 좌표 (1,0)으로부터는 멀수록 분류기의 성능이 좋은 것이다. 그래서 [그림 4.9(a)]에서 A보다는 D가 좋은 것이고, B보다는 C가 나쁜 것이다.

분류기가 입력에 상관없이 일정 범위의 값을 무작위로 출력한다고 하자. 이러한 분류기는 임계값을 가장 작은 값부터 키워감에 따라 좌표 (0,0)에서 (1,1)로 이동하는 특성을 보이게 된다. 즉, ROC 곡선 그래프에서 대각선을 그리는 특성을 보이게 된다. 한편, 어떤 분류기의 ROC 곡선이 이 대각선 아래쪽에 위치한다면, 전혀 학습하지 않고 무작위로 하는 것보다 못하다는 의미이다.

이진 분류기에 임계값을 가장 작은 값부터 점진적으로 증가시키면서, 이에 대한 (위양성율,

민감도)를 좌표에 표시하면 [그림 4.9(b)]와 같은 곡선이 나온다. 이러한 곡선이 이진 분류기의 ROC 곡선이다. ROC 곡선 ①의 분류기와 ROC 곡선 ②의 분류기 중 어떤 것이 더 좋은 것인가? 좌표 (0, 1)에 가까울수록 좋은 것이니 당연히 ①의 분류기가 더 좋은 것이다. 분류기의 성능을 비교할 때 이와 같이 ROC 곡선을 이용할 수 있다.

ROC 곡선으로 표현되는 이진 분류기의 성능을 하나의 수치값으로 표현하기 위해 곡선 아래 면적을 사용한다. 이 ROC 곡선 아래 면적을 말그대로 AUC^Area Under the Curve라고 한다. [그림 4.9(b)]에서 ROC 곡선 ①의 AUC는 ROC 곡선 ②의 AUC보다 크므로, ①의 분류기가 ②의 분류기보다 우수하다고 말할 수 있다. 이처럼 AUC값을 비교하여 이진 분류기들의 우열을 판정할 수 있다.

AUC = 1이라면, 가장 완벽한 분류기이다. AUC = 0.5라면 대각선인 상황임으로 전혀 쓸모가 없는 것이고, 0.5 < AUC ≤ 0.7라면 약간 정확인 것이고, 0.7 < AUC ≤ 0.9는 중간 정도 정확한 것이고, 0.9 < AUC < 1라면 매우 정확한 것이라 할 수 있다.

4.3.2 회귀

회귀^regression, 回歸 문제는 출력값이 실수인 함수를 찾는 지도 학습 문제이다. 예를 들어, 주행거리에 따른 중고 자동차의 판매 가격 데이터가 있다고 하자. 학습 데이터에 없는 주행거리에 대한 판매 가격을 알고 싶다면 어떻게 할까. 회귀는 이러한 문제를 해결하기 위해 학습 데이터를 가장 잘 근사^approximation, 近似하는 함수를 찾고, 이 함수를 이용하여 주어진 입력에 대한 예측값을 결정한다.

[그림 4.10]은 학습데이터 $\{(x_1, y_1), (x_2, y_2), \cdots, (x_n, y_n)\}$에 근사하는 1차식으로 표현되는 선형 함수^linear function를 찾는 회귀 문제의 예이다. 입력 x_i에 대한 학습 데이터의 값 y_i와 회귀 함수의 계산 값 $f(x_i)$의 차이를 최소로 하도록 회귀 함수를 선택한다. 실제값 y_i와 예측값 $f(x_i)$간의 오차가 최소화되도록 하기 위해 오차의 제곱합을 목적함수로 사용한다면, 최적의 회귀 함수 $f^*(x)$는 다음과 같이 정의된다.

$$f^*(x) = \mathrm{argmin}_f \sum_{i=1}^{n} (y_i - f(x_i))^2 \tag{4.12}$$

(식 4.12)에서 argmin_f 는 목적함수 $\sum_{i=1}^{n} (y_i - f(x_i))^2$ 을 최소로 하는 f를 선택한다는 의미이다.

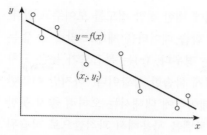

그림 4.10 회귀.
학습 데이터가 $\{(x_1, y_1), (x_2, y_2), \cdots, (x_n, y_n)\}$ 과 같이 주어질 때 이들 위치를 가장 잘 근사하는 함수 $y = f(x)$ 를 찾는 것이 회귀이다. 동그라미는 학습 데이터이고, 직선은 이 점들을 선형 회귀하는 함수를 나타낸다.

회귀 함수로는 일차식, 다항식, 가우스 함수의 선형결합식 등 여러 형태를 사용할 수 있다. 어떤 함수를 사용하는가에 따라 목적함수에 대한 오차를 줄일 수 있는 정도가 결정된다. [그림 4.11]에서 (a)는 1차 함수식을 사용하는 경우이고, (b)는 고차 함수를 사용한 경우이다. 그림에서 보는 것처럼 (a)와 같이 복잡도가 낮은 함수보다는 (b)와 같이 복잡도가 높은 함수를 사용할 때 학습데이터에 오차를 줄일 수 있고 복잡한 형태의 함수를 만들 수 있다. 그렇다고 복잡도가 높은 함수가 항상 좋은 것은 아니다. 적당한 복잡도의 함수를 사용하여 회귀를 하는 것이 바람직하다.

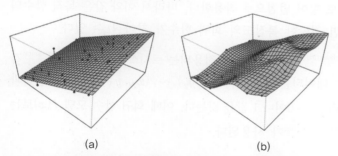

(a)   (b)

그림 4.11 모델 복잡도. (a) 복잡도가 낮은 모델 (b) 복잡도가 높은 모델

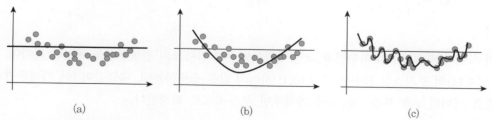

(a)   (b)   (c)

그림 4.12 모델 복잡도와 적합 정도.
(a) 단순한 모델로 인한 부적합 (b) 적당한 모델을 통한 정적합 (c) 복잡한 모델로 인한 과적합

[그림 4.12]는 함수 모델의 복잡도에 따른 학습 데이터에 대한 적합 정도를 보여주고 있다. (a)는 함수가 상수로 표현되는 경우로 점으로 표현된 학습 데이터를 제대로 맞출 수 없는 상황으로, 함수 모델이 너무 단순해서 부적합이 되는 경우다. (c)는 복잡도가 높은 고차 함수를 사용하여 학습 데이터에 대한 오차를 거의 없게 학습한 상황이다. 하지만 이러한 모델은, 학습 데이터에 오차를 포함되었다면, 실제 데이터에 대해서는 오히려 좋지 못한 예측을 할 수도 있다. 즉, 복잡도가 너무 높은 함수 모델을 사용해서 과적합으로 학습된 상태이다. (b)는 비록 오차는 있지만 비교적 학습 데이터를 잘 근사하는 경우로 볼 수 있는 정적합 상태이다. 따라서 회귀를 할 때는 적당한 복잡도의 함수를 사용하는 것이 중요하다. 모델 복잡도를 높이지 않으면서 오차를 줄이는 회귀 모델을 찾기 위해, 목적함수를 다음과 같이 오차 항과 모델 복잡도 항으로 정의하기도 한다.

$$목적함수 = (오차\ 항) + \alpha(모델\ 복잡도\ 항) \tag{4.13}$$

여기에서 오차 항은 차이의 제곱 합 $\sum_{i=1}^{n}(y_i - f(x_i))^2$ 이나 차이의 절대값 합 $\sum_{i=1}^{n}|y_i - f(x_i)|$ 이 될 수 있고, α는 오차 항과 모델 복잡도 항의 상대적인 중요도를 결정하는 파라미터이다. 이 목적함수에서 모델 복잡도 항이 벌점penalty으로 작용한다. 모델 복잡도가 올라가면 오차를 줄일 수 있지만, 모델 복잡도 항이 벌점으로 작용한다. 따라서 이와 같은 목적 함수의 값을 최소화하도록 학습시키면 적당한 복잡도의 회귀 함수가 찾아질 수 있다.

회귀 기법 중에 이진분류binary classification 문제에 대해 적용되는 로지스틱 회귀logistic regression가 있다. 로지스틱 회귀에서 학습 데이터는 $\{(x_1, y_1), (x_2, y_2), \cdots, (x_N, y_N)\}$과 같이 입력과 출력의 쌍으로 구성되는데, 출력 y_i는 0이나 1 값을 갖는다. 이때 회귀 함수 모델 $f(x)$로는 다음과 같은 로지스틱 함수logistic function가 사용된다.

$$f(x) = \frac{1}{1 + e^{-\theta^\top x}} \tag{4.14}$$

위 식에서 지수함수의 지수인 $\theta^\top x$는 파라미터 θ와 입력 x의 선형결합을 표현한 것이다. (식 4.14)의 로지스틱 함수는 구간 (0,1) 사이의 값을 출력하는데, 출력값이 1에 가까우면 입력 데이터 x를 부류 1로, 0에 가까우면 부류 0으로 판정한다.

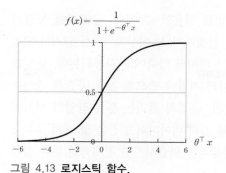

$$f(x) = \frac{1}{1 + e^{-\theta^\top x}}$$

그림 4.13 **로지스틱 함수**.

로지스틱 회귀 모델의 학습에서 다음 목적 함수 $J(\boldsymbol{\theta})$를 사용한다.

$$J(\boldsymbol{\theta}) = -\frac{1}{N}\sum_{i=1}\big(y_i \log f(\boldsymbol{x}_i) + (1 - y_i)\log(1 - f(\boldsymbol{x}_i))\big) \tag{4.15}$$

(식 4.15)와 같은 식을 교차 엔트로피$^{\text{cross entropy}}$라고 한다. 이 식은 y_i와 $f(\boldsymbol{x}_i)$의 분포가 비슷할수록 작은 값을 갖게 된다. 학습에서는 $J(\boldsymbol{\theta})$를 최소화시키는 로지스틱 모델의 파라미터 $\boldsymbol{\theta}$를 찾기 위해 경사 하강법$^{\text{gradient descent method}}$을 사용한다. 로지스틱 회귀는 회귀 모델에 속하기는 하지만 주로 이진 분류 문제에 적용된다.

4.3.3 군집화

군집화$^{\text{clustering, 群集化}}$는 [그림 4.14]와 같이 유사성에 따라 데이터를 군집으로 나누는 것을 말한다. 동일한 군집에 속하는 데이터는 서로 비슷하지만, 다른 군집에 속하는 데이터는 서로 차이가 많아지도록 군집을 나누는 것이 바람직하다. 군집을 구성할 때, 하나의 데이터가 하나의 군집에만 속하도록 하는 일반 군집화$^{\text{hard clustering}}$ 방법이나, 데이터가 여러 군집에 부분적으로 속하도록 할 수 있는 퍼지 군집화$^{\text{fuzzy clustering}}$ 방법을 사용할 수 있다. 퍼지 군집화 결과에서 각 데이터가 군집들에 소속하는 정도 값들의 합은 1이다.

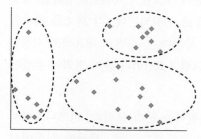

그림 4.14 **군집화**.
유사한 것을 군집으로 분할하는데, 군집 내의 데이터들은 서로 유사하고, 군집이 다르면 데이터 간의 차이를 크게 한다.

데이터에 내재된 구조를 확인하기 위해 군집화 기법을 적용할 수 있다. 군집화를 통해서 데이터 전반에 대한 구조를 통찰할 수 있고, 가설을 설정하거나, 이상치^{異常値}를 감지하거나, 두드러진 특징을 식별할 수도 있다. 군집화의 결과는 데이터 압축에도 사용되는데, 동일한 군집에 속하는 것을 같은 값으로 표현함으로써 데이터 저장에 필요한 저장 공간을 줄이는 것이 군집화를 통한 압축의 기본 아이디어이다. 한편, 군집화 결과는 분류 작업의 전처리 과정에 사용될 수 있다. 입력 데이터를 군집화를 통해 일력 데이터의 공간을 몇 개의 부분공간^{subspace}으로 나눈 다음, 각 부분공간별로 별도의 분류기를 학습시키면 전체적인 분류 정확도가 향상될 수도 있다.

그림 4.15 정지영상을 비슷한 것끼리 군집화한 예.

[그림 4.15]는 정지영상들을 내용이 유사한 끼리 군집화한 예이다. 이런 영상을 군집화할 때는 영상에서 특징들을 추출하고, 이들 값을 군집화한다. [그림 4.16]은 군집화를 영상 분할$^{image\ segmentation}$에 적용한 예이다. 영상은 화소^{pixel}들로 구성되는데, 각 화소를 하나의 데이터로 간주하여 화소값이 유사한 것들끼리 군집으로 묶는다. 군집별로 대표색을 지정하고 각 화소의 값을 해당 군집의 대표색으로 대체하면 [그림 4.16(b)]와 같이 영역이 분할된 결과가 얻어진다.

군집화는 영상 분할뿐만 아니라, 문서들을 주제별로 분할하는 문서 군집화, 비즈니스에서 고객들을 특성에 따라 집단으로 나누는 고객 세분화$^{customer\ segmentation}$, 생물학 실험에서 특이한 소군집$^{subcluster,\ 小群集}$을 찾는 분석과 같이 다양한 분야에서 사용되고 있다.

(a)   (b)

그림 4.16 **군집화에 의한 영상 분할.**
(a) 원본 영상 (b) 군집화에 의한 영상분할 결과

4.3.4 밀도 추정

부류별 확률적 특성을 이용하여 분류를 하는 방법이 있다. 이 방법은 각 부류별로 해당 부류의 데이터를 잘 생성할 수 있는 확률분포를 만든 다음, 각 확률분포에 대한 테스트 데이터의 확률을 계산해서, 가장 큰 확률을 주는 확률분포의 부류를 선택한다. 이를 위해서는 부류별로 해당 학습 데이터를 발생시키는 확률분포를 찾아야 한다. 이러한 작업을 밀도 추정^{density} ^{estimation}이라고 한다. [그림 4.17]은 밀도 추정의 예이다. $x_1 - x_2$ 평면상에 점들이 분포되어 있는데, 이러한 점들을 생성할 수 있는 확률분포가 산^山 모양 두 개로 표현되어 있다.

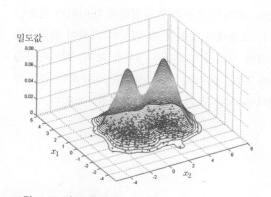

그림 4.17 **밀도 추정.**
$x_1 - x_2$ 평면상의 점들의 분포를 생성할 수 있는 확률분포의 밀도 함수를 보인 것이다.

밀도 추정에는 모수적parametric, 母數的 밀도 추정과 비모수적nonparametric, 非母數的 밀도 추정이 있다. 모수적 밀도 추정에서는 추정하고자 하는 분포가 특정 함수로 표현될 수 있다고 가정하고, 학습 데이터를 가장 잘 반영하는 형태가 되도록 함수의 파라미터parameter,모수를 결정한다. 이때 주로 사용되는 함수는 가우시안Gaussian 함수인데, 경우에 따라 여러 개의 가우시안 함수를 혼합하여 분포를 표현한다. 확률분포를 여러 개의 가우시안 분포를 사용하여 표현한 것을 혼합 가우시안 모델Gaussian Mixture Model(GMM) 또는 Mixture of Gaussians(MoG)이라고 한다.

비모수적 밀도 추정 방법은 분포를 나타낼 함수를 가정하지 않고, 주어진 데이터들을 사용하여 분포를 표현한다. 대표적인 비모수적 밀도 추정 방법으로 히스토그램histogram이 있다. 히스토그램은 주어진 데이터가 가지는 값의 범위를 일정 구간으로 나누고, 각 구간에 존재하는 데이터의 비율을 막대 그래프bar graph로 표현한다. 한편, 막대 그래프와 같이 불연속적인 히스토그램 대신에, 곡선이나 곡면 형태의 연속적인 분포를 표현하도록 히스토그램을 부드럽게 변환하여 나타내는 파젠 윈도우Parzen Window 밀도추정 방법도 있다.

4.3.5 차원축소

차원축소dimension reduction, 次元縮小는 고차원의 데이터를 정보의 손실을 최소화하면서 저차원으로 변환하는 것을 말한다. 데이터는 여러 속성으로 구성되는데, 각 속성을 하나의 차원으로 대응시켜 볼 수 있다. 2, 3차원의 데이터는 시각적으로 표현할 수 있지만, 4차원 이상으로 차원이 증가하면 데이터를 직관적으로 표현하기 어렵다.

또한, 차원이 커지면 차원의 저주curse of dimensionality라는 문제를 만나게 된다. 차원의 저주는 여러 가지 현상으로 나타나는데 그중 하나는 차원이 커질수록 데이터간 거리가 유사해지는 경향을 보이는 것이다. [그림 4.18]은 2, 4, 20, 50차원의 공간에 균일하게 데이터가 분포할 때 데이터들 간의 거리 분포를 나타낸 것이다. 그림에서 확인할 수 있듯이 차원이 커질수록 거리분포가 좁아지는 경향을 보인다. 즉, 거리가 서로 일정해지는 경향을 보여, 데이터들을 거리에 따라 처리하고 분석하는 것이 곤란해 진다. 따라서 거리 정보를 이용하는 분류와 군집화 등의 기계학습 방법은 고차원 데이터에 적용될 때 성능이 떨어질 수 있다.

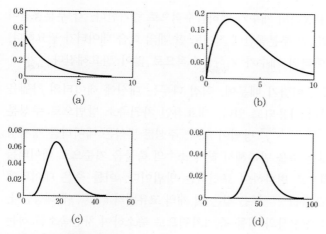

그림 4.18 **차원의 저주.**

그림의 x-축은 데이터 간의 거리, y-축은 상대적인 빈도를 나타낸다. 차원이 증가하면 데이터간의 거리가 유사해지는 경향을 보이다. (a) 2차원의 경우 (b) 4차원의 경우 (c) 20차원의 경우 (d) 50차원의 경우.

차원의 저주의 또 다른 현상은 차원이 커질수록 학습에 필요한 데이터가 기하급수적으로 증가한다는 것이다. 분류 문제는 데이터가 어떤 부류에 속할지 결정하는 것으로, 결국은 데이터 공간의 각 부분공간이 어떤 부류에 속하는지 결정하는 것이다. 이러한 결정을 위해서는 각 부분공간에 적어도 하나의 학습 데이터가 있어야 한다.

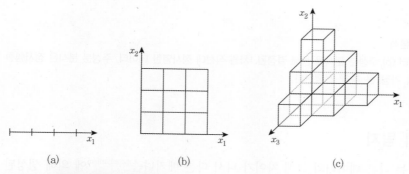

그림 4.19 **차원에 따른 부분공간의 개수.**

(a) 1차원 (b) 2차원 (c) 3차원. 차원이 증가함에 따라 부분공간의 개수가 기하급수적으로 증가하고, 이에 따라 학습 데이터의 개수도 기하급수적으로 증가한다.

[그림 4.19]는 1, 2, 3차원 공간에서 각 차원을 일정크기 구간으로 분할하여 구성한 부분공간을 보여준다. 1차원 공간이 n개의 구간으로 나누어진다면, 2차원 공간은 n^2개의 사각형 부분공간으로 나누어지고, 3차원 공간은 n^3개의 입체 공간으로 나누어진다. d차원이 되면

n^d개의 부분공간이 만들어져 부분공간의 개수가 기하급수적으로 증가한다. 각 부분공간이 어떤 부류에 속하는지 판단하려면, 각 부분공간에 적어도 한 개의 학습 데이터가 필요하다. 결국 차원이 높아지면 학습 데이터의 개수가 기하급수적으로 많이 필요해진다.

고차원 데이터는 직관적인 통찰이 어렵기 때문에, 직접 다루는 대신에 데이터의 차원을 축소하여 사용하는 방법들이 널리 사용되고 있다. 대표적인 차원축소 방법으로 주성분 분석$^{\text{Principle Component Analysis, PCA, 부록 B.2.3 참고}}$ 방법이 있다. 주성분 분석은 데이터를 정사영^{projection}시킬 때 가장 큰 분산을 갖는 축을 반복해서 찾아 소수의 축들을 기준으로 데이터를 표현함으로써, 데이터를 저차원으로 변환하여 표현하는 방법이다. 이들 축은 데이터에 대한 공분산^{covariance} 행렬에서 큰 고유값^{eigenvalue}을 갖는 몇 개의 고유벡터^{eigenvector}에 해당한다. [그림 4.20]은 2차원 데이터들을 직선상의 점들 즉, 1차원으로 축소하여 차원축소를 하는 예를 보인 것이다. 각 데이터는 해당 직선에 수직으로 정사영하여 직선상에서의 위치로 표현된다.

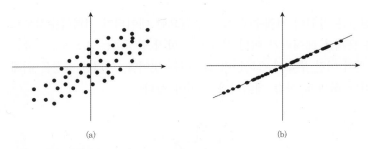

그림 4.20 주성분 분석.
(a) 2차원 상의 데이터 (b) 주성분 분석을 통해 결정된 1차원 직선에 정사영한 데이터. 주성분 분석은 정사영한 후의 데이터 분산이 가장 큰 축을 선택한다.

4.3.6 이상치 탐지

이상치$^{\text{outlier, 異狀値}}$는 다른 데이터와 크게 차이가 나서 다른 메커니즘^{meachanism}에 의해 생성된 것이 아닌지 의심스러운 데이터를 말한다(Hawkins 1980). 이상치는 잡음 데이터$^{\text{noise data}}$와 는 다르다. 잡음은 관측을 잘못 하거나, 시스템에서 발생하는 무작위적 오류$^{\text{random error}}$ 등에 의해 발생하는 것이다. 잡음은 관심이 없는 제거할 대상이지만, 이상치는 관심 대상이다. 이상치 감지는 신규성 감지$^{\text{novelty detection}}$와 관련된 개념으로, 두 용어를 같은 의미로 사용하기도 한다.

이상치는 점^{點} 이상치, 상황적^{狀況的} 이상치, 집단적^{集團的} 이상치로 구분할 수 있다. 점 이상치

point outlier는 [그림 4.21(a)]의 예와 같이 다른 데이터와 비교하여 큰 차이를 보이는 데이터를 말한다.

상황적 이상치$^{\text{contextual outlier}}$는 상황에 따라 정상일 수도 있고 비정상일 수도 있는 데이터에서, 해당 시점의 상황에 맞지 않는 데이터를 말한다. 예를 들어, 여름에 30℃인 기온 데이터는 정상이지만, 한 겨울에 30℃인 것은 이상치이다.

집단적 이상치$^{\text{collective outlier}}$는 [그림 4.21(b)]와 같이 개별 데이터는 정상처럼 보이지만 여러 데이터를 모아서 보면 비정상으로 보이는 데이터 집단을 말한다. 네트워크 트래픽 데이터에서 특정 웹서버에 대한 서비스 요청 메시지 각각은 정상이지만, 짧은 시간에 갑작스럽게 급증한 서비스 요청 메시지들은 서비스 거부 공격$^{\text{denial-of-service attack, DOS attack}}$일 수 있다. 다음과 같은 서버 사용 로그에서 각각의 사용 내용은 정상일 수 있지만, 밑줄 친 부분은 ssh$^{\text{secure shell}}$로 접속하여 버퍼 오버플로우$^{\text{buffer-overflow}}$를 일으키고 나서 ftp로 파일 전송을 하기 때문에 공격 시도로 볼 수 있는 집단적 이상치이다.

… http-web, buffer-overflow, http-web, http-web, smtp-mail, ftp, http-web, ssh, smtp-mail, http-web, <u>ssh, buffer-overflow, ftp</u>, http-web, ftp, smtp-mail, http-web …

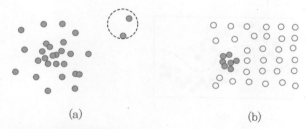

(a)   (b)

그림 4.21 **이상치의 종류.**
(a) 점 이상치(큰 원에 포함된 데이터) (b) 집단적 이상치(음영으로 표시된 데이터)

이상치 검출을 위해 다양한 기계학습 방법들이 사용되고 있다. 데이터가 정상과 비정상에 대한 라벨을 가지고 있다면, 지도 학습 방법을 사용하여 분류기를 학습한 다음에, 분류기를 데이터의 이상 판정에 사용할 수 있다. 데이터에 정상과 비정상에 대한 라벨이 전혀 없다면, 군집화를 하여 군집에서 멀리 떨어져 있는 것들을 이상치로 판정한다. 일부 데이터에 정상과 비정상 라벨이 있고, 나머지에는 이러한 라벨이 없는 경우라면 반지도 학습 방법을 사용하여 분류기를 학습하고 이상치 판정을 할 수 있다.

이상치 검출 기법은 다양한 분야에서 이용되고 있다. 신용카드 회사는 고객의 사용패턴을 추적하여 이상한 거래 승인 요청 시에 카드 소유자에게 자동으로 경고 메시지를 보내는 부정사용 감지 시스템^{fraud detection system, FDS}을 이미 운용하고 있다. 네트워크 트래픽을 관찰하여 이상 접근을 식별하는 침입탐지 시스템^{intrusion detection system, IDS}의 작업은 전형적인 이상치 검출 작업이다. 이외에도 시스템의 고장 진단, 임상에서 질환 진단 및 모니터링, 공공보건에서 유행병의 탐지, 스포츠 통계학에서 특이 사건 감지, 관측 오류의 감지와 같은 분야에서 이상치 검출 기법을 사용하고 있다.

4.3.7 반지도 학습

입력에 대한 출력값이 있는 학습 데이터와 출력값이 없는 학습 데이터를 함께 사용하는 기계학습 방법을 반지도 학습^{semi-supervised learning, 준지도 학습}이라고 한다. [그림 4.22(a)]의 두 데이터가 있는 분류 문제에서 '동그라미' 데이터와 '점' 데이터를 분류하는 가장 좋은 분류기의 결정 경계는 점선으로 표현되는 것이다. 그런데 [그림 4.22(b)]와 같이 회색으로 표현된 출력 정보가 없는 데이터들이 함께 주어진다면, 점선으로 표현된 분류 결정 경계를 사용하는 것이 바람직할 수도 있다.

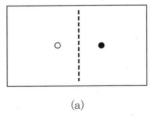
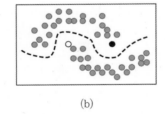

(a) (b)

그림 4.22 **반지도 학습.**

[그림 4.22(b)]와 같은 분류 결정 경계를 선택하기 위해서는 다음과 같은 가정이 필요하다. 분류 경계를 결정할 때는 인접한 데이터들이 동일한 부류에 소속하도록 하는 평활성^{smoothness, 平滑性} 가정을 한다. 군집화를 한 결과에서, 같은 군집에 속하는 것들은 가능하면 동일한 부류에 소속하게 만드는 군집^{群集} 가정을 한다. 또는 고차원 데이터라면 낮은 차원의 다양체^{manifold, 국소적으로 유클리드 공간과 닮은 도형} 상에 데이터가 분포하도록 하는 다양체^{多樣體} 가정을 한다.

출력값이 있는 학습 데이터를 수집하는 것은 비용이 많이 들 수 있지만, 센서 등을 통해 입력만 있는 학습 데이터를 수집하는 것은 저렴하게 할 수 있다. [그림 4.22(b)]와 같이 반지도 학습 알고리즘을 사용하면, 입력과 출력 정보가 있는 학습 데이터와 출력 정보가 없는 학습 데이터를 함께 사용하여 개선된 성능의 분류기를 만들 수 있다.

4.4 결정 트리

학습 데이터로부터 규칙 형태의 지식을 추출하는 방법으로 결정 트리^{decision tree} 학습이 있다. 여기에서는 결정트리의 형태에 대해 알아보고, 대표적인 결정 트리 학습 알고리즘들에 대해서 살펴본다.

4.4.1 결정 트리의 형태

결정 트리는 판단, 분류를 위한 지식을 트리 형태로 나타낸 것을 말한다. [그림 4.23]은 [표 4.1]의 PlayTennis 데이터를 분석하여 어떤 날씨에 테니스를 치는지에 대한 판단 지식을 결정 트리로 나타낸 것이다. 결정 트리의 내부 노드^{internal node}는 판단을 위한 조건을 나타내는데, 그림에서 Outlook 노드는 Outlook = $Sunny$ 이면 맨 왼쪽 가지^{branch}로, Outlook = $Overcast$이면 가운데 가지로, Outlook = $Rain$ 이면 오른쪽 가지로 내려가라는 판단을 하게 한다. 결정 트리에서 단말 노드^{leaf node, terminal node}는 판단 또는 부류 정보를 나타낸다. 예를 들면, 그림에서 Outlook이 $Sunny$ 이고, Humidity가 $Normal$이면, Yes라는 판단을 한다. 결정 트리에서 루트 노드로부터 단말 노드까지의 경로는 하나의 판단 규칙을 나타낸다. [그림 4.23]에서 루트 노드로부터 맨 왼쪽 단말 노드로의 경로는 다음 규칙을 나타낸다.

If Outlook = $Sunny$ AND Humidity = $High$, Then PlayTennis = No.

단말 노드를 여러 개 가지고 있는 결정 트리는 단말 노드 개수 만큼의 규칙을 한꺼번에 표현한다.

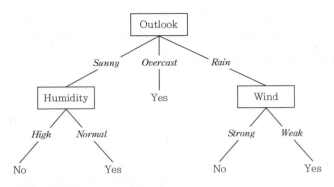

그림 4.23 **결정 트리의 예.**

PlayTennis 데이터와 같이 입력과 출력 정보가 있는 데이터로부터 결정 트리를 만들면, 이 결정 트리는 새로운 데이터에 대한 출력값을 예측하는 분류기로 사용할 수 있다. 예를 들면, '흐리고 포근하고 습도는 높고 바람이 센 날'에 테니스를 칠 것인지 판단할 수 있다. 이 경우는 결정 트리에서 'Outlook = *Overcast*'인 상황이므로 Yes로 판정한다.

4.4.2 결정 트리 학습 알고리즘

입력과 출력 정보가 있는 학습 데이터로부터 결정 트리를 생성하는 알고리즘으로 퀸란[Ross Quinlan, 1943生]이 개발한 ID3[Iterative Dichotomiser 3]과 C4.5 등이 있다. ID3 알고리즘은 범주형 속성값만을 갖는 학습 데이터로부터 엔트로피[entropy] 개념을 사용하여 결정 트리를 만들어 낸다.

ID3와 같은 결정트리 학습 알고리즘은 모든 데이터를 포함하는 하나의 노드에서 시작해 노드를 반복적으로 분할하는 과정을 통해 결정 트리를 만든다. 노드 분할 단계에서 노드를 분할할 기준이 될 분할 속성[splitting attribute]을 선택하고, 속성값별로 자식 노드를 만들고 데이터들을 해당하는 자식 노드에 나누어 넣는다.

분할 속성을 결정할 때 어떤 속성을 선택하는 것이 효율적인가를 고려해야 한다. 속성값별로 분할할 때, 분할된 각 데이터 집합이 가능하면 동일한 부류가 되게 하는 속성을 선택하는 것이 바람직하다. 데이터 집합의 동질적인[homogeneous] 정도를 측정하는 측도로 엔트로피를 사용한다. 엔트로피 I 는 다음과 같이 정의되는데, 여기에서 $p(c)$는 주어진 데이터 집합에서 부류 c에 속하는 데이터의 비율을 나타낸다.

$$I = -\sum_{c \in C} p(c) \log_2 p(c) \tag{4.16}$$

엔트로피는 원래 정보량^{amount of information}을 측정하기 위해 개발된 것인데, 어떤 집단에 각 부류의 데이터들이 균등한 비율로 섞여 있을수록 엔트로피가 커지는 특성이 있다.

[그림 4.24]는 부류의 섞인 정도에 따른 엔트로피의 분포를 보인 것이다. (a)는 두 개 부류가 있는 경우의 비율에 따른 엔트로피를 보인 것인데, 비율이 0.5일 때 즉, 가장 균등하게 섞여있을 때 엔트로피가 가장 크다. (b)는 세 개 부류가 있는 경우로, 부류별 데이터 비율이 (1/3,1/3,1/3)로 균등할 때 엔트로피가 가장 크다.

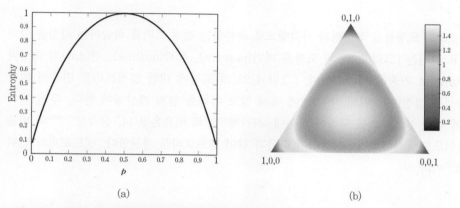

그림 4.24 **부류의 섞인 정도에 따른 엔트로피의 분포.**
(a) 2개 부류에 대한 분포 (b) 3개 부류에 대한 분포.

ID3 알고리즘은 분할 속성을 결정할 때 엔트로피를 이용하여 계산되는 정보 이득^{information gain}을 사용한다. 정보이득 IG는 전체 데이터 집합의 엔트로피 I에서 특정 속성으로 분할한 이후의 각 부분집합의 엔트로피의 가중평균 I_{res}을 뺀 값으로 다음과 같이 정의된다.

$$IG = I - I_{res} \tag{4.17}$$

$$I_{res} = -\sum_v p(v)\sum_c p(c|v)\log_2 p(c|v) \tag{4.18}$$

$$IG = -\sum_c p(c)\log_2 p(c) + \sum_v p(v)\sum_c p(c|v)\log_2 p(c|v) \tag{4.19}$$

여기에서 $p(v)$는 분할 속성의 값이 v인 데이터의 비율을 나타내고, $p(c|v)$는 분할 속성의 값이 v인 데이터 중에서 부류 c에 속하는 데이터의 비율을 나타낸다. 정보 이득이 클수록 분할 속성으로서 바람직한 것이다. 결정 트리 알고리즘은 정보 이득이 가장 큰 속성을 분할 속성으로 사용한다.

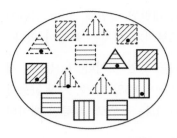

그림 4.25 **여러 가지 형태의 삼각형과 사각형 데이터의 예.**

[그림 4.25]의 도형들을 삼각형과 사각형으로 분류하는 결정 트리를 학습하는 과정을 살펴보자. [표 4.4]는 [그림 4.25]의 도형을 패턴(pattern), 윤곽(outline), 점(dot)의 속성과 분류(shape)로 기술한 데이터이다. [그림 4.25]의 도형에 대한 결정트리를 만들기 위한 분할 속성을 결정하기 위해 각 속성에 대해 정보 이득을 먼저 계산해야 한다. 우선 전체 데이터에 대한 엔트로피를 구해야 하는데, 사각형^{square}의 비율은 9/14, 삼각형^{triangle}의 비율은 5/14이므로, (식 4.16)을 사용하여 다음과 같이 엔트로피를 계산한다. 엔트로피의 단위로 비트^{bit}이다.

$$I = -\frac{9}{14}\log_2\frac{9}{14} - \frac{5}{14}\log_2\frac{5}{14} = 0.940(bits)$$

*Pattern*을 분할 속성으로 하는 경우의 정보 이득은 다음과 같이 구할 수 있다. *Pattern*을 기준으로 보면, '수직'인 것은 5개, '수평'인 것은 5개, '대각선'인 것은 4개이다. *Pattern*이 '수직'인 것에서 '삼각형'의 비율은 3/5이고 '사각형'의 비율은 2/5이므로, 이것의 엔트로피 $I_{수직}$은 다음과 같다.

$$I_{수직} = -\frac{3}{5}\log_2\frac{3}{5} - \frac{2}{5}\log_2\frac{2}{5} = 0.971(bits)$$

표 4.4 [그림 4.25]의 도형에 대한 데이터

	속성			부류
	Pattern	*Outline*	*Dot*	*Shape*
1	수직	점선	무	삼각형
2	수직	점선	유	삼각형
3	대각선	점선	무	사각형
4	수평	점선	무	사각형
5	수평	실선	무	사각형
6	수평	실선	유	삼각형
7	수직	실선	무	사각형
8	수직	점선	무	삼각형
9	대각선	실선	유	사각형
10	수평	실선	무	사각형
11	수직	실선	유	사각형
12	대각선	점선	유	사각형
13	대각선	실선	무	사각형
14	수평	점선	유	삼각형

*Pattern*이 '수평'인 것의 엔트로피 $I_{수평}$와 '대각선'인 것의 엔트로피 $I_{대각선}$을 마찬가지 방법으로 구하면 아래와 같다.

$$I_{수평} = -\frac{2}{5}\log_2\frac{2}{5} - \frac{3}{5}\log_2\frac{3}{5} = 0.971\,(bits)$$

$$I_{대각선} = -\frac{0}{4}\log_2\frac{0}{4} - \frac{4}{4}\log_2\frac{4}{4} = 0.0\,(bits)$$

*Pattern*이 분할 속성인 경우의 정보 이득 $IG_{Pattern}$은 다음과 같이 계산된다.

$$I_{res}(Pattern) = \sum p(v)I(v) = \frac{5}{14}\cdot 0.971 + \frac{4}{14}\cdot 0 + \frac{5}{14}\cdot 0.971 = 0.694\,(bits)$$

$$IG(Pattern) = I - I_{res}(Pattern) = 0.940 - 0.694 = 0.246\,(bits)$$

마찬가지 방법으로 속성 *Outline*과 *Dot*에 대한 정보 이득을 계산하면 다음과 같다.

$$IG(Outline) = 0.151\,(bits)$$

$$IG(Dot) = 0.048\,(bits)$$

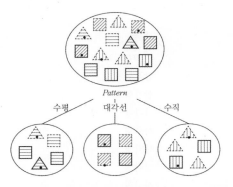

그림 4.26 속성 Pattern을 분할 속성으로 분할한 결정트리.
두 번째 단말 노드는 모두 사각형으로 같은 부류에 속하기 때문에 더 이상 분할할 필요가 없다. 첫 번째와
세 번째 단말 노드는 사각형과 삼각형이 섞여 있으므로 추가적인 분할이 필요하다.

이들 속성 중에서 $Pattern$의 정보 이득이 가장 크기 때문에, $Pattern$을 분할 속성으로
선택한다. 이 속성을 기준으로 루트 노드를 분할하면 [그림 4.26]과 같이 결정 트리가
구성된다. 단말 노드의 데이터들이 모두 같은 부류에 속하거나 일정비율 이상 같은 부류에
속할 때까지, 각 단말 노드를 계속 분할하면, [그림 4.27]과 같은 결정 트리가 최종적으로
얻어진다.

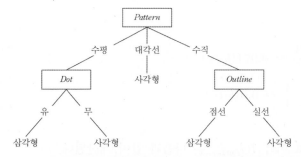

그림 4.27 [표 4.4]의 학습 데이터에 대한 최종 결정트리.

분할 속성을 결정할 때, 정보이득 이외에도 정보이득 비[information gain ratio], 지니 이득[Gini gain]
측도를 사용하기도 한다. 정보이득 비는 속성값이 많은 속성일수록 불이익을 받도록 정보이
득 측도를 개선한 것으로, 속성 A에 대한 정보이득비 $GainRatio(A)$는 다음과 같이 정의
된다.

$$GainRatio(A) = \frac{IG(A)}{I(A)} = \frac{I - I_{res}(A)}{I(A)} \qquad (4.20)$$

여기에서 $I(A)$ 는 속성 A의 속성값을 부류인 것처럼 간주하여 다음과 같이 계산하는 엔트로피를 나타내는데, $I(A)$ 는 속성값의 개수가 많아질수록 커지는 경향이다.

$$I(A) = -\sum_{v} p(v)\log_2 p(v) \tag{4.21}$$

예를 들어, 속성 $Pattern$에 대한 엔트로피 $I(Pattern)$을 계산하면 다음과 같다.

$$I(Pattern) = -\frac{5}{14}\log_2\frac{5}{14} - \frac{5}{14}\log_2\frac{5}{14} - \frac{4}{14}\log_2\frac{4}{14} = 1.58$$

속성 $Pattern$ 에 대한 정보이득 비를 계산하면 다음과 같이 된다.

$$GainRatio(Pattern) = \frac{IG(Pattern)}{I(Pattern)} = \frac{0.940 - 0.694}{1.58} = 0.156$$

한편, 지니 이득은 데이터 전체의 지니 지수 값과 속성의 지니 지수 값을 이용하여 정의된다. 지니 지수 값은 다음과 같이 정의된다.

$$Gini = \sum_{i \neq j} p(i)p(j) \tag{4.22}$$

여기에서 i, j 는 부류를 나타내고 $p(i)$와 $p(j)$는 각각 부류 i와 j의 비율을 나타낸다. 속성 A를 기준으로 분할할 때 각 분할의 지니 지수값의 가중평균 $Gini(A)$는 다음과 같다.

$$Gini(A) = \sum_{v} p(v) \sum_{i \neq j} p(i|v)p(j|v) \tag{4.23}$$

여기에서 $p(v)$는 속성 A의 값이 v인 것의 비율을 나타내고, $p(i|v)$와 $p(j|v)$는 각각 속성 A의 값이 v인 것 중에서 부류 i와 j에 속하는 것의 비율을 나타낸다.

속성 A를 분할 속성으로 사용할 때의 지니 이득 $GiniGain(A)$는 다음과 같이 정의된다.

$$GiniGain(A) = Gini - Gini(A) \tag{4.24}$$

[그림 4.25]의 데이터에 대해서 지니 값을 계산하면 다음과 같다.

$$Gini = \frac{9}{14} \cdot \frac{5}{14} = 0.230$$

속성 $Pattern$에 대한 지니 지수값 가중평균 $Gini(Pattern)$을 계산하면 다음과 같다.

$$Gini(Pattern) = \frac{5}{14} \cdot \left(\frac{3}{5} \cdot \frac{2}{5} \right) + \frac{5}{14} \cdot \left(\frac{2}{5} \cdot \frac{3}{5} \right) + \frac{4}{14} \cdot \left(\frac{4}{4} \cdot \frac{0}{4} \right) = 0.171$$

이들 값을 사용하여 속성 $Pattern$의 지수 이득 $GiniGain(Pattern)$을 계산하면 다음과 같다.

$$GiniGain(Pattern) = 0.230 - 0.171 = 0.058$$

ID3 알고리즘은 속성값이 모두 범주형인 데이터만을 고려하여 개발된 것이다. 실제 데이터는 수치형 속성을 갖는 경우도 많이 있기 때문에, 이러한 데이터를 다룰 수 있도록 ID3 알고리즘을 확장한 것으로 C4.5 알고리즘이다. 결정 트리를 생성하는 알고리즘으로는 이미 살펴본 ID3, C4.5 이외에도 C4.5를 개선한 C5.0, CHAID, CART 등이 있다. 한편, 주어진 데이터에 대해서 여러 개의 결정트리를 만들어 이들을 함께 사용하여 성능을 높이는 앙상블 분류기^{ensemble classifier}인 랜덤 포리스트^{random forest, 임의 숲} 알고리즘도 있다.

4.4.3 결정 트리를 이용한 회귀

결정 트리는 분류 문제뿐만 아니라 회귀 문제에도 적용될 수 있다. 회귀를 위한 결정트리에서는, 단말 노드가 부류가 아닌 수치값을 가진다. 단말 노드의 값은 루트 노드에서 해당 단말 노드 까지의 경로 상에 있는 조건들을 모두 만족하는 것들이 가지는 대푯값에 해당한다.

회귀 문제에서 결정 트리를 생성할 때, 단말에서 표준편차를 가장 크게 축소하는 속성을 분할속성으로 선택한다. 분할 속성 A에 대한 표준편차 축소^{standard deviation reduction} $SRD(A)$는 다음과 같이 정의 된다.

$$SDR(A) = SD - SD(A) \tag{4.25}$$

$$SD = \sqrt{\frac{1}{N} \sum_{i=1}^{N} (x_i - m)^2} \tag{4.26}$$

여기에서 SD는 데이터의 출력에 해당하는 값들의 표준 편차를 나타내고, m은 평균을 나타낸다. $SD(A)$는 속성 A를 기준으로 분할한 후의 부분집합별 표준표차의 가중치평균을 나타낸다. 예를 들어, 속성 A를 기준으로 데이터가 3개의 부분집합으로 분할될 때, 이들의 비율이 각각 w_1, w_2, w_3이고 표준편차는 s_1, s_2, s_3라고 하면, 가중치 평균 $SD(A)$는 $w_1 s_1 + w_2 s_2 + w_3 s_3$이다.

[표 4.5]는 출력이 '면적'인 데이터인데, 이것에 대해 표준편차 축소 값을 계산해 보자.

표 4.5 도형 면적에 대한 데이터

	속성			면적
	Pattern	*Outline*	*Dot*	*Area*
1	수직	점선	무	25
2	수직	점선	유	30
3	대각선	점선	무	46
4	수평	점선	무	45
5	수평	실선	무	52
6	수평	실선	유	23
7	수직	실선	무	43
8	수직	점선	무	35
9	대각선	실선	유	38
10	수평	실선	무	46
11	수직	실선	유	48
12	대각선	점선	유	52
13	대각선	실선	무	44
14	수평	점선	유	30

전체 데이터에 대한 표준 편차 SD를 계산하면 9.67이다. [표 4.6]은 전체 데이터를 $Pattern$을 기준으로 루트 노드를 분할하여 만들어지는 각 단말 노드에 대한 정보이다. [표 4.6]의 정보를 이용하여 $Pattern$을 기준으로 분할할 때 단말 노드의 표준 편차의 가중치 평균을 구하면 다음과 같다.

$$SD(Pattern) = \frac{5}{14} \cdot 12.15 + \frac{5}{14} \cdot 9.36 + \frac{4}{14} \cdot 5.77 = 9.05$$

속성 $Pattern$에 대한 표준편차 축소 $SDR(Pattern)$을 계산하면 다음과 같다.

$$SDR(Pattern) = SD - SD(Pattern) = 9.67 - 9.05 = 0.62$$

표 4.6 *Pattern* 을 기준으로 [표 4.5]의 데이터를 분할할 때 각 분할별 정보

		Area의 표준편차	개수
Pattern	수평	12.15	5
	수직	9.36	5
	대각선	5.77	4
			14

표준편차 축소값을 최대로 하는 속성을 분할속성으로 하여 단말 노드를 확장하는 과정을 통해 결정트리를 구성한다. 단말 노드의 데이터들에 대한 표준편차가 미리 지정한 임계값보다 작으면 노드 확장을 중단한다. 단말 노드의 값은 해당 노드에 도달한 데이터들의 출력값의 평균으로 설정된다. 새로운 데이터에 대한 출력값은 생성된 결정트리를 루트 노드로부터 데이터가 만족하는 노드를 따라 내려가 도달하는 단말 노드의 값이 된다.

4.5 앙상블 분류기

앙상블 분류기는 학습 데이터를 사용하여 여러 개의 서로 다른 분류기를 만들고, 이들 분류기의 판정 결과를 투표 방식$^{voting\ method}$이나 가중치 투표 방식$^{weighted\ voting\ method}$으로 결합하여 최종 부류를 결정하는 분류기이다. 앙상블 분류기를 학습할 때, 서로 다른 분류기를 만들기 위해서 다른 데이터 집합들을 사용하거나 서로 다른 속성들을 사용하는 등의 기법이 적용된다.

앙상블 분류기를 구현하는 대표적인 방법으로 붓스트랩을 사용하는 배깅$^{bagging,\ bootstrap}$ ^{aggregating}과 데이터의 가중치를 조정하는 부스팅^{boosting}이 있다.

참고 붓스트랩(bootstrap)의 어원

붓스트랩은 'pull oneself up by ones' bootstrap'에서 유래된 것으로 원래는 '자신의 구두끈을 잡아당겨서 울타리를 넘는다'라는 의미로 부조리하고 불합리한 것을 나타냈다. 최근에는 '타인의 도움 없이 자신의 노력과 능력으로 가능한 작업'이란 의미도 나타낸다.

4.5.1 배깅 알고리즘

주어진 학습 데이터 집합으로부터 **복원추출**^{resampling with replacement}을 하여 여러 개의 서로 다른 학습 데이터 집합을 만들어내는 기법을 **붓스트랩**^{bootstrap}이라 한다. **배깅**^{bagging}은 붓스트랩을 통해 여러 개의 학습 데이터 집합을 만들고, 각 학습 데이터 집합별로 분류기를 만들어, 이들이 투표나 가중치 투표를 하여 최종 판정을 하는 방법이다. [그림 4.28]은 배깅 알고리즘의 동작을 보인 것이다. 그림에서는 학습 데이터로부터 붓스트랩을 통해 3개의 학습 데이터 집합을 만들고, 각 데이터 집합에 대해서 학습 알고리즘을 적용해 선형 분류기 3개를 만들어, 이를 결합하여 분류를 한다. 새로운 데이터가 주어지면 각 분류기를 적용하여 부류를 판정한다. 맨 오른쪽 그림에서 별표 위치가 입력 데이터로 주어질 때, 3개의 분류기 중에서 두 개는 색칠된 부류로 판정한다. 따라서 별표 위치의 데이터는 다수결에 의해 음영부분의 부류로 판정한다.

분류기로 결정트리를 사용하는 배깅 기법으로 **랜덤 포리스트**^{random forest} 알고리즘이 있다. 이 알고리즘은 붓스트랩을 통해 여러 개의 학습 데이터 집합을 만들어 결정트리를 만든다. 결정트리를 만들어 가는 과정에서 분할 속성을 결정할 때, 모든 가능한 분할 속성을 고려하지 않는다. 대신 분할 속성 후보들을 무작위로 선택한 다음, 이들에 대해서만 정보 이득 등을 계산하여 분할 속성과 분할 기준을 결정한다. 따라서 생성되는 각 결정트리는 서로 다른 형태가 될 수 있다. 앙상블 분류기를 만들 때, 각 분류기가 특징공간의 모든 속성을 고려하는 것이 아니라, 서로 다른 속성들 즉, 부분공간만을 사용하도록 하여, 서로 다른 분류기가 만들어지도록 하는 방법을 **부분공간 방법**^{subspace method}이라고 한다. 따라서 랜덤 포리스트 알고리즘은 붓스트랩을 사용하는 부분공간 방법이다.

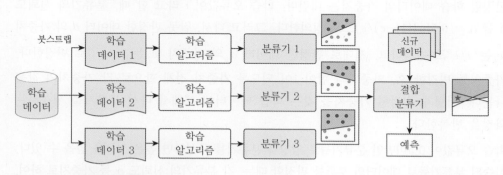

그림 4.28 배깅 알고리즘의 동작.

4.5.2 부스팅 알고리즘

부스팅^{boosting} 알고리즘은 여러 개의 분류기를 순차적으로 만들어 가는 앙상블 분류기 생성 방법이다. 이 알고리즘에서는 붓스트랩 기법으로 여러 학습 데이터 집합을 만드는 것이 아니라, 각 학습 데이터의 가중치를 변경해가면서 분류기를 만든다. 이때 가중치는 학습 데이터 각각에 대한 오류를 계산하여 결정된다. 부스팅은 이전 단계의 분류기에서 잘못 분류된 데이터의 가중치는 높이고 제대로 분류된 데이터의 가중치를 낮춘다.

[그림 4.29]는 부스팅 알고리즘의 동작 과정을 보여준다. 데이터의 위치에 해당하는 곳에 표시한 원의 크기가 가중치를 나타낸다. 처음에는 모든 데이터가 같은 크기의 가중치를 갖는다. 어떤 학습 알고리즘을 적용하여 만들어진 '분류기 1'이 3개의 데이터를 잘못 분류하고 있다. 이들 3개의 학습 데이터는 두 번째 학습 데이터 집합에서 가중치가 증가한다. 두 번째 학습 데이터 집합에 대해 만들어진 '분류기 2'에 의해서 잘못 분류된 데이터는 마찬가지 방법으로 가중치를 증가시킨다. 이렇게 일련의 분류기를 학습시키고, 각 분류기의 정확도를 측정한다. 새로운 질의 데이터가 주어지면 각 분류기가 분류 정보를 제공한다. 질의 데이터에 대한 최종 부류 정보는 각 분류기의 정확도를 가중치로 하여 분류 결과를 결합하여 결정한다.

대표적인 부스팅 방법으로 에이다부스트^{AdaBoost} 알고리즘이 있다. 에이다부스트 알고리즘은 N개의 학습 데이터가 있을 때 각 학습 데이터 d_i의 초기 가중치 w_i로서 $1/N$을 부여한다. 따라서 전체 가중치의 합은 1이다. 학습 오류값은 잘못 분류한 학습데이터의 가중치의 합으로 표현하고, 이 값이 0.5미만인 분류기들만을 사용한다. 학습 오류값이 0.5미만인 분류기가 학습되면, 해당 분류기가 잘못 판정한 학습 데이터의 가중치는 올리고, 제대로 판정한 학습 데이터의 가중치는 내린다. 학습 오류값이 ϵ이라고 할 때, 분류기의 신뢰도 α를 $\alpha = 0.5\ln\left((1-\epsilon)/\epsilon\right)$으로 정의한다. 그리고 나서, 잘못 판정한 데이터 d_i의 가중치 w_i는 $w_i e^{\alpha}$로 변경하고, 제대로 판정한 데이터 d_j의 가중치 w_j는 $w_j e^{-\alpha}$로 변경한다. 가중치를 변경한 후, 가중치의 합이 1이 되도록 가중치 전체 합으로 각 가중치의 값을 나눈다. 이렇게 수정된 가중치를 갖는 학습 데이터에 대해서 다시 분류기를 생성하는 과정을 반복한다.

학습 오류값이 0.5미만인 분류기들로 앙상블 분류기를 구성하면 높은 성능을 얻을 수 있다. 학습된 분류기들로 데이터의 부류를 판정할 때는, 각 분류기의 신뢰도 α를 가중치로 하여, 각 분류기의 판정 결과를 가중 다수결 투표^{weighted majority voting} 방식으로 결합하여 최종 부류를 결정한다.

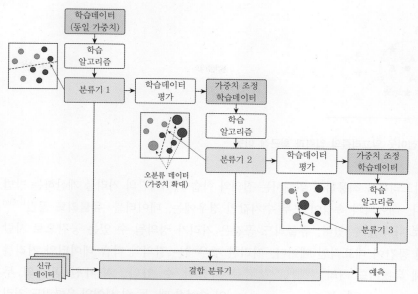

그림 4.29 **부스팅(boosting) 알고리즘의 동작.**

4.6 k-근접이웃 알고리즘

대부분은 기계학습 방법은 학습 데이터로부터 주어진 문제를 해결하기 위한 모델을 먼저 학습한 다음, 이를 이용하여 질의 (또는 입력)에 대한 답을 찾는다. 그런데 미리 학습을 하지 않은 채 있다가, 질의 입력이 들어올 때야 학습 데이터를 사용하여 출력(대답)을 결정 하는 방법도 있다. k-근접이웃 알고리즘$^{k-\text{nearest neighbor algorithm};\ k\text{-NN algorithm}}$이 이러한 전형 적인 게으른 학습$^{\text{lazy learning}}$ 방법이다.

k-근접이웃 알고리즘은 (입력, 출력)으로 구성된 학습 데이터들이 주어진 상황에서 새로운 입력이 들어오면, 입력에 가장 근접한 k개의 학습 데이터를 찾고 이들 데이터의 출력 정보 를 이용하여 출력을 추정한다. [그림 4.30]에서 삼각형과 별표는 입력 데이터의 위치와 해당 입력의 부류(삼각형, 별표)를 나타낸다. 검은색 원으로 표시된 위치가 새로운 입력으로 주어지면, k-근접이웃 알고리즘은 먼저 k개의 근접 이웃을 찾는다. [그림 4.30]은 이웃의 수를 5개로 하는 경우, 즉 $k = 5$인 경우를 보인 것인데, 점선 안에 있는 것들이 이웃이다. 검은색 점에 해당 하는 데이터의 부류를 결정하기 위해, 5개의 이웃의 부류 정보를 사용한 다. 여기에서는 이웃 중 3개가 삼각형이고 2개가 별표이므로, 다수결에 따르면 삼각형으로 부류를 판정한다.

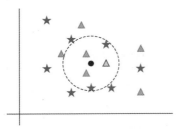

그림 4.30 k-근접이웃 알고리즘의 입력과 최근점 이웃.

k-근접이웃 알고리즘을 적용하기 위해서는 질의와 학습 데이터간의 거리를 계산하는 방법이 있어야 한다. 데이터의 속성이 모두 수치값인 경우에는, 데이터를 유클리드 공간^{Euclid} ^{space}상의 점으로 나타낼 수 있다. 유클리드 공간은 거리가 정의될 수 있는 공간으로 사람이 사는 3차원 공간이 대표적인 예이다. 이러한 경우에는 질의와 학습 데이터와 거리를 측정하기 위해 유클리드 거리$^{\text{Euclidian distance}}$를 사용할 수 있다. N차원 공간의 두 점 $X = (x_1, x_2, \cdots, x_N)$과 $Y = (y_1, y_2, \cdots, y_N)$이 주어질 때, 두 점 사이의 유클리드 거리 $d(X, Y)$는 다음과 같이 정의된다.

$$d(X, Y) = \sqrt{(x_1 - y_1)^2 + (x_2 - y_2)^2 + \cdots + (x_N - y_N)^2} \tag{4.27}$$

k-근접이웃 알고리즘을 적용할 때는 데이터 특성에 맞는 거리계산 방법이 필요하다. 특히, 데이터가 범주형 속성을 갖는 경우에는 타당한 거리를 정의하는 것이 쉽지 않을 때도 있다. 데이터 간의 타당한 거리를 정의할 수 없으면 k-근접이웃 알고리즘을 적용할 수 없다.

k-근접이웃 알고리즘은 분류 문제와 회귀 문제에 적용할 수 있다. 학습 데이터의 출력값이 범주형 값이라면 분류 문제가 된다. 분류 문제인 경우에 질의 데이터에 대한 부류를 결정할 때는, k-근접이웃들의 부류들 중에서 대다수를 차지하는 것을 선택하는 다수결 투표 방법을 주로 사용한다. 출력이 수치값인 회귀 문제에서도 질의에 대한 출력값은 k-근접이웃의 출력값을 사용하여 결정한다. 회귀에서 출력값은 근접이웃의 평균값으로 하거나, 질의와 근접이웃 간의 거리에 반비례하는 가중치를 이들 이웃에 적용하여 평균한 값으로 한다. 즉, k-근접이웃 $KNN = \{(X_1, y_1), (X_2, y_2), \cdots, (X_k, y_k)\}$가 주어질 때, 질의 입력 X에 대한 출력 y는 다음과 같이 평균값이나 가중평균값으로 계산된다.

$$\text{평균값 } y = \frac{1}{k} \sum_{i=1}^{k} y_i \tag{4.28}$$

$$\text{가중평균값}: y = \sum_{i=1}^{k} w_i y_i \bigg/ \left(\sum_{k=1}^{k} w_i \right) \quad w_i = \frac{1}{d(X, X_i)} \tag{4.29}$$

$k-$근접이웃 알고리즘은 질의가 주어지면 k개의 가장 근접한 학습 데이터를 찾기 위해, 기본적으로 질의와 모든 학습 데이터간의 거리를 계산해야 한다.

$k-$근접이웃 알고리즘에서는 학습 단계에 실질적인 학습이 일어나지 않고 학습 데이터만 메모리에 저장하는데, 학습 데이터가 크면 메모리를 많이 사용해야 하는 문제가 있다. 또한 새로운 질의에 대해서, 저장된 모든 학습 데이터와의 거리 계산을 해야 하기 때문에 신속히 결과를 제공하기 어려울 수 있다. 따라서, 비교 대상 학습 데이터를 효과적으로 선택하기 위한 색인^{indexing} 자료 구조를 사용하는 것이 필요하다. 학습 데이터가 2차원이나 3차원인 수치 데이터라면 R-트리, k-d 트리 등의 자료 구조를 사용할 수 있지만, 고차원 데이터에는 이러한 색인 구조들이 효율적이지 않다. 고차원 학습 데이터인 경우에는 근사 적으로 유사한 데이터를 효율적으로 검색할 수 있게 해주는 지역민감 해싱^{locality sensitive hashing}과 같은 방법을 사용하는 것이 필요하다.

4.7 군집화 알고리즘

다양한 군집화 알고리즘들이 개발되어 있다. 군집화 방법을 군집의 구성 형태에 따라 계층 적^{階層的} 군집화^{hierarchical clustering}와 분할^{分割} 군집화^{partitioning clustering}로 크게 나누어 볼 수 있다. 계층적 군집화는 군집화의 결과가 군집들이 계층적인 구조를 갖도록 하는 것으로, 병합형^{agglomerative} 계층적 군집화 방법과 분리형^{divisive} 계층적 군집화 방법이 있다. 병합형 계층적 군집화 방법은 각 데이터가 하나의 군집을 구성하는 상태에서 시작하여, 가까이에 있는 군집들을 결합하는 과정을 반복하여 계층적인 군집을 형성한다. 분리형 계층적 군집화 방법 은 모든 데이터를 포함한 군집에서 시작하여 유사성을 바탕으로 군집을 분리하여 점차 계층적인 구조를 갖도록 한다. 계층적 군집화의 결과는 [그림 4.31]과 같이 트리 형태의 덴드로그램^{dendrogram}으로 표현할 수도 있다. 덴드로그램에서 높이는 군집 내 데이터간의 거리를 나타내고, 가지^{branch}가 연결되는 것은 가지에 대응하는 군집들이 결합되는 것을 나타낸다.

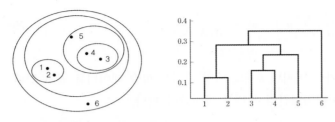

그림 4.31 **계층적 군집화와 덴드로그램.**
덴드로그램의 y축은 군집 내부의 유사도를 나타내는 값이다.

분할 군집화는 계층적 구조를 만들지 않고 전체 데이터를 유사한 것들끼리 나누어서 묶는 것이다. 분할 군집화의 대표적인 알고리즘으로 k-means 알고리즘이 있다. 이 알고리즘은 전체 데이터를 k개의 군집으로 묶는데, 군집의 개수인 k를 사용자가 지정해 줘야 한다. k-means 알고리즘은 다음 단계들을 통해 군집을 구성한다.

단계 1. 전체 데이터 중에서 무작위로 k개의 데이터를 선택해, 각각을 초기 군집의 중심^{centroid} 으로 정한다.
단계 2. 각 데이터와 각 군집 중심 간의 거리를 계산한다.
단계 3. 각 데이터를 가장 가까운 군집으로 배정한다.
단계 4. 각 군집에 대해 배정된 모든 데이터의 평균을 구해서, 이것을 새로운 군집 중심으로 정한다.
단계 5. 이전 상태와 비교하여 군집의 변화가 있다면, 단계 2로 돌아간다. 그렇지 않으며, 종료한다.

[그림 4.32]는 군집 개수를 2로 정하여 k-means 알고리즘을 적용하는 과정이다. 이 예는 초기 군집의 위치를 각각 오른쪽 위쪽의 원(○), 왼쪽 아래쪽의 별표(*)에 두고 있다. 이 알고리즘은 초기 군집의 위치를 무작위로 설정하게 되기 때문에, 같은 데이터에 대해서 k-means 알고리즘을 적용할 때 매번 다른 결과가 얻어질 수도 있다. [그림 4.32]는 k-means 알고리즘을 수행하는 과정에서 군집의 변화를 보여준다. 그림에서 직선은 두 군집의 경계를 나타낸다.

데이터에 있는 군집의 개수를 미리 알기 어렵다. 그런데 k-means 알고리즘은 군집의 개수 k를 사용자가 제공해야 하므로, 최적의 군집 개수를 결정해야 하는 어려움이 있다. 여러 k값에 대해서 군집화를 해보고 이들을 비교하여 바람직한 k를 결정하는 방법을 사용하기도 한다. 한편, 이러한 비교를 위하여 군집화 결과를 평가하는 품질평가 지수들도 있다. k-means 알고리즘은 EM 기법$^{부록A.7\ 참고}$을 사용하는 대표적인 알고리즘이다.

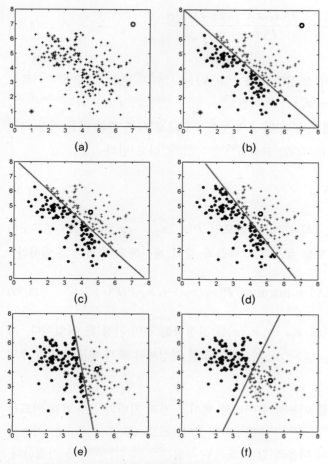

그림 4.32 k-means 군집화 알고리즘 과정의 예.
(a) 초기 상태 (b) 1번 군집 중심 갱신을 수행 후 결과(데이터 분류) (c) 2번 수행 후 결과 (d) 3번 수행 후 결과 (e) 4번 수행 후 결과 (f) 5번 수행 후 결과. (그림에서 * 와 ○는 각 군집의 중심 위치를 나타낸다)

4.8 단순 베이즈 분류기

학습 데이터의 확률적인 분포를 학습하여 분류기를 만들 수 있다. 이러한 분류기에서는 주어진 데이터 $X = (x_1, x_2, \cdots, x_n)$가 특정 클래스 c에 속할 확률인 조건부 확률 $P(c|X)$를 계산한다. 이때 조건부 확률 $P(c|X)$를 계산하기 위해 다음과 같이 베이즈 정리[Bayesian theorem]를 사용한다.

$$P(c|X) = \frac{P(X|c)P(c)}{P(X)} = \frac{P(x_1, x_2, \cdots, x_n|c)P(c)}{P(x_1, x_2, \cdots, x_n)} \qquad (4.30)$$

위 (식 4.30)에서 보는 바와 같이, 조건부 확률 $P(c|X)$는 사후^{事後} 확률$^{posterior\ probability}$로서 가능도$^{likelihood,\ 可能度}$ $P(x_1, x_2, \cdots, x_n|c)$와 사전^{事前} 확률$^{prior\ probability}$ $P(c)$, 증거$^{evidence,\ 證據}$ $P(x_1, x_2, \cdots, x_n)$에 의해 결정된다. 데이터 X의 부류 $C(X)$로 사후 확률 값을 가장 크게 하는 부류 c를 선택하는 것을 베이지안 분류기$^{Bayesian\ classifier}$라고 한다.

$$C(X) = \mathrm{argmax}_c\, P(c|X) \qquad (4.31)$$

(식 4.31)과 같이 분류를 할 때, (식 4.30)의 분모인 $P(x_1, x_2, \cdots, x_n)$는 모든 부류 c에 대해서 동일하다. 그러므로 분모를 무시하고 다음과 같이 계산해도 결과는 동일하다.

$$C(X) = \mathrm{argmax}_c\, P(c|X) = \mathrm{argmax}_c\, P(x_1, x_2, \cdots, x_n|c)P(c) \qquad (4.32)$$

이와 같은 분류기를 만들 때 $P(x_1, x_2, \cdots, x_n|c)$를 결정하는 것이 가장 큰 작업이다. 각 부류 c별로 속성값들의 조합 $x_1, x_2, \cdots, x_n$의 출현빈도를 결정해야 하기 때문에 많은 수의 학습 데이터가 필요하다.

비교적 적은 수의 학습 데이터를 이용하여 이러한 베이즈 정리 기반의 분류기를 만드는 방법으로 단순 베이즈 분류기$^{naive\ Bayesian\ classifier}$가 있다. 단순 베이즈 분류기는 가능도 $P(x_1, x_2, \cdots, x_n|c)$를 계산할 때 다음과 같은 조건부 독립$^{conditional\ independence}$을 가정한다.

$$P(x_1, x_2, \cdots, x_n|c) = P(x_1|c)P(x_2|c)\cdots P(x_n|c) \qquad (4.33)$$

이렇게 조건부 독립을 가정하면 (식 4.30)은 다음과 같이 표현될 수 있다.

$$P(c|X) = \frac{P(X|c)P(c)}{P(X)} = \frac{P(x_1|c)P(x_2|c)\cdots P(x_n|c)P(c)}{P(x_1, x_2, \cdots, x_n)} \qquad (4.34)$$

(식 4.33)과 같은 조건부 독립을 가정하면, 데이터의 부류를 결정하는 (식 4.32)는 다음과 같이 된다.

$$C(X) = \mathrm{argmax}_c\, P(c|X) = \mathrm{argmax}_c\, P(x_1|c)P(x_2|c)\cdots P(x_n|c)P(c) \qquad (4.35)$$

이러한 조건부 독립을 가정하면, 조건부 확률 $P(x_1, x_2, \cdots, x_n | c)$의 값은 부정확하지만, 계산이 단순해지고 학습 데이터의 개수가 많지 않더라도 의미있는 분류기를 만들 수 있게 된다. 이러한 이유로 단순 베이즈 분류기는 분류 문제에서 가장 먼저 적용해 보게 되는 기본 분류기 모델이다. 따라서 어떤 분류기가 단순 베이즈 분류기보다 성능이 못하다면 의미가 없다고 간주해도 된다.

[표 4.4]의 학습 데이터에 대해서 단순 베이즈 분류기를 적용해 보자. 먼저 '삼각형'과 '사각형'에 대한 사전 확률 $P(삼각형)$과 $P(사각형)$을 계산해야 한다. 사전 확률은 다음과 같이 전체 데이터에서 해당 부류 데이터의 비율로 한다.

$$P(삼각형) = \frac{5}{14} \qquad P(사각형) = \frac{9}{14}$$

부류 '삼각형'에 대한 각 속성별 조건부 확률을 계산하면 다음과 같다.

$$P(수직 | 삼각형) = \frac{3}{5} \qquad P(수평 | 삼각형) = \frac{2}{5} \qquad P(대각선 | 삼각형) = \frac{0}{5}$$

$$P(점선 | 삼각형) = \frac{4}{5} \qquad P(실선 | 삼각형) = \frac{1}{5}$$

$$P(유 | 삼각형) = \frac{3}{5} \qquad P(무 | 삼각형) = \frac{1}{5}$$

마찬가지로 부류 '사각형'에 대한 각 속성별 조건부 확률을 계산하면 다음과 같다.

$$P(수직 | 사각형) = \frac{2}{9} \qquad P(수평 | 사각형) = \frac{3}{9} \qquad P(대각선 | 사각형) = \frac{4}{5}$$

$$P(점선 | 사각형) = \frac{3}{9} \qquad P(실선 | 사각형) = \frac{6}{9}$$

$$P(유 | 사각형) = \frac{3}{9} \qquad P(무 | 사각형) = \frac{6}{9}$$

데이터 $X = (수직, 점선, 무)$가 주어진다면, 단순 베이즈 분류기는 (식 4.34)를 이용하여 다음과 같이 부류 '삼각형'과 '사각형'에 대한 조건부 확률값을 계산한다.

$$P(삼각형 | 수직, 점선, 무)$$
$$= \frac{P(수직 | 삼각형) P(점선 | 삼각형) P(무 | 삼각형) P(삼각형)}{P(수직, 점선, 무)}$$

$$= \frac{3/5 \cdot 4/5 \cdot 2/5 \cdot 5/14}{P(수직,점선,무)} = \frac{0.0688}{P(수직,점선,무)}$$

$$P(사각형 \mid 수직,점선,무)$$

$$= \frac{P(수직 \mid 사각형)P(점선 \mid 사각형)P(무 \mid 사각형)P(사각형)}{P(수직,점선,무)}$$

$$= \frac{2/9 \cdot 3/9 \cdot 6/9 \cdot 9/14}{P(수직,점선,무)} = \frac{0.0317}{P(수직,점선,무)}$$

계산된 확률식에서 분모는 서로 같기 때문에, 분자의 값만 비교한다. 데이터 $X =$ (수직, 점선, 무)에 대한 '삼각형'의 조건부 확률값이 '사각형'의 조건부 확률값 보다 크기 때문에, 단순 베이즈 분류기는 X의 부류를 '삼각형'으로 판정한다.

4.9 신경망

지능은 인간 두뇌의 활동을 통한 생리적$^{physiological, 生理的}$ 현상이다. 인간 두뇌의 생리적 활동에 대한 계산적 모델을 통해 인공지능을 구현하려는 것이 신경망$^{(artificial)\ neural\ network,\ 信經網}$이다. 뇌생리학의 연구에 따르면 인간 두뇌에는 [그림 4.33]과 같은 신경세포^{neuron}가 8.6×10^{10}개 정도 있다. 신경세포의 축색돌기$^{axon, 軸索突起}$는 다른 신경세포의 수상돌기$^{dendrite, 樹狀突起}$와 연결되고, 이 연결부위를 신경연접$^{synapse, 神經連接}$이라 한다. 신경연접을 통해서 신경세포들은 전기화학적인 신호를 주고받는데, 다른 신경세포에서 보내 온 신호를 증폭하거나 감쇄하여 받는다. 받아들인 신호는 세포체$^{cell\ body, 細胞體}$에서 합성되는데, 일정 임계값 이상이면, 신경세포는 축색돌기를 통해서 신호를 내보낸다. 신경연접은 신경세포의 기능을 결정하는 부분으로, 인간 두뇌에는 약 1.5×10^{14}개의 신경연접이 있다. 이 단순한 신경세포들을 이용하여 인간 두뇌는 지능, 감정, 신념, 의식, 자율신경 조절 등 다양한 일을 해낸다.

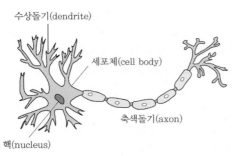

그림 4.33 **신경세포(neuron).**

4.9.1 퍼셉트론

퍼셉트론^{Perceptron}은 1958년에 로젠블랏^{Frank Rosenblatt, 1928-1971}이 제안한 초창기 신경망 모델이다. 퍼셉트론은 [그림 4.33]의 신경세포를 [그림 4.34(a)]와 같은 네트워크 형태의 계산 모델로 표현한 것이다. 여기에서 다른 신경세포들의 축색돌기로부터 오는 입력 신호를 $x = (x_1, x_2, \cdots, x_d)$로 나타내고, 신경연접의 신호 감쇄 또는 증폭 정도를 가중치 벡터 $w = (w_1, w_2, \cdots, w_d)$로 나타낸다. 세포체 내에서의 신호의 합성은 $s = \sum_{i=1}^{d} w_i x_i + b$로 표현되고, $-b$는 신호 출력의 임계값으로 편차항^{bias}라고 한다. 합성된 신호의 크기가 임계값 이상이면 신호를 출력하는데, 퍼셉트론은 [그림 4.34(b)]와 같은 계단 함수^{step function}를 사용하여 1 또는 0 값을 출력한다. 계단 함수와 같이 계산 결과를 변환하여 출력하는 함수를 전달 함수^{transfer function} 또는 활성화 함수^{activation function}라고 한다. 입력 x에 대한 퍼셉트론의 출력 y는 (식 4.36)과 같이 표현할 수 있다. 식에서 $x^\top$는 입력벡터 x의 전치^{transpose, 轉置}를 의미한다.

$$y = f(s) = f(\sum_{i=1}^{d} w_i x_i + b) = f(w^\top x + b) \tag{4.36}$$

$$\text{여기에서 } f(s) = \begin{cases} 1 & s \geq 0 \text{일 때} \\ 0 & s < 0 \text{일 때} \end{cases}$$

f는 퍼셉트론의 전달 함수로서 계단 함수이다.

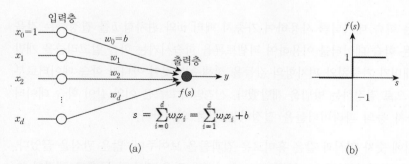

그림 4.34 **퍼셉트론(Perceptron).**

나중에 식을 간단하게 전개하기 위해, 항상 1값을 주는 입력 x_0 (즉, $x_0 = 1$)을 추가하고, 이에 대한 가중치를 b로 만들어주면, s를 (식 4.37)과 같이 벡터 연산으로 표현할 수 있다.

$$s = \sum_{i=1}^{d} w_i x_i + b = \sum_{i=0}^{d} w_i x_i = \boldsymbol{w}^\top \boldsymbol{x} = \boldsymbol{w} \cdot \boldsymbol{x} \qquad (4.37)$$

이때 $\boldsymbol{x}$와 $\boldsymbol{w}$는 각각 $\boldsymbol{x} = (1, x_1, x_2, \cdots, x_d)$와 $\boldsymbol{w} = (b, w_1, w_2, \cdots, w_d)$이다.

퍼셉트론은 패턴을 분류할 수 있는 능력을 가지고 있다. [그림 4.35]는 퍼셉트론이 논리합^{logical OR}에 해당하는 연산할 수 있다는 것을 보여준다. [그림 4.35(a)]에서 사각형은 출력이 0, 원은 출력이 1인 데이터를 나타낸다. [그림 4.35(b)]와 같이 가중치 부여한 1 또는 0을 출력한 퍼셉트론은 논리합 즉, OR 연산의 결과에 맞는 출력을 한다. 이 퍼셉트론은 [그림 4.35(c)]의 직선을 기준으로 직선 위쪽의 입력에 대해서는 1, 직선 아래쪽의 입력에 대해서는 0을 출력한다. 따라서 퍼셉트론은 x_1과 x_2 중에서 하나라도 1이면 1을 출력하고, 모두 0이면 0을 출력하여, OR 연산을 한다. 한편, 퍼셉트론에 해당하는 이러한 직선은 부류의 경계선에 해당하므로, 결정 경계^{decision boundary}라고 한다.

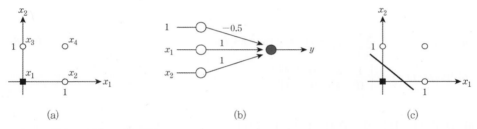

그림 4.35 OR 연산을 수행하는 퍼셉트론.

퍼셉트론의 학습은 학습 데이터를 사용하여 가중치 벡터 $\boldsymbol{w}$와 편차항 b를 결정하는 것을 말한다. 로젠블랏은 학습 데이터를 이용하여 퍼셉트론을 학습시키는 학습 알고리즘을 개발했다. 즉, 프로그래머가 가중치와 편차항의 값들을 정해주는 것이 아니라 학습 데이터로부터 이들 값을 자동으로 결정하는 방법을 개발했다. 신경망의 학습은 이와 같이 학습 데이터를 사용하여 가중치 등의 파라미터들을 결정하는 것을 의미한다.

퍼셉트론은 초창기에 숫자 인식과 같은 흥미로운 결과들을 보여주며, 많은 관심을 끌었다. 하지만 [그림 4.36(b)]의 배타적 논리합^{exclusive OR, XOR}과 같은 단순한 문제도 해결할 수 없는 단점이 곧 밝혀졌다. 퍼셉트론은 선형으로 표현되는 결정 경계만을 표현하므로, XOR와 같이 선형 경계로 부류들을 분리할 수 없는 문제에는 적용할 수 없다. 이러한 선형 결정경계를 갖지 않는 문제를 선형 분리불가 문제^{linearly inseparable problem}라고 한다.

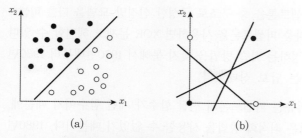

(a)   (b)

그림 4.36 **선형 분리 가능문제와 선형 분리 불가문제.**
(a) 선형분리 가능 문제 (b) 선형 분리 불가 문제인 XOR 문제. 어떠한 선형 경계(즉, 직선)로도 두 부류를 분리할 수 없다.

XOR 문제도 풀지 못하는 퍼셉트론에 대해서 대부분의 사람들이 실망하고 관심을 갖지 않게 되면서, 1970년대 접어들면서 신경망 연구는 침체기를 맞게 된다.

4.9.2 다층 퍼셉트론

하나의 퍼셉트론은 XOR 문제를 해결할 수 있는 결정 경계를 만들어 낼 수 없지만, [그림 4.37]과 같이 퍼셉트론을 3개 사용하면 XOR 문제를 해결할 수 있다. [그림 4.37(a)]에서 $f_1(\boldsymbol{x})$는 (0,0)에 대해서는 0, 나머지에 대해서 1을 출력하는 퍼셉트론이다. 한편, $f_2(\boldsymbol{x})$는 (1,1)에 대해서만 0을 출력하고 나머지에 대해서는 1을 출력하는 퍼셉트론이다. [그림 4.37(b)]는 이러한 결정 경계에 해당하는 가중치를 보여준다. 최종적으로 (1,0)과 (0,1)에 대해서만 1을 출력하도록 하려면, $f_3(\boldsymbol{x})$와 같은 가중치를 부여하면 된다.

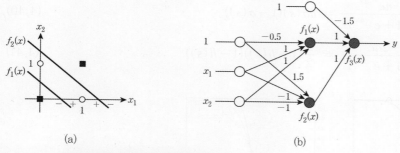

(a)   (b)

그림 4.37 **XOR 문제에 대한 다층 퍼셉트론.**
(a) XOR 문제의 결정 경계 (b) 3개 퍼셉트론으로 구성된 2층의 퍼셉트론

단일 퍼셉트론의 가중치를 결정하는 학습 알고리즘은 초창기에 개발되었지만, [그림 4.37(b)]와 같이 여러 개의 퍼셉트론이 층^{layer}을 구성하는 경우에 대한 학습 알고리즘은

당시 개발되지 못했다. 여러 개의 퍼셉트론을 층 구조로 구성한 신경망 모델을 다층 퍼셉트론multi-layer Perceptron, MLP이라고 한다. 다층 퍼셉트론을 사용하면 XOR 문제도 해결할 수 있다는 것을 알고 있었지만, 가중치를 결정하는 학습 방법을 찾지 못해서 1970년대부터 1980년대 초반까지는 신경망에 대한 연구는 답보 상태였다.

다층 퍼셉트론을 학습시키는 못한 이유는 퍼셉트론의 전달 함수가 계단 함수이기 때문에, 미분이 불가능하여 경사 하강법과 같은 최적화 방법을 사용할 수 없었기 때문이다. 1980년대에 들어오면서 연구자들이 다층 퍼셉트론 학습에 대한 발상을 전환하였다. 미분 불가능한 계단 함수 대신, 이와 비슷하지만 미분 가능한 함수를 사용하자는 것이었다. 이러한 함수로는 시그모이드sigmoid와 쌍곡 탄젠트hyperbolic tangent가 있다. 시그모이드 $\sigma(s)$는 (식 4.38)과 같이 정의되는 출력 구간이 (0,1)인 함수이고, 쌍곡 탄젠트 $h(s)$는 (식 4.39)와 같이 정의되는 출력 구간이 (–1, 1)인 함수이다.

$$\sigma(s) = \frac{1}{1 + e^{-as}} \tag{4.38}$$

$$h(s) = \frac{1 - e^{-as}}{1 + e^{-as}} \tag{4.39}$$

[그림 4.38]은 −1또는 1 을 출력하는 계단 함수를 근사적으로 표현하는 쌍곡 탄젠트 함수의 형태를 보여준다. [그림 4.38(b)]와 같이 (식 4.39)의 쌍곡 탄젠트 함수는 파라미터 a값이 커지면 경사가 급해지고, 작아지면 경사가 완만해지는 특성이 있다. 시그모이드 함수와 쌍곡 탄젠트 함수를 미분하면, 도함수derivative, 導函數 $\sigma'(s)$와 $h'(s)$가 각각 원래 함수 $\sigma(s)$와 $h(s)$로 다음과 같이 표현될 수 있다.

$$\sigma'(s) = \frac{ae^{-as}}{(1 + e^{-as})^2} = a\sigma(s)(1 - \sigma(s)) \tag{4.40}$$

$$h'(s) = \frac{-2ae^{-as}}{(1 + e^{-as})^2} = \frac{a}{2}(1 + h(s))(1 - h(s)) \tag{4.41}$$

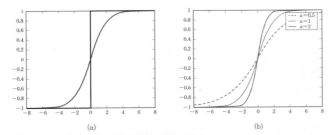

그림 4.38 **계단 함수와 쌍곡 탄젠트 함수.**
(a) 계단 함수를 근사한 미분가능한 쌍곡 탄젠트 함수. (b) 파라미터 a의 값에 따른 쌍곡 탄젠트 함수 $h(s)$의 형태.

1) 다층 퍼셉트론의 구성

다층 퍼셉트론은 [그림 4.39]와 같이 구성된다. 입력이 주어지는 층을 입력층$^{\text{input layer}}$이라 하는데, 주어진 입력을 다음 층으로 전달하는 역할을 한다. 여기에서 입력값들을 벡터 $\boldsymbol{x} = (x_1, x_2, \cdots, x_d)$로 나타내고, 입력층의 노드를 나타내는 첨자로 i를 사용한다. 입력층에서 다음 층으로 연결되는 선의 가중치는 u_{ji}로 나타낸다. 최종 출력을 계산하는 마지막 층을 출력층$^{\text{output layer}}$이라 하는데, 여기에서는 출력값들을 벡터 $\boldsymbol{o} = (o_1, o_2, \cdots, o_m)$으로 나타내고 노드를 가리키는 첨자로 k를 사용한다. 입력층과 출력층 사이에 있는 층은 은닉층$^{\text{hidden layer, 隱匿層}}$이라고 한다. 다층 퍼셉트론은 여러 개의 은닉층을 가질 수 있다. 여기에서는 편의상 은닉층이 하나인 것을 대상으로 설명한다. 은닉층의 노드를 가리키는 첨자로 j를 사용하고, 은닉층과 출력층 간의 가중치는 v_{kj}로 나타낸다. 전형적인 다중 퍼셉트론에서는 인접한 층 사이에서만 연결선이 만들어진다.

다층 퍼셉트론은 (입력, 출력) 쌍의 학습 데이터를 사용하여 학습한다. 즉, 입력이 주어질 때 어떤 값이 출력되어야 하는지에 대한 정보를 사용하여 연결선의 가중치와 편차항을 결정한다. 출력층에는 입력에 대해 기대하는 출력값에 대한 정보가 있는 반면에, 은닉층에 대해서는 어떤 값이 나와야 하는지에 대한 정보가 없다. 중간에 있는 층에는 어떤 값이 나와야 하는지에 대한 정보가 없기(즉, 숨겨져 있기) 때문에 은닉층이라고 부른다.

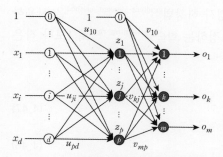

그림 4.39 **다층 퍼셉트론**(multi-layer Perceptron, MLP).

2) 다층 퍼셉트론의 동작

다층 퍼셉트론은 입력이 주어지면 전방향$^{\text{feed-forward}}$으로 계산해가면서 출력값을 만들어 낸다. 먼저 은닉층의 각 노드 j의 퍼셉트론은 다음과 같은 계산을 통해 z_j를 출력한다.

$$zsum_j = \sum_{i=1}^{d} u_{ji}x_i + u_{j0} \quad (1 \leq j \leq p) \tag{4.42}$$

$$z_j = f(zsum_j) \tag{4.43}$$

여기에서 f는 시그모이드나 쌍곡 탄젠트와 같이 미분가능한 전달 함수이다.

출력층의 각 노드 k의 퍼셉트론은 은닉층의 출력값을 사용하여 다음과 같이 o_k를 출력한다.

$$osum_k = \sum_{j=1}^{p} v_{kj}z_k + v_{k0} \quad (1 \leq k \leq m) \tag{4.44}$$

$$o_k = f(osum_k) \tag{4.45}$$

3) 다층 퍼셉트론의 학습

다층 퍼셉트론에서 학습은 학습 데이터의 입력 $(x_1, x_2, \cdots, x_d)$에 대해 다층 퍼셉트론이 대응하는 학습 데이터의 출력 $(t_1, t_2, \cdots, t_m)$을 만들어 내도록 입력층과 은닉층 사이의 가중치 벡터 u와 은닉층과 출력층 사이의 가중치 벡터 v를 결정하는 것이다. 다층 퍼셉트론의 학습에서는 (식 4.46)과 같은 오차 함수 E를 최소화하는 가중치들을 찾는다. 이제 부터는 편의상 가중치와 편차항을 모두 통틀어 가중치라고 하자.

$$E = \frac{1}{2}\sum_{k=1}^{n}(o_k - t_k)^2 \tag{4.46}$$

오차 함수 E를 최소화하는 가중치는 다음과 같이 경사 하강법$^{\text{gradient-descent method}}$을 사용하여 구한다. 여기에서 η는 가중치의 변경 크기를 조정하는 학습율$^{\text{learning rate}}$로 1보다 작은 양수이다 (즉, $0 < \eta < 1$).

$$v^{(t+1)} = v^{(t)} - \eta\frac{\partial E}{\partial v} \tag{4.47}$$

$$u^{(t+1)} = u^{(t)} - \eta\frac{\partial E}{\partial u} \tag{4.48}$$

다층 퍼셉트론에서 오차 함수에 대한 그레디언트를 결정하기 위한 편미분은 다음과 같이 계산한다.

$$\frac{\partial E}{\partial v_{kj}} = \frac{\partial E}{\partial o_k}\frac{\partial o_k}{\partial v_{kj}} = (o_k - t_k)f'(osum_k)z_j = \delta_k z_j \tag{4.49}$$

$$\frac{\partial E}{\partial u_{ji}} = \frac{\partial E}{\partial z_j}\frac{\partial z_j}{\partial u_{ji}} = \sum_{k=1}^{m}\frac{\partial E}{\partial o_k}\frac{\partial o_k}{\partial z_j}f'(zsum_j)x_i \tag{4.50}$$

$$= \sum_{k=1}^{m} (o_k - t_k) f'(osum_k) v_{kj} f'(zsum_j) x_i \qquad (4.51)$$

$$= \sum_{k=1}^{m} \delta_k v_{kj} f'(zsum_j) x_i \qquad (4.52)$$

그레디언트를 계산하는 (식 4.49)와 (식 4.52)는 모두 δ_k로 정리되는 항을 포함하고 있는데, 이 항은 오차와 관련이 있다. 학습할 때는 먼저 각 학습 데이터의 입력을 다층 퍼셉트론에 집어넣어 출력을 계산한다. 그리고 나서 출력값의 오차를 줄이도록 은닉층과 출력층 사이의 가중치 벡터 v를 수정한 다음, 입력층과 은닉층 사이의 가중치 벡터 u를 수정한다. 편미분식에 있는 오차 관련 항인 δ_k가 출력층에서부터 입력층 방향으로 역으로 전달되어가면서 가중치를 수정하기 때문에, 다층 퍼셉트론의 학습 알고리즘을 오차역전파^{error} backpropagation, 誤差逆傳播 알고리즘이라고 한다.

경사 하강법을 사용할 때, 학습 도중에 오차 함수의 모양이 평평한 부분을 만나게 되면 그레디언트가 영벡터가 되어 학습이 되지 않는다. 한편, 오류가 있는 학습 데이터가 있다면, 오차 함수의 모양이 부분적으로 잘못 정의될 수 있다. 이러한 상황에서는 가중치를 변경할 때 직전 시점의 그레디언트를 어느 정도 고려하는 것이 바람직할 수 있다. 이때 가중치를 수정하는 양은 (식 4.53)과 같이 된다. (식 4.53)에서 직전 시점의 이동 벡터에 대응하는 $\alpha\Delta^{(t)}$를 모멘텀^{momentum} 항이라고 한다.

$$\Delta^{(t+1)} = \alpha\Delta^{(t)} + \eta \frac{\partial E}{\partial w} \qquad (4.53)$$

$$w^{(t+1)} = w^{(t)} - \Delta^{(t)} \qquad (4.54)$$

위 식에서 α는 모멘텀율^{momentum rate}이라 하는데, 1보다 작은 양의 값이다.

[알고리즘 4.1]은 [그림 4.39]의 다층 퍼셉트론에 대한 오차역전파 알고리즘이다. 이 알고리즘에서 종료조건은 일정 반복회수에 도달하거나 전체적인 오차 변화의 없는 것 등이 될 수 있다.

알고리즘 4.1 다층 퍼셉트론의 오차역전파 학습 알고리즘

입력 : 학습 데이터 집합 $D = \{(\boldsymbol{x}_1, \boldsymbol{t}_1), (\boldsymbol{x}_2, \boldsymbol{t}_2), \cdots, (\boldsymbol{x}_N, \boldsymbol{t}_N)\}$, 학습률 η

출력 : 가중치 벡터 $\boldsymbol{u}, \boldsymbol{v}$

1. $\boldsymbol{u}, \boldsymbol{v}$를 작은 무작위 값으로 초기화한다.
2. **repeat**
3.   **for** (D의 각 학습 데이터에 대해)   {
4.   (식 4.42)–(4.45)를 이용하여 각 노드의 출력을 계산한다.
5.   (식 4.49)와 (식 4.52)를 이용하여 $\dfrac{\partial E}{\partial v_{kj}}$ 와 $\dfrac{\partial E}{\partial u_{ji}}$ 를 계산한다.
6.   (식 4.47)과 (식 4.48)을 이용하여 가중치 $\boldsymbol{u}, \boldsymbol{v}$를 수정한다.
7.   }
8. **until** (종료조건 만족)

4) 오차 함수

신경망 모델의 학습은 오차 함수를 최소화하는 가중치를 찾는 것이다. 오차 함수를 최소화하기 위해 기본적으로 경사 하강법을 사용한다. 출력값이 실수값인 경우에는 오차 함수가 (식 4.46)과 같은 오차제곱합이나 오차제곱합의 평균으로 정의된다.

이진 분류기[binary classifier]의 경우에는 [그림 4.40(a)]와 같이 출력 노드를 하나만 두고, 이 노드가 특정 부류에 속할 확률 $p(Y = 1|\boldsymbol{x})$을 출력하도록 학습시켜도 된다. 이 때 출력 노드의 값 $y(\boldsymbol{x}, \boldsymbol{w})$는 다음과 같은 로지스틱 시그모이드[logistic sigmoid]를 활성화 함수로 사용하여 계산한다.

$$y(\boldsymbol{x}, \boldsymbol{w}) = \cfrac{1}{1 + \exp\left(-\displaystyle\sum_{i=1}^{m} w_i x_i\right)} \tag{4.55}$$

여기에서 $\boldsymbol{x}$는 입력 벡터을 나타내고, $\boldsymbol{w}$는 가중치 벡터를 나타낸다.

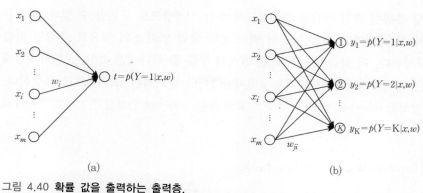

(a)   (b)

그림 4.40 확률 값을 출력하는 출력층.
(a) 이진 분류기의 출력 (b) 다부류 분류기의 출력

두 개의 부류를 각각 C_1과 C_2라고 할 때, 출력값 $y(\boldsymbol{x}, \boldsymbol{w})$는 조건부 확률 $p(C_1|\boldsymbol{x})$로 간주하고, $1 - y(\boldsymbol{x}, \boldsymbol{w})$는 조건부 확률 $p(C_2|\boldsymbol{x})$로 간주한다. 이 경우 부류 C_1일 때는 목표 출력 t값이 1, 부류 C_2일 때는 0으로 하자. 이때 입력 $\boldsymbol{x}$에 대한 목표 출력 t의 조건부 확률 $p(t|\boldsymbol{x}, \boldsymbol{w})$는 다음과 같이 표현할 수 있다.

$$p(t|\boldsymbol{x}, \boldsymbol{w}) = y(\boldsymbol{x}, \boldsymbol{w})^t \{1 - y(\boldsymbol{x}, \boldsymbol{w})\}^{1-t} \tag{4.56}$$

학습 데이터가 $D = \{(\boldsymbol{x}_1, t_1), (\boldsymbol{x}_2, t_2), \cdots, (\boldsymbol{x}_N, t_N)\}$일 때, 학습의 목표는 신경망이 각 학습 데이터 $\boldsymbol{x}_i$에 대한 확률 값 $p(t = t_i | \boldsymbol{x}_i, \boldsymbol{w})$을 크게 만들어 주도록 가중치를 결정하는 것이다. 가중치 벡터 $\boldsymbol{w}$인 신경망이 주어진 학습 데이터 D와 같은 결과를 만들어 낼 확률, 즉 가능도^{likelihood}는 다음과 같이 표현할 수 있다.

$$p(D; \boldsymbol{w}) = \prod_{i=1}^{N} y(\boldsymbol{x}_i, \boldsymbol{w})^{t_i} \{1 - y(\boldsymbol{x}_i, \boldsymbol{w})\}^{1-t_i} \tag{4.57}$$

이 때 오차 함수는 (식 4.57)의 가능도에 로그 함수를 적용한 후 –1을 곱한 음陰의 로그 가능도$^{\text{negative log likelihood}}$로 다음과 같이 정의한다.

$$
\begin{aligned}
E(\boldsymbol{w}) &= -\log \prod_{i=1}^{N} y(\boldsymbol{x}_i, \boldsymbol{w})^{t_i} \{1 - y(\boldsymbol{x}_i, \boldsymbol{w})\}^{1-t_i} \\
&= -\sum_{i=1}^{N} [t_i \log y(\boldsymbol{x}_i, \boldsymbol{w}) + (1 - t_i) \log \{1 - y(\boldsymbol{x}_i, \boldsymbol{w})\}]
\end{aligned} \tag{4.58}
$$

3개 이상의 부류가 있는 다부류 분류기$^{\text{multiclass classifier}}$는 출력 노드가 부류 개수 만큼 있고,

각 노드가 해당 부류에 속할 확률을 출력하도록 하는 신경망으로 구현할 수 있다. 다부류 분류 문제에서 학습 데이터 집합은 입력 벡터 x_i와 출력 벡터 t_i의 쌍으로 구성된 학습 데이터들로 구성된다. 각 학습 데이터 x_i는 K개의 부류 중 하나에만 속한다. 만약 k번째 부류에 속하는 데이터라면 출력 벡터는 k번째만 1이고 나머지는 모두 0으로 표현한다. 이러한 표현 방식을 one-hot 벡터$^{\text{one-hot vector}}$ 표현 또는 one-hot 인코딩$^{\text{one-hot encoding}}$이라고 한다.

$$D = \{(x_1, t_1), (x_2, t_2), \cdots, (x_N, t_N)\},$$

$$t_i = (t_{i1}, t_{i2}, \cdots, t_{iK}), \quad t_{ij} \in \{0, 1\}, \quad \sum_{j=1}^{K} t_{ij} = 1 \tag{4.59}$$

출력 노드의 값이 해당 부류에 속할 확률값인 분류기를 신경망으로 구현하려면, 신경망의 출력 노드의 출력값이 0이상이면서 전체 출력값의 합은 1이 되도록 만들어 주어야 한다. 이를 위해 [그림 4.40(b)]와 같은 형태로 구성되는 소프트맥스 층$^{\text{softmax layer}}$을 사용하는데, 각 노드 y_k의 값은 다음과 같이 계산된다.

$$y_k = \frac{\exp\left(\sum_{j=1}^{m} w_{jk} x_j\right)}{\sum_{l=1}^{K} \exp\left(\sum_{j=1}^{m} w_{jl} x_j\right)} \tag{4.60}$$

다부류 분류 문제에서 학습 데이터 (x_i, t_i)의 조건부 확률은 (식 4.56)과 유사하게 다음과 같이 표현할 수 있다.

$$p(t_i | x_i, w) = \prod_{k=1}^{K} y_k(x_i, w)^{t_{ik}} \tag{4.61}$$

따라서 전체 데이터 D에 대한 가능도는 다음과 같이 표현할 수 있다.

$$p(D; w) = \prod_{i=1}^{N} \prod_{k=1}^{K} y_k(x_i, w)^{t_{ik}} \tag{4.62}$$

위 식의 가능도를 최대로 하는 가중치 파라미터 w가 가장 바람직한 파라미터이다. 이와 같이 가능도를 최대화하는 파리미터를 찾는 것을 최대 가능도 추정$^{\text{maximum likelihood estimation}}$이라고 한다. 오차 함수 $E(w)$를 (식 4.62)에 대한 음의 로그 가능도 함수로 다음과 같이 정의한다.

$$E(\boldsymbol{w}) = -\log \prod_{i=1}^{N} \prod_{k=1}^{K} y_k(\boldsymbol{x}_i, \boldsymbol{w})^{t_{ik}} = -\sum_{i=1}^{N} \sum_{k=1}^{K} t_{ik} \log y_k(\boldsymbol{x}_i, \boldsymbol{w}) \qquad (4.63)$$

위 (식 4.63)의 오차 함수는 전체 학습 데이터에 대해서 정의된 것이다. 한편 하나의 학습 데이터 $(\boldsymbol{x}_i, \boldsymbol{t}_i)$에 대한 오차 함수는 (식 4.61)에 대한 음의 로그 가능도 함수로 다음과 같이 정의된다.

$$E(\boldsymbol{w}) = -\sum_{k=1}^{K} t_{ik} \log y_k(\boldsymbol{x}_i, \boldsymbol{w}) \qquad (4.64)$$

(식 4.64)는 확률분포 $(t_{i1}, t_{i2}, \cdots, t_{iK})$와 $(y_1, y_2, \cdots, y_K)$에 대한 교차 엔트로피[cross entropy]의 식과 같다. 그래서 (식 4.64)의 오차 함수를 목표 분포 $(t_{i1}, t_{i2}, \cdots, t_{iK})$와 신경망 출력 분포 $(y_1, y_2, \cdots, y_K)$의 교차 엔트로피라고 부르기도 한다. (식 4.62)의 전체 데이터에 대한 가능도를 최대화하는 최대가능도 추정에 따라 가중치 파라미터 $\boldsymbol{w}$를 결정하는 것은, (식 4.64)의 교차 엔트로피 오차 함수를 최소화하는 가중치 파라미터를 찾는 것과 같다.

5) 다층 퍼셉트론의 이용

다층 퍼셉트론은 대표적인 신경망 모델로서 패턴 인식, 컴퓨터 비전, 영상처리, 비즈니스 인텔리전스[business intelligence, BI; 기업의 비즈니스 의사 결정을 위해 사용하는 데이터의 접근, 수집, 보관, 분석 애플리케이션과 기술] 등 다양한 분야에서 이용되고 있다. 학습된 다층 퍼셉트론은 새로운 데이터에 대한 예측이나 추정을 위해 사용된다. 학습된 다층 퍼셉트론은 학습 데이터의 입력과 출력 관계를 나타내는 함수를 모델링한 것이다. 분류 문제라면 입력된 데이터에 대해서 출력층의 어떤 노드가 가장 큰 값을 가졌는지에 따라 분류가 결정된다. 회귀 문제라면 출력 노드의 값이 입력된 데이터에 대한 예측값이 된다. 새로운 입력에 대해서 출력을 계산하는 것은 앞에서 설명한 다층 퍼셉트론 동작 방법을 따른다.

다층 퍼셉트론 이외에도 RBF[radial basis function] 망, SOM[self-organizing feature map], 홉필드망[Hopfield network], ART[adaptive resonance theory], 재귀신경망[recurrent network] 등 여러 신경망 모델이 있다. 최근에는 다양한 딥러닝 신경망 모델들이 개발되고 있다. 딥러닝에 대해서는 5장에서 자세히 소개한다.

4.9.3 RBF 망

RBF 망$^{\text{radial basis function network}}$은 [그림 4.41]과 같은 구조로 된 신경망인데, 중간층에서는 노드가 RBF 함수를 계산하고, 출력층에서는 노드가 중간층의 출력들을 선형 결합한다. RBF 함수는 기준 벡터 $\boldsymbol{\mu}$와 입력 벡터 $\boldsymbol{x}$의 유사도를 측정하는 함수로 [그림 4.42]와 같은 가우시안 함수의 형태를 갖는다.

$$\phi(\boldsymbol{x}, \boldsymbol{\mu}) = \exp(-\beta\|\boldsymbol{x} - \boldsymbol{\mu}\|^2) \tag{4.65}$$

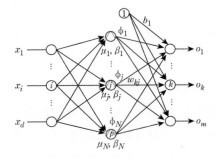

그림 4.41 **RBF 망의 구조.**

RBF 망은 어떤 함수 $f_k(\boldsymbol{x})$를 다음과 같이 RBF 함수들의 선형 결합 형태로 근사시키는 모델이다.

$$f_k(\boldsymbol{x}) \approx \sum_{i=1}^{N} w_{kj}\phi_i(\boldsymbol{x}, \boldsymbol{\mu}_i) + b_k \tag{4.66}$$

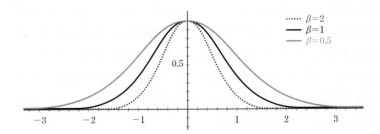

그림 4.42 **RBF 함수의 형태.**

RBF 망에서 은닉층 노드 ϕ_j와 출력층 노드 o_k는 다음과 같은 연산을 수행한다.

$$\phi_j = \exp(-\beta_j\|\boldsymbol{x} - \boldsymbol{\mu}_i\|^2) \tag{4.67}$$

$$o_k = \sum_{j=1}^{N} w_{kj}\phi_j + b_k \qquad (4.68)$$

오차 함수는 (식 4.46)과 같은 학습 데이터에 대한 제곱 오차의 합으로 정의하고, 오차 함수에 대해 경사 강하법을 적용하여 가중치 w_{kj} 및 RBF 함수의 평균 벡터 $\boldsymbol{\mu}_j$와 파라미터 β_j를 학습한다. 중간층에 많은 RBF 노드를 사용할수록 모델의 성능이 향상될 수 있지만, 모델의 복잡도가 지나치게 커지지 않도록 노드 개수를 가능한 줄이는 것이 바람직하다.

분류 문제에 RBF 망을 적용하는 경우, 각 부류별로 학습 데이터의 입력을 k-means 알고리즘으로 군집화하여 구한 군집의 중심들을 RBF 노드의 평균 벡터 초기값으로 사용하기도 한다. 이때 파라미터 β_j는 해당 군집의 평균 벡터와 데이터간의 분산의 역수를 사용하여 초기화한다. [그림 4.43]은 RBF 망을 이용하여 분류를 한 예를 보인 것이다. (a)는 원으로 표시된 부류의 데이터와 ×로 표시된 데이터로 구성된 학습 데이터를 나타내고, ＊는 k-means 알고리즘에 의해 선택된 군집 중심의 위치를 나타낸다. (b)는 (a)에서 선택된 위치의 RBF 함수를 초기값으로 하여 학습된 RBF 망이 두 부류를 구별하는 결정경계를 표시한 것이다.

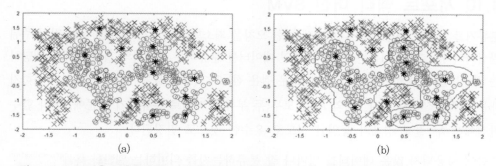

그림 4.43 **RBF 망을 이용한 분류. (a) 학습 데이터 (b) RBF 망이 학습한 분류경계**

참고 **하드웨어 신경망**

하드웨어로 신경망을 구현하려는 다양한 시도가 있었다. 대표적인 사례로 미국 국방성의 DARPA$^{\text{Defense Advanced Research Projects Agency}}$의 지원을 받아 IBM이 진행하고 있는 SyNAPSE^{Systems} $^{\text{of Neuromorphic Adaptive Plastic Scalable Electronics}}$ 프로젝트가 있다. SyNAPSE는 인간 두뇌 규모의 신경세포와 신경연접을 2리터 이내 부피의 저전력 칩으로 구현한다는 것을 목적으로 하고 있다. 2014년 8월에 SyNAPSE 팀은 각각 256개의 뉴런(신경세포)를 시뮬레이션할 수 있는 4096개의 코어를 가지며,

각 뉴런은 256개의 신경연접을 가질 수 있는 반도체 칩, 즉 10^6개의 뉴런과 268×10^6개의 신경연접에 해당하는 요소를 포함하는 칩을 개발했다고 사이언스^{Science}지에 발표했다. 인간 두뇌의 신경세포와 신경연접의 규모에는 아직 크게 미치지 못하지만, 하드웨어 신경망의 발전이 크게 진전되고 있다. 실용적인 응용 시스템 개발을 위한 신경망 하드웨어로 뉴로모픽^{neuromorphic} 칩에 대한 연구 개발이 활발히 진행되고 있다. 뉴로모픽칩은 신경망 연산을 하드웨어적으로 구현한 저전력 칩을 말한다. 퀄컴^{Qualcomm}은 뉴로모픽칩의 일종인 제로스^{Zeroth} 칩, IBM은 트루노스^{TrueNorth} 칩, 인텔^{Intel}은 로이히^{Loihi} 칩, 제너럴 비전$^{\text{General Vision}}$은 CM1K 칩 등을 개발했다. 퀄컴은 제로스 칩을 자사의 칩에 넣었다고 밝히고 있지만 구체적 사양에 대해서 공개하고 있지 않고 있다. IBM은 트루노스 칩을 양산하는 계획을 가지고 있지 않은 듯 하다. 인텔은 로이히 칩과 소프트웨어 개발환경을 연구용으로 제공하고 있다. 제너럴 비전의 CM1K은 국내 반도체 기업인 네패스에서 NM500이란 칩으로 상용생산을 했다. NM500 칩 하나에는 576개의 뉴런이 들어가는데, 여러 개의 칩을 연결해서 사용할 수 있다. 이 칩으로는 RBF 망 모델과 kNN 모델을 구현할 수 있다.

4.10 서포트 벡터 머신 SVM

분류기를 학습할 때는 학습 데이터에 대한 오차를 최소화하는 결정 경계를 찾는 것이 주된 관심사이다. [그림 4.44]는 부류가 2개인 데이터를 분류하는 분류기의 결정 경계에 해당하는 직선들을 보인 것이다. 결정 경계 h_1은 검은 점들과 속빈 점들을 제대로 구별하지 못하기 때문에 바람직하지 않다. h_2와 h_3는 모두 두 부류를 제대로 분류하기 때문에, 오차 함수 관점에서 두 결정 경계가 동일한 정도로 우수한 것으로 판정된다.

학습에 사용되지 않은 데이터를 얼마나 잘 분류하는지를 의미하는 일반화 특성$^{\text{generalization property}}$ 관점에서 h_2와 h_3를 비교해 보자. h_2는 결정 경계 바로 근처에 학습 데이터가 존재하지만, h_3는 학습 데이터에서 멀리 떨어져 있다. 학습 데이터와는 약간 거리가 있는 데이터들이 발생할 때, h_3가 h_2보다 더 일관되게 판단을 할 수 있다. 결정 경계와 가장 가까이에 있는 학습 데이터까지의 거리를 여백$^{\text{margin, 餘白}}$이라고 한다. 분류 오차가 동일하다면 여백이 큰 결정 경계일수록 일반화 특성이 좋다. 따라서 여백 관점에서 보면 h_3가 h_2보다 우수하다고 할 수 있다.

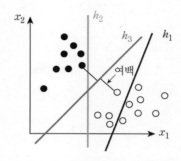

그림 4.44 **2개 부류 문제에 대한 결정 경계.**

서포트 벡터 머신[support vector machine, SVM]은 1996년 바프닉[Vladimir Vapnik, 1936生] 등이 제안한 분류 모델로, 분류 오차를 줄이면서 동시에 여백을 최대로 하는 결정 경계를 찾는 학습을 한다. 이때 결정 경계로부터 가장 가까이에 있는 학습 데이터들을 서포트 벡터라고 한다.

4.10.1 초평면 기하학

퍼셉트론과 같은 분류 모델의 결정 경계는 선형[linear, 線形]이다. 데이터가 1차원이면 이러한 선형 분류기는 수치 하나를 기준으로 분류를 하고, 데이터가 2차원이면 선형 분류기는 평면상의 직선을 결정 경계로 사용한다. 데이터가 3차원이면 결정 경계는 3차원 공간상의 평면이고, 4차원 이상이면 결정 경계는 초평면[hyperplane, 超平面]이다. 초평면은 4차원 이상의 공간에서 선형적인 부분 공간을 의미한다. 초평면은 3차원 공간의 평면을 고차원 공간에 확장한 개념으로 생각하면 된다.

d차원 공간에 있는 입력 데이터 $\boldsymbol{x} = \begin{bmatrix} x_1 & x_2 & \cdots & x_d \end{bmatrix}^\top$에 대한 결정 경계에 해당하는 초평면은 다음과 같이 표현된다.

$$h(\boldsymbol{x}) = w_1 x_1 + w_2 x_2 + \cdots + w_d x_d + b = \boldsymbol{w}^\top \boldsymbol{x} + b = 0 \tag{4.69}$$

위 선형방정식의 계수에 해당되는 벡터 $\boldsymbol{w} = \begin{bmatrix} w_1 & w_2 & \cdots & w_d \end{bmatrix}^\top$가 평면의 법선벡터[normal vector]에 해당한다. 평면상의 임의의 벡터 $\boldsymbol{a}$와 평면의 법선벡터 $\boldsymbol{w}$의 내적은 0이다.

$$\boldsymbol{a} \cdot \boldsymbol{w} = 0 \tag{4.70}$$

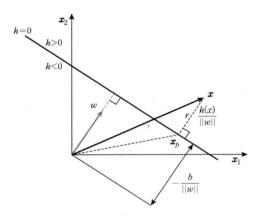

그림 4.45 **2개 부류 문제에 대한 선형 결정 경계 h 와 데이터 x 의 거리.**

[그림 4.45]는 2차원 평면상에서 입력 벡터 x와 초평면 h와의 거리를 나타낸다. 데이터 벡터 x를 초평면 h에 투영^projection, 投影한 벡터를 x_p라 하고, 초평면에서 x까지의 거리 r이라 할 때, x를 단위 법선벡터 $w/\|w\|$를 사용하여 다음과 같이 나타낼 수 있다.

$$x = x_p + r\frac{w}{\|w\|} \tag{4.71}$$

편의상 위 식을 전치시켜 열벡터^column vector로 나타내면 다음과 같다.

$$x^\top = x_p^\top + r\frac{w^\top}{\|w^\top\|} \tag{4.72}$$

위 식의 양변에 $w^\top$를 곱하여 전개하면, 거리 r을 다음과 같이 유도할 수 있다.

$$w^\top x = w^\top x_p + r\frac{w^\top w}{\|w\|} \tag{4.73}$$

$$w^\top x = w^\top x_p + r\|w\| \tag{4.74}$$

$$w^\top x + b = w^\top x_p + b + r\|w\| \tag{4.75}$$

$$h(x) = r\|w\| \tag{4.76}$$

$$r = \frac{h(x)}{\|w\|} \tag{4.77}$$

(식 4.73)에서 $w^\top w = \|w\|^2$이기 때문에 (식 4.74)가 유도된다. x_p가 초평면 $h(x) = 0$ 상의 벡터이기 때문에, (식 4.75)에서 $w^\top x_p + b = 0$이 되어 (식 4.76)이 유도된다.

초평면의 식은 $w^\top x + b = 0$로 표현되기 때문에, 이 식에 0이 아닌 임의의 상수값 α을 곱한 $\alpha w^\top x + \alpha b = 0$도 동일한 초평면이다. 예를 들어, $x_1 + x_2 - 2 = 0$과 $2x_1 + 2x_2 - 4 = 0$는 동일한 직선을 표현한다. 이와 같이 동일한 초평면을 나타내는 식은 무수히 많이 있다. SVM에서는 서포트 벡터에 대한 초평면의 식의 절대값이 1이 되는 식을 결정 경계를 나타내기 위해 사용한다. 즉, x'이 서포트 벡터라면, $|h(x')| = 1$이 되는 초평면의 식 $h(x)$를 사용한다.

4.10.2 SVM의 학습

SVM은 2개의 부류가 있는 분류 문제에 적용되는 분류 모델이다. 학습 데이터 집합을 $X = \{(x_1, t_1), (x_2, t_2), \cdots, (x_N, t_N)\}$이라고 할 때, 입력 x_i에 대한 부류를 나타내는 출력 t_i의 값은 1 또는 -1로 표현한다.

$$t_i \in \{1, -1\}, \quad i = 1, \cdots, N$$

SVM은 다음 두 조건을 만족하는 초평면을 찾는다.

---

❶ $t_i h(x_i) \geq 1, \quad i = 1, \cdots, N$

❷ 서포트 벡터와의 거리, 즉 여백을 최대로 한다.

조건 ❶은 서포트 벡터 x'에서 $|h(x')| = 1$이라는 것과, $h(x) > 1$인 공간에 $t_i = 1$인 데이터들이 나타나고, $h(x) < -1$인 공간에 $t_i = -1$인 데이터들이 나타난다는 조건을 나타낸다.

조건 ❷를 만족시키기 위해서는 서포트 벡터까지의 거리 r이 최대가 되어야 한다. $r = \dfrac{h(x)}{\|w\|}$에서 서포트 벡터 x에 대해서는 $h(x) = 1$이므로, 거리는 $r = \dfrac{1}{\|w\|}$이다. 거리를 최대로 만드는 것은 $\|w\|$를 최소로 만드는 것과 같다. 따라서 조건 ❷를 다음과 같이 바꾸어 쓸 수 있다.

❷ $\|w\|$ 를 최소화 하라.

위 조건은 다음 목적함수를 최소화하는 것으로 나타낼 수 있다.

$$J(w) = \frac{1}{2}\|w\|^2 \tag{4.78}$$

여기에서 $\frac{1}{2}$ 는 나중에 식을 전개할 때 미분한 식이 간결하게 표현되도록 추가한 것이다. SVM의 학습 문제는 다음과 같은 제약조건 최적화 문제^{constrained optimization problem}가 된다.

Find w, b which minimizes $J(w) = \frac{1}{2}\|w\|^2$

subject to $t_i h(x_i) \geq 1$, $i = 1, \cdots, N$

부등식 제약조건식을 0보다 작거나 같다는 표준적인 형태로 변경하면 다음과 같아진다.

Find w, b which minimizes $J(w) = \frac{1}{2}\|w\|^2$

subject to $1 - t_i h(x_i) \leq 0$, $i = 1, \cdots, N$ $\qquad$ (4.79)

제약조건 최적화 문제는 라그랑주 승수^{Lagrange multiplier}를 도입하여 단일 목적함수인 라그랑주 함수^{Lagrangian function} L 을 최적화하는 문제로 변환할 수 있다. 다음과 같은 제안조건 최소화 문제가 있다고 하자.

Find x which minimizes $f(x)$ $\qquad$ (4.80)

subject to $g(x) = 0$

$h(x) \leq 0$

2.6.4절에서 살펴본 바와 같이 라그랑주 함수 $L(x, \lambda, \alpha)$ 는 다음과 같이 정의된다.

$$L(x, \lambda, \alpha) = f(x) + \lambda g(x) + \alpha h(x) \qquad (\alpha \geq 0) \tag{4.81}$$

SVM 문제에는 등식 제약조건이 없으므로, 초평면을 정의하는 변수 w와 b과 라그랑주 승수 α_i를 사용하여 라그랑주 함수 $L(w, b, \alpha)$를 표현하면 다음과 같다.

$$L(w, b, \alpha) = \frac{1}{2}\|w\|^2 + \sum_{i=1}^{N} \alpha_i(1 - t_i(w^\top x_i + b)) \qquad (4.82)$$

$$\alpha_i \geq 0 \qquad i = 1, \cdots, N \qquad (4.83)$$

여기에서 α_i는 각 데이터에 대한 부등식 제약조건에 대응하는 라그랑주 승수이다. 이를 정형화된 제약조건 최적화 문제로 표현하면 다음과 같다.

Find α which minimizes $L(w, b, \alpha) = \frac{1}{2}\|w\|^2 + \sum_{i=1}^{N} \alpha_i(1 - t_i(w^\top x_i + b))$

subject to $\alpha_i \geq 0 \qquad i = 1, \cdots, N$

라그랑주 함수 최적화 문제에 대한 해는 다음과 같은 Karush–Kuhn–Tucker^{KKT} 조건을 만족하는 것이다.

① $\alpha_i \geq 0$, $i = 1, \cdots, N$ $\qquad (4.84)$

② $1 - t_i h(x_i) = 1 - t_i(w^\top x_i + b) \leq 0$, $\quad i = 1, \cdots, N$ $\qquad (4.85)$

③ $\alpha_i(1 - t_i h(x_i)) = 0$, $\quad i = 1, \cdots, N$ $\qquad (4.86)$

④ $\dfrac{\partial L}{\partial w} = 0, \dfrac{\partial L}{\partial b} = 0$ $\qquad (4.87)$

라그랑주 함수 $L(w, b, \alpha)$에 대한 쌍대 함수$^{dual\ function}$ $\tilde{L}(\alpha)$은 다음과 같이 정의된다.

$$\tilde{L}(\alpha) = \min_{w, b} L(w, b, \alpha) \qquad (4.88)$$

목적 함수 $L(w, b, \alpha)$가 아래로 볼록인 함수이기 때문에, w와 b에 대해 최소가 되는 쌍대 함수 $\tilde{L}(\alpha)$를 찾기 위해, $L(w, b, \alpha)$의 각각 w와 b에 대해서 미분한 도함수를 0으로 하면, 다음과 같은 관계식이 얻어진다.

$$\frac{\partial L}{\partial w} = w - \sum_{i=1}^{N} \alpha_i t_i x_i = 0 \qquad (4.89)$$

$$w = \sum_{i=1}^{N} \alpha_i t_i \boldsymbol{x}_i \tag{4.90}$$

$$\frac{\partial L}{\partial b} = -\sum_{i=1}^{N} \alpha_i t_i = 0 \tag{4.91}$$

$$\sum_{i=1}^{N} \alpha_i t_i = 0 \tag{4.92}$$

(식 4.90)과 (식 4.92)를 $L(\boldsymbol{w}, b, \boldsymbol{\alpha})$ 에 넣어 전개하면, (식 4.96)과 같이 $\boldsymbol{w}$ 와 b 가 없는 쌍대 함수 $\widetilde{L}(\boldsymbol{\alpha})$ 이 얻어진다.

$$L(\boldsymbol{w}, b, \boldsymbol{\alpha}) = \frac{1}{2}\|\boldsymbol{w}\|^2 + \sum_{i=1}^{N} \alpha_i (-t_i(\boldsymbol{w}^\top \boldsymbol{x}_i + b) + 1) \tag{4.93}$$

$$\widetilde{L}(\boldsymbol{\alpha}) = \frac{1}{2}(\sum_{i=1}^{N} \alpha_i t_i \boldsymbol{x}_i)^\top (\sum_{j=1}^{N} \alpha_j t_j \boldsymbol{x}_j) - \sum_{i=1}^{N} \alpha_i t_i \sum_{j=1}^{N} \alpha_j t_j \boldsymbol{x}_j^\top \boldsymbol{x}_i - b\sum_{i=1}^{N} \alpha_i t_i + \sum_{i=1}^{N} \alpha_i \tag{4.94}$$

$$= -\frac{1}{2}\sum_{i=1}^{N}\sum_{j=1}^{N} \alpha_i \alpha_j t_i t_j \boldsymbol{x}_i^\top \boldsymbol{x}_j + \sum_{i=1}^{N} \alpha_i \tag{4.95}$$

$$= -\frac{1}{2}\sum_{i=1}^{N}\sum_{j=1}^{N} \alpha_i \alpha_j t_i t_j \boldsymbol{x}_i \cdot \boldsymbol{x}_j + \sum_{i=1}^{N} \alpha_i \tag{4.96}$$

위의 $\widetilde{L}(\boldsymbol{\alpha})$ 와 KKT 조건을 사용하여 다음과 같은 $\boldsymbol{w}$ 와 b 가 없는 쌍대 문제[dual problem]가 유도된다. 목적 함수에 해당하는 $\widetilde{L}(\boldsymbol{\alpha})$ 는 입력 데이터의 내적[inner product] 항 $\boldsymbol{x}_i \cdot \boldsymbol{x}_j$ 를 포함하고 있다.

$$\text{Find } \boldsymbol{\alpha} \text{ which maximizes } \widetilde{L}(\boldsymbol{\alpha}) = -\frac{1}{2}\sum_{i=1}^{N}\sum_{j=1}^{N} \alpha_i \alpha_j t_i t_j \boldsymbol{x}_i \cdot \boldsymbol{x}_j + \sum_{i=1}^{N} \alpha_i \tag{4.97}$$

$$\text{subject to } \sum_{i=1}^{N} \alpha_i t_i = 0, \quad i = 1, \cdots, N \tag{4.98}$$

$$\alpha_i \geq 0, \quad i = 1, \cdots, N \tag{4.99}$$

위의 최적화 문제에서 목적함수와 부등식 제약조건에 각각 −1를 곱하면 다음과 같은 전형적인 최적화 문제로 변환된다.

$$\text{Find } \boldsymbol{\alpha} \text{ which minimizes } L_D(\boldsymbol{\alpha}) = \frac{1}{2}\sum_{i=1}^{N}\sum_{j=1}^{N}\alpha_i\alpha_j t_i t_j \boldsymbol{x}_i \cdot \boldsymbol{x}_j - \sum_{i=1}^{N}\alpha_i \qquad (4.100)$$

$$\text{subject to } \sum_{i=1}^{N}\alpha_i t_i = 0, \quad i = 1, \cdots, N \qquad (4.101)$$

$$-\alpha_i \leq 0, \quad i = 1, \cdots, N \qquad (4.102)$$

목적함수 $L_D(\boldsymbol{\alpha})$를 행렬-벡터 식으로 표현하면 다음과 같다.

$$
\begin{aligned}
&L_D(\boldsymbol{\alpha})\\
&= \frac{1}{2}\begin{bmatrix} \alpha_1 & \alpha_2 & \cdots & \alpha_N \end{bmatrix}
\begin{bmatrix}
t_1 t_1 \boldsymbol{x}_1 \cdot \boldsymbol{x}_1 & t_1 t_2 \boldsymbol{x}_1 \cdot \boldsymbol{x}_2 & \cdots & t_1 t_N \boldsymbol{x}_1 \cdot \boldsymbol{x}_N \\
t_2 t_1 \boldsymbol{x}_2 \cdot \boldsymbol{x}_1 & t_2 t_2 \boldsymbol{x}_2 \cdot \boldsymbol{x}_2 & \cdots & t_2 t_N \boldsymbol{x}_2 \cdot \boldsymbol{x}_N \\
\vdots & \vdots & \ddots & \vdots \\
t_N t_1 \boldsymbol{x}_N \cdot \boldsymbol{x}_1 & t_N t_2 \boldsymbol{x}_N \cdot \boldsymbol{x}_2 & \cdots & t_N t_N \boldsymbol{x}_N \cdot \boldsymbol{x}_N
\end{bmatrix}
\begin{bmatrix} \alpha_1 \\ \alpha_2 \\ \vdots \\ \alpha_N \end{bmatrix} - \sum_{i=1}^{N}\alpha_i\\
&= \frac{1}{2}\boldsymbol{\alpha}^{\top}H\boldsymbol{\alpha} - \sum_{i=1}^{N}\alpha_i \qquad (4.103)
\end{aligned}
$$

여기에서 행렬 H는 다음과 같이 각 입력 벡터 쌍의 내적 $\boldsymbol{x}_i \cdot \boldsymbol{x}_j$과 해당 출력값들 t_i, t_j의 곱을 원소로 갖는다.

$$
H = \begin{bmatrix}
t_1 t_1 \boldsymbol{x}_1 \cdot \boldsymbol{x}_1 & t_1 t_2 \boldsymbol{x}_1 \cdot \boldsymbol{x}_2 & \cdots & t_1 t_N \boldsymbol{x}_1 \cdot \boldsymbol{x}_N \\
t_2 t_1 \boldsymbol{x}_2 \cdot \boldsymbol{x}_1 & t_2 t_2 \boldsymbol{x}_2 \cdot \boldsymbol{x}_2 & \cdots & t_2 t_N \boldsymbol{x}_2 \cdot \boldsymbol{x}_N \\
\vdots & \vdots & \ddots & \vdots \\
t_N t_1 \boldsymbol{x}_N \cdot \boldsymbol{x}_1 & t_N t_2 \boldsymbol{x}_N \cdot \boldsymbol{x}_2 & \cdots & t_N t_N \boldsymbol{x}_N \cdot \boldsymbol{x}_N
\end{bmatrix} \qquad (4.104)
$$

이 최적화 문제는 함수 $L_D(\boldsymbol{\alpha})$는 아래로 볼록인convex 2차 함수quadratic function이고, 제약조건은 1차식인 볼록 이차 최적화convex quadratic optimization 문제이다. 선형대수학 분야에는 이런 문제를 효과적으로 해결하는 quadratic problem solver 라이브러리들이 개발되어 있다. 예를 들면, MatLab/ Octave에서 제공하는 quadratic problem solver인 quadprog(H, f, A, b, A, B)는 다음과 같은 형태로 주어진 최적화 문제의 해를 찾아 준다.

$$\text{Find } \boldsymbol{\alpha} \text{ which minimizes } L_D(\boldsymbol{\alpha}) = \frac{1}{2}\boldsymbol{\alpha}^{\top}H\boldsymbol{\alpha} + \boldsymbol{f}^{\top}\boldsymbol{\alpha} \qquad (4.105)$$

$$\text{subject to } A\boldsymbol{\alpha} \leq \boldsymbol{a} \quad \text{and} \quad B\boldsymbol{\alpha} = \boldsymbol{b} \qquad (4.106)$$

(식 4.100)–(식 4.102)의 최적화 문제를 위와 같은 형식에 대응시키면 다음과 같다.

$$\text{Find } \boldsymbol{\alpha} \text{ which minimizes } L_D(\boldsymbol{\alpha}) = \frac{1}{2}\boldsymbol{\alpha}^\top H \boldsymbol{\alpha} - \sum_{i=1}^{N} \alpha_i \tag{4.107}$$

$$\text{subject to } -\alpha_i \leq 0 \quad \text{and} \quad \sum_{i=1}^{N} \alpha_i t_i = 0, \quad i = 1, \cdots, N \tag{4.108}$$

(식 4.107)의 행렬 H는 다음과 같은 행렬과 벡터 연산으로 표현될 수 있다. 여기에서 .*는 행렬의 같은 위치에 있는 대응되는 원소끼리 곱셈 연산을 하는 것을 나타낸다.

$$H = \begin{bmatrix} t_1 \\ t_2 \\ \vdots \\ t_N \end{bmatrix} \begin{bmatrix} t_1 \\ t_2 \\ \vdots \\ t_N \end{bmatrix}^\top .* \begin{bmatrix} \boldsymbol{x}_1 \\ \boldsymbol{x}_2 \\ \vdots \\ \boldsymbol{x}_N \end{bmatrix} \begin{bmatrix} \boldsymbol{x}_1 \\ \boldsymbol{x}_2 \\ \vdots \\ \boldsymbol{x}_N \end{bmatrix}^\top \tag{4.109}$$

(식 4.107)과 (식 4.108)에서 $\boldsymbol{f}, A, \boldsymbol{a}, B, \boldsymbol{b}$는 다음과 같이 표현된다.

$$\boldsymbol{f} = \begin{bmatrix} -1 \\ -1 \\ \vdots \\ -1 \end{bmatrix} \quad A = \begin{bmatrix} -1 & 0 & \cdots & 0 \\ 0 & -1 & \cdots & 0 \\ \vdots & \vdots & \ddots & \vdots \\ 0 & 0 & \cdots & -1 \end{bmatrix} \quad \boldsymbol{a} = \begin{bmatrix} 0 \\ 0 \\ \vdots \\ 0 \end{bmatrix} \quad B = \begin{bmatrix} t_1 & t_2 & \cdots & t_N \end{bmatrix}$$
$$\boldsymbol{b} = \begin{bmatrix} 0 \end{bmatrix}$$

SVM 학습 알고리즘은 선형대수학의 quadratic problem solver 라이브러리를 이용하여 위 최적화 문제의 해인 $\alpha_1, \alpha_2, \cdots, \alpha_N$를 계산한다. 이들 $\alpha_1, \alpha_2, \cdots, \alpha_N$을 (식 4.90)에 적용하여 결정 평면의 법선 벡터 $\boldsymbol{w}$를 결정한다. KKT의 조건 ③인 $\alpha_i(1 - h(\boldsymbol{x}_i)) = 0$ 때문에, $\alpha_i \neq 0$이라면 $h(\boldsymbol{x}_i) = 1$이어야 한다. 즉, $\alpha_i \neq 0$인 $\boldsymbol{x}_i$가 서포트 벡터가 되고, (식 4.90)에 의해 결국 이들 서포트 벡터에 의해 결정 경계 평면의 법선 벡터 $\boldsymbol{w}$가 결정된다. 한편, b는 서포트 벡터 하나를 $t_i(\boldsymbol{w}^\top \boldsymbol{x}_i + b) = 1$에 넣어 계산하면 된다. 결정 경계를 나타내는 초평면의 식은 (식 4.90)을 사용하여 다음과 같이 전개된다.

$$h(\boldsymbol{x}) = \boldsymbol{w} \cdot \boldsymbol{x} + b \tag{4.110}$$

$$= \sum_{i=1}^{N} a_i t_i \boldsymbol{x}_i \cdot \boldsymbol{x} + b \tag{4.111}$$

$L(w, b, \alpha)$함수를 최소화하는 w와 b를 찾으면 SVM의 초평면의 식이 결정된다. 결국 SVM의 학습은 학습 데이터로부터 (식 4.110)의 초평면 $h(x)$를 결정하는 것이다.

다음은 Matlab 또는 Octave에서 함수 quadprog( )를 사용하여 SVM을 학습시키는 코드이다.

응용 SVM 모델 학습 MatLab/Octave 코드

```
X = [1 6; 1 8; 4 11; 5 2; 7 6; 9 3]  % 학습 데이터의 입력 벡터
t = [1; 1; 1; -1; -1; -1]    % 학습 데이터의 출력
H = (X*X').*(t*t')
f = -ones(6,1)
A = -eye(6)
a = zeros(6,1)
B = t'
b = [0]
alpha = quadprog(H+eye(6)*0.001, f, A, a, B, b) % guadprog 함수 호출하여 α 계산
```

위의 코드를 실행하는 과정에서 다음의 행렬들과 벡터들이 만들어진다.

$$X = \begin{bmatrix} 1 & 6 \\ 1 & 8 \\ 4 & 11 \\ 5 & 2 \\ 7 & 6 \\ 9 & 3 \end{bmatrix} \quad t = \begin{bmatrix} 1 \\ 1 \\ 1 \\ -1 \\ -1 \\ -1 \end{bmatrix} \quad H = \begin{bmatrix} 37 & 49 & 70 & -17 & -43 & -27 \\ 49 & 65 & 92 & -21 & -55 & -33 \\ 70 & 92 & 137 & -42 & -94 & -69 \\ -17 & -21 & -42 & 29 & 47 & 51 \\ -43 & -55 & -94 & 47 & 85 & 81 \\ -27 & -33 & -69 & 51 & 81 & 90 \end{bmatrix}$$

$$f = \begin{bmatrix} -1 \\ -1 \\ -1 \\ -1 \\ -1 \\ -1 \end{bmatrix} \quad A = \begin{bmatrix} -1 & 0 & 0 & 0 & 0 & 0 \\ 0 & -1 & 0 & 0 & 0 & 0 \\ 0 & 0 & -1 & 0 & 0 & 0 \\ 0 & 0 & 0 & -1 & 0 & 0 \\ 0 & 0 & 0 & 0 & -1 & 0 \\ 0 & 0 & 0 & 0 & 0 & -1 \end{bmatrix} \quad a = \begin{bmatrix} 0 \\ 0 \\ 0 \\ 0 \\ 0 \\ 0 \end{bmatrix} \quad B = \begin{bmatrix} 1 & 1 & 1 & -1 & -1 & -1 \end{bmatrix}$$

X와 t로 표현된 학습 데이터에 대해서 quadprog( )은 다음 α를 반환한다.

$$\alpha = \begin{bmatrix} 0.0356 \\ 0.0000 \\ 0.0400 \\ 0.0000 \\ 0.0756 \\ 0.0000 \end{bmatrix}$$

(식 4.90)을 사용하여 다음과 같은 법선 벡터 w가 결정된다.

$$w = \sum_i \alpha_i t_i x_i = \begin{bmatrix} -0.333 \\ 0.200 \end{bmatrix}$$

(식 4.86)과 첫 번째 데이터 (입력, 출력) = ([1,6], 1)을 사용하여 다음과 같이 편차항 b 를 결정할 수 있다.

$$\begin{bmatrix} -0.333 \\ 0.200 \end{bmatrix}^\top \begin{bmatrix} 1 \\ 6 \end{bmatrix} - b = 1 \qquad\qquad b = 0.13$$

[그림 4.46]은 각 데이터에 대한 α 값을 나타내는데, α 값이 0이 아닌 것들이 서포트 벡터에 해당한다.

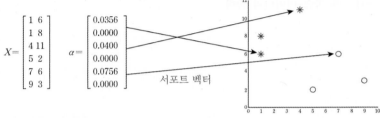

그림 4.46 **서포트 벡터.**

[그림 4.47]는 앞에서 계산한 서포트 벡터와 이에 대응하는 분할경계를 표현한 것이다.

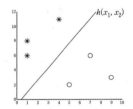

그림 4.47 **서포트 벡터와 분할경계.**
$h(x_1, x_2) = -0.333x_1 + 0.2x_2 + 0.13$

4.10.3 선형분리가 되지 않는 데이터에 대한 SVM

[그림 4.48]과 같이 선형분리가 되지 않는 데이터에 대해서 SVM을 학습시켜야 하는 경우가 있다. 실제 데이터에는 선형 분리되는 경우보다 그렇지 않은 것들이 더 많다.

약간의 오류를 허용하면서 선형분리가 되는 않는 데이터에 대해 SVM을 찾는 방법이 있다. 이 방법에서는 슬랙 변수^{slack variable} ξ 를 도입하여, SVM 최적화 문제를 다시 정의한다. 슬랙 변수 ξ_i 는 각 학습 데이터별로 하나씩 만들어지는데, SVM의 초평면으로부터 서포트

벡터보다 더 멀리 떨어져 있으면서 올바로 분류되면 $\xi_i = 0$이다. 이외의 데이터들에 대해서는 슬랙변수 ξ_i는 $\xi_i = |t_i - h(\boldsymbol{x}_i)|$와 같이 지정된다.

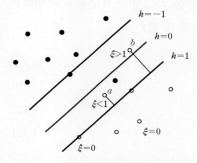

그림 4.48 **선형 분리가 불가능한 데이터와 슬랙 변수.**

[그림 4.48]에서 데이터 a는 정상적으로 분류는 되지만 초평면에 서포트 벡터보다 가까이 있으므로 $\xi_a < 1$가 된다. 데이터 b는 잘못 분류되는 것으로 $\xi_b > 1$이 된다. 이렇게 정의되는 슬랙 변수 ξ_i를 이용하면 다음과 같은 관계식이 성립한다.

$$t_i h(\boldsymbol{x}_i) \geq 1 - \xi_i \quad i = 1, \cdots, N \tag{4.112}$$

슬랙 변수 ξ_i를 허용하는 상황에서 SVM은 여백을 최대로 하기 위해 법선벡터 $\boldsymbol{w}$의 크기를 줄이면서, 슬랙 변수의 값들도 최소화하는 초평면을 찾아야 한다. 이 문제를 최적화 문제로 표현하면 다음과 같다.

$$\text{Find } \boldsymbol{w}, b \text{ which minimizes } J(\boldsymbol{w}) = \frac{1}{2}\|\boldsymbol{w}\|^2 + C\sum_{i=1}^{N}\xi_i \tag{4.113}$$

$$\text{subject to } t_i h(\boldsymbol{x}_i) \geq 1 - \xi_i \quad i = 1, \cdots, N \tag{4.114}$$

$$\xi_i \geq 0, \quad i = 1, \cdots, N \tag{4.115}$$

$$C > 0 \tag{4.116}$$

여기에서 C는 목적함수에서 슬랙변수의 영향력을 조정하는 하이퍼파라미터[hyperparameter]로서, 개발자가 지정해 주어야 하는 값이다.

위의 최적화 문제를 라그랑주 함수로 나타내면 다음과 같다.

$$L(\boldsymbol{w},b,\boldsymbol{\xi},\boldsymbol{\alpha},\boldsymbol{\beta}) = \frac{1}{2}\|\boldsymbol{w}\|^2 + C\sum_{i=1}^{N}\xi_i + \sum_{i=1}^{N}\alpha_i(1 - t_i h(\boldsymbol{x}_i) - \xi_i) - \sum_{i=1}^{N}\beta_i\xi_i \qquad (4.117)$$

여기에서 $\boldsymbol{\alpha} = (\alpha_1, \alpha_2, \cdots, \alpha_N)$과 $\boldsymbol{\beta} = (\beta_1, \beta_2, \cdots, \beta_N)$은 라그랑주 승수들로 0 이상의 값들이다. 위의 라그랑주 함수에 대한 KKT 조건은 다음과 같다.

$$\alpha_i \geq 0, \ i = 1, \cdots, N \qquad (4.118)$$
$$t_i h(\boldsymbol{x}_i) - 1 + \xi_i \geq 0 \qquad (4.119)$$
$$\alpha_i(t_i h(\boldsymbol{x}_i) - 1 + \xi_i) = 0 \qquad (4.120)$$
$$\beta_i \geq 0 \qquad (4.121)$$
$$\xi_i \geq 0 \qquad (4.122)$$
$$\beta_i\xi_i = 0 \qquad (4.123)$$

(식 4.117)에 $h(\boldsymbol{x}_i) = \boldsymbol{w}^\top\boldsymbol{x}_i + b$를 대입한 후 $L(\boldsymbol{w},b,\boldsymbol{\xi},\boldsymbol{\alpha},\boldsymbol{\beta})$ 함수를 각각 $\boldsymbol{w}, b, \boldsymbol{\xi}$에 대해 편미분을 하면 다음과 같은 관계식들이 얻어진다.

$$\frac{\partial L}{\partial \boldsymbol{w}} = 0 \ \Rightarrow \ \boldsymbol{w} = \sum_{i=1}^{N}\alpha_i t_i \boldsymbol{x}_i \qquad (4.124)$$

$$\frac{\partial L}{\partial b} = 0 \ \Rightarrow \ \sum_{i=1}^{N}\alpha_i t_i = 0 \qquad (4.125)$$

$$\frac{\partial L}{\partial \xi_i} = 0 \ \Rightarrow \ \alpha_i = C - \beta_i \qquad (4.126)$$

위의 관계식들을 사용하여 $L(\boldsymbol{w},b,\boldsymbol{\xi},\boldsymbol{\alpha},\boldsymbol{\beta})$로부터, 다음 (식 4.127)과 같은 쌍대 함수 $\widetilde{L}(\boldsymbol{\alpha})$를 구할 수 있다.

$$\widetilde{L}(\boldsymbol{\alpha}) = \sum_{i=1}^{N}\alpha_i - \frac{1}{2}\sum_{i=1}^{N}\sum_{j=1}^{N}\alpha_i\alpha_j t_i t_j \boldsymbol{x}_i \cdot \boldsymbol{x}_j \qquad (4.127)$$

결과적으로 (식 4.127)의 슬랙 변수가 있는 상황에서의 쌍대 함수 $\widetilde{L}(\boldsymbol{\alpha})$의 형태는 (식 4.96)의 슬랙 변수가 없을 때와 같다. 단 제약 조건에서 α_i에 상한upper bound이 다음과 같이 주어진다는 점에서 차이가 있다.

$$0 \leq \alpha_i \leq C \qquad (4.128)$$

$$\sum_{i=1}^{N} \alpha_i t_i = 0 \tag{4.129}$$

$\alpha_i = C - \beta_i$의 관계로부터 α_i와 β_i가 모두 0 이상이기 때문에, α_i의 상한이 C가 되어서, (식 4.128)의 $0 \le \alpha_i \le C$ 조건이 만들어진다.

4.10.4 비선형 SVM과 커널 기법

SVM은 기본적으로 선형 분류기이다. 선형 분류기는 XOR 문제와 같은 문제를 해결할 수 없다. 선형 분류기의 한계를 극복하기 위해, SVM은 선형 분리가 가능하지 않는 데이터를 원래 공간에서 더 높은 차원의 새로운 공간으로 매핑^{mapping}한 후에 학습한다. 이렇게 하면, 원래 차원을 비선형적으로 분리하는 효과를 기대할 수 있다. 예를 들어, XOR 문제의 2차원 입력 (x_1, x_2)을 다음 매핑 함수 $\Phi(x_1, x_2)$를 이용하여 3차원으로 변환해 보자.

$$\Phi(x_1, x_2) = (x_1^2, \sqrt{2}\,x_1 x_2, x_2^2) = (y_1, y_2, y_3) \tag{4.130}$$

[그림 4.49]는 이와 같은 변환 과정을 보여준다. 3차원으로 변환함으로써, 두 부류의 데이터를 분리하는 평면이 존재함을 알 수 있다.

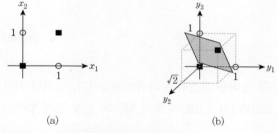

(a) (b)

그림 4.49 XOR 문제의 공간 변환.
(a) 원래 공간 $\boldsymbol{x} = (x_1, x_2)$ (b) 변환 공간 $\Phi(\boldsymbol{x}) = (x_1^2, \sqrt{2}\,x_1 x_2, x_2^2) = (y_1, y_2, y_3)$

이와 같이 공간을 변환하면, 실제 풀어야 하는 (식 4.100)의 목적함수에서 두 데이터의 내적 $\boldsymbol{x}_i \cdot \boldsymbol{x}_j$ 부분이 $\Phi(\boldsymbol{x}_i) \cdot \Phi(\boldsymbol{x}_j)$로 바뀌어서 다음과 같이 된다.

$$\widetilde{L}(\boldsymbol{\alpha}) = -\frac{1}{2} \sum_{i=1}^{N} \sum_{j=1}^{N} \alpha_i \alpha_j t_i t_j \Phi(\boldsymbol{x}_i) \cdot \Phi(\boldsymbol{x}_j) + \sum_{i=1}^{N} \alpha_i \tag{4.131}$$

한편, 결정 경계의 초평면을 나타내는 (식 4.111)은 다음과 같이 표현된다.

$$h(\boldsymbol{x}) = \sum_{i=1}^{N} a_i t_i \Phi(\boldsymbol{x}_i) \cdot \Phi(\boldsymbol{x}) + b \tag{4.132}$$

매핑 함수 $\Phi(\boldsymbol{x})$가 데이터를 고차원으로 변환하면, 메모리 저장 공간이 증가하고 또한 내적을 계산하는 비용도 함께 증가하는 단점이 있다. (식 4.131)과 (식 4.132)에는 매핑된 공간에서의 내적 연산 $\Phi(\boldsymbol{x}_i) \cdot \Phi(\boldsymbol{x}_j)$와 $\Phi(\boldsymbol{x}_i) \cdot \Phi(\boldsymbol{x})$가 나타낸다. SVM은 매핑 공간에서의 내적 연산이 다음과 같이 원래 공간에서 함수식으로 표현될 수 있는 매핑 함수들을 사용한다.

$$\Phi(\boldsymbol{x}_i) \cdot \Phi(\boldsymbol{x}_j) = K(\boldsymbol{x}_i, \boldsymbol{x}_j) \tag{4.133}$$

위의 성질을 만족하는 함수 K를 SVM에서는 커널 함수[kernel function]라고 한다. 다음은 이러한 커널 함수들의 예이다.

- 다항식 커널[polynomial kernel]
$$K(\boldsymbol{x}_i, \boldsymbol{x}_j) = (\boldsymbol{x}_i \cdot \boldsymbol{x}_j + 1)^p \quad p\text{는 양의정수} \tag{4.134}$$
- RBF[radial basis function] 커널
$$K(\boldsymbol{x}_i, \boldsymbol{x}_j) = e^{-\|\boldsymbol{x}_i - \boldsymbol{x}\|^2/(2\sigma^2)} \tag{4.135}$$
- 쌍곡 탄젠트[hyperbolic tangent] 커널
$$K(\boldsymbol{x}_i, \boldsymbol{x}_j) = \tanh(\alpha \boldsymbol{x}_i \cdot \boldsymbol{x}_j + \beta) \tag{4.136}$$

위의 커널 함수에는 σ, α, β는 커널 함수의 형태를 결정하는 파라미터들이다. 이러한 커널 함수가 사용되면 공간 변환에 의한 (식 4.131)과 (식 4.132)의 목적 함수와 결정 경계 함수는 다음과 같이 표현된다.

$$\widetilde{L}(\boldsymbol{\alpha}) = -\frac{1}{2}\sum_{i=1}^{N}\sum_{j=1}^{N}\alpha_i\alpha_j t_i t_j K(\boldsymbol{x}_i, \boldsymbol{x}_j) + \sum_{i=1}^{N}\alpha_i \tag{4.137}$$

$$h(\boldsymbol{x}) = \sum_{i=1}^{N} a_i t_i K(\boldsymbol{x}_i, \boldsymbol{x}) + b \tag{4.138}$$

데이터의 차원을 고차원으로 변환한 벡터들에 대해 내적 연산을, (식 4.134–4.136)과 같이 원래 차원의 함수로 계산하는 기법을 커널 트릭[kernel trick]이라고 한다. SVM은 커널 트릭을 사용하여 여백을 최대로 만드는 비선형의 결정 경계를 찾을 수 있다. (식 4.131)의

목적함수는 다음 (식 4.139)와 같은 행렬-벡터 식으로 표현할 수 있다.

$$\tilde{L}(\boldsymbol{\alpha}) = \frac{1}{2} \begin{bmatrix} \alpha_1 \\ \alpha_2 \\ \vdots \\ \alpha_N \end{bmatrix}^{\top} \begin{bmatrix} t_1 t_1 K(\boldsymbol{x}_1, \boldsymbol{x}_1) & t_1 t_2 K(\boldsymbol{x}_1, \boldsymbol{x}_2) & \cdots & t_1 t_N K(\boldsymbol{x}_1, \boldsymbol{x}_N) \\ t_2 t_1 K(\boldsymbol{x}_2, \boldsymbol{x}_1) & t_2 t_2 K(\boldsymbol{x}_2, \boldsymbol{x}_2) & \cdots & t_2 t_N K(\boldsymbol{x}_2, \boldsymbol{x}_N) \\ \vdots & \vdots & \ddots & \vdots \\ t_N t_1 K(\boldsymbol{x}_N, \boldsymbol{x}_1) & t_N t_2 K(\boldsymbol{x}_N, \boldsymbol{x}_2) & \cdots & t_N t_N K(\boldsymbol{x}_N, \boldsymbol{x}_N) \end{bmatrix} \begin{bmatrix} \alpha_1 \\ \alpha_2 \\ \vdots \\ \alpha_N \end{bmatrix} + \sum_{i=1}^{N} \alpha_i$$

$$(4.139)$$

이 최적화 문제를 해결할 quadratic problem solver에서 사용할 행렬 H는 커널 트릭을 사용하여 원래 데이터 차원에서 계산한다.

[그림 4.50]은 커널 트릭을 사용하여 구한 비선형 SVM의 결정 경계를 보인 것이다. 그림에서 진한 곡선은 결정 경계를 나타내고, $\otimes$는 서포트 벡터를 나타낸다.

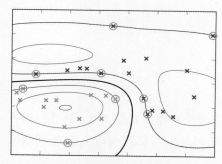

그림 4.50 **커널 함수를 이용하는 SVM의 결정 경계의 예.**

4.11 강화 학습

강화^{reinforcement, 强化}라는 개념은 행동심리학자 스키너^{Burrhus F. Skinner, 1904-1990}가 제시한 것으로 행동심리학에서는 널리 알려진 개념이다. 강화는 동물이 시행착오를 통해 학습을 하는 것을 가리킨다. 스키너는 어떤 발판을 밟으면 먹이가 나오게 되어 있는 상자 속에 굶긴 쥐를 넣고 관찰하는 실험을 했다. 상자 속에서 우연히 발판을 밟자 먹이가 나오는 것을 여러 번 경험하면, 쥐가 점점 발판을 자주 밟게 되고, 이 과정을 통해 쥐가 발판을 밟는 행동과 먹이와의 관계를 학습하게 되는 것을 관찰했다. 즉, 쥐가 행동하면서 그 결과로 받는 보상 사이의 상관관계를 학습한다는 것을 발견했다.

강화 학습^{reinforcement learning}은 동물에서 보이는 강화처럼 어떤 모르는 환경에서 행동하는 에이전트가 경험을 통해 기대하는 보상이 최대가 되도록 하는 상황별로 취할 행동을 결정하는 것을 말한다. 입력에 대해 목표 출력을 학습하는 지도 학습이나 입력 데이터의 패턴을 찾는 비지도 학습 방법과는 달리, 강화 학습은 주어진 환경 속에서 에이전트가 받게 될 전체적인 보상이 최대가 되도록 하는 일련의 행동을 결정하는 문제를 대상으로 한다.

강화 학습은 [그림 4.51]과 같이 에이전트가 상태 s_t의 환경에 행동 a_t를 하면, 환경으로부터 보상 r_{t+1}을 받고, 환경은 새로운 상태 s_{t+1}로 변하는 상황에서 이루어진다. 이때, 강화 학습은 이렇게 받는 전체적인 보상이 최대가 되도록 하기 위해 각 상태에서 취할 행동을 결정하는 것을 목표로 한다. 각 상태에서 취할 행동을 결정해 놓은 것을 정책policy, 政策 또는 최적의 행동양식이라고 한다.

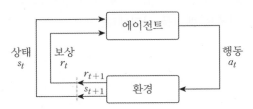

그림 4.51 **강화 학습의 설정.**

[그림 4.52]와 같이 에이전트가 환경의 상태 s_t를 감지하여 행동 a_t를 하면, 환경은 이에 대해 보상 r_{t+1}을 에이전트에게 제공하고 이와 함께 자신은 새로운 상태 s_{t+1}로 바뀌는 과정이 반복되는 상황에서 강화 학습이 수행된다.

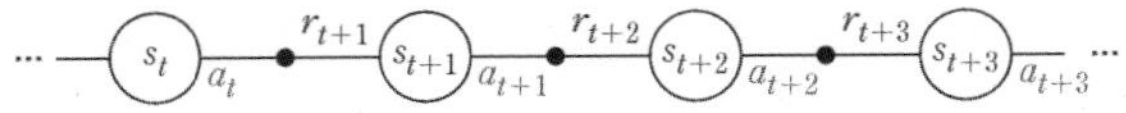

그림 4.52 **강화 학습의 상태, 행동, 보상.**

[그림 4.53]은 강화 학습이 적용될 수 있는 전형적인 사례들이다. (a)는 격자 세상grid world의 로봇 문제이다. 로봇이 움직이는 2차원 공간은 일정크기의 격자 모양으로 분할되어 있고, 각 격자에는 장애물 또는 보물이 놓일 수 있다. 여기에서 학습 문제는 로봇이 격자를 효과적으로 이동해가면서 보물을 찾도록 하는 정책을 찾는 것이다. (a)에서 회색으로 칠해진 격자들은 좌측 상단의 격자에서 시작하여 가운데 보물이 있는 곳으로 이동하게 하는 이동 행동들의 궤적이고, 이 행동들의 결과로 보물을 얻게 되었다. 이러한 일련의 행동과 이에 따른 보상을 에피소드episode라고 한다. (b)는 카트-폴cart-pole 문제인데, 검은색 사각형은 직선상을 움직이는 카트를 나타내고, 좁고 긴 사각형은 카트 위에는 핀으로 연결되어 있어 자유롭게 회전할 수 있는 막대pole를 나타낸다. 여기에서 문제는 일정한 힘으로 왼쪽 또는

오른쪽으로 카트를 움직여서 막대를 수직으로 세우는 정책을 찾는 것이다. (c)는 벽돌깨기breakout라는 아타리Atari사에서 출시했던 게임인데, 공을 잘 튕겨서 벽돌을 깨면 점수를 얻는데 뒤에 있는 벽돌일수록 점수가 높다. 여기에서는 많은 점수를 딸 수 있도록 하는 상황별게임 방법을 찾는 것이 학습 문제이다.

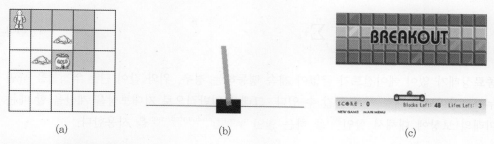

그림 4.53 **강화 학습의 문제.**
(a) 격자 세상의 로봇 (b) 카트-폴(cart-pole) (c) 벽돌깨기(breakout) 게임

강화 학습이 적용되는 문제는 마르코프 결정과정Markov decision process, MDP으로 표현할 수 있다. 마르코프 결정과정은 마르코프 모델Markov model의 일종인데, 마르코프 모델에 대해서는 부록 A.6에서 소개한다. 다음은 마르코프 결정과정으로 강화학습 문제를 기술할 때 명시되어야 요소들이다.

- 환경이 가질 수 있는 상태의 집합 $S = \{s_1, s_2, \cdots, s_N\}$
- 에이전트가 할 수 있는 행동의 집합 $A = \{a_1, a_2, \cdots, a_M\}$
- 상태전이state transition를 결정하는 규칙 : t시점의 상태 s_t에서 행동 a_t를 취할 때 도달하는 다음 상태 s_{t+1}를 결정하는 규칙들은 (s_t, a_t, s_{t+1})로 표현할 수 있다. 다음 상태 s_{t+1}이 확률적으로 결정되는 문제도 있는데, 이때의 확률은 $P_{s_t s_{t+1}}^{a_t}$로 표현한다.
- 상태전이가 일어날 때 에이전트에게 주어지는 즉시 보상값immediate reward을 결정하는 함수 R : 상태전이 (s_t, a_t, s_{t+1})에 의해서 상태 s_{t+1}이 될 때 함수 R은 에이전트에게 즉시 제공할 보상값 $r_{t+1} = R(s_{t+1})$을 결정한다.

에이전트가 현재 상태를 명확히 알 수 있으면 마르코프 결정과정MDP에 해당되고, 그렇지 않으면 부분관측 마르코프 결정과정Partially Observable Markov Decision Process, POMDP에 해당한다. 여기에서는 마르코프 결정과정으로 표현되는 강화 학습에 대해서만 소개한다.

4.11.1 기대보상

강화 학습은 에이전트가 행동하는 동안 받을 기대보상expected reward이 최대가 되는 정책을 찾는 것을 목표로 한다. 기대 보상 R은 특정 정책에 따라 행동을 하게 될 때 얻게 되는 보상을 누적한 것으로, 종료 상태가 존재하는 경우에는 다음과 같이 계산할 수 있다.

$$R = r_1 + \cdots + r_n = \sum_{t=1}^{n} r_t \tag{4.140}$$

종료상태가 없이 에이전트가 끝없이 계속 행동하는 경우, 위와 같이 단순 누적합을 하면 누적보상이 무한대로 가까이 갈 수 있다. 그래서 일반적으로 기대보상을 계산을 할 때는 미래의 보상에 대해서 할인割引을 하는 할인 누적합discounted sum을 사용한다.

현재 100만원과 5년 후의 100만원의 가치를 생각해보자. 5년 후의 100만원은 현재 가치에 5년 동안의 이자가 합쳐져서 만들어진 것으로, 현재의 가치는 100만원에 미치지 못한다. 따라서 5년 후의 100만원을 현재 시점에서 평가할 때는 이자 부분에 해당하는 만큼을 할인해야 한다. 할인 누적합을 사용할 때는 미래의 보상에 대해서 할인율discount rate $\gamma\,(0 < \gamma < 1)$을 적용하여, 기대보상을 다음과 같이 할인 누적합으로 계산한다.

$$R = r_1 + \gamma r_2 + \cdots + \gamma^{n-1} r_n = \sum_{t=1}^{n} \gamma^{t-1} r_t \tag{4.141}$$

매년 100만원의 별도 수입이 있고 연 이율이 10%라면, 5년 동안의 수입 총액은 500만원 이지만 현재 500만원을 가지고 있는 것과 다르다. 1년 후의 100만원은 이자를 고려하면 현재는 $100/(1+0.1) = 91$만원이다. 마찬가지로 5년간의 수입을 현재 기준으로 보면 $100 + \left(\dfrac{1}{1.1}\right) \cdot 100 + \left(\dfrac{1}{1.1}\right)^2 \cdot 100 + \left(\dfrac{1}{1.1}\right)^3 \cdot 100 + \left(\dfrac{1}{1.1}\right)^4 \cdot 100 = 417$만원이다. 따라서 미래의 보상은 (식 4.141)에서처럼 할인해서 기대보상에 반영하는 것이 바람직하다.

4.11.2 가치함수

강화 학습에서는 각 상태에서 기대보상 R 값이 최대가 되도록 하는 정책 π를 결정한다. 에이전트가 어떤 행동을 하는 것이 좋은지 결정하기 위해, 강화 학습 알고리즘들은 상태 가치함수state value function와 행동 가치함수action value function라는 개념을 사용한다.

상태 가치함수 $V^\pi(s)$는 상태 s에서 정책 π에 따라 행동할 때 얻게 되는 기대보상값expected reward을 반환하는 함수로서 다음과 같이 정의된다.

$$V^{\pi}(s) = \mathrm{E}\left[r_{t+1} + \gamma r_{t+2} + \gamma^2 r_{t+3} + \cdots \mid s_t = s, \pi\right]$$

$$= \mathrm{E}\left[\sum_{k=0}^{\infty} \gamma^k r_{t+k+1} \mid s_t = s, \pi\right] \tag{4.142}$$

여기에서 E는 기댓값^{expectation}을 나타낸다.

행동 가치함수 $Q^{\pi}(s,a)$는 상태 s에서 행동 a를 취한 다음 정책 π에 따라 행동하게 될 때 얻게 되는 기대보상값을 반환하는 함수로서 다음과 같이 정의된다.

$$Q^{\pi}(s,a) = \mathrm{E}\left[r_{t+1} + \gamma r_{t+2} + \gamma^2 r_{t+3} + \cdots \mid s_t = s, a_t = a, \pi\right]$$

$$= \mathrm{E}\left[\sum_{k=0}^{\infty} \gamma^k r_{t+k+1} \mid s_t = s, a_t = a, \pi\right] \tag{4.143}$$

행동 가치함수 $Q^{\pi}(s,a)$ 를 Q–함수$^{\text{Q function}}$라고도 하며, Q–함수 $Q^{\pi}(s,a)$ 는 어떤 상태 s 에서 행동 a 를 하는 것이 얼마나 좋은지 계산한다.

강화 학습은 일반적으로 미리 주어진 '상태–행동–보상' 형태의 데이터를 사용해 정책을 학습하는 것이 아니라, 에이전트가 행동을 통해 경험하는 것을 바탕으로 학습한다. 이때 행동 가치함수 $Q^{\pi}(s,a)$가 계산되어 있다면, 각 상태 s에서 $Q^{\pi}(s,a)$ 를 최대로 하는 행동 a를 선택하면 이것이 최선의 정책이 된다.

4.11.3 벨만 방정식

강화 학습에서 가치함수를 관계식으로 표현한 식들로 벨만 기대 방정식$^{\text{Bellman expectation equation}}$ 과 벨만 최적 방정식$^{\text{Bellman optimality equation}}$이 있다. 벨만 기대 방정식은 가치함수를 즉시 보상 r_{t+1}과 다음 상태에서의 할인 기대보상 $\sum_{k=0}^{\infty} \gamma^k r_{t+k+2}$로 표현한다. 상태 가치함수 $V^{\pi}(s)$ 에 대한 벨만 기대 방정식은 다음과 같다.

$$V^{\pi}(s) = \mathrm{E}\left[\sum_{k=0}^{\infty} \gamma^k r_{t+k+1} \mid s_t = s, \pi\right]$$

$$= \mathrm{E}\left[r_{t+1} + \gamma \sum_{k=0}^{\infty} \gamma^k r_{t+k+2} \mid s_t = s, \pi\right] \tag{4.144}$$

기댓값으로 표시된 위 식을 계산 가능한 식으로 표현하면, [그림 4.54(a)]에 보인 것처럼 현재 상태 s에서 정책 π에 따라 선택될 수 있는 각 행동 a의 적용확률 $\pi(a|s)$와, 행동 a를 통해 상태 s'에 들어갈 확률 $P^a_{ss'}$과, 이 때의 즉시 보상값 $r^a_{ss'}$을 사용하여 다음과 같이 된다.

$$
\begin{aligned}
V^\pi(s) &= \sum_a \pi(a|s) \sum_{s'} P^a_{ss'} \left[r^a_{ss'} + \gamma \mathrm{E}\left[\sum_{k=0}^\infty \gamma^k r_{t+k+2} \,\middle|\, s_{t+1} = s' \right] \right] \\
&= \sum_a \pi(a|s) \sum_{s'} P^a_{ss'} \left[r^a_{ss'} + \gamma V^\pi(s') \right]
\end{aligned}
\tag{4.145}
$$

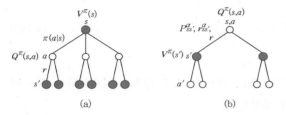

그림 4.54 **가치함수 계산.**

(a) $V^\pi(s) = \sum_a \pi(a|s) Q^\pi(s,a)$ (b) $Q^\pi(s,a) = \sum_{s'} P^a_{ss'} \left[r^a_{ss'} + \gamma V^\pi(s') \right]$.

행동 가치함수 $Q^\pi(s,a)$에 대한 벨만 기대 방정식은, [그림 4.54(b)]에 보인 것처럼 상태 s에서 행동 a를 할 때 도달할 수 있는 모든 상태 s'을 고려하여 다음과 같이 표현된다.

$$
\begin{aligned}
Q^\pi(s,a) &= \mathrm{E}\left[\sum_{k=0}^\infty \gamma^k r_{t+k+1} \,\middle|\, s_t = s, a_t = a, \pi \right] \\
&= \mathrm{E}\left[r_{t+1} + \gamma \sum_{k=1}^\infty \gamma^k r_{t+k+1} \,\middle|\, s_t = s, a_t = a, \pi \right] \\
&= \sum_{s'} P^a_{ss'} \left[r^a_{ss'} + \gamma V^\pi(s') \right]
\end{aligned}
\tag{4.146}
$$

(식 4.145)에 (식 4.146)을 넣으면 다음과 같은 관계식이 만들어진다.

$$
V^\pi(s) = \sum_a \pi(a|s) Q^\pi(s,a)
\tag{4.147}
$$

현재 상태 s에 대해, 앞으로 가장 큰 보상을 주는 정책을 따를 때의 상태 가치함수를 **최적 상태 가치함수**optimal state value function $V^*(s)$라 하고, 식으로 표현하면 다음과 같다.

$$V^*(s) = \max_\pi V^\pi(s) \tag{4.148}$$

마찬가지로 **최적 행동 가치함수**^{optimal action value function} $Q^*(s,a)$는 가장 큰 행동 가치함수 값을 주는 정책을 따르는 경우의 행동 가치함수에 해당하고, 다음과 같이 정의된다.

$$Q^*(s,a) = \max_\pi Q^\pi(s,a) \tag{4.149}$$

최적 행동 가치함수 $Q^*(s,a)$가 있으면, 최적 행동함수 $V^*(s)$를 다음 (식 4.150)과 같이 정의할 수 있다. 왜냐하면 최적 행동 함수 값은 가장 좋은 행동을 할 때의 행동 가치함수 값에 해당하기 때문이다.

$$V^*(s) = \max_a Q^*(s,a) \tag{4.150}$$

(식 4.150)의 최적 상태 가치함수 $V^*(s)$에 (식 4.146)의 관계를 사용하면 (식 4.151)이 만들어진다.

$$V^*(s) = \max_a \sum_{s'} P_{ss'}^a \left[r_{ss'}^a + \gamma V^*(s') \right] \tag{4.151}$$

최적 행동 가치함수 $Q^*(s,a)$도 (식 4.146)과 (식 4.148)을 사용하여 다음과 같이 표현할 수 있다.

$$Q^*(s,a) = \sum_{s'} P_{ss'}^a \left[r_{ss'}^a + \gamma \max_{a'} Q^*(s',a') \right] \tag{4.152}$$

최적 가치함수를 나타내는 (식 4.151)과 (식 4.152)를 **벨만 최적 방정식**^{Bellman optimality equation} 이라고 한다.

최적 행동 가치함수 $Q^*(s,a)$가 구해지면, 최적 정책 π^*는 다음과 같이 결정할 수 있다. 즉, 각 상태 s에서 최적의 행동 a는 $Q^*(s,a)$를 최대로 하는 것이다.

$$\pi^*(s) = \operatorname{argmax}_a Q^*(s,a) \tag{4.153}$$

4.11.4 동적계획법 기반 정책 결정

정책을 결정하기 위해서는 가치 함수를 계산하는 것이 필요하다. 상태변화 확률 $P_{ss'}^a$과 보상 $r_{ss'}^a$를 미리 알고 있을 때는 동적계획법^{dynamic programming}을 이용하여 가치 함수를 효율적으로 계산할 수 있다. 동적계획법은 큰 문제를 작은 문제들로 분할하여 작은 문제들을 먼저 해결한 다음, 작은 문제의 해를 더 큰 문제의 해를 찾는데 사용하는 기법에서, 여러 번 나타나는 동일한 작은 문제들의 해를 기억해 두고 사용하여 반복적으로 동일한 문제를 다시 풀지 않도록 함으로써 처리 속도를 개선하는 방법이다. 가치 함수 계산에 동적계획법을 적용하는 대표적인 방법으로 정책반복^{policy iteration}과 가치반복^{value iteration}이 있다.

정책반복 방법은 임의의 정책 π에서 시작하여, π에 대해서 (식 4.147)의 벨만 기대 방정식을 수렴할 때까지(즉, 바뀌지 않을 때까지) 적용하여 V^π를 계산하는 정책평가^{policy evaluation}를 한 다음, V^π를 사용하여 정책 π를 개선하는 정책개선^{policy improvement} 과정을 [그림 4.55]처럼 정책 π가 수렴할 때까지 반복하여 정책을 결정한다.

$$\pi_0 \xrightarrow{\text{정책평가}} V^{\pi_0} \xrightarrow{\text{정책개선}} \pi_1 \xrightarrow{\text{정책평가}} V^{\pi_1} \xrightarrow{\text{정책개선}} \cdots V^{\pi_*} \xrightarrow{\text{정책개선}} \pi_*$$

그림 4.55 **정책반복 과정**

정책평가는 다음 알고리즘과 같이 모든 상태를 번갈아 방문하면서 벨만 기대 방정식이 수렴할 때까지 반복한다.

알고리즘 4.2 **정책평가 (policy evaluation)**

입력 : $\pi(a|s),\ P_{ss'}^a,\ r_{ss'}^a,\ \gamma$
출력 : 상태 가치함수 V
1. 모든 상태 s에 대해 $V(s) \leftarrow 0$
2. repeat
3. $\Delta \leftarrow 0$
4.   for (각 상태 $s \in S$) {
5. $temp \leftarrow V(s)$
6. $V(s) \leftarrow \sum_a \pi(a|s) \sum_{s'} P_{ss'}^a \left[r_{ss'}^a + \gamma V(s') \right]$
7. $\Delta \leftarrow \max\{\Delta, |temp - V(s)|\}$
8.   }
9. until ($\Delta < \theta$)

정책개선은 상태 가치 함수 $V(s)$로부터 정책 π를 결정하는 것으로 다음 알고리즘으로 수행된다.

알고리즘 4.3 **정책개선 (policy improvement)**

입력 : $V(s)$, $P_{ss'}^a$, $r_{ss'}^a$
출력 : 정책 π
1. **for** (각 상태 $s \in S$)
2. $\quad \pi(s) \leftarrow \mathrm{argmax}_a \sum_s P_{ss'}^a \left[r_{ss'}^a + \gamma V^\pi(s') \right]$

가치반복$^{\text{value iteration}}$ 방법은 임의의 가치함수 V_0에서 시작하여 정책은 계산하지 않고 다음과 같은 가치함수의 갱신을 수렴할 때까지 반복한다.

$$V_{k+1}(s) \leftarrow \mathrm{max}_a \sum_s P_{ss'}^a \left[r_{ss'}^a + \gamma V_k(s') \right] \tag{4.154}$$

그리고 나서 수렴한 이후의 가치함수 $V^*(s)$를 사용하여 정책 π를 결정한다.

알고리즘 4.4 **가치반복 (value iteration)**

입력 : $P_{ss'}^a$, $r_{ss'}^a$, γ
출력 : 정책 π
1. 모든 상태 s에 대해 $V(s) \leftarrow 0$
2. **repeat**
3. $\quad \Delta \leftarrow 0$
4. $\quad$ **for** 각 상태 $(s \in S)$ {
5. $\quad\quad temp \leftarrow V(s)$
6. $\quad\quad V(s) \leftarrow \mathrm{max}_a \sum_{s'} P_{ss'}^a \left[r_{ss'}^a + \gamma V(s') \right]$
7. $\quad\quad \Delta \leftarrow \mathrm{max}\{\Delta, |temp - V(s)|\}$
8. $\quad$ }
9. **until** $(\Delta < \theta)$
10. // 정책 결정
11. **for** 각 상태 $(s \in S)$
12. $\quad \pi(s) \leftarrow \mathrm{argmax}_a \sum_{s'} P_{ss'}^a \left[r_{ss'}^a + \gamma V(s') \right]$

이들 알고리즘에서 $\pi(a|s)$는 상태 s에서 정책에 따라 행동 a가 선택될 확률을 나타내고, $\pi(s)$는 상태 s에서 결정적으로 수행할 행동을 나타낸다.

동적계획법은 모든 상태에 대해서 가치함수 값을 결정해야 하기 때문에 표 형태로 상태에 대한 정보를 저장한다. 따라서 상태가 연속 공간에 나타나는 문제에는 이러한 정책반복이나 가치반복 등의 동적계획법을 적용할 수는 없다. 또한, 환경에 대한 모델인 상태변화 확률 $P_{ss'}^a$과 보상 $r_{ss'}^a$을 미리 알고 있어야 이러한 동적계획법을 적용할 수 있다.

실제 대부분의 강화학습에서는 처음에 환경 모델을 완벽하게 갖기 어렵기 때문에, 에이전트가 환경과 상호작용하면서 이들 $P_{ss'}^a$와 $r_{ss'}^a$의 정보를 조금씩 알아내야 한다. 강화 학습은 환경 모델을 몰라도 환경과 상호작용을 해가며 경험을 통해 최적의 정책을 학습한다.

4.11.5 강화 학습의 예측과 제어

환경 모델이 없는 상태에서 환경과 상호작용하면서 주어진 정책에 대한 가치함수를 구하는 것(즉, 정책평가)을 강화 학습에서는 예측^{prediction}이라고 한다. 한편, 가치함수를 통해 정책을 개선해 가는 것을 제어^{control}라고 한다. 예측 방법으로는 몬테카를로 예측과 시간차 예측 등이 있고, 기본적인 제어 방법에는 SARSA^{살사}와 Q-학습$^{\text{Q learning}}$이 있다.

1) 몬테카를로 예측

몬테카를로 근사$^{\text{Monte Carlo approximation}}$는 관심 대상으로부터 무작위로 많은 샘플(표본)을 선택하고 이들의 평균으로 관심 대상의 기대값을 추정하는 것을 말한다. 상태변화 확률 $P_{ss'}^a$과 보상 $r_{ss'}^a$ 등 환경에 대한 모델 정보가 없을 때는 벨만 기대 방정식을 사용하여 가치함수를 직접 계산할 수 없다. 이때 몬테카를로 근사 기법을 사용할 수 있다.

에이전트가 정책에 따라 어떤 에피소드를 진행하는 것을 하나의 샘플로 간주한다. 특정 상태 s에서의 여러 샘플에 대한 기대보상의 평균으로 해당 상태의 가치함수의 값을 결정하는 것을 몬테카를로 예측$^{\text{Monte Carlo prediction}}$이라고 한다. 몬테카를로 예측에서 샘플의 기대보상의 값을 결정하려면 해당 에피소드가 끝날 때까지 기다려야 한다. 에피소드가 끝나지 않는 것은 샘플로 사용할 수 없다.

몬테카를로 예측을 할 때 여러 샘플을 모아 평균을 하는 것이 아니라, 일반적으로 샘플이 만들어질 때 마다 다음과 같이 점진적으로 가치함수를 갱신한다.

$$V(s) \leftarrow V(s) + \alpha(G(s) - V(s))$$

(4.155)

여기에서 우변의 $V(s)$는 상태 s의 현재 가치함수 값이고, $G(s)$는 하나의 에피소드가 끝난 후 상태 s에 반환되는 누적 보수를 나타낸다. 여기에서 α는 학습율$^{\text{learning rate}}$로 1보다 작은 양수값이다.

2) 시간차 예측

시간차 예측$^{\text{temporal difference prediction, TD prediction}}$은 에피소드가 끝날 때까지 기다리지 않고, 하나의 행동 a를 할 때마다 즉시보상 r을 사용하여 가치함수를 갱신하는 방법이다. 상태 s에서 행동 a를 하여 즉시보상 r을 받으면서 상태 s'에 들어가게 될 때, 얻게 되는 누적 보상을 $r + \gamma V(s')$으로 간주하고, 현재 가치함수값 $V(s)$을 다음과 같이 조정한다.

$$V(s) \leftarrow V(s) + \alpha(r + \gamma V(s') - V(s))$$

(4.156)

여기에서 $r + \gamma V(s') - V(s)$를 시간차 오류$^{\text{temporal-difference error}}$라고 한다. 시간차 예측은 에이전트가 다음 상태 s'에 대해 현재의 가치함수 값 $V(s')$을 사용해 현재 상태의 가치함수 값 $V(s)$을 예측하는데, 이와 같이 자기 자신의 정보를 이용하는 방식을 강화학습에서는 붓스트랩^{bootstrap}이라고 한다. 충분히 많은 샘플을 사용하면 시간차 예측이 많은 경우에 몬테카를로 예측보다 더 효율적이다.

3) SARSA 알고리즘

가치함수가 주어진 상태에서 행동을 결정할 때 사용하는 대표적인 방법에는 그리디 방법$^{\text{greedy method, 탐욕 방법}}$과 ϵ-그리디$^{\text{epsilon greedy method}}$ 방법이 있다. 그리디 방법은 현재 상태 s에 대해서 가장 큰 가치함수 값을 주는 행동을 선택한다.

$$\pi(s) = \arg\max_a Q(s, a)$$

(4.157)

ϵ-그리디 방법은 $1 - \epsilon$의 확률로는 그리디 방법처럼 하고, ϵ의 확률로는 무작위로 행동을 선택한다.

SARSA 알고리즘은 ϵ-그리디 방법과 시간차 예측 기법을 결합하여 정책을 학습하는 방법이다. 이 알고리즘에서는 우선 ϵ-그리디 방법을 사용하여 현재 상태 s에서 행동 a를 선택한 다음, 해당 행동을 수행할 때 받는 보상 r, 다음 상태 s'과 다음 상태에서의 행동 a'으로 구성된 샘플 (s, a, r, s', a')을 구성한다. SARSA라는 이름은 샘플의 구성요소

(s,a,r,s',a')로부터 만들어진 것이다. 그 다음, SARSA 알고리즘은 샘플에 대해 시간차 예측 기법을 적용하여 다음과 같이 Q-함수 $Q(s,a)$를 조정한다.

$$Q(s,a) \leftarrow Q(s,a) + \alpha(r + \gamma Q(s',a') - Q(s,a)) \tag{4.158}$$

현재 Q-함수에 대해 ϵ-그리디 방법을 적용하여 샘플을 생성하고, 샘플에 대해 시간차 예측을 적용하여 Q-함수를 수정하는 과정을 반복하여 정책을 학습하는 것이 SARSA 알고리즘이다.

SARSA는 벨만 기대 방정식을 사용하여 정책평가와 정책개선을 반복하는 정책반복^{policy} ^{iteration}과 유사한 형태로 동작한다. 즉, 정책 평가는 시간차 예측 기법을 적용하는 것에 해당하고, 정책 개선은 ϵ-그리디 방법에 대응된다고 볼 수 있다. SARSA는 현재 정책을 사용하여 생성한 샘플을 가지고 현재 정책이 바로 수정되도록 하는데, 이러한 학습 방식을 정책동조 방식$^{\text{on-policy method}}$이라고 한다.

4) Q-학습 알고리즘

Q-학습$^{\text{Q-learning}}$ 알고리즘에서는 샘플을 생성할 때, 현재 상태 s에서 ϵ-그리디 방법으로 선택한 행동 a을 실행하여 보상 r를 받고 다음 상태 s'를 결정한다. 이 과정을 통해서 하나의 샘플 (s,a,r,s')이 만들어진다.

Q-학습 알고리즘은 샘플 (s,a,r,s')에 대해 Q-함수 $Q(s,a)$를 벨만 최적 방정식에서처럼 다음과 같이 갱신한다.

$$Q(s,a) \leftarrow Q(s,a) + \alpha(r + \gamma \max_{a'} Q(s',a') - Q(s,a)) \tag{4.159}$$

Q-함수를 갱신하기 위해 다음 상태 s'에서의 행동 a'을 결정하는 정책(여기에서는 $Q(s',a')$을 최대로 하는 행동 a' 선택)과, 실제로 다음 상태로 가서 하는 행동을 결정하는 정책(여기에서는 ϵ-그리디 방법 사용)이 다르다. 강화 학습을 할 때, 이와 같이 다른 정책을 함께 사용하는 것을 정책분리 방식$^{\text{off-policy method}}$이라고 한다.

알고리즘 4.5 Q-학습 (Q-learning)

출력 : Q-함수 $Q(s,a)$
1. 모든 상태 s와 행동 a에 대해 $Q(s,a) \leftarrow 0$
2. **repeat** (각 에피소드별)

3.   에피소드에서 시작 상태 s 확인
4.   **repeat** (에피소드 내의 각 단계별)
5. ϵ-그리디 방법을 사용하여 상태 s에서 다음 행동 a 선택
6.   선택된 행동 a를 실행하고, 보상 r과 다음 상태 s' 확인
7. $Q(s,a) \leftarrow Q(s,a) + \alpha[r + \gamma \max_{a'} Q(s',a') - Q(s,a)]$
8. $s \leftarrow s'$
9.   **until** (s가 종료상태)
10. **until** (모든 에피소드 처리)

4.11.6 연속영역의 가치함수 근사와 정책 근사

Q-학습 등은 모든 상태에 대한 정보가 표^{table} 형태로 저장될 수 있는 문제에 적용될 수 있다. [그림 4.53(a)]의 격자 세상$^{\text{grid world}}$ 문제에 적용될 수 있고, [그림 4.53(b)]의 카트-폴과 같이 문제가 연속영역의 문제는 적용할 수 없다. 이러한 경우에는 가치함수와 정책을 표가 아닌 모수적인 함수$^{\text{parametric function}}$로 표현하는 방법을 사용할 수 있다.

1) SARSA 알고리즘의 Q-함수 근사

Q-함수를 신경망 등의 모델로 표현되는 함수로 근사할 수 있다. Q-함수에 대한 함수 근사에서는 에이전트 행동과 보상에 대한 샘플 (s, a, r, s', a')에 대해 근사함수의 예측값 $Q(s,a)$가 $r + \gamma Q(s',a')$이 되도록 학습한다. 이때 오차 함수 E는 목표값 $r + \gamma Q(s',a')$과 예측값 $Q(s,a)$의 차이의 제곱으로 정의한다.

$$E = (\text{목표값} - \text{예측값})^2 = (r + \gamma Q(s',a') - Q(s,a))^2 \tag{4.160}$$

오차 함수를 최소로 하는 Q-함수에 대응하는 모델을 찾기 위해 경사 하강법을 사용한다. 함수 근사를 위한 모델로는 다층 퍼셉트론뿐만 아니라 다음 장에서 자세히 소개하는 컨볼루션 신경망^{CNN} 등 딥러닝 모델을 사용할 수 있다.

2) 정책망과 정책 그레디언트 정리

에이전트가 가치함수를 기반으로 행동을 선택하고 가치함수를 개선하면서 학습을 하는 SARSA나 Q-학습 알고리즘 등을 가치 기반 강화 학습$^{\text{value-based reinforcement learning}}$이라고 한다. 한편, 상태에 대해 행동을 결정하는 정책을 직접적으로 근사하는 방법도 있는데, 이들을 정책 기반 강화 학습$^{\text{policy-based reinforcement learning}}$이라고 한다.

입력으로 상태 s를 주면 각 행동 a의 선택 확률 $\pi(a|s)$를 출력하는, 신경망 등으로 구성한 모델을 정책망policy network이라고 한다. 정책망 모델에서 마지막 층은 소프트맥스softmax 층으로 구성하는 것이 일반적이며, 이 경우 전체 출력의 합이 1이 되는 확률의 성질을 만족한다.

정책망은 누적보상이 최대가 되도록 학습한다. 정책망의 특성을 결정하는 가중치 등의 파라미터를 θ라고 할 때, 목적함수 $J(\theta)$는 특정 상태 s_0에서 정책 π_θ에 따라 에피소드를 시작하여 얻은 가치함수의 값으로 다음과 같이 정의할 수 있다.

$$J(\boldsymbol{\theta}) = V_{\pi_\theta}(s_0) \tag{4.161}$$

이 목적 함수 $J(\theta)$를 최대로 만드는 정책망을 학습하기 위해, 그레디언트 $\nabla_\theta J(\theta)$를 이용하는 경사 상승법gradient ascent method을 다음과 같이 사용한다.

$$\boldsymbol{\theta} \leftarrow \boldsymbol{\theta} + \alpha \nabla_\theta J(\boldsymbol{\theta}) \tag{4.162}$$

그레디언트 $\nabla_\theta J(\theta)$는 다음과 같이 편미분의 벡터에 해당한다.

$$\nabla_\theta J(\boldsymbol{\theta}) = \nabla_\theta V_{\pi_\theta}(s_0) \tag{4.163}$$

그레디언트 $\nabla_\theta J(\theta)$를 표현한 것으로 다음과 같은 정책 그레디언트 정리policy gradient theorem가 있다.

$$\nabla_\theta J(\boldsymbol{\theta}) = \sum_s d_{\pi_\theta}(s) \sum_a \nabla_\theta \pi_\theta(a|s) Q^\pi(s,a) \tag{4.164}$$

여기에서 $d_{\pi_\theta}(s)$는 상태 분포로서 에이전트가 상태 s에 있을 확률을 나타낸다. 위 (식 4.164)의 분자와 분모에 $\pi_\theta(a|s)$를 넣으면 다음과 같이 된다.

$$\nabla_\theta J(\boldsymbol{\theta}) = \sum_s d_{\pi_\theta}(s) \sum_a \pi_\theta(a|s) \frac{\nabla_\theta \pi_\theta(a|s)}{\pi_\theta(a|s)} Q^\pi(s,a) \tag{4.165}$$

다음의 로그 함수의 미분 성질을 이용하면, 위 식에서 분수식을 로그 함수식으로 나타낼 수 있다.

$$\nabla_{\theta} \log f(\theta) = \frac{\nabla_{\theta} f(\theta)}{f(\theta)} \implies \nabla_{\theta} \log \pi_{\theta}(a|s) = \frac{\nabla_{\theta} \pi_{\theta}(a|s)}{\pi_{\theta}(a|s)} \tag{4.166}$$

(식 4.166)을 (식 4.165)에 넣으면 정책 그레디언트 정리가 다음과 같이 표현된다.

$$\nabla_{\theta} J(\boldsymbol{\theta}) = \sum_{s} d_{\pi_{\theta}}(s) \sum_{a} \pi_{\theta}(a|s) \nabla_{\theta} \log \pi_{\theta}(a|s) Q^{\pi}(s,a) \tag{4.167}$$

위 식에서 $\sum_{s} d_{\pi_{\theta}}(s) \sum_{a} \pi_{\theta}(a|s)$ 는 각 상태 s 에서 임의의 행동 a 를 선택할 확률을 표현한다. 그러므로 $\sum_{s} d_{\pi_{\theta}}(s) \sum_{a} \pi_{\theta}(a|s) = \sum_{s} d_{\pi_{\theta}}$ 이다. 따라서 위 (식 4.167)은 다음과 같이 $\nabla_{\theta} \log \pi_{\theta}(a|s) Q^{\pi}(s,a)$ 의 기댓값이 된다.

$$\nabla_{\theta} J(\boldsymbol{\theta}) = E_{\pi_{\theta}} \left[\nabla_{\theta} \log \pi_{\theta}(a|s) Q^{\pi}(s,a) \right] \tag{4.168}$$

3) REINFORCE 알고리즘

정책망을 학습할 때 정책망의 그레디언트 $\nabla_{\theta} J(\boldsymbol{\theta})$ 는 (식 4.168)과 같이 기댓값으로 되어있는데, 기댓값은 샘플을 뽑아 평균을 사용하는 몬테카를로 근사로 대체할 수 있다. 평균 대신 각 샘플에 대한 그레디언트를 사용하여 경사 상승법을 사용해도 비슷한 결과를 얻을 수 있다. 이 경우 경사 상승법을 사용하면 가중치 $\boldsymbol{\theta}$ 는 다음과 같이 갱신된다.

$$\boldsymbol{\theta} \leftarrow \boldsymbol{\theta} + \alpha \nabla_{\theta} \log \pi_{\theta}(a|s) Q^{\pi}(s,a) \tag{4.169}$$

정책망을 학습하기 위해서는 (식 4.169)에서 보는 바와 같이 행동 가치함수 $Q^{\pi}(s,a)$ 가 필요하다. 정책망은 기본적으로 가치함수 $Q^{\pi}(s,a)$ 를 별도로 학습하지 않는다. 따라서 정책망을 학습할 때 정책 그레디언트를 계산하기 곤란하다. 그래서 몬테카를로 시뮬레이션을 통해 생성된 에피소드에 대해서, 각 단계 t 별로 반환되는 누적 보상값 $G(s_t)$ 을 $Q^{\pi}(s,a)$ 대신 사용하기도 한다. 이러한 방법을 REINFORCE 알고리즘이라고 한다. 현재 정책망이 표현하는 정책 π_{θ} 에 따라 생성된 에피소드 $\{s_0, a_0, r_1, \cdots, s_{T-1}, a_{T-1}, r_T\}$ 가 있으면, 각 상태 s_t 에 대한 누적 보상값 $G(s_t)$ 를 $\sum_{k=t+1}^{T} \gamma^{k-t-1} r_k$ 로 계산할 수 있다. 에피소드 t 단계에서의 정책망의 학습은 다음과 같이 수행한다.

$$\boldsymbol{\theta} \leftarrow \boldsymbol{\theta} + \alpha \nabla_\theta \log \pi_\theta(a_t|s_t) G(s_t) \qquad (4.170)$$

에피소드를 샘플로 하여 학습하기 때문에, REINFORCE 알고리즘을 몬테카를로 정책 그레디언트 알고리즘이라고도 한다.

알고리즘 4.6 REINFORCE 알고리즘

출력 : 정책망의 파라미터 $\boldsymbol{\theta}$
1. 정책망의 파라미터 $\boldsymbol{\theta}$의 초기화
2. **repeat**
3.   정책 π_θ에 따라 에피소드 $\{s_0, a_0, r_1, \cdots, s_{T-1}, a_{T-1}, r_T\}$ 생성
4.   에피소드의 각 단계의 상태 s_t별로 누적 보상값 $G(s_t)$ 계산
5.   **for** $t = 1$ to $T-1$
6. $\boldsymbol{\theta} \leftarrow \boldsymbol{\theta} + \alpha \nabla_\theta \log \pi_\theta(a_t|s_t) G(s_t)$
7.   **if** ($\boldsymbol{\theta}$가 수렴)
8. $\boldsymbol{\theta}$를 반환하면서 종료

REINFORCE 알고리즘은 에피소드 단위로 학습을 하기 때문에, 에피소드의 길이가 길어질수록 누적 보상값에 대한 분산이 커지는 경향이 있다. 따라서 에피소드가 길어지면, REINFORCE 알고리즘은 학습이 느리게 진행된다.

4.11.7 DQN 알고리즘

에이전트가 매 시점에 환경으로부터 샘플을 선택하면, 이들 샘플간에는 상관관계가 높기 때문에 학습에 부정적인 영향을 준다. 이를 보완한 방법으로, 이들 샘플을 리플레이 메모리 replay memory라는 공간에 저장하고, 여기에서 무작위로 샘플들을 선택하여 학습에 이용하는 경험리플레이 experience replay 기법이 있다.

경험리플레이 기법을 사용하면, 많은 샘플 중에서 무작위로 학습데이터가 선택되기 때문에, 샘플 간의 상관관계 문제가 해소된다. 리플레이 메모리에는 (s, a, r, s')으로 구성된 샘플들이 순차적으로 저장되는데, 일정 크기의 공간을 갖기 때문에 공간이 채워지면 새로운 샘플이 들어올 때 가장 오래 전에 저장된 것부터 제거된다. 리플레이 메모리에는 현재의 정책이 아닌 이전의 정책에 의해 생성된 샘플들이 저장되어 있기 때문에, 리플레이 메모리

를 사용하게 되면 정책분리^{off-policy} 강화 학습을 하게 된다.

DQN^{Deep Q-Network}은 리플레이 메모리를 이용하여 신경망으로 Q-함수를 근사하는 알고리즘이다. Q-함수의 값을 출력하는 신경망이 학습을 통해 계속 수정하도록 하면, 목표가 움직이기 때문에 Q-함수를 근사하는 신경망을 찾기 쉽지 않다. 그래서 DQN에서는 Q-함수값을 출력하는 목표 신경망 $Q(s,a,\boldsymbol{\theta}')$과, Q-함수를 학습하는 근사 신경망 $Q(s,a,\boldsymbol{\theta})$을 별도로 사용한다. 마치 Q-학습에서처럼 DQN 알고리즘은 샘플 (s,a,r,s')에 대해 $r + \gamma\max_{a'}Q(s',a',\boldsymbol{\theta}')$을 목표값으로 하여, 근사 신경망 $Q(s,a,\boldsymbol{\theta})$를 학습시키기 위해, 다음 오차 함수 E를 사용한다.

$$E = (r + \gamma\max_{a'}Q(s',a',\boldsymbol{\theta}') - Q(s,a,\boldsymbol{\theta}))^2 \tag{4.171}$$

일정 시간마다 목표 신경망 $Q(s,a,\boldsymbol{\theta}')$을 근사 신경망 $Q(s,a,\boldsymbol{\theta})$로 대체하고, 다시 근사 신경망을 갱신하는 과정을 반복하여 Q-함수를 학습한다.

DQN는 큰 리플레이 메모리를 사용하여 학습하기 때문에, 일반적으로 학습시간이 오래 걸린다. 벽돌깨기^{breakout} 게임 등을 비롯한 여러 아케이드 게임에서, DQN은 게임 화면을 학습 데이터로 사용하는 강화 학습을 하여, 사람보다 더 잘 하는 성능을 보이기도 했다. 이때 DQN은 딥러닝 신경망의 일종인 컨볼루션 신경망을 사용했다.

4.11.8 Actor-Critic 방법

Actor-Critic 방법은 정책반복 기법에서 처럼 정책 평가와 정책 개선을 반복하는 형태로 학습을 하는데, 정책 평가를 위한 신경망인 가치망^{value network, 價値網}과 정책을 생성하고 개선하는 데 사용하는 신경망인 정책망^{policy network, 政策網}을 별도로 가지고 있다. 가치망은 상태 가치함수 $V_v(s)$를 학습하는 신경망으로, 정책을 평가하는 역할을 하기 때문에 Critic^{비평가}라고 한다. 정책망은 상태 s가 주어지면 행동별 추천 확률 $\pi_\theta(a|s)$를 생성하는 역할을 하기 때문에 Actor^{배우}라고 한다.

Actor-Critic 방법에서도 (식 4.169)의 정책 그레디언트의 학습 규칙을 사용하여 정책망을 학습한다. 그런데 Q-함수에 해당하는 $Q^\pi(s,a)$의 값은 변화범위가 크기 때문에, 신경망의 학습이 안정적으로 수렴하지 않는다. 그래서 $Q^\pi(s,a)$ 값을 그대로 사용하지 않고, $Q^\pi(s,a)$ 값에서 상태 s에서의 상태 가치함수값 $V_v(s)$ 값을 뺀 것으로 정의한 다음과 같은 어드밴티지^{advantage} 함수 $A(s,a)$를 대신 사용한다.

$$A(s,a) = Q^\pi(s,a) - V_v(s) \tag{4.172}$$

$Q^\pi(s,a)$의 값은 가치함수값 $V_v(s')$을 사용하여 $r + \gamma V_v(s')$으로 근사할 수 있다.

$$Q^\pi(s,a) \approx r + \gamma V_v(s') \tag{4.173}$$

어드밴티지 함수 $A(s,a)$는 시간차 오류$^{\text{temporal-difference error}}$와 같아지므로, $A(s,a)$에 대응하는 δ_v를 위 식의 관계를 이용하여 다음과 같이 정의한다.

$$\delta_v = r + \gamma V_v(s') - V_v(s) \tag{4.174}$$

(식 4.169)의 $Q^\pi(s,a)$ 대신 δ_v를 넣어 변경한 학습 규칙으로, 다음과 같이 정책망을 학습시킨다.

$$\boldsymbol{\theta} \leftarrow \boldsymbol{\theta} + \alpha \nabla_\theta \log \pi_\theta(a|s) \delta_v \tag{4.175}$$

가치망은 가치함수 $V_v(s)$를 신경망으로 근사하는데, $V_v(s)$ 값이 목표값이 $r + \gamma V_v(s')$이 되도록 학습한다. 이때 가치망의 학습에서 사용하는 오차 함수 E_v는 다음과 같다.

$$E_v = (r + \gamma V_v(s') - V_v(s))^2 \tag{4.176}$$

Actor-Critic 방법은 어드밴티지 함수를 사용하기 때문에, A2C$^{\text{Advantage Actor-Critic}}$ 방법이라고도 한다. REINFORCE 알고리즘은 에피소드가 끝날 때 학습이 이루어져서 학습 속도가 느린데 반하여, Actor-Critic 방법은 매 시점에서 학습이 진행되어 속도가 상대적으로 빠르다. 바둑을 두는 알파고^{AlphaGo}에는 몬테카를로 트리 탐색과 함께 Actor-Critic 기반의 강화 학습 기술이 사용되었다. (2.4.3절의 '알파고 이야기' 참고)

4.11.9 A3C 알고리즘

A3C$^{\text{Asynchronous Advantage Actor-Critic}}$ 알고리즘은 학습 데이터간의 상관관계를 깨기 위해 DQN에서와 같이 리플레이 메모리를 사용하는 것이 아니라, 샘플을 수집하는 여러 개의 actor-learner라는 에이전트를 사용하는 Actor-Critic 방법이다. 동일한 신경망 모델로 되어 있는 각 actor-learner는 서로 다른 환경에서 비동기적으로 일정 시간동안 행동하면

서 샘플을 생성한다. 이렇게 여러 actor-learner가 생성한 샘플들을 이용하여 신경망 모델을 학습시킨다. 학습된 신경망 모델을 다시 actor-learner에 복사한다. 이러한 과정을 반복하면 정책동조$^{\text{on-policy}}$ 강화 학습인 Actor-Critic 방법에서도 리플레이 메모리를 사용하는 것과 같은 효과를 줄 수 있다. 여러 actor-learner를 사용하는 방법이 큰 용량의 리플레이 메모리를 사용하는 DQN 알고리즘보다 빠르게 구현될 수 있다.

4.11.10 역강화 학습

강화 학습에서는 환경이 각 상황의 행동에 대한 보상을 제공한다는 가정하에서 정책을 학습한다. 보드 게임 등과 같은 문제에서는 보상 함수가 비교적 쉽게 정의되지만, 실제 많은 문제에서 보상함수가 직접적으로 제공되지 않는다. 보상함수가 정의되지 않으면, 마르코프 결정 문제로 표현되지도 못하고, 강화 학습 기법을 적용하여 해결할 수 없다.

보상함수는 주어지지 않지만, 전문가가 시연$^{\text{demonstration, 試演}}$하여 바람직한 행동을 보여줄 수 있는 문제들이 있다. 예를 들면, 로봇에서 교시 펜던트$^{\text{teach pendant}}$를 써서 바람직한 움직임을 보여주거나, 사람이 로봇 팔을 움직여 주거나, 드론을 공간상에서 움직여 주거나 하는 것 등이 있다. 역강화 학습$^{\text{inverse reinforcement learning, 逆強化學習}}$은 이러한 시연을 관측한 데이터로부터 보상함수를 학습한 다음, 그 보상함수를 사용하여 가치함수를 함수를 학습하고 정책을 결정하는 기법을 말한다. 역강화 학습에서는 보상함수 $R(s)$를 다음과 같이 상태 s의 특징 $\phi_i(s)$들에 대한 선형결합으로 표현하여 학습하는 것이 일반적이다.

$$R(s) = \sum_{i=1}^{N} w_i \phi_i(s) \tag{4.177}$$

이와 같이 보상함수를 정의하는 경우 적합한 특징들을 선택하는 것이 중요하다. 한편, 역강화 학습을 시연에 의한 학습$^{\text{learning from demonstration}}$, 견습^{見習} 학습$^{\text{apprenticeship learning}}$, 또는 모방^{模倣} 학습$^{\text{imitation learning}}$이라 부르기도 한다.

4.12 전이 학습

특정 문제를 해결하는 데 사용되는 지식은 관련된 다른 문제를 해결하는 데도 유용하게 사용될 수 있다. 예를 들어, 영어를 알고 있으면, 프랑스어를 배우기 쉽다. 기계학습에서 특정 문제를 해결하는 데 사용되는 지식 또는 모델을 관련된 다른 문제의 학습에 이용하는 것을 전이 학습^{transfer learning, 轉移學習}이라고 한다.

전이 학습에서는 이미 학습한 문제영역과 지식을 원 영역^{source domain}이라 하고, 새롭게 학습해야 하는 영역을 목표 영역^{target domain}이라고 한다. 전이 학습에서는 영역적응^{domain adaptation, 領域適應}을 통해서 원 영역의 정보와 지식을 최대한 사용하여 목표 영역의 학습 문제를 효과적으로 해결한다. 특히, 활용 가능한 학습 데이터가 부족할 때, 과거에 습득한 지식을 목표 영역으로 이전시켜야 할 때 전이 학습이 유용하게 활용될 수 있다.

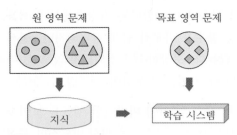

그림 4.56 **전이 학습.**

전이 학습을 통해 기계학습 모델을 개발할 때는 다음과 같은 과정을 거친다. 먼저 원 영역 문제를 선택하는데, 목표 영역 문제와 관련되어 있으면서 많은 학습 데이터를 가지고 있는 것을 선택한다. 다음으로 원 영역 문제에 대한 모델을 개발한다. 개발된 모델은 충분히 성능이 우수한 것이어야 한다. 그리고 나서, 원 영역 문제에 대해 학습된 모델을 목표 영역의 문제에 대한 모델을 개발하는 데 시작 모델로 해서, 목표 영역의 학습 데이터에 대해 모델을 학습시킨다.

한편, 원 영역의 문제에 대한 모델을 직접 학습을 통해 개발하는 대신에, 이미 학습된 것을 가져다가 사용하는 경우도 있다. 딥러닝 기반의 모델을 개발할 때 이미 공개된 학습 모델을 활용하여 원 영역 문제 학습에 대한 비용을 들이지 않고 우수한 모델을 개발하는 사례들이 많이 있다.

1. 지도 학습, 비지도 학습, 반지도 학습 및 강화 학습을 비교하여 설명하시오.

2. 학습 과정에서 과적합 문제를 회피하기 위해 어떤 방법들이 사용될 수 있는지 설명하시오.

3. 분류와 회귀 문제의 차이점을 설명하고, 이들 문제의 예를 들어 보시오.

4. 학습 데이터, 테스트 데이터, 검증 데이터의 역할에 대해서 설명하시오.

5. 분류에서 불균형 데이터가 어떤 문제를 초래할 수 있는지 설명하고, 어떤 방법으로 불균형 데이터 문제를 처리할 수 있는지 설명하시오.

6. 다음과 같이 이진 분류기에 대한 성능을 측정한 실험 결과가 주었다고 하자. 이 분류기에 대한 민감도, 특이도, 정밀도, 정확도를 계산하시오.

		예측	
		양성	음성
실제	양성	40	4
	음성	5	100

7. ROC 곡선과 AUC가 사용되는 곳과 이들의 역할에 대해서 설명하시오.

8. 회귀 모델의 목적함수에 있는 모델 복잡도 항은 어떻게 정의할지 예를 들어 보시오.

9. 차원의 저주가 기계학습에서 어떤 문제를 일으키는지 설명하시오.

10. 이상치 탐지에서 상황적 이상치와 집단적 이상치를 비교하여 설명하시오.

11. 반지도 학습이 무엇인지 설명하고, 반지도 학습을 위해 어떤 가정을 하는지 설명하시오.

12. [표 4.1] PlayTennis 데이터에 대해서 Outlook을 분할 속성으로 하는 경우에 대한 정보 이득을 계산하시오.

13. ID3 알고리즘은 데이터의 속성이 모두 범주값인 경우에만 적용할 수 있다. 속성값이 연속인 경우 어떻게 해줘야 ID3 알고리즘을 적용할 수 있을지 설명하시오.

14. [표 4.4]의 데이터에 대해 *Outline*을 분할속성으로 하는 경우의 지니 이득을 계산하시오.

15. [표 4.5]의 데이터에 대해 *Outline*에 대한 표준편차 축소 값을 계산하시오.

16. 앙상블 알고리즘 기법인 배깅 알고리즘과 부스팅 알고리즘의 차이점을 설명하시오.

17. 앙상블 분류기인 랜덤 포리스트 알고리즘에 대해서 조사하고 구체적인 알고리즘을 설명하시오.

18. k-근접 이웃 알고리즘을 적용하기 위해 필요한 조건들을 기술하시오.

19. 동일한 데이터에 k-means 알고리즘을 적용할 때, 적용할 때마다 다른 결과가 나올 수 있는 이유를 설명하시오.

20. 단순 베이즈 분류기에서 전제하는 가정이 무엇인지 설명하시오. 이러한 가정에도 불구하고 분류기로 사용될 수 있는 이유를 설명하시오.

21. [표 4.4]의 데이터에 대해서 단순 베이즈 분류기를 학습시켰을 때, (수직, 점선, 유)인 데이터의 부류를 결정하는 계산 과정을 보이시오.

22. 퍼셉트론과 SVM의 결정경계의 특성을 비교하여 설명하시오.

23. [그림 4.37]을 참고하여, NOT Exclusive OR(입력이 (0,0) 또는 (1,1)이면 출력이 1이고, 다른 입력에는 출력이 0) 함수를 뉴런 3개로 구성하시오.

24. [그림 4.37(b)]의 신경망에 (1,1)과 (1,0)이 각각 입력으로 들어갈 때의 f_1, f_2, f_3의 출력값을 계산하시오.

25. 시그모이드(sigmoid) 함수 $\sigma(x) = 1/(1 + \exp(-x))$의 x에 대한 미분을 계산하시오. 시그모이드 함수가 다층 퍼셉트론에서 활성화 함수로 사용될 때의 장점을 쓰시오.

26. 다부류 분류기(multiclass classifier)에서 전체 데이터에 대한 가능도를 최대화하는 가중치를 찾는 것과 교차 엔트로피 오차 함수를 최소화하는 가중치를 찾는 것이 같다는 것을 보이시오.

27. RBF 망에 대한 오차 함수를 정의하고 은닉층과 출력층 사이의 가중치를 학습할 때 사용할 그레디언트의 식을 유도해 보시오.

28. SVM의 문제를 제약조건 최적화 문제로 표현하는 과정을 자세히 설명하시오.

29. SVM에서 커널트릭(kernel trick)이 어떤 것인지 설명하시오.

30. SVM은 두 개의 부류를 갖는 데이터를 분류하는 분류기이다. 3개 이상의 부류를 갖는 데이터에 SVM을 적용하려면 어떻게 해야 할지 설명하시오.

31. SVM에서 슬랙 변수(slack variable)를 사용하는 이유를 설명하시오.

32. 4.10.2절에 있는 SVM 모델을 학습하는 MatLab/Octave 코드를 직접 실행해 보시오.

33. 2차원 평면에 데이터가 (1,1), (1,2), (3,1), (4,3), (5,3), (4,6), (5,6), (2,5), (3,6)에 위치하고 있고, 군집의 중심이 (2,2)와 (4,4)에 있다고 하자. k-means 알고리즘을 적용하고 있다고 할 때, 다음 단계의 군집의 중심을 계산하시오.

34. 강화 학습에서 사용되는 상태 가치함수와 상태-행동 가치함수의 관계를 설명하시오.

35. 강화 학습에서 동적계획법 기반의 정책 결정 방법을 적용하기 위해서 어떤 정보가 미리 제공되어야 하는지 설명하시오.

36. 강화 학습에서 몬테카를로 예측과 시간차 예측을 비교하여 설명하시오.

37. ϵ-그리디 방법으로 행동을 선택하게 되면, 어떤 상황에서 기존에 경험해보지 못한 상황을 탐험(exploration)하는지 설명하시오.

38. Q-학습 알고리즘은 어떤 방법으로 정책을 학습하는지 설명하시오.

39. REINFORCE 알고리즘은 정책망을 학습할 때 Q-함수 값을 어떻게 추정하여 사용하는지 설명하시오.

40. 강화 학습에서 사용되는 리플레이 메모리와 actor-learner의 역할에 대해서 설명하시오.

41. 전이 학습이 무엇인지 언제 유용한지 설명하시오.

42. 역강화 학습을 강화 학습과 비교하여 차이점을 설명하시오.

43. 로지스틱 회귀 모델을 경사 강하법으로 학습하기 위해 필요한 그레디언트를 (식 4.15)로부터 구하시오.

44. 부록 A.7의 EM 알고리즘을 학습하고 k-means 알고리즘이 EM 알고리즘과 어떤 면에서 관련이 있는지 설명하시오.

45. 12장에서 다루고 있는 Weka를 설치하고 실습 문제들을 직접 실행해 보시오.

시간은 과거에서 현재를 거쳐 미래로 흘러간다.
과거의 경험과 데이터로부터 배우는 것이 학습이다.

CHAPTER 05

딥러닝

딥러닝

딥러닝^{deep learning}은 비교적 최근에 개발된 딥러닝 신경망 모델 기반의 기계 학습 기법을 차별화하여 일컫는 말이다. 딥러닝 모델에서는 입력 데이터에 대한 특징 추출과 문제 해결을 위한 복잡한 함수를 학습하기 위해 다수의 층을 갖는 신경망 구조를 사용한다. 또한, 이런 복잡한 구조의 신경망을 학습시키기 위해 많은 데이터와 많은 컴퓨팅 자원을 사용한다. 딥러닝은 다양한 분야에서 기존 기계학습 방법보다 훨씬 뛰어난 성능을 보이면서 많은 관심을 끌고 있다. 이 장에서는 딥러닝에서 사용하는 기법들과 대표적인 딥러닝 모델들에 대해서 살펴본다. 딥러닝 모델을 명확히 설명하기 위해 다소 많은 수식을 사용한다. 딥러닝 이론 전개에서 사용되는 확률과 선형대수학에 대한 기본 이론은 부록 A와 B에서 설명하고 있다. 이 장은 4.9절의 신경망 이론을 미리 학습한 것을 전제로 하여 설명한다.

5.1 딥러닝

대부분의 기계학습 방법은 원시 데이터^{original data}를 그대로 사용하지 않고 문제 해결에 적합해 보이는 특징 벡터^{feature vector}를 추출하여 사용한다. 따라서 기계학습 방법의 성능은 이 특징 벡터의 품질에 크게 영향 받는다. 즉, 우수한 기계학습 알고리즘이더라도 특징 벡터가 좋지 않으면 높은 성능을 기대할 수 없다. 동일한 알고리즘을 사용하더라도 좋은 특징 벡터를 사용할 때 더 나은 성능이 나온다. 기계학습 시스템 개발자가 직접 특징을 추출하고 선택해야하는 경우, 시스템의 성능이 개발자의 역량에 많은 영향을 받을 수 밖에 없다. 한편, 개발자는 효과적인 특징을 추출하기 위해 많은 시간과 노력을 투자해야 한다. 그럼에도 불구하고, 문제해결에 최적인 특징을 찾아내기는 쉽지 않다.

신경망을 적용하는 경우에도 특징 벡터를 추출하여 입력으로 사용한다면, 개발자의 역량이 결국 학습된 신경망의 성능을 결정하게 된다. 이러한 문제점을 보완할 수 있는 것이 신경망의 발전된 형태라 할 수 있는 딥러닝^{deep learning, 심층 학습}이다. 딥러닝은 다수의 층이 있는 신경망을 사용하여, 학습을 통해 입력으로 주어진 원시 데이터로부터 적합한 특징을 추출하면서 동시에 문제 해결을 위한 모델을 만드는 기계학습 기법이다. [그림 5.1]에서 보는 바와 같이, 기존의 전통적인 신경망에서는 원시 데이터로부터 문제에 적합한 특징을 별도로 추출한 다음, 이 특징을 신경망의 입력으로 사용한다. 즉, 특징 추출을 하는 부분을 별도로 개발해야 한다. 반면, 딥러닝 신경망^{deep neural network, 심층 신경망}에서는 원시 데이터를 그대로 입력으로 사용하는데, 신경망 안에서 특징 추출이 이루어지면서 입력에 대응하는 목표 출력이 나오도록 하는 학습이 이루어진다. 즉, 딥러닝 신경망에서는 문제해결에 사용할 특징이 학습을 통해서 결정된다. 이러한 특성 덕분에 기존 기계학습 알고리즘에 비하여 딥러닝 방법이 더 나은 성능을 보이는 경우들이 많이 있다. 한편, 성능 개선을 위해 원시 데이터를 전처리하여 입력으로 사용하기도 한다.

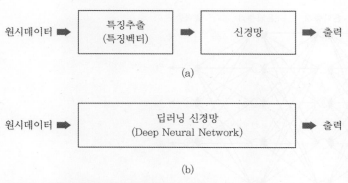

그림 5.1 (a) 전통적인 신경망 (b) 딥러닝 신경망

딥러닝 신경망은 전통적인 신경망보다 많은 층으로 구성되는데, 입력층에 가까운 층에서는 낮은 수준의 특징이 학습되고 출력층 방향으로 갈수록 더 추상적인 특징이 학습된다. 즉, 딥러닝 신경망은 낮은 수준의 특징에서부터 높은 수준의 특징까지 계층적인 특징^{hierarchical feature}을 학습하고, 결과적으로 이 계층적인 특징을 이용해서 문제 해결을 위한 함수를 학습하게 된다.

5.1.1 기울기 소멸 문제

다층 퍼셉트론에서 각 노드^{node, 뉴런}는 이전 층 노드들의 출력을 합성하는 역할을 한다. 즉, 각 노드는 이전 노드들의 출력값에 가중치를 곱하여 더한 다음에, 활성화 함수 f를 사용하여 변환한 값을 출력한다. 은닉층이 많아질수록 이러한 합성을 많이 하기 때문에, 더 복잡한 함수를 표현할 수 있다. 즉, 은닉층이 많아질수록 신경망의 학습 능력은 향상된다는 의미이다.

하지만 실제로는 은닉층이 많은 (보통 4개 이상) 다층 퍼셉트론을 오차역전파$^{\text{error backpropagation}}$ 알고리즘으로 학습시키면, 입력층에 가까운 층들의 가중치가 잘 학습되지 않는 현상이 발생한다. 이러한 현상을 기울기 소멸^{消滅} 문제$^{\text{vanishing gradient problem}}$라고 한다. 이러한 현상 때문에 기존 다층 퍼셉트론에서는 보통 2개 이내의 은닉층을 사용했다.

기울기 소멸 문제는 은닉층이 많은 신경망에서 입력층에 가까운 층의 오차 함수$^{\text{error function}}$ E의 그레디언트^{gradient} ∇E가 영벡터$^{\text{zero vector}}$에 가까워지면서 발생한다. 그레디언트가 영^{zero}벡터에 가까워지면 경사 하강법$^{\text{gradient descent}}$으로는 가중치의 값들을 거의 변경할 수 없으므로, 학습이 제대로 이루어지지 않는다.

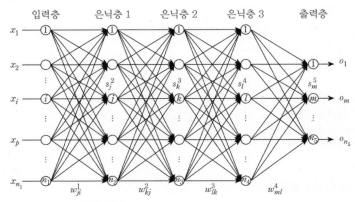

그림 5.2 다층 신경망의 구조

[그림 5.2]와 같이 3개의 은닉층이 있는 다층 신경망 모델에서 입력층과 첫 번째 은닉층 사이의 가중치 w_{ji}^1에 대한 오차 함수 E의 편미분$^{\text{partial derivative, }偏微分}$을 살펴보자. 오차 함수 E가 오차의 제곱합으로 정의될 때, 오차 함수의 w_{ji}^1에 대한 편미분은 (식 5.2)와 같이 계산된다.

$$E = \frac{1}{2}\sum_{m=1}^{n_5}(y_m - o_m)^2 \tag{5.1}$$

$$\frac{\partial E}{\partial w_{ji}^1} = \sum_{m=1}^{n_5}\sum_{l=1}^{n_4}\sum_{k=1}^{n_3}\sum_{j=1}^{n_2}(y_m - o_m)f'(s_m^5)\,w_{ml}^4 f'(s_l^4)w_{lk}^3 f'(s_k^3)\,w_{kj}^2 f'(s_j^2)\,x_i \tag{5.2}$$

여기에서 f는 활성화^{activation} 함수를 나타내고, s_a^b는 b층의 a번째 노드에서 직전 노드들의 출력값에 가중치를 곱해서 합한 결과를 나타낸다. 즉, $s_a^b = \sum_c w_{ac} s_c^{b-1}$이다. 한편, w_{ts}^b는 $b-1$층의 s번째 노드와 b층의 t번째 노드 사이의 가중치를 나타내고, x_i는 i번째 입력을 나타낸다. (식 5.2)의 편미분 계산식에서는 도함수$^{\text{derivative, 導函數}}$의 값인 $f'(s_j^2)$, $f'(s_k^3)$, $f'(s_l^4)$, $f'(s_m^5)$가 곱해진 것을 볼 수 있다.

기존 신경망은 활성화 함수로 [그림 5.3]과 같은 시그모이드^{sigmoid} 함수 $\sigma(x)$와 쌍곡 탄젠트 $^{\text{hyperbolic tangent}}$ 함수 $\tanh(x)$ 를 주로 사용한다. 그림에서 점선으로 표시된 이들 활성화 함수의 도함수는 입력값이 0 부근일 때는 값이 커지지만, 입력값이 0에서 멀어질수록 도함수의 값은 0으로 수렴한다. 시그모이드 $\sigma(x)$ 함수는 구간 $(0, 1)$의 값을 갖지만, 도함수 $\sigma'(x)$는 $(0, 0.25)$사이의 값을 가지며, 입력값 x가 0에 가까울 때만 0.25에 가까운 값이 된다. 쌍곡 탄젠트 함수의 경우도 마찬가지로 입력값 x가 0에 가까울 때는 도함수의 값이 구간 $(0, 1]$의 값을 갖지만, 입력값이 0에서 멀어질수록 도함수의 값은 0으로 수렴한다.

이들 활성화 함수의 도함수 값은 1보다 작은 양수이면서 입력이 0값과 멀어질수록 급격하게 0에 수렴한다. 따라서 활성화 함수의 도함수 값을 여러 개 곱하게 되면 0값으로 수렴해가는 성질이 나타난다. 즉, 오차 함수의 편미분 값이 0 값에 수렴해서, 결국 그레디언트의 성분이 사라지므로 경사 하강법으로는 학습을 할 수 없게 된다.

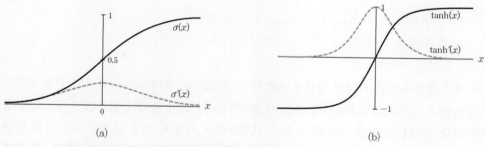

그림 5.3 **시그모이드 함수** $\sigma(x)$ **와 쌍곡 탄젠트 함수** $\tanh(x)$ **의 1차 도함수**

이러한 기울기 소멸 문제를 해결하기 위해 은닉층을 많이 사용하는 딥러닝 신경망에서는 미분을 하더라도 값이 급격하게 줄지 않는 ReLU$^{\text{Rectified Linear Unit}}$ 함수라는 새로운 활성화 함수를 사용한다. ReLU 함수는 $f(x) = \max\{0, x\}$ 로 정의되는데, [그림 5.4]와 같은 형태를 갖는다.

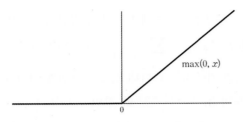

그림 5.4 ReLU 함수 $f(x) = \max\{0, x\}$

ReLU 함수의 편미분 값은 입력이 0미만이면 0이고, 입력이 0이상이면 1이 되기 때문에, ReLU 함수는 오차 함수의 편미분을 0이 되게 할 수는 있지만, 시그모이드 함수나 쌍곡 탄젠트 함수에서처럼 기울기 소멸 문제를 발생시키지는 않는다.

ReLU를 사용하면 시그모이드 함수나 쌍곡 탄젠트 함수를 사용하는 경우와 비교하여, [그림 5.5(b)]와 같이 학습되는 함수 표면이 평면 조각들로 구성되어 부드럽지 않다. [그림 5.5(a)]와 [그림 5.5(c)]는 ReLU 활성화 함수를 사용하는 3개의 층으로 구성된 신경망에서, 특정 입력 (x_1, x_2)에 대하여 ReLU의 값이 0이 아닌 노드들을 회색으로 나타낸 것이다. 그림에서 회색으로 표현된 노드들의 ReLU 함수만 0이 아닌 값을 출력한다. 이때 노드의 출력은 입력과 가중치들의 곱으로 표현되기 때문에, (a)와 (c)의 출력값은 다음과 같이 행렬의 곱으로 표현된다. 여기에서 $[\ ]_{a \times b}$는 $a \times b$ 크기의 행렬을 나타낸다.

$$\text{(a)의 출력 } y = [\ ]_{1 \times 2} \cdot [\ ]_{2 \times 3} \cdot [\ ]_{3 \times 2}\, \boldsymbol{x}$$
$$\text{(c)의 출력 } y = [\ ]_{1 \times 3} \cdot [\ ]_{3 \times 2} \cdot [\ ]_{2 \times 2}\, \boldsymbol{x}$$

여러 개의 행렬의 곱은 하나의 행렬로 표현될 수 있으므로, 출력 y는 입력 $\boldsymbol{x}$의 선형 변환으로 표현된다. 결과적으로 ReLU 함수를 사용하면 (b)와 같이 출력이 평면인 조각으로 구성되게 한다. ReLU는 많은 층으로 구성된 신경망에서 가중치 소멸 문제를 완화시킬 뿐만 아니라, 시그모이드나 쌍곡 탄젠트 함수보다 계산 시간이 훨씬 빠르므로, 학습 및 실행 시간을 줄이는 데 도움이 된다.

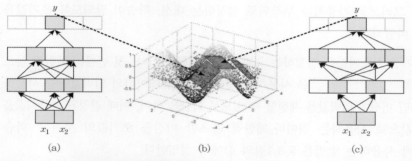

그림 5.5 ReLU 함수의 부분적 평면 타일링
(a)와 (c)는 ReLU 값이 0이 아닐 때의 출력 결정에 영향을 주는 부분이고, (b)는 결과로 만들어지는 부분 평면들

ReLU 함수 이외에도 딥러닝에서 사용되는 활성화 함수로는 다음과 같이 정의되는 누수^{漏水} ReLU^{Leaky ReLU}, ELU^{Exponential Linear Unit}, Maxout 함수 등이 있다.

$$누수 \ ReLU : \quad f(x) = \max(\alpha x, x) \tag{5.3}$$

$$ELU : \quad f(x) = \begin{cases} x & \text{if } x > 0 \\ \alpha(\exp(x) - 1) & \text{otherwise} \end{cases} \tag{5.4}$$

$$Maxout : \quad f(\boldsymbol{x}) = \max_{i \in \{1, \dots, k\}} \left\{ \boldsymbol{w}_i^\top \boldsymbol{x} + b_i \right\} \tag{5.5}$$

누수 ReLU와 ELU에서 α는 임의의 작은 양^{positive}의 상수 (즉, $\alpha > 0$) 를 나타낸다. 이들 활성화 함수는 입력이 음수일 때 0이 아닌 값을 출력한다. Maxout에서 $\boldsymbol{x}$는 입력 벡터를 나타내고, $\boldsymbol{w}_i$와 b_i는 입력을 선형변환하는 벡터와 편차항을 나타낸다. Maxout은 입력을 선형변환하여 얻은 k개의 값 중에서 가장 큰 것을 선택한다. 변환에 사용되는 이들 $\boldsymbol{w}_i$와 b_i는 학습 과정에서 결정된다. 한편 PReLU^{Parametric ReLU} 함수도 있는데 누수 ReLU와 마찬가지로 $f(x) = \max(\alpha x, x)$ 연산을 하는데, 여기에서는 α가 고정된 상수가 아니고 다른 가중치처럼 학습되는 파라미터이다.

5.1.2 가중치 초기값

다층 신경망을 학습시킬 때는 보통 가중치의 초기값으로 0에 가까운 무작위 값을 사용해왔다. 특정 구조의 신경망를 동일한 학습 데이터로 학습시키더라도, 가중치의 초기값에 따라 학습된 신경망의 성능에 차이가 날 수 있다. 또한 오차역전파 알고리즘은 기본적으로 경사하강법을 사용하기 때문에 최적해(즉, 오차를 최소로 하는 가중치들)가 아닌 지역해에 빠질

가능성이 있다. 그러므로 가중치를 무작위로 설정하는 대신, 학습이 잘되도록 초기값을 결정하는 것이 바람직하다.

다층 신경망의 가중치 초기값을 결정하는 효과적인 방법들이 있다. 첫 번째는 제한적 볼츠만 머신$^{\text{restricted Boltzmann machine, RBM}}$을 사용하는 것이다. 학습 데이터의 입력값만을 사용하여, 제한적 볼츠만 머신이 입력값을 재현할 수 있도록 학습을 하여, 이때 결정된 가중치값을 가중치의 초기값으로 사용하는 것이다. 제한적 볼츠만 머신을 초기값의 사전^{事前} 학습$^{\text{pre-training}}$하는 데 사용하는 방법은 5.3.1절의 4)에서 설명한다.

두 번째는 입력노드 개수 n_i와 출력노드 개수 n_{i+1}의 정보를 반영하여 (식 5.6)-(식 5.8)과 같이 무작위로 값을 설정하는 방법들이다. 이들 방법은 단순하기는 하지만, 학습 성능 향상에 좋은 결과를 보인다.

$$U\left[-\sqrt{\frac{6}{n_i+n_{i+1}}}, \ \sqrt{\frac{6}{n_i+n_{i+1}}} \ \right] \tag{5.6}$$

$$\frac{N(0,1)}{\sqrt{n_i}} \tag{5.7}$$

$$\frac{N(0,1)}{\sqrt{n_i/2}} \tag{5.8}$$

(식 5.6)은 구간 $\left[-\sqrt{6/(n_i+n_{i+1})}, \ \sqrt{6/(n_i+n_{i+1})} \ \right]$에서 균등분포$^{\text{uniform distribution}}$ U에 따라 무작위로 값을 선택하는 것을 의미한다. 예를 들어, 노드 개수가 각각 4, 7인 인접한 층 사이의 가중치를 구간 $\left[-\sqrt{6/11}, \ \sqrt{6/11} \ \right]$에서 무작위로 값으로 초기화하는 것이다. (식 5.7)과 (식 5.8)에서 $N(0,1)$은 평균이 0이고, 분산이 1인 정규분포$^{\text{Normal distribution, 가우시안 분포}}$에서 무작위로 값을 선택한다는 것을 뜻한다. (식 5.7)의 방법을 제이비어^{Xavier} 초기화 방법이라고 하고, (식 5.8)의 방법을 허^{He} 초기화라고 한다.

셋째는 직교 행렬$^{\text{orthogonal matrix}}$를 만들어 가중치를 초기화하는 방법이다. 인접하는 층 사이의 가중치를 나타내는 행렬 W가 $n \times m$의 크기일 때, 직교 행렬은 다음과 같이 만들 수 있다. 먼저, W의 각 원소를 평균 0, 분산 1인 정규 분포에서 무작위로 표본추출해서 채운다. 이렇게 구성한 W를 특이값 분해$^{\text{singular value decomposition, SVD}}$하여, 직교하는 n차원 벡터를 m개 선택하여 직교 행렬을 만든다. 이 방법은 컨볼루션 신경망의 컨볼루션 필터를 초기화할 때 주로 사용한다.

5.1.3 과적합 문제

층이 많아질수록 다층 신경망은 복잡한 모델을 표현할 수 있게 된다. 하지만 모델이 복잡해지면 과적합^{overfitting}의 문제가 발생할 수 있다. 과적합 문제를 완화하기 위해 딥러닝 신경망에서는 규제화$^{\text{regulation, 規制化}}$ 기법, 드롭아웃^{dropout}, 배치 정규화$^{\text{batch normalization}}$ 등의 방법을 사용할 수 있다.

1) 규제화 기법

복잡한 모델 때문에 발생하는 과적합의 문제를 완화하기 위해, 오차 함수(또는 목적 함수)를 다음과 같이 오차^{error} 항과 모델 복잡도$^{\text{model complexity}}$ 항의 합으로 정의하는 것을 규제화 기법이라 한다.

$$\text{오차 함수} = (\text{오차 항}) + \alpha(\text{모델 복잡도 항}) \tag{5.9}$$

여기에서 α는 오차 항과 모델 복잡도 항의 상대적인 반영비율을 조정하는 값이다. 모델 복잡도 항은 모델이 복잡할수록 부정적인 역할을 하기 때문에 벌점^{penality} 항이라고도 한다.

신경망에서는 특정 가중치의 값이 다른 것들에 비해 지나치게 큰 값이 되면, 이 가중치에 의한 영향이 과도하게 커지는 현상이 발생한다. 그래서 가중치들의 크기를 사용하여 모델 복잡도 즉, 벌점 항을 정의한다. 다음은 모델 복잡도를 가중치 $w = (w_1, w_2, \cdots, w_n)$들의 제곱합이나 절대값의 합으로 나타낸 예이다.

$$\text{모델 복잡도} = \sum_{i=1}^{n} w_i^2 \quad \text{또는} \quad \sum_{i=1}^{n} |w_i| \tag{5.10}$$

규제화 기법을 적용함으로써 주어진 데이터 또는 문제에 최적인 모델 복잡도를 갖는 모델이 선택될 가능성이 높아진다.

2) 드롭아웃

딥러닝 신경망에서 과적합 문제에 대응하기 위해 사용하는 대표적인 방법으로 드롭아웃이 있다. 드롭아웃$^{\text{dropout, 중퇴}}$은 [그림 5.6]과 같이 학습할 때 일정 확률로 노드들을 무작위로 선택하여, 선택된 노드의 앞뒤로 연결된 가중치 연결선은 없는 것으로 간주하고 학습을 진행하도록 하는 방법이다. 드롭아웃을 적용할 때는 미니배치$^{\text{mini-batch}}$나 학습주기^{epoch} 마다 드롭아웃할 즉, 없는 것으로 간주할 노드들을 새롭게 선택하여 학습을 진행한다.

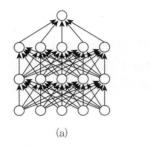 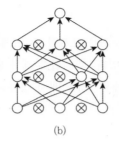

(a)　　　　　　　　　　　　(b)

그림 5.6 **드롭아웃 방법**
(b)는 (a)의 신경망에 드롭아웃을 적용한 결과를 나타냄

미니배치는 전체 학습 데이터를 일정 크기로 나누어 놓은 것을 말하는데, 학습 데이터가 큰 경우에는 미니배치 단위로 학습한다. 예를 들어, 크기 10의 미니배치 단위로 경사 하강법을 이용하여 학습을 한다면, 10개의 학습 데이터 각각에 대한 그레디언트를 구한 다음 평균을 계산하여 가중치를 변경하는 것을 의미한다. 즉, 10개의 학습 데이터에 대한 그레디언트가 각각 $\nabla g_1, \nabla g_2, \cdots, \nabla g_{10}$ 이라면, 미니배치에 대한 그레디언트 ∇g 는 다음과 같이 이들의 평균이 된다.

$$\nabla g = \frac{1}{10} \sum_{i=1}^{10} \nabla g_i \tag{5.11}$$

미니배치의 크기가 1이면, 즉 학습 데이터를 하나씩 사용하여 매번 가중치를 조정하게 되는데, 이것을 확률적 조정$^{\text{stochastic update}}$이라고 한다. 미니배치를 전체 학습 데이터로 하는 경우를 배치 조정$^{\text{batch update}}$이라고 한다.

학습주기^{epoch}는 전체 학습 데이터를 한 번씩 학습에 이용하는 학습단위를 말한다. 학습주기의 회수를 학습 알고리즘의 종료조건으로 사용하기도 한다.

드롭아웃은 매번 학습을 할 때 네트워크의 일부만을 이용하여 학습을 하게 한다. 이것은 주어진 신경망의 다양한 조합의 부분 신경망을 학습하는 역할을 한다. 결과적으로 하나의 신경망 안에 다수의 부분 신경망이 학습된 것과 같은 효과를 준다. 각 학습된 부분 신경망을 특정 분야의 전문가로 간주한다면, 학습 과정은 다수의 전문가를 만들어 내는 일을 하는 셈이 된다. 학습된 전체 신경망을 사용하는 것은 이들 전문가들의 모든 의견을 결합하여 최종 결론을 내는 전문가위원회$^{\text{committee of experts}}$를 활용하는 것으로 볼 수 있다.

학습의 관점에서 보면 드롭아웃은 공적응$^{\text{co-adaptation, 共適應}}$의 문제를 완화시키는 역할을 한다. 신경망에서는 은닉층의 각 노드들이 주어진 문제 해결에 도움이 되는 고유한 특징을 추출하는 것이 바람직하다. 그런데 학습이 진행되는 과정에 같은 층의 두 개 이상이 노드들이 상관도^{correlation}가 높은 가중치를 갖게 되는 등 고유한 특징을 추출하지 못하여, 학습 데이터에 대해서는 옳은 결과를 내지만 새로운 데이터에 대해서는 제대로 결과를 내지 못하는 과적합^{overfitting} 현상이 발생할 수 있다. 이와 같은 현상을 공적응라고 한다. 드롭아웃을 사용하면 무작위로 노드들이 빠지면서 신경망이 학습되기 때문에, 공적응 문제가 완화되고 과적합 문제를 상당부분 회피할 수 있게 된다.

실제로 드롭아웃을 사용하면 대부분 성능이 개선되기 때문에, 다층 퍼셉트론^{MLP}처럼 완전 연결된$^{fully\ connected,\ FC}$ 층 사이의 가중치에 대한 학습에서는 드롭아웃을 기본적으로 사용한다. 학습할 때 드롭아웃을 사용하는 경우라도, 추론을 할 때는 드롭아웃을 하지 않고 전체 학습된 신경망을 사용하여 출력을 계산한다.

드롭아웃은 학습과정에서 무작위로 선택한 노드들을 없는 것으로 간주하기 때문에, 각 학습 단계에서 학습해야 할 가중치의 개수가 줄어들게 된다. 이에 따라 드롭아웃을 사용하면 전체적인 학습 시간이 줄어들 수 있다.

3) 배치 정규화

신경망의 각 층은 기본적으로 직전 층에서 받은 입력으로부터 기대하는 출력을 만들어내도록 학습을 한다. 신경망의 기본 학습 알고리즘인 오차역전파 알고리즘은 출력층에서 입력층 방향으로 가면서 가중치를 조정한다. 현재 층이 직전 층으로부터 입력을 잘 처리하도록 학습을 했는데, 직전 층의 이전 가중치들이 학습에 의해 조정되면, 현재 층이 학습한 분포와는 차이가 있는 분포의 입력 데이터가 현재 층에 전달된다. 즉, 이전 층들의 학습에 의해 이들 층의 가중치가 바뀌게 되면, 현재 층에 전달되는 데이터의 분포가 현재 층이 학습했던 시점의 분포와 차이가 발생한다. 그래서 학습할 때 수렴 속도가 느려질 수 밖에 없다. 이러한 특성을 내부 공변량 이동$^{internal\ covariate\ shift,\ 內部\ 共變量\ 移動}$이라고 한다. 학습할 때는, 내부 공변량 이동이 생길 수 있기 때문에 가중치의 초기값 설정을 신중하게 해야 하고 학습율을 적게 해야 한다.

이러한 데이터 분포 변화를 보정하는 효과적인 방법으로 배치 정규화$^{batch\ normalization}$가 있다. 배치 정규화는 신경망의 각 층에서 미니배치 B의 각 데이터에 가중치 연산을 적용한 결과인 x_i의 분포를 정규화하는 것을 말한다. 이 방법에서는 먼저 이들 x_i의 평균 μ_B가 0이 되고 표준편차 σ_B는 1로 변환한 다음, 크기조정^{scaling} 파라미터^{parameter} γ와 이동^{shift} 파라미터 β를 적용하여, 변환된 데이터 y_i를 만드는 정규화를 한다. 미니배치 B의 가중치 연산을 적용한 결과인 m개의 데이터 $\{x_1, x_2, \cdots, x_m\}$에 대한, 배치 정규화 과정을 식으로 표현하면 다음과 같다. (식 5.14)에서 ϵ은 아주 작은 양^{positive}의 실수값이다.

$$\text{미니배치의 평균} : \boldsymbol{\mu}_B = \frac{1}{m} \sum_{i=1}^{m} \boldsymbol{x}_i \tag{5.12}$$

$$\text{미니배치의 분산} : \boldsymbol{\sigma}_B^2 = \frac{1}{m} \sum_{i-1}^{m} (\boldsymbol{x}_i - \boldsymbol{\mu}_B)^2 \tag{5.13}$$

$$\text{정규화} : \hat{\boldsymbol{x}_i} = \frac{\boldsymbol{x}_i - \boldsymbol{\mu}_B}{\sqrt{\boldsymbol{\sigma}_B^2 + \epsilon}} \tag{5.14}$$

$$\text{크기조정 및 이동변환} : \boldsymbol{y}_i = \gamma \hat{\boldsymbol{x}}_i + \beta \tag{5.15}$$

배치 정규화는 [그림 5.7]과 같이 신경망에서 입력을 가중치와 곱하는 단계와 활성화 함수 ReLU를 적용하는 단계 사이에서 일어난다. 평균 $\boldsymbol{\mu}_B$와 표준편차 $\boldsymbol{\sigma}_B$는 미니배치 단위로 계산되며, 크기조정 파라미터 γ와 이동 파라미터 β는 오차역전파 알고리즘에 의해서 학습되는 파라미터들이다. 학습을 할 때 배치 정규화를 위한 평균과 표준편차는 학습 데이터의 미니배치별로 계산된다. 반면, 학습된 신경망을 사용하여 추론을 할 때는 학습에 사용된 미니배치들의 각각 평균과 표준편차를 평균한 값들을 해당 층의 평균과 표준편차로 사용한다.

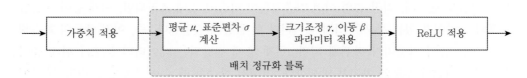

그림 5.7 신경망에서 배치 정규화 블록의 위치

배치 정규화를 사용하면 가중치 초기값에 크게 영향을 받지 않아서, 초기값 설정에 크게 신경쓸 필요가 없다. 학습율을 아주 작게 설정할 필요도 없어, 학습이 빨리 진행되는 경향을 보인다. 또한 과적합을 억제하는 특성이 있어서, 드롭아웃을 사용하지 않아도 성능이 좋은 신경망 모델이 학습될 수도 있다.

5.2 컨볼루션 신경망

컨볼루션 신경망^{convolutional neural network, CNN}은 동물의 시각피질^{visual cortex, 視覺皮質}의 구조에서 영감을 받아 만들어진 딥러닝 신경망 모델이다. 동물실험에서 시각피질의 각 신경세포는 시야^{視野}내의 특정 영역의 자극만 받아들이며, 해당 영역의 특정 특징에 대해서 반응한다는 것이 확인되었다. 각 시각피질 신경세포가 반응하는 영역을 수용장^{receptive field, 受容場}이라고 한다. 한편, 시각 인식^{visual perception}는 시각 자극이 1차 시각피질을 통해서 처리된 다음, 2차 시각피질을 경유하여, 3차 시각피질 등 여러 영역을 통과하면서 계층적인 정보처리를 하여 일어난다. 즉, 정보가 계층적으로 처리되어 가면서 점차 추상적인 특징이 추출되어 시각 인식이 일어난다. 컨볼루션 신경망은 이러한 동물의 계층적 특징 추출과 시각인식 체계를 참조하여 만들어진 딥러닝 신경망 모델이다.

컨볼루션 신경망은 [그림 5.8]과 같이 다수의 층으로 된 특징을 추출하는 부분과, 앞 부분에서 획득된 특징을 사용하여 분류 등의 작업을 담당하는 부분으로 구성된다. 특징을 추출하는 역할을 하는 앞 부분에서는 컨볼루션^{convolution} 연산과 풀링^{pooling} 연산이 수행된다. 뒷 부분에서는 다층 퍼셉트론^{MLP} 등이 분류 등을 위한 연산을 수행한다. 출력 노드의 값이 확률값으로 해석되도록 하려면 마지막에 소프트맥스 층을 추가하기도 한다.

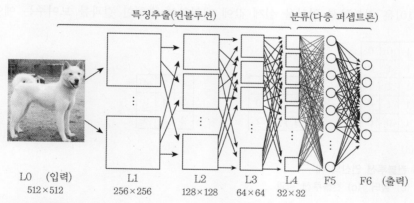

그림 5.8 **컨볼루션 신경망**

5.2.1 컨볼루션

컨볼루션^{convolution}은 일정 영역^{region}의 값들에 대해 가중치를 적용하여 하나의 값을 만드는 연산이다. [그림 5.9(a)]와 같이 2차원 배열로 표현된 데이터에 대해서 컨볼루션 연산을 적용할 때는, 가중치 값들을 [그림 5.9(b)]와 같은 행렬로 표현한다. 이러한 가중치 행렬을 컨볼루션 필터[filter], 커널[kernel] 또는 마스크[mask]라고 한다. 예를 들어, [그림 5.9(b)]의 필터를 [그림 5.9(a)]의 회색 바탕 영역에 적용되는 컨볼루션 연산은, 대응되는 위치의 필터 가중치 w_{ij}와 데이터값 x_{ij}를 곱하여 더하는 즉, $w_{11}x_{11} + w_{12}x_{12} + w_{13}x_{13} + w_{21}x_{21} + w_{22}x_{22} + w_{23}x_{23} + w_{31}x_{31} + w_{32}x_{32} + w_{33}x_{33}$ 을 계산하여, [그림 5.9(c)]의 y_{11}로 출력한다. 필터를 오른쪽으로 한 칸 이동하여 필터의 가운데 위치인 w_{22}가 입력 데이터에서 위치 x_{23}에 겹치도록 하여 컨볼루션 연산을 한 결과는 출력의 y_{12} 값이 된다. 이와 같은 방법으로 필터를 이동하면서 컨볼루션 연산을 하면 [그림 5.9(c)]의 결과가 얻어진다.

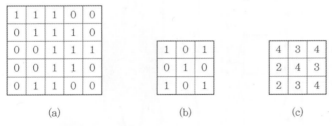

그림 5.9 **컨볼루션 연산**
(a) 입력 (b) 필터 (c) 컨볼루션 결과

[그림 5.10]은 컨볼루션 연산을 실제 값에 대입하여 수행한 결과를 보여주는 예이다.

1	1	1	0	0
0	1	1	1	0
0	0	1	1	1
0	0	1	1	0
0	1	1	0	0

1	0	1
0	1	0
1	0	1

4	3	4
2	4	3
2	3	4

(a)　　　　　　　　(b)　　　　　　　　(c)

그림 5.10 **컨볼루션 연산의 예**
(a) 입력 (b) 필터 (c) 컨볼루션 결과

컨볼루션 신경망에서 컨볼루션 연산은 필터의 가중치들과 함께 편차항[bias term]을 추가로 사용한다. 예를 들면, 위의 y_{11}를 계산할 때 $w_{11}x_{11} + w_{12}x_{12} + w_{13}x_{13} + w_{21}x_{21} + w_{22}x_{22} + w_{23}x_{23} + w_{31}x_{31} + w_{32}x_{32} + w_{33}x_{33} + w_0$와 같이 편차항인 w_0을 추가로 사용한다.

컨볼루션 연산을 할 때 커널은 입력을 벗어난 부분에는 적용할 수 없기 때문에, [그림 5.9]와 같이 컨볼루션 결과는 입력 크기보다 작아진다. 필터를 입력 데이터 배열 위에서 이동시킬 때, 위의 예에서는 한 칸씩 움직였다. 필터를 이동시킬 때 두 칸 이상 하는 것도 가능하다. 이와 같이 커널을 다음 컨볼루션 연산을 위해 이동시키는 칸 수를 **스트라이드**(stride, 보폭)라고 한다.

입력 크기와 동일한 크기의 컨볼루션 결과를 얻고 싶은 경우에는 [그림 5.11]과 같이 입력 배열의 둘레를 확장하는 **패딩**(padding, 불리기)을 한다. 패딩된 곳은 보통 0으로 채운다.

입력 데이터의 크기가 $N_h \times N_w$, 필터의 크기가 $F_w \times F_h$, 패딩 크기가 P이고, 스트라이드가 S이면, 컨볼루션 결과의 크기 $O_h \times O_w$는 다음과 같이 결정된다.

$$O_h = \frac{N_h + 2P - F_h}{S} + 1 \tag{5.16}$$

$$O_w = \frac{N_w + 2P - F_w}{S} + 1 \tag{5.17}$$

[그림 5.10]의 경우 $N_h = 5, F_h = 3, P_h = 0, S = 1$이기 때문에 출력의 높이 O_h는 3이 된다. 즉, $O_h = (N_h + 2P - F_h)/S + 1 = (5 + 2 \cdot 0 - 3)/1 + 1 = 3$이다.

x_{11}	x_{12}	x_{13}	x_{14}	x_{15}
x_{21}	x_{22}	x_{23}	x_{24}	x_{25}
x_{31}	x_{32}	x_{33}	x_{34}	x_{35}
x_{41}	x_{42}	x_{43}	x_{44}	x_{45}
x_{51}	x_{52}	x_{53}	x_{54}	x_{55}

(a)

0	0	0	0	0	0	0
0	x_{11}	x_{12}	x_{13}	x_{14}	x_{15}	0
0	x_{21}	x_{22}	x_{23}	x_{24}	x_{25}	0
0	x_{31}	x_{32}	x_{33}	x_{34}	x_{35}	0
0	x_{41}	x_{42}	x_{43}	x_{44}	x_{45}	0
0	x_{51}	x_{52}	x_{53}	x_{54}	x_{55}	0
0	0	0	0	0	0	0

(b)

그림 5.11 패딩
(a) 원래 데이터 (b) 패딩 후 데이터

컨볼루션 신경망에서 컨볼루션 층의 인접한 노드들은 [그림 5.12]와 같이 인접한 입력 영역에 대해서 컨볼루션 수행한다. 따라서 이들 컨볼루션 노드들은 직전 층의 일부 영역의 노드들과만 연결된 형태를 갖게 된다. 이러한 연결 형태는 시각 신경세포가 반응하는 수용장(receptive field)의 특성을 반영하는 것으로 볼 수 있다. 한편, 같은 층의 컨볼루션은 동일한 필터를 사용하여 수행되기 때문에, 노드들이 같은 가중치 값들을 사용하고 있다. 따라서 학습해야 하는 가중치(즉, 필터를 구성하는 가중치)의 개수가 줄어드는 효과가 있다. 이와 같이 동일한 층의 모든 노드가 동일한 필터를 사용하는 것을 **가중치 공유**(weight sharing, 加重値共有)라고 한다.

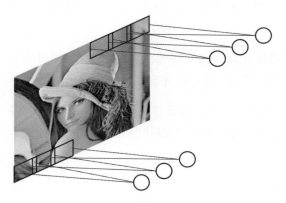

그림 5.12 **컨볼루션 층의 인접 노드와 컨볼루션 연산 영역**

컨볼루션 신경망은 영상 데이터의 분류 등에 대해서 널리 사용되고 있다. 칼러 영상인 경우에는 각 화소$^{pixel,\ 畫素}$의 값이 빨강$^{red,\ R}$, 녹색$^{green,\ G}$, 파랑$^{blue,\ B}$의 채널 성분으로 구성되어, [그림 5.13]과 같이 3차원 행렬로 표현될 수 있다.

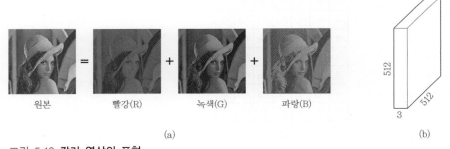

원본 = 빨강(R) + 녹색(G) + 파랑(B)

(a) (b)

그림 5.13 **칼러 영상의 표현**
(a) RGB 영상의 구성 (b) 3차원 행렬표현

칼러 영상인 경우, 컨볼루션 필터는 R, G, B 각 채널에 대응하여 하나씩 [그림 5.14]와 같이 정의되고, 각 채널별로 개별적으로 컨볼루션한 결과값들과 편차항을 더하여 최종 컨볼루션 결과로 한다. 즉, 필터와 겹치는 칼러 영상의 R 채널 영역을 X_R, G 채널 영역을 X_G, B 채널 영역을 X_B라 하고, 이에 대응하는 각 부분필터를 W_R, W_G, W_B라 하고, 편차항을 w_0할 때, 컨볼루션 결과 y는 다음과 같이 계산된다.

$$y \ = \ X_R * W_R + X_G * W_G + X_B * W_B + w_0 \tag{5.18}$$

여기에서 $X_R * W_R$은 X_R과 W_R의 컨볼루션 연산을 나타낸다.

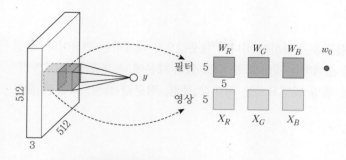

그림 5.14 칼러 영상의 컨볼루션

만약 입력 데이터가 3차원보다 높은 n차원으로 표현되는 경우(즉, n개의 2차원 평면으로 구성된 경우)라면, n개의 부분필터를 정의하여 마찬가지 방법으로 컨볼루션을 수행한다.

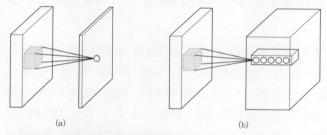

그림 5.15 컨볼루션에 의한 특징지도
(a) 단일 필터 사용 (b) 여러 개의 필터 사용

컨볼루션 연산은 필터로 표현되는 특징이 컨볼루션이 수행되는 데이터 영역에 얼마나 강하게 존재하는지 평가하는 역할을 한다. 따라서 컨볼루션 결과로 만들어지는 [그림 5.15(a)]와 같은 2차원 행렬을 특징지도^{feature map, 特徵地圖}라고도 한다. 여러 가지 특징을 추출하려면 여러 개의 필터를 사용하면 되는데, 이 경우 [그림 5.15(b)]와 같이 필터 개수만큼의 특징지도가 생성된다. 즉, k개의 필터를 사용하면 k개의 2차원 특징지도 즉, k개의 채널이 만들어진다. 한편, 각 필터는 [그림 5.14]에서처럼 입력 채널 개수 만큼의 부분필터로 구성된다.

문제 해결에 적합한 특징을 추출할 수 있는 컨볼루션 필터를 사용하는 것이 중요하다. 영상처리 분야에서는 여러 종류의 컨볼루션 필터가 개발되어 사용되고 있다. (9.3절에서 영상처리에서 사용되는 컨볼루션 필터를 소개한다.) 그럼에도 불구하고 특정 문제의 해결에 적합한 필터를 직접 선택하거나 설계하는 일은 쉽지 않다. 특히 딥러닝 신경망의 경우에는 층이 많기 때문에 사용할 필터들을 모두 직접 설계하는 것은 곤란하다. 그래서 컨볼루션 신경망에서는 학습 데이터를 사용한 학습을 통해 필터의 가중치 값들을 자동으로 결정한다.

5.2.2 풀링

풀링^{pooling}, 통합은 일정 크기의 블록을 통합하여 하나의 대푯값으로 대체하는 연산이다. 풀링 연산은 여러 값 중에서 하나를 선택하는 것으로 볼 수도 있기 때문에, 부분표본추출^{subsampling} 연산이라고도 한다. 대표적인 풀링 방법으로는 최대값 풀링, 평균값 풀링, 확률적 풀링 등이 있다.

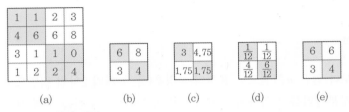

그림 5.16 **풀링 방법**
(a) 입력 데이터 (b) 최대값 풀링 (c) 평균값 풀링 (d) 입력 데이터의 왼쪽 상단 2×2 블록 원소의 선택확률 (e) 확률적 풀링

최대값 풀링^{max pooling}은 지정된 블록 내의 원소들 중에서 최대값을 대푯값으로 선택한다. [그림 5.16]은 블록 크기를 2×2로 하고, 스트라이드를 2로 하여, 풀링을 한 결과를 보인 것이다. [그림 5.16(b)]는 최대값 풀링을 한 결과를 보인 것이다. [그림 5.16(a)]의 입력 데이터의 왼쪽 위 2×2 블록에 대한 최대값 풀링의 경우, 원소가 {1, 1, 4, 6}이므로 최대값 인 6을 선택하게 된다. 최대값 풀링은 가장 강한 자극 만을 고려하기 때문에, 학습 과정에서 과적합을 발생시키기도 한다.

평균값 풀링^{average pooling}은 블록 내의 원소들의 평균값을 대푯값으로 사용한다. [그림 5.16(c)]는 각 2×2 블록의 평균값을 선택하여 평균값 풀링한 결과이다. ReLU 활성화 함수를 사용할 때 0이 많이 나오게 되면, 평균값 풀링은 강하게 나타나는 특징의 영향을 크게 줄어들게 하여 효과적이지 못할 수 있다. 한편, tanh 활성화 함수를 사용하면, 강한 양^{positive}의 특징과 강한 음^{negative}의 특징이 평균 연산을 통해서 상쇄되는 상황이 발생할 수도 있다.

확률적 풀링^{stochastic pooling}은 블록 내의 각 원소가 원소값의 크기에 비례하는 선택 확률을 갖도록 하고, 이 확률에 따라 원소 하나를 선택해 대푯값으로 한다. 즉, 어떤 블록 R_j의 원소를 a_i라고 할 때, 원소 a_i가 선택될 확률 p_i는 다음과 같이 전체 원소의 합 대비 해당 원소의 값이 된다.

$$p_i = \frac{a_i}{\sum_{k \in R_j} a_k} \tag{5.19}$$

[그림 5.16(a)]에서 왼쪽 위 부분의 2×2 블록에 대한, 각 원소의 선택확률은 [그림 5.16(d)]와 같다. [그림 5.16(e)]는 확률적 풀링을 적용한 하나의 결과이다. 동일한 입력이라도 확률값 풀링의 적용 결과는 매번 다를 수 있다.

확률적 풀링에서는 값이 큰 원소일수록 선택될 확률이 크다. 또한, 값이 크지 않더라도 같은 값이 여러 개 있으면 선택될 확률이 크다. 따라서 확률적 풀링은 큰 값이나 여러 번 나타나는 값을 대푯값으로 선택하는 경향이 있다. 확률적 풀링은 학습을 할 때만 사용한다. 학습을 마치고 추론을 할 때는, 블록 내의 각 원소를 해당 원소의 확률값으로 가중 평균하는 확률적 가중합$^{\text{probabilistic weighted sum}}$을 다음과 같이 연산결과로 사용한다.

$$s_j = \sum_{i \in R_j} p_i a_i \tag{5.20}$$

풀링은 컨볼루션 신경망의 중간 연산 과정에서 만들어지는 특징지도들의 크기를 줄이기 위해 사용된다. 이러한 중간 연산 결과의 크기 축소를 통해서 다음 단계에서 사용될 메모리 크기와 계산량을 줄일 수 있다. 한편, 풀링은 일정 영역 내에 나타나는 특징들을 결합하거나, 위치 변화에 강건한 특징을 선택하는 것도 가능하게 한다.

풀링에서 블록의 크기, 스트라이드, 풀링 방법은 개발자가 결정해야 하는 설계선택$^{\text{design choice}}$ 요소이다. 일반적으로 최대값 풀링을 많이 사용한다. 학습을 오랫동안 시키면, 확률적 풀링이 테스트 데이터에 대해서 더 좋은 결과를 보이는 경우도 있다.

5.2.3 컨볼루션 신경망의 구조

컨볼루션 신경망^{CNN}은 특징을 추출하기 위해 컨볼루션 연산을 수행하는 부분과 추출된 특징을 사용하여 분류 또는 회귀를 수행하는 다층 퍼셉트론^{MLP} 부분으로 구성된다. 특징 추출을 하는 부분은 기본적으로 컨볼루션 연산을 하는 Conv층과 ReLU 연산을 하는 ReLU 층이 반복되는데, 중간 중간 풀링 연산을 하는 Pool층이 들어간다. 다층 퍼셉트론 부분에는 직전 층으로부터 전방향^{feedforward}으로 전체 연결된$^{\text{fully connected}}$ FC층이 반복되어 들어갈 수 있다. 즉, FC층은 각 노드가 직전 층의 모든 노드와 연결되어 있는 것을 일컫는다. 컨볼루션 신경망을 분류 문제에 적용되는 경우라면, 마지막 층은 소프트맥스^{softmax} 연산을 하는 SM층으로 구성하는 것이 일반적이다. SM층은 각 노드의 출력값이 0이상이고, 노드들의 출력의 합이 1이 되도록 하는 층이다. 컨볼루션 신경망의 구조는 다음과 같이 다양한 형태로 설계할 수 있다.

Conv–ReLU–Pool–Conv–ReLU–Pool–Conv–ReLU–Pool–FC–SM

Conv–Pool–Conv–Pool–Conv–FC–FC–SM

Conv–Pool–Conv–Pool–Conv–Conv–Conv–Pool–FC–FC–SM

Conv–ReLU–Pool–Conv–ReLU–Pool–Conv–ReLU–Pool–FC–FC–SM

컨볼루션 신경망을 구현할 때 필요한 메모리의 크기와 학습할 가중치의 개수를 알아보기 위해, 224×224 크기의 칼러 영상을 입력으로 받아 1,000 개의 부류^{class}로 분류하는 다음과 같은 구조의 컨볼루션 신경망이 있다고 하자. 편의상 층 번호는 콜론 뒤에 :n과 같은 형태로 나타낸다.

Conv:1–Pool:1–Conv:2–Pool:2–Conv:3–Conv:4–Conv:5–Pool:4–FC:6–FC:7–FC:8

첫 번째 컨볼루션층 Conv:1은 입력 영상을 3 픽셀 만큼 패딩을 하고, $11 \times 11 \times 3$ 크기의 필터 96개를 사용하여 스트라이드를 4로 이동하면서 컨볼루션 연산을 한다고 하자. 이 컨볼루션층에 의해 만들어지는 특징지도는 $55 \times 55 \times 96$의 크기가 된다. 그 다음 풀링층 Pool:1은 3×3의 블록 크기에 대해서 스트라이드를 2로 하여 풀링을 한다면, 특징지도는 $27 \times 27 \times 96$ 의 크기로 만들어진다.

두 번째 컨볼루션층 Conv:2는 직전 층의 출력에 4만큼 패딩을 한 다음, $5 \times 5 \times 96$의 필터를 256개 사용하여 스트라이드를 1로 하면서 컨볼루션을 한다고 하자. 이때 만들어지는 특징지도는 $27 \times 27 \times 256$의 크기가 된다. 이 결과에 대해 3×3 블록크기로 스트라이드를 2로 하면서 풀링을 하는 층 Pool:2는 $13 \times 13 \times 256$ 크기의 결과를 생성한다.

세 번째 컨볼루션층 Conv:3이 직전 층의 결과에 1만큼을 패딩한 다음, 크기 $3 \times 3 \times 256$ 인 필터 384개를 사용하여 스트라이드를 1로 하면서 컨볼루션을 하면, $13 \times 13 \times 384$ 크기의 결과가 생성된다.

네 번째 컨볼루션층 Conv:4가 직전 층의 결과에 1만큼을 패딩한 다음, 크기 $3 \times 3 \times 384$ 인 필터 384개를 사용하여 스트라이드를 1로 하면서 컨볼루션을 하면, $13 \times 13 \times 384$ 크기의 결과를 생성한다.

다섯 번째 컨볼루션층 Conv:5가 직전 층의 결과에 1만큼을 패딩한 다음, 크기 $3 \times 3 \times 384$ 인 필터 256개를 사용하여 스트라이드를 1로 해서 컨볼루션을 하면, $13 \times 13 \times 256$ 크기의 결과가 생성된다. 다음 풀링층 Pool:5가 3×3 크기의 블록에 대해 스트라이드를 2로 해서 풀링을 하면, $6 \times 6 \times 256$ 크기의 결과가 생성된다.

이후로 각각 4096, 4096, 1000개의 노드를 갖는 전방향 전체연결된 층 FC:6, FC:7, FC:8을 통해 최종 결과가 나온다고 하자.

다음 [표 5.1]은 위에서 기술한 컨볼루션 신경망의 구조와 학습 대상 가중치 개수를 정리한 것이다.

표 5.1 컨볼루션 신경망의 구조와 학습대상 가중치의 개수

층	필터/블록 크기	필터 개수	스트라이드	패딩	노드개수 (출력 크기)	학습대상 가중치 개수
입력					$224 \times 224 \times 3$ ($=150,528$)	
Conv:1	$11 \times 11 \times 3$	96	4	3	$55 \times 55 \times 96$ ($=290,400$)	$(11 \times 11 \times 3+1) \times 96$ ($=34,944$)
Pool:1	3×3		2		$27 \times 27 \times 96$ ($=69,984$)	
Conv:2	$5 \times 5 \times 96$	256	1	2	$27 \times 27 \times 256$ ($=186,624$)	$(5 \times 5 \times 96+1) \times 256$ ($=614,656$)
Pool:2	3×3		2		$13 \times 13 \times 256$ ($=43,264$)	
Conv:3	$3 \times 3 \times 256$	384	1	1	$13 \times 13 \times 384$ ($=64,896$)	$(3 \times 3 \times 256+1) \times 384$ ($=885,120$)
Conv:4	$3 \times 3 \times 384$	384	1	1	$13 \times 13 \times 384$ ($=64,896$)	$(3 \times 3 \times 384+1) \times 384$ ($=1,327,488$)
Conv:5	$3 \times 3 \times 384$	256	1	1	$13 \times 13 \times 256$ ($=43,264$)	$(3 \times 3 \times 384+1) \times 256$ ($=884,992$)
Pool:5	3×3	256	2		$6 \times 6 \times 256$ ($=9,216$)	
FC:6					4096	$6 \times 6 \times 256 \times 4096$ ($=37,748,736$)
FC:7					4096	4096×4096 ($=16,777,216$)
FC:8					1000	4096×1000 ($=4,096,000$)

[표 5.1]에서 확인할 수 있는 것처럼, 학습대상인 가중치 개수는 62,369,152인데, 그중에서 컨볼루션 층의 가중치 개수는 3,747,200이고, 다층 퍼셉트론 부분의 가중치 개수는 58,621,952이다. 즉, 다층 퍼셉트론 부분의 학습대상인 가중치의 개수가 컨볼루션 층의 가중치 개수보다 훨씬 많은 것을 알 수 있다. 한편, 각 가중치를 4바이트로 저장한다면, 249,476,608 바이트(약 237MB)를 차지한다.

이처럼 딥러닝 신경망에서는 학습해야 하는 가중치가 매우 많기 때문에 학습 및 실행을 하는 데도 시간이 많이 걸린다. 특히, 전체 연결된 다층 퍼셉트론 부분에 가중치의 개수가 많기 때문에, 다층 퍼셉트론의 학습과 실행 부분에서 시간이 많이 걸린다. 이러한 계산

시간에 따른 부담 때문에, 층이 많은 신경망에 대한 학습이 어려웠다. 최근에는 수천개 이상의 코어를 갖는 GPU가 일반화되면서 누구나 딥러닝 신경망을 활용할 수 있게 되었다.

한편, 컨볼루션 신경망에서는 활성화 함수로 ReLU을 사용하면, 시그모이드나 tanh 함수에 비하여 계산 시간이 줄어든다. 또한, 드롭아웃을 사용하면, 동시에 학습되는 가중치의 개수가 줄어들어 전체적인 학습시간이 줄어드는 효과가 있다.

신경망에서 각 노드는 출력을 하기 때문에, 신경망을 실제 실행할 때는 노드별로 메모리 공간이 필요하다. 따라서 전체 노드의 개수에 비례하는 메모리 공간이 필요하다. [표 5.1]의 컨볼루션 신경망의 경우, 전체 노드의 개수가 932,264이기 때문에, 출력값을 4바이트로 표현한다면, 3,729,656바이트 (약 3.5MB)의 메모리가 필요하다. 컨볼루션 신경망도 오차 역전파 알고리즘을 사용하여 학습을 하는데, 각 노드는 역전파되어 오는 오차값에 해당하는 값(오차역전파 알고리즘의 편미분항인 δ에 해당하는 값, (식 4.49)와 (식 4.52) 참고)을 관리해야 한다. 따라서 추가적으로 출력을 저장하는 공간만큼의 메모리가 필요하여, 전체 적으로 약 7MB의 메모리 공간이 노드 정보를 관리하기 위해 필요하다.

[표 5.1]의 컨볼루션 신경망은 가중치와 노드 정보를 저장하기 위해 전체적으로 약 244MB 의 공간을 사용한다. 이 신경망은 풀링 층을 제외하면 8개의 층인 간단한 구조임에도 불구 하고, 학습할 가중치의 개수가 약 5천 8백만개나 되고, 메모리도 약 244MB나 사용한다. 만약 수십 개 또는 백 여개 이상의 층을 사용하는 신경망이라면, 가중치의 개수와 메모리 요구량이 매우 크게 증가하기 때문에, 이를 감당할 수 있는 성능의 코어 개수와 메모리를 보유한 GPU 서버 등의 컴퓨팅 자원을 사용해야 한다.

5.2.4 컨볼루션 신경망의 학습

컨볼루션 신경망은 영상과 같은 다차원의 데이터를 입력으로 받아, 이에 대응하는 부류^{class} 를 출력하는 분류$^{classification, 分類}$ 문제에 주로 사용된다. 이 경우 컨볼루션 신경망의 마지막 층은 소프트맥스층으로 구성된다. 소프트맥스층의 각 노드는 하나의 부류를 나타내고, 노 드의 출력값은 입력이 해당 부류에 속할 확률값으로 간주할 수 있다. 소프트맥스를 출력층 에 사용하는 경우, 학습을 위한 목적 함수 E로는 학습 데이터 출력 t_{ik}와 컨볼루션 신경망 출력 $y_k(\boldsymbol{x}_i, \boldsymbol{w}_i)$의 교차 엔트로피$^{cross\ entropy}$를 사용한다. 교차 엔트로피는 다음과 같이 정의 되는데, 학습데이터에 대한 음^{陰}의 로그가능도$^{negative\ log\ likelihood}$에 해당한다(4.9.2절 참고).

$$E(\boldsymbol{w}) = -\log \sum_{i=1}^{N} \sum_{k=1}^{K} t_{ik} \log y_k(\boldsymbol{x}_i, \boldsymbol{w}) \tag{5.21}$$

여기에서 t_{ik}는 i번째 학습 데이터의 k번째 출력 성분을 나타내고, $y_k(\boldsymbol{x}_i, \boldsymbol{w})$는 i번째 학습 데이터의 입력 $\boldsymbol{x}_i$에 대한 컨볼루션 신경망의 k번째 출력 노드의 값을 나타낸다. 이때 i번째 학습 데이터의 입력 $\boldsymbol{x}_i$에 대한 출력 $\boldsymbol{t}_i$는 one-hot 벡터로 표현되어 있다고 가정한다. 즉, i번째 학습 데이터가 k번째 부류에 속하는 것이라면, k번째 요소만 1이고 나머지는 0인 벡터로 $\boldsymbol{t}_i$가 표현된다.

컨볼루션 신경망이 회귀^{regression, 回歸} 문제에 사용되는 경우에는, 일반적으로 소프트맥스 층이 사용되지 않으며, 목적 함수는 학습 데이터의 출력 t_{ik}와 컨볼루션 신경망의 출력 $y_k(\boldsymbol{x}_i, \boldsymbol{w}_i)$의 차이의 제곱으로 다음과 같이 정의된다.

$$E(\boldsymbol{w}) = \frac{1}{2} \sum_{i=1}^{N} \sum_{k=1}^{K} \left(t_{ik} - y_k(\boldsymbol{x}_i, \boldsymbol{w})\right)^2 \tag{5.22}$$

컨볼루션 신경망의 다층 퍼셉트론 부분에는 보통 드롭아웃을 적용하여 과적합 학습을 피하도록 한다. 드롭아웃 확률은 보통 0.5 부근의 값을 선택한다.

컨볼루션 신경망의 학습 알고리즘은 이미 언급한 것처럼 기본적으로 오차역전파 알고리즘이다. 오차역전파 알고리즘은 다음과 같이 경사 하강법^{gradient descent}을 사용한다. 여기에서 $\boldsymbol{w}^{(t)}$는 시점 t에서의 신경망의 가중치나 편차항을 나타낸다.

$$\boldsymbol{w}^{(t+1)} = \boldsymbol{w}^{(t)} - \eta \frac{\partial E(\boldsymbol{w}^{(t)})}{\partial \boldsymbol{w}} \tag{5.23}$$

경사 하강법을 사용하여 학습을 할 때 학습율 η는 보통 $0.1 \sim 10^{-5}$과 같이 작은 값으로 설정되며, 학습이 진행됨에 따라 점차 줄여주는 것이 일반적으로 좋다.

경사 하강법에 기반한 여러 가지 개선된 알고리즘이 있다. 대표적인 것으로 Momentum, NAG, AdaGrad, AdaDelta, RMSprop, ADAM 등이 있다.

Momentum 방법은 다음 (식 5.24)와 같이 모멘텀^{momentum} 항 $\alpha \Delta^{(t-1)}$을 변화량 $\Delta^{(t)}$를 계산할 때 고려하는 방법이다. 여기에서 α는 모멘텀율^{momentum rate}을 나타내는데, 1보다 작은 양^{positive}의 값으로 보통 0.9정도의 값을 사용한다. $\Delta^{(t-1)}$는 직전 단계의 변화량을

나타낸다.

$$\Delta^{(t)} = \alpha \Delta^{(t-1)} + \eta \frac{\partial E(\boldsymbol{w}^{(t)})}{\partial \boldsymbol{w}} \tag{5.24}$$

$$\boldsymbol{w}^{(t+1)} = \boldsymbol{w}^{(t)} - \Delta^{(t)} \tag{5.25}$$

NAG$^{\text{Nesterov Accelerated Gradient}}$는 현재 가중치 $\boldsymbol{w}^{(t)}$를 직전 모멘텀 항을 사용하여 미리 이동시켜 본 위치 $\boldsymbol{w}^{(t)} - \alpha \Delta^{(t-1)}$에서의 그레디언트와 모멘텀 항 $\alpha \Delta^{(t-1)}$을 사용하여 변화량 $\Delta^{(t)}$를 결정하여, 다음과 같이 가중치를 조정한다.

$$\Delta^{(t)} = \alpha \Delta^{(t-1)} + \eta \frac{\partial E(\boldsymbol{w}^{(t)} - \alpha \Delta^{(t-1)})}{\partial \boldsymbol{w}} \tag{5.26}$$

$$\boldsymbol{w}^{(t+1)} = \boldsymbol{w}^{(t)} - \Delta^{(t)} \tag{5.27}$$

AdaGrad$^{\text{Adaptive Gradient}}$는 매 시점 t에 각 가중치 w_i에 대해 별도의 학습율을 사용하는 방법으로, 학습을 진행하면서 학습율을 점차 줄여간다. (식 5.28)과 같이 시점 t의 가중치 w_i에 대한 그레디언트를 $g_i^{(t)}$로 나타내고, 처음 시점부터 시점 t까지의 가중치 w_i에 대한 그레디언트들의 제곱의 합을 (식 5.29)와 같이 $G_i^{(t)}$로 나타내자.

$$g_i^{(t)} = \frac{\partial E(\boldsymbol{w}^{(t)})}{\partial w_i} \tag{5.28}$$

$$G_i^{(t)} = G_i^{(t-1)} + \left(g_i^{(t)}\right)^2 \tag{5.29}$$

이때 Adagrad는 다음과 같이 시점 $t+1$의 가중치 w_i를 다음과 같이 조정한다.

$$w_i^{(t+1)} = w_i^{(t)} - \frac{\eta}{\sqrt{G_i^{(t)} + \epsilon}} g_i^{(t)} \tag{5.30}$$

여기에서 ϵ은 0으로 나누는 경우를 피하기 위해 사용하는 작은 양^{positive}의 수이다. 학습률에 해당하는 $\dfrac{\eta}{\sqrt{G_i^{(t)} + \epsilon}}$는 이미 많이 움직였던 가중치에는 작은 값이 되고, 기존의 변화량이 작은 것은 큰 값이 되게 한다.

AdaDelta$^{\text{Adaptive Delta}}$는 AdaGrad를 확장한 방법인데, (식 5.29)와 같이 처음 시점부터 시점

t까지의 모든 과거의 그레디언트 제곱의 합을 계산하는 대신에, 과거의 그레디언트의 성분을 점점 줄이면서 그레디언트의 제곱합 $E[g^2]_t$를 (식 5.31)과 같이 계산한다. 여기에서 $g_i^{(t)}$는 시점 t의 가중치 w_i에 대한 그레디언트를 나타내고, γ는 0.9 부근의 값으로 설정한다.

$$E[g_i^2]_t = \gamma E[g_i^2]_{t-1} + (1-\gamma)\left(g_i^{(t)}\right)^2 \tag{5.31}$$

$$RMS[g_i]^{(t)} = \sqrt{E[g_i^2] + \epsilon} \tag{5.32}$$

$$E[w_i^2]_t = \gamma E[w_i^2]_{t-1} + (1-\gamma)\left(\frac{RMS[w_i]^{(t-1)}}{RMS[g_i]^{(t)}}g_i^{(t)}\right)^2 \tag{5.33}$$

$$RMS[w_i]^{(t)} = \sqrt{E[w_i^2] + \epsilon} \tag{5.34}$$

$$w_i^{(t+1)} = w_i^{(t)} - \frac{RMS[w_i]^{(t-1)}}{RMS[g_i]^{(t)}}g_i^{(t)} \tag{5.35}$$

RMSprop은 AdaGrad에서 처럼 그레이디언트 제곱의 누적 합을 계산한다. 학습율 η를 각 가중치별 누적합의 제곱근으로 나누어서 (식 5.37)과 같이 조정한다. 여기에서 γ는 0.9 정도, η는 0.001정도일 때, 학습이 잘되는 것으로 알려져 있다.

$$E[g_i^2]_t = \gamma E[g_i^2]_{t-1} + (1-\gamma)\left(g_i^{(t)}\right)^2 \tag{5.36}$$

$$w_i^{(t+1)} = w_i^{(t)} - \frac{\eta}{\sqrt{E[g_i^2]^{(t)} + \epsilon}}g_i^{(t)} \tag{5.37}$$

ADAM^Adaptive Moment Estimation은 각 가중치에 대한 학습율을 조정하면서 가중치를 학습한다. 먼저 그레디언트의 1차 모멘트(즉, 평균^mean) $m^{(t)}$와 2차 모멘트(즉, 제곱의 평균) $v^{(t)}$의 추정치를 (식 5.38)과 (식 5.39)와 같이 계산한다. 여기에서 β_1은 0.9, β_2는 0.9999 정도로 설정할 때 좋은 결과가 나오는 것으로 알려져 있다.

$$m^{(t)} = \beta_1 m^{(t-1)} + (1-\beta_1)g_i^{(t)} \tag{5.38}$$

$$v^{(t)} = \beta_2 v^{(t-1)} + (1-\beta_2)\left(g_i^{(t)}\right)^2 \tag{5.39}$$

이들 추정치를 편차 보정하여 다음과 같이 나타낸다.

$$\hat{m}^{(t)} = \frac{m^{(t)}}{1 - \beta_1^t} \qquad\qquad (5.40)$$

$$\hat{v}^{(t)} = \frac{v^{(t)}}{1 - \beta_2^t} \qquad\qquad (5.41)$$

보정된 그레디언트의 1차 모멘트 $\hat{m}^{(t)}$와 보정된 2차 모멘트 $\hat{v}^{(t)}$에 의해 조정되는 학습율을 사용하여, ADAM은 다음과 같이 가중치를 학습한다.

$$w_i^{(t+1)} = w_i^{(t)} - \frac{\eta}{\sqrt{\hat{v}^{(t)} + \epsilon}} \hat{m}^{(t)} \qquad\qquad (5.42)$$

실제 컨볼루션 신경망은 적용하는 문제마다 행동 특성이 달라지기 때문에, 여러 가지 알고리즘을 시도해보는 것이 좋다. 이들 중에서 ADAM이 가장 먼저 시도해보는 방법 중의 하나이다.

하나의 컨볼루션 신경망으로 입력 데이터의 부류를 판정을 하는 것보다는 여러 개의 컨볼루션 신경망을 사용하여 판정하는 것이 좋은 결과를 낼 수 있다. 4.5절에서 설명한 것과 같이 여러 분류기를 사용하는 것을 앙상블 분류기[ensemble classifier]라고 한다. 신경망의 경우에는 동일한 학습 데이터에 대해서도, 초기 가중치가 다르고 드롭아웃을 사용할 때는 확률적으로 학습이 이루어지기 때문에 동일한 구조의 신경망이더라도 일반적으로 다른 특성의 분류기로 학습된다. 따라서 신경망에서 앙상블 분류기를 사용할 때는, 굳이 붓스트랩[bootstrap]을 하여 학습 데이터를 별도로 구성할 필요가 없다. 컨볼루션 신경망을 앙상블로 사용하려면, 주어진 학습 데이터에 대해서 컨볼루션 신경망을 여러 개 학습시킨다. 새로운 데이터를 분류하려면, 이 데이터에 대해 각 컨볼루션 신경망이 출력을 계산하도록 하고, 각 부류별로 대응되는 출력값들을 더하여, 최대값을 갖는 부류를 최종적인 출력으로 내보내는 방법을 사용할 수 있다.

5.2.5 대표적인 컨볼루션 신경망 모델

컨볼루션 신경망은 다양한 구조로 구성될 수 있는데, 대표적인 모델로는 LeNet, AlexNet, VGGNet, GoogleNet, ResNet, DenseNet, DPN 등이 있다. 역사적으로 보면 최초의 컨볼루션 신경망은 1979년 후쿠시마[Kunihiko Fukushima, 1936生]가 발표한 네오코그니트론[Neocognitron]이다. 이 모델은 컨볼루션 연산을 계층적으로 사용하는 점에 있어서는 오늘날의 컨볼루션 신경망과 유사하지만, 컨볼루션 필터의 학습은 고려하지 않았던 모델이다.

1) LeNet

딥러닝 관점에서 최초의 컨볼루션 신경망 모델은 1998년 얀 르쿤$^{Yann\ LeCun, 1960生}$ 등이 제안한 몇 가지 LeNet 모델이다. 이들 중에서 LeNet-5은 Conv-Pool-Conv-Pool-Conv-FC -FC(SM)층의 5개 층*으로 구성된 모델인데, 32×32 픽셀 크기의 필기체 숫자 영상을 입력으로 받아 숫자를 인식한다. 이 모델의 풀링층은 2×2 블록의 합에 가중치를 곱하고 편차항을 더하는 연산을 사용한다. 활성화 함수로는 시그모이드 함수를 사용한다. 이 모델은 [그림 5.17]과 같은 필기체 숫자 학습 데이터인 MNIST 데이터에 대해서 오류율 0.95% (즉, 정확도 99.05%)의 성능을 보이면서 당시 사람들을 놀라게 했다.

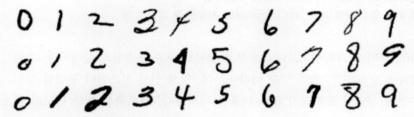

그림 5.17 MNIST의 필기체 숫자 데이터의 예

2) ImageNet 영상인식

필기체 문자 인식에 높은 성능을 확인하면서, 컨볼루션 신경망을 영상 인식에 적용하는 것에 많은 관심이 쏟아졌다. 이러한 분위기에서 영상 인식 시스템의 성능을 견주는 세계적인 대회들이 생겨났다. 대표적인 것으로 ILSVRC, PASCAL VOC 등이 있다. ILSVRC^{ImageNet} $^{Large\ Scale\ Visual\ Recognition\ Challenge}$은 영어 단어 온톨로지^{ontology}인 WordNet의 계층구조에 따라 정리된 영상 데이터베이스인 ImageNet의 영상을 대상으로 한 대회로, 객체 인식, 객체 위치 확인, 동영상 내에서 객체 감지 등의 경쟁 부문이 있다. 그중 하나인 분류 부문에서는 ImageNet에서 1,000개 부류를 선택하여 이들 부류에 속하는 1,200,000개의 영상을 학습 데이터로 제공하여 경쟁을 하도록 한다.

---

* 풀링(Pooling)은 일반적으로 층으로 세지 않음

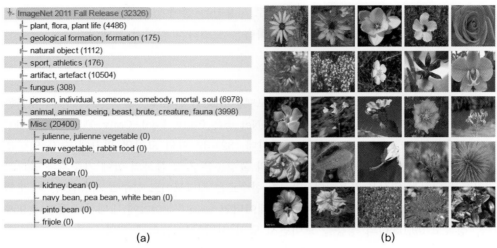

그림 5.18 **영상 데이터베이스 ImageNet (www.image-net.org)**
(a) WordNet 구조에 따른 영상 분류 체계   (b) ImageNet에 저장된 꽃 영상의 예

[그림 5.19]는 2010년부터 2017까지 ILSVRC의 분류 부문의 주요 우승팀의 성적이다. 그림에서 세로축은 상위-5 오류율$^{top-5\ error\ rate}$를 나타내는데, 영상 인식 시스템이 판정한 상위 5개의 후보 부류 안에 정답이 포함되지 않을 비율을 나타낸다. 가로축은 해당 년도의 팀 이름 또는 모델 이름을 나타낸다. 2012년 이후로 우승팀들은 모두 컨볼루션 신경망을 사용했으며, 2012년 AlexNet이 오류율을 크게 낮춘 후, 2017년에는 2.25%까지 오류율이 낮아졌다. 이 정도의 오류율은 해당 부류의 객체 인식에 있어서 인간의 인식 능력에 비해 뒤떨어진다고 할 수 없는 높은 인식 수준이다.

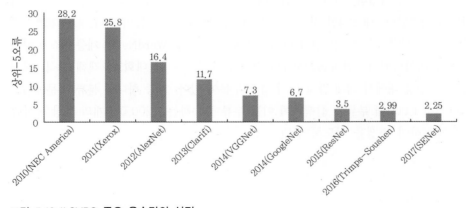

그림 5.19 **ILSVRC 주요 우수팀의 성적**
가로축은 연도, 괄호 안에는 팀 이름이나 모델 이름을 나타냄

영상 분류 부문에서 주목할 만한 컨볼루션 신경망 모델로는 AlexNet, VGGNet, GoogleNet, ResNet 등이 있다. 여기에서는 이들 모델에서 대해서 구체적으로 살펴본다.

3) AlexNet

AlexNet은 캐나다 토론토 대학의 힌튼[Geoffrey E. Hinton, 1947生] 교수팀이 개발한 컨볼루션 신경망으로 2012년 ILSVRC의 영상 분류 부문에서 우승한 모델이다. AlexNet은 [그림 5.20]과 같이 출력으로 상위 5개의 추천 부류와 이에 대한 확률 정보를 출력한다. 이 모델은 당시 상위-5 오류율 16.43%를 보여, 정확도가 직전 년도의 우수 모델보다 9.4%나 향상된 결과를 보여 많은 사람들을 놀라게 했다. 이를 계기로 당시 영상 인식분야에서 딥러닝에 많은 관심을 갖게 되었다.

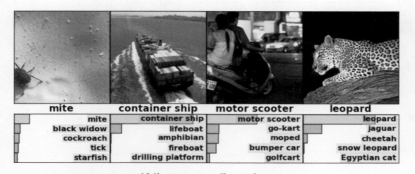

그림 5.20 AlexNet의 출력[출처: Krizhevsky 등, 2012]
확률을 나타내는 막대 그래프와 해당 부류 이름 표시

AlexNet은 [그림 5.21]과 같이 Conv-Pool-Norm-Conv-Pool-Norm-Conv-Conv-Conv-Pool-FC-FC-FC(SM)층으로 구성되는데, [표 5.1]에 보인 것과 유사한 구조를 가지고 있다. 컨볼루션 신경망에서 층의 개수를 셀 때는 가중치를 가지고 있는 컨볼루션 층 Conv와 완전 연결층 FC만을 고려한다. 그래서 AlexNet은 8개의 층으로 구성된 모델이다.

Pool은 최대값 풀링을 하는 층이고, Norm은 국소 반응 정규화 연산[local response normalization, 局所 反應 正規化]을 하는 층이다. 국소 반응 정규화는 인접한 여러 층의 출력값들을 이용하여 다음과 같이 출력값을 조정하는 연산이다.

$$b_{x,y}^i = a_{x,y}^i / \left(k + \alpha \sum_{j=\max(0,i-n/2)}^{\min(N-1,i+n/2)} (a_{x,y}^j)^2 \right)^\beta \qquad (5.43)$$

여기에서 $a^j_{x,y}$는 j 번째 컨볼루션 필터를 위치 (x, y)에 적용해서 얻은 값을 나타낸다. $b^i_{x,y}$는 i 번째 컨볼루션 필터의 적용 결과에서 위치 (x, y)의 값을 국소 반응 정규화를 통해 조정한 결과를 나타낸다. α 와 β 는 개발자가 지정해 주어야 하는 파라미터이다.

마지막 완전 연결층 FC의 출력에는 부류 판정을 위해 소프트맥스 SM를 적용한다. AlexNet 는 1,000개의 부류를 인식하기 때문에, 마지막 층에는 1,000개의 노드가 있다. AlexNet는 처음으로 ReLU를 활성화 함수로 사용한 모델이기도 하다. 또한 완전 연결층에 대한 학습을 할 때 드롭아웃을 사용했다.

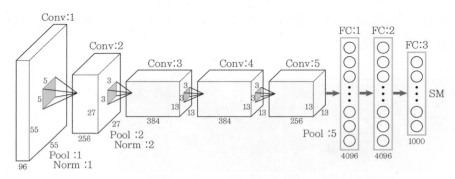

그림 5.21 AlexNet의 구성

4) VGGNet

VGGNet은 사이머니언$^{Karen\ Simonyan}$과 지서만$^{Andrew\ Zisserman}$이 개발한 컨볼루션 신경망 모델로 서, [그림 5.22]와 같이 전체 층의 개수가 16개인 VGG-16 모델과 층의 개수가 19개인 VGG-19 모델이 있다. [그림 5.22]에서 'conv-64'는 컨볼루션 필터가 64개가 사용되어 64개 채널을 갖는 특징지도가 만들어진다는 것을 나타낸다. maxpool은 2×2 크기의 최대 값 풀링을 나타내고, 'FC-4096'는 4096개의 노드를 갖는 완전 연결층이라는 것을 나타낸 다. '224×224'는 해당 위치의 특징지도의 크기가 '224×224'라는 것을 나타낸다. VGGNet 은 224×224 크기의 칼라 영상을 입력으로 받아, 컨볼루션을 통해 $7 \times 7 \times 512$의 특징지도 를 생성한 후, 3개의 완전 연결층과 소프트맥스를 사용하여, 영상을 1,000개의 부류로 분류 한다.

VGGNet의 모든 컨볼루션층은 3×3 크기의 필터를 사용한다. 이런 작은 필터를 사용함에 도 불구하고 우수한 성능이 나오는 것은, [그림 5.23]과 같이 3×3 크기의 필터를 두 번 적용하면 5×5 크기의 필터를 적용한 것과 같은 효과를 얻을 수 있고, 3×3 크기의 필터를 세 번 적용하면 7×7 크기의 필터를 적용하는 것과 같은 효과를 얻을 수 있기 때문이다.

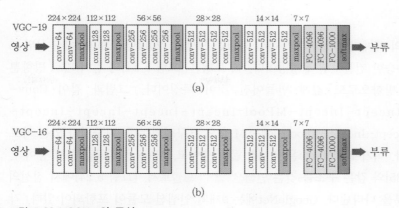

(a)

(b)

그림 5.22 VGGNet의 구성
(a) VGG-19 (b) VGG-16

한편 3×3 크기의 필터를 사용할 때의 장점이 있다. 첫째, 학습할 가중치의 개수를 줄일 수 있다. 예를 들어, 7×7 크기의 필터를 사용하게 되는 경우에는 학습해야 하는 가중치의 개수가 49개이다. 반면, 3개의 3×3 크기의 필터를 사용하여 7×7 크기의 필터를 적용하는 효과를 만드는 경우에는, 27개의 가중치만을 학습하면 된다. 둘째, 작은 필터를 여러 번 적용하면 모델의 표현 능력이 커질 수 있다. 예를 들어, 3개의 필터를 적용하면 3개의 ReLU가 함께 사용되기 때문에, 더 복잡한 형태의 결정 경계를 만들 수 있게 된다.

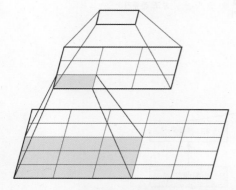

그림 5.23 2개 층의 3×3 컨볼루션에 의한 5×5 컨볼루션 구현
3×3 컨볼루션을 2개 층을 통해서 하는 경우, 윗층의 값 하나는 맨 아래층의 5×5에 대한 컨볼루션 값에 해당함

2014년 ILSVRC에서 VGGNet는 상위-5 오류율 7.32%로 2등을 차지했다. 당시 우승한 모델인 GoogleNet보다는 VGGNet의 성능이 약간 뒤지긴 하지만, 구조가 간단하여 응용하기에 편리한 장점이 있다.

5) GoogleNet

GoogleNet은 구글의 체게디$^{Christian\ Szegedy}$ 등이 개발한 모델로, 2014년 ILSVRC에서 상위-5 오류율 6.67%로 우승한 컨볼루션 신경망이다. 이 모델은 [그림 5.24]와 같이 가로 방향뿐만 아니라 세로 방향으로도 깊게 만들어진 것이 특징이다. 그림과 같이 Conv-MPool-Conv-Incept-Incept-MPool-Incept-Incept-Incept-Incept-Incept-MPool-Incept-Incept-APool-FC-SM 층으로 구성되는데, 가중치가 있는 가로축의 층은 22개이다. 여기에서 MPool은 최대값 풀링 층이고, APool은 평균값 풀링 층이다. Incept는 [그림 5.25]와 같은 구조를 갖는 인셉션^{Inception} 모듈로서, [그림 5.24]에서 점선의 상자로 표시된 부분을 나타낸다. GoogleNet에는 9개의 인셉션 모듈이 포함되어 있다. 각 인셉션 모듈은 직전 층의 처리결과에 1×1 컨볼루션, 3×3 컨볼루션, 5×5 컨볼루션을 적용하여 이들 크기의 수용장에 있는 특징들을 동시에 추출하는 역할을 한다. 인셉션 모듈로부터 입력을 받는 층은 여러 크기의 특징을 동시에 받아들이는 효과를 갖게 된다.

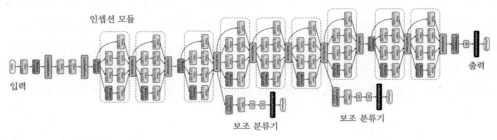

그림 5.24 GoogleNet의 구성

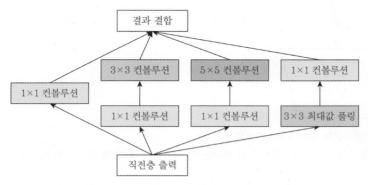

그림 5.25 GoogleNet에서 사용되는 인셉션(Inception) 모듈

입력 데이터에 동시에 여러 개의 컨볼루션 필터를 적용하면, 적용되는 컨볼루션 필터의 개수 만큼의 특징지도가 만들어진다. 생성된 특징지도의 개수 즉, 채널 개수를 조정하기

위해 사용하는 것이 1×1 컨볼루션이다. [그림 5.26]과 같이 1×1 컨볼루션은 동일한 위치의 특징지도의 값을 필터의 가중치와 선형결합$^{linear\ combination}$하는 역할을 한다. 인셉션 모듈에서 1×1 컨볼루션 필터의 개수를 조정하여 출력되는 특징지도의 개수를 조정한다. 예를 들어, 크기가 224×224×500인 입력에 대해서 1×1×500 크기의 1×1컨볼루션 필터 120개를 적용하면, 크기가 224×224×120인 출력이 만들어진다. 즉, 500 채널의 출력을 120 채널로 변환하는 역할을 한다.

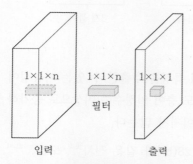

그림 5.26 1×1 컨볼루션의 동작

GoogleNet에는 마지막 층인 소프트맥스를 위한 완전연결 층을 제외하고는 완전연결 층이 없다. 22개 층의 가중치가 있는 모델임에도 불구하고, 완전 연결층이 하나 밖에 없기 때문에, GoogleNet의 학습할 가중치의 개수는 AlexNet의 10%도 되지 않을 정도로 적다. 층의 개수가 증가함에 따라, ReLU 활성화 함수를 사용하더라도 학습할 때 역전파되는 그레디언트가 축소되는 문제가 여전히 있기 때문에, GoogleNet에서는 학습할 때 4번째와 7번째 인셉션 모듈 뒤에 보조 분류기$^{auxiliary\ classifier}$를 부착해서, 역전파될 그레디언트 정보를 추가로 제공하는 방법을 사용한다.

6) ResNet

ResNet$^{Residual\ Net}$은 카이밍 허$^{Kaiming\ He}$ 등이 개발한 컨볼루션 신경망 모델로서, 2015년 ILSVRC에서 상위-5 오류율 3.57%로 우승을 한 모델이다. ILSVRC에서 우승한 ResNet 모델은 [그림 5.27]과 같이 Conv-MPool-[Conv-ReLU-Conv-ReLU-Conv-ReLU]× 3-[Conv-ReLU-Conv-ReLU-Conv-ReLU]×8-[Conv-ReLU-Conv -ReLU-Conv-ReLU] ×36-[Conv-ReLU-Conv-ReLU-Conv-ReLU]×3-APool-FC-SM 등 총 152개의 층을 가지고 있다. 여기에서 '[ ]×3' 등으로 표시된 것은 [ ] 부분이 3번 반복된다는 것을 나타내고, MPool과 APool은 각각 최대값 풀링과 평균값 풀링을 나타낸다. ResNet은 기존 컨볼루션

신경망에 비하여 훨씬 많은 층을 갖는 모델임에도 불구하고, 학습이 잘되고 성능은 매우 뛰어나다.

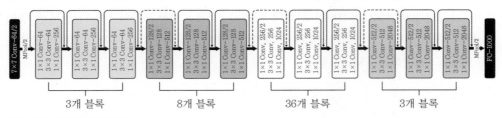

그림 5.27 ResNet의 구성

신경망에서는 층이 많아질수록 더 의미있는 높은 수준의 특징을 추출할 수 있는 가능성이 커진다. 하지만 ReLU와 같은 활성화 함수를 사용하더라도 층이 일정수준 이상으로 증가하면 가중치 소멸 문제가 발생하여 학습이 제대로 이루어지지 않는다.

ResNet에서는 이러한 문제를 해결하기 위해 [그림 5.28(b)]와 같은 잔차^{殘差}^{residual} ^{module}을 사용한다. [그림 5.28(a)]은 기존 신경망의 접근 방법을 보인 것으로, 입력 x가 주어질 때 출력 y가 나오도록 $y = H(x)$의 관계를 만족하도록 신경망을 학습시킨다. 반면, ResNet에서는 [그림 5.28(b)]와 같이 기대하는 출력 y와 입력 x의 차이인 $F(x) = y - x$ 를 신경망이 학습하도록 한다. 따라서 출력 y는 $y = F(x) + x$와 같이 계산되어야 하므로, 그림에서처럼 입력에서 출력으로 우회하는 경로가 존재한다.

이러한 경로를 지름길 연결^{shortcut connection, skip connection}이라 하고, 이 경로를 통한 변환은 입력 상태를 그대로 유지하기 때문에 항등^{恒等} 사상^{identity mapping}이라고 한다. ResNet에서는 이러한 지름길 연결을 갖는 블록인 $F(x)$가 기대 출력과 입력의 차이를 학습하기 때문에, 이러한 블록을 잔차 모듈이라고 부른다. 잔차 모듈의 출력 y는 다음과 같은 수식으로 표현할 수 있다.

$$y = F(x) + x = W_2\rho(W_1 x) + x \tag{5.44}$$

여기에서 W_1과 W_2는 첫 번째와 두 번째 층의 가중치를 나타내고, ρ는 ReLU함수를 나타낸다.

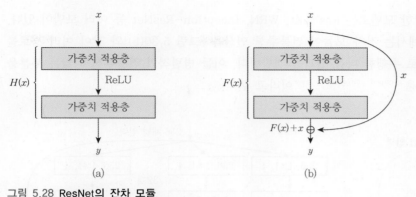

(a) (b)

그림 5.28 ResNet의 잔차 모듈
(a) 기존 신경망   (b) ResNet의 잔차 모듈

기대 출력 y와 입력 x의 차이를 학습하는 잔차 모듈은 다음과 같은 특징이 있다. 기대 출력과 유사한 입력이 들어온다면 잔차 모듈은 $F(x)$가 영벡터$^{zero\ vector}$에 가까운 값을 학습하게 되어 입력의 작은 변화도 민감하게 감지할 수 있게 된다. 또한 많은 층을 사용하더라도 앞 단계에서 이미 목표 값을 얻었다면, [그림 5.29]와 같이 가중치 적용층을 통과하지 않고 지름길 연결 경로를 통해서 여러 층을 건너뛰어 출력으로 갈 수도 있다. 따라서 하나의 신경망으로 층의 개수가 다른 여러 신경망을 사용하는 효과를 갖게 된다. [그림 5.29(a)]와 같이 세 개의 잔차 모듈 f_1, f_2, f_3이 직렬로 연결되어 있을 때, 실제 왼쪽으로 오른쪽으로 가는 경로의 개수는 [그림 5.29(b)]와 같이 8개이다. L개의 잔차 모듈이 직렬로 연결된다면, 2^L개의 모듈 조합을 포함하고 있는 것으로 볼 수 있다. ResNet은 이와 같이 지름길 연결 경로가 있는 잔차 모듈을 사용함으로써 많은 층이 있는 신경망을 학습할 수도 있고, 다양한 특징 조합을 사용함으로써 정확도를 높일 수도 있다.

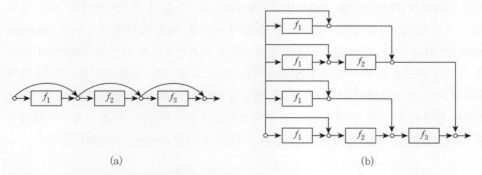

(a) (b)

그림 5.29 ResNet의 잔차 모듈의 직렬 연결의 효과
(a) 잔차 모듈 구성 (b) 가능한 잔차 모듈 경유 경로

ResNet을 확장한 모델로는 ResNeXt, WRN, Inception-ResNet 등 여러 모델이 있다. ResNeXt 모델에서는 잔차 모듈이 컨볼루션 연산을 [그림 5.30(b)]와 같이 여러 경로를 통해 병렬적으로 수행한 다음 결과를 결합한다. 이들 병렬적인 컨볼루션이 있는 부분을 집단 컨볼루션 층^{grouped convolution layer}이라고 한다.

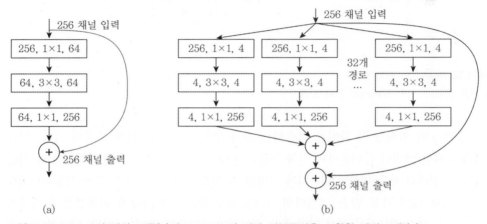

그림 5.30 ResNet의 잔차 모듈(a)과 ResNeXt의 집단 컨볼루션을 포함한 잔차 모듈(b)
여기에서 256, 1×1, 4는 256개 채널이 있는 입력에, 1×1 필터를 사용하여, 4개 채널의 출력을 하는 컨볼루션을 의미이다.

ResNet에서는 잔차 모듈이 Conv-BN-ReLU 순서로 컨볼루션 Conv, 배치 정규화 BN과 활성화 함수 ReLU를 적용되는데 반하여, WRN^{Wide Residual Network} 모델에서는 잔차 모듈이 BN-ReLU-Conv 순으로 연산을 한다. [그림 5.31]은 ResNet과 WRN에서 잔차 모듈 내의 연산 과정을 보인 것이다. WRN에서는 각 층이 일반 ResNet에서 보다 더 많은 컨볼루션 필터를 사용하여 특징지도를 만들어낸다. 특징지도를 더 많이 만들어낸다는 것은 결국 더 넓은 특징지도를 만들어내는 것으로 볼 수 있기 때문에, 넓은 잔차망 즉, 'Wide' Residual Network이라고 한다. WRN은 더 넓은 특징지도를 사용함으로써 일반 ResNet에서 보다 적은 개수의 층으로 더 우수한 성능을 보이기도 한다. 그렇지만, 컨볼루션 필터를 더 많이 사용하기 때문에 학습해야 할 파라미터의 개수는 일반 ResNet보다 훨씬 많아질 수 있다. 그럼에도 불구하고, 같은 층에 있는 컨볼루션 필터들의 연산은 GPU 등을 사용하여 병렬처리될 수 있으므로, WRN의 전체적인 추론 시간은 짧아질 수 있는 장점이 있다.

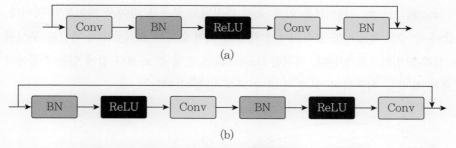

그림 5.31 ResNet의 잔차 모듈(a)과 WRN의 잔차 모듈(b)에서의 연산 적용 순서

Inception-ResNet은 [그림 5.32]와 같이 ResNet의 잔차 모듈에 인셉션 모듈을 포함한 구조의 모델이다. 그림에서 음영 처리된 배경의 영역은 잔차 모듈이 반복되어 나타나는 것을 나타낸다. Concat는 여러 입력을 연결하여 붙이는 연산, FC는 완전 연결층, Drop은 드롭아웃 층, SM는 소프트맥스 층을 나타낸다.

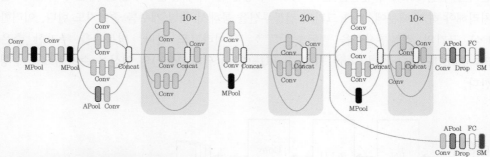

그림 5.32 Inception-ResNet 모델의 구조

7) DenseNet

DenseNet[Densely connected convolutional network]은 2016년 가오 후앙[Gao Huang] 등이 개발한 모델이다. [그림 5.29(a)]의 ResNet에서는 지름길 연결이 잔차 모델 단위로 있는 반면에, DenseNet은 지름길 연결이 [그림 5.33]에서처럼 모든 앞 단계로부터 올 수 있도록 빽빽하게[densely] 만들어진다. 그림에서 x_0는 입력 데이터를 나타내고, x_i는 i 번 층의 컨볼루션 관련 처리 연산 H_i의 결과로 얻어지는 특징지도 블록을 나타낸다. i 번 층의 컨볼루션 관련 처리 연산 H_i는 다음과 같이 모든 이전 단계의 특징지도 블록들 $x_0, x_1, \cdots, x_{i-1}$을 입력으로 받아들인다.

$$x_i = H_i([x_0, x_1, \cdots, x_{i-1}]) \tag{5.45}$$

여기에서 $[x_0, x_1, \cdots, x_{i-1}]$는 모든 이전 층의 특징지도 블록을 쌓아서 이어붙인 것이다. 그림과 같이 각 층의 특징지도 블록이 4개 채널로 되어 있다면 H_4는 16개 채널로 구성된 특징지도 블록을 입력으로 받는다. 이처럼 DenseNet은 현재 층 x_i보다 앞에 있는 층들에서 추출된 모든 특징을 이용하여 현재 층의 결과를 만들어낸다.

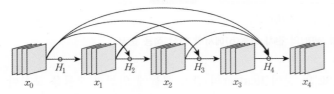

그림 5.33 DenseNet의 밀집 블록

DenseNet에서 각 층 H_i은 [그림 5.34]와 같이 배치정규화 BN-ReLU-(3×3 필터를 이용한 컨볼루션 Conv)의 연산을 순차적으로 수행한다. 뒤쪽 층일수록 많은 채널의 특징지도를 처리해야 하기 때문에, 1×1 크기의 컨볼루션을 통해서 채널 개수를 줄이기도 한다. 이러한 1×1 크기의 컨볼루션층을 병목층bottleneck layer이라고도 한다. 병목층을 추가한 층은 BN-ReLU-(1×1 필터 Conv)-BN-ReLU-(3×3 필터 Conv)의 연산을 순차적으로 수행한다.

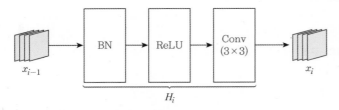

그림 5.34 DenseNet에서 각 층의 연산

각 층의 출력을 이어붙일 수 있도록, DenseNet에서 H_i는 입력 특징지도의 크기(폭×높이)와 동일한 크기의 특징지도를 만들어낸다. 특징지도의 크기를 줄이려면, DenseNet은 [그림 5.35]와 같이 풀링 연산을 할 수 있도록 전체 신경망을 몇 개의 밀집 블록dense block으로 구분하고, 이들 밀집 블록 사이에 전이층transition layer을 집어넣는다. 전이층은 (1×1 필터 Conv)-(평균값 풀링 APool)의 연산을 순차적으로 수행하여 특징지도의 채널 개수와 특징지도의 크기(폭×높이)를 줄이는 역할을 한다.

그림 5.35 **밀집 블록으로 구성된 DenseNet**

DenseNet에는 다음과 같은 특징이 있다. 이전 층들과 모두 연결되기 때문에, 그레디언트 정보가 여러 층을 통해 간접적으로 전달될 뿐만 아니라 직접적으로 전달되기 때문에 많은 층이 있는 경우에도 학습이 잘 될 수 있다. 한편, 유사한 성능의 ResNet에 비하여 가중치 등의 파라미터의 개수가 적고 계산량이 적다. 모든 이전 층의 정보를 사용하기 때문에, 성능이 좋은 모델을 학습할 수 있다. 벤치마크 데이터에 대한 실험에서도 DenseNet이 ResNet보다 적은 수의 파라미터를 사용한 모델로 더 나은 결과를 보이는 사례들이 있다.

8) DPN(Dual Path Network)

GoogleNet 이후 개발된 ResNet, DenseNet 등 컨볼루션 신경망 모델 연구에서는 성능 향상을 위해 네트워크 구조를 효과적으로 구성하려는 네트워크 엔지니어링^{network engineering}에 많은 관심을 보이고 있다. GoogleNet의 인셉션 모듈, ResNet의 잔차 모듈, DenseNet의 밀집 모듈 등과 같이 네트워크를 구성하는 데 사용되는 부분 네트워크를 마이크로 블록 ^{micro-block}이라고 한다. 이러한 마이크로 블록을 효과적으로 구성하는 방법에 대한 다양한 시도들이 진행되고 있다. 이들 마이크로 블록의 특성을 분석하여, 단점을 보완하고 장점을 결합하려는 시도들도 있는데 대표적인 예가 DPN 모델이다.

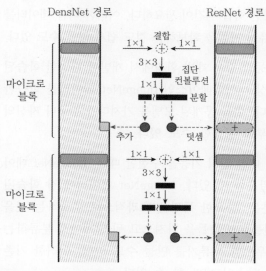

그림 5.36 **DPN의 구조**

DPN$^{Dual\ Path\ Network}$은 2017년 연펑 첸$^{Yunpeng\ Chen}$ 등이 ResNet과 DenseNet의 특징을 결합하여 만든 모델이다. ResNet은 [그림 5.29(b)]에서 보는 것처럼 이전 단계의 동일한 특징 정보가 각 단계에 전달되어 이들 특징을 재사용하도록 하는 경향은 있지만, 상대적으로 이전 단계의 특징들로부터 새로운 특징을 만드는 것에는 소극적인 경향이 있다. 한편, DenseNet은 [그림 5.33]은 모든 이전 단계에서 만들어진 특징지도 블록을 붙여서 큰 3차원 행렬을 만들어가면서, 이들 행렬에 컨볼루션 연산을 하기 때문에 새로운 특징이 추출될 가능성이 높다. 하지만, 이전에 추출된 특징이 다시 추출될 가능성도 높다는 취약점도 있다.

DPN은 [그림 5.36]과 같이 ResNet과 DenseNet에서 마이크로 블록이 출력을 결합하여 다음 마이크로 블록으로 보내는 것처럼 하기 위해 두 개의 경로를 사용한다. 각 마이크로 블록은 두 경로로부터 입력을 받아서 1×1 필터를 사용하는 컨볼루션을 한 다음, 그 결과에 대해 ResNeXt에서처럼 3×3 필터를 사용하는 집단 컨볼루션을 수행하고 나서, 1×1 필터를 사용하는 컨볼루션을 하여 출력을 만든다. 마이크로 블록의 출력은 분할되는 일부는 DenseNet의 출력으로 추가하고, 나머지는 ResNet에 출력에 더해준다. DPN은 여러 벤치마크 데이터에 대해서 ResNet이나 DenseNet보다 나은 성능을 보인 사례들이 있다.

5.2.6 딥러닝 신경망의 전이 학습

딥러닝 신경망의 학습에서도 전이 학습$^{transfer\ learning}$을 할 수 있다. 큰 규모의 딥러닝 신경망을 학습시킬 때는, 많은 학습 데이터와 상당한 학습 시간이 필요하다. 이러한 학습 데이터를 확보하는 것이 쉽지 않고, 학습을 위한 컴퓨팅 자원을 확보하는 것도 쉽지 않을 수도 있다.

개발자들은 텐서플로우^{TensorFlow}, 카페^{Caffe} 등과 같은 개발 환경에서 개발한 다양한 학습된 신경망 모델을 공개하고 있다. 대규모 영상 데이터베이스인 ImageNet 데이터를 학습한 여러 컨볼루션 신경망 모델이 공개되어 있다. 이들 공개된 모델을 가져다가 누구나 자신의 문제가 적용해 볼 수도 있고, 모델의 일부를 활용할 수도 있다.

ImageNet 데이터와는 다른 종류의 영상에 대한 인식 기능을 구현할 때에, ImageNet 데이터를 학습한 공개된 컨볼루션 신경망을 활용할 수 있다. ImageNet 데이터에 잘 학습된 컨볼루션 신경망에서 컨볼루션 적용 부분은, 중요한 특징을 효과적으로 추출하는 것을 볼 수 있다. 학습된 컨볼루션 신경망의 컨볼루션 층들을 가져오고 뒤 단계에서 분류하는 다층 퍼셉트론 모델을 붙여서 학습하면 우수한 분류기를 만들 수도 있다. 이러한 기존 학습 모델을 활용한 것은 전형적인 전이 학습의 예라 할 수 있다.

5.3 딥러닝 생성 모델

기계학습 모델의 성능을 향상시키기 위해서는 주어진 문제에 적합한 특징을 추출해서 사용해야 한다. 앞 절에서는 컨볼루션 신경망이 데이터로부터 특징 추출을 위한 컨볼루션 필터를 학습하여 뛰어난 성능을 보일 수 있다는 것을 살펴보았다. 여기에서는 학습 데이터와 유사한 데이터들을 생성할 수 있는 모델을 학습하는 딥러닝 방법에 대해서 알아본다.

기계학습 알고리즘이 학습하는 모델을 판별判別 모델과 생성生成 모델로 구분해 볼 수 있다. 판별 모델discriminative model은 분류나 회귀 문제에서 입력이 주어지면 출력값을 직접 결정하는 함수나 패턴을 말한다. 확률분포로 표현하면, 판별 모델은 입력 x에 대한 출력 y의 조건부 확률분포 $p(y|x)$ 형태가 된다. 확률분포로 표현된 판별모델을 사용할 때는, 주어진 입력 x에 대한 모든 가능한 출력 y의 조건부 확률을 계산해서, 확률값을 최대로 하는 y를 최종 출력 y^*로 선택한다.

$$y^* = \arg\max_y p(y|x) \tag{5.46}$$

4장에서 소개한 의사결정트리 모델, 입출력 관계를 학습한 신경망 모델, 서포트 벡터 머신SVM 등이 판별 모델에 속한다. 또한, 분류 문제에 적용되는 컨볼루션 신경망 등도 판별 모델에 속한다.

생성 모델generative model은 분류, 회귀 또는 군집화 문제 등에서 사용되는 특정 분포의 데이터가 만들어질 때 사용되는 함수나 절차를 말한다. 생성 모델은 일반적으로 관심대상인 학습 데이터를 가장 잘 표현하는 확률분포로 표현된다.

분류나 회귀를 위한 생성 모델은 입력 x와 출력 y로 구성되는 데이터 (x, y)에 대한 결합joint 확률분포 $p(x, y)$ 형태로 표현되기도 한다. 결합 확률분포를 가지고 있으면, 분류나 회귀를 위한 조건부 확률 $p(y|x)$는 베이즈 정리Bayesian theorem를 사용하여 다음과 같이 계산할 수 있다.

$$p(y|x) = \frac{p(x, y)}{p(x)} = \frac{p(x, y)}{\sum_{y'} p(x, y')} \tag{5.47}$$

이러한 결합 확률분포를 가지고 있으면 (식 5.47)과 같이 입력 x이 주어질 때 출력 y에 대한 조건부 확률 $p(y|x)$을 계산할 수 있기 때문에, 생성 모델을 사용하여 분류나 회귀 문제를 해결할 수 있다. 한편, 군집화 문제와 같이 출력 정보를 없는 경우에는, 생성 모델은 입력 x에 대한 결합 확률분포 $p(x)$로 표현된다.

학습 데이터에 대한 결합 확률분포를 학습하여 문제를 해결하는 전형적인 생성 모델에는 확률 그래프 모델probabilistic graphical model들도 있다. 딥러닝에도 확률 그래프 모델에 기반한 생성 모델에 기반한 방법들이 있다. 이들 모델은 일반적으로 계층적인 구조의 그래프로 표현되는데, 모델이 주어진 학습 데이터를 높은 확률로 생성할 수 있도록 학습한다. 계층적인 구조의 확률 그래프 모델로는 제한적 볼츠만 머신restricted Boltzmann machine, RBM을 이용하는 심층 신뢰망deep belief network, DBN, 심층 볼츠만 머신deep Boltzmann machine, DBM 등이 있다. 한편, 확률적인 모델이 아닌 생성 모델도 있다. 대표적인 것으로 딥러닝 신경망으로 구현하는 대립쌍 생성망generative adversarial net, GAN이 있다.

5.3.1 제한적 볼츠만 머신 RBM

확률 그래프 모델은 확률변수에 대응하는 노드node와 확률변수 간의 관계를 나타내는 간선edge으로 구성된 그래프를 사용하여 결합 확률분포를 표현한다. 3.9.4절에서 소개한 것처럼 베이지안 망 또는 마르코프 랜덤 필드는 확률분포를 정의할 때, [그림 3.22]와 [그림 3.23]에서 처럼 조건부 확률이나 호응정도 값들의 표를 사용하거나, 확률변수들에 대해 정의된 함수인 팩터factor들을 사용할 수도 한다.

마르코프 랜덤 필드를 사용하여 확률분포를 정의할 때, 통계물리학statistical physics의 에너지energy 개념을 사용하기도 한다. 통계물리학에 따르면 동일한 상태로 보이는 물질이라도 실제로는 다양한 미시적微視的 상태micro state에 있을 수 있으며, 물질은 에너지가 낮은 미시적인 상태에 있을 확률이 높다고 한다. 예를 들면, 같은 금속이라도 담금질을 한 금속이 단단하고 그렇지 않은 것은 상대적으로 무르다. 거시적으로는 보면 같은 상태이지만, 미시적으로 보면 담금질을 한 금속은 내부적인 원자의 배열이 고르게 되어 있고, 그렇지 않은 금속은 원자 배열이 일정하지 않다. 담금질해서 원자 배열이 고른 금속은 에너지가 낮다고 한다. 담금질을 한 금속은 쉽게 부러지지 않기 때문에 그 상태로 남아 있을 확률이 높다. 즉, 에너지가 낮은 상태의 것이 확률이 높다는 관계를 보인다.

확률 그래프 모델에서는 노드(확률변수)들이 가질 수 있는 값들의 조합에 대한 확률분포를 정의하는 할 때 이러한 에너지와 확률의 은유metaphore 관계를 사용할 수 있다. 이때 노드들이 갖는 값들의 각 조합을 형상configuration, 形狀이라 하고, 각 형상을 미시적인 상태로 간주한다. 그런 다음 이들 형상에 대해 에너지를 정의한다. 통계물리학의 개념에 따라, 형상의 에너지가 낮을수록 확률값을 크게 부여한다. 전체 가능한 형상 $\{s_1, s_2, \cdots, s_N\}$ 각각에 대응하는 에너지를 $\{\epsilon_1, \epsilon_2, \cdots, \epsilon_N\}$라고 할 때, 형상 s_i에 대한 확률 $p(s_i)$를 다음과 같이 정의한다.

$$p(\boldsymbol{s}_i) = \frac{e^{-\beta\epsilon_i}}{\displaystyle\sum_j e^{-\beta\epsilon_j}} = \frac{e^{-\beta\epsilon_i}}{Z} \tag{5.48}$$

$$Z = \sum_j e^{-\beta\epsilon_j} \tag{5.49}$$

이렇게 정의된 $p(\boldsymbol{s}_i)$는 에너지가 낮을수록 확률이 커지는 성질을 만족한다. $Z = \displaystyle\sum_j e^{-\beta\epsilon_j}$ 는 전체 형상들에 대한 확률의 합이 1이 되도록 정규화^{normalization}하는 역할을 한다. 이러한 Z를 분할 함수$^{\text{partition function}}$라고 한다. 한편, (식 5.48)과 같이 정의되는 확률분포를 볼츠만 분포$^{\text{Boltzmann distribution}}$ 또는 깁스 분포$^{\text{Gibbs distribution}}$라고 한다. β는 대상의 물리적 특성을 반영한 상수이기 때문에, 확률 그래프 모델의 확률분포를 나타내기 위해 볼츠만 분포를 사용할 때는 β를 보통 1로 한다. (식 5.48)에서 보는 바와 같이 에너지 ϵ_i의 정의에 따라 확률분포 $p(\boldsymbol{s}_i)$의 형태가 결정된다.

1) 볼츠만 머신과 제한적 볼츠만 머신

확률분포를 볼츠만 분포 형태로 표현하려면, 형상 $\boldsymbol{s}$에 대한 에너지 ϵ를 정의해야 한다. 형상 $\boldsymbol{s}$는 노드에 대응하는 확률변수들의 값들의 조합이다. 확률 그래프 모델에는 입력과 출력처럼 관측이 가능한 확률변수들이 있는 반면, 그렇지 않은 확률변수들이 있다. 이들 관측 가능한 확률변수의 노드를 가시^{可視} 노드$^{\text{visible node}}$라고 하고, 그렇지 않은 확률변수의 노드를 은닉^{隱匿} 노드$^{\text{latent node, hidden node}}$라고 한다.

여기에서는 가시 노드의 형상을 $\boldsymbol{v} = (v_1, v_2, \cdots, v_n)$로 나타내고, 은닉 노드의 형상을 $\boldsymbol{h} = (h_1, h_2, \cdots, h_m)$으로 나타내도록 하자. 노드 간의 간선은 가중치를 가질 수 있는데, 가시 노드 간의 가중치는 r_{ij}, 가시 노드와 은닉 노드 사이의 가중치는 w_{ij}, 은닉 노드 사이의 가중치는 t_{ij}로 나타내자. 그리고 각 노드는 편차항을 갖는데, 가시 노드의 편차항은 a_i, 은닉 노드의 편차항은 b_j로 나타내자.

볼츠만 머신$^{\text{Boltzmann machine}}$은 형상 $\boldsymbol{s} = (\boldsymbol{v}, \boldsymbol{h})$에 대한 에너지 함수 $\epsilon(\boldsymbol{v}, \boldsymbol{h})$를 다음과 같이 정의한 네트워크 모델로서, 노드의 값이 확률적으로 정해지는 일종의 확률 그래프 모델이다.

$$\epsilon(\boldsymbol{v}, \boldsymbol{h}) = -\left(\sum_{i<j} r_{ij} v_i v_j + \sum_{i<j} w_{ij} v_i h_j + \sum_{i<j} t_{ij} h_i h_j + \sum_i a_i v_i + \sum_j b_j h_j \right) \tag{5.50}$$

볼츠만 머신은 1985년 힌튼$^{\text{Geoffrey E. Hinton, 1947生}}$ 교수와 세즈노우스키$^{\text{Terry Sejnowski, 1947生}}$

교수가 초창기 신경망 모델의 하나인 홉필드 망$^{\text{Hopfield Network}}$을 확률적으로 동작하도록 확장하여 만든 모델이다.

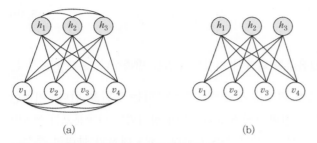

그림 5.37 **볼츠만 머신과 제한적 볼츠만 머신**
(a) 노드 연결 제한이 없는 볼츠만 머신 (b) 노드 연결 제한이 있는 제한적 볼츠만 머신^{RBM}

[그림 5.37(a)]는 4개의 가시 노드와 3개의 은닉 노드를 갖는 볼츠만 머신의 예이다. 볼츠만 머신에는 그림에서처럼 간선 연결에 제약이 없지만, 실제 활용할 때는 [그림 5.37(b)]와 같이 간선 연결에 제약이 있는 모델이 유용하게 사용된다. [그림 5.37(b)]는 가시 노드 사이와, 은닉 노드 사이에는 간선이 없는데, 이와 같은 제약이 있는 볼츠만 머신을 제한적 볼츠만 머신$^{\text{restricted Boltzmann machine, RBM}}$이라고 한다. 간선 연결의 제약 때문에, RBM에서 형상 $s = (v, h)$에 대한 에너지 함수 $\epsilon(v, h)$는 다음과 같이 간단히 정의된다.

$$\epsilon(v, h) = -\left(\sum_{i<j} w_{ij} v_i h_j + \sum_i a_i v_i + \sum_j b_j h_j\right) \tag{5.51}$$

가시층 노드간의 연결이 없으므로 $r_{ij} = 0$이고, 은닉층 노드 간의 연결이 없으므로 $t_{ij} = 0$이 되어, (식 5.50)에서 (식 5.51)의 에너지 함수가 유도된다.

볼츠만 머신과 RBM에서 노드 간의 연결은 무방향^{undirected} 간선으로 되어 있어, 가중치는 대칭적이다. 즉, $w_{ij} = w_{ji}$이다. RBM은 [그림 5.37(b)]와 같이 가시 노드들과 은닉 노드들을 층으로 배치하여 표현할 수 있는데, 이때 각각의 층을 가시층$^{\text{visible layer}}$과 은닉층$^{\text{hidden layer}}$이라고 한다.

확률 그래프 모델을 적용할 때는, 먼저 학습 데이터를 가장 잘 만들어낼 수 있는 결합 확률분포를 표현하는 확률 그래프 모델을 구성한다. 문제가 주어지면, 문제의 해답에 대한 확률분포를 이 확률 그래프 모델를 이용하여 계산한다. 여기에서 확률분포를 표현하기 위해, 그래프 구조를 결정하고 에너지 함수를 정의하여, 간선의 가중치 및 노드의 편차항

등을 결정하는 것을 확률 그래프 모델의 학습이라고 한다. 한편, 문제에 주어진 정보를 해당 노드에 입력값으로 설정한 다음, 관심 대상인 노드들의 확률분포를 계산해 내는 것을 확률 그래프 모델의 추론^{inference}이라고 한다.

2) 제한적 볼츠만 머신의 추론

RBM도 일종의 확률 그래프 모델이므로, RBM의 추론은 RBM이 표현하는 확률분포를 계산해 내는 것을 의미한다. (식 5.51)의 에너지 함수를 사용하여, RBM이 표현하는 결합 확률분포는 다음과 같이 정의한다.

$$p(\boldsymbol{v}, \boldsymbol{h}) = \frac{e^{-\epsilon(\boldsymbol{v}, \boldsymbol{h})}}{Z} \tag{5.52}$$

$$Z = \sum_{\boldsymbol{v}, \boldsymbol{h}} e^{-\epsilon(\boldsymbol{v}, \boldsymbol{h})} \tag{5.53}$$

가시층이 특정 데이터 $\boldsymbol{v}$를 가질 확률 $p(\boldsymbol{v})$는 다음과 같이 (식 5.52)의 결합 확률분포 $p(\boldsymbol{v}, \boldsymbol{h})$에 대한 한계화^{marginalization}를 통해서 계산될 수 있다.

$$p(\boldsymbol{v}) = \frac{1}{Z} \sum_{\boldsymbol{h}} e^{-\epsilon(\boldsymbol{v}, \boldsymbol{h})} \tag{5.54}$$

RBM의 각 노드는 0 또는 1의 이진값을 갖는다. 가시층의 값이 $\boldsymbol{v}$일 때 은닉층의 값이 $\boldsymbol{h}$일 조건부 확률 $p(\boldsymbol{h}|\boldsymbol{v})$는 다음과 같이 각 은닉 노드의 조건부 확률의 곱으로 표현된다.

$$p(\boldsymbol{h}|\boldsymbol{v}) = \prod_{j=1}^{m} p(h_j|\boldsymbol{v}) \tag{5.55}$$

마찬가지로 은닉층의 값이 $\boldsymbol{h}$일 때 가시층의 값이 $\boldsymbol{v}$일 조건부 확률 $p(\boldsymbol{v}|\boldsymbol{h})$는 다음과 같이 각 가시 노드의 조건부 확률의 곱으로 표현된다.

$$p(\boldsymbol{v}|\boldsymbol{h}) = \prod_{i=1}^{n} p(v_i|\boldsymbol{h}) \tag{5.56}$$

이와 같이 조건부 확률의 곱으로 표현될 수 있는 것은, RBM의 경우 가시층의 값 $\boldsymbol{v}$가 주어지면 그래프의 구조상 은닉층의 노드들 h_j가 서로 조건부 독립$^{conditional\ independence}$이고,

마찬가지로 은닉층의 값 h가 주어지면 가시층의 노드들 v_i가 서로 조건부 독립이기 때문이다.

가시층이 v일 때 은닉 노드 h_j의 값이 1일 확률 $p(h_j = 1|v)$은 (식 5.51)과 (식 5.52)로부터 아래와 같이 유도된다.

$$p(h_j = 1|v) = \frac{1}{1 + \exp\left(-b_j - \sum_i v_i w_{ij}\right)} = sigm\left(b_j + \sum_i v_i w_{ij}\right) \tag{5.57}$$

마찬가지로 은닉층이 h일 때 가시 노드 v_i의 값이 1일 확률 $p(v_i = 1|h)$은 (식 5.51)과 (식 5.52)로부터 아래와 같이 유도된다.

$$p(v_i = 1|h) = \frac{1}{1 + \exp\left(-a_i - \sum_j h_j w_{ij}\right)} = sigm\left(a_i + \sum_j h_j w_{ij}\right) \tag{5.58}$$

3) 제한적 볼츠만 머신의 학습

RBM은 학습 데이터를 잘 표현하는 결합 확률분포를 나타내도록 모델링되어야 한다. 즉, RBM이 학습 데이터에 대해 높은 확률값을 갖도록 가중치 w_{ij}와 편차항 a_i, b_j를 결정해야 한다. 이때, 목적 함수는 모든 학습 데이터들에 대한 확률이 클 때 큰 값이 나오도록 정의된다. RBM에서 학습 데이터는 가시층에 제공되는 값들로만 구성된다. 이 학습 데이터 V가 $\{v_1, v_2, \cdots, v_M\}$으로 구성되어 있다고 하자. RBM와 같은 확률 모델을 사용하여 계산한 데이터에 대한 확률을 가능도^{likelihood, 可能度}라고 한다. 학습 데이터가 서로 독립적이라고 가정하면, 전체 학습 데이터의 가능도 $p(V)$는 다음과 같이 각 학습 데이터의 가능도를 곱한 것이 된다.

$$p(V) = \prod_{i=1}^{M} p(v_i) \tag{5.59}$$

RBM의 학습에서는 가능도 $p(V)$에 로그 함수를 취한 로그 가능도^{log likelihood}를 목적 함수 $l(V)$로 사용한다.

$$l = \log \prod_{i=1}^{M} p(v_i) \tag{5.60}$$

$\log ab \ = \ \log a + \log b$라는 성질을 이용하면, 위의 (식 5.60)은 다음과 같이 편미분 및 계산이 편리한 형태로 변환할 수 있다.

$$l \ = \ \sum_{i=1}^{M} \log p(\boldsymbol{v}_i) \tag{5.61}$$

RBM에서 학습 목표는 로그 가능도 l의 값이 최대가 되는 가중치와 편차항을 찾은 것이다. 이때 다음과 같이 그레디언트가 커지는 방향으로 가중치와 편차항의 값을 조금씩 수정하는 경사 상승법$^{\text{gradient ascent method}}$을 사용한다. 즉, 가중치는 (식 5.62)와 같이 편미분항 $\partial l / \partial w_{ij}$와 학습율 η의 곱만큼 증가하도록 수정된다.

$$w_{ij}^{(t+1)} \ = \ w_{ij}^{(t)} + \eta \frac{\partial l}{\partial w_{ij}} \tag{5.62}$$

$$a_i^{(t+1)} \ = \ a_i^{(t)} + \eta \frac{\partial l}{\partial a_i} \tag{5.63}$$

$$b_j^{(t+1)} \ = \ b_j^{(t)} + \eta \frac{\partial l}{\partial b_j} \tag{5.64}$$

경사 상승법을 적용하기 위해서는 편미분을 계산해야 한다. 학습 데이터를 하나씩 사용하여 학습을 하는 경우에는, (식 5.61)과 같이 전체의 로그 가능도를 대상으로 하지 않고, 각 데이터 $\boldsymbol{v}$에 대한 편미분을 계산하면 된다.

데이터 $\boldsymbol{v}$에 대한 로그 가능도 $p(\boldsymbol{v})$를 가중치 w_{ij}로 편미분하면 다음과 같다.

$$\frac{\partial l_v}{\partial w_{ij}} = \frac{\partial \log p(\boldsymbol{v})}{\partial w_{ij}} \tag{5.65}$$

$$= \frac{\partial}{\partial w_{ij}} log \frac{1}{Z} \sum_h e^{-\epsilon(\boldsymbol{v},\boldsymbol{h})}$$

$$= \frac{\partial}{\partial w_{ij}} log \sum_h e^{-\epsilon(\boldsymbol{v},\boldsymbol{h})} - \frac{\partial \log Z}{\partial w_{ij}}$$

$$= \frac{1}{\sum_h e^{-\epsilon(\boldsymbol{v},\boldsymbol{h})}} \sum_h \frac{\partial e^{-\epsilon(\boldsymbol{v},\boldsymbol{h})}}{\partial w_{ij}} + \frac{\sum_{\boldsymbol{v},\boldsymbol{h}} e^{-\epsilon(\boldsymbol{v},\boldsymbol{h})}}{Z} \frac{\partial \epsilon(\boldsymbol{v},\boldsymbol{h})}{\partial w_{ij}}$$

$$= -\sum_h \frac{e^{-\epsilon(\boldsymbol{v},\boldsymbol{h})}}{\sum_{h'} e^{-\epsilon(\boldsymbol{v},\boldsymbol{h'})}} \frac{\partial \epsilon(\boldsymbol{v},\boldsymbol{h})}{\partial w_{ij}} + \sum_{\boldsymbol{v},\boldsymbol{h}} p(\boldsymbol{v},\boldsymbol{h}) \frac{\partial \epsilon(\boldsymbol{v},\boldsymbol{h})}{\partial w_{ij}}$$

$$= -\sum_{h} p(\boldsymbol{h}|\boldsymbol{v})\frac{\partial \epsilon(\boldsymbol{v},\boldsymbol{h})}{\partial w_{ij}} + \sum_{\boldsymbol{v},\boldsymbol{h}} p(\boldsymbol{v},\boldsymbol{h})\frac{\partial \epsilon(\boldsymbol{v},\boldsymbol{h})}{\partial w_{ij}}$$

$$= \sum_{h} p(\boldsymbol{h}|\boldsymbol{v})v_i h_j - \sum_{\boldsymbol{v},\boldsymbol{h}} p(\boldsymbol{v},\boldsymbol{h})v_i h_j$$

$$= \sum_{h} p(\boldsymbol{h}|\boldsymbol{v})v_i h_j - \sum_{v} p(\boldsymbol{v})\sum_{h} p(\boldsymbol{h}|\boldsymbol{v})v_i h_j \tag{5.66}$$

$$= p(h_j=1|\boldsymbol{v})v_i - \sum_{v} p(\boldsymbol{v})p(h_j=1|\boldsymbol{v})v_i \tag{5.67}$$

$$= \langle v_i h_j \rangle_{data} - \langle v_i h_j \rangle_{model} \tag{5.68}$$

(식 5.66)의 $\sum_{h} p(\boldsymbol{h}|\boldsymbol{v})v_i h_j$ 가 (식 5.67)에서 $p(h=1|\boldsymbol{v})v_i$ 가 되는 이유는 이진값을 갖는 h_j 가 1인 경우만 살아남기 때문이다. 같은 이유로 이들 식의 두 번째 항이 서로 같다. 즉, $\sum_{v} p(\boldsymbol{v})\sum_{h} p(\boldsymbol{h}|\boldsymbol{v})v_i h_j = \sum_{v} p(\boldsymbol{v})p(h_j=1|\boldsymbol{v})v_i$ 이다. (식 5.68)에서 $\langle v_i h_j \rangle_{data}$ 는 학습 데이터 $\boldsymbol{v}$ 의 i 번째 원소 v_i 값과 은닉 노드 h_j 의 값의 상관도^{correlation}에 해당한다. $\langle v_i h_j \rangle_{data}$ 는 학습 데이터 $\boldsymbol{v}$ 의 값과 이 학습 데이터에 대한 조건부 확률값 $p(h_j=1|\boldsymbol{v})$ 으로부터 쉽게 계산할 수 있다.

$\langle v_i h_j \rangle_{model}$ 은 주어진 RBM에서 $\sum_{v} p(\boldsymbol{v})p(h_j=1|\boldsymbol{v})v_i$ 를 통해서 계산되어야 하는 값인데, 모든 가능한 데이터 $\boldsymbol{v}$ 에 대해서 해당 데이터의 확률 $p(\boldsymbol{v})$ 와 조건부 확률 $p(h_j=1|\boldsymbol{v})$ 를 계산해야 결정할 수 있다. n차원인 이진수 입력이라면 2^n 개의 조합에 대해 계산을 해야 하기 때문에, 계산량이 너무 많아 $\sum_{v} p(\boldsymbol{v})p(h_j=1|\boldsymbol{v})v_i$ 값은 구하기 어렵다.

RBM과 같이 노드(확률변수)의 값이 확률적으로 변하는 모델에 대해서, $p(\boldsymbol{v})$, $p(h_j=1|\boldsymbol{v})$ 등의 확률분포 함수가 포함된 $\sum_{v} p(\boldsymbol{v})p(h_j=1|\boldsymbol{v})v_i$ 와 같은 식의 값은 마르코프 체인 몬테카를로$^{Markov\ Chain\ Monte\ Carlo,\ MCMC}$ 방법을 사용하여 추정할 수 있다. 몬테카를로 기법은 무작위로 많은 표본추출을 하여 이들을 사용해 기대값을 추정하는 방법이다. 마르코프 체인은 다음 상태의 값이 현재 상태 값에만 확률적으로 영향을 받는 마르코프 모델을 말한다(A.6.1절 참고). (식 5.57)과 (식 5.58)과 같이 은닉 노드의 확률은 가시 노드들에만 영향을 받고, 가시 노드의 확률은 은닉 노드들에만 영향을 받기 때문에, RBM은 마르코프 체인에 속한다.

RBM에서 표본추출^{sampling}을 한다는 것은 마르코프 체인의 특성에 따라 상태가 변하는 RBM 노드들의 값 $(\boldsymbol{v}, \boldsymbol{h})$ 를 읽어낸다는 것을 의미한다. 확률변수(노드)가 많은 모델에 대한 표본

추출을 할 때는 깁스 표본추출^{Gibbs sampling} 방법을 주로 사용한다. 깁스 표본추출에서는 어떤 확률변수의 값을 표본추출할 때, 다른 모든 확률변수의 값은 고정되어 있는 것으로 간주한 상태에서 한다. 예를 들면, [그림 5.37(b)]의 모델에 대해서 h_1의 값을 깁스 표본추출할 때는 나머지 노드 $h_2, h_3, v_1, v_2, v_3, v_4$ 의 값은 이미 주어져 있다고 가정한 상태에서 다음과 같이 한다.

$$h_1 \sim p(h_1 \mid h_2, h_3, v_1, v_2, v_3, v_4) \tag{5.69}$$

RBM에서 은닉 노드 사이에는 연결된 간선이 없기 때문에, 가시 노드들이 모두 주어지면 은닉 노드의 값은 다른 은닉 노드와 조건부 독립이 된다. 따라서 (식 5.69)의 h_1에 대한 깁스 표본추출은 다음과 같은 확률에 따른다.

$$h_1 \sim p(h_1 \mid v_1, v_2, v_3, v_4) \tag{5.70}$$

h_1의 값은 이진수 값이기 때문에, 표본추출을 할 때는 $p(h_1 \mid v_1, v_2, v_3, v_4)$의 값을 계산한 다음, 이 값의 확률로 h_1을 1로 만들어준다. 예를 들면, 이 확률 값이 0.7이라면, 구간 [0,1]에서 무작위로 수를 하나 표본추출한 다음, 그값이 0.7이하이면 h_1을 1로 만들어주고, 그렇지 않으면 0으로 만들어준다. [그림 5.37(b)]의 모델에서 가시 노드의 값 $\boldsymbol{v} = (v_1, v_2, v_3, v_4)$가 주어진 상태에서, 다음 순서에 따라 표본추출을 하며 은닉 노드의 데이터 $\boldsymbol{h} = (h_1, h_2, h_3)$이 생성된다.

$$
\begin{aligned}
h_1 &\sim p(h_1 \mid v_1, v_2, v_3, v_4) \\
h_2 &\sim p(h_2 \mid v_1, v_2, v_3, v_4) \\
h_3 &\sim p(h_3 \mid v_1, v_2, v_3, v_4) \\
\boldsymbol{h} &= (h_1, h_2, h_3)
\end{aligned}
$$

마찬가지 방법으로 은닉 노드의 값이 주어진 상태에서, 깁스 표본추출 방법에 따라 각 가시 노드의 값을 표본추출하면, 다음과 같이 가시 노드의 데이터 $\boldsymbol{v}$를 생성할 수 있다.

$$
\begin{aligned}
v_1 &\sim p(v_1 \mid h_1, h_2, h_3) \\
v_2 &\sim p(v_2 \mid h_1, h_2, h_3) \\
v_3 &\sim p(v_3 \mid h_1, h_2, h_3) \\
v_4 &\sim p(v_4 \mid h_1, h_2, h_3) \\
\boldsymbol{v} &= (v_1, v_2, v_3, v_4)
\end{aligned}
$$

마르코프 체인 몬테카를로 기법을 적용할 때는, 임의의 형상값에서 시작하여 마르코프 체인에 의해서 생성되는 데이터들이 일정 확률분포에 수렴할 때까지 한참 동안 상태 변화를 시키는 예열^{burn-in, 豫熱} 과정을 거쳐야 한다. 예열 과정 중에는 생성되는 데이터들이 특정 확률분포에 수렴하는지 확인을 해야 한다. 데이터 분포의 수렴 여부를 판정하는 것도 적지 않은 계산이 필요하다.

RBM의 학습에서 $\langle v_i h_j \rangle_{model}$ 의 계산을 위해 마르코프 체인 몬테카를로 방법을 적용할 때 예열 과정을 생략하고 바로 표본추출을 한다. 이 방법을 대조분기^{contrastive divergence, CD; 對照分岐}라고 한다. 이 방법에서 k-단계 대조분기^{k-step contrastive divergence, CD-k}는 [그림 5.38]과 같이 학습 데이터 v 에 대해 k 번 깁스 표본추출 과정을 반복한 다음, 마지막의 단계의 가시 노드와 은닉 노드의 값 $\langle v_i^k h_j^k \rangle$ 를 $\langle v_i h_j \rangle_{model}$ 대신 사용하는 방법이다.

$$\langle v_i h_j \rangle_{model} = p(h_j = 1 | \boldsymbol{v}^k) v_i^k \tag{5.71}$$

여기에서 $\boldsymbol{v}^k$ 는 k 번째 단계에서 가시 노드의 값을 나타내고, v_i^k 는 $\boldsymbol{v}^k$ 에서 i 번째 노드의 값을 나타낸다. 한편, $\boldsymbol{h}^k$ 는 k 번째 단계에서의 은닉 노드의 값을 나타낸다.

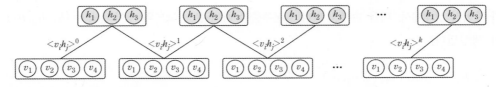

그림 5.38 k-단계 대조분기^{contrastive divergence}

(식 5.65)와 같은 방법으로 데이터 v 에 대한 로그 가능도를 편차항 a_i 와 b_j 로 편미분하면 다음과 같다.

$$\frac{\partial l_v}{\partial a_i} = \langle v_i \rangle_{data} - \langle v_i \rangle_{model} \tag{5.72}$$

$$\frac{\partial l_v}{\partial b_j} = \langle h_j \rangle_{data} - \langle h_j \rangle_{model} \tag{5.73}$$

여기에서 $\langle v_i \rangle_{model}$ 와 $\langle h_j \rangle_{model}$ 는 [그림 5.38]과 같이 k-단계 대조분기를 해서 마지막 단계에서 구한다.

다음은 k-단계 대조분기$^{\text{CD-k}}$를 이용하여 RBM을 학습하는 알고리즘이다.

알고리즘 5.1 k-단계 대조분기 기반의 RBM 학습 알고리즘

입력 : 학습 데이터 집합 $V = \{(v_1, v_2, \cdots, v_M)\}$, 학습률 η
출력 : 가중치 벡터 W, 편차항 벡터 a, b

1. W, a, b를 작은 무작위 값으로 초기화한다.
2. repeat
3.   for (V의 각 학습 데이터 v에 대해)   {
4. $v^0 \leftarrow v$
5.   for ($t = 1$ to k) {
6.   (식 5.57)를 이용하여 $p(h_j^{k-1} = 1 | v^{k-1})$를 계산하고 h^{k-1} 표본추출
7.   (식 5.58)을 이용하여 $p(v_i^k = 1 | h^{k-1})$를 계산하고 v^k 표본추출
8.   }
9.   (식 5.68)을 이용하여 노드간 연결 가중치 w_{ij} 수정
10.   (식 5.72)를 이용하여 가시 노드의 편차항 a_i 수정
11.   (식 5.73)을 이용하여 은닉 노드의 편차항 b_j 수정
12.   }
13. until (종료조건 만족)

---

4) 제한적 볼츠만 머신을 이용한 사전 학습

RBM은 가시 노드만에 데이터를 입력한 다음에 학습을 진행하므로, RBM의 학습은 비지도 학습이다. 학습된 RBM은 학습 데이터에 대해서 높은 확률값을 주기 때문에, 학습 데이터와 유사한 데이터 분포를 생성하는 생성 모델이라 할 수 있다. 따라서 학습된 RBM은 주어진 학습 데이터의 특징을 추출하여 가지고 있는 것으로 볼 수 있다.

RBM에서 이러한 특징은 가중치와 편차항으로 표현된다. 은닉 노드 하나에 연결된 간선의 가중치와 편차항은 하나의 특징에 해당한다. 은닉 노드에서 계산되는 (식 5.57)의 확률값은 입력 데이터와 해당 은닉 노드의 가중치 간의 상관계수가 커질수록 증가한다. 따라서 이들 확률값은 입력 데이터가 해당 은닉 노드가 표현하는 특징을 얼마나 포함하고 있는가를 평가하는 것으로 볼 수 있다. 즉, 각 은닉 노드에서 계산되는 확률값은 입력 데이터가 RBM이 학습한 특징을 포함하고 있는 정도를 나타낸다고 할 수 있다.

RBM에서 은닉 노드의 값들은 마치 컨볼루션 신경망에서 컨볼루션 결과로 만들어지는 특징 지도 역할을 한다고 볼 수 있다. 따라서 RBM은 입력 데이터에 있는 특징을 추출하는 모델로 사용될 수 있다. 한편, RBM이 추출한 특징 정보(은닉층의 값)를 사용하여 새로운 RBM을 학습시키면, 더 높은 수준의 특징이 추출될 수 있다. 점차 추상화된 수준의 특징을 추출하려 면 여러 RBM을 [그림 5.39(c)]와 같이 층으로 쌓으면 된다. [그림 5.39]는 RBM을 여러 층으로 쌓는 과정을 보여준다.

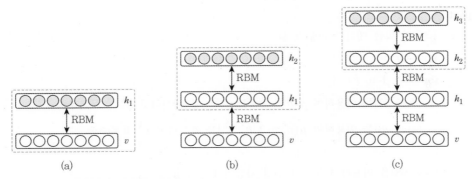

그림 5.39 **적층 제한적 볼츠만 머신(stacked RBM)**

[그림 5.39(a)]와 같이 가시층에 학습 데이터 v를 입력해서 RBM을 학습시키고, 학습이 끝난 RBM을 사용하여 각 학습 데이터 v에 대응하는 은닉층의 값 h_1을 결정한다. 이렇게 계산한 h_1을 학습 데이터로 하여 [그림 5.39(b)]와 같이 RBM을 학습시키고, 학습된 두 번째 RBM을 사용하여 각 h_1에 대응하는 h_2를 결정한다. 이를 다시 학습 데이터로 사용하여 [그림 5.39(c)]와 같이 RBM을 학습시켜서 층으로 쌓아 만든 모델을 적층^{積層} 제한적 볼츠만 머신^{stacked RBM}이라고 한다. 적층 RBM에서는 윗 층으로 올라갈수록 학습 데이터에 내재된 더 추상적인 특징이 추출되는 것을 기대할 수 있다.

은닉층이 많은 다층 퍼셉트론에서는 초기 가중치가 학습 결과에 영향을 준다. 학습 데이터 의 입력값만을 사용하여 적층 RBM을 학습시키면, 입력 데이터의 특징을 추출할 수 있다. 입력 데이터의 특징을 잘 추출하는 RBM의 가중치와 편차항의 값을 다층 퍼셉트론의 가중 치와 편차항의 초기값으로 사용하면, 학습된 모델의 성능이 향상될 수 있다. 이와 같이 적층 RBM을 미리 학습시켜, 딥러닝 신경망의 가중치와 편차항의 초기값을 결정해주는 것을 사전^{事前} 학습^{pre-training}이라고 한다.

5.3.2 심층 신뢰망 DBN

심층 신뢰망$^{\text{deep belief network, DBN, }}$深層 信賴網은 여러 개의 RBM을 쌓은 것처럼 만든 생성 모델이다. DBN은 [그림 5.40]과 같이 계층적 구조를 갖는 확률 그래프 모델로서, 맨 위쪽의 두 층 사이는 RBM으로 구성되어 있고, 나머지 인접한 층 사이에는 위쪽 층에서 아래층으로 향하는 연결 간선만 있는 모델이다. DBN에서는 맨 아래 층 v만 가시층이고, 학습을 할 때 이 층에 학습 데이터가 입력된다. 은닉층의 개수는 개발자가 마음대로 설정할 수 있다.

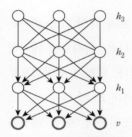

그림 5.40 **심층 신뢰망**(deep belief network)

DBN의 학습에서는 가시층 v의 값으로만 구성된 학습 데이터의 가능도가 최대가 되도록, DBN의 가중치와 편차항의 값들을 학습시킨다. 학습된 DBN은 데이터를 만들어내는 생성 모델 역할을 할 수 있다. DBN을 생성 모델로 사용할 때는, 먼저 맨 위층의 노드들을 무작위 값으로 초기화한 다음, RBM의 방식대로 한동안 노드들의 값을 갱신하다가 (즉, [그림 5.40] 의 경우, h_2와 h_3의 값을 번갈아가며 표본추출을 하다가), 아래층으로 표본추출을 하면서 내려가 가시층 v의 값을 결정한다. 이때, 가시층 v의 값이 생성된 데이터에 해당한다.

DBN을 학습할 때는 [그림 5.39]와 같이 우선 RBM을 한 층씩 쌓아가면서 층별로 학습을 한다. 그런 다음, wake-sleep 알고리즘을 사용하여 층별로 학습된 DBN을 상세 조정^{fine} ^{tuning}하는 학습을 한다. 이 알고리즘은 wake 단계와 sleep 단계를 번갈아 가며 반복해서 가중치를 조정한다. DBN에서는 맨 위쪽 두 개 층은 RBM이기 때문에, 두 노드간의 가중치 는 위로 가는 것이나 아래로 가는 것이 같다(즉, $w_{ij}^3 = w_{ji}^3$). 아래 쪽 층들은 아래로 가는 가중치만 있고, 위로 가는 가중치는 없다. wake-sleep 알고리즘은 [그림 5.41]과 같이 위로 올라가는 가중치(예, W_1^T, W_2^T)를 임시로 만든다. 이때 가중치는 RBM의 사전 학습된 가중치로 초기화하는데, 초기화를 할 때는 아래로 내려가는 가중치와 위로 올라가는 가중 치를 같게 한다. 즉, $W_1 = W_1^T$이고 $W_2 = W_2^T$이다.

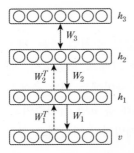

그림 5.41 wake-sleep 알고리즘에서 학습대상 가중치

wake 단계에는 학습 데이터 v를 가중치 W_1^T를 사용하여 위쪽으로 보내 h_1의 값을 계산하고, 이 h_1을 W_1를 사용하여 다시 아래로 보내 v'를 계산한다. 그런 다음, 올려보낸 데이터 v와 내려받은 데이터 v'의 차이가 줄어들도록, 가중치 W_1를 조정한다. 마찬가지 방법으로 W_2^T를 사용하여 h_1를 위로 보내 h_2의 값을 계산하고, W_2를 사용하여 h_2를 다시 아래로 보내 h_1'의 값을 계산한다. h_1와 h_1'의 차이가 줄어들도록 W_2를 조정한다. 이런 과정을 맨 위층까지 반복하는 것이 wake 단계에서 하는 일이다.

sleep 단계에는 맨 상위 층에서 데이터를 내려 보내면서 올라가는 가중치 (W_1^T, W_2^T)를 조정한다. 맨 상위 부분은 RBM이기 때문에 맨 상위층의 노드들을 무작위 값으로 초기화한 다음, 바로 아래 층의 값을 표본추출해 가며 아래 층으로 값을 내려 보낸다. sleep 단계에는 맨 위쪽 RBM 부분의 가중치는 조정하지 않고, 그 아래 부분의 위로 올라가는 가중치들(즉, W_1^T, W_2^T)만 wake 단계에서처럼 조정한다.

DBN은 분류classification 문제에도 적용할 수 있다. [그림 5.42]는 힌튼Geoffrey F. Hinton 교수팀이 개발한, 28×28 픽셀 크기의 필기체 숫자 영상을 입력받아 0에서 9사이의 숫자로 분류하는 DBN 모델의 구조이다. 이 DBN은 발표 당시 기존 방식에 비해 높은 성능을 보여, 당시 연구자들에게 딥러닝의 가능성을 각인시킨 초창기의 딥러닝 모델이기도 하다. [그림 5.42]의 DBN은 필기체 숫자 영상을 사전 학습한 흰색 바탕의 직사각형들로 나타낸 적층 RBM 부분에, 회색 바탕으로 된 RBM 모듈을 최상단 층에 붙여서 구성한 모델이다. 세부 조정 학습 단계에서는 필기체 숫자 영상을 맨 아래 층 v를 설정하고, 실제 숫자 부류에 해당하는 값을 출력층 y의 해당 부분에 설정하여, wake-sleep 알고리즘을 적용하여 학습을 한다.

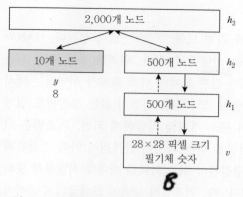

그림 5.42 **필기체 숫자 인식 DBN.**

DBN과 유사한 모델로 심층 볼츠만 머신$^{\text{deep Boltzmann machine, DBM}}$이 있다. DBM은 RBM을 활용하여 만든 생성모델의 하나인데, [그림 5.43]과 같이 DBN과 다르게 모든 층이 RBM으로 구성된다. DBM을 학습시킬 때도 DBN에서처럼 층별로 RBM을 학습하여 붙이는 사전 학습을 먼저 한 다음, 세부 조정하는 학습을 한다. 학습된 DBM에서도 위쪽 층으로 올라갈 수록 더 추상화된 특징이 추출된다. 학습된 DBM은 학습 데이터와 유사한 특성의 데이터를 만들어내는 생성 모델로 사용될 수 있다. 또한 학습된 DBM의 가중치는 동일한 구조의 다층 퍼셉트론의 초기 가중치 값으로 사용될 수도 있다.

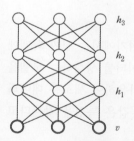

그림 5.43 **심층 볼츠만 머신**

5.3.3 대립쌍 생성망 GAN

대부분의 생성 모델의 학습 방법은 학습 데이터의 분포를 잘 표현하는 확률분포 모델의 구조와 파라미터를 결정하는 데 관심이 있다. 반면, 굿펠로우$^{\text{Ian J. Goodfellow}}$ 등이 2014년에 개발한 대립쌍 생성망$^{\text{generative adversarial net, GAN}}$ 모델의 학습에서는 주어진 학습 데이터의 특성을 잘 만족하는 데이터 자체를 생성하는 모델를 만드는 데 관심이 있다.

1) 대립쌍 생성망의 구조

GAN은 [그림 5.44]와 같이 생성 모듈^{generator}과 판별 모듈^{discriminator}로 구성된다. GAN의 학습 방법은 화폐 위조범(僞造犯)과 경찰관을 비유로 설명할 수 있다. 위조범(생성 모듈) G는 위조 화폐를 만들어낸다. 경찰관(판별 모듈) D는 진짜 화폐와 위조 화폐가 섞여있는 데서 위조 화폐를 찾아낸다. 처음에는 위조범의 기술이 조악해서, 경험이 없는 경찰관도 쉽게 위조 화폐를 식별할 수 있을 것이다. 경찰관이 위조 지폐를 적발하게 되면, 위조범은 더 정교하게 위조 화폐를 만든다. 위조를 하고 적발을 하는 과정이 반복됨에 따라 경찰관과 위조범의 기술은 함께 발전해 간다. 나중에는 경찰관이 위조 화폐를 제대로 적발하지 못하게 되는 수준까지, 위조 수준이 도달할 수도 있다. 즉, 위조범의 능력이 조폐국의 수준까지 발전할 수도 있다.

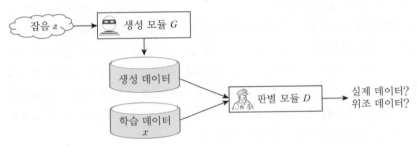

그림 5.44 **대립쌍 생성망 모델(GAN model).**

GAN은 이와 같은 개념을 생성 모델의 학습에 그대로 적용한다. 여기에서는 진짜 화폐에 해당하는 학습 데이터 x의 특성을 갖는 위조 화폐에 해당하는 데이터를 생성하는 모델을 만드는 것이 학습의 목표이다. 생성 모듈 G는 무작위 잡음 z를 사용하여 새로운 데이터 $G(z)$를 생성한다. 판별 모듈 D는 입력 데이터가 학습 데이터와 같은 특성을 갖는다고 판단될수록 1에 가까운 확률값을 출력한다.

생성 모듈이 생성한 데이터에 대해 판별 모듈이 큰 확률값을 출력하도록, 생성 모듈은 학습을 한다. 한편, 판별 모듈은 학습 데이터에 대해서는 높은 확률값을 출력하고, 생성 모듈이 만들어낸 위조 데이터에 대해서는 낮은 확률값을 출력하도록 학습을 한다. 판별 모듈과 생성 모듈은 번갈아 가며 학습을 한다. 학습 초기에는 판별 모듈이 위조 데이터를 잘 분별할 수 있다. 하지만 생성 모듈이 점점 학습을 해가면서, 판별 모듈은 위조 데이터를 50% 확률로 적발하는 수준으로 진행된다. 50% 확률이 된다는 것은 위조 데이터를 너무 잘 만들어서, 위조 여부를 무작위로 판정을 할 수 밖에 없는 된다는 의미이다.

2) 대립쌍 모델의 학습

GAN의 동작은 두 명이 게임을 하는 것에 비유해 볼 수 있다. 판별 모듈과 생성 모듈은 서로 이기기 위해서 학습을 한다. 판별 모듈 D는 학습 데이터 x에 대한 확률값 $D(x)$는 크게 하고, 생성 모듈 G가 생성한 위조 데이터 $G(z)$에 대한 확률값 $D(G(z))$는 작아지도록 학습을 한다. 생성 모듈 G는 판별 모듈 D를 어떻게든 속여야 이길 수 있다. 그래서 생성 모듈은 $D(G(z))$값이 커지도록 하는 생성 데이터 $G(z)$를 만들기 위해 학습을 한다.

판별 모듈 D는 학습 데이터와 생성된 데이터를 잘 구별하기 위해, 다음 목적함수 $L(D, G)$가 최대가 되도록 학습을 한다.

$$L(D, G) = E_{x \sim p_{data}(x)}[\log D(x)] + E_{z \sim p_z(z)}[\log(1 - D(G(z)))] \tag{5.74}$$

여기에서 $E_{x \sim p_{data}(x)}[\log D(x)]$는 학습 데이터의 분포 p_{data}를 따르는 각 데이터 x에 대한 판별 모듈의 출력값 $D(x)$에 로그를 한 $\log D(x)$의 기댓값을 나타낸다.

$E_{z \sim p_z(z)}[\log(1 - D(G(z)))]$에서 $1 - D(G(z))$는 임의의 잡음 z을 사용하여 생성 모듈 G가 생성한 위조 데이터 $G(z)$를 판별 모듈이 위조라고 판정하는 정도를 나타낸다. 그러므로 $E_{z \sim p_z(z)}[\log(1 - D(G(z)))]$는 위조 데이터를 위조로 제대로 판단하는 정도에 로그를 취한 것의 기댓값이다. 판별 모듈 입장에서는 (식 5.74)의 $L(D, G)$에 있는 첫 번째 항과 두 번째 항이 모두 커질수록 바람직하다. 따라서 판별 모듈은 $L(D, G)$를 최대화시키기 위해 학습을 한다.

한편, 위조범 역할인 생성 모듈 G의 입장에서는 자신이 생성한 데이터를 판정 모듈이 진짜로 판정할 확률 $D(G(z))$의 기댓값이 커지도록, 즉 $E_{z \sim p_z(z)}[\log(1 - D(G(z)))]$가 가능한 작아지도록 학습을 해야 한다. 이때 $L(D, G)$의 첫 번째 항 $E_{x \sim p_{data}(x)}[\log D(x)]$은 생성모듈 G와 관계가 없다. 그래서 생성 모듈 G는 $L(D, G)$를 최소화시키기 위해 학습을 한다고 말할 수 있다.

이와 같이 GAN의 학습에서, 판별 모듈 D는 $L(D, G)$를 최대화하려고 노력을 하고, 생성 모듈 G는 $L(D, G)$를 최소화하려고 노력을 한다. GAN의 학습 방법은 게임트리에서 사용하는 mini-max 알고리즘(2.4절 참고)과 유사한 특징을 갖는다. GAN 학습은 결국 다음 (식 5.75)를 목적함수로 하는 생성 모듈 G를 찾는 것이다.

$$\min_G \max_D L(D, G) = \tag{5.75}$$

$$\min_G \max_D L(D, G) \left\{ E_{\boldsymbol{x} \sim p_{data}(\boldsymbol{x})} [\log D(x)] + E_{\boldsymbol{z} \sim p_z(\boldsymbol{z})} [\log(1 - D(G(z)))] \right\}$$

생성 모듈과 판별 모듈은 기계학습 모델들로 구현될 수 있는데, 특히 딥러닝 신경망을 사용하는 경우가 많다. 학습할 때, 생성 모듈은 (식 5.75)의 목적함수를 최소화하기 위해 (식 5.77)과 같이 경사 하강법$^{\text{gradient-descent method}}$을 사용하고, 판별 모듈은 목적 함수를 최대화하기 위해 (식 5.76)과 같이 경사 상승법$^{\text{gradient-ascent method}}$을 사용한다. 판별 모듈과 생성 모듈의 학습이 번갈아가면서 수행되는데, 매 단계에서 판별 모듈 D를 여러 번 학습시킨 다음 생성 모듈 G는 한번만 학습시킨다. 이와 같이 하는 것은 어느 정도 제대로 판정을 할 수 있는 모듈을 가지고, 생성 모듈을 학습시키기 위해서이다. 다음은 GAN에서 사용하는 기본 학습 알고리즘의 형태이다.

알고리즘 5.2 GAN 학습 알고리즘

입력 : 잡음 생성을 위한 사전 확률분포 $p_g(\boldsymbol{z})$, 학습 데이터 확률분포 $p_{data}(\boldsymbol{x})$
출력 : 학습된 GAN의 생성 모듈과 판별 모듈

1. **repeat**
2.   **for** $i = 1$ **to** k { // 판별 모델 학습
3. $p_g(\boldsymbol{z})$를 사용해 m개의 잡음 표본으로 미니배치 구성 $\{\boldsymbol{z}^{(1)}, ..., \boldsymbol{z}^{(m)}\}$
4. $p_{data}(\boldsymbol{x})$를 사용해 m개의 학습 데이터로 미니배치 구성 $\{\boldsymbol{x}^{(1)}, ..., \boldsymbol{x}^{(m)}\}$
5.   다음의 그레디언트 평균을 사용하여 판별 모듈의 모수 $\boldsymbol{\theta}_d$ 학습
6.

$$\boldsymbol{\theta}_d \leftarrow \boldsymbol{\theta}_d + \eta \nabla_{\boldsymbol{\theta}_d} \frac{1}{m} \sum_{i=1}^{m} \left[\log D(\boldsymbol{x}^{(i)}) + \log(1 - D(G(\boldsymbol{z}^{(i)}))) \right] \tag{5.76}$$

7.   }
8. $p_g(\boldsymbol{z})$를 사용하여 m개의 잡음 표본으로 미니배치 구성 $\{\boldsymbol{z}^{(1)}, ..., \boldsymbol{z}^{(m)}\}$
9.   다음의 그레디언트 평균을 사용하여 생성 모듈의 모수 $\boldsymbol{\theta}_g$ 학습
10.

$$\boldsymbol{\theta}_g \leftarrow \boldsymbol{\theta}_g - \eta \nabla_{\boldsymbol{\theta}_g} \frac{1}{m} \sum_{i=1}^{m} \log(1 - D(G(\boldsymbol{z}^{(i)}))) \tag{5.77}$$

11. **until** (종료조건 만족)

위 알고리즘에서 3-6행은 판별 모듈을 학습하는 부분으로 매 단계 마다 k번 반복해서 수행된다. 이처럼 판별 모듈을 여러 번 학습시킴으로써, 판별 모듈이 학습 데이터와 생성

모듈의 데이터를 비교적 잘 판별할 수 있도록 한다. 일단 판별 모듈이 학습되고 나면, 8-10행에서 생성 모듈을 학습시킨다. 이와 같이 GAN은 판별 모듈과 생성 모듈의 학습을 번갈아가면서 반복해서, 학습 데이터와 유사한 데이터를 만들어내는 생성 모듈을 구해낸다.

[그림 5.45]는 1차원 공간의 학습 데이터의 분포 p_{data}와 생성 모듈 $G(z)$가 생성하는 데이터의 분포 p_G가 학습 과정에서 변해가는 과정을 보인 것이다. 이들 그림은 학습 과정의 어떤 시점에서 학습 데이터의 분포 p_{data}, 생성 모듈이 생성하는 데이터 분포 p_G, 판별 모듈 $D(x)$가 각 위치의 데이터를 학습 데이터로 판정하는 확률을 나타낸다. 그림의 아래쪽에서 x는 임의의 잡음 분포에 의해서 생성된 잡음 z으로부터 생성 모듈 $G(z)$가 생성한 데이터를 나타낸다. (b)는 (a)의 상황에서 판별 모듈을 학습시킨 결과를 보여준다. (c)는 (b)의 상황에서 생성 모듈을 학습시킨 결과를 보여주는데, 생성된 데이터의 분포 p_G가 학습 데이터 분포 p_{data}에 더 가까워진 것을 볼 수 있다. 이렇게 판별 모듈과 생성 모듈의 학습을 번갈아 반복하면, (d)와 같이 분포 p_G가 p_{data}와 거의 같아지고, 판별 모듈 $D(x)$의 출력은 0.5부근의 값이 된다. 분포 p_G가 p_{data}와 같은 경우, 판별 모듈 $D(x)$는 데이터가 어떤 분포에서 발생했는지 판정할 수 없기 때문에, 주어진 데이터가 p_{data} 분포에서 발생한 것이라고 판정하는 확률을 0.5로 하게 된다. 실제 학습에서는 입력으로 학습 데이터의 확률분포 p_{data}가 주어지는 것이 아니라 학습 데이터가 주어진다. 위의 알고리즘에서처럼 이들 학습 데이터를 미니배치^{mini batch}로 분할되어 학습에 사용된다.

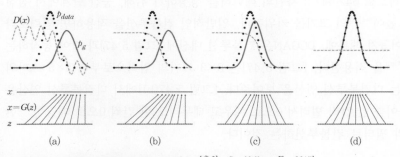

그림 5.45 **대립쌍 생성망 모델의 적용 예**[출처: Goodfellow 등, 2015]
학습과정에서의 생성 모듈 $G(z)$에 의한 데이터 분포 p_g와 학습 데이터 분포 p_{data}와 판별 모듈 $D(x)$의 변화

기존에 개발된 대부분의 생성 모델 알고리즘은 학습 데이터의 확률분포에 대응하는 함수를 학습한다. 이렇게 확률분포를 학습한 학습 모델은 특정 데이터의 발생 확률을 결정하거나, 표본추출을 통해 데이터를 생성하는데 사용될 수 있다. 그런데 데이터의 차원이 높은 경우에는 확률분포로부터 데이터를 생성하는 것이 쉽지 않다. 반면에, GAN의 생성 모듈은

확률분포를 표현하는 것이 아니라, 학습 데이터의 분포를 따르는 실제 데이터를 만들어 낸다. 이런 특성 덕분에 영상과 같이 고차원 데이터를 생성하는 데 특히 GAN이 유용하다. 한편, 신약 개발 등에서 기존 약물 화학식 데이터들을 학습한 GAN 모델을 만든 다음, GAN 모델이 생성하는 약물 화학식들을 우선 고려할 대상 물질로 활용하는 사례도 있다.

3) 딥 컨볼루션 대립쌍 생성망 DCGAN

GAN 방식을 따르는 여러 알고리즘이 있다. 대표적인 예로 2015년 래드퍼드[Alec Radford] 등이 개발한 딥 컨볼루션 대립쌍 생성망 DCGAN[Deep Convolutional GAN] 모델이 있다. 이 모델은 컨볼루션 신경망[CNN]으로 생성 모듈과 판별 모듈을 구현한다. DCGAN의 생성 모듈은 [그림 5.46]과 같은 구조를 사용하여, 잡음[noise] 신호 z를 입력으로 받아 데이터 $G(z)$를 만들어낸다. 그림의 예에서 잡음 신호는 100차원의 무작위 데이터이다. 생성 모듈의 첫 단계 결과 R_1은 다음 과정을 통해 만들어진다. 100차원 잡음 신호로부터 $4 \times 4 \times 512$ 차원의 중간 결과를 만들기 위해 무작위로 $100 \times (4 \times 4 \times 512)$차원의 행렬 M_R을 생성한다. 그러고 나서 잡음 신호 z와 무작위 행렬 M_R을 곱한 다음, 배치 정규화[batch normalization] BN과 ReLU 활성화 함수를 적용하여 첫 단계의 결과 R_1를 만들어 낸다.

$$R_1 \leftarrow \text{ReLU}(\text{BN}(zM_R)) \tag{5.78}$$

생성 모듈은 최종적으로 $64 \times 64 \times 3$ 차원의 데이터를 생성하기 위해, 중간 단계에서 점점 데이터의 폭[width] $\times$ 높이[height]의 크기를 키워간다. 일반적인 컨볼루션을 적용하면 입력보다 출력의 크기가 줄어들기 때문에, DCGAN은 컨볼루션 대신에 [그림 5.47]과 같이 동작하는 디컨볼루션[deconvolution]을 적용한다. [그림 5.47]은 3×3 크기의 입력으로부터 5×5 크기의 출력을 만들어 내는 디컨볼루션 연산을 보여준다. [그림 5.47(b)]에서 디컨볼루션 연산은 입력의 각 원소 사이를 한 칸씩 벌려서 0으로 채우고 테두리도 한 칸씩 0으로 패딩[padding]한 다음, 3×3 크기의 필터로 컨볼루션하는 것이다.

DCGAN에서 다음 단계의 결과 R_i은 직전 단계의 결과 R_{i-1}에 디컨볼루션을 적용한 결과 $\text{Deconv}(R_{i-1})$에 배치 정규화 BN과 ReLU 활성화 함수를 적용하여 구한다.

$$R_i \leftarrow \text{ReLU}(\text{BN}(\text{Deconv}(R_{i-1}))) \qquad i = 2,3,4 \tag{5.79}$$

마지막 단계의 출력 R_5는 직전 단계의 결과 R_4를 디컨볼루션한 다음, tanh 활성화 함수를 적용하여 구한다.

$$R_5 \leftarrow \tanh(\mathrm{Deconv}(R_4)) \tag{5.80}$$

이와 같이 구성된 DCGAN의 생성 모듈은 100차원 잡음 신호로부터 64×64 크기의 칼러 영상을 만들어 낼 수 있게 된다. 물론 이러한 구조적 요소의 설계는 많은 시행착오를 통해서 결정된 것이다.

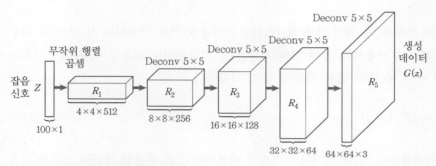

그림 5.46 DCGAN 모델의 생성 모듈

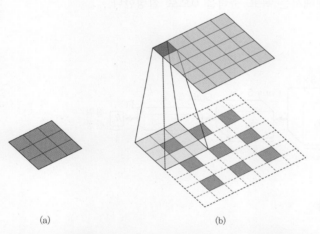

그림 5.47 **디컨볼루션 연산** (a) 입력 데이터 (b) 디컨볼루션 연산 과정

DCGAN에서 판별 모듈은 [그림 5.48]과 같은 구조의 컨볼루션 신경망 모델을 사용하여 입력 데이터가 학습된 데이터와 동일한 부류에 속하는지 판단한다. 이 구조에서는 풀링 ^{pooling} 연산을 사용하지 않고, 스트라이드^{stride}을 2로 하여 컨볼루션을 적용하여 폭과 높이가 매 단계에서 반씩 줄어들도록 한다. 첫 번째 결과 R_1은 입력 데이터 I에 컨볼루션 Conv를 적용한 다음, 누수^{leaky} ReLU 함수 lReLU를 적용하여 계산한다.

$$R_1 \leftarrow \text{lReLU}(\text{Conv}(\boldsymbol{I})) \tag{5.81}$$

두 번째 단계부터 마지막 직전 단계의 결과는 컨볼루션 Conv, 배치 정규화 BN와 lReLU를 순차적으로 적용하여 다음과 같이 계산한다.

$$R_i \leftarrow \text{lReLU}(\text{BN}(\text{Conv}(R_{i-1}))) \qquad i = 2,3,4 \tag{5.82}$$

마지막 단계의 결과 R_5는 직전 단계 R_4와 완전 연결층 FC으로 연결되고 시그모이드 함수 σ를 활성화 함수로 사용하는 층에 의해 계산된다. 시그모이드 함수를 사용하는 이유는 최종 출력이 구간 $[0,1]$의 값을 갖도록 하기 위함이다.

$$R_5 \leftarrow \sigma(\text{FC}(R_4)) \tag{5.83}$$

출력이 1에 가까울수록, 입력 데이터가 학습된 데이터와 같은 부류일 확률이 높다는 것을 의미한다. 학습을 시킬 때, 학습 대상 부류에 속하는 데이터들에 대해서는 목표 출력을 1로, 그렇지 않은 데이터들에 대해서는 목표 출력을 0으로 설정한다.

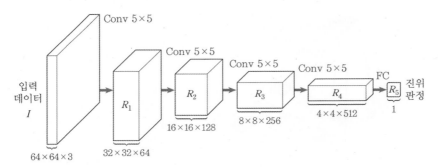

그림 5.48 DCGAN 모델의 판별 모듈

얼굴 모양을 생성하도록 학습된 DCGAN 모델의 생성 모듈에서, [그림 5.49]과 같이 '미소 짓는 여성'을 만들어낸 입력 잡음은 z_{sw}이라 하자. '무표정한 여성'과 '무표정한 남성'을 만들어 내는 잡음 벡터들은 각각 z_{nw}과 z_{nm}이라 하자. 첫 번째 열에서 위쪽 3개의 '미소짓는 여성' 얼굴을 만들어내는 잡음 벡터 z_{sw}의 평균을 생성 모듈에 입력으로 넣어주면 맨 아래의 '미소짓는 여성' 영상을 생성해 낸다. '무표정한 여성'과 '무표정한 남성'을 나타내는 두 번째와 세 번째 열에 대해서도 마찬가지이다.

한편, '미소짓는 여성'의 입력 벡터 z_{sw}에서 '무표정한 여성'의 입력 벡터 z_{nw}를 빼고 '무표정한 남성'의 입력 벡터 z_{nm}를 더한 결과인 벡터 z_{sm}을 입력 잡음으로 생성 모듈의 넣어주면, [그림 5.49(c)]와 같이 '미소짓는 남성' 얼굴들이 만들어진다.

$$z_{sm} \leftarrow z_{sw} - z_{nw} + z_{nm} \qquad (5.84)$$

이러한 결과를 통해, 생성 모듈의 입력공간에서 유사한 입력들은 유사한 출력 데이터를 만들어내고, 입력공간에서의 연산을 통해 특정 특징을 삽입하거나 삭제할 수 있다는 것을 알 수 있다. 즉, 입력 공간의 값은 출력 공간의 값을 특징까지 반영하여 인코딩^{encoding}하고 있다는 것이다. 잡음 신호가 만들어지는 이러한 입력 공간을 은닉 공간$^{latent\ space}$라고 하고, 출력이 만들어지는 공간을 데이터 공간$^{data\ space}$이라고 부르기도 한다. [그림 5.49]는 은닉 공간에서의 연산을 통해 데이터 공간의 특징 조작이 가능한 것을 보여주는 예이다.

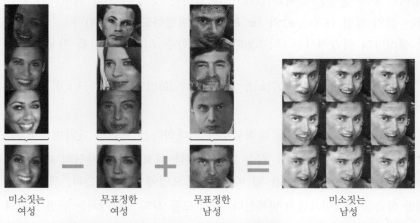

| 미소짓는 여성 | 무표정한 여성 | 무표정한 남성 | 미소짓는 남성 |

그림 5.49 DCGAN 모델의 생성 모듈에서 입력 잡음 벡터에 대한 연산[출처 Radford, 2015]

4) 양방향 대립쌍 생성망 BiGAN

대립쌍 생성망에서 생성 모듈 G는 은닉 공간에 있는 임의의 값 z를 데이터 공간의 값 $G(z)$로의 사상^{mapping}을 학습한다. 그런데 데이터 공간의 값을 은닉 공간의 값으로 사상하는 역사상$^{inverse\ mapping,\ 逆寫像}$은 대립쌍 생성망에서 고려하지 않는다. 대립쌍 생성망에 역사상을 함께 고려한 모델이 도나후$^{Jeff\ Donahue}$ 등이 개발한 양방향 대립쌍 생성망$^{bidirectional\ generative\ adversarial\ network,\ BiGAN}$ 모델이다.

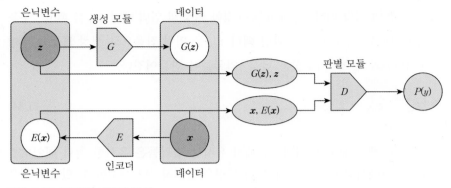

그림 5.50 BiGAN 모델의 구성

양방향 대립쌍 생성망은 [그림 5.50]과 같이 생성 모듈 G, 인코더 E, 판별 모듈 D로 구성된다. 여기에서 생성 모듈 G는 은닉 공간의 z를 데이터 공간의 $G(z)$로 사상하고, 인코더 E는 데이터 공간의 x를 은닉 공간의 $E(x)$로 사상하는 역할을 한다. 한편, 판별 모듈은 실제 데이터 x와 생성된 데이터 $G(z)$를 판별하는 것이 아니라, 데이터와 은닉 공간의 대응되는 값의 쌍인 $(G(z), z)$와 $(x, E(x))$를 판별하도록 학습한다.
양방향 대립쌍 생성망의 학습에서는 (식 5.85)의 목적함수 $L(D, E, G)$를 사용한다.

$$L(D, E, G) = E_{x \sim p_{data}(x)}[\log D(x, E(x))] + E_{z \sim p_z(z)}[\log(1 - D(G(z), z))] \quad (5.85)$$

대립쌍 생성망에서처럼 판별 모듈 D는 목적함수를 최대화하는 모듈의 파라미터 θ_D를 찾으려고 하고, 인코더 E와 생성 모듈 G는 목적함수를 최소화하는 자신의 파라미터 θ_E와 θ_G를 각각 찾으려고 한다. 학습을 할 때는 판별 모델에 대한 학습과, 생성 모델 및 인코더에 대한 학습을 번갈아가면서 반복한다. 판별 모듈 D의 학습에서는 판별 모듈의 파라미터 θ_D를 그레디언트 방향 $\nabla_{\theta_D} L(D, E, G)$방향으로 이동시키도록 갱신을 반복한다. 인코더 E의 학습에서는 파라미터 θ_E를 그레디언트의 반대방향 $-\nabla_{\theta_E} L(D, E, G)$로 이동시키는 갱신을 반복한다. 한편, 생성 모듈 G의 학습에서는 파라미터 θ_G를 그레디언트의 반대방향 $-\nabla_{\theta_G} L(D, E, G)$로 조금씩 이동시킨다.

[그림 5.51]은 필기체 숫자 데이터인 MNIST 데이터에 양방향 대립쌍 생성망의 적용 결과를 보여주는 것으로, $G(z)$는 학습된 생성 모듈이 만들어낸 데이터를 보여준다. x는 실제 데이터이고, $G(E(x))$는 x에 인코더를 적용하여 찾은 은닉 공간의 값 $E(x)$를 생성 모듈에 입력으로 넣어 생성한 결과 $G(E(x))$를 보여준다. 그림에서 x와 $G(E(x))$가 유사한 것을

확인할 수 있다. 이는 인코더 E가 데이터에 대한 은닉 공간의 값을 효과적으로 찾아낼 수 있다는 것을 의미한다. 따라서 양방향 대립쌍 생성망에서 학습된 인코더는 데이터로 특징을 찾아내는 특징 추출기^{feature extractor} 용도로 활용될 수 있다.

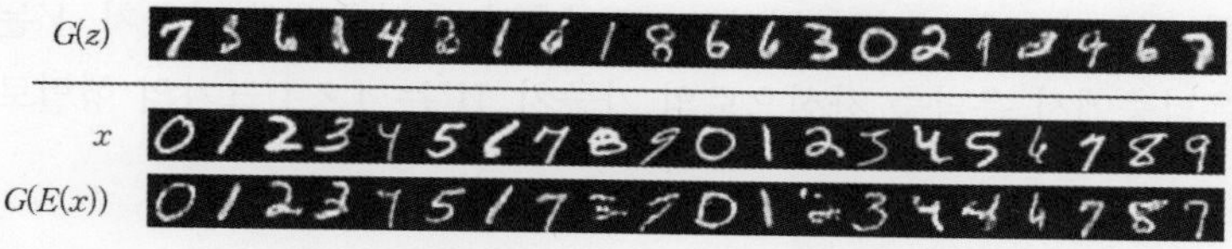

그림 5.51 생성 모듈의 출력 예 $G(z)$, 실제 데이터 x와 인코더로 생성된 은닉 공간의 값 $E(x)$로부터 생성된 데이터 $G(E(x))$의 비교^[출처 Donahue 등, 2016]

인코더 E가 데이터 x를 은닉 공간의 $E(x)$로 표현하는 인코딩을 하는 반면, 생성 모듈 G는 은닉 공간의 z를 데이터 공간의 $G(z)$로 변환하기 때문에 디코더^{decoder} 역할을 한다. [그림 5.50]에서 보는 바와 같이 인코더 E와 생성 모듈 G가 직접 연결되어 있지는 않지만, 서로 인코더와 디코더 역할을 하도록 학습된다. 인코더 E와 생성 모듈 G는 오토인코더^{autoencoder, 5.5절에서 설명}의 역할을 하는 것으로 볼 수도 있다.

5.4 재귀 신경망

음성, 자연어 문장, 동영상, 주가 변동 등의 데이터는 구성요소가 순차적으로 발생하거나 구성요소 간에 순서가 있는 서열^{序列} 데이터^{sequence data}이다. 서열 데이터에서는 이전 값들이 현재 값에 영향을 주는 경우가 많기 때문에, 이러한 데이터에 대한 분류, 예측 등을 위해서는 현재 시점의 값뿐만 아니라 이전 값들을 고려하는 것이 바람직하다. 이러한 데이터에 적용될 수 있는 대표적인 신경망 모델로 재귀^{再歸} 신경망^{recurrent neural network, RNN; 순환 신경망}이 있다. 재귀 신경망^{RNN}은 기계 번역, 음성 인식, 필기체 인식, 영상 주석달기, 동영상에서 행동 인식, 작곡 및 작사 등 다양한 응용 분야에서 활용되고 있다.

5.4.1 재귀 신경망

1) 재귀 신경망의 구조와 동작

재귀 신경망^{RNN}은 기본적으로 은닉층 한 개와 출력층으로 구성된다. RNN은 [그림 5.52(a)] 와 같이 과거의 정보를 반영하기 위해, 은닉층 또는 출력층의 값을 입력의 일부로 사용한다.

그림에서 x는 입력, y는 출력, h는 은닉층의 값, U는 입력층과 은닉층간의 가중치, W는 은닉층에서 은닉층으로의 가중치, V는 은닉층에서 출력층으로의 가중치를 나타낸다. [그림 5.52(b)]는 이러한 RNN의 실제 사례로서, 입력 데이터 x는 3차원이고, 출력 데이터 y는 2차원일 때, 은닉층 h에 4개의 노드를 가지고 있는 RNN 모델이다. 이때 입력층과 은닉층간의 전체 가중치 U는 4×3 크기의 행렬로, 은닉층과 출력층간의 가중치 V는 2×4 크기의 행렬로, 은닉층에서 은닉층 자신으로의 가중치 W는 4×4 크기의 행렬로 표현된다.

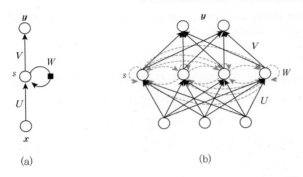

(a) (b)

그림 5.52 **RNN 모델** (a) RNN 모델의 형태 (b) RNN 모델의 실제 형태

RNN은 현재 시점 t의 은닉층 값 h_t을 결정할 때, 직전 시점 $t-1$의 은닉층 값 h_{t-1}과 현재 시점의 입력값 x_t를 사용한다. h_{t-1}의 값은 시점 $t-2$의 은닉층 값 h_{t-2}와 시점 $t-1$의 입력값 x_{t-1}을 사용하여 결정한다. 마찬가지로 h_{t-2}의 값을 결정할 때는 $t-3$의 은닉층 값 h_{t-3}과 시점 $t-2$의 입력값 x_{t-2}를 사용한다. 이와 같은 과정이 반복되기 때문에, RNN에서 현재 시점의 값 h_t는 과거의 모든 입력과 은닉층의 값에 영향을 받는다.

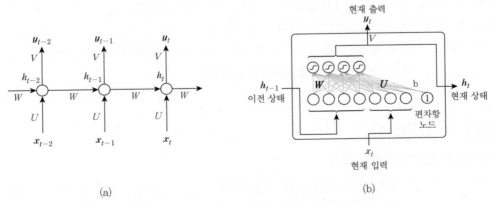

(a) (b)

그림 5.53 **RNN 모델** (a) RNN을 펼쳐놓은 형태 (b) RNN의 입출력 구조

[그림 5.53(a)]는 [그림 5.52(a)]의 RNN을 시간에 따라 펼쳐 놓은 모습이다. 그림에서 보는 것처럼, 가중치 U, V, W는 시점에 상관없이 동일하다. 예를 들면, 시점 t와 $t-1$에 사용하는 각 가중치 행렬 U, V, W는 다르지 않다. [그림 5.53(b)]는 시점 t의 노드 연산을 보여주기 위한 것으로, RNN은 매 시점 t마다 다음의 연산을 수행한다.

$$s_t = Ux_t + Wh_{t-1} + b_s \tag{5.86}$$
$$h_t = f(s_t) \tag{5.87}$$
$$z_t = Vh_t + b_z \tag{5.88}$$
$$y_t = g(z_t) \tag{5.89}$$

(식 5.86)과 (식 5.88)에서 b_s와 b_z는 편차항^{bias}을 나타내고, (5.87)은 활성화 함수 f를 적용하는 것을 나타낸다. 활성화 함수로는 쌍곡 탄젠트^{tanh}, 시그모이드^{sigmoid} 함수, ReLU 등이 사용될 수 있다. (식 5.89)는 출력을 할 때 함수 g를 적용하는 것을 나타내는데, 소프트맥스^{softmax}나 입력값을 그대로 내보내는 항등 함수$^{\text{identity function}}$ 등이 사용될 수 있다. 은닉층의 시작 상태값인 h_0은 영벡터$^{\text{zero vector}}$로 만들거나, 학습된 다른 모델의 출력값을 사용하는 방법 등이 있으나, 보통 영벡터로 초기화한다.

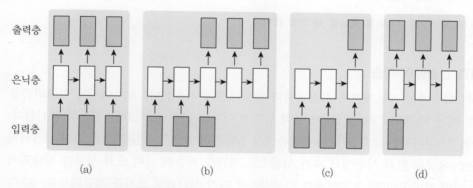

그림 5.54 **RNN 모델의 입출력 대응 형태**

RNN에서 각 학습 데이터는 기본적으로 입력 서열에 대응하는 목표 출력 서열로 구성된다. [그림 5.54]는 RNN의 학습 데이터에서 입력과 출력의 대응관계를 보여준다. (a)는 각 시점의 입력에 대한 출력이 학습 데이터에 지정되어 있는 경우를 나타낸다. (b)는 앞 시점에 입력이 끝나면서 출력값이 주어지는 상황으로, '이것은 책이다'를 입력으로 'This is a book'을 목표 출력으로 하는 것과 같은 기계 번역$^{\text{machine translation}}$에서 사용하는 형태이다.

(c)는 일련의 데이터가 입력으로 주어진 다음, 마지막에 결과 값이 주어지는 상황으로, '이 책은 내용이 알차게 구성되어 있다'라는 입력에 대해서 '긍정적'을 목표 출력으로 하는 감성 분석$^{sentiment\ analysis}$ 등에서 사용하는 형태이다. (d)는 하나의 입력에 대해 일련의 출력이 나오는 것으로, 사진 한 장을 입력으로 받아 사진에 대한 설명하는 문장을 출력하는 영상 주석달기$^{image\ captioning}$ 등에서 사용하는 형태이다.

예를 들어, 'hello'라는 단어에 대해 각 글자를 입력할 때 다음 글자가 출력되도록 RNN을 학습시키려면, 학습데이터는 [그림 5.55]와 같이 입력 'hell'과 출력 'ello'로 한다. 학습이 제대로 된다면, 'h'가 입력으로 들어가면 'e'가 출력되고, 이어서 'e'가 입력되며 'l'이 출력되고, 다음으로 'l'이 입력되면 'l'이 출력되고, 다시 'l'이 입력되면 'o'가 출력된다.

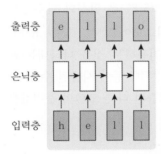

그림 5.55 RNN으로 'hello'를 학습할 때 학습 데이터

2) 재귀 신경망의 학습

RNN의 학습에는 기본적으로 오차역전파 알고리즘을 사용한다. 오차역전파 알고리즘을 적용할 때는 RNN이 [그림 5.56]과 같이 펼쳐져 있다고 간주하고 그레디언트를 계산한다. 다층 퍼셉트론에서는 오차 정보가 출력층에서 입력층 방향으로 층을 거슬러 가며 전달되지만, RNN에서는 현재 시점에서 과거 시점으로 시간을 거슬러 가며 오차 정보가 전달되어 간다. 이와 같이 RNN의 오차역전파 알고리즘은 과거 시간으로 오차를 전달하므로, BPTT$^{Back\ Propagation\ Through\ Time}$ 알고리즘이라고 부른다. 과거 시점으로 오차를 전달할 때 각 가중치는 동일하게 사용된다. 따라서 학습을 할 때는, 각 시점에서의 그레디언트를 구한 다음, 그 평균값을 해당 변수에 대한 그레디언트로 사용한다.

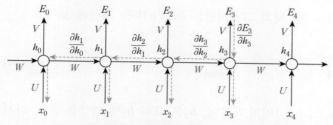

그림 5.56 $t = 3$에서 각 이전 시점으로 역전파되는 오차 정보의 흐름

RNN에서 학습 데이터는 입력 서열 x와 목표 출력 서열 $y' = (y_0', y_1', y_2', \cdots, y_N')$으로 구성된다. 분류를 위한 확률 값을 출력하기 위해 소프트맥스를 사용하여 출력값을 계산하는 경우라면, 시점 t에서의 오차 $E_t(y_t, y_t')$는 교차 엔트로피$^{\text{cross entropy}}$를 사용하여 (식 5.90)과 같이 정의된다. 여기에서 y_t는 시점 t에 RNN이 계산한 출력이고, y_t'는 이 시점에 기대하는 목표 출력이다. 각 시점의 출력이 K개의 원소로 구성되어 있다면, 출력은 $y_t = (y_{t1}, y_{t2}, \cdots, y_{tK})$와 같은 벡터 형태로 표현할 수 있다.

$$E_t(y_t, y_t') = -\sum_{k=1}^{K} y_{tk}' \log y_{tk} \tag{5.90}$$

회귀^{regression}를 위해 RNN을 학습하는 경우에는, 시점 t에서의 오차 $E_t(y_t, y_t')$는 다음과 같이 오차의 제곱 평균$^{\text{mean of squared errors}}$으로 정의된다.

$$E_t(y_t, y_t') = \frac{1}{K}\sum_{k=1}^{K} (y_{tk}' - y_{tk})^2 \tag{5.91}$$

RNN의 학습에서는 입력 서열 x와 목표 출력 서열 y'의 쌍이 학습 데이터가 되므로, 목적함수 $E(y, y')$는 각 시점에서의 오차의 합으로 다음과 같이 정의된다.

$$E(y, y') = \sum_t E_t(y_t, y_t') \tag{5.92}$$

오차역전파 알고리즘을 적용하기 위해서는 목적함수의 그레디언트를 계산해야 한다.

$$\frac{\partial E}{\partial W} = \sum_i \frac{E_t(y_t, y_t')}{\partial W} \tag{5.93}$$

예를 들어, [그림 5.56]에서 $t = 3$일 때의 그레디언트 $\partial E_3 / \partial W$를 계산해 보자.

$$\frac{\partial E_3}{\partial W} = \frac{\partial E_3}{\partial y_3} \frac{\partial y_3}{\partial h_3} \frac{\partial h_3}{\partial W} \tag{5.94}$$

여기에서 $h_t = f(Ux_t + Wh_{t-1} + b_s)$이기 때문에, h_3은 W와 h_2에 영향을 받고, 다시 h_2는 W와 h_1에 영향을 받는, 연쇄적인 과정이 계속 이어진다. 따라서 $\partial h_3 / \partial W$를 계산할 때는 h_3를 상수로 취급하면 안 되고, 다음과 같이 연쇄규칙$^{\text{chain rule}}$을 적용해 전개한다.

$$\frac{\partial E_3}{\partial W} = \sum_{k=0}^{3} \frac{\partial E_3}{\partial y_3} \frac{\partial y_3}{\partial h_3} \frac{\partial h_3}{\partial h_k} \frac{\partial h_k}{\partial W} \tag{5.95}$$
$$= \frac{\partial E_3}{\partial y_3} \frac{\partial y_3}{\partial h_3} \left[\frac{\partial h_3}{\partial h_3} \frac{\partial h_3}{\partial W} + \frac{\partial h_3}{\partial h_2} \frac{\partial h_2}{\partial W} + \frac{\partial h_3}{\partial h_1} \frac{\partial h_1}{\partial W} + \frac{\partial h_3}{\partial h_0} \frac{\partial h_0}{\partial W} \right]$$

즉, 현재 시점 $t = 3$부터 $t = 0$까지 모든 시점에 오차 정보를 역전파시켜서 경사 하강법에 따라 가중치를 수정한다.

RNN의 가중치 V에 대한 E_3의 그레디언트 $\partial E_3 / \partial V$는 다음과 같이 계산된다.

$$\frac{\partial E_3}{\partial V} = \frac{\partial E_3}{\partial y_3} \frac{\partial y_3}{\partial V} = \frac{\partial E_3}{\partial y_3} \frac{\partial y_3}{\partial z_3} \frac{\partial z_3}{\partial V} \tag{5.96}$$

RNN의 가중치 U에 대한 E_3의 그레디언트 $\partial E_3 / \partial U$는 $\partial E_3 / \partial W$에서와 같은 방법으로 계산된다.

$$\frac{\partial E_3}{\partial U} = \sum_{k=0}^{3} \frac{\partial E_3}{\partial y_3} \frac{\partial y_3}{\partial h_3} \frac{\partial h_3}{\partial h_k} \frac{\partial h_k}{\partial U} \tag{5.97}$$

3) 재귀 신경망의 기울기 소멸 문제와 기울기 폭발 문제

RNN에서 가중치 U와 W는 [그림 5.56]과 같이 시간을 과거로 거슬러 역전파되는 그레디언트를 사용하여 학습된다. 역전파되는 그레디언트를 계산할 때는 그레디언트 크기에 대해서 주의를 할 필요가 있다.

(식 5.95)에서 k값이 2 이하인 경우, $\partial h_3 / \partial h_k$는 연쇄규칙에 따라 확장해서 계산한다. 예를 들면 $\partial h_3 / \partial h_1 = (\partial h_3 / \partial h_2)(\partial h_2 / \partial h_1)$과 같이 확장되어야 하기 때문에, (식 5.95)는

다음과 같이 표현될 수 있다.

$$\frac{\partial E_3}{\partial W} = \sum_{k=0}^{3} \frac{\partial E_3}{\partial \boldsymbol{y}_3} \frac{\partial \boldsymbol{y}_3}{\partial \boldsymbol{h}_3} \left(\prod_{j=k+1}^{3} \frac{\partial \boldsymbol{h}_j}{\partial \boldsymbol{h}_{j-1}} \right) \frac{\partial \boldsymbol{h}_k}{\partial W} \tag{5.98}$$

(식 5.86)과 (식 5.87)에 의해 $\boldsymbol{h}_j = f(\boldsymbol{s}_j) = f(U\boldsymbol{x}_j + W\boldsymbol{h}_{j-1} + \boldsymbol{b}_s)$ 가 되므로, $\partial \boldsymbol{h}_j / \partial \boldsymbol{h}_{j-1}$ 을 계산하면, 다음과 같이 가중치 행렬 W를 포함한 결과가 나온다. 여기에서 $diag(f(\boldsymbol{s}_j))$ 는 각 원소 $f'(\boldsymbol{s}_j)$를 행렬의 대각에 갖는 대각 행렬^{diagonal matrix}이다.

$$\frac{\partial \boldsymbol{h}_j}{\partial \boldsymbol{h}_{j-1}} = W^{\top} diag(f'(\boldsymbol{s}_j)) \tag{5.99}$$

따라서 (식 5.98)에서 시작 시점이 되는 $k = 0$ 에 전달되는 그레디언트에는 $W^{\top} diag(f'(\boldsymbol{s}_3))$ $W^{\top} diag(f'(\boldsymbol{s}_2)) W^{\top} diag(f'(\boldsymbol{s}_1))$ 항이 들어가서 $W^{\top}$ 가 3번 거듭제곱되는 효과가 발생한다. 만약 시점 $t = 100$이라면, 시작 시점에 전달되는 그레디언트에는 $W^{\top}$ 가 100번 거듭제곱해서 만들어진 값이 들어간다.

$$\prod_{j=1}^{100} \frac{\partial \boldsymbol{h}_j}{\partial \boldsymbol{h}_{j-1}} \propto (W^{\top})^{100} \tag{5.100}$$

그레디언트에서 이렇게 $A^{\top}$가 곱해지는 효과를 알아보기 위해, 함수 f가 항등 합수, 즉 $f(\boldsymbol{x}) = \boldsymbol{x}$ 라고 가정해 보자. 이 경우 $f'(\boldsymbol{x}) = 1$ 이 되고, $W^{\top} diag(f'(\boldsymbol{s}_3))$ $W^{\top} diag(f'(\boldsymbol{s}_2)) W^{\top} diag(f'(\boldsymbol{s}_1)) = (W^{\top})^3$이 된다. 가중치 행렬 $W^{\top}$를 다음과 같이 고유값 분해^{eigendecomposition, 부록 B.2.1 참고}를 해보자.

$$W^{\top} = Q\Lambda Q^{-1} \tag{5.101}$$

여기에서 Λ는 고유값^{eigenvalue}을 대각 원소가 갖는 대각 행렬이고, Q는 $W^{\top}$의 고유벡터^{eigenvector}를 열벡터로 갖는 행렬이다. 이때 $(W^{\top})^3 = (Q^{-1})^{\top} \Lambda^3 Q^{\top}$가 된다.

예를 들어, 대각 행렬 Λ가 다음과 같다고 하자.

$$\Lambda = \begin{pmatrix} -0.6 & 0 \\ 0 & 1.8 \end{pmatrix}$$

이 경우 Λ^3은 다음과 같다.

$$\Lambda^3 = \begin{pmatrix} (-0.6)^3 & 0 \\ 0 & 1.8^3 \end{pmatrix} = \begin{pmatrix} -0.216 & 0 \\ 0 & 3.375 \end{pmatrix}$$

$W^\top$이 10번 곱해지는, 즉 현재보다 10만큼 앞선 시점으로 전달되는 그레디언트의 경우, 대각 행렬 Λ^{10}은 다음과 같다.

$$\Lambda^{10} = \begin{pmatrix} 0.006 & 0 \\ 0 & 357,046 \end{pmatrix}$$

이처럼 절대값이 1보다 작은 고유값(여기에서는 -0.6)은 먼 과거 시점으로 전달되어감에 따라 점점 줄어 들어들어 기울기 소멸 문제$^{\text{vanishing gradient problem}}$를 일으킨다. 반면, 절대값이 1보다 큰 고유값(여기에서는 1.8)은 과거 시점으로 갈수록 급격히 증가하는 기울기 폭발 문제$^{\text{exploding gradient problem}}$를 일으킨다.

활성화 함수로 시그모이드 함수나 tanh 함수를 사용할 때도, 오차정보를 역전파시키는 과정에 그레디언트가 급격히 영벡터에 가까워져서 학습이 되지 않는 기울기 소멸 문제와, 그레디언트가 급격히 커지는 기울기 폭발 문제가 발생할 수 있다.

RNN에는 길이가 긴 서열 데이터가 입력으로 주어지는 경우도 많기 때문에, 다층 퍼셉트론 등 전방향 신경망$^{\text{feedforward neural network}}$에서 보다 기울기 소멸 문제가 심각하게 발생할 수 있다. 기울기 소멸은 그레디언트의 일부 성분에서만 일어날 수 있기 때문에, 기울기 소멸 문제가 발생되었는지 파악하기도 쉽지 않다. 반면에, 그레디언트의 일부 성분에서라도 값이 갑자기 커지면 곧 다른 요소에도 영향이 나타나기 때문에, 기울기 폭발 문제는 학습 과정에서 쉽게 확인할 수 있다.

한편, 기울기 소멸 문제는 RNN이 멀리 떨어진 데이터 간에 존재하는 패턴을 찾지 못하게 한다. 따라서 멀리 떨어진 데이터 간에 연관된 패턴을 찾기 위해서는 기울기 소멸 문제를 해결하는 것이 필수적이다.

4) 재귀 신경망의 기울기 소멸 문제와 기울기 폭발 문제 발생 조건

RNN의 학습에서 기울기 소멸 문제와 기울기 폭발 문제가 발생하는 조건이 있다. 활성화 함수 f의 미분(즉, f의 도함수^{derivative})의 절대값 $|f'|$이 특정한 값보다 크지 않다면, 대각행렬 $diag(f'(s_j))$의 노름$^{\text{norm, 부록 B.1.7 참고}}$도 함수 f에 의해 결정되는 값 γ 이내의 값을

갖게 된다.

$$\| diag(f'(\boldsymbol{s}_j)) \| \leq \gamma \tag{5.102}$$

활성화 함수 f가 쌍곡 탄젠트이면 $\gamma = 1$이고, 시그모이드 함수이면 $\gamma = 1/4$이다. 유도 노름$^{\text{induced norm, 부록 B.1.7 참고}}$을 (식 5.99)에 적용하면, 다음 부등식이 만족한다.

$$\left\| \frac{\partial \boldsymbol{h}_j}{\partial \boldsymbol{h}_{j-1}} \right\| \leq \| W^\top \| \, \| diag(f'(\boldsymbol{s}_j)) \| \tag{5.103}$$

(식 5.102)를 (식 5.103)에 대입하면 다음 부등식이 성립한다.

$$\left\| \frac{\partial \boldsymbol{h}_j}{\partial \boldsymbol{h}_{j-1}} \right\| \leq \gamma \| W^\top \| \tag{5.104}$$

행렬의 유도 노름은 가장 큰 고유값^{eigenvalue}에 해당한다(부록 B.1.7의 설명 참고). 전치행렬 $W^\top$은 원래 행렬 W와 똑같은 고유값을 갖는다. 만약 가중치 행렬 W의 가장 큰 고유값 λ_1이 $1/\gamma$보다 작다면(즉, $\lambda_1 < 1/\gamma$), (식 5.104)는 다음과 같은 식이 된다.

$$\left\| \frac{\partial \boldsymbol{h}_j}{\partial \boldsymbol{h}_{j-1}} \right\| \leq \gamma \| W^\top \| < \gamma \frac{1}{\gamma} < 1 \tag{5.105}$$

모든 j에 대해서 $\left\| \dfrac{\partial \boldsymbol{h}_j}{\partial \boldsymbol{h}_{j-1}} \right\| \leq \eta < 1$을 만족하는 어떤 값을 η라고 하자. 한편, (식 5.98)을 임의의 시점 t로 일반화하면 다음과 같다.

$$\frac{\partial E_t}{\partial W} = \sum_{k=0}^{t} \frac{\partial E_t}{\partial \boldsymbol{y}_t} \frac{\partial \boldsymbol{y}_t}{\partial \boldsymbol{h}_t} \left(\prod_{j=k+1}^{t} \frac{\partial \boldsymbol{h}_j}{\partial \boldsymbol{h}_{j-1}} \right) \frac{\partial \boldsymbol{h}_k}{\partial W} \tag{5.106}$$

(식 5.106)에서 괄호 안의 부분의 크기(즉, 노름)는 다음과 같이 k가 작아질수록(즉, 과거로 갈수록) 급격히 작아진다.

$$\left\| \left(\prod_{j=k+1}^{t} \frac{\partial \boldsymbol{h}_j}{\partial \boldsymbol{h}_{j-1}} \right) \right\| \leq \eta^{t-k-1} \tag{5.107}$$

따라서, 가중치 행렬 W에 대해서 $\lambda_1 < 1/\gamma$ 이면, 기울기 소멸 문제가 반드시 발생한다. 반면 $\lambda_1 > 1/\gamma$ 이면, $\|W^\top\| > 1/\gamma$가 되어, 다음 부등식이 만족한다.

$$\left\| \frac{\partial \boldsymbol{h}_j}{\partial \boldsymbol{h}_{j-1}} \right\| \leq \gamma \|W^\top\| > \gamma \frac{1}{\gamma} = 1 \tag{5.108}$$

(식 5.108)이 $\|\partial \boldsymbol{h}_j/\partial \boldsymbol{h}_{j-1}\| > 1$을 항상 의미하는 것은 아니므로, 이 조건에서 기울기 폭발 문제가 항상 발생한다는 보장은 없다. 그렇지만 이 조건에서는 기울기 폭발 문제가 발행할 수도 있다.

5) 기울기 폭발 문제의 대응 방법

RNN에서 기울기 폭발 문제 발생은 학습 과정에서 그레디언트 값들을 출력해보면 비교적 쉽게 확인할 수 있다. RNN의 학습에서 기울기 폭발 문제를 피하기 위해서 사용하는 대표적인 방법으로는 RMSprop, 단기 BPTT, 그레디언트 최대값 고정 등이 있다.

RMSprop 방법은 그레디언트를 (식 5.37)과 같이 최근 그레디언트들의 크기의 평균에 해당하는 값으로 나누어 사용함으로써, 가중치를 갑자기 크게 변하는 것을 막는다. RMSprop은 그레디언트의 갑작스러운 큰 변화를 방지하는 효과가 있기 때문에, 기울기 소멸 문제뿐만 아니라 기울기 폭발 문제를 완화시키는 데도 도움이 된다.

단기 BPTT$^{\text{truncated BPTT}}$는 오차정보 역전파를 전체 시간에 걸쳐서 모두 하는 것이 아니라 최근 몇 단계까지만 역전파시키는 방법이다. 역전파되는 단계를 줄이게 되면, 가중치 행렬 W이 거듭제곱되는 횟수가 제한되기 때문에 기울기 폭발 문제를 완화시킬 수 있다.

그레디언트 최대값 고정$^{\text{gradient clipping}}$ 방법은 그레디언트가 일정한 임계값 이상이 되면 임계값으로 고정한다. 즉, 그레디언트 ∇f의 크기가 임계값 θ보다 크면($\|\nabla f\| > \theta$), 크기가 θ 값이 되도록 그레디언트 ∇f를 다음과 같이 변경한다.

$$\nabla f \leftarrow \theta \frac{\nabla f}{\|\nabla f\|} \tag{5.109}$$

5.4.2 ReLU 활성화 함수를 사용하는 재귀 신경망

RNN의 기울기 소멸 문제를 완화시키기 위해서는 5.1.2절에서 소개한 것과 같은 가중치 초기화 방법을 사용하는 것이 도움이 된다. 한편, 활성화 함수로 쌍곡 탄젠트^{tanh}나 시그모이드 함수 대신에 ReLU 함수를 사용하여, 기울기 소멸 문제를 완화시켜 RNN의 성능을 높인 방법들이 있다. 여기에서는 IRNN, np-RNN과 uRNN 모델을 소개한다.

1) IRNN

IRNN은 ReLU를 활성화 함수로 사용하는 RNN 모델로서, 은닉층에서 은닉층으로 가중치를 나타내는 행렬 W를 항등^{identity} 행렬 I로 초기화한 후에 학습을 한다. 간단한 변형임에도 불구하고, IRNN은 기존의 RNN 모델보다 높은 성능 개선을 보이기도 한다.

2) np-RNN

np-RNN은 활성화 함수로 ReLU를 사용하는 RNN인데, 은닉층에서 은닉층으로의 가중치를 고유값의 하나는 1이고 나머지는 1보다 작은 값은 갖는 양^{陽}의 준정부호 행렬^{positive} $^{semi-definite\ matrix}$로 초기화한다.

은닉층의 노드 개수를 n이라 할 때, $n \times n$ 크기인 가중치 행렬 W의 초기값으로 사용할 양의 준정부호 행렬은 다음과 같이 만들 수 있다. 먼저 평균 0, 표준편차 1인 가우시안^{Gaussian} 분포에서 값을 무작위로 표본추출하여 $n \times n$의 행렬 R을 만든다. 이 행렬을 자신의 전치 행렬과 곱하여 다음과 같이 양의 준정부호 행렬 A를 만든다.

$$A = \frac{R^{\top}R}{n} \tag{5.110}$$

$A + I$에 관한 가장 큰 고유값 $\lambda_{\max}$를 계산하여, 가중치 행렬 W를 다음과 같이 만든다.

$$W = \frac{I + A}{\lambda_{\max}} \tag{5.111}$$

가장 큰 고유값을 나누어주기 때문에, 고유값의 최대값은 1이 되고, 양의 준정부호 행렬이므로 다른 고유값은 1보다 작은 양수가 된다.

np-RNN에서 입력층과 은닉층 간의 가중치 행렬 U와, 은닉층과 출력층 간의 가중치 행렬 V는 5.1.2절에서 소개한 초기화 방법들로 초기화한다. ReLU 함수를 사용하고 은닉층의 가중치 W만을 양의 준정부호 행렬로 초기화 하는 것만으로, np-RNN은 기존 RNN이나 IRNN보다 좋은 성능을 보이고, 5.4.3절에서 소개하는 LSTM RNN에 근접하는 성능을 보이는 사례들도 있다.

3) uRNN

uRNN^{unitary evolution recurrent neural network, 유니타리 진화 재귀신경망}은 활성화 함수로 ReLU의 변형인 다음 (식 5.112)의 함수 $\sigma_{modReLU}(z)$를 사용한다. 여기에서 $\sigma_{ReLU}(z)$는 ReLU 함수를 나타내고, b는 편차항이다.

$$\sigma_{modReLU}(z) = \sigma_{ReLU}(|z| + b)\frac{z}{|z|} \tag{5.112}$$

uRNN은 실수값 대신에 복소수 값을 내부적으로 사용한다. 가중치도 복소수이고, 은닉층의 값도 복소수이다. 단, 입력층에 들어가는 값과, 출력층에서 나오는 값은 실수값이다.

uRNN은 기울기 소멸 문제와 기울기 폭발 문제를 피하기 위해, 은닉층의 가중치 W가 모든 고유값의 크기가 1인 유니타리 행렬^{unitary matrix, 부록 B.1.8 참고}이 되도록 한다. 가중치 행렬로 유니타리 행렬을 사용하면, 다음과 같은 특성을 기대할 수 있다.

(식 5.106)의 괄호 안의 부분을 (식 5.99)를 참고하여 전개하면 다음과 같다.

$$\prod_{j=k+1}^{t} \frac{\partial \boldsymbol{h}_j}{\partial \boldsymbol{h}_{j-1}} = \prod_{j=k+1}^{t} \left(W^\top diag(f'(\boldsymbol{s}_j)) \right) \tag{5.113}$$

위 식에 대해서 유도 노름을 적용하면 다음과 같은 부등식이 성립한다.

$$\left\| \prod_{j=k+1}^{t} \frac{\partial \boldsymbol{h}_j}{\partial \boldsymbol{h}_{j-1}} \right\| \leq \prod_{j=k+1}^{t} \| W^\top \| \, \| diag(f'(\boldsymbol{s}_j)) \| \tag{5.114}$$

여기에서 가중치 행렬 W의 노름 $\| W^\top \|$이 항상 1로 만들어질 수 있다면, 위 식은 다음과 같이 된다.

$$\left\| \prod_{j=k+1}^{t} \frac{\partial \boldsymbol{h}_j}{\partial \boldsymbol{h}_{j-1}} \right\| \leq \prod_{j=k+1}^{t} \| diag(f'(\boldsymbol{s}_j)) \| \tag{5.115}$$

활성화 함수 f로 ReLU를 사용할 때, 모든 $f(\boldsymbol{s}_j)$가 0보다 큰 값을 갖는다면 $\| diag(f'(\boldsymbol{s}_j)) \|$ = 1이 되어, (식 5.114)에서 우변의 값은 항상 1이 된다. 따라서, 가중치 행렬 W의 노름이 1이 되게 하고, ReLU 함수를 활성화 함수로 사용하면, 기울기 소멸 문제와 기울기 폭발 문제를 피할 수 있다.

uRNN은 이러한 가중치 행렬을 만들기 위해 복소수 가중치와 복소수 상태값을 사용한다. 유니타리 행렬은 고유값의 크기가 모두 1이므로, 행렬의 노름^{norm}도 1이다. 그런데, 노름이 1인 유니타리 행렬이 되도록 가중치를 학습하는 것은 쉽지 않다. 그래서 uRNN은 다음 네 가지 종류의 행렬을 곱해서 유니타리 행렬을 만든다. 이들 D, R, Π, F와 F^{-1} 행렬은 노름이 모두 1인데, 다음과 같이 정의된다.

D는 대각 원소 d_{jj}가 복소 지수값 e^{iw_j}인 대각 행렬 $D = diag(e^{iw_0}, e^{iw_1}, \cdots, e^{iw_{N-1}})$이고, 여기에서 w_j는 실수값으로 학습 대상이다. $|e^{iw_j}| = 1$이므로, 행렬 D는 w_j값에 무관하게 노름이 1이다.

행렬 R은 복소수 벡터 v를 사용하여 다음과 같이 정의하는 반사^{reflection} 행렬이다. 여기에서 복소수 벡터를 무작위로 표본추출하여 만든 다음, 학습과정에서는 변경하지 않는다.

$$R = I - 2\frac{vv^*}{\|v\|^2} \tag{5.116}$$

Π는 무작위로 행렬의 행의 순서를 수정하는 순열^{permutation} 행렬이다. 순열 행렬은 일단 만들어지고 나면 학습과정에는 고정시켜 놓는다. 순열 행렬은 각 행과 각 열에 1이 하나만 있고 나머지는 모두 0인 행렬이다.

F와 F^{-1}는 각각 푸리에^{Fourier} 변환 행렬$^{부록\ B.1.9\ 참고}$과 푸리에 역변환 행렬을 나타낸다. 이들 행렬은 유니타리 행렬이므로, 노름의 크기가 1이다.

uRNN은 노름이 1인 행렬들을 곱해서 다음과 같이 가중치 행렬을 결정한다.

$$W = D_3 R_2 F^{-1} D_2 H R_1 F D_1 \tag{5.117}$$

여기에서 D_1, D_2와 D_3는 앞에서 설명한 것처럼 정의되는 대각 행렬이고, R_1과 R_2은 반사 행렬이다. (식 5.117)에서 W는 8개의 노름이 1인 행렬들의 곱으로 표현할 수 있다. 따라서 W의 노름도 1이 되어 (식 5.115)의 조건을 만족한다.

uRNN이 LSTM RNN, tanh을 활성화 함수로 사용하는 RNN 모델들보다 우수한 성능을 보이는 사례들이 있다.

5.4.3 LSTM 재귀 신경망

일반 RNN의 학습에서는 오차정보가 과거 시점으로 역전파될 때, 그레디언트가 급격히 커지는 기울기 폭발 문제는 드물게 발생하지만, 일반적으로 그레디언트는 매우 빠르게 소멸되는 경향을 보인다. 역전파되는 그레디언트가 쉽게 소멸되는 현상을 완화시키는 RNN 모델로, 내부에 저장공간을 갖는 LSTM$^{\text{long short term memory}}$ 모델, GRU$^{\text{gated recurrent unit}}$ 모델 등이 있다. 여기에서는 먼저 LSTM 모델에 대해서 살펴본다.

1) LSTM 재귀 신경망의 구조

일반적인 RNN에서 특정 시점에서의 입력은 시간이 경과함에 따라 출력에서의 영향력은 점점 줄어든다. [그림 5.57]은 일반 RNN에서 시점 $t = 1$에서의 입력에 대한 시점별 민감도^{sensitivity}를 노드의 진하기로 보인 것이다. 시간이 진행됨에 따라 새로운 입력이 은닉 상태에 반영되기 때문에 과거의 기억은 점차 사라지게 된다.

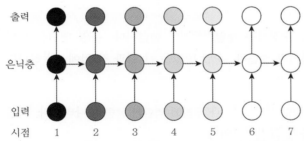

그림 5.57 재귀 신경망에서 시점 1의 입력에 대한 그레디언트의 민감도

그런데 [그림 5.58]과 같이 은닉 노드가 직전 시점의 은닉 상태 반영 여유, 입력의 수용 여부, 출력의 여부를 지정하는 게이트^{gate}를 가지고 있다고 해보자. 게이트가 열리면 데이터는 전달되고, 닫히면 데이터는 전달되지 않는다. 그림에서 각 은닉 노드의 왼쪽에는 직전 시점의 은닉 상태를 반영여부를 결정하는 망각^{forget} 게이트, 아래쪽에는 입력의 수용 여부를 결정하는 입력^{input} 게이트, 위쪽에는 출력의 여부를 결정하는 출력^{output} 게이트가 있다. [그림 5.58]과 같이 게이트들을 열고 닫으면 시점 $t = 1$의 입력이 $t = 4$와 $t = 6$까지의 출력에 영향을 준다. 이와 같은 게이트 기능을 RNN이 가질 수 있다면, 각 노드가 먼 과거와의 연관성을 이용할 수도 있고, 그레디언트 정보를 먼 과거까지 전달할 수도 있다.

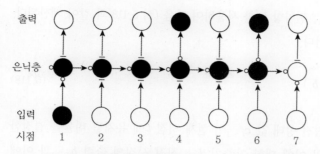

그림 5.58 게이트의 열림-닫힘에 의한 시점 1의 입력에 대한 그레디언트의 민감도
노드의 왼쪽에는 망각 게이트, 아래쪽에는 입력 게이트, 위쪽에는 출력 게이트가 위치하고, O는 게이트의
열림, - 또는 |는 게이트의 닫힘을 나타낸다.

LSTM$^{\text{long short term memory}}$ 모델은 1997년 호크라이터$^{\text{Sepp Hochreiter}}$와 슈미트후버$^{\text{Jürgen Schmidhuber}}$
가 기본 모델을 제안한 후, 일부 요소가 변형되어 [그림 5.59]와 같은 전형적인 모델이
만들어졌다. 이 모델은 은닉 노드의 상태 저장소$^{\text{memory cell}}$ 역할을 하는 C_t와, [그림 5.58]에
서와 같은 입력 게이트 i_t, 출력 게이트 o_t, 망각 게이트 f_t를 가지고 있다.

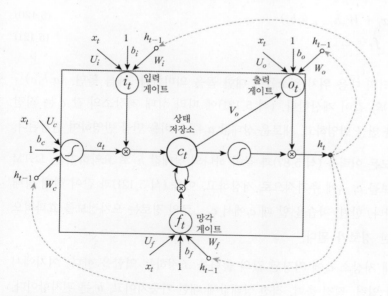

그림 5.59 LSTM 모델

[그림 5.59]에서 x_t는 시점 t의 은닉 노드에 대한 입력, h_t는 시점 t의 노드 출력을 나타낸
다. 입력 게이트 i_t는 입력 정보 x_t의 처리 결과를 상태 저장소 c_t에 얼마나 반영할지 결정하
는 역할을 한다. 입력 게이트의 출력값 i_t은 입력 x_t와 이에 대한 가중치 U_i, 직전 시점의

출력 h_{t-1}과 이에 대한 가중치 W_i, 편차항 b_i를 사용하여 다음 (식 5.118)과 같이 계산된다. 여기에서 σ는 시그모이드 함수이다.

$$i_t = \sigma(U_i x_t + W_i h_{t-1} + b_i) \tag{5.118}$$

망각 게이트 f_t는 상태 저장소의 직전 상태 값 c_{t-1}이 현재 시점 t에 유지될 비율을 결정한다. 망각 게이트의 값은 입력 x_t와 이에 대한 가중치 U_f, 직전 시점의 출력 h_{t-1}과 이에 대한 가중치 W_f, 편차항 b_f를 사용하여 다음과 같이 계산된다.

$$f_t = \sigma(U_f x_t + W_f h_{t-1} + b_f) \tag{5.119}$$

시점 t의 상태 저장소에 저장되는 값 c_t는 다음과 같이 계산된다. a_t는 시점 t에 LSTM 모델이 새롭게 계산한 상태값이다.

$$a_t = \tanh(U_c x_t + W_c h_{t-1} + b_c) \tag{5.120}$$
$$c_t = i_t \circ a_t + f_t \circ c_{t-1} \tag{5.121}$$

여기에서 $\circ$는 두 벡터의 대응 위치 원소들에 대한 곱을 의미한다. 예를 들면, $(a,b,c) \circ (d,e,f) = (ad,be,cf)$와 같이 계산한다. (식 5.121)에 따라 상태 저장소의 값 c_t는 직전 상태값 c_{t-1}를 f_t 비율 만큼 반영하고, 새로운 상태값 a_t를 i_t 비율 만큼 반영하여 결정된다.

일반 RNN은 과거의 모든 이력을 (식 5.87)과 같이 하나의 상태값 h_t로 요약하지만, LSTM 모델은 직전 상태 정보를 c_{t-1}에 추가적으로 저장하고, 이를 (식 5.121)과 같이 현재 상태 c_t를 결정할 때 사용한다. 한편, 학습을 할 때 c_t에서 c_{t-1}로의 경로는 오차정보를 효과적으로 역전파하는 중요한 경로가 된다.

출력 게이트 o_t는 상태 저장소 c_t에 저장된 값의 출력을 조정하는 역할을 한다. 여기에서 U_o, W_o와 V_o는 각각 입력, 직전 출력, 직전 상태값에 대한 가중치이고, b_o는 편차항이다.

$$o_t = \sigma(U_o x_t + W_o h_{t-1} + V_o c_{t-1} + b_o) \tag{5.122}$$

시점 t의 출력 h_t는 다음과 같이 출력 게이트의 값 o_t와 $\tanh(c_t)$를 원소별로 곱해서 계산된다.

$$\boldsymbol{h}_t = \boldsymbol{o}_t \circ \tanh(\boldsymbol{c}_t) \tag{5.123}$$

[그림 5.59]는 대표적인 LSTM 모델의 하나이고, 이와 유사한 여러 변형 LSTM 모델이 있다.

2) LSTM 재귀 신경망의 동작

LSTM 재귀 신경망은 다음과 같은 과정을 통해 출력을 생성한다.

알고리즘 5.3 LSTM 재귀 신경망의 실행

입력 : 서열 데이터 $(\boldsymbol{x}_1, \boldsymbol{x}_2, \cdots, \boldsymbol{x}_T)$
　　　 가중치 $W_c, U_c, W_i, U_i, W_f, U_f, W_o, U_o, V_0$
　　　 편차항 $\boldsymbol{b}_c, \boldsymbol{b}_i, \boldsymbol{b}_f, \boldsymbol{b}_o$
출력 : LSTM의 출력 $(\boldsymbol{h}_1, \boldsymbol{h}_2, \cdots, \boldsymbol{h}_T)$

1. $\boldsymbol{h}_0 \leftarrow \boldsymbol{0}$
2. $\boldsymbol{c}_0 \leftarrow \boldsymbol{0}$
3. for $t = 1$ to T
4. 　　$\boldsymbol{i}_t \leftarrow \sigma(U_i \boldsymbol{x}_t + W_i \boldsymbol{h}_{t-1} + \boldsymbol{b}_i)$
5. 　　$\boldsymbol{a}_t \leftarrow \tanh(U_c \boldsymbol{x}_t + W_c \boldsymbol{h}_{t-1} + \boldsymbol{b}_c)$
6. 　　$\boldsymbol{f}_t \leftarrow \sigma(U_f \boldsymbol{x}_t + W_f \boldsymbol{h}_{t-1} + \boldsymbol{b}_f)$
7. 　　$\boldsymbol{c}_t \leftarrow \boldsymbol{i}_t \circ \boldsymbol{a}_t + \boldsymbol{f}_t \circ \boldsymbol{c}_{t-1}$
8. 　　$\boldsymbol{o}_t \leftarrow \sigma(U_o \boldsymbol{x}_t + W_o \boldsymbol{h}_{t-1} + V_o \boldsymbol{c}_{t-1} + \boldsymbol{b}_o)$
9. 　　$\boldsymbol{h}_t \leftarrow \boldsymbol{o}_t \circ \tanh(\boldsymbol{c}_t)$

LSTM RNN 모델은 3개의 게이트를 포함하고 있으므로, [그림 5.52]의 전형적인 RNN에 비교하여, 학습해야할 가중치 및 편차항이 개수는 약 4배가 된다. 따라서 전형적 RNN에 비하여, LSTM RNN의 실행 시간과 학습 시간이 더 오래 걸린다.

3) LSTM 재귀 신경망의 학습

LSTM RNN은 기존 RNN에서 사용하는 BPTT를 사용하여 학습한다. 그레디언트를 결정하기 위해, 먼저 오차 함수 E의 각 게이트와 내부 상태의 k 번째 원소에 대한 편미분을 다음과 같이 계산한다.

$$\frac{\partial E}{\partial c_t^k} = \frac{\partial E}{\partial h_t^k}\frac{\partial h_t^k}{\partial c_t^k} = \frac{\partial E}{\partial h_t^k}o_t^k(1 - \tanh^2(c_t^k)) \tag{5.124}$$

$$\frac{\partial E}{\partial i_t^k} = \frac{\partial E}{\partial c_t^k}\frac{\partial c_t^k}{\partial i_t^k} = \frac{\partial E}{\partial c_t^k}a_t^k \tag{5.125}$$

$$\frac{\partial E}{\partial f_t^k} = \frac{\partial E}{\partial c_t^k}\frac{\partial c_t^k}{\partial f_t^k} = \frac{\partial E}{\partial c_t^k}c_{t-1}^k \tag{5.126}$$

$$\frac{\partial E}{\partial a_t^k} = \frac{\partial E}{\partial c_t^k}\frac{\partial c_t^k}{\partial a_t^k} = \frac{\partial E}{\partial c_t^k}i_t^k \tag{5.127}$$

$$\frac{\partial E}{\partial o_t^k} = \frac{\partial E}{\partial h_t^k}\frac{\partial h_t^k}{\partial o_t^k} = \frac{\partial E}{\partial h_t^k}tanh(c_t^k) \tag{5.128}$$

위의 그레디언트를 계산하는 (식 5.125-5.127)에는 $\partial E/\partial c_t^k$가 포함되어 있다. 시점 $t-1$이 되면 $\partial E/\partial c_{t-1}^k$은 다음과 같이 결정된다.

$$\frac{\partial E}{\partial c_{t-1}^k} = \frac{\partial E}{\partial c_t^k}\frac{\partial c_t^k}{\partial c_{t-1}^k} = \frac{\partial E}{\partial c_t^k}\frac{\partial\left(i_t^k a_t^k + f_t^k c_{t-1}^k\right)}{\partial c_{t-1}^k} = \frac{\partial E}{\partial c_t^k}f_t^k \tag{5.129}$$

직전 단계로 전달되는 그레디언트는 현재 단계의 그레디언트에 망각 게이트의 값 f_t^k가 곱해진 것과 같다. 따라서 p 단계 과거시점으로 전달되는 그레디언트 $\partial E/\partial c_{t-p}^k$는 다음과 같이 망각 게이트의 값이 p개 곱해지는 형태가 된다.

$$\frac{\partial E}{\partial c_{t-p}^k} = \frac{\partial E}{\partial c_t^k}\prod_{n=t-p}^{t}f_n^k \tag{5.130}$$

망각 게이트의 값은 시그모이드를 적용한 결과이기 때문에, 구간 (0,1) 사이의 값이다. 일반 RNN에서는 이전 단계로 전달될 때 가중치 행렬 W와 활성화 함수 σ에 대해 $W^\top diag(\sigma'(\boldsymbol{h}))$이 곱해져서 전달되는데, $W^\top$가 반복해서 곱해져서 가중치 소멸이나 가중치 폭발 문제가 쉽게 발생할 수 있다. 반면에, LSTM RNN에서는 각 단계의 망각 게이트 값이 곱해지기 때문에, 일반 RNN보다 기울기 소멸 문제가 완화되는 효과가 있다.

5.4.4 GRU 재귀 신경망

GRU $^{\text{gated recurrent unit}}$ 모델은 RNN에서 LSTM처럼 기울기 소멸 문제를 해소하기 위해 제안된 것인데, 내부적인 동작이 LSTM보다는 단순하다. [그림 5.60]은 GRU 모델의 구조를 나타 낸다. LSTM에는 3개의 게이트가 있는 반면, GRU에는 리셋 게이트$^{\text{reset gate}}$와 갱신 게이트 $^{\text{update gate}}$라는 2개의 게이트만 있다.

리셋 게이트 r은 입력 x_t와 기존 저장된 내용 h_{t-1}을 어떻게 결합할지 결정하는 역할을 한다. 리셋 게이트는 다음과 같이 연산을 한다.

$$r_t = \sigma(U_r x_t + W_r h_{t-1} + b_r) \tag{5.131}$$

다음은 리셋 게이트의 값 r_t에 따라, 입력 x_t와 기존 저장된 내용 h_{t-1}을 결합하여 새로운 내부 상태 값 $\hat{h}_t$를 계산하는 방법이다.

$$\tilde{h}_t = \tanh(U_h x_t + W_h(r_t \circ h_{t-1})) \tag{5.132}$$

갱신 게이트 z는 기존 저장된 값 h_{t-1}과 새롭게 계산된 값 $\tilde{h}_t$를 어떤 비율로 반영할지 결정하는 역할을 한다. 갱신 게이트의 값 z_t는 다음 식과 같이 h_{t-1}과 입력 x_t를 사용하여 다음과 같이 계산된다.

$$z_t = \sigma(U_z x_t + W_z h_{t-1} + b_z) \tag{5.133}$$

내부 상태값 h_t는 갱신 게이트의 값에 따라 기존 저장된 내용 h_{t-1}과 새로 계산된 내부 상태값 $\hat{h}_t$를 결합하여 다음과 같이 계산된다.

$$h_t = z_t \circ h_{t-1} + (1 - z_t) \circ \tilde{h}_t \tag{5.134}$$

내부 상태값 h_t은 그대로 출력값으로 나간다. 따라서 GRU 모델에서는 내부 상태 값의 차원과 출력 데이터의 차원이 같다.

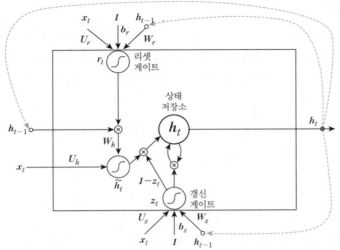

그림 5.60 GRU 모델

GRU 모델의 학습에는 기본적으로 BPTT를 사용한다. 내부 상태소를 가지고 있어서, LSTM 모델에서처럼 기울기 소멸 문제가 완화되는 특징을 가지고 있다. LSTM 모델과 구조적으로 비슷하지만, 출력 게이트에 해당하는 것이 GRU 모델에는 없다. 각 시점의 입력 데이터가 N차원이고, 내부 상태와 출력 데이터가 M차원으로 표현될 때, LSTM 모델에는 전체 $4(NM+M^2+M)$개의 학습해야 하는 가중치와 편차항이 있는 반면에, GRU 모델에는 $3(NM+M^2+M)$개의 가중치와 편차항이 있다. 한편, 일반 RNN에서 학습할 대상의 개수는 $NM+2M^2+2M$개이므로, 일반 RNN에 비하여 LSTM과 GRU 모델에서 학습과 계산 부담이 더 크다. LSTM과 GRU 모델은 비슷한 성능을 갖는 것으로 평가되고 있다.

5.4.5 재귀 신경망의 확장

전형적인 재귀 신경망은 [그림 5.53]과 같은 형태를 가지지만, 이를 확장한 여러 재귀 신경망 모델들이 있다. 여기에서는 양방향 재귀 신경망, 딥러닝 재귀 신경망, 딥러닝 양방향 재귀 신경망 모델 등에 대해서 알아본다.

1) 양방향 재귀 신경망

양방향 재귀 신경망^{bidirectional recurrent neural network, bidirectional RNN}은 시점 t의 출력이 이전 시점의 입력값과 은닉층의 값들 뿐만 아니라 이후 시점의 입력값과 은닉층의 값들에도 영향을 받도록 한 모델이다. [그림 5.61]은 이러한 양방향 RNN의 구조를 보여주는데, 출력은 두 개의 은닉층 노드로부터 값을 받는다. 왼쪽에서 오른쪽으로 가는 연결선은 과거의 영향을 받는 것을 나타낸다. 반면, 오른쪽에서 왼쪽으로 가는 연결선은 미래가 현재에 영향을 미치는 것을 나타낸다.

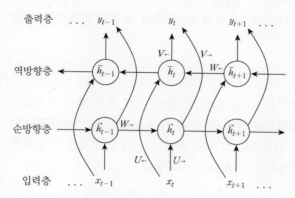

그림 5.61 양방향 재귀 신경망

입력층과 순방향층 간의 가중치 행렬은 $U_\rightarrow$, 순방향층 간의 가중치 행렬은 $W_\rightarrow$, 순방향층의 편차항 벡터 $b_\rightarrow$라고 하자. 이때 시점 t의 순방향층의 값 $\vec{h}_t$는 다음과 같이 계산된다.

$$\vec{h}_t = \sigma\left(U_\rightarrow x_t + W_\rightarrow \vec{h}_{t-1} + b_\rightarrow\right) \tag{5.135}$$

입력층과 역방향층 간의 가중치 행렬은 $U_\leftarrow$, 역방향층 간의 가중치 행렬은 $W_\leftarrow$, 역방향층의 편차항 벡터 $b_\leftarrow$라고 하자. 시점 t에서 역방향층의 값 $\overleftarrow{h}_t$는 다음과 같이 계산된다.

$$\overleftarrow{h}_t = \sigma\left(U_\leftarrow x_t + W_\leftarrow \overleftarrow{h}_{t+1} + b_\leftarrow\right) \tag{5.136}$$

시점 t의 출력층 값 y_t은 순방향층의 값 $\vec{h}_t$와 역방향층의 값 $\overleftarrow{h}_t$의 결합하여 계산한다. 여기에서 $V_\rightarrow$는 순방향층과 출력층 간의 가중치 행렬, $V_\leftarrow$는 역방향층과 출력층 간의 가중치 행렬, b_0는 편차항이고, f는 활성화 함수이다.

$$y_t = f\left(V_\rightarrow \vec{h}_t + V_\leftarrow \overleftarrow{h}_t + b_o\right) \tag{5.137}$$

입력이 $(x_1, x_2, \cdots, x_i, \cdots, x_T)$일 때, 순방향층은 x_1부터 x_T까지 순서대로 읽으면서, $\vec{h}_1$부터 $\vec{h}_T$까지 순서대로 계산해 간다. 반면, 역방향층은 x_T부터 x_1 방향으로 역순으로 읽으면서 $\overleftarrow{h}_T$에서 $\overleftarrow{h}_1$ 방향으로 역순으로 계산해 낸다. i번째 입력 x_i에 대해서, 양방향 재귀 신경망은 순방향층의 i번째 은닉층 상태 $\vec{h}_i$와 역방향층 i번째 은닉층 상태 $\overleftarrow{h}_i$가 만들어지고, 이 두 개의 상태 $h_i = [\vec{h}_i, \overleftarrow{h}_i]$에 의해서 앞부분 $(x_1, x_2, \cdots, x_i)$와 뒷부분 $(x_i, x_{i+1}, \cdots, x_T)$를 요약한 정보가 표현된다. RNN은 최근 입력 정보를 잘 반영하여 상태를 만들어 내기 때문에, $h_i = [\vec{h}_i, \overleftarrow{h}_i]$는 i번째 입력 x_i 주변에 초점이 맞춰진 특징을 표현하는 경향을 보인다.

2) 딥러닝 재귀 신경망

딥러닝 재귀 신경망^{deep recurrent neural network}은 [그림 5.62]와 같이 여러 개의 재귀 신경망을 쌓아서 아래층의 출력을 바로 위층의 입력으로 받아들이도록 만든 모델이다. 이러한 딥러닝 재귀 신경망은 서열 데이터에 대해서 위층으로 갈수록 추상적인 특징 정보를 추출하게 한다. 딥러닝 RNN은 다음과 같이 반복적으로 계산을 수행한다.

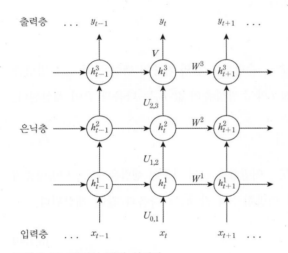

그림 5.62 딥러닝 재귀 신경망

알고리즘 5.4 딥러닝 재귀 신경망

for $l = 1$ to L
$\qquad h_0^l \leftarrow 0$
for $t = 1$ to T
$\qquad h_t^1 \leftarrow \sigma(U_{0,1}x_t + W^1 h_{t-1}^1 + b_1)$
$\qquad$ for $l = 2$ to L
$\qquad\qquad h_t^l \leftarrow \sigma(U_{l-1,l}h_t^{l-1} + W^l h_{t-1}^l + b_l)$
$\qquad y_t \leftarrow f(V h_t^L + b_o)$

위 알고리즘에서 $U_{l-1,l}$은 아래층 $l-1$과 위층 l간의 가중치 행렬, W^l은 l층 노드간의 가중치 행렬, V는 마지막 은닉층과 출력층 간의 가중치 행렬을 나타낸다. b_l은 l층의 편차항이고, b_o는 출력층의 편차항이다. 딥러닝 RNN에서는 바로 아래층에서 계산된 상태를 마치 입력처럼 간주하여 처리하는 것으로 볼 수 있다. 위 알고리즘은 L개의 층이 있고, 입력 데이터의 길이가 T라고 가정하고 있다.

3) 딥러닝 양방향 재귀 신경망

딥러닝 양방향 재귀 신경망$^{\text{deep bidirectional RNN}}$은 양방향 재귀 신경망과 딥러닝 재귀 신경망을 결합한 형태이다. [그림 5.63]은 3개의 양방향 은닉층을 가지고 있는 딥러닝 재귀 신경망이다. 이러한 딥러닝 양방향 재귀 신경망은, 양방향으로부터 오는 정보를 결합해서 문맥 또는 상황 정보를 효과적으로 추출하면서, 여러 층을 사용함으로써 계층적인 추상화된 특징 정보를 추출할 수 있다.

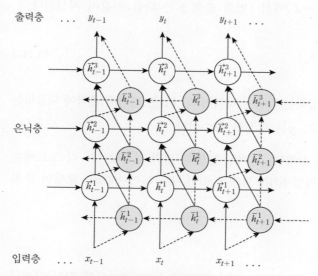

그림 5.63 **딥러닝 양방향 재귀 신경망**

딥러닝 양방향 재귀 신경망은 다음과 같이 동작한다. 첫 번째 층($l=1$)에서 t번째 순방향 상태 $\vec{h}_t^1$와 t번째 역방향 상태 $\overleftarrow{h}_t^1$는 다음과 같이 계산된다.

$$\vec{h}_t^1 = f\left(U_{\vec{\rightarrow}}^1 \, x_t + W_{\rightarrow}^1 \, \vec{h}_{t-1}^1 + b_{\rightarrow}^1\right) \tag{5.138}$$

$$\overleftarrow{h}_t^1 = f\left(U_{\leftarrow}^1 \, x_t + W_{\leftarrow}^1 \, \overleftarrow{h}_{t+1}^1 + b_{\leftarrow}^1\right) \tag{5.139}$$

이후 층 (즉, $l > 1$)에 대한 상태는 다음과 같이 계산된다.

$$\vec{h}_t^l = f\big(\vec{U}_\to^l\,\vec{h}_t^{l-1} + \vec{U}_\gets^l\,\overline{h}_t^{l-1} + W_\to^l\,\vec{h}_{t-1}^l + \vec{b}_\to^l\big) \tag{5.140}$$

$$\overline{h}_t^l = f\big(\overline{U}_\to^l\,\vec{h}_t^{l-1} + \overline{U}_\gets^l\,\overline{h}_t^{l-1} + W_\gets^l\,\overline{h}_{t+1}^l + \overline{b}_\gets^l\big) \tag{5.141}$$

여기에서 $W_\to^l$은 l층의 은닉층에서 l층의 은닉층으로의 순방향 가중치 행렬이고, $W_\gets^l$은 l층의 은닉층에서 l층의 은닉층으로의 역방향 가중치 행렬을 나타낸다. 한편, $\vec{U}_\to^l$은 $l-1$층 순방향 상태에서 l층으로의 순방향 상태로의 가중치 행렬이고, $\overline{U}_\to^l$은 $l-1$층 순방향 상태에서 l층으로의 역방향 상태로의 가중치 행렬이다. $\vec{U}_\gets^l$은 $l-1$층 역방향 상태에서 l층으로의 순방향 상태로의 가중치 행렬이고, $\overline{U}_\gets^l$은 $l-1$층 역방향 상태에서 l층으로의 역방향 상태로의 가중치 행렬이다. $\vec{b}_\to^l$은 l층의 순방향 편차항을 나타내고, $\overline{b}_\gets^l$은 l층의 역방향 편차항을 나타낸다. 마지막 층 ($l = L$)에서 t번째 출력 y_t는 다음과 같이 계산된다.

$$y_t = g\big(V_\to\vec{h}_t^L + V_\gets\overline{h}_t^L + b_o\big) \tag{5.142}$$

여기에서 $V_\to$는 순방향 출력에 대응하는 가중치 벡터이고, $V_\gets$는 역방향 출력에 대응하는 가중치 벡터이다. b_o는 편차항이고, g는 활성화 함수이다.

딥러닝 재귀 신경망, 양방향 재귀 신경망, 딥러닝 양방향 재귀 신경망에서 각 노드에는 (식 5.86-5.87)을 사용하는 일반적인 RNN 형태가 아닌, LSTM이나 GRU 모델이 주로 사용된다.

4) 잔차연결 딥러닝 재귀 신경망

잔차연결 딥러닝 재귀 신경망^{residual deep recurrent neural network}은 [그림 5.64]와 같이 딥러닝 재귀 신경망에 층을 건너 뛸 수 있는 지름길 연결^{skip connection}을 추가한 모델이다. 이를 통해서 많은 층을 갖는 딥러닝 재귀 신경망을 학습시킬 수 있다.

잔차연결 딥러닝 재귀 신경망에서 첫 번째 층에 있는 노드의 시점 t에서의 상태 h_t^1는 다음과 같은 계산을 통해 결정된다.

$$h_t^1 \leftarrow \sigma\big(U_{0,1}x_t + W^1 h_{t-1}^1 + b_1\big) + x_t \tag{5.143}$$

두 번째 이후 층 l의 은닉 노드의 상태 h_t^l는 다음과 같이 아래 층 노드의 상태 h_t^{l-1}와 직전 시점의 상태 h_{t-1}^l를 사용하여 다음과 같이 계산된다.

$$h_t^l \leftarrow \sigma(U_{l-1,\,l}h_t^{l-1} + W^l h_{t-1}^l + b_l) + h_t^{l-1} \tag{5.144}$$

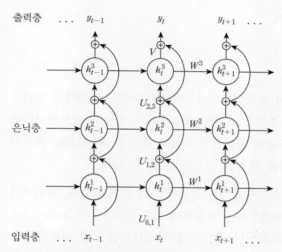

그림 5.64 잔차연결 딥러닝 재귀 신경망

5.5 오토인코더

입력 데이터의 특징을 추출하기 위해서 비지도 학습을 하는 신경망을 사용할 수 있다. 이러한 신경망 모델로 제한된 볼츠만 머신^{RBM}과 오토인코더가 대표적이다.

5.5.1 특징 추출 오토인코더

오토인코더$^{autoencoder,\ 자기부호화기;自己符號化機}$는 [그림 5.65]와 같이 입력 노드의 개수와 출력 노드의 개수가 같은 다층 신경망으로 구성된다. 오토인코더에 대한 학습은 출력 노드의 값이 입력 노드와 같아지도록 만드는 것이 목표이다. 오토인코더를 구성할 때 입력층에서 출력층으로 가면서 노드의 개수가 줄어들다가 커지도록 한다. 이러한 구조를 통해서 계층적인 특징을 추출할 수 있다.

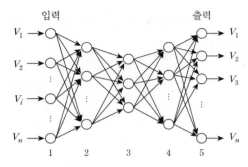

그림 5.65 **오토인코더**autoencoder

[그림 5.65]는 다층 퍼셉트론을 사용하여 오토인코더를 구현한 예이다. 그림에서 입력은 n개의 원소로 구성된 벡터인데 세 번째 층의 노드 개수가 3개이다. 학습된 오토인코더에 대해서, 입력에 대한 세 번째 층의 노드들의 출력값은 n차원 벡터를 3차원으로 축소한 것으로 볼 수도 있고, 또는 3개의 특징을 추출한 것으로도 볼 수 있다.

[그림 5.65]와 같이 다층 퍼셉트론에 은닉층이 많으면 기울기 소멸 문제 때문에, 학습시키는 것이 쉽지 않다. [그림 5.66]은 다층 퍼셉트론을 사용하여 오토인코더를 학습하는 과정을 보여준다. (a)처럼 노드 m개인 은닉층을 하나 갖는 다층 퍼셉트론을 학습 데이터 D로 학습시킨다. 학습이 끝난 후 각 학습 데이터를 입력으로 줄 때, 은닉층이 내는 값들로 새로운 학습 데이터 D'를 구성한다. (b)과 같이 노드 3개의 은닉층이 하나이고, 입력층과 출력층의 노드 개수는 (a)의 은닉층의 노드 개수와 같은 다층 퍼셉트론을 만들어, D'로 학습시킨다. (b) 단계에서 만든 다층 퍼셉트론을 (a) 단계의 다층 퍼셉트론의 은닉층 자리에 끼워넣으면, (c)의 다층 퍼셉트론이 만들어진다.

이렇게 구성한 다층 퍼셉트론은 'n차원 데이터 → m차원 특징 → 3차원 특징 → m차원 복원된 특징 → n차원 복원된 데이터' 순으로 데이터를 변환한다. 이때 입력층부터 세 번째 층까지는 특징을 뽑는 부분으로 볼 수 있기 때문에, 이 부분을 특징 추출기feature extractor 라고 할 수 있다. 한편, n차원 데이터를 3차원 데이터 변환하기 때문에, 이 부분을 인코더encoder라고 할 수도 있다. 또한 이러한 특징 때문에, 오토인코더는 데이터의 특징 추출, 차원 축소 등에 사용될 수 있다.

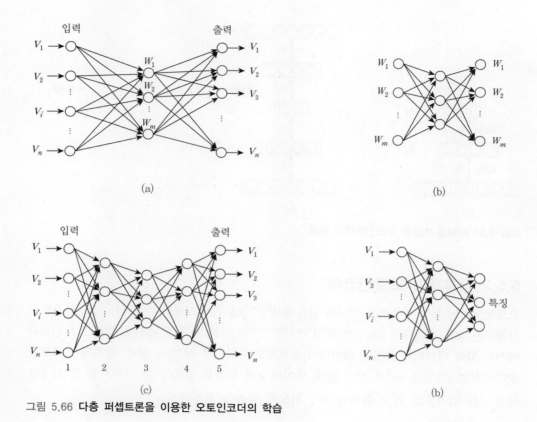

그림 5.66 **다층 퍼셉트론을 이용한 오토인코더의 학습**

특징 추출을 위해 오토인코더를 사용할 때는 [그림 5.66(d)]와 같이 입력층부터 가운데 층까지만 잘라낸다. 잘라낸 부분의 뒤에 추가적인 전방향 신경망이나 소프트맥스층을 붙여서, 딥러닝 신경망을 구성할 수 있다. 오토인코더를 학습시킬 때는 학습 데이터의 입력 부분만을 사용한다. 반면, 오토인코더의 인코더 부분을 사용하여 구성한 딥러닝 신경망을 학습시킬 때는, 학습 데이터의 입력 부분과 출력 부분을 모두 사용한다.

오토인코더를 학습시킬 때, [그림 5.67]과 같이 적층 RBM을 사용할 수도 있다. 학습 데이터의 입력 부분만을 사용하여 RBM을 쌓아가며 학습시키는데, 위로 올라갈수록 노드의 개수를 줄인다. 학습된 RBM을 [그림 5.67(b)]와 같이 대칭이 되도록 복사를 하여 다층 퍼셉트론을 구성한다. 이때 가중치는 RBM에서 학습된 가중치(W_1, W_2)와 가중치를 전치시켜 복사한 것들($W_1^\top$, $W_2^\top$)이다. 이렇게 구성된 다층 퍼셉트론을 오차역전파 알고리즘으로 학습시키면, 오토인코더가 만들어진다.

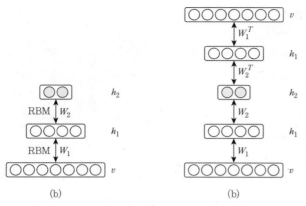

그림 5.67 RBM을 이용한 오토인코더의 학습

5.5.2 잡음제거 오토인코더

오토인코더는 특징 추출뿐만 아니라 잡음제거^{雜音除去}를 위해 사용할 수 있다. 이러한 용도로
사용되는 것을 잡음제거 오토인코더^{denoising autoencoder}라고 한다. 특징 추출을 위한 오토인코더
에서는 입력 데이터와 동일한 데이터가 출력되도록 학습을 시킨다. 반면, 잡음제거 오토인
코더에서는 [그림 5.68]과 같이 원래 데이터 x에 무작위 잡음(보통 가우시안 잡음) r을
더한 $\hat{x}$를 입력으로 하고 출력이 x가 되도록 학습을 시킨다.

$$\hat{x} = x + r \tag{5.145}$$

이렇게 학습된 잡음제거 오토인코더는 입력된 데이터의 정보를 유지하면서 보다 좋은 특징
을 추출할 뿐만 아니라, 입력에 포함된 잡음을 제거하는 역할도 수행한다.

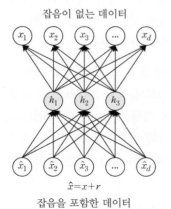

그림 5.68 잡음제거 오토인코더의 학습

[그림 5.69]는 잡음제거 오토인코더의 잡음제거 효과를 보여주는 예이다 (a)는 학습에 사용된 데이터이고, (b)는 (a)에 잡음을 넣어 만든 데이터로 학습된 잡음제거 오토인코더에 입력으로 사용된 것이다. (c)는 (b)의 입력에 대해서 잡음제거 오토인코더가 출력하는 결과인데, 대부분이 잡음이 제거된 것을 확인할 수 있다.

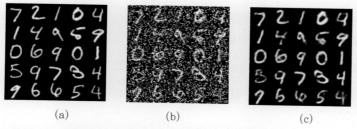

(a)   (b)   (c)

그림 5.69 잡음제거 오토인코더의 잡음제거 효과.
(a) 학습에 사용된 데이터 (b) 잡음이 포함된 입력 데이터 (b) 오토인코더의 출력

5.5.3 희소 오토인코더

오토인코더는 데이터의 차원 축소를 하는 데 사용할 수 있다. [그림 5.65]와 같이 오토인코더에서 한가운데 층의 노드들의 값은 입력 데이터로부터 만들어지고, 이 층의 값들로부터 입력 데이터와 동일한 출력이 만들어지기 때문에, 한가운데 층의 노드들의 값이 입력 데이터를 코딩하여 표현하고 있다고 할 수 있다. 이때 한가운데 층의 노드들의 개수가 가능하면 적어야 차원 축소가 크게 된다. 오토인코더의 한가운데 층을 보통 코딩 층$^{\text{coding layer}}$이라고 한다.

희소^{稀少} 오토인코더$^{\text{sparse autoencoder}}$는 가능하면 코딩 층에서 출력값이 0이 아닌 노드의 개수가 적어지도록 만드는 오토인코더이다. 희소 오토인코더에서 학습을 위해 사용하는 오차 함수 E는 목표값과 출력값의 차이에 대한 항과, 활성화^{活性化} 정도가 일정 기준 이상인 코딩 층의 노드들에 대해 벌점을 주는 규제화$^{\text{regulation, 規制化}}$ 항으로 다음과 같이 정의된다.

$$E = \sum_{i=1}^{N} (\boldsymbol{x}_i - \boldsymbol{y}_i)^2 + \beta \sum_{j=1}^{M} KL(\rho \| \hat{\rho}_j) \tag{5.146}$$

오차 함수 E의 첫 번째 항에서 $\boldsymbol{x}_i$는 i번째 입력 데이터이고, $\boldsymbol{y}_i$는 i번째 입력 데이터에 대한 오토인코더의 출력이며, N은 미니배치 안에 포함된 학습 데이터의 개수이다. 두 번째 항에서 ρ는 코딩층 노드의 평균 활성도의 목표값이고, $\hat{\rho}_j$는 j번째 노드의 현재 미니배치

데이터에 대한 평균 활성도이다. 입력 $\boldsymbol{x}_i$에 대한 코딩층 j번째 노드의 출력값을 $f_j(\boldsymbol{x}_i)$라고 할 때, j번째 노드의 평균 활성도 $\widehat{\rho}_j$는 다음과 같은 평균으로 정의한다.

$$\widehat{\rho}_j = \frac{1}{N}\sum_{i=1}^{N} f_j(\boldsymbol{x}_i) \tag{5.147}$$

$KL(\rho\,\|\,\widehat{\rho}_j)$는 (식 5.148)로 정의되는 쿨벡-라이블러 발산$^{\text{Kullback-Leibler divergence, KL-divergence,}}$ $^{\text{KL-發散}}$으로, 두 확률분포 ρ와 $\widehat{\rho}_j$의 차이를 측정하는 일종의 함수이다. 확률분포 ρ와 $\widehat{\rho}_j$가 서로 비슷할수록, $KL(\rho\,\|\,\widehat{\rho}_j)$는 0에 가까운 값이 된다.

$$KL(\rho\,\|\,\widehat{\rho}_j) = \rho\log\left(\frac{\rho}{\widehat{\rho}_j}\right) + (1-\rho)\log\left(\frac{1-\rho}{1-\widehat{\rho}_j}\right) \tag{5.148}$$

희소 오토인코더는 (식 5.146)의 오차 함수를 최소화하는 파라미터를 찾기 위해 경사 하강 법을 이용한다.

5.5.4 변분 오토인코더

학습 데이터의 분포를 따르는 새로운 데이터를 만드는 오토인코더 기반의 생성 모델로서 2014년 킹마$^{\text{Diederik Kingma}}$와 웰링$^{\text{Max Welling}}$이 개발한 변분^{變分} 오토인코더$^{\text{variational autoencoder, VAE}}$ 가 있다. 변분법$^{\text{variational method, 變分法}}$은 어떤 함수 $p(\boldsymbol{x})$의 극점$^{\text{極點, 최소값 또는 최대값의 위치}}$을 찾는 문제에서 해당 함수를 직접 다루는 것이 쉽지 않을 때, 쉽게 다룰 수 있는 다른 함수 $q(\boldsymbol{x})$로 대체해 이를 최적화하여, $p(\boldsymbol{x})$에 대한 근사적인 해를 구하는 방법이다.

오토인코더는 입력 공간의 데이터 $\boldsymbol{x}$를 은닉 공간의 데이터 $\boldsymbol{z}$로 변환하는 인코더와, 다시 $\boldsymbol{z}$로부터 입력 공간과 같은 공간의 데이터 $\boldsymbol{x}$로 복원하는 디코더로 구성되는 것으로 볼 수 있다. 이를 확률적인 모델로 간주하면 인코더는 $p_\phi(\boldsymbol{z}|\boldsymbol{x})$로 나타내고, 디코더는 $p_\theta(\boldsymbol{x}|\boldsymbol{z})$ 로 나타낼 수 있다. 학습을 할 때는 디코더가 원본 데이터를 잘 복원할 수 있도록 $p_\theta(\boldsymbol{x})$의 확률이 최대화되도록 하는 모델을 찾아야 한다. $p_\theta(\boldsymbol{x})$의 로그 가능도$^{\text{log likelihood}}$는 $p_\phi(\boldsymbol{z}|\boldsymbol{x})$ 대신 다른 확률분포 $q_\phi(\boldsymbol{z}|\boldsymbol{x})$를 도입하여 다음과 같이 표현할 수 있다.

$$\log p_\theta(\boldsymbol{x}) = \sum_{\boldsymbol{z}} q_\phi(\boldsymbol{z}|\boldsymbol{x})\log p_\theta(\boldsymbol{x}) = \sum_{\boldsymbol{z}} q_\phi(\boldsymbol{z}|\boldsymbol{x})\log\frac{p_\theta(\boldsymbol{x},\boldsymbol{z})}{p_\theta(\boldsymbol{z}|\boldsymbol{x})} \tag{5.149}$$

(식 5.149)에 $q_\phi(z|x)$를 분자와 분모에 넣어서 다음과 같이 전개할 수 있다.

$$\log p_\theta(x) = \sum_z q_\phi(z|x)\log \frac{p_\theta(x,z)}{p_\theta(z|x)}\frac{q_\phi(z|x)}{q_\phi(z|x)} \tag{5.150}$$

$$= \sum_z q_\phi(z|x)\log \frac{q_\phi(z|x)}{p_\theta(z|x)}\frac{p_\theta(x,z)}{q_\phi(z|x)} \tag{5.151}$$

$$= \sum_z q_\phi(z|x)\log \frac{q_\phi(z|x)}{p_\theta(z|x)} + \sum_z q_\phi(z|x)\log \frac{p_\theta(x,z)}{q_\phi(z|x)} \tag{5.152}$$

(식 5.152)에서 우변의 첫 항은 $q_\phi(z|x)$와 $p_\theta(z|x)$의 쿨벡-라이블러 발산으로 0이상의 값이므로, 로그 가능도 $p_\theta(x)$ 값의 하한$^{\text{lower bound, 下限}}$은 두 번째 항에 의해서 결정된다. (식 5.152)에서 $\log p_\theta(x)$는 다음과 같이 나타낼 수 있는데, 여기에서 $L(\theta,\phi,x)$이 하한에 해당한다.

$$\log p_\theta(x) = KL(q_\phi(z|x)\|p_\theta(z|x)) + L(\theta,\phi,x) \tag{5.153}$$

$$\geq L(\theta,\phi,x) \tag{5.154}$$

하한 $L(\theta,\phi,x)$는 다음과 같이 전개할 수 있다.

$$L(\theta,\phi,x) = \sum_z q_\phi(z|x)\log \frac{p_\theta(x,z)}{q_\phi(z|x)} \tag{5.155}$$

$$= E_{q_\phi(z|x)}\left[\log p_\theta(x,z)\right] - E_{q_\phi(z|x)}\left[\log q_\phi(z|x)\right] \tag{5.156}$$

$$= E_{q_\phi(z|x)}\left[\log p_\theta(x|z) + \log p_\theta(z)\right] - E_{q_\phi(z|x)}\left[\log q_\phi(z|x)\right] \tag{5.157}$$

$$= -KL(q_\phi(z|x)\|p_\theta(z)) + E_{q_\phi(z|x)}\left[\log p_\theta(x|z)\right] \tag{5.158}$$

로그 가능도 $p_\theta(x)$ 값을 키우기 위해 하한 $L(\theta,\phi,x)$를 높이도록 학습을 해야 한다. (식 5.158)에서 첫 번째 항은 가능하면 작게, 즉 $q_\phi(z|x)$와 $p_\theta(z)$가 비슷하게 만든다. 첫 번째 항은 학습에서 규제화^{regularization} 항 역할을 한다. 두 번째 항은 복원 손실$^{\text{reconstruction loss}}$에 대응하는 값이다.

변분 오토인코더의 인코더에서는 $q_\phi(z|x)$의 확률분포를 가우시안 분포로 가정하고 평균벡터 μ와 표준편차벡터 Σ를 학습한다. 다른 오토인코더와는 달리 변분 오토인코더는 데이터를 확률분포로 코딩을 한다. 디코더에는 표준 정규분포 $N(0,1)$에서 무작위로 표본추출한 값 ϵ과 표준편차벡터 Σ를 곱한 다음, 평균벡터 μ에 더한 결과를 입력으로 전달한다. 즉, $z = \mu + \epsilon\Sigma$ 값을 디코더에 입력한다.

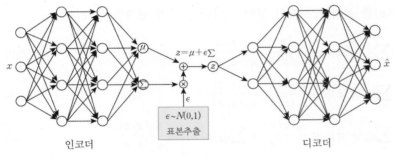

그림 5.70 **변분 오토인코더**

변분 오토인코더는 [그림 5.70]과 같은 구조를 갖는다. 인코더는 $q_\phi(z|x)$인 확률분포를 계산하는 신경망으로 구성되고, 디코더는 $p_\theta(x|z)$인 확률분포에 따라 출력 $\hat{x}$을 생성하는 신경망으로 구성된다. 학습할 때는 (식 5.158)의 $L(\theta, \phi, x)$ 값을 키우도록 경사 상승법 ${}_{\text{gradient ascent method}}$을 사용한다. (식 5.158)의 $KL(q_\phi(z|x) \| p_\theta(z))$에서 $p_\theta(z)$은 표준 정규분 포 $N(0,1)$로 가정하고, $q_\phi(z|x)$는 정규분포 $N(\mu, \Sigma)$로 가정한다. z가 J 차원일 때 $KL(q_\phi(z|x) \| p_\theta(z))$에 $p_\theta(0,1)$와 $q_\phi(z|x)$의 정규분포 식을 넣어 전재하면, 다음의 식을 얻을 수 있다.

$$KL\big(q_\phi(z|x) \| p_\theta(z)\big) = -\frac{1}{2}\sum_{j=1}^{J}\big(1 + \log 1\,(\sigma_j^2) - \mu_j^2 - \sigma_j^2\big) \tag{5.159}$$

(식 5.158)에서 복원 손실과 관련된 $E_{q_\phi(z|x)}\big[\log p_\theta(x|z)\big]$ 은 학습 데이터를 가지고 다음과 같이 근사하여 계산한다. L은 미니배치에 있는 데이터의 개수이다.

$$E_{q_\phi(z|x)}\big[\log p_\theta(x|z)\big] \approx \frac{1}{L}\sum_{i=1}^{L}\log p_\theta(x|z) \tag{5.160}$$

변분 오토인코더에서 입력 x가 은닉변수 z로 변환된 다음, 출력 y가 만들어질 때, 각 원소의 값이 [0,1] 구간의 값이면 $\log p_\theta(x|z)$는 각 원소에 대해서 교차 엔트로피를 사용하 여 다음과 같이 계산한다.

$$\log p_\theta(x|z) = \sum_{i=1}^{D}\big[x_i \log y_i + (1 - x_i)\log(1 - y_i)\big] \tag{5.161}$$

변분 오토인코더는 중간에 확률적인 부분이 개입되기 때문에 입력 데이터와 일치하지 않는 출력 데이터를 만들어낸다. 이러한 특성은 학습 데이터의 분포를 따르는 새로운 데이터를 생성할 수 있게 한다. 즉, 변분 오토인코더는 데이터 생성 모델로 사용될 수 있다.

[그림 5.71]은 MNIST 데이터를 학습한 변분 오토인코더에 2차원 은닉변수 공간의 값을 입력으로 줄 때 생성되는 데이터를 보여준다. 인접해 있는 은닉변수 값들에 대해 오토인코더는 유사한 숫자를 출력한다. 한편, 가로 방향, 세로 방향과 같이 일정 방향으로 은닉변수의 값을 점진적으로 바꾸어 갈 때, 오토인코도가 출력된 점진적으로 바뀌는 숫자를 출력하는 것을 확인할 수 있다.

그림 5.71 MNIST 데이터를 학습한 변분 오토인코더의 은닉변수 공간에 코딩된 데이터[출처: Kingma 등 2014]

5.6 종단간 학습 모델

특정 응용 시스템에 기계학습 기법을 적용할 때는 입력으로부터 기대하는 출력을 만들어내는 처리과정의 중간 단계에 개발자가 개입하는 것이 일반적이다. 예를 들어, 자율주행자동차에서 카메라 영상을 입력으로 받아 핸들을 자동으로 조향(操向)하는 시스템의 전형적인 처리과정을 생각해 보자. 이러한 시스템은 카메라 영상으로부터 도로, 교통표지판, 주변 자동차, 보행자 등을 검출하고, 이를 바탕으로 주행경로 계획을 만든 다음, 핸들의 조향 방향과 각도를 결정하는 일련의 모듈들로 구성된다. 각 모듈의 개발 단계에서 입력과 출력 데이터의 변환, 학습 등을 위해 개발자가 개입해야 한다.

시스템을 개발할 때 개발자가 중간에 이렇게 개입하지 않고, 입력인 카메라 영상으로부터 목표 출력인 핸들 조향 방향과 각도를 직접 결정하는 시스템을 개발하는 것에, 딥러닝 모델들을 사용할 수 있다. 입력과 출력 정보로 구성된 학습 데이터를 거의 원본 그대로 사용하여, 개발자의 중간 개입없이 입력으로부터 기대하는 출력을 만들어내는 학습을 종단간 학습end-to-end learning, 終端間 學習이라 한다.

여기에서는 대표적인 종단간 학습을 하는 딥러닝 구조인 인코더-디코더 망의 형태와, 주목attention, 注目 메커니즘을 통해 입력의 특정 영역에 선택적인 주목selective attention을 할 수 있는 인코더-디코더 망에 대해서 소개한다.

5.6.1 인코더-디코더 망

기계학습에는 입력에 출력이 단순히 부류정보나 수치 값인 분류나 회귀 문제뿐만 아니라, 입력 데이터의 구조와 출력 데이터의 구조 간의 대응 관계를 찾는 문제도 있다. 이러한 문제로는 사진을 설명하는 문장을 만들어내는 영상 주석달기image captioning, 동영상을 설명하는 문장을 만들어내는 동영상 묘사하기video description, 문장으로부터 영상을 만들어내는 영상 합성image synthesis, 어떤 언어의 문장을 다른 언어의 문장으로 변환하는 기계 번역machine translation, 음성을 문장으로 바꿔주는 음성 인식speech recognition 등이 있다. 입력과 출력이 구조적으로 관련된 사상mapping, 매핑; 寫像 문제를 다루는 딥러닝 신경망 구조로 인코더-디코더 망encoder-decoder network이 있다.

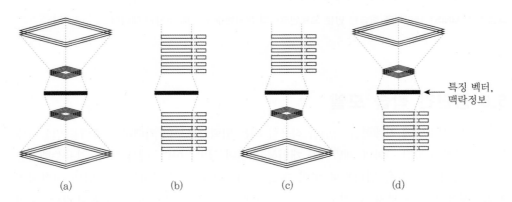

그림 5.72 **인코더-디코더 망**
(a) 오토인코더 (b) 서열대서열 변환 (c) 영상 주석달기 (d) 영상 합성[출처: http://gabgoh.github.io/ThoughtVectors/]

인코더-디코더 망은 구조적인 정보가 포함된 입력을 일정한 차원의 특징 벡터로 압축하여 표현하는 인코더encoder와, 특징 벡터를 출력 공간의 데이터로 변환하는 디코더decoder로 구성된다. 인코더를 통해서 생성되는 특징벡터를 맥락정보^{context, 脈絡情報}, 임베딩^{embedding}, 은닉^{latent} 벡터, 표상^{representation} 벡터 또는 사고^{thought} 벡터라고도 한다. 인코더-디코더 망은 입력과 출력 공간의 특성과 대응관계의 특성에 따라 여러 가지 형태로 구성될 수 있다. [그림 5.72]는 전형적인 인코더-디코더 망의 형태를 보여준다. (a)는 입력 공간과 출력 공간이 동일한 오토인코더^{autoencoder}의 구조로, 입력 데이터가 저차원의 특징 벡터로 변환된 다음, 다시 출력으로 입력 데이터와 동일한 결과가 산출되도록 한다. 오토인코더는 인코더-디코더 망의 범주로 분류는 할 수 있지만, 입력과 출력이 동일하기 때문에 입력과 출력의 대응관계를 찾는 문제에 적용하는 데는 적합하지 않다. (b)는 인코더가 주어진 서열^{sequence, 序列}에 대한 맥락정보를 추출하면, 디코더가 다른 종류의 서열을 생성하는 서열대서열 ^{sequence-sequence, 序列對序列} 변환 구조이다. 서열대서열 변환을 하는 작업으로는 기계번역, 음성 인식 등이 있다. (c)는 인코더가 입력으로 주어진 영상을 맥락정보로 변환하면, 디코더가 맥락정보로부터 영상을 설명하는 문장을 생성하는 것으로, 영상 주석달기에 활용될 수 있는 구조이다. (d)는 인코더가 주어진 문장에 대한 맥락정보를 추출하면, 디코더가 이를 이용하여 문장의 의미를 표현하는 영상을 생성하는 것으로, 영상합성에서 활용되는 구조이다. 이들 인코더-디코더 망 구조에서 인코더와 디코더를 매개하는 문맥정보는 입력이나 출력보다는 훨씬 저차원인 실수 벡터로 표현된다.

5.6.2 인코더-디코더 망의 구성

인코더-디코더 망은 인코더와 디코더로 두 부분으로 구성된다. 인코더 f_{enc}는 입력 데이터 x를 읽어들여 일정한 차원의 실수 벡터 c을 생성한다. 인코더가 만들어내는 벡터 c는 입력 데이터에 대한 요약으로 맥락 정보이다.

$$c = f_{enc}(x) \tag{5.162}$$

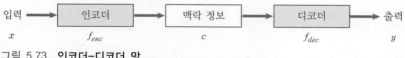

그림 5.73 **인코더-디코더 망.**

인코더 f_{enc}는 입력의 형태에 따라 다른 방식으로 구현될 수 있는데, 입력 x가 문장이라면 재귀 신경망 종류가 사용될 수 있고, 영상이라면 컨볼루션 신경망 등이 사용될 수 있다. 디코더 f_{dec}는 입력에 대한 맥락정보 c를 사용하여 출력 y를 생성한다. 디코더는 입력

x에 대한 출력 y의 조건부 확률을 계산하는 것과 같은 역할을 한다.

$$p(Y|\boldsymbol{x}) = f_{dec}(\boldsymbol{x}, \boldsymbol{c}) \tag{5.163}$$

디코더 f_{dec}는 출력의 형태에 따라 다른 방식으로 구현될 수 있는데, 출력 y가 문장이라면 재귀 신경망 종류가 사용될 수 있고, 영상이라면 제한 볼츠만 머신 등이 사용될 수 있다.

기계 번역에서는 인코더에는 재귀 신경망이나 양방향 재귀 신경망이 사용되고, 디코더에도 마찬가지로 재귀 신경망이나 양방향 재귀 신경망이 사용된다. [그림 5.74]는 영어 문장을 한국어 문장으로 번역하는 인코더-디코더 망의 구성을 보인 것이다. 이러한 기계 번역 방법에서는 영어 문장을 맥락 정보라는 하나의 수치 벡터로 변환한 다음, 이 수치 벡터로부터 한국어 문장을 만들어낸다. 문장의 길이에 상관없이 맥락정보를 정해진 크기의 수치 벡터 하나로 나타내야 하기 때문에, 많은 내용을 포함하고 있는 긴 문장을 표현하는 데는 제약이 있다.

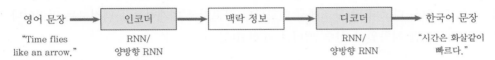

그림 5.74 기계 번역 인코더-디코더 망.

영상 주석달기에서는 입력으로 영상이 들어가고, 출력으로 영상을 설명하는 문장이 나온다. 영상을 의미를 맥락 정보 벡터로 표현하기 위해 인코더는 컨볼루션 신경망으로 구현하고, 문맥 정보로부터 문장을 만들어내는 디코더는 재귀 신경망이나 양방향 재귀 신경망으로 구현한다.

그림 5.75 영상 주석달기 인코더-디코더 망

동영상 묘사하기에서는 인코더 부분에서 영상의 각 프레임별로 컨볼루션 신경망을 적용하고 컨볼루션 신경망의 출력들을 평균하여 맥락 정보를 생성한다. 디코더 부분에서 이것을 이용하여 재귀 신경망 등으로 동영상의 내용을 설명하는 문장을 생성한다.

음성 인식에서 인코더-디코더 망을 사용할 때는, 전처리 과정으로 음성을 중첩되는 일정 시간간격의 프레임^{frame}으로 나누고, 각 프레임별로 음성 신호의 특징인 MFCC$^{Mel\ Frequency}$

Cepstral Coefficient, 에너지 등을 추출한다. 인코더는 심층 양방향 재귀 신경망 등으로 구현되는데, 추출된 특징 정보로 구성된 서열 데이터를 학습하여 맥락정보를 생성하게 된다. 디코더는 인코더가 출력한 맥락 정보와 출력정보를 학습한 재귀 신경망 등으로 구현되며, 단어 또는 문장을 생성한다.

기본적인 인코더-디코더 망은 입력의 크기에 상관없이 맥락 정보를 일정한 크기의 수치 벡터로 표현한다. 입력의 크기가 커지게 되면 많은 정보를 포함해야 하기 때문에, 일정한 크기의 벡터로 모든 정보를 포함하기 어렵다. 따라서 이러한 인코더-디코더 망은 큰 입력에 대해서는 좋은 성능을 보이지 못하는 경향이 있다.

5.6.3 주목 메커니즘

재귀 신경망은 과거의 정보를 모두 통합하는 역할을 하지만, 과거의 내용일수록 점차 망각할 수 밖에 없다. 따라서 재귀 신경망으로 인코더를 구현할 때 입력의 길이가 길어지면 일정한 크기의 벡터로는 입력의 모든 정보를 표현하기 곤란해진다. 이 경우에는 재귀 신경망의 은닉층 노드 개수를 증가시키거나, 각 과거 시점의 은닉층 상태 정보를 디코더에서 함께 사용하도록 하는 것을 고려할 수 있다. 디코더는 특정 시점을 출력을 결정할 때, 인코더의 모든 시점에 대한 은닉층 상태 정보를 필요로 하지는 않는다. [그림 5.76]은 프랑스어 문장 'L'accord sur la zone économique européenne a été signé en août 1992.'를 영어 문장 'The agreement on the European Economic Area was signed in August 1992.'로 번역할 때 대응되는 단어 사이의 관련도를 나타낸 것이다. 그림에서 보는 바와 같이 프랑스어 문장의 각 단어는 영어 문장의 모든 단어가 아닌 일부 단어와 대응된다. 따라서 디코더는 인코더의 모든 시점의 은닉층 상태 정보 모두가 아닌 일부에 주목할 수 있어야 한다.

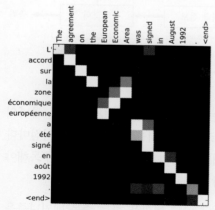

그림 5.76 기계번역에서 영어 단어와 프랑스어 단어의 관련도[출처 Bahdanau, Cho, Bengio, 2014]
밝을수록 관련도가 큰 것을 의미한다.

영상 주석달기에서 컨볼루션 신경망^{CNN}이 인코더에 사용될 때, 디코더는 컨볼루션 신경망이 맥락정보로 생성하는 특징지도 전체가 아닌 일부 영역에만 주목하는 것이 바람직할 수도 있다. [그림 5.77]은 영상에서 '새'를 인식할 때 주목하게 되는 부분을 보여주고 있다. 그림과 같이 특정 객체를 인식할 때 영상의 모든 영역을 주목할 필요가 없다. 또한 주목해야 하는 영역만 처리하게 되면 전체적으로 계산량도 줄어들 수 있다.

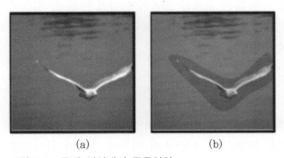

(a)   (b)

그림 5.77 **물체 인식에서 주목영역**
(a) 원본 영상 (b) 주목 영역[출처 Xu, Bengjio 등, 2016]

인코더-디코더 망에서 디코더는 인코더가 만들어내는 정보의 특정 부분에 주목함으로써 효과적으로 출력을 만들어내기도 한다. [그림 5.78]과 같이 인코더와 디코더의 사이에 위치하면서, 인코더의 시간적, 공간적, 또는 시공간적인 상태들을 결합하여 주목해야 할 부분에 대한 맥락 정보를 만드는 역할을 하는 구성요소를 주목^{注目} 메커니즘$^{attention\ mechanism}$이라 한다.

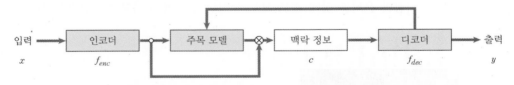

그림 5.78 **주목 메커니즘을 포함한 인코더-디코더 망.**

주목 메커니즘을 사용하는 인코더-디코더 망에서는 인코더가 입력 전체에 대한 하나의 맥락정보를 만들어 디코더에 전달하는 대신에, 디코더가 출력을 산출하는 매 시점마다 맥락정보를 계산하여 사용한다. 이때 맥락정보는 해당 시점의 출력을 결정할 때 주목해야 하는 입력의 정보와 직전 시점까지의 디코더의 상태를 바탕으로 계산된다.

[그림 5.79]는 기계 번역과 같이 서열대서열$^{sequence-to-sequence}$ 변환을 하는 주목 메커니즘을 포함하고 있는 인코더-디코더 망의 구조의 예이다. 입력 서열 $x_1, x_2, \cdots, x_T$에 대해 인코

더는 재귀 신경망 또는 양방향 재귀 신경망 등을 사용하여 특징벡터의 서열 $h_1, h_2, \cdots, h_T$ 을 만들어 낸다. 일반 인코더-디코더 망에서는 마지막 시점의 출력 h_T 만이 맥락정보 c로 디코더에 전달되지만, 주목 메커니즘을 사용하게 되면 매 시점 t 별로 해당 시점에 주목해야할 요소를 고려해서 만들어진 맥락정보 c_t 가 만들어져서 디코더에 전달된다.

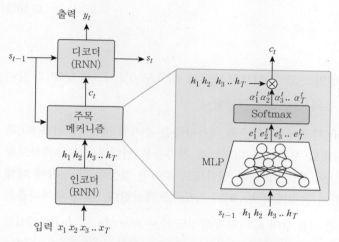

그림 5.79 서열대서열 변환을 하는 주목 메커니즘을 포함한 인코더-디코더 망.

주목 메커니즘은 인코더의 각 단계별 출력 h_i와 시점 t의 h_i에 대한 중요도 α_i^t를 가중합하여 다음과 같이 시점 t의 디코더에 대한 맥락 정보 c_t를 계산한다.

$$c_t = \sum_{i=1}^{T} \alpha_i^t h_i \tag{5.164}$$

[그림 5.79]의 오른쪽 그림과 같이 주목 메커니즘은 시점 t의 인코더 상태 h_i의 중요도 α_i^t를 다층 퍼셉트론^{MLP}과 소프트맥스^{softmax}를 사용하여 계산한다. 다층 퍼셉트론은 소프트맥스를 적용할 값 e_i^t를 결정한다. 여기에서 e_i^t는 시점 $t-1$의 디코더의 상태 s_{t-1}과 i번째 입력 데이터에 대한 인코더의 상태 h_i가 서로 부합되는 점수 $score(s_{t-1}, h_i)$를 나타낸다. 이 점수는 은닉층이 하나인 다층 퍼셉트론의 학습을 통해서 다음과 같이 결정된다.

$$e_i^t = v^\top tanh(W_a s_{t-1} + U_a h_i) \tag{5.165}$$

위 식에서 v, W_a, U_a는 학습될 가중치들이다. 주목 메커니즘의 이들 가중치는 인코더-디코더 망이 학습될 때 함께 학습된다.

i번째 입력 데이터에 대한 인코더 상태 h_i의 시점 t에서의 중요도 α_i^t는 다음 (식 5.166)과 같이 점수 e_i^t를 사용하여 소프트맥스로 계산된다. 따라서 인코더 각 상태의 중요도의 합은 1이 된다.

$$\alpha_i^t = \frac{\exp(e_i^t)}{\displaystyle\sum_{k=1}^{T} \exp(e_k^t)} \tag{5.166}$$

주목 메커니즘을 포함한 기계번역 인코더-디코더 망에서, 중요도 α_i^t는 [그림 5.76]과 같이 번역된 단어와 원본 단어들 간의 관련도에 해당한다.

영상 주석달기를 위한 인코더-디코더 망에 주목 메카니즘을 추가할 때는 [그림 5.80]과 같이 입력 영상을 격자^{grid} 형태로 구분하고 디코더가 격자들을 선택적으로 주목하도록 하는 방법을 사용할 수 있다. 이 때, 인코더는 입력으로 주어진 영상의 각 격자에 대해 컨볼루션 신경망 등을 이용하여 특징벡터 $h_1, h_2, \cdots, h_T$를 계산한다. 주목 메커니즘은 각 특징벡터 h_i와 디코더의 직전 시점 상태 s_{t-1}의 부합정도 $e_i^t = score(s_{t-1}, h_i)$를 계산한 다음, (식 5.166)과 같이 소프트맥스 연산을 통해 시점 t의 i번째 격자의 중요도 α_i^t를 결정하고, (식 5.164)를 사용하여 맥락정보 c_t를 결정한다. 디코더는 시점 $t-1$의 상태 s_{t-1}과 시점 t의 맥락정보 c_t를 사용하여 다음 상태 s_t와 단어 y_t를 결정한다.

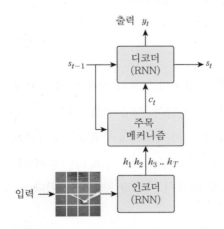

그림 5.80 **영상 주석달기를 하는 주목 메커니즘을 포함한 인코더-디코더 망**

[그림 5.81]은 주목 메커니즘을 포함한 인코더-디코더 망을 사용하여 영상 주석달기를

할 때, 디코더가 각 단어 생성시 주목하는 영역을 보인 것이다. 그림에서 밝게 표시될수록 중요도 α_i^t 값이 큰 부분이다. 디코더는 단어를 생성할 때 이들 밝은 영역을 주목한다.

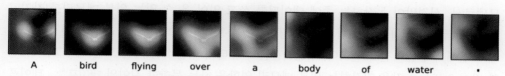

A   bird   flying   over   a   body   of   water   .

그림 5.81 영상 주석달기를 할 때 디코더가 각 단어 생성시 주목하는 영역[출처 : Xu, Bengjio 등, 2016]

인코더-디코더 망에 주목 메커니즘을 사용하면, 기계 번역, 영상 주석달기, 동영상 묘사하기 등의 문제에서 단순 인코더-디코더 망을 사용하는 경우보다 성능이 일반적으로 개선된다.

5.7 메모리 확장 신경망 모델

컴퓨터 프로그램은 산술 연산 등과 같은 기본 연산, 분기branching, 分岐 등의 논리적 흐름 제어 연산, 외부 메모리의 접근 메카니즘을 사용해서 컴퓨터가 수행할 작업을 기술한다. 한편, 기계학습 기법들은 논리적 흐름과 외부 메모리 사용은 고려하지 않고, 주어진 입력에 대해 산술적인 연산을 수행하여 기대하는 출력을 만들어 내는 모델을 찾는 것에만 관심이 있다. 따라서 딥러닝 등 기계학습 기법에 의해서 만들어지는 모델은, 일반 컴퓨터 프로그래밍으로 구현할 수 있는 복잡한 프로그램을 표현하기 곤란한다. 즉, 학습 데이터를 통해서 문제 해결을 위한 모델을 찾을 수 있기는 하나, 이들 모델이 일반 프로그램으로 표현될 수 있는 것들을 모두 표현할 수 있는 것은 아니다. 신경망은 간선의 가중치 또는 은닉 노드의 상태값 등을 사용하여 메모리 기능을 일부 구현을 하고 있지만, 폰 노이만Von Neumann 구조의 일반 컴퓨터에 있는 메모리와 같은 기능을 갖지 못한다.

기존 신경망보다 복잡한 기능을 구현하기 위해 신경망에 외부 메모리를 추가한 메모리 확장 신경망memory-augmented neural network 모델들이 있다. 이러한 모델로는 뉴럴 튜링 머신neural Turing machine, NTM 모델, 미분가능 뉴럴 컴퓨터Differentiable Neural Computer, DNC, 메모리 망memory network, MemroyNet 모델, 종단간 메모리망end-to-end memory network, MemN2N, 동적 메모리망dynamic memory net, DMN 등이 있다.

5.7.1 뉴럴 튜링머신 NTM

뉴럴 튜링머신[NTM]은 2014년 그레이브즈[Alex Graves] 등이 제안한 초창기 메모리 확장 신경망 모델로서, 신경망이 동작하는 중에 데이터를 쓰고 읽어 올 수 있는 외부 메모리를 가지고 있다. 이름이 암시하는 것처럼 뉴럴 튜링머신은 튜링머신[Turing machine]의 개념을 신경망 구조에 도입해서 만들어진 모델이다. 튜링머신은 컴퓨터의 이론적인 계산 모델로, [그림 5.82]와 같이 0 또는 1 값을 저장하는 외부 메모리 역할을 하는 무한한 길이의 테이프[tape], 테이프에서 현재 위치 값을 읽거나 쓰는 읽기[read]/쓰기[write] 헤드[head], 내부 상태 저장소[state register], 내부 상태와 헤드가 읽은 값에 따라 쓸 내용을 결정하고 헤드를 왼쪽 또는 오른쪽으로 한 칸 이동시키는 것을 결정하는 제어 프로그램[control program]으로 구성된다. 이와 같이 단순한 구조를 가지고 있음에도 불구하고, 컴퓨터에서 실행될 수 있는 모든 프로그램은 튜링머신으로 구현할 수 있다는 것이 증명되어 있다.

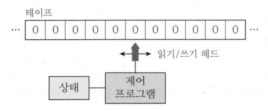

그림 5.82 튜링머신

뉴럴 튜링머신은 [그림 5.83]과 같이 제어기, 읽기 헤드와 쓰기 헤드, 외부 메모리 등으로 구성된다. 제어기[controller]는 튜링머신의 내부상태 저장소와 제어 프로그램의 역할을 수행하는 부분으로, 다층 퍼셉트론[MLP]이나 LSTM 재귀 신경망[RNN] 등 으로 구현된다. 읽기 헤드[read head]와 쓰기 헤드[write head]는 각각 외부 메모리을 읽는 것과 외부 메모리에 쓰는 것을 담당한다. 튜링머신에서는 하나의 헤드가 읽기와 쓰기를 함께 하지만, 뉴럴 튜링머신에는 복수 개의 읽기 헤드와 쓰기 헤드가 있을 수 있다. 제어기는 여러 매개변수 값으로 구성되는 출력을 외부 저장장치 방향으로 내보내는데, 이들 값들이 외부 메모리에 대한 읽기와 쓰기에 사용된다. 이때 이들 매개변수 값을 사용하여 외부 메모리를 읽도록 하는 조작을 하는 부분을 읽기 헤드라 하고, 외부 메모리로부터 읽어오도록 조작을 하는 부분을 쓰기 헤드라고 한다. 한편, 튜링머신은 외부 메모리인 테이프에 0 또는 1 을 저장하지만, 뉴럴 튜링머신은 [그림 5.84]와 같이 W개의 원소를 갖는 실수벡터 N개를 저장하는 외부 메모리를 사용한다.

재귀 신경망과 같은 신경망 모델은 외부 입력이 주어지면 내부 상태를 함께 사용하여 출력을 결정하고, 다중 퍼셉트론과 같은 전진형[feedforward] 신경망은 입력과 가중치들을 사용하여 출력을 결정한다. 반면, 뉴럴 튜링머신에서는 외부 입력이 신경망으로 구현된 제어기에 주어지면, 제어기는 읽기 헤드와 쓰기 헤드를 사용하여 외부 메모리에 저장된 값을 읽어오 거나 값을 쓰면서 계산을 하여 최종 결과를 외부 출력으로 내보낸다.

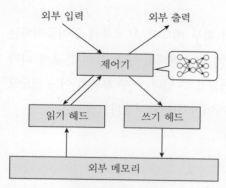

그림 5.83 **뉴럴 튜링머신**

폰 노이먼$^{Von\ Neumann}$ 구조의 컴퓨터에서는 외부 메모리를 주소^{address}를 통해서 직접 접근한 다. 뉴럴 튜링머신에서는 외부 메모리를 접근할 때 직접 주소를 지정하지 않고 가중치 벡터 w_t를 사용한다. 가중치 벡터 w_t는 구간 $[0,1]$의 값인 원소 N개를 가지며, 이들 원소 값의 합은 1이 되는 벡터이다.

$$w_t = (w_t[1], w_t[2], ..., w_t[N]), \quad \sum_{i=1}^{N} w_t[i] = 1, \ 0 \le w_t[i] \le 1, \ \forall i \tag{5.167}$$

W				
5	11	3	4	3
7	6	7	2	5
9	3	3	5	12
2	1	10	9	8
12	2	6	9	4

$\Big\} N$

그림 5.84 **외부 메모리 구조**

1) 외부 메모리에서 읽기

시점 t의 외부 메모리 M_t에서 데이터를 읽을 때는, (식 5.168)과 같이 읽기 헤드 i에서 나오는 읽기 가중치$^{read\ weight}$ 벡터 $w_t^{r,i}$와 메모리의 각 행^{row} $M_t[k]$의 가중합을 읽기 결과

r_t^i로 가져온다.

$$r_t^i \leftarrow \sum_{k=1}^{N} w_t^{r,i}[k] M_t[k] \tag{5.168}$$

[그림 5.85]는 읽기 가중치 벡터 $w_t^{r,i}$를 사용하여 외부 메모리 M_t로부터 읽어들여지는 벡터 r_t^i를 보여준다. 뉴럴 튜링머신에서는 읽기 가중치 벡터의 원소 값의 분포에 따라 메모리의 전체 내용을 읽어오거나 특정 부분을 읽어들일 수 있다. 어떤 부분을 어느 정도로 읽어들일지 결정하는 읽기 가중치 벡터 $w_t^{r,i}$는 제어기가 만들어낸다.

$w_t^{r,i}$		M_t				
$w_t^r[1]=0.1$	5	11	3	4	3	$M_t[1]$
$w_t^r[2]=0.2$	7	6	7	2	5	$M_t[2]$
$w_t^r[3]=0.5$	9	3	3	5	12	$M_t[3]$
$w_t^r[4]=0.1$	2	1	10	9	8	$M_t[4]$
$w_t^r[5]=0.1$	12	2	6	9	4	$M_t[5]$
r_t^i	7.8	4.1	4.8	5.1	8.5	

그림 5.85 외부 메모리 구조

2) 외부 메모리에 쓰기

외부 메모리에 대한 쓰기 연산은, LSTM 모델의 망각 게이트$^{\text{forget gate}}$와 유사하게 삭제^{erase}와 추가^{add} 연산을 순차적으로 적용하여 수행된다. 이때 각 연산은 쓰기 헤드에서 나오는 쓰기 가중치$^{\text{write weight}}$ 벡터 w_t^w를 다음과 같이 적용한다.

$$\text{삭제 연산:} \quad \widetilde{M}_t[i] \leftarrow M_{t-1}[i]\big(1 - w_t^w[i]e_t\big) \tag{5.169}$$
$$\text{추가 연산:} \quad M_t[i] \leftarrow \widetilde{M}_t[i] + w_t^w[i]a_t \tag{5.170}$$

여기에서 e_t는 제어기가 만들어내는 삭제 벡터$^{\text{erase vector}}$이고, a_t는 제어기가 만들어내는 추가 벡터$^{\text{add vector}}$이다.

[그림 5.86]은 외부 메모리에 대한 쓰기 연산 과정 중에, 삭제 벡터 e_t와 쓰기 가중치 벡터 w_t^w를 사용하여 외부 메모리 M_t에 삭제 연산을 적용한 결과인 $\widetilde{M}_t$를 보인 것이다.

[그림 5.87]은 삭제 연산 적용 결과인 $\widetilde{M}_t$에 추가 벡터 a_t와 쓰기 가중치 벡터 w_t^w를 사용하여 추가 연산을 적용한 결과인 M_t를 보인 것이다.

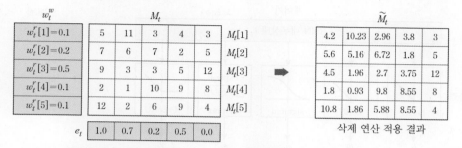

그림 5.86 외부 메모리에 대한 쓰기 연산 과정에서 삭제 연산 적용 결과

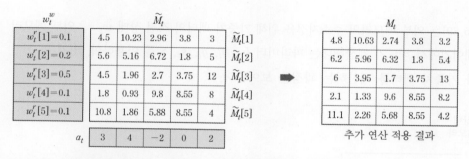

그림 5.87 외부 메모리에 대한 쓰기 연산 과정에서 추가 연산 적용 결과

3) 가중치 벡터 계산

뉴럴 튜링머신은 외부 메모리를 접근할 때 가중치 벡터를 사용한다. 제어기는 각 헤드별로 [그림 5.88]과 같이 가중치 벡터 계산에 사용되는 k_t, β_t, g_t, s_t, γ_t와 같은 파라미터 값을 제공한다. 이들 파라미터 값은, 제어기를 구현한 재귀 신경망의 내부 상태 h_t로부터 그림의 활성화 함수를 사용하는 단층 신경망을 통해 계산된다.

파라미터 k_t는 키 벡터$^{\text{key vector}}$($k_t \in \mathbb{R}^W$)이다. 뉴럴 튜링머신에서는 키 벡터와 유사한 외부 메모리 내용을 접근하려는 때가 있다. 이와 같이 내용의 유사성에 따라 접근할 수 있는 특성의 메모리를 연상 메모리$^{\text{associative memory}}$라고 한다. β_t는 키의 영향력을 증폭시키기 위해 사용하는 강도^{strength}값이다. g_t는 보간^{補間} 게이트$^{\text{interpolation gate}}$로 가중치 벡터 계산 과정의 보간 연산에 사용되는 파라미터이다. s_t는 이동 가중치$^{\text{shift weight}}$ 벡터인데, 가중치 벡터 계산 과정의 컨볼루션 이동$^{\text{convolution shift}}$ 연산에서 컨볼루션 필터로 사용된다. γ_t는 가중치 벡터 계산 과정의 선명화^{sharpening, 鮮明化} 연산에서 사용되는 1이상의 값인 선명화 가중치^{sharpening scalar}이다.

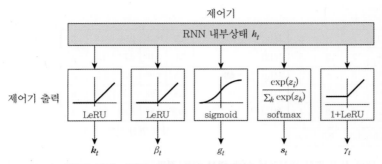

그림 5.88 **가중치 벡터 계산을 위한 제어기 출력**

[그림 5.89]는 외부 메모리의 주소지정을 위해 가중치 벡터의 직전 상태 w_{t-1}, 외부 메모리 M_t, 제어기에서 헤드가 계산해내는 파라미터 k_t, β_t, g_t, s_t, γ_t를 이용하여, 읽기 및 쓰기 헤드가 가중치 벡터를 계산하는 과정을 보여준다.

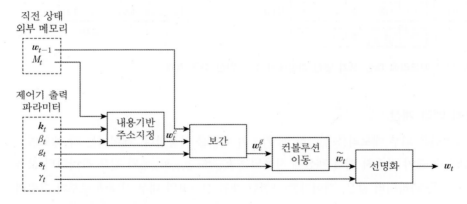

그림 5.89 **주소지정을 위한 가중치 벡터 계산 과정**

뉴럴 튜링머신은 읽기 및 쓰기 가중치 벡터 w_t를 계산하기 위해 내용기반 주소지정 ^{content-based addressing}과 위치기반 주소지정^{position-based addressing} 방식을 함께 사용한다. 내용기반 주소지정 부분에서는 헤드가 계산한 키 벡터 k_t와 외부 메모리 각 행의 유사도에 따라 접근할 메모리 위치를 결정한다. 즉, 연상 메모리를 사용하는 것처럼, 주어진 내용과 유사한 메모리의 위치를 주목하게 한다. 이를 위해 다음과 같이 정의되는 코사인 유사도^{cos similarity} 척도를 사용한다.

$$D(\boldsymbol{u}, \boldsymbol{v}) = \frac{\boldsymbol{u} \cdot \boldsymbol{v}}{|\boldsymbol{u}||\boldsymbol{v}|} \tag{5.171}$$

내용기반 주소지정 연산에 의한 가중치 벡터 $\boldsymbol{w}_t^c$는 키 벡터 $\boldsymbol{k}_t$와 외부 메모리 M_t를 사용하여 다음과 같이 계산한다.

$$\boldsymbol{w}_t^c[k] = \frac{\exp\{D(\boldsymbol{k}_t, M[k])\beta_t\}}{\sum_j \exp\{D(\boldsymbol{k}_t, M_t[j])\beta_t\}} \tag{5.172}$$

[그림 5.90]은 내용기반 주소지정 계산 과정으로 키 벡터 $\boldsymbol{k}_t$와 외부 메모리 각 행^{row} $M_t[k]$의 코사인 유사도 값들을 소프트맥스^{softmax}를 하여 정규화^{normalization}한 것을 보여준다.

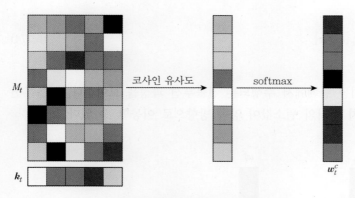

그림 5.90 **내용기반 주소지정 과정을 통한** $\boldsymbol{w}_t^c$ **의 계산**

가중치 벡터 계산의 다음 단계는 [그림 5.89]에서 보는 바와 같이 보간$^{\text{interpolation, 補間}}$이다. 보간 단계에는 직전 시점의 가중치 벡터 $\boldsymbol{w}_{t-1}$과 현재 내용기반 주소지정 단계에서 계산된 가중치 벡터 $\boldsymbol{w}_t^c$를 보간 게이트 g_t의 값을 사용하여 다음과 같이 결합한다.

$$\boldsymbol{w}_t^g \leftarrow g_t \boldsymbol{w}_t^c + (1 - g_t)\boldsymbol{w}_{t-1} \tag{5.173}$$

[그림 5.91]은 가중치 벡터 계산 과정에서 보간 단계를 보여준다.

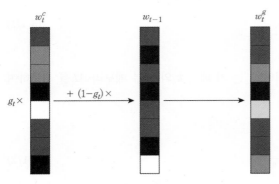

그림 5.91 **가중치 벡터 계산 과정의 보간 단계**

컨볼루션 이동^{convolutional shift} 단계에는 보간 단계에서 계산된 가중치 벡터 $\boldsymbol{w}_t^g$에 대해, 이동 가중치^{shift weight} $\boldsymbol{s}_t$를 필터로 사용하여 컨볼루션을 다음과 같이 수행한다.

$$\widetilde{\boldsymbol{w}}_t[i] \leftarrow \sum_{k=0}^{N-1} \boldsymbol{w}_t^g[k]\,\boldsymbol{s}_t[i-k] \tag{5.174}$$

[그림 5.92]는 컨볼루션 이동 단계에서 수행되는 컨볼루션 과정을 보여준다. 컨볼루션 필터의 형태에 따라 가중치 벡터의 원소값이 양쪽 방향으로 이동할 수 있다.

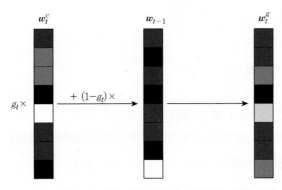

그림 5.92 **가중치 벡터 계산 과정의 컨볼루션 이동 단계**

가중치 계산의 마지막 단계는 선명화^{sharpening, 鮮明化} 단계로, 다음 (식 5.175)와 같이 가중치 벡터의 각 원소를 1 보다 큰 선명화 가중치 γ_t로 지수승한 다음 정규화하여, 원소 값 간의 차이를 키움으로써 외부 메모리의 일부 영역에 주목하는 가중치 벡터를 만들어낸다.

$$w_t[i] \leftarrow \frac{\widetilde{w}_t[i]^{\gamma_t}}{\sum\limits_{k} \widetilde{w}_t[k]^{\gamma_t}} \tag{5.175}$$

[그림 5.93]은 가중치 벡터에 선명화 연산을 한 결과의 효과를 보여준다. 선명화 연산 이후에는 일부 원소들만 큰 값을 갖고 나머지는 작은 값을 갖게 된다(그림에서는 큰 값일수록 밝은 색이다).

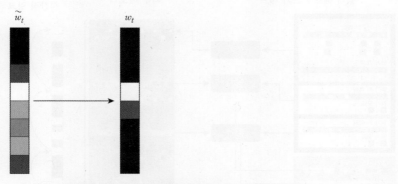

그림 5.93 가중치 벡터 계산 과정의 선명화 단계

[그림 5.89]에서 위치기반 주소지정 방식이 적용되는 부분은 보간, 컨볼루션 이동 및 선명화 단계에 해당한다.

4) 뉴럴 튜링머신의 학습

뉴럴 튜링머신에서 제어기는 신경망으로 구현되고, 외부 메모리는 함수 연산을 통해서 계산되는 가중치 벡터를 사용하여 접근한다. 외부 입력이 들어오면 제어기는 학습된 파라미터를 사용하여 외부 메모리를 접근하여 연산을 한 다음, 외부로 계산된 최종 출력을 내보낸다. 모든 연산은 파라미터들이 있는 함수의 계산을 통해 수행된다. 따라서 뉴럴 튜링머신은 미분가능한^{differentiable} 함수로 볼 수 있다. 그러므로 오차함수를 최소화하는 데 사용하는 경사 하강법^{gradient descent method} 기반의 학습 알고리즘을 사용하여 뉴럴 튜링머신을 학습시킬 수 있다.

5.7.2 미분가능 신경망 컴퓨터 DNC

미분가능 신경망 컴퓨터differentiable neural computer, DNC는 2016년에 그레이브즈Alex Graves 등이 뉴럴 튜링머신NTM 모델을 개선하여 개발한 모델이다. DNC는 [그림 5.94]와 같이 제어기, 읽기 헤드와 쓰기 헤드, 외부 메모리, 시간적 링크 행렬 등 뉴럴 튜링머신과 유사한 구조를 가지고 있지만, 내부적으로는 다른 연산을 수행한다.

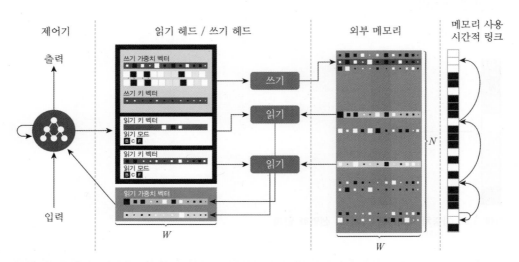

그림 5.94 **미분가능 신경망 컴퓨터 DNC**

DNC을 외부적으로 보면, 매 시점에 외부로부터 입력 $x_t \in \mathbb{R}^n$을 받아들여 처리한 다음, 출력 $y_t \in \mathbb{R}^m$을 내보낸다. DNC의 제어기는 외부 입력 x_t와 함께 직전 시점 $t-1$의 R개의 읽기벡터read vector $r_{t-1}^1, \ldots, r_{t-1}^R$을 입력으로 받아들이는데, 이들을 연결concatenate 하여 다음과 같이 χ_t로 나타낸다.

$$\chi_t = [x_t; r_{t-1}^1; \ldots; r_{t-1}^R] \tag{5.176}$$

제어기 N은 학습대상 파라미터 θ를 가지고 있으며, 매 시점 t 마다 출력 벡터output vector ν_t와 인터페이스 벡터interface vector ξ_t를 내보낸다.

$$(\nu_t, \xi_t) = N([\chi_1; \ldots; \chi_t], \theta) \tag{5.177}$$

제어기는 LSTM 재귀 신경망이나 다층 퍼셉트론MLP 등을 사용하여 구현된다. 제어기가

L개 층을 갖는 딥러닝 재귀 신경망 모델을 사용하여 구현된다면, 출력 벡터 ν_t와 인터페이스 벡터 ξ_t는 가중치 행렬 W_y, W_ξ와 시점 t의 재귀 신경망의 출력 $h_t^1, h_t^2, ..., h_t^L$의 곱으로 계산된다.

$$\nu_t = W_y[h_t^1; h_t^2; ... ; h_t^L] \tag{5.178}$$

$$\xi_t = W_\xi[h_t^1; h_t^2; ... ; h_t^L] \tag{5.179}$$

인터페이스 벡터 ξ_t는 제어기가 계산해내는 외부 메모리 접근에 관련된 파라미터 값들로, [그림 5.88]에서 보여준 뉴럴 튜링머신의 파라미터 값들과 유사한 역할을 한다. 다음 (식 5.180)은 인터페이스 벡터 ξ_t의 구성요소를 보여준다.

$$\xi_t = [k_t^{r,1}; ... ; k_t^{r,R}; \hat{\beta}_t^{r,1}; ... ; \hat{\beta}_t^{r,R}; k_t^w; \hat{\beta}_t^w; \hat{e}_t; v_t; \hat{f}_t^1; ... ; \hat{f}_t^R; \hat{g}_t^a; \hat{g}_t^w; \hat{\pi}_t^1; ... ; \hat{\pi}_t^R] \tag{5.180}$$

인터페이스 벡터의 구성요소는 다음과 같다.

$k_t^{r,1}, ... , k_t^{r,R}$: R개의 읽기 키$^{\text{read key}}$ 벡터 $(k_t^{r,i} \in \mathbb{R}^W)$

$\hat{\beta}_t^{r,1}, ... , \hat{\beta}_t^{r,R}$: R개의 읽기 키에 대한 강도^{strength}

$\qquad (\beta_t^{r,i} = oneplus(\hat{\beta}_t^{r,i}) \in [1,\infty), \ oneplus(x) = 1 + \log(1+e^x))$

k_t^w : 쓰기 키$^{\text{write key}}$ 벡터 $(k_t^w \in \mathbb{R}^W)$

$\hat{\beta}_t^w$: 쓰기 키에 대한 강도^{strength} $(\beta_t^w = oneplus(\hat{\beta}_t^w) \in [1,\infty))$

$\hat{e}_t$: 삭제^{erase} 벡터 $(e_t = \sigma(\hat{e}_t) \in [0,1]^W, \ \sigma(x) = 1/(1+e^{-x}))$

v_t : 쓰기^{write} 벡터 $(v_t \in \mathbb{R}^W)$

$\hat{f}_t^1, ... , \hat{f}_t^R$: R개의 반납^{free} 게이트의 값 $(f_t^i = \sigma(\hat{f}_t^i) \in [0,1])$

$\hat{g}_t^a$: 할당^{allocation} 게이트의 값 $(g_t^w = \sigma(\hat{g}_t^w) \in [0,1])$

$\hat{g}_t^w$: 쓰기^{write} 게이트의 값 $(g_t^w = \sigma(\hat{g}_t^w) \in [0,1])$

$\hat{\pi}_t^1, ... , \hat{\pi}_t^R$: R개의 읽기 모드$^{\text{read mode}}$ $(\pi_t^i = softmax(\hat{\pi}_t^i))$

$\qquad$ 여기에서 각 π_t^i는 소프트맥스로 만든 3개의 값으로 구성된 벡터이다.

DNC의 출력 벡터 y_t는 제어기의 출력 벡터 ν_t와, 가중치 행렬 W_t와 읽기 벡터들의 곱의 합으로 다음과 같이 정의된다.

$$y_t = \nu_t + W_r[r_t^1; \ldots; r_t^R] \tag{5.181}$$

1) 메모리에 쓰기

외부 메모리에 대한 쓰기는 다음과 같이 수행된다.

$$M_t = M_{t-1} \circ (E - w_t^w e_t^\top) + w_t^w v_t^\top \tag{5.182}$$

여기에서 E는 $N \times W$차원의 모든 원소가 1인 행렬이고, w_t^w는 쓰기 가중치[write weight] 벡터로 다음과 같이 계산된다.

$$w_t^w = g_t^w[g_t^a a_t + (1 - g_t^a)c_t^w] \tag{5.183}$$

여기서 c_t^w는 내용기반 가중치[content-based weight] 벡터이고, a_t는 할당 가중치[allocation weight] 벡터이다.

내용기반 가중치 c_t는 키 벡터 k와 외부 메모리 M의 i번째 블록의 유사도를 사용하여 계산된다. 쓰기를 할 때, 내용기반 가중치 벡터의 k번째 원소 $c_t^w[k]$는 다음과 같이 계산된다.

$$c_t^w[k] = C(M_{t-1}, k_t^w, \beta_t^w)[k] = \frac{\exp\{D(k_t^w, M[k, \cdot])\beta_t^w\}}{\sum_j \exp\{D(k_t^w, M[j, \cdot])\beta_t^w\}} \tag{5.184}$$

읽기를 내용기반 가중치 벡터의 k번째 원소 $c_t^{r,i}[k]$는 다음과 같이 계산한다.

$$c_t^{r,i}[k] = C(M_{t-1}, k_t^{r,i}, \beta_t^{r,i})[k] = \frac{\exp\{D(k_t^{r,i}, M[k, \cdot])\beta_t^{r,i}\}}{\sum_j \exp\{D(k_t^{r,i}, M[j, \cdot])\beta_t^{r,i}\}} \tag{5.185}$$

여기에서 D는 거리를 계산하는 함수로서 다음과 같은 코사인 유사도[cosine similarity]이다.

$$D(u, v) = \frac{u \cdot v}{|u||v|} \tag{5.186}$$

2) 동적 메모리 할당

활용도 벡터$^{\text{usage vector}}$ u_t는 메모리의 각 위치별 중요도를 나타내는 벡터로 다음과 같이 계산된다.

$$u_t = (u_{t-1} + w_{t-1}^w - u_{t-1} \circ w_{t-1}^w) \circ \psi_t \tag{5.187}$$

여기에서 ψ_t는 각 위치에서 반납^{free}되지 않아야 할 양을 표현하는 메모리유지 벡터$^{\text{memory-retention vector}}$를 나타낸다.

$$\psi_t = \prod_{i=1}^{R} (1 - f_t^i w_{t-1}^{r,i}) \tag{5.188}$$

활용도 벡터는 직전 시점에 메모리의 해당 위치가 읽혀졌으면 ψ_t를 통해 중요도를 낮추고, 직전 시점에 쓰기^{write}가 되었으면 $u_{t-1} + w_{t-1}^w - u_{t-1} \circ w_{t-1}^w$와 같이 중요도를 높인다. 여기에서 $u_{t-1} + w_{t-1}^w - u_{t-1} \circ w_{t-1}^w = w_{t-1}^w + (1 - w_{t-1}^w) \circ u_t$_이므로, 직전 시점 활용도 u_{t-1}과 쓰기 가중치 벡터 w_{t-1}^w는 가중합$^{\text{weighted sum}}$을 의미한다. 메모리유지 벡터 ψ_t를 계산할 때 f_t^i는 읽기헤드$^{\text{read head}}$ i가 읽을 때 반납^{free}하는 비율을 나타낸다.

할당 가중치 벡터$^{\text{allocation weight vector}}$ a_t는 외부 메모리의 새로운 쓰기^{write} 위치 정보를 제공하는 것으로 다음과 같이 계산된다.

$$a_t[\phi_t[j]] = (1 - u_t[\phi_t[j]]) \prod_{i=1}^{j-1} u_t[\phi_t[i]] \tag{5.189}$$

여기에서 ϕ_t는 정렬된 반납리스트$^{\text{free-list}}$를 나타내고, 활용도 벡터 u_t의 원소들을 오름차순으로 정렬했을 때 인덱스^{index}들의 리스트이다. 즉, $\phi_t[1]$은 시점 t에 중요도가 가장 낮은(가장 적게 사용된) u_t의 원소에 대한 인덱스를 나타낸다. a_t의 원소는 활용도 벡터 u_t의 값이 작은 원소일수록 큰 값을 갖는다. u_t의 모든 원소의 값이 1이면, a_t의 모든 원소의 값은 0이 된다.

3) 메모리에서 읽기

DNC에서 읽기 벡터$^{\text{read vector}}$는 다음과 같이 계산된다.

$$r_t^i = M_t^\top w_t^{r,i} \tag{5.190}$$

여기에서 읽기 가중치$^{\text{read weight}}$ 벡터 $w_t^{r,i}$는 메모리 M_t의 각 행에 대한 분포로 다음과 같이 계산된다.

$$w_t^{r,i} = \pi_t^i[1]b_t^i + \pi_t^i[2]c_t^{r,i} + \pi_t^i[3]f_t^i \tag{5.191}$$

각 읽기헤드 i는 0이상의 실수값 세 개로 구성된 읽기모드$^{\text{read mode}}$ π_t^i 값을 받는데, 이들의 합은 1이다. 즉, $\pi_t^i[1] + \pi_t^i[2] + \pi_t^i[3] = 1$이다. b_t^i는 후향 시간 가중치$^{\text{backward temporal weight}}$ 벡터이고, f_t^i는 전향 시간 가중치$^{\text{forward temporal weight}}$ 벡터이고, $c_t^{r,i}$는 내용기반 읽기 가중치$^{\text{content-based read weight}}$ 벡터이다. 즉, 읽기 벡터는 이들 세 벡터의 가중합으로 결정되는데 읽기모드 π_t^i 값에 의해서 조정된다. 이와 같이 DNC는 내용에 따른 메모리 접근뿐만 아니라 기록된 순서에 따라 메모리를 접근할 수 있다.

후향 시간 가중치 벡터 b_t^i와 전향 시간 가중치 벡터 f_t^i는 메모리에 기록할 당시의 직전 저장한 내용과 직후 저장한 내용을 참고할 수 있도록 하기 위한 가중치 벡터들이다. 따라서 메모리에서 읽어 올 때는, 제어기가 출력한 키 벡터 $k_t^{r,i}$와 메모리 각 행의 유사도에 따른 내용기반 읽기 가중치 벡터 $c_t^{r,i}$, 후향 시간 가중치 벡터 b_t^i, 전향 시간 가중치 벡터 f_t^i가 선형결합되어 읽기 가중치 벡터 $w_t^{r,i}$를 만든다.

메모리의 기록순서에 대한 정보를 추적하기 위해, 즉 메모리의 어떤 행^{row}에 쓰기^{write}를 한 직후에 쓰기가 된 행의 위치가 어디인지 추적하기 위해, DNC는 다음과 같이 정의되는 시간적 링크 행렬$^{\text{temporal link matrix}}$ L_t를 사용한다. $L_t[i,j]$는 시점 t에서 메모리의 j행을 접근한 다음 i행을 접근하는 정도를 나타낸다.

$$L_0[i,j] = 0 \ \forall i,j \ \text{(시작할 때는 0으로 초기화)} \tag{5.192}$$

$$L_t[i,i] = 0 \ \forall i \tag{5.193}$$

$$L_t[i,j] = (1 - w_t^w[i] - w_t^w[j])L_{t-1}[i,j] + w_t^w[i]p_{t-1}[j] \tag{5.194}$$

시간적 링크 행렬 L_t는 직전 시점 $t-1$의 쓰기 가중치 벡터 w_{t-1}^w이 주어지면 시점 t의 쓰기 가중치 벡터 w_t^w를 계산해 내고, 역으로 w_t^w가 주어지면 w_{t-1}^w를 계산해 내는 연상^{聯想}메모리$^{\text{associative memory}}$ 역할을 한다. 전형적인 연상 메모리 신경망인 홉필드 망$^{\text{Hopfield network}}$의 방식에 따라 연상메모리 구현을 위한 행렬 L_t는 $w_t^w(w_{t-1}^w)^\top$가 된다. 그러나 학습 데이터가 미리 주어지는 홉필드 망에서와는 달리, 메모리에 쓰는^{write} 것이 동적으로 변하기 때문에, 시간적 링크 행렬 L_t를 계산할 때는 w_{t-1}^w 대신에 안정성^{stability}를 위해 이동평균$^{\text{moving average}}$ 벡터에 해당하는 p_{t-1}이 사용된다. 또한, L_t의 값이 동적으로 변해야 하기 때문에 이동평균과 같은 효과를 얻기 위해 직전 시점의 L_{t-1}를 $1 - w_t^w[i] - w_t^w[j]$의 비율만큼 반영한다. 이 때 1에서 $w_t^w[i]$와 $w_t^w[j]$ 만큼을 빼는 것은, 연상메모리 역할을 하는 L_t를 전향 시간 가중치 벡터와 후향 시간 가중치 벡터를 계산할 때 사용하기 때문이다.

쓰기 가중치 벡터 w_t^w에 대응하는 선행가중치$^{\text{precedence weight}}$ $p_t[j]$는 시점 t에 메모리의 j번째 행이 마지막으로 쓰여진^{written} 위치일 정도를 나타는 값으로 다음과 같이 계산된다.

$$p_0 = 0 \tag{5.195}$$

$$p_t = \left(1 - \sum_i w_t^w[i]\right)p_{t-1} + w_t^w \tag{5.196}$$

위 (식 5.196)에서 선행가중치 벡터 p_t는 직전 선행가중치 벡터 p_{t-1}를 쓰기^{write}가 되지 않은 정도 $1 - \sum_i w_t^w[i]$만큼 반영하고, 새로운 쓰기 가중치 벡터 w_t^w를 더하여 결정된다.

시간적 링크 행렬을 사용하여 전향 시간 가중치 벡터 f_t^i와 후향 시간 가중치 벡터 b_t^i가 다음과 같이 계산된다.

$$f_t^i = L_t w_{t-1}^{r,i} \tag{5.197}$$

$$b_t^i = L_t^\top w_{t-1}^{r,i} \tag{5.198}$$

4) DNC의 학습

DNC는 각 구성요소의 연산이 미분가능기 때문에, 입력과 출력이 종단간 미분가능$^{\text{end-to-end}}$ ^{differentiable}하다. 따라서 경사 하강법을 사용하여 DNC 모델을 학습시킬 수 있다. DNC는 외부 메모리를 사용할 수 있기 때문에, LSTM 모델 등의 재귀 신경망보다 더 장기간에 걸친 의존성을 찾는 문제에도 적용할 수 있다.

5.7.3 메모리망 MemoryNet

메모리망$^{\text{Memory Network}}$ 모델은 2014년 웨스튼$^{\text{James Weston}}$ 등이 제안한 메모리를 갖는 기계학습

모델이다. 이 모델은 [그림 5.95]와 같이 메모리 M와, 학습될 수 있는 I, G, O, R 모듈로 구성된다. 여기에서 메모리 M는 데이터를 저장하는 역할을 하고, I, G, O, R 모듈은 아래 설명하는 역할을 하는데, 각 모듈은 필요에 따라 신경망 등 기계학습 모델로 구현될 수 있다.

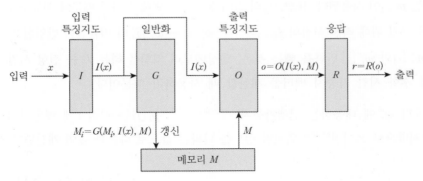

그림 5.95 **메모리망 MemoryNet**

모듈 I는 입력 x를 특징벡터 $I(x)$로 변환하는 입력 특징지도[input feature map] 생성 모듈이다. 이 모듈은 [그림 5.96]과 같이 텍스트, 영상 등의 입력에 대해서 전처리 등을 통해 메모리 M에 저장되는 크기의 특징벡터로 변환하는 역할을 한다.

$$x \longrightarrow \blacksquare\blacksquare\blacksquare\square\blacksquare \quad I(x)$$

그림 5.96 **메모리망의 입력 특징지도 모듈 I의 역할**

모듈 G는 모듈 I의 출력 $I(x)$를 메모리에 반영하는 역할을 하는 일반화[generalization] 모듈이다. 이 모듈은 입력으로 들어오는 $I(x)$와 메모리 M의 각 행[row] M_i을 비교하여 필요하면 해당 행을 갱신한다.

$$M_i \leftarrow G(M_i, I(x), M), \quad \forall i \tag{5.199}$$

일반화 모듈 G의 가장 간단한 형태는 메모리의 특정 행 $H(I(x))$에 입력 $I(x)$를 다음과 같이 저장하는 것이다. 여기에서 $H(I(x))$는 입력 $I(x)$를 저장할 메모리 행의 위치[index]를 반환하는 함수이다.

$$M_{H(I(x))} \leftarrow I(x) \tag{5.200}$$

[그림 5.97]은 일반화 모듈이 기존 메모리의 내용을 변경하지 않고 새로운 메모리 행에 입력 $I(x)$를 저장하는 경우를 보여준다. 일반화 모듈은 새로운 입력을 기존 저장된 메모리 내용에 결합하는 복잡한 연산을 하도록 구성될 수도 있다. 메모리가 다 채워진 경우에 새로운 입력이 들어오면, 기존 것들 중에서 망각^{forget}되거나 대체^{replace}될 행들이 선택되어야 한다. 이때 메모리의 각 행의 활용도^{utility} 등을 평가하여 활용도가 낮은 것을 선택하는 방법이 사용될 수도 있다.

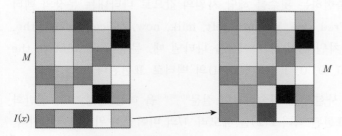

그림 5.97 메모리망의 일반화 모듈 G에 의한 입력 데이터의 저장

모듈 O는 주어진 $I(x)$에 관련된 메모리 M의 내용을 읽어내어 출력 특징벡터 o를 만드는 출력 특징지도$^{\text{output feature map}}$ 생성 모듈이다.

$$o = O(I(x), M) \tag{5.201}$$

모듈 R은 출력 특징벡터 o를 원하는 형태의 출력 r으로 변환하는 응답^{response} 모듈이다. 출력 특징벡터 o는 실수 벡터로 표현되지만, 출력 r은 단어, 텍스트, 또는 영상 등이 될 수 있다.

$$r = R(o) \tag{5.202}$$

1) 메모리망을 이용한 질의응답

메모리망은 학습한 내용에 대한 질문에 대해 답변을 하는 질의응답$^{\text{question-answering}}$ 시스템에 적용될 수 있다. 다음은 질의응답 시스템의 동작 형태를 예시한 것이다.

사실 기술 : Joe went to the kitchen.
　　　　　Fred went to the kitchen.
　　　　　Joe picked up the milk.
　　　　　Joe travelled to the office.
　　　　　Joe left the milk.

질문 : Where is the milk now?
답변 : office

질의응답 시스템을 구현하는 단순한 메모리망 구조를 살펴보자. 입력 특징지도 생성 모듈 I 는 문장 x 를 입력으로 받아서 단어가방$^{\text{bag-of-words, BoW}}$ 모델로 표현된 입력 특징벡터 $I(x)$로 변환한다. 단어가방 모델은 전체 어휘^{vocabulary} V의 단어 각각이 하나의 차원을 갖도록 하여, 각 단어가 문장에 출현하는 횟수를 해당 차원의 값으로 나타내는 문장의 벡터 표현 방법이다. 예를 들어, (Fred, Joe, kitchen, left, milk, now, office, picked, the, to, travelled, up, went)의 차원(위치)로 단어들을 나타낼 때, 문장 'Joe went to the kitchen'는 (0, 1, 1, 0, 0, 0, 0, 0, 1, 1, 0, 0, 1)의 벡터로 표현된다.

질의응답 시스템에서 문장은 사실^{fact}를 기술하거나 질문^{question}을 하는 문장이다. 일반화 모듈 G는 단어가방 모델로 표현된 벡터 $I(x)$를 메모리 M의 비어있는 위치에 저장한다.

질의응답을 위한 추론은 출력 특징지도 생성 모듈 O와 응답 모듈 R이 수행한다. 모듈 O는 입력 $I(x)$에 대해 먼저 k개의 관련성이 높은 메모리 행을 선택한다. $k = 2$라면, 관련성이 가장 높은 메모리 행 o_1과 두 번째로 높은 메모리 행 o_2는 다음과 같이 구한다.

$$o_1 = \text{argmax}_{i=1,\ldots,N}\, s_O(I(x), M_i) \tag{5.203}$$
$$o_2 = \text{argmax}_{i=1,\ldots,N}\, s_O([I(x), M_{o_1}], M_i) \tag{5.204}$$

여기에서 $s_O(I(x), M_i)$는 $I(x)$와 메모리 행 M_i의 매칭^{matching} 점수를 계산하는 함수이고, $[I(x), M_i]$는 벡터 $I(x)$와 M_i를 덧셈 등으로 결합한 것을 나타낸다. 모듈 O는 최종 결과로 $[I(x), M_{o_1}, M_{o_2}]$를 출력한다.

위의 질의응답 예에서 입력 x가 'Where is the milk now'라면, 가장 관련성 높은 메모리 M_{o_1}에는 'Joe picked up the milk'가 저장되어 있고, 두 번째로 관련성이 높은 메모리 M_{o_2}에는 'Joe travelled to the office'가 저장되어 있다고 하자. 질의응답 시스템에서는 질문에 관련성이 높은 이러한 문장들을 지지 문장$^{\text{supporting sentence}}$이라 한다.

모듈 R은 텍스트로된 응답을 출력한다. 여기 예에서 가장 간단한 형태의 답변은 마지막으로 검색된 메모리의 문장인 'Joe travelled to the office'를 출력하는 것이다. 답변 문장을 생성하려면 모듈 R은 $[I(x), M_{o_1}, M_{o_2}]$를 초기 입력으로 사용하는 재귀 신경망 등으로 구현되어야 한다. 단어 하나만 출력하는 경우라면, 다음과 같이 후보 단어 w들에 대한 점수를 매겨서 답변 단어 r를 선택할 수 있다.

$$r = \mathrm{argmax}_{w \in V} \, s_R([I(x), M_{s_1}, M_{s_2}], I(w)) \tag{5.205}$$

여기에서 V는 전체 단어의 집합을 나타내고, $S_R([I(x), M_{o_1}, M_{o_2}], I(w))$는 $[I(x), M_{o_1}, M_{o_2}]$와 단어 w의 특징벡터의 매칭 점수를 계산하는 함수이다. 위의 질문과 지지 문장들에 대해서 매칭 점수를 계산하는 적합한 함수가 적용된다면, 최종 응답 $r =$'office'를 찾을 수 있게 될 것이다.

매칭 점수를 계산하는 s_O와 s_R 함수는 다음과 같은 형태로 정의된다.

$$s_O(x, y) = \Phi_x(x)^\top U_O^\top U_O \Phi_y(y) \tag{5.206}$$

$$s_R(x, y) = \Phi_x(x)^\top U_R^\top U_R \Phi_y(y) \tag{5.207}$$

여기에서 U_O와 U_R는 $n \times D$ 차원의 단어 임베딩$^{\text{word embedding}}$ 행렬인데, n은 단어를 표현하는 특징공간의 차원이고, D는 문장을 표현하는 단어가방 모델의 차원이다. 메모리망은 $k = 2$일 때, $D = 3 \times |V|$로 하여, 질의 문장과 두 개의 지지 문장에 대해서 별도로 단어별 n차원 벡터 표현을 사용한다. Φ는 주어진 문장을 단어가방 모델의 벡터로 변환하는 함수이다.

2) 메모리망의 학습

메모리망은 I, G, O, R 모듈로 구성되고 있고, 각 모듈은 신경망 등 기계학습 모델로 구현될 수 있다. 물론 모든 모듈이 기계학습 모델로 만들어질 필요는 없다. 기계학습 모델이 적용된 모듈들에 대해서, 입력 x에 대해 출력이 r이 나오도록 파라미터들을 학습시키면 된다.

앞에서 소개한 질의응답 시스템의 경우, 학습 대상은 단어임베딩 행렬 U_O와 U_R이다. 이들 행렬의 각 요소는 다음 여백 손실$^{\text{margin loss}}$ 함수 L을 최소화하도록 학습한다.

$$
\begin{aligned}
L = & \sum_{\overline{f} \neq M_{o_1}} \max(0, \gamma - s_O(x, M_{o_1}) + s_O(x, \overline{f})) \\
& + \sum_{\overline{f} \neq M_{o_2}} \max(0, \gamma - s_O([x, M_{o_1}]. M_{o_2}) + s_O([x, M_{o_1}], \overline{f'})) \\
& + \sum_{\overline{r} \neq r} \max(0, \gamma - s_R([x, M_{o_1}, M_{o_2}], r) + s_R([x, M_{o_1}, M_{o_2}], \overline{r}))
\end{aligned}
\tag{5.208}
$$

여기에서 $\overline{f}$, $\overline{f'}$와 $\overline{r}$은 학습 데이터로 주어진 지지 문장이 아닌 것들과 해답이 아닌 것들$^{\text{negative example}}$을 나타낸다. 질의응답 시스템의 경우, 학습 데이터로 질의 문장 x, 두 개의 지지 문장 o_1과 o_2, 그리고 해답 r이 주어진다. 한편, γ는 여백^{margin} 값을 나타내는 하이퍼 파라미터이다. 위 여백 손실함수 L은 학습 데이터로 주어진 지지문장 o_1, o_2과 해답 r의 매칭 점수가 지지 문장이 아닌 것이나 해답이 아닌 것에 비해 최소 γ 이상 커지게 학습되도록 한다.

5.7.4 종단간 메모리망 MemN2N

메모리망으로 질의응답 시스템을 구현하려면 학습 데이터로 질문과 해답 뿐만 아니라 지지 문장들을 제공해야 한다. 지지 문장을 제공하지 않은 채 질문과 해답만 주어도 학습할 수 있는 모델로서 종단간 메모리망$^{end-to-end\ memory\ nework,\ MemN2N}$ 모델이 있다. 종단간 메모리 망은 2015년 서크바타$^{Sainbayar\ Sukhbaatar}$ 등이 메모리망^{MemoryNet}을 확장해서 만든 종단간 학습 모델이다. 이 모델은 [그림 5.98]과 같은 모듈을 층으로 쌓아서 만들어지는데, 질의응답 서비스, 언어 모델 등 주로 자연어 처리에 사용된다. 여기에서는 질의응답 서비스에 사용되는 모델을 중심으로 살펴본다.

질의응답을 위한 이야기^{story}를 구성하는 문장들 $\{x_i\}$는 $|V|$ 차원의 단어가방$^{bag-of-words,}$ ^{BoW} 모델로 표현한다. 여기에서 V의 전체 어휘의 집합이다. 단어들은 e 차원의 특징공간에 임베딩^{embedding}하여 표현되는데, 단어들의 임베딩을 위해 세 개의 $e \times |V|$ 차원의 임베딩 행렬 A, B와 C가 사용된다.

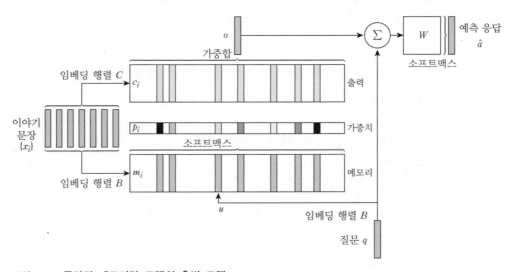

그림 5.98 종단간 메모리망 모델의 층별 모델

종단간 메모리망 모델은 [그림 5.98]과 같이 임베딩 행렬 A와 C를 사용하여 단어가방 모델로 표현된 각 문장의 벡터 x_i를 다음과 같이 메모리 벡터$^{\text{memory vector}}$ m_i와 출력 벡터 output vector c_i로 변환하여 저장한다.

$$m_i = Ax_i \tag{5.209}$$
$$c_i = Cx_i \tag{5.210}$$

질문 문장에 대한 단어가방 모델 벡터인 q는 임베딩 행렬 B를 사용하여 질의 벡터 u로 변환한다.

$$u = Bq \tag{5.211}$$

질문 문장과 이야기 구성 문장들의 매칭 정도를 계산하기 위해, 질의 벡터 u와 메모리 벡터 m_i의 내적$^{\text{inner product}}$을 계산한 다음, 소프트맥스를 하여 벡터 p를 계산한다.

$$p = (p_1, \cdots, p_N) \tag{5.212}$$
$$p_i = softmax(q^\top x_i) \tag{5.213}$$

벡터 p는 응답 벡터$^{\text{response vector}}$ o를 계산할 때, 각 출력 벡터에 주목^{attention}하는 정도를 나타낸다. 즉, 응답 벡터 o는 각 출력 벡터 m_i를 p_i에 비례하여 가중합시켜 계산한다.

$$o = \sum_i p_i c_i \tag{5.214}$$

질문 q에 대한 예측 해답 $\hat{a}$는 $|V| \times e$ 차원의 응답예측$^{\text{answer prediction}}$ 행렬 W와 응답 벡터 o와 질의 벡터 u를 사용하여 다음과 같이 계산한다.

$$\hat{a} = softmax(W(o + u)) \tag{5.215}$$

종단간 메모리망 모델에서는 문장들 $\{x_i\}$, 질문 q와 해답 a가 주어질 때 [그림 5.99]와 같은 모듈의 예측 해답 $\hat{a}$와 해답 a의 차이가 최소가 되도록 행렬 A, B, C와 W를 학습시킨다. 출력 $\hat{a}$가 $\{x_i\}$와 q에 대해 미분가능한 함수식으로 표현되기 때문에, 오차 함수에 대한 그레디언트^{gradient}를 역전파^{backpropagation}시켜 이들 행렬을 학습시킬 수 있다. 출력이 소프트맥스의 결과이기 때문에, 교차 엔트로피$^{\text{cross entropy}}$를 오차 함수로 사용한다.

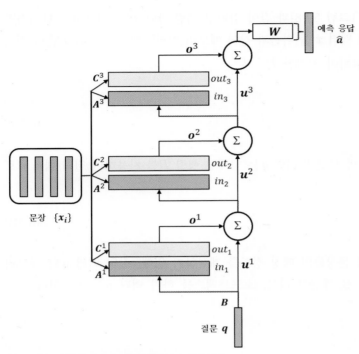

그림 5.99 **3개 층으로 구성된 종단간 메모리망**

종단간 메모리망에서는 [그림 5.98]과 같은 모듈을 [그림 5.99]와 같이 여러 개의 층으로 쌓으면 성능이 개선된다. 두 번째 이후 층의 입력 u^k는 직전층의 응답 벡터 o^{k-1}과 질의 벡터 u^{k-1}의 합이다.

$$u^k = o^{k-1} + u^{k-1} \tag{5.216}$$

예측 해답 $\hat{a}$는 마지막 층에서만 응답예측 행렬 W를 사용하여 계산되는데, 3개의 층으로 구성된 모델이라면 다음과 같이 계산된다.

$$\hat{a} = softmax(W(o^3 + u^3)) \tag{5.217}$$

여러 층으로 구성된 종단간 메모리망에서는 학습해야하는 임베딩 행렬의 개수가 층의 개수의 비례하여 많아지므로, 임베딩 행렬을 공유해서 학습 부담을 줄이는 방법을 사용한다. 임베딩 행렬을 공유하는 형태에는 인접^{adjacent} 공유와 층별^{layer-wise} 공유가 있다.

인접 공유에서는 입력 임베딩 행렬 A^k를 직전 층의 출력 임베딩 행렬 C^{k-1}과 같게 하는 것이다. 즉, $A^k = C^{k-1}$이 되도록 하는 것이다. 또한 응답예측 행렬 W을 마지막 층의 출력 임베딩 행렬 C^K의 전치 행렬과 같게 하거나 $(W = (C^K)^\top)$, 첫 번째 층의 입력 임베딩 행렬 A^1과 질문 임베딩 행렬 B를 같게 $(A^1 = B)$ 할 수도 있다.

층별 공유에서는 입력 임베딩 행렬 A^k와 출력 임베딩 행렬 C^k가 전체 층에 걸쳐 각각 같게 한다. 즉, $A^1 = A^2 = \cdots = A^K$이고, $B^1 = B^2 = \cdots = B^K$이다. 한편, 층간에 선형변환 H를 다음과 같이 도입할 수도 있다. 이 경우 H도 학습을 통해서 결정되게 한다.

$$u^k = Hu^{k-1} + o^k \tag{5.218}$$

문장을 단어가방 모델의 벡터로 표현하면 문장 내에서 단위 위치에 대한 정보가 사라진다. 이를 보완하기 위해 위치 인코딩$^{\text{position encoding}}$ 방법을 사용할 수도 있다. 위치 인코딩은 문장에서 단위의 위치를 함께 인코딩하는 것으로 문장을 다음과 같은 형태로 표현한다.

$$m_i = \sum_j l_j \circ Ax_{ij} \tag{5.219}$$

여기에서 $\circ$은 요소별$^{\text{element-wise}}$ 곱셈을 나타내고, l_j는 $l_{kj} = (1 - j/J) - (k/d)(1 - 2j/J)$로 정의되는 열^{column} 벡터이고, x_{ij}는 문장 x_i에 j번째 단어를 표현하는 one-hot 벡터이다. 한편, J는 해당 문장에서 단어의 개수이고, d는 단어의 임베딩 차원이다.

질의응답 시스템에서 문장들의 시간적인 순서를 나타내기 위해, 시간 인코딩$^{\text{temporal encoding}}$을 적용하여 메모리 벡터 m_i를 다음 형태로 표현할 수도 있다.

$$m_i = \sum_j Ax_{ij} + T_A(i) \tag{5.220}$$

여기에서 $T_A(i)$는 시간 정보를 나타내는 시간정보 행렬 T_A의 i번째 행을 의미한다. 출력 벡터 c_i도 마찬가지로 다음과 같이 시간정보 행렬 T_C를 사용하여 다음과 같이 표현한다.

$$C_i = \sum_j Cx_{ij} + T_C(i) \tag{5.221}$$

시간정보 행렬 T_A와 T_C는 학습을 통해 결정되고, A와 C가 공유되는 형태로 공유될 수 있다. 문장은 질문 문장으로부터 상대적인 거리를 나타내기 위해 역순으로 번호가 부여된다. 즉, x_1은 이야기에서 마지막 문장을 나타낸다.

메모리망과 비교하여 종단간 메모리망은 다음과 같은 차이점이 있다. 메모리망은 응답을 만들어낼 때 사용할 메모리 행들에 대한 정보를 학습 데이터로 가지고 있어야 한다. 질의응답 서비스의 경우라면 지지 문장에 대한 정보를 학습 데이터로 제공해야 한다. 반면, 종단간 메모리망은 이러한 부가정보를 필요로 하지 않는다. 메모리망은 메모리로부터 max 연산을 통해서 선택된 지지 문장들에 주목[attention]하는 일종의 경성[hard, 硬性] 주목 메커니즘을 사용한다. 반면, 종단간 메모리망은 소프트맥스하여 계산된 벡터 p에 따라 전체 입력 메모리 전체를 주목하는 연성[soft, 軟性] 주목 메커니즘을 사용한다. 메모리망은 메모리를 한 단계에서만 활용하여 응답을 만들어내지만, 종단간 메모리망은 여러 층으로 구성되기 때문에, 여러 단계의 의존성을 반영한 응답을 만들어 낼 수 있다. 메모리망의 학습은 각 모듈별로 채택한 기계학습 모델에 따른 (식 5.183)과 같은 여백 손실 함수를 최적화하는 방법으로 이루어진다. 반면, 종단간 메모리망은 교차 엔트로피 함수에 대한 역전파 알고리즘을 사용하여 학습될 수 있다.

5.7.5 동적 메모리망 DMN

동적 메모리망[dynamic memory network, DMN]은 쿠마[Ankit Kumar] 등이 2016년 제안한 자연어 처리를 위한 메모리망 모델이다. 이 모델은 [그림 5.100]과 같이 입력 모듈, 질문[question] 모듈, 에피소드 메모리[episodic memory] 모듈, 응답[answer] 모듈로 구성된다.

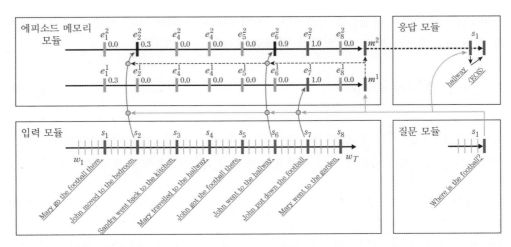

그림 5.100 **동적 메모리망의 구성**[출처: Kumar 등, 2016]

입력 모듈은 임의의 T_s개의 문장 S_1, S_2, $\cdots$, S_{T_s}을 순차적으로 입력으로 받아 각 문장에 대한 요약 정보를 벡터로 출력하는 역할을 한다. 이 모듈은 GRU^{gated recurrent unit} 재귀 신경망 ^{RNN}으로 구현되고, 각 문장의 단어가 순차적으로 입력되어 문장의 마지막 단어가 입력된 직후의 은닉 상태를 출력한다. [그림 5.100]의 입력 모듈에서 두꺼운 수직선분 ▮은 각 문장의 마지막 단어가 입력될 때, 입력 모듈이 출력을 하는 시점을 나타낸다. 각 단어 w_t는 단어임베딩^{word embedding}을 한 결과 $L[w_t]$로 입력되며, 단어가 입력될 때 재귀 신경망의 은닉 상태는 다음과 같이 결정된다.

$$h_t = GRU(L[w_t], h_{t-1}) \tag{5.222}$$

T_s개의 문장이 주어지면, 입력 모듈은 각 문장 S_1, S_2, $\cdots$, S_{T_s}이 끝날 때의 출력 $s_1 = h_{S_1}$, $s_2 = h_{S_2}$, $\cdots$, $s_{T_s} = h_{S_{T_s}}$를 에피소드 메모리 모듈과 응답 모듈에 전달한다.

질문 모듈은 GRU 모델로 구현되며, 단어임베딩으로 표현된 질문의 단어 v_1, v_2,$\cdots$, v_q를 순서대로 입력으로 받아 질문의 마지막 단어가 입력된 직후의 은닉 상태 q를 출력하여, 에피소드 메모리와 응답 모듈에 전달한다.

$$q_t = GRU(L[v_t], q_{t-1}) \ t = 1, \cdots, q \tag{5.223}$$
$$q = GRU(L[v_q], q_{q-1}) \tag{5.224}$$

에피소드 메모리^{episodic memory} 모듈은 입력 모듈과 응답 모듈의 출력을 사용하여 에피소드 메모리를 반복적으로 갱신해서 응답 모듈에 전달할 출력을 만들어낸다. 이 모듈은 주목 ^{attention} 메커니즘과 재귀 신경망으로 구성된다.

주목 메커니즘은 반복 단계 i의 t번째 문장 S_t에 대한 게이트^{gate} 함수 g_t^i를 사용하여 구현되는데, 이 게이트 함수 g_t^i는 다음과 같이 소프트맥스를 사용하여 정의된다.

$$g_t^i = \frac{\exp(Z_i^t)}{\displaystyle\sum_{k=1}^{M_i} \exp(Z_i^t)} \tag{5.225}$$

이때 Z_i^t는 2개의 은닉층을 갖는 다층 퍼셉트론^{MLP}으로 다음과 같은 연산을 수행한다.

$$Z_i^t = W^{(2)}\tanh\left(W^{(1)}z_i^t + b^{(1)}\right) + b^{(2)} \tag{5.226}$$

여기에서 $W^{(1)}$, $W^{(2)}$, $b^{(1)}$, $b^{(2)}$는 각각 첫 번째와 두 번째 층의 가중치 행렬과 편차항 벡터를 나타내고, z_t^t는 i번째 문장에 대한 입력 모듈의 출력 s_t, 질문 모듈의 출력 q, 직전 단계의 에피소드 메모리의 값 m^{i-1}로부터 계산된 다음 (식 5.227)과 같은 요소들로 구성되는 특징벡터이다.

$$z_i^t = [s_t \circ q, s_t \circ m^{i-1}, |s_t - q|, |s_t - m^{i-1}|] \tag{5.227}$$

위 식에서 $\circ$는 원소별 곱셈을 의미한다.

단계 i에서의 에피소드^{episode} e^i를 계산하기 위해, GRU 모델의 출력을 $GRU(s_t, h_{t-1}^i)$라고 할 때, $GRU(s_t, h_{t-1}^i)$와 직전 상태 h_{t-1}^i를 게이트 값 g_t^i를 주목 가중치로 사용하여 결합해서 다음 시점의 은닉 상태 h_t^i로 사용한다.

$$h_t^i = g_t^i GRU(s_t, h_{t-1}^i) + (1 - g_t^i)h_{t-1}^i \tag{5.228}$$

입력이 $s_1, s_2, \cdots, s_{T_s}$라고 하면, 에피소드 e^i는 GRU 모델의 마지막 상태인 $h_{T_C}^i$로 한다.

$$e^i = h_{T_s}^i \tag{5.229}$$

반복 단계 i에 계산된 에피소드 e^i와 직전 단계의 에피소드 메모리$^{episodic\ memory}$ m^{i-1}를 GRU 모델에 넣어서 출력된 결과로 다음과 같이 메모리 m^i를 설정한다.

$$m^0 = q \tag{5.230}$$
$$m^i = GRU(e^i, m^{i-1}) \tag{5.231}$$

에피소드 메모리 모듈은 정해진 반복회수 T_M이 경과한 후의 에피소드 메모리 m^{T_M}를 응답 모듈로 전달된다.

[그림 5.100]의 에피소드 메모리 모듈에서 첫 번째 반복 단계를 통해서 만들어지는 에피소드 메모리가 m^1이고, 선분 위의 0.3, 0.0, 0.0, 0.0, 0.0, 0.0, 1.0, 0.0은 아래 8개의 문장 각각의 질문 'Where is the football?'에 대한 관련성을 나타내는 주목 가중치로, g_t^1의 값들이다. 질문에 대해서 football이라는 단어가 들어가 있는 첫 번째 문장 'Mary got the football there.'와 일곱 번째 문장 'John put down the football.'만 0.3과 1.0의 주목 가중치값을 가진다.

두 번째 단계에는 질문의 'Where'에 대한 정보를 가지고 있는 두 번째 문장 'John move to the bedroom.'과 여섯 번째 문장 'John went to the hallway.'가 큰 주목 가중치를 갖는 것을 보여준다. 이와 같은 단계를 반복함으로써 점진적으로 질문에 대한 정보를 가지고 있는 문장들을 찾아내서 에피소드 메모리를 표현할 수 있는 능력을 동적 메모리망은 가지고 있다.

응답 모듈은 GRU 모델로 구성되고, 초기 상태 a_0으로 마지막 에피소드 메모리 m_{T_M}을 사용한다. 입력으로는 직전 예측 출력 y_{t-1}, 질문 벡터 q, 직전 은닉상태 a_{t-1}을 사용하여 다음 시점의 상태 a_t를 결정한 다음, 이를 이용하여 출력 y_t를 결정한다.

$$a_0 = m_{T_M} \tag{5.232}$$

$$a_t = GRU([y_{t-1}, q], a_{t-1}) \tag{5.233}$$

$$y_t = softmax(W^{(a)} a_t) \tag{5.234}$$

동적 메모리망 모델은 기대하는 응답과 응답 모듈의 출력과의 교차 엔트로피와, 주목 메카니즘을 구현하는 게이트들의 교차 엔트로피의 합을 오차 함수로 사용한다. 이 오차함수의 그레디언트^{gradient}를 역전파시키서 모델을 종단간$^{end-to-end}$ 방법으로 학습한다.

[그림 5.100]에서 보인 입력 모듈의 스토리를 구성하는 8개의 문장, 질문인 'Where is the football?'과 답변인 'hallway'가 동적 메모리망의 전형적인 학습 데이터의 형태이다. 8개의 스토리 문장과 질문을 입력으로 넣을 때, 응답 모듈이 정답인 'hallway 〈EOS〉'를 출력할 확률이 가장 커지도록 학습 알고리즘은 동적 메모리망을 학습시키게 된다. 〈EOS〉는 문장 끝$^{end\ of\ sentence}$를 나타내는 기호이다.

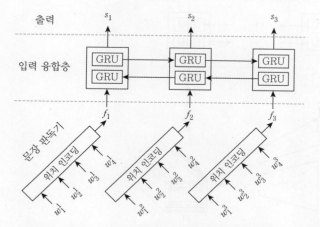

그림 5.101 DMN+ 모델의 텍스트에 대한 입력 모듈[출처: Xiong 등 2016]

시옹^{Caiming Xiong} 등은 동적 메모리망 모델을 확장하여 텍스트로 주어진 이야기 뿐만 아니라 영상에 대해서도 질의응답을 할 수 있는 DMN + 모델을 개발했다. 이 모델은 입력 모듈은 텍스트와 영상에 대해서 별도의 구조를 사용한다. 텍스트에 대한 입력 모듈은 [그림 5.101] 과 같이 문장 판독기^{sentence reader}와 입력 융합층^{input fusion layer}으로 구성된다. 문장 판독기는 문장 S_i를 문장의 각 단어 w_j^i에 대한 단어임베딩 w_j^i와, 단어의 위치 j에 대한 위치인코딩 ^{position encoding} 벡터 l_j의 원소별^{element-wise} 곱셈한 것들의 합으로 변환하여 문장의 특징벡터 f_i로 변환한다.

$$f_i = \sum_{j=1}^{T_s} l_j \circ w_j^i \tag{5.235}$$

입력 융합층은 문장 특징벡터들 $f_1, f_2, \cdots, f_{T_s}$에 대해서 양방향^{bidirectional} GRU 모델을 적용하여 나오는 각 시점 i에서의 전방향^{forward} 상태 벡터 f_i^f와 역방향^{backward} 상태 벡터 f_i^b의 합으로 해당 시점의 출력 벡터 s_i를 결정한다.

$$f_i^f = GRU_{fwd}(f_i, f_{i-1}^f) \tag{5.236}$$
$$f_i^b = GRU_{bwd}(f_i, f_{i-1}^b) \tag{5.237}$$
$$s_i = f_i^f + f_i^b \tag{5.238}$$

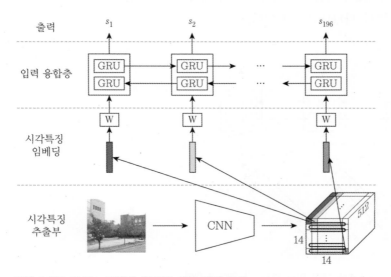

그림 5.102 DMN+ 모델의 영상에 대한 입력 모듈

영상을 입력으로 받는 입력 모듈은 영상을 작은 영역으로 나누어 각 영역을 하나의 문장처럼 간주하여 처리한다. 영상에 대한 입력 모듈은 [그림 5.102]와 같이 시각특징 추출부^{visual} ^{feature extraction part}, 시각특징 임베딩부^{visual feature embedding part}, 입력 융합층으로 구성된다. 시각특징 추출부는 [그림 5.22(a)]의 VGG-19 모델에서 $14 \times 14 \times 512$ 차원의 특징지도를 만들어 내는 부분을 사용하여 영상을 $14 \times 14 = 196$ 개 영역의 512차원 벡터들로 표현한다. 시각특징 임베딩부는 나중에 질문 벡터 q와 연산이 가능하도록 하기 위해 시각특징 추출부에서 계산한 각 512차원 벡터 v_i를 행렬 W로 선형변환한 다음, 활성화 함수 tanh를 통과시켜 지역영역 특징벡터 f_i를 생성한다.

$$f_i = \tanh(W f_i) \tag{5.239}$$

입력 융합층은 영상의 영역을 [그림 5.102]의 시각특징 추출부의 맨 오른쪽 그림에서처럼 영상의 영상을 리을자^{snake-like} 모양으로 나열한 다음, 특징벡터들 $f_1, f_2, \cdots, f_{T_s}$에 대해서 양방향^{bidirectional} GRU 모델을 적용하여 (식 5.238)과 같이 출력벡터를 계산한다.

[그림 5.103]은 영상을 대상으로 하는 질의응답 시스템에 DMN+ 모델이 적용되는 시각 질의응답^{Visual question-answering, Visual QA, VQA, 視覺 質疑應答}의 예를 보여준다. 사진 영상과 텍스트로 된 질문이 주어지면 DMN+ 모델은 질문에 대한 답변을 생성하여 출력한다.

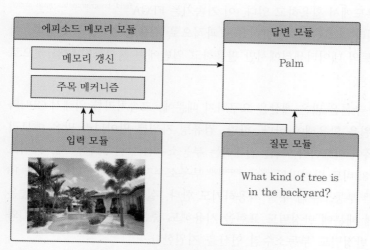

그림 5.103 DMN+ 모델을 영상에 대한 질의응답의 예

5.8 딥러닝 개발 환경

딥러닝 알고리즘은 매우 많은 계산량을 요구한다. 다행스럽게도 최근 수천개의 코어를 가지고 있는 그래픽처리장치^{graphics processing unit, GPU} 등이 비교적 저렴하게 출시되고 있다. 일반 개발자들도 이러한 GPU를 사용하면 높은 성능의 딥러닝 모델을 개발하여 활용할 수 있다. 딥러닝에서 많이 활용하는 GPU는 엔비디아^{Nvidia}에서 출시하는 것들이다. 엔비디아에서는 GPU의 병렬처리 구조를 효과적으로 활용하기 위한 API^{Application Programming Interface} 함수들과 병렬처리 컴퓨팅 프레임워크인 CUDA^{Compute Unified Device Architecture, 쿠다}를 제공한다.

구글은 딥러닝 알고리즘을 효과적인 처리를 위해 ASIC^{application specific integrated circuit, 주문형 반도체}인 TPU^{tensor processing unit}를 자체적으로 개발하여 2015년부터 사용하고 있다. 구글의 실험에 따르면, TPU를 사용하여 다층 퍼셉트론, LSTM RNN, CNN 등의 알고리즘을 실행할 때, GPU를 사용할 때보다 십여 배 이상 빠른 성능이 높게 나왔다고 한다. TPU는 학습보다는 실행(즉, 추론)에 효율적인 구조인 것으로 알려져 있다. 2017년에 구글은 2세대 TPU를 공개했는데, 1세대 TPU와 달리 소수점 연산을 제공하여 학습과 추론을 더 효율적으로 수행한다고 한다. 구글은 TPU를 Google Gomputing Engine이라는 자체 클라우드 서비스 등을 통해 외부에서 사용할 수 있도록 하고 있다. TPU는 구글 내부에서만 활용하고 있으며 외부에는 아직 판매하지 않고 있다.

마이크로소프트는 캐타펄트^{Catapult} 프로젝트를 통해서 딥러닝 알고리즘 실행을 위한 가속기를 개발하여 자체 클라우드에서 활용하고 있다. 이 가속기는 FPGA^{field programmable gate array, 재프로그래밍 가능한 칩} 기반이라 새로운 연산 방식을 효과적으로 수용할 수 있다고 한다. 이 가속기는 마이크로소프트의 데이터센터에서만 활용하고 일반에는 출시하지 않을 것으로 보인다.

딥러닝 신경망의 학습과 추론은 많은 계산을 요구하기 때문에, 고속처리를 위해서 GPU와 같은 고성능 컴퓨팅 자원을 활용해야 한다. 한편, 컴퓨팅 자원뿐 만아니라 많은 메모리 용량과 높은 버스 대역폭이 필요하다. 이를 위해서는 부동소수점 수를 표현할 때, 64비트 배정밀도^{double-precision}나 32비트 단정밀도^{single-precision} 부동소수점 수를 사용하지 않고, 16비트 반정밀도^{half-precision} 부동소수점 수를 사용하기도 한다. 실제 신경망의 연산은 높은 정밀도를 요구하지 않게 때문에 반정밀도 표현을 사용해도 충분하다. Nvidia의 GPU와 구글의 TPU는 16비트 반정밀도 부동소수점 연산을 지원한다.

초창기 딥러닝 알고리즘을 구현할 때는 CUDA 등을 직접 사용해서 개발해야 했기 때문에, 시간과 노력이 많이 들었다. 그런데 최근에서는 딥러닝 알고리즘을 쉽게 사용하여 응용시스템을 개발할 수 있는 여러 가지 프로그래밍 환경이 제공되고 있다. 대표적인 것으로 텐서플로우^{TensorFlow}, 카페^{Caffe}, 토치^{Torch}, 씨아노^{Theano}, 케라스^{Keras}, 파이런2^{Pylearn2}, 싸이킷런 $^{Scikit-Learn}$, DL4J, Cuda-ConvNet, RNNLIB 등이 있다. 이들은 파이썬과 같은 스크립트 언어로 딥러닝 알고리즘을 쉽게 구현할 수 있는 환경을 제공한다. 이들 대부분은 이미 개발된 알고리즘을 오픈 소스로 공개하고 있다. 또한 대량의 데이터에 대해 학습된 여러 모델들을 공개하고 있기 때문에, 개발자들이 큰 노력없이 이들 모델을 사용하여 딥러닝 응용시스템 개발할 수도 있다. 텐서플로우를 활용한 프로그래밍에 대해서는 13장에서 자세히 살펴본다.

1. 전통적인 신경망과 딥러닝 신경망의 차이점을 설명하시오.

2. 전통적인 신경망에서 기울기 소멸 문제가 발생한 이유에 대해서 설명하시오.

3. ReLU를 활성화 함수로 사용하면 기울기 소멸 문제가 완화되는 이유를 설명하시오.

4. 다층 신경망의 가중치를 초기화하는 방법들을 설명하시오.

5. 오차 함수에 규제화 항을 집어넣으면 어떤 효과가 있는지 설명하시오.

6. 학습할 때 드롭아웃을 사용하게 되면 어떤 효과가 있는지 설명하시오.

7. 다층 신경망의 학습에서 공적응(co-adaption)이 어떤 현상인지 설명하시오.

8. 배치 정규화(batch normalization)를 하는 이유와 방법을 설명하시오.

9. 컨볼루션 신경망의 구조에 대해서 설명하시오.

10. 컨볼루션 연산은 입력 영역에 대해서 어떤 일을 하는 것인지, 이를 통해서 어떤 효과를 기대하는지 설명하시오.

11. 12×12 크기의 입력에 대해서 3×3 크기의 컨볼루션 커널을 스트라이드 2, 패딩 2로 하여 적용할 때 만들어지는 결과의 크기를 계산하시오.

13. 컨볼루션 신경망에서 풀링(pooling) 연산은 어떤 역할을 하는지 설명하시오.

14. 아래 (a)의 영상에 (b)의 필터를 스트라이드는 1로 패딩은 1을 하여 적용하여 컨볼루션한 결과와, 그 결과에 대해서 스트라이드는 2로 하면서 2×2 크기의 블록에서 최대값 풀링한 결과를 계산하시오.

1	1	5	2	9	1
2	1	3	0	4	0
0	7	1	6	3	2
3	0	1	2	1	1
0	5	3	4	0	0
1	3	1	0	8	3

(a) 영상

-1	0	2
0	-2	0
2	0	-1

(b) 필터

15. GoogleNet의 자료를 찾아서 [표 5.1]과 같이 학습해야할 가중치의 개수와 노드 개수를 정리하시오.

16. 경사 하강법에 기반한 학습시 가중치 조정 방법인 NAG와 ADAM을 비교하여 설명하시오.

17. ImageNet 데이터베이스 사이트에 접속해서 100개 부류를 선택한 다음 부류별로 20개 씩의 영상 데이터를 다운로드해보시오.

18. 3×3 크기의 컨볼루션만을 사용해도 5×5 크기 및 7×7 크기의 컨볼루션 사용 효과를 낼 수 있는 이유와, 5×5 크기와 7×7 크기 대신 3×3 크기를 사용할 때의 장점을 설명하시오.

19. 1×1 컨볼루션은 어떤 목적으로 사용되는지 설명하시오.

20. 1보다 큰 스트라이드를 갖는 컨볼루션을 하는 것은 풀링 연산과 비교해 어떤 효과가 있는지 설명하시오.

21. ResNet에서 잔차 모듈(residual module)이 100개 이상의 층을 갖는 딥러닝 신경 망을 구성할 수 있도록 하는데 도움이 되는 이유를 설명하시오.

22. 신경망을 구성할 때 잔차 모듈을 사용함으로써 여러 조합의 부분 신경망을 함께 사용하 는 효과를 얻을 수 있다는 말을 구체적으로 예를 들어서 설명하시오.

23. ResNet와 DenseNet의 차이점을 비교하여 설명하시오.

24. 딥러닝에서 전이 학습은 어떤 형태로 활용되는지 설명하시오.

25. 확률 그래프 모델에서 에너지라는 개념은 어떤 용도를 사용되는지 설명하시오.

26. 제한적 볼츠만 머신을 마르코프 랜덤 필드 모델로 간주할 때, 팩터(factor)들은 어떻게 정의되는지 설명하시오.

27. 제한적 볼츠만 머신에서 조건부 확률을 나타내는 (식 5.57)을 (식 5.51)과 (식 5.52)를 사용하여 유도해 보시오.

28. 제한적 볼츠만 머신의 학습에서 마르코프 체인 몬테카를로(MCMC)를 어느 부분에서 사용하고, 사용하는 이유는 무엇인지, 어떤 방법으로 MCMC를 하는지 설명하시오.

29. 대립쌍 생성망(GAN) 모델의 개념을 경찰관과 위조범의 사례를 사용하여 설명하시오.

30. 대립쌍 생성망(GAN) 모델의 학습이 mini-max 알고리즘과 어떤 유사한 면이 있는지 설명하시오.

31. 디컨볼루션이 컨볼루션과 어떻게 다른지 설명하고, 디컨볼루션을 하는 방법들을 조사해 보시오.

32. 대립쌍 생성모델 GAN을 활용하여 생성한 영상들을 찾아보고, 영상 생성이외에 GAN을 활용하는 응용 사례를 조사하시오.

33. 양방향 대립쌍 생성망(BiGAN)이 일반 대립쌍 생성망과 다른 점은 무엇인지, 장점은 무엇인지 설명하시오.

34. 재귀 신경망에서 기울기 소멸 문제 뿐만 아니라 기울기 폭발 문제가 있는 이유를 설명하시오.

35. 재귀 신경망의 학습에 사용되는 BPTT 알고리즘이 오류 역전파(BP) 알고리즘과 어떤 점에서 다른지 비교하여 설명하시오.

36. 재귀 신경망에서 기울기 소멸 현상을 확인하는 것이 기울기 폭발 현상을 확인하는 것보다 어려운 이유를 설명하시오.

37. LSTM 재귀 신경망에서 게이트들의 역할을 설명하시오.

38. GRU 재귀 신경망과 LSTM 재귀 신경망의 장단점을 비교하여 설명하시오.

39. 양방향 재귀 신경망은 과거와 미래의 입력을 함께 고려한다. 이 모델을 실시간으로 들어오는 음성 데이터에는 어떤 방법으로 적용할 수 있을지 설명하시오.

40. 잔차연결 딥러닝 재귀 신경망(residual deep recurrent neural network)을 사용하면 어떤 효과를 기대할 수 있을지 설명하시오.

41. 재귀 신경망(RNN)을 자연어 처리 분야에서 활용하고 있는 사례를 조사하시오.

42. 오토인코더를 잡음제거에 사용하려면 어떻게 학습을 시켜야 하는지 설명하시오.

43. 변분 오토인코더(variational autoencoder)가 새로운 데이터를 생성하는 데 사용될 수 있는 이유를 설명하시오.

44. 종단간 학습(end-to-end learning)은 어떤 학습을 의미하는지 설명하시오.

45. 인코더-디코더 망으로 할 수 있는 입력-출력 사상(mapping)에는 어떤 것들이 있는지 설명하시오.

46. 인코더-디코더 망에서 주목(attention) 메커니즘이 어떤 역할을 하는지, 어떤 효과를 줄 수 있는지 설명하시오.

47. 뉴럴 튜링 머신(NTM)과 미분가능 신경망 컴퓨터(DNC)은 신경망에 어떤 기능을 부여함으로써 어떤 효과를 기대하는지 설명하시오.

48. 미분가능 신경망 컴퓨터(DNC)에 있는 시간적 링크 행렬(temporal link matrix)의 역할에 대해서 설명하시오.

49. 메모리망(MemoryNet)에서의 학습 대상과 학습 방법에 대해서 설명하시오.

50. 종단간 메모리망(MemN2N)은 질의응답을 위해 이야기 문장과 질문을 어떻게 처리하는지 설명하시오.

51. 시각 질의응답은 어떤 일을 하는 것인지, 이러한 것을 어떤 방법으로 구현하는지 설명하시오.

52. 채봇(chatbot)에서 사용하는 메모리망 모델 사례를 조사하시오.

53. 딥러닝 기술을 성공적으로 활용한 국내 사례 3가지를 찾아서 구체적으로 어떤 알고리즘을 어떤 일을 해결하는데 적용했는지 자세히 조사하시오.

54. 13장을 참고하여 텐서플로우를 설치하고, 예제 프로그램들을 실행해 보시오.

만들어 낼 수 없다면, 이해하지 못한 것이다.
What I cannot create, I do not understand.
– Richard Feynman(1918–1988)

계획수립

계획수립

어떤 과업을 수행하려면 여러 동작이나 행동을 단계적으로 수행해야 하는 경우가 있다. 이러한 일련의 동작이나 행동을 결정하는 것을 계획수립^{planning, 計畫樹立}이라고 한다. 위임받은 일을 자율적이고 지능적으로 처리하는 기술은 비서 역할을 하는 소프트웨어 에이전트나 로봇 같은 물리적인 에이전트에서 필수적으로 요구된다. 에이전트에게는 일을 어떻게 할지는 알려주지 않고 어떤 일을 할지만 요구하기 때문에, 계획수립은 에이전트와 같은 지능적인 시스템에서 필수적인 기능이다.

6.1 계획수립

계획수립의 가장 단순한 형태는 이산적인 상태 공간에서 초기 상태를 목표 상태로 바꾸는 일련의 행동을 결정하는 것이다. [그림 6.1]은 초기 상태의 블록들을 pickup과 putdown이란 행동을 사용해서 목표 상태로 만들어야 하는 간단한 계획수립 문제를 보여준다.

초기 상태   행동/연산자   목표 상태

그림 6.1 **계획수립 문제의 예**

여기에서 pickup(x)는 x에 해당하는 블록을 집어 올리는 행동을 나타내고, putdown(x,y)는 블록 x를 y의 위에 내려놓는 행동을 나타낸다. 이때, pickup(c) → putdown(c,floor) → pickup(b) → putdown(b,a) → pickup(c) → putdown(c,b)의 행동을 순서대로 수행하면 목표 상태로 블록이 쌓이게 된다. 이러한 일련의 행동을 계획^{plan}이라 하고, 이러한

계획을 만드는 것을 계획수립이라고 한다. 계획에 사용되는 행동을 나타내는 pickup, putdown 등을 연산자^{operator}라고도 한다.

계획수립은 흔하게 접하는 문제 중의 하나이다. 일상에서 우리는 다양한 계획수립 문제를 접하고 해결해가며 생활한다. 아침에 일어나서 학교에 오는 과정 속에서 씻고, 식사하고, 단장하고, 교통편을 이용하고, 걷는 등 일련의 작업에 대한 계획을 세우고 수행을 한다. 강의실에 들어올 때도 강의실 문에 가서, 문고리를 잡고, 돌리고, 밀고, 들어가는 등의 작업 계획을 세우게 된다. 2장에서 살펴본 8-퍼즐 문제, 식인종-선교사 문제, 루빅스 큐브 맞추기, 보드 게임, 최단경로 문제 등의 문제를 푸는 것도 일련의 작업을 수행하는 해를 찾는 것이기 때문에 계획수립의 문제로 볼 수 있다. 4장에서 소개한 강화 학습은 문제의 각 상태에서 선택할 행동을 결정하는 정책을 찾는 것인데, 결국 정책에 따라 행동을 하면 목적한 작업을 완수할 수 있으므로, 강화 학습도 계획수립 방법의 하나로 볼 수 있다.

로봇 부문에서는 많은 주요 주제가 작업계획에 해당한다. 원하는 움직임 작업을 수행하도록 제약조건을 만족시키면서 최소의 비용으로 일련의 움직임을 찾아내는 일은 움직임 계획수립$^{motion\ planning}$이다. 시작 위치에서 목적 위치로 가기 위해 관절이나 바퀴를 이동시킬 순차적인 위치를 결정하는 일은 경로 계획수립$^{path\ planning}$이다. 주어진 경로와 제약조건 및 물리적인 특성을 고려하여 매 시점의 관절 등의 위치, 속도, 가속도 등을 결정하는 일은 궤적 계획수립$^{trajectory\ planning}$이다. 이외에도 스케줄링 문제, 프로젝트 관리, 군사작전 계획, 정보 수집, 자원 관리 등 다양한 문제가 계획수립에 해당한다.

계획수립은 가능한 계획들 중에서 최적인 것을 찾는다는 점에서 탐색 문제로 볼 수도 있다. 실제로 탐색 방법이 계획수립에 사용되기는 하지만, 다음 측면에서 탐색과 계획수립은 구별된다.

첫째, 탐색에서는 상태를 하나의 개체 또는 자료구조로 표현하지만, 계획수립에서는 일반적으로 상태를 여러 성질의 모임으로 기술한다.

둘째, 탐색에서는 탐색 알고리즘이 다음 탐색할 상태를 결정하지만, 계획수립에서는 특정 상태에서 시도할 수 있는 행동들이 이미 정해져 있다.

셋째, 탐색 알고리즘은 목표 상태로 도달하기 위해 여러 상태를 시도해보지만, 계획수립 알고리즘은 목표 상태를 달성하기 위해 부분목표^{subgoal}들을 충족시킬 방법을 찾아간다.

넷째, 탐색에서는 목표 상태에 도달하기 위한 선형적인 순서$^{total\ order}$의 행동들을 찾지만, 계획수립에서는 행동들이 모두 선형적일 필요는 없고 부분적 순서화$^{partial\ order}$만 되어 있어도 된다.

6.2 계획수립 문제

계획수립 문제는 [그림 6.1]의 예에서 살펴본 것처럼 다음 3가지 요소로 정의된다.

- 초기 상태에 대한 명세
- 원하는 목표 상태에 대한 명세
- 가능한 행동들에 대한 명세

계획수립은 주어진 계획수립 문제의 초기 상태에서 목표 상태 중 하나로 도달할 수 있게 하는 일련의 행동들을 생성하는 것을 일컫는다.

에이전트(예, 로봇) 행동과 환경에 대한 정보를 정확히 알 수 있는 경우라면, 계획을 오프라인으로 만들어서 그대로 적용하면 원하는 목표에 달성할 수 있다. 반면, 동적인 미지의 환경에서는, 계획을 온라인으로 수립하면서 중간중간 계획을 수정해야 한다. 이런 동적 환경에는 계획이란 용어보다 정책^{policy}이란 용어를 주로 사용한다. 동적인 환경에서는 때때로 에이전트의 행동과 환경에 대한 모델을 수정해야 하고, 이에 따라 정책도 수정해야 한다. 이와같이 계획수립 문제는 어떤 가정을 하는가에 따라 문제의 형태와 난이도가 달라진다. 문제 형태에 영향을 줄 수 있는 몇 가지 요소를 살펴보면 다음과 같다.

- 행동의 결과가 결정적인가 비결정적인가. 즉 행동에 대한 결과가 일정한가 그렇지 않은가. 비결정적이라면 이에 대한 확률정보가 있는가.
- 상태 변수는 이산적인가 연속적인가. 이산적이라면 가능한 값의 개수가 유한한가.
- 현재 상태를 알 수 있는가. 정확히 알 수 있는가 아니면 간접적인 정보만 알 수 있는가.
- 초기 상태의 개수가 얼마나 되는가. 유한한가 아니면 무수히 많은가.
- 행동은 지속시간이 있는가.
- 여러 개의 행동을 동시에 할 수 있는가, 아니면 한 번에 하나의 행동만 하는가.
- 계획의 목적이 지정된 목표 상태에 도달하는 것인가, 아니면 보상을 최대로 하는 것인가.
- 에이전트가 하나인가 여러 개 있는가.
- 에이전트들이 서로 협력하는가 이기적인가.
- 에이전트 각자가 자신의 계획을 만드는가, 아니면 전체 에이전트들을 위해 하나의 계획을 만드는가.

계획수립 문제는 위와 같은 가정에 따라 고전적 계획수립 문제, 마르코프 결정과정 문제, 부분관측 마르코프 결정과정 문제, 다중 에이전트 계획수립 문제 등으로 나누어 볼 수 있다. 이 장에서는 고전적 계획수립 문제에 대해서만 구체적으로 살펴본다.

6.2.1 고전적 계획수립 문제

고전적 계획수립 문제^{classical planning problem}는 가장 간단한 계획수립 문제 부류로서 다음과 같은 가정을 한다.

- 초기 상태는 하나만 주어진다.
- 행동들은 지속시간이 없고, 행동의 결과는 결정적이며, 한 번에 하나의 행동만 수행할 수 있다.
- 행동을 하는 에이전트는 하나뿐이다.

초기 상태가 분명히 주어지고, 행동들의 결과가 결정적이기 때문에, 일련의 행동들을 수행한 이후의 세계^{world}의 상태를 예측할 수 있다. 목표 상태에 도달하기 위해 어떤 행동들을 해야 하는지 미리 알 수 있기 때문에, 계획은 일련의 행동들로 정의될 수 있다.

6.2.2 마르코프 결정과정 문제

행동의 결과는 비결정적이지만, 에이전트가 행동을 통제할 수 있는 문제에서는, 에이전트의 가능한 실행 형태들이 트리 구조로 표현될 수 있다. 이러한 문제에서 계획은 실행트리의 각 노드에서 적절한 행동을 결정하는 것이 된다. 이러한 대표적인 계획수립 문제로 마르코프 결정과정 문제와 부분관측 마르코프 결정과정 문제가 있다. 마르코프 결정과정 문제는 4장에서 소개한 강화 학습에서 관심을 갖는 문제이다.

마르코프 결정과정 문제 중에서 비교적 간단한 형태인 이산시간 마르코프 결정과정 문제 ^{Discrete-time Markov decision processes, discrete-time MDP}는 다음과 같은 특성을 갖는 계획수립 문제이다.

- 행동들은 지속시간이 없다.
- 행동의 결과가 확률에 따라 결정되어 비결정적이다.
- 행동의 결과는 관측 가능하여 확인할 수 있다.
- 보상함수^{reward function}를 최대화하는 것을 목적으로 한다.
- 행동을 하는 에이전트는 하나뿐이다.

6.2.3 부분관측 마르코프 결정과정 문제

부분관측 마르코프 결정과정^{partially observable Markov decision process, POMDP} 문제는 마르코프 결정과정 문제에서 '행동의 결과는 관측가능하다'는 조건을 '행동의 결과는 부분적으로^{간접적으로}

관측할 수 있다'로 바꾼 것이다. 여기에서도 행동에 따른 다음 상태는 확률적으로 결정된다. 행동의 결과는 간접적으로 확률로 관찰되기 때문에, 현재 상태를 정확히 알 수 없고 확률적인 분포로만 추정한다. 현재 상태에 대한 확률적인 분포를 믿음^{belief}이라고 하고, 행동을 하면서 이러한 믿음을 계속 갱신하게 된다.

6.2.4 다중 에이전트 계획수립 문제

다중 에이전트 계획수립 문제$^{multi-agent\ planning}$는 여러 에이전트가 있는 계획수립 문제이다. 하나의 공동 목표를 위한 에이전트들이 계획수립을 하는 것, 작업 및 자원에 대한 협상을 통해 계획을 개선하는 것, 목표의 달성을 위해 에이전트들의 작업을 조정하는 것 등이 다중 에이전트의 작업에서 필요하다.

6.3 계획수립기

주어진 문제에 대해 계획을 생성해주는 알고리즘이나 프로그램을 계획수립기^{planner}라고 한다. 계획수립기는 적용 범위와 형태에 따라 특정영역 계획수립기, 영역독립 계획수립기, 설정가능 계획수립기 등으로 구별될 수 있다.

특정영역 계획수립기$^{domain-specific\ planner}$는 특정 영역의 계획수립 문제만을 대상으로 하는 것으로, 해당 영역에 특화된 문제 표현 방법과 계획수립 기법을 사용한다. 따라서 특정영역 계획수립기는 다른 영역에서는 사용할 수 없다. 해당 영역의 전문적인 지식을 활용하여 계획수립기가 구현되는데, 실제로 많은 현장에서 성공적으로 적용되고 있다. 특히, 로봇의 경로 계획이나 움직임 계획, 통신망의 통신채널 계획, 생산현장의 기구 조작 등의 분야에서 특정영역 계획수립기가 널리 사용되고 있다.

영역독립 계획수립기$^{domain-independent\ planner}$는 문제 영역에 상관없이 적용할 수 있는 범용 계획수립기를 말한다. 표준화된 방법으로 계획수립 문제를 표현하고, 널리 사용되는 여러 계획수립 알고리즘을 적용하여 계획을 생성한다. 계획수립 문제를 기술하는 데는 해당 영역의 많은 지식을 넣어야 하지만, 계획수립 알고리즘 자체를 구현하는 데는 해당 영역의 지식이 사용되지 않는다. 계획수립 문제마다 고유한 특성이 있고, 계획수립 알고리즘들도 적용 대상에 따른 장단점이 있기 때문에, 모든 계획수립 문제를 효과적으로 해결할 수 있는 계획수립기를 구현하는 것은 쉽지 않다. 그래서 적용 영역을 일부 제한하는 영역독립 계획수립기들이 개발되고 있다.

특정영역 계획수립기에 비하여 영역독립 계획수립기의 처리 속도는 일반적으로 느리다. 반면에 특정영역 계획수립기는 범용성이 없다. 설정가능 계획수립기^{configurable planner}는 영역독립 계획수립기를 사용하지만, 해당 영역의 계획 문제를 해결하는데 사용되는 정보를 계획수립기에서 사용하도록 한다. 이를 통해 설정가능 계획수립기는 특정영역 계획수립기 보다는 계획수립의 범용성이 높이고, 영역독립 계획수립기 보다는 처리 효율성을 높인다. 앞으로 살펴볼 계층적 태스크 네트워크^{HTN} 방법이 설정가능 계획수립기에서 사용되는 대표적인 계획수립방법이다.

6.4 계획수립 문제 기술 언어

계획수립 문제를 정형화하여 표현하기 위해 사용하는 언어들이 있다. 대표적인 것으로 고전적 계획수립 문제를 표현하는 STRIPS, PDDL 등이 있다. 이들 언어에서는 리터럴^{literal}로 표현되는 상태변수^{state variable}가 중심이 되는데, 에이전트를 포함한 세계^{world}의 상태는 상태변수들의 값으로 표현한다. 한편, 행동은 행동 전후^{前後}에 대한 상태변수 값들의 변화 내용으로 표현한다. 이러한 표현 방법에서는 상태변수들이 상태공간^{state space}을 결정하게 된다. 따라서 상태변수들의 개수가 늘어나면 상태공간의 크기는 기하급수적으로 증가하게 된다.

6.4.1 STRIPS

STRIPS^{STanford Research Institute Problem Solver}는 1971년 미국의 SRI International의 파익스^{Richard Fikes}와 닐슨^{Nils Nilsson}이 개발한 계획수립기의 이름이면서, 이 계획생성기의 입력으로 들어가는 계획수립 문제를 표현하는 언어의 이름이기도 하다. STRIPS는 상태와 행동을 표현하기 위해 다음과 같이 일차 술어논리^{first-order predicate logic}를 사용한다.

상태는 변수와 함수를 포함하지 않은 긍정^{positive} 리터럴들의 논리곱으로 표현한다. 다음은 '집에 있는데 바나나를 가지고 있다'는 상태를 표현한 예이다.

At(Home) ∧ Have(Banana)

목표는 리터럴들의 논리곱으로 표현하는데, 부정^{negative} 리터럴이 포함될 수 있다. 또한 존재한정사^{existential quantifier}가 붙은 것으로 간주되는 변수를 포함할 수도 있어서, 이렇게 표현된 목표는 여러 상태를 나타낼 수도 있다. 다음은 각각 '집에 있는데 바나나가 없다'와 '어디에선가 바나나를 판다'라는 목표를 표현한 예이다. 소문자인 x는 변수를 나타낸다.

At(Home) ∧ ¬Have(Banana)
At(x) ∧ Sells(x, Banana)

행동의 표현은 행동의 이름과 매개변수 목록, precondition^{사전조건}, effect^{효과}로 구성된다. 행동의 이름은 어떤 일을 하는 것인지에 대한 이름이고, 매개변수 목록은 precondition과 effect에 값을 전달하는 변수들이다. precondition은 행동을 실행하기 전에 만족돼야 하는 조건을 나타내는데, 함수를 사용하지 않는 리터럴의 논리곱으로 표현된다. effect는 행동의 실행 후에 생기는 상태변화를 나타내는 것으로 함수를 사용하지 않는 리터럴들의 논리곱으로 표현하는데, 긍정 리터럴들은 행동 실행으로 새로 생기는 성질을 나타내고, 부정 리터럴들은 행동 실행으로 더 이상 만족되지 않는 성질을 나타낸다. 긍정 리터럴들을 add-list에 나타내고, 부정 리터럴들은 부정기호(¬)을 떼버리고 delete-list에 나타내기도 한다. 다음은 '상자 위에 올라간다'는 ClimbUp이란 행동을 정의한 것인데, precondition으로 '대상의 위치와 상자의 위치가 같고 높이는 아래쪽이다'가 필요하고, effect로 '높이가 아래쪽^{Low}에서 위쪽^{High}으로 바뀐다'는 것을 나타낸다.

Action: ClimbUp(location)
Precondition: At(location), BoxAt(location), Level(Low)
Effect:
    add-list: Level(High)
    delete-list: Level(Low)

6.4.2 PDDL

PDDL^{Planning Domain Definition Language}은 1998년 맥더머트^{Drew McDermott} 등이 고전적 계획수립 문제 표현 방법을 표준화하기 위해 개발한 언어이다. 국제 계획수립 대회^{International Planning Competition, IPC; ipc.icaps-conference.org}의 표준언어로 사용되고 있으며, 계속 진화를 하고 있다.

PDDL은 문제 영역 세계에 있는 객체^{object}, 객체의 성질에 대한 술어^{predicate}, 초기 상태, 목표 상태, 행동을 기술한다. PDDL은 계획수립 문제를 두 개의 파일(domain 파일, problem 파일)에 나누어 저장한다. 술어, 행동에 대한 정보는 domain 파일에 저장하고, 객체, 초기 상태, 목표는 problem 파일에 저장한다. domain 파일은 다음과 같이 BNF^{Backus Naur Form}

형태로 정의된다.

> ⟨domain⟩ ::= (define (domain ⟨name⟩) [⟨require-def⟩] [⟨types-def⟩]:typing
> [⟨constants-def⟩] [⟨predicates-def⟩] [⟨functions-def⟩]:fluents
> [⟨constraints⟩] ⟨structure-def⟩*)

problem 파일은 다음과 같이 BNF 형태로 정의된다.

> ⟨problem⟩ ::= (define (problem ⟨name⟩) (:domain ⟨name⟩) [⟨require-def⟩]
> [⟨object declaration⟩] ⟨init⟩ ⟨goal⟩
> [⟨constraints⟩]:constraints [⟨metric-spec⟩]:numeric-fluents
> [⟨length-spec⟩])

다음은 strips-gripper4라는 문제가 gripper-strips라는 문제 영역에서 objects에 있는 객체들, init에 있는 초기 조건, goal에 있는 목표 상태로 구성된다는 것을 표현한 것이다.

```
(define (problem strips-gripper4)
    (:domain gripper-strips)
    (:objects rooma roomb ball1 ball2 ball3 ball4 left right)
    (:init (room rooma) (room roomb)
           (ball ball1) (ball ball2) (ball ball3) (ball ball4)
           (gripper left) (gripper right)
           (at-robby rooma)
           (free left) (free right)
           (at ball1 rooma) (at ball2 rooma) (at ball3 rooma) (at ball4 rooma))
    (:goal (and (at ball1 roomb) (at ball2 roomb) (at ball3 roomb))))
```

다음은 PDDL로 pick-up이란 행동을 표현한 예이다. effect 부분에서 not이 되는 부분이 STRIPS에서 delete-list에 해당하고, 그렇지 않은 부분은 add-list에 해당한다. '?'로 시작하는 것들은 변수이다.

```
(:action pick-up :parameters (?x ?y ?z)
    :precondition (and (BALL ?x) (ROOM ?y) (GRIPPER ?z)
                       (at-ball ?x ?y) (at-robby ?y) (free ?z))
    :effect (and (carry ?z ?x)
                 (not (at-ball ?x ?y)) (not (free ?z))))
```

6.5 고전적 계획수립 방법

고전적 계획수립 문제에 대한 해법으로는 상태공간 계획수립^{state-space planning} 방법, 계획공간 계획수립^{plan-space planning} 방법, 계층적 계획수립^{hierarchical planning} 방법 등이 있다. 상태공간 계획수립 방법은 문제의 행동들이 바로 적용할 수 있는 기본 행동^{primitive}들로 되어 있을 때 적용할 수 있다. 상태공간 계획수립에서는 기본 행동을 연산자라 부르기도 한다. 상태공간 탐색 방법은 초기 상태에서 시작하여 연산자를 적용하여 목표 상태에 도달하는 방법을 찾아보는 전향 탐색^{forward search} 방법과, 목표 상태에서 시작하여 역으로 초기 상태로 가는 경로를 찾는 후향 탐색^{backward search} 방법이 있다. 이러한 탐색에는 2장에서 소개한 탐색 기법들이 사용될 수 있는데, 특히 수단-목표 분석^{means-ends analysis}과 같은 휴리스틱을 사용하면 탐색 효율을 개선할 수 있다. 후향 상태공간 탐색을 하는 대표적인 계획수립 방법으로는 STRIPS 와 GraphPlan이 있다. 모두 기본 행동으로만 되어 있는 계획수립 문제의 경우, 계획에 포함되는 기본 행동의 개수가 증가하면 고려할 조합이 너무 많아져 시간이 지나치게 걸리는 조합폭발^{combinatorial explosion} 문제가 발생할 수 있다. 기본 행동으로 직접 계획을 만드는 경우에는, 중요한 행동과 그렇지 않은 행동을 특별히 구별하지 않아 사소한 행동 때문에 많은 행동의 조합을 시도하게 될 수도 있다.

계획공간 계획수립 방법은 모든 가능한 계획들의 모임인 계획공간^{plan space}을 탐색하여 계획을 찾는다. 이 방법에서 각 계획^{plan}은 작업들의 집합과 이들 작업들에 대한 실행 순서 등의 제약조건들로 구성된다. 계획공간에서 각 계획이 하나의 상태에 해당한다. 목표 상태는 실행되면 주어진 목표를 달성하게 해주는 계획을 가리킨다. 연산자는 하나의 계획을 수정하여 다른 계획을 만드는 역할을 하는 것을 말한다. 완전하지 않은 즉, 목표 상태가 아닌 계획을 부분계획^{partial plan}이라고 한다. 계획공간 탐색은 시작 상태의 부분계획을 목표 상태의 완전한 계획으로 만들어가도록 하는 연산자들의 적용과정을 찾는 것에 해당한다.

계층적 계획수립 방법에서는 우선 특정 영역의 문제해결을 위한 작업 방법에 대한 지식을 여러 추상화^{abstraction} 수준의 계층적인 구조로 기술한다. 주어진 문제해결을 위한 계획수립 을 위해, 계층적으로 구조화된 작업 지식을 이용하여 추상적인 계획에서 시작하여 점점 구체적인 계획을 만들어간다. 전형적인 계층적 계획수립 방법으로 계층적 태스크 네트워크 ^{hierarchical task network, HTN} 방법이 대표적이다.

6.6 상태공간 계획수립

상태공간 계획수립 방법은 문제의 상태공간에서 초기 상태로부터 목표 상태를 찾아가는 경로를 찾아 계획을 만든다. 상태공간은 문제가 가질 수 있는 모든 상태들의 집합을 말한다. 상태공간은 그래프로 표현할 수 있는데, 각 노드는 하나의 상태에 나타내고, 간선은 행동을 취함으로써 바뀌는 상태를 연결하는 역할을 한다. 상태공간에 상태를 연결하는 행동은 바로 적용될 수 있는 기본 행동이다.

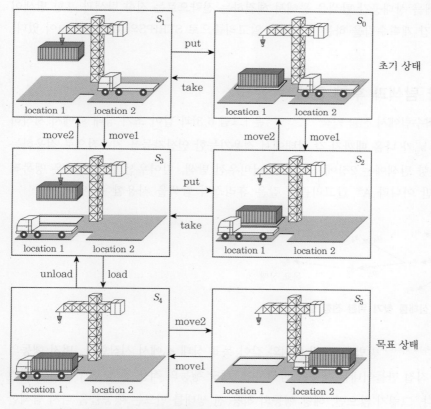

그림 6.2 **차량-화물-크레인 문제의 상태공간**

[그림 6.2]는 차량, 화물, 크레인이 각각 하나이고, 두 개의 장소 location1, location2가 있고, 6개의 행동 take, put, move1, move2, load, unload이 있는 계획수립 문제에 대한 상태공간을 그래프로 나타내고 있다. 초기 상태 s_0에서 목표 상태 s_5로 만들기 위한 계획은 상태공간 그래프에서 s_0에서 s_5로 가는 경로를 찾으면 구할 수 있다. 상태는 성질을 나타내는 리터럴들로 나타낸다. s_0는 '차량은 location2에 있다', '화물은 location1에 있다', '화

물은 바닥에 있다', '크레인은 화물을 들고 있지 않다'라는 성질로 표현할 수 있다. 리터럴 사용하여 표현한다면, 다음과 같은 형태가 된다.

> At(차량, location2)
> At(화물, location1)
> On(화물, 바닥)
> ¬hold(크레인, 화물)

계획수립 문제를 상태공간 탐색을 통해서 해결하는 전략으로는 전향 탐색과 후향 탐색이 있다. 상태공간 계획수립을 하는 대표적인 알고리즘으로 STRIPS와 GraphPlan이 있다.

6.6.1 전향 탐색과 후향 탐색

상태공간 계획수립에서 전향 탐색$^{forward\ search}$은 [그림 6.3]과 같이 초기 상태 s_0에서 시작하여 목표 상태 s_g가 나올 때까지 각 상태에서 적용가능한 연산자들을 지속적으로 적용하는 방법이다. 전향 탐색에는 2장에서 소개한 너비우선 탐색, 깊이우선 탐색과 같은 맹목적 탐색 방법뿐만 아니라 A* 알고리즘과 같은 휴리스틱 탐색을 사용할 수 있다.

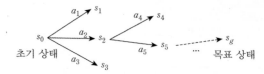

그림 6.3 **목표 상태를 찾기 위한 전향 탐색**

후향 탐색$^{backward\ search}$ 방법은 [그림 6.4]와 같이 목표 상태 g_0에서 시작한다. 먼저 행동의 결과로 g_0를 직접 만들어내는 행동을 탐색하여, 해당 행동의 적용 전 상태가 초기 상태인지를 확인한다. 그렇지 않으면, 해당 행동의 적용 전 생태를 만드는 행동들을 다시 탐색한다. 이러한 과정을 초기 상태에 도달하게 하는 행동을 찾을 때까지 반복한다. 후향 탐색은 전향 탐색보다 불필요한 탐색을 상대적으로 적게 한다.

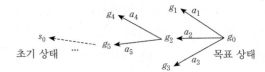

그림 6.4 **초기 상태를 찾아가기 위한 후향 탐색**

6.6.2 STRIPS 계획수립 알고리즘

STRIPS는 후향 탐색을 하는 상태공간 계획수립 알고리즘이다. STRIPS는 목표 상태가 만족되지 않으면, 1장에서 소개한 수단-목표 분석에서처럼, 목표 상태를 effect로 갖는 연산자를 찾아서 이것의 precondition이 만족되는지 확인한다. precondition 중에 만족되지 않는 것이 있으면, 그것을 effect로 갖는 연산자를 찾아서 해당 연산자의 precondition이 만족 하는지 확인한다. precondition들이 모두 만족될 때까지 이 과정을 반복한다. 연산자의 precondition을 만족시킬 수 없으면, 해당 연산자와 같은 effect를 가진·다른 연산자의 적용 가능여부를 다시 확인한다. precondition들이 모두 만족되는 것들을 찾고 나면, 이 과정에서 사용된 연산자들을 역순으로 배열한 것이 초기 상태를 목표 상태로 이끌어 주는 계획이 된다.

[그림 6.5]를 사용하여 STRIPS 계획수립 알고리즘의 적용 과정을 살펴보자. 그림에서와 같이 두 개의 방 R1과 R2가 있고, 그 사이에는 출입문 D가 하나 있으며, 로봇 I는 방 R1에 있고, 블록 B는 방 R2에 있다. 계획수립의 목표는 로봇 I와 블록 B가 방 R2에 함께 있도록 하는 것이다. 이를 위해 STRIPS 언어를 사용하여 계획수립 문제를 표현해보자. STRIPS 언어로 표현하려면, 먼저 술어 기호들을 먼저 정의해야 한다. 다음과 같이 술어 기호들을 정의한다고 하자.

> InRoom(x, r) : 움직일 수 있는 물건 x가 방 r에 있다.
> NextTo(x, t) : 물건 x가 방 또는 물건을 가리키는 t 옆에 있다.
> Status(d, s) : 출입문 d가 s 상태(Open 또는 Closed)에 있다.
> Connects(d, rx, ry) : 출입문 d가 방 rx와 방 ry를 연결한다.

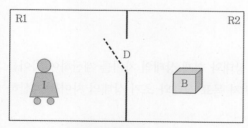

그림_6.5 계획수립 문제의 예
두 개의 방 R1과 R2, 방 사이의 문 D, 옮길 블록 B, 로봇 I가 있는 상황에서, I와 B가 R2에 함께 있도록 하는 계획을 찾는 문제이다.

[그림 6.5]에 표현된 이 문제의 초기 상태를 술어들을 사용하여 나타내면 다음 같다.

InRoom(I, R1)

InRoom(B, R2)

Connects(D, R1, R2)

Connects(D, R2, R1)

Status(D, Open)

이 문제의 목표 상태를 표현하면 다음과 같다.

InRoom(I, R2)

InRoom(B, R2)

Connects(D, R1, R2)

Connects(D, R2, R1)

Status(D, Open)

이 문제에서 허용되는 행동을 정의하는 연산자로 다음과 같이 GoToDoor와 GoThruDoor가 있다고 하자.

Operator: GoToDoor(I, dr)

Precondition: InRoom(I, ra), Connects(dr, ra, rb)

Effect:

　　add-list: NextTo(I, dr)

　　delete-list:

Operator: GoThruDoor(I, dr)

Precondition: Connects(dr, ra, rb), NextTo(I,dr), Status(d, Open)

Effect:

　　add-list: InRoom(I, rb)

　　delete-list: InRoom(I, ra)

수단-목표 분석은 문제를 해결하기 위해 목표 상태와 현재 상태의 차이를 계산하여 차이를 줄이는 연산자를 적용하는 과정을 반복한다. 먼저 목표 상태와 초기 상태의 차이를 계산하면 다음과 같다.

¬InRoom(I, R2)

연산자 GoThruDoor는 add-list에 InRoom(I, rb)를 가지고 있어서, rb = R2로 하여 적용하면 ¬InRoom(I, R2) 차이를 제거할 수 있다. GoThruDoor를 rb = R2로 하여 적용하면, precondition은 Connects(dr, ra, R2), NextTo(I, dr), Status(dr, Open)이 된다.

Connects(dr, ra, R2)와 대응되는 초기 상태의 리터럴은 Connects(D, R1, R2)이므로, dr = D, ra = R1로 변수를 바인딩binding한다. 이 바인딩에 의해서 precondition의 NextTo(I, dr)는 NextTo(I, D)가 되는데 아직 이것이 성립하지 않으므로, NextTo(I, D)를 add-list에 갖는 연산자를 찾는다. GoToDoor의 add-list에 있는 NextTo(I, dr)를 dr = D로 바인딩하면, precondition은 InRoom(I, ra)와 Connects(D, ra, rb)가 된다. 이들 InRoom(I, ra)와 Connects(D, ra, rb)를 만족시키는 리터럴 InRoom(I, R1)와 Connects (D, R1, D2)가 초기 상태에 있어서 GotoDoor 연산자의 precondition을 만족시킬 수 있다. 따라서 GoToDoor(I, D)와 GoThruDoor(I, D)를 순차적으로 적용하는 것이, 목표 상태로 도달하게 하는 계획이 된다.

6.6.3 GraphPlan 알고리즘

GraphPlan은 1995년에 블럼Avrim Blum과 퍼스트Merrick Furst가 개발한 것으로 STRIPS 언어로 표현된 계획수립 문제를 해결하는 알고리즘이다. 이 알고리즘은 변수가 없는 연산자들로 구성된 STRIPS 문제에만 적용할 수 있다. 따라서 변수를 포함한 연산자가 있으면, 변수에 모든 가능한 객체를 바인딩하여, 변수가 없는 연산자들로 변환한다. 예를 들어, 블록 A와 B가 있는 세계에서 On(x,y)라는 변수를 포함한 리터럴이 있으면, x와 y에 각각 2개의 블록을 대응시켜 다음과 같이 변수가 없는 4개의 리터럴로 대체한다.

On(A,A) On(A,B), On(B,B), On(B,A)

GraphPlan은 리터럴의 개수가 많이 늘어나는 단점은 있지만, 변수를 사용하지 않도록 함으로써 매칭 연산을 쉽게 할 수 있는 장점이 있다.

GraphPlan은 계획수립 그래프planning graph라는 자료구조를 사용하여 계획을 효과적으로 찾는다. 계획수립 그래프는 [그림 6.6]과 같이 여러 단계로 구성되는 그래프인데, 명제 단계proposition level와 행동 단계action level가 번갈아가며 나타난다. 단계 0은 명제 단계로, 초기 상태에 주어지는 명제들 각각이 하나의 노드로 표현된다. 단계 1은 행동 단계인데, 단계 0의 명제들에 대해서 적용될 수 있는 행동(즉, 연산자) 각각을 하나의 노드로 표현한다. 단계 2는 명제 단계인데, 단계 1의 행동의 effects 부분에 나타나는 리터럴들과 단계 0에 있는 리터럴들에 대응하는 노드들이 위치한다. [그림 6.6]의 단계 1의 노드 ▦와 같이, 단계 1의 행동 노드는 단계 0에 나타나는 precondition의 리터럴에 해당하는 노드들과 연결되고, 단계 2에 나타나는 effect의 리터럴 노드들과 연결된다. 또한 단계 0과 단계 2에 나타나는 동일한 리터럴을 표현하는 노드들을 링크link, 연결선로 연결한다. 이러한 링크에는 나중에 알고리즘 적용의 편의상 어떠한 일도 하지 않는 NoOpno operation이라는 가상의 행동 노드가 단계 1에 있는 것으로 간주한다. 단계 2에 대해서 단계 3과 4를 같은 방법으로 확장하여 전개한다. 이러한 과정을 계획수립 과정에서 반복하게 된다.

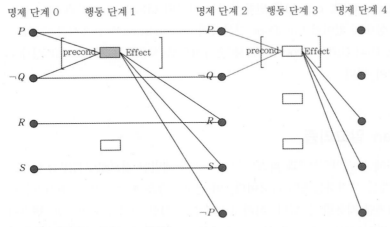

그림 6.6 **계획수립 그래프**(planning graph)

행동 단계와 명제 단계 한 쌍이 추가될 때 마다, 동시에 실행되거나 만족될 수 없는 동일 단계의 노드들 사이에는 [그림 6.7]과 같이 상호배제mutual exclusion, mutex 링크를 추가한다. 행동 단계에서 두 행동 노드들이 다음 상황일 때는 상호배제 관계를 갖게 된다.

- 상충되는 결과 도출inconsistent effect : 한 행동의 effect가 다른 행동의 effect가 만드는 명제를 제거하는 경우
- 간섭interference : 한 행동이 다른 행동의 precondition에서 사용되는 명제를 제거하는 경우
- 경쟁관계 사전조건competing needs preconditions : 두 행동이 바로 이전 단계에서 상호배제관계 에 있는 명제들을 precondition에서 사용하는 경우

명제 단계의 명제 노드들은 다음 조건일 때 상호배제 관계에 있게 된다.

- 부정negation : 명제 노드와 대응되는 부정명제 노드(예, P와 $\neg P$)
- 상충되는 지지conflicting support : 대응되는 두 명제를 만들어내는 이전 단계의 모든 행동들 이 서로 상호배제 관계에 있는 경우

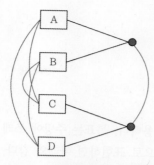

그림 6.7 계획수립 그래프에서 상호배제관계를 표현하는 링크

GrapPlan 알고리즘은 계획수립 그래프를 사용하여 다음과 같은 과정으로 주어진 문제에 대한 계획을 찾는다.

알고리즘 6.1 GraphPlan 알고리즘

1. 초기 상태의 리터럴들에 해당하는 노드들을 단계 0에 만든다.

2. k ← 0

3. 현재 명제 단계에 적용될 수 있는 행동들에 대한 노드를 행동 단계 k+1에 만들고, 이들 행동의 effect에 있는 리터럴에 해당하는 노드들을 명제 단계 k+2에 만든다.

4. k ← k+2

5. 현재 명제 단계 k에서 목표 상태에 있는 모든 리터럴들이 상호배타적이지 않은 상태로 있으면, 단계 k의 해당 리터럴을 부분목표로 하는 계획을 찾는다. 그렇지 않으면 단계 3으로 간다.

  5.1 단계 k의 각 부분목표에 대해서, 단계 k−1에서 해당 부분목표를 달성할 수 있는 행동을 선택한다.

  5.2 선택된 행동이 이미 선택된 단계 k−1의 다른 행동과 상호배타관계에 있으면, 해당 부분목표 는 실패한 것으로 간주하고, 단계 3으로 간다.

  5.3 선택된 행동의 precondition에 있는 리터럴들이 상호배타관계에 있지 않으면, 해당 리터럴들 을 부분목표로 하고, k ←k−2로 하여 단계 6.1로 돌아가서 반복한다.

  5.4 k = 0이면, 선택된 행동들을 단계 1부터 순서대로 나열한 것이 계획이 된다.

다음은 GraphPlan을 제안한 논문에서 예로 든 계획수립 문제인 생일저녁 준비 문제이다. 생일 날 집에서 자고 있는 누군가를 위해 생일 저녁을 준비하는 일을 계획하는 것인데, 생일 저녁을 위해 주방의 쓰레기를 치우고, 선물과 저녁식사를 준비하는 것이 목적이다. 논리식을 사용하여 나타내기 위해 다음과 같은 명제기호를 사용한다.

garb : 쓰레기가 주방에 있다.
dinner : 저녁식사가 준비되어 있다.
present : 선물이 준비되어 있다.
clean : 손이 깨끗하다.
quiet : 조용하다.

초기 상태에는 주방에 쓰레기가 있고 손은 깨끗하고 주변은 조용하다. 목표는 주방에 쓰레기가 없고, 저녁식사와 선물이 준비된 상태이다. 이를 논리식으로 표현하면 아래와 같다.

초기 상태 : garb $\land$ clean $\land$ quiet
목표 상태 : ¬garb $\land$ dinner $\land$ present

이때 취할 수 있는 행동은 다음과 같이 요리하기 cook, 선물 포장하기 wrap, 손으로 치우기 carry, 손수레로 치우기 dolly 등 네 가지이다. 요리하기를 할 때는 손이 깨끗해야 하고 요리가 끝나면 저녁식사가 준비된다. 선물 포장하기는 조용할 때 해야 하고 결과는 선물이 준비된 것이다. 손으로 치우기는 있는 쓰레기를 치워서 쓰레기가 없어지게 하고 손은 지저분해지게 한다. 끝으로 손수레로 치우기는 있는 쓰레기를 치울 때 하는데 소란한 소리가 난다. 이들을 STRIPS 형태로 표현하면 다음과 같다.

Action : cook
    Precondition : clean
    Effect : dinner
Action : wrap
    Precondition : quiet
    Effect : present
Action : carry
    Precondition : garb
    Effect : ¬garb $\land$ ¬clean
Action : dolly
    Precondition : garb
    Effect : ¬garb $\land$ ¬quiet

[그림 6.8]은 GraphPlan을 적용하는 과정으로서 (a)는 초기 상태에 있는 리터럴을 나타내는 노드를 보인 것이고, (b)는 적용가능한 4개의 행동을 적용하여 단계 1과 2를 만든 것이고, (c)는 단계 1의 행동 노드들 사이의 상호배타관계와 단계 2의 명제 노드간의 상호배타관계를 표시한 것이다.

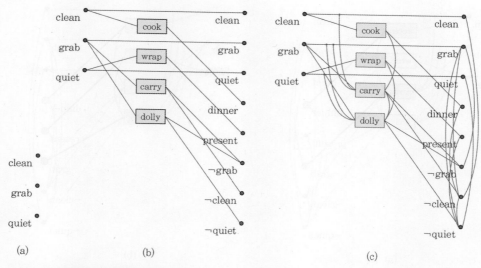

그림 6.8 계획수립 그래프에서 전개 과정

명제 단계 2까지 만들어지고 나면, GraphPlan은 현재 상태에서 문제를 해결하는 계획을 찾을 수 있는지 확인한다. 단계 2에 목표상태의 리터럴들인 ¬garb, dinner, present가 있으므로, 계획을 찾을 수 있는지 [그림 6.9]와 같이 탐색을 한다. (a)에서 먼저 dinner를 확인하고 나서, ¬garb를 확인하는데 단계 1에서 이들 리터럴을 만들어내는 두 행동이 상호배타관계에 있으므로 계획이 될 수 없다. (b)에서 dinner, present, ¬garb의 결과를 만들어내는 행동 cook, wrap, dolly를 확인하는데, wrap과 dolly가 상호배제관계에 있기 때문에 계획이 성립할 수 없다. 따라서 [그림 6.10]과 같이 다시 계획수립 그래프를 확장한 다음, 상호배타관계에 있는 행동들과 명제들을 찾아 상호배제 링크로 연결한다.

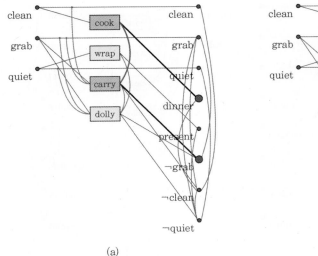

그림 6.9 **계획 탐색과정**

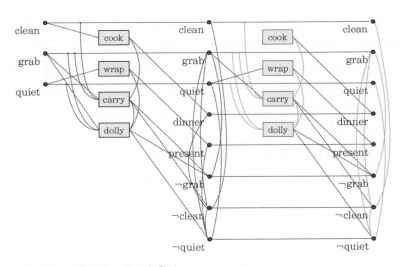

그림 6.10 **계획수립 그래프의 확장**

명제 단계 4에 목표 상태의 리터럴들이 있으므로, 각 리터럴을 부분목표로 하여 [그림 6.11]과 같이 탐색을 하면 각 부분목표가 상충되지 않고 수행될 수 있음을 확인할 수 있다. 이때 구해진 계획은 cook → {wrap, carry} 순서로 행동을 하는 것이다. 여기에서 wrap과 carry는 순서에 상관없이 수행할 수 있는 행동들이다.

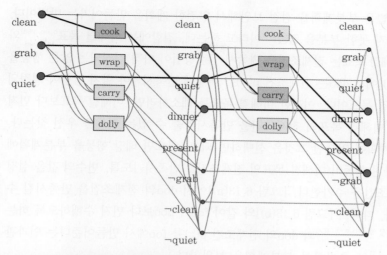

그림 6.11 **목표 상태의 리터럴을 부분목표로 한 탐색 결과**

6.7 계획공간 계획수립

계획공간 계획수립$^{\text{plan-space planning}}$에서는 계획공간이 부분계획$^{\text{partial plan}}$들로 구성된다. 한편, 각 부분계획은 부분적으로 값을 가지고 있는 행동들과 제약조건들로 구성된다. [그림 6.12] 는 행동과 제약조건으로 구성된 부분계획의 예를 하나 보여준다. 부분계획의 제약조건에는 바인딩 제약조건$^{\text{binding constraint}}$, 인과관계 링크$^{\text{causal link}}$, 선행관계 제약조건$^{\text{precedence contraint}}$이 있다. 여기에서 foo, boo와 doo는 각각 행동을 나타낸다. 제약조건으로 foo에 있는 x와 boo에 있는 y는 달라야 한다($x \neq y$)는 것과 foo에 있는 x는 doo의 z와 같아야 한다($x = z$) 는 것을 바인딩 제약조건, doo의 전제조건 p(z)를 foo에서 만들어준다는 인과관계 링크, foo를 doo보다 먼저 수행해야 한다는 선행관계 제약조건이 표현되어 있다.

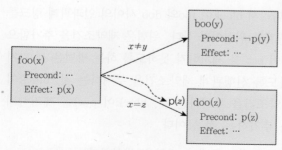

그림 6.12 **부분계획의 예**

계획공간 계획수립 방법은 부분계획을 점점 보완해서 완전한 계획을 만들어가는 방법이다. 부분계획에서 완전하지 못한 부분을 결함[flaw]이라고 하는데, 결함에는 미해결 목표[open goal]와 위협[threat]이 있다. 미해결 목표는 전제조건을 만족시키는 방법이 아직 결정되는 않은 행동을 말한다. [그림 6.13(a)]에서 doo는 전제조건 p(z)를 어떻게 만족시켜야 할지 방법이 결정되지 않았으므로, 미해결 목표이다. 이러한 미해결 목표를 해소하려면, 미해결 목표보다 먼저 실행될 수 있으면서 미해결 목표의 전제조건을 만족시켜줄 수 있는 행동을 우선 찾는다. 찾아진 행동이 부분계획에 있으면 그것을 선택하면 되고, 없으면 해당 행동을 부분계획에 추가한다. 한편, 찾아진 행동이 미해결 목표의 전제조건을 만족시키도록, 변수의 값을 설정하거나 바인딩 제약조건을 추가한다. [그림 6.13(a)]에서 doo의 전제조건을 만족시킬 수 있는 행동는 foo이다. 따라서 [그림 6.13(b)]와 같이 foo가 doo보다 먼저 수행하도록 하는 선행관계 제약조건[실선 화살표으로 표시]과 doo의 전제조건 p(z)를 foo에서 만들어준다는 인과관계 링크[점선 화살표으로 표시]를 추가하여 부분계획을 보완한다.

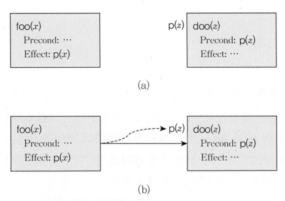

그림 6.13 **미해결 목표의 해소**

부분계획에서 위협[threat]은 삭제조건 상호작용[deleted-condition interaction]을 의미한다. [그림 6.14]에서 foo와 doo 사이에 선행관계 제약조건과 인과관계 링크가 있다. 한편, block은 foo가 만들어내는 p(z)를 제거하는 행동이다. 따라서 block이 foo와 doo 사이의 인과관계 링크를 위협하고 있는 상황이다. 이러한 상황 관계를 위협이라 한다. 위협은 제약조건을 추가함으로써 해결할 수 있다. 여기에서는 block이 p(z)를 제거하지 못하도록 하는 방법은 세 가지가 있다. doo가 block보다 먼저 실행하도록 선행관계 제약조건을 부여하는 것, block이 foo보다 먼저 실행하도록 선행관계 제약조건을 부여하는 것, block이 p(z)를 제거하지 못하도록 변수들에 바인딩 제약조건을 추가하는 것 등이다.

계획공간 계획수립 방법은 다음과 같은 과정을 통해서 계획을 생성한다.

계획공간 계획수립

1. 임의로 초기 부분계획을 생성한다.

2. 미해결 목표이거나 위협 상황인 결함을 찾는다.

3. 결함이 없으면, 현재 부분계획 내의 행동들을 선행관계 제약조건에 맞춰 일렬로 배치하여 계획으로 출력한다.

4. 부분계획에 있는 미해결 목표가 있으면, 이를 해소하는 행동을 찾고, 이들 간에 인과관계 링크를 추가한다.

5. 인과관계 링크에 대한 위협이 있으면, 행동 간의 선행관계 제약조건을 추가하거나 변수들에 바인딩 제약조건을 추가하여 위협을 해결한다.

6. 단계 2로 돌아간다.

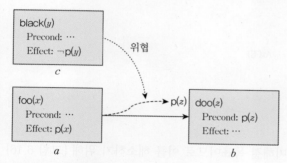

그림 6.14 위협 관계

다음은 러셀^{Stuart J. Russel}과 노빅^{Peter Norvig}의 책에서 사용한 것과 유사한 예제로 계획공간 계획수립의 과정을 보인다. 여기에서는 '공구점에 가서 드릴을 사오고, 마트에 가서 빵과 바나나를 사오는 것'을 위한 계획을 생성하는 것이 목표이다. 다음과 같이 4가지 행동이 있는데, Start와 Finish는 초기 상태와 목표 상태를 나타내는 역할을 한다. Go(l, m)은 위치 l에서 위치 m으로 이동하는 행동이고, Buy(p, s)는 장소 s에서 물건 p를 사는 행동이다. 리터럴 At(l)은 장소 l에 있다는 것, Sells(s, p)는 장소 s에서 물건 p를 판매한다는 것, Have(p)는 물건 p를 샀다는 것을 나타낸다.

Operator: Start
Precondition: none
Effect: At(집), Sells(공구점, 드릴), Sells(마트, 우유), Sells(마트, 빵)

Operator: Finish
Precondition: Have(드릴), Have(우유), Have(빵), At(집)

Operator: Go(l, m)
Precondition: At(l)
Effect: At(m), ¬At(l)

Operator: Buy(p, s)
Precondition: At(s), Sells(s, p)
Effect: Have(p)

첫 번째 부분계획으로 Start와 Finish만을 갖는 것을 선택하면, [그림 6.15]와 같이 된다. Start가 Finish보다 먼저 수행되도록 선행관계 제약조건 화살표를 추가한다.

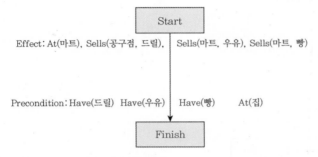

그림 6.15 **계획공간 계획수립 과정 - 1**

Have(드릴), Have(우유), Have(빵)이 미해결 목표이므로 이를 해소하기 위해 [그림 6.16]과 같이 각각에 대해 Buy 행동을 추가하고, 변수를 해당되는 값으로 설정한다. 이들 행동이 추가되면서 선행관계 제약조건실선 화살표과 인과관계 링크점선 화살표가 부수적으로 추가된다.

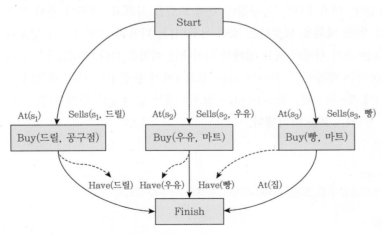

그림 6.16 **계획공간 계획수립 과정 - 2**

Buy의 전제조건 Sells를 지지하는 인과관계 링크를 추가하면, [그림 6.17]과 같이 된다.

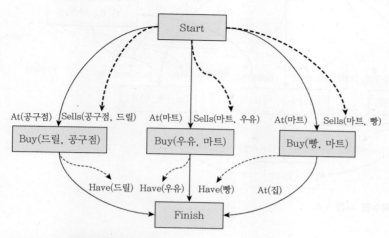

그림 6.17 **계획공간 계획수립 과정 - 3**

At(공구점)과 At(마트)를 만들기 위해 Go라는 행동을 추가한다. 그런데 두 행동은 동시에 일어날 수 없기 때문에 [그림 6.18]과 같이 위협 관계^{가늘고 조밀한 점선 화살표로 표시}가 발생한다.

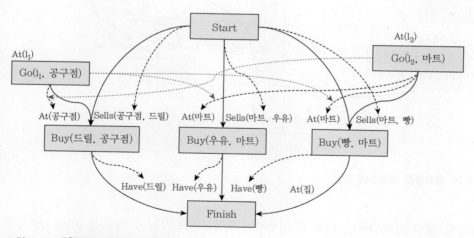

그림 6.18 **계획공간 계획수립 과정 - 4**

이들 위협관계를 해소하기 위해 Buy(드릴, 공구점)이 Go(l_2, 마트)를 선행하도록 선행관계 제약조건을 추가하면, [그림 6.19]와 같은 상황이 된다.

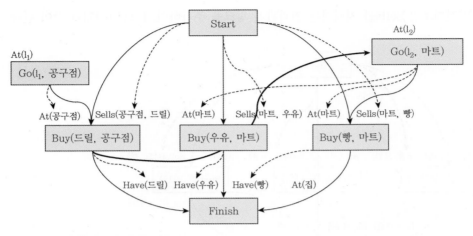

그림 6.19 **계획공간 계획수립 과정 - 5**

At(l_1)의 결정하기 위해 Start에서 'l_1 = 집'으로 하면, [그림 6.20]과 같은 상황이 된다.

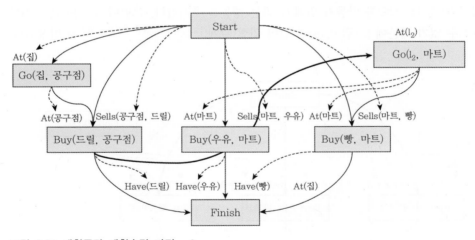

그림 6.20 **계획공간 계획수립 과정 - 6**

Buy(드릴, 공구점)과 Go(l_2, 마트)의 선행관계 제약조건으로 l_2 = '마트'를 하여, Go(공구점, 마트)와 At(마트)로 설정한다. 그리고 Go(집, 공구점)과 At(공구점) 사이에 인과관계 링크를 넣으면 [그림 6.21]과 같이 된다.

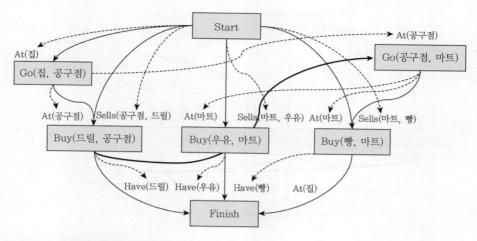

그림 6.21 **계획공간 계획수립 과정 - 7**

Finish에 At(집)을 생성하기 위해 Go(l_3, 집)을 추가한다. 이로 인해서 [그림 6.22]와 같이 여러 위협관계가 발생한다.

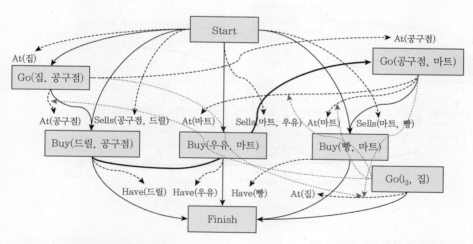

그림 6.22 **계획공간 계획수립 과정 - 8**

At(마트)와 At(공구점)에 대한 위협을 제거하기 위해, Buy(드릴, 공구점)에서 Go(l_3, 집)으로 선행관계 제약조건, Buy(우유, 마트)에서 Go(l_3, 집)으로 선행관계 제약조건, Buy(빵, 마트)에서 Go(l_3, 집)으로 선행관계 제약조건을 각각 추가하면 [그림 6.23]과 같이 된다.

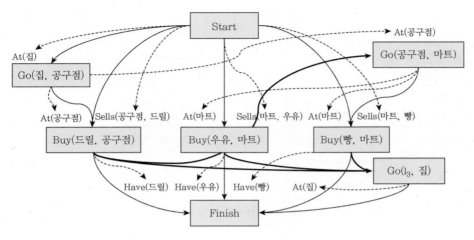

그림 6.23 **계획공간 계획수립 과정 - 9**

l_3 = '마트'로 설정하면, 미해결 목표나 위협조건 등 결함이 없는 [그림 6.24]와 같은 부분계획이 만들어진다.

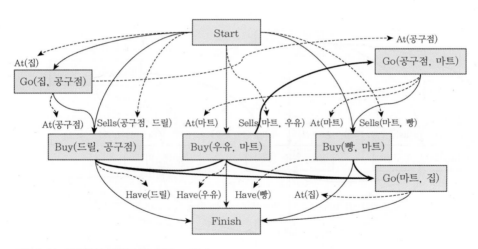

그림 6.24 **계획공간 계획수립 과정 - 10**

결함이 없는 부분계획은 [그림 6.24]와 같이 행동들이 부분 순서화^{partial ordering}되어 있는 상황이다. 따라서 계획을 선형 순서화된 형태로, 즉 순차적인 형태로 나타내려면, 부분계획을 나타내는 그래프에서 행동들을 부분 순서가 유지되도록 하면서 일렬로 나열하는 위상정렬^{topological sort}하면 된다. [그림 6.24]의 부분계획에 위상정렬을 적용하면 다음과 같은 계획이 만들어질 수 있다.

$$Start \rightarrow Go(집, 공구점) \rightarrow Buy(드릴, 공구점) \rightarrow Go(공구점, 마트)$$
$$\rightarrow Buy(우유, 마트) \rightarrow Buy(빵, 마트) \rightarrow Go(마트, 집) \rightarrow Finish$$

6.8 계층적 계획수립

계층적 계획수립[hierarchical planning]은 어떤 태스크[task]가 목표로 주어질 때, 이 태스크를 추상적 단계에서 점차 세분화해서 구체적인 기본 작업들로 구성하여 계획을 수립하는 방법이다. 계층적 계획수립을 하는 대표적인 방법으로 계층적 태스크 네트워크[hierarchical task network, HTN]가 있다. 이 방법은 태스크를 더 작은 부분태스크들로 분할하는 방법을 표현한 메소드[method]들과, 기본 태스크를 수행할 수 있는 연산자[operator]들을 사용하여 목표 태스크를 완수할 수 있는 계획을 찾는다. 기본 태스크가 아닌 태스크들을 복합 태스크라고 하는데, 복합 태스크를 분할하는 방법들이 메소드로 표현된다.

계층적 태스크 네트워크[HTN]에서 태스크는 여러 부분태스크[subtask]들로 분해될 수 있는데, 분해할 수 있는 방법이 여러 개 있을 수 있고, 부분태스크들을 수행하는데 제약조건들이 부여돼 있을 수도 있다. 예를 들어, 서울에서 출발해 부산에 가서 오전 11시 회의에 참석해야 하는 태스크가 주어질 때, 김포공항으로 가서 비행기로 부산으로 이동하여 회의에 참석하기, 서울역에 가서 기차로 부산역으로 이동하여 회의에 참석하기, 서울 강남버스터미널에서 버스로 부산 버스터미널로 이동하여 회의에 참석하기 등 여러 가지로 주어진 태스크를 수행할 수 있다. 그런데 각 방법에는 제약조건이 있을 수 있다. 예를 들면, 비행기를 이용한다면, 비행기 출발시각 1시간 전에 공항에 도착해야 하고 김해 공항에는 적어도 10시 이전에 도착할 수 있어야 한다는 것 등이다.

태스크에는 해당 태스크를 분해할 수 있는 방법의 개수만큼의 메소드가 정의된다. 예를 들어, 장소 x에서 장소 y로 이동하는 태스크 task(x,y)가 있을 때, 택시로 가는 방법 taxi-travel과 비행기로 가는 방법 air-travel이 있다면 2개의 메소드를 정의한다. taxi-travel은 택시를 잡고[buy-taxi], 택시로 이동한 다음[ride(x,y)], 운전기사에게 승차료를 지급하는 것[pay-driver]으로 분해될 수 있다. air-travel은 먼저 비행기표를 구입하고[get-ticket], 해당 도시 공항으로 가서[travel(x,a(x))], 비행기로 이동한 다음[fly], 해당 도시 공항에서 도시로 가는[travel(a(y),y)] 부분태스크로 분해할 수 있다. 즉, 하나의 태스크를 구체적인 태스크들로 표현하는 방법이 여러 가지 있을 수 있다.

메소드는 task, precondition, subtasks, constraints의 요소로 정의된다. precondition에는 해당 메소드를 적용하기 위해 만족되어야 하는 조건들이 기술된다. 예를 들어, taxi-travel

은 단거리 short-distance일 때 사용하고, air-travel은 장거리 long-distance일 때 사용한다고 조건을 지정할 수 있다. tasks에는 분할될 태스크의 이름이 들어가고, subtasks에는 분할된 부분태스크들이 기술된다. 한편, constraints에는 제약조건들이 기술된다. 아래 예에서 constraints는 부분태스크 간의 순서 관계를 표현한다.

method : taxi-travel(x,y)
   task : travel(x,y)
   precondition : short-distance(x,y)
   subtasks : get-taxi, ride(x,y), pay-driver
   constraints : {get-taxi ⟨ ride(x,y), ride(x,y) ⟨ pay-driver}

method : air-travel(x,y)
   task : travel(x,y)
   precondition : long-distance(x,y)
   subtasks : buy-ticket(a(x),a(y)), travel(x,a(x)), fly(a(x),a(y)),
              travel(a(y),y)
   constraints : { buy-ticket(a(x),a(y)) ⟨ fly(a(x),a(y)),
                travel(x,a(x)) ⟨ fly(a(x),a(y)),
                fly(a(x),a(y)) ⟨ travel(a(y),y)}

위의 태스크 travel(x, y)에 대한 메소드들을 그림으로 나타내면 [그림 6.25]와 같다. HTN은 메소드들을 반복적으로 적용하여, 목표 태스크를 주어진 상황에 맞게 실행할 수 있는 기본 태스크들의 조합을 찾는다.

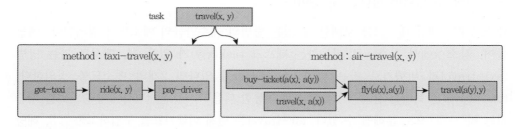

그림 6.25 태스크 분할 방법을 표현하는 메소드

메소드는 [그림 6.26]과 같이 네트워크로 표현할 수 있다. (a)에서 수평 화살표는 아래의 부분태스크들이 순차적으로 수행되는 선형 순서를 가진다는 것을 나타내고, (b)에서 부분태스크간의 옆으로 가는 화살표는 실행순서에 부분 순서partial order가 지정된 것을 나타낸다.

[그림 6.27]은 HTN의 계층적인 계획수립 형태에 대한 기본 아이디어를 표현하고 있다. HTN에서 복합 태스크가 주어지면, 주어진 조건에 맞는 메소드를 찾아 적용하여 기본 태스크로 표현될 때까지 분할을 한다. 기본 태스크를 수행하는 연산자를 기본 태스크에 부여된 순서관계에 따라 순차적으로 나열한 것이 주어진 복합 태스크를 수행하는 계획이 된다. 이 계획을 초기 상태 S_0에서 순차적으로 적용하면 최종적으로 주어진 태스크가 완료되는 목표 상태 S_2에 도달하게 된다.

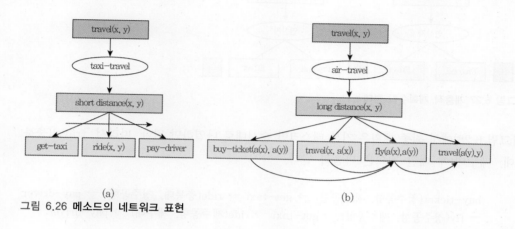

(a) (b)

그림 6.26 메소드의 네트워크 표현

[그림 6.26]의 travel(x,y) 메소드를 사용하여 '충북대'에서 '제주대'에 가는 HTN 계획수립 예를 살펴보자. 먼저 travel(충북대, 제주대)가 태스크로 주어지는데, travel(x,y) 메소드에는 short-distance(단거리용)과 long-distance(장거리용)이 있다. 바다를 건너는 경우이기 때문에 장거리용 메소드가 선택되고, [그림 6.28]과 같이 부분태스크로서 buy-ticket(청주공항, 제주공항), travel(충북대, 청주공항), fly(청주공항, 제주공항), travel(제주공항, 제주대)가 만들어진다. travel(충북대, 청주공항)과 travel(제주공항, 제주대)는 복합태스크이기 때문에, 메소드를 사용하여 다시 분해된다. 이를 통해 travel(충북대, 청주공항)은 get-taxi, ride(충북대, 청주공항), pay-driver로 분해되고, travel(제주공항, 제주대)는 get-taxi, ride(제주공항, 제주대), pay-driver로 분해된다.

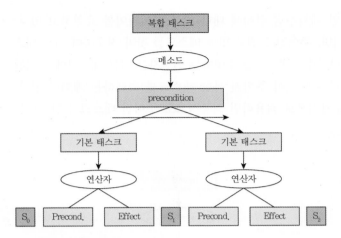

그림 6.27 계층적 계획수립 형태

[그림 6.28]에서 최종 계획은 기본 태스크만 순서대로 나열하면 된다. 따라서, travel(충북대, 제주대)에 대한 계획은 다음과 같다.

buy-ticket(청주공항, 제주공항) → get-taxi → ride(충북대, 청주공항) → pay-driver
→ fly(청주공항, 제주공항) → get-taxi → ride(제주공항, 제주대) → pay-driver

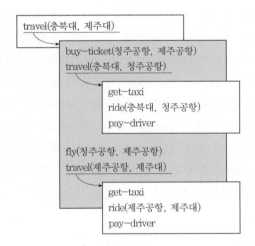

그림 6.28 travel(충북대, 제주대)에 대한 계층적 계획수립

1. 수단-목표 분석(means-ends analysis) 방법과 계획수립의 관련성을 설명하시오.

2. 탐색과 계획수립을 비교하여 설명하시오.

3. GraphPlan에서 상호배제관계가 발생하는 상황을 예를 들어 설명하시오.

4. GraphPlan에서는 변수가 있는 연산자를 사용하지 못한다. 변수가 있는 연산자를 사용하려면 어떻게 하는지 설명하시오.

5. GraphPlan에서 NoOp 노드의 역할에 대해서 설명하시오.

6. 계획공간 계획수립에서 결함(flaw)이 무엇이며, 결함을 어떤 방법으로 해소하는지 설명하시오.

7. 계획공간 계획수립에서 결함이 없는 부분계획을 선형순서가 있는 계획으로 어떻게 바꾸는지 설명하시오.

8. HTN 계획수립에서 메소드의 역할을 설명하시오.

9. 계획수립 문제 기술 언어인 STRIPS와 PDDL을 비교하여 설명하시오.

10. 3비트 길이의 이진수를 초기 상태 000에서 목표 상태 111로 만드는 계획수립을 하려고
한다. 초기 상태 s와 목표 상태 g는 다음과 같이 표현된다.

$$s = \{d_3 = 0,\, d_2 = 0,\, d_1 = 0\}$$
$$g = \{d_3 = 1,\, d_2 = 1,\, d_1 = 1\}$$

다음과 같이 1씩 증가하는 연산자가 주어진다고 하자.

Action : incr-xx0-to-xx1
    Precondition : $d_1 = 0$
    Effect: $d_1 = 1$

Action : incr-x01-to-x10
    Precondition : $d_2 = 0,\, d_1 = 1$
    Effect : $d_2 = 1,\, d_1 = 1$

Action : incr-011-to-100
    Precondition : $d_3 = 0,\, d_2 = 1,\, d_1 = 1$
    Effect : $d_3 = 1,\, d_2 = 1,\, d_1 = 1$

이들 연산자를 사용하여 시작 상태를 목표 상태로 만들어주는 계획을 찾으시오.

Man plans, God laughs.
AI plans, Man follows.
– 이디시 속담

데이터 마이닝

데이터 마이닝

'구슬이 서 말이라도 꿰어야 보배다'라는 속담이 있다. 많은 기업, 기관, 정부 조직이 대규모 데이터를 수집하여 보유하고 있다. 하지만 수집만 하고 사용할 줄 모른다면 아무 소용이 없을 것이다. 데이터 마이닝^{data mining}은 대량의 데이터에 숨겨져 있는 유용한 정보를 찾아 새로운 과학적·공학적 발견을 하거나, 새로운 비즈니스 기회를 창출하거나, 또는 서비스를 개선하는데 도움을 주는 기술이다.

7.1 데이터 마이닝

데이터 마이닝은 '실제 대규모 데이터에서 암묵적인, 이전에 알려지지 않은, 잠재적으로 유용할 것 같은 정보를 추출하는 체계적인 과정(a process of nontrivial extraction of implicit, previous unknown, and potentially useful information from large volume of actual data)'을 말한다(Frawley, Piatetsky- Shapiro, Matheus, 1991). 이 정의를 살펴보면 다음과 같은 의미가 포함되어 있다.

'실제 데이터'라는 것은 오류를 포함할 수 있고, 부정확할 수도 있으며, 결손값^{missing value}을 가질 수 있는 데이터라는 의미이다. '대규모 데이터'라는 것은 메모리에 모두 올려놓고 처리할 수 없을 정도로 커서, 데이터를 디스크에 있는 것으로 전제하고 처리해야 한다는 의미이다. '암묵적 정보'라는 것은 단순히 데이터베이스를 검색하는 수준이 아니라는 의미이며, '이전에 알려지지 않은 정보'라는 것은 잘 알려진 지식을 찾거나 확인하려는 것도 아니라는 의미이다. '잠재적으로 유용할 것 같은 정보'라는 것은 확실한 것은 아니고 추가적인 판단이나 분석을 위해 사용될 수 있는 것을 찾는다는 의미이다. '체계적인 과정'이라는 의미는 일련의 절차를 통해서 수행되어야 한다는 것이다.

마이닝^{mining}이라는 단어는 원래 광산에서 '채굴^{採掘}', '채광^{採鑛}'하는 것을 의미한다. 데이터 마이닝은 실제로는 '데이터'를 채굴하는 것이 아니라 데이터 중에서 '정보와 지식'을 채굴한다. 그래서 데이터 마이닝이라는 이름이 적합하지 않다고 생각하는 이들은 데이터베이스에서 지식 발견Knowledge Discovery in Database, KDD이라는 용어를 선호한다. 데이터 마이닝에서는 다양한 기계학습 기법, 통계적 기법, 데이터 처리 기법 등을 사용한다.

데이터 마이닝은 데이터가 대규모이기 때문에 데이터가 디스크에 있다고 간주한다. 한편, 전통적인 기계학습에서는 일반적으로 데이터가 메모리에 적재될 수 있다고 묵시적으로 가정했다. 요즘은 빅데이터에도 딥러닝 등의 기계학습 기법을 적용하기 때문에, 기계학습에서도 전체 데이터를 메모리에 적재하지 않는 경우도 있다. 시간 효율성 측면에서 보면, 기계학습 알고리즘은 CPU 사용시간 등이 주된 관심사인 반면, 데이터 마이닝은 전체 데이터를 디스크에서 몇 번 읽어 들이는지가 중요한 관심사가 된다.

7.2 데이터 마이닝의 과정

데이터 마이닝은 정제되지 않는 대규모 데이터로부터 의미 있는 정보나 지식을 추출해야 하기 때문에, 단순히 특정 알고리즘 하나를 적용해서 기대하는 결과를 얻을 수 없다. 이것은 데이터의 정제refinement, 통합integration과 같은 전처리를 포함하여, 적합한 데이터의 선정과 알고리즘의 적용, 결과의 평가 등 일련의 과정, 즉 프로세스process를 만족스러운 결과를 얻을 때까지 반복수행하는 공학적 작업이다. 전체 프로세스를 지식발견 과정으로 본다면, 지식추출을 담당하는 알고리즘 적용 부분을 협의의 데이터 마이닝으로 볼 수도 있다.

[그림 7.1]은 전형적인 데이터 마이닝의 과정을 보여준다. 실제 분석대상 데이터는 다양한 종류의 파일과 여러 형식의 데이터베이스에 산재되어 있을 수 있다. 데이터 마이닝을 하기 위해서는 우선 데이터에 존재하는 오류를 제거하고 일관성 있게 정제하여 통합하는 작업을 해야 한다. 필요에 따라 이 통합작업 결과를 질의 처리와 분석이 용이한 구조화된 통합 뷰view를 제공하는 데이터 웨어하우스data warehouse로 구축하기도 한다. 통합된 데이터베이스나 데이터 웨어하우스에서 분석 대상이 될 데이터를 선별한 다음, 분석 환경과 분석 목적에 적합한 데이터 마이닝 알고리즘을 선택하여 적용한다.

데이터 마이닝 알고리즘은 직접 개발할 수도 있고, 이미 개발된 도구를 활용할 수도 있다. 데이터의 규모에 따라 활용할 수 있는 도구가 달라질 수 있다. 최근 빅데이터의 출현으로 단일 컴퓨터의 디스크에 저장될 수 없는 규모의 데이터에 대해 마이닝을 해야 할 때도 있다. 이런 경우에 빅데이터 처리를 할 수 있는 컴퓨팅 자원과 분석 도구를 사용해야 한다.

PC 클러스터를 사용하여 빅데이터를 분산저장 관리하는 HDFS[Hadoop distributed file system] 등의 분산파일시스템과, 빅데이터를 분산처리 하는 도구를 사용하거나 Map-Reduce나 Spark 등을 이용한 분산처리 프로그램을 개발하여 사용한다.

선택된 분석대상에 데이터 마이닝 알고리즘을 적용하여 도출한 결과를 평가하여, 비즈니스적, 공학적 또는 과학적 가치가 있는지 평가한다. 필요에 따라 이전 단계로 돌아가서 이러한 작업을 반복수행하여 가치 있는 지식을 찾는다.

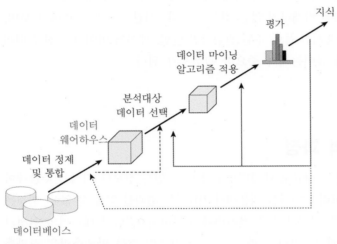

그림 7.1 데이터 마이닝 과정

7.3 데이터 마이닝 대상

데이터는 실험설계 유무에 따라 실험 데이터[experiment data]와 관측 데이터[observation data]로 나누어 볼 수 있다. 실험 데이터는 생물학 실험, 약물 실험, 물리학 실험 등 설정된 실험환경에서 수집된 데이터를 말한다. 이러한 실험 데이터는 미리 가설을 설정하고 가설에 따른 실험을 설계하여 실험 결과로 얻은 것이다. 이 경우 데이터 분석은 주로 설정한 가설[hypothesis, 假說]을 검증하거나 탐색적 분석[exploratory analysis, 探索的分析]을 하게 된다.

관측 데이터는 실험과정이 설계되지 않은 환경에서 관측되어 수집된 데이터이다. 기상 관측 장비와 같은 각종 센서를 통해 수집되는 데이터, 인간 유전체 데이터, 웹 로그, 온라인 쇼핑몰의 거래 데이터[transaction data], 네트워크 트래픽 데이터, 대형 매장의 거래 데이터가 전형적인 관측 데이터이다. 이것들은 발생 상황을 마음대로 통제할 수는 없지만 실험 데이터에 비해서 획득 비용이 저렴하다. 따라서 대규모로 데이터가 축적될 수 있어서, 이들이 데이터 마이닝의 주된 대상이다.

데이터는 다양한 형태로 주어진다. 가장 흔한 데이터 형태는 데이터베이스 테이블table이다. 데이터베이스는 저장의 중복을 피하기 위해서 데이터를 여러 개의 테이블로 나누어 저장하는 경우도 있기 때문에, 데이터 마이닝을 하기 위해서 이들을 하나의 테이블로 통합해야 할 때도 있다. 텍스트 파일로 데이터가 저장되는 경우 보통 하나의 행line이 하나의 데이터 레코드를 나타낸다. 그런데 응용 분야마다 나름의 고유한 파일 형식을 사용할 수 있기 때문에 이에 대한 처리가 필요하다. 데이터를 생성하는 기업이나 기관이 자체적으로 사용하는 양식에 따라 문서를 작성하는 경우에는, 문서들로부터 데이터를 추출하는 전처리 작업을 해야 할 때도 있다. 응용 프로그램이 생성한 특별한 형식의 파일이 주어진다면, 파일의 인코딩 방식을 확인하여 데이터를 추출하는 작업을 해야 한다.

표 7.1 시장바구니 데이터

거래번호	구매 항목
T1	빵, 우유
T2	기저귀, 달걀, 맥주, 빵
T3	기저귀, 맥주, 우유, 콜라
T4	기저귀, 맥주, 빵, 우유
T5	기저귀, 빵, 우유, 콜라

대형 매장, 온라인 쇼핑몰에서 발생하는 매출별 구매 항목 목록에 대한 데이터를 시장바구니 데이터market basket data라고 한다. [표 7.1]은 시장바구니 데이터의 형태를 예로 든 것이다. 어느 대형 매장의 거래 데이터를 분석했더니, 금요일 저녁에 '기저귀'와 '맥주'가 함께 팔린 사례가 많이 발견되었다고 한다. 이전에는 전혀 기대하거나 예상하지 못한 것인데, 이러한 항목간의 연관성이 보여서 이유를 분석해 보았더니, 기저귀 차는 아이가 있는 가정은 주말에 외부 활동이 번거로워 축구를 보면서 맥주나 마시자는 생각으로 그랬을 것이라고 추정되었다. 이런 매장에서 기저귀 코너 바로 옆에 맥주 코너를 배치한다면 매출이 향상될 수 있을 것이다. 시장바구니 데이터에 대한 이러한 분석 사례는 사람들에게 데이터 마이닝의 유용성에 대해 깊은 인상을 주었고, 비즈니스 분야를 중심으로 데이터 마이닝을 활발하게 도입하게 만들었다.

사람이나 시스템 또는 센서에 의해서 지속적으로 생성되는 데이터를 스트림stream 데이터라고 한다. 스트림 데이터의 분석에서는 개별 값에 관심을 두기보다 이전 값들과의 비교를 통한 변화의 추이 또는 반복 패턴을 찾는 것에 관심을 둔다.

온라인 매장에서 일정 기간 동안에 어떤 고객이 구매한 상품을 순차적으로 기록한 목록 데이터, 홈페이지를 방문한 사용자들의 순차적 하이퍼링크 클릭^{click} 데이터, 분자생물학에서 단백질 아미노산이나 염기 서열 데이터 등은 길이가 제각각인 서열^{sequence} 데이터이다. 이러한 서열 데이터를 마이닝하여 찾은 순차적 패턴$^{sequential\ pattern}$은 추천, 웹페이지 디자인, 아미노산이나 염기 서열의 기능 추정 등에서 유용하게 사용될 수 있다.

데이터베이스의 테이블, 시장바구니 데이터 등은 일정한 구조를 갖는 정형^{structured} 데이터이다. 하지만 실제로는 텍스트 데이터, 이미지 데이터, 센서나 동영상의 스트림 데이터, 로그 데이터, 그래프 데이터와 같이 구조가 일정하게 주어지지 않는 비정형^{unstructured} 데이터가 훨씬 많다. 최근에는 이들 비정형 데이터에 대한 마이닝 연구가 활발히 진행되고 있다. 한편, XML 문서나 파일에 포함된 표와 같이 융통성있는 형태로 구조화된 반정형$^{semi-structured}$ 데이터도 있다.

데이터 마이닝은 여러 분야의 이론과 기술을 사용한다. 데이터를 분석하기 위해 기계학습과 통계학 이론을 활용하고, 대규모 데이터를 다루어야 하므로 데이터베이스 및 알고리즘 성능에 대한 계산이론도 사용한다. 또한, 대용량 데이터를 다루어야 하므로 클러스터 컴퓨팅과 같은 고성능 병렬처리 기술도 사용하고, 데이터 및 분석 결과를 시각적으로 보여주기 위한 시각화 기술도 사용하고 있다.

여기에서 데이터 마이닝 분야인 연관 규칙 마이닝, 텍스트 마이닝, 그래프 마이닝, 추천, 시각화에 대해서 살펴본다.

7.4 연관 규칙 마이닝

연관 규칙$^{association\ rule}$은 시장바구니 데이터에서 나타나는 항목 간의 출현 연관성을 표현하는 규칙이다. 시장바구니 데이터에 대한 연관 규칙 마이닝에서는 다음 용어들을 사용한다.

항목집합^{itemset}은 한 개 이상인 항목들의 모음을 말한다. k-항목집합$^{k-itemset}$은 k개의 항목을 포함하는 항목집합이다. [표 7.1]의 예에서 {기저귀, 우유}는 2-항목집합이다. 지지회수$^{support\ count}$는 특정 항목집합이 포함된 거래 데이터의 개수를 의미한다. [표 7.1]에서 항목집합 {기저귀, 우유}의 지지회수는 3이다. 지지도^{support}는 전체 데이터에서 특정 항목집합 A를 포함한 거래 데이터의 비율을 의미하고, $s(A)$로 나타낸다. 즉, 항목집합 A에 대한 지지도 $s(A)$는 다음과 같이 계산된다.

$$s(A) = \frac{\text{항목집합 } A \text{의 지지 회수}}{\text{전체 거래 데이터의 수}} \tag{7.1}$$

[표 7.1]에서, s({기저귀, 우유}) = 3/5 = 0.6이다. 빈발 항목집합$^{\text{frequent itemset}}$은 미리 지정된 값 이상의 지지도를 갖는 항목집합을 말한다.

연관 규칙 $A \rightarrow B$의 신뢰도^{confidence} $c(A \rightarrow B)$는 항목집합 A를 포함하는 거래 데이터가 항목집합 B도 포함할 확률을 나타낸다. $c(A \rightarrow B)$는 다음과 같이 계산할 수 있다.

$$c(A \rightarrow B) = \frac{s(A \cup B)}{s(A)} \tag{7.2}$$

예를 들면, 연관규칙 {기저귀, 우유} → {콜라}에 대한 신뢰도는 다음과 같이 계산된다.

$$c(\{기저귀, 우유\} \rightarrow \{콜라\}) = \frac{s(\{기저귀, 우유, 콜라\})}{s(\{기저귀, 우유\})} = \frac{2}{3} = 0.667$$

7.4.1 연관규칙 마이닝 알고리즘

연관 규칙을 찾는 알고리즘으로 Apriori, FPgrowth 등 여러 알고리즘이 있다. 여기에서 대표적인 연관규칙 알고리즘인 Apriori를 살펴본다.

시장바구니 데이터에 대하여 Apriori 알고리즘은 우선 빈발 항목집합들을 찾은 다음, 이들로부터 신뢰도가 높은 연관 규칙을 만들어낸다. 이 알고리즘은 빈발 항목집합을 점진적으로 만들어낸다. 먼저 빈발 1-항목집합$^{\text{frequent 1-itemset}}$ L_1을 구한다. 빈발 1-항목집합 L_1은 지지 도가 미리 지정한 임계값 이상인 항목집합으로, 전체 데이터를 한번 읽으면^{scan} 결정할 수 있다. 빈발 1-항목집합들을 사용하여 후보 2-항목집합$^{\text{candidate 2-itemset}}$ C_2를 구성한다. 전체 데이터를 읽으면서 C_2에 속하는 각 항목집합의 지지도가 임계값 이상인지를 확인하여, 빈발 2-항목집합 L_2를 결정한다. L_2의 항목들을 결합하여 항목이 3개인 후보 3-항목 집합 C_3을 구성한 다음, 전체 데이터를 읽으면서 빈발 3-항목집합 L_3를 결정한다. 이와 같이 L_{k-1}을 이용하여 C_k를 만들고, 전체 데이터를 읽으면서 L_k를 결정하는 과정을 반복 함으로써, Apriori 알고리즘은 빈발 항목집합들 $L = L_1 \cup L_2 \cup \cdots$를 결정한다.

[그림 7.2]는 Apriori 알고리즘이 빈발 항목집합들을 결정하는 과정을 보여주는 예이다. 데이터베이스 D에 항목들이 그림과 같이 있을 때, 먼저 각 항목에 대한 지지회수를 계산하여 C_1을 만들고, C_1에서 최소 지지도 이상인 빈발 항목집합들만 선택하여 L_1을 만든다. 여기에서는 지지회수 임계값을 2로 하여, 지지회수가 1인 항목 D는 L_1에 포함되지 않는다. 다음으로 L_1을 이용하여 후보 2-항목집합 C_2를 만든다. 각 항목집합의 지지회수를 계산하여 빈발 항목집합 L_2를 결정한다. L_2의 항목집합들을 결합하여 만드는 후보 3-항목집합에는 {B, C}와 {B, E}를 결합한 {B, C, E}만 만들어진다.

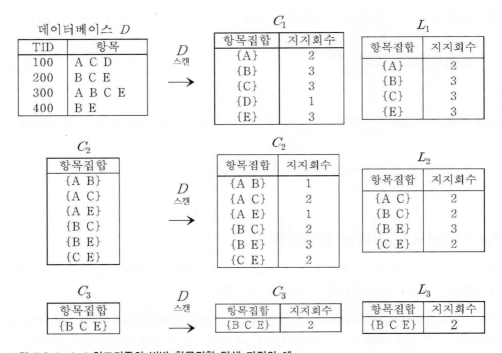

그림 7.2 Apriori 알고리즘의 빈발 항목집합 탐색 과정의 예

연관 규칙은 다음과 같이 빈발 항목집합을 사용하여 만들어 낸다. 항목의 수가 2개 이상인 빈발 항목집합들로부터 규칙을 만들어 신뢰도를 계산한 다음, 그 값이 주어진 신뢰도 임계값 이상이면 연관 규칙으로 출력한다. 예를 들어, $\{I_1, I_2, I_3\}$이 빈발 항목집합으로 주어질 때, $\{I_1, I_2\} \rightarrow I_3$, $\{I_1, I_3\} \rightarrow I_2$, $\{I_2, I_3\} \rightarrow I_1$이 후보 연관 규칙이 된다. 이들 중에서 신뢰도 값이 임계값 이상인 것들은 연관 규칙이 된다.

7.4.2 연관 규칙 마이닝의 응용 분야

연관 규칙 마이닝을 통해 파악한 항목 간의 연관성 정보는 다양한 분야에서 활용될 수 있다. 실제 비즈니스나 서비스에서 연관 규칙 마이닝 결과가 활용되고 있다. 예를 들면, 상품 카탈로그 설계, 끼워팔기[add-on sales] 전략 수립, 매장 상품배치, 쿠폰 설계, 구매 패턴에 따른 고객 세분화[customer segmentation] 등이 대표적인 예이다.

통신 서비스에서 고객의 사용 패턴 추출에 이를 적용한 사례들이 있다. 한편, 복잡한 통신 또는 생산 시스템을 사용하는 분야에서 동시에 발생하는 장애 패턴 분석에 적용한 사례들이 있다.

거래, 통신, 숙박 등 다양한 데이터를 결합하여, 범죄 및 테러 모의, 불법 유통, 범죄 네트워크 식별, 범죄 추적 등에 적용하는 사례들도 있다.

7.5 텍스트 마이닝

데이터베이스의 테이블처럼 정해진 구조에 따라 표현되는 정형 데이터에 비해서 그렇지 않은 비정형 데이터가 훨씬 많다. 전체 데이터의 80% 이상이 비정형 데이터라고 한다. 이러한 비정형 데이터의 전형적인 것이 텍스트 데이터[text data]이다. 텍스트 데이터는 책, 신문, 잡지, 의료기록과 같은 문서, 이메일, 블로그, 트위터 등 다양한 문서 데이터를 포함한다.

텍스트 마이닝[text mining]은 대규모 텍스트 데이터로부터 의미 있는 정보를 추출하는 것을 말한다. 텍스트 마이닝에서는 우선 비정형인 텍스트 데이터를 자연어 처리 기법으로 분석하여 의미요소를 추출하고 구조화된 정형 데이터로 변환한다. 그리고 나서 변환된 정형 데이터에 데이터 마이닝 기법을 적용하여 의미있는 패턴을 추출한다.

7.5.1 텍스트 마이닝의 대상

텍스트 마이닝은 텍스트 분류, 텍스트 군집화, 개념 추출, 개체 관계 모델링, 문서 요약, 토픽 모델링, 감성 분석 등에 사용된다. 텍스트 분류[text classification]는 텍스트를 정해진 부류 중의 하나로 분류하는 것이다. 텍스트 군집화[text clustering]는 텍스트를 유사도에 따라 집단으로 묶는 것이다. 개념 추출[concept extraction]은 텍스트에서 주요 개념들을 뽑아내는 것을 말한다. 개체 관계 모델링[entity relation modeling]은 개념 명칭 간의 관계를 찾아내는 것이다. 문서 요약[document summarization]은 문서의 내용을 분석하여 짧게 기술하는 것을 말한다.

토픽 모델링^{topic modeling}은 다수의 문서가 주어질 때 각 문서가 여러 주제^{topic}를 다루고 있다고 전제하고, 문서별로 이들 주제의 반영비율을 결정하고, 또한 전체 문서에서 나타내는 주제를 식별하고, 각 주제를 구성하는 단어들의 확률분포를 찾아내는 것이다.

감성분석^{sentiment analysis}은 텍스트를 작성한 사람 또는 문장의 주어에 해당하는 사람의 기분, 긍정 또는 부정 의견을 추출하여 특정 이슈, 인물, 이벤트에 대한 사람들의 평가, 태도, 감정을 분석하는 것으로, 오피니언 마이닝^{opinion mining}이라 하기도 한다.

7.5.2 감성분석

감성 분석은 특징 추출, 긍정·부정 의견 분류, 오피니언 요약 및 전달로 구성되는 단계를 거쳐서 수행된다.

특징 추출 단계에는 학습 데이터를 사용하여 대상영역의 분석을 위한 감성사전을 구축하는데, 사전에는 세부 평가 요소와 긍정·부정 표현에 대한 정보가 포함된다. 세부 평가 요소는 가격, 품질과 같은 평가 기준을 말하고, 긍정·부정 표현은 가격이라면 '착하다', '터무니없다'와 같은 표현을 말한다. 기존 구축된 긍정·부정 표현에 대한 사전이 있다면 활용하면 되지만, 없으면 사전을 직접 구축해야 한다.

긍정 · 부정 의견 분류 단계에는 문장 단위로 세부 평가 요소와 긍정·부정 표현을 찾아내고, 해당 문장이 긍정적인 의견인지 부정적인 의견인지 결정한다. 이러한 결정을 위해 단어 사용빈도를 기반으로 하는 단순 베이즈 분류기^{naive Bayes classifier}, SVM 등 분류기 알고리즘이 사용된다. 정확도를 개선하기 위해 단어 사용빈도 뿐만 아니라 문장의 구문분석, 의미사전 등을 사용하기도 한다. 한편, 단어를 실수 벡터로 표현하여 재귀 신경망^{RNN} 등 딥러닝 기술을 적용하여 긍정부정을 평가하는 방법도 사용되고 있다.

오피니언 요약 및 전달 단계에는 각 세부 평가 요소별로 긍정 표현과 부정 표현의 차이를 비교하여 긍정·부정의 평가 정도를 표현하고, 평가 요소별로 오피니언에 대한 요약정보를 문장으로 표현한다.

이슈 추적^{issue tracking}, 여론 동향을 파악하기 위해 감성분석 기술이 기업, 정치권에서 적극적으로 활용되고 있다. 관련된 용어로 버즈 모니터링^{buzz monitoring}이 사용되는데, 이는 온라인에서 특정 주제에 대한 여론을 분석하는 것을 말한다. '버즈'는 벌이나 기계가 윙윙거리는 소리를 말하는데, 대중이 말하는 소리를 주시한다는 의미로 버즈 모니터링이란 용어가 사용된다.

7.5.3 토픽 모델링

토픽 모델링은 문서들에서 어떤 주제들이 다루어지고 있는지, 각 문서는 어떤 주제들을 다루고 있는지를 비지도학습적인 방법으로 찾아내는 작업을 말한다. 토픽 모델링에서는 각 문서가 정도의 차이는 있지만 여러 주제를 다루고 있다고 전제한다. 그리고 전체 문서에서 다루고 있는 주제를 찾아내고, 주제를 구성하는 단어들의 확률분포를 결정하고, 각 문서별로 이들 주제의 반영 비율을 결정한다. 대표적인 토픽 모델링 알고리즘인 LDA^{Latent Dirichlet Allocation}는 [그림 7.3]과 같은 확률 그래프 모델을 기반으로 한다.

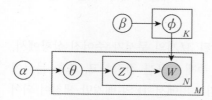

그림 7.3 LDA 토픽 모델링의 확률 그래프 모델

[그림 7.3]은 확률 그래프 모델을 판상 표기방법^{plate notation}으로 표현한 것인데, 사각형 안의 원은 확률변수^{random variable}를 나타내고, 사각형 밖의 원은 하이퍼파라미터^{hyperparameter}를 나타낸다. 한편, 사각형과 사각형 우측 하단의 기호는 해당 사각형 안에 있는 확률변수가 해당되는 기호만큼 있다는 것을 나타낸다. 예를 들어, 맨 위쪽의 사각형은 확률변수 ϕ가 K개 있다는 것을 나타낸다. 토픽 모델링에서 해당 부분은 K개의 주제가 있다는 나타낸다. 한편, 각 주제는 해당 주제에 특정 단어가 나타날 확률을 나타내는 다항분포^{multinomial distribution}로 표현된다. 다음 예는 '야구'와 '자동차' 주제를 다항분포로 표현한 것이다.

야구 = {(KBO, 0.1), (류현진, 0.05), (결승, 0.05), (선발, 0.1), (마무리, 0.01), (홈런, 0.3), (이닝, 0.1), (홈, 0.05), (송구, 0.05), (승부, 0.09), (우중간, 0.02), (적시타, 0.03), (선취점, 0.05)}

자동차 = {(시속, 0.05), (사고, 0.03), (타이어, 0.1), (출력, 0.05), (드라이브, 0.2), (모델, 0.1), (F1, 0.02), (전설, 0.01), (엔진, 0.1), (출전, 0.05), (라이업, 0.1), (마력, 0.03), (가솔린, 0.1), (연비, 0.1), (정숙성, 0.04), (변속기, 0.1)}

하이퍼파라미터 β는 디리쉬리 분포^{Dirichlet distribution; 디리클레 분포}의 특성을 지정하는 파라미터이다. 디리쉬리 분포는 다항분포들에 대한 확률분포를 나타낸다. 각 주제를 표현하는 확률분포가 β값을 갖는 디리쉬리 분포로부터 표본추출^{sampling}되어 초기화된다는 의미이다. θ는 문서의 주제 분포를 나타내는 확률변수이다. 각 문서의 주제는 다음과 같이 여러 주제를 부분적으로 다루는 것으로 표현한다.

> 문서1 = {(정치, 0.3), (연예, 0.4), (정보기술, 0.1), (미래예측, 0.2)}
> 문서2 = {(자동차, 0.2), (야구, 0.3), (연예, 0.1), (경제, 0.2), (법률, 0.2)}

확률변수 Z는 문서의 주제 분포에서 표본추출된 주제 하나를 나타내고, N으로 표시된 사각형은 각 문서가 N개의 단어로 구성된다는 것을 나타낸다. α는 각 문서가 다루는 주제의 분포를 설정하기 위해 사용하는 디리쉴리 분포의 하이퍼파라미터이다. W는 실제 문서에 나타나는 단어를 나타내는데, LDA 모델에서는 Z가 가리키는 주제 ϕ의 단어 분포로부터 표본추출하여 단어 W가 결정된다고 가정한다.

LDA 기반의 토픽 모델링에서는 N개의 단어로 구성된 M개의 문서가 주어진 상황에서, K개의 주제에 대한 단어 분포들을 찾고, 각 문서의 주제 분포를 결정하고, 또한 문서에 있는 각 단어가 어느 주제에 속하는지 결정한다. [그림 7.3]에서 W의 배경만 색칠이 되어 있는데, 해당 확률변수의 값은 실제 주어지는 것이고, 나머지 확률변수들은 은닉변수 hidden/latent variable라는 의미이다.

LDA 토픽 모델링에서 α와 β는 각각 디리쉴리 분포에 대한 하이퍼파라미터이다. 이들은 개발자가 설정해야 하는 값으로, 0.01과 같이 매우 작은 양수값이다. 이 모델을 사용하면 문서들을 생성할 수 있다. 먼저 β값을 갖는 디리쉴리 분포에서 K개의 단어 분포 ϕ를 표본추출하여 K개 주제를 설정한다. 다음으로 α값을 갖는 디리쉴리 분포에서 M개의 문서 각각의 주제 분포 θ를 샘플링하여 설정한다. 각 문서의 주제 분포에 따라 단어별로 주제 Z를 선택한다. 주제 Z에 대한 단어 분포 ϕ에서 단어 W를 표본추출한다. 이러한 단어 추출을 N번 반복하면 문서가 하나 만들어진다. 이것이 LDA의 토픽 모델링에서 전제하는 문서가 만들어지는 과정이다.

실제 LDA 토픽 모델링에서는 N개의 단어로 구성된 M개의 문서가 주어진 상태에서, K개의 주제에 대한 단어 분포들을 찾고, 각 문서의 주제 분포를 결정하고, 또한 문서에 있는 각 단어들이 어느 주제에 속하는지 결정해야 한다. 만약 단어별로 해당 단어가 소속하는 주제를 나타내는 Z값이 주어진다면, 문서의 주제 분포와 토픽의 단어 분포를 쉽게 결정할 수 있다. 문서의 주제 분포topic distribution는 문장의 전체 단어 개수 N 대비 각 주제에 속하는 단어 수의 비가 된다. 주제의 단어 분포word distribution는 전체 문서에 특정 주제로 분류된 단어 전체의 빈도를 수집하여 단어별 빈도비를 계산하면 구할 수 있다. 결국 토픽 모델링의 문제는 확률변수 Z의 값을 결정할 수만 있으면 해결할 수 있다.

토픽 모델링을 할 때 사용하는 대표적인 방법은 깁스 표본추출^{Gibbs sampling}이다. 이 방법은 특정 단어 w가 특정 주제 z에서 나왔을 확률 $p(z|w)$를 계산하기 위해, 깁슨 표본추출을 사용하여 샘플들을 생성한다. 깁스 표본추출 방법을 설명하기 위해, 여기에서는 문서의 단어들은 $w = (w_1, w_2, \cdots, w_N)$으로 나타내고, 이들 단어가 속하는 주제들을 $z = (z_1, z_2, \cdots, z_N)$으로 나타내자. 이때 w_{-i}는 i 번째 단어 w_i를 제외한 w의 모든 단어를 나타내고, z_{-i}는 주제 z_i를 제외한 z의 모든 주제를 나타낸다.

깁스 표본추출을 할 때는, i 번째 단어 w_i의 주제를 제외한 모든 단어의 주제 z_{-i}는 결정되어 있다고 가정하고, i 번째 위치의 주제에 대한 확률분포 $p(z_i|z_{-i}, w)$를 계산한 다음, 이를 이용하여 i 번째 단어 w_i의 주제 z_i의 값 j를 표본추출한다.

위치 i의 단어 w_i에 대한 주제 z_i가 j일 확률 $p(z_i = j|z_{-i}, w)$는 w_{-i}에 대한 주제 z_{-i}가 정해져 있다고 가정한 상태에서, 현재 문서에서 주제 j에 할당된 단어 w_i의 비율 $p(w_i|z_i = j, w_{-i}, z_{-i})$와, 현재 문서에서 주제 j로 할당되는 단어들의 비율 $p(z_i = j|z_{-i})$의 곱에 비례하도록 설정된다.

$$p(z_i = j|z_{-i}, w) \propto p(w_i|z_i = j, w_{-i}, z_{-i}) \cdot p(z_i = j|z_{-i}) \tag{7.3}$$

이렇게 계산된 확률분포를 사용하여, 문서의 각 단어에 대한 주제 샘플 z_i들을 생성한다. 이들 샘플을 이용하여 주제별 단어 분포 ϕ와 문서별 주제 분포를 결정한다. 토픽 모델링을 할 때 깁스 표본추출 이외에도 변분법^{variational method}을 사용하는 방법 등이 있다. 토픽 모델링을 위한 모델로는 LDA뿐만 아니라 pLSA, HDA 등 다양한 모델이 있다.

7.6 그래프 마이닝

그래프는 노드들과 노드들을 연결하는 간선^{edge}들로 구성된 구조이다. 다양한 문제, 상황 및 상태를 그래프로 표현될 수 있다. [그림 7.4]는 그래프로 표현될 수 있는 데이터의 몇 개의 사례를 보여준다. 컴퓨터 네트워크에서 컴퓨터, 라우터, 스위치 등은 노드로, 통신 채널이 존재하는 노드 사이는 간선으로 대응시키면 그래프가 된다.

소셜 네트워크에서 각 개인을 노드로, 개인 간의 사회적 관계^{친구, 따라가기(follow)/따라오기(following)} ^{관계, 촌수 맺기 등}, 댓글 달기, 또는 메시지의 전송 여부를 간선으로 나타내면 그래프가 만들어진다.

웹^{Web}에서 페이지들을 노드로, 하이퍼링크에 의한 연결 관계를 간선으로 간주하면, 웹 자체가 거대한 그래프이다.

생물학에서도 다양한 그래프 구조의 데이터가 있다. 단백질 간 상호작용 네트워크는 단백질들을 노드로, 단백질간의 상호작용을 간선으로 표현한 그래프이다. 뿐만 아니라 대사물질들의 화학적 반응 및 변화를 표현하는 대사경로 네트워크, 유전자 발현 관계를 표현하는 유전자 조절 네트워크와 같이 그래프로 표현되는 다양한 데이터가 있다.

화합물을 구성하는 원자와 원자 사이의 결합 모양이나 배열 상태를 결합선을 사용하여 나타내는 화학 구조식도 그래프로 볼 수 있다.

논문과 특허의 인용 관계 그래프, 이동 통신망 네트워크, 개인 또는 기관 간의 금융 거래 또는 서비스 제공의 관계를 나타내는 거래 관계 그래프 등 많은 종류의 그래프 데이터가 존재한다.

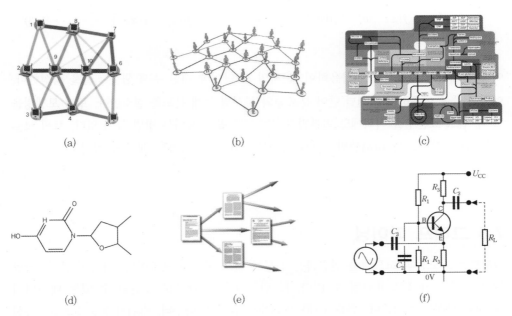

그림 7.4 **그래프로 표현되는 데이터의 예**
(a) 컴퓨터 네트워크 (b) 소셜 네트워크 (c) 대사경로 네트워크 (d) 화학 구조식 (e) 인용 네트워크 (f) 전자회로도

그래프 마이닝은 그래프 데이터들로부터 의미 있는 패턴을 추출하는 것을 말한다. 그래프 마이닝에서는 앞에서 살펴본 것처럼 다양한 종류의 그래프 데이터를 다루며, 분석작업의 종류도 다양하다.

7.6.1 빈발 부분그래프

빈발 부분그래프^{frequent subgraph} 마이닝은 그래프 데이터들의 집단에서 자주 나타나는 부분그래프를 찾는 것이다. 부분그래프는 원래 그래프에 속하는 (즉, 노드와 링크가 포함되는) 그래프를 말한다. 같은 이름의 노드가 중복해서 나타날 수 있는 그래프 데이터나 공통된 노드 이름을 사용하지 않는 그래프 데이터에서 구조가 같은 부분그래프의 출현 여부를 판단해야 하기 때문에 동형^{同型, isomorphism}의 판정이 필요하다. 임의의 두 그래프가 [그림 7.5]와 같이 한 그래프 노드들의 이름을 다른 그래프 노드들의 이름으로 변환하여 같은 그래프로 만들 수 있을 때, 두 그래프는 동형이다라고 한다. 동형 확인 문제는 대표적인 NP-hard 문제의 하나로, 그래프의 규모가 커짐에 따라 처리비용이 기하급수적으로 증가할 수 있다. 이러한 동형 판정을 통해 부분 그래프 구조의 존재 여부를 판정하는 여러 가지 알고리즘이 개발되어 있다.

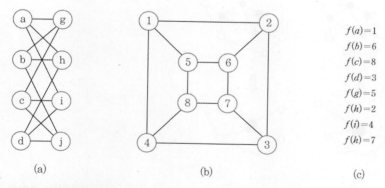

그림 7.5 동형 그래프
(a)의 노드를 (c)의 사상에 의해서 변환하면, (b)의 결과를 얻을 수 있다. 따라서 (a)와 (b)는 서로 동형이다.

[그림 7.6]에서 그래프 G_1과 G_3는 그래프 G_0을 부분 그래프로 포함한다. 최소 지지 회수를 2로 하여 그래프 G_1, G_2, G_3가 주어질 때, 부분 그래프 G_0를 빈발 부분그래프로 찾는 것이 빈발 부분그래프 마이닝이다. 빈발 부분그래프 마이닝 알고리즘은 후보 부분그래프를 만들어가면서, 후보 부분그래프가 각 그래프 데이터에 포함되는지 동형 여부를 확인해서 빈발

한 것들을 찾는다. 연관 규칙 마이닝에서 사용하는 알고리즘인 Apriori와 FPGrowth에 기반한 FSG와 gSpan이 대표적인 빈발 부분그래프 마이닝 알고리즘이다.

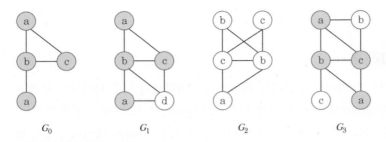

G_0 G_1 G_2 G_3

그림 7.6 **빈발 부분그래프**
그래프 G_0 는 G_1 과 G_3 의 부분그래프이다.

빈발하는 부분그래프가 찾아지면 이러한 부분그래프를 하나의 노드를 대치하여 그래프 구조를 간단하게 압축하여 표현할 수 있다. [그림 7.7]은 공통적인 부분그래프를 하나의 노드로 변환하여 표현한 것을 보여준다. 그림에서 검은색으로 표현된 노드들이 공통적인 부분그래프이고, 아래쪽의 큰 노드는 이들 부분그래프를 압축하여 나타낸 것이다.

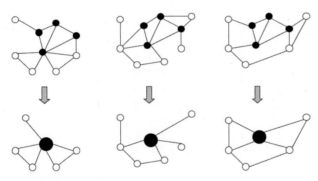

그림 7.7 **그래프의 압축**
위쪽 그래프에서 검은색 노드로 표현된 부분이 공통적인 부분그래프이고, 이를 압축하여 하나의 노드로 표현하는 것이 아래쪽 그래프이다.

7.6.2 그래프 검색

그래프 데이터베이스와 질의 그래프가 주어질 때, 질의 그래프를 부분그래프로 포함하는 그래프들을 데이터베이스에서 모두 찾는 문제를 그래프 검색graph search이라고 한다. 가장 단순한 방법은 그래프 데이터베이스의 각 그래프를 순차적으로 가져와서 질의 그래프가 부분그래프인지 동형 검사를 해 보는 것인데, 데이터베이스의 크기가 커지면 시간이 지나치게 많이 소요될 수 있다. 이러한 검색 문제를 효과적으로 다루기 위해 인덱싱indexing 기법이 사용된다. 인덱싱은 어떤 대상을 쉽게 찾을 수 있도록, 기준이 되는 특징으로 대상의 위치를 쉽게 찾을 수 있게 하는 정보를 관리하는 기법이다.

그래프 검색을 위한 인덱싱은 경로, 부분구조substructure, 노드 또는 링크의 이름, 부분 그래프를 특징으로 사용할 수 있다. 경로를 특징으로 사용할 때, 그래프 데이터베이스에 나타나는 일정 길이 이내의 경로들 중에서 빈번한 것들을 인덱스로 사용한다. 부분구조는 그래프에 포함된 부분그래프를 말하는데, 그래프의 크기가 커짐에 따라 부분그래프의 수가 급격히 증가하므로, 인덱싱을 위한 특징으로 빈발 부분그래프를 사용하는 것이 일반적이다. [그림 7.7]은 질의 그래프와 그래프 데이터베이스에 포함되는 부분구조를 보인 것이다. 인덱싱이 되어 있으면, 질의 그래프로부터 찾을 수 있는 부분구조나 경로의 특징을 뽑아내서, 인덱스 구조를 사용하여 데이터베이스에서 각 특징을 포함하는 그래프 데이터들을 선택한다. 그리고 각 선택된 그래프들의 교집합을 찾으면, 이것들이 해당 질의 그래프를 포함할 후보들이 된다. 후보들 각각에 대해서 부분그래프와 동형인지 검사하여 질의 그래프를 포함하는 그래프들을 결정한다.

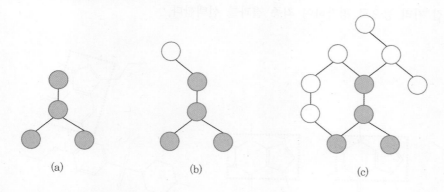

그림 7.8 **부분구조**
(a) 부분구조 (b) 질의 그래프 (c) 그래프 데이터
그래프 데이터베이스가 부분구조로 인덱싱이 되어 있으면, 부분구조를 사용하여 쉽게 질의 그래프를 검색할 수 있다.

그래프 검색은 주어진 질의 그래프를 부분 그래프로 포함하고 있는 것들을 찾는 것인데 반하여, 유사도 검색에서는 질의 그래프와 유사한 것들을 찾는다. [그림 7.9]는 유사도 검색의 예이다. 질의 그래프를 그대로 포함하고 있지는 않더라도 유사한 그래프들을 찾는 것이 유사도 검색의 목표이다. 유사도 검색을 위해서는 질의 그래프와 그래프 데이터의 유사도를 측정하는 방법이 필요하다. 대표적인 척도로는 그래프에 대한 편집 거리$^{edit\ distance}$ 가 있다. 그래프 편집 거리는 두 개의 그래프 G_1과 G_2가 있을 때, 노드 또는 링크의 삽입, 삭제, 대체와 같은 연산을 최소한으로 적용해서 G_1을 G_2로 변환하거나 반대로 G_2를 G_1으로 변환하는 연산의 수 중에서 작은 값을 말한다. 유사도 검색은 질의 그래프와 그래프 데이터간의 편집 거리가 일정값 이내인 그래프 데이터들을 찾는 문제로 변환된다.

그래프 데이터베이스가 클 경우에는 그래프 데이터를 순차적으로 하나씩 질의 그래프와 비교하여 유사도를 측정하기 어렵다. 이 경우에도 인덱싱을 사용하는 것이 바람직하다. 정확히 일치하는 것을 찾는 것이 아니라 근사한 것을 찾기 때문에, 인덱싱을 할 때 여러 가지 특징을 사용하여 각 그래프 데이터를 특징벡터 $(f_1, f_2, \cdots, f_N)$로 나타낸다. 여기에서 f_i는 i번째 특징의 특징값인데, 예를 들면, i번째 특징이 빈발 부분그래프의 하나를 나타낸다면, f_i는 해당 부분그래프의 출현 빈도이다.

유사도 검색을 하려면, 먼저 질의 그래프에 대해서 인덱싱할 때 사용한 특징을 추출하여 벡터로 나타낸다. 그 다음 인덱싱 구조를 사용하여, 질의 그래프의 특징벡터와 특징벡터의 유사도가 일정값 이상인 그래프들을 후보로 선택한다. 후보 그래프들과 질의 그래프의 유사도를 편집 거리 등으로 평가하여 최종 결과를 선택한다.

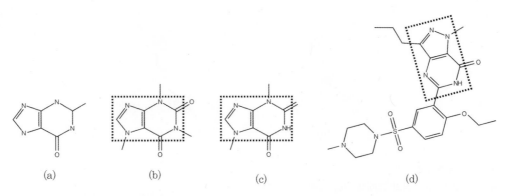

그림 7.9 **유사 그래프 검색**[출처: Han & Camber, 2011]
(a) 질의 그래프 (b) G_1 (c) G_2 (d) G_3
(a)의 특정 화합물의 구조도에 대한 질의 그래프에 대해서 유사한 부분그래프를 포함한 G_1, G_2, G_3 를 보인 것이다.

7.6.3 그래프 분류

그래프에 대한 분류^{classification} 문제 여러 가지가 있다. 첫 번째 분류 문제는 [그림 7.10]과 같이 주어진 그래프에 대해서 학습 데이터를 이용하여 라벨^{label}을 모르는 노드의 라벨을 결정하는 문제이다.

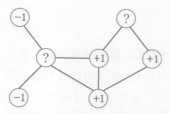

그림 7.10 그래프 노드 라벨 결정문제
학습 데이터를 이용하여 '?'인 노드의 라벨을 결정하는 문제.

두 번째는 그래프 데이터에 대한 부류를 결정하는 문제이다. 화합물을 나타내는 그래프들이 주어질 때, 특정한 성질의 유무를 결정하는 문제가 이 예에 해당한다. 이러한 분류 문제를 해결하는 전형적인 방법은 그래프 데이터들에 대한 부분구조들을 찾아서 특징벡터를 만들어 학습 데이터를 구성한 다음, 분류기 학습 알고리즘을 적용하는 것이다. 그래프 커널^{graph kernel} $K(G_i, G)$는 두 그래프 G_i와 G 간의 유사도를 측정하는 함수이며, SVM에서 설명한 특징공간에서 내적연산에 대응한다. 커널을 사용하면 특징공간으로 데이터를 변환할 필요가 없기 때문에, 유클리디언 공간에 표현되지 않는 그래프와 같은 객체에 대해서도 커널을 정의할 수 있다. 그래프 커널을 정의하여 SVM에서와 같이 다음과 같은 분류기를 만들 수 있다.

$$h(G) = \sum_{i=1}^{N} a_i t_i K(G_i, G) + b \tag{7.4}$$

위 식은 +1 또는 −1의 부류정보 t_i를 갖는 N개의 그래프 G_i를 학습데이터로 사용한 분류기의 결정 경계를 나타낸다.

그래프 분류를 할 때, 그래프에서 특징을 추출하여 그래프를 벡터 데이터로 변환한 다음, 분류기 알고리즘을 적용하는 경우도 있다. 이 경우 의미있는 특징을 추출하는 것이 중요하다. 그래프의 특징을 기술하는 경로 길이, 노드의 차수^{degree}, 지름^{diameter} 등 다양한 특징 기술자^{descriptor}들이 있다. 분류 문제의 특성에 맞는 특징을 학습을 통해 결정하여 추출하는 방법도 있다. 대표적인 것으로 그래프 컨볼루션^{graph convolution}이 있다. 컨볼루션 연산이 원래 영상^{image}에서 인접 화소$^{pixel, 畫素}$들의 정보를 반영하여 특징을 추출하는 것처럼, 그래프 컨볼루션은 인접 노드들의 정보를 이용하여 노드의 특징을 추출한다. 이때 컨볼루션 신경망 ^{CNN}에서처럼 분류 작업에 유용한 특징을 추출하도록 그래프 컨볼루션의 필터가 학습을 통해 결정되도록 하는 방법을 사용한다.

7.6.4 그래프 군집화

그래프 군집화$^{graph\ clustering}$는 하나의 그래프에서 특정 성질을 만족하는 부분그래프들을 찾거나, 많은 그래프 데이터들에서 비슷한 것들을 군집으로 묶는 것을 말한다. 하나의 그래프에 대한 군집화의 대표적인 문제는 그래프 분할$^{graph\ partitioning}$과 밀집군집 식별$^{dense\ cluster}$ ^{identification}이다.

그래프 분할은 하나의 그래프를 몇 개의 부분그래프로 분할하는 문제인데, 분할될 때 제거되는 간선의 개수나 간선의 가중치의 합이 최소가 되도록 만드는 것 등의 요건을 만족하도록 한다.

밀집군집 식별은 노드들간의 연결이 많은 부분그래프를 찾아내는 것을 말한다. 밀집군집 식별의 전형적인 적용사례는 소셜 네트워크에서 커뮤니티^{community}를 찾는 것이다. 여기에서 커뮤니티는 관심사나 관계에 의해 만들어지는 집단을 의미한다.

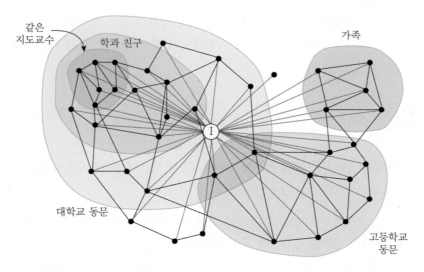

그림 7.11 SNS 그래프에서 커뮤니티 찾기
노드 I는 자신을 나타내고, 자신과 관련된 커뮤니티로 가족, 고등학교, 대학교 동문, 학과 친구, 같은 지도교수의 집단을 표현하고 있다.

Twitter, Facebook, 카카오톡과 같은 소셜 네트워크 서비스[SNS]가 활발히 사용되면서, SNS 데이터를 그래프 관점에서 분석하는 방법들도 사용되고 있다. SNS 사용자를 노드로 하고 메시지를 주고받는 관계를 간선으로 나타내면, 전세계 SNS 사용자와 그들 간의 관계가 거대한 하나의 그래프로 표현된다.

특정 개인은 여러 커뮤니티에 소속하게 되는데, 이러한 커뮤니티를 찾는 것이 밀집군집 식별문제이다. 커뮤니티를 찾을 수 있으면, 개인에 대한 성향 파악이 가능해지고, 커뮤니티 별로 마케팅 전략을 수립하거나 광고를 하는 등의 비즈니스 기회를 찾을 수도 있다. [그림 7.11] 은 SNS에 대한 그래프 데이터에서 커뮤니티의 예를 보인 것으로, 하나의 노드(즉, 개인)는 여러 커뮤니티에 포함될 수 있다. 이러한 커뮤니티를 찾는 여러 가지 알고리즘들이 있다.

대표적인 것으로 [그림 7.12]와 같이 개인(노드)의 커뮤니티 소속을 표현하는 커뮤니티 소속 그래프[community affiliation graph]를 확률적으로 모델링하는 방법이 있다. 이 방법에서는 확률 적인 커뮤니티 소속 그래프 모델이 주어진 그래프를 생성할 확률을 계산할 수 있는데, 그래프를 생성할 확률이 최대가 되도록 커뮤니티 소속 그래프 모델의 파라미터를 결정한다. 이렇게 결정된 커뮤니티 소속 그래프 모델로부터 어떤 노드들이 어떤 커뮤니티를 얼마나 강하게 소속하는지 결정할 수 있게 된다.

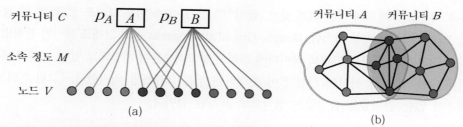

그림 7.12 **커뮤니티 소속 그래프(a)와 생성된 그래프(b).**
커뮤니티 소속 그래프(a)에서 A와 B는 커뮤니티를 나타내고, P_A와 P_B는 전체적으로 커뮤니티 A와 B에 속할 확률을 나타낸다. 소속 정도를 나타내는 확률 M_{ij}는 노드 v_i가 커뮤니티 j에 소속할 확률을 나타낸다. 커뮤니티 소속 그래프(a)로부터 그래프(b)와 같은 그래프를 확률적으로 생성할 수도 있고, 이러한 그래프가 생성될 확률도 계산할 수 있다. 임의의 두 노드가 동일한 커뮤니티에 속할 확률이 있을 때, 오른쪽 그래프에서 확률적으로 두 노드 간에 간선이 만들어질 수 있다.

7.6.5 그래프의 키워드 검색

데이터가 그래프로 표현되어 있을 때, 키워드를 사용하여 필요한 정보를 검색할 수도 있다. 예를 들어, 영화의 감독, 배우, 배역과 같은 정보가 그래프로 표현되어 있다고 하자. 이때 "Rusell Crowe가 출연한 영화의 감독이 연출한 영화 중에 Helena Carter가 주연한 것"이란 질의가 주어진다고 하자. 이 질의는 [그림 7.13]과 같은 그래프로 변환될 수 있고, 그래프 데이터에서 이 질의 그래프에 매칭되는 부분을 검색하여 해당 영화이름을 찾을 수 있다. 참고로 이 영화는 Tom Hooper 감독의 레미제라블$^{Les\ Miserables}$이다. 한편, 그래프에 대한 키워드 검색을 지원하기 위해서 자연어로 주어지는 질의를 그래프로 변환하는 기술과 그래프 검색 기술이 필요하다.

이름: Russell Crowe 이름: ? 이름: ? 이름: Helena Carter
대상: 배우 대상: 영화 대상: 감독 대상: 배우

그림 7.13 **키워드 질의에 대한 질의 그래프의 예**

7.6.6 그래프 데이터의 특징

수십만 개 이상의 노드를 갖는 대규모 그래프에는 기존의 그래프 알고리즘을 그대로 적용하기 어려운 경우가 많다. 작은 규모의 그래프에서 비교적 간단한 문제인 최단경로 찾기, 허브^{hub,} $^{많은\ 노드와\ 연결된\ 노드}$ 찾기, 최소 신장 트리$^{minimum\ spanning\ tree}$ 찾기 문제도, 대규모 그래프에서는 확장성^{scalability,} $^{문제\ 크기에\ 비례하는\ 비용으로\ 문제\ 해결이\ 가능한\ 알고리즘의\ 특성}$이 보장되지 않는다. 이러한 이유로 대규모 그래프에 대한 허브 찾기, 클릭^{clique} 찾기, 최소 비용 그래프 절단$^{graph\ cut}$ 등을 위한 그래프 데이터 저장 시스템, Giraph, GraphLab, Pegasus 등의 그래프 데이터 분산병렬 처리 프레임워크, 대규모 그래프 데이터에 특화된 알고리즘들이 개발되고 있다. 그래프에서 클릭은 모든 노드 쌍 사이에 간선^{edge}이 존재하는 부분 그래프를 의미한다. [그림 7.14]는 그래프에 있는 클릭들을 음영있는 영역으로 표시한 것이다.

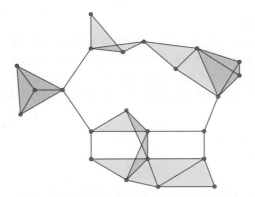

그림 7.14 **그래프의 클릭**
클릭에 속하는 노드들은 서로 간에 링크가 존재한다. 그래프 마이닝에서 클릭보다는 밀집군집과 같은 준-클릭$^{quasi-clique}$을 찾는 것에 더 관심이 있다.

그래프의 노드별 특성이나 노드 쌍의 특성을 기술하기 위한 척도들도 있다. 대표적인 것으로 군집화 상수clustering coefficient와 구조 유사도structural similarity가 있다. 군집화 상수는 그래프에서 노드들이 뭉쳐있는 정도가 얼마나 강한지 측정하는 척도이다. 군집화 상수 $c(v)$는 다음과 같이 정의되는데, 값이 클수록 응집도가 높다.

$$c(v) = \frac{\text{노드 } v\text{의 인접 노드 간의 간선의 개수}}{\text{노드 } v\text{의 인접 노드 간에 만들 수 있는 간선의 개수}} \tag{7.5}$$

[그림 7.15]에서 노드 A의 군집화 상수는 1/3이다. 왜냐하면 A의 인접 노드인 B, C, D 사이에는 총 $_3C_2 = 3$개의 간선을 만들 수 있는데, 실제는 C-D 사이에 간선이 한 개 뿐이므로, 노드 A의 군집화 상수는 1/3이다.

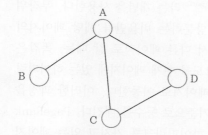

그림 7.15 **군집화 상수**
A의 군집화 상수는 1/3, B는 0, C와 D는 각각 1이다.

구조 유사도는 노드 쌍에 대해서 측정되는데, 값이 클수록 해당 노드들이 동일한 클릭clique이나 커뮤니티에 속할 가능성이 크다. 두 노드 u, v에 대한 구조 유사도 척도 $\sigma(u, v)$는 다음과 같이 정의된다.

$$\sigma(u, v) = \frac{|\Gamma(u) \cap \Gamma(v)|}{\sqrt{|\Gamma(u)||\Gamma(v)|}} \tag{7.6}$$

여기에서 $\Gamma(u)$는 노드 u에 이웃한 노드들의 집합을 나타내고, $|\Gamma(u)|$는 집합 $\Gamma(u)$의 크기를 나타낸다.

7.7 추천

상품, 웹사이트, 블로그, 뉴스를 검색할 때, 검색된 항목이 너무 많아 원하는 것을 찾기가 불편한 경우가 있다. 이러한 상황에서 추천 서비스는 사용자에게 맞춤형 정보를 제공하여 정보 검색의 부하를 줄여주는 역할을 한다. 검색 시스템은 질의에 가장 부합하는 항목들을 우선적으로 보여주기 위해 여러 가지 등수 매기기^{ranking} 방법을 사용한다.

7.7.1 등수 매기기 알고리즘

대표적인 등수 매기기 알고리즘으로 PageRank가 있다. PageRank는 웹페이지의 중요도를 평가하는 알고리즘으로, 구글의 공동창업자인 레리 페이지$^{Larry\ Page}$가 스탠포드 대학 박사과정 중에 개발한 것이다. 이 알고리즘은 구글 검색엔진에서 페이지의 중요성을 평가하는 기본 도구로 사용되고 있는데, 다른 페이지로부터 들어오는 하이퍼링크가 많은 페이지일수록 중요도가 높은 것으로 간주한다.

중요도를 결정하기 위해 PageRank는 무작위 서퍼$^{random\ surfer}$라는 개념을 사용한다. 무작위로 웹 페이지를 돌아다니는 서퍼^{surfer}가 각 페이지를 방문하는 비율만큼 해당 페이지의 중요도가 높다고 가정한다. 이 서퍼는 특정 페이지에서 다른 페이지로 갈 때는, 똑같은 확률로 이들 페이지를 방문한다. 이때 현재 노드의 중요도를 현재 페이지에 있는 하이퍼링크^{hyperlink} 개수로 나눈 것만큼의 중요도를 갖고 다른 페이지로 이동한다. 이러한 과정을 반복하면 각 페이지의 중요도 값이 수렴한다. 이 값을 기준으로 등수를 매긴다. PageRank에서는 임의의 페이지 j의 중요도 값 r_j는, j로 오는 하이퍼링크를 가지고 있는 페이지 i의 중요도 값 r_i와 i의 하이퍼링크의 수 n_i를 사용하여 다음과 같이 계산한다.

$$r_j = \sum_{i \to j} \frac{r_i}{n_i} \tag{7.7}$$

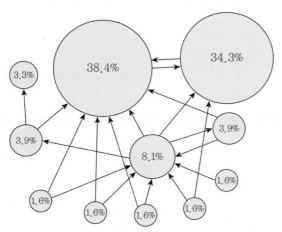

그림 7.16 **PageRank 알고리즘**
많은 다른 페이지들이 자신을 가리키면, 높은 등수를 갖는다.

한편, 들어오는 하이퍼링크만 있고 나가는 하이퍼링크가 없는 페이지의 경우, 무작위 서퍼가 지속적으로 움직이게 되면 해당 페이지의 중요도 값은 계속 증가 하고 다른 페이지들은 중요도 값이 계속 줄어든다. PageRank 알고리즘은 이러한 문제를 해결하기 위해 각 페이지에서 일정 확률로 무작위로 임의의 페이지로 갈 수 있게 하는 텔레포트^{teleport} 개념을 사용한다. PageRank를 확장한 여러 알고리즘들이 있고, 허브^{hub}와 권위^{authority}라는 개념을 사용하여 페이지의 중요도를 결정하는 HITS$^{Hyperlink-Induced\ Topic\ Search}$라는 알고리즘도 있다.

7.7.2 추천 알고리즘

등수 매기기 방법은 전체 사용자를 대상으로 중요도를 결정하기 때문에, 개인의 취향이나 구매 또는 검색 이력을 반영하지 못한다. 추천$^{recommendation,\ 推薦}$은 개인별로 맞춤형 정보를 제공하려는 기술이다. 추천 기술은 다양한 분야에서 활용되어 고객 만족도 향상, 매출 신장 등에 크게 기여하고 있다.

추천 서비스에 대한 관심을 불러 일으켰던 대표적인 이벤트로는 Netflix 상$^{Netflix\ prize}$이 있었다. Netflix는 미국의 DVD 대여와 비디오 스트리밍 서비스를 하는 회사인데, 고객들의 취향을 반영하여 영화를 추천하는 시스템을 자체적으로 개발하여 활용하고 있다. 이 회사가 자사의 추천 시스템보다 10% 이상 예측 성능이 뛰어난 시스템을 개발한 첫 번째 팀에게 백만 달러의 상금을 주겠다고 한 것이 Netflix 상이다. 이를 위해 이 회사는 2000년에서 2005년 사이에 48만여 명의 자사 고객이 1만 7천여 개의 영화에 대해서 별점 평가를 한 약 1억 건의 데이터를 공개했다. 2006년 10월 2일에 시작한 이벤트에는 많은 연구자들이 참여하여 경쟁을 하였는데, 2009년 9월 21일에 10.06%의 성능 향상을 시킨 BellKor팀에게 상금이 지급되면서 끝났다. 이 이벤트를 통해서 Netflix는 상당한 기업 홍보 효과를 거두었고, 한편 기술적으로는 추천 시스템에 대한 많은 기술이 개발되고 평가되었다.

Netflix 데이터는 (고객 ID, 영화 ID, 등급부여 날짜, 별점 등급)으로 표현되어 있다. 등급부여 날짜를 고려하지 않는다면, 이 데이터는 [그림 7.17]과 같이 행렬로 표현할 수 있다. 고객이 감상한 영화를 평가한 별점 등급의 값이 표현되기 때문에, 이 행렬은 극히 일부의 행렬 원소만 값을 갖는 희소 행렬$^{sparse\ matrix}$ 형태가 된다. Netflix 데이터를 행렬로 나타내면 불과 1.18% 정도의 원소만 값을 가지고 있다. 추천 서비스는 이러한 행렬에서 비어 있는 부분에 값을 예측하여, 해당 고객이 높이 별점을 줄 만한 영화를 추천하는 것이다.

	고객											
	1	2	3	4	5	6	7	8	9	10	11	12
1	1		3		5				5		4	
2			5	4			4			2	1	3
3	2	4		1	2		3		4	3	5	
4		2	4		5			4			2	
5			4	3	4	2					2	5
6	1		3		3			2			4	

(영화: rows 1–6)

그림 7.17 **추천 데이터의 예**

고객이 감상한 영화에 대해 준 별점 개수 데이터로, 추천은 비어있는 원소의 값을 예측하여 해당 고객이 가장 선호할 만한 영화 목록을 제공하는 것이다.

추천 방식은 크게 내용 기반 추천, 협력 필터링, 은닉 요소 모델 기법으로 구분할 수 있다.

1) 내용 기반 추천

내용 기반 추천content-based recommendation 방법은 고객이 이전에 높게 평가했던 것과 유사한 내용을 갖는 대상을 찾아 추천한다. 이를 위해서 추천 대상 항목에 대한 특징을 기술하는 항목 프로파일item profile을 구축해야 한다. 대상 항목이 영화라면 영화의 장르, 시대, 지역, 역사적 배경, 배우 등의 특징 정보가 프로파일로 만들어져야 한다. 또한, 고객별로 어떤 내용의 대상을 선호하는지에 대한 사용자 프로파일user profile을 구성해야 한다. 사용자 프로파일은 해당 고객이 평가한 대상들의 항목 프로파일을 사용하여 생성된다. 사용자 프로파일과 특정 대상의 항목 프로파일이 유사하면, 해당 대상에 대한 사용자의 선호도가 높은 것으로 볼 수 있다.

2) 협력 필터링

협력 필터링collaborative filtering 방법에는 사용자간 협력 필터링과 항목간 협력 필터링이 있다. 특정 사용자 u에게 추천을 할 때, 사용자간 협력 필터링은 u와 비슷하게 평가한 사용자들의 집합 N을 이용한다. [그림 7.17]에서 열column이 사용자에 해당하므로, 사용자 u의 열과 비슷한 값들을 갖는 열들을 찾으면 유사한 취향을 가진 사용자 집단을 확보할 수 있다. 이 때 유사도는, 열을 열벡터로 간주하고 열벡터 간의 코사인 거리cosine distance를 사용하여 계산할 수 있다. 두 벡터 U_i와 U_j에 대한 코사인 거리 $\cos(U_i, U_j)$는 다음과 같이 계산된다.

$$\cos(U_i, U_j) = \frac{U_i \cdot U_j}{|U_i||U_j|} \tag{7.8}$$

코사인 거리 이외에도 Jaccard 거리, Pearson 상관계수와 같은 다른 방법으로 유사도를 계산할 수도 있다. 유사한 취향을 갖는 다른 사용자들의 등급값을 사용하여 등급 판정을 하지 않은 항목들에 대한 등급 값을 추정한다. 이 때 다른 사람들의 등급값의 평균을 사용할 수도 있고, 해당 사용자와의 유사도를 가중치로 사용한 가중 평균[weighted average]을 사용할 수도 있다.

항목간 협력 필터링은 [그림 7.17]과 같은 추천 데이터 행렬에서 항목간의 유사도를 구하여 유사 항목을 선택한다. 추천 데이터 행렬에서 행[row]이 항목에 해당하므로, 항목 간의 유사도는 행벡터 간의 유사도로 계산한다. 사용자 x의 특정 항목 I_a에 대한 예측 등급 $\hat{r}(x, I_a)$는 사용자 x가 다른 항목 I_b에 부여한 등급 점수 $r(x, I_b)$에, 항목 I_a와 항목 I_b와의 유사도 $s(I_a, I_b)$를 가중치로 곱하여 결합한 값으로 정한다. 예측 등급 $\hat{r}(x, I_a)$을 식으로 나타내면 다음 (식 7.9)와 같다.

$$\hat{r}(x, I_a) = \frac{\sum_{I_b} s(I_a, I_b) r(x, I_b)}{\sum_{I_b} s(I_a, I_b)} \tag{7.9}$$

3) 은닉 요소 모델

은닉 요소 모델[latent factor model] 기법은 기본적으로 행렬 분해[matrix factorization]에 기반한 방법이다. 행렬 분해는 자연수를 인수분해 하듯이 하나의 행렬을 여러 개의 행렬의 곱으로 표현하는 것이다. 대표적인 행렬 분해 방법으로 특이값 분해[singular value decomposition, SVD, B.2.2 참고]가 있다. [그림 7.18]은 은닉 요소 모델 기법의 기본 아이디어를 보여준다.

고객

영화	1	2	3	4	5	6	7	8	9	10	11	12
1	1		3			5			5		4	
2			5	4			4			2	1	3
3	2	4		1	2		3		4	3	5	
4		2	4		5			4			2	
5			4	3	4	2					2	5
6	1		3		3			2			4	

≈

영화 × 요소

.1	−.4	.2
−.5	.6	.5
−.2	.3	.5
1.1	2.1	.3
−.7	2.1	−2
−1	.7	.3

요소 × 고객

1.1	−.2	.3	.5	−2	−.5	.8	−.4	.3	1.4	2.4	−.2
−.8	.7	.5	1.4	.3	−.1	1.4	2.9	−.7	1.2	−.1	.5
2.1	−.4	.6	1.7	2.4	.9	−.3	.4	.8	.7	−.6	−.4

그림 7.18 **추천 데이터 행렬의 분해**

[그림 7.18]은 왼쪽의 행렬 하나를 오른쪽의 두 행렬 곱으로 표현하고 있다. 행렬을 분해하려면 원소의 값이 모두 주어져야 하는데, 추천 데이터 행렬에 값이 주어지지 않은 원소가 많아서 행렬 분해를 할 수 없다. 그런데 그림의 오른쪽처럼 두 개의 행렬이 주어진다면, 왼쪽 행렬의 빈 곳의 값을 쉽게 계산할 수 있다. 은닉 요소 모델은 값을 알고 있는 왼쪽 원소의 값과 오른쪽 행렬의 관계를 사용하여, 오른쪽 두 행렬을 찾고, 이를 이용하여 왼쪽의 빈 곳의 값을 결정하는 방법이다.

이를 위해 사용하는 대표적인 방법이 ALS$^{\text{alternating least square}}$ 알고리즘이다. [그림 7.18]의 좌변의 행렬은 $R = [r_{ij}]_{M \times N}$이라 하고, 우변의 첫 번째 행렬은 $A = [a_{ik}]_{M \times K}$, 두 번째 행렬은 $B = [b_{kj}]_{K \times N}$이라고 하자. 행렬 분해이기 때문에 다음 관계식이 만족해야 한다.

$$R = AB \tag{7.10}$$

따라서 행렬 R의 원소 r_{ij}는 행렬 A와 B의 원소 a_{ik}와 b_{kj}는 다음과 같은 관계를 만족해야 한다.

$$r_{ij} = \sum_{k=1}^{K} a_{ik} b_{kj} \tag{7.11}$$

추천 데이터에서는 행렬 R의 일부 원소만 값이 지정되어 있을 뿐이다. 한편, 행렬 A와 B가 결정되면, 행렬 R의 나머지 원소값을 쉽게 계산할 수 있다. 그래서 ALS 알고리즘에서는 값이 지정된 R의 원소에 대해서 (식 7.11)의 관계가 만족하도록 행렬 A와 B를 결정하려고 한다. ALS 알고리즘은 다음과 같은 목적함수 $E(R, A, B)$를 최소화시키는 행렬 A와 B를 찾는다.

$$E(R, A, B) = \sum_{\text{값이 지정된 } r_{ij}} \left(r_{ij} - \sum_{k} a_{ik} b_{kj} \right)^2 + \lambda \left(\sum_{i} \sum_{k} a_{ik}^2 + \sum_{k} \sum_{j} b_{kj}^2 \right) \tag{7.12}$$

위 (식 7.12)에서 λ는 규제화^{regularization} 계수이고 이에 곱해지는 항들은 벌점 역할을 하는 규제화항이다.

위 목적함수 $E(R, A, B)$를 최소화하기 위해 경사 하강법$^{\text{gradient descent method}}$을 사용할 수 있는데, 이 경우 일반적으로 수렴속도가 느리다. 그래서 ALS 알고리즘에서는 한번은 행렬 A를 고정시킨 상태에서 행렬 B만 최적화하고, 다음번에는 행렬 B를 고정시킨 상태에서 행렬 A를 최적화한다. 이 알고리즘은 수렴할 때까지 이와 같이 번갈아가면서[alternating] 행렬 A와 B를 최적화한다. ALS[alternating least square] 이름이 이러한 알고리즘 특성을 잘 말해준다.

추천 시스템에 사용되는 세 가지 기법에 대해서 살펴보았는데, 실제 추천 시스템을 만들 때 이중 한 가지 방법만을 사용한다면 원하는 성능을 얻기 어렵다. Netflix 상을 받은 Bellkor팀은 약 500개 예측 모델의 출력 값들을 결합하여 성능을 높였다.

7.8 시각화

전통적인 데이터 분석 방식은 가설을 설정한 다음 데이터가 가설을 뒷받침하는지 분석하는 가설검정 분석과, 가설이 없는 상태에서 데이터의 특성을 분석하는 탐색적 데이터 분석으로 나누어진다. 탐색적 데이터 분석에서는 데이터의 전체적인 특성을 파악하기 위해 요약정보 나 시각화 기술을 이용한다.

요약정보로 값의 분포, 최대값, 최소값, 평균, 중간값[median], 최빈값[mode], 분산[variance], 왜도[skewness, 歪度]와 같은 기술 통계량[descriptive statistic, 記述 統計量]이 주로 사용된다. 데이터가 수치값인 경우에 요약정보를 쉽게 계산할 수 있다. 그런데 이런 요약정보는 속성별로 살펴볼 때는 효과적이지만, 다차원 데이터의 경우에 이러한 요약정보가 데이터 전체에 대한 직관을 제공하는 데는 한계가 있다.

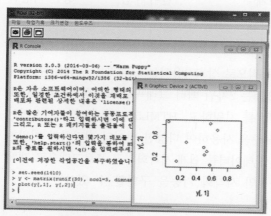

그림 7.19 R의 실행 콘솔 창

시각화[visualization]는 탐색적 데이터 분석의 가장 중요한 도구들 중 하나이다. 시각화는 데이 터를 공간에 배치해 보여줌으로써 데이터에 내재된 패턴을 사람이 쉽게 인지할 수 있도록 하는 기술이다. 시각화는 직접 데이터를 분석하는 대신, 데이터를 그림으로 표현하여 인간의 탁월한 패턴 인식 능력으로 데이터를 직접 분석할 수 있게 도와주는 역할을 한다. 특히 빅데이터의 시대에 데이터 분석에 대한 요구는 커지고 있지만 데이터를 잘 분석할 수 있는 사람은 부족한 상황에서, 시각화 기술은 숙련되지 않은 분석자에게 큰 도움을 줄 수 있다.

데이터를 시각화하는 여러 도구들이 개발되어 있다. 시각화에 쉽게 사용할 수 있는 도구로 R, D3.js, GraphVis, Gephi 등이 있다. R은 데이터 분석 및 시각화를 하는 프로그램을 작성할 수 있는 프로그래밍 언어이면서 프로그램 실행 환경이다. 원래는 통계적 분석 방법을 구현해서 라이브러리를 제공하는 환경으로 개발되었으나, 다양한 기계학습 및 데이터 마이닝 알고리즘들을 포함하고 있어서 데이터 분석 분야에서 많이 활용하고 있다. 특히, R은 무료로 누구나 사용할 수 있고, 많은 연구자들이 자신이 개발한 알고리즘을 R로 구현하여 공개하고 있기 때문에, 학계뿐만 아니라 기업에서도 많이 활용하고 있다. R은 시각화를 위한 다양한 라이브러리를 제공하고 있어서 간단한 코드를 사용해 시각적인 그래프를 생성할 수 있다. R은 오픈소스로 CRAN^the Comprehensive R Archive Network, www.r-project.org에서 다운로드해서 설치할 수 있다. [그림 7.19]는 R의 실행 콘솔 창에서 plot 함수를 사용하여 산포도를 출력한 것을 보여주고 있다.

R에서 히스토그램, 밀도 그래프^density graph, 파이 차트^pie chart, 막대 차트^bar chart, 상자 그림^box plot, 산포도^scatter plot, 산포도 행렬, 3차원 산포도, 열지도^heat map, 높이 그림^level plot, 등고선 지도^contour map, 3차원 표면 지도, 평행 좌표계^parallel coordinates, 단어 구름^word cloud 등은 다양한 그래프를 간단한 명령어로 그릴 수 있다. [그림 7.20]은 R에서 시각화 라이브러리를 사용하여 생성할 수 있는 여러 가지 그래프를 보여준다.

D3.js^Data-Driven Documents는 웹 브라우저에서 동적으로 상호작용하는 그래픽을 생성할 수 있게 도와주는 JavaScript 라이브러리이다. D3.js는 2차원 벡터 그래픽을 표현하기 위한 XML 기반의 파일 형식인 SVG^Scalable Vector Graphics를 지원하고, HTML5와 웹 문서의 전반적인 스타일을 지정하는 CSS^Cascading Style Sheet 표준을 사용하여 다양한 데이터 시각화를 지원한다. D3.js를 사용하면 웹 브라우저를 통해서 데이터를 쉽게 시각화하고 프로그램으로 객체를 제어할 수 있기 때문에, 다채롭고 동적인 시각화 기능을 구현할 수 있다.

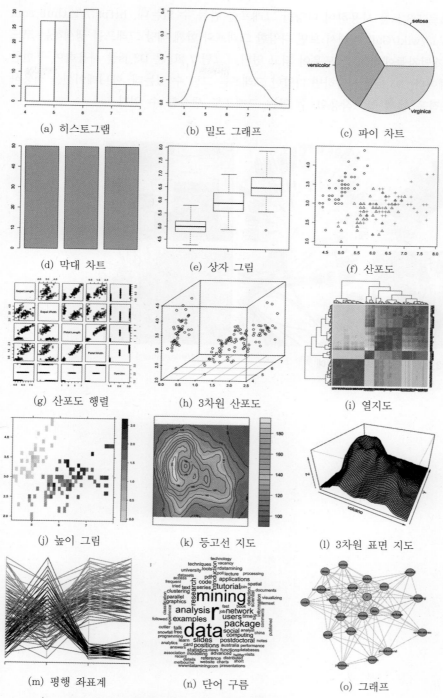

(a) 히스토그램   (b) 밀도 그래프   (c) 파이 차트

(d) 막대 차트   (e) 상자 그림   (f) 산포도

(g) 산포도 행렬   (h) 3차원 산포도   (i) 열지도

(j) 높이 그림   (k) 등고선 지도   (l) 3차원 표면 지도

(m) 평행 좌표계   (n) 단어 구름   (o) 그래프

그림 7.20 R에서 제공하는 시각화 기능의 예 [출처: www.cran.r-project.org]

JavaScript로 D3.js를 사용하여 다양한 그래프를 만들 수 있는데, https://github.com/mbostock/d3/wiki/Gallery에서 보면 다양한 그래프와 함께 해당 그래프를 생성하는 코드가 있어서 개발자들에게 많은 도움이 되고 있다. [그림 7.20]은 D3.js를 사용하여 구현한 시각화의 예이다. D3.js를 사용하면 다양한 그래프를 그릴 수 있는데, 애니메이션을 적용하여 버튼 조작을 통해 상호작용할 수 있는 그래프도 생성할 수 있다.

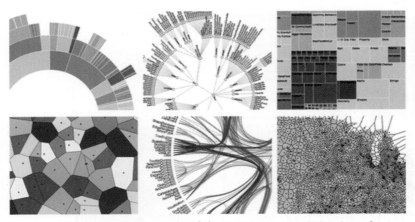

그림 7.21 D3.js로 구현한 시각화의 예 [출처: github.com/mbostock/d3/wiki/Gallery]

1. [표 7.1]의 시장바구니 데이터에 대해서 Apriori 알고리즘을 적용하여 최소 지지회수가 2인 빈발 항목집합을 구하고, 최소 신뢰도가 0.5인 연관규칙을 찾으시오.

2. 텍스트 마이닝에서 대상으로 하는 일들을 대해서 설명하시오.

3. 감성분석을 하고 있는 서비스의 사례를 조사하시오.

4. 토픽 모델링에서 사용되는 LDA의 확률 그래프 모델로 문서를 생성하는 과정을 설명하시오.

5. 그래프 마이닝에서 대상으로 하는 일들을 대해서 설명하시오.

6. 그래프 데이터의 사례를 조사하고, 이들 그래프 데이터에 대한 분석을 통해 어떤 정보를 추출할 수 있는지 설명하시오.

7. 그래프 컨볼루션이 어떤 연산인지 설명하시오.

8. 커뮤니티 소속 그래프를 사용하여 커뮤니티를 생성하는 방법에 대해서 설명하시오.

9. PageRank 알고리즘이 적용될 때, 마케팅 홍보를 하는 사이트가 자신에 대한 중요도를 높이려면 어떤 방법을 사용하면 될지 설명하시오.

10. PageRank 알고리즘에서 텔레포트 개념이 필요한 이유를 설명하시오.

11. 추천 서비스를 위한 은닉 요소 모델의 기본 아이디어를 설명하시오.

12. 추천 서비스에서 처음 나온 영화나 처음 서비스를 사용하는 고객인 경우에는 서비스하는데 어떤 문제가 생길 수 있는지 내용 기반 추천과 협력 필터링 추천 방법 관점에서 설명하시오.

13. 데이터 마이닝에서 시각화 기술이 중요한 이유를 설명하시오.

14. 14.4절의 토픽 모델링 프로그램을 직접 실행해 보고 결과를 확인해 보시오.

Data Mining? Let the data talk.
The data may have quite a lot to say - but it may just be noise!

자연어 처리

자연어 처리

언어는 인간이 사용하는 가장 자연스러운 정보전달 및 의사표현 수단이다. 컴퓨터가 자연
스러운 인터페이스를 제공하기 위해서는 말이나 글을 알아듣고 대답할 수 있어야 한다.
형식 언어, 프로그래밍 언어와 같이 특정 목적을 위해 인위적으로 만들어진 언어와 구별하
여, 특정 집단이 모국어로 사용하는 자연발생적인 언어를 자연어^{自然語}라고 한다. 자연어 처리
natural language processing, NLP는 컴퓨터를 사용하여 인간의 언어를 분석하고 이해하여 활용하려는
학문 분야이다. 이 장에서는 한국어의 특성과 자연어 처리의 일반적인 방법들에 대해 알아
본 다음, 딥러닝 기술을 이용한 최근의 자연어 처리 방법들에 대해서 살펴본다.

8.1 자연어의 특성

언어마다 고유한 특성이 있다. 한국어나 영어는 띄어쓰기가 있어서 문장의 구성 요소를
쉽게 구별할 수 있는 반면, 일본어와 중국어는 띄어쓰기가 없기 때문에 문장의 구성 요소
자체를 분리하는 기술이 필요하다. 영어는 동사의 활용이 일부 예외를 제외하면 규칙적이기
때문에, 동사의 시제 및 수를 쉽게 파악할 수 있지만, 한국어는 동사뿐만 아니라 형용사도
심한 활용^{conjugation, 活用}을 하기 때문에 분석이 쉽지 않다.

언어를 형태적 구조에 따라 분류하면 고립어, 굴절어, 교착어, 포합어로 나눌 수 있다. 고립
어^{isolating language, 孤立語}는 단어가 의미만 나타내고 형태의 변화가 없으며 어순에 따라 문법적
관계가 결정되는 것으로 중국어, 태국어, 베트남어가 있다. 굴절어^{inflective language, 屈折語}는 영
어, 프랑스어, 그리스어, 라틴어와 같이 어근^{root, 語根}과 접사^{接辭, 접두사/접미사}가 잘 구별되지
않고 성^{gender, 性}, 수^{number, 數}, 격^{case, 格}, 시제^{tense, 時制}, 법^{mood, 法}에 따라 단어가 변하는 언어이다.
교착어^{agglutinating language, 膠着語}는 어근에 문법형태소인 접사를 붙여 단어를 파생시키거나 문법
적 관계를 나타내는데 한국어와 일본어가 이에 속한다. 포합어^{incorporative language, 抱合語}는 문장

을 구성하는 요소가 서로 밀접하게 결합되어 마치 전체 문장이 하나의 단어를 이루는 것처럼 보이는 구조의 언어로서, 에스키모어, 아메리카 인디언어, 호주 원주민어 등이 여기에 속한다. 같은 교착어에 속하는 한국어와 일본어에 있어서도 단어의 변화 형태가 다르기 때문에 일본어의 분석 기술을 한국어에 그대로 사용할 수는 없다. 이러한 언어 고유의 특징 때문에 각 언어별로 자연어 처리 기술이 개발되고 있다.

8.2 한국어 문법

우리의 주된 자연어 처리 대상은 한국어이다. 한국어를 처리하기 위해서는 한국어 문법에 대한 이해가 필수적이다. 우리말의 문법은 어절 구성 원리를 다루는 형태론^{morphology, 形態論}, 문장의 구성 원리에 대한 통사론^{syntax, 統辭論}, 그리고 자음과 모음의 결합에 따른 음운 현상을 다루는 음운론^{phonology, 音韻論}으로 대별하여 볼 수 있다.

8.2.1 형태론

형태론은 단어의 형태 변화와 그 구성에 관련된 규칙을 다루는 문법 분야이다. 형태론에서는 형태소들을 결합하여 어절을 형성하는 체계 및 규칙과 낱말의 특징을 다룬다. 형태론에서 주요한 개념은 형태소와 품사이다.

본격적인 내용을 살펴보기 전에 몇 가지 기본 용어의 의미를 정리해 보자. 음절^{syllable, 音節}은 한 번에 소리 낼 수 있는 소리의 단위로, 문장을 소리 나는 대로 쓸 때 글자 한 자에 대응하는 것이다. 예를 들어, '산에 눈이 내린다'를 소리 나는 대로 읽으면 [사네누니내린다]가 된다. 여기에서 음절은 각각 [사], [네], [누], [니], [내], [린], [다]이다. 어절^{語節}은 띄어쓰기가 되어 있는 말의 덩어리를 나타낸다. 위 문장에서 어절은 [산에], [눈이], [내린다]이다. 어근^{root, 語根}은 단어형성^{word-formation, 單語形成}에서 그 단어의 뜻을 나타내는 최소 의미 단위를 말한다. 접사^{affix, 接辭}는 단어를 형성할 때 어근에 붙어 그 뜻을 제한하는 주변 부분을 나타내는데, 어근 앞에 오는 접두사와 어근 뒤에 오는 접미사가 있다.

어간^{stem, 語幹}은 동사, 형용사와 같은 용언이 활용할 때 변하지 않는 부분을 말하고, 어미^{ending, 語尾}는 용언을 활용할 때 어간에 붙어서 변화하는 부분을 말한다. 예를 들어, '치솟다'라는 단어에서 '치'는 접두사, '치솟'은 어근, '다'는 어미가 된다. 어말 어미^{語末 語尾}는 단어의 끝자리에 들어가는 어미를 말하고, 선어말 어미^{先語末 語尾}는 어말 어미의 앞자리에 들어가는 어미를 일컫는다. 하나의 어간에 어말 어미는 하나만 결합되지만, 선어말 어미는 여러 개가 결합될 수 있다. 선어말 어미의 배치 순서는 대부분 일정하여 함부로 바꿀 수 없다. 다음은 '하시었 겠사옵닌다'에 대한 선어말 어미를 보인 것이다.

하-	시	었	겠	사오	ㅂ	니	ㄴ	다
(어근)	(존경법)	(과거)	(추측)	(공손)	(합쇼체)	(직설법)	(원칙법)	(어말어미)

(선어말 어미)

1) 형태소

형태소^{morpheme, 形態素}는 의미를 가지는 요소로서 더 이상 분해할 수 없는 가장 작은 문법 단위이다. 즉, 분해하면 뜻을 잃어버리게 되는 언어의 최소 단위를 말한다. 형태소는 어절에서 의미를 가지고 있는 가장 작은 단위로서, 여러 가지 종류가 있다. 형태소는 자립 여부에 따라 자립형태소와 의존형태소로 구별된다. '자립할 수 있다'는 말은 '형태소만으로 무슨 뜻인지 알 수 있다'를 의미한다. 자립형태소는 자립적이어서 자신이 무슨 뜻인지 알 수 있게 하는 형태소이다. 의존형태소는 자기가 가진 의미를 나타내려면 다른 말에 의존해서 합해져야 하는 것이다.

형태소가 실질적 의미를 갖는지 문법적 의미를 갖는지에 따라 어휘형태소와 문법형태소로 구별된다. 어휘형태소는 개별적인 뜻이 사전에 나와 있는 형태소를 말하는데, 실질형태소라고도 한다. 문법형태소는 문법적 기능을 나타내는 형태소로서, 형식형태소라고도 한다. 어휘형태소는 모두 자립형태소이고, 문법형태소는 의존형태소이다. 예를 들어, '할 수 없지'가 어떤 형태소로 구성되었는지 보면 다음과 같다.

하-(의존형태소, 어근)/-ㄹ(의존형태소, 관형사적 접사)/수(자립형태소, 의존 명사)/ 없(의존형태소, 어근)/-지(의존형태소, 어말 굴절 접사)

2) 품사

품사^{part-of-speech; POS, 品詞}는 단어를 문법적 성질의 공통성에 따라 몇 갈래로 묶어 놓은 것이다. 문장 내에서의 역할에 따라 체언, 용언, 수식언, 관계언, 독립언으로 구분할 수 있다. 품사 부류 자체가 가지는 의미에 따라 명사, 대명사, 수사, 동사, 형용사, 관형사, 부사, 조사, 감탄사와 같이 9품사로 구분한다. 체언^{體言}은 문장에서 주체가 되는 자리에 올 수 있는 단어 즉, 주어가 될 수 있는 단어를 말한다. 체언이 될 수 있는 품사로는 명사, 대명사, 수사가 있다. 용언^{用言}은 체언을 서술하는 역할을 하는 단어들로서 동사, 형용사가 있다.

수식언^{修飾言}은 다른 품사를 꾸미는 것들로, 관형사와 부사가 이에 해당한다. 관계언^{關係言}은 문장 내 여러 성분들을 연결시켜 주는 조사에 해당한다. 독립언^{獨立言}은 독립적으로 쓰일 수 있는 감탄사를 말한다.

명사^{noun, 名詞}는 물건이나 장소, 사건, 추상적 개념과 같은 이름을 나타내는 것이고, 대명사^{pronoun, 代名詞}는 명사를 대신하는 지시하는 단어이며, 수사^{numeral, 數詞}는 수량이나 순서를 나타내는 단어를 말한다. 동사^{verb, 動詞}는 사물의 움직임을 나타내는 말이고, 형용사^{adjective, 形容詞}는 사물의 성질이나 상태를 나타내는 말인데, 동사와 형용사는 활용 변환을 하고 어간과 어미로 구성된다. 관형사^{determiner, 冠形詞}는 체언 앞에서 그 체언을 꾸며 주는 말이고, 부사^{adverb, 副詞}는 용언을 꾸며주는 말이다. 조사^{postposition, 助詞}는 체언에 붙어 체언에 일정한 자격을 부여하는 말이다. 감탄사^{interjection, 感歎詞}는 화자의 부름, 놀람, 느낌, 대답을 나타내는 독립언이다.

8.2.2 통사론

통사^{統辭}는 '단어^辭를 줄지어^統 놓는다'는 의미로, 통사론은 어떤 순서로 단어를 배열해야 문장이 되는가에 대한 문장 구성, 구성요소 간의 관계 및 기능을 다루는 분야이다. 즉, 통사론은 문장을 다룬다. 문장^{sentence, 文章}은 말하는 사람의 생각을 온전하게 나타내는 말의 묶음 중에서 가장 작은 단위로, 기본적으로 주어와 서술어로 구성된다. 주어와 서술어가 한번만 나타나는 문장을 단문^{短文}이라고 하고, 주어와 서술어가 여러 개 있는 문장을 복문^{複文}이라고 한다. 복문에서 주어와 서술어 관계인 부분을 절^{clause, 節}이라 하고, 절은 아니지만 어절이 몇 개 뭉쳐서 의미적 기능을 하면 구^{phrase, 句}라고 한다.

문장에서 어절은 역할에 따라 주어, 목적어, 서술어, 보어, 관형어, 부사어, 독립어로 분류되고, 이것을 문장성분^{文章成分}이라고 한다. 이 중에서 주어, 목적어, 서술어, 보어가 없으면 완전한 문장이 되지 않기 때문에, 이것들을 주성분 또는 필수성분이라고 한다. 관형어와 부사어는 없어도 되기 때문에 부속성분이라 하고, 독립어는 문장과 직접적인 관련을 가지고 있지 않기 때문에 독립성분이라고 한다. 주어^{subject, 主語}는 문장에서 주체 역할을 하는 어절이고, 목적어^{object, 目的語}는 문장에서 주체가 행동할 때 그 대상이 되는 것을 나타내는 어절이며, 서술어^{predicate, 敍述語}는 주어의 동작, 상태, 성질을 설명하는 어절이다. 보어^{complement, 補語}는 서술어 '되다, 아니다' 앞에서 이 말을 보충해 주는 어절이고, 관형어^{adnominal phrase, 冠形語}는 대상을 나타내는 말을 꾸며 주는 역할을 하는 어절이며, 부사어^{adverbial phrase, 副詞語}는 주로 서술어를 꾸며 주는 어절이다. 독립어^{獨立語}는 문장 안에서 다른 문장성분들과 직접적인 관계를 맺지 않고 독립적으로 쓰이는 감탄사와 같은 어절이다. 다음은 문장의 문장 성분을 분류한 예이다.

| <u>심청이는</u> | <u>빨간</u> | <u>연꽃을</u> | <u>매우</u> | <u>좋아했다.</u> |
| 주어 | 관형어 | 목적어 | 부사어 | 서술어 |

| <u>그래서</u> | <u>심청이는</u> | <u>왕비가</u> | <u>되었다.</u> |
| 독립어 | 주어 | 보어 | 서술어 |

8.2.3 음운론

음운^{音韻}은 자음이나 모음과 같은 음소$^{phoneme, 音素}$와 소리의 길이, 높낮이, 세기를 나타내는 운소$^{prosodeme, 韻素}$를 합친 말이다. 음운론은 음운의 성질, 소리와 소리가 만나면 생기는 변화를 다루는 분야로서, 음성인식 분야의 중요한 기반 이론이다. 한국어는 소리글자로 자음과 모음으로 이루어지는데, 자음은 우리말로 '닿소리'라고 하고, 모음은 '홀소리'라고 한다. 닿소리란 닿아서 나는 소리를 의미하고, 홀소리란 홀로 나는 소리를 의미한다. 우리말에서 자음은 19개(기본자음 14, 쌍자음 5), 모음은 21개(기본모음 10, 이중모음 11)로 총 40개이다. 글자를 초성, 중성, 종성으로 구성되는데, 초성 자음 19개, 중성 모음 21개, 종성 자음 27개가 있어서, 총 10,773개의 글자가 만들어질 수 있다. 이중 실제 우리말에서 사용되는 발음은 약 2,500개이다.

소리와 소리가 만나면 소리가 변하는 음운현상$^{phonological\ phenomena, 音韻現象}$이 있다. 우리말에는 음절의 끝소리 규칙, 자음동화, 구개음화, 모음조화, 움라우트$^{|\ |역행동화}$, 원순모음화, 전설모음화, 음운 축약·탈락, 사잇소리 현상, 된소리되기 등의 음운현상이 있다. 이러한 음운현상은 한국어 음성인식에서 기초 정보가 된다.

8.3 형식 문법

특정 언어에 속하는 문장이 되기 위해서 해당 언어의 구문$^{syntax, 構文}$을 따라야 한다. 문장에 대한 구문을 분석하기 위해서 해당 언어의 구문을 표현해야 한다. 구문과 구문 분석 방법이 있으면 문장이 해당 언어의 구조를 따르는지 판별할 수도 있고, 구문을 따르는 문장들을 생성할 수도 있다. 구문, 즉 문법은 수학적인 형식 문법으로 기술될 수 있다.

형식 문법^{formal grammar, 形式文法}은 특정 형식 언어에 속하는 스트링^{string, 문자열 또는 문장}을 생성하는데 사용되는 유한개의 생성 규칙^{production rule}들의 집합이다. 형식 언어^{formal language}는 특정형식 문법에 따라 생성될 수 있는 모든 스트링의 집합을 말한다. 형식 문법은 그 문법으로부터 스트링들을 생산해 내는 생성 문법^{generative grammar}과, 문자열이 특정 언어에 포함되는지를 판단하는 해석 문법^{analytic grammar}의 용도로 사용될 수 있다.

형식 언어에서 문법 G를 $G = (N, \Sigma, P, S)$로 정의하는데, N은 비단말 기호^{nonterminal symbol}의 집합, Σ는 단말 기호^{terminal symbol}의 집합, P는 생성 규칙의 집합, S는 시작 기호이다. 언어학자이자 비판적 지식인인 노엄 촘스키^{Avram Noam Chomsky, 1928生}는 형식 문법을 정규 문법^{Type-3 문법}, 문맥 자유 문법^{Type-2 문법}, 문맥 의존 문법^{Type-1 문법}, 무제약 문법^{Type-0 문법}으로 나누었다.

8.3.1 정규 문법

정규 문법^{regular grammar, Type-3 grammar}은 다음과 같은 형식의 생성 규칙으로 표현된다.

$A \rightarrow a$
$A \rightarrow aB$
$A \rightarrow \epsilon$

여기에서 $A \in N \cup \{S\}$, $a \in \Sigma$, ϵ은 공백문자이다. 위의 정규 문법은 $A \rightarrow aB$와 같이 비단말 기호 A가 단말 기호와 비단말 기호 aB로 대치될 수 있어서, 우선형 문법^{right linear grammar, 友線形 文法}이라 한다. 한편, 좌선형 문법^{left linear grammar, 左線形 文法}은 같은 맥락에서 아래와 같이 정의된다.

$A \rightarrow a$
$A \rightarrow Ba$
$A \rightarrow \epsilon$

표 8.1 **정규식 표현 방법**

메타문자	의미	사용례
.	어떤 문자나 하나	.at hat, cat과 같이 at로 끝나는 3문자 문자열
[ ]	대괄호[] 문자 하나	[aeiou] a,e,i,o,u중의 한 글자

메타문자	의미	사용례
		[A–Z] 영문자 대문자 중 하나 [A–Za–z0–9] 영문자, 숫자 중 하나
[^]	대괄호 안의 문자를 제외한 문자	[^hc]at hat, cat을 제외한 .at
^	문자열의 첫번째 위치, 행(line) 기반 도구에 서 행의 첫번째 위치	^hat hat으로 시작하는 행 또는 문자열
$	문자열의 마지막 위치, 행 기반도구에서 개 행 문자 이전 위치	cat$ cat으로 끝나는 행 또는 문자열
*	이전 문자를 0회 이상 반복	ba* ba, baa, baaa와 같은 표현 [xy]* x와 y를 사용해서 만들 수 있는 모든 문자 열
+	이전 문자를 1회 이상 반복	ba+ baa, baaa 등 표현
?	이전 문자를 0 또는 1회 반복	ba? b 또는 ba
		양쪽에 있는 것 중에서 하나 선택	cat	dog cat 또는 dog
\. \?	점(.) 하나, 물음표(?) 하나	
\b \B	접두사	\ bun \ B un으로 시작하는 단어

정규 문법을 사용하여 생성되는 언어를 정규 언어$^{\text{regular language}}$라고 한다. 정규 언어에 속하는 스트링들은 정규식$^{\text{regular expression}}$으로 표현될 수 있다. 한편, 유한 상태 기계$^{\text{finite state machine}}$로 정규식을 인식할 수 있다. [표 8.1]은 정규식에서 사용하는 메타문자와 의미를 정리한 것이다. 정규식은 정규 문법으로 표현될 수 있는 패턴을 쉽게 표현할 수 있기 때문에, 문서에 특정 패턴 찾기, 데이터의 유효성 검증, 질의 표현 등에서 사용된다.

8.3.2 문맥 자유 문법

문맥 자유 문법$^{\text{context-free grammar, Type-2 grammar}}$은 다음과 같은 형태의 생성 규칙을 갖는다.

$$A \rightarrow w$$

여기에서 $A \in N \cup \{S\}$ $w \in (N \cup \Sigma)^* - \{\epsilon\}$이다. 즉, w는 공백문자가 아닌, 비단말

기호와 단말 기호들로 구성된 문자열이다.

많은 프로그래밍 언어의 문법은 문맥 자유 문법에 속한다. 컴파일러는 기본적으로 문맥 자유 문법을 다룬다. 정규 문법으로 표현되는 문법은 문맥 자유 문법으로 표현될 수 있기 때문에, 정규 언어는 문맥 자유 언어의 부분 집합이다.

8.3.3 문맥 의존 문법

문맥 의존 문법^{context-sensitive grammar, Type-1 grammar}에서 생성 규칙의 좌변^{left hand side}은 다음과 같이 비단말 기호 A의 양 옆에 다른 기호를 포함할 수 있다.

$$\alpha A \beta \rightarrow \alpha \gamma \beta$$

여기에서 $A \in N$, $\alpha, \beta \in (N \cup \Sigma)^*$, $\gamma \in (N \cup \Sigma)^+$ 이다.

문맥 의존 문법은 비단말 기호 A를 기호 양 옆의 상황에 따라, 즉 문맥에 따라 다르게 대치할 수 있다. α와 β는 공백문자일 수 있는데, 이 경우는 문맥 자유 문법의 생성 규칙에 해당된다. 따라서 문맥 자유 언어는 문맥 의존 언어에 포함된다. 자연어는 문맥 의존 언어이다. 문맥 자유 언어를 인식하는 컴파일러를 만드는 것이 복잡하기 때문에, 실제 자연어 처리에서 언어의 문법을 문맥 자유 문법으로 표현한 다음, 여기에 확장된 정보를 추가하여 사용하는 경우도 있다.

8.3.4 무제약 문법

무제약 문법^{unrestricted grammar, Type-0 grammar}은 가장 일반적인 형식 문법으로 다음과 같이 정의되는 생성 규칙들로 구성된다.

$$\alpha \rightarrow \beta$$

여기에서 $\alpha \in (N \cup S \cup \Sigma)^+$, $\beta \in (N \cup S \cup \Sigma)^*$이다. 즉, 무제약 문법은 생성 규칙을 정의하는데 전혀 제약이 없다. 튜링 머신은 무제약 문법이 만들어 내는 문장을 인식할 수 있다.

[그림 8.1]은 형식 언어에 있는 네 가지 언어의 포함 관계를 나타낸다.

그림 8.1 **형식 언어와 포함 관계**

8.4 자연어 처리의 분석 단계

글이나 담화는 문장으로 구성되고, 문장은 단어들로 이루어지며, 단어는 형태소로 분해될 수 있다. 자연어 처리는 기본적으로 문장을 분석하여 문장을 이해하고, 이를 바탕으로 전체 내용을 파악하려는 작업이다. 자연어 처리는 일반적으로 [그림 8.2]와 같이 형태소 분석, 구문 분석, 의미 분석, 그리고 화용 분석의 과정을 따른다.

그림 8.2 **자연어 처리 분석 단계.**

형태소 분석^{morphological analysis}은 입력된 문자열을 분석하여 형태소 단위로 분해하는 과정이다.

구문 분석^{syntactic analysis}은 문장이나 구절을 만드는 규칙인 구문에 따라 문장이 가지는 구문 구조를 분석하여, 문장을 구성하는 문자열들이 문장에서 어떤 역할을 하는지 결정한다. '나는 책을 읽는다'라는 문장에서 '나는'은 주어로, '책을'은 목적어로, '읽는다'는 서술어로 분석하는 것이다. 구문 분석 결과는 보통 트리 형태로 표현되며, 이러한 트리를 파스 트리^{parse tree}라고 한다. 문장을 구문 분석하여 파스 트리를 만들어 내는 작업을 파싱^{parsing}이라고 한다.

의미 분석^{semantic analysis}은 구문 분석의 결과를 해석하여 문장의 의미를 결정하는 것이다. 직설적으로 표현된 문장은 형태소의 의미를 결합하여 유추할 수 있지만, 은유^{隱喩}나 직유^{直喩}와 같은 비유법이 사용된 문장은 많은 배경지식을 필요로 한다.

화용 분석^{pragmatic analysis, 話用/語用 分析}은 실제 상황적 맥락 즉, 말하는 이와 듣는 이의 관계,

시간과 장소, 주제를 고려하여 문장이 실세계와 가지는 연관 관계를 분석하는 것이다. 예를 들어, 가게에 들어온 손님이 '우유 있어요?'라고 물으면, 점원은 '손님이 우유를 사려고 한다'로 알아들어야 한다. 또한 점원이 '예/아니오'라고 대답하는 것이 아니라 손으로 위치나 방향을 가리키면서 '우유는 어디어디에 있다'라고 말해야 제대로 이해한 것이다. 화용 분석은 이와 같이 대화의 의도를 파악하기 위해서 필요하다.

8.5 형태소 분석과 품사 태깅

8.5.1 형태소 분석

형태소 분석은 자연어 처리의 가장 기본적인 분석 작업이다. 형태소 분석은 단어에 대하여 (한국어의 경우 어절에 대하여) 형태소들을 인식하고, 불규칙한 활용이나 축약, 탈락 현상이 일어난 경우에 원형을 복원하는 작업을 말한다. 형태소 분석을 어휘 분석^{lexical analysis,} 語彙分析이라고 부르기도 한다. 한국어 형태소 분석은 [그림 8.3]과 같은 단계로 수행되며, 이 과정에서 사전을 사용한다. 형태소 분석 단계들은 문법형태소 사전, 어휘형태소 사전, 전문 용어 사전, 사용자 정의 사전, 기분석^{既分析} 사전 등 여러 사전 정보를 이용한다.

1) 전처리

전처리는 입력 문서에 나타난 단어들을 분석하기 위한 준비 단계이며, 입력 문자열을 분리하여 형태소 분석 단위인 단어를 추출한다. 먼저 입력 문자열로부터 문장 부호, 숫자, 영문자와 같이 형태소 분석 대상이 되지 않는 문자를 분리하거나 제거한다. 문장부호는 별개의 단어로 독립시키고 불필요한 문자(제어문자, 특수문자, 태그 등)를 공백으로 대치한다. 단어를 식별한 후에 한글 코드를 완성형 코드에서 자음과 모음을 분리할 수 있는 조합형 코드로 변환한다. 이는 형태소 분석 과정에서 자음과 모음을 분리할 필요가 있기 때문이다.

2) 문법 형태소 분리

문법 형태소 분리 단계에서는 단어를 구성하는 각 문법형태소를 분리한다. 한국어의 단어형성 규칙에 따라 문법형태소인 조사와 어미를 분리하고, 어미가 분리된 경우에는 선어말어미를 분리한다. 또한 어휘형태소와 문법형태소 간의 결합관계를 검사한다.

3) 체언 분석

체언 분석 단계에는 조사를 분리한 분석후보에서 체언을 찾는다. 문법형태소를 분리한 결과에서 조사가 분리된 단어는 체언의 후보가 되므로, 어휘형태소 사전에서 해당 단어가 체언인지 확인하면 된다. 어근부가 체언이 아니면 접미사를 분리하고 체언인지 확인한다.

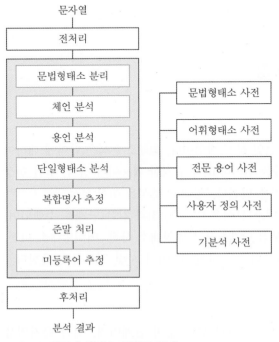

그림 8.3 **한국어 형태소 분석의 단계**

4) 용언 분석

용언 분석 단계에서는 어미가 분리된 분석 후보가 용언인지 확인한다. 어미가 분리된 단어는 용언의 후보가 되는데, 어휘형태소 사전에서 이 단어를 찾아서 용언인지 판단한다.

5) 단일형태소 분석

형태소 분리 단계에서 조사나 어미가 발견되지 않은 단어는 단일형태소로 이루어진 단어의 후보로 된다. 해당 단어를 어휘형태소 사전에서 검색하여 체언이나 부사어, 감탄사, 관형사인지 확인한다. 접미사가 분리되는 경우에 그것을 분리한 후에 어휘형태소 사전에 해당 단어가 있는지 확인한다.

6) 복합명사 추정

조사를 제거하여 체언으로 추정된 어근부가, 체언 사전에 나타나지 단어가 있는지 확인한다. 이런 단어가 있다면, 이 어근부를 복합명사로 판정할 수 있는지 확인한다.

7) 준말 처리

단어의 일부가 축약되거나 생략되어 있다면, 일반적인 단어형성규칙에 의해 형태소 분리를 할 수 없다. 준말의 유형에 따라 준말 유형이 적용 범위가 넓은 것은 본딧말 규칙으로 처리한다. 적용의 범위가 좁은 것은 분석 결과를 기분석 사전에 수록하여 나중에 활용할 수 있게 한다.

8) 미등록어 추정

위 단계까지 분석되지 않은 단어들은 오류어誤謬語이거나 사전에 수록되지 않은 형태소를 포함하고 있는 단어로 추정한다. 고유명사나 전문용어, 신조어와 같이 사전에 수록되지 않은 형태소들은 미등록어로 추정한다.

9) 후처리

응용 분야에 따라 형태소 분석기의 출력 요구 양식이 다를 수 있으므로 형태소 분석결과를 사용할 수 있도록 분석결과를 재구성하여 제공한다.

한글의 형태소 분석은 위에서 살펴본 바와 같이 교착어의 특성 때문에 영어에 비해서 상대적으로 복잡하다. 형태소 분석은 단어 자체만을 분석하기 때문에, 품사의 모호성ambiguity, 模糊性과 같이 형태론적 모호성을 내포하고 있는 단어는 두 가지 이상의 분석 결과를 제시할 수 있다. 예를 들면, '나는'이라는 단어가 주어질 경우 아래 세 가지 분석이 가능하다.

> 나(대명사, I) + 는 (조사),
> 나(동사, produce) + 는 (어미)
> 날(동사, fly) + 는 (어미)

다음은 '친구에게서였었다라고'라는 어절에 대한 형태소 분석의 예이다.

> 친구(명사) + 에게(조사) + 서(조사) + 이(서술격조사) + 었(과거시제 선어말 어미) +
> 었(회상 선어말 어미) + 다(어말 어미) + 라고(인용격조사)

형태소 분석은 자연어를 이해하기 위한 기본 단계이지만, 형태소 분석 결과 자체를 활용하는 분야들이 있다. 형태소 분석 결과는 맞춤법이나 철자를 교정할 때 활용될 수 있고, 단어의 품사를 결정하거나, 단어의 의미를 추정하기 위한 정보를 제공한다. 검색엔진은 형태소 분석 결과를 사용하여 빠른 검색을 위한 색인 구조를 구성하고, 질의처리를 제공한다. 한편, 기계번역에서 형태소 분석 결과는 시제, 태, 수, 의도에 대한 정보를 제공하여 올바르게 번역할 수 있도록 도와줄 수 있다. 영어 단어인 경우에 하이픈의 위치를 결정(예, refer-rence)하거나 음성합성에서 음절을 구분할 때(예, hothouse에서 /t/, /θ/ 발음 결정) 형태소 분석 결과를 사용한다.

8.5.2 품사 태깅

품사 태깅[POS tagging]은 문장의 각 단어에 품사의 범주 및 문법적 기능에 대한 태그[tag, 꼬리표]를 붙이는 것을 말한다. 품사 태깅을 하는 대표적인 방법은 주석 처리된 말뭉치를 사용하는 것이다. 말뭉치[corpus]는 언어 연구를 위해 컴퓨터가 읽을 수 있는 형태로 텍스트를 모아 놓은 것을 말하는데, 형태소 분석, 품사의 태그를 텍스트에 넣어 주석[annotation]을 달아놓은 것들도 있다. 말뭉치는 통계 분석, 가설 검증을 통해 언어 내의 규칙의 검출 및 규칙의 정당성을 입증하기 위해 사용된다. 대표적인 한국어 말뭉치로는 국립국어원에서 공개한 '21세기 세종계획 말뭉치'가 있으며, 영어를 비롯한 다국어 말뭉치로는 미국 펜실베니아 대학의 주도로 만들어진 Penn Treebank 말뭉치가 있다.

품사 태깅 기법은 규칙 기반 방법, 기계학습 기반 방법 등이 있다. 규칙 기반 품사 태깅 방법에서는 문장 구성의 원리, 문맥적인 정보와 형태소 정보 등을 이용하여 수작업으로 만든 규칙들을 사용한다. 이러한 방법으로 일관성있는 규칙을 많이 만들어내기는 어렵지만, 만들어진 규칙은 비교적 쉽게 사용할 수 있다.

기계학습 기반 품사 태깅 방법에서는 품사 태깅이 되어있는 말뭉치를 학습 데이터로 사용하여 분류기[classifier]를 학습하여 사용한다. 학습된 분류기의 출력은 대상 단어에 대한 품사 판정 정보가 된다. 기계학습 기법으로는 은닉 마르코프 모델[HMM, hidden Markov model, 부록 A.6.2참고], 최대 엔트로피 마르코프 모델[MEMM, maximum entropy Markov model], 조건부 랜덤 필드[CRF, conditional random field] 등의 통계적 기계학습 알고리즘, SVM, LSTM RNN 등 딥러닝 신경망 등이 사용된다.

여기에서는 은닉 마르코프 모델을 사용하여 품사 태깅을 하는 방법을 살펴본다. 은닉 마르코프 모델은 은닉 상태 간의 전이 확률[transition probability]과 은닉 상태별 관찰값의 출현 확률[emission] probability로 정의된다. 품사 태깅에서는 품사 태그 t_i를 은닉 상태값에 대응시키고, 문장에 나타나는 각 단어 w_i를 관찰값에 대응시켜 은닉 마르코프 모델을 만든다.

품사 태깅을 위한 은닉 마르코프 모델은 다음과 같이 학습된다. 주석 처리된 말뭉치의 모든 단어 w_j는 품사에 대한 태그 $tag(w_j)$를 가지고 있다고 가정한다. 전체 태그의 집합을 $T = \{t_1, t_2, \cdots, t_n\}$로 나타내고, 태그 간의 전이확률을 $P = (p_{ij})_{n \times n}$로 나타내고, 특정 태그(품사) t_i에 대한 단어 w_j의 출현확률을 $P(w_j|t_i)$로 나타내자.

태그 간의 전이확률을 계산하기 위해 먼저 태그 간의 **전이빈도** 행렬^{transition frequency matrix} $F = (f_{ij})_{n \times n}$을 구한다. 여기에서, f_{ij}는 말뭉치에서 태그 t_i인 단어 바로 다음에 태그 t_j인 단어가 나타나는 회수를 나타낸다. **전이 확률 행렬**^{transition probability matrix} $P = (p_{ij})_{n \times n}$ 은 전이빈도 행렬을 사용하여 다음과 같이 계산한다.

$$p_{ij} = f_{ij}/\sum_{k=1}^{n} f_{ik} \tag{8.1}$$

여기에서 전이확률 p_{ij}는 품사 t_i가 나타난 다음에 품사 t_j가 나올 확률이 된다.

또한 태그(품사) t_i별로 각 단어 w_j의 출현확률 $P(w_j|t_i)$를 구한다. 출현확률 $P(w_j|t_i)$는 t_i로 태깅되어 있는 단어들 중 단어 w_j의 비율로 한다.

주어진 말뭉치에 대한 전이확률 행렬 P와 태그별 단어 분포 $P(w_j|t_i)$를 사용하면, 인접한 두 단어 w_1과 w_2가 있을 때, $tag(w_1) = A$ 일 때 $tag(w_2) = B$ 일 확률은 다음과 같이 계산된다.

$$P(tag(w_2) = B) = p_{AB} \cdot P(w_2|B) \tag{8.2}$$

직전 단어의 품사 태그만을 고려하여 단어 w_2에 대한 태그(즉, 품사)를 결정할 때는, 위 (식 8.2)의 값을 최대로 하는 태그 B^*를 선택하면 된다.

$$B^* = \max_B p_{AB} \cdot P(w_2|B) \tag{8.3}$$

문장 전체의 단어들에 대한 품사 태그를 모두 고려하여, 전체 확률을 최대로 만드는 태그들을 선택할 수도 있다. 이때는 은닉 마르코프 모델의 비터비^{Viterbi, 부록 A.6.2참고} 알고리즘을 사용한다.

한편, 기계학습 방법 등으로 이미 개발한 품사 태거^{tagger}의 성능을 개선하기 위한 기법으로 변환 기반 태깅^{transformation-based tagging} 방법이 있다. 이 방법에서는 기존 태거가 잘못 판정하는 단어들에 대해서, 해당 상황^{context}에서 예외적으로 적용할 수 있는 변환 규칙을 알고리즘적으로 학습한다. 그리고 실제 품사 태깅을 할 때는, 기존 태거로 먼저 태깅을 한 다음, 판정결과에 대한 확신도가 낮을 때 이들 변환규칙을 적용하여 태깅 결과를 수정한다.

다음은 한글 문장과 영어 문장에 대한 품사 태깅의 예이다.

> 대한민국은 무척 아름다운 나라이다.
> '대한민국'_N '은'_J '무척'_M '아름답'_P '은'_'E' '나라'_N '이'_J '다' E '.'_S

> A man see a woman with a telescope on the hill.
> A_AT0 man_NN1 see_VVB a_AT0 woman_NN1 with_PRP a_AT0 telescope_NN1 on_PRP the_AT0 hill_NN1.

한글 문장의 태깅 결과에서 N은 체언, J는 관계언, M은 수식언, P는 용언, E는 어미, S는 기호를 나타내는 태그이다. 영어 문장의 태깅 결과에서 AT0는 관사, NN1은 단수명사, VVB는 동사기본형, PRP는 전치사를 나타낸다. 태깅에 사용되는 태그의 집합은 말뭉치마다 다를 수 있다. 한글의 경우 세종계획 말뭉치는 45개의 태그를 사용하고, 한나눔^{Hannanum} 분석기는 69개 태그를 사용한다. 영어의 경우 Brown Corpus 말뭉치는 87개의 태그를, Penn Treebank 말뭉치는 46개의 태그를 사용한다.

8.5.3 개체명 인식

개체명 인식^{named entity recognition}은 텍스트에서 인명, 지명, 기관명, 시간, 날짜, 화폐, 퍼센티지와 같은 개체명을 인식하여 텍스트에 해당 개체명 태그를 달아주는 것을 말한다. 개체명 인식은 정보검색, 정보추출, 질의응답에서 중요한 역할을 한다. 예를 들어, "자베르 경감이 장발장과 1832년 파리에서 마주쳤다"가 주어질 때, 개체명 인식 결과는 다음과 같다.

> [자베르]_{인명} 경감이 [장발장]_{인명}과 [1832]_{날짜}년 [파리]_{지명}에서 마주쳤다

개체명 인식 기법에는 규칙 기반의 방법, 기계학습 기반의 방법 등이 있다. 규칙 기반 방법에서는 개체명을 인식하기 위해 사전들과 규칙들을 이용한다. 사전에는 인명, 지명, 조직명 등의 개체명에 대한 직접적인 정보를 가지고 있는 개체명 사전과, 개체명과 함께 붙어서 나타나는 단어 정보를 가지고 있는 결합 단어 사전 등이 있다. 개체명 인식을 위한 규칙은 일반적으로 사람이 직접 개발한다. 이러한 규칙에는 개체명의 후보가 되는 단어 자체의 정보를 이용하는 단어 구성 규칙과, 문장에서 개체명의 후보가 되는 단어의 주변 정보를 이용하는 문맥 규칙 등이 있다.

기계학습 기반 방법에서는 단어의 품사 정보, 문자 유형, 주변 단어 정보, 사전 정보 등의 특징들을 이용하여 개체명을 부류^{class}로 간주하여 분류기를 개발한다. 분류기 개발에는 확률 그래프 모델인 조건부 랜덤 필드$^{conditional\ random\ field,\ CRF}$ 모델을 비롯하여, SVM 등을 이용하는 방법들이 있다. 단어의 특징 정보를 추출하여 사용하지 않고, 단어 자체를 실수 벡터로 변환해 입력으로 사용해서 딥러닝 신경망으로 개체명 인식을 하는 방법도 있다.

8.6 구문 분석

구문 분석$^{syntatic\ analysis,\ 構文\ 分析}$은 해당 언어의 구문에 따라 주어진 문장에서 단어들의 역할을 파악하여 문장을 계층적인 트리 구조로 변환한다. 문장의 의미를 이해하기 위해서 각 단어의 역할을 파악하는 것이 매우 중요하기 때문에, 구문 분석은 자연어 이해를 위해서는 필수적인 요소이다. 구문 분석은 접근 방법에 따라 규칙 기반 구문 분석과 기계학습 기반 구문 분석으로 나눌 수 있다.

8.6.1 규칙기반 구문분석

규칙 기반 구문 분석에서는 문맥 자유 문법$^{context-free\ grammar}$ 형태의 구구조 문법$^{phrase\ structure\ grammar,\ 句構造\ 文法}$을 이용하여 문장을 분석한다. 구구조 문법은 문장의 문법을 N, V, Adj, $DetP$등의 품사 기호와, NP, VP, $AdjP$등의 구^{句} 기호를 사용하여 문맥 자유 문법 형태로 기술한다.

다음은 문장의 생성 규칙을 구구조 문법으로 표현한 예이다. 여기에서 S는 시작 기호, NP는 명사구, N은 명사, VP는 동사구, V는 동사, $DetP$는 관형사, $AdjP$는 형용사구, Adj는 형용사, Adv는 부사를 나타내는 비단말 기호이고, 나머지는 단말 기호이다.

1) $S \rightarrow NP\ VP$

2) $VP \rightarrow V\ NP$

3) $NP \rightarrow DetP\ N\ |\ AdjP\ NP$

4) $AdjP \rightarrow Adj\ |\ Adv\ AdjP$

5) $N \rightarrow boy\ |\ girl$

6) $V \rightarrow sees\ |\ likes$

7) $Adj \rightarrow big\ |\ small$

8) $Adv \rightarrow very$

9) $DetP \rightarrow a\ |\ the$

위와 같은 구문을 사용하여 다음 영어 문장을 파싱[parsing]하면 [그림 8.4]와 같은 트리 형태의 파스 트리[parse tree]를 만들 수 있다.

The boy likes a girl.

파싱을 수행하는 프로그램을 파서[parser] 또는 구문 분석기[syntactic analyzer]라고 한다.

파스 트리로 표현된 파싱 결과를 중첩 리스트[nested list] 구조로 표현할 수 있다. 다음의 [그림 8.4]는 파스 트리를 중첩 리스트로 표현한 것이다.

```
(S       (NP       (DetP the)      (N boy))
         (VP       (V likes)       (VP (DetP a)      (N girl))))
```

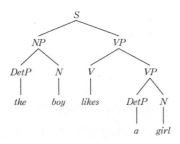

그림 8.4 **파스 트리**

1) 파싱

파싱 기법은 트리 구조의 생성 진행 방향에 따라 하향식 파싱과 상향식파싱으로 구분된다. 하향식 파싱은 문장 시작 기호 S에서 시작하여, 생성 규칙을 반복 적용하여 주어진 문장을 얻는 과정을 통해 구문의 구조를 파악하는 방법이다. "The boy likes a girl."을 하향식 파싱을 하면 다음과 같은 과정을 거친다.

$S \rightarrow NP\ VP$ (규칙 1 적용)
$\rightarrow DetP\ N\ VP$ (규칙 3 적용)
$\rightarrow the\ N\ VP$ (규칙 9 적용)
$\rightarrow the\ boy\ VP$ (규칙 5 적용)
$\rightarrow the\ boy\ V\ NP$ (규칙 2 적용)
$\rightarrow the\ boy\ likes\ NP$ (규칙 6 적용)
$\rightarrow the\ boy\ likes\ DetP\ N$ (규칙 3 적용)
$\rightarrow the\ boy\ likes\ a\ N$ (규칙 9 적용)
$\rightarrow the\ boy\ likes\ a\ girl$ (규칙 5 적용)

상향식 파싱은 문장에서 시작하여 문장 시작 기호 S 방향으로 파스 트리를 생성하는 방법인데, 생성 규칙의 오른쪽^{RHS, right hand side}에 대응하는 부분을 해당 규칙의 왼쪽 부분^{LHS}으로 변화시키는 과정을 반복한다.

$The\ boy\ likes\ a\ girl. \rightarrow DetP\ boy\ likes\ a\ girl$ (규칙 3 적용)
$\rightarrow DetP\ N\ likes\ a\ girl$ (규칙 5 적용)
$\rightarrow NP\ likes\ a\ girl$ (규칙 3 적용)
$\rightarrow NP\ V\ a\ girl$ (규칙 6 적용)
$\rightarrow NP\ V\ DetP\ girl$ (규칙 3 적용)
$\rightarrow NP\ V\ DetP\ N$ (규칙 5 적용)
$\rightarrow NP\ V\ NP$ (규칙 3 적용)
$\rightarrow NP\ VP$ (규칙 2 적용)
$\rightarrow S$ (규칙 1 적용)

2) 구문 분석의 어려움

자연어는 하나의 문장이 여러 구문 구조로 해석될 수 있는 중의성^{重義性, ambiguity}을 갖고 있다. 중의성은 구조적 중의성과 어휘적 중의성이 있다. 구조적^{構造的} 중의성은 하나의 문장이 다수의 구조로 해석될 수 있는 성질을 말한다. 다음과 같은 생성 규칙에 의해 표현되는 구문이 있다고 하자.

$S \rightarrow NP\ VP$

$$NP \rightarrow N \mid DetP\ N \mid NP\ PP$$
$$VP \rightarrow V\ NP \mid VP\ PP$$
$$PP \rightarrow P\ NP$$
$$N \rightarrow$$
$$V \rightarrow saw \mid caught$$
$$DetP \rightarrow a \mid the$$
$$P \rightarrow in$$

앞에 보여준 구문을 사용하여 다음 문장을 파싱하면 [그림 8.5]와 같은 두 개의 파스 트리가 생성될 수 있다.

Tom saw Jerry in the park.

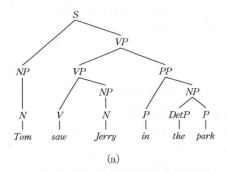

그림 8.5 **구조적 중의성에 따른 두 가지 파싱 결과**

어휘적^{語彙的} 중의성은 하나의 단어가 여러 품사로 사용될 때 발생할 수 있으며, 어휘적 중의성 때문에 구조적인 중의성이 발생한다. 구문이 다음과 같이 정의된 언어가 있다고 하자.

$$S \rightarrow NP\ VP$$
$$NP \rightarrow N \mid DetP\ N \mid Adj$$
$$VP \rightarrow V \mid VP\ NP \mid VP\ PP$$
$$PP \rightarrow P\ NP$$
$$N \rightarrow Time \mid flies \mid arrow$$
$$V \rightarrow flies \mid like$$
$$DetP \rightarrow a \mid an \mid the$$
$$Adj \rightarrow time$$

$$P \rightarrow like$$

이러한 구문에 대해서 다음 문장이 주어지면 [그림 8.6]과 같이 두 개의 파스 트리가 만들어 질 수 있다.

Time flies like an arrow.

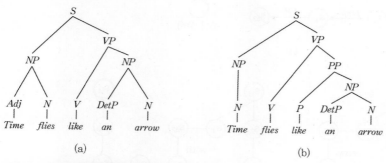

그림 8.6 어휘적 중의성에 따른 두 가지 파싱 결과

이것은 time, flies, like가 각각 두 가지 품사로 사용될 수 있기 때문에 발생하는 문제이다. 실제 자연어 처리에서 이와 같은 중의성이 발생할 수 있기 때문에, 문장별로 의미를 해석하는 것이 아니라, 문장 전후의 문맥을 참고하여 문장의 의미를 결정해야 한다.

3) 파싱 기법

파싱을 수행하는 대표적인 기법으로 확장 전이망augmented transition network과 차트 파싱chart parsing 이 있다. 확장 전이망은 [그림 8.7]과 같이 언어의 각 생성문법을 유한상태기계finite state machine로 표현한다. 유한 상태기계는 상태를 나타내는 노드와, 전이를 나타내는 방향성 있는 링크로 구성된다. 링크에 단어, 품사, 다른 전이망 호출, 분기와 같은 라벨이 붙어서 해당 내용에 따라 전이가 일어난다. 다른 전이망 호출 라벨이 있으면 해당 전이망을 이용하여 해당 전이 부분이 처리된다. 문장이 주어지면 시작 상태 노드에서 시작하여 전이를 통해 승인accept 상태로 도달하게 하는 전이 과정이 파싱 결과이다. [그림 8.7]은 'The boy saw the girl with a flower.'라는 문장을 확장 전이망으로 파싱한 결과이다.

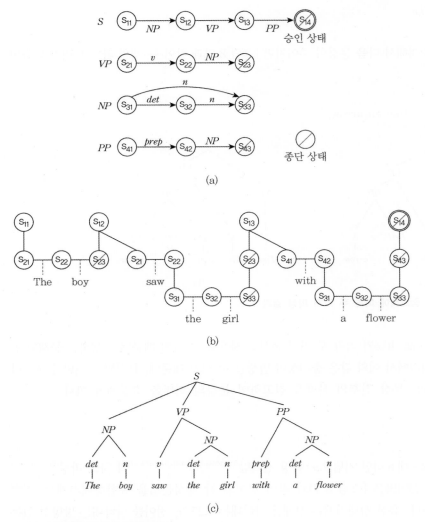

(a)

(b)

(c)

그림 8.7 **확장전이망에 의한 파싱**

차트 파싱은 파싱의 중간과정에 부분적으로 완성되는 모든 구조들을 차트라는 자료구조에 저장하여, 파싱 경로에 따라 저장된 정보를 재활용할 수 있게 만드는 동적 계획법^{dynamic} ^{programming}에 기반한 파싱 방법이다. 차트 파싱은 상향식 파싱에서 주로 이용되는데, 대표적인 것으로 CYK $^{\text{Cock-Younger-Kasami}}$ 파싱 알고리즘이 있다. 이 파싱 알고리즘은 [그림 8.8]과 같이 표로 표현되는 차트 자료 구조를 대각 위치의 칸들로부터 위쪽으로 한 행씩 칸을 채워 가는데, 해당 칸의 행에서 왼쪽에 있는 칸들과 열의 아래쪽 칸들에 있는 정보를 사용한다. 다음과 같은 구문이 주어져 있다고 하자.

$$S \rightarrow NP\ VP$$
$$NP \rightarrow DetP\ N$$
$$VP \rightarrow V\ NP \mid VP\ PP$$
$$PP \rightarrow P\ NP$$
$$N \rightarrow boy \mid girl \mid flower \mid saw$$
$$V \rightarrow saw$$
$$P \rightarrow with$$

이들 구문을 사용하여 다음 문장을 CYK 파싱 알고리즘으로 파싱하는 과정을 [그림 8.8]에 보이고 있다.

The boy saw the girl with a flower.

[그림 8.8(a)]는 각 단어에 대해서 적용할 수 있는 생성 규칙을 표의 대각칸에 표시한 결과이다. [그림 8.8(b)]는 두 번째 대각 칸까지 채운 결과인데, (1행, 2열)에 해당하는 칸에 NP 가 들어간 것은 왼쪽 칸에 $DetP$ 가 있고 아래 칸에 N 이 있기 때문이다. [그림 8.8(c)] 는 전체 칸을 모두 채운 결과인데, 비어있는 부분은 해당하는 곳에 적용될 수 있는 생성 규칙이 없다는 의미이다.

$DetP$							
the	N						
	boy	V, N					
		saw	$DetP$				
			the	N			
				girl	P		
					with	$DetP$	
						a	N
							flower

(a) 첫 번째 대각 칸 채우기

$DetP$	NP						
the	N						
	boy	V, N					
		saw	$DetP$	NP			
			the	N			
				girl	P		
					with	$DetP$	NP
						a	N
							flower

(b) 두 번째 대각 칸 채우기

$DetP④$	$NP②$			S			$S①$
the	$N⑤$						
	boy	$V⑧, N$		$VP⑥$			$VP③$
		saw	$DetP❶$	$NP⑨$			
			the	$N❷$			
				girl	$P❸$		$PP⑦$
					with	$DetP❺$	$NP❹$
						a	$N❻$
							flower

(c) 최종 칸 채우기 결과

그림 8.8 CYK 차트파싱

파싱 결과는 [그림 8.8(c)]의 오른쪽 맨 위 칸의 S에서 시작한다. 문장 $S①$을 만드는데 사용된 것은 $NP②$와 $VP③$이다. 해당 $NP②$는 $DetP④$와 $N⑤$로 만들어졌고, $VP③$은 $VP⑥$과 $PP⑦$로 만들어졌다. $VP⑥$은 $V⑧$과 $NP⑨$로 만들어졌고, $PP⑦$은 $P❸$과 $NP❹$로 만들어졌고, $NP⑨$는 $DetP❶$과 $N❷$로 만들어졌고, $NP❹$는 $DetP❺$와 $N❻$으로 만들어졌다. 이러한 추적과정을 트리로 표현하면 [그림 8.9]와 같은 파스 트리가 만들어진다.

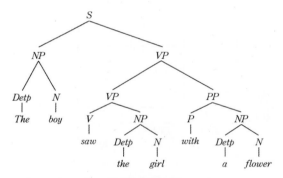

그림 8.9 CYK 차트파싱에 의한 파스 트리

8.6.2 기계학습 기반 구문분석

문법 규칙이 적용되는 문장 구조에 대해서는 구구조 문법을 사용하는 규칙 기반 구문 분석 방법이 비교적 정확하게 수행될 수 있다. 작성된 문법 규칙은 사람이 쉽게 이해할 수는 있지만, 이러한 규칙을 만들어내는 데는 상당한 노력과 시간이 필요하다. 또한 대상 언어에 대한 높은 문법적 지식이 필요하고, 가능한 모든 표현에 대해 엄밀한 문법 규칙을 구축하는 것도 어렵다.

기계학습 기반 구문 분석에서는 구문 분석이 된 학습 데이터를 사용하여 구문 분석을 하는 모델을 학습을 통해 구축한다. 사람이 구구조 문법을 정의할 필요가 없으며, 단지 구문 분석된 정보를 포함한 말뭉치를 만들어서 제공하기만 하면 된다. 그렇지만 기계학습을 위해서는 대규모의 말뭉치를 구축해야 하므로 많은 시간과 비용이 든다. 또한 말뭉치의 신뢰도에 따라 학습된 모델에 의한 구문 분석 정확도도 달라지기 때문에, 높은 신뢰도의 말뭉치를 구축해야 하는 부담이 있다.

2000년대 이후에는 기계학습 기반 구문 분석 기법에서 많은 기술적 진전이 있었다. 2000년대 초반에는 SVM, 확률 그래프 모델인 조건부 랜덤 필드conditional random field, CRF 모델 등을 이용한 구문 분석 방법에 대한 연구가 활발히 진행되었다. 2010년대 이후 단어를 실수벡터로 표현하고 딥러닝 신경망을 적용하면서 구문 분석의 정확도가 크게 향상되었다.

기계학습 기반 구문 분석을 위해서는 구문 분석 정보가 포함된 양질의 말뭉치를 확보하는 것이 필요하다. 대표적인 구문 분석 말뭉치로는 한국어의 경우 '21세기 세종계획' 말뭉치가 있으며, 영어의 경우 Penn Treebank 말뭉치가 있다. Penn Treebank에는 영어 뿐만 아니라 한국어를 포함한 여러 언어의 말뭉치가 포함되어 있다. 초창기에는 사람이 직접 말뭉치의 문장들을 구문을 분석하여 태깅 하였지만, 현재는 파싱 알고리즘의 발전으로 상당 부분이 컴퓨터에 의해서 수행된다.

Penn Treebank에 등록된 한국어 말뭉치는 영어 Penn Treebank와 마찬가지로 괄호를 사용하여 트리구조를 표현한다. [그림 8.10]은 Penn Treebank에 있는 한국어 말뭉치에 포함된 사례이다. 그림에서 볼 수 있는 것처럼 한국어 말뭉치는 구문 분석 정보(예, S, VP, NP-VOC 등)와 함께 형태소 분석 정보(예, NNC, XSF, PCA 등)도 포함하고 있다.

김 특무장, 아까 김 특무장이 지난 2주 동안 공병들이 대대 지역에서 열심히 작업을 해왔다고 그랬다.

(S (NP-VOC 김/NPR
            특무장/NNC)
   ,/SCM
   (ADVP 아까/ADV)
   (S (NP-SBJ 김/NPR
            특무장/NNC+이/PCA)
      (VP (S-COMP (NP-ADV 지난/DAN

```
                    2/NNU
                    주/NNX
                    동안/NNX)
          (S (NP-SBJ 공병/NNC+들/XSF+이/PCA)
            (VP (VP (NP-ADV 대/NNC 지역/NNC+에서/PAD)
                (ADVP 열심히/ADV)
                (VP (NP-OBJ-LV 작업/NNC+을/PCA)
                  (LV 하/VV+어/EAU)))
              오/VX+았/EPF+다고/ECS)))
          그러/VV+었/EPF+다/EFN))
      ./SFN)
```

그림 8.10 Penn Treebank에 있는 한국어 말뭉치의 사례

8.7 의미 분석

의미 분석$^{\text{semantic analysis, 意味 分析}}$은 형태소 분석과 구문 분석 결과를 해석하여 문장이 가진 의미를 파악하는 작업이다. 의미 분석을 위해서 형태소 각각의 의미에 대한 지식 표현이 필요하다. 또한 담화가 이루어지는 상황에 대한 세계 모델$^{\text{world model}}$과 상식에 대한 지식도 필요하다. 따라서 일반적인 상황에 대한 담화를 이해하는 것은 쉬운 일이 아니다. 하지만 담화가 이루어지는 환경에 제약을 가하면 어느 정도 만족스러운 수준의 시스템을 만들 수 있다.

의미 분석은 자연어로 제시한 질문에 대한 답변을 하는 질의응답$^{\text{question-answering}}$ 서비스에서 중요한 요소이다. 질의응답 시스템은 간단한 사실로 짧게 답변할 수 있는 단답형 질문$^{\text{factoid question}}$을 다루는 것과 그렇지 않은 서술형 질문$^{\text{complex question}}$을 다루는 것으로 나누어 볼 수 있다. 현재 대부분의 상용 서비스는 단답형 질의처리를 한다. 질의응답 패러다임에는 정보검색 기반 질의응답, 지식 기반 질의응답, 혼합형 질의응답 등이 있다. 정보검색 기반 질의응답에서는 검색엔진과 같이 웹이나 데이터베이스에서 질문에 대한 답변을 찾아 제공한다. 지식 기반 질의응답에서는 질의의 의미를 술어 논리식$^{\text{predicate logic expression}}$으로 변환하여, 온톨로지 등의 정형화된 지식 베이스에 대해 논리적인 추론을 하여 답변을 찾아낸다. 한편, IBM 왓슨^{Watson}의 DeepQA와 같은 질의응답 시스템은 웹 등의 텍스트 데이터 뿐만 아니라 지식 베이스도 함께 이용하는 혼합형 질의응답 패러다임을 따른다. 한편, 5.7절에서 소개한 메모리망 관련 모델들은 의미 분석 등의 작업을 전혀 하지 않은 채 답변을 생성한다. 하지만 이들 모델은 학습된 사실들에 대해서만 답변을 할 수 있고 논리적 추론은 상대적으로 약하다는 제약이 있다.

자연어에는 동일한 단어이지만 다른 의미로 사용되는 동음이의어^{homonym, 同音異議語}가 많다. 문장을 이해하거나 번역을 할 때는 이러한 단어가 해당 문맥에서 어떤 의미인지 명확히 파악해야 한다. 이와 같이 특정 문장에 등장하는 단어가 어떤 의미인지 판별하는 작업을 단어 의미 중의성 해소^{word sense disambiguation, 갈래뜻 판별}이라고 한다. 다음은 '배'가 서로 다른 의미로 사용된 예이다.

> **배**를 타고 강을 건넜다.
> **배**를 많이 먹었더니 **배**가 부르다.
> 물가가 **배**로 올랐다.
> 우리 학과 축구팀은 총장 **배**에서 우승했다.

단어 의미 중의성 해소를 위해 방대한 사전 자료와 지식을 이용하는 지식 기반 방법과 지도 학습 기반의 기계학습 방법 등이 개발되어 사용되고 있다.

자연어 처리의 대상이 대화^{dialogue}인 경우에는 대화의 화행^{話行} 분석^{speech act analysis}이 주요한 주제 중의 하나이다. 화행 분석은 대화 중의 발화^{utterance, 發話}가 어떤 종류인지 파악하는 것을 말한다. 즉, 각 발화를 설명, 의견, 동의, 거부, 감사, 예-아니오 질문, 주관식 질문, 혼잣말, 재확인 등으로 분류하는 것을 말한다. 화행분석 결과는 해당 발화에 대한 적절한 응답을 하기 위해 사용된다.

의미 분석에서 문맥 함의^{textual entailment, 文脈 含意}는 문장에 표면적으로 나타난 사실이외에 함의된 사실을 파악하는 것을 말한다. 예를 들어, "한글은 세종대왕이 창제했다"는 문장으로부터 "한글은 조선시대에 창제되었다"는 것을 파악하는 것을 말한다. 이러한 문맥 함의를 파악하기 위해서는 언어 자체에 대한 처리 기술뿐만 아니라 다양한 지식을 포함한 지식베이스를 구축해야 한다.

8.8 단어의 실수 벡터 표현

지금까지의 설명에서는 자연어 처리를 할 때 단어를 기호로 간주해왔다. 단어를 수치화하여 표현하고, 수치화된 단어간의 위치, 거리, 관계가 일관성을 갖도록 하는 것이 쉽지 않았다. 단어를 수치화하는 가장 간단한 방법은 [그림 8.11]과 같은 one-hot 벡터 표현이다. one-hot 벡터는 단어 별로 하나의 좌표 축을 대응시킨 공간에서, 해당되는 단어 위치에만

1을 설정하고 나머지에는 0을 설정하여, 공간 상에 단어를 표현한 것이다. [그림 8.11]은 '수박'을 표현하는데, 수박에 해당되는 곳만 1이 있고, 나머지는 모두 0을 갖는다. 즉, '수박' = (0, 0, 0, 1, 0, …, 0, 0, 0, 0), '참외' = (0, 0, 1, 0, 0, 0, …, 0, 0, 0, 0)과 같이 표현된다. 이러한 one-hot 벡터 표현에서는 '수박'과 '참외'가 '수박'과 '복숭아'보다 더 유사하다거나 관련성이 높다는 것을 유추하거나 추론하기 어렵다. 이와 같은 one-hot 벡터로는 단어의 의미를 제대로 표현하지 못한다.

0	0	0	1	0	…	0	0	0	0
딸기	오이	참외	수박	배	…	복숭아	사과	귤	바나나

그림 8.11 '수박'의 one-hot 벡터표현의 예

8.8.1 단어의 벡터표현

단어의 의미를 충분히 잘 나타내도록 단어를 공간상의 실수 벡터로 표현하는 것을 Word2Vec 또는 단어 임베딩$^{word\ embedding}$이라고 한다. Word2Vec으로 '수박'을 벡터로 표현하면 [그림 8.12]와 같이, [그림 8.11]보다 낮은 차원의 실수값 원소의 벡터가 만들어 진다.

−0.1	0.03	0.5	0.8	−0.32	0.21

그림 8.12 단어의 실수공간 벡터 표현

Word2Vec으로 단어를 표현하게 되면, 실수 공간상에서의 단어의 위치와 단어 간의 거리가 실제 의미를 반영하게 된다. [그림 8.13]은 단어 '남성', '여성', '아주머니', '아저씨'를 Word2Vec으로 공간에 표현한 모습이다. 여기에서 '남성'과 '여성'의 벡터에 대한 거리정보와 '남성'과 '아저씨'의 벡터에 대한 거리정보를 이용하면, '아주머니'에 대한 실수벡터의 위치를 추정할 수 있다. 즉, Word2Vec 표현에서는 '아저씨 + (여성 − 남성) ≈ 아주머니'의 관계가 '근사적으로' 만족한다.

단어를 실수공간의 벡터로 표현하는 대표적인 Word2Vec 방법으로 CBOW, Skip-gram 모델 등이 있다. 이들 모델은 간단한 신경망으로 구현할 수 있다.

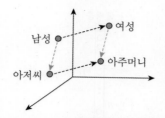

그림 8.13 **실수공간에서 단어 위치와 거리의 의미관계**

8.8.2 CBOW 모델

CBOW^{Continuous Bag-of-Words} 모델은 [그림 8.14]와 같은 구조를 통해서, V 차원의 one-hot 벡터로 표현된 단어를 N 차원의 실수 벡터로 바꾸는 역할을 한다. 여기에서 V는 사전에 포함된 전체 단어 개수를 나타내는데 1,000,000과 같이 큰 수이다. N은 단어를 표현하는 실수 벡터의 차원이며, 보통 500과 같이 상대적으로 매우 작은 수이다.

단위의 실수 공간 표현 방법은 '주변 단어들에 의해 단어 의미를 알 수 있다'라는 언어학자 퍼스^{John R. Firth, 1880-1960}의 분포 가설^{Distributional Hypothesis}에 이론적 근거를 두고 있다. 예를 들면, '나는 식사를 하기 전에 반드시 ___을 씻는다'과 할 때, 밑줄 위치에 들어갈 단어를 쉽게 유추할 수 있다. 한편, 밑줄 위치에 들어갈 수 있는 단어들은 서로 유사한 의미를 가질 것이다. 이처럼 유사한 문맥에서 등장하는 단어는 유사한 의미를 갖는 단어라고 간주하고, 단어를 실수 공간에 표현하는 기법을 Word2Vec이라고 한다.

CBOW 모델은 밑줄 위치의 단어를 주변 단어들로부터 유추하는 것처럼, 주변 단어들이 밑줄 위치 단어를 계산해 내도록 학습하는 일종의 신경망이다. [그림 8.14]와 같이 CBOW 모델에서는 C개의 단어가 입력으로 들어가서 하나의 단어가 출력으로 나온다. 문장에서 출력 단어를 중심으로 좌우에 각각 $C/2$개의 단어를 선택하여 입력으로 사용한다. 예를 들어, 'Keep your friends close and your enemies closer'라는 문장을 사용하여 'close'라는 단어를 출력 단어로 학습할 때, $C=6$이라면, 입력으로는 해당 단어 왼쪽의 'Keep', 'your', 'friends'와 오른쪽의 'and', 'your', 'enemies'를 사용한다.

입력 단어와 출력 단어는 one-hot 벡터로 표현되며, 따라서 입력층과 출력층은 전체 단어 개수에 해당하는 개수의 노드를 갖는다. 은닉층은 출력 단어를 표현하는 실수 벡터를 학습하는 역할을 한다. 실수 벡터가 N 차원이라면, 은닉층은 N개의 노드를 갖는다. 이때 학습 데이터를 구성하는 학습 대상 단어는 t로, 주변의 C개의 단어는 $x_1, x_2, \cdots, x_C$ 로 나타내자.

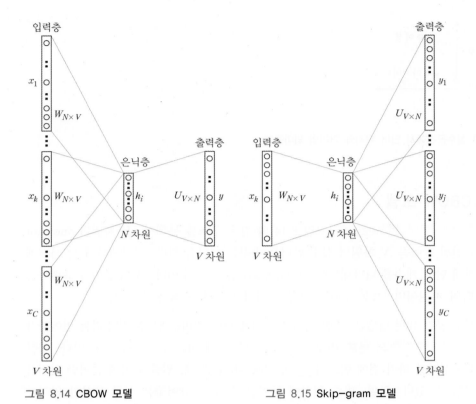

그림 8.14 CBOW 모델   그림 8.15 Skip-gram 모델

입력층이 C개의 단어를 입력으로 받아들이기는 하지만, 각 단어에 적용되는 입력층과 은닉층의 가중치 W는 그림과 같이 모두 동일하다. 즉, 입력층과 은닉층 사이의 가중치를 공유한다. 은닉층의 값 h는 (식 8.4)와과 같이 각 입력 단어 x_i의 one-hot 벡터와 가중치 W의 곱을 각각 구한 다음에 평균한 값으로 한다.

$$h = \frac{1}{C}\sum_{i=1}^{C} Wx_i \qquad (8.4)$$

x_i가 one-hot 벡터이므로, x_i가 사전에서 k번째 단어라면 Wx_i는 W의 k번째 열벡터 w_k가 된다. 문맥 단어의 개수 C는 일반적으로 10개 정도로 한다.

출력층의 값은 (식 8.5)와 같이 은닉층과 출력층 사이의 가중치 U와 은닉층의 값 h를 곱한 다음 소프트맥스를 하여 계산한다. 즉, 사전에서 j번째 단어에 속할 확률값인 노드 y_j의 값은 다음과 같이 계산한다.

$$y_j = \frac{\exp(\boldsymbol{u}_j \cdot \boldsymbol{h})}{\displaystyle\sum_{i=1}^{V} \exp(\boldsymbol{u}_i \cdot \boldsymbol{h})} = \frac{\exp(s_j)}{\displaystyle\sum_{i=1}^{V} \exp(s_i)} \tag{8.5}$$

여기에서 $\boldsymbol{u}_j$는 U행렬의 j번째 행에 해당하는 벡터를 나타내고, $s_j = \boldsymbol{u}_j \cdot \boldsymbol{h}$이다.

CBOW 모델은 $p(t \mid \boldsymbol{x}_1, \boldsymbol{x}_2, \cdots, \boldsymbol{x}_C)$의 확률값, 즉 주변 단어들 $\boldsymbol{x}_1, \boldsymbol{x}_2, \cdots, \boldsymbol{x}_C$가 입력으로 주어질 때 대상 단어 t로 출력될 확률이 최대가 되도록 학습한다. t가 사전에서 j^*번째 단어라면, (식 8.5)의 가능도^{likelihood} y_{j^*}의 값이 최대가 되도록 학습한다. 학습을 위한 목적 함수 $E(W, U)$를 다음과 같이 (식 8.5)에 대한 음의 로그 가능도로 정의한다.

$$E(W, U) = -\log p(\boldsymbol{t} = \boldsymbol{h} \mid \boldsymbol{x}_1, \cdots, \boldsymbol{x}_{i-1}, \boldsymbol{x}_{i+1}, \cdots, \boldsymbol{x}_C) \tag{8.6}$$

$$= -\boldsymbol{u}_{j^*} \cdot \boldsymbol{h} + \log \sum_{i=1}^{V} \exp(\boldsymbol{u}_i \cdot \boldsymbol{h}) \tag{8.7}$$

학습은 목적 함수 $E(W, U)$를 최소화시키는 W와 U를 찾도록 경사 하강법을 사용하여 수행한다.

$$w_{ij}^{t+1} = w_{ij}^{t} - \eta \frac{\partial E(W, U)}{w_{ij}} \tag{8.8}$$

$$u_{ij}^{t+1} = u_{ij}^{t} - \eta \frac{\partial E(W, U)}{u_{ij}} \tag{8.9}$$

사전의 각 단어에 대한 실수 벡터 표현은 W와 U에 각각 하나씩 있게 된다. 즉 단어마다 2개의 벡터 표현이 만들어진다. W의 i번째 열벡터 $\boldsymbol{w}_i$와 U의 i번째 열벡터 $\boldsymbol{u}_i$는 i번째 단어에 대한 실수 벡터 표현이다.

학습 시간은 각 입력 데이터가 one-hot 벡터이기 때문에 은닉층의 계산에는 $C \times N$에 비례하는 시간이 들고, 은닉층과 출력층 사이의 계산에는 $N \times V$에 비례하는 비용이 든다. 따라서 학습 데이터 하나에 대한 학습 비용은 $C \times N + N \times V$에 비례한다. CBOW 모델의 구조는 간단하지만, 출력노드의 개수가 사전의 단어 개수와 같으므로, 단어 개수가 많은 사전인 경우에는 소프트맥스를 계산하는 데 시간이 오래 걸린다.

8.8.3 Skip-gram 모델

Skip-gram 모델은 [그림 8.15]와 같은 형태로 CBOW와 대칭적인 구조를 가지고 있다. 이 모델은 입력에 실수 벡터 학습 대상이 되는 단어가 주어질 때, 출력에서는 해당 단어의 주위 단어들이 나타날 확률이 높아지도록 학습을 한다. 은닉층의 값 h는 입력층과 은닉층의 가중치 행렬 W와 one-hot 벡터로 표현된 학습 대상 단어 t를 곱해서 다음과 같이 계산한다.

$$h = Wt \tag{8.10}$$

t는 one-hot 벡터로 표현되는데, t가 사전에서 k번째 단어라면 h는 W의 k번째 열벡터가 된다.

$$h = w_k \tag{8.11}$$

대상 단어 t의 주변 단어들은 one-hot 벡터로 표현된 $x_1, x_2, \cdots, x_C$라고 하고, x_j가 사전에서 $j*$번째 단어라고 하자. t가 입력으로 주어질 때 x_j가 $j*$번째 단어일 확률 $p(x_j = j*$번째 단어 $|t)$는 다음과 같이 계산된다. 여기에서 U는 은닉층과 출력층의 가중치 행렬이고, $u_{j*} = u_{j*} \cdot h$이다.

$$y_{j*} = p(x_j = j*\text{번째 단어} |t) = \frac{\exp(u_{j*} \cdot h)}{\sum_{j=1}^{V} \exp(u_j \cdot h)} = \frac{\exp(u_{j*})}{\sum_{j=1}^{V} \exp(u_j)} \tag{8.12}$$

Skip-gram 모델의 학습 목표는 전체 주변 단어의 발생 확률 $p(x_1, x_2, \cdots, x_C|t)$를 최대화하는 것이다. 주변 단어 개수 C는 보통 10정도로 한다.

$$p(x_1, x_2, \cdots, x_C|t) = \prod_{i=1}^{C} \frac{\exp(u_{i*})}{\sum_{j=1}^{V} \exp(u_j)} \tag{8.13}$$

학습을 위한 목적 함수 $E(W, U)$는 (식 8.13)에 대한 음의 로그 가능도로 다음과 같이 정의한다.

$$E(W, E) = -\log p(\boldsymbol{x}_1, \boldsymbol{x}_2, \cdots, \boldsymbol{x}_C | \boldsymbol{t}) = -\log \prod_{i=1}^{C} \frac{\exp(u_{i*})}{\sum_{j=1}^{V} \exp(u_j)} \tag{8.14}$$

$$= -\log \sum_{i=1}^{C} u_{i*} + C \log \sum_{j=1}^{V} \exp(u_j) \tag{8.15}$$

학습은 목적 함수를 최소화하도록 경사 하강법을 사용하여 수행된다. 학습된 Skip-gram 모델에서 사전의 i번째 단어에 대한 실수 벡터는 가중치 행렬 W와 U의 i번째 열벡터인 $\boldsymbol{w}_i$와 $\boldsymbol{u}_i$이다.

CBOW와 마찬가지로 Skip-gram에서도 소프트맥스 층에서 출력을 계산할 때 (식 8.12)와 같이 분모에서 모든 단어를 고려해야 하기 때문에, 단어가 많이 있는 사전을 학습할 때는 시간이 오래 걸린다. 소프트맥스 층의 계산은 전체 학습 시간에서 주된 부담 요소이다. 소프트맥스 층의 계산을 효과적으로 지원하는 방법으로, 계층적 소프트맥스와 반례 표본추출 방법 등이 있다.

8.8.4 계층적 소프트맥스와 반례 표본 추출

CBOW와 Skip-gram 모델의 출력층은 (식 8.5)와 (식 8.12)와 같이 소프트맥스값을 계산할 때, 분모에서 모든 노드에 대한 계산 결과값이 필요하다. 하나의 데이터를 학습하는데 전체 단어 개수 V만큼 계산하므로 계산 비용이 너무 크다. 계층적 소프트맥스^{hierarchical} softmax는 소프트맥스를 이진 트리로 근사하여 계산시간을 $O(V)$에서 $O(\log V)$로 크게 개선하는 방법이다.

1) 계층적 소프트맥스

계층적 소프트맥스는 [그림 8.16]과 같이 사전의 각 단어를 단말 노드에 갖는 이진 트리인데, 루트 노드에서 단말 노드까지 경로를 따라서 계산되는 각 값들을 곱하면 해당 단말 노드에 대한 소프트맥스 값이 계산되는 성질이 있다. 그림에 화살표로 표시한 '강피'에 대한 소프트맥스 값은 $0.65 \times 0.46 \times 0.83 = 0.25$와 같이 계산된다. 이러한 성질을 만족시키기 위해서, 내부 노드의 두 자식 노드에 대한 가중치의 합은 1이 되도록 구성하여, 전체 단말 노드에서 계산된 소프트맥스의 합이 1이 되게 한다.

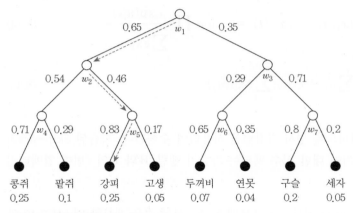

그림 8.16 계층적 소프트맥스

CBOW나 Skip-gram 모델에서 출력층의 소프트맥스값을 계산하기 위해, 은닉층의 출력 h와 계층적 소프트맥스의 연결선에 가중치 벡터 w_i를 곱한 다음 시그모이드 함수 σ를 적용하여 다음과 같은 값들을 정의한다.

$$v_{il} = \sigma(w_i \cdot h) \tag{8.16}$$
$$v_{ir} = 1 - \sigma(w_i \cdot h) \tag{8.17}$$

여기에서 v_{il}는 w_i에 대응하는 내부 노드의 왼쪽 자식 노드로 가는 값을 나타내고, v_{ir}은 오른쪽 자식 노드로 가는 값을 나타낸다. '강피'에 대한 확률값은 다음과 같이 계산한다.

$$p('강피') = v_{1l}v_{2r}v_{3l} = \sigma(w_1 \cdot h)(1 - \sigma(w_2 \cdot h))\sigma(w_3 \cdot h) \tag{8.18}$$

계층적 소프트맥스를 사용할 때는 각 내부 노드에 있는 가중치 벡터 w_i를 학습을 통해 결정한다. 학습에서는 목표 출력의 확률값, 즉 목표 출력의 가능도를 최대로 만들도록 가중치를 조정하는 방법을 사용한다. 목표 출력 노드에서의 확률값은 계층적 소프트맥스 트리에서 루트 노드에서 해당 출력 노드까지의 경로를 따라 내려오면서 (식 8.18)처럼 이진 트리의 높이 만큼의 곱셈으로 계산할 수 있어 매우 효율적이다.

2) 반례 표본추출

반례 표본추출$^{\text{negative sampling}}$ 방법은 소프트맥스를 사용할 때는 매번 많은 출력 벡터를 계산하는 대신, 표본을 추출해서 이들에 대해서만 계산하는 방법이다. 표본은 학습 데이터에 주어진 전체 출력 단어들 w_i와 소수의 반례 단어들 w_{n_j}로 구성한다. 반례 단어는 아무 단어나 무작위로 뽑을 수 있는 분포에서 선택할 수도 있고, 자주 접하는 단어를 가능하면 피할 수 있도록 다음과 같은 분포에서 선택할 수도 있다.

$$p(w_{n_j}) = \sqrt{\frac{t}{f(w_{n_j})}} \qquad (8.19)$$

위 식에서 t는 10^{-5}과 같이 작은 상수값이고, $f(w_{n_j})$는 단어의 출현 빈도를 나타낸다. 즉, 출현 빈도가 높은 단어는 선택될 확률이 낮다. 반례 단어는 학습 데이터의 크기 작으면 5~20개 정도를 사용하고, 학습 데이터가 크면 2~5개 정도를 사용한다.

반례 표본 추출 방법에서는 각 학습 데이터의 목표 출력 단어 w_i와 반례 단어들 w_{n_j}에 대한 다음 오차 함수를 최소화하도록 학습을 한다.

$$E = -\log\sigma(\boldsymbol{u}_i \cdot \boldsymbol{h}) - \sum_{w_{n_j}}\log\sigma(-\boldsymbol{u}_{n_j} \cdot \boldsymbol{h}) \qquad (8.20)$$

여기에서 $\boldsymbol{u}_{n_j}$는 반례 단어 w_{n_j}에 해당하는 출력 노드와 연결된 가중치 벡터를 나타내고, $\boldsymbol{u}_i$는 목표 출력 단어에 대한 가중치 벡터를 나타낸다. 오차 함수가 소프트맥스의 값을 직접 사용하지 않기 때문에, 일반 소프트맥스를 사용하는 경우에 비하여 매우 짧은 시간에 CBOW나 Skip-gram 모델을 학습할 수 있다.

8.8.5 단어 벡터 표현의 활용

단어가 CBOW나 Skip-gram 등을 사용하여 실수 벡터로 표현되면 다양한 용도로 사용될 수 있다. 단어 간의 유사도는 실수 벡터의 거리를 사용하여 직접 계산할 수 있다. 유사도를 통해서 유의어, 어근 비교, 시제 등에 대한 정보를 추출하거나 분석할 수도 있다. 또한 품사 태깅, 의미 분석, 관계 추출, 단위 의미 식별 등 다양한 분야에서도 적용되고 있다.

단어가 실수 벡터로 변환되면서, 기존의 수치를 다루는 다양한 기계학습 알고리즘을 자연어 처리에 적용할 수 있게 되었다. 특히, 단어를 실수 벡터로 표현함으로써 기존의 신경망 모델뿐만 아니라 딥러닝 모델이 자연어 처리 분야에서 활발하게 활용될 수 있게 되었다. 하나의 언어를 다른 언어로 변환하는 기계번역에서도 실수 벡터 표현을 사용한 딥러닝을 통해 성능 향상이 두드러지고 있다. 또한, 영상 데이터에 대한 내용을 설명하는 문장을 자동으로 생성하는 영상 주석달기에도 실수 벡터 표현을 사용한다.

8.9 딥러닝 기반의 자연어처리

여기에서는 딥러닝 신경망이 자연어 처리에 적용되는 언어 모델과 기계번역에 대해 소개한다. 딥러닝 모델에 적용할 때는 단어들이 모두 실수 벡터로 표현되어 있는 것을 전제한다.

8.9.1 언어 모델

언어 모델^{language model}은 직전 n개의 단어 $w_{t-n}, \cdots, w_{t-2}, w_{t-1}$로부터 다음에 출현할 단어 w_t를 예측하는 확률 모델이다. 즉, 언어 모델은 다음과 같은 조건부 확률을 표현한 것이다.

$$p(w_t \mid w_{t-1}, \cdots, w_{t-n}) \tag{8.21}$$

여기에서 직전 단어의 개수 n은 응용 문제에 따라 결정되는데, 특별히 $n = 1$이면 바이그램^{bigram} 모델이라고 하고, $n = 2$이면 트라이그램^{trigram} 모델이라고 한다. 일반적으로는 n 그램^{n-gram}이라고 한다.

신경망 모델을 이용하여 언어 모델을 구현할 수 있다. 정해진 개수의 이전 단어들을 입력으로 하고 다음 단어를 출력으로 하는 학습 데이터를 다층 퍼셉트론이나 딥러닝 신경망으로 학습할 수도 있다. 이때 입력과 출력 단어는 모두 실수 벡터로 표현한다. 문장은 순차적인 단어들로 구성되기 때문에, 다음 단어를 예측할 때, 이전 단어들을 순서대로 고려하는 것이 좋을 수 있다. 이러한 이유로 재귀 신경망과 이를 개선한 LSTM 재귀 신경망이나 GRU 재귀 신경망 등을 사용하여 언어 모델을 학습하기도 한다.

8.9.2 구와 문장 표현

단어뿐만 아니라 구^{句, phrase}나 문장을 실수 벡터로 표현할 수도 있다. 이때 사용할 수 있는 모델로 [그림 8.17]과 같은 형태의 반복적 오토인코더^{recursive autoencoder}가 있다.

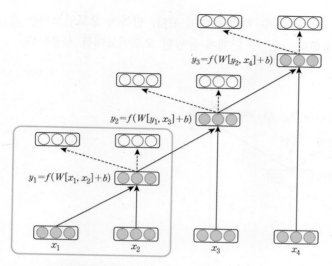

그림 8.17 **반복적 오토인코더**

[그림 8.17]의 모델은 $(x_1,\ x_2,\ x_3,\ x_4)$로 구성된 구 문장을 표현하는 실수 벡터 y를 학습한다. 그림에서 왼쪽 아래쪽의 상자로 표시된 부분은 오토인코더이다. 이 오토인코더는 (x_1, x_2)를 입력으로 받아 (x_1, x_2)를 출력하도록 학습한다. 은닉층의 출력을 y_1이라 할 때, 이 값은 다음과 같이 계산된다. 여기에서 f는 활성화 함수를 나타내고, W는 가중치 벡터이고, b는 편차항이다.

$$y_1 \;=\; f(W[x_1; x_2] + b) \tag{8.22}$$

다음 단계에는 $(y_1,\ x_3)$을 입력으로 받아 $(y_1,\ x_3)$을 출력하도록 가중치를 학습하고, 은닉층의 출력 y_2를 다음과 같이 계산한다.

$$y_2 \;=\; f(W[y_1; x_3] + b) \tag{8.23}$$

여기에서 가중치 W는 (식 8.22)와 같은 것을 사용한다. 다음 단계는 $(y_2,\ x_4)$를 입력으로 받아 $(y_2,\ x_4)$를 출력하도록 가중치를 조정하고, 은닉층의 출력 y를 마찬가지 방법으로 계산한다.

$$y \;=\; f(W[y_2; x_4] + b) \tag{8.24}$$

이렇게 구한 y는 입력된 구나 문장의 실수 벡터 표현이 된다. 반복적 오토인코더는 각 단계에서 똑같은 가중치를 사용한다. 즉, 매 단계에 동일한 오토인코더를 사용한다.

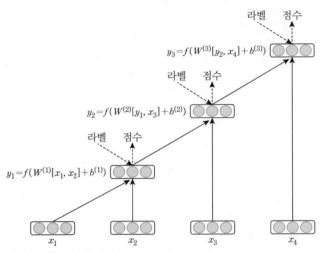

그림 8.18 **반복 신경망**

한편, 구나 문장의 벡터 표현을 찾거나 파싱을 하는 것으로 반복 신경망^{recursive neural network}이 있다. 반복 신경망은 [그림 8.18]과 같이 응집성이 높은 것들을 트리 형태로 결합해 가면서 입력 데이터의 구조를 추상화하는 기법이다. 학습 데이터는 문장과 문장의 파스 트리로 구성된다. 이 모델은 여러 단어가 결합되어 만들어진 문장을 벡터 공간에 표현하여, 문장의 파싱, 감성 분석 등을 하는 데 이용된다. 단어들은 실수 벡터로 표현되어 입력되고, 각 단어는 그림과 같이 단말 노드가 되며, 두 개의 자식 노드를 결합하는 부모 노드는 새로운 벡터 표현을 만들어 내고, 동시에 해당 자식 노드의 결합에 대한 점수를 계산한다. 파싱의 경우에 점수는 자식 노드에 해당되는 단어들이 결합되는 것이 얼마나 의미가 있는지 나타내고, 감성 분석의 경우에는 점수가 긍정·부정의 극성을 나타내는 지표가 된다. 부모 노드에서 계산된 점수와 정답 라벨을 비교하여, 오차가 최소화되도록 경사 하강법을 사용하여 모델을 학습시킨다. 반복 신경망의 구조는 모든 단어가 단말 노드로 주어진 상태에서 학습 과정을 통해 부모 노드를 상향식으로 만들어가게 된다. 이때 점수가 좋은 몇 개의 후보를 유지하면서 탐색을 하는 빔 탐색을 사용한다.

컨볼루션 신경망을 구나 문장의 실수 벡터 표현을 학습하는 데 사용할 수도 있다. 이 방법에서는 길이가 일정하지 않은 구나 문장을 입력으로 받아들여 일정한 길이의 벡터를 학습한다. 이들 구나 문장이 길이가 달라도 컨볼루션을 적용한 후 풀링 연산을 통해서 일정 길이의 출력이 만들어지도록 한다.

LSTM 재귀 신경망이나 GRU 재귀 신경망을 사용하여 반복 신경망을 구현할 수도 있다. 이 경우 마지막 단어가 처리된 직후의 출력이나 내부 상태가 구나 문장에 대한 벡터 표현이 된다.

8.9.3 기계 번역

기계번역은 입력 언어의 문장 s를 다른 언어의 문장 t로 변환할 때, 제대로 된 번역일 확률이 가장 큰 문장 t'을 선택하는 작업이다.

$$t' = \text{argmax}_t \, p(t|s) \tag{8.25}$$

(식 8.25)를 로그-선형 모델$^{\text{log-linear model}}$로 분해해서 다음과 같이 표현해 볼 수 있다.

$$t' = \text{argmax}_s p(s|t) = \text{argmax}_s \frac{\exp\left(\sum_i \lambda_i h_i(s,t)\right)}{\sum_{t'} \exp\left(\sum_i \lambda_i h_i(s,t')\right)} \tag{8.26}$$

위 식에서 $h_i(s,t)$는 임의의 번역 관련 특징을 나타내고, λ_i는 이에 대응하는 가중치를 나타낸다. 기계번역에서 번역 후보 문장 t를 선정하는 것과 관련성을 평가하는 함수 $h_i(s,t)$를 결정하는 것이 중요한 작업이다. (식 8.25)은 조건부 랜덤 필드^{CRF} 모델을 적용하는 사례이기도 하다.

전통적인 기계 번역 방법에서는 다음 단계들을 통해서 문장을 다른 언어로 번역한다. 먼저 입력 문장을 단어나 구의 서열, 또는 부분트리의 집합으로 분할한다. 다음으로 단어나 구$^{\text{phrase, 句}}$, 부분트리 단위로 번역을 한다. 번역 단위가 단어이면 단어 기반 모델이라고 하고, 구 단위이면 구 기반 모델이라고 한다. 끝으로 최종 번역 문장을 구성하기 위해 (식 8.26)과 같은 계산을 하여 조각 번역된 것을 결합한다.

최근의 기계 번역의 기법은 통계적 기계번역$^{\text{statistical machine translation}}$과 신경망 기계번역$^{\text{neural machine translation}}$으로 나누어 볼 수 있다. 통계적 기계번역 방법에서는 같은 내용을 표현하는 두 언어의 문장 쌍들을 많이 사용하여, 통계적으로 대응되는 단어, 구, 또는 문장을 찾아 번역을 한다. 이 방법에서는 먼저 대응되는 두 언어의 단어들을 찾아낸 다음, 구 기반 번역 규칙을 적용하여 대응되는 확률을 계산한다. 이 확률을 이용하여 목표 언어의 구나 절을 만들어낸다. 구를 배치하는 모듈은 두 언어로 표현되어 대응되는 문장들을 사용하여 학습한다.

딥러닝 기술은 통계적 기계번역의 구성요소를 구현하기 위해서도 사용되지만, 번역 자체를 딥러닝으로 수행하기도 한다. 이러한 번역을 신경망 기계번역 이라고 한다. 5.6절에서 소개한 인코더-디코더 망 등을 사용하는 신경망 기계번역 기술이 크게 발전하고 있으며, 이들 기술은 기존 통계적 기계번역 기술보다 품질이 훨씬 개선된 결과를 보여주고 있다.

8.10 음성인식

음성인식$^{speech\ recognition,\ 音聲認識}$은 음성 신호를 텍스트로 자동으로 변환하는 것을 말한다. 음성인식은 자연어처리 대상이 되는 텍스트를 생산하는 주요 기술이다. 여기에서는 음성인식 기술을 전통적 음성인식 방법과 최근의 딥러닝 기반 음성인식 방법으로 나누어 간단히 살펴본다.

전통적인 음성인식 시스템은 [그림 8.19]와 같이 전처리 모듈, 특징추출 모듈, 음향 모델, 언어 모델, 발음 사전, 가중 상태 변환기, 탐색 엔진 등으로 구성된다.

마이크를 통해서 입력된 음성 신호는 보통 16KHz로 샘플링되어 각 샘플이 2바이트로 표현되는 디지털 파형으로 변환된다. 전처리 모듈은 반향 제거, 잡음 제거, 다채널 입력인 경우 빔포밍$^{beamforming,\ 여러\ 마이크에서\ 오는\ 소리\ 신호를\ 결합하여\ 원하는\ 방향에서\ 오는\ 신호만\ 증폭시키는\ 기술}$ 등을 통해 목표 신호는 강화하고 잡음은 제거한다.

특징추출 모듈에서는 우선 [그림 8.20]과 같이 디지털 파형을 직전 부분과 보통 10ms 정도씩 겹치는 20~25ms 시간 간격의 프레임^{frame}으로 나눈다. 특징추출을 위해서 각 프레임의 데이터는 13차원인 MFCC$^{mel-frequency\ cepstrum\ coefficient}$ 데이터로 변환한다.

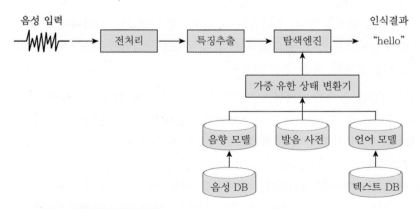

그림 8.19 **음성인식 시스템의 구성**

MFCC는 다음과 같은 과정을 통해서 계산된다. 먼저 프레임 데이터를 FFT 알고리즘^{부록} B.1.9 참고을 적용하여 주파수 공간 데이터로 변환한다. 그런 다음, 효율적으로 데이터를 압축하여 표현하기 위해, 인간의 청각 민감도에 따라 나누어진 각 주파수 영역별로, 주파수 공간 데이터의 로그 에너지를 구한다. 마지막으로 이들 로그 에너지 벡터를 DCT^{discrete cosine transform}로 변환하여, 저주파 성분 13개의 계수를 선택한 것이 MFCC가 된다. MFCC는 프레임의 특징을 기술한 특징벡터라고 할 수 있다.

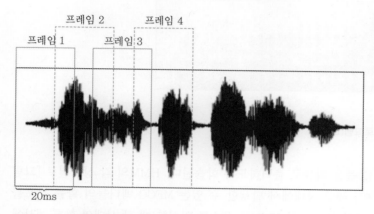

그림 8.20 **음성의 프레임 구분**

프레임별로 MFCC 벡터를 계산하고 나면, 파형^{waveform}으로 주어진 음성신호를 MFCC 벡터들의 배열로 나타낼 수 있다. 이러한 배열의 각 MFCC 벡터를 시간적 순서에 따라 열^{column}로 배치하여 열지도^{heat map} 형태로 표현하면, [그림 8.21(b)]와 같은 영상이 만들어진다. 이와 같이 파형 데이터를 MFCC로 변환하여 시각화하여 표현한 것을 스펙트로그램^{spectrogram}이라고 한다. 파형은 [그림 8.21(a)]와 같이 시간축의 변화에 따른 진폭^{amplitude} 축의 변화를 보여준다. 반면, 스펙트로그램은 시간축과 주파수 축의 변화에 따른 진폭의 차이를 표시 색상의 차이로 보여준다.

음향 모델^{acoustic model} 모듈은 대량의 학습용 음성 데이터베이스를 이용하여 음소^{phoneme, 音素}별로 [그림 8.22]와 같은 HMM^{Hidden Markov Model, 부록 A.6.2 참고}을 구성해 놓은 것이다. 음소는 음성에서 구별되는 최소 단위의 소리를 말한다. 단어의 발음은 음소들로 구분될 수 있다. 음성에서 음소를 제대로 인식할 수 있으면, 이들 음소가 조합하는 단어를 찾아 발화^{utterance, 發話}된 단어를 인식할 수 있다. 각 프레임은 하나의 음소에 포함되고, 하나의 음소는 여러 프레임으로 구성된다. 음소를 인식하는 HMM은 은닉 상태 변화에 따라 음소에 속하는

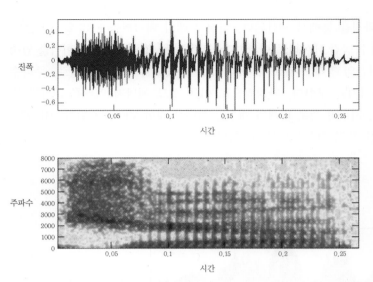

그림 8.21 **파형(a)과 스펙트로그램(b)**

프레임들의 MFCC 벡터를 높은 확률로 출력하도록 학습된다. HMM의 각 상태별로 [그림 8.22]의 아래 부분과 같이, 해당 상태에서 발생할 수 있는 MFCC 벡터들의 확률 분포를 GMM^Gaussian Mixture Model로 표현한다. 이들 HMM은 음소를 인식할 때 각 상태의 확률 계산에 사용된다. GMM은 특정 부류가 여러 개의 가우시안 분포로 구성되어 있다고 가정하고, 가우시안 함수들의 선형결합으로 해당 부류의 데이터 분포를 표현하는 모델이다. GMM과 HMM으로 구성된 음향 모델을 사용하면, MFCC 벡터로 표현된 음성 데이터가 특정 음소를 나타낼 확률을 계산할 수 있다.

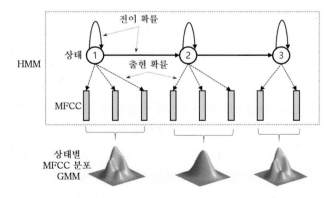

그림 8.22 **음소 인식 HMM과 음소 상태 모델 GMM**

언어 모델^{language model} 모듈은 대규모 텍스트 데이터로부터 이전에 나타난 단어열 정보로부터 현재 단어가 나타날 확률을 계산하는 언어모델을 구성해 놓은 것이다. 음성인식 단계에서 탐색 엔진이 가장 적절한 단어열^{word string}을 찾을 수 있도록, 단어열의 확률을 계산할 때 언어 모델을 사용한다.

발음 사전^{pronunciation lexicon}은 단어별로 단어를 구성하는 글자인 문자소^{grapheme, 文子素}와 음소로 대응시켜 기록한 사전이다. 특히 영어 단어처럼 단어에 대한 예외적인 발음이 많은 경우, 발음 사전이 중요하다.

탐색 엔진^{search engine} 모듈은 주어진 MFCC 벡터 배열이 나타내는 단어 또는 문장을 효과적으로 탐색할 수 있도록, 음향 모델, 언어 모델, 발음사전을 [그림 8.23]과 같은 가중 유한상태 변환기^{weighted finite state transducer} 형태의 자료구조로 결합한다. [그림 8.23]은 단어 data와 dew의 구성 음소들과 확률적인 전이^{transition}를 표현한 가중 유한상태 변환기이다. 그림에서 상태 0과 상태 1 사이의 간선에 있는 라벨 d:data/1은 해당 전이를 일으키는 음소가 d이고, 출력으로 data가 나오며, 전이확률은 1이라는 것을 나타낸다. 탐색 엔진 모듈은 주어진 MFCC 벡터 배열에 대해 가중 유한상태 변환기가 가장 높은 확률로 승인^{accept}하는 단어 또는 단어열을 찾아 음성인식 결과로 출력한다.

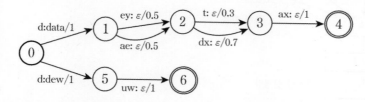

그림 8.23 data와 dew를 인식하는 가중 유한 상태 변환기(weighted finite state transducer)

딥러닝 기술이 음성인식에 적용되면서 정확도가 많이 향상되었다. [그림 8.24]와 같이 딥러닝 기술을 음성인식 과정의 특정 단계에서 사용하기도 한다. [그림 8.24]에서는 GMM으로 상태별 확률분포를 모델링하는 부분을 딥러닝 신경망으로 대체한 예이다. 여기에서 딥러닝 신경망은 MFCC 벡터 입력에 대해서 음소 인식 HMM 모델의 각 상태별 확률 값을 출력하는 역할을 한다. 상태별 확률값을 이용하여 HMM 모델은 음소 및 단어를 인식하게 된다.

딥러닝을 이용한 종단간^{end-to-end} 학습으로 음성인식을 수행하는 방법도 있다. 이러한 종단간 학습 방법은 음성 데이터와 음성에 대한 문장이나 단어로부터 바로 음성인식기를 만들 수 있게 한다. 음성 데이터는 보통 MFCC 벡터들로 변환되고, 문장이나 단어의 텍스트는 문자소 서열로 변환된다. [그림 8.25]와 같이 종단간 음성인식 딥러닝 신경망은 음성 데이터나 MFCC로 변환된 데이터를 입력으로 받아, CNN을 이용하여 특징을 추출한 다음, LSTM 재귀 신경망을 사용하여 처리한다. LSTM 재귀 신경망의 출력은 컨볼루션층을 통해 처리된 다음, 소프트맥스 층을 통해서 각 시점의 문자소별 확률값이 계산된다. 끝으로 이들 문자소별 확률값을 입력으로 받은 가중 유한상태 변환기는 생성 가능한 단어 또는 문장 중에서 확률이 가장 큰 것을 인식결과로 출력한다.

종단간 음성인식 딥러닝 신경망은 CTC^{connectionist temporal classification}라는 손실 함수를 사용하고, 이 손실 함수에 대해 경사 하강법을 적용하여 전체 딥러닝 신경망을 학습시킨다. CTC를 사용하는 딥러닝 신경망의 학습 데이터는, 음성 데이터의 MFCC 벡터와 단어 또는 문장에 대한 문자소 서열로 구성되기 때문에, 쉽게 확보할 수 있다. 또한 종단간 학습을 통해 이들 데이터를 쉽게 학습할 수도 있다. 종단간 음성인식 딥러닝 신경망은 전통적인 HMM 기반의 방법에 비하여 일반적으로 성능이 우수하다.

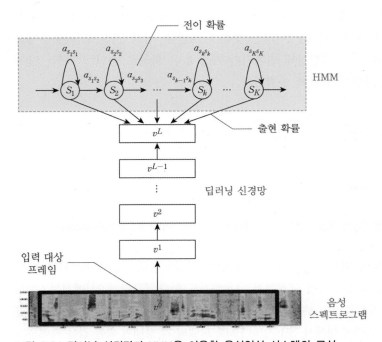

그림 8.24 **딥러닝 신경망과 HMM을 이용한 음성인식 시스템의 구성**

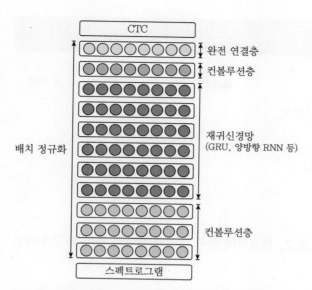

완전 연결층

컨볼루션층

재귀신경망
(GRU, 양방향 RNN 등)

배치 정규화

컨볼루션층

그림 8.25 **종단간 학습 음성인식 시스템의 구성**[출처: Amodei 등 2016]

1. 다음 문장들을 형태소 분석해 보시오.

    (1) 나는 이야기책을 읽는다.
    (2) 너를 위하여 땀을 흘렸어.

2. 품사 태깅이 필요한 이유를 설명하고, 한국어의 품사 태깅과 영어의 품사 태깅의 다른 점을 설명하시오.

3. 다음 영어 문장이 중의적인 이유를 설명하시오.

    I saw a man with a telescope on the hill.

4. 문제 3의 문장을 파싱할 수 있는 구문을 정의하고, 이를 이용하여 해당 문장을 파싱해서 파스 트리로 나타내시오.

5. 자연어 처리에서 말뭉치를 구성해 놓는 이유와 말뭉치를 통해서 어떤 일을 할 수 있는지 설명하시오.

6. IBM의 왓슨(Watson)에서 어떤 자연어처리 기법을 사용하는지 조사해 보시오.

7. 사람과 대화하는 서비스를 개발할 때, 자연어 처리 관점에서 어떤 기능이 필요할지 설명해 보시오.

8. CBOW와 Skip-Gram을 비교하여 장단점을 설명하시오.

9. Word2Vec 표현이 자연어처리 기술에 어떤 기여를 하고 있는지 설명하시오.

10. 계층적 소프트맥스는 어떤 방법으로 소프트맥스 연산 비용을 줄이는지 설명하시오.

11. 반례 표본추출은 어떠한 계산 비용을 줄이는지 설명하시오.

12. 기계번역에서 로그-선형 모델은 어떤 목적으로 사용되는지 설명하시오.

13. 통계적 기계번역은 어떤 방법으로 번역을 하는지 설명하시오.

14. 반복적 오토인코더와 반복 신경망은 자연어 처리에서 어떤 용도로 사용되는지 설명하시오.

15. 음성 인식에서 음향 모델, 발음 사전, 언어 모델의 역할에 대해서 설명하시오.

16. 음성 인식에서 가중 유한상태 변환기는 어떤 역할을 하는지 설명하시오.

17. 음성 인식에서 사용되는 손실함수인 CTC에 대해서 조사해서 설명하시오.

18. 14장은 자연어 처리 파이썬 패키지를 설치하고 실습문제를 직접 실행해 보시오.

言葉は'ものの名前'ではない.
낱말은 사물의 이름이 아니다.
− 內田 樹(우찌다 타츠루, 1950生)

The limits of my language mean the limits of my world.
내 언어의 한계는 내 세계의 한계를 의미한다.
− Ludwig Wittgenstein(1889−1951)

컴퓨터 비전

컴퓨터 비전

시각은 인간이 가장 많은 정보를 받아들이는 감각기관이다. 컴퓨터 비전$^{computer\ vision}$은 컴퓨터를 사용하여 인간의 시각이 하는 일을 구현하려는 분야이다. 컴퓨터 비전 기술의 잠재적인 활용도가 매우 높기 때문에 이에 대한 많은 연구가 진행돼왔으며 실제 현장에서 성공적으로 적용된 사례들이 많이 있다. 이 장에서 컴퓨터 비전이 어떤 분야인지, 어떤 점이 어려운 점인지 살펴보고, 영상처리에 대한 소개와 함께 컴퓨터 비전의 기술들을 개괄적으로 알아본다. 또한 최근 컴퓨터 비전 분야에서 큰 성과를 내고 있는 딥러닝을 활용하는 기술들에 대해서도 소개한다.

9.1 컴퓨터 비전의 문제

컴퓨터 비전은 2차원 영상으로부터 3차원 장면을 재구성하여, 해석하고, 이해하는 것을 연구하는 분야이다. 컴퓨터 비전의 궁극적인 목적은 컴퓨터 소프트웨어와 하드웨어를 사용하여 인간의 시각을 모델링하여 복제해 내는 것이다. 이를 위해서는 컴퓨터학뿐만 아니라 전자공학, 수학, 심리학, 생물학, 인지과학 등 여러 분야의 이론과 기술이 결합되어야 할 것이다. 인간의 시각에 대한 충분한 이해가 부족하고, 인간 시각에 대한 효과적인 모델이 아직 개발되지 않아서, 컴퓨터 비전 기술은 인간 시각에 비하면 초보적인 수준이다.

컴퓨터 비전은 본질적으로 어려운 문제이다. 이에 대한 첫 번째 이유는 [그림 9.1]에 보는 바와 같이 비전 문제가 역문제$^{inverse\ problem,\ 逆問題}$이기 때문이다. [그림 9.1]은 핀홀^{pinhole} 카메라에서 영상이 맺히는 모습을 보인 것인데, 3차원 나무가 2차원 영상으로 어떻게 투영되는지는 수학적으로 쉽게 계산할 수 있다. 그런데 컴퓨터 비전은 2차원 나무 영상에서 3차원 나무를 재구성해야 하는 역문제이다. 3차원 공간 상의 나무가 2차원 평면에 투영되면서 사라져버린 물체까지의 거리정보를 복원하는 것은 매우 어렵다.

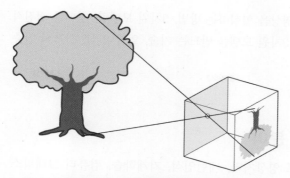

그림 9.1 핀홀(pinhole) 카메라를 통한 영상 획득

두 번째 이유는 대부분의 컴퓨터 비전 문제는 답이 유일하지 않은 불량不良 문제ill-posed problem라는 것이다. [그림 9.2]는 상자 바깥쪽의 세 개의 화살표 모양이 같은 영상으로 투영되는 다대일 관계를 보인 것이다. 영상에는 같은 모양으로 나타나지만 서로 다른 물체일 수 있기 때문에, 영상에 부합되는 답이 유일하지 않을 수 있는 불량 문제이다.

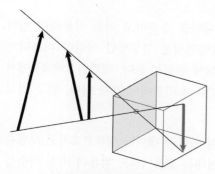

그림 9.2 다대일 투영관계로 인한 컴퓨터 비전의 불량 문제

또한 영상 생성과정에 회전, 크기 변경, 투영 등의 기하학적 변환이 발생하고, 조명, 그림자 등의 광도 변화과 광학적 잡음이 들어가기 때문에 컴퓨터 비전 문제가 복잡해 질 수 있다. 이러한 어려움에도 불구하고 컴퓨터 비전은 흥미롭고 많은 응용 영역에서 생산성, 안전성 향상에 크게 기여할 수 있기 때문에 많은 투자와 연구가 진행되고 있다.

많은 실용적인 컴퓨터 비전 시스템이 개발되어 현장에서 사용되고 있다. 편지 봉투의 손글 씨로 쓴 우편번호 인식 및 자동차 번호판 인식, 품질 보증을 위한 기계 검사, 항공 사진을 이용한 3차원 모델의 자동 생성, 의료 영상 판독, 보행자 보호 및 안전 운전을 위한 자동차 안전 보조 장치, 모션 캡처, 경계 및 감시, 지문 등 생체 신호분석, 여러 사진을 자연스럽게

이어 붙이는 파노라마 사진 제작, 여러 영상을 합성하는 방법, 3차원 모델링, 형태를 점진적으로 바꿔가는 모핑^{morphing}, 사진을 보고 3차원 모델을 만드는 기술, 얼굴 인식, 시각적 인증 등이 이에 해당한다.

9.1.1 컴퓨터 비전의 관련 분야

컴퓨터 비전과 밀접하게 관련된 분야로 영상처리, 패턴인식, 기계학습, 컴퓨터 그래픽스 등이 있다. 영상처리$^{\text{image processing}}$는 입력 받은 영상을 사용 목적에 맞게 적절하게 처리하여 보다 개선된 영상을 생성하는 것이다. 영상처리는 입력 영상에 있는 잡음^{noise} 제거, 영상의 대비^{contrast} 개선, 관심영역$^{\text{region of interest}}$ 강조, 영역 분할^{segmentation}, 압축 및 저장 등 영상을 처리 대상으로 하는 모든 것에 관심을 갖는다. 영상처리와 컴퓨터 비전은 중첩되는 부분이 매우 크기 때문에, 두 분야의 책들을 살펴보면 겹치는 내용이 많다. 컴퓨터 비전 관점에서 보면 영상처리는 주로 전처리 등 저수준 처리에 활용된다고 볼 수 있고, 컴퓨터 비전은 고수준 처리를 하는 부분으로 볼 수 있다.

패턴인식$^{\text{pattern recognition}}$은 다양한 데이터에 대해서 패턴을 추출하고 이를 이용하여 입력 데이터를 특정 부류로 분류하는 방법을 다룬다. 패턴인식은 영상뿐만 아니라 비즈니스 데이터, 음성 신호, 과학실험 데이터 등 다양한 데이터에 관심을 둔다. 패턴인식에 4장에서 다룬 기계학습 기술이 많이 활용된다. 패턴인식은 컴퓨터 비전에서 개체 식별, 범주 인식 등 인식에 관련된 부분에 사용된다.

컴퓨터 그래픽스$^{\text{computer graphics}}$는 영상을 처리하는 것이 아니라 데이터 형태로 3차원 모델을 만들고 3차원 모델을 사용하여 2차원 영상을 만들어내는 일을 한다. 컴퓨터 비전 기술을 통해서 영상으로부터 3차원 모델을 생성하고, 이를 바탕으로 컴퓨터 그래픽스 기술을 이용하여 원래 영상에 대응하는 영상을 만들어 합성하는 기술도 개발되고 있다.

9.1.2 컴퓨터 비전의 처리 단계

컴퓨터 비전 시스템은 일반적으로 [그림 9.3]과 같은 처리 단계를 따른다. 주어진 영상에 대해 전처리를 하고 특징을 추출한 다음, 특징을 이용하여 고수준의 영상에 대한 묘사 정보를 생성한다. 전처리 단계에는 주로 영상처리 기술이 사용된다. 영상 자체를 그대로 사용해서 인식과 같은 고수준 처리가 어렵기 때문에, 특징추출 단계에서 주어진 비전 문제에 적합한 특징을 뽑아낸다. 영상에 포함되어 있는 정보를 표현하는 특징에는 에지^{edge}, 선분, 영역, SIFT 등과 같은 지역특징 등이 있다. 고수준 처리는 특징정보를 사용하여 영상을 해석하고, 분류, 상황묘사 등 고급 묘사 정보를 생성한다.

그림 9.3 **컴퓨터 비전의 처리 단계**

9.2 영상 표현

카메라를 통해서 획득된 디지털 영상은 [그림 9.4]와 같은 2차원 배열로 간주할 수 있다. 배열의 각 위치를 화소$^{\text{pixel, 畫素}}$라고 하며, 화소는 해당 위치에서 빛의 세기에 대응하는 값을 갖는다. 일반적으로 화소값 0은 검은색을 나타내고, 화소값이 커질수록 밝은 색을 나타낸다. 칼러 영상은 R^{red}, G^{green}, B^{blue} 세 가지 색상에 대한 정보를 화소마다 가지고 있어야 하기 때문에 2차원 행렬 3개가 포개져 있다고 보면 된다.

그림 9.4 **디지털 영상의 표현**

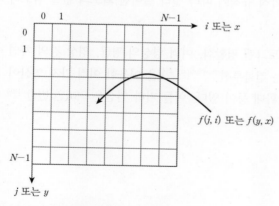

그림 9.5 **영상의 좌표계**

영상처리에서 영상의 좌표계를 설정하고 화소의 위치를 지정하는데, 일반적으로[그림 9.5]와 같은 좌표계를 사용한다. 영상을 행렬처럼 간주하여 화소의 위치는 행번호에 해당하는 y축 첨자와 열 번호에 해당하는 x축의 첨자를 사용하여 나타낸다. 즉, j행 i열에 해당하는 화소는 $f(j,i)$로 나타낸다. 첨자는 대개 0부터 시작하고, 행렬의 크기인 $N \times N$을 영상의 해상도^{resolution}라고 한다. 화소의 값을 높이로 간주하면 영상을 3차원 공간상의 지형으로도 볼 수 있는데, 영상처리 방법을 이런 관점에서 바라보면 도움이 되기도 한다. 영상의 경계선이나 윤곽선에 해당하는 에지^{edge}는 지형에서 경사가 급하게 나타나는 부분에 해당한다.

이진영상$^{binary\ image}$은 화소 $f(j,i)$가 0 또는 1의 값을 갖고, 그레이 영상$^{grey\ image,\ 명암영상}$은 일정 범위의 값을 갖는다. 칼러 영상은 각 칼러 채널별로 그레이 영상과 같이 일정범위의 값을 갖는다.

영상은 데이터가 크기 때문에 일반적으로 압축해서 저장한다. jpeg와 같은 여러 가지 압축 표준이 사용되고 있고, 영상 획득과 동시에 압축이 일어나서 압축된 형태로 저장된다. 영상처리 프로그램은 압축을 해제한 상태에서 화소의 값을 접근하여 작업을 처리한다.

9.3 영상처리

영상처리는 영상을 입력으로 받아 영상의 화소값을 변환하는 작업을 수행하여 새로운 영상을 출력한다. 영상의 화소값을 변경시키는 영상처리 작업을 점 연산, 영역 연산, 기하 연산으로 나누어 볼 수 있다. 점 연산$^{point\ operation}$은 현재 화소의 값을 기준으로 출력 영상에 해당 위치의 화소값을 결정한다. 영역 연산$^{area\ operation}$은 주변 화소값을 참고하여 화소값을 변경한다. 기하 연산$^{geometric\ operation}$은 기하학적 규칙에 따라 멀리 떨어진 화소의 값을 참고하여 값을 변경한다.

점 연산의 대표적인 것으로 이진화, 히스토그램 평활화, 여러 영상의 평균, 영상 간의 차연산, 디졸브 연산 등이 있다. 영역 연산에는 컨볼루션$^{convolution,\ 회선}$을 이용한 여러 가지 연산이 있다. 기하 연산에는 영상의 회전, 이동, 확대 등이 있다. 이들 기하 연산은 어파인 변환$^{affine\ transformation}$으로 표현될 수 있다.

9.3.1 이진화

컴퓨터 비전에서 칼러 영상을 그대로 사용하는 경우도 있지만, 대부분 흑백사진과 같은 그레이 영상으로 변환하여 사용한다. 그레이 영상을 필요에 따라 흑백의 이진 영상으로 바꾸어야 할 때가 있다. 그레이 영상을 이진 영상으로 바꾸는 것을 이진화^{binarization, 二進化}라고 한다. 이진화의 가장 기본적인 방법은 아래와 같이 특정 임계값을 기준으로 화소값이 임계값 이상이면 1, 그렇지 않으면 0으로 바꾸는 것이다.

$$f_o(j,i) = \begin{cases} 1 & \text{if } f(j,i) \geq \theta \\ 0 & \text{if } f(j,i) < \theta \end{cases} \tag{9.1}$$

여기에서 $f_o(j,i)$는 변환 후의 화소값을, $f(j,i)$은 원본 영상의 화소값을 나타낸다. [그림 9.6]은 영상의 이진화를 보인 예이다.

(a)　　　　　　　　　　　　　　　　(b)

그림 9.6 **영상의 이진화**
(a) 원본 그레이 영상　(b) 이진 영상

영상의 이진화에서 적합한 임계값을 정하는 것이 핵심이다. 임계값을 효과적으로 결정하는 방법으로 오츄 알고리즘^{Otsu's algorithm}이 있다. 이 알고리즘은 임계값을 기준으로 임계값보다 큰 화소값들의 집단과 그렇지 않은 화소값들의 집단으로 나눌 때, 두 집단의 분산이 최소가 되는 임계값을 찾아준다.

9.3.2 히스토그램 평활화

영상을 구성하는 화소값들이 좁은 구간에 몰려 분포되어 있으면 영상이 선명하지 않게 보인다. 이러한 영상을 선명하게 바꾸는 방법으로 히스토그램 평활화^{histogram equalization}가 있다. 이 방법은 영상의 히스토그램이 전체 영역에 균등하게 분포하도록 변환하여 영상의 대비가 커지도록 만든다.

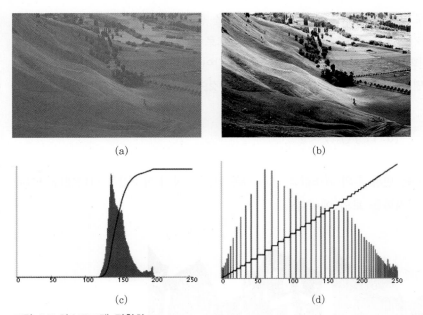

(a)　　　　　　　　　　　　(b)

(c)　　　　　　　　　　　　(d)

그림 9.7 **히스토그램 평활화**
(a) 원본 영상 (b) 평활화 적용 결과 (c) 원본 영상의 히스토그램과 누적분포 곡선 (d) 평활화된 결과에 대한 히스토그램과 누적분포 곡선

[그림 9.7]에서 (a)의 영상은 (c)의 히스토그램에서 확인할 수 있는 것처럼 화소값이 150부근에 몰려있어서 선명하지 못하고, 히스토그램의 누적 분포가 갑자기 올라가는 형태를 보인다. (b)의 영상은 히스토그램 평활화를 적용한 결과인데 보기에 선명하다. 평활화 연산은 (d)와 같이 히스토그램이 전체 화소값의 영역에 고루 분포하도록 재배치한 것인데, 누적 분포 곡선이 직선 형태로 증가하는 모양을 보이게 된다. 히스토그램 평활화는 다음 과정을 거쳐 수행된다.

1. 영상에서 각 명암값 j의 빈도수 $hist[j]$를 계산하여 히스토그램을 생성한다.
2. 0부터 각 명암값 i까지 누적 빈도값 $acc[i]$를 구한다. (식 9.2)에서 L은 명암값의 전체 단계수이다.

$$acc[i] = \sum_{j=0}^{i} hist[j] \quad i = 0, \cdots, L-1 \tag{9.2}$$

3. 원 영상의 명암값 i를 다음과 같이 계산된 명암값 $n[i]$으로 대체한다.

$$n[i] = acc[i]/N \times (L-1) \tag{9.3}$$

9.3.3 장면 디졸브

동영상을 편집할 때, 앞 장면이 서서히 사라지면서 다음 장면이 점점 자세히 나타나는 효과를 만들 수 있다. 이와 같이 두 개의 장면을 합성하는 연산을 장면 디졸브^{scene dissolve}라고 한다. 앞 장면의 영상 f_1과 다음 장면의 영상 f_2에 대한 디졸브 결과 f_o는 다음과 같이 계산된다.

$$f_o(j,i) = \alpha f_1(j,i) + (1-\alpha)f_2(j,i) \tag{9.4}$$

여기에서 α는 앞 장면이 반영되는 비율인데, 1에서 시작하여 0으로 변해가면 [그림 9.8]과 같이 장면이 점차 바뀌어 가는 모습을 표현할 수 있다.

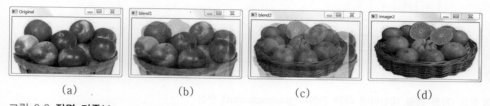

(a)	(b)	(c)	(d)

그림 9.8 **장면 디졸브**
(a)는 처음 장면이고 (d)는 마지막 장면이다. (b)와 (c)는 디졸브가 진행되어 가면서 (d)의 장면이 점차 나타나는 것을 보여준다.

9.3.4 컨볼루션 연산과 필터

영상을 포함한 신호처리에서 흥미로운 연산 중의 하나가 컨볼루션^{convolution, 회선, 回旋}이다.

[그림 9.9]는 1차원 행렬로 표현되는 데이터 f에 1차원 행렬로 표현되는 윈도우 u를 적용하여 컨볼루션한 결과 $f_o = f*u$를 보인 것이다. 컨볼루션은 윈도우를 가중치로 하여 위치별 결과값을 구하는 연산인데, 이때 윈도우를 180도 회전시켜서 사용한다는 것이다. 예를 들면 f_o의 i번째 위치의 값 $f_o[i]$를 결정할 때는 f의 i번째 위치값 $f[i]$와 u의 첫 번째 가중치값 $u[0]$을 곱하고, f의 $i-1$번째 위치값 $f[i-1]$과 두 번째 가중치값 $u[1]$을 곱하는 연산을 윈도우 끝까지 반복한 다음, 그 계산 값들을 합해서 구한다. 즉 다음과 같이 수식으로 정의된다.

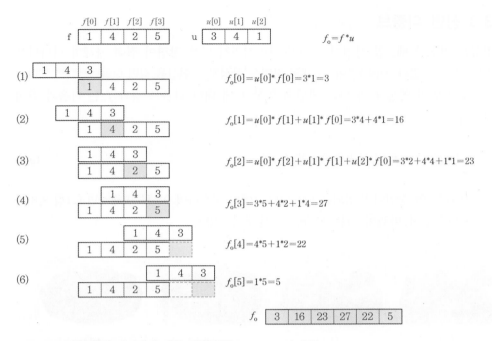

그림 9.9 1차원 행렬 데이터에 대한 컨볼루션(convolution) 연산
데이터행렬 f를 윈도우 u로 컨볼루션한 결과 $f_o = f*u$를 보인 것이다.

$$f_o[i] = u[0] \cdot f[i] + u[1] \cdot f[i-1] + \cdots + u[k-1] \cdot f[i-k+1]$$
$$= \sum_{j=0}^{k-1} u[j] \cdot f[i-j] \tag{9.5}$$

(식 9.5)의 정의에서 f_0의 계산할 위치 i를 윈도우의 첫 번째 $u[0]$과 대응시킨다. 윈도우의 크기가 홀수인 윈도우를 사용하여, f_0의 계산할 위치 i를 윈도우의 한 가운데와 대응시켜 (식 9.6)과 같이 컨볼루션을 정의할 수도 있다. 이때 크기가 k인 윈도우의 첨자는 $-(k-1)/2$부터 $(k-1)/2$까지이고, 가운데 위치의 첨자는 0이다.

$$f_o[i] = \sum_{j=-(k-1)/2}^{(k-1)/2} u[j] \cdot f[i-j] \tag{9.6}$$

컨볼루션 연산에서 사용하는 윈도우 값의 형태에 따라 결과로 출력되는 신호가 다양하게 나타난다. 컨볼루션은 윈도우 값의 형태에 따라 잡음을 제거하는 필터, 특정 주파수만 통과시키는 필터 등 다양한 처리를 할 수 있다. 컨볼루션에 사용되는 윈도우를 마스크^{mask}, 커널

^{kernel}, 필터^{filter}, 또는 템플릿^{template}이라고 부르기도 한다.

2차원 행렬로 표현되는 영상에 대해서도 컨볼루션 연산이 정의된다. 이때 윈도우는 2차원이 되고, 1차원 행렬에 대해서 윈도우가 180도 회전한 것처럼 2차원 윈도우도 180도 회전하여 윈도우가 씌어진 부분에 대해서 가중합을 취한다. 이때, 일반적으로 윈도우는 가로, 세로 크기가 홀수이면서 정방 행렬$^{square\ matrix}$인 것을 사용한다. 윈도우의 한 가운데와 대응되는 위치에 있는 화소 $f(j,i)$에 대해서 $k \times k$크기(k는 홀수)의 윈도우 $u(j,i)$가 주어질 때, (j,i)위치의 컨볼루션 결과 $f_o(j,i)$는 다음과 같이 계산된다.

$$f_o(j,i) = \sum_{y=-(k-1)/2}^{(k-1)/2} \sum_{x=-(k-1)/2}^{(k-1)/2} u(y,x)f(j-y,i-x) \tag{9.7}$$

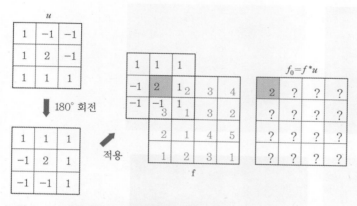

그림 9.10 **2차원 영상에 대한 컨볼루션 연산**
윈도우를 180도 회전한 다음 대응되는 위치의 값들을 곱한 다음 모두 더한다.

[그림 9.10]은 영상에 대해 컨볼루션 연산이 어떻게 수행되는지 보인 것이다. 윈도우 영상 u를 180도 회전$^{실제로는\ 상하대칭\ 이동과\ 좌우대칭\ 이동을\ 하는\ 것}$시킨 다음, 윈도우의 중심을 컨볼루션 연산을 적용할 화소 위치에 놓고 대응되는 화소값들과 윈도우의 값들을 곱하여 더한다.

컨볼루션 연산은 영상처리에서 다양한 부분에 사용된다. 영상에서 에지를 찾을 때 컨볼루션 연산을 사용할 수 있다. 에지^{edge}는 영상의 명암, 칼러, 또는 테스쳐가 급격하게 변하는 위치로서 경계선이 나타나는 부분이다. 에지 검출을 하는 Sobel 연산자$^{Sobel\ operator}$는 다음과 같은 x-방향 에지를 찾는 윈도우 m_x와 y-방향 에지를 찾는 윈도우 m_y를 영상과 컨볼루션한다.

-1	0	1
-2	0	2
-1	0	1

-1	-2	-1
0	0	0
1	2	1

m_x m_y

그림 9.11 Sobel 연산자의 윈도우

[그림 9.12]는 Sobel 연산자를 적용한 결과이다. (a)는 원본 영상이고, (b)는 m_x를 영상에 적용하여 x-방향 에지를 찾은 결과이고, (c)는 m_y를 영상에 적용하여 y-방향 에지를 찾은 결과이다. (d)는 (b)의 영상 $f_1(j,i)$과 (c)의 영상 $f_2(j,i)$의 값을 각각 x-방향의 벡터 성분과 y-방향의 벡터 성분으로 보고 벡터의 크기 $\sqrt{f_1^2(j,i)+f_2^2(j,i)}$ 를 나타낸 것이다.

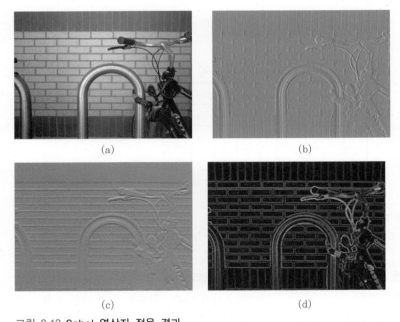

(a)   (b)

(c)   (d)

그림 9.12 Sobel 연산자 적용 결과
(a) 원본 영상 (b) 윈도우 m_x 적용 결과 (c) 윈도우 m_y 적용 결과 (d) (b)와 (c)를 결합하여 크기를 나타낸 결과

Prewitt 연산자[Prewitt operator]도 Sobel 연산자와 비슷한 에지를 검출하는 필터인데, [그림 9.13]과 같이 정의된 윈도우를 사용한다. 윈도우 m_x는 x-방향 에지를 찾는 역할을 하고, m_y를 y-방향의 에지를 찾는 역할을 한다. [그림 9.14]는 Prewitt 연산자를 적용한 결과를 보인 것으로, 윈도우 m_x와 m_y를 영상에 대해서 컨볼루션 연산을 한 결과를 각각 x-방향과 y-방향의 벡터로 간주하여 크기를 나타낸 것이다.

-1	0	1
-1	0	1
-1	0	1

m_x

-1	-1	-1
0	0	0
1	1	1

m_y

그림 9.13 Prewitt 연산자의 윈도우

(a) (b)

그림 9.14 Prewitt 연산자
(a) 원본 영상 (b) 연산자 적용 결과

컨볼루션 연산은 영상에 있는 잡음^{noise}을 제거하는데도 사용된다. 이때 윈도우로는 주로 가우시안 필터$^{Gaussian\ filter}$가 사용된다. [그림 9.15]의 (a)는 2차원 가우시안 함수$^{Gaussian\ function}$의 모양이고, (b)는 5×5 크기의 가우시안 필터이다. 2차원 가우시안 필터에서 사용하는 함수는 원점 $(0,0)$을 중심으로 대칭인 산 모양의 (식 9.8)과 같이 정의되는데, 표준편차 σ에 의해 함수의 형태가 결정된다.

$$G(y,x,\sigma) = \frac{1}{2\pi\sigma^2} e^{\frac{-x^2+y^2}{2\sigma^2}} \tag{9.8}$$

[그림 9.16]은 가우시안 필터를 적용한 예인데, (a)는 솔트페퍼 잡음$^{salt\ and\ pepper\ noise}$을 25% 확률로 화소별로 집어넣어 만든 잡음이 많은 원본 영상이다. 이 영상에 대해서 (b)는 3×3 크기의 가우시안 필터를 적용한 결과인데 아직 잡음이 남아 있는 것이 보인다. (c)는 5×5 크기의 가우시안 필터를 적용한 결과로 잡음이 대부분 사라졌고 이미지도 비교적 잘 보인다. (d)는 9×9 크기의 가우시안 필터를 적용한 결과인데 잡음은 모두 사라졌지만 인물 윤곽도 흐려졌다. 이처럼 가우시안 필터로 잡음을 제거할 수 있는데, 적용 환경에 따라 적당한 크기의 가우시안 필터를 선택하는 것이 중요하다.

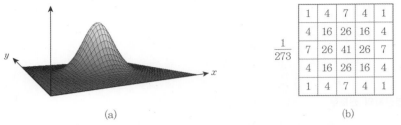

(a)

$\frac{1}{273}$

1	4	7	4	1
4	16	26	16	4
7	26	41	26	7
4	16	26	16	4
1	4	7	4	1

(b)

그림 9.15 (a) 2차원 가우시안 함수   (b) 5×5 크기의 가우시안 필터

(a)   (b)   (c)   (d)

그림 9.16 가우시안 필터
(a) 원본 영상 (b) 3×3 크기 필터 적용 (c) 5×5 크기 필터 적용 결과 (d) 9×9 크기 필터 적용 결과

9.3.5 에지 검출 Canny 연산자

에지^{윤곽선} 검출은 영상처리의 기본 작업 중의 하나로 많이 연구된 분야이다. 에지 검출 방법 중에 가장 널리 사용되는 것은 Canny 연산자^{Canny operator}이다. 이 연산자는 단순히 Sobel 연산자를 한번 적용해서 결과를 얻는 것이 아니라 다음과 같은 일련의 과정을 통해 에지를 결정한다.

1. 영상에 주어진 크기의 가우시안 필터를 적용한다.
2. Sobel 연산자를 적용하여, 에지의 강도와 방향을 구한다.
3. 자신의 이웃보다 작은 강도를 갖는 화소들을 제거한다.
4. 남은 화소들 중에서 임계값 이상의 값을 갖는 화소에서 시작하여 연결된 이웃들을 찾아 연결하여 에지를 구성한다.

[그림 9.17]은 Canny 연산자를 적용한 결과를 보인 것이다. Canny 연산자에는 가우시안 필터의 크기가 파라미터로 주어지는데, 적당한 크기를 결정하는 것이 중요하다.

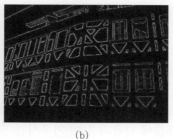

(a)   (b)

그림 9.17 Canny 연산자의 에지 검출
(a) 원 영상   (b) Canny 연산자 적용 결과

9.3.6 LOG 필터

LOG$^{\text{Laplacian of Gaussian}}$ 필터는 영상에 가우시안 필터를 적용한 다음, 라플라시안 연산자$^{\text{Laplacian operator}}$를 적용하는 것이다. 어떤 함수 $f(y,x)$에 대한 라플라시안 $\nabla^2 f$는 y와 x의 2차 편도함수의 합을 나타낸다.

$$\nabla^2 f(y,x) = \frac{\partial^2 f}{\partial y^2} + \frac{\partial^2 f}{\partial x^2} \tag{9.9}$$

라플라시안을 2차원 영상에 대해서 구하면 다음과 같은 식으로 전개된다.

$$\begin{aligned}
\nabla^2 f(y,x) &= \frac{\partial^2 f}{\partial y^2} + \frac{\partial^2 f}{\partial x^2} \\
&= f(y+1,x) + f(y-1,x) - 2f(y,x) + f(y,x+1) + f(y,x-1) - 2f(y,x) \\
&= f(y+1,x) + f(y-1,x) + f(y,x+1) + f(y,x-1) - 4f(y,x)
\end{aligned} \tag{9.10}$$

위 식에 라플라시안 연산을 컨볼루션으로 계산할 수 있는데, 이때 필터 L은 [그림 9.18]과 같다.

0	1	0
4	-4	1
0	1	0

그림 9.18 라플라시안 필터

LOG 필터 $LOG(y,x)$를 가우시안 필터 $G(y,x)$와 라플라시안 필터 $L(y,x)$를 사용하여 나타내면 다음과 같다.

$$LOG(y,x) = L(y,x)*(G(y,x)*f(y,x))$$ (9.11)

이와 같이 계산하면 두 번 컨볼루션을 적용하게 되어 시간이 많이 걸린다. 그런데 컨볼루션은 결합법칙이 성립하기 때문에 다음과 같이 가우시안 필터에 라플라시안을 먼저 적용한 다음, 그 결과와 영상을 컨볼루션해도 된다.

$$LOG(y,x) = (L(y,x)*G(y,x))*f(y,x)$$ (9.12)

가우시안 함수에 대해서 라플라시안을 적용해서 만들어진 함수 $\nabla^2 G(y,x)$에서 필터를 만들면 된다.

$$\nabla^2 G(y,x) = \left(\frac{y^2 + x^2 - 2\sigma^2}{\sigma^2}\right)G(y,x)$$ (9.13)

[그림 9.19]는 함수 $\nabla^2 G(y,x)$를 보인 것이고, [그림 9.20]은 이 함수를 사용하여 만든 LOG 필터의 예를 보인 것이다. LOG의 함수 $\nabla^2 G(y,x)$의 모양이 [그림 9.19]에 보는 바와 같이 멕시코인 모자와 비슷하다고 해서, 이 함수를 멕시코 모자 함수$^{\text{Mexican hat function}}$라고도 한다.

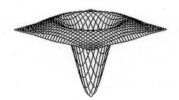

그림 9.19 **LOG의 함수** $\nabla^2 G(y,x)$

0.0239	0.0460	0.0499	0.0460	0.0239
0.0460	0.0061	−0.0923	0.0061	0.0460
0.0499	−0.0923	−0.3182	−0.0923	0.0499
0.0460	0.0061	−0.0923	0.0061	0.0460
0.0239	0.0460	0.0499	0.0460	0.0239

0.4038	0.8021	0.4038
0.8021	−4.8233	0.8021
0.4038	0.8021	0.4038

(a)   (b)

그림 9.20 **LOG 필터**
(a) $\sigma = 0.5$인 3×3 필터 (b) $\sigma = 1$인 5×5 필터

[그림 9.21]은 LOG 필터를 적용한 결과인데, 에지에 해당되는 부분에서 영교차^{zero crossing,} 양수에서 음수, 또는 음수에서 양수로 변화가 일어난다. LOG 필터 적용 결과에 대해서 영교차 위치를 찾으면 에지가 검출된다.

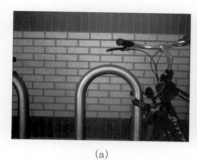
(a)

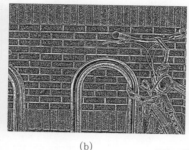
(b)

그림 9.21 **LOG 필터의 적용**
(a) 원본 영상   (b) LOG 적용 결과

9.3.7 DOG 연산

DOG^{Difference of Gaussian} 연산은 다음과 같이 서로 다른 σ값을 갖는 가우시안 필터를 적용한 두 영상의 차이를 구하는 것이다.

$$DOG(\sigma) = G(k\sigma)^*f - G(\sigma)^*f = (G(k\sigma) - G(\sigma))^*f \qquad (9.14)$$

DOG는 LOG와 다음과 같은 관계가 있어서, LOG를 직접 계산하는 대신에 DOG를 사용하여 계산하기도 한다.

$$G(k\sigma) - G(\sigma) \approx (k-1)\sigma^2\nabla^2 G \qquad (9.15)$$

(식 9.15)에서 보면 DOG인 $G(k\sigma) - G(\sigma)$ 는 LOG인 $\nabla^2 G$에 $(k-1)\sigma^2$ 만큼 상수배한 것과 거의 같다. 그런데 영교차를 사용하는 에지 검출에서 상수배를 한 것은 영향을 미치지 않기 때문에 상수항은 무시하고, $G(k\sigma) - G(\sigma)$ 를 $\nabla^2 G$값인 것처럼 사용한다. [그림 9.22]는 1차원 가우시안 함수에 대한 DOG와 LOG 함수의 형태를 보인 것이다. (c)와 같이 두 함수의 형태에는 차이가 크지 않다. [그림 9.23]은 DOG 연산을 적용한 예이다.

가우시안 필터는 신호에서 고주파 성분을 제거하는 효과가 있다. 서로 다른 σ값의 가우시안 필터를 적용한 영상의 차^{difference}를 구하면, 일정 주파수 범위의 특징만 추출되는 효과가 있다. 이러한 성질은 영상에서 블롭^{blob}, 주변과 구별되는 밝기, 색상과 같은 성질을 갖는 영역을 찾는데 사용된다.

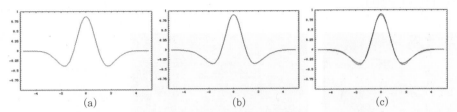

그림 9.22 1차원 가우시안 함수에 대한 LOG와 DOG 함수 형태
(a) LOG (b) DOG (c) LOG와 DOG를 중첩한 그래프

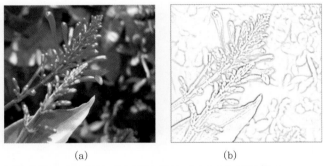

그림 9.23 DOG 연산 (a) 원본 영상 (b) DOG 적용 결과

9.3.8 영상 분할

사람은 물체를 인식할 때 영역을 구분한 다음 알고 있는 기억속의 것들과 비교한다. 영상 분할^{image segmentation}은 [그림 9.24]와 같이 영상을 겹치지 않으면서 전체 영상을 덮는 영역들을 찾아내는데, 각 영역이 유사한 특징을 갖도록 한다. 하나의 물체는 이러한 영역들로 구성된다. 따라서 영상 분할이 잘 이루어지면 물체 추적, 영상 검색, 동작 인식, 얼굴 인식과 같은 다양한 문제를 효과적으로 해결할 수 있다.

초창기에는 영상을 4등분하는 일을 분할된 조작이 비슷해질 때까지 계속하다가 더 이상 분할이 되지 않으면 유사한 인접 조건을 결합시키는 분할후 합병^{split-and-merge} 방법이 사용되었다. 이후 다양한 영상 분할 알고리즘이 개발되어 왔다. 4장에서 살펴본 k-means 알고리즘을 적용하는 군집화 방법과 민쉬프트^{mean-shift}라는 군집화 알고리즘이 사용될 수도 있다.

영상의 화소를 노드로 간주하고, 이웃의 유사한 것들 사이에는 연결선을 부여하여, 영상을 그래프로 표현한 다음에, 그래프 절단$^{graph-cut}$ 문제로 푸는 그래프 기반 알고리즘도 있다. 영상 분할 문제를 최적화 문제로 변환한 후 최적화 방법으로 바람직한 영역을 찾는 연구들도 수행되고 있다.

그림 9.24 **영상 분할**
(a) 원본 영상 (b) 영상 분할 결과

9.4 특징추출

최근 많은 디지털 카메라가 파노라마 사진 기능을 가지고 있다. 파노라마 사진을 만들기 위해서는 사진 이어붙이기^{stitching}를 해야 한다. 이어붙이기를 하려면 대응되는 위치를 찾아야 한다. [그림 9.25]에 표시된 두 점은 서로 일치하는 대응점$^{correspondence\ point}$의 위치를 나타낸다. 사람은 두 영상 간에 대응점을 쉽게 찾을 수 있지만, 프로그램을 통해서 대응점을 찾는 것은 초창기 컴퓨터 비전에는 도전적인 문제였다.

그림 9.25 **대응점 문제**
두 영상에서 서로 대응하는 곳을 찾는 문제.

대응점을 이용하면 파노라마 영상 제작, 물체 인식, 물체 추적, 스테레오 비전, 영상 정합의 문제를 해결하는데 많은 도움을 받을 수 있다. 파노라마 영상$^{panorama\ image}$은 중첩해서 찍은 인접한 두 사진에서 대응점을 찾아서 두 사진의 대응점들이 겹치도록 합성하여 얻을 수 있다. 물체 인식$^{object\ recognition}$을 위해서 미리 가지고 있는 물체의 영상과 입력된 장면의 영상의 대응점을 찾아보면 된다. 대응점들이 있다면 해당 물체가 장면 사진 속에 있는 것이고, 대응점의 위치로부터 물체의 위치도 알 수 있게 된다. 물체 추적$^{object\ tracking}$은 시간적으로 인접한 두 영상에서 대응점을 찾아 추적 대상의 위치를 확인한다. 스테레오 비전$^{stereo\ vision}$은 같은 장면을 다른 각도에서 찍은 두 영상으로부터 물체까지의 거리를 계산하는 것인데, 영상을 찍은 두 카메라의 거리와 대응점의 위치 정보를 알면 대응점에 해당하는 물체까지의 거리를 삼각형의 닮은비로 쉽게 계산할 수 있다. 영상 정합$^{image\ registration}$은 하나의 장면을 다른 시점에서 촬영한 두 개의 영상이 있을 때, 하나의 영상을 다른 영상의 좌표계로 변환시켜 나타내는 것이다. 영상 정합은 두 영상에서 대응하는 위치 쌍들을 찾아내고, 이들 위치를 대응시키는 기하학적 변환 행렬을 찾는다.

대응점 찾기 문제는 영상에서 특징점들을 검출하고, 특징점들의 주변정보를 참고하여 속성을 기술한 다음, 기술된 정보를 비교하여 일치하는 것을 찾는 과정을 통해 해결한다. 특징점은 영상의 다른 곳과 현저하게 다른 곳이어야 한다. 컴퓨터 비전에서 여러 가지 특징점 추출 방법이 개발되어 있다. 다른 영상에서 특징점에 대응하는 점을 찾기 위해서는 특징점의 특성이 기술되어야 한다. 특징점의 주변 정보를 뽑아내어 표현하는 알고리즘을 기술자^{descriptor}라고 한다. 매칭^{matching}은 특징점의 기술자로 표현된 값들을 비교하여 유사도를 계산해 비슷한 것을 찾아내는 과정인데, 비교할 대상이 많은 경우에는 효율적인 비교 알고리즘이 필요하다.

9.4.1 특징점

초창기에는 에지의 코너와 같은 정보를 이용하여 특징점으로 사용하는 시도를 하였으나, 만족스러운 결과를 얻지 못한다. 2000년대에 접어들어 지역특징$^{local\ feature,\ 地域特性}$이라는 특징점 검출 방법들이 출현하면서 대응점 찾기 문제는 새로운 전기를 맞이하게 된다. 지역특징은 에지를 구해서 특징을 찾는 기존 방법과는 다르게 그레이 영상에서 직접 검출하는데, 다른 곳과 현저하게 차이가 나는 특징 정보가 풍부한 곳을 찾는다. 특징점은 같은 물체를 다른 시점에서 찍은 영상들에 대해서 다음과 같은 성질을 가져야 한다. 한 영상에서 특징점으로 검출된 것은 다른 영상들에서도 유사한 특성을 갖는 특징점으로 검출되는 반복성^{repeatability}이 있고, 물체의 다른 곳과 충분히 구별되는 분별력^{distinctiveness}이 있어야 한다. 또한,

특징점 주변의 작은 영역에서 특징 정보가 충분히 추출될 수 있는 지역성^{locality}이 있고, 특징점의 위치를 정확히 결정할 수 있는 정확성^{accuracy}이 있어야 한다. 그리고 특징점이 너무 많이 검출되지 않으면서 계산 시간은 적게 걸려야 한다.

9.4.2 영상 피라미드와 스케일 공간

특징점이 반복성을 갖기 위해서는 이동, 회전, 크기 변화에 영향을 받지 않는 특징을 찾아야 한다. 크기 변화에 영향을 받지 않는 특징을 찾기 위해서 여러 크기^{scale}에서 특징점을 찾아서 사용한다. 이를 위해 사용할 수 있는 기법은 영상 피라미드$^{image\ pyramid}$와 스케일 공간$^{scale\ space}$이다. 영상 피라미드는 [그림 9.26]과 같이 영상의 가로, 세로 길이를 각각 1/2로 줄여가면서 생성한 일련의 이미지이다. 피라미드의 각 영상에서 특징점을 찾으면 여러 크기에서 특징점을 찾을 수 있기 때문에 크기 변화에 대응할 수 있을 것으로 기대한다. 그런데 영상 피라미드는 영상의 크기가 1/4로만 줄어드는 제약이 있다.

그림 9.26 **영상 피라미드**

스케일 공간 기법은 멀리 떨어져 있는 물체가 희미하게 보인다는 점에 착안하여 영상의 크기를 줄이는 것이 아니라 가우시안 필터의 표준편차 σ값을 점점 키워가면서 [그림 9.27]과 같이 여러 개의 영상을 만드는 것이다. σ값이 큰 영상에서 검출되는 특징은 크기가 큰 특징에 해당하고, σ값이 작은 영상에서 검출되는 특징은 크기가 작은 특징에 해당한다.

그림 9.27 **스케일 공간** σ는 적용한 가우시안 필터의 표준편차를 나타낸다.

9.4.3 블롭 검출

라플라시안 필터는 블롭을 검출하는 역할을 할 수 있다. 다음 식은 LOG의 식을 나타낸다.

$$LOG(y,x,\sigma) = \nabla^2 G(y,x,\sigma) = \frac{1}{\pi\sigma^2}\left(\frac{x^2+y^2-2\sigma^2}{2\sigma^2}\right)e^{\frac{-x^2+y^2}{2\sigma^2}} \tag{9.16}$$

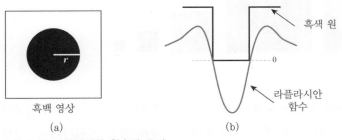

그림 9.28 **라플라시안 함수의 효과**
(a) 원의 중심에 라플라시안 함수의 필터를 씌워 컨볼루션을 할 때, 가장 큰 값을 얻기 위해서는 (b)와 같이 라플라시안 함수의 값이 0이 되는 부분이 흑색원의 경계가 된다.

[그림 9.28]의 예를 사용하여 LOG 필터와 블롭 크기의 관계를 살펴보자. (a)와 같은 흑백 영상이 있다고 하자. 검은 부분의 화소값은 0이고 밝은 부분의 화소값은 1이다. LOG 필터의 함수의 1차원 단면은 (b)의 곡선과 같다. 컨볼루션 연산은 필터를 영상에 겹친 다음 대응되는 위치의 값들을 곱하여 모두 더하므로, (b)의 그림에서 보면 위쪽 흑백 원에 대한 함수와

아래쪽 라플라시안 함수를 위치별로 곱해서 더하는 것이 된다. 라플라시안 함수는 그림에서 보는 바와 같이 양수와 음수를 모두 갖는다. (a)의 흑백 영상 한 가운데에 라플라시안 함수의 중심을 대응시켜서 컨볼루션 연산을 하는 경우에, 최대값을 얻으려면, 라플라시안 함수의 값이 0인 위치가 흑색 원의 경계에 해당해야 한다. 즉, $LOG(x,y,\sigma) = 0$이 되는 $x^2 + y^2 - 2\sigma^2 = 0$인 위치가 흑백원의 반지름 $x^2 + y^2 = r^2$이 되어야 한다. 따라서 $\sigma = r/\sqrt{2}$의 관계가 있다. 즉, σ값을 $r/\sqrt{2}$로 설정하여 가우시안 필터를 적용하면, 값이 매우 크거나 매우 작은 극점$^{\text{extreme point}}$이 블롭의 중심이 되고, 블롭의 반지름 크기는 $\sqrt{2}\sigma$가 된다는 의미이다. 다양한 σ값에 대해서 블롭을 찾게 되면, 다양한 크기의 블롭을 찾을 수 있다. DOG는 LOG를 근사하기 때문에, LOG뿐만 아니라 DOG도 블롭을 찾는데 사용할 수 있다.

[그림 9.29(b)]는 σ값에 따른 LOG 컨볼루션 값의 변화를 보인 것인데, (a)의 '+' 표시된 부분에 대해서 σ값을 변화시키면서 컨볼루션 결과값이 어떻게 변화하는지 보이고 있다. σ값을 점점 키워가면서 컨볼루션 결과값을 계산해 보면 점점 증가하다가 최고값에 도달한 후에 다시 감소한다. 최고값에 대응하는 크기([그림 9.29(b)]의 화살표 위치)를 (a)에 원으로 그려보면 블롭의 크기와 같다.

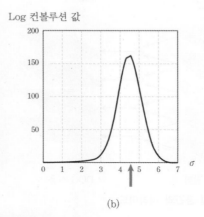

Log 컨볼루션 값

(a)　　　　　　　　　　　　(b)

그림 9.29 σ값에 따른 LOG 컨볼루션 값의 변화

(b)는 (a)의 '+' 표시된 위치에서, σ를 변경하면서 LOG 컨볼루션을 계산한 결과 값을 나타낸다.

9.4.4 SIFT 특징점 검출

LOG와 DOG가 특징점으로 사용될 블롭의 위치와 크기를 찾을 수 있는 능력이 있다는 것은 위에서 언급했다. 그런데 이러한 블롭을 효과적으로 계산해 낼 수 있는 방법이 필요하다. 여기에서 SIFT에서 블롭을 추출하는 방법을 소개한다.

SIFT$^{\text{Scale-Invariant Feature Transform}}$는 1999년 로우$^{\text{David G. Lowe}}$가 개발한 대표적인 지역특징 추출 방법이다. SIFT 알고리즘은 특징점을 추출하는 부분과 특징점을 표현하는 기술자 부분으로 구성되어 있다. SIFT에서 특징점을 키포인트^{keypoint}라고 하는데, [그림 9.30]과 같은 스케일 공간과 피라미드 구조를 사용한다. 같은 크기의 스케일 공간을 옥타브^{octave}라고 하며, 구현에 따라 옥타브에 포함되는 영상의 개수가 다를 수 있다. 보통 다섯 개 또는 여섯 개의 영상이 하나의 옥타브를 구성한다. SIFT에서 인접 영상과의 σ값의 차이 비율 k는 $2^{1/3} \approx 1.26$으로 되어 있고, $\sigma = 1.6$으로 되어 있다. $k^2\sigma$의 영상을 다운샘플링 ^{downsampling}한 영상을 다음 옥타브의 첫 번째 영상으로 사용한다. 다운샘플링은 짝수 번째 화소들은 버리고 홀수 번째 화소들만 취하는 형식으로 진행한다. 옥타브 구성은 영상 크기가 4×4가 될 때까지 계속되어, 옥타브들이 피라미드를 형성하는 형태가 된다.

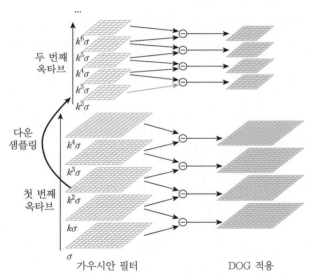

그림 9.30 **SIFT의 스케일 공간과 피라미드**

하나의 옥타브 내의 인접 영상에 대해서 DOG를 계산한다. DOG는 LOG를 하는 효과가 있는데, 피라미드 구축과정에서 가우시안 필터를 적용한 결과가 만들어지므로 LOG를 쉽게 계산할 수 있다.

키포인트를 선택하기 위해 [그림 9.31]과 같이 '×'로 표시된 위치를 기준으로 바로 위와 아래 DOG 영상들을 포함해서 이웃한 26개의 값과 비교한다. '×'위치의 값이 최소나 최대가 되면 극점으로 선택하는데, 정해진 임계값보다 절대값이 작으면 무시한다. 이렇게 선택된 극점을 키포인트라고 하고, 키포인트는 위치 (y,x)와 해당 위치의 $\sigma^{블롭의\ 크기}$를 정보로 가진다.

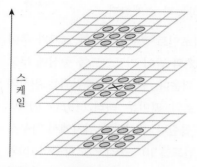

그림 9.31 키포인트 검출
×위치를 둘러싸고 있는 다른 화소값들에 대해, ×의 값이 극점이면 이 위치는 키포인트가 된다.

장면의 어떤 위치가 주변과 비교하여 두드러지게 다르면 특징점이라고 하자. 이러한 특징점을 다른 시점 또는 거리의 영상에서 확인하면 크기가 다르게 나타날 것이다. SIFT와 같이 다양한 크기의 블롭을 찾는 특징점 검출 방법을 사용하면 다른 영상에서 다른 크기로 나타나는 특징점을 검출할 가능성이 높아진다.

특징점을 추출하는 방법으로 SIFT 이외에도 해리스-라플라스$^{\text{Harris-Laplace}}$, SURF$^{\text{Speeded-Up}}$ $^{\text{Robust Features}}$, FAST, ORB, BRISK와 같은 것들이 있다. SIFT가 가장 많이 알려져 있는데, 계산 속도는 SURF가 더 빠르다. 성능은 주어진 문제 상황마다 다를 수 있기 때문에, 실제 실험을 해본 다음 적당한 것을 선택하는 것이 바람직하다.

9.4.5 특징 기술자

특징점 검출에서는 영상에서 특징점의 위치와 크기 정보만을 얻어낸다. 특징점을 관심점$^{\text{interest point, 關心點}}$이라고 부르기도 한다. 여기에서 특징점의 특징을 기술하는 이야기를 해야 하기 때문에, 편의상 특징점이라는 용어 대신에 관심점이라는 용어를 사용한다. 관심점을 대응점 찾기와 인식에 이용하려면, 관심점들이 서로 잘 구별될 수 있어야 한다. 이를 위해 관심점의 특징을 추출하여 관심점을 기술하게 되는데, 추출한 정보를 기술한 것 또는 이러한 정보를 추출하는 알고리즘을 기술자$^{\text{descriptor, 記述子}}$라고 한다.

기술자는 관심점들을 잘 구별할 수 있도록 분별력$^{\text{discriminating power}}$이 커야하고, 회전, 크기변화, 이동과 같은 기하학적 변화에 대해서 영향을 받지 않는 불변invariant인 것이 바람직하다. 또한 조명변화, 잡음, 가림에 대해서도 강건robust해야 한다. 기술자는 SIFT의 기술자, SIFT의 변형인 PCA-SIFT와 GLOH, 모양 콘텍스트shape context, BRIEF, ORB, BRISK 등이 다양하다. 여기서는 SIFT에서 관심점을 어떻게 기술하는지 소개한다.

SIFT는 회전변환에 불변인 기술자를 생성하기 위해, 키포인트관심점의 위치와 크기가 주어지면 지배적 방향dominant direction을 먼저 찾는다. [그림 9.32]와 같이 키포인트를 중심에 두고 키포인트의 크기에 비례하는 크기의 가우시안 윈도우를 씌운다. 윈도우와 중첩되는 위치의 각 화소에 대해 그레디언트gradient, x방향과 y방향으로의 편미분 벡터: $(\partial f(x,y)/\partial x, \partial f(x,y)/\partial y)$를 구하여 해당 위치의 가우시안 필터값을 곱한다. (a)는 각 위치에서 가우시안 가중치를 반영한 그레디언트를 보인 것이다. 그레디언트를 10° 구간으로 나누어 (b)와 같이 히스토그램을 만든다. 히스토그램의 값이 가장 큰 방향을 해당 키포인트의 지배적 방향이라고 하고, 이 방향이 위쪽(북쪽)을 향하도록 좌표계를 변환한다. 두 번째로 큰 값을 갖는 방향이 지배적 방향의 값의 0.8 이상이면, 이 방향에 대해서도 지배적 방향을 인정해서, 같은 키포인트에 대해서 추가적인 기술자를 생성한다.

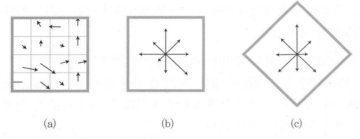

그림 9.32 SIFT에서 지배적 방향 선정
(a) 그레디언트 벡터 (b) 그레디언트 히스토그램 (c) 지배적 방향이 위쪽을 향하도록 회전한 결과

키포인트에 대한 지배적 방향이 결정되고 회전을 통한 좌표변환이 이루어지고 나면, [그림 9.33]과 같이 특징을 기술한다. 키포인트를 중심으로 하여 키포인트의 크기에 비례하는 가우시안 윈도우를 씌운다. 전체 윈도우를 (a)와 같이 4×4블록으로 나누고, 각 블록에 대해서 (b)와 같이 8단계로 양자화하여 히스토그램을 구한다. 키포인트에 대한 SIFT 기술자는 각 블록의 히스토그램을 모아둔 형태로 4×4×8 = 128 차원의 벡터가 된다. 광도에 따른 불변성을 주기 위해, 특징 벡터를 단위벡터로 만들어 준다. 단위벡터에 0.2보다 큰 값이 있으면 0.2로 바꾸고 다시 단위벡터로 변환한다. 이와 같이 만들어지는 SIFT 기술자는 크기, 방향, 광도 변화에 불변성이 큰 특성을 갖게 된다.

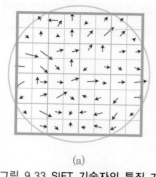

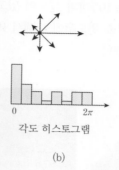

각도 히스토그램

(a)　　　　　　　　　　　　(b)

그림 9.33 SIFT 기술자의 특징 기술

9.4.6 HOG 기술자

HOG는 사람의 형태나 보행자를 검출하는 데 주로 사용되는 영상의 기술자이다. HOG는 Histogram of Oriented Gradients^{방향성 그레이언트의 히스토그램}의 줄임말로 지역적인 그레디언 트의 히스토그램들을 사용하여 전체 영상의 특징을 기술한다. 이 방법은 영상을 일정 크기 의 블록으로 나누어 그레디언트를 계산한 다음, 그레디언트를 이용하여 해당 블록의 지역 적 히스토그램을 생성하고, 지역적 히스토그램을 이어붙여 1차원 벡터로 된 전체 영상에 대한 기술자를 생성한다.

HOG의 기본 모델은 64×128 크기의 영상을 검출 윈도우의 대상으로 하는데, 영상을 8×8 크기의 셀^{cell}로 분할한 다음 2×2 크기의 셀을 하나의 블록으로 구성한다. 블록은 인접 블록과 50%씩 겹치도록 한 검출 윈도우에 대해 $7 \times 6 = 105$개의 블록을 만들어낸다. 블록의 각 셀의 화소 위치별로 그레디언트를 계산하여, 셀 별로 전체 64개의 그레디어트를 구한다. 그레디언트를 계산할 때는 컨볼루션 커널로 $[-1\ 0\ 1]$과 $[-1\ 0\ 1]^\top$를 사용하여 해당 위치에서의 x축 방향과 y축 방향의 편미분 값 δx와 δy를 계산한다. 이 때 그레디언트의 방향은 $|\tan^{-1}(\delta y / \delta x)|$로 계산하고, 그레디언트의 크기는 $\sqrt{(\delta x)^2 + (\delta y)^2}$으로 계산한다.

그레디언트의 각도를 20도 간격으로 분할하여 9개의 구간으로 하여, 각 각도 구간별로 해당 셀의 그레디언트의 크기를 더해서 히스토그램을 만든다. 이때 그레디언트는 각 구간 에 가까운 정도에 비례하여 구간에 반영된다. 예를 들어, 그레디언트 방향이 85일 때, 70도를 중심으로 하는 구간과 110도를 중심으로 하는 구간에 85도인 그레디언트의 크기를 1/4, 3/4의 비율로 각 구간에 더해준다.

하나의 블록은 4개의 셀로 구성되고, 각 셀은 9개의 구간을 갖는 그레디언트 히스토그램을 가지고 있어서, 하나의 블록은 총 36개의 값을 갖는 히스토그램으로 표현된다. 64×128

크기의 검출 윈도우에는 105개의 블록이 있고 블록별로 36개의 값을 갖는 히스토그램이 만들어지므로, 하나의 검출 윈도우에 대해서 HOG 기술자는 결과적으로 $105 \times 36 = 3,780$ 차원의 벡터를 만들어낸다.

(a)   (b)

그림 9.34 HOG 기술자
(a) 원 영상   (b) 셀별 그레디언트 히스토그램

HOG 기술자를 추출할 때 검출 윈도우의 크기, 블록 및 셀의 크기 및 중첩 정도, 그레디언트 계산 방법, 히스토그램의 정규화 방법 등을 별도로 설정할 수도 있다. HOG를 이용하여 정지영상이나 동영상에서 보행자를 검출할 때는 일반적으로 서포트 벡터 머신[SVM]을 사용한다. 여러 크기의 보행자를 검출할 수 있도록 하나의 영상을 서브샘플링을 하여 여러 개의 영상을 만들어서, 각 영상에서 보행자 영역과 보행자 영역이 아닌 것들로 학습 데이터를 구성하고, 보행자 여부를 판정하도록 서포트 벡터 머신을 학습시킨다. 보행자를 검출할 때는 전체 영상에 대해 64×128 크기의 검출 윈도우를 약간씩 겹쳐서 이동시키면서 해당 영상의 HOG 기술자를 추출하고, 추출된 HOG 기술자를 학습된 서포트 벡터 머신에 입력으로 넣어 보행자 여부를 판정한다.

9.4.7 허프 변환

허프 변환[Hough transform]은 영상에서 직선이나 곡선을 찾는 데 사용되는 기법이다. 칼러 영상이라면 그레이 영상으로 변환한 다음, Canny 연산자 등을 통해서 윤곽선에 해당하는 위치들이 점으로 표시된 이진 영상으로 변환한다고 전제한다. 먼저 허프 변환을 사용하여 이진 영상에서 직선을 찾는 방법에 대해서 살펴보자.

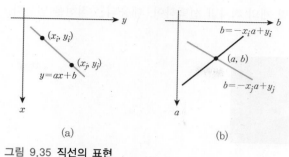

그림 9.35 **직선의 표현**

(a) xy-평면 (b) ab-평면

직선은 xy-평면에서 $y = ax + b$와 같은 식으로 표현된다. [그림 9.35(a)]와 같이 두 점 (x_i, y_i)와 (x_j, y_j)를 지나는 직선이 있다고 하자. 기울기와 절편을 나타내는 ab-평면에서 xy-평면의 한 점을 표현해 보자. [그림 9.35(b)]와 같이 점 (x_i, y_i)와 (x_j, y_j)는 ab-평면에서 $b = -x_i a + y_i$와 $b = -x_j a + y_j$인 직선에 해당하고, xy-평면에서의 직선은 ab-평면에서 두 직선의 교차점에 대응된다. 이때 ab-평면을 특징공간이라 하는데, 원래 공간인 xy-평면에서 직선을 찾지 않고, 특징공간인 ab-평면에서 교차점을 찾으면 원래 공간의 직선을 결정할 수 있다.

ab-평면에서 a는 기울기에 해당하는데, xy-평면에서 수직인 직선은 기울기가 무한대가 되기 때문에 ab-평면에서 표현할 수 없다. 그래서 허프 변환으로 직선을 찾을 때는 특징공간으로 ab-평면을 사용하지 않고, [그림 9.36]과 같은 $\rho\theta$-공간을 사용한다. xy-평면의 점 (x, y)에 대해, 원점과의 연장선과는 수직이면서 (x, y)를 지나는 [그림 9.36(a)]의 직선을 생각할 수 있다. 이 직선이 x-축과 이루는 각도를 θ라고 할 때, 원점과 이 직선과의 거리 ρ는 다음과 같이 계산할 수 있다.

$$\rho = x \cos \theta + y \sin \theta$$

(9.17)

허프 변환으로 직선을 찾을 때는 각 점에 해당하는 (식 9.17)의 그래프를 [그림 9.36(b)]와 같이 $\rho\theta$-공간에 그리고, 교차하는 점들을 찾아서 직선을 결정한다. 그런데 윤곽선의 점들이 영상처리를 통해서 추출되기 때문에 실제 동일한 직선위의 점들이 정확하게 직선위에 정렬되어 추출되지는 않는다. 허프 변환에서 특징공간을 일정간격의 격자로 나누고 해당 격자에 지나가는 것들은 동일한 교차점을 갖는다고 간주한다. 많은 곡선이 지나간 격자들만을 선택해서 해당 격자에 해당하는 직선을 추출한다. 직선을 추출하는 알고리즘을 구현할 때는 $\rho\theta$-공간의 격자모양에 대응하는 2차원 배열을 사용하여, 각 점 (x, y)에 대해서 해당하는 $\rho = x \cos \theta + y \sin \theta$가 지나가는 각 격자를 찾고, 해당하는 배열 원소에 값을

1씩 증가시킨다. 그래서 값이 가장 큰 몇 개의 격자만 선택하여, 대응되는 직선을 만든다.

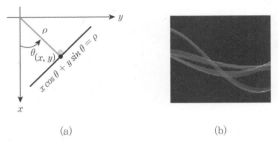

(a)   (b)

그림 9.36 $\rho\theta$ - 공간에서 직선의 표현
(a) 점 (x, y)와 (ρ, θ)의 관계 (b) $\rho\theta$ - 공간

허프 변환은 방정식으로 표현되는 다른 곡선들을 찾는 데도 사용할 수 있다. 영상에 있는 원을 찾을 때는, 원의 방정식을 중심 (x_o, y_o)와 반지름 r를 사용하여 $(x - x_o)^2 (y - y_o)^2 = r^2$로 표현할 수 있다. 이때 특징공간은 (x_o, y_o, r)로 표현되는데, 특징공간의 격자를 3차원 행렬로 표현할 수 있다. 윤곽선의 각 점 (x_o, y_o)와 모든 점 (x, y)와의 거리 r에 대응되는 (x_o, y_o, r)의 원소를 1씩 증가시킨다. (x_o, y_o, r)을 나타내는 3차원 행렬에서 값이 가장 큰 것들이 원의 후보가 된다.

허프 변환을 사용하여 포물선을 찾는다면, 이때 방정식은 포물선의 중심이 (x_o, y_o)일 때 $y - y_o = a(x - x_o)^2$의 형태를 갖는다. 특징공간은 (x_o, y_o, a)로 구성되며, 윤곽선의 각 점에 대해서 특징공간의 격자 행렬을 채우는 방법으로 포물선을 찾는다.

허프 변환은 영상에서 직선이나 곡선인 윤곽을 찾을 때 유용하게 사용된다. 예를 들면, 영상에서 물체의 테두리 찾기, 도로의 차선 탐지 등의 응용에서 사용된다. [그림 9.37]은 (a)의 칼라 영상에서 (d)와 같은 직선을 찾아내는 예를 보인 것인데, (b)는 Canny 연산자를 사용하여 윤곽선을 추출한 결과이고, (c)는 허프 변환과정에 만들어지는 $\rho\theta$-공간의 그래프이다.

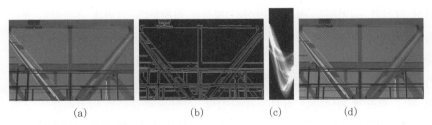

(a)   (b)   (c)   (d)

그림 9.37 허프변환 적용 예
(a) 원본 영상 (b) Canny 연사자를 적용한 윤곽선 이진 영상 (c) $\rho\theta$-공간 표현 (d) 식별된 직선

9.4.8 매칭

매칭^{matching}은 대상들을 비교하여 유사한 것들을 찾아내는 것을 말한다. 특징점이 추출되고 이에 대한 기술자가 벡터로 주어지면, 특징점들은 고차원 공간에 있는 점에 대응된다. 유클리디언 공간으로 간주하면 유클리디언 거리를 사용하여 특징점 간의 유사도를 평가할 수 있다. 이 연산은 비교적 단순한 연산이라 비용이 크지는 않다. 하지만 하나의 영상에서도 특징점이 수백 또는 수천개가 뽑힐 수 있기 때문에, 단순히 하나씩 비교할 수는 없다.

1) 인덱싱 구조

매칭 연산은 결국 가장 근접한 대상을 찾는 것이기 때문에, 인덱싱^{indexing} 구조를 활용하면 처리 시간을 단축할 수 있다. 대표적인 공간 데이터에 대한 인덱싱 구조로 k-d 트리$^{k-d}$ ^{tree}가 있다. k-d 트리는 공간을 각 차원에 직교하는 공간으로 분할하여 공간을 쉽게 찾도록 도와주는 자료구조이다. k-d 트리는 비교적 낮은 차원(10차원 이내)에는 효과적이지만, 차원이 높아지면 성능이 매우 떨어진다. 128차원을 갖는 SIFT 특징 벡터인 경우 k-d 트리를 사용하는 것이 바람직하지 않다.

최근 고차원 데이터에 대해 빠른 근사적 검색이 가능한 기법으로 지역민감 해싱$^{locality\ sensitive}$ ^{hashing} 방법이 널리 사용되고 있다. 지역민감 해싱은 유사한 데이터가 같은 버킷^{bucket}으로 대응될 확률이 큰 해시 함수$^{hash\ function}$를 사용한다. 유사한 대상을 찾을 때, 해시 함수를 사용하여 버킷을 찾고, 해당 버킷에 있는 대상들과 거리를 계산하여 가장 가까운 대상을 결정한다. 물론 전체 대상 중에서 유사도가 가장 높은 것이 찾아진다는 보장은 없지만 높은 확률로 유사도가 큰 대상을 찾아준다.

2) 기하정렬과 RANSAC

두 영상에서 유사도가 높은 대응점들을 찾을 때, 잡음, 특징점 검출 방법의 불완전성으로 인하여 추출된 대응점들이 실제 대응점이라는 보장이 없다. 따라서 대응점들 중에서 맞는 것을 선택할 필요가 있다. 한편, 동일 장면을 다른 시점에서 획득된 두 영상에서 대응되는 객체는 가하학적 변환 관계에 있다. 즉, 한 영상을 기하하적 변환 행렬에 곱하면 다른 영상이 근사하게 만들어질 수 있다.

이때 사용하는 대표적인 방법이 RANSAC$^{Random\ Sample\ Consensus}$이다. RANSAC은 주어진 여러 데이터들 중에서 임의로 몇 개를 선택하여 함수를 근사한 다음, 해당 함수와 부합하는 데이터들을 확인한다. 이를 통해 해당 함수가 얼마나 바람직한지 평가하거나, 부합하는 데이터들을 포함시켜 함수를 개선하게 된다.

그림 9.38 **영상 이어붙이기**

대응점 문제에 RANSAC을 적용할 때는 두 영상에 대한 대응점의 쌍들이 데이터로 주어진다. 대응점 쌍들 중에서 무작위로 세 쌍을 선택한다. 이들 세 대응점에서 한 영상의 좌표값은 입력으로 다른 영상의 좌표값은 출력으로 만들어주는 변환 행렬 T를 최소제곱평균법 least mean square method 이나 이를 개선한 최소제곱중간값법 least median square method 을 사용하여 구한다. 나머지 대응점 쌍의 변환행렬 T의 변환관계를 만족하는지 평가하여 T가 얼마나 좋은 것인지 결정한다. 다시 무작위로 세 쌍의 대응점들을 선택한 다음에 위의 과정을 반복한다. 여러 번 반복하여 가장 좋은 것을 변환행렬로 사용한다. 영상들에 대해서 대응점의 쌍들과 변환 행렬을 찾으면, [그림 9.38]과 같이 영상들을 이어붙일 수 있다.

9.5 컴퓨터 비전의 대상

컴퓨터 비전 분야는 다양한 문제를 연구하고 있다. 지금까지 정지영상에 대한 컴퓨터 비전을 살펴보았는데, 움직이는 영상 즉, 동영상에 대한 다양한 기술이 개발되어 있다. 동영상은 정지영상이 연속해서 있는 것으로 보고 처리한다. 동영상에서 기본적인 문제는 물체의 움직임을 추적하는 것이다. 움직임 추적에 관련된 기술로서 인접한 두 장의 영상에서 움직임을 검출하는 광류 optical flow 관련 기술과 예측 모델을 사용하여 움직임을 추적하는 기술이 개발되어 사용되고 있다.

인식은 패턴인식과 기계학습에 밀접하게 관련된 분야이다. 컴퓨터 비전에서 인식은 크게 사례 인식과 범주 인식으로 나누어 볼 수 있다. 사례 인식 instance recognition 은 특정 물체가 영상에 있는지 찾는 것으로 SIFT와 같은 우수한 지역특징이 개발되면서 높은 성능을 보이고 있다. 범주 인식 category recognition 은 영상 속에 나타나는 물체가 어떤 범주에 속하는지 결정하는 문제인데, 범주 내의 변화가 매우 크기 때문에 만족스러운 결과를 얻지 못해 왔던 분야이다. 그런데 최근 컨볼루션 신경망 CNN 등의 딥러닝 기술이 적용되면서, 범주

인식 분야에서 놀라울 정도로 성능 개선이 이루어지고 있다. 5.2.5절에서 소개한 ImageNet 데이터베이스에 대해서는 상위-5 오류가 2% 수준에 도달할 만큼 성능 향상이 이루어지고 있다. 영상 인식을 위한 CNN 모델로 AlexNet, GoogleNet, VGGNet, ResNet, DenseNet, DPN 등이 개발되면서 영상에서 범주 인식 문제는 더 이상 어려운 문제가 아닌 것으로 생각될 정도가 되었다.

ImageNet 데이터베이스를 대상으로 하는 인식 문제에서는 영상에 객체가 하나만 있는 것을 전제하고 있다. 영상에는 여러 객체가 있기 때문에 이들 객체를 찾아내고 인식하는 문제와 실시간 처리하는 문제 등에 대해서 여러 가지 기법이 최근 활발히 개발되고 있다. 다음 절에서 이러한 기법에 대해서 살펴본다.

9.6 객체 위치 검출 및 개체 인식

영상의 객체를 인식할 때, 사진 속에 객체가 여러 개 있을 수 있으므로, 영상 속의 객체의 위치를 찾아내어 객체를 식별해야 한다. 여기에서는 영상에서 객체 위치를 검출하고 객체를 인식하는 딥러닝 기반의 대표적인 방법인 R-CNN 모델, YOLO 모델, SSD 모델 등에 대해서 알아본다.

9.6.1 R-CNN 모델

ILSVRC 등에서 사람보다도 특정 부류의 객체를 잘 인식하는 딥러닝 알고리즘들이 개발되면서 좀 더 어려운 영상의 객체 인식을 위한 방법들이 출현하고 있다. 이러한 연구의 초창기 방법으로 2014년 개발된 R-CNN^{region-based CNN} 모델이 있다.

1) R-CNN 모델

R-CNN 모델은 [그림 9.39]와 같은 구조로 객체의 위치를 탐지하고 객체의 부류를 식별한다. 먼저 객체를 포함하고 있을 것 같은 영역을 찾기 위해 기존의 영역 제안^{region proposal} 알고리즘을 적용한다. 영역 제안 알고리즘은 영상을 영역 분할한 다음, 유사한 부분을 합병하여 사각형 모양으로 물체 영역을 찾아내는 역할을 한다. R-CNN은 선택적 탐색^{selective search}라는 알고리즘을 사용하는데, 이 알고리즘은 하나의 영상에 대해 약 2,000개의 영역을 추천한다.

추천된 각 영역의 특징 추출을 위해, R-CNN은 224×224 크기의 영상을 입력으로 받아들이는 AlexNet(5.2.5절 참고)의 변형된 형태인 CNN 모델을 사용한다. CNN 모델에 전달되는 추천 영역은 입력 크기 224×224에 맞도록 정규화를 한다. 정규화된 각 영역은 하나씩 CNN 모델을 통해서 특징이 추출되고 하드디스크에 저장된다. 각 객체 부류별로 서포트 벡터 머신(SVM, 4.10절 참고)을 사용하여 분류기를 학습시킨다. 이때 해당 부류에 속하는 영역은 CNN 모델의 출력값이 긍정인 데이터[positive data]가 되고, 다른 부류의 영역은 CNN 모델의 출력값이 부정인 데이터[negative data]가 되도록 학습 데이터를 구성한다. 영역 제안 알고리즘이 추천한 영역이 실제 객체의 영역과 약간씩 차이가 있을 수 있으므로, R-CNN 모델은 각 객체 부류 별로 테두리 상자[bounding rectangle]를 미세 조정하는 선형 회귀 모델을 부가적으로 학습한다. 이 회귀 모델의 학습 데이터는 추천된 영역에 대한 CNN 모델의 출력과, 추천 영역과 실제 영역의 차이값의 쌍으로 구성된다.

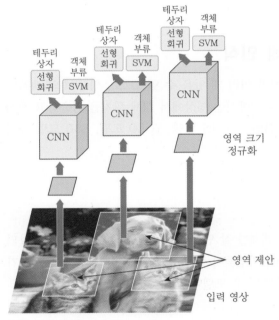

그림 9.39 R-CNN 모델

R-CNN은 하나의 영상에 있는 다수의 객체에 대한 위치와 부류를 찾아내는 초창기 모델로서 많은 관심을 끌었지만, 다음과 같은 약점을 가지고 있다. 추천된 영역을 CNN 모델의 입력 크기로 정규화 과정에서 영상의 변형과 손실이 발생하기 때문에, 객체 부류 인식에서 성능 저하가 발생한다. 영역 제안 알고리즘이 추천하는 약 2,000여개의 영역을 CNN 모델에 순차적으로 적용해야 하기 때문에, 계산량이 많다. 또한, 영역 제안 알고리즘과 SVM 학습 알고리즘이 GPU 사용에 적합하지 않아 전체적으로 시간이 많이 걸린다. R-CNN 모델이 제안된 당시에, 하나의 영상을 처리하는 데 47초 가량이 걸려서 실시간 동영상처리

에는 적용하기 곤란했다. 한편, 최종적인 객체 위치의 테두리 상자와 객체 부류를 결정하기 위해 선형 회귀 모델과 SVM 모델이 사용되는데, 이들을 학습할 때 오차 정보가 CNN 모델의 성능 개선에 활용되지 못한다. 이러한 제약점은 이후 나오는 모델에서 보완되는데, 대표적으로 모델로 Fast R-CNN, Faster R-CNN 등이 있다.

2) Fast R-CNN 모델

Fast R-CNN 모델에는 R-CNN에서와 마찬가지로 입력 영상에서 객체의 위치를 찾기 위해 선택적 탐색 알고리즘 등 기존의 영역 제안 알고리즘이 사용된다. [그림 9.40]과 같이 전체 영상에 대해서 CNN을 적용하여 특징 지도를 계산한다. 특징 지도에서 영역 제안 알고리즘이 추천한 물체 영역들에 대한 대응 위치를 찾아, 관심 영역$^{ROI, \text{ region of interest}}$으로 선택한다. 선택된 영역은 사각형 형태로 (x, y, w, h)로 표현되는데, (x, y)는 영역의 기준 위치를, (w, h)는 폭과 높이를 나타낸다. 선택된 관심영역에 풀링$^{ROI \text{ pooling}}$ 연산을 하여 일정한 크기로 변환한 다음, 그 결과를 완전 연결층$^{FC, \text{ fully connected layer}}$의 입력으로 전달한다. 관심 영역의 크기가 $h \times w$이고 완전 연결층의 입력 크기가 $H \times W$일 때, 관심 영역 풀링$^{ROI \text{ pooling}}$은 관심 영역을 $h/H \times w/W$크기의 부분 영역으로 나눈 다음, 각 부분 영역에 대해서 최대값 풀링을 하여 $H \times W$크기의 결과를 만들어 낸다.

완전 연결층의 출력은 관심 영역 내의 객체를 분류하는 소프트맥스^{softmax} 분류기와 추천된 객체 영역을 미세 조정하는 선형 회귀$^{linear \text{ regression}}$ 모델로 각각 전달된다. 소프트맥스 분류기는 관심 영역에 있는 객체의 부류별 확률값을 계산한다. 회귀 모델은 영역 제안 알고리즘이 제시한 영역에 대한 테두리 사각형을 조정하는 역할을 한다.

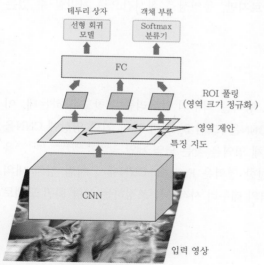

그림 9.40 Fast R-CNN 모델

CNN 부분은 학습된 VGGNet 모델에서 컨볼루션 층을 가져와서 초기화를 한 다음, 나중에 손실 함수 L을 최소화하도록 오차역전파 알고리즘을 사용하여 미세조정 학습을 해서 만든다. 손실 함수 L은 다음과 같이 분류 오차항 L_{cls}와 테두리 사각형 오차항 L_{los}으로 구성된다.

$$L(p, u, t^u, v) = L_{cls}(p, u) + \lambda L_{loc}(t^u, v) \tag{9.18}$$

여기에서 $L_{cls}(p, u) = -\log p_u$는 소프트맥스 층의 출력인 확률분포 p에서 실제 객체의 부류 u에 해당하는 확률값 p_u의 로그 손실 값을 나타낸다. $L_{loc}(t^u, v)$는 부류 u에 대해 예측된 테두리 사각형 $t^u = (t^u_x, t^u_y, t^u_w, t^u_h)$와 실제 테두리 사각형 $v = (v_x, v_y, v_w, v_h)$의 차이에 대한 손실로서 다음과 같이 정의된다.

$$L_{loc}(t^u, v) = \sum_{i \in \{x, y, w, h\}} smooth_{L_1}(t^u_i - v_i) \tag{9.19}$$

$$smooth_{L_1}(x) = \begin{cases} 0.5x^2 & \text{if } |x| < 1 \\ |x| - 0.5 & \text{if } |x| \geq 1 \end{cases} \tag{9.20}$$

λ는 L_{cls}와 L_{los}의 상대적인 비중을 조정하는 계수이다. Fast R-CNN은 (9.18)의 손실 함수를 최소화하도록 오차 역전파 알고리즘을 사용하여 학습을 한다.

학습 데이터에는 영상과 영상 내에서의 객체 영역들과 부류 정보로 구성된다. Fast R-CNN은 R-CNN에 비해서 9배 정도 속도가 빠르지만, 동영상을 실시간으로 처리할 수 있는 정도는 아니다.

4) Faster R-CNN 모델

R-CNN이나 Fast R-CNN은 객체의 후보 영역을 외부의 알고리즘이 찾도록 하는데, 이 부분에서 시간이 많이 걸린다. Faster R-CNN은 [그림 9.41]과 같이 입력 영상에 CNN을 적용하여 계산한 특징 지도로부터 직접 객체 영역을 찾는 영역 제안 망region proposal network을 내부에 가지고 있다. 영역 제안 망이 추천한 영역은 Fast R-CNN에서 처럼 영역 내의 객체를 분류하는 소프트맥스 분류기와 영역의 테두리 사각형을 조정하는 선형 회귀 모델로 전달된다.

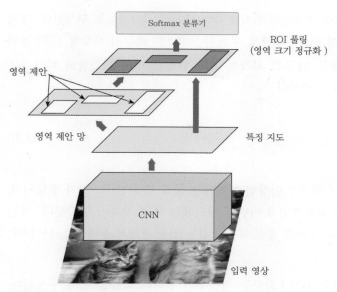

그림 9.41 Faster R-CNN 모델

영역 제안 망은 [그림 9.42]와 같이 CNN의 출력인 특징 지도에 대해, 스트라이드를 1로 하여 크기 3×3의 컨볼루션 필터들을 적용하여, 깊이 256 또는 512인 중간층 특징 지도를 만들어낸다. 3×3 원도우가 적용되는 위치를 중심으로 하여, 입력 영상에서 (128×128, 128×256, 256×128, 256×256, 256×512, 512×256, 512×512, 512×1024, 1024×512) 크기에 해당하는 영역을 각각 앵커anchor라고 한다. 앵커 영역의 중간층 특징 지도를 1×1 컨볼루션하여, 각 앵커 영역에 객체가 있다고 판단되는 점수와 없다고 판단되는 점수, 앵커 영역에서 객체가 있다고 판단되는 영역의 테두리 사각형의 정보 (x, y, w, h)를 계산한다.

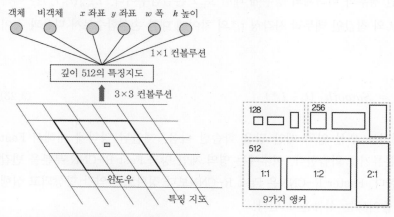

그림 9.42 Faster R-CNN의 영역 제안 망

초기 학습 데이터는 입력 영상과 객체들의 위치에 대한 테두리 사각형들로 구성된다. 영역 제안 망을 학습할 데이터는, 영상에 참값으로 주어진$^{\text{ground truth}}$ 테두리 사각형 G_t과 영역 제안 망이 출력한 앵커에 대한 테두리 사각형 A의 합집합 대비 교집합의 비인 IoU $^{\text{Intersection over Union}}$을 기준으로 선택한다.

$$IoU = \frac{A \cap G_t}{A \cup G_t} \tag{9.21}$$

참값인 테두리 사각형과의 IoU가 0.7 이상인 앵커에는 긍정 부류$^{\text{positive class}}$가 할당되며, 모든 참인 테두리 사각형와의 IoU가 0.3 미만인 앵커에는 부정 부류가 할당된다. 학습 데이터를 구성할 때는 전체 개수의 반은 긍정 부류를 갖는 것들 중에서 선택하고, 나머지는 부정 부류에서 선택한다.

영역 제안 망은 다음 손실 함수를 최소화하는 컨볼루션 필터의 학습을 통해 구성한다.

$$L(p_i, t_i) = \frac{1}{N_{cls}} \sum_i L_{cls}(p_i, p_i^*) + \lambda \frac{1}{N_{reg}} \sum_i p_i^* L_{reg}(t_i, t_i^*) \tag{9.22}$$

i는 앵커를 나타내는 첨자이고, p_i^*는 해당 앵커가 긍정 부류이면 1, 부정 부류이면 0이 되는 값이고, p_i는 영역 제안 망이 해당 앵커가 물체를 포함하고 있다고 예측한 확률값이다.

N_{cls}는 미니배치 내의 학습 데이터 개수(예, $N_{cls} = 256$) 이고, N_{neg}은 앵커 위치의 개수(예, 약 2,400)를 나타내고, λ은 두 항의 상대적 중요성을 고려하기 위한 계수이다. L_{cls}는 앵커 영역이 객체인 경우와 비객체의 경우에 대한 로그 손실함수이다. $L_{reg}(t_i, t_i^*)$는 예측된 테두리 사각형 t_i와 참값인 테두리 사각형 t_i^*의 차이에 대한 손실함수로서 다음과 같이 정의된다.

$$L_{reg}(t_i, t_i^*) = Smooth_{L_1}(t_i - t_i^*) \tag{9.23}$$

Faster R-CNN에서는 우선 영역 제안 망을 학습한 다음, 제안된 영역에 대해서 Fast R-CNN에서처럼 분류기를 학습한다. 이후에는 영역 제안 망과 Fast R-CNN 부분을 번갈아가면서 학습을 한다. Faster R-CNN은 Fast R-CNN보다 정확도는 약간 향상되고 실행 시간은 현저하게 줄어드는 성능을 보인다.

9.6.2 YOLO 모델

YOLO$^{\text{You Only Look Once}}$ 모델은 실시간으로 객체를 감지하고 인식하는 방법이다. YOLO를 개선한 모델로 YOLOv2가 있다.

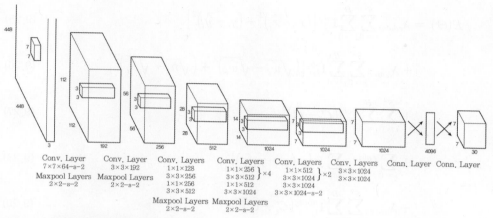

그림 9.43 **YOLO의 구조**[출처: Redmon 등 2015]

YOLO 모델은 영상을 448×448 크기로 조정한 다음, 하나의 CNN으로 객체를 검출하고 부류를 결정한다. 검출된 객체의 위치는 테두리 상자로 표시하고, 객체의 부류는 확률값으로 제공한다. 이 모델은 영상을 $S \times S$ 그리드로 나누고, 각 그리드 셀에서 B개의 객체에 대한 테두리 상자의 위치 정보와 신뢰도를 추정한다. 테두리 상자의 정보는 중심 위치 좌표 (x, y), 폭 w와 높이 h로 표현한다. w와 h는 전체 영상의 폭과 높이의 비로 표현되어, 구간 $(0,1)$의 값을 갖는다. 또한, 객체에 대한 테두리 상자에는 신뢰도^{confidence}가 부여된다. 학습 데이터에서는 신뢰도 $\hat{C}$이 1이지만, YOLO 모델이 출력하는 결과의 신뢰도 C는 물체일 확률 $P(Object)$와, 예측된 테두리 상자와 기준$^{\text{ground truth}}$ 테두리 상자의 IoU값의 곱으로 다음과 같이 표현한다.

$$C = P(Object) \cdot IoU \tag{9.24}$$

학습을 할 때는 각 그리드 셀에서 하나의 객체만 인식하도록 학습한다. 객체의 부류의 종류가 K개라면, 특정 객체의 부류 정보는 K개의 확률값으로 표현된다. 학습 데이터의 영상 하나에 대해 YOLO는 $S \times S \times (5B + K)$ 크기의 데이터를 출력하게 된다. YOLO의 개발자인 레드먼$^{\text{Joseph Redmon}}$ 등이 공개한 YOLO 프로그램에서는 $S = 7$이고 $B = 2$인 모델을 사용하고 있다.

YOLO 모델은 물체의 영역을 찾은 다음에 해당 영역의 객체를 인식하는 R–CNN 등의 접근방법과 다르게, 물체 영역과 인식을 동시에 하는 회귀 문제로 해결한다. 이 회귀 문제는 다음의 손실 함수 $E(\Theta)$를 최소로 만드는 CNN 모델의 가중치와 편차항 Θ를 찾는 것이다.

$$E(\Theta) = \lambda_{coord}\sum_{i=0}^{S^2}\sum_{j=0}^{B}\mathbf{1}_{ij}^{obj}\left[(x_i-\hat{x}_i)^2 + (y_i-\hat{y}_i)^2\right] \tag{9.25}$$

$$+ \lambda_{coord}\sum_{i=0}^{S^2}\sum_{j=0}^{B}\mathbf{1}_{ij}^{obj}\left[\left(\sqrt{w_i}-\sqrt{\hat{w}_i}\right)^2 + \left(\sqrt{h_i}-\sqrt{\hat{h}_i}\right)^2\right] \tag{9.26}$$

$$+ \sum_{i=0}^{S^2}\sum_{j=0}^{B}\mathbf{1}_{ij}^{obj}\left(C_i - \hat{C}_i\right)^2 \tag{9.27}$$

$$+ \sum_{i=0}^{S^2}\mathbf{1}_{i}^{obj}\sum_{c\in classes}\left(p_i(c) - \hat{p}_i(c)\right)^2 \tag{9.28}$$

$$+ \lambda_{noobj}\sum_{i=0}^{S^2}\sum_{j=0}^{B}\mathbf{1}_{ij}^{noobj}\left(C_i - \hat{C}_i\right)^2 \tag{9.29}$$

$\mathbf{1}_{i}^{obj}$는 i번 셀에 객체가 있다는 의미이고, $\mathbf{1}_{ij}^{obj}$는 셀 i의 j번 테두리 사각형 예측기가 해당 예측에 대한 책임이 있다는 의미이다. 즉, YOLO에서는 하나의 객체가 하나의 테두리 사각형에만 대응하도록 한다. (식 9.25)는 기준 테두리 상자의 중심 $(\hat{x}_i, \hat{y}_i)$와 YOLO가 계산한 테두리 상자의 중심 (x_i, y_i)의 차이를 계산한다. (식 9.26)은 테두리 상자의 너비와 높이이 차이를 계산하고, (식 9.27)은 (식 9.24)와 같이 계산되는 신뢰도의 차이를 계산한다. (식 9.28)은 추정된 부류의 확률분포와 학습 데이터로 주어진 부류의 확률분포의 차이를 계산한다. (식 9.29)는 객체가 없는 상자에 대해서 신뢰도의 차이를 계산한다.

YOLO는 손실 함수 $E(\Theta)$를 최소화하도록 딥러닝 신경망 모델을 학습한다. 학습에는 오차 역전파 알고리즘이다. YOLO는 기본적으로 24개 컨볼루션 층과 2개 완전 연결층으로 구성되고, 초당 45개의 영상 프레임을 처리할 수 있다.

YOLO Fast 모델은 YOLO보다 처리속도를 빠르게 하기 위해, 9개의 컨볼루션층을 사용한다. 이 모델은 YOLO보다 정확도는 다수 떨어지지만 속도는 초당 155개의 영상 프레임을 처리할 수 있다. YOLO와 YOLO Fast 모델은 마지막층에는 선형 활성화 함수를 사용하고, 나머지 층에는 누수 ReLU$^{\text{leaky ReLU}}$ 함수를 사용한다.

YOLOv2 모델은 YOLO를 개선한 것으로 다음 절에서 소개하는 SSD 모델보다 정확도와 속도가 향상된 결과를 내기도 한다.

9.6.3 SSD 모델

SSD$^{\text{single shot multibox detector}}$는 YOLO보다 정확도와 처리시간이 개선된 실시간으로 객체 위치를 식별하고 인식하는 방법이다. 이 모델은 각 영상에 대해서 고정된 크기의 테두리 상자들을 [그림 9.44]와 같이 지정하여 객체에 대응하는 테두리 상자와 해당 상자에서 객체의 부류를 잘 찾을 수 있도록 학습한다. (a)는 학습 데이터로 주어지는 영상인데, 객체인 '고양이'와 '강아지'의 위치를 나타내는 기준$^{\text{ground truth}}$ 테두리 상자에 정보를 포함한다. (b)와 (c)는 다양한 크기의 객체를 추출하기 위해 여러 크기의 특징 지도를 사용하는 것을 보이는 것으로, (b)는 전체 영상에 대해 8×8 특징 지도를 사용하고, (c)는 4×4 특징 지도를 사용하는 것을 보여준다. 특징 지도의 각 셀^{cell}에 대해 종횡비$^{\text{aspect ratio}}$가 다른 k개의 기본^{default} 테두리 상자를 정해두고, 해당 부분에 대해서 객체의 유무를 확인한다. 그림에서는 기본 테두리 상자가 파선으로 표시되어 있다. 테두리 상자의 정보는 기본 테두리 상자 d의 중심 위치에 대한 차이 (cx, xy), 폭 w와 높이 h로 표현된다. SDD는 (c)와 같이 기본 테두리 상자에 대응되는 객체의 위치 정보 $\Delta(cx, cy, w, h)$와 객체의 부류에 대한 신뢰도 $(c_1, c_2, \cdots, c_p)$를 계산해 낸다.

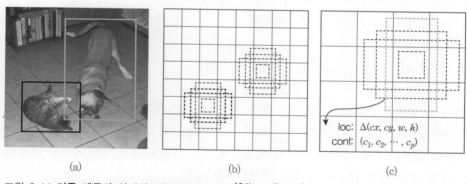

(a)   (b)   (c)

그림 9.44 **기준 테두리 상자와 기본 테두리 상자**[출처: Liu 등, 2015]
(a) 객체(고양이, 개)의 위치를 표현한 기준(ground truth) 테두리 상자 (b) 8×8 특징 지도와 각 위치별 4개의 기본(default) 테두리 상자 (c) 4×4 특징지도와 '강아지'에 매칭된 기본 테두리 상자에 대한 위치 정보 $\Delta(cx, cy, w, h)$ 와 각 부류별 신뢰도 $(c_1, c_2, \cdots, c_p)$

SSD 모델은 [그림 9.45]와 같이 기본망과 추가 특징층으로 구성되는데, 기본망에서는 분류 성능이 높은 VGGNet이나 ResNet이 사용될 수 있다. 추가 특징층은 다양한 크기의 객체를 추출하기 위해 크기를 줄여가면서 특징지도를 생성한다. 그림에서 A~F의 컨볼루션 층들이 만들어내는 여러 크기의 특징지도가 객체 영역 및 부류 결정에 사용된다. 즉, 각 특징지도의 기본 테두리 상자별로 객체의 위치정보와 부류별 신뢰도 값이 계산된다.

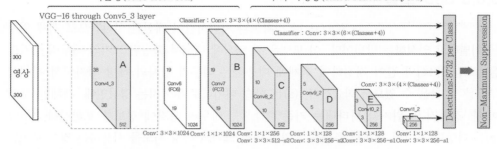

그림 9.45 **SSD의 구조**[출처: Liu 등, 2015]

학습 데이터에 있는 각 객체의 기준 테두리 상자에 대응하는 기본 테두리 상자는 IoU 값이 0.5 이상인 것들로 선택된다. 따라서 객체별로 2개 이상의 기본 테두리 상자가 있을 수 있다. IoU값이 0.5 이상인 기준 테두리 상자는 긍정 학습 데이터positive training data가 되고, 신뢰도가 높고 IoU가 작은 기본 테두리 상자는 부정 학습 데이터negative training data가 된다.

SSD는 긍정 및 부정 학습 데이터에 대해서 오차 역전파 알고리즘을 사용하여 학습한다. 이때 손실 함수 $L(x, c, l, g)$는 신뢰도 손실 함수 $L_{conf}(x, c)$와 위치정보localization 손실 함수 $L_{loc}(x, l, g)$의 합으로 다음과 같이 표현된다.

$$L(x, c, l, g) = \frac{1}{N}(L_{conf}(x,c) + \alpha L_{loc}(x, l, g)) \tag{9.30}$$

여기에서 α는 상대적 중요도를 지정하는 계수이다. N은 주어진 영상에 매칭된 기본 테두리 상자의 개수를 나타내고, $N=0$이면 손실 함수 $L(x, c, l, g)$의 값은 0으로 간주한다. x는 기본 테두리 상자와 기준 테두리 상자의 매칭관계, c는 신뢰도 정보, l은 예측된 테두리 상자의 정보, g는 기준 테두리 상자의 정보를 나타낸다.

신뢰도 손실 함수 $L_{conf}(x, c)$는 다음과 같이 정의한다.

$$L_{conf}(x,c) = -\sum_{i \in Pos}^{N} x_{ij}^p \log(\hat{c}_i^p) - \sum_{i \in Neg} \log(\hat{c}_i^0) \tag{9.31}$$

$$\hat{c}_i^p = \frac{\exp(c_i^p)}{\sum_q \exp(c_i^q)} \tag{9.32}$$

여기에서 Pos는 기준 테두리 상자와의 IoU가 0.5 이상인 기본 테두리 상자의 집합 즉, 긍정 학습 데이터의 집합을 나타내고, Neg는 부정 학습 데이터의 집합을 나타낸다. x_{ij}^p는

i번 기본 테두리 상자가 부류 p인 j번 기준 테두리 상자와 매칭되면 1이고, 그렇지 않으면 0이 되는 값이다. c_i^p는 사용하여 i번 기본 테두리 상자의 객체가 부류 p인 것에 대한 신뢰도를 나타낸다. 정규화된 신뢰도 $\hat{c}_i^p$는 (식 9.32)와 같이 소프트맥스를 사용하여 계산한다. $\hat{c}_i^0$는 i번 기본 테두리 상자가 객체를 가지고 있지 않다고 판정하는 것에 대한 신뢰도를 나타낸다.

위치선정 손실 함수 $L_{loc}(x, l, g)$는 다음과 같이 객체의 기준 테두리 상자와 매칭된 기본 테두리 상자의 정보 차이를 사용하여 정의한다.

$$L_{loc}(x, l, g) = \sum_{i \in Pos} \sum_{m \in \{cx, cy, w, h\}} x_{ij}^k smooth_{L1}(\hat{l}_i^m - \hat{g}_j^m) \tag{9.33}$$

여기에서 $smooth_{L1}(x)$는 다음과 같이 정의되는 함수이다.

$$smooth_{L1}(x) = \begin{cases} 0.5x^2 & \text{if } |x| < 1 \\ |x| - 0.5 & \text{if } |x| \geq 1 \end{cases} \tag{9.34}$$

l_i^m은 예측된 테두리 상자의 모수 $m \in \{cx, cy, w, h\}$의 값을 대응되는 기본 테두리 상자 정보에 대해 정규화하여 다음과 같이 표현한 것이다.

$$\hat{l}_i^{cx} = \left(l_i^{cx} - d_i^{cx}\right)/d_i^w \qquad \hat{l}_i^{cy} = \left(l_i^{cy} - d_i^{cy}\right)/d_i^h \tag{9.35}$$

$$\hat{l}_i^w = \log\left(\frac{l_i^w}{d_i^w}\right) \qquad \hat{l}_i^h = \log\left(\frac{l_i^h}{d_i^h}\right) \tag{9.36}$$

$\hat{g}_j^m$은 기준 테두리 상자 모수를 기본 테두리 상자 d_i의 모수에 대해 정규화하여 표현한 것이다.

$$\hat{g}_j^{cx} = \left(g_j^{cx} - d_i^{cx}\right)/d_i^w \qquad \hat{g}_j^{cy} = \left(g_j^{cy} - d_i^{cy}\right)/d_i^h \tag{9.37}$$

$$\hat{g}_j^w = \log\left(\frac{g_j^w}{d_i^w}\right) \qquad \hat{g}_j^h = \log\left(\frac{g_j^h}{d_i^h}\right) \tag{9.38}$$

SSD는 (식 9.30)의 손실 함수를 최소화하도록 오차 역전파 알고리즘을 적용하여 학습한다. [그림 9.45]에서 기본망을 학습시킨 다음, 추가 특징층의 추가하여 SSD의 딥러닝 신경망을 학습시킨다. SSD는 벤치마크에서 YOLO보다 정확도가 높고, 실행시간이 더 빠른 결과를 보여준다.

9.7 의미적 영역 분할

의미적 영역 분할^{semantic segmentation}은 [그림 9.46]과 같이 영상의 각 화소가 어떤 부류에 속하는지 결정하는 것으로, 실제는 영역 분할을 하면서 해당 영역에 있는 객체의 부류도 함께 결정하는 것을 의미한다. 즉, 영상 속에서 객체의 정확한 위치와 객체를 식별하는 것을 말한다. 9.6절의 '객체 위치 검출 및 객체 인식 문제'에서는 객체의 위치를 테두리 상자를 이용하여 검출하지만, 의미적 영역 분할에서는 화소 단위로 예측한 다음, 의미있는 단위로 영역을 분할한다. 따라서, '객체 위치 검출 및 객체 인식 문제'보다 더 어려운 문제라고 할 수 있다. 의미적 영역 분할은 자율주행 자동차, HCI, 의료영상 분석 등 다양한 분야에서 요구되는 핵심적인 기술이다.

(a)   (b)

그림 9.46 **의미적 영역 분할** (a) 원본 영상 (b) 객체 영역과 객체 부류

전형적인 CNN 모델에서 전반부는 컨볼루션 층들로 구성되고 후반부는 완전연결된^{fully connected} 다층 퍼셉트론으로 구성된다. 완전 연결층은 정해진 일정 크기의 입력을 받아들여 처리하기 때문에, 다른 크기의 영상을 처리할 수 없다. 또한, 완전 연결층의 계산 과정에서 화소의 수용장^{receptive field}의 위치에 대한 정보가 사라져버린다. 한편, 컨볼루션 층들에서 풀링이 수행되면서 불변량 특징^{invariant feature}들이 추출되기는 하지만 영상의 해상도가 줄어들게 된다.

딥러닝을 활용하는 의미적 영역 분할 기법으로 가장 먼저 제안된 FCN^{fully convolutional network} 모델은, 완전 연결층이 가중치 합을 계산하는 것을 1×1 컨볼루션 필터를 적용하는 것으로 간주할 수 있다는 성질을 이용하여, 완전 연결층의 역할을 컨볼루션 연산으로 대체한다. 따라서 FCN에서는 모든 층이 컨볼루션층으로 구성되어, 입력 크기에 무관하게 적용할 수 있을 뿐만 아니라, 마지막 층에 객체의 위치 정보도 남아있게 된다. [그림 9.47]은 FCN의 마지막 층에서 고양이 객체에 대응하는 위치에 의미있는 출력값이 검출되는 것을 보여준다.

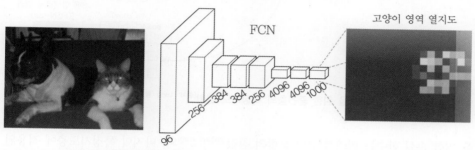

그림 9.47 FCN의 구성[출처: Long 등 2015]

FCN은 중간층들에서 풀링 연산이 사용되기 때문에 마지막 부분의 1×1 컨볼루션에 의해서 생성되는 특징지도의 크기는 원 영상에 비하여 작다. 영역 분할을 위해서 마지막의 특징지도를 원 영상의 크기로 확대하기 위해 보간법interpolation을 사용한다. 작은 특징지도에서 큰 특징지도를 만들어내는 것을 업샘플링upsampling이라고 하는데, 이를 선형 보간법을 통해서도 할 수 있고, 보간을 위한 계수를 학습해서 결정하는 비선형적인 보간을 하는 디컨볼루션deconvolution을 통해서 할 수도 있다.

마지막 층의 특징지도를 가지고 업샘플링을 하면 해상도가 떨어질 수 밖에 없다. 따라서 FCN은 [그림 9.48]과 같이 중간층의 특징지도들을 함께 사용하여 최종 영역 분할 영상을 생성한다. 그림에서 pool5는 원본 영상이 1/32배 크기로 축소된 결과인데, 32배 업샘플링을 하여 특징지도를 만들면 해상도가 낮다. 그래서 원본 영상의 1/16배 크기인 pool4를 16배 업샘플링한 결과와 결합시킨다. 그 결과도 일반적으로 충분하지 않기 때문에 본 영상의 1/8배 크기인 pool3를 8배 업샘플링한 결과를 추가로 결합시켜 해상도가 개선된 영역 분할 영상을 생성한다.

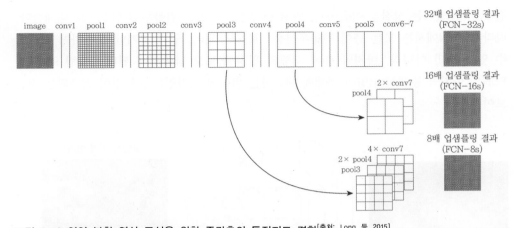

그림 9.48 **영역 분할 영상 구성을 위한 중간층의 특징지도 결합**[출처: Long 등 2015]

학습을 위한 손실 함수는 의미적 영역 분할의 참값$^{ground\ truth}$와, 마지막 특징지도층에 적용된 소프트맥스층 출력값의 교차 엔트로피로 정의된다. 컨볼루션 필터 등의 계수들은 경사 하강법을 통해서 학습된다.

FCN 모델이 제안된 이후 의미적 영역 분할을 위한 다양한 모델들이 개발되고 있다. 업샘플링을 개선하기 위해 컨볼루션 층들과 구조적으로 대칭적인 디컨볼루션 층들을 갖는 디컨볼루션 망$^{deconvolution\ network}$ 모델도 있다. 디컨볼루션 망에서는 풀링에 대응되는 언풀링^{unpooling}을 위해서, 최대값 풀링을 할 때 최대값의 위치를 기억해 두었다가 사용하는 방법을 채택하고, 디컨볼루션 연산을 위한 필터의 계수는 학습을 통해서 결정한다.

확장 컨볼루션$^{dilated\ convolution}$ 모델은 [그림 9.49]와 같이 인접하지 않는 위치의 화소들을 대상으로 컨볼루션 연산을 할 수 있어서, 넓은 수용장에서 영역 분할에 유용한 특징을 찾을 수 있다. [그림 9.49]에서 음영표시된 부분이 확장 컨볼루션이 적용되는 화소들인데, (a)는 일반 컨볼루션의 경우를 나타낸다. (b)는 화소간 간격이 1인 확장 컨볼루션 대상이고, (c)는 화소간 간격이 2인 확장 컨볼루션 대상이다.

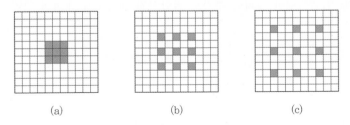

그림 9.49 **확장 컨볼루션의 형태**

이외에도 컨볼루션과 풀링을 통해서 특징을 추출하는 대신에 특징지도 화소들을 수평방향과 수직방향에서 각각 양방향으로 재귀 신경망에 집어넣어 특징추출을 하는 ReNet 층을 적용하여 의미적 영역 분할을 하는 ReSeg 모델 등이 있다.

9.8 딥러닝 응용

딥러닝 기법을 적용한 다양한 영상처리 및 컴퓨터 비전 응용 사례들이 개발되고 있다. 여기에서는 영상 주석달기, 예술작품 화풍 그림 생성에 대해서 간단히 소개한다.

9.8.1 영상 주석달기

영상 주석달기^{image captioning}는 영상이 주어지면 영상의 내용을 묘사하는 문장을 만들어 내는 것을 말한다. 여기에서는 5.6절에서 소개한 인코더-디코더 망이 사용되는데, 입력 영상에 대해 CNN을 적용하여 맥락정보를 추출하고, 이를 초기 정보로 사용하여 LSTM 재귀 신경망이 문장을 생성하는 방법이 일반적으로 사용된다. 학습 데이터는 영상 I와 해당 영상을 설명하는 주석문장 S의 쌍들로 구성된다. 이 문제는 영상 I에 대한 주석문장 $S = (s_0, s_1, \cdots, s_N)$을 생성할 확률 $P(S|I; \theta)$이 최대가 되도록 하는 딥러닝 모델의 파라미터 $\theta*$를 찾는 것으로 정의할 수 있다. s_0는 문장의 시작 기호를 나타내고, s_N은 문장의 끝을 나타내는 기호이다.

$$P(S|I;\boldsymbol{\theta}) = \prod_{t=1}^{N} p(s_t | I, s_0, s_1, \cdots, s_{t-1}; \boldsymbol{\theta}) \tag{9.39}$$

$$\boldsymbol{\theta}* = \mathrm{argmax}_{\theta} \prod_{(I,S)} P(S|I; \boldsymbol{\theta}) \tag{9.40}$$

(식 9.40)의 우변에 단조 증가하는 로그 함수를 적용해도 결과가 같아지므로 실제로는 다음과 같은 식을 사용한다.

$$\boldsymbol{\theta}* = \mathrm{argmax}_{\theta} \sum_{(I,S)} \log P(S|I; \boldsymbol{\theta}) \tag{9.41}$$

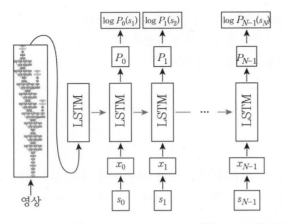

그림 9.50 **영상 주석달기 신경망의 구조**[출처: Karpathy 등, 2015]

LSTM 재귀 신경망을 사용하여 문장을 생성할 때, 학습 문장의 t번째 단어 s_t가 주어지면 이 단어를 Word2Vec으로 수치 벡터화한 결과 x_t를 입력으로 넣는다. LSTM 재귀 신경망은 입력 x_t와 이전의 상태 h_{t-1}를 사용하여 새로운 상태 h_t를 계산하면서, 한편으로 단어별 출현 확률를 나타내는 확률분포 P_t를 출력한다. 사전 학습된 GoogleNet과 같은 CNN 망은 영상을 단어의 수치 벡터와 같은 크기의 결과로 변환하여, LSTM 재귀 신경망의 초기 입력으로 제공한다. LSTM 재귀 신경망에 영상 I에 대한 주석문장의 단어 s_t가 순서대로 입력되면서, 입력 단어의 바로 다음에 출력될 단어들에 대한 확률분포 P_t 가 계산된다. 이 확률분포 P_t 에서 바로 다음에 나올 단어 s_t의 확률에 대응되는 $-\log P_t(s_{t+1})$을, 입력 단어 s_t에 대한 손실 함수로 사용하여 LSTM 재귀 신경망을 학습시킨다.

실제 주어진 영상을 설명하는 문장을 생성할 때는 먼저 영상을 CNN 모델에 집어넣어 계산한 출력을 LSTM 재귀 신경망의 입력으로 집어넣은 다음, 시작 단어 s_0를 입력한다. 이후 출력의 확률분포에서 확률이 높은 k개의 단어를 선택하여, 다음 단계의 입력으로 이들 단어를 각각 입력해서 다음 단어를 추정한다. 매 단계에서 확률이 높은 k 개의 단어를 유지하면서 LSTM 재귀 신경망을 진행시키기 때문에, 결과적으로 확률이 높은 k 개의 문장을 유지해가며 탐색을 하는 빔탐색[beam search]을 한다.

A man skiing down a snow covered slope.

A group of giraffe standing next to each other.

그림 9.51 딥러닝에 의한 영상 주석달기의 예

9.8.2 예술작품 화풍 그림 생성

CNN의 모델을 적용한 흥미로운 적용 분야로 [그림 9.52]와 같이 유명 화가의 화풍^{style}에 따라 사진을 그림으로 변환하는 것이 있다. VGGNet과 같은 CNN 모델에 영상을 입력으로 넣어주면, CNN 망의 각 층에서 여러 채널의 특징지도가 생성된다. 화풍 그림 생성 방법은 같은 층에 있는 채널 간의 상관계수^{correlation}가 화풍과 관계가 있다는 성질을 이용한다. F_{ik}^{l}가 어떤 예술작품 그림 a을 입력으로 줄 때, l번째 층의 i번째 채널의 k번째 위치의 값이라 하자. 이때 l번째 층의 i번째 채널과 j번째 채널 간의 상관계수 A_{ij}^{l}는 다음과 같이 계산된다.

$$A_{ij}^{l} = \sum_{k} F_{ik}^{l} F_{jk}^{l} \tag{9.41}$$

화풍에 따라 생성되는 그림 g에 대해 마찬가지로 계산한 상관계수를 G_{ij}^{l}라고 하자. 이때 화풍이 같아지려면 각 층 l에서 이들 상관계수의 차이가 적은 것이 바람직하므로, 층 l에서의 화풍에 대한 손실 함수 E_l을 다음과 같이 정의한다.

$$E_l = \frac{1}{4N_l^2 M_l^2} \sum_{i,j} (A_{ij}^{l} - G_{ij}^{l})^2 \tag{9.42}$$

여기에서 N_l는 l번째 층의 채널 개수를 나타내고, M_l은 l번째 층에서 한 채널의 크기를 나타낸다. 여러 층의 손실을 종합한 전체 화풍에 대한 손실함수 $L_{style}(a, g)$는 다음과 같이 정의된다.

$$L_{style}(\boldsymbol{a}, \boldsymbol{g}) = \sum_{l=0}^{L} w_l E_l \qquad (9.43)$$

한편, 생성되는 그림 $\boldsymbol{g}$는 원본 사진 $\boldsymbol{o}$와도 유사해야 하기 때문에, $\boldsymbol{g}$와 $\boldsymbol{o}$의 특징지도에서 대응되는 층들의 내용이 서로 유사한 것이 바람직하다. 따라서 내용 유사도에 대한 손실함 수 $L_{content}(\boldsymbol{o}, \boldsymbol{g}, l)$은 다음과 같이 정의한다.

$$L_{content}(\boldsymbol{o}, \boldsymbol{g}, l) = \frac{1}{2} \sum_{i,j} \left(O_{ij}^l - P_{ij}^l \right)^2 \qquad (9.44)$$

여기에서 O_{ij}^l와 P_{ij}^l은 각각 원본 사진 $\boldsymbol{o}$과 생성되는 그림 $\boldsymbol{g}$에 대한 l번째 층의 i번째 채널의 j번째 위치의 값을 나타낸다. 전체 내용 손실함수 $L_{content}(\boldsymbol{o}, \boldsymbol{g})$는 사용하는 CNN 모델의 특정 몇 개 층을 선택하여 이들의 내용 손실함수 $L_{content}(\boldsymbol{o}, \boldsymbol{g}, l)$의 합으로 정의한다. 전체 손실함수 $L(\boldsymbol{a}, \boldsymbol{o}, \boldsymbol{g})$는 화풍 손실함수 $L_{style}(\boldsymbol{a}, \boldsymbol{g})$와 내용 손실함수 $L_{content}(\boldsymbol{o}, \boldsymbol{g})$의 가중합으로 다음과 같이 정의한다.

$$L(\boldsymbol{a}, \boldsymbol{o}, \boldsymbol{g}) = \alpha L_{style}(\boldsymbol{a}, \boldsymbol{g}) + \beta L_{content}(\boldsymbol{o}, \boldsymbol{g}) \qquad (9.45)$$

예술작품 $\boldsymbol{a}$의 화풍에 따라 원본 사진 $\boldsymbol{o}$를 변환하여 생성할 그림 $\boldsymbol{g}$는 (식 9.45)의 손실함수 를 최소로 하도록 하는 다음 최적화 문제의 해가 된다.

$$\boldsymbol{g}^* = \operatorname{argmax}_g L(\boldsymbol{a}, \boldsymbol{o}, \boldsymbol{g}) \qquad (9.46)$$

위 최적화 문제는 경사 하강법을 통해서 해결할 수 있다.

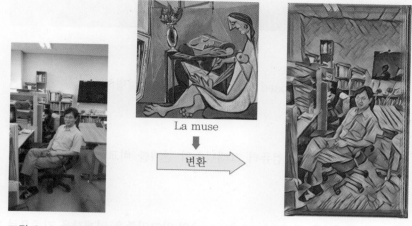

La muse

변환

그림 9.52 **화풍에 따른 사진의 그림 변환**
왼편 사진을 피카소 작품 'La Muse' 화풍의 그림으로 변환한 것.

1. 컴퓨터 비전 문제가 불량문제(ill-posed problem)인 이유를 설명하시오.

2. 컴퓨터 비전, 영상처리, 패턴인식, 컴퓨터 그래픽스의 관계를 비교하여 설명하시오.

3. 영상을 이진화할 때의 임계값을 결정하는 오츄(Otsu)의 알고리즘은 임계값을 기준으로 화소값을 두 집단으로 나누어서 각 집단의 분산을 구하여 분산의 차이가 최소가 되는 임계값을 선택한다. 화소값은 $I(x,y)$라는 $n \times m$ 행렬에 저장되어 있고, 임계값이 θ라고 할 때, 두 집단의 분산을 계산하는 의사코드를 작성하시오.

4. 다음 2차원 배열 I에 필터 F를 컨볼루션한 결과를 구하시오.

$$I = \begin{bmatrix} 1 & 3 & 2 & 1 & 0 \\ 5 & 1 & 3 & 2 & 3 \\ 4 & 3 & 2 & 1 & 1 \\ 5 & 21 & 1 & 0 & 1 \end{bmatrix} \quad F = \begin{bmatrix} 0.5 & -1 & 1 \\ -1 & 1 & -1 \\ 1 & -1 & 0.5 \end{bmatrix}$$

5. [그림 9.53]은 1차 및 2차 미분을 보이고 있다. 2차 미분의 합인 라플라시안이 어떤 특징을 추출하려고 하는 것인지 그림을 보고 생각해 보시오.

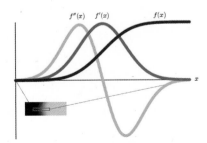

그림 9.53 함수 $f(x)$에 대한 1차 미분과 2차 미분

6. LOG와 DOG를 설명하고, LOG 대신에 DOG를 사용하는 이유를 설명하시오.

7. SIFT에서 블롭을 추출하는데, 다른 표준편차를 갖는 가우시안 필터들을 적용하는 이유를 설명하시오.

8. SIFT에서 키포인트의 회전불변성을 확보하기 위해 사용하는 방법을 설명하시오.

9. 두 영상의 대응점을 찾기 위해서 사용할 수 있는 방법을 설명하시오.

10. 사례 인식과 범주 인식을 비교하여 설명하시오.

11. HOG 기술자의 특징과 용도에 대해서 설명하시오.

12. 허프 변환을 통해서 어떤 정보를 찾을 수 있는지 설명하시오.

13. RANSAC 알고리즘은 어떤 역할을 하는지 설명하시오.

14. R-CNN, Fast R-CNN, Faster R-CNN을 비교하여 차이점과 특징을 설명하시오.

15. YOLO 모델의 특징에 대해서 설명하시오.

16. SSD 모델을 YOLO 모델과 비교하여 차이점을 설명하시오.

17. 의미적 영상분할을 하는 FCN 모델의 구조와 특징에 대해서 설명하시오.

18. 영상 주석달기에 사용되는 딥러닝 모델의 구조와 특징에 대해서 설명하시오.

19. 화풍에 따라 그림을 생성하는 딥러닝 모델은 어떤 방법으로 화풍을 모사해서 그림을 생성하는지 설명하시오.

20. 15장에서 소개한 OpenCV를 설치하고 실습 문제를 직접 실행해 보시오.

If I have seen further it is by standing on the shoulders of Giants.
거인의 어깨에 올라서서 더 넓은 세상을 바라보라.
- Isaac Newton(1643~1727)

지능 로봇

지능 로봇

로봇^{robot}은 이미 산업현장에서 광범위하게 사용되고 있으며, 의료분야, 군사, 가사, 오락 등으로 적용 분야를 넓혀가고 있다. 반복적으로 정해진 작업만을 수행하는 산업용 로봇의 경우 정확도와 속도가 중요한 요소이지만, 다양한 문제 상황에 대응해야 하는 로봇에게는 지능이 무엇보다 중요하다. 이 장에서 로봇 분야에 대한 소개를 시작으로, 로봇 시스템의 구성, 로봇 동작에 대한 구조학과 동역학, 센서, 요소 간의 통신 방식, 로봇 제어 패러다임과 구조, 임무 수행을 위한 계획수립, 위치 결정과 지도 작성, 항법 등에 대해서 살펴본다.

10.1 로봇

로봇이란 단어는 '강제 노동' 또는 '허드렛일 하는 사람'을 뜻하는 체코어 로보타^{robota}에서 유래했다. 역사적으로는 체코 극작가인 **카렐 차페크**$^{Karel\ Capek,\ 1890-1938}$가 희곡 '로쑴의 범용 로봇들'$^{Rosumovi\ Univerz\ ln\ Roboti}$에서 '공장에서 생산한 작업자 기계'를 가리키기 위해 로봇이란 용어를 처음으로 사용했다.

웹스터^{Webster} 사전은 로봇을 사람처럼 걷기, 말하기 등 다양하고 복잡한 행동을 하는 기계' 또는 '자동으로 또는 컴퓨터 제어에 따라 사람의 일을 하는 기계라고 정의하고 있다. 미국 로봇협회$^{Robotics\ Institute\ of\ America}$는 로봇을 다양한 작업을 위해 프로그래밍된 동작들을 통해서 자재, 부품, 도구, 장치 등을 움직이도록 설계되고, 필요에 따라 다시 프로그래밍이 될 수 있는 다기능 매니퓰레이터^{manipulator}라고 정의하고 있다. 이 협회의 정의는 1979년에 당시 산업용 로봇의 관점을 반영한 것이라 다소 제한적이다. 반면, 웹스터 사전의 정의는 일반 사람들이 갖는 로봇에 대한 인상을 반영한 것이라, 현재 로봇 기술은 이 정의를 아직 충분히 만족하지는 못한다.

10.1.1 로봇의 용도와 분류

로봇은 다양한 용도로 사용되고 있다. 지저분하거나 위험하거나 힘든, 소위 3D^{dirty, dangerous,} ^{demanding} 작업을 사람 대신하는 데 로봇을 도입하고 있다. 산업용 로봇, 하수도/파이프 점검 로봇, 청소 로봇, 폭탄 제거 로봇, 미래형 전투 로봇이 이러한 범주에 속한다. 사람이 하면 피로나 집중력의 문제가 생기거나 사람이 할 수 없는 작업에 로봇을 사용하기도 한다. 사람이 진입할 수 없는 재난 현장에 투입하는 구난 로봇, 경비나 감시 업무를 담당하는 감시 로봇 등이 이런 예이다. 최근에는 일상에서 인간 활동 및 업무를 보조하는 영역에서 다양한 로봇이 활용되고 있다. 이러한 사례로 가정에서 노인을 보조하는 로봇, 병간호를 보조하는 로봇, 재활치료 및 운동치료를 보조하는 로봇, 육체적 활동이나 노동이 필요한 현장에서 향상된 신체기능 제공을 위한 외골격^{外骨格} 로봇^{exoskeleton}, 의료용 로봇 등이 있다.

로봇은 여러 기준으로 나누어 볼 수 있다. 사용 분야에 따라 산업용 로봇과 서비스 로봇으로 나눌 수 있다. 산업용 로봇은 생산 라인에서 반복적이고 정해진 작업을 수행하는 로봇으로, 로봇 팔^{robot arm} 또는 매니퓰레이터라고 불리는 것들이다. 산업용 로봇은 정해진 작업을 정확하고 빠르게 수행하는 것에 주된 관심이 있으며, 아직은 인공지능 기술이 제한적으로 사용되고 있다. 특정 서비스를 위해 사용되는 서비스 로봇은 개인용 로봇과 전문 작업용 로봇으로 크게 나눌 수 있다. 서비스 로봇은 서비스 환경과 상황을 인식하여 적합한 행동을 해야 하므로, 인공지능 기술이 절대적으로 필요하다. 이렇게 인공지능 기술이 핵심적인 역할을 하는 로봇을 지능 로봇^{intelligent robot}이라 한다.

로봇의 활용환경에 따라 무인 지상 로봇, 무인 비행체, 무인 수중 로봇, 무인 선박으로 구별할 수 있다. 무인 지상 로봇에는 무인 자동차와 자율주행 자동차, 화성 지표 탐색 로봇 큐리어시티^{Curiosity}와 같은 이동체, 혼다의 아시모^{Asimo}와 같은 휴머노이드^{humanoid}, 빅독^{Big Dog}과 같은 동물형태 로봇 등이 있다. 무인 비행체에는 다양한 군사용 고정익^{固定翼} 비행체, 수직이착륙 비행체가 개발되어 이미 운영 중이고, 최근 소형 비행체인 드론^{drone}이 널리 이용되고 있다. 무인 수중 로봇에는 자율운행 로봇과 원격조정 로봇이 있다. 자율 잠수정^{AUV;} ^{autonomous underwater vehicle} 등은 자율운행 로봇에 해당하고, 원격조정 수중 작업 로봇^{RUV; remote} ^{underwater vehicle} 등은 원격조정 로봇에 해당한다. 무인으로 연안 경비, 인명 구조, 해양 관측을 하는 무인 선박 로봇들도 개발되고 있다.

10.1.2 로봇 기술 분야

로봇 관련 기술을 물리적 부분과 소프트웨어로 나누어 볼 때, 물리적 부분은 이미 상당한 발전을 이루었다. 이미 소프트웨어 부분은 많은 진전이 있었지만, 지능적 요소에 관한 기대 수준과 요구 수준이 높아져서 소프트웨어 기술의 확보를 위한 투자와 연구가 여전히 활발하게 진행되고 있다.

로봇이 운영되는 환경의 여건은 다양하다. 환경에 대한 정보가 미리 알려지지 않을뿐더러 환경이 변할 수도 있다. 주변이 일부만 관찰되고, 센서의 측정값에 오류가 있을 수 있다. 로봇의 조작기^{actuator}에 의한 효과에도 불확실성이 있을 수도 있다. 이러한 환경에서 로봇이 자율적으로 자신의 임무를 수행할 수 있도록 하기 위해서는 다음과 같은 인공지능 관련 기술이 필요하다.

- 위치결정 관측 데이터와 내부적인 정보를 사용하여 로봇의 현재 위치를 결정하는 기술

- 센서 처리/인식/결합 로봇의 현재 상태 및 주변 상황을 판단하기 위해 센서 데이터를 처리하고 해석하는 기술

- 불확실성 관리 각종 센서 데이터와 로봇 시스템의 행동 특성을 고려한 추정 및 판단 결과의 불확실성의 표현과 처리 방법

- 센서 결합 현재 상태에 대한 추정치를 개선하기 위해 여러 센서의 데이터를 결합하는 기술

- 환경 모델링 로봇의 주변 환경을 파악하기 위한 환경에 관한 가정과 환경 변화 관계를 표현하는 기술

- 관심 집중 로봇이 주의 집중^{focus of attention}해야 하는 대상의 설정 및 추적 기술

- 제어 구조 충분히 빠르게 로봇이 반응할 수 있도록 하는 제어 전략 및 구현 기술 추론, 작업 조정 상황에 대한 추론 및 주어진 작업의 완수를 위한 의사결정 기술

- 경로 계획 및 항법 로봇의 목적지 결정, 이동 경로 결정, 이동 과정의 관리 기술

- 행동 선택 여러 가용한 행동 중에서 바람직한 행동의 판정과 선택 기술

- 학습 및 적응 변하는 환경에 대응하도록 로봇의 동작 특성 및 지식이 개선되도록 학습하는 기술

- 은닉상태 모델링 같은 상황으로 측정되는 상태에서 어떤 행동이 이전과는 다른 결과가 나올 때, 관측되지 않은 은닉상태^{hidden state}를 고려하여 로봇 및 환경의 동작 특성을 모델링 하는 기술

- **다중 로봇 협업 및 통신** 여러 로봇이 있는 환경에서 다른 로봇들과 함께 일을 하도록 조정하고 정보를 주고받는 기술

10.1.3 로봇 응용 분야

1960년대 초 자동차회사 GM에서 부품생산 공정에 산업용 로봇을 처음 투입한 이래 다양한 산업 분야에서 로봇이 활용되고 있다. 특히, 자동차나 전자 분야의 생산 설비에서 산업용 로봇이 많이 사용되고 있다. 물류 분야에서도 로봇이 활발히 도입되고 있다. 아마존의 경우 키바[Kiva]라는 물류 로봇을 물류창고에서 수 만대 운용하고 있다. 최근에는 사람과 같은 공간에서 함께 작업하는 협업 로봇[collaborative robot, cobot]이 개발되어 생산성 향상에 기여하고 있다. 사람 곁에 로봇이 있으면 안전사고 위험이 있기 때문에, 특히 협업 로봇에는 충격량[torque, 토크] 감지, 충돌감지, 탄성 있는 표면 디자인 등과 같은 안전 체계의 설계가 특히 중요시된다. 대표적인 협업 로봇으로 리싱크 로보틱스[Rethink Robotics]사의 로봇 운영체제[ROS] 기반으로 소프트웨어 개발환경을 지원하는 백스터[Baxtor]와 소이어[Sawyer] 등이 있다.

의료 분야의 수술용 로봇 시스템인 다빈치[da Vinci]가 2000년에 미국의 식품의약품안전처[FDA] 승인을 받은 이후, 다양한 수술용 로봇 시스템이 도입되고 있다. 다빈치와 같은 로봇을 사용하는 수술에서는, 로봇 팔이 들어갈 수 있을 만큼만 수술 부위를 작게 절개하여 카메라가 달린 로봇 팔을 집어넣는다. 외과 의사는 카메라를 보면서 로봇 팔을 외부에서 조정하여 수술한다. 사람 손이 들어갈 수 없는 부분까지 로봇 팔이 들어갈 수 있기 때문에, 수술용 로봇은 섬세한 수술이 가능하도록 도와준다. 3차원 입체 영상을 통해 개복수술과 같은 실재감 있는 환경을 제공하는 로봇 수술 시스템도 있다. 다른 의료분야 로봇 사례로는 재활치료를 돕는 로봇, 약국의 조제 자동화 로봇, 감염성 병원균의 소독을 위한 소독 로봇 등이 있다.

우주 분야에서도 로봇이 적극적으로 사용되고 있다. 미국 항공우주국[NASA]이 2003년에 보낸 화성 탐사 로봇 스피리트[Spirit]와 아포튜니티[Opportunity]는 성공적으로 임무를 완수했다. 2012년에 화성에 착륙한 탐사 로봇 큐리어시티[Curiosity]도 지질 분석, 기후 관측과 같은 여러 가지 임무를 수행하고 있다. 이러한 탐사로봇에는 사전정보가 거의 없는 혹독한 환경에서 상황에 따른 적당한 기능해야 하므로 인공지능 기술을 탑재하고 있다.

사람 모양의 휴머노이드 로봇이 여러 기업 및 연구기관에서 개발되어 주목을 받고 있다. 일본 혼다의 아시모[Asimo]와 P3, KAIST의 휴보[Hubo], 보스턴 다이나믹스[Boston Dynamics]사의 아틀라스[Atlas]는 두 발로 걷는 휴머노이드 로봇이다. 두 발 휴머노이드의 기능이 사람에 비해

아직 뒤지지만, 인간과 같은 로봇을 상상하는 대중적 요구와 함께 인간과 공존하는 로봇이 되려면 인간과 같은 모습을 가져야 유리할 것이라는 생각으로 많이 주목받고 있다.

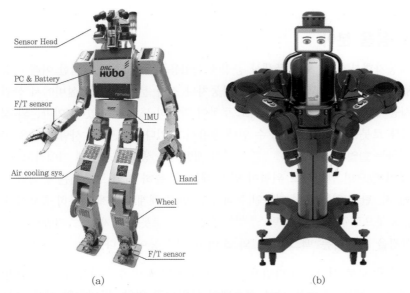

Sensor Head
PC & Battery
F/T sensor
IMU
Air cooling sys.
Hand
Wheel
F/T sensor

(a)   (b)

그림 10.1 KAIST의 휴보(Hubo)와 리싱크 로보틱스의 백스터(Baxtor)
휴보는 2015년 재난상황 인간보조 로봇 국제 대회 DARPA Robotics Challenge에서 우승을 차지했다.

국방 분야에서의 로봇 기술은 이미 상당한 수준으로 발전했다. 무인 항공기에 대한 연구는 전 세계적으로 많은 투자가 이루어지는 분야로, 훈련용 표적기, 무인 정찰기, 무인 전투기 및 전폭기가 이미 개발되어 운용되고 있다. 야전 전투 지원을 위해 개발한 보스턴 다이나믹스의 빅독[Big Dog]은 네 발 로봇으로, 150kg의 짐을 지고 35도의 경사를 시속 10.4km로 달릴 수 있다. 이 회사는 두 발 로봇인 아틀라스와 두 개의 바퀴로 움직이는 핸들[Handle]이라는 로봇 등도 개발했다. 한편, 전투 로봇, 정찰 로봇 및 감시 로봇, 폭탄 해체 로봇 등 다양한 기능의 로봇에 관한 연구개발이 진행되고 있다. 부국의 전투 로봇과 빈국의 인간 군인이 전투하는 것이 현실이 되는 상황이다.

가정용 로봇에 대한 관심도 커지고 있다. 처음에는 장난감 강아지 로봇인 소니의 아이보[AIBO]와 같은 완구 로봇이 개발되었고, 현재에는 학습자와 상호작용하는 국산 아이로비[iRobi]와 같은 교육용 로봇 등도 개발되고 있다. 가전제품으로 청소 로봇이 비교적 저가로 큰 시장을 형성하고 있다. 청소용 로봇은 소형이면서 흡입력은 좋아야 하고 집안 곳곳을 청소해야 하므로, 배터리 충전량이 일정 수준 이하로 떨어지면 적외선을 이용하여 충전기를 찾아가 자동으로 도킹[docking]하여 충전한다. 또한, 집안 지도를 자동으로 작성하여 청소한 곳과 그렇지 않을 곳을 식별하여 청소하는 기능을 갖추고 있다. 한편, 노령인구 증가에 따라 요양원에서 식사를 배달하는 국산 고카트^{GoCart}와 같은 노인 보조 가사 로봇, 호텔의 룸서비스 로봇, 곁에서 있으면 대화를 하고 정보 서비스를 제공하는 소프트뱅크의 페퍼^{pepper}와 같은 컴패니언^{companion} 로봇 등도 있다.

자동차 분야에서 자율주행 자동차는 큰 변혁을 일으킬 것으로 보인다. 자율주행 자동차 기술이 향후 자동차 회사의 운명을 가를지 모른다. 이런 이유로 자동차 회사들은 자율주행 자동차 연구에 투자하고 있으며, 국가적으로 무인 자동차 운행을 위해 인프라 구축에 대한 투자가 점진적으로 진행되고 있다.

10.2 로봇 시스템 구성

로봇이 목적에 맞게 행동할 수 있으려면, [그림 10.2]와 같이 여러 가지 요소^{component}가 상호작용하는 관계^{relationship}로 통합된 시스템으로 구성되어야 한다.

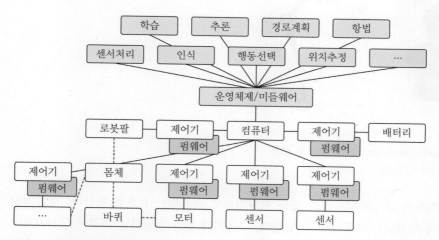

그림 10.2 **로봇시스템의 구성**

로봇 시스템의 구성요소는 물리적 구성요소와 소프트웨어적 구성요소로 나누어볼 수 있다. 요소 간의 상호작용 관계에는 물리적 지지 관계, 동력 전달 관계, 신호 전달 관계, 데이터 전달 관계 등이 있다.

10.2.1 물리적 구성요소

로봇의 물리적 구성요소에는 기구적인 구성요소와 하드웨어적 구성요소가 있다. 기구적^{機構}^的 구성요소는 로봇의 몸체와 구성 부품을 말한다. 로봇의 전체적인 뼈대는 프레임^{frame}이라 하고, 외관이나 다른 장치를 지지하는 부분은 하우징^{housing}이라고 한다. [그림 10.3]과 같은 움직이는 구조에서 강체^{剛體, rigid body}로 되어 있는 부분을 링크^{link}라고 하고, 링크를 연결하는 부분을 관절^{joint}이라 한다. 다른 기구적 구성요소로는 관절에 들어가는 베어링^{bearing}, 동력전 달을 하는 기어^{gear}와 동기화된 동력전달을 하는 타이밍 벨트^{timing belt}, 로봇이 위치 이동을 하도록 하는 바퀴 등이 있다.

[그림 10.3]은 미쓰비시의 RM501이라는 공장용 로봇의 관절과 링크를 기하학적으로 표현한 것이다. 사람의 팔과 같은 역할을 하는 이러한 부분을 로봇 팔^{robot arm}이라고 하는데, 매니퓰레이터라고도 한다. 로봇 팔의 맨 끝단의 물체를 잡거나 밀거나 하는 부분을 단말 조작기^{end effector}라고 한다.

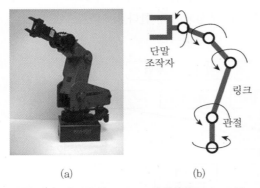

(a) (b)

그림 10.3 **미쓰비시(Mitsubishi)사의 RM501 로봇**
(a) 원래 모습 (b) 대응하는 기하학적 표현.

로봇의 하드웨어적 구성요소는 전기 또는 전자적으로 작동하는 요소를 말한다. 대표적인 것으로 관절에 부착되는 구동기^{actuator}가 있다. 구동기가 힘을 전달하면 관절이 굽혀지거나 펴져서 로봇이 움직인다.

한편, 로봇에는 내부 상태 감지, 작업 대상 파악, 외부 환경 정보 수집을 위한 다양한 센서들이 있으며, 구동기, 센서 등에 연결되어 제어를 수행하는 제어기들도 있다. 센서에서 수집되는 데이터는 제어기를 통해 로봇의 동작을 조정하거나 향후 동작을 결정하는데 사용된다. 다양한 정보 수집 및 처리를 위해 성능이 좋은 컴퓨터 본체가 로봇 시스템에 포함되기도 한다. 최근에는 라즈베리 파이^{Raspberry Pi}와 같은 싱글보드 컴퓨터^{single board computer, SBC}가 탑재되기도 한다.

10.2.2 소프트웨어적 구성요소

로봇의 소프트웨어적 구성요소로는 운영체제, 펌웨어, 미들웨어, 각종 응용프로그램 등이 있다. 운영체제^{operating system}는 로봇에 탑재되는 컴퓨터 본체나 싱글보드 컴퓨터의 자원관리를 하는 기본 소프트웨어이다. 펌웨어^{firmware}는 전자 장치에 내장되어 장치를 제어하는 역할을 하는 내장 소프트웨어^{embedded software}를 말한다. 로봇에서는 모터, 센서 등 각종 장치를 제어하는 마이크로 컨트롤러^{micro-controller unit, MCU}가 있는데, 여기에는 펌웨어가 탑재된다. 미들웨어^{middleware}는 다른 운영체제 또는 다른 프로그래밍 언어로 개발된 소프트웨어 컴포넌트나 응용 프로그램들이 분산 환경에서도 서로 통신을 하면서 동작할 수 있도록 지원하는 소프트웨어를 말한다. 로봇 응용프로그램이 개별적으로 개발된 기능 모듈들을 분산 환경에서도 사용할 수 있도록 하는 실행환경을 미들웨어가 제공한다.

중요 과업^{mission}을 수행하는 로봇 응용소프트웨어 기능 모듈들이 필요하다. 이러한 기능 모듈로는 센서 데이터로부터 자신 및 주변 상황을 인식하는 기능과 추론하는 기능, 현재 상황에서 가장 바람직한 선택을 하는 판단 기능이 있다. 또한, 특정 임무의 달성을 위한 계획수립 기능이 있는데, 이동 경로 계획, 로봇 팔의 움직임을 위한 계획수립 등에 필요하다. 수립된 계획에 따른 제어를 하는 기능이 있는데, 주행과 항법에 필요한 기능이다. 미지의 환경에서 이동과 위치 추정을 동시에 하면서 주변 지도를 작성하는 기능 등도 있다.

다른 로봇 또는 사람과 의사소통하는 기능이 사용되는데, 음성인식, 얼굴인식, 제스처 인식, 대화 인식 등의 기술이 지능형 로봇에서는 핵심 기술로써 사용된다. 또한 경험을 통해서 성능이 개선될 수 있도록 하기 위한 학습 기능을 탑재하기 위해 노력하고 있다. 로봇의 형태, 적용분야가 서로 다르므로, 각기 상황에 맞는 지능형 소프트웨어 요소 기술이 사용되어야 한다.

10.3 기구학과 동역학

로봇의 움직임 또는 동작을 제어하기 위해서 구동기의 동작에 따라 로봇이 어떤 상태가 되는지, 또는 로봇이 특정 상태에 있게 하려면 구동기들을 어떻게 동작시켜야 하는지 계산을 통해 알아내야 한다. 여기에서는 로봇 관절의 움직임에 따른 로봇의 이동 또는 변형을 다루는 기구학과 가해지는 힘과 운동을 다루는 동역학에 대해서 알아본다.

10.3.1 기구학

기구학$^{\text{kinematics, 機構學}}$은 로봇의 관절, 바퀴의 회전, 로봇의 변형이나 움직임을 결정하는데 사용되는 이론이다. [그림 10.4]와 같은 매니퓰레이터에서 각 관절의 모터가 회전하는 정도에 따라 링크들의 위치가 변하고 단말 조작기의 위치와 상태도 바뀐다. 이러한 움직임은 링크의 길이 및 관절 모터의 회전 각도에 따라 결정된다. 각 관절의 모터 회전각도가 어떻게 단말 조작기의 위치 변화를 유발시키는지 해석하는 것을 순기구학$^{\text{forward kinematics}}$이라고 한다. 반대로 단말 조작기를 특정 위치에 두기 위해 각 관절의 모터를 얼마만큼 회전시켜야 하는 지 결정하는 것을 역기구학$^{\text{inverse kinematics}}$이라고 한다. 기구학은 움직임을 유발하는 힘이나 속도를 고려하지 않고 회전 각도, 위치만을 고려한다.

순기구학과 역기구학의 계산은 행렬 연산으로 수행될 수 있다. [그림 10.4]는 단일 링크 로봇에서 회전에 따른 단말 조작기의 위치를 보여주는 기구학적 해석의 예이다. 길이가 l인 링크를 X축을 기준으로 반시계 방향으로 각도 θ만큼 회전할 때, 단말 조작기의 위치 (x, y)는 다음과 같이 결정된다.

$$x = l\cos\theta, \quad y = l\sin\theta \tag{10.1}$$

이를 변환 행렬을 사용하여 행렬 형태로 나타내면 다음과 같다.

$$\begin{bmatrix} x \\ y \end{bmatrix} = \begin{bmatrix} \cos\theta & -\sin\theta \\ \sin\theta & \sin\theta \end{bmatrix} \begin{bmatrix} l \\ 0 \end{bmatrix} \tag{10.2}$$

링크가 여러 개 연속해서 연결되어 있으면, 각 관절에서의 회전에 따른 변환행렬을 역순으로 누적해서 곱하면 단말 조작기의 위치를 결정하는 최종 변환행렬이 구성된다.

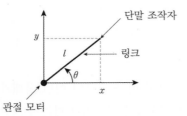

그림 10.4 단일 링크 매니퓰레이터의 기구학적 해석
회전각도 θ에 따른 단말 조작기의 위치 결정.

역기구학은 현재 위치 (x, y)와 이동 목표 위치 (x', y')이 주어진 상태에서 θ를 찾는 문제를 다룬다. 3차원 공간에서 관절이 많아지는 경우, 위치를 나타내는 벡터 $\boldsymbol{p} = (x, y, z)$의 각 성분 x, y, z는 관절의 회전 각도 등 모수들의 벡터 $\boldsymbol{\theta} = (\theta_1, \theta_2, \cdots, \theta_n)$의 함수로 표현된다. 즉, $\boldsymbol{p} = \boldsymbol{f}(\boldsymbol{\theta})$로 표현할 수 있는데, 여기에서 $\boldsymbol{f}$는 다변수 함수 벡터이다. 모수 벡터가 조금 $\Delta\boldsymbol{\theta}$만큼 움직이는 경우, 새로운 위치 $\boldsymbol{p}'$은 다음과 같이 근사할 수 있다.

$$\boldsymbol{p}' \approx \boldsymbol{p} + \boldsymbol{J}\Delta\boldsymbol{\theta} \tag{10.3}$$

여기에서 $\boldsymbol{J}$는 벡터인 $\boldsymbol{f}(\boldsymbol{\theta})$를 벡터인 $\boldsymbol{\theta}$로 1차 편미분한 행렬로서, 자코비안[Jacobian]이라고 한다. $\boldsymbol{p}$에서 $\boldsymbol{p}'$으로 이동하려고 할 때 요구되는 모수의 변화량 $\Delta\boldsymbol{\theta}$는, (식 10.3)의 양변이 서로 같다고 간주하고, 다음과 같이 계산하면 된다.

$$\boldsymbol{p}' - \boldsymbol{p} = \Delta\boldsymbol{p} = \boldsymbol{J}\Delta\boldsymbol{\theta} \tag{10.4}$$
$$\Delta\boldsymbol{\theta} = \boldsymbol{J}^{-1}\Delta\boldsymbol{p} \tag{10.5}$$

즉, 자코비안의 역행렬 $\boldsymbol{J}^{-1}$을 계산하여 적용할 모수의 변화량 $\Delta\boldsymbol{\theta}$를 계산할 수 있다.

이동 로봇은 바퀴를 사용하는 경우가 많다. 바퀴에는 2개의 바퀴가 각각 속도 차이를 이용해서 방향 전환을 하는 차분 구동방식[differential drive]과 3개 이상의 바퀴가 속도차를 이용하여 임의의 방향으로 진행할 수 있는 전방향 구동방식[omnidirectional drive]이 있다. [그림 10.5]는 차분 구동방식의 바퀴에서 왼쪽 바퀴 속도 V_l과 오른쪽 바퀴 속도 V_r에 따른 진행 방향 특성을 보인 것이다. (a)는 양 바퀴의 속도가 같으므로 직진, (b)는 오른쪽 바퀴가 더 빠르기 때문에 왼쪽으로 회전, (c)는 두 바퀴의 속도가 정반대인 경우로 회전한다.

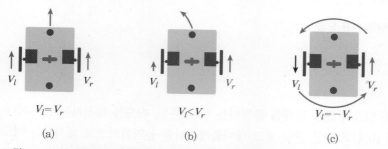

그림 10.5 차분 구동방식 바퀴의 속도 차이에 따른 진행 방향 특성
(a) 직진 (b) 좌회전 (c) 회전

[그림 10.6]은 차분 구동방식 바퀴의 기구학적 특성을 보이기 위한 그림이다. 그림에서 l는 두 바퀴 사이의 거리, V_l은 왼쪽 바퀴의 속도, V_r은 오른쪽 바퀴의 속도, ω는 회전

각속도, $ICC = (ICC_x, ICC_y)$는 순간 곡률중심인 회전축의 좌표, R은 회전축의 좌표와 로봇 중심 간의 거리, θ는 진행 방향과 X축과의 각도를 나타낸다. 이 때 다음의 관계가 만족한다.

$$\omega(R + l/2) = V_r \qquad \omega(R - l/2) = V_l \tag{10.6}$$

$$R = \frac{l}{2}\frac{V_l + V_r}{V_r - V_l} \qquad \omega = \frac{V_r - V_l}{l} \tag{10.7}$$

$$ICC = (x - R\sin\theta, \, y + R\cos\theta) \tag{10.8}$$

두 바퀴의 속도 V_l과 V_r, 현재 위치 (x, y)가 주어질 때, 시간 δ가 지난 후의 위치 (x, y)와 각도 θ는 다음과 같이 계산할 수 있다.

$$\begin{bmatrix} x' \\ y' \\ \theta' \end{bmatrix} = \begin{bmatrix} \cos(\omega\delta) & -\sin(\omega\delta) & 0 \\ \sin(\omega\delta) & \cos(\omega\delta) & 0 \\ 0 & 0 & 1 \end{bmatrix} \begin{bmatrix} x - ICC_x \\ y - ICC_y \\ \theta \end{bmatrix} + \begin{bmatrix} ICC_x \\ ICC_y \\ \omega\delta \end{bmatrix} \tag{10.9}$$

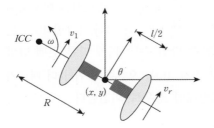

그림 10.6 **차분 구동방식의 바퀴 모델**

10.3.2 동역학

동역학dynamics, 動力學은 링크와 같은 강체를 움직이는 힘과 운동, 속도를 해석하는 분야이다. [그림 10.7]은 [그림 10.4]와 같은 단일 링크 매니퓰레이터를 동역학적으로 해석하는 예로서, 링크를 X축에 수평으로 유지하려면 지속적으로 모터에서 힘을 가해주어야 한다. 이를 위해 X축에 평행일 때, 링크가 중력에 의해서 아래쪽으로 받는 힘을 계산해야 한다. (b)와 같이 질량을 단말 조작기 위치에 몰아주면 m이 된다고 하자. 이때 링크가 받는 회전력torque, 토크은 (질량 m)×(중력가속도 g)×(힘의 작용점까지 거리 l) = mgl이 된다. 따라서 링크를 X축에 수평으로 움직인 다음, 모터에는 mgl의 토크를 지속해서 인가해야 한다.

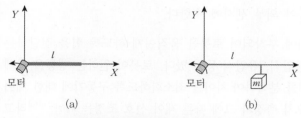

그림 10.7 단일 링크 매니퓰레이터의 동역학적 해석

로봇이 움직이고 있는 상태에서 토크를 계산하는 것은 복잡하다. 이 주제는 로보틱스의 동역학에서 깊이 있게 다루어지고 있는 주제이다.

관절의 회전 각속도에 따라 단말 조작기 위치의 속도가 결정된다. [그림 10.7]의 예에서 관절 각속도 $\dot{\theta}$와 단말 조작기 위치의 속도 v는 다음과 같이 유도될 수 있다. 먼저 다음 기구학 관계식을 시간 t에 대해서 편미분한다.

$$x = l\cos\theta, \quad y = l\sin\theta \tag{10.10}$$

$$\frac{dx}{dt} = \dot{x} = \frac{d}{dt}l\cos\theta = l\frac{d\theta}{dt}\frac{d}{d\theta}cos\theta = -l\dot{\theta}sin\theta \tag{10.11}$$

$$\frac{dy}{dt} = \dot{y} = \frac{d}{dt}l\sin\theta = l\frac{d\theta}{dt}\frac{d}{d\theta}sin\theta = l\dot{\theta}cos\theta \tag{10.12}$$

따라서 단말 조작기 위치의 속도 $v = (dx/dt, dy/dt)$와, 속도의 크기에 해당하는 값인 속력 s는 다음과 같다.

$$v = (-l\dot{\theta}sin\theta, \ l\dot{\theta}cos\theta) \tag{10.13}$$

$$s = \sqrt{\dot{x}^2 + \dot{y}^2} = l\dot{\theta} \tag{10.14}$$

10.4 센서와 구동기

센서^{sensor}는 기기의 내·외부 조건 및 상황을 계측하기 위해 사용되는 장치이다. 로봇에 사용되는 센서는 내부 센서와 외부 센서로 구분할 수 있다. 내부 센서$^{internal\ sensor}$는 로봇 팔의 회전 각도나 이동 로봇의 바퀴 회전속도와 같이 로봇의 동작을 제어하는데 필수적인 상태 값을 측정하는 센서를 말한다. 모터 회전량을 계측하는 엔코더, 기계의 작동범위를 제한하는 한계 스위치 등이 내부 센서에 속한다. 외부 센서$^{external\ sensor}$는 로봇의 동작 환경과 작업 대상체에 대한 정보를 수집하는 것들이다. 작업 대상을 인식하기 위한 카메라, 전방

장애물을 감지하는 초음파 센서 등이 외부 센서에 속한다.

구동기^{actuator, 驅動機}는 관절이나 바퀴에 부착되어 로봇을 움직이게 하도록 힘을 전달하는 역할을 한다. 구동기에는 전기식, 공압식, 유압식 등이 있다. 로봇이 원하는 행동을 하게 하려면, 실제 결과와 목표 값의 차이를 분석하여 차이를 최소화하도록 구동기에 대한 제어 신호를 조정해야 한다. 이와 같은 오차 측정과 그에 따른 제어 신호 조정을 제어^{control}라고 한다.

10.4.1 내부 센서

내부 센서는 로봇 자체의 상태를 측정하는 데 사용한다. 이러한 센서로는 엔코더, GPS, 자이로스코프, 가속도 센서, 관성측정 장치, 지자기 센서, 자세 방향기준 장치 등이 있다.

1) 엔코더

엔코더^{encoder}는 모터에 장착되어 모터의 회전각도 및 속도를 측정하는 센서인데, 높은 해상도와 높은 정밀도를 지원할 수 있다. 가격이 비싸지 않아 회전체의 제어가 필요한 분야에서 널리 사용된다. [그림 10.8]은 광학 엔코더의 원리를 설명한 것인데, 회전축에 원형의 디스크가 끼워져 있고 원반에는 일정 간격으로 구멍이 파여 있다. 그림에서 보는 바와 같이 발광 소자인 LED에서 나온 빛이 디스크의 구멍을 통해 수광 소자인 광 다이오드에 전달되면, 수광 소자는 빛이 전달될 때마다 한 주기의 구형파^{square wave, 矩形波}를 발생시킨다. 이러한 구형파의 수와 주파수를 확인하면 디스크에 연결된 축의 회전 각도와 속도를 알 수 있다. 엔코더를 이동 로봇에 장착하면, 로봇의 이동 거리와 위치를 결정하는데 필요한 기본 데이터를 수집할 수 있다.

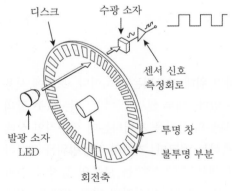

그림 10.8 **엔코더의 동작 원리**

2) GPS 센서

GPS$^{\text{Global Positioning System}}$는 미 국방성에서 개발한 것으로 위성을 이용하여 위치, 속도 및 시간 측정 서비스를 제공하는 시스템이다. GPS는 3차원 위치, 고도 및 시간을 정확하게 측정할 수 있고, 전 세계적으로 공통 좌표계를 사용한다. GPS 센서는 최소 4개의 위성으로부터 발사되는 전파의 지연시간을 측정하여 위성에서 현재 위치까지의 거리를 구하고, 현재 위치에 대한 위도, 경도, 고도를 결정한다.

3) 자이로스코프

자이로스코프^{Gyroscope}는 그리스어 Gyro^{회전}와 Skopein^{본다}가 합성된 단어로 '회전을 본다'는 의미를 지닌다. 자이로스코프는 '회전하는 축$^{\text{axis, 軸}}$은 외력에 저항하며 현재 상태를 유지한다'는 성질을 이용한 측정 장치이다. [그림 10.9(a)]와 같이 자이로스코프는 짐발$^{\text{gimbal, 수평}}$ $^{\text{유지 장치}}$에 설치되어, 외부로부터의 토크의 영향이 최소화되며, 장착된 짐발이 움직이더라도 회전축$^{\text{spin axis}}$ 방향은 거의 유지된다. 짐발과 회전축이 이루는 각도와 발생하는 각가속도를 이용하면, [그림 10.9(b)]의 항공기에서처럼 움직이는 대상의 자세를 확인할 수 있다. 진행 방향 x축을 중심으로 한 회전 각도는 롤각$^{\text{roll angle}}$, y축을 중심으로 한 회전 각도는 피치각$^{\text{pitch angle}}$, z축을 중심으로 한 회전 각도는 요각$^{\text{yaw angle}}$이라고 한다. 자이로스코프는 롤각, 피치각, 요각을 측정할 수 있는데, 이들 데이터를 사용하면 각가속도를 계산할 수 있다.

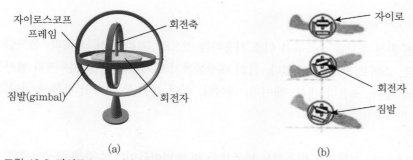

그림 10.9 **자이로스코프** (a) 자이로스코프의 구조 (b) 항공기 자세 인식

4) 가속도 센서

가속도 센서^{accelerometer}는 선형 가속도와 기울임 각도를 측정하는 센서인데, 보통 제한된 모션 감지 기능을 제공한다. 가속도 센서는 물체의 관성과 복원력에 의한 변위의 크기로부터 가속도를 측정한다. 최근에는 전자회로와 기계부품을 통합하여 칩 형태로 만드는 MEMS $^{\text{Micro Electro Mechanical System}}$ 기술을 통해, 가속도 센서는 초소형 칩 형태로 제작되기도 한다.

5) 지자기 센서

지자기 센서^{geomagnetic sensor}는 지구 자기장을 측정하는데, 금속 탐지나 나침반 기능을 구현하는 곳에 사용한다. 금속의 가는 선을 통해 흐르는 전류 흐름과 직각으로 자기장이 적용될 때, 금속선에서 저항의 변화가 생기는 것을 활용하여 지구 자기장의 방향을 측정한다.

6) 관성측정장치

관성측정장치^{inertial measurement unit, IMU}는 이동 관성을 측정하는 가속도계, 회전 관성을 측정하는 자이로계, 선택적으로 방위각을 측정하는 지자기계를 하나로 통합한 센서를 말한다. 이 장치에서 측정한 가속도와 각속도를 적분하면 이동 거리를 측정할 수도 있다. 최근에는 MEMS 기술을 활용하여 작은 칩 형태로 출시되고 있다.

7) 자세 방위 기준장치

자세 방위 기준장치^{attitude heading reference system, AHRS}는 가속도계의 가속도, 자이로스코프의 가속도, 지자기계의 방향 정보를 이용하여, 3차원 공간 상에 자세^{attitude}와 방위각^{heading}에 대한 정보를 출력한다.

10.4.2 외부 센서

외부 센서는 주변 환경 정보를 습득하기 위해 사용하는 것으로, 거리 센서, 카메라, 움직임 센서, 마이크로폰, 스마트 센서 등이 있다. 특히 대상물까지의 거리를 측정하는 거리 센서에는 적외선 거리 센서, 초음파 센서, 레이더, 라이다, 깊이 센서 등 다양한 종류가 있다.

1) 적외선 센서

적외선 센서^{infrared sensor}는 적외선을 방출하는 발광부와 빛을 받아들이는 수광부로 구성된다. 발광부에서 발생한 적외선이 물체에 부딪혀 반사된 것을 수광부에서 감지하여, 물체의 유무와 거리 등을 측정한다. 적외선 센서는 아날로그 방식으로, 대상 물체의 색상, 명암 변화, 태양광의 세기, 전기 불빛 등 주변 환경의 영향을 받는다. 적외선 센서는 거리 측정뿐만 아니라 움직임 감지를 위해 사용된다.

2) 초음파 센서

초음파 센서^{ultrasonic sensor}는 가청 주파수(20~20KHz)보다 높은 초음파를 사용하여 물체를 감지한다. 초음파 센서는 이동 로봇의 장애물 감지용, 자동차 후방 감지용 등에서 널리 사용되고 있다. 초음파의 전파속도(상온 344m/s)는 온도에 영향을 받기 때문에, 적용환경 온도를 고려하여 거리 계산이 이루어져야 한다.

3) 레이더

레이더^{RADAR, Radio Detection And Ranging}는 강한 전자기파를 발사하고 그것이 물체에 맞고 반사되어 되돌아오는 전자파를 분석하여 대상물과의 거리를 측정한다. 파장이 긴 저주파를 사용하면 전파의 감쇄가 적어 먼 곳까지 탐지할 수 있지만, 해상도가 떨어지고, 파장이 짧은 고주파를 사용하면 눈, 비, 수증기, 먼지에 의해 대기 중에서 흡수 또는 반사가 일어나 감쇄가 커서 먼 곳까지 탐지할 수 없지만 높은 해상도를 얻을 수 있다. 주파수와 출력에 따라 수백 km 범위를 측정하는 레이더에서부터 수 m 이내 범위의 레이더도 있다. 자동차에도 널리 탑재되어 주행 중 위험 상황에 대한 경고를 하는 데 사용되고 있다.

4) 라이다

라이다^{LIDAR, Light Detection And Ranging; LADAR, Laser Detection And Ranging}는 빛이나 레이저를 쏴서 반사광을 분석하여 거리를 측정하는 장치이다. 빛이나 레이저를 쏜 후에 물체에 반사되어 돌아올 때까지 걸린 시간을 비행시간^{Time Of Flight, TOF}이라고 한다. 거리는 (광속×비행시간)/2로 구해진다. 라이다는 자외선^{ultraviolet}, 가시광선, 근적외선^{near infrared}, 레이저 등을 사용하는데, 정확도와 해상도 높은 측정값을 제공한다. 라이다는 자율주행 자동차에서 매우 중요한 센서로 활용되는데, 아직 고가의 장치이지만 최근 가격이 크게 낮아지고 있다.

5) 깊이 센서

깊이 센서는 대상물까지의 거리를 측정하는 센서들을 말한다. 깊이를 측정하는 방식으로 비행시간^{flight time} 방식과 구조광^{structured light} 방식이 대표적이다. 비행시간 방식은 발광에서 반사광의 감지까지 걸린 시간을 통해 거리를 측정하는 방식으로, 위에 살펴본 대부분의 방식이 사용하는 것이다. 구조광 방식은 특정 패턴의 광을 쏜 후, 패턴의 축소 및 왜곡을 측정하여 거리를 측정하는 방식이다. 이러한 깊이 센서들은 거리를 2차원 행렬의 값으로 표현한 점구름^{point cloud} 형태의 데이터를 생성한다.

6) 소나

소나^{Sound Navigation and Ranging, SONAR}는 음파에 의해 수중목표의 방위 및 거리를 알아내는

장치인데, 음향탐지 장비나 음탐기라고도 한다. 소나는 수중에서 약 초속 1,500m인 음파를 사용하는데, 잠수함이나 수중 로봇에서는 거의 유일하다고 볼 수 있는 거리 및 장애물 탐지 센서이다. 압력파인 음파를 발생시켜서 반사되어 돌아오는 음파의 전파 시간을 측정하여 거리를 측정한다. 이처럼 음파를 발생시켜서 거리를 측정하는 것을 능동 소나^{active sonar}라고 한다. 음파를 발생시키지 않고, 외부에서 발생한 음파를 수신하여 다른 잠수함이나 함선 등을 찾아내는 소나를 수동 소나^{passive sonar}라고 한다.

7) 비전 센서 (영상 카메라)

시각을 통해 인간이 얻는 정보는 다른 감각기관에 비교할 수 없을 만큼 크다. 카메라를 통해서 RGB 영상이나 열화상 영상을 획득할 수 있다.

8) 움직임 감지 센서

움직임 감지 센서^{motion sensor}는 외부 대상의 움직임이나 센서 자체의 움직임을 측정하는 센서를 말한다. 외부 대상의 움직임을 감지하는 데는 적외선 센서, 초음파 센서 등이 사용될 수 있다. 센서 자체의 움직임을 측정하는 데는 가속도 센서 등이 사용될 수 있다. 이러한 센서는 스마트폰의 움직임을 감지하는 데 사용되고 있다.

9) 마이크로폰

마이크로폰^{micriphone}은 외부 환경의 소리를 받아들이는 역할을 한다. 주변 환경의 배경음을 통해 로봇의 상황을 인지하기도 하고, 사람이 목소리로 내리는 명령을 받아들이기 위해 사용하기도 한다.

10) 스마트 센서

스마트 센서^{smart sensor}는 마이크로프로세서를 내장하고 있어서 자체적인 처리 능력이 있는 센서를 말한다. [그림 10.10]과 같이 스마트 센서는 센싱 기능에 신호 처리와 통신 기능을 함께 포함하고 있는 형태로서, 측정된 신호에 대해서 아날로그-디지털(DA)변환, 잡음 제거, 데이터 압축 등과 같은 처리를 하여 신뢰할 수 있는 안정적인 결과를 통신 네트워크 인터페이스를 통해서 제공한다.

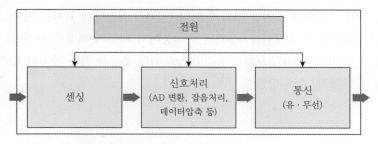

그림 10.10 **스마트 센서의 구성요소**

10.4.3 구동기

구동기는 로봇의 관절이나 바퀴 등에 제어 신호에 따라 물리적인 움직임을 주는 장치이다. 구동기에는 크게 전기 모터로 움직이는 전기식, 동작 장치에 기름을 넣어 압력을 가해 압력으로 움직이게 하는 유압식^{hydraulic}, 압축 공기를 사용하는 공기압식^{pneumatic}이 있다.

전기식 모터가 저렴하고 응답이 양호하며 반복 작업에 정밀한 편이기 때문에, 구동기에는 모터가 주로 사용된다. 모터에도 여러 가지 종류가 있는데, 전원을 연결하면 전원이 끊길 때까지 회전하는 일반 DC 모터, 모터 축의 위치에 대한 제어 신호를 받으면 해당 위치로 이동하여 상태를 유지하는 서보 모터$^{servo\ motor}$, 인가하는 펄스 수에 비례하여 회전하는 스테퍼 모터$^{stepper\ motor}$ 등이 주로 사용된다. 모터에도 회전 운동을 하는 모터와 직선 운동을 하는 모터가 있다. 직선 운동을 하는 모터를 리니어 모터$^{linear\ motor}$라고 한다.

DC 모터는 단순한 구조 덕분에 널리 사용된다. DC 모터의 속도를 연속적으로 가변하려면 모터에 가해지는 구동 전압을 바꾸면 된다. 구동 전압을 변화시키는 방법으로 아날로그 방식과 펄스폭 변조 방식이 있다. 아날로그 방식은 직접 구동전압 자체를 변화시키는 것인데, 속도가 변하는 범위가 클 경우에는 제어회로 구성의 특성상 저속일 때 열 손실이 많이 생길 수 있다. 펄스폭 변조$^{PWM,\ pulse\ width\ modulation}$ 방식은 모터 구동 전원은 일정 주기^{period}로 On-Off하는 펄스^{pulse} 모양으로 하고, 대신 펄스의 지속시간비$^{duty,\ On\ 시간과\ Off\ 시간의\ 비}$를 변경하여 모터 속도를 조절한다. 펄스의 지속시간비가 클수록 속도가 빨라진다. 디지털 제어를 하는 시스템은 펄스폭 변조 방식의 모터를 많이 활용한다.

유압식 구동기에는 유압 실린더와 유압 모터가 있다. 유압 실린더는 유압으로 실린더 안의 피스톤을 움직이는데, 고압으로 큰 힘을 발생시킬 수 있다. 또한, 높은 정밀도로 위치를 결정할 수 있고, 속도를 쉽게 제어할 수도 있다. 유압 모터는 유압으로 회전 운동을 얻는 장치인데, 유압과 유량에 따라 토크와 회전 속도를 제어할 수 있다.

공기압식 구동기에도 공기압 실린더와 공기압 모터가 있다. 공기압 실린더는 공기를 압축 팽창시키면서 실린더 안의 피스톤을 움직인다. 공기만을 이용하기 때문에 깨끗한 환경이 요구되는 기기에서 활용할 수 있다. 공기압 모터는 공기압으로 회전 운동을 하는 장치인데, 모터를 구동한 후의 공기는 대기 중에 방출해 버릴 수 있다.

10.4.4 제어

로봇이 특정 임무를 수행하기 위해서는 관절, 바퀴, 단말 조작기의 구동기를 어떤 순서와 간격에 따라 가속, 정속, 또는 감속하는 조작을 해야 한다. 로봇의 임무 수행을 위해서는 미리 위치와 시간에 따른 궤적을 생성해야 하는데 이를 궤적 생성$^{\text{trajectory generation}}$이라고 한다. 생성된 궤적을 따라가도록 계산된 조작을 하더라도 기계적 정밀도의 한계, 오작동, 미끄러짐과 같은 환경적 요인 때문에 기대한 대로 동작하지 않을 수 있다. 어떤 시스템이 동작할 때, 목표와 실제 값의 차이를 보정^{補正}하여 목표한 대로 만드는 것을 제어라고 한다.

제어의 형태를 크게 개루프 제어$^{\text{open loop control}}$와 폐루프 제어$^{\text{closed loop control}}$로 나누어 볼 수 있다. 개루프 제어는 위치 궤적 및 속도 정보에 대한 제어 프로파일을 미리 계산한 다음, 제어 프로파일 대로 로봇 팔 등의 모터를 동작시키는 방식으로, 중간에 목표 값과 차이가 있어도 보정을 하지 않는다.

폐루프 제어에서는 현재 상태 정보를 센서를 통해 입력받아서 목표와 현재 상태의 차이, 즉 오차를 줄이도록 지속해서 제어입력을 결정한다. 폐루프 제어는 제어 결과를 반영하여 제어 입력을 보정하기 때문에 되먹임 제어$^{\text{feedback control}}$라고도 한다. [그림 10.11]은 폐루프 제어 시스템의 구성을 보인 것인데, 제어기를 통해서 제어 입력이 로봇 팔의 모터에 인가되고, 내부 센서를 통해서 위치, 속도 등의 데이터가 관측되면, 목표치와 관측치의 오차 정보가 제어기에 제공되는 구조로 되어 있다.

그림 10.11 **폐루프 제어 시스템 구성**

실제 응용 분야에서 많이 사용되는 대표적인 제어기법으로 PID$^{\text{Proportional-Integral-Derivative}}$ 제어기가 있다. 이 제어기는 제어 입력을 오차값, 오차값의 적분^{integral}, 오차값의 미분^{derivative}에 비례하는 값으로 결정한다. 제어기 설계는 제어 이론 분야에서 다루는 주제로 인공지능의 주요 범주에는 포함되지 않는다. 하지만, 인공지능 기법을 제어에 이용하는 지능 제어 분야가 있기는 하다.

10.5 구성요소 간의 통신 방식

로봇 시스템은 [그림 10.2]와 같이 다양한 요소들로 구성되는데, 이들이 상호작용하기 위해서는 데이터와 신호를 주고받는 통신을 한다. 하드웨어 요소간의 통신에 사용되는 여러 가지 방식이 있으며, 소프트웨어 요소 간의 통신 방식들도 있다.

10.5.1 하드웨어 요소 간의 통신

로봇 시스템에서 하드웨어 요소 간의 통신 표준으로 널리 사용되는 것으로는 UART, RS-232/422/485, SPI/I2C, USB 등이 있다. 이들 표준은 물리적인 규격뿐만 아니라 신호 규격 등을 정의하고 있다.

UART^{universal asynchronous receiver transmitter}는 GND^{기준 전압}, TX^{송신선}, RX^{수신선} 등의 통신선을 이용한 직렬통신을 하는 표준이다. UART는 병렬 데이터를 직렬 데이터로 변환하고, 또 역변환을 하기 때문에 보통 MCU^{마이크로 컨트롤러}를 내장한다. 비동기 방식으로 신호를 전달하므로, 미리 송신자와 수신자 쪽에서 전송 속도를 맞추어 설정해야 한다. 트랜지스터^{TTL} 전압(3V 또는 5V)으로 신호를 직접 전달하기 때문에 근거리 통신에만 사용된다.

RS-232/422/485는 TTL 전압으로 통신하는 UART 통신을 보완한 방식이다. TTL 전압인 3V/5V와 0V를 사용하지 않고, 12V/-12V 또는 25V/-25V 전압으로 신호를 전송하기 때문에, UART보다 먼 거리까지 통신할 수 있다. TTL 전압을 RS-232 전압으로 또는 그 반대로 신호를 변환하는 장치 또는 칩이 사용된다. RS-232는 1대1 통신을 지원하고, RS-422는 1대다 통신을 지원하고, RS-485는 다대다 ^{多對多} 통신을 지원한다.

SPI^{serial peripheral interface}와 I²C^{inter-integrated circuit}는 근거리 통신 규약으로, 1대다 통신을 지원한다. 일반적으로 같은 보드 내의 MCU를 연결하거나, MCU와 센서를 연결하는 데 사용된다. 이때 MCU는 마스터^{master}가 되고, 센서는 슬레이브^{slave}가 된다.

USB^{universal serial bus}는 다양한 병렬 방식 및 직렬 방식의 기기를 연결할 수 있는 표준이다.

USB는 물리계층의 규약과 통신 프로토콜을 포함하고 있는 규격이다. USB 통신을 하기 위해서는 해당 디바이스 드라이버device driver가 필요하다. 외부에서 연결되는 대부분 장치가 USB를 사용한다. UART 통신 모듈을 USB로 연결하는 것도 가능하다. 이를 위해서는 신호 변환 모듈칩과 함께 별도의 디바이스 드라이버가 필요하다.

10.5.2 소프트웨어 요소 간의 통신

로봇이 지능적으로 임무를 수행하려면, 다양한 소프트웨어 요소들이 시스템에 탑재되어야 한다. 이들 소프트웨어 요소들은 서로 데이터를 주고받아야 하기 때문에, 프로세스 간 통신 inter-process communication, IPC을 이용해야 한다.

같은 컴퓨터에서 소프트웨어 요소들이 운영된다면, 공유 메모리를 사용할 수 있다. 여러 개의 컴퓨터가 네트워크를 통해서 연결된 경우라면, 소켓socket을 이용하여 통신하는 것이 일반적이다. 소켓은 IP 주소와 포트 번호로 식별되는 통신 단말endpoint을 제공한다. 소프트 웨어 요소프로세스는 소켓을 만들어, 상대방으로 통신 요청을 받아들이고, 다른 상대 요소의 소켓을 통해서 상대와 통신을 한다.

다른 컴퓨터의 프로그램에 있는 프로시저를 사용하는 원격 프로시저 호출RPC, remote procedure call 기법이 소프트웨어 요소 간의 통신에 사용되기도 한다. 이러한 RPC 통신을 위해서는, 사용 가능한 원격 프로시저들에 관한 정보를 관리하는 레지스트리 서비스를 비롯하여, 원격 프로시저를 호출하고 원격에서 호출된 프로시저를 실행하여 결과를 반환하는 과정을 지원하는 미들웨어가 사용된다.

10.6 로봇 제어 패러다임과 구조

패러다임paradigm은 특정 부류의 문제에 대한 접근 방식을 특징짓는 철학, 가정 또는 기법을 말한다. 로봇이 상황에 맞게 행동하도록 제어하는 소프트웨어 시스템을 구성하는 데 적용 되는 여러 로봇 제어 패러다임이 있다. 이들 패러다임은 로봇이 다음 세 가지 기본기능 primitive, 즉 감지sense, 계획plan, 행동act을 어떻게 구성하는가에 따라 구별된다. 감지 기능은 센서를 통해 정보를 수집하고 다른 기능 모듈에 전달하는 것을 말한다. 계획 기능은 정보를 받아들여 로봇이 수행할 단일 작업 또는 일련의 작업을 생성하는 것을 가리킨다. 행동 기능은 모터 제어기 등에 출력 명령을 전달하여 행동을 수행하도록 하는 것이다. 로봇의 제어 패러다임은 이 세 기능의 구성방법에 따라 계층형 패러다임, 반응형 패러다임, 그리고 혼합형 패러다임으로 구별된다.

구조^{architecture}는 시스템 구성을 할 때 참고할 수 있도록 구성요소와 이들 간의 상호작용 관계를 명세한 것을 말한다. 제어 시스템의 구조는 제어 시스템을 구성하는 원칙적인 방법 및 제약조건을 명세한 것을 의미한다. 어떤 시스템을 만들 때, 특정 패러다임을 수용하고 해당 패러다임의 특정 구조를 채택하면, 해당 구조를 참조 모델$^{reference\ model}$로 하여 시스템을 체계적이고 효율적으로 개발할 수 있다. 여기에서는 로봇 시스템의 제어 패러다임들과 이 패러다임들을 수용한 대표적인 로봇 제어 구조에 대해서 살펴본다.

10.6.1 계층적 패러다임

계층적 패러다임$^{hierarchical\ paradigm}$은 로봇 소프트웨어를 구성할 때, 센서를 통해서 환경 및 시스템의 상태를 감지^{sense}하고, 감지한 결과를 통해서 계획^{plan}을 수립하고, 이를 바탕으로 행동$^{(act)}$을 하는 과정을 [그림 10.12]와 같이 반복하도록 하는 것이다.

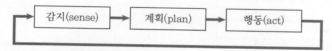

그림 10.12 **계층적 패러다임**

[표 10.1]은 계층적 패러다임의 단계별 입력과 출력을 보여준다. 감지 단계에서는 센서 데이터를 입력으로 받아 가공하여 로봇 및 환경에 대한 정보를 추출한다. 계획 단계에서는 센서 데이터로부터 추출된 정보와 시스템이 관리하는 추론된 상태정보를 참고하고, 로봇이 임무를 수행하기 위해 따를 계획을 수립하여 지시명령어^{directive}들로 출력한다. 행동단계에서는 계획의 지시명령어들을 참고하여 당장 수행할 동작을 위한 제어기 명령어^{command}를 생성하여 구동기를 움직인다. 구동기를 움직인 다음에는, 다시 감지 단계로 돌아가서 반복적으로 동작하게 된다.

실제 시스템을 구현할 때는 계획 단계에 시간이 많이 들기 때문에, 행동 단계에서 현재 주어진 계획의 첫 번째 작업만 하는 것이 아니라 시스템의 구성에 따라 계획의 여러 작업을 순차적으로 수행하게 만들 수도 있다. 계층적 패러다임은 어디까지나 기본 전략을 나타내는 것이고, 실제로는 이러한 전략을 기본으로 하면서 융통성 있게 시스템을 구성할 수 있다.

표 10.1 계층적 패러다임에서 단계별 입력 및 출력

기본 기능	입력	출력
감지	센서 데이터	감지된 정보
계획	감지되거나 인식된 정보	지시명령 (directives)
행동	지시명령	조작된 명령

계층적 패러다임을 따르는 대표적인 로봇 소프트웨어 구조로 중첩 계층 제어기 NHC 구조와 NIST 실시간 제어 시스템 RCS 구조가 있다.

1) 중첩 계층 제어기 NHC 구조

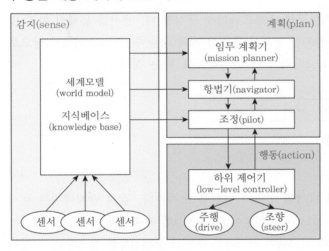

그림 10.13 중첩 계층 제어기 NHC 구조

NHC^{Nested hierarchical controller} 구조는 [그림 10.13]과 같이 계층적 패러다임에 따라 감지, 계획, 행동 세 가지 모듈로 구성되어 있다. NHC 구조에서 감지 모듈은 센서로부터 관측 데이터를 수집하여 세계모델^{world model} 자료구조를 갱신한다. 세계모델은 로봇이 위치한 환경과 로봇 자신의 내부 상태를 표현하는 자료구조를 말한다. 세계모델에는 건물 지도^{map}와 같이 미리 알려진 정보를 포함하기도 하고, 로봇이 사용할 수 있는 지식이 지식베이스로 구축되어 있다. 그래서 센서 데이터와 결합하여 추론을 통해 새로운 정보가 생성될 수도 있다.

세계모델이 갱신되고 나면, 계획 모듈이 어떤 행동들을 취할지에 대한 계획을 수립된다.

NHC는 로봇의 주행을 위해 제안된 계층적 제어 구조이기 때문에, 계획 모듈에서 항법navigation을 위한 계획이 생성된다. NHC의 계획 모듈은 임무 계획기mission planner, 항법기navigator, 조정pilot의 세 단계로 구성되는데, 각각은 자신이 담당한 계획부분을 생성하기 위해 세계모델을 접근할 수 있다. 마지막 조정 부분에서는 '좌회전', '초속 0.6m로 직진'과 같이 로봇이 수행할 동작으로 구성된 계획을 생성한다. 이들 동작은 행동 모듈의 하위 제어기low-level controller에 의해 실제 구동기에 대한 제어 신호로 변환된다. 하위 제어기와 구동기들이 실제 행동을 수행한다.

NHC 구조에서 계획수립은 [그림 10.14]에서 보는 바와 같이 계층적으로 수행된다. 임무 계획기는 사람으로부터 임무를 받거나, 자신이 임무를 생성한다. 임무 계획기는 항법기와 조정 부분에서 이해할 수 있는 형태로 주어진 임무를 변환한다. 예를 들면, 임무 계획기는 그림과 같은 건물 내부 지도를 사용해서 로봇의 현재 위치와 목표 위치를 지정하여, 로봇의 이동에 관한 임무를 기술한다. 항법기는 임무 계획기로부터 현재 위치와 목표 위치의 정보를 받아서, 로봇이 따라가야 할 경로path를 생성한다. 경로는 경유점waypoint들 또는 선분들의 집합으로 표현된다. 조정 부분에서는 경로의 첫 번째 선분이나 앞부분을 따라가기 위해 로봇이 수행할 행동을 결정한다. 이때 행동은 속도, 회전각도 등 구체적인 로봇의 이동에 관련된 것들로 기술된다.

NHC 구조에서는 조정 부분이 지시한 명령을 로봇이 수행한 다음, 감지 모듈이 실행되어 세계모델이 갱신된다. 그런데 계획 모듈의 계획수립 사이클 전체가 반복될 필요는 없다. 로봇이 이미 계획을 가지고 있으면, 임무 계획기나 항법기 부분을 다시 실행시킬 필요가 없고, 변화를 확인해 필요한 부분만 실행한다. 예를 들어, 로봇이 경유점에 도달했으면, 조정 부분은 항법기에 이 사실을 알린다. 해당 경유점이 목표 위치가 아니면, 항법기는 다음 경유지 정보를 조정 부분에 전달한다. 만약 경유점이 목표 위치라면, 항법기는 임무 계획기에 이를 알리게 되고, 임무 계획기는 새로운 목표를 제시하는 것과 같은 일을 하게 된다. 다른 상황으로, 로봇이 경로 중에 장애물을 만나게 되면, 조정 부분은 항법기를 호출하게 되고, 항법기는 새로운 경로를 계산하여, 조정 부분에 전달해 준다.

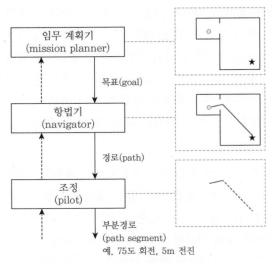

그림 10.14 NHC 구조에서 계획 모듈의 구성

NHC 구조는 계획수립과 행동을 번갈아 가면서 수행하는데, 계획을 실행하는 과정에서 예상한 것과 다른 상황이 생기면 계획을 변경한다. 계획을 수립하는 부분이 계층화되어 있고, 계층의 위쪽은 넓은 범위의 더 추상적인 작업을 하고, 아래쪽은 구체적인 작은 영역의 작업을 담당한다. NHC 구조의 계획 모듈의 형태는 항법 문제에는 적합하지만, 다른 형태의 임무 수행에는 맞지 않을 수 있다.

2) NIST 실시간 제어 시스템 RCS 구조

RCS^{Real-time Control System}는 미국 NIST^{National Institute of Standards and Technology}의 앨버스^{Jim Albus}가 개발한 로봇의 계층형 제어 구조이다. RCS에서 감지 관련 활동은 감각인식 모듈에 포함된다. 센서가 수집한 데이터에 대한 감각인식 결과는 세계모델링 모듈에 전달되고, 전달된 정보와 문제영역에 대한 지식 데이터베이스를 사용하여 세계모델이 갱신된다. 이 부분은 NHC 구조와 비슷한데, RCS 구조에서 감각인식 모듈이 센서와 세계모델링 사이에서 특징 추출 등의 전처리를 수행한다는 점은 구별된다.

가치 평가 모듈은 여러 계획을 생성하고 그것들이 실행 가능한지 확인하기 위해 시뮬레이션을 해본다. 시뮬레이션을 통과한 계획은 행동 생성 모듈에 전달되어, 로봇이 실제 실행할수 있는 동작들로 변환된다. 이들 동작은 행동 모듈에서 로봇의 구동기들에 대한 제어 명령으로 사용된다. RCS 구조는 세계모델에 해당하는 전역 메모리를 통해서 모듈들이 정보를 교환한다. 한편, 인식에 관련된 부분은 행동 모듈과 직접 연결되어 있지 않다.

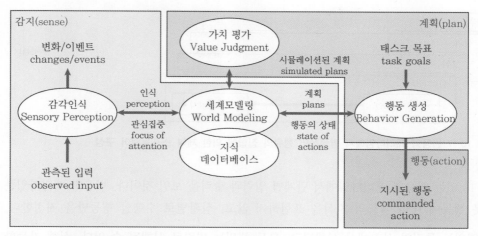

그림 10.15 **NIST RCS 구조**

계층적 패러다임은 감지, 계획, 행동 단계를 순차적으로 반복하면서 로봇을 제어한다. 반복 사이클마다 로봇은 전체 세계모델을 갱신하고 계획수립을 하는 단계를 거친다. 계획수립은 시간이 많이 소요되므로, 계획수립이 필요한 상황에서만 한다. 한편, 계층적 패러다임은 센서의 잡음, 구동기의 오류 등에 대한 불확실성 처리를 고려하지 않는다.

10.6.2 반응형 패러다임

파리, 모기 같은 하등 동물은 계획수립을 하지 않고 행동하는 것처럼 보이지만 생존에 필요한 일들을 훌륭히 해낸다. 반응형 패러다임[reactive paradigm]은 이 같은 방식을 참고하여 개발한 로봇 제어 패러다임이다. 반응형 패러다임은 [그림 10.16]과 같이 계획수립을 하는 단계가 없이 센서를 통해 감지된 상황별로 바로 어떤 행동을 할지 대응시킨다. 입력에서 감지된 상황별로 로봇이 수행할 행동을 대응시켜놓은 것을 각각 행위[behavior]라고 한다. 반응형 패러다임은 [그림 10.17]과 같이 로봇 제어 프로그램을 병렬적인 행위들의 집합으로 구성한다.

그림 10.16 **반응형 패러다임**

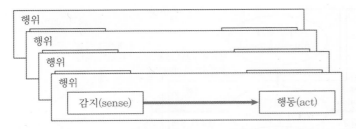

그림 10.17 **반응형 패러다임에서 병렬적인 행위의 집합에 의한 제어 소프트웨어 구성**

[표 10.2]는 반응형 패러다임에서 단계별 입력과 출력을 보인 것이다. 반응형 패러다임은 로봇 행동에 대한 별도의 지식을 표현하지 않고, 상황별로 수행할 행동만을 지정한다.

각 행위는 특정한 상황에서 실행되고, 모든 행위는 병렬로 실행될 수 있다. 실행 가능한 행위 간에 충돌이 생기면 중재仲裁를 하여 수행할 행위를 결정한다. [그림 10.18]은 반응형 패러다임을 따르는 로봇 시스템의 동작을 기술한 것인데, 로봇이 움직이다가 장애물이나 학생을 만나면 피하고, 연장자가 보이면 인사를 하며, 강의실이 보이면 강의실로 이동하도록 한다. 이들 행위는 모두 병렬적으로 실행 가능 여부가 결정되고, 두 가지 이상의 행위가 실행 가능하면서 충돌이 생기면 중재자를 통해 실행할 행동이 결정된다.

표 10.2 **반응형 패러다임에서 단계별 입력 및 출력**

기본 기능	입력	출력
감지	센서 데이터 ───▶	감지된 정보
행동	감지된 정보 ◀─── ───▶	조작자 명령

중재 전략에는 경쟁적, 협력적, 혼합적 방식이 있다. 경쟁적 중재 방식은 우선순위를 부여하든가 다수결 투표를 해서 충돌 상태인 행위 중에서 하나를 선택한다. 협력적 중재 방식은 실행 가능한 두 개 이상의 동작을 동시에 사용할 수 있도록 결합한다. 혼합형 중재 방식은 상황에 따라 경쟁적 중재 방식과 협력적 중재 방식을 사용한다.

반응형 패러다임을 따르는 시스템을 반응형 시스템reactive system이라고 한다. 반응형 시스템에서 실행 가능한 충돌 행위를 중재하기 위한 방법으로 경쟁적 중재 방식인 포섭 구조와 협력적 중재 방식인 전위장이 대표적이다.

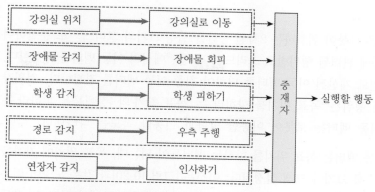

그림 10.18 **반응형 시스템 행위 구조의 예**

1) 포섭 구조

포섭 구조^{subsumption architecture}는 행위 모듈을 계층적인 구조로 구성한다. 하위 계층에는 "충돌 회피"와 같은 기본적 생존 기능이 위치하고, 상위 계층은 "지도 작성"과 같이 더 목표지향적인 행위가 차지한다. 즉, 하위 계층은 기본적인 역할을 하는 모듈로 구성되고, 상위 계층은 더욱 섬세한 제어가 가능한 구조이다. 보통 때는 하위 계층의 행동 모듈이 동작하다가 어떤 상위 계층의 실행 조건이 만족하면 하위 계층을 억제하고 상위 계층이 실행되는 방식이다. 즉, 실행 가능한 상태인 상위 계층 모듈은 하위 계층 모듈의 출력을 억제할 수 있다. 포섭 구조는 행위 모듈 간의 우선순위를 부여하는 역할을 하여, 상위 계층의 행위 모듈이 실행된 다음, 하위 모듈의 행위 모듈이 실행되게 한다. 이때, 상위 계층에는 하위 계층보다 더 구체적인 특수한 상황에서 적용되는 행동 모듈이 위치한다.

[그림 10.19]는 포섭 구조로 갖는 반응형 시스템의 예이다. 빛이 있는 쪽으로 향하지만, 시끄러운 곳과 장애물을 피하고, 탐험적으로 이리저리 움직이는 로봇의 이동 행위를 기술한 것인데, 위쪽 모듈일수록 우선순위가 높다. 그림에서 ⓢ는 억제^{suppression}를 나타내는 노드인데, 위에서 들어오는 신호가 1이면, 왼쪽에서 오는 신호를 억제하여, 상위 계층의 모듈이 하위 계측 모듈보다 실행 우선순위가 높다.

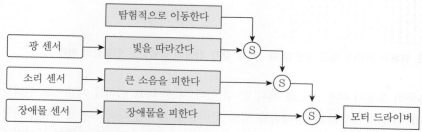

그림 10.19 **포섭구조로 표현된 반응형 시스템**
ⓢ는 억제노드이고, 상위 계층의 모듈이 하위 계층 모듈보다 실행 우선순위가 높다.

2) 전위장

전위장^{potential field} 방법은 로봇이 위치하는 2차원 공간을 일정 크기의 그리드^{grid}로 분할하여 표현하고, 로봇의 이동에 관련된 행위별로 그리드의 각 셀^{cell}에서의 이동 벡터를 계산한다. 각 셀에 대해서 행위별로 계산된 이동 벡터를 더하여 최종 이동 벡터를 결정한다. 전위장 방법에서 기본이 되는 행위는 '목표 위치를 향하라'는 '목표 찾기'와 '장애물을 피하라'는 '장애물 회피'이다. 이동 벡터는 로봇이 이동할 방향과 이동할 속도를 나타낸다.

'목표 찾기' 행위의 이동 벡터는 목표 위치를 향하는 벡터들이 되는데, 목표 위치에 가까울수록 크기가 작고, 멀수록 크기가 크게 설정된다. 이것은 [그림 10.20]과 같은 모양이 되는데, 그림에서 가운데 원 부분이 목표 위치이고 로봇이 목표 위치로 향해야 하므로, 모든 벡터가 목표 위치를 향한다. 이와 같은 '목표 찾기'에 대응하는 목표 위치를 향하는 벡터 필드를 인력장^{attractive field}이라 한다.

장애물을 피하라는 '장애물 회피' 행동에 대한 이동 벡터는 장애물에서 수직으로 나가는 방향을 갖고, 장애물에 가까울수록 크기가 크고 멀어질수록 작아지는 형태로 설정한다. 이는 로봇이 장애물에서 충돌하지 않고 멀어지게 하려는 의도이다. 장애물에 대한 행위의 벡터 필드는 [그림 10.21]과 같이 장애물이 벡터를 밀어내는 형태로써 척력장^{repulsive field}을 형성한다.

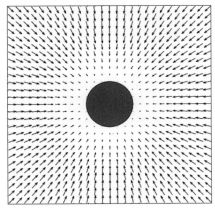

그림 10.20 **목표 위치가 가운데 둥근 부분일 때, '목표 찾기' 행동에 대응하는 인력장의 형태**

전위장을 이용하여 로봇의 이동 경로를 계획 할 수 있다. 우선 목표 위치를 기준으로 인력장을 그리드의 각 셀에서 계산하고, 장애물들 별로 척력장을 계산한 다음, 각 셀에서의 이동 벡터를 합성한다. [그림 10.22]는 하나의 목표 위치와 장애물이 있을 때 이들의 인력장과 척력장을 합성하여 얻은 벡터 필드이다. 이러한 벡터 필드가 주어지고, 로봇이 어떤 지점에 있으면, 해당 위치에서의 이동 벡터를 따라 움직이는 궤적을 구한다. 이 궤적은 로봇이 목표 위치로 이동하게 하는 경로계획이 된다.

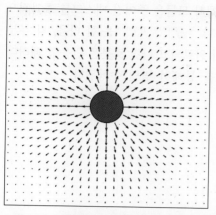

그림 10.21 **장애물이 가운데 둥근 부분에 있을 때, '장애물 회피' 행동에 대응하는 척력장의 형태**

전위장을 목표 위치 및 장애물을 기준으로 결정할 때, 전위장의 세기 및 확산 범위를 결정하는 방법은 여러 가지 있다. 인력장의 경우, 거리가 멀어질수록 세게 하는 경우도 있고, 일정 범위 내에서 모두 일정하게 할 수도 있고, 가까이에 있을수록 세게 하는 경우도 있다. 적용 분야에 따라 설계자가 선택하면 된다.

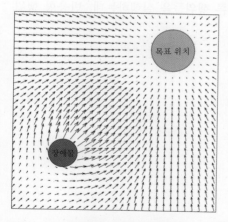

그림 10.22 **인력장과 척력장을 합성하여 얻은 벡터 필드**

10.6.3 혼합형 패러다임

혼합형 패러다임^{hybrid paradigm}은 [그림 10.23]과 같이 우선 계획수립을 해 놓은 다음에 이를 이용하여 반응형 패러다임처럼 로봇을 동작시킨다. 계획 모듈은 주어진 태스크를 효과적으로 완수할 수 있는 부분 태스크들로 분해하는 임무 계획수립^{mission planning}을 한 다음, 각 부분 태스크를 수행할 행위를 결정한다. 일단 계획 모듈이 완료되고 나면 로봇은 반응형 패러다임으로 동작한다. 즉, 실행 가능한 행위들이 중재를 통해서 병렬 수행된다.

그림 10.23 **혼합형 패러다임**

혼합형 패러다임에서 센서 데이터는 해당 센서를 사용하는 행위 모듈에 전달되고, 또한 계획 모듈에도 전달되어 계획 모듈 자체가 관리하는 세계모델을 최신 상태로 갱신하도록 한다. 계획 모듈은 각 행위 모듈이 감지하는 정보를 관찰하여 이용하기도 한다. 예를 들어, 장애물을 감지하는 행위가 실행되는 것을 확인하면, 계획 모듈은 세계모델에 장애물의 위치를 등록하여 차후 계획수립에 반영되도록 한다. 계획 모듈과 반응형 행위 모듈은 개별적으로 실행된다. 계획 모듈은 주기적으로(예, 5초) 실행되어 현재 상태에서의 계획을 생성한다. 반응형 행위 모듈이 새로 갱신된 계획에 따른 행위들을 실행하는데, 반응형 행위 모듈은 짧은 주기(예, 1/60초)로 실행된다.

표 10.3 **혼합형 패러다임에서 단계별 입력 및 출력**

기본 기능	입력	출력
계획	감지되거나 인식된 정보	지시명령 (directives)
감지·행동 (행위)	센서 데이터	조작된 명령

10.6.4 로봇 제어 코드 구현

로봇 시스템은 다양한 기능 모듈로 구성되어 있고, 개념적으로는 독립적으로 각각의 기능을 하고 있다. 따라서 각 모듈이 소프트웨어적으로 병렬로 실행되고 있는 것처럼 만든다. 이를 구현하는 방법은 각 모듈을 스레드^{thread}로 구현하는 것이다. 또 다른 한 가지 방법은 단일 프로세스^{process}를 사용하여 운영체제에서 시분할 처리하는 것처럼 모듈을 일정시간씩 돌아가면서 처리하도록 하는 것이다. 또는 각 모듈을 별도의 프로세스로 만들고, 이들이 필요에 따라 서로 통신을 하면서 조정을 하며 실행하도록 구현할 수도 있다. 일반적으로 이들 접근방법을 결합하여 사용한다.

10.7 로봇 소프트웨어 개발 프레임워크

로봇 시스템은 다양한 하드웨어 요소와 소프트웨어 요소들로 구성되어 있어서, 다양한 분야의 기술이 사용되고 여러 분야의 사람이 참여하여 개발해야 한다. 예전에는 로봇 시스템을 처음부터 끝까지 전체를 개발했지만, 이제는 많은 부분이 표준화되고 상품화되어 제공되고 있다. 하드웨어 부분의 개발도 하고 있지만, 최근에는 소프트웨어 개선과 개발이 많은 관심을 받고 있다.

소프트웨어 개발자 관점에서 하드웨어의 구체적인 부분을 충분히 파악하기는 쉽지 않다. 소프트웨어 개발자가 소프트웨어에 집중할 수 있도록 하기 위해서는, 하드웨어를 추상화하는 것이 필요하다. 하드웨어 추상화^{hardware abstraction}는 다양한 하드웨어의 차이를 숨기고, 일관된 형태로 하드웨어를 사용할 수 있도록 공통된 함수를 제공하여, 장치 독립적인 프로그램을 작성할 수 있도록 하는 것이다. 하드웨어 추상화가 제공되면, 소프트웨어 개발자는 하드웨어 플랫폼에 크게 신경 쓰지 않고 소프트웨어를 개발할 수 있다.

이러한 배경에서 로봇 소프트웨어 개발 프레임워크들이 개발되고 있다. 이들 프레임워크는 하드웨어 추상화뿐만 아니라 구동기 제어, 센서 사용, 위치 추정 및 지도 작성^{SLAM}, 인식 등 핵심 기능을 제공하는 하여, 로봇 응용 소프트웨어를 경제적으로 개발할 수 있도록 한다. 또한 소프트웨어 요소나 응용 프로그램이 쉽게 통신을 할 수 있도록 하는 미들웨어를 제공한다. 여러 가지 로봇 소프트웨어 프레임워크가 개발되고 있는데, 대표적인 것들로는 ROS, MSROS, OPRoS, OpenRTM, OROCOS 등이 있다. 최근 관심을 많이 끌고 있는 ROS에 대해서는 16장에서 자세히 소개한다.

10.8 로봇 계획수립

계획수립의 대상은 적용 분야마다 다르다. 로봇에서 계획수립은 사용자가 지시한 높은 수준의 작업 명령을 수행하기 위해 로봇이 어떻게 움직일지 결정하는 것이다. 이러한 작업

계획은 로봇에 대한 움직임 계획, 경로 계획, 궤적 계획 등으로 나누어 볼 수 있다.

움직임 계획수립motion planning은 로봇이 원하는 움직임 작업을 수행할 수 있도록, 움직임에 관련된 제약조건을 만족하게 하면서 평가 기준을 최적화하는 일련의 이산적인 움직임discrete motion들을 찾는 것이다. 움직임 계획은 피아노를 다른 방으로 옮기려면 어떻게 해야 할지 방법을 찾는 것과 같은 문제라고 하여 '피아노 옮기는 사람 문제'piano mover's problem라고도 한다.

경로 계획수립path planning은 주어진 시작 위치에서 목표 위치로 가기 위한 관절 공간joint space이나 이동 공간 내에서의 시간적 순서에 따른 위치들을 찾는 것이다. 관절 공간은 로봇 관절의 이동 및 각도 변위값들을 표현한 벡터공간으로, 로봇 팔이나 단말 조작기가 접근할 수 있는 공간을 말한다.

궤적 계획수립trajectory planning은 주어진 경로와 제약조건 및 로봇의 기계적인 특성을 고려하여 매 시점의 관절 또는 바퀴의 위치, 속도, 가속도 등의 값을 결정하는 것이다.

그림 10.24 **산업용 로봇의 교시 펜던트**

경로 계획과 궤적 계획은 수학적으로 모델링 하여 찾을 수 있기는 하지만 시간과 노력이 많이 요구되는 작업이다. 실제 산업용 로봇인 경우에서는 교시 펜던트teach pendant를 사용하여 이 작업을 수작업으로 쉽게 수행한다. 교시 펜던트는 [그림 10.24]와 같은 조정반인데, 작업자가 교시 펜던트를 통해 로봇을 수동으로 조정하면서 작업에 필요한 동작을 입력한다. 복잡한 작업 수행을 위한 작업계획은 6장에서 다룬 작업계획 기법들을 사용하여 수행되기도 한다.

10.9 위치 결정과 지도 작성

이동 로봇에서는 현재 로봇이 어디에 있는지 위치를 결정하는 것이 중요한 일 중 하나이다. 위치 결정 문제는 미리 지도로 가지고 있으면서 환경 정보를 이용하여 위치를 확인하는 경우와, 지도가 없기 때문에 주변을 배회하면서 지도를 작성해가며 위치를 확인하는 경우로 나누어 볼 수 있다.

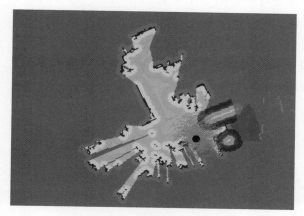

그림 10.25 **동시적 위치 결정과 지도 작성 (SLAM)**

10.9.1 동시적 위치 결정과 지도 작성

지도가 있으면 센서 데이터를 참고하여 로봇의 위치를 결정할 때는 센서 관측정보를 직접 지도에 대조하여 위치를 결정하거나, 건물의 모퉁이^{corner}나 랜드마크^{landmark, 쉽게 식별할 수 있게 인위적으로 환경에 부착한 표지물} 등의 특징을 추출하여 위치를 결정하기도 한다. 한편, 지도, 센서 데이터 등이 정확하지 않기 때문에 확률적인 모델을 사용하여 위치를 표현하기도 한다.

지도가 없을 때, 지도를 만들면서 위치를 확인하는 것을 동시적 위치 결정과 지도 작성^{simultaneous localization and mapping} 또는 SLAM^{슬램}이라고 한다. 지도를 작성하기 위해, 로봇은 지도에 나타나지 않은 주변 지역을 탐험하면서 지도를 작성한다. 한편, 작성한 지도상에서 자신의 현재 위치를 결정한다. 작성된 지도를 사용하여 경로 계획을 하고 원하는 목표 지점으로 이동할 수도 있다. 지도는 2차원 지도 뿐만 아니라 3차원 공간지도 형태로 작성되기도 한다.

[그림 10.25]는 동시적 위치 결정과 지도 작성을 할 때 작성된 지도의 예이다. 로봇이 탐험한 지역에 대해서는 지도가 그려지고, 장애물과 장애물에 가까운 영역은 다른 색상으로

표현되어 있다. 로봇의 현재 추정 위치는 검은색 큰 원으로 표현되어 있는데, 현재 위치를 정확히 확정할 수 없으므로 작은 점들을 주변에 나타내고 있다. 이들 점의 위치도 로봇이 될 가능성이 있다는 것을 나타내는데, 각 점에는 로봇이 현재 해당 위치에 있을 확률을 가진다. 이들 점을 파티클particle이라고도 한다.

이동 로봇은 현재 위치 및 상태와 입력에 따라 자신의 위치를 결정하는 함수식인 동적시스템 방정식dynamics equation을 가진다. 그런데 로봇의 주변 환경의 영향, 예를 들면 바닥의 미끄러짐 등 마찰력에 영향을 주는 요소, 모터 출력에 대한 잡음 등으로 인해서 동적시스템 방정식에 꼭 맞게 로봇이 동작하지는 않는다. 그래서 로봇은 각종 센서를 통해서 위치 관련 정보를 수집하여, 동적시스템 방정식의 계산 결과를 보완하여 위치를 추정한다. 이때 사용하는 대표적인 방법으로 칼만 필터와 파티클 필터가 있다.

10.9.2 칼만 필터

위치 결정을 위해 널리 사용되는 대표적인 방법으로 칼만 필터Kalman filter가 있다. 칼만 필터를 적용할 때는 추정하려는 은닉 변수hidden/latent variable와 센서로부터 수집되는 관측 변수가 있다. 은닉 변수는 직접 측정되거나 관측되지 않지만 알고 싶은 대상으로, SLAM에서는 로봇의 현재 위치 등이 이에 해당한다. 관측 변수는 직접 관측되고 측정되는 대상으로, 센서를 통해 획득되는 것들이 이에 속한다. 칼만 필터에서는 다음과 같은 전제를 한다.

첫째, 은닉변수는 정확히 알 수 없으므로 가우시안 분포로 표현한다. 그래서 은닉변수는 평균 벡터 x와 공분산 행렬 P를 사용하여 정의한다.

둘째, 위치 등의 상태 변화를 나타내는 동적시스템dynamic system 방정식이 선형시스템linear system으로 표현된다. 즉, 시점 t에서의 시스템의 상태를 나타내는 벡터 x_t를 어떤 행렬 A와 직전 상태 x_{t-1}를 사용하여 다음과 같이 표현할 수 있다고 가정한다. 여기에서 w_k는 공분산 행렬이 Q인 정규분포를 따르는 잡음 벡터noise vector이다.

$$x_t = Ax_{t-1} + w_k \qquad\qquad (10.15)$$
$$w_k \sim N(0, Q)$$

셋째, 센서를 통해서 관측되는 관측값 z_t가 해당 시점의 내부 상태 x_t의 선형변환으로 얻어진다. 여기에서 v_t는 공분산 행렬이 R인 정규분포를 따르는 관측 잡음 벡터이다.

$$z_t = Hx_t + v_t \tag{10.16}$$
$$v_k \sim N(0, R)$$

로봇의 이동 위치를 칼만 필터를 사용하여 추정할 때는, 로봇의 내부 상태 변화를 나타내는 (식 10.15)에 있는 동적시스템 방정식의 행렬 A와 잡음에 대한 공분산 행렬 Q는 개발자가 로봇의 이동 특성을 분석을 하여 직접 결정해줘야 한다. 또한 내부 상태값과 관측값의 관계를 나타내는 (식 10.16)의 행렬 H와 관측 잡음의 공분산 행렬 R을 결정해야 한다.

칼만 필터는 예측단계와 갱신단계를 번갈아가면 수행한다. 예측단계에는 (식 10.15)의 동적 시스템 방정식을 사용하는데, 직전 추정 위치 $\hat{x}_{t-1}$과 직전 공분산 행렬 P_{t-1}로부터 현재 상태에 대한 예측 평균 벡터 x_t^-와 예측 공분산 행렬 P_k^-를 다음과 같이 계산한다.

$$x_t^- = A\hat{x}_{t-1} \tag{10.17}$$
$$P_t^- = AP_{t-1}A^\top + Q_t \tag{10.18}$$

갱신단계에서는 현재 관측값 z_t와 추정위치 x_t^-를 사용하여 조정된 현재 추정위치 $\hat{x}_t$를 구하고, 또한 추정위치에 대한 공분산 행렬 P_t를 다음과 같이 계산한다.

$$\hat{x}_t = Ax_t^- + K_t(z_t - Hx_t^-) \tag{10.19}$$
$$P_t = (I - K_tH)P_t^- \tag{10.20}$$
$$K_t = P_t^-H^\top(HP_t^-H^\top + R)^{-1} \tag{10.21}$$

여기에서 K_t는 칼만 이득$^{\text{Kalman gain}}$이라고 하는데, 관측된 위치 z_t와 예측 평균위치 x_t^-에 의해 관측될 것으로 기대되는 위치 Hx_t^-의 차이값을 가지고 위치를 보정할 때 이용된다. 추정되는 평균위치 $\hat{x}_t$와 공분산 행렬 P_t는 다음 시점에는 직전 시점의 추정 위치와 공분산 행렬이 된다. 칼만 필터는 위와 같은 동적시스템 방정식을 사용하여 현재 위치를 추정하는 예측 단계와, 관측 데이터를 사용하여 예측 값을 보정하는 갱신 단계를 반복하며, 로봇의 현재 위치를 지속적으로 추정한다.

1차원 직선을 속도가 변하면서 이동하는 로봇의 위치를 칼만 필터로 추정하는 예를 생각해 보자. 추정하려는 위치 p와 속도 s는 은닉변수 $x = [p \ s]^\top$로 나타내자. 이때 샘플링 시간 간격을 Δt라고 하면, 시간 t에서 상태를 나타내는 동적시스템 방정식은 다음과 같이 정의할 수 있다.

$$x_t = \begin{bmatrix} 1 & \Delta t \\ 0 & 1 \end{bmatrix} x_{t-1} + w_t \tag{10.22}$$

위 식은 $p_t = p_{t-1} + \Delta t \cdot s_{t-1} + w_{tp}$와 $s_t = s_{t-1} + w_{ts}$를 표현한다. 여기에서 $w_t = [w_{tp}\ w_{ts}]^\top$는 잡음 벡터를 나타내는데, 평균벡터가 $[0\ 0]^\top$이고 아래와 같은 공분산 행렬이 Q인 정규분포에서 표본 추출되어 만들어지는 값이라고 하자.

$$Q = \begin{bmatrix} 5 & 0 \\ 0 & 10 \end{bmatrix}$$

관측값을 표현하는 방정식은 로봇의 특성을 반영하여 결정되는데, 이 예에서는 속도가 관측되므로 다음과 같은 형태로 정의할 수 있다.

$$z_t = [1\ 0]x_t + v_t \tag{10.23}$$

여기에서 관측값은 속도 s_t 한 가지만 주어지기 때문에, v_t는 평균이 0이고 분산 R인 정규분포에서 표본 추출되는 값이 된다. 예를 들면, R은 10과 같은 상수값이다.

[그림 10.26]은 칼만 필터를 이용하여 위 예의 1차원 직선 상을 움직이는 대상의 위치를 추정한 결과이다. (a)에서 점으로 표시된 것이 관측된 위치를 나타내고, 실선으로 표시된 것은 칼만 필터에 의해 보정된 위치를 나타낸다. (b)는 칼만 필터로 구한 보정된 속도를 나타낸다. 그림은 물체가 평균 35m/s의 속도로 이동하고, 0.1초 간격으로 칼만 필터가 적용된 것으로 가정하고 실험한 결과이다. (a)에서 보정된 위치를 보면 평균 속도 35m/s에 부합하는 위치를 추정하는 것을 알 수 있다.

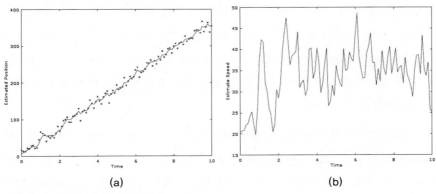

(a)　　　　　　　　　　　　　　　(b)

그림 10.26 **칼만 필터를 이용한 위치 추정**

10.9.3 파티클 필터

칼만 필터가 다양한 분야에서 널리 사용되고 있지만, 전제조건이 강하기 때문에 적용이 어려운 경우도 많다. 이러한 곳에는 파티클 필터를 적용하기도 한다. 칼만 필터에서처럼 로봇의 위치 등의 은닉 변수를 가우시안으로 가정하여 평균 벡터와 공분산 행렬로 표현하는 대신에, 파티클 필터$^{particle\ filter}$는 로봇의 위치를 표본^{sample}들의 분포로 나타낸다. 이때 사용되는 표본들을 파티클이라고 한다.

파티클 필터는 먼저 각 파티클을 동적시스템 방정식을 사용하여 이동시킨 다음, 주어진 지도 또는 상황에서 해당 위치가 참일 확률을 계산한다. 계산된 확률값에 따라 파티클을 다시 표본추출하여 파티클 집합을 구성한다. 이러한 파티클 이동 및 확률계산, 재 표본추출 과정을 반복하면, 파티클이 수렴하는 경향을 보인다. 이때 파티클들이 집중된 곳을 실제 로봇의 추정 위치로 간주한다. 파티클 필터는 로봇 이동 추적 등에서 널리 사용된다.

[그림 10.27]은 파티클 필터를 적용하여 이동로봇을 추적하는 과정을 보인 것이다. (a)에서 점들은 무작위로 표본 추출된 파티클들의 위치이다. (b)는 동적시스템 방정식에 의해 (a)의 파티클들을 이동시킨 이후의 위치를 나타낸다. (c)는 센서를 사용하여 현재 위치의 주변 정보를 수집하는 모습이고, (d)는 각 파티클이 센서 데이터에 부합되는 정도에 따라 확률이 결정된 모습이다. 확률이 높은 것은 진하게 표현되어 있다. (e)는 파타클을 확률에서 따라 표본추출한 결과이다. 이 과정을 반복하면 로봇의 실제 위치 부근에 많은 파티클이 모이게 된다.

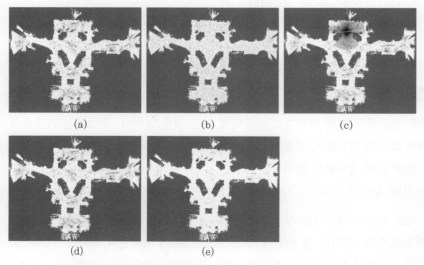

(a)　　　　(b)　　　　(c)

(d)　　　　(e)

그림 10.27 **파티클 필터의 적용 과정**

10.9.4 SLAM 알고리즘과 라이브러리

동시적 위치 결정과 지도 작성^{SLAM}을 위한 다양한 방법이 개발되어 있다. 대표적인 것으로 EKF SLAM, GraphSLAM 등이 있다. EKF SLAM는 로봇의 위치를 평균 벡터와 공분산 행렬을 사용하여 표현하는 확장 칼만 필터^{extended Kalman filter}를 사용하여, 지도를 작성하고 로봇의 위치를 결정하는 방법이다. GraphSLAM에서는 로봇이 이동하면서 방향 전환 등을 하는 시점의 포즈^{poze}를 노드로, 인접 포즈간의 움직임에 대한 관측 정보 등을 간선^{edge}으로 하는 그래프를 만들어 간다. 그리고 그래프 정보를 이용하여 이전에 방문했던 지역을 다시 방문하게 되는 상황을 판단하고 지도를 보완하고 수정한다.

SLAM에서는 로봇이 지도 상에 이미 등록한 위치를 다시 방문하게 될 때, 현재 측정된 관측 데이터와 지도 상에 존재하는 동일 대상에 대한 데이터 간의 일치를 찾아내고, 관련 데이터를 연결하여, 누적된 오류를 감소시켜 지도의 정확도를 높이는 과정이 중요하다. 이 과정을 SLAM에서는 루프결합^{loop closure}이라고 한다.

대표적인 SLAM 라이브러리로 Gmapping과 Cartographer가 있다. Gmapping은 그리세티 ^{Giorgio Grisetti} 등이 OpenSLAM에 소스를 공개한 SLAM 라이브러리이다. Gmapping은 파티클 필터를 사용하여 SLAM 문제를 해결하는데, 소스 코드는 C++로 작성되어 있다. 이 라이브 러리는 ROS 환경에서 사용할 수 있는데, 2차원 지도만 생성할 수 있다.

Cartographer는 구글이 오픈소스로 공개한 SLAM 라이브러리이다. 이 라이브러리는 C++ 로 작성되어 있으며, ROS 환경에서 사용할 수 있다. Cartographer는 2차원 지도 뿐만 아니 라 3차원 지도를 실시간으로 생성할 수 있다.

10.10 항법

항법^{navigation, 航法}은 로봇이 지정한 목적지로 이동하게 하는 것을 말한다. 항법에는 기본적으로 다음의 네 가지 요소가 필요하다. 로봇이 움직이는 공간에 대한 지도, 로봇의 위치 계측과 추정 기능, 벽, 물체 등의 장애물을 탐지하는 기능, 그리고 목적지까지의 최적 경로를 계산하고 주행하는 기능 등이다.

미리 만들어진 지도 정보가 제공되는 경우도 있지만, 미지의 환경을 이동하며 지도를 만들어 가야 하는 경우도 있다. 후자의 경우가 SLAM을 하는 상황에 해당한다. 위치를 계측하고 추정하는 것은 10.9절에서 다룬 위치 결정에 관한 부분이다.

장애물 탐지는 각종 센서를 사용하여 수행되는데, 센서의 불확실성 때문에 여러 센서의 데이터를 결합하여 활용하게 된다.

최적 경로를 계산하는 것은 계획수립에 관련된 부분으로, 센서를 통해서 수집된 실시간 정보에 따라 동적으로 계획수립이 진행되어야 한다.

주행할 때는 충돌 가능한 장애물을 피하면서 목적지까지 빠르게 도달할 수 있는 속도를 선택해야 한다. 매 시점의 최적의 속도를 결정하기 위해서, 로봇의 병진^{竝進} 속도와 회전^{回轉} 속도에 대한 속도 탐색 공간$^{velocity\ search\ space}$ 안에서 현재 주어진 제약조건을 최적으로 만족하는 속도를 찾는 동적 윈도우 방식$^{dynamic\ window\ approach}$ 등이 사용되고 있다.

1. 협업로봇의 사례를 조사하고 이들 로봇의 특징을 기술하시오.

2. 로봇 소프트웨어에서 미들웨어의 역할에 대해서 설명하시오.

3. 로봇의 움직임에 대한 순기구학과 역기구학의 역할에 대해서 설명하시오.

4. 로봇의 내부 센서의 종류와 이들의 역할에 대해서 설명하시오.

5. 로봇의 외부 센서의 종류와 이들의 장단점에 대해서 설명하시오.

6. 로봇의 구동기에 사용되는 모터들의 종류와 특징에 대해서 설명하시오.

7. 제어에서 개루프 제어와 폐루프 제어를 비교하여 설명하시오.

8. 로봇 시스템의 하드웨어 요소간 통신 표준들에 대해서 설명하시오.

9. 로봇 제어 체계 구축을 위한 계층형 패러다임, 반응형 패러다임, 혼합형 패러다임을 비교하여 설명하시오.

10. 포섭 구조의 반응형 시스템에서 실행할 행동을 선택하는 방법에 대해서 설명하시오.

11. 전위장 방법을 사용하여 로봇을 이동시키기 위해서는 어떤 정보가 미리 주어져야 하는지 설명하시오.

12. 칼만 필터와 파티클 필터의 차이점을 설명하시오.

13. 산업용 로봇의 개발에 사용되고 있는 소프트웨어 플랫폼을 조사하고, 로봇 소프트웨어에 대한 오픈소스 플랫폼인 ROS를 활용하여 개발된 사례에 대해서 조사하시오.

14. 로봇과 주변장치를 연결하거나 공장 자동화(factory automation)를 위한 장치간 통신을 위해 사용하는 표준 통신 인터페이스인 ORiN(Open Robot/Resource Interface for the Network)에 대해서 조사하고 ORiN의 구조에 대해서 설명하시오.

15. 로봇 분야에서 마르코프 모델과 같은 확률 모델을 사용하는 이유에 대해서 설명하고, 로봇 분야에서 확률 모델이 적용되는 사례를 찾아보시오.

16. 10.9.2절에서 설명한 칼만 필터 적용 예를 실제 구현하고 결과를 확인하시오.

17. 16장의 로봇 운영체제 ROS를 참고하여 환경을 구축하고 제시된 실습을 해보시오.

로봇 3원칙 − Isaac Asimov (1920−1992)
1원칙. 로봇은 인간을 다치게 해서는 안 되며, 인간이 다치도록 방관해서도 안 된다.
2원칙. 1원칙에 위배되지 않는 한, 로봇은 인간의 명령에 복종해야만 한다.
3원칙. 1, 2원칙에 위배되지 않는 한, 로봇은 스스로를 보호해야 한다.

CHAPTER 11

규칙 기반 시스템 개발 도구 Jess

CHAPTER 11

규칙 기반 시스템 개발 도구 Jess

규칙 기반 시스템 개발 도구 Jess

규칙 기반 시스템^{rule-based system}을 구현하려면 추론엔진뿐만 아니라 규칙베이스 및 작업메모리 관리, 인터페이스 환경과 같은 여러 컴포넌트를 개발해야 한다. 이러한 부담을 줄여주면서 규칙 기반 시스템을 개발할 수 있는 개발 도구들이 전문가 시스템 개발도구^{expert system shell}라는 이름으로 개발되어 왔다. 이러한 개발도구에 문제 영역의 지식을 수집하여 정해진 형태로 표현하여 집어넣어 주기만 하면 규칙 기반 시스템이 만들어진다. 전문가시스템 개발도구로는 Jess, CLIPS, EXSYS, JEOPS 등 다양한 프리웨어와 상업용 제품이 개발되어 있다. 여기에서는 전문가시스템 개발도구 Jess에 대해 소개한다.

11.1 Jess

Jess^{Java Expert System Shell}는 Sandia National Laboratories에서 자바^{Java}를 사용하여 개발한 규칙 기반의 전문가 시스템 개발 도구이다. Jess는 상용이지만, 비영리 목적으로는 무료이기 때문에, 많은 개발자들이 사용하고 있다. Jess는 Rete 알고리즘을 구현한 매우 빠른 경량^{lightweight, 輕量} 규칙 엔진을 사용한다. Jess의 규칙에서 자바의 모든 API를 사용할 수 있다. 자바 응용 프로그램에서도 Jess를 호출하여 사용할 수 있다. 자바 응용 프로그램에 Jess를 컴포넌트로 사용하여 지식 기반 서비스를 쉽게 개발할 수 있다. 또한, Jess는 Eclipse 환경과 통합된 편리한 개발환경을 제공한다.

Jess에서 사실^{fact}을 기술할 때, 프레임과 유사하게 템플릿^{template}을 사용하여 기본 틀을 정의하고, 사실을 리스트 형태로 표현한다. 규칙은 3.10.2절에서 살펴본 바와 같이 조건부와 결론부로 구성되며, 결론부에는 스크립트를 사용하여 융통성 있게 작업을 기술할 수 있다. 한편, Jess는 조건문, 반복문과 같은 제어 구조를 사용할 수 있어서 규칙에 대한 추론 과정에서 다양한 작업을 할 수도 있다.

11.2 Jess 설치

Jess는 www.jessrules.com에서 다운로드 받을 수 있다. 다운로드 페이지로 접속 후 이름과 회사 그리고 이메일주소를 입력하면 각 버전별로 다운로드 할 수 있다. 'Trial versions'는 무료로 30일 동안 사용 가능하다. 다운로드한 압축파일을 압축해제하면 [그림 11.1]과 같은 폴더들과 파일들이 생긴다.

- bin
- docs
- eclipse
- examples
- lib
- LICENSE
- README
- jess
- jess

그림 11.1 **다운로드 파일 및 jess.bat 파일.**

'bin' 폴더에 Jess를 실행할 수 있는 배치파일이 들어 있고, 'docs' 폴더에 Jess에 관한 API 및 실행에 관한 문서 파일들이 있다. 'eclipse' 폴더에 Eclipse와 연동할 수 있는 플러그 인plug-in 파일들이 들어 있고, 'examples' 폴더에 예제 스크립트들이 있다. 'lib' 폴더에 Java에서 Jess를 연동해서 사용할 수 있게 하는 jar파일들이 들어 있다. 'bin' 폴더 안의 jess.bat을 실행하면 [그림 11.2]와 같이 Jess 콘솔창이 나타난다.

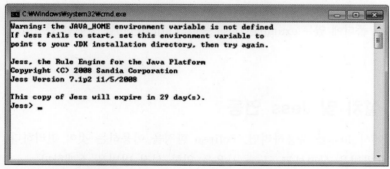

```
C:\Windows\system32\cmd.exe

Warning: the JAVA_HOME environment variable is not defined
If Jess fails to start, set this environment variable to
point to your JDK installation directory, then try again.

Jess, the Rule Engine for the Java Platform
Copyright (C) 2008 Sandia Corporation
Jess Version 7.1p2 11/5/2008

This copy of Jess will expire in 29 day(s).
Jess>
```

그림 11.2 **Jess 콘솔 창.**

Jess 콘솔창에서 Jess가 제대로 동작하는지 다음 명령문을 입력해 확인해 보자. 'Jess〉'는 Jess 콘솔 창의 프롬프트prompt이다.

```
Jess〉(printout t "Hello, world!" crlf) ;
```

Hello, world!
Jess〉(batch "examples/hello.clp") ;
Hello, world!

첫 번째 줄의 명령문은 printout 함수를 이용하여 콘솔 창에 메시지를 출력하는 것으로, 두 번째 줄의 문자열을 출력한다. 세 번째 줄은 batch 함수를 사용하여 파일에 저장된 Jess 스크립트를 실행하는 명령이다. 네 번째 줄은 폴더 'examples'에 있는 hello.clp 파일을 실행한 결과이다.

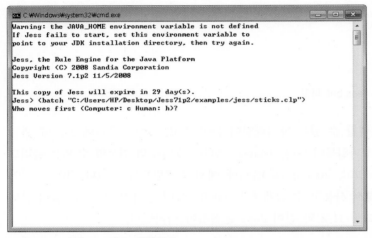

그림 11.3 **예제 스크립트 실행화면.**

[그림 11.3]은 다운로드 폴더에 있는 examples/jess 폴더의 sticks.clp를 실행한 화면이다.

11.3 Eclipse 설치 및 Jess 연동

Java 응용 프로그램에서 Jess를 사용하려면, Eclipse 환경을 이용하는 것이 편리하다. 먼저 Eclipse의 설치 방법을 살펴보고, Jess 사용을 위한 설정 방법을 소개한다.

11.3.1 Eclipse 설치

Eclipse는 www.eclipse.org에서 다운로드할 수 있다. Eclipse는 새로운 버전을 계속 공개하고 있으므로, 적합한 것을 선택하여 다운로드 한다. 여기에서 Luna 버전을 설치하는 것을 기준으로 한다. 접속한 홈페이지에서 Java와 관련된 플러그인을 포함한 운영체제 환경에 맞는 비트[32비트 또는 64비트]의 Eclipse 파일을 선택하여 다운로드 한다. 설치된 운영체제가 몇 비트용인지는 '내 컴퓨터'에 오른쪽 마우스 버튼을 눌러 [속성]창에 들어가서 확인할 수 있다.

다운로드한 파일을 압축해제하면 [그림 11.4]와 같은 내용을 포함한 폴더가 만들어진다. 여기서 'eclipse.exe' 이름의 동그란 아이콘을 클릭하면 Eclipse가 실행이 된다. Eclipse는 Java로 만들어졌기 때문에, 미리 Java를 설치해 두어야 한다. 실행 시 Java 관련 오류가 생긴다면 설정파일인 'eclipse.ini'을 편집기로 열어 Java 경로를 설정해 주면 된다.

그림 11.4 Eclipse 내부 폴더.

11.3.2 Eclipse와 Jess 연동

Java 응용 프로그램에서 Jess를 사용하려면, Jess 패키지를 import 할 수 있는 환경을 만들어줘야 한다. 설치된 Jess 폴더 내의 'lib' 폴더를 보면 [그림 11.5]와 같이 세 개의 jar 파일이 있다. Java 응용 프로그램에서 Jess를 사용하려면 'jess.jar' 파일이 필요하다. 이 파일의 경로를 Eclipse에서 등록을 해주어야, Jess를 패키지로 import할 수 있다.

그림 11.5 lib 폴더 내부 파일.

Eclipse에서 새로운 Java 프로젝트를 생성할 때, [그림 11.6]의 왼쪽과 같이 새로운 창이 나타난다. 이때 프로젝트 이름을 지정하고 'Next' 버튼을 누르면 오른쪽 그림의 창이 나타난다. 이 창에서 Libraries 탭으로 이동하면 프로젝트에 필요한 라이브러리를 추가할 수 있다. 이 창에서 'Add External JARs…'를 클릭하여 설치된 Jess 폴더를 찾아가 'jess.jar' 파일을 선택한다. 추가된 jar 파일은 [그림 11.7]의 왼쪽 그림과 같이 확인할 수 있게 된다.

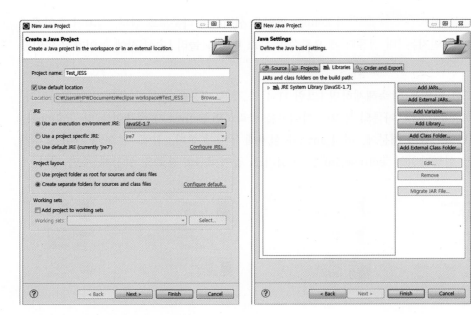

그림 11.6 Eclipse의 프로젝트 생성화면.

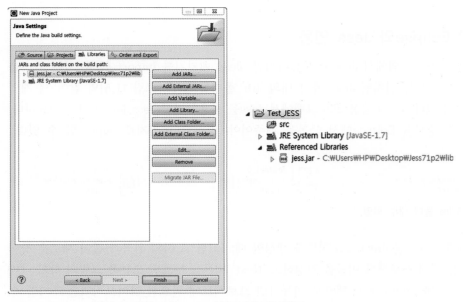

그림 11.7 Eclipse에서 프로젝트 내 Jess 라이브러리 추가화면.

'Finish'를 클릭하면 [그림 11.7]의 오른쪽과 같이 Referenced Libraries에 'jess.jar'가
추가된 것을 확인할 수 있다. 이제 Java 프로젝트에서 jess패키지를 import하여 사용할

수 있는 준비가 된 상태이다.

Jess를 Eclipse에서 플러그인으로 설치하면 편하게 사용할 수 있다. 플러그인을 설치하기 전에 우선 Eclipse를 종료한다. Jess 폴더([그림 11.1] 참고)의 'eclipse' 폴더 내부에는 [그림 11.8]와 같은 압축 파일들이 있다.

그림 11.8 Jess/Eclipse 경로의 내부 파일 목록.

[그림 11.8]의 각 압축 파일을 Eclipse의 'plugins' 폴더 내부([그림 11.4] 참고)에 복사하여 압축을 푼다. 그리고 나서 Eclipse를 다시 실행하면 플러그인은 자동으로 설치된다.

11.4 Jess 프로그래밍

이 절에서 Jess 프로그래밍 언어에 대해 소개한다. Jess는 전문가 시스템 언어이자 일반적인 프로그래밍 작업도 가능한 범용 프로그래밍 언어이다.

11.4.1 원소, 수, 문자열

Jess의 문장은 원소, 수, 문자열 등으로 구성된다. 원소$^{\text{atom, symbol}}$는 Jess 언어에서 가장 기본적인 구성요소로, Java 언어의 식별자와 같은 의미로 사용된다. Java 언어와 다르게 $, *, ., =, _, ?, # 등과 같은 특수문자를 포함할 수 있다. 단, $, ?, = 등은 첫 문자로 사용할 수는 없고 대소문자는 구별된다. Jess에는 Java의 null과 같은 의미로 사용되는 nil이 있고, crlf는 Java에서 \n과 같은 줄바꿈을 의미한다. TRUE와 FALSE는 논리적인 참, 거짓을 나타내는 기호이다. 다음은 Jess에서 원소로 사용할 수 있는 것들의 예이다.

       foo   Foo   first-value   contestant#1   _abc

수^{number}는 기본적으로 Java의 String 객체로 인식된 상태에서, 토큰에 따라 java.lang. Integer 클래스의 parseInt 함수나 java.lang.Double 클래스의 parseDouble 함수를 사용

하여 정수형과 부동소수점수로 각각 인식된다.

$$3 \qquad 4. \qquad 5.643 \qquad 6.0E4 \qquad 1D$$

마지막으로 문자열^{string}은 Java와 같이 큰따옴표를 붙여 표기한다. 문자열 안에서 큰따옴표를 쓸 경우는\를 앞에 붙여 사용한다. Java와는 달리 Jess는 줄바꿈 문자로\n을 사용하지 않는다.

11.4.2 리스트

리스트^{list}는 괄호를 이용하여 표현되는 자료구조로서 원소들의 모음을 나타낸다. Java에서 사용되는 같은 자료형으로 구성된 배열도 있는 반면에, 첫 번째 원소가 함수인 호출 리스트도 있다. 호출 리스트에서 첫 번째 원소는 헤드^{head}라고 하며 함수의 이름에 해당한다. 리스트가 주어지면 기본적으로 첫 번째 이름을 함수 이름으로 간주하고 나머지를 인자로 하여 함수를 호출한다. 예를 들어, (+ 2 4)라는 리스트에서 +는 함수이름, 2와 4는 인자가 되어, 2와 4를 더하라는 의미가 된다. 순수하게 항목의 모음인 리스트를 만들려고 하면 create$ 함수를 다음과 같이 사용한다.

> Jess〉 (create$ 계란 빵 우유)
> (계란 빵 우유)

11.4.3 변수

Jess의 변수^{variable}에는 자료형^{data type}이 별도로 없다. 변수는 원소, 수, 문자열 또는 리스트 등을 가리킬 수 있다. 변수를 만들려면 bind 함수를 사용하면 된다. 예를 들면, (bind ?x "hello")라는 문장은 ?x라는 변수를 만들어 hello라는 값을 가리키게 한다. Jess에서 변수는 ?^{물음표} 문자로 시작한다. 정수는 기본적으로 Java에서의 int형이고, long형으로 사용하고 싶을 때는 head에 long 함수를 사용하여 변수에 할당할 수 있다.

전역변수는 defglobal을 사용하여 만들 수 있다. 전역변수 이름은 다음 예와 같이 ?*로 시작하여 *로 끝난다.

> ?*a*   ?*all-values*   ?*counter*

변수는 reset 명령어를 사용하여 제거할 수 있다. 전역 변수의 경우, reset을 하면 변수가 사라지는 것은 아니고 처음 생성할 때 부여했던 초기값으로 돌아간다. 전역변수를 reset하는 것을 막으려면 (set-reset-globals FALSE)와 같이 명령문을 실행하면 된다.

11.4.4 제어구조

Jess에서 반복문과 조건문의 제어구조가 있는데, foreach, while, if/then/else 등이다. foreach 함수는 원소를 하나씩 반복하여 가져오는 함수로 다음과 같은 구조를 갖는다.

(foreach ⟨variable⟩ ⟨list⟩ ⟨expression⟩+)

예제   (foreach ?element-List ?grocery-list)
                  (printout t ?element-List crlf))

---

while 함수는 Java와 같이 주어진 조건이 TRUE일 경우에 반복을 실행하는 함수이다.

(while ⟨conditional⟩ do ⟨expression⟩+)

예제   (while () ?noOfList 0) do
                  (printout t (nth$?noOfList ?grocery-list) crlf)
                  (bind ?noOfList (- ?noOfList 1)))

---

if/then/else는 주어진 조건에 따라 어떻게 실행할지를 제어하는 함수이다. if에 주어진 조건이 참일 경우 then을 실행하고 거짓일 경우 else를 실행하게 한다.

(if ⟨conditional⟩ then ⟨expression⟩+ [else ⟨expression⟩+])

예제   (if (member$ 빵 ?grocery-list) then
                  (printout t "빵 사세요" crlf)
                  else (printout t "빵 사지마세요" crlf))

11.4.5 함수

일반적으로 리스트를 입력하게 되면 헤드[head]를 함수 이름으로 인식하고 나머지 인자를 이용하여 함수를 실행하고 결과를 다음 줄에 출력한다. Java에는 반환 값이 없는 void형함수가 존재하지만 Jess에는 함수의 반환 값이 항상 존재한다. Jess에서 사용자가 필요한 함수를 정의해서 사용할 수 있다. 다음은 deffunction을 사용하여 함수를 정의하는 형식과 예이다.

(deffunction ⟨name⟩ ⟨parameter list⟩ ⟨expression⟩* [⟨return⟩])

예제　　　(deffunction max (?a ?b)
　　　　　　　(if (⟩ ?a ?b) then
　　　　　　　　　(return ?a)
　　　　　　　else
　　　　　　　　　(return ?b)))

여기서 ⟨name⟩은 함수 이름에 해당하는 원소이고 ⟨parameter list⟩는 입력 받을 인자인 변수들을 나타낸다. ⟨expression⟩들을 사용하여 함수가 할 일을 기술하는데, 화면 출력 문장, 조건문 및 반복문 등이 사용될 수 있다. ⟨return⟩을 사용하여 값을 반환한다.

11.4.6 작업메모리 관리

Jess는 작업메모리^{working memory}에 사실^{fact}들을 저장하고 일종의 사실에 대한 데이터베이스를 구축한다. 사실은 순서가 있는 ordered facts와 순서가 없는 unodered facts의 형식이 존재한다. 작업메모리는 현재 상태에 대한 사실들을 유지 관리한다. Jess는 다음과 같은 명령어를 제공한다.

facts	현재 작업메모리에 있는 모든 사실들 출력
assert	작업메모리에 사실 추가
clear	작업메모리의 모든 데이터를 제거
deffact	작업메모리의 초기 facts 정의
reset	초기 facts 이외의 작업메모리를 초기화
retract	작업메모리에서 facts를 제거
watch	작업메모리의 내용을 출력
unwatch	watch 함수의 기능 취소
deftemplate	사실을 구성하는 요소에 slot을 사용하여 이름 부여
multislot	복수개의 원소 값을 갖는 slot 정의
default	값이 생략되었을 때 사용될 값 정의
modify	fact의 slot값을 변경
duplicate	fact를 복사하기 위해 사용

11.4.7 규칙

규칙은 if/then/else와 유사한 구조를 갖는다. 규칙은 defrule을 사용하여 정의한다.

(defrule ⟨name⟩ ⟨fact⟩+ =⟩ ⟨expression⟩+)

예제	(defrule GRAB	
	?handFact ⟨- (원숭이손 empty)	; 조건부
	=⟩	
	(grab-bananas)	; 결론부
	(retract ?handFact)	
	(assert (원숭이손 grab)))	

⟨name⟩은 규칙의 이름이고, =⟩의 앞 부분은 규칙이 적용되기 위한 조건을 나타내고, =⟩의 뒤 부분은 규칙이 실행될 때 처리할 작업을 나타낸다.

11.4.8 추론

추론할 때는 작업메모리의 사실들과 규칙의 조건부가 일치하는 것이 실행된다. 추론 시 작업메모리의 사실들과 한순간에 일치하는 규칙들이 하나 이상인 경우 경합[conflict]이 일어난다. 경합이 있을 때 하나의 규칙을 선택하는 경합 해소[conflict resolution]를 하는 전략에는 depth, breath, declare 등이 있다. depth 방식은 경합집합에 있는 규칙 중 가장 늦게 활성화된 규칙을 선택을 하고, breath 방식은 경합집합에 있는 규칙 중 가장 먼저 활성화된 규칙을 선택하며, declare 방식은 규칙 각각에 우선순위를 부여하여 우선순위에 따라 실행할 규칙을 선택한다. 모든 규칙과 사실정보가 정의되고 나면, run 함수를 이용하여 추론을 시작하도록 한다.

11.5 Jess 활용 예제

여기에서 Jess를 활용한 clp 파일을 작성하는 예제와 Java에서 Jess를 호출해서 사용하는 기본적인 프로그램 소스를 소개한다.

11.5.1 clp 파일

Jess는 인터프리터로 작동하기 때문에 필요한 명령문을 바로 실행할 수 있지만, clp 파일에 코드를 작성해 두면, 파일을 실행하도록 할 수도 있고 수정하거나 관리하는 데도 편리하다.

다음은 물항아리 퍼즐 문제를 Jess를 사용하여 해결하는 예이다. 물항아리 문제는 다음과 같이 정의된다. 4L 항아리와 3L 항아리가 각각 한 개씩 있고, 물이 나오는 수도꼭지가 있다. 이들 항아리를 사용하여 물 2L을 정확히 항아리에 담아야 한다. 이 문제는 다음과 같은 과정을 거쳐서 해결할 수 있다.

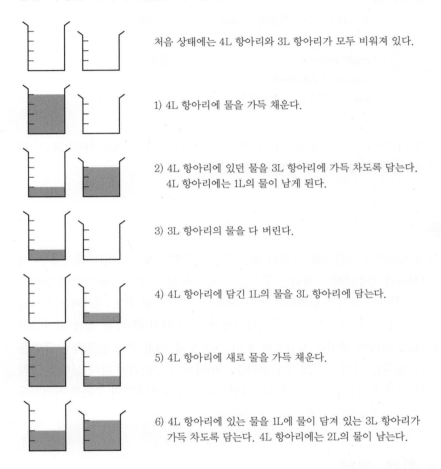

처음 상태에는 4L 항아리와 3L 항아리가 모두 비워져 있다.

1) 4L 항아리에 물을 가득 채운다.

2) 4L 항아리에 있던 물을 3L 항아리에 가득 차도록 담는다.
   4L 항아리에는 1L의 물이 남게 된다.

3) 3L 항아리의 물을 다 버린다.

4) 4L 항아리에 담긴 1L의 물을 3L 항아리에 담는다.

5) 4L 항아리에 새로 물을 가득 채운다.

6) 4L 항아리에 있는 물을 1L에 물이 담겨 있는 3L 항아리가
   가득 차도록 담는다. 4L 항아리에는 2L의 물이 남는다.

이 문제에 Jess를 활용하기 위해서는 세 가지를 정의해야 한다. 항아리의 가능한 각 상태를 표현하는 방법, 초기 상태와 목표 상태를 지정하는 것, 마지막으로 주어진 문제를 해결하는 지식을 표현하는 규칙을 만드는 것이다. 4L 항아리와 3L 항아리의 상태는 (n, m)으로 표현하는데, n와 m은 각각 4L 항아리와 3L 항아리에 현재 채워진 물의 양을 나타낸다. 주어진 상태 표현방법을 사용하면, 초기 상태는 $(0, 0)$이 되고 목표 상태는 $(2, m)$이 된다. 항아리 문제는 다음 8 가지 규칙을 사용하면 풀 수 있다.

if n⟨4 then (4, m)	4L 항아리를 가득 채워라
if m⟨3 then (n, 3)	3L 항아리를 가득 채워라
if n⟩0 then (0, m)	4L 항아리를 비워라
if m⟩0 then (n, 0)	3L 항아리를 비워라

if n+m⟨4 and m⟩0
then (n+m, 0)

3L 항아리의 물을 4L 항아리에 모두 옮겨라

if n+m⟨3 and n⟩0
then (0, n+m)

4L 항아리의 물을 3L 항아리에 모두 옮겨라

if n+m⟩=3 and n⟩0 and m⟨3
then (n+m-3, 3)

4L 항아리의 물을 3L 항아리가 가득 찰 때까지
옮겨라

if n=2   then halt

목표 상태 도달

규칙을 만들 때 염두에 두어야 할 점 하나는, 이미 방문했던 상태를 다시 방문하지 않도록
하는 것이다. 리스트를 이용하여 방문한 상태를 계속 저장하여 관리하면, 이전 방문한
상태로 만드는 규칙을 실행하지 않도록 하여 이전 상태를 다시 방문하는 문제를 피할 수
있다. 한편, 규칙 실행 후 목표 상태가 되었으면 프로그램을 종료하도록 규칙을 작성해야
한다. 다음은 물항아리 문제를 해결하는 규칙기반 시스템을 구현한 Jess 코드이다.

프로그램 11-1.

```
1.    (deffunction FUllWith4L ()
2.          (printout t "4L 항아리를 가득 채워라" crlf) )
3.    (deffunction FUllWith3L ()
4.          (printout t "3L 항아리를 가득 채워라" crlf) )
5.    (deffunction Throw4LAway ()
6.          (printout t "4L 항아리를 모두 비워라" crlf) )
7.    (deffunction Throw3LAway ()
8.          (printout t "3L 항아리를 모두 비워라" crlf) )
9.    (deffunction MoveFrom3LTo4L ()
10.         (printout t "3L 항아리에서 4L항아리가 가득찰 때까지 부어라." crlf)
11.   )
12.   (deffunction MoveFrom4LTo3L ()
13.         (printout t "4L 항아리에서 3L항아리가 가득찰 때까지 부어라." crlf)
14.   )
15.   (deffunction MoveAllFrom3LTo4L ()
16.         (printout t "3L 항아리에서 4L항아리로 모두 부어라." crlf) )
17.   (deffunction MoveAllFrom4LTo3L ()
```

```
18.              (printout t "4L 항아리에서 3L항아리로 모두 부어라." crlf) )
19.    (deffunction Goal ()
20.              (printout t "4L 항아리에 2L가 채워졌습니다." crlf)
21.              (printout t ?*visitList* crlf) )
22.    (deffunction convertString (?4LPot ?3LPot)
23.              (bind ?convertString (str-cat ?4LPot ?3LPot) )
24.              ?convertString   )
25.    (deffunction addList (?*visitList* ?convertString1)
26.              (bind ?visitList2 (create$ ?*visitList* ?convertString1) )
27.              (return ?visitList2)   )
28.              (bind ?*visitList* (create$ (convertString 0 0) ) )
29.
30.    (assert (4LPOT 0) )
31.    (assert (3LPOT 0) )
32.
33.    (defrule FUllWith4L
34.              ?FULL4L <- (4LPOT ?x&:(< ?x 4) )
35.              ?FULL3L <- (3LPOT ?y)
36.              (test (not (member$ (convertString 4 ?y) ?*visitList*) ) )
37.              =>
38.              (FUllWith4L)
39.              (retract ?FULL4L)
40.              (assert (4LPOT 4) )
41.              (bind ?*visitList* (addList ?*visitList* (convertString 4 ?y) ) ) )
42.    (defrule FUllWith3L
43.              ?FULL4L <- (4LPOT ?x)
44.              ?FULL3L <- (3LPOT ?y&:(< ?y 3) )
45.              (test (not (member$ (convertString ?x 3) ?*visitList*) ) )
46.              =>
47.              (FUllWith3L)
48.              (retract ?FULL3L)
49.              (assert (3LPOT 3) )
50.              (bind ?*visitList* (addList ?*visitList* (convertString ?x 3) ) ) )
51.    (defrule Throw4LAway
52.              ?EMPTY4L <- (4LPOT ?x&:(<> ?x 0) )
53.              ?EMPTY3L <- (3LPOT ?y)
54.              (test (not (member$ (convertString 0 ?y) ?*visitList*) ) )
55.              =>
56.              (Throw4LAway)
57.              (retract ?EMPTY4L)
58.              (assert (4LPOT 0) )
```

```
59.              (bind ?*visitList* (addList ?*visitList* (convertString 0 ?y))))
60.    (defrule  Throw3LAway
61.              ?EMPTY4L <- (4LPOT ?x)
62.              ?EMPTY3L <- (3LPOT ?y&:(<> ?y 0) )
63.              (test (not (member$ (convertString ?x 0) ?*visitList*)))
64.              =>
65.              (Throw3LAway)
66.              (retract ?EMPTY3L)
67.              (assert (3LPOT 0) )
68.              (bind ?*visitList* (addList ?*visitList* (convertString ?x 0))))
69.    (defrule  MoveFrom3LTo4L
70.              ?MoveAllFrom3LTo4LF1 <- (4LPOT ?x&:(< ?x 4))
71.              ?MoveAllFrom3LTo4LF2 <- (3LPOT ?y&:(and (<> ?y 0)
72.                                                  (<>= (+ ?y ?x) 4)))
73.              (test (not (member$ (convertString 4 (- ?y (- 4 ?x)))
74.                                                    ?*visitList*)))
75.              =>
76.              (MoveFrom3LTo4L)
77.              (bind ?y (- ?y (- 4 ?x) ) )
78.              (retract ?MoveAllFrom3LTo4LF1)
79.              (retract ?MoveAllFrom3LTo4LF2)
80.              (assert (4LPOT 4) )
81.              (assert (3LPOT ?y) )
82.              (bind ?*visitList* (addList ?*visitList* (convertString 4 ?y))))
83.    (defrule  MoveFrom4LTo3L
84.              ?MoveAllFrom4LTo3LF1 <- (3LPOT ?y&:(< ?y 3) )
85.              ?MoveAllFrom4LTo3LF2 <- (4LPOT ?x&:
86.          (and (<> ?x 0) (<>= (+ ?y ?x) 3) )  )
87.              (test (not (member$ (convertString (- ?x (- 3 ?y))3)
88.                                                    ?*visitList*)))
89.              =>
90.              (MoveFrom4LTo3L)
91.              (bind ?x (- ?x (- 3 ?y) ) )
92.              (retract ?MoveAllFrom4LTo3LF1)
93.              (retract ?MoveAllFrom4LTo3LF2)
94.              (assert (4LPOT ?x) )
95.              (assert (3LPOT 3) )
96.              (bind ?*visitList* (addList ?*visitList* (convertString ?x 3))))
97.    (defrule  MoveAllFrom3LTo4L
98.              ?MoveAllFrom3LTo4L1 <- (4LPOT ?x)
99.              ?MoveAllFrom3LTo4L2 <- (3LPOT ?y&:
```

```
100.        (and (> ?y 0) (< (+ ?y ?x) 4) ) )
101.             (test (not (member$ (convertString (+ ?x ?y) 0) ?*visitList*)))
102.             =>
103.             (MoveAllFrom3LTo4L)
104.             (bind ?x (+ ?x ?y) )
105.             (retract ?MoveAllFrom3LTo4L1)
106.             (retract ?MoveAllFrom3LTo4L2)
107.             (assert (4LPOT ?x) )
108.             (assert (3LPOT 0) )
109.             (bind ?*visitList* (addList ?*visitList* (convertString ?x 0))))
110. (defrule MoveAllFrom4LTo3L
111.             ?MoveAllFrom4LTo3L2 <- (3LPOT ?y)
112.             ?MoveAllFrom4LTo3L1 <- (4LPOT ?x&:
113.             (and (> ?x 0) (< (+ ?y ?x) 3) ) )
114.             (test (not (member$ (convertString 0 (+ ?x ?y)) ?*visitList*)))
115.             =>
116.             (MoveAllFrom4LTo3L)
117.             (bind ?y (+ ?x ?y) )
118.             (retract ?MoveAllFrom4LTo3L1)
119.             (retract ?MoveAllFrom4LTo3L2)
120.             (assert (4LPOT 0) )
121.             (assert (3LPOT ?y) )
122.             (bind ?*visitList* (addList ?*visitList* (convertString 0 ?y))))
123. (defrule Goal
124.             (declare (salience 100))
125.             (4LPOT ?x&:(= ?x 2) )
126.             =>
127.             (Goal)      (halt)
128.    )
```

위 예제 코드에 대한 이해를 위해 대표적인 함수와 규칙을 설명한다.

```
(deffunction convertString (?4LPot ?3LPot)
        (bind ?convertString (str-cat  ?4LPot ?3LPot) )
      ?convertString )
```

여기에서 deffunction은 convertString이라는 이름의 함수를 정의하고 있다. 이 함수는 두 개의 입력 값을 각각 변수 ?4LPot와 ?3LPot로 전달 받는다. 함수 내부에서 함수 bind와 str-cat은 사용되고 있다. 함수 str-cat은 뒤에 오는 두 인자의 문자열을 하나로 붙인

^{concatenate} 결과를 반환한다. 함수 bind는 변수에 데이터를 할당하는 역할을 하는데, 여기에서 우선 전달받은 두 변수들을 문자열로 연결하여 변수 ?convertString에 할당해 주는 일을 한다.

```
① (defrule FUllWith4L
②     ?FULL4L <- (4LPOT ?x&:(< ?x 4) )
③     ?FULL3L <- (3LPOT ?y)
④     (test (not (member$ (convertString 4 ?y) ?*visitList*) ) )
⑤     =>
⑥     (FUllWith4L)
⑦     (retract ?FULL4L)
⑧     (assert (4LPOT 4) )
⑨     (bind ?*visitList* (addList ?*visitList* (convertString 4 ?y) ) ) )
```

위의 문장은 FUllWith4L라는 이름의 규칙을 정의한 것이다. 규칙 FUllWith4L는 앞서 소개한 물항아리 문제를 해결하기 위한 8가지 규칙 중 첫 번째 규칙에 해당한다. ②는 4LPOT 사실을 찾아서 있으면 해당 사실의 값을 변수 ?x에 대응시키고, ?x의 값이 4보다 작다면 해당 사실을 변수 ?FULL4L이 가리키도록 한다. ③는 3LPOT 사실을 찾아서 사실의 값은 ?y에 대응시키고, 해당 사실은 변수 ?FULL3L이 가리키도록 한다.

④의 (member$ (convertString 4 ?y) ?*visitList*)는 (convertString 4 ?y)가 리스트를 갖는 변수 ?*visitList*에 속하는지 검사한다. not은 논리적 부정으로, 이 경우 ?*visitList*에 속하지 않을 때 참이 되어 test를 통과한다. 즉, ④는 ?*visitList* 변수에 고려하고 있는 다음 상태가 포함되는지, 이미 방문했던 상태인지 확인하는 함수이다. 이를 통해 무한 반복하는 것을 피할 수 있다.

⑤를 기준으로 앞쪽은 조건을 뜻하고, 이후는 조건을 만족할 때 수행할 작업을 나타낸다. ⑥은 정의한 함수 FUllWith4L를 호출하는 역할을 한다. ⑦은 ?FULL4L가 가리키는 사실을 제거한다. ⑧은 4LPOT는 4라는 사실을 추가한다. 마지막으로 ⑨는 현재 상태를 이제 방문했다는 것을 ?*visitList*에 추가한다.

나머지 함수와 규칙도 비슷한 맥락에서 의미를 파악할 수 있다. 문제 해결을 위한 Jess 명령문들을 파일에 저장하면, batch 함수를 사용하여 파일을 실행할 수 있다.

11.5.2 Java에서 Jess 사용

Java에서 Jess를 사용할 수 있도록 하는 클래스 Rete가 Jess에서 제공된다. 다음은 Java에서 Jess를 사용하는 방법을 보인 코드이다.

프로그램 11-2.

```
1.    import jess.*;
2.    public class example1 {
3.       public static void main(String[] unused){
4.          try {
5.             Rete rete = new Rete();
6.             rete.executeCommand("(defrule myrule (A) "
                  + "=> (printout t \"A\" crlf))");
7.             Defrule dr = (Defrule) rete.findDefrule("myrule");
8.             System.out.println(new PrettyPrinter(dr));
9.          catch (JessException je) {
                System.err.println(je.toString());
10.         }
11.      }
12.   }
```

다음은 위 프로그램의 실행결과를 출력되는 것이다.

```
1.    (defrule MAIN::myrule
2.       (A)
3.       =>
4.       (printout t "A" crlf))
```

다음 예제는 Rete 클래스의 executeCommand( ) 함수를 이용한 규칙을 정의하고 findDefrule( ) 함수를 통해 정의된 규칙을 불러오는 일을 한다. Defrule 클래스는 규칙 하나를 담을 수 있는 클래스이다. PrettyPrinter 클래스는 정의되어 있는 규칙을 화면으로 출력하는 기능을 제공한다. 다음 예제는 .clp 파일에 저장된 Jess 코드를 Java에서 실행시키는 것이다.

프로그램 11-3.

```
1.    import java.io.*;
2.    import jess.*;
```

```
3.    public class example2 {
4.        public static void main(String[] unused) throws JessException {
5.            String strFilePath = "test.clp"; // 입력할 파일경로
6.            FileInputStream fis;
7.            String strReturnValue = "";
8.            try {
9.                fis = new FileInputStream(strFilePath);
10.               BufferedReader brFile =
11.                   new BufferedReader(new InputStreamReader(fis));
12.               String strFile = "";
13.               while (true) { // 파일을 String 객체에 저장
14.                   strFile = brFile.readLine();
15.                   if (strFile == "" || strFile == null)
16.                       break;
17.                   else
18.                       strReturnValue += strFile + "\n";
19.               }
20.           } catch (IOException ioe) {
21.               e.printStackTrace();
22.           }
23.           Rete engine = new Rete();
24.           engine.clear(); // 실행 전 초기화 부분
25.           engine.reset();
26.           engine.watchAll();
27.           engine.executeCommand(strReturnValue); // 모든 부분 실행
28.           engine.run(); // 규칙 함수, Fact로부터 실행
29.       }
30.   }
```

1. 집안의 조명을 조절하는 규칙 기반 시스템을 만들어 보시오. 이때 외부 날씨, 시간대, 실내 활동 내용, 에너지 절감, 활동하는 사람 등을 고려하여 적당한 조명 종류와 방법을 선택하도록 하시오.

2. Jess를 설치하고, Jess에서 [프로그램 11–1]을 실행해 보시오.

3. Eclipse 환경에서 [프로그램 11–3]을 실행해 보시오.

4. 다음 조건에 만족하는 규칙기반 시스템을 Jess를 사용하여 구축하시오.

가. 규칙기반시스템으로 구현한 응용분야를 선택하고, 해당 분야의 문제해결을 위한 지식을 30개 이상 구상하여 Jess 문법에 따라 표현하시오.

나. Java 프로그램에서 Jess를 호출하여 주어진 입력에 따라 해당 규칙을 사용하여 결과를 얻도록 구현하시오.

기계 학습과 데이터 마이닝 도구 Weka

기계 학습과 데이터 마이닝 도구 Weka

Weka는 뉴질랜드의 와이카토^{Waikato} 대학의 이안 비텐^{Ian Witten} 교수팀에서 개발한 데이터 마이닝과 기계학습을 위한 오픈 소스 소프트웨어이다. Weka는 Waikato Environment for Knowledge Analysis의 약자인데, 실제 뉴질랜드에서만 서식하는 날지 못하는 야행성 새의 이름이기도 하다.

12.1 Weka

Weka는 와이카토 대학에서 개발하여 GNU 라이선스로 공개한 데이터 마이닝과 기계학습 소프트웨어이다. Java 언어로 개발되어 Java 가상머신이 설치된 Windows, Mac OS X, Linux 어디에서든 사용할 수 있다. Weka는 오픈소스로서 Java로 된 소스코드를 제공하고 있어 개발자들이 참고하기에 매우 유용한 프로그램이다.

Weka는 최신의 기계학습 알고리즘, 데이터 마이닝 알고리즘, 데이터 전처리 도구를 포함하고 있다. Weka를 사용하면 데이터에 대해 다양한 학습 알고리즘을 적용해 보고 빠르게 테스트할 수 있다. 입력 데이터를 손쉽게 전처리 과정을 통해 정제하고, 다양한 알고리즘으로 학습을 시키고, 성능을 테스트할 수 있다. 한편, 입력 데이터 및 결과 데이터를 시각화하여 비교할 수도 있어서, 실험의 전체적인 과정을 쉽게 이해할 수 있도록 한다. 이러한 기능을 통해서, 사용자가 당면한 문제를 여러 가지 방법을 통해서 시도해 보고 비교해서 가장 적합한 것을 찾아 확인해 볼 수 있도록 하는 인터페이스를 제공한다.

Weka는 전처리, 분류, 군집화, 연관규칙, 속성 선택, 시각화에 대한 도구들을 제공한다. ARFF, CSV, XRFF, binary 등의 파일 형식으로 된 데이터를 읽어들일 수 있다. 또한 URL이나, JDBC를 사용한 SQL 데이터베이스로부터도 데이터를 읽어올 수 있다.

12.1.1 Weka 설치

먼저 Weka의 홈페이지 http://www.cs.waikato.ac.nz/ml/index.html에 접속해 상단 메뉴에서 [Software]를 클릭한 후 Getting started의 [Download]를 클릭한다. 클릭을 하면 나오는 화면에서 운영체제와 Java 버전에 맞는 것을 다운로드한다. Java 가상기계가 설치되어 있지 않으면, Java 가상기계를 포함된 버전을 다운로드한다. 다운로드한 압축 파일을 풀기만 하면, 설치가 완료된다.

12.1.2 Weka의 데이터 형식 ARFF

Weka는 입력 데이터 형식으로 ARFF^{Attribute-Relation File Format}를 주로 사용한다. ARFF 파일은 ASCII 텍스트 파일인데, 동일 속성집합을 갖는 데이터들을 기술한다. ARFF 파일은 헤더^{header} 부분과 데이터 부분으로 구성된다. 헤더 부분은 [그림 12.1]과 같이 데이터 테이블의 이름을 나타내는 @RELATION와 속성의 이름과 자료형을 나타내는 @ATTRIBUTE로 구성된다. ARFF 파일에서 %로 시작하는 행은 주석문이다. '@RELATION iris'는 해당 파일이 나타내는 테이블의 이름이 iris라는 것을 나타낸다. '@ATTRIBUTE sepallength NUMERIC'는 sepalllength라는 속성이 NUMERIC이라는 자료형을 갖는다는 의미이다.

iris 데이터는 유명한 통계학자이자 생물학인 피셔 경^{Sir Ronald Fisher, 1890-1962}이 캐나다 퀘벡주에서 관측한 붓꽃의 모양에 대한 데이터로서 통계학 및 기계학습에서 사용하는 대표적인 벤치마크 데이터 중 하나이다. iris 데이터는 4가지 속성값 (꽃받침^{sepal}의 길이와 너비, 꽃잎^{petal}의 길이와 너비)을 갖는 붓꽃 3가지 종류^{Iris-setosa, Iris-versicolor, Iris-virginica}에 대한 데이터들로 구성되어 있다.

```
% 1. Title: Iris Plants Database
%
% 2. Sources:
%     (a) Creator: R.A. Fisher
%     (b) Donor: Michael Marshall (MARSHALL%PLU@io.arc.nasa.gov)
%     (c) Date: July, 1988
%
% 1. Title: Iris Plants Database
%
% 2. Sources:
%     (a) Creator: R.A. Fisher
%     (b) Donor: Michael Marshall (MARSHALL%PLU@io.arc.nasa.gov)
```

```
%       (c) Date: July, 1988
%
@RELATION iris

@ATTRIBUTE sepallength   NUMERIC
@ATTRIBUTE sepalwidth    NUMERIC
@ATTRIBUTE petallength   NUMERIC
@ATTRIBUTE petalwidth    NUMERIC
@ATTRIBUTE class         {Iris-setosa, Iris-versicolor, Iris-virginica}
```

그림 12.1 iris.arff 파일의 헤더 부분.

(a)   (b)   (c)

그림 12.2 붓꽃(iris). (a) iris-setosa (b) iris-versicolor (c) iris-virginica

속성에 대한 자료형에는 수치형^{numeric}, 범주형^{nominal}, 문자열^{string}, 날짜^{date} 등 4가지가 있다. Weka의 ARFF 파일은 대소문자 구별을 하지 않는다. 수치형 속성은 numeric으로 나타내며, integer나 real로 쓰는 경우도 있는데 모두 numeric으로 간주되어 처리된다. 다음은 수치형 속성 sepalwidth를 정의한 예이다.

```
@ATTRIBUTE sepalwidth   NUMERIC
```

범주형은 다음 예와 같이 해당 속성이 가질 수 있는 값을 집합으로 표현한다. 다음은 class라는 속성이 Iris-setosa, Iris-versicolor, Iris-virginica 중의 하나의 값을 갖는다는 것을 지정하는 문장이다.

```
@ATTRIBUTE class   {Iris-setosa, Iris-versicolor, Iris-virginica}
```

속성값에 공백^{space}이 포함되면 따옴표를 사용한다.

문자열 자료형은 string으로 나타내는데, 다음 예는 Location이 문자열 값을 갖는다는 의미이다.

```
@ATTRIBUTE Location string
```

날짜 자료형은 date로 나타내고, 날짜의 형태를 선택적으로 지정할 수도 있다.

```
@ATTRIBUTE start  date
@ATTRIBUTE end  date "yyyy-MM-dd"
```

위 예에서 start에는 날짜 형태가 주어지지 않았는데, 이 경우에는 날짜와 시간을 합해놓은 "yyyy-MM-dd'T'HH:mm:ss" 형식으로 간주하여 처리된다.

ARFF 파일의 데이터 부분은 [그림 12.3]과 같이 @DATA로 시작된다. 이후 한 행에 하나의 데이터가 나열된다. 속성값들은 쉼표(,)를 넣어 구별하고 헤더에 나온 순서에 따라 속성값을 나열한다.

```
@DATA
5.1,3.5,1.4,0.2,Iris-setosa
4.9,3.0,1.4,0.2,Iris-setosa
4.7,3.2,1.3,0.2,Iris-setosa
4.6,3.1,1.5,0.2,Iris-setosa
5.0,3.6,1.4,0.2,Iris-setosa
5.4,3.9,1.7,0.4,Iris-setosa
4.6,3.4,1.4,0.3,Iris-setosa
5.0,3.4,1.5,0.2,Iris-setosa
4.4,2.9,1.4,0.2,Iris-setosa
4.9,3.1,1.5,0.1,Iris-setosa
```

그림 12.3 iris.arff 파일의 데이터 부분.

누락된 속성값이 있으면 다음과 같이 물음표(?) 표시로 나타낸다. 아래 경우는 세 번째와 여섯 번째 속성값이 주어지지 않은 것이다.

```
4.6,?,1.4,?,Iris-setosa
```

대부분의 속성값이 0인 희소(sparse) 데이터인 경우에는, 0이 아닌 값만을 {〈인덱스〉 〈공백〉 〈값〉 [〈쉼표〉]}를 반복하여 다음 예와 같이 나타낸다.

```
@DATA
0, X, 0, Y, "class A"          →     {1 X, 3 Y, 4 "class A"}
0, 0, W, 0, "class B"                {2 W, 4 "class B"}
```

Weka가 설치되어 있는 경로(일반적으로 C:₩Program Files₩Weka버전₩)의 data 폴더
에는 다수의 잘 알려진 데이터들이 ARFF 파일로 포함되어 있다.

12.1.3 Weka의 구성

Weka를 실행시키면 [그림 12.4]와 같은 화면이 Weka GUI Chooser라는 창이 뜬다. 이
창에서 사용할 4가지 응용 프로그램을 선택할 수 있고, 4가지 지원 도구에 대한 메뉴가
있다.

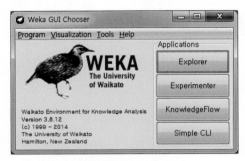

그림 12.4 Weka의 메인 GUI.

응용 프로그램으로 Explorer, Experimenter, KnowledgeFlow, Simple CLI가 있다.

- Explorer : 데이터 분석을 GUI로 할 수 있도록 한 환경
- Experimenter : 여러 학습 알고리즘에 대한 실험을 수행하고 통계적인 분석을 할
  수 있는 환경
- Knowledge Flow : 드래그 앤 드롭$^{drag-and-drop}$ 방식으로 Explorer에서와 같은 일을
  할 수 있는 환경
- Simple CLI : 명령행 인터페이스$^{command-line\ interface}$를 사용하여 Weka 명령어를 실행할
  수 있는 환경

메뉴에는 다음과 같은 것들이 있다.

- Program : 이 메뉴에는 표준 출력이나 표준 오류 파일로 출력되는 모든 로그를 기록한
  창인 LogWindow가 있음
- Tools : ARFF 파일을 스프레드 시트 형태로 보여주는 ArffViewer, JDBC를 통해 데이
  터베이스에 대한 질의^{query}를 하기 위한 SQL 워크시트를 보여주는 SqlViewer, 베이지

안 망의 작성, 시각화 및 학습을 위한 Bayes net editor를 포함함.
- Visualization : 시각화 도구로서 2차원 그래프를 그리는 Plot, 2개 부류가 있는 분류기에 대해 분류기 출력의 임계값을 변경시키면서 위양성율false positive rate과 민감도sensitivity, true positive rate의 위치를 표시하는 ROC 곡선ROC curve을 그려주는 ROC, 결정트리를 그려주는 TreeVisualizer, 베이지안 네트워크를 그려주는 GraphVisualizer, 2차원에서 분류기 경계를 그려주는 BoundaryVisualizer를 포함함.
- Help : Weka 홈페이지, 사용법에 대한 온라인 자원에 대한 정보를 제공함.

12.2 Explorer를 이용한 데이터 분석

Explorer 응용 프로그램을 사용하면 데이터에 대한 분석을 GUI를 사용하여 편리하게 할 수 있다. Explorer 창에는 [그림 12.5]와 같이 Preprocess, Classify, Cluster, Associate, Select Attributes, Visualize와 같은 6개의 탭이 있다. 각 탭은 다음 역할을 한다.

- Preprocess : 분석할 데이터를 선택하고 수정
- Classify : 분류나 회귀분석하는 학습 알고리즘을 학습하고 테스트
- Cluster : 데이터에 대한 군집화
- Associate : 연관규칙 추출
- Select Attributes : 분석에 적합한 속성 선택
- Visualize : 2차원 그래프 및 도표 생성

Explorer 하단의 State 상자에 현재 진행 중인 작업에 대한 상태 정보가 표시된다. Log 버튼을 클릭하면, 작업 리스트들에 대해 시간과 로그 메시지가 텍스트로 보여 진다. Log 버튼 옆에 있는 작은 새는 Weka가 동작할 때 뛰어오르거나 춤을 춘다. 새 주둥이 부분의 × 옆에 있는 숫자는 병행하여 처리되고 있는 작업의 개수를 나타낸다.

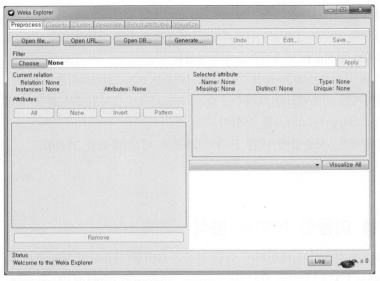

그림 12.5 Weka Explorer 첫 화면.

[Preprocess] 탭 메뉴에서 데이터를 불러오거나 전처리를 할 수 있다. [Open file...] 버튼을 클릭하여 데이터 파일을 불러올 수 있다. 실습을 위해서는 Weka의 data 폴더에 있는 arff 데이터 파일을 사용한다. data 폴더의 iris.arff 파일을 읽도록 하면, [그림 12.6]과 같이 Preprocess 창에 읽어온 데이터의 정보가 표시된다. 왼쪽 [Current relation] 박스에 현재 테이블에 대한 기본 정보로 테이블의 이름, 데이터의 개수, 속성의 개수를 보여준다. 그림에서 보는 바와 같이 붓꽃 데이터는 테이블 이름이 iris이고 150개의 데이터와 5개의 속성을 갖는다. [Attributes] 박스에는 속성 이름이 나타나 있는데, 붓꽃 데이터의 경우 sepallength, sepalwidth, petallength, petalwidth, class가 속성이름이다. [Selected Attribute] 박스에는 선택된 속성의 이름과 자료형, 누락된 값의 개수, 구분되는 값의 개수, 평균과 같은 통계정보가 출력된다. 히스토그램에는 선택된 속성의 값 분포를 보여주는데, [Visualize All] 버튼을 클릭하면 모든 속성에 대한 히스토그램이 출력된다.

주어진 데이터가 사용할 알고리즘의 입력 데이터 형식과 맞지 않을 경우는 전처리를 해야 한다. 예를 들어, 연속형 속성을 다루지 않는 알고리즘을 연속형 속성을 포함한 데이터에 적용하려면, 먼저 연속형 속성값을 몇 개의 대푯값으로 바꾸는 이산화^{discretization}를 해야 한다. 이산화는 Weka의 필터^{filter}들을 이용하여 할 수 있다. [Filter] 박스에 있는 [Choose] 버튼을 클릭하면 [그림 12.7]과 같이 사용할 수 있는 전처리 방법들이 나타난다. 이 때 데이터의 종류에 따라 적용할 수 없는 것들은 비활성화된 채 나타낸다.

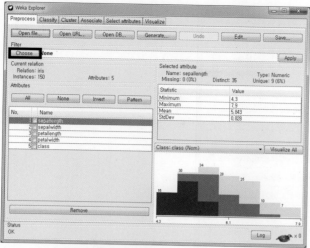

그림 12.6 iris.arff 데이터를 불러온 화면.

필터 중에서 적용할 알고리즘의 입력 데이터 형식을 고려해 사용할 전처리 방법을 선택하여 사용한다. 이산화를 적용하려면, [Filter] 박스에서 [weka]-[filters]-[unsupervised]-[attribute]-[Discretize]를 선택하면 된다. 필터를 선택하고 나면 [그림 12.8]과 같이 "Discretize -B 10 -M -1.0 -R first-last"를 기본으로 설정된 이산화 인자들이 지정된다. 이산화에 관련된 파라미터의 내용은 [Choose] 버튼 옆에 텍스트 박스를 클릭해서 나타나는 [그림 12.9]의 창에서 확인한다. 해당 창에서 [More] 버튼을 클릭하면 각 옵션에 대한 설명을 볼 수 있다. 옵션의 파라미터 값을 변경하려면 파라미터 값을 조정한 다음 [Apply] 버튼을 클릭해 이산화를 수행한다. 수정된 파라미터에 따른 결과가 [그림 12.10]과 같이 나타난다.

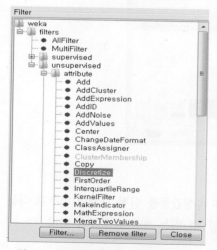

그림 12.7 필터의 종류와 이산화 필터 Discretize.

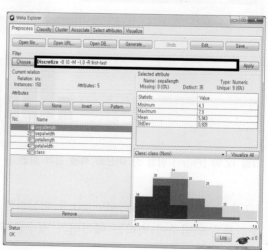

그림 12.8 [Filter] 방법 중 이산화 선택.

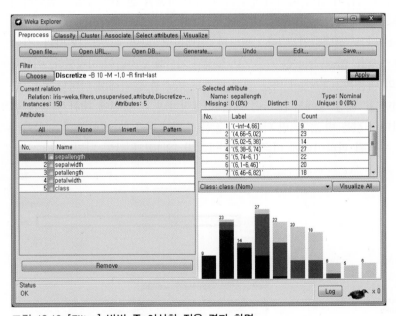

그림 12.9 **이산화의 옵션 설정.**

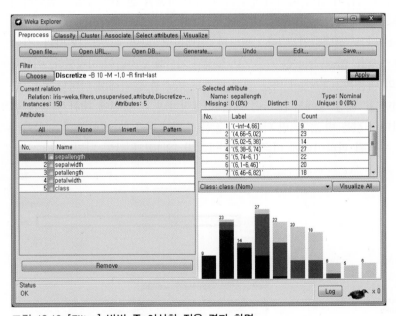

그림 12.10 **[Filter] 방법 중 이산화 적용 결과 화면.**

[그림 12.10]에는 속성 sepallength를 이산화한 이후 속성값들을 일정 간격의 범주로 나눈 구간과, 그 범주에 속하는 데이터의 개수를 확인할 수 있는 히스토그램이 있다.

12.3 결정트리 기반 분류

Weka는 데이터로부터 트리형태의 지식을 추출할 수 있는 16가지 알고리즘을 제공하고 있다. 여기에서 대표적인 결정트리 알고리즘인 C4.5를 구현한 J48 알고리즘을 사용하는 방법에 대해서 소개한다.

12.3.1 Weka의 결정트리 생성

Weka에서 결정트리 알고리즘을 적용하는 과정은 다음과 같다. 우선 [Preprocess] 탭 메뉴에서 데이터 파일을 가져와야 작업을 수행할 수 있는데, 여기서는 붓꽃 데이터를 예로 사용한다. 분류를 수행하기 위해 [Classify] 탭 메뉴를 클릭하여 [Classifier] 박스 안 [Choose] 버튼을 클릭해 분류기를 생성할 알고리즘을 선택한다. 분류기로 결정트리를 생성하려면, [J48]을 선택한다. Weka에서 결정트리 생성 알고리즘 이름은 J48이다. 선택한 분류 알고리즘에 대한 옵션을 확인하려면 [Choose] 버튼 옆 텍스트 박스를 클릭한다. [그림 12.11]과 같은 파라미터를 J48에서 사용한다.

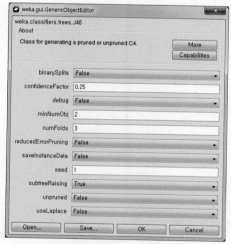

그림 12.11 **J48에 대한 옵션 설정 화면.**

결정트리 알고리즘을 실행시키기 전에 테스트 옵션을 설정해야 한다. [그림 12.12]에서는 66%를 학습 데이터로 사용하고, 나머지를 테스트 데이터로 사용하는 'Percentage split'을 선택하였다. 그리고 나서 [Start] 버튼을 클릭해 알고리즘을 실행시키면, [그림 12.12]와 같은 결과를 확인할 수 있다.

그림 12.12 붓꽃 데이터에 대한 결정트리 알고리즘 J48의 결과 화면.

[그림 12.12]에서 보는 바와 같이 결과는 '실행 정보^{run information}'와 '분류기 모델^{classifier model}', '테스트에 대한 평가^{evaluation on test split}', '클래스에 대한 상세한 정확도^{detailed Accuracy By Class}', '오분류 행렬^{Confusion Matrix}'로 구성된다.

'실행 정보'에는 사용한 알고리즘에 대한 정보와 테이블^{relation}의 이름, 데이터의 개수^{instances}, 속성의 수와 이름 정보, 선택한 테스트 모드 정보가 표시된다. '분류기 모델'에는 모든 학습 데이터에 대해 수행된 결정트리가 텍스트 형태로 정리되어 출력된다. 트리를 보면 분할이 이루어지면서 단말노드에 도달하는 데이터의 수에 따라 특정한 단말노드에 할당되어지는 클래스를 콜론(:) 다음에 나타낸다. 트리 아래에는 단말노드의 개수와 트리의 크기, 프로그램에서 모델을 구축하는 데 걸린 시간이 나타난다.

'테스트에 대한 평가'에서 Weka의 평가 모듈에 의해 생성된 트리의 예측 성능의 추정치를 제공한다. 따라서 선택한 테스트 모드에서 테스트 데이터에 대한 정확도를 요약한 통계값들을 제공한다. 이 경우엔 데이터들의 약 96%가 올바르게 분류되었고 약 4%가 잘못 분류되었다.

'클래스에 대한 상세한 정확도'에서 클래스 별 분류기의 예측 정확도에 대해 TP Rate, FP Rate, Precision, Recall을 이용하여 수치 정보를 제공한다. '오분류 행렬'에서 데이터의 실제 클래스와 결과로 나온 클래스를 비교하여 행렬로 보여준다. 여기서는 2개의 데이터가 원래는 Iris-virginica 클래스인 c로 분류되어야 하는데 Iris-versicolor 클래스인 b로 잘못 분류된 것으로 확인할 수 있다

현재 수행한 알고리즘에 대한 결과를 시각화하여 보기 위해, [Result list] 박스의 엔트리를 마우스 오른쪽 버튼으로 클릭하면 [그림 12.13]과 같은 창이 나타난다. 여기에서 [Visualize tree]를 클릭하면 [Classifier output] 박스에서 분류기 모델 부분에 텍스트 형태로 정리한 결정트리를 [그림 12.14]와 같이 시각적으로 보여준다.

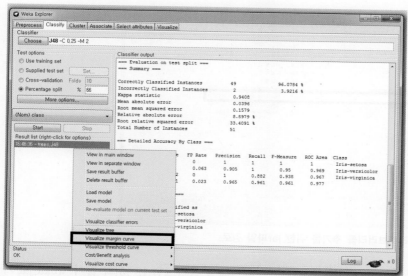

그림 12.13 **시각화된 결과를 보기 위한 [Visualize tree] 클릭.**

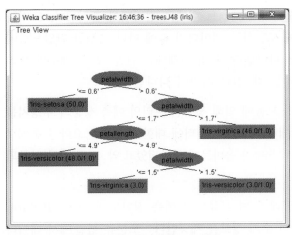

그림 12.14 **시각화하여 보여준 결정트리 화면.**

12.3.2 Java에서 Weka 결정트리 사용

자바에서 Weka를 사용하기 위해서는 라이브러리를 추가해야 한다. 윈도우즈의 경우 Weka 는 기본적으로 C 드라이브의 Program Files에 설치된다. Eclipse에서 자바 프로그램을 개발할 때는 'weka.jar'를 Eclipse의 라이브러리에 추가한다. Eclipse에 라이브러리를 추가 하는 방법은 11.3.2절에서와 같이 한다.

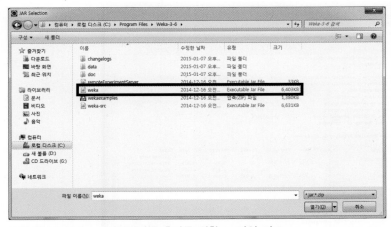

그림 12.15 **Weka 라이브러리를 추가를 위한 jar파일 경로.**

weka.jar를 추가한 후 Package Explorer를 확인해 보면, [그림 12.15]와 같이 'weka.jar'가 추가된 것을 볼 수 있다.

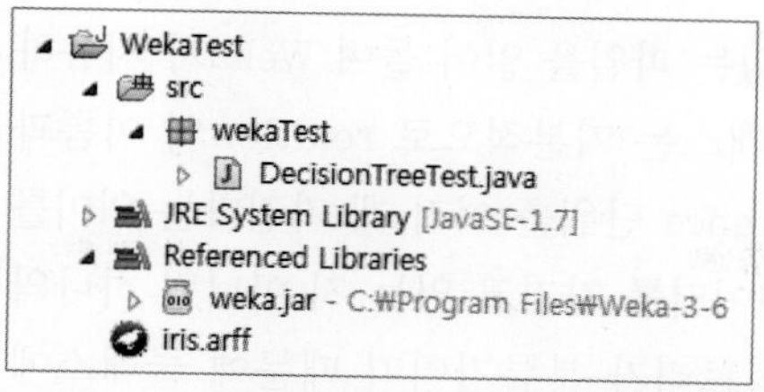

그림 12.16 Eclipse 내 Weka 라이브러리 추가.

다음 [프로그램 12-1]은 Java에서 Weka를 이용하는 예로, 결정트리를 생성하는 Java 코드이다. 이 코드는 파일에 저장된 데이터를 불러오고, 이들 데이터로부터 결정트리를 생성하고, 제대로 분류했는지 평가하는 부분을 포함하고 있다.

프로그램 12-1.

```
1.   package wekaTest;
2.
3.   import Java.io.BufferedReader;
4.   import Java.io.FileReader;
5.
6.   import weka.classifiers.Evaluation;
7.   import weka.classifiers.trees.J48;
8.   import weka.core.Instances;
9.
10.  public class DecisionTreeTest {
11.      public static void main(String[] args) throws Exception {
12.          BufferedReader decisionReader = null;
13.          decisionReader =
14.              new BufferedReader(new FileReader("iris.arff"));
15.          Instances decision = new Instances(decisionReader); // ❶
16.          decision.setClassIndex(decision.numAttributes()-1);    // ❷
17.
18.          J48 decisionTree = new J48();          // ❸
19.          decisionTree.setBinarySplits(false);   // ❹
20.          decisionTree.buildClassifier(decision); // ❺
21.
22.          Evaluation eval = new Evaluation(decision); // ❻
23.          eval.evaluateModel(decisionTree, decision);  // ❼
24.
25.          // ❽
26.          System.out.println(decisionTree.toString());
27.          System.out.println("=== Summary ===");
28.          System.out.println(eval.toSurmmaryString());
29.          System.out.println(eval.toClassDetailsString());
30.          System.out.println(eval.toMatrixString());
31.      }
32.  }
```

❶의 Instances 클래스는 arff 파일 포맷으로 되어 있는 파일을 읽어 들여 Weka가 사용하는 데이터 형식을 담을 수 있는 클래스이다. 이 클래스는 기본적으로 relation의 이름과 attributes 그리고 모든 데이터를 가질 수 있다. Instance 단위를 여러 개 가진다는 의미를 포함하는데 Instances와 Instance의 차이는 모든 데이터를 가지고 있는 지 아니면 하나의 데이터만 가지고 있는 지의 차이이다. ❷에서 결정트리가 분류기이기 때문에 클래스에 대한 정보를 이미 가지고 있어야 하는데, 클래스 정보가 attributes의 마지막에 해당하기 때문에 이를 지정해두었다. 인덱스는 0부터 시작하므로 마지막 번호는 attributes의 수에서 1을 뺀 값이 된다. ❸에서 결정트리를 생성하는데 사용할 J48 객체를 생성하였고 ❹와 ❺는 decisionTree 객체의 옵션을 이진분할하지 않고 decision 객체를 학습하게 하는 코드이다. 학습된 분류기로부터 평가하기 위해서는 ❻에서 eval 객체를 생성하고 ❼에서 분류기와 테스트 데이터를 입력하였다. ❽은 분류기와 평가데이터를 가지고 출력을 하는 부분이다.

[그림 12.17]은 앞선 코드로부터 실행한 결과화면이다. 'J48 pruned tree'는 객체 decisionTree의 toString( ) 함수를 실행한 결과로 분류기가 어떻게 학습했는지에 대한 트리 정보를 보여준다. 'Evaluation on test split'는 테스트 데이터를 실행하여 평가된 정보로 정확도와 같은 통계적 수치를 요약하여 보여준다. 'Detailed Accuracy By Class'는 객체 eval의 toClassDetailsString( ) 함수를 실행한 결과로 각 클래스별 Precision과 Recall과 같은 정확률과 재현율을 보여주고 평균치도 보여준다. 마지막으로 'Confusion Matrix'는 toMatrixString( ) 함수를 실행한 결과로 각 클래스에 대해 어떻게 분류되었는지에 대한 정보를 행렬로써 보여준다. 이처럼 Java를 이용하게 되면 이 코드에서 사용한 평가함수뿐만 아니라 그 외의 평가함수들도 필요한 조건에 따라 사용할 수 있다.

```
J48 pruned tree
------------------

petalwidth <= 0.6: Iris-setosa (50.0)
petalwidth > 0.6
|   petalwidth <= 1.7
|   |   petallength <= 4.9: Iris-versicolor (48.0/1.0)
|   |   petallength > 4.9
|   |   |   petalwidth <= 1.5: Iris-virginica (3.0)
|   |   |   petalwidth > 1.5: Iris-versicolor (3.0/1.0)
|   petalwidth > 1.7: Iris-virginica (46.0/1.0)

Number of Leaves  :     5

Size of the tree :      9

=== Evaluation on test split ===

Correctly Classified Instances         147               98       %
Incorrectly Classified Instances         3                2       %
Kappa statistic                          0.97
Mean absolute error                      0.0233
Root mean squared error                  0.108
Relative absolute error                  5.2482 %
Root relative squared error             22.9089 %
Total Number of Instances              150

=== Detailed Accuracy By Class ===

              TP Rate   FP Rate   Precision   Recall   F-Measure   ROC Area   Class
                1         0          1          1         1           1        Iris-setosa
                0.98      0.02       0.961      0.98      0.97        0.99      Iris-versicolor
                0.96      0.01       0.98       0.96      0.97        0.99      Iris-virginica
Weighted Avg.   0.98      0.01       0.98       0.98      0.98        0.993

=== Confusion Matrix ===

  a  b  c   <-- classified as
 50  0  0 |  a = Iris-setosa
  0 49  1 |  b = Iris-versicolor
  0  2 48 |  c = Iris-virginica
```

그림 12.17 Java에서 붓꽃 데이터를 이용한 결정트리 알고리즘 결과.

12.4 연관 규칙 마이닝

연관 규칙 마이닝^{association rule mining}은 항목들로 구성된 데이터들로부터 항목간 의미있는 연관성을 나타내는 규칙을 찾는 것이다. 연관 규칙 마이닝 알고리즘은 항목 간의 연관관계를 모두 탐색하는데, 연관 규칙 마이닝은 시장바구니 데이터에 대한 가장 기본적인 분석 작업이다. 여기에서 Weka의 Apriori 알고리즘을 적용하여 연관 규칙을 마이닝하는 방법을 살펴본다.

12.4.1 Weka의 연관 규칙 마이닝

여기에서 Weka의 연관 규칙 마이닝 알고리즘인 Apriori 알고리즘을 사용하는 방법을 살펴본다. 붓꽃 데이터에 대해 연관 규칙을 찾아보자. Apriori 알고리즘은 연속형 데이터를 다룰 수 없기 때문에, 먼저 이산화^{離散化}를 해야 한다. 이를 위해 [Preprocess] 탭 메뉴에서 붓꽃 데이터를 이산화한다. 이산화된 결과에 대해서 [Associate] 탭 메뉴에서 Associator를 선택하면 연관 규칙 마이닝을 시행한다. Associator의 기본 알고리즘이 Apriori 알고리즘이기 때문에 따로 선택할 필요는 없다. 알고리즘에 대한 옵션을 확인하기 위해 [Choose] 버튼 옆 텍스트 박스를 클릭하면 [그림 12.18]과 같이 구성된 것을 확인할 수 있다.

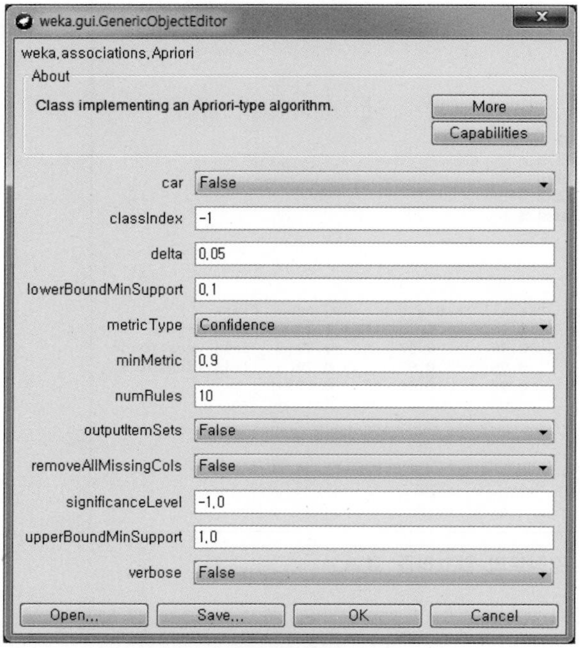

그림 12.18 Apriori에 대한 옵션 설정 화면.

여기에서 classIndex값 -1은 클래스에 대한 인텍스가 없다는 것을 의미하고, numRules 값 10은 연관 규칙 10개 찾도록 하겠다는 의미이다. 또한 delta 값이 0.05, lowerBound MinSupport값이 0.1, upperBoundMinSupport값이 1.0인 것은 연관 규칙을 찾는 작업을 지지도(support) 1.0(100%)에서부터 0.1(10%)까지 0.05(5%)씩 감소시켜 가며 하겠다는 것을 의미한다. 이들 옵션에 대해 [Start] 버튼을 클릭해 Apriori 알고리즘을 적용하면 [그림 12.19]과 같은 결과가 얻어진다.

그림 12.19 **붓꽃 데이터에 대한 연관 규칙 마이닝 알고리즘 Apriori의 결과 화면.**

[그림 12.19]의 결과에서 실행한 작업에 대한 기본 정보는 Run information 부분에 나타나고, Apriori 알고리즘을 적용한 결과는 Associated Model (full training set)에 나타난다. 결과를 분석해 보면 알고리즘 수행 시 고려된 최소 지지도는 0.1(10%)로 최소한 15개의 인스턴스가 있어야 한다는 것을 의미하고, 이 때의 최소 신뢰도^{confidence}는 0.9(90%)이고 수행된 반복의 수는 18번이라는 것을 나타낸다. Apriori 알고리즘을 적용하여 찾은 빈발 항목집합의 개수는 Generated sets of large itemsets에 출력된다. 'L(1): 20'은 최소 지지도 이상이면서 항목을 1개 포함한 빈발 항목집합의 개수가 20개라는 것을 의미한다. 따라서 항목집합의 크기가 2인 항목집합은 15개이고, 항목집합의 크기가 3인 항목집합의 개수는 3개임을 의미한다. Best rules found에는 발견된 연관 규칙들 중 신뢰도가 높은 순으로 10개를 보여 준다. 'A==>B'는 항목집합 A가 포함되면, 신뢰도 이상의 확률로 B도 데이터에 포함된다는 연관 규칙을 나타낸다. 'conf:(0.96)'은 해당 연관 규칙의 신뢰도가 0.96이라는 것을 의미한다.

12.4.2 Java에서 Weka 연관 규칙 마이닝 사용

다음은 Java에서 Weka의 연관 규칙 마이닝 알고리즘인 Apriori를 사용하는 예제 코드이다.

프로그램 12-2.

```
1.    package wekaTest;
2.
3.    import Java.io.BufferedReader;
4.    import Java.io.FileReader;
5.
6.    import weka.associations.Apriori;
7.    import weka.core.Instances;
8.    import weka.filters.Filter;
9.    import weka.filters.unsupervised.attribute.Discretize;
10.
11.   public class AprioriTest{
12.       public static void main(String[] args) throws Exception{
13.           BufferedReader aprioriReader = null;
14.           aprioriReader =
15.               new BufferedReader(new FileReader("iris.arff"));
16.           Instances apriInstance = new Instances(aprioriReader);
17.
18.           Discretize discretize = new Discretize(); // ❶
19.           discretize.setInputFormat(apriInstance);    // ❷
20.           Instances apriInstance2 =
21.               Filter.useFilter(apriInstance,discretize); // ❸
22.           Apriori apriori = new Apriori();            // ❹
23.           apriori.buildAssociations(apriInstance2);   // ❺
24.           System.out.println(apriori.toString());     // ❻
25.       }
26.   }
```

Weka에서 구현된 Apriori 알고리즘은 연속형 데이터를 다룰 수 없기 때문에 붓꽃 데이터의 경우 이산화를 통해 범주형 데이터로 바꿔주어야 한다. ❶, ❷, ❸의 과정을 거쳐 새로운 이산화 데이터로 apriInstance2 객체를 생성한다. ❹에서 Apriori 클래스로부터 객체를 생성하고, 별다른 과정 없이 ❺에서 연관 규칙 알고리즘을 적용한다. ❻에서 연관 규칙에 따른 결과를 출력한다. 찾아진 연관 규칙은 지지도와 신뢰도가 함께 제공되기 때문에, 해당 규칙의 의미 및 가치에 대한 해석이 용이하다.

[그림 12.20]은 [프로그램 12-2]에 의해 Apriori 알고리즘이 출력한 결과 화면이다. Best rules found에서 신뢰도가 높은 10개 규칙이 출력되어 있다. 자바 프로그램에서도 Apriori 알고리즘의 파라미터 값을 설정할 수 있다.

```
Apriori
=======

Minimum support: 0.1 (15 instances)
Minimum metric <confidence>: 0.9
Number of cycles performed: 18

Generated sets of large itemsets:

Size of set of large itemsets L(1): 20

Size of set of large itemsets L(2): 15

Size of set of large itemsets L(3): 3

Best rules found:

 1. petalwidth='(-inf-0.34]' 41 ==> class=Iris-setosa 41    conf:(1)
 2. petallength='(-inf-1.59]' 37 ==> class=Iris-setosa 37    conf:(1)
 3. petallength='(-inf-1.59]' petalwidth='(-inf-0.34]' 33 ==> class=Iris-setosa 33    conf:(1)
 4. petalwidth='(1.06-1.3]' 21 ==> class=Iris-versicolor 21    conf:(1)
 5. petallength='(5.13-5.72]' 18 ==> class=Iris-virginica 18    conf:(1)
 6. sepallength='(4.66-5.02]' petalwidth='(-inf-0.34]' 17 ==> class=Iris-setosa 17    conf:(1)
 7. sepalwidth='(2.96-3.2]' class=Iris-setosa 16 ==> petalwidth='(-inf-0.34]' 16    conf:(1)
 8. sepalwidth='(2.96-3.2]' petalwidth='(-inf-0.34]' 16 ==> class=Iris-setosa 16    conf:(1)
 9. petallength='(3.95-4.54]' 26 ==> class=Iris-versicolor 25    conf:(0.96)
10. petalwidth='(1.78-2.02]' 23 ==> class=Iris-virginica 22    conf:(0.96)
```

그림 12.20 **Apriori 알고리즘의 결과 화면**.

1. Weka 설치 경로의 data 디렉토리에 있는 붓꽃(iris) 데이터에 대해서 Weka를 사용하여 결정트리를 구해 보시오.

2. Weka 설치 경로의 data 디렉토리에 있는 weather.numeric.arff 파일의 날씨 데이터에 대하여 결정트리를 구해 보시오.

3. Java에서 Weka를 사용하여 붓꽃 데이터에 대해 k-means 군집화를 해 보시오.

4. weather.numeric.arff 파일의 날씨 데이터에 대해 k-means 군집화를 해 보시오.

5. Weka 설치 경로의 data 폴더에 있는 파일 weather.numeric.arff에서 날씨 데이터에 대해 연관 규칙을 생성하는 Apriori 알고리즘을 실행하고 결과를 분석하시오.

6. Weka 설치 경로의 data 폴더에 있는 파일 supermarket.arff에서 슈퍼마켓 데이터에 대해 연관 규칙을 생성하는 Apriori 알고리즘을 실행하고 결과를 분석하시오.

7. [프로그램 12-1]을 실행해보고 결과를 확인해 보시오.

8. [프로그램 12-2]를 실행해보고 결과를 확인해 보시오.

딥러닝 프레임워크 텐서플로우

딥러닝 프레임워크 텐서플로우

텐서플로우^{TensorFlow}는 구글에서 공개한 기계학습을 위한 오픈소스 라이브러리로, 각종 기계학습 모듈과 함께 딥러닝 모듈을 제공한다. 2015년 11월 처음 공개된 이후로 지속적으로 업그레이드되고 있으며, 단시간에 많은 사용자를 확보하고 있다. 텐서플로우는 딥러닝을 비롯한 각종 기계학습 알고리즘을 손쉽게 구현하고 모델을 학습시킬 수 있는 매우 효율적인 프레임워크이다.

13.1 텐서플로우 설치

여기에서는 윈도우 환경에서 텐서플로우 개발 환경을 구축하는 과정을 소개한다. 텐서플로우는 LINUX 및 애플 OS X에도 설치할 수 있다. 텐서플로우를 윈도우 환경에서 사용하기 위해 먼저 아나콘다^{Anaconda}를 설치한다.

아나콘다는 파이썬과 R을 기반으로 개발된 각종 오픈 소스 패키지들을 버전에 맞춰 자동으로 설치하고 사용하는 환경을 만들고 관리하는 플랫폼이다. 우선 www.continuum.io/downloads에서 파이썬 버전 3인 아나콘다를 다운로드해서 설치한다. 설치된 아나콘다 프로그램 중에서 Anaconda Prompt를 실행시켜 [그림 13.1]과 같은 실행 창을 연다. Anaconda Prompt를 관리자 권한으로 실행시키면 패키지 설치를 할 때 권한 문제에 따른 오류를 피할 수 있다.

Anaconda Prompt 실행 창에서 다음 명령문를 실행시켜 tensorflow라는 이름의 콘다 환경^{conda environment}을 생성한다.

```
> conda create -n tensorflow python=3.5
```

여기에서 옵션 'python=3.5'은 콘다 환경을 생성한 다음, 파이썬 버전 3.5를 설치하라는 것이다. 위 명령이 실행되면, tensorflow라는 콘다 환경이 사용자 폴더 아래 Anacondada3/envs/tensorflow 폴더가 생기면서 파이썬 3.5버전을 비롯해 pip, setuptools, wheel, vs2015_runtime 등의 패키지가 함께 설치된다.

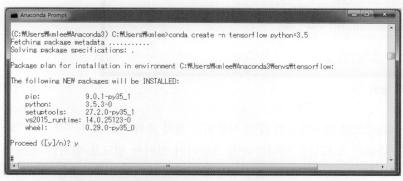

그림 13.1 **Anaconda Prompt 실행 창.**

생성된 tensorflow 콘다 환경을 활성화시키려면 다음과 같이 activate 명령을 사용한다.

> activate tensorflow

활성화된 tensorflow 콘다 환경을 종료시키려면 다음과 같이 deactivate 명령을 사용한다.

> deactivate

tensorflow 콘다 환경을 활성화시킨 후 (즉, tensorflow 콘다 환경에서) [그림 13.2]와 같이 다음 명령어를 사용하여 텐서플로우를 설치한다.

> pip install tensorflow

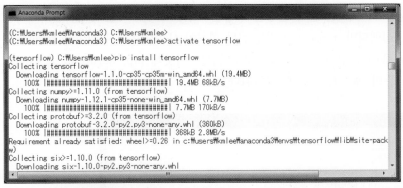

그림 13.2 텐서플로우 설치.

파이썬 프로그래밍 환경으로 대표적으로 많이 사용되는 것이 쥬피터 노트북^{jupyter notebook}과 파이참^{PyCharm}이다. 쥬피터 노트북은 아나콘다에 포함되어 있어서 별도로 설치할 필요가 없다. 쥬피터 노트북은 [그림 13.3]과 같이 웹 브라우저 상에서 파이썬 프로그램을 작성하고 실행할 수 있게 하는 환경이다. 쥬피터 노트북을 실행하려면, Anaconda Prompt에서 tensorflow 환경을 활성화 시킨 상태에서 아래 명령을 실행하면 된다.

```
> jupyter notebook
```

```
Copy/paste this URL into your browser when you connect for the first time,
to login with a token:
    http://localhost:8888/?token=74899fc53a8d9a93a5bfc72965ee5fb60427158de084d8c8
```

그림 13.3 쥬피터 노트북(jupyter notebook)의 웹 인터페이스.

파이참은 파이썬 프로그램의 통합 개발환경[IDE, Integrated Development Environment]으로 GUI 환경에서 프로그램 작성, 디버깅, 실행 등의 기능을 제공한다. 파이참은 www.jetbrains.com/pycharm/download/에서 Community 버전을 다운로드하여 설치한다.

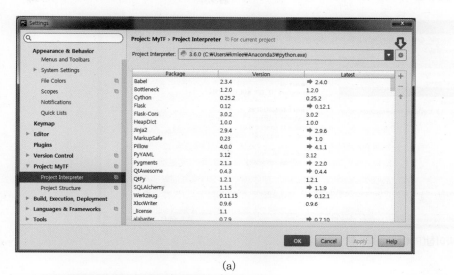

(a)

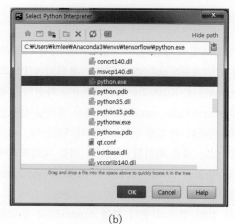

(b)

그림 13.4 **파이참(PyCharm)의 설정(Setting) 창.**

파이참에서 텐서플로우 프로래밍을 할 때는 프로젝트를 생성한 후, 개발 환경에 대한 설정[Setting]을 하는 것이 필요하다. 먼저 [File]-[Setting] 탭을 선택하여 설정(Setting) 창을 연 다음, [Project]-[Project Interpreter]를 선택한다. [그림 13.4(a)]에서 우측 상단의 화살표로 표시한 설정 버튼을 클릭하여 [Add Local]을 선택하면 나오는 [그림 13.4(b)]의 창에서, 설치된 파이썬 인터프리터 파일의 경로를 찾아 지정한다. 이때 해당 파일의 위치는 보통 사용자 폴더 아래 Anacondada3/envs/tensorflow/python.exe가 된다.

모든 설정이 완료되고 나면, [그림 13.5]와 같이 새로운 파일을 생성한 다음, 프로그램을 작성하고 실행할 수 있다. 사용방법은 Eclipse 등과 같은 통합개발환경과 유사하다.

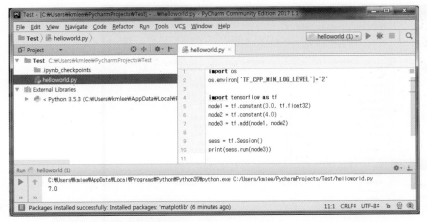

그림 13.5 **파이참(PyCharm)의 창.**

참고 GPU 버전 텐서플로우 설치

텐서플로우에서 GPU를 사용하기 위해서는 먼저 NVIDIA에서 제공하는 CUDA Toolkit과 cuDNN을 설치해야 한다. 이 책을 쓴 시점에 맞는 조합은 CUDA 8.0과 cuDNN 5.1이다. 우선, NVIDIA의 개발자 사이트 developer.nvidia.com/cuda-downloads에서 CUDA Toolkit 버전 8을 자신의 컴퓨터 환경에 맞춰 내려 받아 설치한다. 다음으로 developer.nvidia.com/cuDNN에서 딥러닝 신경망 라이브러리인 NVIDIA cdDNN의 버전 5.1을 자신의 컴퓨터 환경에 맞는 것을 내려받는다. 내려받은 압축파일을 풀면 bin, include, lib 디렉토리가 있는 것을 확인할 수 있다. 이들 디렉토리에 있는 파일들을 CUDA가 설치된 디렉토리(C:₩Program Files₩NVIDIA GPU Computing Toolkit₩CUDA₩v8.0)의 대응되는 폴더에 복사한다.

GPU 버전의 텐서플로우를 사용하기 위해서 다음과 같이 별도의 콘다 환경 tensorflow-gpu를 생성한다.

```
> conda create -n tensorflow-gpu python=3.5
```

tensorflow-gpu 환경을 활성화한 후, tensorflow-gpu를 설치한다.

```
> activate tensorflow-gpu
> pip install tenorflow-gpu
```

13.2 텐서플로우 소개

텐서플로우는 구글에서 공개한 오픈 소스 라이브러리로 파이썬 프로그램을 통해 쉽게 사용할 수 있다. 원래는 많은 수치 계산 작업을 효과적으로 지원하기 위해 개발한 것인데, 현재는 기계학습과 딥러닝 응용 시스템을 개발하는 데 널리 활용되고 있다. 실제 내부 코드는 C와 C++로 개발되었기 때문에, 파이썬으로 응용 프로그램을 작성하더라도 빠르게 실행된다. 텐서플로우는 파이썬 뿐만 아니라 C++, Java에서 사용할 수 있도록 API를 제공한다. 텐서플로우는 다른 딥러닝 라이브러리에 비하여 컴파일 속도가 빠르고, 일반 CPU에서 뿐만 아니라, GPU, 클러스터에서 분산처리를 하는 환경, 안드로이드 모바일 운영체제 환경에서도 사용할 수 있다.

텐서플로우는 계산 과정과 모델을 데이터 플로우 그래프$^{\text{data flow graph}}$를 사용하여 표현한다. 데이터 플로우 그래프는 그래프의 일종인데, 노드는 수학적 연산을 나타내고, 간선은 노드 사이에 전달되는 데이터 배열(텐서라고 불림)을 나타낸다. 데이터 플로우 그래프에 표현된 순서대로 텐서(즉, 데이터)가 간선을 따라 전달되면서 노드에서 처리되는 과정을 통해 최종 결과값이 계산된다. 텐서가 흘러가면서 처리가 되기 때문에 텐서플로우라는 이름을 사용하게 되었다고 한다.

텐서플로우 프로그램은 우선 계산할 내용을 데이터 플로우 그래프로 기술한 다음, 필요에 따라 그래프의 특정 부분을 실행하도록 요구하는 형태로 작성한다. 데이터 플로우 그래프에 대한 데이터 입력은 변수^{variable}와 플레이스홀더^{placeholder}를 통해서 한다. 데이터 플로우 그래프는 세션^{session}을 생성한 다음에 실행할 수 있다.

텐서플로우는 신경망과 딥러닝 관련 라이브러리를 지원하기 때문에, 개발자가 신경망 구조를 쉽게 구성하고, 학습율 등과 같은 하이퍼파라미터들을 쉽게 지정하여, 학습을 쉽게 실행할 수 있도록 한다. 또한 신경망 구성에 사용할 수 있는 다양한 함수를 제공한다. 텐서플로우는 수식을 미분해주는 기능을 지원하기 때문에, 그레디언트에 기반한 어떠한 학습 알고리즘도 쉽게 사용할 수 있다. 또한 학습 알고리즘에서 사용할 수 있는 다양한 최적화 모듈^{optimizer}을 지원하고 있다. 이러한 특성 덕분에, 텐서플로우는 신경망과 딥러닝뿐만 아니라 다른 기계학습 알고리즘을 구현하는 데도 사용할 수 있다.

13.2.1 데이터 플로우 그래프

텐서플로우에서는 수행할 일련의 계산을 데이터 플로우 그래프로 정의한다. 이 그래프에서 노드는 수학적 연산을 나타내는데 오퍼레이션^{operation}이라고 한다. 노드 사이의 간선은 전달되는 데이터가 있는 것을 나타내는데, 전달되는 데이터를 텐서tensor라고 한다. 텐서는 동적인 다차원 배열dynamic multidimensional array을 일컫는다. 하나의 오퍼레이션은 한 개 이상의 텐서를 받을 수 있으며, 한 개 이상의 텐서를 반환한다.

데이터 플로우 그래프는 세션 안에서 실행될 수 있다. 따라서 그래프를 실행하려면 세션session 객체를 먼저 생성해야 한다. 세션은 데이터 플로우 그래프가 주어지면, 각 오퍼레이션들을 컴파일하여 실행할 디바이스(CPU나 GPU)에 해당 오퍼레이션을 전달하여 실행시키는 역할을 한다. 세션을 사용한 후에는 점유하고 있는 자원을 반환하도록 폐쇄close를 해야 한다.

[프로그램 13-1]은 간단한 텐서플로우 프로그램의 예이다. 1행은 tensorflow 라이브러리 모듈을 불러들여 tf라는 이름으로 참조하도록 한다. 2행과 3행은 상수값을 갖는 오퍼레이션인 a와 b를 정의한다. 4행은 오퍼레이션 a와 b에서 전달되어온 텐서를 더하는 오퍼레이션 c를 정의한 것이다. 5행은 b와 c에서 전달되어온 텐서를 곱하는 오퍼레이션 d를 정의한 것이다. 2행부터 5행까지 과정을 통해서 구성된 데이터 플로우 그래프는 [그림 13.6]과 같은 모양이 된다. 2행에서 5행까지 오퍼레이션을 정의할 때 name="문자열" 부분은 해당 오퍼레이션에 이름을 부여한 것으로, [그림 13.6]과 같이 데이터 플로우 그래프를 보여줄 때 노드의 이름으로 사용된다. 이러한 그래프는 텐서보드tensorboard 프로그램을 통해서 확인할 수 있다.

프로그램 13-1.

```
1.    import tensorflow as tf
2.    a = tf.constant(2, name="a")
3.    b = tf.constant(3, name="b")
4.    c = tf.add(a, b, name="c")
5.    d = tf.multiply(b, c, name="d")
6.
7.    sess = tf.Session( )
8.    result = sess.run(c)
9.    print(result)
10.   sess.close()
```

이와 같이 생성된 데이터 플로우 그래프를 실행할 때는 7행과 같이 먼저 세션 객체를 생성한다. 그래프의 실행은 8행과 같이 세션의 메소드 run()을 호출하여 시작하도록 한다. 9행은 실행결과를 출력하도록 한다. 10행은 세션 객체가 사용하던 자원을 반환하도록 세션을 폐쇄한다.

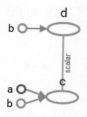

그림 13.6 **[프로그램 13-1]에서 생성한 데이터 플로우 그래프.**

세션을 생성하여 사용한 다음 매번 번거롭게 close()를 호출해야 한다. 그런데 with 블록을 사용하면 이런 번거로움을 피할 수 있다. [프로그램 13-1]의 7행에서 10행을 다음과 같이 대체할 수 있는데, 여기에서는 close() 메소드를 호출할 필요가 없다.

```
with tf.Session() as sess:
    result = sess.run(d)
    print(result)
```

13.2.2 변수와 플레이스홀더

텐서플로우는 모델의 학습가능한 변수를 정의할 때 Variable을 사용한다. 즉, Variable은 학습 모델에서 사용하는 가중치, 편차항 등과 같은 파라미터를 저장하는데 사용한다. Variable은 데이터 플로우 그래프의 자료구조에 만들어진다고 생각하면 된다. 그런데 Variable은 정의할 때 반드시 초기화되어야 한다. 다음은 Variable를 초기화시키면서 정의하는 예이다.

```
W = tf.Variable(tf.random_normal([4, 1]), name='weight')
b = tf.Variable(tf.random_normal([1]), name='bias')
```

위 문장에서 tf.random_normal([4,1])은 정규분포에 따라 난수^{random number}를 생성하여 4×1 크기의 텐서를 채우는 함수이다. W은 이러한 난수로 초기화된 텐서 객체를 가리키는 핸들^{handle, 참조변수} 역할을 하고, 해당 객체는 name에 지정된 'weight'라는 이름으로 데이터 플로우 그래프에서 식별된다.

플레이스홀더^{placeholder}는 데이터 플로우 그래프를 실행할 때 데이터를 전달해주기 위해서 사용하는 일종의 변수이다. 이름이 말해주는 것처럼 placeholder는 나중에 입력될 데이터 (즉, 텐서)를 위한 자리^{place}를 차지하고 있는^{hold} 역할을 한다. placeholder는 초기화 없이 tf.placeholder를 사용하여 정의된다. 데이터 플로우 그래프를 실행할 때는 placeholder에 값을 전달해 줘야 한다. session.run() 메소드에서 feed_dict를 사용하여 실제 값을 전달한다. 다음은 placeholder를 정의한 예이다.

```
x = tf.placeholder(tf.float32)
y = tf.placeholder(tf.float32)
z = tf.multiply(x,y)
sess.run(z, feed_dict={x: 3, y: 4})
```

위 문장에서 feed_dict={x: 3, y: 4}는 placeholder인 x와 y에 각각 3과 4를 전달하는 역할을 한다.

13.2.3 텐서보드

텐서보드^{tensorboard}는 프로그램에서 생성한 데이터 플로우 그래프를 보여주고, 학습 과정의 각종 가중치 및 성능 변화를 시각화해서 보여주는 도구이다. 텐서보드에서 이러한 정보를 보기 위해서는 프로그램 실행 중에 해당 정보를 로그파일에 저장해야 한다. 로그파일에 저장하기 위해서는 [프로그램 13-2]의 9행와 같이 tf.summary.FileWrite() 메소드를 사용한다. 이 메소드의 첫 번째 인자에는 로그파일이 저장될 폴더 이름이 들어가고, 두 번째 인자에는 로그로 저장할 내용이 들어간다. 9행에서 sess.graph는 데이터 플로우 그래프를 저장하겠다는 것을 나타낸다. tf.summary.FileWriter()를 사용할 때는 13행과 같이 마지막에 close()를 호출하여 종료를 해줘야 한다. 4행과 같이 tf.Variable 객체를 정의하는 경우, 6행의 tf.global_variables_initializer()를 반드시 실행해야 하는데, 이를 위해 세션 내에서 실행하도록 10행과 같이 지시한다.

프로그램 13-2.

```
1.    import tensorflow as tf
2.    a = tf.constant(2, name="a")
3.    b = tf.constant(3, name="b")
4.    c = tf.Variable(a+5*b, name="c")
5.    d = tf.multiply(c, b, name="d")
6.    init = tf.global_variables_initializer()
7.
8.    with tf.Session() as sess:
9.        writer = tf.summary.FileWriter('./graphs', sess.graph)
10.       sess.run(init)
11.       result = sess.run(d)
12.       print(result)
13.   writer.close()
```

텐서보드 서버 프로그램은 웹서버 형태로 동작하는데, 다음과 같이 터미널에서 웹서버를 실행시킬 수 있다. [그림 13-7]과 같이 메뉴에서 [View]-[Tool Windows]-[Terminal]을 선택하면, 아래쪽 표시된 부분에 터미널이 나타난다.

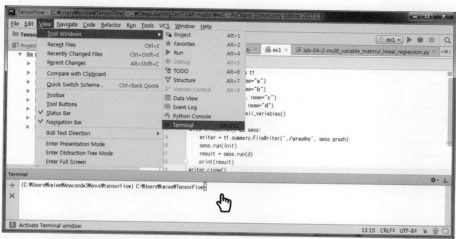

그림 13.7 **파이참에서 터미널 실행.**

[그림 13.7]의 표시된 터미널에서 다음 명령문을 사용하여 텐서보드 서버 프로그램을 실행시킨다.

> tensorboard —logdir=./graphs

여기에서 graphs는 [프로그램 13-2]에서 지정한 로그파일의 저장 폴더 이름이다. 이때 해당 로그 폴더의 위치를 명확히 지정해야 한다. 경로가 복잡하면 해당 폴더가 있는 폴더로 이동한 다음, 위와 같이 텐서보드를 실행해도 된다.

텐서보드 프로그램은 웹 브라우저를 통해서 사용되는데, 아래와 같이 웹서버프로그램이 실행되고 있는 컴퓨터의 6006번 포트로 접근할 수 있다.

http://localhost:6006/

[그림 13.8]은 텐서보드를 실행한 화면이다. 텐서보드는 구글의 크롬^{chrome} 브라우저에서 사용하는 것을 권장한다.

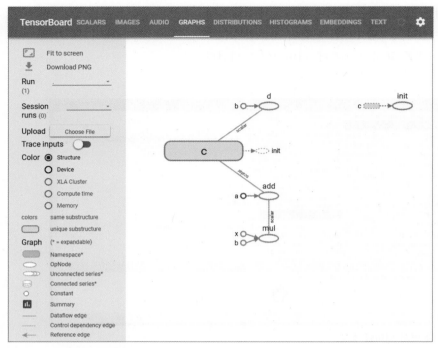

그림 13.8 **텐서보드(tensorboard) 화면.**

13.2.4 텐서

텐서^{tensor}는 다차원 배열로서 텐서플로우에서 기본 자료형이다. 텐서는 rank, shape, type 등 3가지 속성을 가진다. rank는 텐서의 차원 수를 나타낸다. rank가 n이라면 텐서가 n차원 배열이라는 의미이다. rank 0인 텐서는 스칼라 값이고, rank 1인 텐서는 1차원 배열이다. rank 2인 텐서는 2차원 배열로서, rank 1인 텐서들을 원소로 하는 배열이다. rank 3인 텐서는 3차원 배열로서, rank 2인 텐서들을 원소로 하는 배열이다. rank 4인 텐서는 rank 3인 텐서들의 배열이다. 마찬가지로 rank n인 텐서는 rank $n-1$인 텐서들의 배열이다.

[그림 13.9]는 rank에 따른 텐서의 모양을 나타낸다. 텐서의 rank를 회색으로 표시된 부분을 원소로 하는 배열로 생각하면, rank의 의미를 쉽게 이해할 수 있다.

텐서에서 shape은 텐서의 구조를 나타낸다. [그림 13.9]에서 rank 1인 텐서의 shape은 [5]인데, 원소가 5개 있다는 의미이다. rank 2인 텐서의 shape은 [5,4]인데, 그림과 같이 shape [4]인 원소를 5개 가지고 있다. rank 3인 텐서의 shape은 [4,3,3]인데, shape [3,3]

인 원소를 4개 가지고 있다. rank 4인 텐서에서 회색으로 표현된 부분의 shape이 [3,3,2]라면, 이 텐서의 shape은 [4,3,3,2]이다. rank 5인 텐서에서 회색으로 표현된 각 부분의 shape이 [3,3,2]라면, 이 텐서의 shape은 [4,4,3,3,2]가 된다. 다음은 shape에 따른 텐서의 예이다.

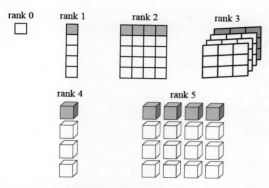

그림 13.9 rank에 따른 텐서의 형태.

shape [4] : [2,4,6,8]
shape [2,3] : [[1,2,3], [4,5,6]]
shape [2,3,4] : [[[1,2,3,4], [4,5,6,7], [7,8,9,1]], [[0,2,4,6], [1,3,5,7], [6,7,8,9]]]

텐서의 type은 텐서를 구성하는 원소의 자료형을 나타낸다. [표 13.1]은 텐서플로우와 파이썬의 자료형을 비교하여 나타낸 것이다.

표 13.1 텐서플로우와 파이썬의 자료형

텐서플로우 자료형	파이썬 자료형	의미
DT_FLOAT	float32	32비트 실수
DT_INT16	int16	16비트 정수
DT_INT32	int32	32비트 정수
DT_INT64	int64	64비트 정수
DT_STRING	string	문자열
DT_BOOL	bool	불리언(boolean)

13.2.5 텐서 변환 연산

텐서플로우는 텐서의 정보를 얻거나 텐서의 형태를 변환하는 여러 함수를 제공한다. [표 13.2]은 이들 함수를 정리한 것이다.

표 13.2 **텐서 변환 함수**

함수	용도
shape	텐서의 shape 정보 확인
size	텐서의 크기 확인
rank	텐서의 rank 확인
reshape	원소는 유지하면서 텐서의 구조를 변경
squeeze	텐서에서 크기가 1인 차원을 삭제
expand_dims	텐서에 차원을 추가
slice	텐서의 일부분 선택
split	텐서를 한 차원을 기준으로 여러 개의 텐서로 분리
tile	한 텐서를 여러 번 중복해서 늘려 새로운 텐서 생성
concat	한 차원을 기준으로 텐서를 이어 붙임
reverse	텐서의 지정된 차원을 역전 시킴
transpose	텐서를 전치 시킴 (행렬의 전치 연산에 해당)
gather	주어진 첨자에 따라 텐서의 원소 수집

예를 들어 다음과 같은 텐서 a와 b가 있다고 하자.

$$a = [1,2,3,4,5,6,7,8,9,10,11,12,13,14,15,16,17,18,19,20,21,22,23,24]$$
$$b = [[[1,2,3,4],[5,6,7,8]],[[9,10,11,12],[13,14,15,16]],[[17,18,19,20],[21,22,23,24]]]$$

이에 대한 각 함수의 실행 결과는 아래와 같다.

$$\text{tf.shape(a)} \rightarrow [24] \qquad \text{tf.shape(b)} \rightarrow [3,2,4]$$
$$\text{tf.size(a)} \rightarrow [24] \qquad \text{tf.size(b)} \rightarrow 24$$
$$\text{tf.rank(a)} \rightarrow 1 \qquad \text{tf.rank(b)} \rightarrow 3$$

reshape은 주어진 텐서를 지정된 shape에 따라 재구조화는 역할을 한다. 다음은 reshape을 사용하는 예이다. 다른 shape의 텐서를 reshape할 때는 원소가 나타나는 순서대로 원소가 나열되어 있다고 간주하고 새로운 shape에 따라 원소를 배치한다.

```
tf.reshape(a, [3,8]) -->
    [[1,2,3,4,5,6,7,8], [9,10,11,12,13,14,15,16], [17,18,19,20,21,22,23,24]]
tf.reshape(b, [4,6]) -->
    [[1,2,3,4,5,6], [7,8,9,10,11,12], [13,14,15,16,17,18], [19,20,21,22,23,24]]
tf.reshape(b, [-1,4]) -->
    [[1,2,3,4], [5,6,7,8], [9,10,11,12], [13,14,15,16], [17,18,19,20],[21,22,23,24]]
```

shape을 [-1,4]로 지정하면, 전체 크기를 4로 나누어 몫에 해당하는 값을 -1 대신에 넣어 텐서를 재구성한다. 위의 예의 경우, 전체 원소 개수가 24이기 때문에, -1 위치에 6이 들어가서 shape을 [6,4]로 지정한 것과 같게 된다.

squeeze는 크기가 1인 텐서를 제거하는 역할을 한다. 즉, 텐서에서 크기가 1인 축(axis)을 제거하는 효과가 있다. 다음은 shape이 [3,1]인 텐서에 squeeze를 적용하여 shape이 [3]이 되도록 한 예이다.

```
tf.squeeze([[0], [1], [2]]) --> [0, 1, 2]
```

expand_dims는 지정한 축의 위치에 차원을 추가하는 역할을 한다. 축의 인자는 0부터 시작한다. 예를 들어, shape [2,3,4]인 tensor에서 축 0의 크기는 2, 축 1의 크기는 3, 축 2의 크기는 4이다. 다음은 expand_dims(텐서, 확장축) 구문의 사용 예이다.

```
tf.expand_dims([[1,2,3],[4,5,6]], 0) --> [[[1,2,3], [4,5,6]]]
tf.expand_dims([[1,2,3],[4,5,6]], 1) --> [[[1,2,3]], [[4,5,6]]]
```

slice는 텐서에서 일부분을 뽑아내는 역할을 한다. 다음은 slice 구문의 예로, rank가 d인 텐서로부터 각 축별로 뽑아낼 부분의 시작위치와 크기를 지정한다.

slice(텐서, [축0의 추출 시작위치, 축1의 추출 시작위치, ..., 축d-1의 추출 시작 위치], [축0의 길이, 축1의 길이, ..., 축d-1의 길이])

다음은 shape인 [3,7]인 텐서에 대해 slice를 적용한 예이다.

```
tf.slice([[1,2,3,4,5,6,7],[8,9,10,11,12,13,14],[15,16,17,18,19,20,21]],[0,2], [2,3])
    --> [[3,4,5], [10,11,12]]
```

[프로그램 13-3]은 칼러영상을 나타내는 텐서에 대해서 slice 연산을 하는 텐서플로우 프로그램이다. (a)는 입력 영상이고, (b)는 slice(입력영상, [225,0,0], [70,-1,3])를 한 결과를 나타낸다. slice를 할 때, 축 0은 위치 225부터 길이 70만큼을 선택하고, 축 1은

위치 0부터 마지막 까지 선택한다. 여기에서 −1은 (마지막 위치 − 시작 위치)한 것 같은 효과를 나타내는 것이다. 축 2는 시작위치 0에서 3개를 선택한다는 것을 나타낸다. 프로그램의 행 15의 placeholder에서 shape인 [None, None, 3]은 축 2는 크기가 3이지만, 축 0과 1은 임의의 크기가 될 수 있다는 것을 의미한다. 행 6에서 imread는 matplotlib.image에 정의된 것인데, 영상 파일을 읽어 들이는 역할을 한다. 행 11과 12는 영상을 화면에 출력하는 역할을 한다.

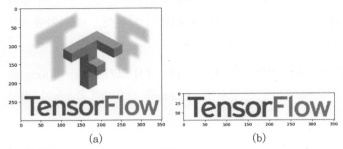

(a)   (b)

그림 13.10 텐서에 대한 slice 연산 결과.

프로그램 13-3.

```
1.   import matplotlib.image as mp_img
2.   import matplotlib.pyplot as plt
3.   import tensorflow as tf
4.
5.   # jpeg 영상 읽어들이기. pillow 패키지 설치 필요
6.   input_img = mp_img.imread("tensorflow.jpg")
7.   print("input dim : ", format(input_img.ndim))
8.   print("input shape : ", format(input_img.shape))
9.
10.  # 읽어들인 영상 화면 출력
11.  plt.imshow(input_img)
12.  plt.show()
13.
14.  # 칼라 영상을 저장할 수 있는 placeholder 선언
15.  my_image = tf.placeholder("uint8", [None, None, 3])
16.  # 텐서를 지정한 크기로 잘라내기
17.  slice = tf.slice(my_image, [225,0,0], [70,-1,3])
18.
19.  with tf.Session() as sess:
20.      result = sess.run(slice, feed_dict={my_image: input_img})
21.      print(result.shape)
22.  # slice 결과 화면 출력
23.  plt.imshow(result)
24.  plt.show()
```

split는 지정된 축을 따라 하나의 텐서를 주어진 개수의 부분 텐서로 분리하는 역할을 한다. 구문은 split(텐서, 텐서분할개수, 축)의 형태를 갖는다. 다음은 split을 사용하여 12개의 원소를 갖는 텐서를 2개로 분리하는 예이다.

tf.split([[1,2,3,4], [5,6,7,8], [9,10,11,12]], 2, 1)
  --> [[[1,2],[5,6],[9,10]]], [[[3,4],[7,8],[11,12]]]]

tile은 주어진 텐서를 지정된 shape에 따라 반복해서 새로운 텐서를 만든다. tile(텐서, shape)과 같은 구문을 가지는데, 마치 주어진 '텐서'를 실내의 바닥에 붙이는 타일처럼 간주하고 shape에 따라 반복해서 이어붙이는 것으로 생각하면 된다.

tf.tile([1,3,5], [3]) --> [1,3,5,1,3,5,1,3,5]
tf.tile([[1,2,3], [7,8,9]], [2,2]) --> [[1,2,3,1,2,3],[7,8,9,7,8,9],[1,2,3,1,2,3],[7,8,9,7,8,9]]

concat는 하나의 차원을 기준으로 두 개의 텐서를 결합하여 새로운 텐서를 만든다. concat([텐서1, 텐서2], 차원)와 같이 사용되는데, '차원'을 기준으로 '텐서1'과 '텐서2'를 붙여서 새로운 텐서를 만든다.

tf.concat([[1,3,5,7,9], [1,3,5]], 0) --> [1,3,5,7,9,1,3,5]
tf.concat([[[1,2,3,4], [7,8,9,0]], [[1,2,3], [7,8,9]]], 1) --> [[1,2,3,4,1,2,3], [7,8,9,0,7,8,9]]

reverse는 텐서의 원소를 역순으로 배치하여 새로운 텐서를 만든다. reverse(텐서, [축])의 구문으로 사용하는데, '텐서'를 '축'을 기준으로 역순으로 배치하여 텐서를 만든다.

tf.reverse([1,3,5,7,9], [0]) --> [9,7,5,3,1]
tf.reverse([[1,2,3], [7,8,9]], [0]) --> [[7,8,9], [1,2,3]]
tf.reverse([[1,2,3], [7,8,9]], [1]) --> [[3,2,1], [9,8,7]]

transpose는 텐서를 전치(transpose)하는 것인데, 주어진 텐서의 축을 지정된 순서로 바꾸는 역할을 한다. 구문은 transpose(텐서, {perm=[축의 순열]})인데, '텐서'를 '축의 순열'에 따라 재배치하게 된다. 'perm=[축의 순열]'이 없으면, 'perm=[1,0]'으로 간주하여 처리한다.

tf.transpose([[1,2,3], [4,5,6]]) --> [[1,4], [2,5], [3,6]]
tf.transpose([[1,2,3], [4,5,6]], perm=[1,0]) --> [[1,4], [2,5], [3,6]]
tf.transpose([[[1,2,3], [4,5,6]], [[7,8,9], [10,11,12]]], perm=[0,2,1]) -->
  [[[1,4], [2,5], [3,6]], [[7,10], [8,11], [9,12]]]

[그림 13.11]은 [그림 13.10(a)]의 영상에 대해 tf.transpose(x, perm=[1,0,2])를 적용한 결과이다. [프로그램 13-4]는 이러한 transpose 연산을 하는 코드이다.

프로그램 13-4.

```
1.   import matplotlib.image as mp_img
2.   import matplotlib.pyplot as plt
3.   import tensorflow as tf
4.
5.   input_img = mp_img.imread("tensorflow.jpg")
6.   x = tf.Variable(input_img)
7.   model = tf.global_variables_initializer()
8.
9.   with tf.Session() as sess:
10.      sess.run(model)
11.      result = sess.run(tf.transpose(x, perm=[1,0,2]))
12.
13.  plt.imshow(result)
14.  plt.show()
```

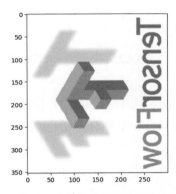

그림 13.11 **텐서에 대한 transpose 연산 결과.**

gather는 텐서에서 지정된 첨자^{index}의 원소를 가지고 텐서를 만들어낸다. 구문은 gather(텐서, [첨자(들)]) 형태로 되어 있다. 다음은 gather를 사용한 예이다.

$$tf.gather([1, 3, 5, 7, 9, 0, 2, 4, 6, 8], [2, 5, 2, 5]) --> [5,0,5,0]$$
$$tf.gather([[1, 2, 3, 4, 5, 6], [7, 8, 9, 0, 1, 2]], [0,1])$$
$$--> [[1,2,3,4,5,6], [7,8,9,0,1,2]]$$
$$tf.gather([[1, 2, 3, 4, 5, 6], [7, 8, 9, 0, 1, 2]], [[0,0],[1,1]])$$
$$--> [[[1,2,3,4,5,6], [1,2,3,4,5,6]], [[7,8,9,0,1,2], [7,8,9,0,1,2]]]$$

one_hot은 정수값을 one-hot 벡터로 바꾸는 역할을 한다. one-hot은 하나의 원소 값만 1이고, 나머지는 모두 0인 벡터를 말한다. 구문은 one_hot(텐서, depth=전체 원소의 가짓수)가 되며, 다음은 one_hot의 적용예이다.

```
tf.one_hot([0],[1],[2]), depth=3)  ==>
    [[1.0, 0.0, 0.0], [0.0, 1.0, 0.0], [0., 0., 1.0]]
```

13.2.6 텐서 산술 연산

텐서플로우는 텐서에 대한 다양한 산술연산 함수를 제공한다. [표 13.3]은 텐서플로우에서 제공하는 기본적인 산술연산 함수들이다. 텐서에 대한 산술 연산에서는 연산 대상인 텐서의 shape에 대한 제약이 있다. 기본적인 산술 연산은 텐서에서 동일 위치의 원소별로 수행된다. 예를 들면 tf.add([1, 2, 3], [4,5,6])은 [1+4, 2+5, 3+6]과 같이 대응되는 원소들에 대해서 덧셈을 한다. [표 13.3]의 다른 함수들도 마찬가지로 대응되는 원소 간에 해당 연산을 수행한다.

표 13.3 텐서 산술연산 함수

함수	용도
add	덧셈. tf.add(a,b) == a+b
subtract	뺄셈. tf.subtract(a,b) == a−b
multiply	곱셈
truediv	실수값 몫을 구하는 나눗셈
truncatediv	정수 몫을 구하는 나눗셈
truncatemod	나머지 연산
abs	절댓값
negative	음수로 변환한 값
sign	수의 부호
reciprocal	역수
square	제곱
round	반올림한 값
pow	거듭제곱한 값 $pow(a,b) == a^b$
log	로그 함수 값
exp	지수 함수 값
sin	사인값
cos	코사인값

다음 [프로그램 13-5]는 텐서에 대한 산술연산의 결과를 확인하기 위한 프로그램이다.

프로그램 13-5.

```
1.   import tensorflow as tf
2.   import os
3.   os.environ['TF_CPP_MIN_LOG_LEVEL']='2'
4.   a = [[1,2,3,4], [5,6,7,8]]
5.   b = [[2,4,6,8], [-1,-2,-3,-4]]
6.   c = [[2.,4.,6.,8.], [1.,-3.,5.,7.]]
7.
8.   with tf.Session() as sess:
9.       print("add : ", sess.run(tf.add(a,b)))
10.      print("subtract : ", sess.run(tf.subtract(a,b)))
11.      print("multiply : ", sess.run(tf.multiply(a,b)))
12.      print("truediv : ", sess.run(tf.truediv(a,b)))
13.      print("truncatemod : ", sess.run(tf.truncatemod(a,b)))
14.      print("truncatediv : ", sess.run(tf.truncatediv(a,b)))
15.      print("abs : ", sess.run(tf.abs(b)))
16.      print("negative :", sess.run(tf.negative(a)))
17.      print("sign : ", sess.run(tf.sign(b)))
18.      print("reciprocal : ", sess.run(tf.reciprocal(c)))
19.      print("square : ", sess.run(tf.square(a)))
20.      print("round : ", sess.run(tf.round(tf.truediv(a,b))))
21.      print("power : ", sess.run(tf.pow([1,2,3],[4,5,6])))
22.      print("Exp : ", sess.run(tf.exp(c)))
23.      print("sin : ", sess.run(tf.sin(c)))
24.      print("cos : ", sess.run(tf.cos(c)))
25.      print("reduce_max : ", sess.run(tf.reduce_max(a,0)))
26.      print("reduce_max : ", sess.run(tf.reduce_max(a,1)))
27.      print("reduce_min : ", sess.run(tf.reduce_min(a,0)))
28.      print("reduce_min : ", sess.run(tf.reduce_min(a,1)))
29.      print("reduce_mean : ", sess.run(tf.reduce_mean(a, 0)))
30.      print("reduce_mean : ", sess.run(tf.reduce_mean(a, 1)))
31.      print("reduce_sum : ", sess.run(tf.reduce_sum(a, 0)))
32.      print("reduce_sum : ", sess.run(tf.reduce_sum(a, 1)))
33.      print("reduce_prod : ", sess.run(tf.reduce_prod(a, 0)))
34.      print("reduce_prod : ", sess.run(tf.reduce_prod(a, 1)))
35.      print("arg_max : ", sess.run(tf.arg_max(a,0)))
36.      print("arg_max : ", sess.run(tf.arg_max(a,1)))
37.      print("arg_min : ", sess.run(tf.arg_min(a,0)))
38.      print("arg_min : ", sess.run(tf.arg_min(a,1)))
39.      print("reduce_logsumexp : ", sess.run(tf.reduce_logsumexp(c)))
40.      print("reduce_logsumexp : ", sess.run(tf.reduce_logsumexp(c,0)))
41.      print("reduce_logsumexp : ", sess.run(tf.reduce_logsumexp(c,1)))
```

다음은 [프로그램 13-5]를 실행한 결과이다.

```
add : [[ 3  6  9 12] [4  4  4  4]]
subtract : [[-1 -2 -3 -4] [6  8 10 12]]
multiply : [[2  8 18  32] [-5 -12 -21 -32]]
truediv : [[0.5 0.5 0.5 0.5] [-5. -3. -2.33333333 -2.]]
truncatemod : [[1 2 3 4] [0 0 1 0]]
truncatediv : [[0  0  0  0] [-5 -3 -2 -2]]
abs : [[2 4 6 8] [1 2 3 4]]
negative : [[-1 -2 -3 -4] [-5 -6 -7 -8]]
sign : [[1  1  1  1] [-1 -1 -1 -1]]
reciprocal : [[0.5 0.25 0.16666667  0.125] [1. -0.33333334  0.2 0.14285715]]
square : [[1  4  9 16] [25 36 49 64]]
round : [[0.  0.  0.  0.] [-5. -3. -2. -2.]]
power : [1 32 729]
Exp : [[7.38905621e+00   5.45981522e+01   4.03428802e+02   2.98095801e+03]
 [2.71828175e+00   4.97870669e-02   1.48413162e+02   1.09663318e+03]]
sin : [[0.90929741 -0.7568025  -0.27941549  0.98935825]
 [0.84147096 -0.14112    -0.95892429  0.65698659]]
cos : [[-0.41614681 -0.65364361  0.96017027 -0.14550003]
 [0.54030228 -0.9899925   0.28366217  0.75390226]]
```

두 개의 텐서에 대한 산술연산은 대응되는 원소간의 연산이 이루어지기 때문에 shape이 일치해야 한다. 그런데 shape에서 특정 축의 값이 1이면, 해당되는 축의 shape 값이 같아지도록 확장하는 브로드캐스팅^{broadcasting}을 한다. 예를 들어, shape [3,3]일 때, 다음 텐서 [[1,2,3],[4,5,6],[7,8,9]]에 [[1], [1], [1]]를 더하는 경우, 기본적으로는 shape이 [3,3]과 [3,1]로 다르기 때문에 덧셈을 할 수 없다. 텐서플로우는 이와 같은 경우 shape을 맞추기 위해 축의 값이 1인 것을 상대방과 같아지도록 복사하여 사용한다. 즉, [[1],[1],[1]]을 [[1,1,1] [1,1,1], [1,1,1]]와 같이 자동으로 변경하여 사용한다.

13.2.7 텐서 축약 연산

텐서플로우는 텐서의 크기를 줄이는 여러 가지 함수를 제공한다. [표 13.4]는 대표적인 텐서 축약 함수를 정리한 것이다. reduce_XXX() 함수는 텐서에 대해 주어진 기준에 따라 연산 XXX를 수행한다. 따라서 이들 텐서 연산에서 기준은 축^{axis}이 된다.

표 13.4 텐서 축약 함수

함수	용도
reduce_max	지정된 축의 원소들 중의 최대값
reduce_min	지정된 축의 원소들 중의 최소값
reduce_mean	지정된 축의 원소들의 평균
reduce_sum	지정된 축의 원소들의 합
reduce_prod	지정된 축의 원소들의 곱
arg_max	지정된 축의 원소 중에서 최대값인 원소의 위치
arg_min	지정된 축의 원소 중에서 최소값인 원소의 위치
reduce_logsumexp	지정된 축의 원소들에 exp를 적용하여 sum을 한 다음 log를 한 결과

[프로그램 13-6]은 위의 축약 연산 함수의 역할을 확인할 수 있는 예제이다.

프로그램 13-6

```
1.    import tensorflow as tf
2.    import os
3.    os.environ['TF_CPP_MIN_LOG_LEVEL']='2'
4.    a = [[1,2,3,4], [5,6,7,8]]
5.    c = [[2.,4.,6.,8.], [1.,-3.,5.,7.]]
6.
7.    with tf.Session() as sess:
8.        print("reduce_max : ", sess.run(tf.reduce_max(a,0)))
9.        print("reduce_max : ", sess.run(tf.reduce_max(a,1)))
10.       print("reduce_min : ", sess.run(tf.reduce_min(a,0)))
11.       print("reduce_min : ", sess.run(tf.reduce_min(a,1)))
12.       print("reduce_mean : ", sess.run(tf.reduce_mean(a, 0)))
13.       print("reduce_mean : ", sess.run(tf.reduce_mean(a, 1)))
14.       print("reduce_sum : ", sess.run(tf.reduce_sum(a, 0)))
15.       print("reduce_sum : ", sess.run(tf.reduce_sum(a, 1)))
16.       print("reduce_prod : ", sess.run(tf.reduce_prod(a, 0)))
17.       print("reduce_prod : ", sess.run(tf.reduce_prod(a, 1)))
18.       print("arg_max : ", sess.run(tf.arg_max(a,0)))
19.       print("arg_max : ", sess.run(tf.arg_max(a,1)))
20.       print("arg_min : ", sess.run(tf.arg_min(a,0)))
21.       print("arg_min : ", sess.run(tf.arg_min(a,1)))
22.       print("reduce_logsumexp : ", sess.run(tf.reduce_logsumexp(c)))
23.       print("reduce_logsumexp : ", sess.run(tf.reduce_logsumexp(c,0)))
24.       print("reduce_logsumexp : ", sess.run(tf.reduce_logsumexp(c,1)))
```

위 프로그램을 실행하면 다음과 같은 결과가 출력된다.

```
reduce_max :    [5 6 7 8]
reduce_max :    [4 8]
reduce_min :    [1 2 3 4]
reduce_min :    [1 5]
reduce_mean :   [3 4 5 6]
reduce_mean :   [2 6]
reduce_sum :    [6  8 10 12]
reduce_sum :    [10 26]
reduce_prod :   [5 12 21 32]
reduce_prod :   [24 1680]
arg_max :       [1 1 1 1]
arg_max :       [3 3]
arg_min :       [0 0 0 0]
arg_min :       [0 0]
reduce_logsumexp :   8.45408
reduce_logsumexp :   [ 2.31326151   4.00091124   6.31326151   8.31326199]
reduce_logsumexp :   [ 8.14507771   7.12914896]
```

13.2.8 텐서 행렬 연산

텐서에 대한 행렬 연산을 지원하는 함수로 [표 13.5]와 같은 것들이 있다.

표 13.5 **텐서 행렬 함수**

함수	용도
diag	주어진 원소를 대각에 배치한 대각행렬 반환
transpose	전치 행렬
matmul	텐서의 행렬 곱셈
matrix_determinant	정방행렬의 행렬식
matrix_inverse	정방행렬의 역행렬

텐서에 대한 행렬 곱셈 matmul을 할 때는 대응되는 축의 크기가 일치해야 한다. 예를 들어, shape이 [2,3]인 텐서와 shape이 [3,5]인 텐서는 행렬 곱셈을 할 수 있지만, shape [3,2]인 행렬과 shape [3,5]인 행렬은 곱할 수 없다. 즉, rank 2인 두 행렬의 shape이 [a,b], [c,d]일 때, 행렬 곱셈을 하려면, b와 c가 같아야 한다(b = c). rank가 3 이상이면, 마지막 두 개의 축에 대해서는 위와 같은 조건을 만족하고, 그 이외의 축의 크기는 모두

같아야 한다. 즉, shape이 [Dn, …, D3, D2, D1]과 [dn, …, d3, d2, d1]이라면, Dn = dn, …, D3 = d3가 되면서, D1 = d2가 되어야 한다.

[프로그램 13-7]은 텐서에 대한 행렬 연산 함수의 확인할 수 있는 예이다.

프로그램 13-7

```
1.    import tensorflow as tf
2.
3.    a = [[2.,2.,3.], [4.,5.,6.], [7.,8.,9.]]
4.    b = [[1.,2.], [3.,4.], [5.,6.]]
5.    c = [1,2,3]
6.
7.    with tf.Session() as sess:
8.        print("diagonal => ", sess.run(tf.diag(c)))
9.        print("transpose => ", sess.run(tf.transpose(b)))
10.       print("matrix multiplication=> ", sess.run(tf.matmul(a,b)))
11.       print("determinant => ", sess.run(tf.matrix_determinant(a)))
12.       print("inverse => ", sess.run(tf.matrix_inverse(a)))
```

다음은 [프로그램 13-7]의 실행 결과이다.

```
diagonal =>  [[1 0 0] [0 2 0] [0 0 3]]
transpose =>  [[ 1.  3.  5.] [ 2.  4.  6.]]
matrix multiplication=>  [[ 23.  30.] [ 49.  64.] [ 76.  100.]]
determinant =>  -3.0
inverse =>  [[ 1.        -2.00000072  1.00000048]
            [-2.         1.         0.        ]
            [ 1.         0.66666722 -0.66666698]]
```

[프로그램 13-8]은 텐서에서 유용하게 사용되는 여러 함수의 사용 예를 보인 것이다.

프로그램 13-8

```
1.    import tensorflow as tf
2.
3.    a = [[1], [0], [2],[0]]
4.    b = [1.8, 2.4, 4.6, -2.4, -3.7]
5.    c = [[1,2,3], [4,5,6]]
6.    x = [1,4]
7.    y = [2,5]
```

```
8.    z = [3,6]
9.    l = [[True , True], [False, False]]
10.
11.   with tf.Session() as sess:
12.       print("one hot => ", sess.run(tf.one_hot(a, depth=3)))
13.       print("cast => ", sess.run(tf.cast(b, tf.int32)))
14.       print("stack => ", sess.run(tf.stack([x,y,z])))
15.       print("stack => ", sess.run(tf.stack([x,y,z], axis=1)))
16.       print("ones_like => ", sess.run(tf.ones_like(c)))
17.       print("zeros_like => ", sess.run(tf.zeros_like(c)))
18.       print("zeros => ", sess.run(tf.zeros([3,2])))
19.       print("ones => ", sess.run(tf.ones([2,3])))
20.       print("where => ", sess.run(tf.where(l)))
```

one_hot(a, depth)은 주어진 정수값 a를 depth 차원의 벡터로 표현하는데, a의 위치에는 1, 나머지는 0으로 채운 벡터를 반환한다. one_hot(2, depth = 3)이면, [0 0 1]을 출력한다.

cast(텐서, 자료형)은 '텐서'의 각 원소의 자료형을 지정한 '자료형'으로 변환한다.

stack(텐서들, 축)은 주어진 '텐서들'을 지정된 축을 따라 쌓아서 새로운 텐서를 만든다.

ones_like(텐서)와 zeros_like(텐서)는 주어진 '텐서'의 shape과 같은 크기의 텐서를 만들어, 각각 원소를 1과 0으로 초기화 한다.

zeros(shape)와 ones(shape)는 주어진 shape와 같은 크기의 텐서를 만들어 각각 0과 1로 채운다.

where(불리언 텐서)는 주어진 '불리언 텐서$^{boolean\ tensor}$'에서 True인 원소의 위치에 대한 첨자를 반환한다.

다음은 [프로그램 13-8]의 실행결과를 보인 것이다.

```
one hot => [[[ 0.  1.  0.]] [[ 1.  0.  0.]] [[ 0.  0.  1.]] [[ 1.  0.  0.]]]
cast => [ 1  2  4 -2 -3]
stack => [[1 4] [2 5] [3 6]]
stack => [[1 2 3] [4 5 6]]
ones_like => [[1 1 1] [1 1 1]]
zeros_like => [[0 0 0] [0 0 0]]
zeros => [[ 0.  0.] [ 0.  0.] [ 0.  0.]]
ones => [[ 1.  1.  1.] [ 1.  1.  1.]]
where => [[0 0] [0 1]]
```

프로그램에서 난수[random number]를 특정 확률분포에 따라 생성해야 할 때가 있다. 텐서플로우는 [표 13.6]과 같은 난수 생성과 관련된 함수를 제공한다.

표 13.6 **난수 생성 관련 함수**

함수	용도
random_normal	정규분포 형태의 난수 생성
truncated_normal	(2*표준편차)를 벗어나는 것을 제외한 정규분포에서 난수 생성
random_uniform	균등 분포에서 난수 생성
random_shuffle	첫 번째 축을 중심으로 텐서의 원소를 섞음
set_random_seed	난수의 초기값(seed) 설정

13.3 텐서플로우를 이용한 기계학습

13.3.1 선형회귀

회귀[regression]는 4.3.2에서 소개한 바와 같이 학습 데이터를 잘 근사近似하는 함수를 찾는 기계학습 문제이다. 학습 모델이 학습 대상 파라미터들에 대한 일차식으로 표현되는 회귀를 선형회귀[linear regression]라고 한다. 다음 예는 선형회귀에서 대상으로 하는 함수의 형태들이다. w_i와 b_j 등은 학습 대상파라미터들이고, x_k는 입력되는 값을 나타낸다.

$$f(x_1, x_2, x_3, x_4) = w_1x_1 + w_2x_2 + w_3x_3 + w_4x_4 + b_1$$
$$f(x_1, x_2, x_3) = w_1x_1 + w_2x_2x_3 + w_3x_3^2 + b_1$$

표 13-7. **학습 데이터**

입력 x_1	입력 x_2	입력 x_3	출력 y
73	80	75	152
93	88	93	185
89	91	90	180
96	98	100	196
73	66	70	142
53	46	55	101
69	74	77	149
47	56	60	115

[프로그램 13-9]는 [표 13-7]의 학습데이터를 선형회귀하는 프로그램이다. 행 21은 학습하려는 회귀 모델을 정의하고 있는데, 학습 데이터의 입력 (x_1^i, x_2^i, x_3^i)과 출력 y_i이 다음과 같은 관계를 만족하도록 하는 가중치 w_1, w_2, w_3와 편차항 b를 찾으려고 한다.

$$y_i = w_1 x_1^i + w_2 x_2^i + w_3 x_3^i + b$$

여기에서 x_1^i, x_2^i, x_3^i와 y_i는 i번째 학습 데이터의 입력과 출력을 나타낸다.

행 22는 오차 함수^{비용 함수}를 정의하고 있는데, 다음과 같이 비용함수를 표현한 것이다.

$$cost = \frac{1}{n} \sum_{i=1}^{n} (f(x_1^i, x_2^i, x_3^i) - y_i)^2$$

여기에서 n은 전체 학습 데이터의 개수이다.

행 23은 학습을 할 때 오차 함수를 최적화 방법으로 경사 하강법을 구현한 GradientDescent Optimizer를 사용하고 학습율^{learning rate}을 1e-5 (즉, 10^{-5})으로 하겠다고 지정한다. 행 24는 최적화 대상으로 행 22에서 정의한 오차 함수 cost를 사용하겠다는 것과 이 함수를 최소화하는 최적화를 하겠다는 것을 설정한다.

행 29는 placeholder x1, x2, x3, Y에 각각 x1_data, x2_data, x3_data, y_data를 대입하여, 오차 함수 cost를 최소화도록 hypothesis로 표현된 모델을 train에 지정한 방법으로 학습하도록 한다.

프로그램 13-9.

```
1.    import tensorflow as tf
2.    import os
3.    os.environ['TF_CPP_MIN_LOG_LEVEL']='2'   # 경고 메시지 화면출력 금지
4.
5.    x1_data = [73., 93., 89., 96., 73., 53., 69., 47.] # 입력: x1_data, x2_data, x3_data
6.    x2_data = [80., 88., 91., 98., 66., 46., 74., 56.]
7.    x3_data = [75., 93., 90., 100., 70., 55., 77., 60.]
8.    y_data = [152., 185., 180., 196., 142., 101., 149., 115.]   # 출력: y
9.
10.   x1 = tf.placeholder(tf.float32)              # 입력을 저장할 placeholder
11.   x2 = tf.placeholder(tf.float32)
12.   x3 = tf.placeholder(tf.float32)
13.
```

```
14.   Y = tf.placeholder(tf.float32)           # 출력을 전달할 placeholder
15.
16.   w1 = tf.Variable(tf.random_normal([1]), name='weight1')
17.   w2 = tf.Variable(tf.random_normal([1]), name='weight2')
18.   w3 = tf.Variable(tf.random_normal([1]), name='weight3')
19.   b  = tf.Variable(tf.random_normal([1]), name='bias')
20.
21.   hypothesis = x1*w1 + x2*w2 + x3*w3 + b       # 함수 모양 설정
22.   cost = tf.reduce_mean(tf.square(hypothesis - Y))   # 오차 함수
23.   optimizer = tf.train.GradientDescentOptimizer(learning_rate=1e-5) # 최적화알고리즘
24.   train = optimizer.minimize(cost)       # 최적화 대상 및 목적
25.
26.   with tf.Session() as sess:
27.       sess.run(tf.global_variables_initializer())
28.       for step in range(100):
29.           cost_val, hy_val, _ = sess.run([cost, hypothesis, train], ₩
30.               feed_dict={x1:x1_data, x2:x2_data, x3:x3_data, Y: y_data})
31.           if step % 10 == 0:
32.               print(step, cost_val, hy_val)
```

[프로그램 13-9]를 실행하면 다음과 같이 학습에 따른 오차(비용), 모델 정보가 출력된다.

```
0 8510.81 [ 246.67185974  291.87460327  290.06393433  315.29568481  221.83898926
   161.84490967  236.21882629  175.60144043]
10 9.04006 [ 156.96437073  184.06614685  183.83273315  199.59873962  139.6229248
   101.22688293  149.60769653  111.38179779]
20 7.80156 [ 155.88172913  182.77403259  182.55467224  198.20932007  138.63771057
   100.50540161  148.56877136  110.61289215]
30 7.7879 [ 155.86291504  182.76046753  182.53643799  198.19197083  138.62754822
   100.50288391  148.55700684  110.60562134]
40 7.7745 [ 155.85688782  182.76223755  182.5333252  198.19110107  138.6290741
   100.5089798  148.55758667  110.60748291]
50 7.76107 [ 155.85101318  182.76422119  182.53041077  198.19042969  138.63075256
   100.51516724  148.55833435  110.60948181]
60 7.74774 [ 155.84516907  182.76617432  182.52749634  198.18977356  138.63243103
   100.52134705  148.55905151  110.61146545]
70 7.73445 [ 155.83934021  182.76812744  182.52458191  198.18910217  138.63409424
   100.52750397  148.55978394  110.61345673]
80 7.72119 [ 155.83348083  182.77003479  182.52163696  198.18840027  138.63571167
   100.53365326  148.5605011  110.61544037]
90 7.70799 [ 155.8276825  182.77198792  182.51875305  198.1877594  138.63737488
   100.53980255  148.56124878  110.6174469 ]
```

13.3.2 k-means 군집화

k-means 알고리즘은 4.7절에서 소개한 바와 같이 군집화 알고리즘이다. 군집의 개수 k는 사용자가 제공해야 하는 값이다. [프로그램 13-10]은 1,000개의 2차원 데이터를 중심이 각각 (0.0, 0.7), (3.0, 0.5)인 서로 분산이 다른 두 개의 가우시안 분포로부터 무작위로 생성한다. 그리고 나서, 이들 데이터에 k-means 알고리즘을 적용하여 4개의 군집을 찾는다. 프로그램을 실행하기 위해서는 numpy, pandas, seaborn, matplotlib 패키지를 설치해야한다.

프로그램 13-10.

```
1.   import tensorflow as tf
2.   import numpy as np
3.   import pandas as pd
4.   import seaborn as sns
5.   import matplotlib.pyplot as plt
6.   import os
7.
8.   os.environ['TF_CPP_MIN_LOG_LEVEL']='2'
9.
10.  num_points = 1000          # 생성할 데이터의 개수
11.  centroid = []              # 군집 중심위치
12.  # 데이터 생성
13.  for i in range(num_points):
14.      if np.random.random() > 0.5:
15.          centroid.append([np.random.normal(0.0, 0.8), np.random.normal(0.7, 0.8)])
16.      else:
17.          centroid.append([np.random.normal(3.0, 0.2), np.random.normal(0.5, 0.75)])
18.
19.  df = pd.DataFrame({"x": [v[0] for v in centroid],
20.          "y": [v[1] for v in centroid]})
21.  sns.lmplot("x", "y", data=df, fit_reg=False, size=6)
22.  plt.show()
23.
24.  vectors = tf.constant(centroid)
25.  k = 4    # 군집의 개수 지정
26.  centroides = tf.Variable(tf.slice(tf.random_shuffle(vectors),[0,0],[k,-1]))
27.
28.  expanded_vectors = tf.expand_dims(vectors, 0)
29.  expanded_centroides = tf.expand_dims(centroides, 1)
30.  # 거리 계산 및 군집 소속 결정
31.  assignments = tf.argmin(tf.reduce_sum(tf.square(tf.subtract(expanded_vectors,
32.                  expanded_centroides)), 2), 0)
```

```
33.    # 군집 중심 계산
34.    means = tf.concat([tf.reduce_mean(tf.gather(vectors, tf.reshape(tf.where ₩
35.        (tf.equal(assignments, c)),[1,-1])), reduction_indices=[1]) for c in range(k)], 0)
36.    # 군집 중심 갱신
37.    update_centroides = tf.assign(centroides, means)
38.
39.    init_op = tf.global_variables_initializer()
40.
41.    with tf.Session() as sess:
42.        sess.run(init_op)
43.        for step in range(100):   # 100번 반복 군집 조정
44.            _, centroid_values, assignment_values = sess.run([update_centroides, ₩
                    centroides, assignments])
45.
46.    data = {"x": [ ], "y": [ ], "cluster": [ ]}
47.
48.    for i in range(len(assignment_values)):
49.        data["x"].append(centroid[i][0])
50.        data["y"].append(centroid[i][1])
51.        data["cluster"].append(assignment_values[i])
52.
53.    df = pd.DataFrame(data)
54.    sns.lmplot("x", "y", data=df, fit_reg=False, size=6, hue="cluster", legend=False)
55.    plt.show()
```

[그림 13.12]는 k-means 알고리즘을 적용한 결과로서, (a)는 데이터를, (b)는 4개의 군집으로 구성된 군집화 결과를 나타낸다.

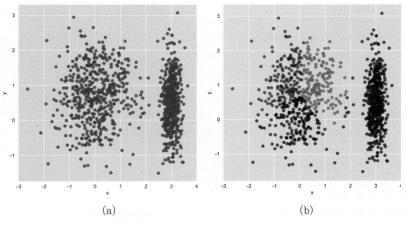

(a)   (b)

그림 13.12 k-means 알고리즘 적용 결과.

13.3.3 간단한 신경망 모델

[프로그램 13-11]은 입력과 가중치를 선형결합한 후 소프트맥스 층만 통과시키는 간단한 신경망으로 MNIST 데이터의 숫자를 인식하는 프로그램이다. MMIST는 [그림 13.13]과 같은 필기체 숫자 데이터들인데, 크기가 각각 28×28인 그레이 영상이다.

MNIST 데이터는 얀르쿤^{Yann Lecun}의 웹사이트(yann.lecun.com/exdb/mnist/)에서 4개의 파일로 제공된다. 행 4~5에 의해서 자동으로 이들 파일들이 다운로드되어 프로그램에서 읽어 들여진다. 네트워크의 방화벽 보안 설정 등으로 자동으로 다운로드가 되지 않는 경우가 있는데, 프로젝트 폴더에 MNIST_data 폴더를 만들고 이들 파일을 직접 다운로드해서 넣어주면 된다.

프로그램 13-11.

```python
1.   import tensorflow as tf
2.   import os
3.   os.environ['TF_CPP_MIN_LOG_LEVEL']='2'

4.   from tensorflow.examples.tutorials.mnist import input_data
5.   mnist = input_data.read_data_sets("MNIST_data", one_hot=True)
6.
7.   x = tf.placeholder("float", [None, 784])
8.   W = tf.Variable(tf.zeros([784,10]))   # 선형결합 가중치
9.   b = tf.Variable(tf.zeros([10]))        # 편차항
10.
11.  y = tf.nn.softmax(tf.matmul(x,W) + b)  # 소프트맥스
12.  y_ = tf.placeholder("float", [None,10])
13.
14.  cross_entropy = -tf.reduce_sum(y_*tf.log(y)) # 교차 엔트로피 오차
15.  train_step = tf.train.GradientDescentOptimizer(0.01).minimize(cross_entropy)
16.
17.  with tf.Session() as sess:
18.      sess.run(tf.global_variables_initializer())
19.      for i in range(1000):
20.          batch_xs, batch_ys = mnist.train.next_batch(100)
21.          sess.run(train_step, feed_dict={x: batch_xs, y_: batch_ys})
22.          correct_prediction = tf.equal(tf.argmax(y,1), tf.argmax(y_,1))
23.          accuracy = tf.reduce_mean(tf.cast(correct_prediction, "float"))
24.          print(sess.run(accuracy, feed_dict={x: mnist.test.images,
                 y_: mnist.test.labels}))
```

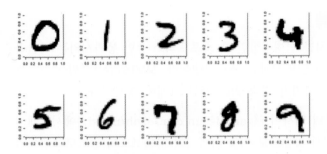

그림 13.13 **28×28 크기인 MNIST 데이터의 예.**

13.3.4 다층 퍼셉트론

[프로그램 13-12]는 다층 퍼셉트론을 MNIST 데이터 분류에 적용한 프로그램이다. 여기에서 구성한 신경망은 [그림 13.14]와 같이 은닉층 한 개와 출력층으로 되어 있으며, 은닉층은 15개의 노드를 갖도록 한다. 입력 데이터의 크기가 $28 \times 28 \, (= 784)$이므로, 입력층에는 784개의 노드를 만든다. 출력에서 0부터 9까지 각 숫자에 대한 확률을 출력하도록 10개의 노드를 만든다.

27행의 multilayer_perceptron 함수를 사용하여 다층 퍼셉트론을 구성하는데, 은닉층의 활성화 함수로 ReLU를 사용하도록 설정한다. 49행은 출력층의 값을 소프트맥스를 사용하도록 하고, 오차 함수로 교차엔트로피를 사용하도록 지정한다. 51행에서는 최적화 방법으로 Adam을 사용하도록 지정한다. [프로그램 13-12]를 실행하면, 학습 오차를 나타내는 교차엔트로피 값이 점점 감소하는 것을 확인할 수 있다.

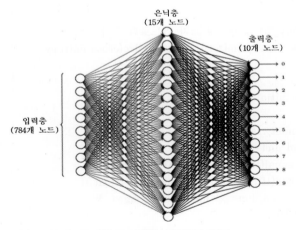

그림 13.14 **[프로그램 13-12]의 신경망의 구조.**

```
1.    import tensorflow as tf
2.    import os
3.    import matplotlib.pyplot as plt
4.
5.    # MNIST 데이터 적재
6.    from tensorflow.examples.tutorials.mnist import input_data
7.    mnist = input_data.read_data_sets("MNIST_data", one_hot=True)
8.
9.    os.environ['TF_CPP_MIN_LOG_LEVEL']='2'    # 경고 메시지 화면출력 금지
10.
11.   # 파라미터
12.   learning_rate = 0.001    # 신경망 학습률
13.   training_epochs = 100  # 학습 횟수 (epoch)
14.   batch_size = 100         # 미니배치의 크기
15.   display_step = 10          # 중간결과 출력 간격
16.
17.   # 신경망 구조 관련 파라미터
18.   n_hidden_1 = 15  # 은닉층의 노드 개수
19.   n_input = 784      # 입력층의 노드 개수 MNIST 데이터 (28×28)
20.   n_classes = 10     # 출력층의 노드 수 MNIST 부류 개수(숫자 0~9)
21.
22.   # 텐서 그래프 입력 변수
23.   x = tf.placeholder("float", [None, n_input])     # 입력: 필기체 영상
24.   y = tf.placeholder("float", [None, n_classes])  # 출력: 숫자
25.
26.   # 학습모델 MLP정의
27.   def multilayer_perceptron(x, weights, biases):
28.    # ReLU를 사용하는 은닉층
29.       layer_1 = tf.add(tf.matmul(x, weights['h1']), biases['b1'])
30.       layer_1 = tf.nn.relu(layer_1)
31.     # 출력층 (활성화 함수 미사용)
32.       out_layer = tf.matmul(layer_1, weights['out']) + biases['out']
33.       return out_layer
34.
35.   # 학습할 파라미터: 가중치(weights), 편차항(biases)
36.   weights = {
37.       'h1': tf.Variable(tf.random_normal([n_input, n_hidden_1])),
38.       'out': tf.Variable(tf.random_normal([n_hidden_1, n_classes]))
39.   }
40.   biases = {
41.       'b1': tf.Variable(tf.random_normal([n_hidden_1])),
42.       'out': tf.Variable(tf.random_normal([n_classes]))
```

```
43.    }
44.
45.    # 신경망 모델 구성. 출력값 pred : 입력 x에 대한 신경망의 출력
46.    pred = multilayer_perceptron(x, weights, biases)
47.
48.    # 비용(오차) 정의 (신경망 출력 pred, 목표 출력 y): 교차엔트로피 사용
49.    cost = tf.reduce_mean(tf.nn.softmax_cross_entropy_with_logits(logits=pred, ₩
              labels=y))
50.    # 학습 알고리즘 설정
51.    optimizer = tf.train.AdamOptimizer(learning_rate=learning_rate).₩
              minimize(cost)
52.
53.    init = tf.global_variables_initializer()    # 변수 초기화 지정
54.
55.    # 데이터 플로우 그래프 실행
56.    with tf.Session() as sess:
57.        sess.run(init)
58.        total_batch = int(mnist.train.num_examples / batch_size) # 배치 개수
59.
60.        for epoch in range(training_epochs):    # 정해진 횟수 만큼 학습
61.            avg_cost = 0.
62.            for i in range(total_batch):        # 미니배치
63.                batch_x, batch_y = mnist.train.next_batch(batch_size) # 적재
64.                # 역전파 알고리즘 적용
65.                _, c = sess.run([optimizer, cost], feed_dict={x: batch_x, ₩
                        y: batch_y})
66.
67.                avg_cost += c / total_batch    # 평균 손실(오류) 계산
68.
69.            if epoch % display_step == 0:      # 현재 학습 상황 출력
70.                print("Epoch:", '%04d' % (epoch+1), "cost=", ₩
71.                    "{:.9f}".format(avg_cost))
72.
73.        # 모델 테스트: out의 최대값 노드와 y 노드가 같으면 정답
74.        correct_prediction = tf.equal(tf.argmax(pred, 1), tf.argmax(y, 1))
75.        # correct_prediction 평균
76.        accuracy = tf.reduce_mean(tf.cast(correct_prediction, "float"))
77.        print(accuracy.eval({x: mnist.test.images, y: mnist.test.labels}))
```

13.3.5 컨볼루션 신경망

[프로그램 13-13]은 컨볼루션 신경망을 MNIST 데이터에 적용하는 프로그램이다. 이 프로그램에서는 먼저 컨볼루션 신경망을 구성한 다음, 학습 관련 정보를 지정하고 있다. 여기에서

구성한 신경망은 Conv-(ReLU)-MaxPool- Conv-(ReLU)-MaxPool-FC-(ReLU)-FC -(SoftMax)의 층을 갖는다. 괄호()로 되어 있는 부분은 활성화 함수에 해당하기 때문에, 전체 6개의 층인 딥러닝 신경망이다. 41행은 드롭아웃을 첫 번째 완전연결층 FC에 적용하는 것을 나타낸다. 48행은 교차 엔트로피를 오차 함수로 지정한다. 49행은 최적화 방법으로 AdamOptimizer를 지정한다. 53~55행, 59행, 66행은 데이터 플로우 그래프 및 성능에 관한 그래프를 출력하기 위한 부분이다.

프로그램 13-13.

```
1.   from tensorflow.examples.tutorials.mnist import input_data
2.   mnist = input_data.read_data_sets('MNIST_data', one_hot=True)
3.   import tensorflow as tf
4.   import os
5.   os.environ['TF_CPP_MIN_LOG_LEVEL']='2'    # 경고 메시지 화면출력 금지
6.
7.   x = tf.placeholder("float", shape=[None, 784]) # 입력
8.   yp = tf.placeholder("float", shape=[None, 10]) # 출력
9.   x_image = tf.reshape(x, [-1,28,28,1])    # 입력을 28×28×1 영상으로 변환
10.
11.  def weight_variable(shape): # shape 형태로 표준편차 0.1로 정규분포로 가중치 생성
12.     initial = tf.truncated_normal(shape, stddev=0.1)
13.     return tf.Variable(initial)
14.
15.  def bias_variable(shape):    # shape 형태의 각 원소가 0.1인 편차항 생성
16.     initial = tf.constant(0.1, shape=shape)
17.     return tf.Variable(initial)
18.  def conv2d(x, W): # 영(0) 패딩을 하여, 스트라이드 1로 하여 x를 커널 W로 컨볼루션
19.     return tf.nn.conv2d(x, W, strides=[1, 1, 1, 1], padding='SAME')
20.
21.  def max_pool_2x2(x): # 영 패딩, 스트라이드 2를 하면서, 2×2 블록에서 최대값 풀링
22.     return tf.nn.max_pool(x, ksize=[1, 2, 2, 1], strides=[1, 2, 2, 1], padding='SAME')
23.
24.  W_conv1 = weight_variable([5, 5, 1, 32])    # 32개의 5×5×1 커널
25.  b_conv1 = bias_variable([32])    # 32개의 편차항
26.  h_conv1 = tf.nn.relu(conv2d(x_image, W_conv1) + b_conv1) # 컨볼루션 --> ReLU
27.  h_pool1 = max_pool_2x2(h_conv1)  # 최대값 풀링
28.
29.  W_conv2 = weight_variable([5, 5, 32, 64]) # 64개 커널
30.  b_conv2 = bias_variable([64])
31.  h_conv2 = tf.nn.relu(conv2d(h_pool1, W_conv2) + b_conv2) # 컨볼루션 --> ReLU
32.  h_pool2 = max_pool_2x2(h_conv2)  # 최대값 풀링
33.
```

```python
34.  W_fc1 = weight_variable([7 * 7 * 64, 1024])  # 완전연결 가중치
35.  b_fc1 = bias_variable([1024])
36.
37.  h_pool2_flat = tf.reshape(h_pool2, [-1, 7*7*64])  # 선형으로 reshape
38.  h_fc1 = tf.nn.relu(tf.matmul(h_pool2_flat, W_fc1) + b_fc1) # 가중치 적용 --〉 ReLU
39.
40.  keep_prob = tf.placeholder("float")  # 드롭아웃 확률
41.  h_fc1_drop = tf.nn.dropout(h_fc1, keep_prob)  # 완전연결층에 드롭아웃 적용
42.
43.  W_fc2 = weight_variable([1024, 10]) # 완전연결층과 출력층 사이 가중치
44.  b_fc2 = bias_variable([10])
45.
46.  y_conv=tf.nn.softmax(tf.matmul(h_fc1_drop, W_fc2) + b_fc2) # 소프트맥스 적용
47.
48.  cross_entropy = -tf.reduce_sum(yp*tf.log(y_conv))    # 오차 함수
49.  train_step = tf.train.AdamOptimizer(1e-4).minimize(cross_entropy) # 최적화 기법
50.  correct_prediction = tf.equal(tf.argmax(y_conv,1), tf.argmax(yp,1)) # 정답 여부
51.  accuracy = tf.reduce_mean(tf.cast(correct_prediction, "float")) # 정확도
52.
53.  tf.summary.histogram('cross_entropy', cross_entropy)
54.  tf.summary.scalar('accuracy', accuracy)
55.  merged = tf.summary.merge_all()
56.
57.  with tf.Session() as sess:
58.      sess.run(tf.global_variables_initializer())
59.      writer = tf.summary.FileWriter('./logs', sess.graph)
60.
61.   for i in range(201):   # 학습 반복횟수 : 200
62.        batch = mnist.train.next_batch(50)    # 미니배치 크기를 50으로 하여 학습
63.        if i%10 == 0:
64.            train_accuracy = sess.run(accuracy, ₩
                  feed_dict={ x:batch[0], yp: batch[1], keep_prob: 1.0})
65.            summary, acc = sess.run([merged, accuracy], feed_dict={x: batch[0], ₩
                     yp: batch[1], keep_prob: 1.0})
66.            writer.add_summary(summary, i)
67.            print("step %d, training accuracy %g" %(i, train_accuracy))
68.        sess.run(train_step,feed_dict={x: batch[0], yp: batch[1], keep_prob: 0.5})
69.     print("test accuracy %g"% sess.run(accuracy, feed_dict= ₩
            {x: mnist.test.images, yp: mnist.test.labels, keep_prob: 1.0}))
```

[그림 13.15]는 텐서보드를 사용하여 확인한 [프로그램 13-13]이 구성하는 데이터 플로우 그래프이다. [그림 13.16]은 텐서보드에서 확인할 수 있는 로그 파일에 저장된 정확도와 엔트로피의 변화를 보여주는 그래프이다.

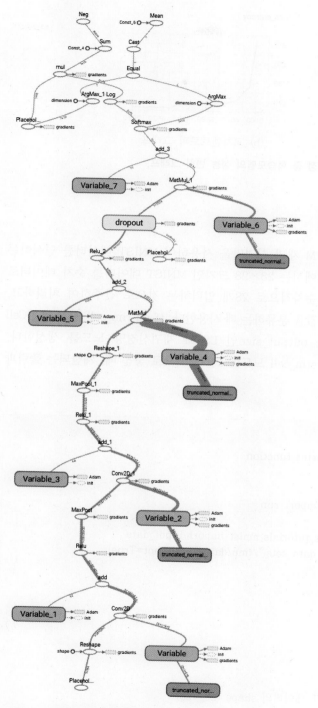

그림 13.15 [프로그램 13-13]의 CNN의 구조.

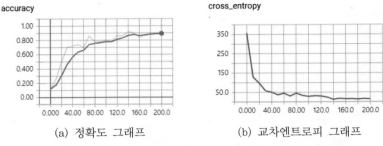

(a) 정확도 그래프	(b) 교차엔트로피 그래프

그림 13.16 **[프로그램 13-13]의 실행과정 중 학습모델의 성능 변화 그래프.**

13.3.6 재귀 신경망

다음은 5.4.3절에서 소개한 LSTM 재귀 신경망을 사용하여 MNIST 데이터를 인식하는 프로그램의 예이다. 이 프로그램에서는 28×28 크기인 MNIST 데이터를 순차 데이터로 만들기 위해 1×28인 데이터를 순차적으로 28개 입력하는 것으로 간주하여 처리하고, LSTM 재귀 신경망의 마지막 출력값을 분류하는 데 사용한다. tf.nn.rnn_cell.BasicRNNCell (output_size)는 출력의 개수가 output_size인 LSTM 재귀신경망 노드를 생성한다. rnn.static_rnn(lstm_cell, x)은 lstm_cell 노드에 x를 입력으로 넣을 때, 계산되는 출력과 내부 상태 정보를 반환한다.

프로그램 13-14.

```
1.    from __future__ import print_function
2.
3.    import tensorflow as tf
4.    from tensorflow.contrib import rnn
5.
6.    from tensorflow.examples.tutorials.mnist import input_data
7.    mnist = input_data.read_data_sets("/tmp/data/", one_hot=True)
8.
9.    # 학습 파라미터
10.   learning_rate = 0.001
11.   training_steps = 10000
12.   batch_size = 128
13.   display_step = 500
14.
15.   # 네트워크 파라미터
16.   num_input = 28 # MNIST 데이터의 shape (28×28)
17.   timesteps = 28  # 단계 수
```

```
18.    num_hidden = 128 # LSTM 재귀신경망 노드의 출력 차원
19.    num_classes = 10   # MNIST 데이터의 부류 개수 (0~9)
20.
21.    X = tf.placeholder("float", [None, timesteps, num_input])
22.    Y = tf.placeholder("float", [None, num_classes])
23.
24.    weights = {
25.        'out': tf.Variable(tf.random_normal([num_hidden, num_classes]))
26.    }
27.    biases = {'out': tf.Variable(tf.random_normal([num_classes]))}
28.
29.    def RNN(x, weights, biases):
30.        # 입력 데이터의 shape 변경
31.        # (batch_size, timesteps, n_input) -> (batch_size, n_input)
32.        x = tf.unstack(x, timesteps, 1)
33.
34.        # LSTM 노드 생성
35.        lstm_cell = rnn.BasicLSTMCell(num_hidden, forget_bias=1.0)
36.
37.        # LSTM 노드 결과 출력
38.        outputs, states = rnn.static_rnn(lstm_cell, x, dtype=tf.float32)
39.
40.        # 마지막 출력
41.        return tf.matmul(outputs[-1], weights['out']) + biases['out']
42.
43.    logits = RNN(X, weights, biases)
44.    prediction = tf.nn.softmax(logits)
45.
46.    loss_op = tf.reduce_mean(tf.nn.softmax_cross_entropy_with_logits(
             logits=logits, labels=Y))  # 비용함수
47.    optimizer = tf.train.GradientDescentOptimizer(learning_rate=learning_rate)
48.    train_op = optimizer.minimize(loss_op)
49.
50.    # 모델 평가
51.    correct_pred = tf.equal(tf.argmax(prediction, 1), tf.argmax(Y, 1))
52.    accuracy = tf.reduce_mean(tf.cast(correct_pred, tf.float32))
53.
54.    init = tf.global_variables_initializer()
55.
56.    with tf.Session() as sess:
57.        sess.run(init)
58.        for step in range(1, training_steps+1):
59.            batch_x, batch_y = mnist.train.next_batch(batch_size)
60.            batch_x = batch_x.reshape((batch_size, timesteps, num_input))
```

```
61.          sess.run(train_op, feed_dict={X: batch_x, Y: batch_y})
62.
63.          if step % display_step == 0 or step == 1:
64.              loss, acc = sess.run([loss_op, accuracy], ₩
65.                      feed_dict={X: batch_x, Y: batch_y})
66.              print("Step " + str(step) + ", 미니배치 Loss= " + ₩
67.                  "{:.4f}".format(loss) + ", 학습 정확도= " + ₩
68.                  "{:.3f}".format(acc))
69.
70.      test_len = 128   # 테스트 영상 개수
71.      test_data = mnist.test.images[:test_len].reshape((-1, timesteps, ₩
72.                  num_input))
73.      test_label = mnist.test.labels[:test_len]
74.      print("테스트 정확도:", ₩
75.          sess.run(accuracy, feed_dict={X: test_data, Y: test_label}))
```

다음은 [프로그램 13-14]의 실행 결과로서, MNIST 데이터를 LSTM 재귀 신경망을 사용하여 분류할 때 정확도가 점차 개선되는 것을 확인할 수 있다. 실제 MNIST 데이터에 대한 분류는 컨볼루션 신경망을 사용할 때 훨씬 나은 정확도를 얻을 수 있다. 여기에서는 재귀 신경망의 사용 예를 보이기 위한 목적으로 MNIST 데이터를 사용한 것이다.

```
Step 1, 미니배치 Loss= 2.6016, 학습 정확도= 0.141
Step 1000, 미니배치 Loss= 1.6117, 학습 정확도= 0.547
Step 2000, 미니배치 Loss= 1.3189, 학습 정확도= 0.562
Step 3000, 미니배치 Loss= 1.0583, 학습 정확도= 0.672
Step 4000, 미니배치 Loss= 0.9810, 학습 정확도= 0.664
Step 5000, 미니배치 Loss= 0.8821, 학습 정확도= 0.773
Step 6000, 미니배치 Loss= 0.7283, 학습 정확도= 0.750
Step 7000, 미니배치 Loss= 0.6189, 학습 정확도= 0.789
Step 8000, 미니배치 Loss= 0.4510, 학습 정확도= 0.875
Step 9000, 미니배치 Loss= 0.4304, 학습 정확도= 0.852
Step 10000, 미니배치 Loss= 0.3709, 학습 정확도= 0.898
테스트 정확도: 0.875
```

13.3.7 오토인코더

다음은 5.5절에서 소개한 오토인코더를 MNIST 데이터에 적용한 프로그램이다. 여기에서 구성된 오토인코더는 입력층에 784개 노드(28×28크기), 은닉층에 256개 노드, 출력층에

784개 노드를 갖는다. 미니배치 크기를 100개로 하여 10번 학습하면서, 출력층의 평균오차 제곱을 출력한다.

프로그램 13-15.

```
1.   import tensorflow as tf
2.   import numpy as np
3.   import matplotlib.pyplot as plt
4.
5.   from tensorflow.examples.tutorials.mnist import input_data
6.
7.   mnist = input_data.read_data_sets('MNIST_data/', one_hot=True)
8.
9.   num_input = 28 * 28      # 입력 데이터의 크기
10.  num_hidden = 256         # 은닉층의 노드 개수
11.
12.  learning_rate = 0.01      # 학습율
13.  training_epoch = 10       # 학습횟수
14.  batch_size = 100          # 미니배치 크기
15.
16.  num_output_sample = 10
17.  x_true = tf.placeholder(tf.float32, [None, num_input])  # 입력 데이터
18.
19.  y_true = x_true           # 출력 데이터
20.
21.  weight_encoder = tf.Variable(tf.truncated_normal([num_input, ₩
         num_hidden]))
22.  bias_encoder = tf.Variable(tf.truncated_normal([num_hidden]))
23.
24.  weight_decoder = tf.Variable(tf.truncated_normal([num_hidden, ₩
         num_input]))
25.  bias_decoder = tf.Variable(tf.truncated_normal([num_input]))
26.
27.  # 인코더
28.  encoder = tf.nn.sigmoid(tf.add(tf.matmul(x_true, weight_encoder), ₩
         bias_encoder))
29.  # 디코더
30.  decoder = tf.nn.sigmoid(tf.add(tf.matmul(encoder, weight_decoder), ₩
         bias_decoder))
31.
32.  cost = tf.reduce_mean(tf.square(y_true - decoder))  # 비용함수
33.  optimizer = tf.train.AdamOptimizer(learning_rate=learning_rate)
34.  train_op = optimizer.minimize(cost)
35.
```

```
36.    sess = tf.Session()
37.    sess.run(tf.global_variables_initializer())
38.    total_batch = int(mnist.train.num_examples / batch_size)
39.
40.    for epoch in range(training_epoch):
41.        total_cost = 0
42.        for i in range(total_batch):
43.            batch_xs, batch_ys = mnist.train.next_batch(batch_size)
44.            _, cost_value = sess.run([train_op, cost], {x_true: batch_xs})
45.            total_cost += cost_value
46.        print("Epoch : {0}, Cost: {1}".format(epoch + 1, total_cost /
              total_batch))
```

다음은 학습하는 동안 출력되는 내용이다. 학습이 진행되어감에 따라 오차(Cost)가 줄어드는 것을 확인할 수 있다.

```
Epoch : 1, Cost: 0.06133643383329565
Epoch : 2, Cost: 0.03895926679061218
Epoch : 3, Cost: 0.03335989927703684
Epoch : 4, Cost: 0.03076829984784126
Epoch : 5, Cost: 0.029537414359775457
Epoch : 6, Cost: 0.028385339274325155
Epoch : 7, Cost: 0.027117020592770793
Epoch : 8, Cost: 0.026424866504967212
Epoch : 9, Cost: 0.026226765635338697
Epoch : 10, Cost: 0.026082069999115033
```

13.3.8 대립쌍 생성망

[프로그램 13.16]은 5.3.3절에서 소개한 대립쌍 생성망^{GAN}을 MNIIST 데이터를 대상으로 학습시키는 프로그램이다. 생성 모듈은 gen(z)에 의해 ReLU를 사용하는 은닉층(FC층) 하나와 시그모이드를 사용하는 출력층(FC층)으로 구성되는데, 입력 노드는 100개, 은닉층 에는 128개 노드, 출력은 학습 데이터의 크기와 같은 784개의 노드를 갖는다. 판별 모듈은 dis(x)에 의해 ReLU를 사용하는 은닉층(FC층) 하나와 시그모이드를 사용하는 출력층(FC 층)으로 구성되는데, 학습 데이터 또는 생성 모듈 신경망이 출력하는 데이터를 입력으로 받아야 한다. 따라서 입력 층은 784개의 노드가 있고, 은닉층은 임의로 128개의 노드를 갖도록 하고, 출력은 실제 데이터일 확률 값이므로 출력층에는 한 개의 노드만 갖도록 구성한다.

```
1.   import tensorflow as tf
2.   import numpy as np
3.   import matplotlib.pyplot as plt
4.   import matplotlib.gridspec as gridspec
5.
6.   from tensorflow.examples.tutorials.mnist import input_data
7.
8.   mnist = input_data.read_data_sets('MNIST_data/', one_hot=True)
9.
10.  def xavier_init(shape):          # 가중치 초기화 함수
11.      dim1 = shape[0]
12.      stddev = 1. / tf.sqrt(dim1 / 2.)
13.      return tf.random_normal(shape=shape, stddev=stddev)
14.
15.  # 판별 모듈  신경망
16.  X = tf.placeholder(tf.float32, shape=[None, 784], name='X')
17.
18.  W1_dis = tf.Variable(xavier_init([784, 128]), name='W1_dis')
19.  b1_dis = tf.Variable(tf.zeros(shape=[128]), name='b1_dis')
20.
21.  W2_dis = tf.Variable(xavier_init([128, 1]), name='W2_dis')
22.  b2_dis = tf.Variable(tf.zeros(shape=[1]), name='b2_dis')
23.
24.  theta_dis = [W1_dis, W2_dis, b1_dis, b2_dis]
25.
26.  # 생성 모듈 신경망
27.  Z = tf.placeholder(tf.float32, shape=[None, 100], name='Z')
28.
29.  W1_gen = tf.Variable(xavier_init([100, 128]), name='W1_gen')
30.  b1_gen = tf.Variable(tf.zeros(shape=[128]), name='b1_gen')
31.
32.  W2_gen = tf.Variable(xavier_init([128, 784]), name='W2_gen')
33.  b2_gen = tf.Variable(tf.zeros(shape=[784]), name='b2_gen')
34.
35.  theta_gen = [W1_gen, W2_gen, b1_gen, b2_gen]
36.
37.  def random_Z(z1, z2):  # 잡음 데이터 생성
38.      return np.random.uniform(-1, 1, size=[z1, z2])
39.
40.  def gen(z):   # 생성 모듈의 데이터 생성
41.      h1_gen = tf.nn.relu(tf.matmul(z, W1_gen) + b1_gen)
42.      log_prob_gen = tf.matmul(h1_gen, W2_gen) + b2_gen
```

```
43.        prob_gen = tf.nn.sigmoid(log_prob_gen)
44.
45.        return prob_gen
46.
47.  def dis(x):   # 판별 모듈의 판정
48.        h1_dis = tf.nn.relu(tf.matmul(x, W1_dis) + b1_dis)
49.        logit_dis = tf.matmul(h1_dis, W2_dis) + b2_dis
50.        prob_dis = tf.nn.sigmoid(logit_dis)
51.
52.        return prob_dis, logit_dis
53.
54.  def plot(samples):        # 중간 결과 출력
55.        fig = plt.figure(figsize=(4, 4))
56.        grid = gridspec.GridSpec(4, 4)
57.        grid.update(wspace=0.1, hspace=0.1)
58.
59.        for i, sample in enumerate(samples):
60.            ax = plt.subplot(grid[i])
61.            plt.axis('off')
62.            ax.set_xticklabels([])
63.            ax.set_yticklabels([])
             ax.set_aspect('equal')
64.            plt.imshow(sample.reshape(28, 28), cmap='gray')
65.
66.        return fig
67.
68.  sample_gen = gen(Z)
69.  real_dis, logit_real_dis = dis(X)
70.  fake_dis, logit_fake_dis = dis(sample_gen)
71.
72.  loss_real_dis = tf.reduce_mean(tf.nn.sigmoid_cross_entropy_with_logits(
                        logits=logit_real_dis, labels=tf.ones_like(logit_real_dis)))
73.  loss_fake_dis = tf.reduce_mean(tf.nn.sigmoid_cross_entropy_with_logits( ₩
                        logits=logit_fake_dis, labels=tf.zeros_like(logit_fake_dis)))
74.  loss_dis = loss_real_dis + loss_fake_dis
75.  loss_gen = tf.reduce_mean(tf.nn.sigmoid_cross_entropy_with_logits( ₩
                    logits=logit_fake_dis, labels=tf.ones_like(logit_fake_dis)))
76.
77.  solver_dis = tf.train.AdamOptimizer().minimize(loss_dis, var_list=theta_dis)
78.  solver_gen = tf.train.AdamOptimizer().minimize(loss_gen, var_list=theta_gen)
79.
80.  batch_size = 128
81.  dim_Z = 100
```

```
82.
83.   sess = tf.Session()
84.   sess.run(tf.global_variables_initializer())
85.
86.   i = 0
87.   for j in range(100000):
88.       if j % 2000 == 0:
89.           samples = sess.run(sample_gen, feed_dict={Z: random_Z(16, dim_Z)})
90.           fig = plot(samples)
91.           plt.show()
92.           i += 1
93.           plt.close(fig)
94.
95.       X_batch, _ = mnist.train.next_batch(batch_size)
96.
97.       _, loss_curr_dis = sess.run([solver_dis, loss_dis], ₩
                feed_dict={X: X_batch, Z: random_Z(batch_size, dim_Z)})
98.       _, loss_curr_gen = sess.run([solver_gen, loss_gen], ₩
                feed_dict={Z: random_Z(batch_size, dim_Z)})
99.
100.      if j % 2000 == 0:
101.          print('I반복회수: {}'.format(j))
102.          print('판별 모델 loss: {:.3}'. format(loss_curr_dis))
103.
104.          print('생성모델 loss: {:.3}'.format(loss_curr_gen))
105.          print()
```

[그림 13.17]은 [프로그램 13-16]의 대립쌍 생성망 프로그램이 MNIST 데이터를 학습하는 과정에서 생성하는 데이터들을 일부 순차적으로 보인 것이다. 대립쌍 생성망 모델이 처음에 만드는 데이터에는 형태가 없지만, 점점 MNIST 데이터와 유사한 필기체 숫자를 생성하는 것을 확인할 수 있다.

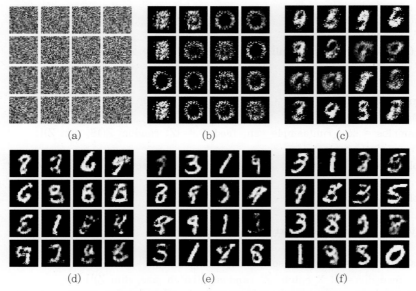

그림 13.17 대립쌍 생성망이 MNIST 데이터를 학습하는 과정에 생성하는 데이터의 예.

1. 텐서플로우 실행 환경을 설치하고 [프로그램 13-1]을 실행해 보시오.

2. [프로그램 13-2]를 실행해 보시오.

3. [프로그램 13-3]을 실행해 보시오.

4. [프로그램 13-4]을 실행해 보시오.

5. [프로그램 13-5]를 실행해 보시오.

6. [프로그램 13-6]을 실행해 보시오.

7. [프로그램 13-7]을 실행해 보시오.

8. [프로그램 13-8]을 실행해 보시오.

9. [프로그램 13-9]의 회귀 프로그램을 실행해 보시오.

10. [프로그램 13-10]의 k-means 알고리즘을 실행해 보시오.

11. [프로그램 13-11]의 간단한 신경망을 실행해 보시오.

12. [프로그램 13-12]의 다층 퍼셉트론을 실행해 보시오.

13. [프로그램 13-13]의 컨볼루션 신경망을 실행해 보시오.

14. [프로그램 13-14]의 재귀 신경망을 실행해 보시오.

15. [프로그램 13-15]의 오토인코더 프로그램을 실행해 보시오.

16. [프로그램 13-16]의 대립쌍 생성망 프로그램을 실행해 보시오.

텍스트 처리 파이썬 패키지

텍스트 처리 파이썬 패키지

자연어 처리 기능을 응용 프로그램에서 쉽게 활용할 수 있게 하는 여러 가지 텍스트 처리 라이브러리가 개발되고 있다. 최근에는 이들 라이브러리가 파이썬 패키지로 공개되고 있다. 자연어 처리를 하는 여러 영문 처리 패키지와 한글 처리 패키지가 있다. 이 장에서는 파이썬으로 영문과 한글 처리를 할 수 있는 몇가지 패키지와 이들의 사용방법을 소개한다.

14.1 파이썬 텍스트 처리 패키지

파이썬 기반 라이브러리를 사용하여 한글 및 영어 자연어 처리를 위한 환경을 구축해 보자. 여기에서는 13장에서 소개한 아나콘다^{Anaconda}와 파이참^{PyCharm}이 설치되어 있다고 전제한다.

먼저 텍스트 분석을 위한 파이썬 패키지인 NLTK를 설치한다.

```
> pip install nltk
```

nltk 패키지에서 약 2만 5천권의 책을 모은 Gutenberg 말뭉치^{corpus}를 비롯하여, webtext, Browan, Reuters, 미국 대통령 취임연설^{inaugural} 등 다양한 말뭉치를 제공한다. 또한 품사 태깅, 객체명 인식^{NER}, 문서 분류 관련 기능을 제공한다.

한글 자연어 처리 패키지인 koNLPy를 설치한다.

```
> pip install konlpy
```

KoNLPy 패키지에는 대한민국 헌법인 kolaw와 국회법안 kobill 등의 말뭉치를 제공한다. 또한 형태소 분석 및 품사 태깅을 위한 사전으로 Hannanum, KKma, Mecab 등을 제공한다.

토픽 모델링과 문서간의 유사도를 계산하는 기능을 제공하는 Gensim 패키지를 설치한다.

```
> pip install -U gensim
```

Gensim 패키지는 LDA, LSI, HDP 등의 토픽 모델링 기능과 단어를 실수 공간 벡터로 변환하는 word2vec 기능을 제공한다. 참고로 이 패키지를 설치하기 위해서는 먼저 numpy와 scipy를 설치해야 한다.

트위터^{twitter} API를 통해서 트윗 데이터를 읽어오려면 twython 패키지를 설치한다.

```
> pip install twython
```

트위터에서 데이터를 받아오기 위해서는 인증 키를 받아야 한다.

파이썬 프로그램에서 자바 클래스 라이브러리를 사용하려면 jPype 패키지를 설치해야 한다. www.lfd.uci.edu/~gohlke/pythonlibs/#jpype에서 설치된 파이썬 버전에 맞는 whl 파일을 다운로드하여 다음과 같이 설치한다.

```
> pip install JPype1-0.6.2-cp35-cp35m-win_amd64.whl
```

참고로, 자바 가상머신(jvm.dll)을 찾을 수 없다는 오류가 자바 가상머신을 설치한 후에도 해결되지 않는 경우에는, Lib \ site-packages \ jpype \ _jvmfinder.py 파일의 맨 앞쪽에 다음과 같이 직접 경로를 지정해 주면 된다.

```
java_home = "C: \ Program Files \ Java \ jre1.8.0_131"
```

14.2 영문 텍스트의 토큰화와 품사 태깅

[프로그램 14-1]은 영어 문장에서 단어 단위^{token}로 분리하고, 품사 태깅$^{POS\ tagging}$을 한다. 또한 구성된 파스 트리를 출력한다.

```
1.   import nltk
2.   nltk.download('averaged_perceptron_tagger')
3.
4.   sentence = 'The limits of my language mean the limits of my world'
5.   tokens = nltk.word_tokenize(sentence)   # 문장의 토큰화
6.   print(tokens)
7.
8.   text_pos = nltk.pos_tag(tokens)  # 품사 태깅
9.   print(text_pos)
10.
11.  # 파싱 문법 정의
12.  grammar = """
13.  NP: {<DT><N.*>}
14.      {<PR.*><NN.*>}
15.      {<N.*><N.*>}
16.      {<NP><PP>}
17.  VP: {<V.*>}
18.  PP: {<IN><NP>}
19.  """
20.  parser = nltk.RegexpParser(grammar)   # 정의된 문법에 따른 파서 생성
21.  chunks = parser.parse(text_pos)          # 파싱
22.
23.  print("전체 트리")
24.  print(chunks.pprint())
25.
26.  print("\n명사구 출력")
27.  for subtree in chunks.subtrees():
28.      if subtree.label()=='NP':
29.          print(' '.join((e[0] for e in list(subtree))))
30.
31.  chunks.draw() # 파스 트리의 화면 출력
```

5행은 문장을 단어 단위로 분리시켜 분할을 한다. 'The limits of my language mean the limits of my world' 문장에 대한 태깅 결과는 다음과 같다.

['The', 'limits', 'of', 'my', 'language', 'mean', 'the', 'limits', 'of', 'my', 'world']

8행은 영어 문장에 대한 품사 태깅을 한다. 태깅 결과는 다음과 같다.

[('The', 'DT'), ('limits', 'NNS'), ('of', 'IN'), ('my', 'PRP$'), ('language', 'NN'),
('mean', 'VB'), ('the', 'DT'), ('limits', 'NNS'), ('of', 'IN'), ('my', 'PRP$'),
('world', 'NN')]

13~18행은 구문 분석을 위한 문법을 정의한 것이다. 콜론(:)의 뒤에 해당하는 것을 콜론 앞의 것으로 대체한다는 문법이다. 예를 들어 NP: {⟨DT⟩⟨N.*⟩}는 DT와 N으로 시작하는 것이 있으면 NP로 대체하겠다는 의미이다.

20행은 정의된 문법에 따라 구문 분석을 위한 파서를 생성한다. 21행에서 파서가 품사 태깅된 결과에 대해서 파스 트리^{parse tree}를 구성한다. 이때 만들어진 파스 트리는 다음과 같다.

```
(S
  (NP The/DT limits/NNS)
  (PP of/IN (NP my/PRP$ language/NN))
  (VP mean/VB)
  (NP the/DT limits/NNS)
  (PP of/IN (NP my/PRP$ world/NN)))
```

27~29행은 파스 트리에서 명사구^{NP}를 검색해서 다음과 출력한다.

```
The limits
my language
the limits
my world
```

31행은 파스 트리를 [그림 14.1]과 같이 그래프로 출력한다.

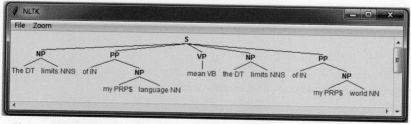

그림 14.1 **파스 트리**.

14.3 한글 텍스트 파일의 형태소 분석과 품사 태깅

파이썬에서 한글 형태소 분석 및 품사 태깅을 위해 사용할 수 있는 패키지로 KoNLPy가 있다. KoNLPy에는 공개된 한나눔[Hannanum], Twitter, 꼬꼬마[Kkma], 코모란[Komoran], 은전한닢[Mecab] 등 5개의 분석기가 묶여있다.

[프로그램 14-2]는 한글 텍스트 파일을 읽어서 토큰화, 명사와 명사구 출력, 형태소 분석과 품사 태깅을 한다. 여기에서는 한글 처리를 위해 Hannanum과 Twitter 분석기를 사용한다. 한글 파일은 유니코드로 처리해야 하기 때문에, 주의가 필요하다. 이를 위해 1행을 추가하고, codecs를 설치하여 7행과 같이 파일을 읽으면 된다.

프로그램 14-2.

```
1.   # -*- coding: utf-8 -*-
2.
3.   import konlpy
4.   import nltk
5.
6.   import codecs
7.   with codecs.open('한글문서.txt', 'r', 'utf-8') as f:
8.       sentence = f.read()
9.
10.  print(sentence)
11.
12.  # Hannanum 사용 토큰화
13.  print(u"토큰화(Hannanum)")
14.  hwords = konlpy.tag.Hannanum().pos(sentence)
15.  print(hwords)
16.
17.  # Twitter를 사용한 토큰화
18.  print(u"토큰화(Twitter)")
19.  twords = konlpy.tag.Twitter().morphs(sentence)
20.  print(twords)
21.
22.  # Hannanum 사용 명사(noun) 추출
23.  print(u"명사(Hannanum)")
24.  hnouns = konlpy.tag.Hannanum().nouns(sentence)
25.  print(hnouns)
26.
27.  # Twitter 사용 명사 추출
28.  print(u"명사(Twitter)")
29.  hnouns = konlpy.tag.Twitter().nouns(sentence)
```

```
30.    print(hnouns)
31.
32.    # Twitter 사용 구(phrase) 추출
33.    print(u"구(phrase)")
34.    tphrase = konlpy.tag.Twitter().phrases(sentence)
35.    print(tphrase)
36.
37.    # hannanum 사용 품사 태깅
38.    print(u"품사 태깅(Hannanum)")
39.    hpos_words = konlpy.tag.Hannanum().pos(sentence)
40.    print(hpos_words)
41.
42.    # Twitter 사용 품사 태깅
43.    print(u"품사 태깅(Twitter)")
44.    tpos_words = konlpy.tag.Twitter().pos(sentence)
45.    print(tpos_words)
46.
47.
48.    # 문법 정의
49.    grammar = """
50.    NP: {<N><J>}
51.        {<AP><N>}
52.    VP: {<NP><E>}
53.    AP: {<P><E>}
54.    """
55.    parser = nltk.RegexpParser(grammar)
56.    chunks = parser.parse(hpos_words)
57.
58.    print("전체 트리")
59.    print(chunks.pprint())
60.
61.    print("\n명사구 출력")
62.    for subtree in chunks.subtrees():
63.        if subtree.label()=='NP':
64.            print(' '.join((e[0] for e in list(subtree))))
65.            print(subtree.pprint())
66.
67.    # 파스 트리의 화면 출력
68.    chunks.draw()
```

읽어 들일 문서에는 '대한민국은 무척 아름다운 나라이다.'라는 문장이 들어 있다. 14행과
19행은 각각 Hannanum과 Twitter 패키지를 사용하여 토큰화를 한다. 그 결과는 다음과
같이 서로 다르다. Hannanum은 형태소 분석 태그를 포함한 결과를 제공하는 반면, Twitter

는 그렇지 않다.

> 토큰화(Hannanum)
> [('대한민국', 'N'), ('은', 'J'), ('무척', 'M'), ('아름답', 'P'), ('은', 'E'), ('나라', 'N'),
> ('이', 'J'), ('다', 'E'), ('.', 'S')]
> 토큰화(Twitter)
> ['대한민국', '은', '무척', '아름다운', '나라', '이다', '.']

24행과 29행은 각각 Hannanum과 Twitter 패키지를 사용하여 다음과 같이 명사를 찾는다.

> 명사(Hannanum)
> ['대한민국', '나라']

> 명사(Twitter)
> ['대한민국', '무척', '나라']

34행은 Twitter를 사용하여 다음과 같이 문장에 있는 구^{phrase}를 찾는다.

> 구(phrase)
> ['대한민국', '무척', '무척 아름다운 나라', '나라']

39행과 44행은 각각 Hannanum과 Twitter 패키지를 사용하여 품사 태깅을 하여 다음과 같은 결과를 출력한다. 두 패키지가 사용하는 품사 태그가 서로 다르다는 것을 확인할 수 있다.

> 품사 태깅(Hannanum)
> [('대한민국', 'N'), ('은', 'J'), ('무척', 'M'), ('아름답', 'P'), ('은', 'E'), ('나라', 'N'),
> ('이', 'J'), ('다', 'E'), ('.', 'S')]

> 품사 태깅(Twitter)
> [('대한민국', 'Noun'), ('은', 'Josa'), ('무척', 'Noun'), ('아름다운', 'Adjective'),
> ('나라', 'Noun'), ('이다', 'Josa'), ('.', 'Punctuation')]

50~53행은 구문 분석에 사용할 문법을 정의한다. 55행에서 정의된 문법을 사용하여 구문 분석을 위한 파서를 생성한다. 56행은 품사 태깅을 한 문장에 대해서 파싱을 한다. 파싱된 결과는 다음과 같다.

> (S (NP 대한민국/N 은/J) 무척/M (AP 아름답/P 은/E) (VP (NP 나라/N 이/J)
> 다/E) ./S)

62~65행에서 구문 분석한 결과에서 명사구를 찾아 다음과 같이 출력한다. 문법을 잘 정의

해야 제대로 된 결과를 만들어 낼 수 있다.

> 대한민국 은
> (NP 대한민국/N 은/J)
> None
> 나라 이
> (NP 나라/N 이/J)

[그림 14.2]는 68행에서 출력하게 되는 파스 트리의 모양이다.

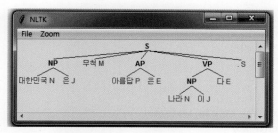

그림 14.2 **파스 트리.**

14.4 텍스트 마이닝

gensim은 텍스트 마이닝을 지원하는 파이썬 패키지이다. gensim은 텍스트 마이닝을 위한 TF-IDF^(term frequency-inverse document frequency) 계산 등과 같은 텍스트 처리와, LSI^(Latent Semantic Indexing), LDA^(Latent Dirichlet Allocation), HDP^(Hierarchical Dirichlet Process) 등의 텍스트 마이닝 알고리즘 등을 제공한다. LSI는 항-문서^(term-document) 행렬을 SVD^(singular value decomposition)로 행렬 분해해서 은닉 토픽을 찾는다. LDA는 은닉 토픽에 대한 Dirichlet 사전 확률을 가정하는 확률 모델이다. HDP는 토픽의 개수가 문서의 내용에 의해서 결정되는 비모수적인 방법으로 LDA를 일반화한 방법이다.

> **프로그램 14-3.**
>
> ```
> 1.   # -*- coding: utf-8 -*-
> 2.   import sys
> 3.   import warnings
> 4.   warnings.filterwarnings(action='ignore', category=UserWarning, ₩
> 5.       module='gensim')
> 6.
> 7.   # 국회 법안 말뭉치의 문서 가져오기
> ```

```
8.   from konlpy.corpus import kobill
9.   docs_ko = [kobill.open(i).read() for i in kobill.fileids()]
10.
11.  # 문서를 단어/품사 단위로 토큰화
12.  from konlpy.tag import Twitter
13.  t = Twitter()
14.  pos = lambda d: ['/'.join(p) for p in t.pos(d, stem=True, norm=True)]
15.  texts_ko = [pos(doc) for doc in docs_ko]
16.
17.  # 토큰(token)을 정수로 변환
18.  from gensim import corpora
19.  dictionary_ko = corpora.Dictionary(texts_ko)
20.  dictionary_ko.save('ko.dict')  # 사전에 저장
21.
22.  # TF-IDF 계산하기
23.  from gensim import models
24.  tf_ko = [dictionary_ko.doc2bow(text) for text in texts_ko]
25.  tfidf_model_ko = models.TfidfModel(tf_ko)
26.  tfidf_ko = tfidf_model_ko[tf_ko]
27.  corpora.MmCorpus.serialize('ko.mm', tfidf_ko) # 말뭉치를 파일에 저장
28.
29.  ntopics = 4      # 토픽의 개수
30.  nwords = 5       # 토픽을 표현하는 단어 개수
31.  # LSI(latent semantic indexing) 모델 학습
32.  lsi_ko = models.lsimodel.LsiModel(tfidf_ko, id2word=dictionary_ko, ₩
          num_topics=ntopics)
33.  print('--- LSI model : Topics ---')
34.  print(lsi_ko.print_topics(num_topics=ntopics, num_words=nwords))
35.
36.  # LDA(Latent Dirichlet Allocation) 모델 학습
37.  import numpy as np
38.  np.random.seed(20)
39.  lda_ko = models.ldamodel.LdaModel(tfidf_ko, id2word=dictionary_ko, ₩
          num_topics=ntopics)
40.  print('₩n--- LDA model : Topics ---')
41.  print(lda_ko.print_topics(num_topics=ntopics, num_words=nwords))
42.
43.  # HDP (Hierarchical Dirichlet Process) 모델 학습
44.  import numpy as np
45.  np.random.seed(30)
46.  hdp_ko = models.hdpmodel.HdpModel(tfidf_ko, id2word=dictionary_ko)
47.  print('₩n--- HDP model : Topics ---')
48.  print(hdp_ko.print_topics(num_topics=ntopics, num_words=nwords))
49.
```

```
50.  # 문서 점수
51.  bow = tfidf_model_ko[dictionary_ko.doc2bow(texts_ko[0])]
52.  print('\n첫번째 문서의 주제별 확률: LSI 적용 \n')
53.  print(sorted(lsi_ko[bow], key=lambda x: x[1], reverse=True))
54.  print('\n첫번째 문서의 주제별 확률 : LDA 적용\n')
55.  print(sorted(lda_ko[bow], key=lambda x: x[1], reverse=True))
56.  print('\n첫번째 문서의 주제별 확률 : HDP 적용\n')
57.  print(sorted(hdp_ko[bow], key=lambda x: x[1], reverse=True))
```

[프로그램 14-3]을 실행하면 다음과 같은 결과가 출력된다. 토픽 모델링 알고리즘인 LSI, LDA, HDP 모델 각각에 의해 찾은 주제들에 대한 단어별 확률값과 품사가 함께 제공된다. 또한 모델별로 주어진 문서가 다루는 주제별 반영 비율값이 계산되어 제공된다.

── LSI model : Topics ──

[(0, '0.518*"육아휴직/Noun" + 0.257*"만/Noun" + 0.227*"×/Foreign" + 0.214*"대체/Noun" + 0.201*"고용/Noun"'),
(1, '0.449*"파견/Noun" + 0.412*"부대/Noun" + 0.267*"UAE/Alpha" + 0.243*"○/Foreign" + 0.192*"국군/Noun"'),
(2, '-0.326*"결혼/Noun" + -0.315*"예고/Noun" + -0.285*"손해/Noun" + -0.205*"·/Foreign" + -0.197*"원사/Noun"'),
(3, '0.490*"학위/Noun" + 0.401*"간호/Noun" + 0.312*"수업/Noun" + 0.312*"연한/Noun" + 0.223*"학사/Noun"')]

── LDA model : Topics ──

[(0, '0.002*"예고/Noun" + 0.001*"입법/Noun" + 0.001*"」/Foreign" + 0.001*"「/Foreign" + 0.001*"행정청/Noun"'),
(1, '0.003*"육아휴직/Noun" + 0.002*"파견/Noun" + 0.002*"부대/Noun" + 0.002*"손해/Noun" + 0.002*"학위/Noun"'),
(2, '0.002*"결혼/Noun" + 0.001*"중개업/Noun" + 0.001*"예고/Noun" + 0.001*"등록/Noun" + 0.001*"중개/Noun"'),
(3, '0.003*"육아휴직/Noun" + 0.002*"만/Noun" + 0.002*"×/Foreign" + 0.002*"고용/Noun" + 0.002*"대체/Noun"')]

── HDP model : Topics ──

[(0, '0.004*송/Noun + 0.004*가정/Noun + 0.004*구청/Noun + 0.003*확보/Noun + 0.003*피랍/Noun'),
(1, '0.005*중요하다/Adjective + 0.004*삭제/Noun + 0.004*일용직/Noun + 0.004*처벌/Noun + 0.004*383/Number'),

(2, '0.004*교육과정/Noun + 0.004*흉악/Noun + 0.004*職/Foreign + 0.004*외교
/Noun + 0.004*학사/Noun'),
(3, '0.004*02/Number + 0.004*등록/Noun + 0.004*특수전/Noun + 0.004*위협
/Noun + 0.003*출범/Noun')]

첫번째 문서의 주제별 확률: LSI 적용
[(0, 0.9782), (2, 0.0201), (3, 0.0008), (1, 0.0001)]
첫번째 문서의 주제별 확률 : LDA 적용
[(3, 0.9339), (1, 0.0227), (2, 0.0216), (0, 0.0216)]

첫번째 문서의 주제별 확률 : HDP 적용
[(0, 0.9432), (1, 0.0187), (2, 0.010)]

14.5 단어의 실수 벡터 표현

gensim에 있는 word2vec을 사용하면 단어의 실수 벡터 표현을 학습할 수 있다.

프로그램 14-4.

```
1.    # -*- coding: utf-8 -*-
2.    import warnings
3.    warnings.filterwarnings(action='ignore', category=UserWarning, ₩
4.            module='gensim')
5.
6.    # 국회 법안 말뭉치의 문서 가져오기
7.    from konlpy.corpus import kobill
8.    docs_ko = [kobill.open(i).read() for i in kobill.fileids()]
9.
10.   # 문서를 단어/품사 단위로 토큰화
11.   from konlpy.tag import Twitter;
12.   t = Twitter()
13.   pos = lambda d: ['/'.join(p) for p in t.pos(d)]
14.   texts_ko = [pos(doc) for doc in docs_ko]
15.
16.   from gensim.models import word2vec
17.   wv_model_ko = word2vec.Word2Vec(texts_ko)    # 단어의 벡터표현 학습
18.   wv_model_ko.init_sims(replace=True)
19.   wv_model_ko.save('ko_word2vec.model')    # 나중 사용을 위해 정리
20.
21.   # '국가'와 유사한 단어 검색
22.   print(wv_model_ko.most_similar(pos('국가')))
23.   # '가정'과 유사한 단어 검색
24.   print(wv_model_ko.most_similar(pos('가정')))
```

[프로그램 14-4]를 실행하면 word2vec에 의해서 단어들을 벡터로 표현하는 학습을 하고, 그 결과에 대해 벡터 연산을 통해서 '국가'와 유사하다고 판단되는 단어들과, '가정'과 유사하다고 판단되는 단어들의 유사도와 품사를 함께 제시한다. 이 프로그램에서는 word2vec에 사용된 학습 데이터의 규모가 충분하지 못해서 만족스러운 결과가 출력되지는 않았다.

[('호/Noun', 0.9991), ('·/Foreign', 0.9991), ('함/Noun', 0.9991), ('자/Noun', 0.9990), ('조의/Noun', 0.9990), (':/Punctuation', 0.9990), ('부대/Noun', 0.9990), ('는/Josa', 0.9990), ('국민/Noun', 0.9990), ('이/Noun', 0.9990)]

[('이/Josa', 0.9998), ('경우/Noun', 0.9998), ('에/Josa', 0.9998), ('에게/Josa', 0.9998), ('에는/Josa', 0.99981), ('은/Josa', 0.9998), ('하는/Verb', 0.9998), ('파견/Noun', 0.9998), ('가/Josa', 0.9998), ('의/Josa', 0.9998)]

14.6 Google 실수 벡터 사용

단어나 구를 실수 벡터로 학습하는 Word2Vec 알고리즘은 단어의 개수가 늘어나면 학습 시간이 매우 오래 걸린다. 구글에서는 단어와 구를 실수 벡터로 학습한 것을 GoogleNews-vectors-negative300.bin.gz이란 파일로 공개하고 있다. 이 파일은 https://docs.google.com/uc?id=0B7XkCwpI5KDYNlNUTTlSS21pQmM&export=download에서 내려 받을 수 있다. 내려 받은 파일의 압축을 푼 다음 [프로그램 14-5]와 같은 폴더에 넣는다.

프로그램 14-5.

```
1.   import gensim
2.   import os
3.
4.   model = gensim.models.KeyedVectors.load_word2vec_format(os.path.join(₩
5.     os.path.dirname(__file__),'GoogleNews-vectors-negative300.bin'), binary=True)
6.
7.   print('Similar words to dog')
8.   print(model.most_similar('korea'))
9.   print('₩nwoman - king = ? - man (Euclidean distance)')
10.  print(model.most_similar(positive=['woman', 'king'], negative=['man']))
11.  print('₩nwoman - king = ? - man (Cosine distance)')
12.  print(model.most_similar_cosmul(positive=['woman', 'king'], negative=['man']))
13.  print('₩nWhich does not match together in (breakfast cereal dinner lunch)? ')
14.  print(model.doesnt_match("breakfast cereal dinner lunch".split()))
15.  print('₩nSimilarity between woman and man')
16.  print(model.similarity('woman', 'man'))
17.  print('₩nSimilarity between girl and boy ')
18.  print(model.similarity('girl', 'boy'))
```

[프로그램 14-5]를 실행하면 다음과 같은 결과가 출력된다. 구글에서 제공하는 word2vec 데이터는 충분히 많은 데이터를 가지고 학습된 것이기 때문에 여러 질의에 대해서 의미 있는 결과를 제공한다. 'dog'에 대한 유사어 검색에는 dogs, puppy, pit_bull, pooch, golden_retriever, German_shepherd, Rottweiler, beagle, pup 뿐만 아니라, 개와 관련된 'cat'도 함께 제공한다.

'woman^{여성} – king^왕'의 관계와 대응되는 '? – man^{남자}'에 대해서 유클리드^{Euclidean} 거리와 코사인^{cos} 거리를 사용하여 queen^{여왕}, princess^{공주} 등을 비롯해 여러 관련된 단어를 찾아낸다.

breakfast^{아침}, cereal^{시리얼}, dinner^{저녁}, lunch^{점심} 중에서 어울리지 않는 것으로 cereal^{시리얼}을 찾아낸다. 단어 woman^{여성}과 man^{남성}의 수치적인 유사도를 계산하고, girl^{소녀}와 boy^{소년}간의 유사도를 계산하는데, 유사도가 서로 큰 차이가 나지 않는 것을 알 수 있다.

```
Similar words to dog
[('dogs', 0.8680), ('puppy', 0.8106), ('pit_bull', 0.7803), ('pooch', 0.7627), ('cat', 0.7609),
('golden_retriever', 0.7500), ('German_shepherd', 0.7465), ('Rottweiler', 0.7437), ('beagle',
0.7418), ('pup', 0.7406)]

woman – king = ? – man (Euclidean distance)
[('queen', 0.7118), ('monarch', 0.6189), ('princess', 0.5902), ('crown_prince', 0.5499),
('prince', 0.5377), ('kings', 0.5236), ('Queen_Consort', 0.5235), ('queens', 0.5181),
('sultan', 0.5098), ('monarchy', 0.5087)]

woman – king = ? – man (Cosine distance)
[('queen', 0.9314), ('monarch', 0.8585), ('princess', 0.8476), ('Queen_Consort', 0.8150),
('queens', 0.8099), ('crown_prince', 0.8089), ('royal_palace', 0.8027), ('monarchy', 0.8019),
('prince', 0.8009), ('empress', 0.7958)]

Which does not match together in (breakfast cereal dinner lunch)?
cereal

Similarity between woman and man
0.7664

Similarity between girl and boy
0.8543
```

1. 패키지를 설치하고 [프로그램 14–1]을 실행해 보시오.

2. [프로그램 14–2]를 실행해 보시오.

3. [프로그램 14–3]을 실행해 보시오.

4. [프로그램 14–4]를 실행해 보시오.

5. [프로그램 14–5]를 실행해 보시오.

6. 인터넷으로부터 200개의 신문기사를 받아 체언을 추출하고, TF-IDF를 계산하고, 이를 이용하여 신문기사별로 10개의 주제어(keyword)를 결정하시오.

    TF(term frequency)는 항목(term, 단어)의 문서(즉, 기사) 내에서의 출현 빈도를 나타내고, IDF(inverse document frequency)는 해당 항목이 나타나는 문서의 비율을 나타낸다. 문서의 집합 D 가 있을 때, 문서 d에서 항목 t의 TF는 일반적으로 다음과 같이 계산한다.

$$tf(t,d) = 0.5 + \frac{0.5 \times f(t,d)}{\max\{f(w,d)\,|\,w \in d\}} \tag{14.1}$$

항목 t의 문서의 집합 D 에서의 IDF는 다음과 같이 계산한다.

$$idf(t,D) = \log\frac{N}{|\{d \in D\,|\,t \in d\}|} \tag{14.2}$$

이때, 문서의 집합 D 의 문서 d에서 항목 t의 TF-IDF는 다음과 같이 계산된다.

$$tf - idf(t,d,D) = tf(t,d) \times idf(t,D) \tag{14.3}$$

컴퓨터 비전 라이브러리 OpenCV

컴퓨터 비전 라이브러리 OpenCV

OpenCV^{Open Source Computer Vision}는 영상처리 및 컴퓨터 비전에서 사용되는 대표적인 오픈 소스 라이브러리이다. OpenCV는 Windows뿐만 아니라 Linux, OS X, FreeBSD, Android, iOS 등 다양한 운영체제에서 사용할 수 있다. 또한 C++, Python, Java, MatLab 등의 언어에서 사용할 수 있다. OpenCV는 기본적인 영상 처리 및 컴퓨터 비전 기능뿐만 아니라 다양한 최신의 고급 컴퓨터 비전 알고리즘과 기계학습 알고리즘을 제공한다.

15.1 OpenCV 소개

어떤 목적의 컴퓨터 비전 시스템을 구축하는 데는 다양한 알고리즘과 기법을 사용해야 한다. 그런데 프로그래머가 이들을 모두 직접 구현하는 것은 시간과 비용, 성능 측면에서 부담이 크다. 다행스럽게도 OpenCV라는 표준화된 라이브러리가 제공되고 있어서 많은 개발자들이 이를 활발히 사용하고 있다.

OpenCV는 영상처리 및 컴퓨터 비전을 위한 라이브러리이다. OpenCV는 2000년 IEEE Conference on Computer Vision and Pattern Recognition에서 일반에 소개됐다. 2006 년에 C로 구현된 OpenCV 코드가 공개됐고, 2009년에는 OpenCV 2.0의 C++ 코드가 공개되었는데 멀티코어 사용과 같은 성능개선이 있었다. 2017년말에는 OpenCV 3.4이 공식적으로 배포되었다. 2012년 8월부터 비영리 재단인 OpenCV.org가 사용자 사이트와 개발자 사이트를 운영하고 있다. 최근에는 거의 6개월에 한 번씩 공식적인 업데이트가 이루어지고 있다.

OpenCV는 특징점 추출 및 매칭, 얼굴인식, 제스처 인식, 인간-컴퓨터 상호작용, 이동로봇 동작 인식, 객체 식별 및 인식, 증강현실 등 다양한 분야에서 사용되고 있다. 이러한 기능을 구현할 수 있도록 다양한 기계학습 라이브러리도 함께 제공한다.

OpenCV는 라이브러리가 C++로 개발되고 있으므로, C++ API를 기본 인터페이스로 제공한다. 또한, 초기의 C 인터페이스를 아직도 제공한다. 또한, OpenCV는 Python, Java, Matlab, Octave, C#, Ruby 등 여러 언어로 인터페이스를 제공한다. 또한 CUDA 기반의 GPU 프로그래밍 인터페이스도 지원한다. 윈도우, 리눅스, 애플 OS X, iOS, 안드로이드 등의 플랫폼에서 OpenCV를 사용할 수 있다.

OpenCV는 BSD^{Berkeley Software Distribution} 라이선스 기반으로 배포가 되므로, 연구 및 상업적 용도로 자유롭게 사용할 수 있다. OpenCV은 소스 코드를 모두 공개하고 있으므로, 개발자의 필요에 따라 코드를 수정해서 사용할 수 있다.

15.2 OpenCV 설치

OpenCV는 파이썬에서 사용할 수 있는 API를 제공한다. 파이썬을 사용하면 매우 간편하게 다양한 OpenCV의 기능을 사용하여 영상 처리와 컴퓨터 비전에 관련된 응용 프로그램을 개발할 수 있다.

파이썬용 OpenCV를 사용하려면, 먼저 파이썬 인터프리터가 필요하다. 파이썬 인터프리터와 개발환경인 파이참^{PyCharm}은 13.1절을 참고하여 설치한다. 여기에서는 파이썬 버전 3.5가 설치되어 있다고 가정하고, http://www.lfd.uci.edu/~gohlke/pythonlibs/에서 이에 맞는 OpenCV 파일 opencv_python-3.2.0+contrib-cp35-cp35m-win_amd64. whl을 내려 받는다. 다음 명령어를 사용하여 내려 받은 파일을 설치한다.

```
> pip install opencv_python-3.2.0+contrib-cp35-cp35m-win_amd64.whl
```

파이썬 패키지 중 numpy와 matplotlib도 필요할 수 있으므로 다음과 같이 함께 설치한다.

```
> pip install numpy
> pip install matplotlib
```

15.3 영상 처리 프로그래밍

15.3.1 영상 파일 읽기와 화면 표시

OpenCV는 다양한 영상처리 함수와 알고리즘을 제공한다. [프로그램 15-1]은 영상을 읽어들여, 영상의 크기를 확인하고, 화소 값에 접근하고, 칼러 영상을 그레이^{흰색} 영상으로 변환하여 화면에 출력하는 프로그램이다. 4행은 'flower.jpg' 파일을 읽어들여 img라는 파이썬 객체를 생성하게 한다. 6행과 7행은 영상의 높이와 폭을 얻어낸다. 9행은 영상에서 10번째 행/20번째 열에 해당하는 화소의 값을 읽어내는데, 칼러 영상이면 파랑^{blue}, 초록^{green}, 빨강^{red} 순으로 값을 반환한다. 12행은 지정한 위치의 화소값을 흰색([255,255,255])으로 변경하도록 한다. 13행은 칼러 영상을 그레이 영상으로 변환한다. 15행과 16행의 imshow() 함수는 영상을 화면에 표시하게 한다. 17행의 waitKey(0)는 키보드 입력을 할 때까지 대기하게 한다. 18행은 화면에 나타난 윈도우를 종료한다. [그림 15-1]은 칼러 영상과 변환된 그레이 영상을 보인 것이다.

그림 15.1 **칼러 영상과 변환된 그레이 영상.**

프로그램 15-1. 칼러 영상 정보 추출 및 그레이 영상 변환

```
1.   import numpy as np
2.   import cv2
3.
4.   img = cv2.imread('flower.jpg')   # 파일 불러오기
5.
6.   height = np.size(img, 0)      # 영상의 높이
7.   width = np.size(img, 1)       # 영상의 폭
8.   print("height = ", height, "  width = ", width)
9.   blue, green, red = img[10,20]   # 화소값(pixel) 읽어내기
10.  print("[", blue, ",", green, ",", red, "]")
11.
12.  img[10,20] = [255,255,255]   # 화소값 변경
```

```
13.    gray = cv2.cvtColor(img, cv2.COLOR_BGR2GRAY)    # 그레이 영상으로 변환
14.
15.    cv2.imshow('color', img)       # 영상을 화면에 표시
16.    cv2.imshow('gray', gray)
17.    cv2.waitKey(0)                 # Key 입력까지 무한대기
18.    cv2.destroyAllWindows()        # 화면에 표시된 윈도우 종료
```

15.3.2 영상의 이진화

칼러 영상을 이진 영상으로 변환하기 위해서는 먼저 그레이 영상으로 바꾸는 것이 필요하다. [프로그램 15-2]는 칼러 영상을 그레이 영상으로 변환한 다음, 다시 이진 영상으로 변환한다. 4행에서 그레이 영상으로 변환하고, 7행에서 오추^{Otsu} 알고리즘을 적용하여 그레이 영상을 이진 영상으로 변환한다.

프로그램 15-2. 칼러 영상의 그레이 영상 변환 및 이진화

```
1.    import cv2
2.
3.    img = cv2.imread('nuts.jpg')    # 파일 불러오기
4.    im_gray = cv2.cvtColor(img, cv2.COLOR_BGR2GRAY)    # 그레이 영상으로 변환
5.
6.    # 오추 이진화 알고리즘 적용
7.    (thresh, binary) = cv2.threshold(im_gray, 50, 255, cv2.THRESH_OTSU)
8.    print("임계값 = ", thresh)
9.    cv2.imshow('original', img)       # 칼러 영상
10.   cv2.imshow('gray', im_gray)       # 그레이 영상
11.   cv2.imshow('binary', binary)      # 이진 영상
12.
13.   cv2.waitKey(0)                    # Key 입력까지 무한대기
14.   cv2.destroyAllWindows() #화면에 표시된 윈도우 종료
```

그림 15.2 **칼러 영상, 그레이 영상과 이진 영상.**

15.3.3 히스토그램 평활화

영상의 밝기 대조가 크지 않아 선명하지 않을 때는 히스토그램 평활화를 적용하면 개선될
수 있다. [프로그램 15-3]은 히스토그램 평활화를 하는 프로그램이다. 평활화는 밝기 채널
에 적용해야 하므로, 5행에서 $\text{BGR}^{\text{Blue, Green, Red}}$ 형식의 영상을 $\text{YCrCb}^{\text{Y, Cr, Cb}}$ 형식으로 변환한
다. 여기서 Y 채널이 밝기 성분을 나타낸다. 6행은 YCrCb형식으로 변환된 영상을 채널
별로 나눈다. 8행에서 Y 채널에 대해 히스토그램 평활화를 수행한다. 10행은 분할된 채널을
결합한다. 11행은 YCrCb 형식의 영상을 BGR 형식으로 변환한다. [그림 15.3]은 히스토그
램 평활화를 적용하기 전과 후의 영상이다.

프로그램 15-3. 히스토그램 평활화

```
1.    import cv2
2.
3.    img = cv2.imread("field.jpg")
4.
5.    img_y_cr_cb = cv2.cvtColor(img, cv2.COLOR_BGR2YCrCb) # YCrCb 형식으로 변환
6.    y, cr, cb = cv2.split(img_y_cr_cb)        # 채널 별로 분할
7.
8.    y_eq = cv2.equalizeHist(y)   # 밝기 채널 Y에 대해 히스토그램 평활화 적용
9.
10.   img_y_cr_cb_eq = cv2.merge((y_eq, cr, cb))  # 채널 결합
11.   img_rgb_eq = cv2.cvtColor(img_y_cr_cb_eq, cv2.COLOR_YCR_CB2BGR) # BGR 형식
12.
13.   cv2.imshow('input img', img)          # 입력 이미지
14.   cv2.imshow('out imag', img_rgb_eq)    # 평활화 이미지
15.   cv2.waitKey(0)
16.   cv2.destroyAllWindows()
```

그림 15.3 **히스토그램 평활화 전후의 영상**

15.3.4 장면 디졸브

장면 디졸브^{disolve}는 두 개의 장면이 순차적으로 바뀌도록 장면을 점진적으로 섞는 기법이다. 디졸브는 행 19와 행 24와 같이 대응되는 위치의 화소값을 일정 비율로 더하여 중간 장면을 생성한다. [프로그램 15-4]의 장면 디졸브 프로그램은 [그림 15-4]와 같이 장면이 변하는 모양을 출력한다.

프로그램 15-4. 장면 디졸브

```
1.   import cv2
2.   import numpy as np
3.
4.   img0 = cv2.imread('data/apple.jpg',)  # 처음 영상 파일
5.   img1 = cv2.imread('data/orange.jpg') # 마지막 영상 파일
6.
7.   height1 = np.size(img0, 0)
8.   width1 = np.size(img0, 1)
9.   height2 = np.size(img1, 0)
10.  width2 = np.size(img1, 1)
11.  height = np.minimum(height1, height2)
12.  width = np.minimum(width1, width2)
13.
14.  blend  = img0.copy()   # 영상 복사
15.  cv2.imshow("Original", img0) # 처음 영상
16.
17.  for i in range(width): # 두 번째 영상 생성
18.      for j in range(height):
19.          blend[j,i] = 0.7*img0[j,i]+0.3*img1[j,i]
20.  cv2.imshow('blend1', blend)
21.
22.  for i in range(width): # 세 번째 영상 생성
23.      for j in range(height):
24.          blend[j,i] = 0.3*img0[j,i]+0.7*img1[j,i]
25.  cv2.imshow('blend2', blend)
26.
27.  cv2.imshow('image2', img1)  # 마지막 영상
28.  cv2.waitKey(0)
29.  cv2.destroyAllWindows()
```

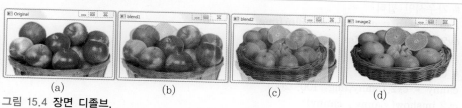

| (a) | (b) | (c) | (d) |

그림 15.4 **장면 디졸브**.

15.3.5 컨볼루션 연산

컨볼루션^{convolution}은 사용되는 필터^{커널}에 따라 고유한 특징을 추출한다. 영상 처리에서 사용되는 대표적인 컨볼루션 필터로는 Sobel, Prewitt, 가우시안^{Gaussian}, Canny, LoG$^{Laplacian\ of\ Gaussian}$ 등이 있다. [프로그램 15-5]는 이들 필터에 대한 컨볼루션을 하는 프로그램이고, [그림 15.5]는 컨볼루션 결과이다.

프로그램 15-5. 컨볼루션 필터 연산

```
1.   import cv2
2.   import numpy as np
3.
4.   img0 = cv2.imread('bikesgray.jpg',)
5.   img = cv2.cvtColor(img0, cv2.COLOR_BGR2GRAY)    # 그레이 영상 변환
6.   cv2.imshow("Original", img)
7.
8.   # Sobel 필터
9.   sobelx = cv2.Sobel(img,cv2. CV_64F, 1, 0, ksize=3) # M_x 필터 적용
10.  sobely = cv2.Sobel(img,cv2. CV_64F, 0, 1, ksize=3) # M_y 필터 적용
11.
12.  sobel = img.copy()      # 영상 복사
13.  height = np.size(img, 0)
14.  width = np.size(img, 1)
15.  for i in range(width):              # sobelx와 sobely의 결합
16.      for j in range(height):
17.          sobel[j,i] = np.minimum(255, ₩
                     np.round(np.sqrt(sobelx[j,i]*sobelx[j,i]+sobely[j,i]*sobely[j,i])))
18.  cv2.imshow('Sobel', sobel)
19.
20.  # Prewitt 필터
21.  kernelx = np.array([[1, 1, 1], [0, 0, 0], [-1, -1, -1]])   # M_x 필터 생성
22.  kernely = np.array([[-1, 0, 1], [-1, 0, 1], [-1, 0, 1]])   # M_y 필터 생성
23.  img_prewittx = cv2.filter2D(img, -1, kernelx)         # 필터 적용
24.  img_prewitty = cv2.filter2D(img, -1, kernely)         # 필터 적용
25.  cv2.imshow("Prewitt", img_prewittx + img_prewitty)
26.
27.  # 가우시안 필터
28.  img_smooth = cv2.GaussianBlur(img, (3,3), 0)
29.  cv2.imshow('Gaussian', img_smooth)
30.
31.  # Canny 필터
32.  canny = cv2.Canny(img, 100, 200)
33.  cv2.imshow('Canny', canny)
```

```
34.
35.    # LoG (Laplacian of Gaussian) 필터
36.    laplacian = cv2.Laplacian(img_smooth, cv2.CV_64F)
37.    cv2.imshow('LoG', laplacian)
38.    cv2.waitKey(0)
39.    cv2.destroyAllWindows()
```

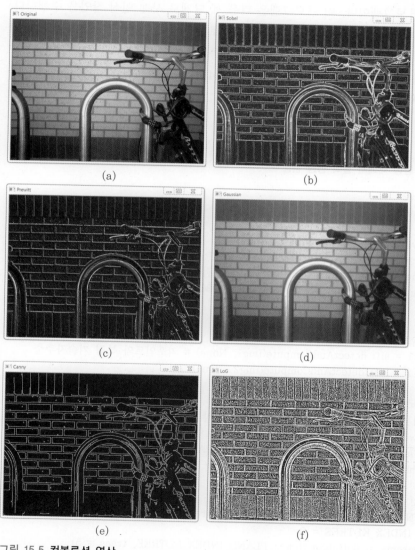

그림 15.5 **컨볼루션 연산.**

(a) 원 영상 (b) Sobel 적용 (c) Prewitt적용 (d) 가우시안 적용 (e) Canny 적용 (f) LoG 적용

15.4 컴퓨터 비전 프로그래밍

15.4.1 영상 내의 질의 영상 식별

OpenCV는 특정 사물이 주어진 영상에 있는지 식별하는 사례 인식[instance recognition]을 지원하는 라이브러리를 제공한다. [프로그램 15-6]은 기준 영상에 있는 사물을 대상 영상에서 찾는 OpenCV 프로그램이다. 이 프로그램은 다음 세 단계로 사례 인식 작업을 수행한다. 먼저 두 영상에 대해 SIFT 특징점을 검출하여 기술자로 표현한다. 그리고 나서, 기준 영상과 대상 영상에서 추출된 기술자들 사이에 일치되어 대응되는 것들을 찾는다. 끝으로 RANSAC 알고리즘을 이용하여 일치된다고 판단되는 임의의 4점을 선택하여, 기준 영상의 영역을 대상 영상의 선택된 영역으로 변환하는 행렬인 호모그래피[homography]를 추정하고, 두 영상에 대응하는 위치를 표시한다.

프로그램 15-6. 영상 내에서 질의 영상 검출

```
1.  import cv2
2.  import numpy as np
3.
4.  img = cv2.imread('doll.jpg')                        # 질의 영상
5.  img1 = cv2.cvtColor(img, cv2.COLOR_BGR2GRAY)
6.  img_scene = cv2.imread('scene.jpg')       # 검색 대상 영상
7.  img2 = cv2.cvtColor(img_scene, cv2.COLOR_BGR2GRAY)
8.
9.  # 단계 1 : 키포인트 탐지 및 기술자 추출
10. sift = cv2.xfeatures2d.SIFT_create()               # SIFT 객체 생성
11. kp1, des1 = sift.detectAndCompute(img1, None) # 키포인트와 특징 기술자추출
12. kp2, des2 = sift.detectAndCompute(img2, None)
13.
14. keypts = img.copy()                                 # 영상 복사
15. # 그레이 영상 img1에 대한 키포인트 kp1을 영상 keypts에 그리기
16. cv2.drawKeypoints(img1, kp1, keypts, ₩
17.        flags=cv2.DRAW_MATCHES_FLAGS_DRAW_RICH_KEYPOINTS)
18. cv2.imshow('키포인트', keypts)                      # [그림 15.6] 출력
19.
20. # 단계 2 : 대응점 찾기
21. # FLANN (Fast Library for Approximate Nearest Neighbors) matcher 이용
22. FLANN_INDEX_KDTREE = 0
23. index_params = dict(algorithm = FLANN_INDEX_KDTREE, trees = 5)
24. search_params = dict(checks = 50)
25.
```

```
26.  flann = cv2.FlannBasedMatcher(index_params, search_params) # FLANN 객체생성
27.  matches = flann.knnMatch(des1,des2,k=2)    # 대응점 찾기
28.
29.  good = []
30.  for m,n in matches:
31.      if m.distance < 0.7*n.distance:            # 좋은 매칭만 선택
32.          good.append(m)
33.
34.  # 단계 3: 호모그래피 추정 및 대응 위치 표시
35.  MIN_MATCH_COUNT = 10    # 최소 대응점 개수
36.  if len(good) > MIN_MATCH_COUNT:
37.      src_pts = np.float32([ kp1[m.queryIdx].pt for m in good ]).reshape(-1,1,2)
38.      dst_pts = np.float32([ kp2[m.trainIdx].pt for m in good ]).reshape(-1,1,2)
39.
40.      # 변환 행렬인 호모그래피 추정
41.      M, mask = cv2.findHomography(src_pts, dst_pts, cv2.RANSAC,5.0)
42.      matchesMask = mask.ravel().tolist()
43.
44.      h,w = img1.shape
45.      # 질의 영상 모서리 좌표
46.      pts = np.float32([ [0,0],[0,h-1],[w-1,h-1],[w-1,0] ]).reshape(-1,1,2)
47.      dst = cv2.perspectiveTransform(pts,M)  # 검색 대상 영상에서 대응 위치
48.  else:
49.      print("Not enough matches are found - %d/%d"\
                  % (len(good),MIN_MATCH_COUNT))
50.      matchesMask = None
51.
52.  draw_params = dict(singlePointColor = None, flags = 2)
53.
54.  # 대응점 연결선 그리기
55.  img3 = cv2.drawMatches(img1, kp1, img2, kp2, good, None, **draw_params)
56.  cv2.imshow('매칭 결과', img3)              # [그림 15.7] 출력
57.
58.  # 객체 식별 위치에 사각형 표시
59.  img2 = cv2.polylines(img_scene, [np.int32(dst)], True, (0,0,255), 3, cv2.LINE_AA)
60.  img3 = cv2.drawMatches(img1, kp1, img2, kp2, good, None, **draw_params)
61.  cv2.imshow('인식 결과', img3)              # [그림 15.8] 출력
62.
63.  cv2.waitKey(0)
64.  cv2.destoryAllWindows()
```

단계 1. SIFT를 이용한 특징점 추출

이 단계에서 SIFT를 사용하여 키포인트를 찾은 다음, [그림 15.6]과 같이 윈도우에 키포인트의 위치에 중심을 두고 스케일^{scale}에 비례하는 반지름을 갖는 원을 표시하고, 선분으로 지배적 방향^{dominant direction}을 나타낸다.

SIFT는 그레이 영상에 적용되기 때문에, 5행과 7행에서 칼러 영상을 그레이 영상으로 변환한다. 10행의 xfeatures2d.SIFT_create()는 SIFT 키포인트와 기술자 생성을 하는 객체를 생성한다. 11-12행에서 SIFT 키포인트를 찾아내고, 이에 대한 특징 기술자를 만들어낸다. 16행에서 키포인트를 영상에 그리고 나서, 17행에서 [그림 15.6]과 같이 출력한다.

그림 15.6 SIFT 키포인트 검출결과.

단계 2. 대응점 찾기

단계 2는 두 영상의 SIFT 기술자들에 대해서 대응되는 기술자 쌍들을 찾아 대응점들을 [그림 15.7]과 같이 연결하여 표시하는 부분이다. 두 기술자 벡터의 각 원소를 하나씩 비교하면 시간이 오래 걸리기 때문에, [프로그램 15-6]은 k-d 트리를 사용하여 매칭 연산을 빠르게 수행하는 FlannBasedMatcher 객체를 사용한다.

단계 3. 변환 행렬인 호모그래피 추정 및 대응 위치 표시

이 단계는 기준 영상과 대상 영상의 대응점을 이용하여, 기준 영상 I_S의 특징점을 대상 영상 I_D의 대응되는 특징점으로 변환하는 행렬인 호모그래피 H를 찾는다.

$$I_D = HI_S$$

변환 행렬 H를 사용하여 [그림 15.8]과 같이 영상의 모양이 대상 영상에 나타나는 위치를 찾아 사각형을 표시한다.

그림 15.7 **대응점 출력 화면.**

41행의 findHomongraphy( ) 함수를 사용하여 기준 영상의 특징점 model_pt을 대상 영상의 특징점 scene_pt로 변환하는 행렬을 RANSAC을 사용하여 구한다. 46-47행에서 질의 영상의 네 귀퉁이의 좌표값을 찾아, perspectiveTransform( ) 함수를 통해 이들 좌표를 호모그래피 H을 사용하여 변환하여, 대상 영상에서의 좌표값 벡터 dst 를 결정한다. 59행에서 해당 좌표값을 연결한 사각형을 그린 다음, 대응점을 함께 출력하면 [그림 15.8]과 같이 된다.

그림 15.8 **왼쪽 영상을 오른쪽 영상에서 인식한 결과 화면.**

15.4.2 영상 속의 얼굴 검출

얼굴 검출은 컴퓨터 비전의 한 분야로 영상에서 얼굴의 위치를 찾는 작업이다. 2004년에 Viola와 Jones는 얼굴 검출과 관련된 비올라존스 알고리즘[Viola-Jones algorithm]을 발표했다. 이 알고리즘은 에이다부스트[AdaBoost] 알고리즘을 이용하여 고속으로 얼굴을 검출하는데, 대부분의 얼굴 검출 시스템에서 이 알고리즘을 기본적으로 사용하고 있다.

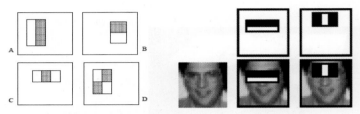

그림 15.9 **얼굴 검출에 사용되는 하르 특징의 마스크의 예.**

비올라존슨 알고리즘은 [그림 15.9]와 같은 하르 특징^{Haar feature}을 이용하여, 윈도우 내에서 많은 수의 하르 특징을 추출하여 얼굴을 학습하여, 입력 영상에서 얼굴 영역을 식별한다. 하르 특징은 [그림 15.9]와 같은 마스크를 영상에 중첩해 흰색 영역의 화소 값들의 합과 회색 영역의 화소들의 합의 차이 값을 추출하여, 영역 간의 차가 특정 임계값 이상이면 1 아니면 0을 출력한다. 영상에서 많은 하르 특징은 추출할 수 있다. 24×24 영상의 경우에도 하르 마스크의 크기와 위치를 달리하면 180,000개 이상의 하르 특징을 뽑을 수 있다. 비올라존스 알고리즘의 에이다부스트 분류기는 영상에서 얼굴 영역을 검출하기 위하여 얼굴 영상과 얼굴이 아닌 영상들에 대한 하르 특징을 뽑아 학습하여 얼굴 영역을 식별한다. OpenCV는 얼굴을 식별하는 에이다부스트 알고리즘의 분류기 정보를 XML 형식으로 제공한다. [프로그램 15-7]은 주어진 영상에서 얼굴을 찾아 [그림 15.10]과 같이 표시를 해주는 프로그램이다.

프로그램 15-7. 얼굴 검출

```
1.   import cv2
2.
3.   #얼굴/눈 검출을 위한 Harr-Cascade 학습 데이터를 읽어 CascadeClassifier 객체 생성
4.   face_cascade = cv2.CascadeClassifier('haarcascade_frontface.xml')
5.   eye_cascade = cv2.CascadeClassifier('haarcascade_eye.xml')
6.
7.   img = cv2.imread('data/Lenna.png')
8.   gray = cv2.cvtColor(img, cv2.COLOR_BGR2GRAY)
9.
10.  #얼굴 검출 후 위치를 리스트로 반환
11.  faces = face_cascade.detectMultiScale(gray, 1.3, 5)
12.
13.  #위치: (x, y, w, h)로 표시: (x, y)는 검출된 얼굴의 좌상단 위치 (w, h)는 가로 세로 크기
14.  for (x,y,w,h) in faces:
```

```
15.    # 얼굴 영에서 사각형 그리기
16.    cv2.rectangle(img,(x,y),(x+w,y+h),(255,0,0),2)
17.    roi_gray = gray[y:y+h, x:x+w]
18.    roi_color = img[y:y+h, x:x+w]
19.    # 얼굴 영역에서 눈을 검출
20.    eyes = eye_cascade.detectMultiScale(roi_gray)
21.    for (ex, ey, ew, eh) in eyes:
22.        cv2.rectangle(roi_color,(ex,ey),(ex+ew,ey+eh),(0,255,0),2)
23.
24. cv2.imshow('face-eyes',img)
25. cv2.waitKey(0)
26. cv2.destroyAllWindows()
```

2행에서 지정한 haarcascade_frontalface_alt.xml 파일에는 얼굴을 검출하는 AdaBoost 분류기를 학습한 결과가 들어있다. 3행의 haarcascade_eye.xml는 눈을 검출하는 분류기의 정보가 들어있다. 11행의 detectMultiScale() 함수는 주어진 영상에서 얼굴을 검출하는 역할을 한다. 20행의 detectMultiScale()은 얼굴 영역 내에서 눈을 찾는다. 16행과 22행에서 얼굴 위치와 눈의 위치에 사각형을 그린다. [그림 15.10]은 얼굴과 눈의 위치를 검출 원도우에 결과를 출력한다.

그림 15.10 **얼굴과 눈 검출 예.**

15.4.3 보행자 검출

보안 CCD 카메라나 자동차 주행보조 시스템의 영상에서 보행자를 식별하는 것은 필수적인 작업이다. [프로그램 15-8]은 HoG 검출기를 사용하여 동영상에서 보행자를 검출하는 프로그램이다. 9장에서 설명한 바와 같이 HoG를 이용한 보행자 검출기는 영상의 보행자

부분에 대한 그레디언트들의 히스토그램을 구하여, 보행자의 HoG 기술자들과 보행자가
아닌 것들의 HoG를 구별할 수 있는 분류기를 학습한다. 16행은 보행자를 구별하는 분류
기로써, OpenCV에서 제공하는 이미 학습된 SVM 분류기를 사용하도록 설정한다. 23행
은 다양한 크기로 영상을 축소해 가며 HoG를 계산해가며 보행자를 찾도록 한다. [그림
15.11]은 실제 검출된 보행자를 사각형으로 표시해서 보여주는 [프로그램 15-8]의 실행
결과이다.

프로그램 15-8. 보행자 검출

```python
1.   import numpy as np
2.   import cv2
3.
4.   # 영상에서 탐지된 사람위에 사각형 그리기
5.   def draw_detections(img, rects, thickness = 1):
6.       for x, y, w, h in rects:
7.           # HOG 검출기는 실제 객체보다 약간 큰 사각형 반환
8.           # 실제 객체의 위치를 더 잘 나타내기 위해 약간 축소
9.           pad_w, pad_h = int(0.15*w), int(0.05*h)
10.          cv2.rectangle(img, (x+pad_w, y+pad_h), (x+w-pad_w, y+h-pad_h), ₩
11.              (0, 255, 0), thickness)
12.
13.  if __name__ == '__main__':
14.      hog = cv2.HOGDescriptor()    # HOG 기술자 모듈 객체 생성
15.      #보행자 탐지를 위해 사전-훈련이 되도록 SVM 설정
16.      hog.setSVMDetector(cv2.HOGDescriptor_getDefaultPeopleDetector())
17.
18.      cap = cv2.VideoCapture('mitsubishi_768x576.avi')  # 비디오 핸들 얻어오기
19.
20.      while True:
21.          _, frame = cap.read()  #프레임 읽기
22.          # 영상에서 사람 탐지
23.          found,w = hog.detectMultiScale(frame, winStride = (8,8), ₩
24.              padding=(32,32), scale=1.05)
25.
26.          draw_detections(frame, found)      # 사각형 그리기
27.          cv2.imshow('Pedestrian', frame)    # 화면에 그림 출력
28.
29.          ch = 0xFF & cv2.waitKey(1)           # 종료키 설정
30.          if ch == 27:
31.              break
32.      cv2.destroyAllWindows()
```

그림 15.11 **보행자 검출.**

15.4.4 도로 차선 검출

자율 주행 자동차 및 운전 보조 시스템에서 카메라 영상에서 차선을 검출하는 것은 가장 기본적인 기능이다. [프로그램 15.9]는 직선인 차선을 추출하는 프로그램으로 인터넷에 공개된 것을 변형한 것이다. 이 프로그램은 동영상에서 프레임을 하나씩 가져와서 프레임 별로 차선을 검출하도록 한다. 157행은 차선에 해당하는 흰색이나 노란색 영역을 찾는 filter_colors() 함수를 호출한다. 158행에서 색상계를 BGR 컬러 모델에서 그레이 모델로 변환한다. 160행에서 가우시안^{Gaussian} 필터를 적용하여 잡음을 제거한다. 162행에서 Canny 에지^{edge} 검출기를 사용하여 에지에 해당하는 부분을 찾아낸다.

차선 영역을 찾기 위해 영상의 밑변을 사다리꼴의 밑변으로 하고, 사다리꼴의 밑변은 영상 폭의 85%, 윗변은 영상 폭의 5%, 사다리꼴 높이는 영상 높이의 40%에 해당하는 부분을 166~167행에서 관심 영역으로 선택한다. 170행에서 허프^{Hough} 변환을 통해 후보 선분들을 찾은 다음 차선을 결정하는 hough_lines() 함수를 호출한다. 130행의 OpenCV 함수 HoughLinesP()은 시간을 절약하기 위해 모든 점을 대상으로 허프 변환을 하는 것이 아니라 임의의 점들을 선택하여 직선을 찾는다. 40행의 함수 draw_lines()는 허프 변환을 통해 찾은 직선들로부터 왼쪽 차선과 오른쪽 차선을 선형 회귀를 통해서 근사하여 추출한다. 173행은 원래 영상 프레임과 차선을 표시한 프레임을 하나의 영상 프레임으로 합성한다.

[프로그램 15.9]를 실행하기 위해서는 moviepy 패키지를 설치해야 한다. [그림 15-12]는 [프로그램 15.9]의 실행 결과인데 차선 부분이 두껍게 표시되어 출력된다.

```
1.     import cv2
2.     import numpy as np
3.     import imageio
4.     imageio.plugins.ffmpeg.download()      # mpeg 다운로드
5.     import math
6.     from moviepy.editor import VideoFileClip
7.
8.     kernel_size = 3        # 가우시안(Gaussian) 필터의 크기
9.     low_threshold = 50    # Canny 에지 검출기의 하한(low threshold)
10.    high_threshold = 150 # Canny 에지 검출기의 상한(high threshold)
11.
12.    # 영상의 아래쪽에 밑변이 있는 사다리꼴 탐지 관심영역(Region-of-interest)
13.    trap_bottom_width = 0.85  # 영상의 폭(width)에서 사다리꼴 밑변의 비
14.    trap_top_width = 0.07       # 영상의 폭(width)에서 사다리꼴 윗변의 비
15.    trap_height = 0.4            # 영상 높이(height)에서 사다리꼴의 높이 비
16.
17.    # 허프 변환(Hough Transform)
18.    rho = 2                # 거리(d)의 해상도(픽셀 단위 사용)
19.    theta = 1 * np.pi/180 # 각도(rho)의 해상도 (radian 단위 사용)
20.    threshold = 15         # 선분 선택을 위한 좌표값의 최소개수
21.    min_line_length = 10  # 선분 구성을 위한 최소 픽셀 개수
22.    max_line_gap = 20      # 선분 연결에 허용되는 최대 간격 (픽셀 개수)
23.
24.    def region_of_interest(img, vertices):
25.        mask = np.zeros_like(img)
26.
27.        # 채우기 색상(fill color)을 입력 영상이 칼라이면 3으로, 그레이 영상이면 1로 지정
28.        if len(img.shape) > 2:
29.            channel_count = img.shape[2]  # 칼라 영상인 경우 3이나 4가 됨
30.            ignore_mask_color = (255,) * channel_count
31.        else:
32.            ignore_mask_color = 255
33.
34.        # 좌표값(vertices)들로 정의한 다각형의 내부를 ignore_mask_color로 채우기
35.        cv2.fillPoly(mask, vertices, ignore_mask_color)
36.
37.        masked_image = cv2.bitwise_and(img, mask)  # mask 픽셀이 0이 아닌 영상 반환
38.        return masked_image
39.
40.    def draw_lines(img, lines, color=[255, 0, 0], thickness=10):
41.        if lines is None:    # 오류인 경우 선분을 그리지 않음
42.            return
```

```
43.    if len(lines) == 0:
44.        return
45.    draw_right = True
46.    draw_left = True
47.
48.    slope_threshold = 0.5
49.    slopes = []
50.    new_lines = []
51.    for line in lines:
52.        x1, y1, x2, y2 = line[0]        # line = [[x1, y1, x2, y2]]
53.
54.        if x2 - x1 == 0.:  # 코너인 경우, 0으로 나누지 않음
55.            slope = 999.    # 무한대 기울기 표현 값
56.        else:
57.            slope = (y2 - y1) / (x2 - x1)   # 기울기 계산
58.
59.        if abs(slope) > slope_threshold:  # 임계값 이상의 기울기만 선택
60.            slopes.append(slope)
61.            new_lines.append(line)
62.    lines = new_lines
63.
64.    # 선분들(lines)을 왼쪽 차선(left_lines)과 오른쪽 차선(right_lines)로 분리
65.    right_lines = []
66.    left_lines = []
67.    for i, line in enumerate(lines):
68.        x1, y1, x2, y2 = line[0]
69.        img_x_center = img.shape[1] / 2  #  영상 중심의 x 좌표
70.        if slopes[i] > 0 and x1 > img_x_center and x2 > img_x_center:
71.            right_lines.append(line)
72.        elif slopes[i] < 0 and x1 < img_x_center and x2 < img_x_center:
73.            left_lines.append(line)
74.
75.    # 왼쪽 선분들과 오른쪽 선분들에 대해 선형회귀(linear regression) 적용
76.    right_lines_x = []    # 오른쪽 차선의 선분
77.    right_lines_y = []
78.
79.    for line in right_lines:
80.        x1, y1, x2, y2 = line[0]
81.        right_lines_x.append(x1)
82.        right_lines_x.append(x2)
83.        right_lines_y.append(y1)
84.        right_lines_y.append(y2)
85.
86.    if len(right_lines_x) > 0:
```

```
87.          right_m, right_b = np.polyfit(right_lines_x, right_lines_y, 1)  # y = m*x + b
88.      else:
89.          right_m, right_b = 1, 1
90.          draw_right = False
91.
92.      left_lines_x = []       # 왼쪽 차선 선분들
93.      left_lines_y = []       # 왼쪽 차선 선분들
94.
95.      for line in left_lines:
96.          x1, y1, x2, y2 = line[0]
97.          left_lines_x.append(x1)
98.          left_lines_x.append(x2)
99.          left_lines_y.append(y1)
100.         left_lines_y.append(y2)
101.
102.     if len(left_lines_x) > 0:
103.         left_m, left_b = np.polyfit(left_lines_x, left_lines_y, 1)  # y = m*x + b
104.     else:
105.         left_m, left_b = 1, 1
106.         draw_left = False
107.
108.     # 왼쪽, 오른쪽 선분들에 대해 2개의 끝점 선택 (선분 그릴 때 사용)
109.     y1 = img.shape[0]
110.     y2 = img.shape[0] * (1 - trap_height)
111.     right_x1 = (y1 - right_b) / right_m        # y = m*x + b --> x = (y - b)/m
112.     right_x2 = (y2 - right_b) / right_m
113.     left_x1 = (y1 - left_b) / left_m
114.     left_x2 = (y2 - left_b) / left_m
115.
116.     y1 = int(y1)        # 끝점들의 자료형 변환 : float --> int
117.     y2 = int(y2)
118.     right_x1 = int(right_x1)
119.     right_x2 = int(right_x2)
120.     left_x1 = int(left_x1)
121.     left_x2 = int(left_x2)
122.
123.     if draw_right:   # 영상에 오른쪽 차선 그리기
124.         cv2.line(img, (right_x1, y1), (right_x2, y2), color, thickness)
125.     if draw_left:    # 영상에 왼쪽 차선 그리기
126.         cv2.line(img, (left_x1, y1), (left_x2, y2), color, thickness)
127.     contours = np.array([[right_x1, y1],[right_x2, y2],[left_x2, y2],[left_x1, y1]])
128.     cv2.fillPoly(img, pts=[contours], color=(50, 50, 50))
129.
130. def hough_lines(img, rho, theta, threshold, min_line_len, max_line_gap):
         # 확률적 허프변환 적용:
```

```
131.    lines = cv2.HoughLinesP(img, rho, theta, threshold, np.array([]),₩
132.            minLineLength=min_line_len, maxLineGap=max_line_gap)
133.    line_img = np.zeros((*img.shape, 3), dtype=np.uint8)  # 3채널 칼러
134.    draw_lines(line_img, lines)
135.    return line_img
136. def weighted_img(img, initial_img, alpha=0.8, beta=1., gamma=0.): # 영상 합성
137.    return cv2.addWeighted(initial_img, alpha, img, beta, gamma)
138.            # (initial_image* alpha+ img* beta+gamma) 반환
139.
140. def filter_colors(image):
141.    white_threshold = 200 # 흰색 픽셀 필터 임계값
142.    lower_white = np.array([white_threshold, white_threshold, white_threshold])
143.    upper_white = np.array([255, 255, 255])
144.    # 범위 내이면, 출력 영상의 해당 위치에 255 값 설정
145.    white_mask = cv2.inRange(image, lower_white, upper_white)
146.    white_image = cv2.bitwise_and(image, image, mask=white_mask)  # 흰색 영역
147.
148.    hsv = cv2.cvtColor(image, cv2.COLOR_BGR2HSV) # 색상계 변환 BGR --> HSV
149.    lower_yellow = np.array([90,100,100])    # 노란색 픽셀
150.    upper_yellow = np.array([110,255,255])
151.    yellow_mask = cv2.inRange(hsv, lower_yellow, upper_yellow)
152.    yellow_image = cv2.bitwise_and(image, image, mask=yellow_mask) #노란색 영역
153.    #두 개 영역 합성
154.    image2 = cv2.addWeighted(white_image, 1., yellow_image, 1., 0.)
155.    return image2
156.
157. def detect_lanes_in_image_array(image_in):
158.    image = filter_colors(image_in)    # 흰색/노란색 영역 찾기
159.    gray = cv2.cvtColor(image, cv2.COLOR_BGR2GRAY) # 색상계 BGR --> Gray
160.    # 가우시안(Gaussian) 필터 적용
161.    blur_gray = cv2.GaussianBlur(gray,(kernel_size, kernel_size), 0)
162.    # Canny 에지 검출기 적용
163.    edges = cv2.Canny(blur_gray, low_threshold, high_threshold)
164.
165.    # 사다리꼴 관심영역을 사용하여 마스크 에지 생성
166.    imshape = image.shape
        vertices = np.array([[₩
            ((imshape[1]*(1-trap_bottom_width))//2, imshape[0]),₩
            ((imshape[1]*(1-trap_top_width))//2,imshape[0]-imshape[0]*trap_height),₩
            (imshape[1]-(imshape[1]*(1-trap_top_width))//2, ₩
                imshape[0]-imshape[0]* trap_height),₩
            (imshape[1] - (imshape[1] * (1 - trap_bottom_width))//2, imshape[0])]], ₩
167.            dtype=np.int32) ₩
168.    masked_edges = region_of_interest(edges, vertices)
```

```
169.
170.    # 검출된 에지 영상에 허프 변환 적용
        line_image = hough_lines(masked_edges, rho, theta, threshold,₩
171.        min_line_length, max_line_gap)
172.    image_in = cv2.cvtColor(image_in, cv2.COLOR_BGR2RGB)
173.    initial_image = image_in.astype('uint8')   # 원래 영상
174.    lane_drawn_image = weighted_img(line_image, initial_image)  # 차선 영상 추가
175.    return lane_drawn_image
176.
177. if __name__ == '__main__':
178.    video = VideoFileClip('solidWhiteRight.mp4')
179.
180.    for frame in video.iter_frames():
181.        detected_lane = detect_lanes_in_image_array(frame)
182.        cv2.imshow('Detected Lane', detected_lane)
183.        cv2.waitKey(25)   # 25ms 대기
184.    cv2.destroyAllWindows()
```

그림 15.12 도로 차선 검출의 예.

1. OpenCV 라이브러리를 설치하고 [프로그램 15-1]을 실행해 보시오.

2. [프로그램 15-2]를 직접 실행해서 동작을 확인해 보시오.

3. [프로그램 15-3]을 직접 실행해서 동작을 확인해 보시오.

4. [프로그램 15-4]를 직접 실행해서 동작을 확인해 보시오.

5. [프로그램 15-5]를 직접 실행해서 동작을 확인해 보시오.

6. [프로그램 15-6]을 직접 실행해서 동작을 확인해 보시오.

7. [프로그램 15-7]을 직접 실행해서 동작을 확인해 보시오.

8. [프로그램 15-8]을 직접 실행해서 동작을 확인해 보시오.

9. [프로그램 15-9]를 직접 실행해서 동작을 확인해 보시오.

10. 웹캠으로 들어오는 동영상을 화면에 출력하다가 엔터키를 누르면 현재 출력 중인 화면이 파일에 저장되도록 하는 프로그램을 작성하시오. VideoCapture 클래스에서 동영상 처리에 필요한 기본적인 기능을 제공한다.

11. 웹캠에 들어오는 동영상에서 사람 수를 실시간으로 확인하는 프로그램을 OpenCV의 라이브러리를 이용하여 작성하시오.

로봇 소프트웨어 개발 프레임워크 ROS

로봇 소프트웨어 개발 프레임워크 ROS

ROS^{robot operating system}는 로봇 응용프로그램 개발을 위한 오픈소스 프레임워크^{framework}이다. ROS를 사용하면, 로봇의 하드웨어와 제어 기법에 대한 구체적인 내용을 모르더라도, 소프트웨어 관점의 추상적인 수준에서 로봇 응용프로그램을 개발할 수 있다. 로봇 운영체제^{ROS}라고 이름은 되어있지만, 실제로는 Linux 등 기존 운영체제 위에 설치되어 사용되는, 로봇 응용프로그램 실행을 위한 미들웨어^{middleware}이면서 개발 프레임워크이다.

16.1 ROS

로봇을 제어하여 어떤 임무를 수행하는 응용프로그램을 개발하려면 다양한 기능을 구현해야 한다. 각종 하드웨어와 장치들을 통해 환경 및 상태를 센싱^{sensing}하고 제어^{control}해야 하며, 각종 영상 등의 데이터 수집 및 처리, 지도 작성과 항법, 구성요소 간의 통신 등 많은 일을 해야 한다. 이러한 기능들의 상당 부분은 대부분의 로봇 응용프로그램에서 공통적으로 필요하다. 로봇 시스템에 일반적으로 필요한 기능들을 미리 개발해 놓고, 또한 다른 개발자가 구현한 기능들을 쉽게 공유할 수 있도록 해 놓으면, 로봇 응용 프로그램 개발이 매우 쉬워지고 개발 비용과 시간이 크게 줄어들 수 있다. 이러한 배경에서 나온 것이 ROS이다.

ROS는 미국 스탠포드 인공지능 연구소^{Stanford AI Research}에서 시제품을 제작했으며, 나중에 윌로우 거라지^{Willow Garage}에서 공식 개발했다. 최근에서 오프소스 로보틱스 재단^{Open source robotics visualization}에서 ROS 코드를 관리하고 있다.

ROS은 로봇 응용프로그램을 효율적으로 개발하기 위해, 프레임워크로서 다음과 같은 특징을 가지고 있다. 첫째, 개발자가 하드웨어의 구체적인 사양, 동작 메커니즘, 제어 체제에 대한 내용을 명확히 모르더라도 응용프로그래밍을 할 수 있도록 하는 하드웨어 추상화^{abstraction}을 제공한다. 둘째, 하위 수준 장치 제어는 ROS에서 알아서 처리하기 때문에 개발자는 신경쓸 필요가 없다. 셋째, 로봇 응용프로그램에서 공통적으로 필요한 기능들을 구현하여 제공한다. 이들 기능의 재사용성을 강화하기 위해 모듈화하여 제공한다. 넷째, 로봇 응용프로그램이 기능별로 모듈 형태로 개발하고 프로세스로 실행해서, 이들 모듈 간의 통신을 위해 프로세스간 메시지 전송^{message-passing between processes} 기법을 통해서 기능들을 서로 사용한다. 또한 각종 컨포넌트나 응용 프로그램이 서로 통신을 쉽게 할 수 있도록 도와주는 미들웨어 기능을 제공한다. 다섯째, ROS 위에서 개발된 기능들이 패키지^{package}로 공유되고 사용될 수 있도록 패키지를 관리한다. 또한 로봇 응용프로그램을 개발할 때 사용되는 각종 개발도구와 라이브러리 API를 지원한다. 개발도구로는 빌드 도구, 시뮬레이터, 시각화 도구 등이 있다.

ROS를 사용할 때는 기존 개발된 것을 최대한 사용하여, 많은 시간을 자신의 관심 분야에 집중할 수 있다. 공식적으로 Linux Ubuntu만 공식 운영체제로 지원되지만, 다른 Linux환경에서 뿐만 아니라 타 운영체제 환경에서 사용할 수 있다. 또한 개발자들이 오픈소스 커뮤니티에 참여하고 있기 때문에, 개발자 커뮤니티 활동을 통해서 도움을 받을 수 있다.

ROS는 지속적으로 개선되고 기능의 확장되어 가면서 새로운 버전이 출시되고 있다. 2010년에 공개된 박스 터틀^{Box Turtle}을 시작으로, 씨 터틀^{C-Turtle}, 다이오아몬드백^{Diamondback}, 일렉트릭 에미스^{Electric Emys}, 프에르트 터틀^{Fuerte Turtle}, 그루비 갈라파고스^{Groovy Galapagos}, 하이드로^{Hydro}, 인디고^{Indigo}, 제이드^{Jade}, 키네틱 케임^{Kinetic Kame}, 루너 로거헤드^{Lunar Loggerhead}, 멜로딕 모레니아^{Melodic Morenia} 등의 순서로 ROS 버전이 출시되고 있다. 흥미롭게도 이름의 첫 알파벳이 오름차순으로 증가하게 버전이름을 부여하고 있다. ROS에는 다양한 버전이 있기 때문에, 개발할 때는 개발 버전과 다른 소프트웨어 패키지의 호환성을 고려해야 하는 경우도 있다.

16.2 ROS 미들웨어

ROS는 [그림 16.1]에서처럼 Ubuntu Linux 등과 같은 운영체제 위에 동작한다. 따라서 운영체제 위에서 실행되는 로봇 응용프로그램에 의해서 로봇의 하드웨어를 구동할 수 있어야 한다. 로봇의 조작기^{actuator}, 센서 등 하드웨어는 하드웨어 드라이버와 컨트롤러를 통해서 구동된다. PC나 SBC^{single board computer}는 로봇 하드웨어와 TCP/IP, UART, USB 등으로 연결된다. 하드웨어 컨트롤러는 조작기와 센서들과 USAR, I2C, SPI, PWM, Analog 등으로 연결된다. 개발을 할 때는 PC에서 하고, 실제 로봇에서 ROS를 사용해야 하는 경우에는

Raspberry Pi, ODRID 등과 같은 SBC를 사용한다.

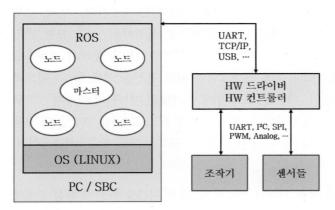

그림 16.1 **ROS의 위치.**

ROS에서 특정 기능을 제공하는 모듈은 패키지로 관리된다. 로봇 응용프로그램에서는 여러 모듈이 동시에 실행하면서 데이터를 주고받는다. 이를 위해 실행되는 모듈은 프로세스로 만들어지고, 이들 프로세스 간에 프로세스간 통신$^{\text{Interprocess communication}}$을 사용하여 데이터를 전달할 수 있다. 즉, 프로세스간 메시지 전달 방식으로 통신을 한다.

16.2.1 노드

ROS는 프로세스간 메시지 전달에서 다음과 같은 개념을 사용한다. 노드^{node}는 실행 가능한 프로그램(즉, 프로세스)을 가리키는데, ROS에서 최소 단위의 실행 프로세스이다. 마스터^{master}는 노드를 서로 연결해주고, 메시지 전달을 가능하게 하는 네임서버$^{\text{name server}}$이다. 마스터에는 노드들의 이름, 토픽, 서비스 등이 등록되고, 노드들은 마스터에 등록된 정보에 접근할 수 있다. 토픽^{topic}은 노드 간에 메시지를 전달하는 이름이 있는 버스$^{\text{named bus}}$이다.

한편, 발행^{publish}은 토픽의 내용을 메시지 형태의 데이터로 전송하는 것을 말한다. 발행자^{publisher}는 특정 메시지를 공개하기 위해, 발행하기 위한 토픽과 자신의 정보를 마스터에 등록하는 노드이다.

구독^{subscribe}은 토픽의 내용을 정해진 메시지 형식의 데이터로 수신하는 것을 말한다. 구독자^{subscriber}는 구독하기 위해 토픽과 자신의 정보를 마스터에 등록하는 노드이다.

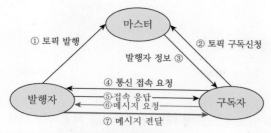

그림 16.2 ROS의 토픽 발행과 구독.

[그림 16.2]는 ROS에서 메시지 전달$^{message\ passing}$을 통해 토픽을 발행하고 구독하는 과정을 보인 것이다. 여기에는 마스터, 발행자, 구독자 노드들이 참여한다. 특히, 발행자와 구독자 노드들은 서로 소켓^{socket}을 이용하여 통신을 한다. 소켓은 네트워크를 경유해 두 개의 프로 그램(프로세스)이 서로 데이터를 주고받을 수 있는 통신 단말점^{endpoint}을 말한다. 소켓은 컴퓨터의 인터넷주소$^{IP\ address}$와 포트^{port} 번호를 통해서 식별된다.

단계 1. 발행자가 공개할 토픽을 마스터에게 등록한다. 즉, 발행자가 토픽을 발행한다.
단계 2. 구독자가 마스터에게 관심있는 토픽에 대한 구독 신청을 한다.
단계 3. 마스터는 구독 신청 토픽의 발행자 정보를 구독자에게 알려준다.
단계 4. 구독자는 발행자에게 통신접속 요청을 한다.
단계 5. 발행자는 구독자에게 접속 응답을 한다.
단계 6. 구독자가 발행자에게 메시지 요청을 한다.
단계 7. 발행자가 구독자에게 메시지를 전달한다.

ROS에서는 노드들이 원격 프로시저 호출$^{remote\ procedure\ call,\ RPC}$을 사용할 수 있다. 즉, 한 노드가 다른 노드의 프로시저를 실행시켜 그 결과를 가져올 수 있다. 이 경우에는, 원격에 있는 프로시저의 실행을 요청^{request}하고, 응답^{response}이 올 때까지 대기하는 동기적^{synchronous} 인 통신이 일어난다. 반면, 토픽에 대한 발행과 구독에서는 비동기적으로 토픽이 등록되고 구독되며, 비동기적으로 데이터가 전송된다. ROS에서는 원격 프로시저 호출을 사용하는 일회성의 동기적 메시지 전달을 서비스^{service}라고 한다. 이때, 프로시저 호출을 받으면, 해당 서비스 프로시저를 실행하여 결과를 전송해주는 노드를 서비스 서버$^{service\ server}$라고 한다. 서비스를 요청하는 노드를 서비스 클라이언트$^{service\ client}$라고 한다.

16.2.2 미들웨어 프로그램

ROS는 다음 몇 가지 미들웨어 프로그램을 제공한다.

1) roscore

roscore는 노드들이 서로 메시지를 보낼 수 있도록 노드에 대한 연결정보를 제공하는 브로커broker, 중개자 프로그램이다. 노드는 자신이 발행publish, 제공하는 토픽topic, 메시지에 대한 구체적인 정보나, 자신이 구독subscribe하려고 하는 토픽에 대한 정보를 roscore에 등록한다. 즉, roscore는 위에서 설명한 마스터 노드에 해당한다.

시작할 때 노드는 운영체제의 환경변수 ROS_MASTER_URI를 사용하여 roscore 프로세스인 마스터의 정보를 확인한다. 따라서 ROS_MASTER_URI는 "http://hostname:11311" 형태로 설정해야 한다. 여기에서 hostname은 roscore 프로세스가 실행되고 있는 컴퓨터의 호스트 이름이고, 11311은 roscore가 사용하는 기본 포트 번호이다. 이 포토 번호는 다른 번호로 설정할 수도 있다. ROS에서는 노드들이 여러 개의 컴퓨터에 분산되어 존재할 수 있다고 전제한다. 기본적으로 터틀봇turtlebot과 같은 로봇을 직접 제어하는 컴퓨터와 원격에서 로봇을 조정하는 컴퓨터가 있는 구조를 생각해 볼 수 있다. roscore를 실행하기 전에, ROS_MASTER_ URI등이 미리 설정되어야 한다. roscore는 마스터 노드를 실행시키는 역할을 하기 때문에, 가장 먼저 실행되어야 한다. 다음과 같이 roscore를 콘솔에서 실행한다.

```
$ roscore
```

roscore는 노드들이 설정configuration을 할 때 많이 사용하는 파라미터 서버parameter server를 포함하고 있다. 파라미터 서버는 노드들이 로봇의 정보, 알고리즘의 파라미터 등에 관련된 임의의 데이터를 저장하고 검색할 수 있도록 한다. 파라미터 서버와 정보를 주고 받을 때는 rosparam 프로그램을 사용한다. 다음은 rosparam을 사용하는 예이다.

```
$ rosparam list : 파라미터 서버에 등록된 파라미터 이름들을 확인
$ rosparam get 파라미터 : '파라미터'의 값 검색
$ rosparam set 파라미터 값 : '파라미터'에 '값' 설정
$ rosparam delete 파라미터 : 파라미터 서버에서 '파라미터' 제거
```

2) rosrun

노드 프로그램은 패키지로 관리된다. 즉, 관련된 노드들을 하나의 패키지로 묶어서 배포하고 사용한다. 패키지 내에 있는 어떤 노드 프로그램을 실행시킬 때 사용하는 명령어가 rosrun이다. rosrun은 다음과 같은 구문으로 사용한다.

```
$ rosrun 패키지이름 노드이름 [파라미터]
```

예를 들어, turtlesim이라는 패키지에 있는 turtlesim_node라는 노드를 실행할 때는 다음과 같이 한다.

```
$ rosrun turtlesim turtlesim_node
```

3) roslaunch

roslaunch는 여러 개의 노드를 한꺼번에 시작하게 할 때 사용하는 프로그램이다. roslaunch는 다음의 구문을 사용하여 실행한다.

여기에서 '론치파일이름'은 확장자 .launch를 사용하는 XML 파일인데, 실행할 노드의 이름, 패키지 이름, 파라미터 등을 기술한다. 다음은 publish_subscribe.launch라는 론치파일의 예이다.

```
⟨launch⟩
    ⟨node name="publisher" pkg="rospy_tutorial"
        type="publisher.py", output="screen" /⟩

    ⟨node name="subscriber" pkg="rospy_tutorial"
        type="subscriber.py", output="screen" /⟩
⟨/launch⟩
```

여기에서 첫 번째 ⟨node⟩ 태그는 rospy_tutorial이라는 패키지에 있는 publisher.py라는 프로그램을 publisher라는 이름의 노드로 실행시키고, 이 노드의 출력은 콘솔화면에 출력하라는 것을 지정한다. 다음은 위 론치파일을 사용하여 노드들을 실행하는 예이다.

```
$ roslaunch rospy_tutorial publish_subscribe.launch
```

위 명령어는 publisher와 subscriber라는 두 개의 노드를 실행하게 한다. 위 명령어를 실행한 콘솔에서 Ctrl+C를 누르면, 생성된 두 노드가 종료된다.

roslaunch를 실행시킬 때 roscore가 실행 중이 아니면, roslaunch가 roscore를 자동으로
실행시킨다. 이 경우, Ctrl+C를 누르면 생성된 노드들뿐만 아니라 roscore까지 종료된다.
roslaunch는 네트워크에 연결된 다른 컴퓨터에 노드들을 실행할 수도 있다.

4) rosnode

노드는 토픽, 서비스 등을 사용하여 다른 노드와 통신을 한다. 노드는 이름을 통해서 식별되
기 때문에, 이름이 중복되면 안된다. 노드는 파이썬^{Python} 라이브러리인 rospy나 C++ 라이
브러리인 roscpp를 사용하여 작성할 수 있다.

rosnode는 실행중인 노드에 대한 정보를 확인하거나 관리하는 작업하는데 사용하는 명령
어이다. 다음은 rosnode를 사용하는 예이다.

```
$ rosnode info 노드    : '노드'에 대한 정보 출력
$ rosnode kill 노드    :  실행중인 '노드' 종료
$ rosnode list         :  실행중인 노드 목록 출력
$ rosnode machine 호스트이름 : '호스트이름'의 컴퓨터에 있는 노드 출력
$ rosnode ping '노드'  : '노드'가 연결되는지 확인
$ rosnode cleanup      :  접속되지 않는 노드에 대한 등록정보 삭제
```

5) rostopic

토픽은 노드들이 데이터를 전달하는 버스 역할을 한다. 하나의 토픽에 여러 구독자가 있을
수 있다. 토픽을 발행할 때는 토픽 이름과 메시지 자료형을 마스터에 등록한다. 특정 토픽을
구독 신청할 때는 토픽 이름과 메시지 자료형을 명시해야 한다. 토픽을 구독 신청할 때,
발행한 메시지와 자료형이 반드시 일치해야 한다.

rostopic을 사용하여 토픽에 대한 정보를 확인할 수도 있고, 직접 데이터를 발행(공개)할
수도 있다. 다음은 rostopic을 사용하는 예이다.

```
$ rostopic bw /토픽 : '토픽'에 의해 사용되는 밴드폭(bandwidth) 출력
$ rostopic echo /토픽 : '토픽'의 메시지를 화면에 출력
$ rostopic find 메시지타입 : '메시지타입'의 토픽 출력
$ rostopic hz /토픽 : '토픽'이 메시지를 발행하는 주기 출력
$ rostopic info /토픽 : '토픽'의 메시지, 발행자, 구독자 정보 출력
$ rostopic list : 실행중인 토픽의 정보 출력
$ rostopic type /토픽 : '토픽'의 메시지 자료형 출력
$ rostopic pub /토픽 메시지타입 파라미터 : '메시지타입'의 '토픽'을 '파라미터'를
                사용하여 발행
```

6) rosmsg

노드는 토픽으로 발행되는 메시지를 사용하여 다른 노드에게 정보를 전달한다. 메시지는 기본 자료형이나 사용자가 정의한 자료형을 가질 수 있다. 메시지 자료형은 '패키지이름/msg/메시지자료형.msg'의 형태로 표현하는데, 예를 들면 std_msg/msg/String.msg는 자료형 std_msg/String을 나타낸다. rosmsg는 메시지에 대한 정보를 얻는 위한 명령어이다.

```
$ rosmsg show 메시지 : '메시지'의 필드 출력
$ rosmsg list : 모든 메시지 목록 출력
$ rosmsg package 패키지 : '패키지'에 있는 모든 메시지 출력
$ rosmsg packages 메시지 : '메시지'를 가지고 있는 모든 패키지 출력
```

7) rosservice

동작 중인 서비스를 확인하기 위해 rosservice 명령어를 사용할 수 있다.

```
$ rosservice list : 동작 중인 서비스 목록 출력
$ rosservice info 서비스 : '서비스'의 정보 출력
```

16.2.3 개발도구

ROS에는 소프트웨어 개발을 효과적으로 지원하기 위한 도구들이 있다. catkin은 ROS의 빌드build 시스템인데, 기본적으로 CMakeCross Platform Make를 이용한다. 패키지 폴더에는 CMakeLists.txt라는 파일에 빌드 환경이 기술된다. cakin을 사용하여 빌드를 할 때는 cakin_make라는 명령어를 사용한다. rvizROS visualization는 원격에서 로봇, 센서 등에 대한 정보를 3차원으로 시각화 환경을 제공하는 도구이다.

16.3 ROS 패키지

ROS 상에 개발된 다양한 기능의 소프트웨어가 패키지 형태로 공유되고 있다. ROS wiki나 github 등을 통해서 공개되고 있는데, 현재 5,000개 이상의 패키지가 개발되어 있다. 개발자는 자신의 로봇 응용시스템에 필요한 패키지들을 사용하면 짧은 시간 안에 효과적으로 개발할 수 있다. [그림 16.3]은 ROS의 공식 사이트인 ROS.org에서 패키지를 검색할 수 있는 페이지 모습이다.

ROS 패키지에는 인식, 물체 식별, 영상 분할, 얼굴 인식, 제스쳐 인식[gesture recognition], 움직임 추적[motion tracking], 카메라 영상을 분석하여 로봇의 위치 및 방향을 추정하는 자체운동[egomotion], 움직임 이해[motion understanding], 이동하면서 획득한 일련의 2차원 영상으로부터 3차원 구조를 추정하는 SfM[structure from motion], 두 개의 카메라 영상으로부터 거리를 추정하는 스테레오 비전[stereo vision], 제어, 로봇의 내부 상태와 주변환경 정보를 이용하여 실시간으로 위치 인식을 하고 지도를 작성하는 SLAM, 경로 계획 등 다양한 기능을 제공한다.

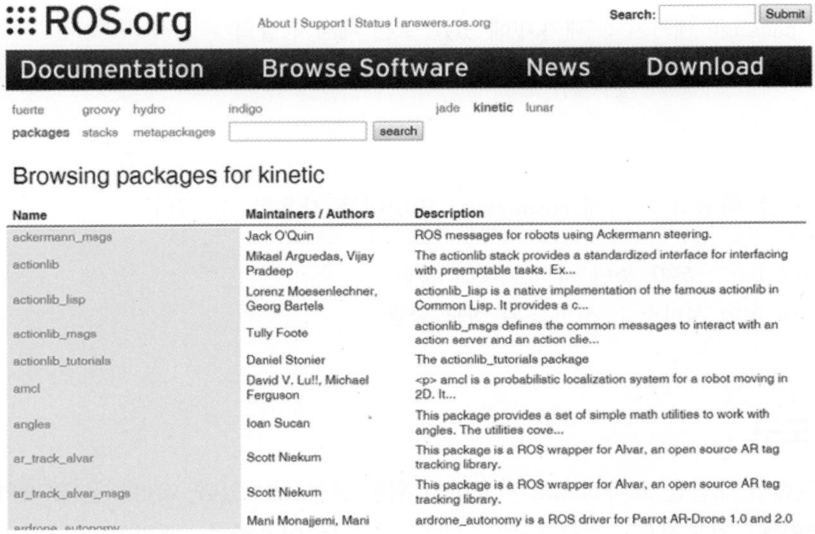

그림 16.3 ROS의 패키지.

16.4 ROS 설치

ROS를 활용해서 로봇 프로그램을 작성하고 실행시키기 위해서는 ROS에서 제공하는 시뮬레이션 소프트웨어를 사용할 수도 있고, 실제 로봇 플랫폼을 사용할 수도 있다. 대표적인 연구용 ROS 플랫폼으로 터틀봇[TurtleBot]이 있는데, 유진로봇의 터틀봇2[TurtleBot2]와 로보티즈의 터틀봇3[TurtleBot3]가 제품으로 출시되고 있다. 터틀봇에는 노트북(또는 SBC)이 탑재되어 환경을 센싱하고 제어를 하고, 원격으로 PC에서 복잡한 데이터 처리를 하고 조종을 한다. 터틀봇의 노트북과 원격 PC는 IP 주소와 포트 번호를 통해 무선 인터넷 통신을 한다. ROS는 기본적으로 Ubuntu Linux 환경에서 사용할 수 있다.

터틀봇2나 터틀봇3가 없는 경우에는 ROS를 설치한 다음, 소프트웨어적으로만 로봇 프로그램을 작성하고 실험을 할 수 있다. ROS는 노트북뿐만 아니라 라즈베리 파이와 같은 SBC에서도 설치되어 실행될 수 있다. 여기에서는 cob_people_detection 패키지를 사용하기 위해, ROS 인디고^{Indigo} 버전을 설치하는 것을 보인다.

그림 16.4 **터틀봇과 원격 PC.**

16.4.1 터틀봇과 원격 PC의 환경 구축

1) 통신 환경 구축

터틀봇과 원격 PC는 무선 인터넷을 통해 빈번하게 데이터를 주고 받는다. 이때 통신 보안을 위한 보안 쉘^{shell}인 ssh를 사용한다. ssh를 설치하기 위해 다음 과정을 따른다.

(1) 원격 PC에서 다음 명령어를 사용하여 ssh 설치한다.

    $ sudo apt-get install ssh

(2) 터틀봇의 노트북에서 다음 명령어를 사용하여 ssh 설치한다.

    $ sudo apt-get install ssh

(3) 터틀봇 노트북의 IP 주소를 ifconfig를 확인한다. IP 주소는 [wlan]에서 [inet addr:]에 표시된다.

    $ ifconfig

[그림 16.5]에서 표시된 부분이 해당 터틀봇에 탑재된 노트북의 IP 주소를 나타낸다. 해당 컴퓨터의 IP 주소는 192.166.0.14이다.

```
turtlebot@turtlebot:~$ ifconfig
wlan0     Link encap:Ethernet  HWaddr 28:c2:dd:23:d9:95
          inet addr:192.166.0.14  Bcast:192.168.0.255  Mask:255.255.255.0
          inet6 addr: fe80::2ac2:ddff:fe23:d995/64 Scope:Link
          UP BROADCAST RUNNING MULTICAST  MTU:1500  Metric:1
          RX packets:160 errors:0 dropped:0 overruns:0 frame:0
          TX packets:112 errors:0 dropped:0 overruns:0 carrier:0
          collisions:0 txqueuelen:1000
          RX bytes:45252 (45.2 KB)  TX bytes:21366 (21.3 KB)

          inet6 addr: ::1/128 Scope:Host
          UP LOOPBACK RUNNING  MTU:65536  Metric:1
          RX packets:1513 errors:0 dropped:0 overruns:0 frame:0
          TX packets:1513 errors:0 dropped:0 overruns:0 carrier:0
          collisions:0 txqueuelen:0
          RX bytes:146117 (146.1 KB)  TX bytes:146117 (146.1 KB)
```

그림 16.5 ifconfig의 실행화면.

(4) 원격 PC에서 터틀봇 노트북으로 ssh를 사용하여 접속한다. 여기에서 wlan0_inet_addr
는 터틀봇 노트북의 IP 주소를 나타낸다. 터틀봇 노트북에서 직접 작업을 한다면,
로컬호스트^{localhost}의 주소인 127.0.1을 IP 주소로 사용한다.

$ ssh turtlebot@(wlan0_inet_addr)

2) ROS 설치

다음 과정을 거쳐 ROS를 설치한다. 여기에서는 ROS Indigo 버전을 설치한다.
(참고 http://wiki.ros.org/indigo/Installation/Ubuntu)

(1) sources.list를 다음과 같이 생성한다.

$ sudo sh -c 'echo "deb http://packages.ros.org/ros/ubuntu
    $(lsb_release -sc) main" > /etc/apt/sources.list.d/ros-latest.list'

(2) key를 생성한다.

$ sudo apt-key adv --keyserver hkp://ha.pool.sks-keyservers.net —recv-key
421C365BD9FF1F717815A3895523BAEEB01FA116

(3) 패키지를 최신 버전으로 설치한다.

$ sudo apt-get update

(4) X server 관련 의존성 문제를 해결하기 위해 다음 패키지를 설치한다.

$ sudo apt-get install libgl1-mesa-dev-lts-utopic

(5) ROS를 설치하는데, Desktop-Full용을 설치한다. 이를 ROS, rqt, rviz, 로봇 관련
일반 라이브러리, 2차원/3차원 시뮬레이터 및 인식 패키지 등이 설치된다.

```
$ sudo apt-get install ros-indigo-desktop-full
```

(6) 나중에 소스 파일의 컴파일을 할 때 필요한 시스템 의존성을 쉽게 지정할 수 있도록
하기 위해, rosdep를 초기화한다.
```
$ sudo rosdep init
$ rosdep update
```

(7) ROS 환경변수를 .bashrc 파일에 추가한다.
```
$ echo "source /opt/ros/indigo/setup.bash" >> ~/.bashrc
$ source ~/.bashrc
```

(8) rosintall을 설치한다.
```
$ sudo apt-get install python-rosinstall
```

3) ROS Workspace 생성

workspace는 패키지를 수정하고, 빌드하고, 설치하는 폴더를 말한다.
(참고: http://wiki.ros.org/ROS/Tutorials/InstallingandConfiguringROSEnvironment)

(1) ROS를 시작한다.
```
$ source /opt/ros/indigo/setup.bash
```

(2) catkin workspace를 생성한다.
```
$ mkdir -p ~/catkin_ws/src
$ cd ~/catkin_ws/src
$ catkin_init_workspace
```

(3) cakin workspace를 빌드한다.
```
$ cd ~/catkin_ws/
$ catkin_make
```

(4) devel/setup.bash 파일을 실행한다.
```
$ source devel/setup.bash
```

(5) ROS 패키지 경로를 확인한다. 아래 경로로 설치되었다면, 제대로 설치된 것이다.
```
$ echo $ROS_PACKAGE_PATH
/home/{userID}/catkin_ws/src:/opt/ros/indigo/share:/opt/ros/indigo/stacks
```

4) turtlesim 실행

turtlesim 패키지는 ROS가 설치될 때 함께 설치되는데, ROS를 설치하고 제대로 설치되었는지 확인할 때 가장 먼저 사용하는 패키지이기도 한다. 다음 명령어를 별도의 터미널에서 실행한다.

```
$ roscore
$ rosrun turtlesim turtlesim_node
$ rosrun turtlesim turtle_teleop_key
```

turtle_teleop_key 터미널에 포커스를 주고 화살표를 누르면, [그림 16.6]의 화면의 거북이가 방향에 따라 움직인다.

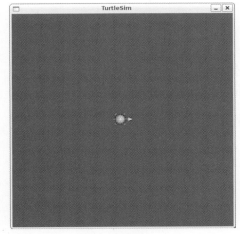

그림 16.6 **turtlesim 실행화면.**

turtlesim_node는 turtleX/pose라는 토픽을 발행하고 있으며, turtleX/cmd_vel이라는 토픽에 가입하고 있다. 서비스로는 clear, reset, kill, spawn, turtleX/set_pen, turtleX/teleport_absolute, turtleX/teleport_relative를 제공한다.
(참고: http://wiki.ros.org/ turtlesim)

16.4.2 Cob People Detection 패키지

cob_people_detection 패키지는 주변에 있는 사람의 얼굴을 찾아서 식별하는 역할을 한다. 여기에서는 이 패키지를 설치하고 사용하는 방법을 소개한다.
(참고 : wiki.ros.org/cob_people_detection)

(1) 패키지 설치

다음 명령어를 순서대로 실행한다. 경로명에 주의하여 설치한다.

```
$ cd ~/catkin_ws/src
$ git clone https://github.com/ipa-rmb/cob_people_perception.git
$ git clone https://github.com/ipa-rmb/cob_perception_common.git
$ cd ..
$ source devel/setup.bash
```

cakin_make를 실행한다.

```
$ catkin_make -DCMAKE_BUILD_TYPE="Release"
```

2) 패키지 실행

cob_people_detection 패키지를 실행하기 위해 다음 과정을 순서대로 실행한다. 터틀봇 노트북에 접속하여 Openni2 드라이버를 실행한다.

```
$ ssh -X turtlebot@(wlan0_inet_addr)
$ roslaunch openni2_launch openni2.launch
```

별도의 터미널을 띄워 cob_people_detection 서버를 실행한다.

```
$ cd ~/catkin_ws
$ source devel/setup.bash
$ roslaunch cob_people_detection people_detection.launch
```

별도의 터미널을 띄워 cob_people_detection 클라이언트를 실행한다.

```
$ cd ~/catkin_ws
    $ source devel/setup.bash
    $ rosrun cob_people_detection people_detection_client
```

```
turtlebot@turtlebot:~/catkin_ws$ source devel/setup.bash
turtlebot@turtlebot:~/catkin_ws$ rosrun cob_people_detection people_detection_client
Connected to servers.

Choose an option:
1 - capture face images
2 - update database labels
3 - delete database entries
4 - load recognition model (necessary if new images/persons were added to the database)
5 - activate/deactivate sensor message gateway
6 - get detections
q - Quit
```

그림 16.7 **cob_people_detection의 클라이언트 실행화면.**

16.4.3 Gmapping 패키지

Gmapping은 터틀봇이 이동하면서 자신의 위치를 확인하며 주변 지도를 만드는 SLAM^{simultaneous localization and mapping}을 하도록 하는 패키지이다. (참고: http://wiki.ros.org/turtlebot_navigation/Tutorials/indigo/Build%20a%20 map%20with%20SLAM, http://wiki.ros.org/turtlebot_navigation/Tutorials/indigo /Autonomously%20navigate%20in%20a%20known%20map).

다음 과정을 통해 Gmapping 패키지를 실행한다.

1) 터틀봇을 구동시킨다.

    $ roslaunch turtlebot_bringup minimal.launch

2) Gmapping 패키지를 실행한다.

    $ roslaunch turtlebot_navigation gmapping_demo.launch

3) Rviz를 실행한다.

    $ roslaunch turtlebot_rviz_launchers view_navigation.launch

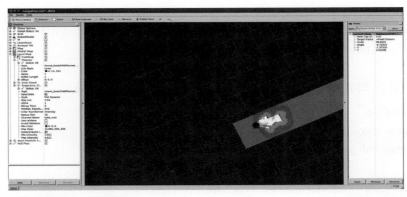

그림 16.8 Rviz 실행화면.

4) 저장된 지도를 사용하여 자동으로 길찾기를 한다.
   터틀봇 키보드로 방향 조정을 하기 위해 다음 패키지를 실행한다.

    $ roslaunch turtlebot_teleop keyboard_teleop.launch

   지도를 저장하고 나서 종료한다.

    $ rosrun map_server map_saver -f /tmp/my_map

5) 길찾기를 하기 위해 turtlebot_navigation 패키지를 실행한다.

```
$ roslaunch turtlebot_navigation amcl_demo.launch
```

6) 원격 PC에서 Rviz를 실행하여 저장된 지도를 확인할 수 있다.

```
$ roslaunch turtlebot_rviz_launchers view_navigation.launch
```

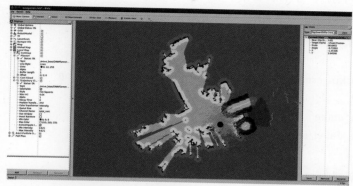

그림 16.9 **원격 PC에서 Rviz실행 화면.**

16.4.4 음성합성 패키지

음성을 합성하여 재생할 수 있는 TTS(text-to-speech) 패키지인 Libttspico 패키지를 ROS에서 제공한다. 이 패키지를 사용하기 위해서는 다음을 따른다.

1) libttspio를 설치한다.

```
$ sudo apt-get install libttspico*
```

2) alsa를 설치한다.

```
$ sudo apt-get install alsa-utils
```

3) TTS git을 clone한 catkin make 컴파일을 한다.

```
$ cd ~/catkin_ws/src/
$ git clone https://github.com/oroca/simple_speech.git
$ cd ..
$ catkin_make
```

4) 설치된 패키지를 다음과 같이 테스트해 본다.

```
$ pico2wave —wave test.wav "Hello World"
$ aplay test.wav
```

16.5 ROS 프로그래밍

16.5.1 토픽을 이용한 통신

여기에서는 토픽을 통해 데이터를 주고 받는 패키지를 만들어서 실행하는 과정을 살펴본다. 먼저 패키지를 생성한 다음, 발행자와 구독자 노드를 생성해야 한다. catkin_ws라는 workspace가 이미 만들어져 있다고 가정하고, 먼저 myPackage라는 이름으로 패키지를 다음 과정을 통해 생성한다.

```
~/catkin_ws/src$ catkin_create_pkg myPackage std_msgs rospy roscpp
~/catkin_ws/src$ cd ..
~/catkin_ws$ catkin_make
~/catkin_ws$ source devel/setup.bash
```

발행자 노드를 작성하기 위해 myPackage 패키지 폴더로 이동한다.

```
~/catkin_ws$ cd src
~/catkin_ws/src$ roscd myPackage
~/catkin_ws/src/myPackage$ cd src
~/catkin_ws/src/myPackage/src$ ls
CMakeLists.txt include package.xml   src
```

topic_publisher라는 파일 이름으로 발행자 노드를 [프로그램 16-1]과 같이 작성한다. 작성한 파이썬 파일을 실행할 수 있도록 실행권한을 변경한다.

```
~/catkin_ws/src/myPackage/src$ chmod +x topic_publisher.py
```

rosrun을 사용하여 myPackage 패키지에 만든 topic_publisher.py를 실행한다.

```
~/catkin_ws/src/myPackage/src$ rosrun myPackage topic_publisher.py
```

rostopic을 사용하여 counter라는 토픽이 제대로 동작하는지 확인한다.

```
~/catkin_ws/src/myPackage/src$ rostopic list
/counter
/rosout
/rosout_agg
```

위와 같이 /counter가 출력되면 성공적으로 발행자 topic_publisher.py가 토픽 counter를 통해 메시지를 발행하고 있는 것이다.

토픽 counter가 발행하고 있는 메시지를 확인하기 위해 다음과 같이 rostopic을 사용하여 메시지를 출력해 본다.

```
~/catkin_ws/src/myPackage/src$ rostopic echo counter -n 5
data: 81
---
data: 82
---
data: 83
```

위와 같이 메시지가 출력되면 정상적으로 동작하는 것이다.

이제 구독자 노드를 만들어보자. 발행자 노드를 생성할 때와 같은 과정을 따른다. 먼저 myPackage 패키지의 src 폴더로 이동한다.

```
~/catkin_ws$ roscd myPackage
~/catkin_ws/src/myPackage$ cd src
```

topic_subscriber라는 파일 이름으로 구독자 노드를 [프로그램 16-2]와 같이 작성한다. 작성한 파이썬 파일을 실행할 수 있도록 실행권한을 변경한다.

```
~/catkin_ws/src/myPackage/src$ chmod +x topic_subscriber.py
```

rosrun을 사용하여 myPackage 패키지에 만든 topic_subscriber.py를 실행한다.

```
~/catkin_ws/src/myPackage/src$ rosrun myPackage topic_subscriber.py
726
727
728
729
730
```

[프로그램 16-1]은 counter라는 이름으로 토픽을 등록하고, 토픽을 통해 2초마다 1씩 증가시키면서 정수값을 발행하는 노드를 정의한다. 1행은 파이썬 코드를 이라는 것을 알려주어서, 실행할 때 해당 인터프리터를 사용하도록 알려주는 역할을 한다. 7행은 counter라는

토픽을 등록하고, 정수^{Int32}를 메시지로 발행한다는 것을 알려준다. 9행은 토픽 발행을 2초마다 한다는 것을 지정한다. 13행은 토픽에 대한 메시지를 발행하고, 14행은 2초의 주기를 맞추기 위해 잠시 멈추는 것을 나타낸다.

프로그램 16-1. topic_publisher.py

```python
1.   #!/usr/bin/env python
2.   import roslib; roslib.load_manifest('myPackage')
3.   import rospy
4.
5.   from std_msgs.msg import Int32
6.   rospy.init_node('topic_publisher')
7.   pub = rospy.Publisher('counter', Int32)
8.
9.   rate = rospy.Rate(2)
10.
11.  count=0
12.  while not rospy.is_shutdown():
13.      pub.publish(count)
14.      count += 1
15.      rate.sleep()
```

[프로그램 16-2]는 구독자 노드의 프로그램이다. 10행은 counter 토픽에 가입을 하고, 메시지가 도착하면 callback함수를 호출하도록 등록한다. 11행의 rospy.spin()가 실행되면, ROS로 제어가 넘어갔다가 이 노드가 끝날 때가 되면 돌아오게 한다.

프로그램 16-2. topic_subscriber.py

```python
1.   #!/usr/bin/env python
2.   import roslib; roslib.load_manifest('myPackage')
3.   import rospy
4.   from std_msgs.msg import Int32
5.
6.   def callback(msg):
7.       print msg.data
8.
9.   rospy.init_node('topic_subscriber')
10.  sub = rospy.Subscriber('counter', Int32, callback)
11.  rospy.spin()
```

16.5.2 서비스를 이용한 통신

노드 간에 서비스를 사용하여 메시지를 전달할 때는 먼저 새로운 서비스의 입력과 출력을 정의한다.

먼저 서비스를 정의하는데, 대상 패키지 폴더로 이동한다. 여기에서는 myPackage에 만든다고 가정한다.

```
~/cakin_ws$ roscd myPackage
~/cakin_ws/src/myPackage$
```

srv 폴더를 해당 패키지 폴더 myPakage 안에 만든다.

```
~/catkin_ws/src/myPackage$ mkdir srv
```

이 때 ls 명령어를 사용하여 해당 폴더를 살펴보면 다음과 같다.

```
~/catkin_ws/src/myPackage$ ls
CMakeLists.txt include  package.xmll   src   srv
```

srv 폴더에서 [프로그림 16-3]과 같이 WordCount.sty 파일을 작성한다. 파일에서 대쉬^{dash} 3개(---)는 입력과 출력 부분을 구별하는 역할을 한다. 이 파일에서는 서비스의 입력은 문자열^{string}이고, 출력은 32비트 unsigned integer (uint32)라는 것을 선언한다.

프로그램 16-3. WordCount.stv

```
1.    string words
2.    ---
3.    uint32 count
```

cakin_make를 하기 전에 CMakeLists.txt 파일에서 다음과 같이 수정한다. 먼저 find_package를 찾아서 다음과 같이 수정한다.

```
find_package(catkin REQUIRED COMPONENTS
    roscpp
    rospy
    std_msgs
    message_generation
)
```

add_service_files를 찾아서 다음과 같이 주석이 없는 상태로 만든다.

```
## Generate services in the 'srv' folder
add_service_files (
    FILES
    WordCount.srv
)
```

generate_message를 찾아서 다음과 같이 주석이 없는 상태로 만든다.

```
generate_messages (
    DEPENDENCEIES
    std_msgs
)
```

Workspace의 상위 폴더에서 catkin_make를 실행한다.

```
~/catkin_ws$ catkin_make
```

위에서 선언한 서비스가 제대로 되었는지 rossrv 명령어를 사용하여 확인한다.

```
~/catkin_ws$ rossrv show WordCount
[myPackage/WordCount]:
string words
---
uint32 count
```

위와 같이 메시지가 출력되면, 성공한 것이다.

이제 선언한 서비스를 구현해야 한다. 패키지 myPackage의 src 폴더로 이동하여 다음 [프로그램 16-4]의 service_server.py 파일을 생성한다.

프로그램 16-4. service_server.py

```
1.    #!/usr/bin/env python
2.
3.    import roslib; roslib.load_manifest('myPackage')
4.    import rospy
5.    from myPackage.srv import WordCount, WordCountResponse
6.
```

```
7.    def count_words(request):
8.        return WordCountResponse(len(request.words.split()))
9.
10.   rospy.init_node('service_server')
11.   service = rospy.Service('word_count', WordCount, count_words)
12.   rospy.spin()
```

작성한 파일에 실행권한을 부여한다.

~/catkin_ws/src/myPackage/src$ chmod +x service_server.py

roscore를 실행한 다음, service_server.py를 실행한다.

~$ roscore
~$ rosrun myPackage service_server.py

rosservice 명령어를 실행하여, 아래와 같은 메시지가 나오는지 확인한다.

~$ rosservice list
/rosout/get_loggers
/rosout/get_logger_level
/service_server/get_loggers
/service_server/set_logger_level
/word_count

rosservice infor를 사용하여 word_count 서비스의 정보를 확인할 수 있다.

~$ rosservice infor word_count
Node: /service_server
URI: rosrpc://localhost:50864
Type: myPackage/WordCount
Args: words

서비스에서 사용되는 콜백^{callback} 함수에서는 다양한 자료형을 반환할 수 있다. 다음 예는 각각 정수, 배열, 사전^{dictionary} 자료형을 반환한다.

```
def count_words(request):
    return len(request.words.split())
def count_words(request):
```

```
        return [len(request.words.split())]

    def count_words(request):
        return {'count': len(request.words.split())}
```

서비스는 rosservice all 명령어를 이용하여 실행할 수 있다. 다음은 앞에서 정의한 word_count 서비스를 'one two three'라는 입력을 주어 호출하고, 결과를 받는 것을 보인 것이다.

```
~$ rosservice call word_count 'one two three'
count: 3
```

서비스는 [프로그램 16-5]와 같이 프로그램에서 호출하여 사용할 수 도 있다.

프로그램 16-5. service_client.py

```
1.   #!/usr/bin/env python
2.
3.   import roslib; roslib.load_manifest('myPackage')
4.   import rospy
5.   from myPackage.srv import WordCount
6.   import sys
7.
8.   rospy.init_node('service_client')
9.   rospy.wait_for_service('word_count')
10.
11.  word_counter = rospy.ServiceProxy('word_count', WordCount)
12.  words = ' '.join(sys.argv[1:])
13.  word_count = word_counter(words)
14.  print words, '->', word_count.count
```

작성한 파일에 실행권한을 부여한다.

```
~/catkin_ws/src/myPackage/src$ chmod +x service_client.py
```

roscore를 실행한 다음, service_client.py를 실행한다.

```
~$ roscore
~$ rosrun myPackage service_client.py there are some words
there are some words -> 4
```

1. ROS를 설치하고 cob people detection 패키지를 설치하고 실행해 보시오.

2. Gmapping 패키지를 사용하여 이동로봇이 주변환경에 대한 지도를 작성하도록 하시오.

3. 음성합성 패키지를 사용하여 테스트를 음성으로 변환해 보시오.

4. [프로그램 16-1]과 [프로그램 16-2]의 코드를 사용하여 발행자와 구독자 노드를 직접 생성하고 실행해 보시오.

5. [프로그램 16-4]과 [프로그램 16-5]의 코드를 사용하여 입력으로 주어진 문자열의 문자 개수를 반환하는 서비스를 정의하고 실행해 보시오.

부록 A

확률이론

확률이론

논리학에서는 '참'과 '거짓'이 분명한 지식을 표현하고 이에 대한 추론을 한다. 그런데 실제 데이터나 지식에는 이처럼 분명하게 참 또는 거짓으로 말할 수 없는 불확실한 것들이 많다. 불확실한 것을 다루는 대표적인 이론이 확률^{probability, 確率}이다. 특히 기계학습에서는 확률에 기반한 다양한 기법들이 개발되어 많은 문제에 적용되고 있다. 여기에서는 기본적인 확률 이론에 대해서 소개한다.

A.1 불확실성과 확률

문제 해결이나 의사결정을 할 때 마주치게 되는 불확실성^{uncertainty, 不確實性}은 다양한 원인에서 비롯된다. 첫째, 관측이나 측정에 오류가 있어서 데이터가 부정확하여 생기는 불확실성이다. 센서와 같은 장치를 사용한 관측이나 측정에도 오류가 있지만, 사람이 주관적으로 평가하거나 측정하는 경우에는 불확실성이 커질 수밖에 없다. 둘째, 대상 자체의 행동 특성이 불확정적이어서 생기는 불확실성이다. 예를 들면, 로봇 바퀴가 일정 회전을 하도록 하여도 바닥의 재질이나 경사 등의 차이 때문에 실제 이동 거리는 일정하지 않을 수 있다. 셋째, 관심 대상의 특성을 충분히 파악하지 못하여 대상을 근사시켜 표현할 수밖에 없는 상황에서의 불확실성이다. 전문가들의 경험에 의한 지식은 대상의 행동을 수학적으로 정확하게 모델링하여 분석한 결과라기보다는 경험을 통해 직관적으로 얻은 것으로 불확실성을 내포하고 있다. 넷째, 실제 대상의 행동을 정확하게 표현하고 분석할 수 있는 경우라도 이러한 표현과 처리가 너무 복잡하고 비용이 많이 드는 경우에는 효율성을 위해 어떤 부분은 불확실하게 표현하여 사용하는데, 이와 같이 의도된 불확실성도 있다.

위에서 언급한 불확실성은 많은 실제 인공지능 문제에서 발생한다. 그래서 불확실한 데이터의 처리, 불확실한 행동 특성을 갖는 대상의 표현 및 행동 추정, 불확실한 지식의 표현 및 추출과 활용 등에 관한 지능적인 처리 방법들을 인공지능 분야에서 활발히 연구하고 있다. 이러한 불확실성은 주로 확률에 기반하여 표현되고 처리된다. 먼저 기본적인 확률 이론에 대해서 살펴보자.

확률은 일상에서 흔히 사용하는 단어이다. '주사위를 던질 때 짝수가 나올 확률은 50%이다' 라고 하거나 일기예보에서 '내일 비가 올 확률은 50%이다'라고 한다. 두 경우 모두 불확실한 상황을 나타내고 있지만 확률의 의미적인 측면에서 차이가 있다. 주사위를 던질 때 짝수가 나올 확률은 주사위 던지는 실험을 반복할 때, 전체 실험횟수 중에 짝수가 나오는 상대적인 비율을 말한다. 이와 같이 상대적 빈도로 확률을 해석하는 것을 상대빈도 확률^{relative frequency probability} 또는 빈도주의자 확률^{frequentist probability}이라고 한다. 일기예보에서 비올 확률은 다양한 기상관측 데이터의 분석결과, 기상학적 지식, 기상모델의 시뮬레이션 결과, 기상 분석자의 경험적 지식 등을 결합한 결과이다. 반복실험의 상대적 빈도를 나타낸 것이 아닌 이와 같은 확률은 확신 또는 믿음의 정도^{degree of belief}를 나타내는 확률로서 주관적 확률^{subjective probability}이라고 한다. 일반적으로 확률을 이야기할 때 상대빈도 확률인지 주관적 확률인지 무관심하지만, 지식처리나 기계학습의 경우에는 주관적 확률의 의미로 확률이 주로 사용된다.

A.1.1 확률의 정의

확률의 정의에서부터 확률의 기본적인 개념에 대해서 우선 살펴보자. 확률은 어떤 사건이 일어날 가능성을 값으로 나타낸 것이다. 확률을 수학적으로 정의하기 위해서는 확률실험, 표본공간, 사건, 상호배반사건 등의 개념을 먼저 이야기해야 한다. 확률실험^{random experiment}은 어떤 실험 또는 수행의 결과가 정해져 있지 않고 확률적으로 변하는 실험을 말한다. 표본공간^{sample space, 標本空間}은 확률실험을 통해 관찰될 수 있는 가능한 모든 실험들의 집합이다. 사건^{event}은 표본공간의 부분집합으로 관심있는 실험결과의 집합이다. 상호배반사건^{mutually exclusive event, 相互背反事件}은 두 사건의 교집합이 공집합인 사건들이다. 즉, 두 사건 A와 B에 대해 $A \cap B = \varnothing$이면, 이들 사건은 상호배반사건이다. 주사위를 던지는 것을 예를 들어 이들 개념을 구체적으로 살펴보자. 주사위를 던져서 윗면의 눈의 개수를 확인하는 것이 확률실험에 해당한다. 이때 윗면의 눈이 나오는 실험결과들의 전체 집합, 숫자로 나타낸다면 {1, 2, 3, 4, 5, 6}이 표본공간이 된다. 실험에서 짝수값이 나온 것들에 관심이 있다면, {2, 4, 6}이 사건이 된다. 홀수 눈이 나오는 사건 {1, 3, 5}와 짝수 눈이 나오는 사건 {2, 4, 6}은 공통된 부분을 포함하지 않기 때문에 상호배반사건이다.

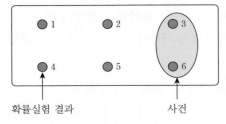

표본 공간 S

확률실험 결과　　　　　　　사건

그림 A.1 **표본집합과 사건의 관계.**
표본집합은 확률실험의 결과들의 전체 집합이고, 사건은 관심있는 표본집합의 부분집합이다.

사건에 대해서 확률이 정의되는데 수학적으로 다음과 같이 정의된다. 확률 P는 표본공간 S의 부분집합인 사건 A을 0이상의 실수 $P(A)$로 사상하는 함수로서 다음 성질을 만족하는 것이다.

$$P: A \rightarrow [0,1] \text{여기에서 } A \subset S \tag{A.1}$$
$$① \ 0 \le P(A) \le 1$$
$$② \ P(S) = 1$$
$$③ \ P(\varnothing) = 0$$
$$④ \ \text{상호배반사건 } A \text{와 } B \text{에 대해 } P(A \cup B) = P(A) + P(B)$$
$$⑤ \ A \subset B \text{이면, } P(A) \le P(B)$$

전혀 일어날 수 없거나 일어날 수 없을 사건이라고 믿는 것의 확률을 0으로 나타내고, 항상 일어나거나 일어날 것이라고 확신하는 사건의 확률을 1로 나타낸다. 확률이 커질수록 일어날 가능성 또는 확신이 커지는 것을 의미한다. 확률실험의 각 결과가 발생할 가능성이 일정하다면, 상대빈도 확률 관점에서 사건 A의 확률은 다음과 같이 정의된다.

$$P(A) = \frac{|A|}{|S|} \tag{A.2}$$

여기에서 $|A|$은 집합 A의 원소개수를 나타낸다. 주사위 던지기에서 짝수 눈이 나오는 사건을 A로 한다면, 즉 $A = \{2,4,6\}$이고 $S = \{1,2,3,4,5,6\}$이기 때문에 사건 A의 확률은 $P(A) = |A|/|S| = 3/6 = 0.5$이다.

확률실험에서 각 실험결과가 나올 확률이 다르다면, 확률은 확률실험을 반복했을 때 사건이 발생하는 상대빈도로 다음과 같이 정의된다.

$$P(A) = \lim_{n \to \infty} \frac{N_A(n)}{n} \tag{A.3}$$

여기에서 n은 확률실험의 횟수를 나타내고, $N_A(n)$은 n번의 확률실험 중에서 사건 A에 속하는 것이 발생한 횟수를 나타낸다. 극한$^{\text{lim, 極限}}$을 사용해 정의된 이 확률은 실험을 무수히 반복할 때 사건이 일어나나는 상대빈도를 의미한다.

수학적인 정의에서는 이와 같이 특정 성질을 만족하는 함수 또는 확률실험의 상대빈도로 정의된다. 그렇지만 이미 언급한 것과 같이 인공지능의 지식표현이나 기계학습 등에서는 확률이 확인이나 믿음의 정도를 나타내는 의미의 주관적 확률을 나타낸다. 믿음의 정도를 나타내는 확률도 (식 A.1)의 성질을 당연히 만족해야 한다.

문제 구부러진 동전을 100번 던지는 실험을 100번 하였더니, 앞면이 31번나오고 뒷면이 69번나 왔다고 하자. 이 동전이 앞면이 나올 확률과 뒷면이 나올 확률을 상대빈도 관점에서 계산해 보자.

풀이 무수히 많은 실험을 한 것은 아니지만, 식 (6.3)을 사용하여 근사하여 나타내면 앞면 (H, head)이 나올 확률은 $P(H) = 31/100 = 0.31$이고, 뒷면(T, tail)이 나올 확률은 $P(T) = 69/100 = 0.69$이다.

A.1.2 결합 확률과 조건부 확률

여러 사건의 관계를 바탕으로 정의된 개념으로 결합 확률, 조건부 확률 등이 있다. 결합 확률$^{\text{joint probability, 結合 確率}}$은 여러 사건이 동시에 일어날 확률을 나타낸다. 두 사건 A와 B의 결합 확률은 $P(A, B)$는 사건 A와 B가 동시에 일어날 확률을 의미한다. 결합 확률 $P(A, B)$는 $P(A \cap B)$ 또는 $P(AB)$로 나타내기도 한다. 예를 들어 사건 A가 주사위 눈이 홀수일 사건, $A = \{1,3,5\}$이라고 하고, 사건 B가 주사위 눈이 3의 배수인 사건, $B = \{3,6\}$ 이라고 하자. 이때 사건 A와 B의 결합 확률 $P(A, B)$는 A와 B가 동시에 일어나는 사건이므로 $\{6\}$의 사건에 대한 확률이 된다. 따라서 $P(A, B)$는 주사위 눈이 6이 나올 확률이 되어 $P(A, B) = 1/6$이 된다.

확률실험은 하나의 주사위를 두번 던지기, 주사위 하나와 동전 하나를 함께 던지기와 같이 복합적으로 구성될 수도 있다. 이러한 확률실험에서는 더 흥미로운 결합 확률을 이야기할 수 있다. 첫 번째 주사위의 눈이 짝수가 나오는 것을 사건 A로 하고, 두 번째 주사위는 홀수가 나오는 사건을 B로 하면, 결합 확률 $P(A, B)$는 첫 번째 주사위는 짝수가 나오고 두 번째 주사위는 홀수가 나올 확률을 의미하게 된다. 이 결합 확률을 계산하기 위해 나올 수 있는 모든 확률실험 결과들, 표본공간을 다음과 같이 표현해 보자.

$$(1,1) \quad (1,2) \quad (1,3) \quad (1,4) \quad (1,5) \quad (1,6)$$
$$(2,1) \quad (2,2) \quad (2,3) \quad (2,4) \quad (2,5) \quad (2,6)$$
$$(3,1) \quad (3,2) \quad (3,3) \quad (3,4) \quad (3,5) \quad (3,6)$$
$$(4,1) \quad (4,2) \quad (4,3) \quad (4,4) \quad (4,5) \quad (4,6)$$
$$(5,1) \quad (5,2) \quad (5,3) \quad (5,4) \quad (5,5) \quad (5,6)$$
$$(6,1) \quad (6,2) \quad (6,3) \quad (6,4) \quad (6,5) \quad (6,6)$$

그림 A.2 **주사위를 두 번 던지는 경우 나올 수 있는 확률실험 결과.**

주사위를 두 번 던지는 확률실험에서의 표본공간의 크기는 [그림 A.2]에서 보는 바와 같이 36이고, 첫 번째 주사위가 짝수이면서 두 번째 주사위가 홀수인 경우의 수는 9이다. 따라서 $P(A, B) = 9/36 = 0.25$이다.

문제

어떤 역학조사(특정집단에 대해서 어떤 요인이 질환에 미치는 영향을 조사하는 것)에서 흡연 여부와 암 유병율(집단 내의 환자수)을 조사하였더니 [표 A.1]과 같았다고 한다. 이때 흡연하는 사람일 사건을 A로 나타내고, 암환자일 사건을 B로 나타날 때, 결합 확률 $P(A, B)$를 계산해보자.

표 A.1 **흡연여부와 암 유병율의 역학조사 결과**

	비 흡연	흡연	합계 (명)
정상인	40	10	50
암환자	7	3	10
합계 (명)	47	13	60

풀이

전체 집단의 사람수는 60명이고, 흡연자이면서 암환자인 사람은 3명이므로,
$P(A, B) = 3/60 = 0.05$ 이다.

조건부 확률conditional probability, 條件附 確率은 어떤 사건 B가 이미 관찰되었다는 조건하에서 다른 사건 A가 일어날 확률이다. 사건 B가 일어나는 조건하에서 사건 A가 일어나는 조건

부 확률은 $P(A|B)$로 표기한다. $P(A|B)$는 'B가 주어질 때 A의 확률' 또는 영어로 'P of A given B'라고 읽는다. 벤 다이어그램^{Venn Diagram}을 사용하여 $P(A|B)$를 나타내면 [그림 5.3]와 같다. 즉, 사건 B가 일어나는 확률 $P(B)$에 대한 사건 A와 B가 동시에 일어나는 확률 $P(A, B)$로 다음과 같이 표현된다.

$$P(A|B) = \frac{P(A,B)}{P(B)} = \frac{P(A \cap B)}{P(B)} \tag{A.4}$$

단, 여기에서 $P(B) > 0$ 이어야 한다.

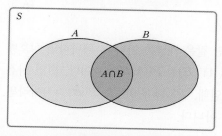

그림 A.3 **조건부 확률 $P(A|B)$와 표본공간 S, 사건 A, B, $A \cap B$의 관계.**

$P(A|B)$는 사건 B가 일어나는 경우들 중에서 A가 일어나는 확률을 의미한다. 예를 들어, 첫 번째 주사위의 눈이 짝수인 사건을 A라고 하고, 두 번째 주사위의 눈이 3의 배수일 사건을 B라고 할 때, 조건부 확률 $P(A|B)$는 [그림 A.1]에서 보는 바와 같이 B가 일어나는 경우의 수은 12이고, A와 B가 동시에 일어나는 경우의 수는 6이므로, $P(A|B) = 6/12 = 0.5$이다.

문제 [표 A.1]의 역학조사 데이터에서 암환자일 사건을 A로 하고, 비흡연자일 사건을 B로 할 때, 비흡연자중에서 암환자일 확률 즉, 조건부 확률 $P(A|B)$를 계산해 보자.

표 A.2 **흡연여부와 암 유병율의 역학조사 결과**

	비 흡연	흡연	합계 (명)
정상인	40	10	50
암환자	7	3	10
합계 (명)	47	13	60

풀이 전체 중에서 비흡연자일 확률 $P(B)$는 60명중 47명의 비가 되기 때문에 $P(B) = 47/60$ 이다. 비흡연자이면서 암환자인 사람은 7명이므로, $P(A, B) = 7/60$이다.

따라서 $P(A|B) = P(A, B)/P(B) = (7/60)/(47/60) = 7/47 = 0.149$이다.

또는 경우의 수의 비를 사용하여 비흡연자의 경우의 수는 47이고, 비흡연자이면서 암환자인 경우의 수가 7이기 때문에, $P(A|B) = 7/47 = 0.149$로 계산할 수도 있다.

두 사건 A와 B가 다음 조건을 만족하면, 두 사건은 독립independent, 獨立이라고 한다.

$$P(A, B) = P(A)P(B) \tag{A.5}$$

이미 설명한 상호배반사건과 독립은 비슷해 보이지만 같은 개념은 아니다. 왜냐하면 상호배반사건 A와 B의 경우 $A \cap B = \varnothing$이기 때문에, $P(A \cap B) = P(A, B) = 0$이다. 반면 사건 A와 B가 서로 독립이면 $P(A, B) = P(A)P(B)$인데, $P(A) > 0$이고 $P(B) > 0$이라면 $P(A, B) > 0$가 되어, A와 B는 상호배반사건이 아니다.

독립인 두 사건 A와 B에 대해서는 조건부 확률 $P(A|B)$가 다음과 같은 관계를 만족한다.

$$P(A|B) = P(A) \tag{A.6}$$

왜냐하면 $P(A|B) = P(A, B)/P(B) = P(A)P(B)/P(B) = P(A)$이기 때문이다.

두 개의 사건들에 대한 독립을 n개로 확장하여, 사건 A_1, A_2, $\cdots$, A_n이 다음 조건을 만족하면 이 사건들이 상호독립mutually independent이라고 한다.

$$P(A_1, A_2, \cdots, A_n) = P(A_1)P(A_2) \cdots A(A_n) \tag{A.7}$$

A.2 베이즈 정리

A.2.1 베이즈 정리

베이즈 정리Bayesian theorem는 확률기반 기계학습에서 가장 중요한 개념이며 성질이다. 베이즈 정리는 두 사건 A, B에 대해서 다음의 성질이 성립한다는 것을 나타낸다.

$$P(A|B) = \frac{P(B|A)P(A)}{P(B)} \tag{A.8}$$

베이즈 정리는 조건부 확률의 정의를 이용하여 다음과 같이 유도될 수 있다.

$$P(A|B) = \frac{P(A,B)}{P(B)} = \frac{P(B|A)P(A)}{P(B)}$$

예를 들어 베이즈 정리의 식이 나타내는 바를 살펴보자. 주사위를 던져 짝수 눈이 나오는 사건을 A라 하고, 주사위를 던져 3의 배수가 나오는 사건을 B라 하자. 제대로 된 주사위라면 주사위를 던져 짝수가 나올 확률은 얼마일까. 확률실험을 해보지 않고 우리가 줄 수 있는 확률은 0.5가 타당할 것이다. 즉, $P(A) = 1/2$이다. 이렇게 실제 데이터를 관측하지 않고 주는 확률, 믿음의 정도를 사전事前 확률 또는 선험先驗 확률prior probability이라고 한다. 주사위를 던져 3의 배수가 나올 확률은 기본적으로 $P(B) = 1/3$이다. 그런데 주사위를 던지는 실험을 통해 주사위의 눈이 짝수가 나온 것들 중에 3의 배수가 나온 것의 확률 $P(B|A)$가 2/3이었다고 하자. 이렇게 특정 조건에서의 어떤 사건의 확률을 나타내는 조건부 확률을 가능도可能度 또는 우도尤度, likelihood라고 한다. 이러한 정보를 가지고 있을 때 베이즈 정리를 사용하여 $P(A|B)$를 계산해 보면 다음과 같이 2/3이다.

$$P(A|B) = \frac{P(B|A)P(A)}{P(B)} = \frac{2/3 \cdot 1/2}{1/2} = 2/3$$

처음에 A에 대한 사전확률로 1/2를 주었지만, B가 주어질 때 A의 가능도 정보가 주어지면 베이즈 정리에 의해서, B에 대한 정보가 있을 때 A의 확률 $P(A|B)$가 2/3으로 커졌다. 이와 같이 $P(A|B) = 2/3$이라는 정보가 있다면 주사위를 던져 짝수가 나올 확률이 1/2보다 크다고 할 수 있다. 가능도와 사전확률을 사용하여 계산된 $P(A|B)$를 사후事後 확률 또는 후험後驗 확률posterior probability이라고 한다.

그림 A.4 **토마스 베이즈**(Thomas Bayes, 1701–1761).

영국 개신교 목사이면서 통계학자로, 사후에 출판된 '확률론의 한 문제에 대한 에세이'(An Essay towards solving a Problem in the Doctrine of Chances)에서 베이즈 정리의 특별한 상황에 대해서 언급했다. 나중에 연구자들에 의해서 일반화된 상황의 정리에 베이즈 정리라는 이름에 붙였다. 베이즈 정리는 현대 통계학과 확률적 기계학습의 바탕을 이루는 중요 이론 역할을 하고 있다.

베이즈 확률을 적용할 때 분모에 해당하는 $P(B)$가 직접 주어지지 않는 경우가 있다. 이때는 조건부 확률 $P(B|A)$를 이용하여 다음과 같이 계산할 수 있다. 여기에서는 사건 A가 일어나는 조건에서의 B의 조건부 확률 $P(B|A)$와 사건 A가 일어나지 않는 조건에서의 B의 조건부 확률 $P(B|A^c)$가 주어진다고 가정한다.

$$P(B) = P(A, B) + P(A^c, B) = P(B|A)P(A) + P(B|A^c)P(A^c) \tag{A.9}$$

사건 $A_1, A_2, \cdots, A_n$이 서로 상호배반이고, $A_1 \cup A_2 \cup \cdots \cup A_n = S$가 성립하면, 사건 B에 대한 사건 A_i의 조건부 확률 $P(A_i|B)$는 베이즈 정리를 사용하여 다음과 같이 계산할 수 있다.

$$P(A_i|B) = \frac{P(B|A_i)P(A_i)}{P(B)} = \frac{P(B|A_i)P(A_i)}{\sum_i P(B|A_i)P(A_i)} \tag{A.10}$$

문제 여성 1000명 중에 1명 정도로 어떤 암이 발생한다고 하자. 이 암을 조기진단하는 진단키트가 있는데, 암이 있는 경우 99%의 확률로 진단키드에 양성 반응이 나오고, 암이 없는 경우에는 95%의 확률로 진단키트에 음성반응이 나온다고 한다. 진단키트를 사용하여 양산반응이 나왔을 때 실제 암으로 판정될 확률을 계산하시오.

풀이 암이 있을 사건은 C, 암이 없을 사건은 $\neg C$로 나타내고, 진단키트의 양성반응은 Pos, 음성반응은 Neg로 나타내자. 여성 0.001의 확률로 해당 암이 있기 때문에 다음과 같이 사전 확률을 표현할 수 있다.

$$P(C) = 0.001 \qquad\qquad P(\neg C) = 0.999$$

암이 있을 때 양성반응이 나타날 확률이 0.99이므로 다음과 같은 가능도를 표현할 수 있다.

$$P(Pos|C) = 0.99 \qquad\qquad P(Neg|C) = 0.99$$

암이 없을 때 음성반응이 나타날 확률이 0.95이므로 이에 대한 가능도는 다음과 같이 표현할 수 있다.

$$P(Pos|\neg C) = 0.05 \qquad\qquad P(Neg|\neg C) = 0.95$$

진단키트가 양성반응을 보일 때 실제 암일 확률은 $P(C|Pos)$에 해당한다. 베이즈 정리를 사용하여 다음과 같이 $P(C|Pos)$를 계산한다.

$$P(C|Pos) = \frac{P(Pos|C) \cdot P(C)}{P(Pos|C) \cdot P(C) + P(Pos|\neg C) \cdot P(\neg C)}$$

$$= \frac{0.001 \cdot 0.99}{0.001 \cdot 0.99 + 0.05 \cdot 0.999}$$

$$= 0.02$$

암 진단키트가 양상반응을 보이더라도 실제 암이 있을 확률은 2%에 불과하다는 것을 보여준다. 위와 같은 정확도의 진단키드에서 양성반응이 나와도 너무 놀랄 필요가 없다.

A.2.2 베이즈 정리의 의미

베이즈 정리는 확률간의 간단한 관계를 나타내는 식이지만, 여러 가지 의미로 해석될 수 있으며 확률적 기계학습의 핵심 철학을 내포하고 있다.

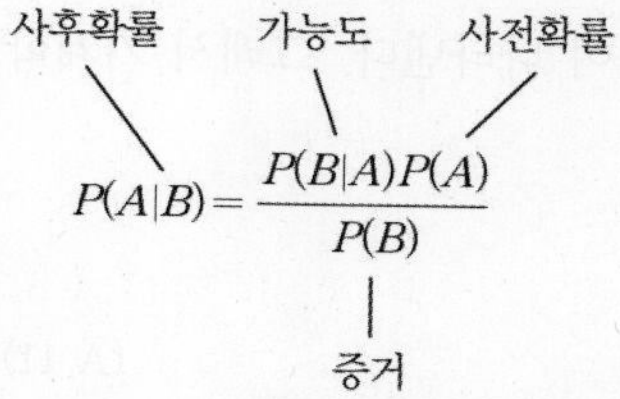

그림 A.5 **베이즈 정리의 구성요소.**

[그림 A.5]와 같이 베이즈 정리를 사용하면 사전확률과 가능도 정보를 사용하여 사후확률을 계산할 수 있다. 베이즈 정리를 이용하면, 처음에는 어떤 사건 또는 사실에 대해서 주관적인 믿음의 정도에 해당하는 확률 정보가 가지고 있다가, 가능도 정보가 추가적으로 주어질 때 더 신뢰도가 높은 확률값을 사후확률로 얻을 수 있음을 의미한다. 이 때 사건 A와 B를 어떻게 지정하는가에 따라 베이즈 정리는 다른 의미로 해석될 수 있다. 베이즈 정리의 의미를 크게 네가지 상황에서 생각해 볼 수 있다.

첫째, 증거^{evidence}에 따른 가설^{hypothesis}의 정확도를 계산하는 경우로서, A를 가설로 간주하고 B를 증거로 간주하는 상황이다. 처음에는 가설 A에 대한 사전확률 정보만 있지만, 증거 B가 주어짐에 따라 정확도가 개선된 가설 A에 대한 사후확률 $P(A|B)$를 베이즈 정리로 계산할 수 있다는 것을 의미한다. 즉, 다음 확률의 계산이 가능하다는 의미이다.

$$P(\text{가설} \mid \text{증거})$$

둘째, 증상^{symptom}을 보고 원인^{cause}을 추정하는 진단^{diagnosis}을 하는 경우로서, A를 원인으로 간주하고 B를 증상들로 간주하는 상황이다. 사전확률 $P(A)$은 고장이나 질환이 생겼을 때 다른 정보가 없는 상태에서 A가 원인일 확률을 나타낸다. 가능도 $P(B|A)$는 A가 원인일 때 B의 증상이 나타날 확률이 되고, 사후확률 $P(A|B)$는 B의 증상이 나타날 때 원인이 A라고 판정할 확신도에 해당한다. 이와 같은 상황에서 베이즈 정리는 다음 확률을 계산할 수 있게 한다.

$$P(\text{원인} \mid \text{증상})$$

셋째, 기계학습에 적용하는 경우로서, B는 학습데이터에 대응하고 A는 기계학습을 통해 선택될 모델^{model}에 대응하도록 하는 상황이다. 학습데이터를 효과적으로 나타내는 모델을 결정하는 것은 기계학습의 핵심 작업이다. 학습데이터를 나타내는 모델이 파라미터^{parameter}에 의해 표현되는 경우가 많다. 예를 들면, 가우시안 분포로 표현되는 모델은 평균과 분산에 대한 파라미터로 모델의 형태가 결정된다. 기계학습에서는 학습데이터를 나타내기 위해 보통 D를 사용하고, 모델은 파라미터에 해당하는 θ를 사용하여 나타낸다. 그래서 기계학습에서는 베이즈 정리가 일반적으로 다음과 같이 표현된다.

$$P(\theta \mid D) = \frac{P(D \mid \theta)P(\theta)}{P(D)} \tag{A.11}$$

즉, 베이즈 정리는 기계학습에서 다음 확률을 계산하는데 사용될 수 있다.

$$P\ (모델의\ 파라미터\ |\ 학습\ 데이터)$$

기계학습에서 베이즈 정리는 학습데이터를 나타내는 패턴에 하는 모델의 형태를 결정하는 파라미터를 찾는데 기본적인 이론이 된다. 모델의 가능한 모든 파라미터 θ에 대한 사전확률을 동일하게 간주할지 말지에 따라, θ를 하나의 값으로 표현할지 또는 분포로 표현할지에 따라, 베이즈 정리에 기반한 기계학습 방법이 최대 가능도 추정$^{\text{maximum likelihood estimation,}}$, ^{ML}, 최대 사후확률 추정$^{\text{maximum a posteriori estimation, MAP}}$, 그리고 베이지안 추정$^{\text{Bayesian estimation}}$ 등으로 구별된다.

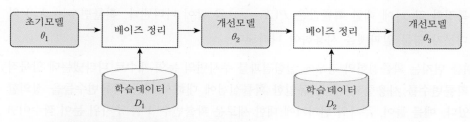

그림 A.6 **베이즈 정리를 이용한 점진적 기계학습.**

넷째, 베이즈 정리는 점진적 기계학습$^{\text{incremental machine learning}}$을 가능하게 하는 틀을 제공한다. 기계학습에서 베이즈 정리는 모델의 파라미터에 대한 사전확률과 학습데이터를 사용하여 모델의 파라미터에 대한 개선된 사후확률을 결정하는 역할을 한다. 그런데 모델 파라미터에 대한 사후확률을 가지고 있는 상태에서 추가적인 학습 데이터가 주어지면, [그림 A.6]과 같이 이미 가지고 있는 사후확률을 사전확률로 간주하고 베이즈 정리를 추가된 학습데이터에 대해서 적용하여 보다 개선된 확률정보를 얻을 수 있다. 즉, 이미 학습된 결과에 추가적인 학습데이터가 주어지면 개선된 학습 결과를 만들어내는 점진적인 기계학습에 대한 이론적 근거를 베이즈 정리가 제공한다.

A.3 확률변수와 확률분포

동전을 던지는 확률실험의 결과는 앞면, 뒷면이고, 주사위를 던지는 확률실험의 결과는 주사위 면의 모양이다. 이러한 확률실험의 결과에 대한 확률값들을 모두 표현하거나, 많은 반복실험 결과에 대한 평균적인 특성 또는 변화량 등을 나타낼 필요가 있을 때도 있다.

확률실험 결과들의 확률값을 표현할 때, 분포를 나타내는 그래프를 사용하면 시각화되어 표현되기 때문에 쉽게 이해할 수 있다. 확률실험 결과들이 수치값처럼 순서를 가지고 있으면 분포그래프에 자연스럽게 순서대로 배치할 수 있어 편리하다. 또한 실험결과들에 대한 요약정보를 평균, 분산 등의 통계량$^{statistic, 統計量}$으로 표현할 수 있으면 편리한데, 이를 위해서는 확률실험 결과가 수치값이어야 한다. 이러한 이유로 확률 이론에서는 확률실험의 각 결과에 수치값을 대응시켜서 표현하는데, 이때 확률실험 결과를 실수값으로 대응시키는 함수를 확률변수$^{random\ variable, 確率變數}$라고 한다.

동전 던지는 확률실험에 대해 앞면이면 1, 뒷면이면 0이 되도록 확률변수 X를 정의할 수 있다. 원래 확률변수는 함수이기 때문에, 확률변수를 사용하여 앞면일 확률을 표현할 때는 $P(X(앞면))$이라고 써야 하지만, 일반적으로 $P(X=1)$과 같이 쓴다. 즉, 확률변수 X의 특정한 값 x_i에 대한 확률값은 $P(X=x_i)$와 같이 나타낸다. 확률변수는 X, Y와 같은 대문자 영문 알파벳을 사용하여 나타낸다.

주사위를 던지는 확률실험의 경우에 실험결과를 주사면의 눈의 개수로 나타냈는데 암묵적으로 확률변수를 사용한 것이다. 동일한 확률실험에 대해서 다른 확률변수들을 정의할 수도 있다. 예를 들어, 주사위 던지기에 대한 새로운 확률변수 Y를 주사위 눈이 짝수이면 0, 홀수이면 1이 되도록 정의할 수도 있다.

동전 던지기나 주사위 던지기처럼 실험결과의 개수가 정해져 있는 확률변수를 이산 확률변수$^{discrete\ random\ variable}$라고 한다. 몸무게, 온도 등과 같이 연속된 실수 값을 갖는 확률변수는 연속 확률변수$^{continuous\ random\ variable}$라고 한다.

문제 동전 두 개를 던져서 앞면이 개수를 값으로 하는 확률변수 X를 정의해보자.

풀이 동전의 앞면을 H로, 뒷면을 T로 나타내자. 두 동전을 던지는 경우 나올 수 있는 결과는 $HH,\ HT,\ TH,\ TT$이다. 이에 대한 확률변수 X는 H의 개수를 주는 함수이어야 하기 때문에 다음과 같이 정의되어야 한다.

$$X(HH)=2\quad X(HT)=1\quad X(TH)=1\quad X(TT)=0$$

확률분포$^{probability\ distribution}$는 확률변수 X가 가질 수 있는 임의의 값 x_i의 확률값들의 분포를 말한다. 이산 확률변수의 확률분포는 표, 함수 또는 그래프로 표현할 수 있다. 연속 확률변수인 경우에는 함수 식이나 그래프로 표현해야 한다. 이산 확률변수의 분포를 나타내는

함수를 **확률질량함수**^{probability mass function}라고 하고, 연속 확률변수의 분포를 나타내는 함수를 **확률밀도함수**^{probability density function}라고 한다. [그림 A.7]은 확률질량함수와 확률밀도함수의 예를 보여준다.

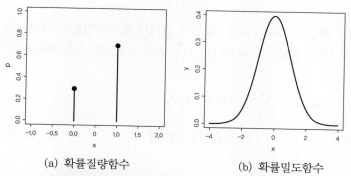

(a) 확률질량함수   (b) 확률밀도함수

그림 A.7 **확률질량함수와 확률밀도함수의 예.**

확률변수 X가 x보다 작거나 같은 값을 가질 확률, 즉 $P(X < x)$를 나타내는 함수를 확률변수 X의 **누적분포함수**^{cumulative distribution function, cdf} $F_x(X)$라고 한다. 확률변수 X가 연속확률변수일 때, 확률밀도함수 $f_x(X)$는 누적분포함수의 미분으로 정의할 수 있다.

$$f_x(X) = \frac{dF_x(x)}{dX}$$

확률변수의 어떤 값 x에 확률밀도함수의 값 $f_x(x)$가 x의 확률이 아님을 주의해야 한다. 연속 확률변수에 대한 확률을 계산할 때는 다음과 같이 확률밀도함수에 대한 구간적분을 해야 한다.

$$P(a < X < b) = \int_a^b f_x(X)dX$$

$P(a < X < b)$는 확률변수 X의 값이 구간 (a,b)에 있을 확률을 의미한다.

확률변수의 분포에 대한 특성을 나타내기 위해 통계량이 사용된다. 대표적인 통계량으로 **기댓값**^{expectation}, **분산**^{variance, 分散}, **표준편차**^{standard deviation, 標準偏差} 등이 있다. 기댓값은 확률실험을 할 때 관찰될 것으로 예상되는 확률변수의 값을 말한다. 확률변수 X에 대한 기댓값은 $E[X]$로 표현하고, 다음과 같이 정의된다. 여기에서 $P(x_k)$는 이산 확률변수의 확률질량함수이고, $f_x(X)$는 연속 확률변수의 확률밀도함수이다.

$$\text{이산 확률변수의 경우} : E[X] = \sum_{k=1}^{K} x_k P(x_k) \tag{A.12}$$

$$\text{연속 확률변수의 경우} : E[X] = \int X f_x(X) dX \tag{A.13}$$

분산은 확률변수의 값이 해당 확률변수의 기댓값으로부터 얼마나 흩어져있는지 나타내는 통계량이다. 확률변수 X에 대한 분산은 $Var[X]$로 나타내며, 다음과 같이 정의된다.

$$\text{이산 확률변수의 경우} : Var[X] = \sum_{k=1}^{K} (x_k - E[X])^2 P(x_k) \tag{A.14}$$

$$\text{연속 확률변수의 경우} : Var[X] = \int (X - E[X])^2 f_x(X) dX \tag{A.15}$$

어떤 변수 X에 대한 표준편차 $STD[X]$는 분산에 대한 제곱근 값으로 다음과 같이 정의된다.

$$STD[X] = \sqrt{Var[X]} \tag{A.16}$$

통계량을 표현할 때 기댓값 $E[X]$는 μ로 나타내고, 분산 $Var[X]$는 σ^2으로 나타내고, 표준편차 $STD[X]$는 σ로 나타내기도 한다. 확률변수 X의 분산은 다음과 같이 X^2의 기댓값과 X의 기댓값을 사용하여 계산될 수 있다.

$$
\begin{aligned}
Var[X] &= E[(X - E[X])^2] \quad = E[X^2] - 2\mu E[X] + E[\mu^2] \\
&= E[X^2] + E[(-2\mu X)] + E[\mu^2] \\
&= E[X^2] - 2\mu^2 + \mu^2 \\
&= E[X^2] - \mu^2
\end{aligned}
\tag{A.17}
$$

기댓값, 분산, 표준편차 등의 통계량을 계산하기 위해서는 확률질량함수 $P(x_k)$ 또는 확률밀도함수 $f_x(X)$를 알아야 하지만, 실제 문제에서는 이들 함수를 모르는 경우가 대부분이다. 그래서 주어진 데이터를 사용하여 다음과 같이 표본평균^{sample mean}, 표본 분산^{sample variance}, 표본표준편차^{sample standard deviation}을 계산하여 기댓값, 분산, 표준편차로 사용하기도 한다. 주어진 데이터 즉, 표본집합^{sample set}을 $\{x_1, x_2, \cdots, x_N\}$이라 할 때, 이들 통계량은 다음과 같이 계산한다.

$$\text{표본평균} \quad \overline{X} = \frac{1}{N}\sum_{i=1}^{N} x_i \tag{A.18}$$

$$\text{표본분산} \quad s^2 = \frac{1}{N-1}\sum_{i=1}^{N} (x_i - \overline{X})^2 \tag{A.19}$$

$$\text{표본표준편차} \quad s = \sqrt{\frac{1}{N-1}\sum_{i=1}^{N} (x_i - \overline{X})^2} \tag{A.20}$$

표본분산을 계산할 때 분모에 N이 아닌 $N-1$을 사용하는 이유는 표본분산 s^2의 기댓값이 분산 σ^2이 되도록 하기 위한 것이다. 즉, $E[s^2] = \sigma^2$이 되도록 만들기 위한 것이다.

문제 표본집합 $\{8, 22, 20, 4, 16, 9\}$에 대한 표본평균, 표본분산, 표본표준편차를 계산해보자.

풀이 표본평균은 다음과 같이 계산된다.

$$(8 + 22 + 20 + 4 + 16 + 9)/6 = 13.2$$

표본분산을 표본평균을 사용하여 다음과 같이 계산된다.

$$[(8 - 13.2)^2 + (22 - 13.2)^2 + (20 - 13.2)^2 + (4 - 13.2)^2 + \\ (16 - 13.2)^2 + (9 - 13.2)^2)]/6 = 52.2$$

표본표준편차는 표본분산의 제곱근으로 다음과 같이 계산된다.

$$\sqrt{52.2} = 7.2$$

A.4 확률벡터

동일한 사건에 대한 확률변수들을 벡터로 표현한 것을 확률벡터^{random vector}라고 한다. 예를 들어, 사람의 몸무게와 키를 각각 X_1과 X_2로 나타내어 벡터로 표현하면 (X_1, X_2)가 되는데, 이러한 벡터를 확률변수라고 한다. 여기에서 X_1과 X_2의 값은 동일한 사람에 대한 몸무게와 키에 해당하고, 이때 사건은 특정 사람에 해당한다. 확률벡터 (X_1, X_2)에 대한 n개의 표본이 $(x_{11}, x_{21}), (x_{12}, x_{22}), \cdots, (x_{1n}, x_{2n})$과 같이 주어진다고 하자. 이때 평균벡터 (m_1, m_2)는 다음과 같이 계산한다.

$$m_1 = E[X_1] = \frac{1}{n}\sum_{i=1}^{n}x_{1n} \tag{A.21}$$

$$m_2 = E[X_2] = \frac{1}{n}\sum_{i=1}^{n}x_{2n} \tag{A.22}$$

또는 다음과 같은 형태로 표현할 수도 있다.

$$\begin{bmatrix} m_1 \\ m_2 \end{bmatrix} = \begin{bmatrix} \dfrac{1}{n}\sum_{i=1}^{n}x_{1i} \\ \dfrac{1}{n}\sum_{i=1}^{n}x_{2i} \end{bmatrix} \tag{A.23}$$

확률벡터의 임의의 두 확률변수 X_1과 X_2에 대한 공분산^{covariance}는 다음과 같이 정의된다.

$$Cov(X_1, X_2) = \frac{1}{n-1}\sum_{i=1}^{n}(x_{1i} - m_1)(x_{2i} - m_2)$$

공분산은 두 개의 확률변수의 상관정도를 나타내는 값이다. 공분산의 값이 큰 양수값을 갖는다면 하나의 확률변수가 값이 커지거나 작아질 때 다른 확률변수도 따라서 커지거나 작아지는 경향이 크다는 것을 의미한다. 공분산의 값이 작은 음수(절대값이 큰 음수)라면 하나의 변수의 변화의 반대로 다른 변수의 값이 변하는 경향이 큰 것을 의미한다.

공분산의 식으로부터 다음 관계를 쉽게 확인할 수 있다.

$$Cov(X_1, X_2) = Cov(X_2, X_1) \tag{A.24}$$

$$Cov(X, X) = Var(X) \tag{A.25}$$

두 개의 확률변수를 갖는 확률벡터에 대한 공분산행렬$^{\text{covariance matrix}}$은 다음과 같이 정의된다.

$$C((X_1, X_2)) = \begin{bmatrix} Var(X_1) & Cov(X_1, X_2) \\ Cov(X_2, X_1) & Var(X_2) \end{bmatrix} \tag{A.26}$$

또는 공분산행렬은 기댓값을 사용하여 다음과 같이 표현할 수도 있다.

$$Cov(X_1, X_2) = E[(X_1 - m_1)(X_2 - m_2)^{\top}] \tag{A.27}$$

확률변수가 여러 개인 확률벡터도 가능하다. n개의 확률변수를 갖는 확률벡터는 $(X_1, X_2, \cdots, X_n)$과 같이 표현한다. 확률변수 X_i가 표본공간 S_i내의 값 x_i를 가질 때, 확률벡터 $(X_1, X_2, \cdots, X_n)$ 는 결합표본공간 $S_1 \times S_2 \times \cdots \times S_n$의 n차원 공간상의 좌표값에 해당하는 값 $(x_1, x_2, \cdots, x_n)$ 을 갖는다. 2개 이상의 확률변수를 갖는 확률벡터를 다변수 확률벡터$^{\text{multivariate random vector}}$라고도 한다.

확률벡터 $(X_1, X_2, \cdots, X_n)$ 에 대한 결합누적분포함수도 2개 확률변수를 갖는 경우와 마찬가지로 다음과 같이 정의한다.

$$F_{x_1 x_2 \cdots x_n}(X_1, X_2, \cdots, X_n) = P([X_1 < x_1] \cap [X_2 < x_2] \cap \cdots [X_n < x_n])$$

이에 대한 확률밀도함수는 다음과 같이 정의된다.

$$f_{x_1 \times x_2 \times \cdots \times x_n}(X_1, X_2, \cdots, X_n) = \frac{d}{dX_1} \frac{d}{dX_2} \cdots \frac{d}{dX_n} F_{x_1 x_2 \cdots x_n}(X_1, X_2, \cdots, X_n)$$

확률밀도함수는 다음과 같은 특성을 갖는다.

① $f_{x_1 \times x_2 \times \cdots \times x_n}(X_1, X_2, \cdots, X_n) \geq 0$

② $\displaystyle\int_{-\infty}^{\infty} \cdots \int_{-\infty}^{\infty} f_{x_1 \times x_2 \times \cdots \times x_n}(X_1, X_2, \cdots, X_n) dX_1 \cdots dX_n = 1$

③ $P([l_1 \leq X_1 \leq u_1] \cap \cdots \cap [l_n \leq X_n \leq u_n])$
$$= \int_{l_1}^{u_1} \int_{l_2}^{u_2} \cdots \int_{l_n}^{u_n} f_{x_1 \times x_2 \times \cdots \times x_n}(X_1, X_2, \cdots, X_n) dX_1 \cdots dX_n$$

확률밀도함수 $f_{x_1 \times x_2 \times \cdots \times x_n}(X_1, X_2, \cdots, X_n)$를 간단하게 $p(X_1, X_2, \cdots, X_n)$으로 표시하기도 한다. 확률밀도함수에서 특정 확률변수를 제거하여 표현한 것은 한계확률 밀도함수$^{\text{marginal probability density function}}$라고 한다. 확률밀도함수 $p(X_1, X_2)$에서 확률변수 X_2를 제거하여 $P(X_1)$을 만들려면 다음과 같이 이 변수의 전체 영역내에서 적분하면 된다.

$$p(X_1) = \int_{-\infty}^{\infty} p(X_1, X_2) dX_2$$

문제 확률밀도함수 $p(X_1, X_2)$가 아래와 같이 정의되어 있을 때,
$p(1 \leq X_1 \leq 1.5, 4.5 \leq X_2 \leq 5)$의 확률을 계산해보자.

$$p(X_1, X_2) = \begin{cases} \dfrac{1}{6}(X_1 + X_2) & \text{if } 1 \leq X_1 \leq 2 \text{ and } 4 \leq X_2 \leq 5 \\ 0 & otherwise \end{cases}$$

풀이 $p(1 \leq X_1 \leq 1.5, 4.5 \leq X_2 \leq 5) = \displaystyle\int_{1}^{1.5}\int_{4.5}^{5} \dfrac{1}{6}(X_1 + X_2)dX_1 dX_2 = 0.253$

확률벡터 $(X_1, X_2, \cdots, X_n)$에 대한 평균벡터는 2개 확률변수를 갖는 경우와 마찬가지로 $(m_1, m_2, \cdots, m_n)$로 표현할 수 있다. 한편, 이 확률벡터에 대한 공분산행렬은 다음과 같이 정의된다.

$$\Sigma = \begin{bmatrix} Var(X_1) & Cov(X_1, X_2) & \cdots & C(X_1, X_n) \\ Cov(X_2, X_1) & Var(X_2) & \cdots & C(X_n, X_n) \\ \vdots & \vdots & \ddots & \vdots \\ Cov(X_n, X_1) & Cov(X_n, X_2) & \cdots & Var(X_n) \end{bmatrix} \tag{A.28}$$

A.5 가우시안 분포

A.5.1 가우시안 분포함수

가우시안 분포함수^{Gaussian distribution, 정규 분포함수}는 연속 확률변수에 대한 대표적인 확률밀도함수로서 [그림 A.7(b)]와 같이 종모양으로 다음과 같이 정의된다.

$$f_X(x) = \frac{1}{\sqrt{2\pi}\,\sigma} exp\left\{-\frac{(x-\mu)^2}{2\sigma^2}\right\} \tag{A.29}$$

여기에서 μ는 평균이고 σ는 표준편차이다.

확률밀도함수로부터 확률을 계산할 때는 다음과 같이 구간에 대한 적분을 사용한다.

$$P(a < X < b) = \int_a^b \frac{1}{\sqrt{2\pi}\,\sigma} exp\left\{ -\frac{(x-\mu)^2}{2\sigma^2} \right\} dx \tag{A.30}$$

A.5.2 다변수 가우시안 분포

다변수 가우시안분포$^{\text{multivariate Guassian distribution}}$는 다음과 같이 정의되는 다차원 공간의 가우시안 분포이다.

$$p(X_1, \cdots, X_n) = \frac{1}{\sqrt{(2\pi)^n |\Sigma|}} exp\left(-\frac{1}{2}(X-\mu)^\top \Sigma^{-1}(X-\mu) \right) \tag{A.31}$$

여기에서 $X = [X_1\ X_2\ \cdots\ X_n]^\top$이고, $m = [m_1\ m_2\ \cdots\ m_n]^\top$이며, $|\Sigma|$는 공분산행렬의 행렬식^{determinant} 값이다. Σ^{-1}는 공분산행렬 Σ의 역행렬을 의미한다. [그림 A.8]은 2차원 공간의 가우시안 함수 모양이다.

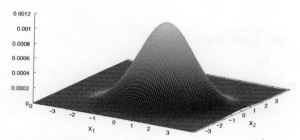

그림 A.8 **2차원 가우시안 분포**

[그림 A.9]는 2차원 가우시안 분포 $p(X_1, X_2)$를 따르는 분포를 한계화^{marginalization}하여 얻은 1차원 한계 가우시안 분포 $p(X_1)$과 $p(X_2)$를 나타낸 것이다.

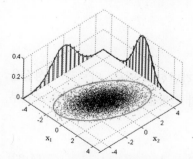

그림 A.9 **2차원 가우시안 분포에 대한 한계화 결과.**

A.6 마르코프 모델

어떤 시스템의 상태 변화를 $S_1, S_2, S_3, \cdots$와 같이 지수^{index}가 있는 확률변수들로 표현하는 것을 확률과정$^{\text{stochastic process, random process, 確率過程}}$이라고 한다. 다음 시점의 상태 S_{t+1}가 현재의 상태 S_t에만 영향을 받고 과거의 상태 $S_{t-1}, S_{t-2}, \cdots, S_0$에는 영향을 받지 않는, 아래와 같은 조건부 확률의 특성을 만족할 때, 마르코프 성질$^{\text{Markov property}}$이 만족한다고 한다.

$$p(S_{t+1}|S_t, S_{t-1}, \cdots, S_0) = p(S_{t+1}|S_t) \tag{A.32}$$

마르코프 성질을 만족하는 확률과정을 마르코프 모델$^{\text{Markov model}}$이라고 한다. 마르코프 모델은 [표 4.3]과 같이 상태의 관찰가능 여부, 상태 전이의 통제가능 여부에 따라 마르코프 체인$^{\text{Markov chain}}$, 은닉 마르코프 모델$^{\text{Hidden Markov Model, HMM}}$, 마르코프 결정과정$^{\text{Markov Decision Process, MDP}}$, 부분관측 마르코프 결정과정$^{\text{Partially Observable Markov Decision Process, POMDP}}$로 나눌 수 있다.

표 A.3 **마르코프 모델의 종류**

마르코프 모델(Markov Model)		상태 전이를 통제할 수 있는가	
		No	**Yes**
상태들이 모두 관찰 가능한가	Yes	**Markov Chain**	MDP
	No	**HMM**	POMDP

마르코프 모델의 이름은 러시아 태생 수학자 안드레이 마르코프$^{\text{Andrey Markov, 1856-1922}}$에서 따온 것인데, 그는 마르코프 체인, 마르코프 과정$^{\text{Markov process}}$ 등 확률 과정 이론 분야에 큰 업적을 남겼다.

A.6.1 마르코프 체인

마르코프 체인$^{\text{Markov chain}}$은 마르코프 모델 중에서 가장 간단한 모델로, 마르코프 성질을 만족하는 확률과정이다. 마르코프 성질을 이용하면, 결합 확률분포를 다음과 같은 조건부 확률의 곱으로 표현할 수 있다.

$$P(S_1, S_2, \cdots, S_N) = P(S_1)P(S_2|S_1)\cdots P(S_N|S_{N-1}) \tag{A.33}$$

마르코프 체인을 확률 그래프 모델로 표현하면 [그림 A.10]과 같은 모양이 된다.

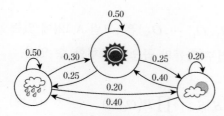

그림 A.10 **마르코프 체인의 확률 그래프 모델 표현.**

상태를 나타내는 확률변수 S_t가 가지는 상태값들의 집합을 $S = \{1, 2, \cdots, n\}$라 할 때, 조건부 확률 $P(S_{t+1} = j \mid S_t = i) = P_{ij}$가 시점 t에 상관없이 어떤 시점에서도 같다면, 이러한 마르코프 체인은 동질 마르코프 체인^{homogeneous Markov chain}이라고 한다. 동질 마르코프 체인은 전이 확률 그래프^{transition probability graph}로 표현할 수 있다. [그림 A.11]은 날씨 상태의 변화를 나타내는 마르코프 체인에 대한 전이 확률 그래프의 예이다. 노드는 상태값을 나타내고, 링크에 있는 값들은 전이확률을 나타낸다. 그림의 마르코프 체인은 '비'에서 '흐림'으로 바뀔 확률은 0.2이다. 현재 '맑음'이라면 다음 상태가 계속 '맑음'일 확률은 0.5, '흐림'으로 바뀔 확률은 0.25, '비'로 바뀔 확률도 0.25다는 것을 나타낸다.

그림 A.11 **마르코프 체인에 대한 전이 확률 그래프의 예.**

전이 확률 그래프는 전이 확률 행렬^{transition probability matrix}로 표현할 수 있다. [표 A.4]는 [그림 A.11]의 전이 확률 그래프에 대한 전이 확률 행렬이다.

표 A.4 **[그림 A.11]에 대한 전이 확률 행렬**

	맑음	**흐림**	**비**
맑음	0.50	0.25	0.25
흐림	0.40	0.20	0.40
비	0.30	0.20	0.50

A.6.2 은닉 마르코프 모델 HMM

은닉 마르코프 모델^{Hidden Markov Model, HMM}은 상태 변화에서 마르코프 성질을 만족하지만, 상태를 직접 확인할 수는 없고, 해당 상태에서 확률적으로 내보내는 출력값은 확인할 수 있는 마르코프 모델이다. [그림 A.12]는 은닉 마르코프 모델을 확률 그래프 모델로 표현한 예인데, 상태를 나타내는 확률 변수들 S_1, S_2, $\cdots$, S_N은 마르코프 체인의 성질을 만족하지만, 직접 이들 상태를 확인할 수는 없고, 이들 상태에서 확률적으로 출력되는 값들은 관찰할 수 있다. 이들 관찰되는 값에 대응하는 확률변수들은 그림에서 O_1, O_2, $\cdots$, O_N으로 표현되어 있다.

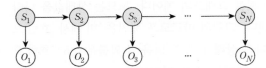

그림 A.12 **은닉 마르코프 모델의 확률 그래프 모델 표현.**

은닉 마르코프 모델의 결합 확률분포 $P(S_1, \cdots, S_N, O_1, \cdots, O_N)$은 [그림 A.12]에 있는 조건부 독립의 성질을 이용하여 다음과 같이 조건부 확률의 곱으로 표현할 수 있다.

$$P(S_1, \cdots, S_N, O_1, \cdots, O_N) = P(S_1)\prod_{i=2}^{N}P(S_i|S_{i-1})\prod_{i=1}^{N}P(O_i|S_i) \tag{A.34}$$

즉, 은닉 마르코프 모델은 초기 상태의 확률분포 $P(S_1)$, 상태간의 전이 확률 $P(S_i|S_{i-1})$과 각 상태에서는 출력 확률 $P(O_i|S_i)$에 의해서 정의된다.

[그림 A.13]은 은닉 마르코프 모델을 상태간 전이 확률과 각 상태에서의 출력확률을 표현 예인데, 관찰이 되지 않는 은닉 상태로 '맑음', '흐림', '비'가 있고, 각 날씨 상태별로 관찰되는 것으로 '쇼핑', '청소', '산책'이 있다. 외국에 있는 친구가 매일 쇼핑, 청소, 산책 중 어떤 일을 했는지는 알지만, 날씨는 직접 확인할 수 있는 상황을 나타낸다고 해보자. 그림의 은닉 마르코프 모델에서, 첫째 날이 '맑음'인 것을 알고 있을 때 연속된 3일간 '맑음–흐림–비'인 날씨에 '쇼핑–청소–산책'을 했을 확률은 다음과 같이 계산할 수 있다.

$$P(쇼핑|맑음)P(흐림|맑음)P(청소|흐림)P(비|흐림)P(산책|비)$$
$$= 0.10 \times 0.25 \times 0.20 \times 0.40 \times 0.05 = 0.001$$

은닉 마르코프 모델을 활용하기 위한 여러 가지 알고리즘이 개발되어 있다. 비터비^{Viterbi} 알고리즘은 '쇼핑-쇼핑-청소-산책-산책-쇼핑'과 같이 관측된 서열$^{\text{output sequence}}$이 주어질 때, 해당 서열을 가장 높은 확률로 만들어 낼 수 있는 상태들의 서열$^{\text{state sequence}}$을 찾는다. 즉, 어떻게 상태변화를 해야 주어진 출력값들을 가장 높은 확률로 만들어 내는지 찾는 데 기본적으로 동적 계획법기법을 사용한다. 포워드^{forward} 알고리즘은 특정 출력값들의 서열 이 해당 은닉 마르코프 모델에서 만들어질 수 있는 확률값을 계산한다. 바움-웰치$^{\text{Baum-Welch}}$ 알고리즘은 출력값들의 서열 데이터들이 학습 데이터로 주어질 때, 초기 상태의 확률분포, 상태 간의 전이확률분포, 각 상태에 대한 출력값의 관측확률분포를 결정한다. 학습 데이터 에 상태를 나타내는 확률변수의 값이 주어지지 않기 때문에, 바움-웰치 알고리즘은 이러한 불완전 데이터에 대해 최대 가능도 추정$^{\text{maximum likelihood estimation}}$을 하는 EM$^{\text{expectation-maximization}}$ 기법을 사용한다.

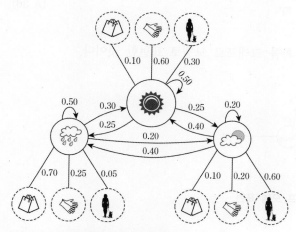

그림 A.13 **은닉 마르코프 모델의 예.**

은닉 마르코프 모델의 대표적인 적용 분야는 음성 인식이다. 음성 인식을 하는 은닉 마르코 프 모델에서 관측되는 데이터로 사용하는 것은, 음성 파형을 중첩해서 일정 간격씩 잘라서 프레임으로 만든 다음, 각 프레임에 대해서 주파수 분석을 하여 MFCC 값들의 특징벡터로 나타내어, 특징벡터들의 서열이다. 상태는 발성된 음성의 음소에 해당하는 텍스트가 된다.

이동 물체의 트랙에서도 사용될 수 있는데, 이때 상태는 물체의 위치와 속도가 되고, 관측되 는 출력은 레이더 등을 통해서 감지되는 신호에 해당한다. 이외에도 문장에서 단어들의 품사를 결정하는 품사 태깅, 생물학의 DNA 서열에서 특정 영역 식별 등 다양한 분야에서 사용되고 있다.

A.6.3 마르코프 결정과정 MDP

마르코프 결정과정^{Markov Decision Process, MDP}은 현재 상태 S_t와 입력(또는 행동) A_t에 의해서 다음 상태 S_{t+1}로의 상태전이가 확률적으로 결정되는 마르코프 모델이다. 즉, 다음과 같은 마르코프 성질을 만족한다.

$$p(S_{t+1} \mid S_t, S_{t-1}, \cdots, S_0, A_t) = p(S_{t+1} \mid S_t, A_t) \tag{A.35}$$

마르코프 결정과정은 상태전이를 할 때 해당 입력에 대한 유용성^{utility}에 해당하는 즉시 보상값^{immediate reward}을 받는다. 예를 들어, 상태 s_t에서 행동 a_t를 하여 상태 s_{t+1}이 되고, 이때 받는 즉시 보상값 r_{t+1}은 상태 s_{t+1}가 되는 것에 대한 보상이다.

$$R(s_t, a_t, s_{t+1}) = R(s_{t+1}) = r_{t+1} \tag{A.36}$$

[그림 A.14]는 마르코프 결정과정을 확률 그래프로 모델로 표현한 것이다.

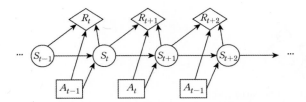

그림 A.14 **마르코프 결정과정의 확률 그래프 모델 표현.**

마르코프 결정과정은 상태의 집합 S, 행동의 집합 A, 각 상태에서 특정 행동에 의한 상태전이 확률분포 T, 행동에 따른 보상값을 결정하는 보상함수 R, 보상값을 누적할 때 사용하는 할인율^{discount rate} γ을 사용하여 명세한다. [그림 A.15]는 마르코프 결정과정의 예인데, 여기에서 상태의 집합은 $S = \{s_1, s_2, s_3, s_4, s_5\}$이고, 행동의 집합은 $A = \{a, b\}$이다. $P^a_{s_1 s_2}$가 상태 s_1에서 행동 a를 할 때 상태 s_2가 될 확률을 나타낸다고 할 때, 상태 전이 확률 T는 다음과 같다.

$$T = \Big\{ P^a_{s_1 s_2} = 0.1, \ P^a_{s_1 s_4} = 0.9, \ P^a_{s_2 s_3} = 1.0, \ P^b_{s_2 s_3} = 0.6, \ P^b_{s_2 s_4} = 0.4,$$
$$P^b_{s_3 s_2} = 1.0, \ P^a_{s_4 s_3} = 0.7, \ P^a_{s_4 s_5} = 0.3, \ P^b_{s_5 s_5} = 1.0 \Big\}$$

각 행동에 따른 보상값은 상태를 나타낸 노드 아래에 있는 값으로 표현하고 있는데, 상태 s_1에서 행동 a를 통해 상태 s_2가 되는 경우의 보상값은 $R(s_2) = r_{s_1 s_2}^a = 3$이다.

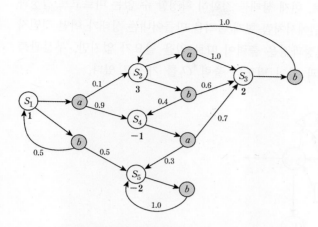

그림 A.15 **마르코프 결정과정의 예.**

마르코프 결정과정은 어떤 환경에서 특정 에이전트(로봇이나 소프트웨어 프로그램)가 행동을 할 때, 에이전트의 행동에 따라 상태가 바뀌고, 상태 변화에 대해 환경이 에이전트에게 이에 대응하는 보상을 주는 상황을 모델링하는데 사용된다. 에이전트가 환경 속에서 일련의 순차적인 행동을 해야 하는 상황에서, 기대 보상이 최대가 되도록 하기 위해 각 상태에서 어떤 행동^{입력}을 해야하는지 결정할 때 마르코프 결정과정 모델을 주로 사용한다. 기대 보상은 일련의 행동 $a_1, a_2, a_3, \cdots$에 대한 보상 $r_1, r_2, r_3, \cdots$의 누적합을 의미한다. 그런데 단순 합을 사용하면, 행동이 지속되면 누적합이 무한대로 수렴해갈 수 있기 때문에, 다음과 같이 1보다 작은 양수인 할인율 γ를 사용하여 기대 보상값을 계산한다.

$$R = r_1 + \gamma r_2 + \gamma^2 r_3 + \cdots \tag{A.37}$$

각 상태별로 취할 행동을 결정해 놓은 것을 정책^{policy, 政策}이라고 한다. 마르코프 결정과정으로 모델링되는 문제의 해는 기대 보상을 최대로 만들어주는 정책을 찾는 것이다. 이 모델은 강화 학습 문제를 표현하는데 주로 사용된다.

A.6.4 부분관측 마르코프 결정과정 POMDP

부분관측 마르코프 결정과정Partially Observable Markov Decision Process, POMDP은 마르코프 결정과정과 은닉 마르코프 모델이 결합된 형태로, 현재 상태를 정확히 확정할 수 없는 마르코프 결정과정을 말한다. 즉, 은닉 마르코프 모델에서처럼 현재 출력을 만들어내는 상태가 어떤 것인지 알 수 없는 모델이다. 마르코프 결정과정은 출력이 따로 있을 필요가 없지만, 부분관측 마르코프 결정과정은 [그림 A.16]과 같이 별도의 출력 O_t를 가지고 있다.

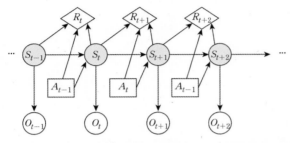

그림 A.16 **부분관측 마르코프 결정과정의 확률 그래프 모델 표현.**

이 모델은 현재 상태를 확정할 수 없기 때문에, 현재 상태에 대한 확률분포(즉, 각 상태가 현재 상태일 확률값을 나타내는 분포)를 관리한다. 이 모델에 대한 해를 찾는 것은 장기적으로 기대 보상값이 최대가 되도록 정책을 결정하는 것이 된다. 이 문제의 해를 찾는 것은 NP-complete 문제로 알려져 있는데, 근사적인 해를 구하는 방법들이 개발되어 있다. 이 모델은 이동 로봇의 항법 등 불확실성이 있는 상황에서의 계획 수립 문제에서 사용되고 있다.

A.7 EM 알고리즘

관측되는 변수 x와 직접적으로 관측이 되지 않는 은닉 변수 z가 있는 모델에서, 관측되는 x만으로 구성된 데이터를 불완전 데이터라 하고, x와 z를 모두 포함하는 것을 완전 데이터라고 한다. 대부분의 생성모델 기계학습 문제는 완전 데이터를 대상으로 하지만, 불완전 데이터를 대상으로 하는 것들도 있다. 확률적으로 선택되는 몇 개의 가우시안 분포로부터 데이터가 생성되었다고 가정하고, 가우시안 분포별 선택 확률과 각 가우시안 분포의 평균 벡터와 공분산 행렬을 결정하는 GMMGaussian Mixture Model, 또는 MoG; Mixture of Gaussian이 불완전 데이터로부터 학습하는 예이다. 관측 데이터로부터 은닉 상태의 전이 확률분포와 상태별 관측 데이터 생성 확률분포를 결정하는 HMM도 이러한 경우이다. 또한, 7.5.3절에서 소개하는 토픽 모델링^{topic modeling}도 관측 변수와 은닉 변수가 있고, 불완전 데이터만 주어지는 문제이다.

EM 알고리즘^{Expectation-Maximization algorithm}은 불완전 데이터만 주어진 상황에서 데이터 생성모델을 학습하기 위해, 최대 가능도 추정^{maximum likelihood estimation}을 사용하는 기법이다. EM 알고리즘은 데이터 생성 모델인 확률분포 $p(\boldsymbol{x}, \boldsymbol{z} | \boldsymbol{\theta})$가 파라미터 $\boldsymbol{\theta}$로 정의되는 함수로 표현된다고 가정한다. 그리고 관측 변수 $\boldsymbol{x}$의 데이터를 사용하여 데이터 생성모델, 즉 $\boldsymbol{\theta}$를 결정하는 문제를 해결하려고 한다. EM 알고리즘은 관측 데이터에 대한 가능도 $p(\boldsymbol{x} | \boldsymbol{\theta})$를 최대로 하는 파라미터 $\boldsymbol{\theta}^*$를 찾으려고 한다. 즉, $\boldsymbol{\theta}^*$ 를 찾기 위해 다음과 같이 최대 가능도 추정 기법을 사용한다.

$$\boldsymbol{\theta}^* = \arg\max_{\boldsymbol{\theta}} p(\boldsymbol{x} | \boldsymbol{\theta}) \tag{A.39}$$

로그 함수는 단조 증가하기 때문에, (식 A.39)의 우변에 다음과 같이 로그를 적용해도 결과는 마찬가지이다.

$$\boldsymbol{\theta}^* = \arg\max_{\boldsymbol{\theta}} \log p(\boldsymbol{x} | \boldsymbol{\theta}) \tag{A.40}$$

$p(\boldsymbol{x} | \boldsymbol{\theta})$를 직접 최적화해서 $\boldsymbol{\theta}^*$를 결정하는 것이 어려운 경우가 많다. 이럴 때는 완전 데이터에 대한 확률분포 $p(\boldsymbol{x}, \boldsymbol{z} | \boldsymbol{\theta})$를 이용하는 편이 더 쉬울 수도 있다. 먼저 $\boldsymbol{z}$에 대한 임의의 확률분포 $q(\boldsymbol{z})$를 도입하여 $\log p(\boldsymbol{x} | \boldsymbol{\theta})$를 다음과 같이 표현해 보자.

$$\log p(\boldsymbol{x} | \boldsymbol{\theta}) = \int_z q(\boldsymbol{z}) \log p(\boldsymbol{x} | \boldsymbol{\theta}) d\boldsymbol{z} \tag{A.41}$$

$p(\boldsymbol{x} | \boldsymbol{\theta}) = p(\boldsymbol{x}, \boldsymbol{z} | \boldsymbol{\theta}) / p(\boldsymbol{z} | \boldsymbol{x}, \boldsymbol{\theta})$라는 관계를 이용하면, (식 A.41)을 다음과 같이 전개할 수 있다.

$$\log p(\boldsymbol{x} | \boldsymbol{\theta}) = \int_z q(\boldsymbol{z}) \left[\log p(\boldsymbol{x}, \boldsymbol{z} | \boldsymbol{\theta}) - \log p(\boldsymbol{z} | \boldsymbol{x}, \boldsymbol{\theta}) \right] d\boldsymbol{z} \tag{A.42}$$

$$= \int_z q(\boldsymbol{z}) \left[\log \frac{p(\boldsymbol{x}, \boldsymbol{z} | \boldsymbol{\theta})}{q(\boldsymbol{z})} - \log \frac{p(\boldsymbol{z} | \boldsymbol{x}, \boldsymbol{\theta})}{q(\boldsymbol{z})} \right] d\boldsymbol{z} \tag{A.43}$$

$$= \int_z q(\boldsymbol{z}) \log \frac{p(\boldsymbol{x}, \boldsymbol{z} | \boldsymbol{\theta})}{q(\boldsymbol{z})} d\boldsymbol{z} - \int_z q(\boldsymbol{z}) \log \frac{p(\boldsymbol{z} | \boldsymbol{x}, \boldsymbol{\theta})}{q(\boldsymbol{z})} d\boldsymbol{z} \tag{A.44}$$

$$= L(q, \boldsymbol{\theta}) + KL(q \| p) \tag{A.45}$$

(식 A.45)에서는 (식 A.44)의 첫 번째 항을 $L(q, \boldsymbol{\theta})$로 나타내고 두 번째 항을 $KL(q \| p)$로 나타낸다. 여기에서 $KL(q \| p)$는 쿨벡-라이블러 발산$^{\text{KL-divergence, KL-발산}}$을 나타내는 식이다. KL-발산 $KL(q \| p)$는 두 분포의 차이를 측정하는 역할을 하는데, 두 분포가 일치하면 값이 0이고 그렇지 않으면 양수값을 갖는다.

KL-발산이 0이상의 값을 갖는다는 것은 다음과 같이 증명할 수 있다. 이를 위해 $-\log(x)$는 아래로 볼록인 함수$^{\text{convex function}}$라는 것과, 아래로 볼록인 함수 $f(x)$에 대해 $\int p(x) \log f(x) dx \geq \log \int p(x) f(x) dx$가 만족된다는 젠슨 부등식$^{\text{Jensen's inequality}}$의 성질을 이용한다.

$$KL(q(\boldsymbol{z}) \| p(\boldsymbol{z}|\boldsymbol{x}, \boldsymbol{\theta})) = \int q(\boldsymbol{z}) \log \frac{q(\boldsymbol{z})}{p(\boldsymbol{z}|\boldsymbol{x}, \boldsymbol{\theta})} d\boldsymbol{z} \tag{A.46}$$

$$= -\int q(\boldsymbol{z}) \log \frac{p(\boldsymbol{z}|\boldsymbol{x}, \boldsymbol{\theta})}{q(\boldsymbol{z})} d\boldsymbol{z} \tag{A.47}$$

$$\geq -\log \left[\int q(\boldsymbol{z}) \frac{p(\boldsymbol{z}|\boldsymbol{x}, \boldsymbol{\theta})}{q(\boldsymbol{z})} d\boldsymbol{z} \right] \tag{A.48}$$

$$= -\log \left[\int p(\boldsymbol{z}|\boldsymbol{x}, \boldsymbol{\theta}) d\boldsymbol{z} \right] \tag{A.49}$$

$$= -\log 1 = 0 \tag{A.50}$$

$-\log(x)$가 아래로 볼록인 함수이기 때문에, (식 A.47)에 젠슨 부등식을 적용하면 (식 A.48)이 얻어진다. 따라서, $KL(q \| p) \geq 0$이고, (식 A.46)의 우편에 있는 KL-발산 정의에 의해, $q(\boldsymbol{z}) = p(\boldsymbol{z}|\boldsymbol{x}, \boldsymbol{\theta})$이면 $KL(q \| p) = 0$인 성질이 만족한다.

(식 A.45)는 다음과 같이 관측 데이터에 대한 로그 가능도$^{\text{log likelihood}}$ $\log p(\boldsymbol{x}|\boldsymbol{\theta})$가 $L(q, \boldsymbol{\theta})$와 $KL(q \| p)$의 합과 같다는 것을 나타낸다.

$$\log p(\boldsymbol{x}|\boldsymbol{\theta}) = L(q, \boldsymbol{\theta}) + KL(q \| p) \tag{A.51}$$

그런데 $KL(q \| p) \geq 0$이므로, $\log p(\boldsymbol{x}|\boldsymbol{\theta})$의 값은 항상 $L(q, \boldsymbol{\theta})$의 값 이상이다. 따라서 $L(q, \boldsymbol{\theta})$는 로그 가능도 $\log p(\boldsymbol{x}|\boldsymbol{\theta})$의 하한^{下限}값이라 할 수 있다.

$$\log p(\boldsymbol{x}|\boldsymbol{\theta}) \geq L(q, \boldsymbol{\theta}) \tag{A.52}$$

여기에서 $\boldsymbol{\theta}$는 데이터 생성 모델의 파라미터들로 학습 대상이고, $q(\boldsymbol{z})$는 식을 전개하는 과정에서 도입한 z에 대한 임의의 확률분포이다.

(식 A.52)에서 관측 데이터에 대한 로그 가능도 $\log p(\boldsymbol{x}|\boldsymbol{\theta})$를 크게 하는 모델의 파라미터 $\boldsymbol{\theta}$를 직접 찾는 대신에, 하한인 $L(q,\boldsymbol{\theta})$를 최대로 크게 하는 $\boldsymbol{\theta}$를 찾아보자. $\log p(\boldsymbol{x}|\boldsymbol{\theta}) \geq L(q,\boldsymbol{\theta})$이기 때문에, 하한인 $L(q,\boldsymbol{\theta})$의 값을 크게 하는 $\boldsymbol{\theta}$는, $\log p(\boldsymbol{x}|\boldsymbol{\theta})$의 값도 당연히 크게 한다. 계속 $\log p(\boldsymbol{x}|\boldsymbol{\theta})$의 하한의 값이 점점 커지도록 $\boldsymbol{\theta}$를 조정할 수 있다면 $\log p(\boldsymbol{x}|\boldsymbol{\theta})$를 최대로 만드는 $\boldsymbol{\theta}$를 찾을 수도 있다.

(식 A.45)의 첫 번째 항인 $L(q,\boldsymbol{\theta})$는 다음과 같이 계산된다.

$$L(q,\boldsymbol{\theta}) = \int_z q(z) \log \frac{p(\boldsymbol{x},z|\boldsymbol{\theta})}{q(z)} dz \tag{A.53}$$

하한을 나타내는 (식 A.53)의 우변을 최대로 만드는 파라미터 $\boldsymbol{\theta}$를 찾아야하는데, $q(z)$는 정해진 함수가 아니라 임의로 선택한 것이다. 어찌됐든 $q(z)$에 대한 함수가 주어져야 (식 A.53)의 우변을 최대로 하는 $\boldsymbol{\theta}$를 찾을 수 있다. $q(z)$를 결정하면서 동시에 $L(q,\boldsymbol{\theta})$의 최대로 하는 $\boldsymbol{\theta}$를 찾는 것은 쉽지 않다.

EM 알고리즘은 (식 A.51)의 관계식에 주목한다. 임의의 파라미터 $\boldsymbol{\theta}^{old}$를 갖는 모델에서 관측 데이터 $\boldsymbol{x}$의 로그 가능도 $\log p(\boldsymbol{x}|\boldsymbol{\theta}^{old})$를 생각해 보자. $\boldsymbol{x}$와 $\boldsymbol{\theta}^{old}$는 이미 정해진 것들이기 때문에, $\log p(\boldsymbol{x}|\boldsymbol{\theta}^{old})$의 값은 바뀌지 않는다. 이 고정된 $\log p(\boldsymbol{x}|\boldsymbol{\theta}^{old})$의 값에 대해 (식 A.51)의 등식을 만족시킬 수 있는 여러 가지 $q(z)$가 있을 수 있다. $KL(q\|p)$가 최소값이 되면, $L(q,\boldsymbol{\theta}^{old})$는 최대값이 된다. EM 알고리즘은 하한인 $L(q,\boldsymbol{\theta})$를 최대로 하는 $\boldsymbol{\theta}$를 찾으려고 하기 때문에, $KL(q\|p)$를 최소로 하는 $q(z)$를 선택한다. $KL(q\|p)$의 최소값인 0이 되도록 하는 것에는 $q(z) = p(z|\boldsymbol{x},\boldsymbol{\theta}^{old})$가 있다. EM 알고리즘은 임의의 모델 파라미터 $\boldsymbol{\theta}^{old}$가 주어질 때, 이에 대응하는 $q(z)$의 모델로 다음의 확률분포를 선택한다.

$$q(z) = p(z|\boldsymbol{x},\boldsymbol{\theta}^{old}) \tag{A.54}$$

(식 A.54)와 같이 $q(z)$가 결정되면, (식 A.53)의 $L(q,\boldsymbol{\theta})$를 최대로 하는 새로운 모델 파라미터 $\boldsymbol{\theta}^{new}$는 다음과 같이 결정한다.

$$\boldsymbol{\theta}^{new} = \mathrm{argmax}_{\boldsymbol{\theta}} L(q,\boldsymbol{\theta}) = \mathrm{argmax}_{\boldsymbol{\theta}} \int_z q(z) \log \frac{p(\boldsymbol{x},z|\boldsymbol{\theta})}{q(z)} dz \tag{A.55}$$

$$= \mathrm{argmax}_{\boldsymbol{\theta}} \int_z p\left(\boldsymbol{z}|\boldsymbol{x}, \boldsymbol{\theta}^{old}\right) \log \frac{p\left(\boldsymbol{x}, \boldsymbol{z}|\boldsymbol{\theta}\right)}{p\left(\boldsymbol{z}|\boldsymbol{x}, \boldsymbol{\theta}^{old}\right)} d\boldsymbol{z} \tag{A.56}$$

$$= \mathrm{argmax}_{\boldsymbol{\theta}} \int_z p\left(\boldsymbol{z}|\boldsymbol{x}, \boldsymbol{\theta}^{old}\right) \log p\left(\boldsymbol{x}, \boldsymbol{z}|\boldsymbol{\theta}\right) d\boldsymbol{z} \tag{A.57}$$

$$= \mathrm{argmax}_{\boldsymbol{\theta}} Q(\boldsymbol{\theta}, \boldsymbol{\theta}^{old}) \tag{A.58}$$

$\boldsymbol{\theta}^{new}$를 결정할 때 (식 A.58)에서 사용하는 함수 $Q(\boldsymbol{\theta}, \boldsymbol{\theta}^{old})$는 다음과 같다.

$$Q(\boldsymbol{\theta}, \boldsymbol{\theta}^{old}) = \int_z p\left(\boldsymbol{z}|\boldsymbol{x}, \boldsymbol{\theta}^{old}\right) \log p\left(\boldsymbol{x}, \boldsymbol{z}|\boldsymbol{\theta}\right) d\boldsymbol{z} \tag{A.59}$$

(식 A.55)의 확률분포 $q(\boldsymbol{z})$ 대신에 $p\left(\boldsymbol{z}|\boldsymbol{x}, \boldsymbol{\theta}^{old}\right)$를 대입하면 (식 A.56)이 된다. (식 A.56)의 분모에 있는 $p\left(\boldsymbol{z}|\boldsymbol{x}, \boldsymbol{\theta}^{old}\right)$에는 $\boldsymbol{\theta}$가 포함되어 있지 않으므로 상수로 간주할 수 있다. 이 상수인 분모를 무시해버리면 (식 A.56)은 (식 A.57)이 된다.

EM 알고리즘에서는 (식 A.54)의 $q(\boldsymbol{z})$를 결정하는 부분을 E-단계$^{\text{Expectation step}}$라고 하고, (식 A.59)의 새로운 모델 파라미터 $\boldsymbol{\theta}^{new}$를 결정하는 부분을 M-단계$^{\text{Maximization step}}$라고 한다. EM 알고리즘은 [알고리즘 A.1]과 같이 E-단계와 M-단계를 수렴할 때까지 번갈아가며 반복해서 수행한다. (식 A.59)는 완전 데이터 $(\boldsymbol{x}, \boldsymbol{z})$에 대한 로그 가능도 $\log p(\boldsymbol{x}, \boldsymbol{z}|\boldsymbol{\theta})$의 확률분포 $p\left(\boldsymbol{z}|\boldsymbol{x}, \boldsymbol{\theta}^{old}\right)$에 따른 기댓값^{Expectation}이다. (식 A.58)에서는 이러한 기댓값을 최대화^{Maximization}하는 모델 파라미터를 찾는다. 그런 이유로 알고리즘 이름이 EM$^{\text{Expectation-}}$^{Maximization}이다.

알고리즘 A.1 EM 알고리즘

입력 : 학습 데이터 $\boldsymbol{x}$, 데이터 생성 모델 $p(\boldsymbol{x}, \boldsymbol{z})$의 함수 형태
출력 : 모델 파라미터 $\boldsymbol{\theta}^{new}$

1. 모델 파라미터 $\boldsymbol{\theta}^{old}$를 초기화한다.
2. E-단계 : $q(\boldsymbol{z}) \leftarrow p\left(\boldsymbol{z}|\boldsymbol{x}, \boldsymbol{\theta}^{old}\right)$
3. M-단계 : $\boldsymbol{\theta}^{new} \leftarrow \mathrm{argmax}_{\boldsymbol{\theta}} Q(\boldsymbol{\theta}, \boldsymbol{\theta}^{old})$
4. **if** (모델 파라미터 수렴)
5.   **return** $\boldsymbol{\theta}^{new}$
6. **else**
7. $\boldsymbol{\theta}^{old} \leftarrow \boldsymbol{\theta}^{new}$
8.   **goto** 2.

EM 알고리즘의 동작을 [그림 A.17]을 통해 살펴보자. 가장 바깥쪽의 울퉁불퉁한 곡선이 직접 다루기 어려운 로그 가능도 함수 $\log p(\boldsymbol{x}|\boldsymbol{\theta})$를 나타낸다고 하자. EM 알고리즘의 목적은 이 함수 $\log p(\boldsymbol{x}|\boldsymbol{\theta})$를 최대로 하는 $\boldsymbol{\theta}^*$를 찾는 것이다. EM 알고리즘은 $\log p(\boldsymbol{x}|\boldsymbol{\theta})$의 하한을 나타내는 함수 $L(q,\boldsymbol{\theta})$를 사용한다. 그림에서 매끈한 곡선들이 이러한 하한을 나타내는 함수이다. $q(\boldsymbol{z}) = p(\boldsymbol{z}|\boldsymbol{x},\boldsymbol{\theta}^{old})$일 때 하한을 나타내는 함수 $L(q,\boldsymbol{\theta})$를 $L(q,\boldsymbol{\theta}\,|\,\boldsymbol{\theta}^{old})$라고 하자. M-단계는 하한 함수 $L(q,\boldsymbol{\theta}\,|\,\boldsymbol{\theta}^{old})$를 최대로 하는 $\boldsymbol{\theta}^{new}$를 다음과 같이 찾는 것이다.

$$\boldsymbol{\theta}^{new} = \arg\max_{\boldsymbol{\theta}} L(q,\boldsymbol{\theta}\,|\,\boldsymbol{\theta}^{old}) \tag{A.60}$$

$L(q,\boldsymbol{\theta}\,|\,\boldsymbol{\theta}^{old})$가 하한이고, $\boldsymbol{\theta}^{old}$에서 보다 $\boldsymbol{\theta}^{new}$일 때 $L(q,\boldsymbol{\theta}\,|\,\boldsymbol{\theta}^{old})$의 함수 값이 크다. 또한 $q(\boldsymbol{z}) = p(\boldsymbol{z}|\boldsymbol{x},\boldsymbol{\theta}^{old})$일 때, $\log p(\boldsymbol{x}|\boldsymbol{\theta}) = L(q,\boldsymbol{\theta}\,|\,\boldsymbol{\theta}^{old})$이므로, 그림과 같이 $\boldsymbol{\theta}^{new}$에서 $\log p(\boldsymbol{x}|\boldsymbol{\theta})$의 값도 더 크다.

새로운 파라미터 $\boldsymbol{\theta}^{new}$를 사용하여 E-단계에서 새로운 $q(\boldsymbol{z}) = p(\boldsymbol{z}|\boldsymbol{x},\boldsymbol{\theta}^{new})$를 결정하면, 그림에서 옅은 곡선으로 표현된 것 같은 하한의 함수 $L(q,\boldsymbol{\theta}\,|\,\boldsymbol{\theta}^{new})$가 만들어진다. 이 함수에 대해서 마찬가지 방법으로 M-단계와 E-단계를 번갈아 반복하면, 점점 최적해인 $\boldsymbol{\theta}^*$에 접근하게 된다. EM 알고리즘은 이와 같은 방식으로 최적의 파라미터를 찾아간다.

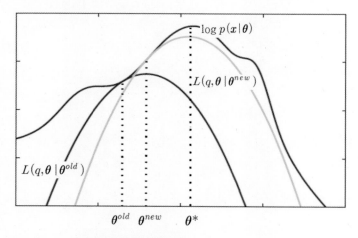

그림 A.17 **EM 알고리즘의 진행 과정.**

EM 알고리즘에서 E-단계에는 (식 A.54)의 은닉 변수 z에 대한 확률분포 $q(\boldsymbol{z})$를 결정하고, M-단계에는 (식 A.59)의 기댓값 함수 $Q(\boldsymbol{\theta},\boldsymbol{\theta}^{old})$를 최대로 하는 파라미터 $\boldsymbol{\theta}^{new}$를 결정해

야 한다. 실제 문제에 EM 알고리즘을 적용할 때, 이러한 함수식을 직접 결정하기 어려운 경우가 있다. 이러한 경우에는 표본추출^{sampling}을 하는 방법을 사용할 수 있다.

E-단계에는 θ^{old}와 관측 데이터 x가 주어진 상황에서 (식 A.54)의 $p\left(z|x,\theta^{old}\right)$ 분포에 따라 은닉 변수 z를 표본추출한다. M-단계에는 관측 데이터 x와 표본추출된 데이터 z로 구성된 완전 데이터 (x, z)에 대한 기댓값 함수를 최대로 하는 θ^{new}를 결정한다. 이 과정을 반복하여 모델 파라미터 θ^*를 결정한다. 실제 EM 알고리즘은 최적해$^{\text{optimal solution}}$를 보장하지 못하며, 지역해$^{\text{suboptimal solution}}$를 찾는 경우가 많다.

EM 알고리즘은 (식 A.39)의 관측 데이터에 대한 로그 가능도 $\log p\left(x|\theta\right)$의 함수를 직접 다루기 어렵기 때문에, 결과적으로 $p\left(z|x,\theta\right)$에 대응되는 임의의 확률분포 $q(z)$를 도입하고, 이를 통해 유도되는 하한의 함수 $L(q,\theta)$를 최대화시키는 방법으로 문제를 해결한다. 이와 같이 다른 함수를 도입해서 문제를 해결한다는 점에서 EM 알고리즘은 변분법$^{\text{variational method}}$을 적용하는 하나의 사례이다.

부록 B

선형대수학

선형대수학$^{\text{linear algebra}}$은 벡터공간$^{\text{vector space}}$의 성질과, 벡터공간 간의 선형 변환$^{\text{linear transformation}}$을 다루는 학문 분야이다. 벡터공간은 선형 결합에 대해 닫혀있는 벡터의 집합을 말하는데, 벡터에는 1차원 배열처럼 생긴 것뿐만 아니라 변수가 하나인 함수도 포함된다. 선형 변환에서는 변환 방법이 행렬$^{\text{matrix, 行列}}$로 표현될 수 있으므로, 선형변환은 행렬에 벡터를 곱한 것으로 나타낸다. 선형대수학은 공학과 과학에서 가장 기본적인 이론적 도구 중 하나인데, 인공지능에도 선형대수학의 다양한 이론이 활용된다. 여기에서는 인공지능에서 사용되는 기본적인 선형대수학의 정의와 이론을 간단히 소개한다.

B.1 행렬

행렬은 선형변환을 표현하는 데 사용할 수 있다. 행렬 자체의 특성이 선형변환에 의한 결과를 결정한다. 따라서 선형변환을 할 때는 해당 행렬의 특성을 이해하는 것이 필요하다.

B.1.1 행렬의 형태

행렬 A에서 대각선 위치의 원소 a_{ii}는 모두 1이고 나머지 $a_{ij,\, i \neq j}$는 모두 0일 때, 이 행렬을 단위 행렬$^{\text{unit matrix}}$ 또는 항등 행렬$^{\text{identity matrix}}$이라고 하고, I로 나타낸다. 단위 행렬을 통해서 벡터를 변환하게 되면, 전혀 변환이 생기지 않는다. 행과 열의 개수가 같은 행렬을 정방^{正方}행렬$^{\text{square matrix}}$이라고 한다. 단위 행렬은 정방 행렬이 되는데, 행과 열이 개수가 n인 단위 행렬은 다음과 같이 표현할 수 있다.

$$I = [a_{ij}]_{n \times n} \qquad a_{ij} = \begin{cases} 1 & i = j \text{ 일 때} \\ 0 & i \neq j \text{ 일 때} \end{cases} \tag{B.1}$$

대각선 위치의 원소가 아닌 모든 원소의 값이 0인 행렬을 대각對角 행렬diagonal matrix이라고 한다. 따라서 단위 행렬도 대각 행렬에 속한다. 대각 행렬에서 대각 위치의 값이 $a_{11}, a_{22}, \cdots, a_{nn}$일 때, 대각 행렬을 $diag(a_{11}, a_{22}, \cdots, a_{nn})$와 같이 간단히 표현한다.

어떤 행렬 A와 B를 서로 곱하여 단위 행렬이 될 때, A와 B는 서로 역逆행렬inverse matrix이라고 한다. 즉, $AB = BA = I$일 때, B를 A의 역행렬이라 하고 $B = A^{-1}$로 나타낸다. 또한, A는 B의 역행렬이라 하고, $A = B^{-1}$이라고 한다.

어떤 행렬 $A = (a_{ij})_{n \times m}$이 있을 때, 이 행렬의 전치轉置 행렬transpose matrix $A^{\top}$는 A의 행과 열을 교대해서 만든 행렬이다. 즉, $A^{\top} = (a_{ji})_{m \times n}$이 된다.

대칭對稱행렬symmetric matrix은 대칭인 위치의 원소의 값이 서로 같은 정방 행렬을 말한다. 즉, 대칭 행렬 $A = (a_{ij})_{n \times n}$에서는, $a_{ij} = a_{ji}$의 성질이 항상 만족한다.

B.1.2 직교

벡터 $\boldsymbol{u}$와 $\boldsymbol{v}$를 내적inner product한 값이 0일 때, 두 벡터는 서로 직교orthogonal, 直交한다고 한다. 즉, $\boldsymbol{u} \cdot \boldsymbol{v} = \boldsymbol{u}^{\top} \boldsymbol{v} = 0$일 때 $\boldsymbol{u}$와 $\boldsymbol{v}$는 서로 직교한다고 한다. 서로 직교하면서 크기가 1인 행 벡터 $\boldsymbol{v}_1, \boldsymbol{v}_2, \cdots, \boldsymbol{v}_n$으로 구성된 행렬 V은 자신과 곱해지면 단위 행렬이 된다.

$$V = \begin{pmatrix} - \boldsymbol{v}_1 - \\ - \boldsymbol{v}_2 - \\ \vdots \\ - \boldsymbol{v}_n - \end{pmatrix} \qquad VV^{\top} = V^{\top}V = I \tag{B.2}$$

이러한 행렬을 직교 행렬orthogonal matrix이라고 한다. 직교행렬의 전치 행렬은 역행렬과 같다. 즉, $V^{-1} = V^{\top}$이 만족한다.

B.1.3 기저와 좌표계

벡터 집합 $V = \{v_1, v_2, \cdots, v_n\}$의 벡터들의 선형결합$^{\text{linear combination}}$ $a_1v_1 + a_2v_2 + \cdots + a_nv_n$(여기에서 a_i는 실수인 스칼라값)에 의해서 만들어지는 벡터들의 집합을 벡터 집합 V가 생성^{span}하는 벡터 공간$^{\text{vector space}}$이라고 한다. 벡터 공간을 생성하는 서로 독립인^{independent} 벡터들의 집합을 기저$^{\text{basis, 基底}}$라고 하고, 이들 벡터를 기저 벡터$^{\text{basis vector}}$라고 한다. 보통 서로 직교하는 벡터를 기저 벡터로 선택한다.

벡터 u를 벡터 v에 직교 정사영$^{\text{orthogonal projection, 사영}}$하는 것 $proj_v(u)$는 벡터 v 방향인 벡터 u의 성분을 구하는 것으로 다음과 같이 계산한다.

$$proj_v(u) = \frac{u \cdot v}{v \cdot v}v \tag{B.3}$$

좌표계는 벡터 u를 단일하게^{unique} 표현하기 위해, 단위 벡터로 구성된 기저 $(v_1, v_2, \cdots, v_n)$의 각 벡터에 벡터 u를 내적하여, $(u \cdot v_1, u \cdot v_2, \cdots, u \cdot v_n)$와 같이 표현한 것이다.

B.1.4 행렬식

행렬식^{determinant}는 (식 B.4)와 같이 정의되는데, 정방 행렬을 실수값으로 사상$^{\text{mapping, 寫像}}$하는 일종의 함수이다. 행렬 A에 대한 행렬식은 $\det(A)$ 또는 $|A|$로 표현한다.

$$\det(A) = |A| = \sum_{i=1}^{n}(-1)^{i+1}a_{1j}\det([A]_{1j}) \tag{B.4}$$

여기에서 a_{1i}은 행렬 A의 1행 i열 원소를 나타내고, $[A]_{1i}$는 행렬 A에서 1행과 i열을 제거하고 만든 행렬이다.

행렬식은 원래 어떤 행렬이 역행렬을 가지는지 판단하는 것이 목적이었다. 행렬식의 값이 0이면 역행렬이 존재하지 않고, 그렇지 않으면 역행렬이 존재한다. 한편, 행렬식은 행렬을 이용한 선형변환에 따른 면적이나 체적의 변화 비율을 나타낸다. 행렬식의 절대값이 1보다 작다면, 행렬에 의해 변환된 벡터의 크기가 줄어든다. 반대로 행렬의 절대값이 1보다 커지면, 변환된 벡터의 크기가 커진다. 한편, 행렬식은 (식 A.31)의 다변수 가우시안 분포 같은 곳에서 수식의 간결한 표현을 위해 사용되기도 한다.

B.1.5 이차방정식과 행렬 표현

변수를 원소로 갖는 벡터 x와 대칭인 정방 행렬 A가 있을 때, $x^\top A x$은 이차방정식의 형태가 된다. 예를 들어, $x = [x_1 \ x_2]^\top$이고 $A = \begin{pmatrix} a_{11} \ a_{12} \\ a_{21} \ a_{22} \end{pmatrix}$일 때, $x^\top A x = a_{11} x_1^2 + (a_{12} + a_{21}) x_1 x_2 + a_{22} x_2^2$이 된다. 상수항이 없는 이차식은 $x^\top A x$와 같은 형태로 표현할 수 있다.

영벡터가 아닌 어떠한 x에 대해서 $x^\top A x$의 계산값이 항상 0보다 크다면, 행렬 A는 양의 정부호 행렬^{positive definite matrix}이라고 한다. 이 값이 항상 0 이상이라면, 행렬 A는 양의 준정부호 행렬^{positive semi-definite matrix}이라고 한다. 함수 최적화 문제에서 함수가 이러한 양의 정부호나 양의 준정부호 행렬로 표현된다면 경사 하강법에 의해 문제를 해결할 수 있다.

B.1.6 고유값과 고유벡터

행렬 A는 벡터 x를 선형 변환하는 데 사용할 수 있다. 행렬을 사용하여 선형 변환을 할 때 방향이 바뀌지 않는 벡터들이 있을 수 있다. 즉, 다음과 같은 조건을 만족하는 벡터 x와 이에 대응하는 상수 λ가 있을 수 있다.

$$Ax = \lambda x \tag{B.5}$$

위와 같은 조건을 만족하는 영벡터가 아닌 벡터 x를 고유벡터^{eigenvector}라고 하고, 이에 대응하는 상수 λ를 고유값^{eigenvalue}이라고 한다. 고유벡터는 서로 직교하는 성질이 있다. 즉, x_1과 x_2가 고유벡터라면, $x_1^\top x_2 = 0$이 된다.

정방 행렬 A에 대한 트레이스^{trace} $tr(A)$는 대각 원소의 합을 의미한다.

$$tr(A) = a_{11} + a_{22} + \cdots + a_{nn} \tag{B.6}$$

행렬의 고유값들의 합은 트레이스와 같다.

$$\sum_{i=1}^{n} \lambda_i = tr(A) \tag{B.7}$$

행렬의 고유값들의 곱은 행렬식의 값과 같다.

$$\prod_{i=1}^{n} \lambda_i = \det(A) \tag{B.8}$$

B.1.7 노름(norm)

벡터의 크기를 나타내는 함수를 벡터의 노름^{norm}이라고 한다. 벡터 x에 대한 노름은 $\|x\|$로 표현하는데, 다음의 성질을 만족한다. 여기에서 x와 y는 벡터를 나타내고, α는 스칼라 값을 나타낸다.

(1) $\|x\| \geq 0$
(2) $\|\alpha x\| = |\alpha| \ \|x\|$
(3) $\|x+y\| \leq \|x\| + \|y\|$
(4) $\|x\| = 0$인 경우는 $x = 0$일 때 뿐이다.

이러한 성질을 만족하는 여러 가지 노름이 있다. 대표적으로 유클리드 노름$^{Euclidean\ norm}$ $\|\cdot\|_2$ 는 벡터 $x = (x_1, x_2, \cdots, x_n)$에 대해 다음과 같이 정의된다.

$$\|x\|_2 = \sqrt{x_1^2 + x_2^2 + \cdots + x_n^2} = \sqrt{x \cdot x} = \sqrt{x^\top x} \tag{B.9}$$

다른 벡터 노름으로 p-노름$^{p-norm}$, 최대값 노름$^{maximum\ norm}$ 등이 있다.

$$p\text{-노름 } (p \geq 1): \quad \|x\|_p = \left(\sum_{i=1}^{n} |x_i|^p \right)^{1/p} \tag{B.10}$$

$$\text{최대값 노름}: \quad \|x\|_\infty = \max(|x_1|, \cdots, |x_n|) \tag{B.11}$$

행렬에 대해서도 노름이 정의되는데, 행렬 A에 대한 노름 $\|A\|$는 다음 성질을 만족한다.

(1) $\|A\| \geq 0$
(2) $\|\alpha A\| = |\alpha| \|A\|$
(3) $\|A + B\| \leq \|A\| + \|B\|$
(4) $\|A\| = 0$인 경우는 $A = 0$일 때뿐이다.

행렬 노름 중에서 다음 성질을 함께 만족하는 노름을 준승법^{準乘法} 노름$^{submultiplicative\ norm}$이라고 한다.

(5) $\|AB\| \leq \|A\|\|B\|$

행렬에 대한 노름도 여러 가지 있다. 대표적인 것으로 벡터의 노름을 사용하여 정의되는 유도 노름$^{\text{induced norm}}$이 있다.

$$\|A\| = \max_{\boldsymbol{x} \neq 0} \frac{\|A\boldsymbol{x}\|}{\|\boldsymbol{x}\|} \tag{B.12}$$

여기에서 $\|A\boldsymbol{x}\|$와 $\|\boldsymbol{x}\|$는 각각 벡터 노름을 나타낸다. 유도 노름은 크기가 1인 단위벡터를 행렬이 가장 크게 변환하는 것의 크기를 나타낸다. 정방 행렬인 경우, 유도 노름은 절대값이 가장 큰 고유값에 해당한다. 정방 행렬이 아닌 경우, 유도 노름은 고유값이 가장 큰 특이값에 해당한다.

행렬 노름에는 프로베니우스^{Frobenius} 노름, 최대값 노름 등 여러 가지가 있다.

$$\text{프로베니우스 노름 : } \quad \|A\|_F = \sqrt{\sum_i \sum_j a_{ij}^2} \tag{B.13}$$

$$\text{최대값 노름 : } \quad \|A\|_{\max} = \max_{i,j} |a_{ij}| \tag{B.14}$$

직교 행렬 A을 사용하여 벡터 $\boldsymbol{x}$를 변환하면, 변환된 벡터 $A\boldsymbol{x}$의 노름은 변하지 않는다. 즉, $\|A\boldsymbol{x}\|^2 = (A\boldsymbol{x})^\top (A\boldsymbol{x}) = \boldsymbol{x}^\top A^\top A\boldsymbol{x} = \boldsymbol{x}^\top \boldsymbol{x} = \|\boldsymbol{x}\|^2$이므로, $\|A\boldsymbol{x}\| = \|\boldsymbol{x}\|$가 된다. 직교 행렬처럼 변환 이후의 노름의 값을 유지하는 성질을 크기 유지 성질$^{\text{norm preserving property}}$이라고 한다.

B.1.8 복소수 벡터와 복소수 행렬

실수값 원소만을 갖는 행렬도 $a + ib$와 같은 복소수 고유값을 가질 수 있다. 따라서 선형대수학에서는 복소수를 갖는 벡터와 행렬을 다룰 수밖에 없다.

복소수 $a + ib$는 실수 부분 a와 허수 부분 b로 구성된다. 복소수 $v = a + ib$에서 허수 부분의 부호를 바꾼 $\bar{v} = a - ib$를 켤레 복소수$^{\text{conjugate complex number}}$ 또는 공액 복소수^{共軛複素數}라고 한다. 복소수 원소를 포함한 벡터를 복소수 벡터$^{\text{complex vector}}$라 한다. 복소수 벡터 $\boldsymbol{u}$와 $\boldsymbol{v}$에 대한 복소수 벡터 내적$^{\text{complex inner product}}$ $\langle \boldsymbol{u}, \boldsymbol{v} \rangle$는 다음과 같이 정의된다.

$$\langle \boldsymbol{u}, \boldsymbol{v} \rangle = \bar{\boldsymbol{u}}^\top \boldsymbol{v} \tag{B.15}$$

복소수 벡터 내적을 사용하여 복소수 벡터 $\boldsymbol{v}$의 유클리드 노름 $\|\boldsymbol{v}\|_2$은 다음과 같이 정의된다.

$$\|\boldsymbol{v}\|_2 = \sqrt{\bar{\boldsymbol{u}}^\top \boldsymbol{v}} \tag{B.16}$$

복소수 원소를 가지는 행렬을 복소수 행렬$^{\text{complex matrix}}$이라고 한다. 복소수 행렬 C의 각 원소를 켤레 복소수로 변환하여 만든 행렬을 켤레 복소수 행렬 $\overline{C}$라고 한다. 복소수 행렬 $\overline{C}$에 대한 켤레 전치 복소수 행렬$^{\text{conjugate transpose complex matrix}}$ C^*은 원소 $\bar{c}_{pq}$에 c_{qp}의 켤레 복소수를 갖는 행렬이다. 다음은 복소수 행렬 C과 이에 대한 켤레 복소수 행렬 C^*의 예이다.

$$C = \begin{pmatrix} 1+i & -i & 0 \\ 2 & 3-2i & i \end{pmatrix} \qquad C^* = \begin{pmatrix} 1-i & 2 \\ i & 3+2i \\ 0 & -i \end{pmatrix}$$

복소수 전치 행렬은 원소가 모두 실수값일 때, 실수값을 갖는 행렬의 전치 행렬과 같다. 자신의 켤레 전치 행렬과 같은 (즉, $H = H^*$) 복소수 정방 행렬 H를 에르미트 행렬$^{\text{Hermite matrix}}$이라고 한다. 에리미트 행렬은 실수 행렬의 대칭 행렬에 해당한다. 다음은 에르미트 행렬의 예이다.

$$H = H^* = \begin{pmatrix} 2 & 3+i \\ 3-i & 5 \end{pmatrix}$$

역행렬이 켤레 전치 행렬과 같은 (즉, $U^{-1} = U^*$)인 복소수 행렬을 유니타리 행렬$^{\text{unitary matrix}}$이라고 한다. 따라서 유니타리 행렬 U에 대해서 다음 성질이 만족한다.

$$UU^* = U^*U = I \tag{B.17}$$

따라서, 유니타리 행렬 U가 복소수 열벡터 $\boldsymbol{q}_1, \boldsymbol{q}_2, \cdots, \boldsymbol{q}_n$으로 구성되어 있을 때, 다음과 같은 성질을 만족한다.

$$\bar{\boldsymbol{q}}_j^\top \boldsymbol{q}_k = \begin{cases} 1 & j = k \text{일 때} \\ 0 & j \neq k \text{일 때} \end{cases} \tag{B.18}$$

유니타리 행렬은 실수값 행렬에서 직교 행렬에 해당한다. 한편, 유니타리 행렬 U은 크기 보존 성질을 만족한다. 즉, 다음 성질을 만족한다.

$$\|Ux\| = \|x\|$$ (B.19)

유니타리 행렬 U에 대한 고유값 λ의 크기는 1이다. 즉 복소수일 수 있는 고유값 λ는 다음 성질을 만족한다.

$$|\lambda| = 1$$ (B.20)

이 성질은 다음과 같이 증명할 수 있다. $Ux = \lambda x$ 에 대해서 켤레 전치를 시키면 $x^* U^* = \lambda^* x^*$가 된다. 이 두 식을 곱하면 다음과 같아진다.

$$x^* U^* Ux = \lambda^* x^* \lambda x$$ (B.21)

위 식은 $x^* x = \lambda^* \lambda x^* x$와 같이 정리되어, $\|x\|^2 = |\lambda|^2 \|x\|^2$의 관계를 만족한다. 따라서 $|\lambda|^2 = 1$이 된다.

B.1.9 푸리에 변환과 FFT

푸리에 급수$^{\text{Fourier series}}$는 주기적으로 값이 변하는 주기함수$^{\text{periodic function}}$를 여러 다른 주파수의 주기함수들의 선형결합으로 나타내는 것을 말한다. 다음은 임의의 주기함수 $f(x)$를 주기함수인 sin 함수와 cos 함수들의 선형 결합으로 나타내는 푸리에 급수의 예이다.

$$f(x) = a_0 + a_1\cos x + b_1\sin x + a_2\cos 2x + b_2\sin 2x + \cdots$$ (B.22)

함수를 표현하는 데 사용되는 대표적인 주기함수로는 sin, cos 함수뿐만 아니라 복소 지수 함수$^{\text{complex exponential function}}$ e^{-ix}가 있다. 복소 지수함수 e^{-ix}는 다음 성질을 만족하는 복소 수 함수이다.

$$e^{-ix} = \cos x + i\sin x$$ (B.23)

주기가 p인 함수 $f(x)$는 다음과 같이 복소 지수함수들의 선형결합인 푸리에 급수로 표현할 수 있다. 여기에서 선형결합의 계수 c_n도 복소수이다.

$$f(x) = \sum_{n=-\infty}^{\infty} c_n e^{in\pi x/p} \qquad (\text{B.24})$$

푸리에 급수는 주기적인 함수에 적용 되는데, 함수나 신호는 일반적으로 주기적이지 않다. 이런 주기적이지 않은 함수나 신호를 무수히 많은 주기함수들의 선형결합으로 표현하는 것을 푸리에 변환^{Fourier transform}이라고 한다. 푸리에 변환은 비주기적인 함수 $f(x)$를 복소수 계수 $F(w)$와 복소 지수함수 e^{iwx}를 사용하여 다음과 같이 표현한다.

$$f(x) = \frac{1}{2\pi} \int_{-\infty}^{\infty} F(w) e^{iwx} dw, \qquad (\text{B.25})$$

$$\text{여기에서 } F(w) = \int_{-\infty}^{\infty} f(x) e^{-iwx} dx \qquad (\text{B.26})$$

푸리에 급수나 푸리에 변환에서 주기 함수로 사용되는 삼각함수나 복소 지수 함수들은 서로 직교^{orthogonal}한다. 두 함수 $g(x)$와 $h(x)$가 동일한 함수가 아닐 때, 다음과 같이 두 함수의 곱을 적분한 결과가 0이면, 두 함수가 직교한다고 한다. 즉, 다음 성질을 만족하는 두 함수 $g(x)$와 $h(x)$는 직교한다고 한다.

$$\int_{-\infty}^{\infty} g(x)h(x)dx = 0, \qquad g(x) \not\equiv h(x) \text{ 일 때} \qquad (\text{B.27})$$

$g(x)$와 $h(x)$와 같이 변수가 하나인 함수는 원소가 무수히 많은 1차원 벡터로 간주할 수 있으므로, (식 B.27)은 벡터의 내적이 0인 두 벡터의 직교를 나타낸 것으로 볼 수 있다.

푸리에 급수를 나타내는 (식 B.22)와 (식 B.24)나, 푸리에 변환을 나타내는 (식 B.25)에서 사용되는 삼각함수나 복소수함수는 직교하는 함수들이고, 이들 함수는 서로 직교하는 벡터로 볼 수 있다. 따라서 푸리에 함수나 푸리에 변환은 직교하는 함수들을 기저 벡터^{basis} ^{vector}로 하여 함수를 선형 결합으로 표현하는 것으로 볼 수 있다. 즉, 푸리에 급수나 푸리에 변환은, 서로 직교하는 함수들을 기저 벡터로 하는 좌표계에 함수나 신호를 사영^{projection}하여 좌표로 표현하는 것으로 볼 수 있다.

컴퓨터에서 다루는 데이터는 일반적으로 시간이나 공간 상에서 연속인 함수가 아니라 일정 간격으로 표본추출된 이산적인 데이터이다. 이러한 이산적인 데이터에는 이산 푸리에 변환

^discrete Fourier transform^이 사용될 수 있다. 일정 간격으로 표본추출된 N개의 원소를 갖는 데이터를 $f[0], f[1], \cdots, f[N-1]$로 나타낸다고 하자. 이때, 이산 푸리에 변환에서는 표본 추출이 되는 구간에서 첨자 0에 해당되는 위치에서부터 첨자 $N-1$이 해당하는 위치까지의 전체 구간에서 값이 1인 함수(즉, 주기가 무한대인 성분 또는 DC 성분)와 각각 1, 2, $\cdots, N-1$개의 주기를 만드는 함수(즉, 주파수 각각 1, 2, $\cdots, N-1$인 함수)들을 기저 벡터로 사용한다. 이때 주파수 n인 주기함수 $W_N^n[k]$는 다음과 같이 정의된다.

$$W_N^n[k] = e^{-i2\pi nk/N} \tag{B.28}$$

여기에서 k는 데이터 위치의 첨자인 0, 1, $\cdots, N-1$의 값을 갖는다. 이산 푸리에 변환은 데이터 $f[0], \cdots, f[N-1]$을 주기함수들의 값 $W_N^n[k]$를 사용하여 다음과 같은 결과 $F[0], F[1], \cdots, F[N-1]$을 만들어 낸다.

$$F[n] = \sum_{k=0}^{N-1} f[k]e^{-i2\pi nk/N} = \sum_{k=0}^{N-1} f[k] W_N^{nk} \tag{B.29}$$

(식 B.29)의 이산 푸리에 변환은 다음과 같이 행렬로 표현할 수 있다. 여기에서는 편의상 $W = e^{-i2\pi/N}$으로 사용하면, W_N^{nk}를 W^{nk}로 표현할 수 있다.

$$\begin{pmatrix} F[0] \\ f[1] \\ F[2] \\ \vdots \\ F[N-1] \end{pmatrix} = \begin{pmatrix} 1 & 1 & 1 & 1 & \cdots & 1 \\ 1 & W & W^2 & W^3 & \cdots & W^{N-1} \\ 1 & W^2 & W^4 & W^6 & \cdots & W^{2(N-1)} \\ \vdots & \vdots & \vdots & \vdots & \ddots & \vdots \\ 1 & W^{N-1} & W^{2(N-1)} & W^{3(N-1)} & \cdots & W^{(N-1)^2} \end{pmatrix} \begin{pmatrix} f[0] \\ f[1] \\ f[2] \\ \vdots \\ f[N-1] \end{pmatrix} \tag{B.30}$$

위 식은 다음과 같이 간단히 나타낼 수 있다.

$$\boldsymbol{F} = W_N \boldsymbol{f} \tag{B.31}$$

위 식에서 푸리에 변환을 하는 행렬 W_N을 푸리에 행렬^Fourier matrix^이라고 한다. $N=4$일 때 $W^4 = (e^{-i2\pi/4})^4 = 1$이고 $W^2 = (e^{-i2\pi/4})^2 = -1$이므로, 푸리에 행렬은 다음과 같다.

$$F_4 = \begin{pmatrix} 1 & 1 & 1 & 1 \\ 1 & i & -1 & -i \\ 1 & -1 & 1 & -1 \\ 1 & -i & -1 & i \end{pmatrix} \tag{B.32}$$

푸리에 행렬은 행렬을 구성하는 벡터들이 서로 직교하기 때문에 유니타리 행렬이다. 따라서 푸리에 행렬 W_N의 역행렬 W_N^{-1}은 다음과 같이 컬레 전치 행렬 W_N^*이 된다.

$$W_N^{-1} = W_N^* \tag{B.33}$$

한편, 푸리에 변환된 결과를 원래 데이터 형태로 표현하는 것을 역 푸리에 변환$^{\text{inverse Fourier}}$ ^{transform}이라고 한다. 역 푸리에 변환은 푸리에 행렬의 역행렬 W_N^{-1}을 사용하여 다음과 같이 계산할 수 있다.

$$f = W_N^{-1} F \tag{B.34}$$

(식 B.30)을 사용하여 이산 푸리에 변환을 하면, $N \times N$ 크기의 푸리에 행렬을 곱해야 하기 때문에, $O(N^2)$의 시간이 걸린다. $W^N = (e^{-i2\pi/N})^N = 1$와 같은 성질과 푸리에 행렬의 구조적인 특성을 이용하는 동적 계획법$^{\text{dynamic programming}}$ 기반의 알고리즘인 FFT$^{\text{fast Fourier}}$ ^{transform}를 사용하면, $O(n \log n)$의 시간에 이산 푸리에 변환을 수행할 수 있다.

푸리에 변환은 1차원인 벡터뿐만 아니라, 영상과 같은 2차원 데이터에도 적용할 수 있다. 크기 $N \times N$의 영상 $f(p,q)$가 주어질 때, 이산 푸리에 변환 결과 $F(k,l)$은 다음과 같이 계산된다. 여기에서 k와 l의 범위는 각각 0에서 $N-1$까지 이다.

$$F(k,l) = \sum_{p=0}^{N-1} \sum_{q=0}^{N-1} f(p,q) e^{-i2\pi(kp/N + lq/N)} \tag{B.35}$$

B.2 행렬 분해와 응용

정수값을 인수분해하여 정수들의 곱으로 표현할 수 있는 것처럼, 행렬을 다른 행렬들의 곱으로 표현할 수도 있다. 이처럼 행렬을 행렬들의 곱으로 표현하는 것을 행렬 분해^{matrix} ^{decomposition}라고 한다.

B.2.1 고유값 분해

$n \times n$ 크기의 정방 행렬 A가 선형독립인 n개의 고유벡터 $\boldsymbol{q}_i \ (i = 1, ..., n)$을 가지고 있다면, 이들 고유벡터를 열벡터로 갖는 행렬 Q를 사용하여 다음과 같은 분해할 수 있다.

$$A = Q\Lambda Q^{-1} \tag{B.36}$$

여기에서 Q와 Λ는 다음과 같은 특성을 갖게 된다.

$$A\boldsymbol{q}_i = \lambda_i \boldsymbol{q}_i \ (i = 1, \cdots, n) \tag{B.37}$$

$$Q = \begin{pmatrix} | & \cdots & | \\ \boldsymbol{q}_1 & \cdots & \boldsymbol{q}_n \\ | & \cdots & | \end{pmatrix} \tag{B.38}$$

$$\Lambda = \begin{pmatrix} \lambda_1 & 0 & \cdots & 0 \\ 0 & \lambda_2 & \cdots & 0 \\ \vdots & \vdots & \ddots & \vdots \\ 0 & 0 & \cdots & \lambda_n \end{pmatrix} \tag{B.39}$$

이와 같은 정방 행렬의 분해를 고유값 분해^{eigendecomposition}라고 한다. 행렬을 고유값 분해할 수 있을 때, 행렬이 대각화가능^{diagonalizable}하다고 한다. 서로 직교하는 벡터들로 구성된 행렬을 직교행렬$^{\text{orthogonal matrix}}$이라고 하는데, 고유벡터는 서로 직교하므로 Q는 직교행렬이다.

Q를 크기가 1인 고유벡터들로 구성하면 $QQ^\top = Q^\top Q = I$ 가 되므로, Q의 전치행렬 $Q^\top$는 Q의 역행렬 Q^{-1}이다.

$$Q^{-1} = Q^\top \tag{B.40}$$

즉, Q를 크기가 1인 고유벡터들로 구성할 때는, 고유값 분해는 다음과 같이 표현할 수도 있다.

$$A = Q\Lambda Q^\top \tag{B.41}$$

다음은 고유값 분해를 하는 예이다.

$$\begin{pmatrix} 2 & 0 & -2 \\ 1 & 1 & -2 \\ 0 & 0 & 1 \end{pmatrix} = \begin{pmatrix} 1 & 0 & 2 \\ 1 & 1 & 0 \\ 0 & 0 & 1 \end{pmatrix} \begin{pmatrix} 2 & 0 & 0 \\ 0 & 1 & 0 \\ 0 & 0 & 1 \end{pmatrix} \begin{pmatrix} 1 & 0 & 2 \\ 1 & 1 & 0 \\ 0 & 0 & 1 \end{pmatrix}^{-1}$$

정방 행렬 A의 거듭제곱은 다음과 같이 중간의 대각 행렬의 제곱으로 간단히 표현될 수 있다.

$$A^2 = (Q\Lambda Q^{-1})(Q\Lambda Q^{-1}) = Q\Lambda I\Lambda Q^{-1} = Q\Lambda^2 Q^{-1} \tag{B.42}$$

따라서 A에 대한 n번 거듭제곱하면 다음과 같이 된다.

$$A = Q\Lambda^n Q^{-1} \tag{B.43}$$

한편, 복소 행렬에 대해서도 고유값 분해가 가능한 경우가 있다. 유니타리 행렬 C는 복소 행렬 V와 D를 사용하여 다음과 같이 분해할 수 있다.

$$C = VDV^* \tag{B.44}$$

여기에서 V^*는 V의 복소 켤레 행렬이고, D는 고유값을 대각의 원소로 갖는 대각 행렬이다. 고유값 λ_i인 복소 고유벡터 v_i가 있으면, 이에 대응하는 켤레 복소수인 $\lambda_j = \overline{\lambda_i}$와 복소 고유벡터 $v_j = \overline{v_i}$가 존재한다.

B.2.2 특이값 분해 SVD

정방 행렬이 아닌 행렬도 분해할 수 있다. 행렬을 다음과 같은 행렬들의 곱으로 표현하는 것으로 특이값 분해$^{singular\ value\ decompositon,\ SVD}$가 있다.

$$A = U\Sigma V^\top \tag{B.45}$$

행렬 A가 $m \times n$ 크기의 행렬일 때, U는 $m \times m$ 크기의 직교행렬이고, V는 $n \times n$ 크기의 직교행렬이다. Σ는 $m \times n$ 크기의 행렬로 처음 r개의 값에 0이 아닌 값만 대각에 있는 나타나고 나머지는 모두 0인 행렬이다. 행렬에서 서로 독립인 행 벡터의 개수나 열 벡터의 개수를 행렬의 계수$^{rank,\ 階數}$라고 한다. 행렬 A의 특이값 분해에서 얻어진 Σ에 있는 대각선의 0이 아닌 값의 개수가 A의 계수와 같다.

V는 $A^\top A$를 고유값 분해해서 얻어진 고유벡터를 고유값이 줄어드는 순서로 배치한 직교행렬이다. $A^\top A$에 대한 고유값 λ_i의 제곱근 $\sigma_i = \sqrt{\lambda_i}$을 특이값$^{singular\ value}$이라 한다. 특이

값으로는 고유값에 대한 양의 제곱근을 선택한다. Σ는 특이값들을 내림차순의 대각에 배치한 다음과 같은 행렬이다.

$$
\Sigma = \begin{pmatrix} \sigma_1 & 0 & \cdots & 0 \\ 0 & \sigma_2 & \cdots & 0 \\ \vdots & \vdots & \ddots & \vdots \\ 0 & 0 & \cdots & \sigma_r \\ \vdots & \vdots & \cdots & 0 \\ 0 & 0 & \cdots & 0 \end{pmatrix} \text{ 또는 } \begin{pmatrix} \sigma_1 & 0 & \cdots & 0 & \cdots & 0 \\ 0 & \sigma_2 & \cdots & 0 & \cdots & 0 \\ \vdots & \vdots & \ddots & \vdots & \vdots & 0 \\ 0 & 0 & \cdots & \sigma_r & \cdots & 0 \end{pmatrix} \tag{B.46}
$$

U는 $A^\top A$의 고유벡터를 고유값의 내림차순으로 열벡터로 배치한 직교행렬이다. 다음은 특이값 분해를 한 예이다.

$$
\begin{pmatrix} 1 & -1 \\ -2 & 2 \\ 2 & -2 \end{pmatrix} = \begin{pmatrix} 1/3 & 2/\sqrt{5} & -2/\sqrt{45} \\ -2/3 & 1/\sqrt{5} & 4/\sqrt{45} \\ 2/3 & 0 & 5/\sqrt{45} \end{pmatrix} \begin{pmatrix} \sqrt{18} & 0 \\ 0 & 0 \\ 0 & 0 \end{pmatrix} \begin{pmatrix} 1/\sqrt{2} & -1/\sqrt{2} \\ 1/\sqrt{2} & -1/\sqrt{2} \end{pmatrix}
$$

특이값 분해를 하는 효율적인 여러 라이브러리가 이미 개발되어 있다. 정방 행렬에 대해서 특이값 분해를 하면 고유값 분해를 한 것과 같은 결과가 나온다. 그런 이유로 고유값 분해를 통해 고유값과 고유벡터를 구할 때는, 일반적으로 특이값 분해 라이브러리를 사용한다.

B.2.3 주성분 분석 PCA

고차원 데이터를 분석할 때, 데이터의 특성을 가능하면 많이 유지하면서 저차원으로 변환하는 것이 필요할 때가 있다. 이러한 차원 축소에 사용하는 대표적인 방법으로 주성분 분석principal component analysis, PCA이 있다. 이 방법은 데이터의 분포에서 분산이 가장 큰 축을 기준으로 직교하는 축들을 결정하고, 그 중의 분산이 큰 일부 축만을 기저 벡터basis vector로 사용하여 데이터를 표현한다. 이때 선택된 축들을 주성분 축principal axis 또는 주성분 벡터principal vector라고 한다.

데이터 $X = \{\boldsymbol{x}_i = (x_{i1}, x_{i2}, \cdots, x_{in}) \mid i = 1, \cdots, N\}$이 주어질 때, 주성분 벡터들은 다음과 같은 과정을 통해서 계산한다.

1. 데이터에 대한 평균 벡터 $\bar{\boldsymbol{x}}$를 다음과 같이 계산한다.

$$
\bar{\boldsymbol{x}} = \frac{1}{N} \sum_{i=1}^{N} \boldsymbol{x}_i \tag{B.47}
$$

2. 각 데이터에서 평균 벡터를 빼서 데이터를 변환한다.

$$x_i' = x_i - \bar{x} \tag{B.48}$$

3. 변환된 데이터에 대해서 공분산 행렬 C를 계산한다.

$$C = \begin{bmatrix} c_{11} & c_{12} & \cdots & c_{1n} \\ c_{21} & c_{22} & \cdots & c_{2n} \\ \vdots & \vdots & \ddots & \vdots \\ c_{n1} & c_{n2} & \cdots & c_{nn} \end{bmatrix} \qquad c_{ij} = \frac{1}{N-1} \sum_{k=1}^{N} x_{ik}' x_{jk}' \tag{B.49}$$

4. 공분산 행렬을 특이값 분해$^{\text{singular value decomposition, SVD}}$를 사용하여 행렬들의 곱으로 표현한다.

$$C = U \Sigma V^\top \tag{B.50}$$

행렬 V의 열벡터 중에서 대응하는 고유값이 가장 큰 것들의 일부를 주성분 벡터로 선택한다. 선택된 주성분 벡터들을 기저벡터$^{\text{basis vector}}$로 사용하여 데이터를 표현한다. 즉, 주성분 벡터 방향의 단위 벡터가 $v_1, v_2, \cdots, v_k$ 라면, 데이터 x_i를 k차원의 데이터 $(x_i' \cdot v_1, x_i' \cdot v_2, \cdots, x_i' \cdot v_k)$로 변환한다.

B.3 함수 미분과 벡터 미분

함수가 여러 변수로 표현되는 다변수 함수일 때도 있다. 벡터나 행렬이 함수식으로 표현되는 예도 있다. 이들에 대한 몇 가지 중요한 미분으로 표현되는 함수, 벡터 또는 행렬이 있다.

B.3.1 그레디언트

다변수 함수 $f(x_1, x_2, \cdots, x_n)$ 이 있을 때, f의 그레디언트^{gradient} ∇f는 다음과 같이 각 변수에 대한 f의 편미분을 원소로 갖는 벡터로 정의된다.

$$\nabla f = \left(\frac{\partial f}{\partial x_1}, \frac{\partial f}{\partial x_2}, \cdots, \frac{\partial f}{\partial x_n} \right) \tag{B.51}$$

예를 들어 $f(x_1, x_2) = x_1^2 + x_2^2$ 에 대한 그레디언트를 계산하면 다음과 같다.

$$\nabla f = (2x_1, 2x_2)$$

그레디언트는 주어진 위치 $(x_1, x_2, \cdots, x_n)$ 에서 함수의 값이 가장 커지는 인접한 위치로의 방향을 나타낸다. 함수를 최소화하는 최적화 문제에 적용하는 경사 하강법에서는, 그레디언트의 반대 방향으로 조금씩 움직이면서 최소값의 위치를 찾는다. 한편, 그레디언트가 지역적으로 가장 큰 변화를 일으키는 방향의 변화율이기 때문에 현재 위치 x의 인접 위치 $x+\delta$ 에 대한 근사값은 다음과 같이 표현할 수 있다.

$$f(x+\delta) \approx f(x) + \delta \nabla f \tag{B.52}$$

B.3.2 자코비안

다변수 함수를 원소로 하는 어떤 벡터 함수 $\boldsymbol{F}(x_1, x_2, \cdots, x_n) = (f_1(x_1, x_2, \cdots, x_n),$ $f_2(x_1, x_2, \cdots, x_n), \cdots, f_m(x_1, x_2, \cdots, x_n))^\top$가 있다고 하자. 이때 벡터 함수의 각 원소를 $x_1, x_2, \cdots, x_n$에 대해서 각각 편미분 하여 아래와 같이 정의한 행렬을 자코비안^{Jacobian} 행렬 J_F 라고 한다.

$$J_F = \begin{pmatrix} \dfrac{\partial f_1}{\partial x_1} & \cdots & \dfrac{\partial f_1}{\partial x_n} \\ \vdots & \ddots & \vdots \\ \dfrac{\partial f_m}{\partial x_1} & \cdots & \dfrac{\partial f_m}{\partial x_n} \end{pmatrix} \tag{B.53}$$

예를 들어 $F(x_1, x_2) = (x_1^2 + x_2, 3x_1 x_2)$에 대한 자코비안 행렬은 다음과 같다.

$$F(x_1, x_2) = \begin{bmatrix} 2x_1 & 1 \\ 3x_2 & 3x_1 \end{bmatrix}$$

자코비안은 다변수 벡터 함수에 대한 일차 미분으로 볼 수 있다. 자코비안이나 그레디언트는 함수에 대한 일차 미분이기 때문에, 함수의 지역적인 변화가 가장 큰 방향을 나타낸다고 볼 수 있다. 따라서 현재 위치 x의 인접 위치 $x+\delta$ 에 대한 근사값은 다음과 같이 표현할 수 있다.

$$F(x+\delta) \approx F(x) + J_F \delta \tag{B.54}$$

B.3.3 헤시안

다변수 함수 $f(x_1, x_2, \cdots, x_n)$이 있을 때, 이에 대한 헤시안[Hessian] 행렬 $H(f)$는 다음과 같이 함수의 이차편미분으로 정의된다.

$$H(f) = \begin{pmatrix} \dfrac{\partial^2 f}{\partial x_1^2} & \dfrac{\partial^2 f}{\partial x_1 x_2} & \cdots & \dfrac{\partial^2 f}{\partial x_1 x_n} \\ \dfrac{\partial^2 f}{\partial x_1 x_2} & \dfrac{\partial^2 f}{\partial x_2^2} & \cdots & \dfrac{\partial^2 f}{\partial x_2 x_n} \\ \vdots & \vdots & \ddots & \vdots \\ \dfrac{\partial^2 f}{\partial x_n x_1} & \dfrac{\partial^2 f}{\partial x_n x_2} & \cdots & \dfrac{\partial^2 f}{\partial x_n^2} \end{pmatrix} \tag{B.55}$$

헤시안 행렬은 함수의 곡률[curvature] 특성을 나타낸다. 함수값을 근사시킬 때 그레디언트와 헤시안을 함께 사용하여 (B.54)에서 보다 더 정확하게 나타낼 수 있다. 현재 위치 x의 인접 위치 $x+\delta$에 대한 근사값은 다음과 같이 표현할 수 있다.

$$f(x+\delta) \approx f(x) + \delta \nabla f + \frac{1}{2} \delta^\top H(x)\delta \tag{B.56}$$

어떤 함수의 극대[local maxima] 또는 극소[local minima]를 찾기 위해서는 그레디언트가 영벡터가 되는 위치를 먼저 찾는다. 그런데 이러한 위치는 극소, 극대, 또는 안장점[saddle point, 鞍裝點]일 수 있다. 안장점은 말안장에서처럼 방향에 따라 극소와 극대가 바뀌는 점이다. 이러한 위치의 특성을 판정하기 위해 헤시안을 사용할 수 있다. 헤시안 행렬의 고유값이 모두 양수이면, 해당 위치는 함수의 극소이다. 고유값이 모두 음수이면, 해당 위치는 함수의 극대이다. 그런데 고유값으로 양수와 음수 값이 모두 있으면, 해당 위치는 안장점이다.

B.3.4 라플라시안

다변수 함수 $f(x_1, x_2, \cdots, x_n)$이 있을 때, 이에 대한 라플라시안[Laplacian] $\nabla^2 f$는 함수 f의 각 변수에 대한 이차 편미분들의 합으로 다음과 같이 정의된다.

$$\nabla^2 f = \frac{\partial^2 f}{\partial x_1^2} + \frac{\partial^2 f}{\partial x_2^2} + \cdots \frac{\partial^2 f}{\partial x_n^2} \tag{B.57}$$

B.3.5 벡터와 행렬의 미분

행렬이나 벡터에 대한 편미분을 해야 하는 경우가 있다. 다음은 인공지능에서 편미분할 때 종종 사용되는 공식이다. 아래에서 소문자 기호는 열벡터를 나타내고, 대문자 기호는 행렬을 나타낸다.

$$\frac{\partial x^\top a}{\partial x} = \frac{\partial a^\top x}{\partial x} = a^\top \tag{B.58}$$

$$\frac{\partial a^\top Ab}{\partial A} = ab^\top \tag{B.59}$$

$$\frac{\partial a^\top A^\top b}{\partial A} = ba^\top \tag{B.60}$$

$$\frac{\partial Aa}{\partial a} = A^\top \tag{B.61}$$

참고문헌

1장

1. Newell, A., Simon, H. A. (1972). Human problem solving (Vol. 104, No. 9). Englewood Cliffs, NJ: Prentice-Hall.
2. Russell, S., Hauert, S., Altman, R., Veloso, M. (2015). Ethics of artificial intelligence. Nature, 521(7553), 415-416.
3. Bonnefon, J. F., Shariff, A., Rahwan, I. (2016). The social dilemma of autonomous vehicles. Science, 352(6293), 1573-1576.
4. 마쓰오 유타카. (2015). 인공지능과 딥러닝, 동아엠앤비.
5. 이건명, 박승억, 박중목, 김연순, 안상원, 양인정, 박치완, 황혜영, 김종규. (2018). 인공지능 시대의 인문학. 신아사.

2장

1. Russell, S. J., Norvig, P. (2016). Artificial intelligence: a modern approach. Pearson Education Limited.
2. Callan, R.(2003). Artificial Intelligence.Palgrave MacMillan.
3. Browne, C. B., Powley, E., Whitehouse, D., Lucas, S. M., Cowling, P. I., Rohlfshagen, P., ..., Colton, S. (2012). A survey of monte carlo tree search methods. IEEE Transactions on Computational Intelligence and AI in games, 4(1), 1-43.
4. Silver, D., Huang, A., Maddison, C. J., Guez, A., Sifre, L., Van Den Driessche, G., ..., Dieleman, S. (2016). Mastering the game of Go with deep neural networks and tree search. nature, 529(7587), 484.
5. Silver, D., Schrittwieser, J., Simonyan, K., Antonoglou, I., Huang, A., Guez, A., ..., Chen, Y. (2017). Mastering the game of Go without human knowledge. Nature, 550(7676), 354.
6. 김여근. (2017). 메타휴리스틱스. 전남대학교출판부.
7. 이건명. 알파고는 어떻게 바둑을 두나. 2016년 5월 3일. 유튜브 (https://www.youtube. com/watch?v=94IX97APSLs)

3장

1. Rich, E., Knight, K. (1991). Artificial intelligence. McGraw-Hill, New.

2. Nilsson, N. J. (2014). Principles of artificial intelligence. Morgan Kaufmann.

3. Luger, G. F., Stubblefield, W. A. (1990). Artificial intelligence and the design of expert systems. Benjamin-Cummings Publishing Co., Inc..

4. Winston, P. H. (1992) Artificial Intelligence,. Addison-Wesley.

5. Yen, J., Langari, R. (1999). Fuzzy logic: intelligence, control, and information (Vol. 1). Upper Saddle River, NJ: Prentice Hall.

6. Koller, D., Friedman, N. (2009). Probabilistic graphical models: principles and techniques. MIT press.

7. Matuszek, C., Cabral, J., Witbrock, M. J., DeOliveira, J. (2006, March). An Introduction to the Syntax and Content of Cyc. In AAAI Spring Symposium: Formalizing and Compiling Background Knowledge and Its Applications to Knowledge Representation and Question Answering (pp. 44-49).

8. Harnad, S. (1990). The symbol grounding problem. Physica D: Nonlinear Phenomena, 42(1-3), 335-346.

9. 고바야시 이치로(장문수 외 역). (2008). 인공지능의 기초. 드림미디어.

10. 이광형, 오길록. (1992). 퍼지 이론 및 응용. 홍릉출판사.

4장

1. Mitchell, T. M. (1997). Machine learning. 1997. Burr Ridge, IL: McGraw Hill, 45(37), 870-877.

2. Domingos, P. (2015). The master algorithm: How the quest for the ultimate learning machine will remake our world. Basic Books.

3. Bishop, C. M. (2009). Pattern recognition and machine learning, Springer.

4. Harrington, P. (2012). Machine learning in action. Shelter Island, NY: Manning Publications Co.

5. Kriegel, H. P., Kröger, P., Zimek, A. (2010). Outlier detection techniques. Tutorial at KDD, 10.

6. Hearst, M. A., Dumais, S. T., Osuna, E., Platt, J., Scholkopf, B. (1998). Support vector machines. IEEE Intelligent Systems and their applications, 13(4), 18-28.

7. Sutton, R. S., Barto, A. G. (1998). Introduction to reinforcement learning (Vol. 135). Cambridge: MIT press.

8. Sutton, R. S., McAllester, D. A., Singh, S. P., Mansour, Y. (2000). Policy gradient methods for reinforcement learning with function approximation. In Advances in neural information processing systems (pp. 1057–1063).

9. Mnih, V., Kavukcuoglu, K., Silver, D., Rusu, A. A., Veness, J., Bellemare, M. G., ..., Petersen, S. (2015). Human-level control through deep reinforcement learning. Nature, 518(7540), 529.

10. 김지연, 박주영, 박정호, 김재인, 김태환. (2018). 머신러닝 기술의 이해: 기술사회학과 공학적 측면을 중심으로. 드림미디어.

11. 박혜영, 이관용. (2011). 패턴인식과 기계학습. 이한출판사.

5장

1. LeCun, Y., Bengio, Y., Hinton, G. (2015). Deep learning. nature, 521(7553), 436.

2. LeCun, Y., Jackel, L. D., Bottou, L., Cortes, C., Denker, J. S., Drucker, H., ..., Vapnik, V. (1995). Learning algorithms for classification: A comparison on handwritten digit recognition. Neural networks: the statistical mechanics perspective, 261, 276.

3. Hinton, G. E. (2012). A practical guide to training restricted Boltzmann machines. In Neural networks: Tricks of the trade (pp. 599–619). Springer, Berlin, Heidelberg.

4. Russakovsky, O., Deng, J., Su, H., Krause, J., Satheesh, S., Ma, S., ..., Berg, A. C. (2015). Imagenet large scale visual recognition challenge. International Journal of Computer Vision, 115(3), 211–252.

5. Hinton, G. E., Osindero, S., Teh, Y. W. (2006). A fast learning algorithm for deep belief nets. Neural computation, 18(7), 1527–1554.

6. Simonyan, K., Zisserman, A. (2014). Very deep convolutional networks for large-scale image recognition. arXiv preprint arXiv:1409.1556.

7. Nair, V., Hinton, G. E. (2010). Rectified linear units improve restricted boltzmann machines. In Proceedings of the 27th international conference on machine learning (ICML-10) (pp. 807–814).

8. Szegedy, C., Ioffe, S., Vanhoucke, V., Alemi, A. A. (2017, February). Inception-v4, inception-resnet and the impact of residual connections on learning. In AAAI (Vol. 4, p. 12).

9. Hinton, G. E., Srivastava, N., Krizhevsky, A., Sutskever, I., Salakhutdinov, R. R. (2012). Improving neural networks by preventing co-adaptation of feature detectors. arXiv preprint arXiv:1207.0580.

10. Gal, Y., Ghahramani, Z. (2016, June). Dropout as a Bayesian approximation: Representing model uncertainty in deep learning. In international conference on machine learning (pp. 1050-1059).

11. Kingma, D. P., Ba, J. (2014). Adam: A method for stochastic optimization. arXiv preprint arXiv:1412.6980.

12. Krizhevsky, A., Sutskever, I., Hinton, G. E. (2012). Imagenet classification with deep convolutional neural networks. In Advances in neural information processing systems (pp. 1097-1105).

13. Huang, G., Liu, Z., Van Der Maaten, L., Weinberger, K. Q. (2017, July). Densely Connected Convolutional Networks. In CVPR (Vol. 1, No. 2, p. 3).

14. Chen, Y., Li, J., Xiao, H., Jin, X., Yan, S., Feng, J. (2017). Dual path networks. In Advances in Neural Information Processing Systems (pp. 4467-4475).

15. Bahdanau, D., Cho, K., Bengio, Y. (2014). Neural machine translation by jointly learning to align and translate. arXiv preprint arXiv:1409.0473.

16. Sak, H., Senior, A., Beaufays, F. (2014). Long short-term memory recurrent neural network architectures for large scale acoustic modeling. In Fifteenth annual conference of the international speech communication association.

17. Schuster, M., Paliwal, K. K. (1997). Bidirectional recurrent neural networks. IEEE Transactions on Signal Processing, 45(11), 2673-2681.

18. Goodfellow, I., Pouget-Abadie, J., Mirza, M., Xu, B., Warde-Farley, D., Ozair, S., ..., Bengio, Y. (2014). Generative adversarial nets. In Advances in neural information processing systems (pp. 2672-2680).

19. Radford, A., Metz, L., Chintala, S. (2015). Unsupervised representation learning with deep convolutional generative adversarial networks. arXiv preprint arXiv:1511.06434.

20. Donahue, J., Krahenbuhl, P., Darrell, T. (2016). Adversarial feature learning. arXiv preprint arXiv:1605.09782.

21. Kingma, D., Welling, M. (2014). Auto-encoding variational Bayes. Proceedings of Int. Conf. on Learning Representations (ICLR)

22. Xu, K. Ba, J. L, Kiros, R., ..., Bengio, Y. (2016). Show, Attend and Tell: Neural Image Caption Generation with Visual Attension. arXiv:1502.03044v3.

23. Kumar, A., Irsoy, O., Ondruska, P., Iyyer, M., Bradbury, J., Gulrajani, I., ..., Socher, R. (2016, June). Ask me anything: Dynamic memory networks for natural language processing. In International Conference on Machine Learning (pp. 1378-1387).

24. He, K., Zhang, X., Ren, S., Sun, J. (2016). Deep residual learning for image recognition. In Proceedings of the IEEE conference on computer vision and pattern recognition (pp. 770-778).

25. Weston, J., Chopra, S., Bordes, A. (2014). Memory networks. arXiv preprint arX-iv: 14103916.

26. Sukhbaatar, S., Weston, J., Fergus, R. (2015). End-to-end memory networks. In Advances in neural information processing systems (pp. 2440-2448).

27. Xiong, C., Merity, S., Socher, R. (2016, June). Dynamic memory networks for visual and textual question answering. In International conference on machine learning (pp. 2397-2406).

28. Graves, A., Wayne, G., Danihelka, I. (2014). Neural turing machines. arXiv preprint arXiv:1410.5401.

29. Sabour, S., Frosst, N., Hinton, G. E. (2017). Dynamic routing between capsules. In Advances in Neural Information Processing Systems (pp. 3856-3866).

30. Graves, A., Wayne, G., Reynolds, M., Harley, T., Danihelka, I., Grabska-Barwińska, A., ..., Badia, A. P. (2016). Hybrid computing using a neural network with dynamic external memory. Nature, 538(7626), 471.

6장

1. Ghallab, M., Nau, D., Traverso, P. (2004). Automated Planning: theory and practice. Elsevier.

2. Russell, S. J., Norvig, P. (2016). Artificial intelligence: a modern approach. Pearson Education Limited.

7장

1. Leskovec, J., Rajaraman, A., Ullman, J. D. (2014). Mining of massive datasets. Cambridge university press.

2. Han, J., Pei, J., Kamber, M. (2011). Data mining: concepts and techniques. Elsevier.

3. Cook, D. J., Holder, L. B. (Eds.). (2006). Mining graph data. John Wiley & Sons.

4. 박두순, 문양세, 박영호, 윤찬현, 정영식, 장형석. (2014). 빅데이터 컴퓨팅 기술. 한빛미디어.

8장

1. Bird, S., Klein, E., Loper, E. (2009). Natural language processing with Python: analyzing text with the natural language toolkit. O'Reilly Media, Inc.

2. Graves, A., Mohamed, A. R., Hinton, G. (2013, May). Speech recognition with deep recurrent neural networks. In Acoustics, speech and signal processing (icassp), 2013 ieee international conference on (pp. 6645–6649). IEEE.

3. Firth, J.R. (1957). "A synopsis of linguistic theory 1930–1955". Studies in Linguistic Analysis. Oxford: Philological Society: 1–32. Reprinted in F.R. Palmer, ed. (1968). Selected Papers of J.R. Firth 1952–1959. London: Longman.

4. Mikolov, T., Chen, K., Corrado, G., & Dean, J. (2013). Efficient estimation of word representations in vector space. arXiv preprint arXiv:1301.3781.

5. Mikolov, T., Sutskever, I., Chen, K., Corrado, G. S., Dean, J. (2013). Distributed representations of words and phrases and their compositionality. In Advances in neural information processing systems (pp. 3111–3119).

6. Rong, X. (2014). word2vec parameter learning explained. arXiv preprint arXiv:1411.2738.

7. Garten, J., Sagae, K., Ustun, V., Dehghani, M. (2015). Combining distributed vector representations for words. In Proceedings of the 1st Workshop on Vector Space Modeling for Natural Language Processing (pp. 95–101).

8. Goldberg, Y., Levy, O. (2014). word2vec Explained: deriving Mikolov et al.'s negative-sampling word-embedding method. arXiv preprint arXiv:1402.3722.

9. Graves, A., Fernández, S., Gomez, F., Schmidhuber, J. (2006, June). Connectionist temporal classification: labelling unsegmented sequence data with recurrent neural networks. In Proceedings of the 23rd international conference on Machine learning (pp. 369–376). ACM.

10. Graves, A., Jaitly, N. (2014, January). Towards end-to-end speech recognition with recurrent neural networks. In International Conference on Machine Learning (pp. 1764–1772).

11. Chorowski, J., Bahdanau, D., Cho, K., Bengio, Y. (2014). End-to-end continuous speech recognition using attention-based recurrent NN: first results. arXiv preprint arXiv:1412.1602.

12. Amodei, D., Ananthanarayanan, S., Anubhai, R., Bai, J., Battenberg, E., Case, C., ..., Chen, J. (2016, June). Deep speech 2: End-to-end speech recognition in english and mandarin. In International Conference on Machine Learning (pp. 173–182).

13. 강승식. (2002). 한국어 형태소 분석과 정보검색. 흥릉과학출판사.

9장

1. Szeliski, R. (2010). Computer vision: algorithms and applications. Springer Science & Business Media.

2. Prince, S. J. (2012). Computer vision: models, learning, and inference. Cambridge University Press.

3. Girshick, R., Donahue, J., Darrell, T., Malik, J. (2014). Rich feature hierarchies for accurate object detection and semantic segmentation. In Proceedings of the IEEE conference on computer vision and pattern recognition (pp. 580–587).

4. Girshick, R. (2015). Fast r-cnn. In Proceedings of the IEEE international conference on computer vision (pp. 1440–1448).

5. Ren, S., He, K., Girshick, R., Sun, J. (2015). Faster r-cnn: Towards real-time object detection with region proposal networks. In Advances in neural information processing systems (pp. 91–99).

6. Redmon, J., Divvala, S., Girshick, R., Farhadi, A. (2016). You only look once: Unified, real-time object detection. In Proceedings of the IEEE conference on computer vision and pattern recognition (pp. 779–788).

7. Liu, W., Anguelov, D., Erhan, D., Szegedy, C., Reed, S., Fu, C. Y., Berg, A. C. (2016, October). Ssd: Single shot multibox detector. In European conference on computer vision (pp. 21-37). Springer, Cham.

8. Long, J., Shelhamer, E., Darrell, T. (2015). Fully convolutional networks for semantic segmentation. In Proceedings of the IEEE conference on computer vision and pattern recognition (pp. 3431-3440).

9. Karpathy, A., Fei-Fei, L. (2015). Deep visual-semantic alignments for generating image descriptions. In Proceedings of the IEEE conference on computer vision and pattern recognition (pp. 3128-3137).

10. Gatys, L. A., Ecker, A. S., Bethge, M. (2015). A neural algorithm of artistic style. arXiv preprint arXiv: 1508.06576.

11. 오일석. (2014). 컴퓨터비전. 한빛아카데미.

10장

1. Thrun, S., Burgard, W., Fox, D. (2005). Probabilistic robotics. MIT press.

2. Siegwart, R., Nourbakhsh, I. R., Scaramuzza, D. (2004). Autonomous mobile robots. Massachusetts Institute of Technology.

3. Park, F. C., Lynch, K. M. (2015). Introduction to Robotics: Mechanics, Planning, and Control. Seoul National University, 2012.

11장

1. Hill, E. F. (2003). Jess in action: Java rule-based systems. Manning Publications Co..

2. https://herzberg.ca.sandia.gov/

12장

1. Witten, I. H., Frank, E., Hall, M. A. (2011). Introduction to Weka. Data mining: practical machine learning tools and techniques, 2, 365-368.

2. Hall, M., Frank, E., Holmes, G., Pfahringer, B., Reutemann, P., Witten, I. H. (2009). The WEKA data mining software: an update. ACM SIGKDD explorations newsletter, 11(1), 10-18.

13장

1. Abadi, M., Barham, P., Chen, J., Chen, Z., Davis, A., Dean, J., ..., Kudlur, M. (2016, November). Tensorflow: a system for large-scale machine learning. In OSDI (Vol. 16, pp. 265-283).

2. Zaccone, G., Karim, M. R., Menshawy, A. (2017). Deep Learning with TensorFlow. Packt Publishing Ltd.

3. 사이토 고키. (2017). Deep Learning from Scratch. 밑바닥부터 시작하는 딥러닝. 한빛미디어.

14장

1. Bird, S., Klein, E., Loper, E. (2009). Natural language processing with Python: analyzing text with the natural language toolkit. O'Reilly Media, Inc.

2. https://www.nltk.org/

15장

1. Bradski, G., Kaehler, A. (2008). Learning OpenCV: Computer vision with the OpenCV library. O'Reilly Media, Inc.

2. https://opencv.org/

16장

1. Quigley, M., Conley, K., Gerkey, B., Faust, J., Foote, T., Leibs, J., ..., Ng, A. Y. (2009, May). ROS: an open-source Robot Operating System. In ICRA workshop on open source software (Vol. 3, No. 3.2, p. 5).

2. O'Kane, J. M. (2014). A gentle introduction to ROS.

3. http://www.ros.org/